Christoph Rass

Institutionalisierungsprozesse auf einem internationalen Arbeitsmarkt: Bilaterale Wanderungsverträge in Europa zwischen 1919 und 1974

STUDIEN ZUR HISTORISCHEN MIGRATIONSFORSCHUNG (SHM)

herausgegeben von

Klaus J. Bade und Jochen Oltmer

begründet von

Klaus J. Bade

BAND 19

Christoph Rass

Institutionalisierungsprozesse auf einem internationalen Arbeitsmarkt: Bilaterale Wanderungsverträge in Europa zwischen 1919 und 1974

Ferdinand Schöningh
Paderborn · München · Wien · Zürich

Redaktionsanschrift:
Universität Osnabrück
Institut für Migrationsforschung
und Interkulturelle Studien (IMIS)
FB 2, Neuer Graben 19/21
49069 Osnabrück
Tel.: 05 41/9 69-43 84
Fax: 05 41/9 69-43 80
E-mail: imis@uni-osnabrueck.de
Internet: http://www.imis.uni-osnabrueck.de

Umschlagabbildung:
Deutsche Verbindungsstelle in Istanbul, 1973
(Quelle: Domid-Archiv, Fotograf: Jean Mohr)

Zugl. Aachen, RWTH, Habil.-Schrift 2007

Gedruckt mit Unterstützung der Gemeinnützigen Hertie-Stiftung, Frankfurt a.M.

Bibliografische Information der Deutschen Nationalbibliothek

Die Deutsche Nationalbibliothek verzeichnet diese Publikation in der Deutschen Nationalbibliografie; detaillierte bibliografische Daten sind im Internet über http://dnb.d-nb.de abrufbar.

(Verlag Ferdinand Schöningh GmbH & Co. KG, Jühenplatz 1, D-33098 Paderborn)

Internet: www.schoeningh.de

Druckvorbereitung und Satz: Jutta Tiemeyer, IMIS
Einbandgestaltung: Evelyn Ziegler, München
Printed in Germany.
Herstellung: Ferdinand Schöningh GmbH & Co. KG, Paderborn

ISBN 978-3-506-77068-4

Inhalt

Vorwort

Mit diesem Buch liegt Ihnen eine überarbeitete Fassung meiner im Jahr 2007 an der Wirtschaftswissenschaftlichen Fakultät der Rheinisch Westfälischen Technischen Hochschule Aachen angenommenen Habilitationsschrift vor. Was als ein Projekt zur Rolle von Bürokratien in Migrationsprozessen am Beispiel der Bundesanstalt für Arbeitsvermittlung und Arbeitslosenversicherung begonnen hat, ist schließlich zu einem Buch über bilaterale Wanderungsverträge geworden. Als sich zeigte, dass ich meine Fragen nicht ohne eine Analyse bestimmter internationaler Zusammenhänge würde beantworten können und keine Studie zu Geschichte und Bedeutung dieser Institution mit entsprechender Reichweite finden konnte, habe ich diesen Text erarbeitet. Sein Ziel ist es, zum Schließen einer Forschungslücke beizutragen und damit aus der Perspektive der historischen Migrationsforschung unser Verständnis der Arbeitsmigration im Europa des 20. Jahrhunderts voranzutreiben, auch, um aus diesem Verständnis für die Gestaltung der Zukunft zu lernen.

Zu Dank verpflichtet bin ich meinem akademischen Lehrer Professor Dr. Paul Thomes für die kritische Begleitung meines Vorhabens und seine stets uneingeschränkte und vertrauensvolle Unterstützung sowie Professor Dr. Toni Pierenkemper von der Universität zu Köln für die Übernahme des zweiten Gutachtens. Meinen Kolleginnen und Kollegen am Lehr- und Forschungsgebiet Wirtschafts- und Sozialgeschichte der RWTH Aachen danke ich für offene Ohren, helfende Hände und bemerkenswerte Geduld. Wieder einmal haben sich Marc Engels, René Rohrkamp und Peter Quadflieg als unermüdliche Diskussionspartner, scharfsinnige akademische Kumpanen und freundschaftliche Genossen erwiesen. Nicht zuletzt auch den Studierenden in meinen Lehrveranstaltungen zur historischen Migrationsforschung verdanke ich manche Anregung und ungewöhnliche Perspektive.

Über die Jahre haben Menschen durch Kommentare, Hinweise und Gespräche zu meiner Arbeit beigetragen. Stellvertretend für die Vielen nenne ich die Mitarbeiterinnen und Mitarbeiter des *Projekts Migration* des Dokumentationszentrums und Museums über die Migration in Deutschland (DOMiD) in Köln, insbesondere Aytaç Eryılmaz, Martin Rapp und Antonio Munõz Sánchez, sowie die Teilnehmerinnen und Teilnehmer des volkswirtschaftlichen Forschungskolloquiums der Fakultät für Wirtschaftswissenschaften der RWTH Aachen. Als unschätzbar wertvoll für die Diskussion meiner Ergebnisse haben sich zudem die Gesellschaft für Sozial- und Wirtschaftsgeschichte, die Gesellschaft für Historische Migrationsforschung, das Masterforum Europa an der Universität Düsseldorf sowie das Forschungskolloquium der wirtschaftswissenschaftlichen Abteilung der École des Hautes Études en Sciences Sociales in Paris erwiesen. Professor Dr. Klaus J. Bade und Professor Dr. Jochen Oltmer danke ich für die Möglichkeit, meine Ideen am Institut für Migrationsforschung und Interkulturelle Studien vorzutragen und die Aufnahme des Manuskripts in die *Studien zur Historischen Migrationsforschung*. Jochen Oltmer hat mit seiner kritischen Durchsicht des Texts und zahllosen Hinweisen viel zu seiner endgültigen Fassung beigetragen; Jutta Tiemeyer, auch ihr gebührt ein herzliches Dankeschön, hat ihn unverzagt in druckbare Form gebracht. Simone Rehrs hat sie dabei unterstützt.

Am Ende meiner nun abgeschlossenen akademischen Ausbildung blicke ich mit Dankbarkeit auf die großzügige und bedingungslose Unterstützung meiner Eltern, Ingrid Rass und Dr. Hans-Götz Oxenius, zurück, die mich stets bestärkt und ermutigt haben. Mein Bruder Dr. Ulrich Rass – nun selbst zum Aus- und Arbeitswanderer geworden – hat sich immer als kluger Ratgeber und Freund auf unseren Wegen durch die Welten der Wissenschaft erwiesen.

Meiner Ehefrau Seda Rass-Turgut verdanke ich auch am Ende dieses Projektes unendlich viel, denn ohne ihren Rückhalt, ihre Unterstützung und ihre Geduld hätte es vielleicht weder seinen Anfang gesehen noch sein Ende gefunden. Ihr und unseren Söhnen Kaya und Timur, die diese Arbeit durch die ersten Jahre ihres Lebens begleitet hat – sie zweifeln inzwischen an ihrer Vermutung, Papa säße am Schreibtisch, um Bücher zu reparieren –, ist die nun tatsächlich beendete Schrift gewidmet.

Köln, im Frühjahr 2010 Christoph Rass

1. Einleitung

1.1. Thema und Fragestellung

In den 1870er Jahren lag der Anteil ausländischer Arbeitnehmer in den westeuropäischen Industriestaaten im Jahresdurchschnitt unter einem Prozent. Trotz alter Traditionen saisonaler transnationaler Arbeitsmigration hieß *Migration* in Europa vor allem Abwanderung nach Übersee, und kaum ein Zeitgenosse wäre auf die Idee gekommen, innereuropäische Arbeitsmigration zum Gegenstand diplomatischer Verhandlungen zu machen oder staatliche, ja sogar internationale Institutionen mit ihrer Organisation und Überwachung zu betrauen.[1]

Einhundert Jahre später lag der Anteil der Arbeitnehmerinnen und Arbeitnehmer mit Migrationshintergrund in den acht wichtigsten Industrieländern Kontinentaleuropas zwischen drei und 18%.[2] Allein zwischen 1960 und 1973 erfasste die innereuropäische Arbeitsmigration 30 Millionen Menschen.[3] Eine moderne Form der Arbeitsmigration war entstanden und zu einem Massenphänomen geworden, das zeitweise mehr als 20 Staaten in bzw. am Rande Europas zu einem Migrationssystem[4] verband und von einem dichten Netz bilateraler Verträge zusammengehalten wurde, die den Transfer von Arbeitskraft und dessen Regulierung gewährleisteten.[5] Die aus der Arbeitsmigration resultierende Einwanderung war zum erstrangigen Thema in Politik und Gesellschaft avanciert.[6]

Mit dem Weg vom ersten zum zweiten Zustand befasst sich diese Studie. Ihr Ziel ist es, den aus 18 Staaten bestehenden Kern eines europäischen Wanderungssystems zu beobachten, das sich durch eine spezifische Form der Migration von Arbeitskräften und einen besonderen institutionellen Rahmen konstituierte und vom ausgehenden 19. Jahrhundert bis in die 1970er Jahre be-

1 Vgl. zur europäischen Arbeitsmigration vor Beginn des 20. Jahrhunderts Hahn, Migration – Arbeit – Geschlecht. Eine Diskussion des Begriffes *transnational* bieten Harzig/Hoerder, What is Migration History, S. 83f.

2 Hoffmann-Nowotny, European Migration after World War II, S. 90f.

3 Martin, Guestworker Programs, S. 91; Miller/Martin, Administering Foreign-Worker Programs, S. 2; andere Autoren sprechen von nur etwa 18 Millionen Migranten im Zuge dieser Wanderungsbewegung; vgl. Düvell, Europäische und internationale Migration, S. 37.

4 Vgl. für Definition und Diskussion beispielsweise ebd., S. 96f.

5 Die *International Organization for Migration* definiert das Management bzw. die Regulierung von Wanderungsprozessen als das Formulieren klarer politischer und rechtlicher Grundlagen sowie administrativer Strukturen, die dafür sorgen, dass ein Wanderungsprozess für Migranten sowie ihre Herkunfts- und ihre Zielgesellschaften positiv verläuft; vgl. IOM, Managing Migration 2003, S. 53.

6 Thränhardt, Entwicklungslinien der Zuwanderungspolitik in EG-Mitgliedsländern, S. 33f., 51f.

stand.[7] In diesen Zeitraum fiel mit dem Aufkommen des bilateralen arbeitsmarktbezogenen Wanderungsvertrages die Entstehung einer wichtigen Innovation im Kontext internationaler Arbeitsmigration, die für Verlauf, Verfassung und Organisation ökonomisch motivierter Arbeitskräftewanderung im Europa des 20. Jahrhunderts entscheidende Bedeutung gewinnen sollte.

Diese Untersuchung wird in einer komparativ angelegten Langzeitbeobachtung die Entwicklung des Phänomens im Zusammenhang mit dem Entstehen eines europäischen Migrationssystems und seine Auswirkungen auf die internationale Arbeitsmigration im Allgemeinen und die staatlich regulierte temporäre Migration im Besonderen analysieren.[8] Sie versteht sich daher dezidiert als ein Blick auf Entwicklung und Wirkung einer normativen Institution, eingebettet in die Migrationsgeschichte einer bestimmten Gruppe von Zu- und Abwanderungsländern. Dies muss – angesichts der Breite der Fragestellung – notwendigerweise aus der Makro-Perspektive erfolgen, in der Staaten und Organisationen als Akteure auftreten, Individuen jedoch weitgehend unsichtbar bleiben. Ein Beitrag zur Sozialgeschichte der Arbeitsmigration kann so indirekt durch ein besseres Verständnis ihres institutionellen Rahmens auf der supranationalen Ebene geleistet werden. Vor dem Hintergrund einer Fülle von sozialwissenschaftlichen bzw. sozialgeschichtlichen Arbeiten, die sich mit den historischen Realitäten der unterschiedlichsten Arten von Wanderungen auseinandersetzen, während institutionelle Elemente von Migrationsprozessen jenseits der Betrachtung nationaler Normen nur schwer zu finden sind, schließt dieses Buch mit seiner spezifischen Ausrichtung jedoch ebenso eine Lücke in der Forschung, wie es zu weiterer Bearbeitung des Themas durch die Verbindung ihrer Ergebnisse mit anderen Fragestellungen anregen möchte.[9]

Wenn zur Beantwortung dieser Fragestellung also von Migrations- oder Wanderungssystemen die Rede ist, so gilt es hierbei zwei Ebenen zu unterscheiden. Der erste Abschnitt der Studie beobachtet ein Arbeitswanderungssystem, das eine bestimmte Art von Migrationsbewegungen im späten 19. und über weite Teile des 20. Jahrhunderts bildete.[10] Der zweite Abschnitt konzen-

7 Franck Düvell diskutiert unterschiedliche Ansätze einer Periodisierung der modernen Migrationsgeschichte und kommt zu einer Einteilung, die den hier thematisierten Zeitabschnitt in das Zeitalter der Weltkriege (1914–1945), in dem Flüchtlingsmigration vorgeherrscht hat, sowie die Fordistische Perode (1950–1970), die von transnationaler Arbeitsmigration geprägt wurde, unterteilt. Eine auf die Langzeitbeobachtung von Institutionen zur Regulierung von Arbeitsmigration zielende Untersuchung muss dagegen einen epochenübergreifenden Ansatz wählen; vgl. Düvell, Europäische und internationale Migration, S. 40f. Vgl. zum Institutionenbegriff Erlei/Leschke/Sauerland, Neue Institutionenökonomik, S. 23f.

8 Vgl. zum Erkenntnisgewinn durch komparative Ansätze in der historischen Migrationsforschung Green, The Comparative Method and Poststructural Structuralism, S. 58f.; Morawska, The New-Old Transmigrants, their Transnational Lives, and Ethnicization, S. 16f.; Esch/Poutrus, Zeitgeschichte und Migrationsforschung, S. 3 sowie zur Begriffsbestimmung, Knox/Marston, Humangeographie, S. 150f.

9 Vgl. zur Problematik der nur schwer auslotbaren Differenzen zwischen der normativen bzw. institutionellen und der praktischen Ebene, Fahrmeir, Law and Practice, S. 301f.

10 Vgl. zur Begrifflichkeit Hoerder/Lucassen/Lucassen, Terminologien und Konzepte in der Migrationsforschung, S. 45f.

triert sich indes auf einen zentralen Baustein des institutionellen Gerüsts, mit dessen Hilfe die beteiligten Staaten die Absicht verfolgten, diese grenzüberschreitende Arbeitswanderung zu regulieren, und das spezifische System von Migrationsbeziehungen, das im Untersuchungszeitraum daraus resultierte.

Bilaterale Wanderungsverträge sind ein Phänomen des 20. Jahrhunderts, das seine größte Wirkung und wichtigsten Entwicklungsstadien bei der Gestaltung des europäischen Arbeitsmigrationssystems durchlaufen hat und noch bis in die Gegenwart wichtig für die Ausprägung von Migrationsbeziehungen jenseits multilateraler Staatenbünde mit gemeinsamen Arbeitsmärkten ist. Ihre historische Bedeutung liegt auf fünf Ebenen. Erstens haben die europäischen Staaten mithilfe dieses Instruments die größte friedliche, ökonomisch motivierte Migration der Neuzeit jenseits klassischer Einwanderungsprozesse, im Sinne einer Siedlungswanderung, gestaltet.[11] Zweitens haben sich die europäischen Staaten durch Wanderungsverträge auf bis dahin nicht erreichtem Intensitätsniveau zu Akteuren der Gestaltung und Umsetzung von Arbeitsmigration gemacht. Drittens haben Wanderungsverträge in relativ kurzer Zeit eine beträchtliche internationale Verbreitung gewonnen und sind zu einem weltweit bedeutenden Instrument für die Regulierung von Arbeitsmigrationsbeziehungen geworden. Viertens existieren sie als normative Institution bereits seit mehr als einhundert Jahren und sind insofern auch zu einem langlebigen und säkular wirkenden Phänomen geworden. Fünftens kann die Verbindung von nationalen Arbeitsmärkten durch ein Netz bilateraler Wanderungsverträge als eine wichtige Vorform gemeinsamer Arbeitsmärkte verstanden werden, die durch multilaterale Verträge miteinander verschmolzen sind.[12]

Inhaltlich deckt der moderne Wanderungsvertrag in der Regel drei Bereiche ab: Er regelt die selektive Mobilisierung von Arbeitskräften, ihren Transfer zwischen zwei Arbeitsmärkten sowie ihre Kontrolle auf dem Arbeitsmarkt des Ziellandes bis zur Aufnahme der Migranten in dessen Gesellschaft oder ihrer Remigration. Damit bilden Wanderungsverträge eine institutionelle Brücke zwischen Arbeitsmärkten, über die in regulierter Form ein transnationaler Prozess der Allokation von Arbeitskraft verläuft.[13] Gleichzeitig greifen sie in die drei wichtigen Phasen einer Migrationsbewegung ein, trennen die durch sie definierte Form der Migration von anderen Migrationsbeziehungen gleicher Richtung ab und unterwerfen sie einem eigenen Migrationsregime.[14] Zur Prä-

11 Oltmer, Migration im 19. und 20. Jahrhundert, S. 1.

12 Für eine Verbindung starkt unterschiedlich weit entwickelter Volkswirtschaften in einem multilateralen System zur Regulierung von Wanderungsbewegungen argumentiert auch Ghosh, Managing Migration, S. 109–114.

13 Vgl. zum Begriff der Transnationalität für die Migrationsforschung Middell, Transnationalisierung und Globalgeschichte, S. 25f.

14 Hoerder/Lucassen/Lucassen, Terminologien und Konzepte in der Migrationsforschung, S. 39f. Als Migrationsregime werden allgemein staatlich konstituierte Mechanismen zur Beeinflussung von Wanderungsbewegungen aufgefasst. Oltmer definiert ein Migrationsregime als »migrationspolitische Prinzipien, Regeln, Entscheidungsprozeduren und institutionelle Rahmungen, die das Handeln von Akteuren prägen«; vgl. Oltmer, Migration im 19. und 20. Jahrhundert, S. 8, und differenziert an anderer Stelle Grenz- und Aufnahmeregime; vgl. ders.,

zisierung der Fragestellung müssen also zunächst die drei von ihr berührten Konzepte *Arbeitsmarkt*, *Arbeitsmigration* sowie deren *spezifische Institutionen* diskutiert werden.

Transnationale Arbeitsmigration lässt sich in unterschiedlichen Kategorien erfassen.[15] Allgemein und aus der der historischen Anschauung abgeleitet handelt es sich um die Wanderung überwiegend erwerbsfähiger Personen von ihrem Aufenthalts- oder Wohnort zu einem Ort jenseits der Grenzen des eigenen Herkunftslandes mit dem Ziel, dort eine bezahlte Arbeit anzunehmen. Diese Art der ökonomisch motivierten Migration ist meist nicht auf eine dauerhafte Niederlassung, sondern einen temporären Aufenthalt im Ausland angelegt und umfasst nur selten von vorneherein die Wanderung ganzer Familien oder einen Familiennachzug. Auch aus der Sicht der Herkunftsstaaten von Arbeitsmigranten handelt es sich bei dieser Form der Migration um einen zeitlich begrenzten Aufenthalt von Staatsangehörigen im Ausland, der häufig mit der Erwartung sinkenden sozialen Drucks, von Devisengewinnen durch Lohnüberweisungen oder der späteren Rückkehr dann qualifizierter Arbeitskräfte verbunden wird. Ähnliches gilt meist für diejenigen Staaten, die ausländische Arbeitskräfte aufnehmen. Sie lassen Arbeitsmigranten zwar kontrolliert, selektiv und zeitlich begrenzt auf ihrem Arbeitsmarkt zu, nehmen sie jedoch nicht automatisch in ihre Gesellschaft auf. Dies ist ein wichtiges Kriterium zur Unterscheidung von Arbeitsmigration und der Ab- bzw. Zuwanderung mit Niederlassungsabsicht.[16] Diese zeichnet sich im Gegensatz zur Arbeitsmigration durch einen engen Zusammenhang zwischen der Aufnahme in die Zielgesellschaft und dem daraus abgeleiteten Zugang zum Arbeitsmarkt aus. Analog grenzt sich Arbeitsmigration von Rückwanderungsbewegungen in Dekolonisationsprozessen, ethnopolitischen Wanderungen oder postbelligualen Flüchtlingsbewegungen ab.[17]

Arbeitsmigration kann also durch die zeitliche Dimension des Prozesses und die Rechtsstellung des Akteurs *Migrant* in der Gesellschaft seines Ziellandes beschrieben werden. Man unterscheidet grundsätzlich zwischen saisonaler, temporärer und permanenter Arbeitsmigration.[18] Saisonarbeiter halten sich für wenige Monate im Ausland auf und bedienen eine wiederkehrende aber nicht durchgängige Nachfrage – etwa in der Landwirtschaft, im Baugewerbe oder im Fremdenverkehr. Temporäre Arbeitswanderer können in jedem Bereich des Arbeitsmarktes tätig sein und halten sich für begrenzte Zeit, je-

---

Einführung, S. 13f. Er verortet Anwerbeabkommen zwar zurecht eher im Bereich der Aufnahmeregime, sie greifen allerdings auch in den Bereich der Zulassung von Migranten ein und bilden so gewissermaßen eine Brücke zwischen diesen beiden Arten – oder Teilen – von Migrationsregimen.

15 Tilly, Migration in Modern European History, S. 49f.

16 Lucas, International Migration and Economic Development, S. 300f.

17 Lucassen, Temporal Migration from a Historical Perspective, S. 39f.; ders./Lucassen, Migration, Migration History, History, S. 14f.; Plender, International Migration Law, S. 336f.

18 Vgl. dazu generell Düvell, Europäische und internationale Migration, S. 127 sowie mit differenzierten Definitionen unterschiedlicher Kategorien von Migranten IOM, Managing Migration, S. 9f.

doch nicht saisonabhängig im Ausland auf. Ihr Migrationszyklus ist – aus Sicht des sie aufnehmenden Arbeitsmarktes – vielmehr konjunkturell bedingt. Einwanderer schließlich können in einer Mischform zwischen dauerhafter Zu- und zeitweiliger Arbeitswanderung in Verhältnissen leben, die ihren Status als Arbeitsmigranten mit offener Zeitperspektive perpetuieren, de facto aber eine Form unterprivilegierter Einwanderung darstellen.[19] Der rechtliche Status von Arbeitsmigranten zeichnet sich also durch einen kausalen Zusammenhang zwischen ihrer normativ geregelten Berechtigung zur Ausübung einer bezahlten Tätigkeit und zum Aufenthalt in ihrem Zielland aus. Arbeitsmigranten besitzen eine Arbeitserlaubnis, weil ihre Arbeitskraft gebraucht wird, was ihnen wiederum eine Aufenthaltserlaubnis verschafft. Keine der beiden Komponenten ist jedoch ohne die jeweils andere denkbar.[20] Nur Migrationen, die diese beiden Kriterien erfüllen, werden in dieser Untersuchung als Arbeitsmigration aufgefasst und einer systematischen Analyse unterzogen.[21]

Ausgehend von diesen Überlegungen lässt sich die spezifische Form der Arbeitsmigration, die im Folgenden als *moderne* Arbeitsmigration bezeichnet wird und sich seit dem ausgehenden 19. Jahrhundert entwickelt hat, durch vier Eigenschaften beschreiben und von anderen Formen des Phänomens abgrenzen. Erstens wurde sie auf der Nachfrageseite direkt oder indirekt durch die Hochindustrialisierung bzw. den Arbeitskräftebedarf des sekundären bzw. tertiären Sektors und auf der Angebotsseite durch Entwicklungsdefizite bedingt, die jeweils ein Missverhältnis von angebotener und nachgefragter Arbeitskraft auf nationalen Arbeitsmärkten mit sich brachten. Das Entstehen moderner Arbeitsmigration hing also ursächlich mit der Entwicklung des komplexen Arbeitsmarktes des Industriezeitalters zusammen. Auf die Verlagerung von Arbeitskräften von der Landwirtschaft zu Gewerbe, Industrie und Dienstleistungssektor auf einem nationalen Arbeitsmarkt folgte der Transfer von Arbeitskraft aus einer relativ unterentwickelten Volkswirtschaft auf den Arbeitsmarkt eines bereits industrialisierten Landes. Zweitens verlief sie also aus der ökonomischen Peripherie in Richtung der Industriestaaten Europas und überlagerte die Arbeitsmigration zwischen diesen ebenso wie die Auswanderung aus Europa.[22] Wir beobachten also Arbeitsmarktbeziehungen zwischen Volkswirtschaften auf unterschiedlichen Entwicklungsstufen. Formen des regionalen, aber transnationalen Ausgleichs zwischen Angebot und Nachfrage an Arbeitskraft in den Grenzzonen von Industriestaaten fallen dagegen aus

19 Entzinger, The Dynamics of Integration Policies, S. 100f.; Böhning, Some Thoughts on Emigration from the Mediterranean Basin, S. 251–277; Bade, Europa in Bewegung, S. 319; Fassmann spricht von Arbeitswanderern als *transnationalen Arbeitspendlern*; vgl. Fassmann, Transnationale Mobilität, S. 351f.

20 Amersfoort/Penninx, Western Europe as an Immigration Area, S. 44.

21 Vgl. zur Differenzierung von Einwanderungspolitik und temporärer Arbeitsmigration beispielsweise Sonnenberger, Nationale Migrationspolitik und regionale Erfahrung, S. 18.

22 Klaus Bade hat für die europäischen Abwanderungsregionen auch die Bezeichnung *euromediterrane Zone* verwendet, zu der noch die Türkei sowie der Maghreb hinzu kommen; vgl. Bade, Europa in Bewegung, S. 314. Insofern wird im Folgenden integrierend von der ökonomischen bzw. geographischen Periphie Europas gesprochen.

dem Analyserahmen. Drittens entstand in nur wenigen Jahrzehnten ein spezifisches Wanderungssystem mit neuartigem institutionellem Gerüst. Es ermöglichte die selektive nachfragespezifische Rekrutierung von Arbeitskräften in deren Herkunftsländern durch Regierungsorganisationen oder deren Beauftragte aus denjenigen Ländern, die Arbeitskraft importierten, den organisierten Transfer dieser Arbeitskräfte an ihre künftigen Arbeitsplätze sowie einen primär temporär angelegten, kontrollierten Zugang zu den Arbeitsmärkten der Anwerbestaaten mit beschränkter Freizügigkeit. Obwohl im Grunde die aus makroökonomischen Entwicklungen resultierenden Ungleichheiten von Angebot und Nachfrage auf nationalen Arbeitsmärkten sowie daraus abgeleitet spezifische Pull- und Push-Faktoren die moderne Arbeitsmigration antrieben, vollzog sie sich keineswegs unter den Bedingungen eines freien Marktes.[23] Regulierende Institutionen, die unerwünschte ökonomische und soziale Effekte des Migrationsprozesses abfangen und gewünschte fördern sollten, führten zu neuartigen Formen der Organisation und Kontrolle von Wanderungsbewegungen. Diese Mechanismen waren sowohl als Teil des institutionellen Rahmens von Arbeitsmärkten als auch von Migrationsprozessen eine wichtige Innovation. Viertens veränderte der Migrationsprozess – obwohl die meisten Migranten in ihre Heimatländer zurückkehren – die Gesellschaften der als Nachfrager auftretenden Staaten infolge der aus ihm resultierenden Einwanderung nachhaltiger, als jede vorangegangene Form ökonomisch motivierter Migration.

Grenzüberschreitende Arbeitsmigration wirkt sich also ebenso auf die sozioökonomischen Strukturen der beiden durch sie verbundenen Gesellschaften aus wie auf deren Institutionen. In diesem Zusammenhang stellt sich die Frage nach den Wechselwirkungen zwischen den Arbeitsmärkten, die von Arbeitsmigration betroffen sind, und dem Migrationsprozess selbst. Für den Fortgang unserer Überlegungen sind dabei zwei Fragen vorrangig: erstens das Verhältnis zwischen Freiheit und Kontrolle auf einem Arbeitsmarkt; zweitens das Entstehen internationaler Arbeitsmärkte durch transnationale Arbeitsmigration.

Ein freier, sich selbst regulierender Arbeitsmarkt als der Ort, an dem sich der Austausch zwischen dem Angebot an menschlicher Arbeitskraft und der Nachfrage nach dem Produktionsfaktor Arbeit vollzieht, ist eine idealtypische Vorstellung, deren Entwicklung mit der Herausbildung liberaler marktwirtschaftlicher Wirtschaftssysteme in der Neuzeit einherging.[24] Tatsächlich rahmen stets formelle und informelle, soziale und normative Institutionen den Ausgleich zwischen Angebot und Nachfrage auf einem Arbeitsmarkt ein und beschränken seine Freiheitsgrade stärker, als dies bei anderen Faktormärkten der Fall ist.[25] Damit soll die grundsätzliche Funktion von Angebot und Nach-

23 Düvell, Europäische und internationale Migration, S. 127f.; Hoerder/Lucassen/Lucassen, Terminologien und Konzepte in der Migrationsforschung, S. 32 sowie relativierend Liebig, Migration, S. 9.

24 Sesselmeier, Arbeitsmarkttheorien, S. 19f.

25 Erlei/Leschke/Sauerland, Neue Institutionenökonomik, S. 524f.

frage nicht bezweifelt werden. Gerade bei der Kombination von Migration und Arbeitsmarkt muss jedoch der Beitrag unterschiedlicher Sets institutioneller Rahmenbedingungen zur Ausprägung dieser Konstellation im Verlauf des historischen Prozesses herausgearbeitet werden.[26]

Hieraus ergeben sich für die Analyse von Systemen grenzüberschreitender Arbeitsmigration weiterführende Überlegungen zum Verhältnis zwischen Arbeitsmigration und Arbeitsmärkten. Durch Arbeitsmigration entstehen auf den betroffenen Arbeitsmärkten neue Arbeitsmarktparteien. Ausländische Arbeitnehmer werden – auch wenn sie den Inländern in vielen Bereichen rechtlich gleichgestellt sind – zu einer Arbeitsmarktpartei, deren Interessen sich nur teilweise mit denen der inländischen Arbeitnehmer überschneiden und nur selten von den Organisationen der inländischen Arbeitskräfte vertreten werden.[27] Eine der wichtigsten migrationspolitischen Folgen der Arbeitsmarktprotektion der europäischen Nationalstaaten für den grenzüberschreitenden Transfer von Arbeitskraft war daneben die schrittweise partielle Verlagerung des Abgleichs zwischen Angebot und Nachfrage auf ausländische Arbeitsmärkte.[28] Diese Verschiebung beschränkte die Steuerung der Arbeitsmigration durch die Marktkräfte und unterwarf sie prinzipiell einer staatlichen Regulierung. Infolgedessen begannen auch die betroffenen Staaten – als arbeitsmarkt- und migrationspolitische Akteure – auf dem jeweils anderen Arbeitsmarkt eine Rolle zu spielen. Gleichzeitig erweiterte sich auch das Markthandeln der Arbeitgeber eines Staates, dessen Arbeitsmarkt ausländische Arbeitskräfte nachfragte, auf den Arbeitsmarkt oder die Arbeitsmärkte, auf denen diese Nachfrage auf ein entsprechendes Angebot traf. Der Staat, der auf Zuwanderung angewiesen ist, reguliert oder organisiert die selektive Mobilisierung von Arbeitskräften im Ausland. Im Gegenzug wacht der entsendende Staat über seine Bürger, die sich als Arbeitskräfte im Ausland aufhalten. Ein zwei Arbeitsmärkte integrierender internationaler Arbeitsmarkt entsteht also nicht nur durch die Austauschbeziehungen zwischen diesen beiden Sphären, sondern auch durch die Ausdehnung ihrer Institutionen auf den jeweils anderen Teil.[29]

Durch die Übertragung dieser Überlegungen von einem bi- auf ein multipolares System, in dem mehr als zwei Arbeitsmärkte miteinander in Beziehung stehen, werden die Verhältnisse weitaus komplexer: Das freie Spiel von Angebot und Nachfrage kann auf einem internationalen Arbeitsmarkt, der aus zwei nationalen Teilarbeitsmärkten besteht, durch entsprechende institutio-

---

26 Auer, Changing Labour Markets in Europe, S. 3f., 9; Peck, Regulating Labour, S. 149f.; Pierenkemper, Historische Arbeitsmarktforschung, S. 21f.; Pierenkemper, Allokationsbedingungen im Arbeitsmarkt, S. 51f.

27 Vgl. zur Diskrepanz zwischen Rechtszustand und Rechtswirklichkeit in Bezug auf moderne Migrationen sowie die Abstufungen rechtlicher Gleichbehandlung von Migranten Davy, Die Integration von Einwanderern.

28 Vgl. zum Verhältnis von Migration und Nationalstaat Geisen, Migration als Vergesellschaftungsprozess, S. 19–36.

29 Vgl. zum Konzept der Arbeitsmarktintegration durch Migration Chiswick/Hatton, International Migration and the Integration of Labor Markets sowie Hollifield, The Emerging Migration State, S. 72.

nelle Vorgaben gemäß den Interessen derjenigen Arbeitsmarktparteien, die aufgrund ungleicher Machtverteilung den normativen Rahmen am stärksten bestimmen können, beeinflusst werden.[30] In einem multipolaren Migrationssystem, das mehr als zwei Arbeitsmärkte verbindet und eine entsprechende Zahl von Arbeitsmarktakteuren aufweist, entstehen jedoch Konkurrenzverhältnisse, die Angebot und Nachfrage neue Bedeutung verleihen.[31] Solange die Verbindungen zwischen den Arbeitsmärkten eines solchen Wanderungssystems bilateraler Natur sind und ein multilateraler institutioneller Rahmen fehlt, treten nicht nur die Arbeitgeber aller Staaten, die auf einem fremden Arbeitsmarkt Arbeitskräfte nachfragen, in Konkurrenz zueinander. Ebenso werden auch die Arbeitskräfte aller Staaten, zu denen eine nachfragende Volkswirtschaft Migrationsbeziehungen unterhält, auf deren Arbeitsmarkt zu potentiellen Konkurrenten. Analog erweitert sich der Handlungsrahmen der staatlichen Akteure. Auf einem so strukturierten internationalen Arbeitsmarkt hat kein Nachfrager und kein Anbieter ein Monopol, der bilateralen Regulierung von Arbeitsmigration sind also gewisse Grenzen gesetzt. Angebot und Nachfrage beeinflussen auf der Mikro- und der Marko-Ebene das Geschehen von der individuellen Migrationsentscheidung bis zur Definition von Normen und Standards oder den Organisationsformen, die den Wanderungsprozess mitgestalten. Der institutionelle Rahmen eines solchen Arbeitsmarktes wird auf zwei Ebenen ausgehandelt: Der Interessenausgleich innerhalb einzelner Migrationsbeziehungen hängt nun immer von der Gestaltung der jeweils anderen Migrationsbeziehungen der beteiligten Staaten ab.[32]

Die strukturellen Veränderungen, die ein Arbeitsmarkt durch das Auftreten transnationaler Arbeitsmigration erfahren kann, führen zur Frage nach den Eigenschaften des sie umgebenden Institutionengeflechts. Ein großer Teil der institutionellen Bausteine, die einen Migrationsprozess flankieren, dient der Steuerung von Wanderungsbewegungen durch andere Mechanismen als die individuellen Entscheidungen potentieller Migranten. Solche Steuerungssysteme können ökonomische oder nicht-ökonomische Zielsetzungen bzw. Kombinationen verschiedener Interessen verfolgen. Bei der Steuerung von Arbeitsmigration steht die Regulierung einer besonderen Form des Arbeitsmarktes im Vordergrund, die sich in bestimmten Spielräumen an unterschiedlichen Interessen der beteiligten Akteure orientiert.[33] Die beiden ältesten Elemente des staatlich determinierten Rahmens von Migration sind Ein- und

30 Eine Diskussion der problematischen Zuordnung von Interessen zu Politikmustern bietet beispielsweise Sciortino, Toward a Political Sociology of Entry Policies, S. 215f., 220f.

31 Auf der empirischen Ebene zählt Hahamovitch zu den wenigen Autoren, die explizit auf den Wettbewerb der europäischen Industriestaaten um Arbeitswanderer und die daraus resultierende Verbesserung der Migrationsbedingungen verweisen. Sie erkennt jedoch nicht die Bedeutung der bilateralen Wanderungsverträge als einen der zentralen Mechanismus dieses Wettbewerbs; vgl. Hahamovitch, Creating Perfect Immigrants, S. 85.

32 Vgl. zur Bedeutung des Staates als Akteur im Migrationsgeschehen Thränhardt, Der Nationalstaat als migrationspolitischer Akteur, S. 12f.; Bommes, Der Mythos des transnationalen Raumes, S. 90f.

33 Bhagwati/Schatz/Wong, The West German Gastarbeiter System of Immigration, S. 277f.

Auswanderungsgesetze.[34] Handelt es sich um Arbeitsmigration, so erweitern sich beide Komponenten gegebenenfalls um die entsprechenden Normen der jeweiligen Arbeitsmärkte. In Abhängigkeit vom Kontrollanspruch der beteiligten Staaten kann jedoch ein drittes Element an Bedeutung gewinnen: Je stärker der Transfer von Arbeitskraft zwischen zwei Staaten formalisiert wird, desto wichtiger werden neben ihren Ein- und Auswanderungsvorschriften zusätzliche Vereinbarungen, in denen die Aufgaben, Rechte und Pflichten der in- und ausländischen Arbeitsmarktparteien definiert und praktische Regelungen für die Umsetzung des dadurch etablierten Migrationsregimes festgelegt werden.[35] Durch diese Erweiterung kann sich aus der Perspektive des Zuwanderungslandes die Kontrolle über den Migrationsprozess in Richtung seines Anfangspunktes verschieben. Aus der Perspektive des Auswanderungslandes erweitert sich der Einfluss auf den Migrationsprozess in Richtung seines Endpunktes.[36]

Den Gestaltungsspielraum, in dem solche Vereinbarungen ausgehandelt werden, beeinflussen unterschiedliche Faktoren, von denen zwei eine besondere Rolle spielen. Über die Ein- bzw. Auswanderungsgesetzgebung wirken indirekt die nationalen Präferenzen und Traditionen der beteiligten Länder auf den Prozess ein.[37] Gerade politische Vorgaben können im Kontext von Arbeitsmigration ökonomisch sinnvolle Entscheidungen verhindern oder modifizieren. Über den Grad, in dem die Staaten – als Vertreter aller beteiligten Interessengruppen –, die zu Migrationspartnern werden, ihre Vorstellungen einbringen können, entscheidet nicht zuletzt die Machtverteilung zwischen ihnen. Diese wiederum steht unter dem Einfluss des Beziehungsgeflechts multipolarer Migrationssysteme, der seinerseits zur Herausbildung von zwei weiteren Faktoren führen kann: dem direkten Wettbewerb oder der Definition gemeinsamer Regeln und Standards, um diese Konkurrenz einzuhegen.[38]

Arbeitsmigration verbindet also Arbeitsmärkte zu einem Wanderungssystem, dessen Institutionen sich nicht mehr nur auf die Regelung des Übertritts von dem einen in den anderen Arbeitsmarkt bzw. von dem einen in das andere beteiligte Land und gegebenenfalls dessen Gesellschaft durch die jeweiligen Migrationsgesetze erstrecken müssen. Vielmehr können zwischenstaatliche Wanderungsverträge die Verfassung eines Migrationsprozesses ergänzen. Sie

34 Plender, International Migration Law, passim; Hammar, Laws and Policies Regulating Population Movements, S. 245–262.

35 Ruhs/Martin, Numbers versus Rights, S. 251.

36 Bauböck, Immigration Control without Integration Policy, S. 99.

37 Vgl. dazu systematisierend Castles, The Factors that Make and Unmake Migration Policies, S. 34f. Freeman vertritt die These, dass bestimmte Wanderungsformen bestimmte Wanderungspolitiken zu ihrer Regulierung erfordern, die sich unabhängig von nationalen Präferenzen herausbilden und insofern wirkungsmächtiger sind als diese; vgl. Freeman, The Politics of Immigration in Liberal Democracies, S. 208. Die vorliegende Untersuchung wird insbesondere das Verhältnis zwischen nationalen Traditionen und internationalen Trends in den Blick nehmen.

38 Bourguignon, International Labour Migrations and Economic Choices, S. 36; vgl. dazu theoretisch Erlei/Leschke/Sauerland, Neue Institutionenökonomik, S. 517f.

schließen am Anfangs- und Endpunkt einer Wanderungsbewegung an den dort jeweils bestehenden Gesetzen, Normen und Traditionen an und regulieren den Teil der Wanderungsbewegung, der sich zwischen diesen beiden Polen abspielt ebenso, wie sie die betroffenen Arbeitsmärkte um spezifische Elemente ergänzen. Dies kann etwa durch die Festlegung bestimmter Rechte und Verfahrensweisen oder besondere Statusdefinitionen und deren Festschreibung für die unterschiedlichen am Prozess beteiligten Akteure erfolgen. Damit ist nicht gesagt, dass zu einem bestimmten Zeitpunkt jede Form oder Ausprägung von Arbeitsmigration zwischen zwei Volkswirtschaften oder innerhalb eines Migrationssystems auf diese Weise reguliert wird. Mehr als 80 bilaterale Wanderungsverträge, die zwischen dem Ende des Ersten Weltkrieges und der Ölpreiskrise Mitte der 1970er Jahre zwischen Staaten in Europa und an seiner Peripherie zustande gekommen sind und ein zunehmend dichtes Netz formalisierter Migrationsbeziehungen zum Transfer von Arbeitskraft knüpften, unterstreichen jedoch die eminente Bedeutung dieses migrations- und wirtschaftspolitischen Instruments und machen die Untersuchung seiner Geschichte zu einem Forschungsdesiderat.

Nachdem das Untersuchungsobjekt herausgearbeitet ist, gilt es, die zeitlichen sowie räumlichen Grenzen der Studie zu ziehen. Der Untersuchungszeitraum muss auf zwei Ebenen abgesteckt werden – in einem weiteren Verständnis, das für die Erarbeitung der grundlegenden Zusammenhänge der modernen europäischen Arbeitsmigration notwendig ist, und einem engeren, das die Jahrzehnte erfasst, in denen zwischenstaatliche Wanderungsverträge die transnationalen Arbeitsmarktbeziehungen der europäischen Staaten maßgeblich geprägt haben. Auf der ersten Ebene setzt die Betrachtung, länderspezifisch differenziert, im 19. Jahrhundert ein. Ausschlaggebend ist jeweils das Auftreten grenzüberschreitender Arbeitsmigration im modernen Sinn. Auf der zweiten Ebene erstreckt sich der Untersuchungszeitraum von der Zwischenkriegs- bis in die Nachkriegszeit, denn der Aufbau des Netzwerks bilateraler Wanderungsverträge begann mit dem französisch-polnischen Abkommen im Jahr 1919 und endete in der ersten Hälfte der 1970er Jahre. 1970 erfolgte der Abschluss der letzten bilateralen Wanderungsabkommen des klassischen Typs. 1973/74 führte die Ölpreiskrise zum Einbruch der Wanderungsbewegungen innerhalb des westeuropäischen Migrationssystems. Damit bildet auf beiden Ebenen das Ende der Vorherrschaft staatlich regulierter Anwerbung von Arbeitskräften den Schlusspunkt der Betrachtung.[39]

Der so aufgespannte Zeithorizont wird in der Migrationsforschung meist in drei Phasen unterteilt. Die erste erstreckte sich vom frühen 19. Jahrhundert bis ins Jahr 1914 und wies – so die herrschende Meinung – ein von vergleichsweise wenigen Restriktionen gekennzeichnetes Migrationsregime auf, wäh-

39 Collinson, Europe and International Migration, S. 68f. Findlay bemerkt zurecht, dass die Wirtschaftskrise den Politikwechsel zwar auslöste, die Ansätze für eine verstärkte Regulierung der Arbeitsmigration jedoch weiter zurück reichen; vgl. Findlay, Extra-Union Migration, S. 46f.

rend sich Formen moderner Arbeitsmigration langsam zu entwickeln begannen und sich die europäischen Wanderungsbewegungen noch vorwiegend auf die transozeanische Auswanderung richteten.[40] Vom Beginn des Ersten bis zum Ende des Zweiten Weltkrieges gewannen dann in einer zweiten Phase, nicht zuletzt bedingt durch zunehmende ökonomisch und ideologisch begründete Kontrollbedürfnisse der europäischen Staaten, protektionistische Politikansätze die Oberhand.[41] Zwar war die Mehrzahl der europäischen Volkswirtschaften sogar während der Weltwirtschaftskrise auf den Import von Arbeitskraft angewiesen, jedoch vollzog er sich nun eingerahmt durch ein zunehmend dichtes Geflecht von Regulierungs- und Kontrollmechanismen. Die sich in diesem Zeitabschnitt herausbildenden Institutionen wiederum wurden in der dritten Phase, die sich von 1945 bis zur Wirtschaftskrise Mitte der 1970er Jahre hinzog, vor dem Hintergrund eines lang anhaltenden gesamteuropäischen Aufschwungs nur selten zur Drosselung von Wanderungsbewegungen genutzt.[42] Das Migrationsregime dieses letzten Abschnitts lässt sich daher als ein institutionell differenziert ausgeprägtes System charakterisieren, dessen Regulierungspotential man nicht zu jedem Zeitpunkt ausschöpfte.[43] Die ökonomischen Rahmenbedingungen, in denen sich die europäische Arbeitsmigration in diesem Zeitraum vollzog, lassen sich ebenfalls anhand dieser chronologischen Einteilung charakterisieren. Die Gruppe der Zuwanderungsländer zeichnete sich vor dem Ersten Weltkrieg durch hohe Wachstumsraten ihrer Volkswirtschaften aus, die zwar nicht ungebrochen aufwärtsstrebten, jedoch einem klaren Wachstumstrend folgten. Auf einzelstaatlicher Ebene hing der Verlauf der ökonomischen Entwicklung vom Eintritt des jeweiligen Landes in den Prozess der Hochindustrialisierung ab. In der Zwischenkriegszeit lagen die durchschnittlichen Wachstumsraten deutliche niedriger und divergierten zwischen den einzelnen Volkswirtschaften stärker, als dies vor dem Ersten oder nach dem Zweiten Weltkrieg der Fall war. Ausschlaggebende Faktoren waren die höchst unterschiedlichen ökonomischen Auswirkungen des Ersten Weltkrieges auf verschiedene Länder während der Rekonstruktionsphase und die Folgen der Weltwirtschaftskrise, von der die ökonomische Entwicklung vom Ende der 1920er bis Mitte der 1930er Jahre in hohem Maß bestimmt wurde.

40 Eine differenzierte Analyse der sich Ende des 19. Jahrhunderts bereits in Richtung restriktiver Wanderungsregime verschiebenden Verhältnisse bietet Caestecker, The Transformation of Nineteenth-Century West European Expulsion Policy, S. 121f.

41 Oltmer, Migration and Public Policy in Germany, S. 55f., 63f.; Harzig/Hoerder, What is Migration History?, S. 129f.

42 Hoerder/Lucassen/Lucassen, Terminologien und Konzepte in der Migrationsforschung, S. 43f.

43 Hammar, Comparative Analysis, S. 239–304; Oltmer, Begrenzung und Abwehr, S. 155f.; Miller, International Migration in Post-Cold War Relations, S. 28f.; King, Migration in a World Historical Perspective, S. 32f.; Castles, The Factors that Make and Unmake Migration Policies, S. 32f. Die vierte Phase, die sich an das Ende des Betrachtungszeitraumes anschloss, war dagegen von starken Restriktionen ökonomisch motivierter Migration gekennzeichnet. Nun dominierten Migrationsformen, die auf politische oder humanitäre Ursachen zurückgingen.

Nach dem Einschnitt durch den Zweiten Weltkrieg folgte auf die Wiederaufbauphase bzw. die Normalisierung des Wirtschaftslebens in den europäischen Staaten ein außerordentliches wirtschaftliches Wachstum, das alle in Kapitel 2.1. diskutierten Staaten erfasste. Ausgelöst durch eine einzigartige Konstellation günstiger Rahmenbedingungen erstreckte sich dieser Aufschwung – mit leichten Unterschieden in Beginn und Abbruch in den verschiedenen Volkswirtschaften – von den 1950er bis in die 1970er Jahre.[44] Die Gruppe der Abwanderungsländer dagegen folgte im Untersuchungszeitraum ebenfalls einem langfristigen Wachstumspfad, die Entwicklung ihrer Volkswirtschaften verlief jedoch auf wesentlich niedrigerem Niveau. Sie profitierten nur unterdurchschnittlich von den Wachstumskonstellationen vor dem Ersten und nach dem Zweiten Weltkrieg, litten indes nicht weniger als die Industrieländer unter den Auswirkungen der Weltwirtschaftskrise.[45]

Diese klare, an historischen und zugleich großen ökonomischen wie politischen Zäsuren orientierte Periodisierung des Betrachtungszeitraumes verführt leicht zu einem Durchschneiden von Entwicklungslinien in einer den Wandel der Rahmenbedingungen überbetonenden Analyse.[46] So hilfreich die Anwendung eines chronologischen Phasenmodells sein kann, so wichtig ist gleichzeitig das Verfolgen langfristiger Prozesse und Kontinuitäten über diese Zäsuren hinweg.[47] Darin liegt das besondere Potential der Langzeitbeobachtung: Sie analysiert ausgewählte Phänomene über Epochengrenzen, setzt an die Stelle des Einschnitts als prägendes Moment die Suche nach der katalytischen Wirkung außergewöhnlicher historischer Konstellationen und verfolgt zugleich den allmählichen Wandel von Strukturen in säkularen Prozessen. Verschränkungen und Überlappungen können nur auf diese Weise sichtbar gemacht werden: beispielsweise der Beginn protektionistischer Migrationspolitik schon vor dem Ersten Weltkrieg, auf der die Entwicklung in der Zwischenkriegszeit aufsetzte und das Fortbestehen einer gewissen Freizügigkeit in einem dann restriktiv geprägten Migrationsregime – kurz, die strukturellen und institutionellen Kontinuitäten der Arbeitsmigration im 20. Jahrhundert.

Neben der zeitlichen Eingrenzung erfordert gerade eine migrationsgeschichtliche Fragestellung die Definition des Untersuchungsgebietes. Grundsätzlich wird es durch diejenigen Staaten konstituiert, die im Betrachtungszeitraum zum Arbeitswanderungssytem europäischer Staaten zählten. Eine Gruppe von Staaten also, zwischen denen Migrationsbeziehungen bestanden, die der Allokation des Faktors Arbeit dienten.[48] Aus der Perspektive des zeitlichen Endpunktes der Untersuchung, zu dem dieses Migrationssystem seine größte Ausdehnung erreicht hatte, gehörten die Zuwanderungsländer zu den ›Core

44 Crafts/Toniolo, Postwar Growth, S. 2f.
45 Siehe dazu im Detail Kapitel 2.
46 Schulz, Migration, S. 378f.
47 Zolberg, International Migration Policies in a Changing World System, S. 251f., 265f.
48 Zu dieser Staatengruppe werden hier auch Staaten an der geographischen Peripherie Europas gezählt. Es wird also kein strenger politischer oder geographischer Europabegriff zugrunde gelegt.

Economies of Northwestern Europe‹: Belgien, die Bundesrepublik Deutschland, Frankreich, Luxemburg, die Niederlande, Österreich, Schweden und die Schweiz.[49] Weitere Länder aus dieser Staatengruppe wie Dänemark oder Norwegen bleiben wegen ihrer relativ geringen Bedeutung als Nachfrager auf dem internationalen Arbeitsmarkt oder einer nur kurzfristigen bzw. marginalen Integration in das Migrationssystem außen vor. Auch das Vereinigte Königreich wird aus der Untersuchung ausgeklammert, da seine Migrationsgeschichte weitgehend von den Entwicklungslinien der kontinentaleuropäischen Industriestaaten abwich und insofern einen Sonderfall darstellt.[50] Ebenso wird auch die Deutsche Demokratische Republik nicht gesondert betrachtet, da nur die Bundesrepublik Deutschland nach 1945 in das europäische Wanderungssystem eingebunden blieb. Zwar finden sich in der Migrationsgeschichte der DDR zahlreiche strukturelle Kontinuitäten zur Entwicklung der Arbeitsmigration nach Deutschland vor 1945. Sie müssen nach dem Zweiten Weltkrieg jedoch im Kontext des osteuropäischen Migrationssystems für Arbeitskräfte diskutiert werden.[51]

Für die Gruppe der Abwanderungsländer, die als Arbeitskräftereservoir für die europäischen Industriestaaten fungierten, dient der Stellenwert eines Landes für diesen internationalen Arbeitsmarkt als Auswahlkriterium, der sich etwa anhand der jeweiligen Anteile von Angehörigen eines Entsendestaates auf den nationalen Arbeitsmärkten der westeuropäischen Industriestaaten abschätzen lässt.[52] Als zweites Kriterium kommt, wie bei den Einwanderungsländern, eine langfristige Zugehörigkeit zum beobachteten Wanderungssystem hinzu, die von einer Verdichtung von Migrationsbeziehungen durch Wanderungsverträge flankiert werden muss. Nach diesem Schema kristallisieren sich die süd- bzw. südosteuropäischen Länder Italien, Griechenland, Spanien, Portugal und die Türkei und Jugoslawien sowie die nordafrikanischen Staaten Marokko, Algerien und Tunesien als zentrale Regionen heraus. Daneben wird auch Polen aufgrund seiner bis 1945 herausragenden Bedeutung für die europäische Arbeitsmigration einbezogen, obwohl es nach dem Zweiten Weltkrieg durch die Einbindung in den Ostblock von seinen alten Migrationsbeziehungen abgeschnitten wurde. Andere mittel- und osteuropäische Staaten, die zeitweise –

49 Fielding, Mass Migration and Economic Restructuring, S. 10.

50 Böhning, The Migration of Workers in the United Kingdom and the European Community, S. 49; Hoffmann-Nowotny, European Migration after World War II, S. 86; Tapinos, The Dynamics of International Migration in Post-War Europe, S. 127–144. Das Vereinigte Königreich bleibt aufgrund seines im Vergleich zu den kontinentaleuropäischen Staaten anderen Migrationsmusters und seiner nur rudimentären Einbindung ins europäische System der Arbeitsmigration ausgeklammert; vgl. dazu Salt/Ford, The United Kingdom, S. 325–340; Fielding, Migrants, Institutions and Politics, S. 48; sowie mit einem sehr differenzierten Vergleich Sturm-Martin, Zuwanderungspolitik in Grossbritannien und Frankreich, passim.

51 Vgl. beispielsweise Paschirbe, Zur Situation der Arbeitsmigranten in der DDR vor und nach dem Fall der Mauer am Beispiel von vietnamesischen Vertragsarbeitern; Levcik, Migration und Ausländerbeschäftigung in den RGW-Ländern und ihre Probleme.

52 Fassmann/Münz, Europäische Migration und die Internationalisierung des Arbeitsmarktes, S. 13.

vor allem zwischen den beiden Weltkriegen – Zugang zum europäischen Migrationssystem für Arbeitskräfte fanden, werden zwar in unterschiedlichen Zusammenhängen berücksichtigt, sind jedoch nicht Gegenstand eigenständiger Betrachtungen.

Bedingt durch den langen Betrachtungszeitraum änderte sich die Gestalt des durch diese Staaten gebildeten Wanderungssystems kontinuierlich, da ihm nur wenige Staaten über den gesamten Untersuchungsraum zuzurechnen sind. Es handelte sich vielmehr um eine durchaus gebrochene Expansion, Ausdifferenzierung und Verlagerung von Migrationsbeziehungen in wechselnden Konstellationen. In chronologischer Perspektive lässt sich dieses System folgendermaßen skizzieren: Nachfragegetrieben entwickelten sich vor dem Ersten Weltkrieg zunächst noch quasi isoliert voneinander fünf Teilsysteme. Ihre Bezugspunkte bildeten die wichtigsten Volkswirtschaften Kontinentaleuropas. Aus Italien strömte zwischen 1880 und 1914 eine wachsende Zahl von Arbeitskräften nach Frankreich, Belgien, Luxemburg sowie in die Schweiz und nach Deutschland. Das deutsche Kaiserreich seinerseits unterhielt darüber hinaus intensive Migrationsbeziehungen zu den österreichischen bzw. russischen Teilen Polens. Schon 1904 schlossen Frankreich und Italien den ersten völkerrechtlichen Vertrag zur Regulierung bestimmter Aspekte ihrer Arbeitsmarktbeziehungen und setzten damit den Anfangspunkt für die Entwicklung institutionalisierter Migrationsbeziehungen innerhalb dieses Systems.[53]

Während des Ersten Weltkrieges erfolgte die Anbindung der nordafrikanischen Kolonien Frankreichs, Algerien, Tunesien und Marokko. Ferner wurden Spanien und Portugal zu wichtigen Migrationspartnern Frankreichs und knüpften so erste Arbeitsmarktbeziehungen nach Mitteleuropa. Frankreich, Deutschland und die Schweiz blieben auch nach dem Ersten Weltkrieg die wichtigsten Zuwanderungsländer, aber auch Belgien und Luxemburg begannen, sich in das Wanderungssystem zu integrieren. Ab 1919 verdichtete sich parallel zum Wachstum des Migrationssystems das Netz zwischenstaatlicher Wanderungsabkommen, die sich zunehmend an internationalen Standards orientierten. In der Zwischenkriegszeit fanden auf der Seite der Entsendeländer zeitweise Ungarn, Jugoslawien und die Tschechoslowakei sowie andere osteuropäische Staaten Zugang. Gleichzeitig erneuerte das wiedervereinigte Polen seine Migrationsbeziehungen zu Deutschland und weitete diese nach Frankreich, Belgien und in die Niederlande aus.[54] Nach der Deformation des Wanderungssystems durch den Zweiten Weltkrieg setzte nach 1945 seine Rekonstruktion ein. Die bis in die 1930er Jahre bereits etablierten Migrationsbeziehungen bestanden größtenteils weiter, der ›Eiserne Vorhang‹ trennte allerdings Polen und die kleineren osteuropäischen Staaten wieder vom Migrationssystem ab. Von diesen Ländern gelang es einzig Jugoslawien, seine Arbeitsmarktbeziehungen nach Westeuropa zu erneuern.[55]

53 Siehe dazu Karte 1 im Anhang.
54 Siehe dazu Karte 2 im Anhang.
55 Siehe dazu Karte 3 im Anhang.

Während sich in Europa die Mehrzahl der schon vor dem Krieg existierenden Migrationsbeziehungen wiederbelebte, traten auf der Nachfragerseite zusätzlich Schweden, Österreich und die Niederlande hinzu. Außerdem verlagerte sich ein Teil der Nachfrage in Richtung Südosteuropa, wo Griechenland und die Türkei als neue Exporteure von Arbeitskräften in das Migrationssystem integriert wurden. Seine größte Dichte und Ausdehnung erreichte es schließlich in den 1960er Jahren. Den Höhepunkt der kumulierten Nachfrage und damit nicht nur seiner räumlichen Ausdehnung, sondern auch der Wanderungsintensität überschritt das europäische Arbeitswanderungssystem zwischen 1967 und 1972. Zu diesem Zeitpunkt bestanden zwischen den 18 Staaten des Migrationssystems mehr als 40 durch bilaterale Wanderungsverträge formalisierte Migrationsbeziehungen, die jeweils ein Zu- und ein Abwanderungsland miteinander verbanden. Die Wirtschaftskrise der 1970er Jahre führte dann zu einem abrupten Abbruch der Arbeitsmarktbeziehungen zwischen den Ab- und Zuwanderungsländern dieses Migrationssystems, das in dieser Form 1973/74 aufhörte zu existieren.[56]

1.2. Theoretische Überlegungen

Die Fragestellung zielt weniger auf die Erklärung der Ursachen von Migrationsbewegungen innerhalb eines Migrationssystems, sondern vielmehr auf die Analyse des Prozessverlaufs unter besonderer Berücksichtigung institutioneller Elemente. Vor diesem Hintergrund stellt sich die Frage, inwiefern die Erklärungsansätze unterschiedlicher migrationstheoretischer Angebote helfen können, die Komplexität der historischen Realität zu erfassen.[57]

Üblicherweise werden Migrationstheorien drei Richtungen zugeordnet: den klassischen ökonomischen Ansätzen, einer historisch-strukturierend vorge-

56 Es handelt sich dabei natürlich nicht um einen Schnitt, sondern um ein mehr oder weniger schnelles Auslaufen der Anwerbung und der daraus resultierenden Wanderungsbewegungen; vgl. Collinson, Europe and International Migration, S. 50f. Auf der hier untersuchten insitutionellen Ebene illustriert der deutsche Fall diesen Prozess gut: Die Abwicklung der Anwerbestellen und das Einstellen der Vermittlungsmaßnahmen bis hin zur Schließung der Dienststellen, bzw. der Neudefinition ihrer Aufgaben, und der Rückführung von Personal und Material verliefen über einen Zeitraum von mehr als zwei Jahren; BArch B 119 4146, Ergebnisprotokoll über die Dienstbesprechung mit den Direktoren der Auslandsdienststellen, Februar 1975.

57 Die große Zahl migrationstheoretischer Überblicksdarstellungen erlaubt es, an dieser Stelle auf eine ausführliche Diskussion der wichtigsten Theorieangebote zu verzichten. Stattdessen werden sie in Relation zur Fragestellung der Untersuchung verortet. Vgl. beispielsweise Massey, Theories of International Migration, S. 431–466; Stahl, Theories of International Labor Migration, S. 211–232; Massey, Worlds in Motion; ders., Why does Immigration Occur?, S. 34–52; Pries, Internationale Migration; Lebhart, Internationale Migration; Jennissen, Macro-economic Determinants of International Migration in Europe, S. 32–56; Düvell, Europäische und internationale Migration, Kapitel 4 und 5 sowie Harzig/Hoerder, What is Migration History?, Kapitel 3.

henden Schule sowie neueren Versuchen, die sich um komplexere Konstruktionen bemühen. Die Angebote dieser Theoriefelder konzentrieren sich entweder auf die Erklärung der Ursachen von Migration oder der Deutung des Verlaufs von Migrationsprozessen. Dabei gilt die Theorielandschaft als fachlich zersplittert und eher von unabhängigen, teils konkurrierenden Herangehensweisen als von dem Bemühen geprägt, einen integrierenden Ansatz zu entwickeln.[58]

Schon der Begründer der modernen Migrationstheorie, Ernst G. Ravenstein, ergänzte seine Erkenntnis, dass Migrationsbewegungen vor allem ökonomisch motiviert seien, da sie auf den Wunsch des Menschen zurückgingen, seine Lebensbedingungen zu verbessern, durch den Hinweis, dass staatliche Maßnahmen die Möglichkeiten oder die Art der Umsetzung solcher Entscheidungen beeinflussen können. Er verband damit nicht nur die Mikro- und die Makro-Perspektive, sondern bezog auch die Bedeutung der institutionellen Rahmenbedingungen von Migration in seine Überlegungen ein.[59] Auf diesen im Grunde umfassenden Ansatz folgte schnell eine zunehmende Spezialisierung migrationstheoretischer Modelle in den wissenschaftlichen Disziplinen, die sich des Themas annahmen: den Wirtschafts- und Sozialwissenschaften, der Politikwissenschaft oder der Geographie. Unter diesen konnten die Wirtschaftswissenschaften lange Zeit eine Führungsrolle bei der Erklärung der Ursachen von Migrationsbewegungen beanspruchen. In ihrer makroperspektivischen Ausprägung konzentriert sich die ökonomische Migrationstheorie ab den 1950er Jahren auf die Analyse von Migrationsbewegungen mithilfe eines Gleichgewichtsmodells. Es geht davon aus, dass ein Unterschied im Lohnniveau zwischen zwei Gebieten durch eine Wanderungsbewegung von der Region mit niedrigeren in diejenige mit höheren Löhnen ausgeglichen wird. In einer mikroperspektivischen Ergänzung dieses Ansatzes handeln Individuen in dem von durch die neoklassische Marko-Theorie gesteckten Rahmen nutzenmaximierend.[60]

Die neoklassischen Ansätze zielen vor allem auf die Ursachen für Migrationsentscheidungen und Wanderungsströme. Sie zählen damit insofern zum migrationstheoretischen Unterbau dieser Untersuchung, als sie die grundlegenden Zusammenhänge, die Arbeitsmigration auslösen, als erklärt annehmen kann. Des Weiteren geben die Implikationen der neoklassischen Ansätze interessante Hinweise auf spezifische Arten der Prozessgestaltung. Aus den negativen Effekten eines Ungleichgewichts zwischen Angebot und Nachfrage auf einem Arbeitsmarkt können Anreize für den Akteur *Staat* resultieren, der

58 Arango, Explaining Migration, S. 284.

59 Ravenstein, The Laws of Migration, 1885, S. 167–227; Ravenstein, The Laws of Migration, 1889, S. 241–301.

60 Vgl. exemplarisch Todaro, A Model of Labor Migration and Urban Unemployment in Less Developed Countries, S. 138–148, oder Todaro, Migration and Economic Development; eine neuere Übersicht bietet Kuschnereit, Migration und Arbeitsmarkt, S. 22f. Eine kritische Einschätzung dieser Ansätze und ihrer Konsequenzen findet sich bei Ghosh, Managing Migration, S. 100f.

in der Lage ist, die ordnungspolitischen Parameter eines Migrationsprozesses zu definieren, sein ökonomisch motiviertes Interesse oder Desinteresse an einem Ab- oder Zufluss von Arbeitskraft durch die Herstellung eines entsprechenden institutionellen Rahmens zu verfolgen.[61] Wenn Arbeitsmigration letztlich auf der Summe individueller Entscheidungen beruht und diese Entscheidungen von Nutzenerwägungen beeinflusst werden, die auf dem Verhältnis von Migrationskosten und Migrationsgewinnen basieren, so kann in Abhängigkeit von den Zielen, die nach einem nationalen Interessenausgleich durch einen Staat angestrebt werden, die aktive Gestaltung institutioneller Bedingungen für Arbeitsmigration erwartet werden, welche die materiellen und immateriellen Kosten individueller Arbeitsmigration senken und damit die Migrationsbereitschaft steigern bzw. erhöhen, um den entgegengesetzten Effekt zu erzielen.[62]

Die Weiterentwicklung dieser Ansätze durch die ›New Economics of Migration‹ trägt zum theoretischen Rahmen der vorliegenden Studie eine weitere Anregung bei. Ihre zentrale Aussage besteht in einer Differenzierung der Einkommens- zur Nutzenmaximierung kombiniert mit einer Erweiterung der Faktoren, die bei der Analyse von Migrationsentscheidungen berücksichtigt werden. Neben die individuellen Motive treten so die Einflüsse der sozialen Strukturen, in denen ein potentieller Migrant agiert.[63] Damit unterstreicht die Neue Migrationsökonomie die Bedeutung der Lohnüberweisungen von Arbeitsmigranten in ihr Heimatland als wichtiges Element der erweiterten Nutzenmaximierung und macht ihre außerordentliche Position als Bestandteil formalisierter Migrationsbedingungen plausibel.[64] Auch ein weiterer ökonomischer Theorieansatz hilft, die Fragestellung zu kontextualisieren. Die Theorie der segmentierten Arbeitsmärkte konzentriert sich auf die Erklärung der scheinbar nie endenden Nachfrage entwickelter Industriestaaten nach ausländischen Arbeitskräften.[65] Obwohl der Kern dieses Modells, das von einem geteilten Arbeitsmarkt in Industriestaaten ausgeht, aus dessen unterprivilegiertem Segment fortlaufend inländische Arbeitskräfte abwandern, wodurch von dort eine Sogwirkung in Richtung der Arbeitsmärkte unterentwickelter Staaten ausgeht, für die Beobachtung der institutionellen Verfassung von Migrationsprozessen nur von untergeordneter Bedeutung ist, bietet es zwei hilfreiche Erkenntnisse. Erstens erklärt die Theorie das lange Bestehen von Wanderungssystemen, die dem Transfer von Arbeitskräften dienen, ebenso wie die Motivation von Industriestaaten, solche Migrationssysteme zu stabilisieren und

61 Vgl. zur Rolle des Staates in Migrationsprozessen auf theoretischer Ebene Zolberg, Matters of State, S. 71–93.

62 Ghatak/Levine/Wheatley, Migration Theories and Evidence, S. 159–198; dazu auch kritisch Hoerder, Segmented Macrosystems and Networking Individuals, S. 73–84.

63 Stark, The Migration of Labor; Stark/Bloom, The New Economics of Labour Migration, S. 173–178.

64 Taylor, The New Economics of Labour Migration and the Role of Remittances in the Migration Process, S. 63–88.

65 Piore, Birds of Passage.

nach ihren Bedürfnissen zu gestalten. Zweitens macht sie die besondere Form dieser Migrationssysteme plausibel, die in der Regel aus unterentwickelten Staaten zusammengesetzt sind, die Arbeitskräfte entsenden, und hochentwickelten Volkswirtschaften, die auf den Import von Arbeitskraft angewiesen sind.

In ähnliche Richtung weist die Weltsystemtheorie, die Migration als Konsequenz des divergierenden Entwicklungsniveaus in unterschiedlichen Bereichen der Weltwirtschaft versteht, die sie in ein Zentrum, eine Semiperipherie und eine Peripherie unterteilt.[66] Entwicklungs- und Machtgefälle zwischen diesen Zonen sorgen dafür, dass Migrationsbewegungen weniger zu einer Nivellierung der Verhältnisse beitragen, sondern Strukturen konserviert werden, die den ökonomisch und politisch überlegenen Räumen den Zugang zu billiger Arbeitskraft garantieren, ohne dass deren Transfer im Gegenzug den Aufholprozess der peripheren Gebiete beschleunigt. Indem die Weltsystemtheorie den Fokus von der ökonomischen Perspektive auf einen verbreiterten historisch-politischen Kontext von Wanderungsbewegungen lenkt, stellt sie die Rolle staatlicher oder institutioneller Akteure bei deren Gestaltung heraus, der in den einfachen wirtschaftswissenschaftlichen Ansätzen unscharf bleibt. Gleichzeitig verliert die Weltsystemtheorie allerdings den Migranten als selbstbestimmtes Individuum aus dem Blick.[67]

Einen Gegenentwurf hierzu bietet die Theorie der Migrationsnetzwerke, die zwar auf Wurzeln zurückführbar ist, die bis in die 1920er Jahre reichen, zugleich aber eine weitere Vertreterin neuerer Migrationstheorien ist. Sie ergänzt in gewisser Hinsicht die ›New Economics of Migration‹ um eine differenziertere Auseinandersetzung mit dem Einfluss zwischenmenschlicher Beziehungen auf die Ausprägung von Migrationsprozessen. Dabei steht vor allem der Abbau von Wanderungshindernissen auf der individuellen Ebene durch den Aufbau sozialer, transnationaler Netzwerke im Vordergrund. Bei der Analyse von Migrationsnetzwerken geht man davon aus, dass die Vermittlung von Information, finanzielle Unterstützung, Hilfestellungen bei der Niederlassung, Eingewöhnung und Integration – im Grunde also das Senken von Kosten und der Abbau von Unsicherheit durch zielgerichtete menschliche Interaktion und den Aufbau von Beziehungssystemen – ein entscheidender Faktor für das Entstehen breiter Wanderungsströme ist und den Verlauf individueller Migrationen stark beeinflusst.[68]

Wenn dieser Zusammenhang wichtig für den positiven Verlauf eines Migrationsprozesses ist, wird nachvollziehbar, warum Staaten, die Arbeits-

66 Wallerstein, The Modern World-System; Sassen, The Mobility of Labor and Capital; dies., Globalization and its Discontents.

67 Papademetriou/Martin, Labour Migration and Development, S. 9f.

68 Massey, Why does Immigration Occur?, S. 44; Massey erweitert die Netzwerktheorie um die Vorstellung, dass Migrationsnetzwerke den Transfer und die Konversion von sozialem Kapital erleichtern; vgl. dazu auch die Entwicklung eines behavioristischen Migrationsmodells auf dieser Grundlage bei Waldorf/Esparza/Huff, A Behavioral Model of International Labor and Nonlabor Migration, S. 961–973.

kräftewanderung induzieren möchten, die Leistungen sozialer Netzwerke durch Wanderungsverträge institutionalisieren. Sie machen diese dadurch derjenigen Personengruppe, an deren Migration Interesse besteht, zugänglich, während unerwünschter Migration die Unterstützung verweigert werden kann. Zugleich erleichtert die Kontrolle über solche Mechanismen die Regulierung von Migration. Eine Erweiterung des Ansatzes, der diesen Aspekt integriert, bietet das Konzept der Migrationsinstitutionen, das die katalytischen Effekte von sozialen Netzwerken, die als Institutionen aufgefasst werden können, auf ein breiteres Verständnis überträgt. So können alle formellen und informellen, organisatorischen, sozialen und normativen Institutionen in die Analyse einbezogen und hinsichtlich ihres Einflusses auf den Verlauf von Wanderungsprozessen untersucht werden. Jeder Rahmen, in dem Akteure mit gleichen oder unterschiedlichen Zielen und Potentialen prozessgestaltend interagieren, wird so untersuchungsrelevant.[69] Damit ist dieser Ansatz zwar so weit gefasst, dass seine Schärfe beim Herausarbeiten spezifischer Aspekte des institutionellen Umfelds von Wanderungsbewegungen begrenzt bleibt, dennoch ist er insbesondere beim Verorten organisierter Arbeitskräfterekrutierung auf der Grundlage zwischenstaatlicher Abkommen hilfreich.[70]

Ähnlich wie die Netzwerktheorie und der Institutionenansatz zielt das Modell der kumulativen Kausalität von Wanderungsbewegungen stärker auf die Analyse des Migrationsprozesses als auf das Herausarbeiten seiner eigentlichen Ursachen. Die Vorstellung, dass die Handlungen und Entscheidungen aller beteiligten Akteure durch ihre verändernde Wirkung auf die Realität ein Konglomerat sich gegenseitig verstärkender Faktoren schaffen, die in ihrer Summe eine Wanderungsbewegung verstärken – oder abschwächen – können, bietet einen Ansatz für das Verständnis der Eigendynamik von Migrationsbewegungen, insbesondere solcher, die auch nach dem Auslaufen der sie ursprünglich bedingenden Konstellationen als sich selbst tragende Wanderungsströme fortbestehen.[71] Daran angelehnt lässt sich vermuten, dass staatliche Interventionen in Migrationsprozesse auf der einen Seite bewusst oder unbewusst einen diese Eigendynamik verstärkenden Effekt oder gar eine entsprechende Intention besitzen können und auf der anderen Seite die Konstruktion eines institutionellen Gefüges, in dessen Bahnen sich Migration vollziehen soll, der Kontrolle dieser Eigendynamik dienen.

Ebenfalls einen bedeutenden Beitrag zur Erfassung komplexer Migrationsprozesse leistet die systemtheoretische Annäherung über die Suche nach sowie die Analyse von größeren geographisch, demographisch oder institutionell definierten Strukturen. Solche Wanderungssysteme sind relativ stabile, untereinander verbundene Räume bzw. Punkte, die ebenso Städte oder Regionen wie

69 Lindquist, Migration Networks, S. 75–104; ders./Goss, Conceptualizing International Labor Migration, S. 317–335.

70 Prothero, Labor Recruiting Organizations in the Developing World, S. 211–228; ders., Le recrutement des travailleurs étrangers par l'Afrique du Sud, S. 101–113.

71 Massey, Worlds in Motion; ders., International Migration.

Staaten sein können, zwischen denen Wanderungsströme verlaufen bzw. Migrationsbeziehungen bestehen.[72] Gestalt und Dauerhaftigkeit solcher Systeme können ebenso wie die Dynamik der die Knoten des Systems verbindenden Wanderungen wiederum mithilfe der analytischen Instrumente anderer Theoriebeiträge analysiert werden. Die Perspektive auf Migrationsprozesse erweitert sich durch eine Systemanalyse darüber hinaus um die Interdependenz von Migrationsbeziehungen.[73] In diesem Zusammenhang ist das Konzept der Migrationskanäle hilfreich, um die zwischen den Punkten eines Migrationssystems verlaufenden Wanderungsströme zu strukturieren.[74] Man geht dabei davon aus, dass zwischen zwei Punkten unterschiedliche Migrationskanäle verlaufen, die verschiedenen Zwecken dienen, alternativ oder exklusiv nutzbar sein können und bestimmte Einmündungs- und Zielpunkte haben, die durch spezifische Transfermechanismen miteinander verbunden sind.[75] Mit Hilfe dieser Vorstellung können Migrationsbewegungen mit unterschiedlicher Auflösung seziert werden. Ebenso wie sich in der Makro-Perspektive die Migrationskanäle politisch oder ökonomisch bedingter Migrationen mit ihren Primär- und Sekundärwanderungen herausarbeiten lassen, können innerhalb einzelner Formen von Migration, etwa von Arbeitsmigration, gegebenenfalls Migrationskanäle voneinander unterschieden, auf ihre Funktion und Gestalt verglichen sowie hinsichtlich der zwischen ihnen bestehenden Wechselwirkungen untersucht werden.[76]

Schon diese knappe Skizze macht deutlich, dass die Beiträge der wichtigsten Migrationstheorien für den Aufbau einer historischen Untersuchung des Phänomens Arbeitsmigration auf zwei Ebenen nutzbar sind. Erstens erleichtern sie die Abgrenzung des Untersuchungsgegenstandes durch die Erklärung von Zusammenhängen, die nicht im engeren Sinne der Fragestellung zuzurechnen sind und daher keiner ausführlichen Darstellung bedürfen. Zweitens ermöglicht eine Synthese der Erkenntnisse unterschiedlicher Theorien, ein operationalisierbares Modell der Fragestellung herzuleiten.

Ungleichgewichte zwischen Angebot und Nachfrage auf nationalen Arbeitsmärkten müssen als Ursachen von Arbeitsmigration nicht hinterfragt werden. Die Verteilung von Überangebots- und Mangelsituationen auf einem internationalen Arbeitsmarkt wiederum ist stark von den unterschiedlichen Entwicklungsstadien abhängig, in denen sich einzelne Volkswirtschaften befinden. Diese resultieren ihrerseits nicht nur aus unterschiedlichen Entwick-

72 Vgl. für eine Abgrenzung der Begriffe ›Netzwerk‹ und ›System‹ exemplarisch Holzer, Netzwerke und Systeme, S. 156f.

73 Mabogunje, Systems Approach to a Theory of Rural-Urban Migration, S. 193–206; Zlotnik, Empirical Identification of International Migration Systems, S. 19–41; Jackson/Moch, Migration and the Social History of Modern Europe, S. 52–62.

74 Nogle, The Systems Approach to International Migration, S. 329–341.

75 Findlay, A Migration Channels Approach to the Study of Professionals Moving to and from Hong Kong, S. 682–703; ders., A Migration Channels Approach to the Study of High Level Manpower Movements, S. 15–23.

76 Auf die Bedeutung von Migrationskanälen für Migrationssysteme verweist auch Düvell, Europäische und internationale Migration, S. 112f.

lungsvoraussetzungen, sondern auch aus Abhängigkeiten, die sich aus der ungleichen Verteilung ökonomischer und politischer Macht herleiten lassen. Über die Zeit ergeben sich in einer solchen Konstellation zwar Niveauverschiebungen und geographische Verlagerungen bzw. Veränderungen der zentralen und peripheren Räume, am grundlegenden Mechanismus ändert sich jedoch auch langfristig wenig. Wir können in dem festgelegten Untersuchungsgebiet also ein Wanderungssystem erwarten, in dem nachfragegetrieben Arbeitsmigration stattfindet, die aus einem strukturell bedingten räumlich ungleich verteilten Mangel bzw. Überangebot an Arbeitskraft resultiert und von weniger entwickelten in höher entwickelte Staaten verläuft. Dieses Migrationssystem ist ein säkulares Phänomen, das jedoch seine konkrete Gestalt im Untersuchungszeitraum verändert, wenn neue Staaten, bedingt durch ihre ökonomische und politische Entwicklung, zu Nachfragern werden, die Nachfrage das Angebot innerhalb des Systems so stark übersteigt, dass sie eine Expansion auslöst oder Staaten aus ökonomischen oder politischen Gründen aus der Gruppe der Arbeitskraftexporteure ausscheiden. Weiterhin ist zu erwarten, dass bei der Gestaltung internationaler Arbeitsmigration im 20. Jahrhundert die europäischen Nationalstaaten, die als Nachfrager nach Arbeitskräften auftreten, zu wichtigen Akteuren werden und aufgrund ihrer Gestaltungsmacht prägenden Einfluss auf den Prozess gewinnen. Sie übernehmen die Definition des institutionellen Rahmens moderner Arbeitsmigration in Form von staatlichen und zwischenstaatlichen Normen und sorgen nicht nur für deren Durchsetzung, sondern beteiligen sich darüber hinaus aktiv an deren praktischer Ausgestaltung. Der Staat bestimmt also auf der normativen und auf der organisatorischen Ebene die Entscheidungs- und Handlungsspielräume der anderen Akteursgruppen.

Der grundlegende normative Rahmen, den die beteiligten Staaten für Arbeitsmigration vorgeben, besteht zunächst aus der entsprechenden nationalen Gesetzgebung. Eine nächste Komponente sind die vertraglich fixierten bilateralen Verbindungen zwischen beiden Sphären. Diese können in einem dritten Schritt in multilaterale Strukturen münden, in denen sich mehrere Aus- und Einwanderungsländer zusammenschließen. Die Bausteine dieser Systeme bilden jedoch bilaterale Arbeits- oder Migrationsbeziehungen, sodass es an diesem Punkt noch nicht zu multilateral einheitlichen Normen kommt. In solchen Migrationssystemen, die aus vielen Ab- und Zuwanderungsländern bestehen und durch bilaterale Wanderungsbeziehungen charakterisiert sind, entstehen Konkurrenzsituationen immer dann, wenn mehrere Nachfrager nach Arbeitskraft auf dem Arbeitsmarkt eines Anbieterstaates Arbeitskräfte suchen. Diese Konstellation kann sich auch bei einem quantitativ unbegrenzten Angebot an Arbeitskraft entwickeln, da Migranten hinsichtlich ihres arbeitsmarktrelevanten Humankapitals keine homogene Gruppe bilden und sich der Wettbewerb in der Regel im oberen Segment dieses Angebots konzentriert. Umgekehrt können die Arbeitnehmer aus mehreren Staaten in einem Zielland um solche Arbeitsplätze konkurrieren, die ausländischen Arbeitnehmern offenstehen. Dieser Wettbewerb wiederum muss sich auf die Verfassung bilateraler Migrationsbeziehungen auswirken. Dies unterstreicht den Nutzen eines komparativen Ansatzes, der nicht nur die 1:n-Beziehung eines Nachfragers zur mehreren Anbietern von Arbeitskraft oder umgekehrt berücksichtigt, sondern das komplexe Geflecht von Beziehungen der Form n:m, in dem jeder Nachfrager mit mehreren Anbietern und jeder Anbieter mit mehreren Nachfragern interagiert.[77]

Die Migrationsbeziehungen zwischen den Systemknoten setzen sich schließlich aus unterschiedlichen Migrationskanälen zusammen. Die Anwerbung von Arbeitskräften durch staatliche Stellen oder staatlich beauftragte Organisationen ist ein solcher Migrationskanal. Bilaterale Abkommen sind das Instrument, mit dem solche Migrationskanäle definiert und formalisiert werden. Eine grundsätzliche Eigenschaft organisierter Arbeitsmigration verdeutlichen verschiedene migrationstheoretische Ansätze, die das Handlungsumfeld der Migranten analysieren: Es handelt sich um die Art von Arbeitsmigration, die den Migranten selbst die Bewältigung des Prozesses am stärksten erleichtert, indem sie Probleme und Hürden, die sonst beispielsweise mithilfe von sozialen Netzwerken oder anderen Migrationsinstitutionen – etwa solchen, die illegale Migration ermöglichen – überwunden werden müssen, durch institutionalisierte Mechanismen reguliert. Damit wird diese Form der Wanderung allerdings auch zu derjenigen, die den Migranten für die beteiligten Staaten am stärksten kontrollierbar und abhängig macht und es darüber hinaus erleichtert, ihn auf bestimmte Eigenschaften zu reduzieren.

Neben dieser Ausprägung moderner Arbeitsmigration existieren drei weitere Migrationskanäle, die sich anhand ihrer Ziel- und Endpunkte sowie ihrer Transfermechanismen unterscheiden – oder ähneln – können. Erstens die illegale Migration, verbunden mit dem illegalen Aufenthalt im Zielland, zweitens die illegale Migration mit anschließender Legalisierung des Aufenthalts bzw. der Arbeitsmarktpräsenz, drittens die legale Zuwanderung über die dafür jenseits der staatlichen Anwerbung vorgesehenen Wege. Wenn also die staatlich regulierte Anwerbung nur einer von mehreren Migrationskanälen ist, resultieren daraus sieben Fragen: Was unterscheidet diesen Weg von anderen, welche Ziele verbinden die beteiligten Staaten mit der Etablierung dieses Weges, welche Wechselwirkungen bestehen zwischen den alternativen Migrationskanälen und in welchem Verhältnis stehen die Migrationskanäle gleicher Art zueinander, die sich in mindestens einem Partner unterscheiden? Gibt es also Zusammenhänge zwischen der Art, in der ein Zuwanderungsland die Migrationskanäle einer Art zu unterschiedlichen Migrationspartnern gestaltet, wie verhalten sich die Migrationskanäle eines Auswanderungslandes, die ihren Ursprung in verschiedenen Zielstaaten haben, zueinander und welche Gemeinsamkeiten und Unterschiede sind zwischen den Migrationskanälen verschiedener Staaten einer Kategorie erkennbar?

Schließlich bildet die Betrachtung von Veränderungen über die Zeit und nicht bloß einzelner Zustände den Kern geschichtswissenschaftlicher Arbeit.

77 Vgl. dazu jetzt auch Rass, Bilaterale Wanderungsverträge, S. 103f.

Dem Prozesscharakter von Migration nicht nur auf der individuellen, sondern gerade auf der überindividuellen Ebene muss daher besondere Aufmerksamkeit gelten. Aus der Sicht eines einzelnen Migranten beginnt und endet seine Wanderung zu bestimmten Zeitpunkten, etwa mit der dauerhaften Niederlassung im Einwanderungsland oder mit der Rückkehr in sein Herkunftsland. Insgesamt bestehen Migrationsbewegungen aber aus einem Kontinuum zahlreicher parallel verlaufender und sich in Anfang und Ende temporal überlappender Einzelmigrationen. Eine biographische Episode wird so zum Baustein eines sich über lange Zeiträume hinweg erstreckenden und keineswegs kontinuierlich verlaufenden Prozesses.[78] Der Institutionenansatz oder die Theorie von der kumulativen Kausalität von Migration, die sich zur Erfassung der Veränderung von Migrationsbewegungen über Raum und Zeit an die Strukturationstheorie anlehnen, machen fortlaufende Wechselwirkungen zwischen einem realen Prozess und seinem institutionellen Rahmen plausibel.[79] Aus dieser Annahme folgt die Erwartung von Verschiebungen in der Verfassung von Arbeitsmigration auf der Makro-Ebene, also beispielsweise in der Wertigkeit unterschiedlicher Migrationskanäle, und auf der Mikro-Ebene, etwa durch Veränderungen von Institutionen, die einzelne Migrationskanäle prägen, die jedoch nicht nur von Faktoren im engeren Kontext der jeweiligen Migrationsbeziehung, sondern von Veränderungen an einer beliebigen Stelle innerhalb eines Wanderungssystems abhängen können.

Diese Überlegungen lassen sich zu acht Thesen als Leitlinien dieser Untersuchung verdichten. Die ersten vier Thesen bilden Grundannahmen, die keiner eigenständigen Analyse unterzogen werden. Die vier letzten Thesen markieren im engeren Sinne Anhaltspunkte für die Beantwortung der Fragestellung:

Erstens können in Bezug auf die zu beobachtenden Migrationsbewegungen Ungleichgewichte auf Arbeitsmärkten als Ursache für Migrationschancen angenommen werden. Zweitens reagieren Individuen in einem von komplexen Zusammenhängen definierten Handlungsrahmen auf diese Migrationschancen. Drittens resultieren aus der Verteilung von Arbeitskräften und Arbeitsplätzen, die nicht zuletzt historisch bedingt ist, die konkreten Wanderungsbewegungen, die ein Wanderungssystem konstituieren. Viertens werden Gestalt und Dauerhaftigkeit dieses Systems durch politische, geographische und ökonomische Eigenschaften der Knotenpunkte des Migrationssystems bestimmt, wobei in der Regel von mittelfristig stabilen Strukturen ausgegangen werden kann.

Fünftens herrscht in multipolaren Migrationssystemen, die dem Transfer von Arbeitskraft dienen und durch n:m-Beziehungen zwischen nachfragenden und anbietenden Systemknoten gekennzeichnet sind, Konkurrenz um den Faktor Arbeit auf einem internationalen Arbeitsmarkt. Sechstens zeichnen sich solche Systeme bzw. Arbeitsmärkte durch ein Institutionengeflecht aus, das

---

78 Moch, Dividing Time, S. 49f.

79 Giddens, The Constitution of Society, S. 121–142; ders., Die Konstitution der Gesellschaft, sowie vor allem Lindquist/Goss, Conceptualizing International Labor Migration, S. 317–335, und Shrestha, Institutional Policies and Migration Behavior, S. 329–345.

maßgeblich von den beteiligten Staaten vorgegeben, allerdings von anderen Interessengruppen bzw. Arbeitsmarktparteien beeinflusst werden kann. Siebtens setzen sich Migrationsbeziehungen innerhalb eines Wanderungssystems aus mehreren Migrationskanälen zusammen, unter denen die Anwerbung von Arbeitskräften auf der Grundlage bilateraler Wanderungsverträge nur einer, jedoch der am stärksten regulierte ist. Achtens beeinflussen sich reale Wanderungsvorgänge und deren institutioneller Rahmen im Verlauf des Migrationsprozesses gegenseitig. Veränderungen auf beiden Ebenen müssen also auf ihren kausalen Zusammenhang überprüft werden.

1.3. Forschungsstand und Quellen

Menschliche Wanderungen sind in der Geschichte ein fast omnipräsentes Phänomen. Ihre Beobachtung und Analyse haben sich daher seit dem Aufkommen der modernen Wissenschaft zu einem Forschungsfeld entwickelt, zu dessen Bearbeitung neben der Geschichtswissenschaft auch eine Fülle weiterer Disziplinen wie die Wirtschaftswissenschaften, die Soziologie, die Politikwissenschaft, die Rechtswissenschaft oder die Wirtschaftsgeographie beigetragen haben. Dieses wissenschaftliche Interesse an Migration hat parallel zum Entstehen der modernen Nationalstaaten seit dem 19. Jahrhundert kontinuierlich zugenommen. Es hat nicht nur zu einem sehr stark differenzierten Feld von Forschungsrichtungen und Fragestellungen geführt, sondern auch dazu, dass die historische Migrationsforschung auf wissenschaftliche Arbeiten und andere Publikationen aus mehreren Jahrhunderten zurückgreifen kann, die nicht nur wertvolle Informationen bieten, sondern auch Einsichten in die wechselnden Formen der Auseinandersetzung mit dem Phänomen.[80] Dieser Befund gilt für jeden Staat, der als Ein- oder Auswanderungsland von Migrationen betroffen ist. Die Literaturlage für die Bearbeitung einer Fragestellung, die sowohl zeitlich als auch räumlich weit ausgreift, zeichnet sich daher durch große Vielfalt und Dichte aus. Auf einen Überblick zur Literaturlage für die achtzehn in dieser Untersuchung zu diskutierenden Länder wird aus diesem Grund mit dem Hinweis auf den Anmerkungsapparat der einzelnen Kapitel verzichtet. Stattdessen sollen drei Fragen als Orientierung über die Quellen- und Literaturgrundlagen dieser Arbeit dienen: Inwiefern haben komparative Ansätze einen Beitrag zur historischen Migrationsforschung geleistet, auf welche Vorarbeiten kann die Analyse bilateraler Wanderungsabkommen bzw. der staatlich regulierten Anwerbung von ausländischen Arbeitnehmern zurückgreifen und wie ist für diesen Aspekt die länderspezifische Forschungslage?

Seit den 1970er Jahren ist eine Vielzahl von Arbeiten erschienen, die sich mit der europäischen Migrationsgeschichte auseinandersetzen. Diese Konjunktur rührte von der zu diesem Zeitpunkt einsetzenden Beschäftigung mit

80 Hahn, Migration – Arbeit – Geschlecht, Kapitel I.

den Konsequenzen der Arbeitsmigration in Europa und der aus ihr resultierenden Einwanderung her.[81] Komparative Untersuchungen entstehen nicht selten als Sammelbände, in denen Fachwissenschaftlerinnen und Fachwissenschaftler aus den zu bearbeitenden Staaten Einzelbeiträge liefern, die entweder als Überblicksdarstellungen konzipiert sind oder sich auf einzelne Fragestellungen konzentrieren. Meist bilden jedoch allgemeine Topoi wie Ein- oder Auswanderung, Ausländerpolitik oder gesellschaftliche bzw. ökonomische Aspekte von Migration den gemeinsamen Nenner. Die komparativ angelegte Analyse der Teilergebnisse fällt allerdings häufig knapp aus oder fehlt. So bieten derartige Handbücher in erster Linie eine gute Grundlage für die Annäherung an einzelstaatliche Entwicklungen.[82] Einen konzeptionell für die vorliegende Untersuchung richtungweisenden Ansatz hat dagegen Thomas Hammar bereits 1985 mit einer zweiteiligen Studie vorgelegt, in der zunächst Spezialisten für die Migrationsgeschichte von sechs Staaten, die es zu vergleichen galt, Darstellungen der jeweiligen Migrationspolitik präsentierten, bevor der Autor und Herausgeber darauf aufbauend eine vergleichende Analyse durchführte, die fast die Hälfte des Bandes einnimmt.[83] Eine zweite Richtung mit prinzipiell komparativem Zugang hat chronologische Darstellungen der Migrationsgeschichte auf supranationaler Ebene nicht zuletzt mit dem Ziel erarbeitet, lokale, regionale und nationale Entwicklungen eines globalen Geschehens miteinander in Beziehung zu setzen.[84] Weniger umfassend in der Wahl der Untersuchungsobjekte sind vergleichende Arbeiten, die sich auf nur wenige, meist zwei Staaten und ihre Migrationsgeschichte beziehen.[85] Naturgemäß können entsprechende Untersuchungen eine detailreichere Darstellung bieten und sind in der Regel aus Primärquellen erarbeitet. Gleichzeitig ist ihr Horizont jedoch für jedes Phänomen, das für ein ausgedehntes Wanderungssystem Bedeutung besitzt, bereits zu sehr eingeengt, um die Zusammenhänge und Wechselwirkungen zwischen den Migrationsbeziehungen aller miteinander verbundenen Migrationspartner zu erfassen. Gleiches gilt in weit höherem Maß für Monographien, die sich auf die Migrationsgeschichte nur eines Landes beschränken.[86] So viel diese Studien zu speziellen Fragestellungen beitra-

81 Vgl. exemplarisch Krane, International Labor Migration in Europe; Nam/Serow/Sly, Handbook on International Migration; Kubat, The Politics of Migration Policies; Cohen, The Cambridge Survey of World Migration; Wihtol de Wenden, L'Europe et toutes ses migrations; Hirschmann/DeWind/Kasinitz, The Handbook of International Migration; Gieler, Handbuch der Ausländer- und Zuwanderungspolitik; Zimmermann, European Migration.

82 So auch Bade u.a., Migration in Europa.

83 Hammar, European Immigration Policy. Als ein ähnlich konzeptioniertes und ebenfalls gelungenes Beispiel vgl. nun auch Ahonen, People on the Move.

84 Vgl. exemplarisch Hoerder, Cultures in Contact; Bade, Europa in Bewegung; Manning, Migration in World History, sowie Lucassen, Immigrant Threat.

85 Vgl. exemplarisch Hoffmann-Nowotny, Ausländer in der Bundesrepublik Deutschland und in der Schweiz; Fetzer, Public Attitudes toward Immigration in the United States, France, and Germany; Sturm-Martin, Zuwanderungspolitik in Großbritannien und Frankreich; Togman, The Ramparts of Nations; Lunn, Großbritannien.

86 Vgl. exemplarisch Noiriel, The French Melting Pot; Caestecker, Alien Policy in Belgium, 1840–1940; Herbert, Geschichte der Ausländerpolitik in Deutschland.

gen, so wenig können sie die Bedeutung einzelner Phänomene einem internationalen Vergleich aufschließen. Länderübergreifende Überblicke leiden an ihrer Allgemeinheit, länderspezifische Monographien an ihrer Spezialisierung. Gerade die Einzeldarstellungen, die in der Geschichtsschreibung jedes Landes sowohl als Gesamtdarstellung der Migrationsgeschichte als auch in Form von Untersuchungen zu einzelnen Wanderungsphänomenen vorliegen, sind aber auch der wahrscheinlichste Fundort von Informationen zu speziellen Fragen. Forschungsansätze, Herangehensweisen und Fragestellungen bilden im internationalen Vergleich jedoch ein so heterogenes Feld, dass es schwierig ist, für eine große Zahl von Staaten – oder Migrationen – wissenschaftliche Ergebnisse zu einem bestimmten Teilaspekt in vergleichbarer Dichte und Qualität zusammenzutragen. Zudem zeigen auch umfassende Recherchen, dass hinter den großen Fragen der Migrationsforschung nach Ursachen, Folgen und Prozessen auf politischer, ökonomischer und gesellschaftlicher Ebene zahlreiche Bereiche der Migrationsgeschichte noch im Dunkeln liegen. Vor allem die ökonomische Seite von Arbeitsmigration, die politischen Rahmenbedingungen sowie sozialwissenschaftliche Fragestellungen hinsichtlich der Migranten und der sie aufnehmenden Gesellschaften erfreuen sich traditionell großer Beliebtheit, sind sie doch zu fast jeder Zeit nicht nur von historischem Interesse, sondern besitzen auch immer große, zeitspezifische Aktualität. Darunter leidet nicht selten die Auseinandersetzung mit Detailfragen, insbesondere mit Phänomenen, die weniger mit Ursachen und Folgen als mit dem Migrationsprozess selbst in Zusammenhang stehen. Dies ist umso mehr bedauerlich, als derartige Phänomene häufig prägend auf die Strukturen von Wanderungsbewegungen wirken und somit von großer Bedeutung für deren Auswirkungen auf Ausgangs- und Zielgesellschaft sind. So verhält es sich auch mit den bilateralen Wanderungsabkommen im Kontext der innereuropäischen Arbeitsmigration des 20. Jahrhunderts. Eine sich mit ihnen beschäftigende, historisch arbeitende Forschung existiert derzeit allenfalls für einzelne Migrationskanäle, aber weder für einzelne Länder noch auf supranationaler oder zeitlich übergreifender Ebene.

In der deutschen Migrationsforschung zur Arbeitsmigration nach 1945 werden die Wanderungsverträge der Bundesrepublik Deutschland und die auf ihrer Grundlage organisierte Anwerbung von ausländischen Arbeitnehmern zwar regelmäßig und bisweilen durchaus vergleichend thematisiert. Die Perspektive ist jedoch stets auf Deutschland als Einwanderungsland beschränkt und die Fragestellungen sind vorwiegend politikwissenschaftlicher oder sozialwissenschaftlicher Natur.[87] Zudem fehlt bis auf wenige Ansätze die epochenüberspannende Auseinandersetzung, sodass – bezogen auf Deutschland –

87 Vgl. exemplarisch Steinert, Migration und Politik; Sonnenberger, Nationale Migrationspolitik und regionale Erfahrung; Hunn, »Nächstes Jahr kehren wir zurück ...«; Knortz, Diplomatische Tauschgeschäfte. Erste Einblicke aus spanischer Perspektive bieten Muñoz Sánchez, Die spanische Arbeitsmigration in die Bundesrepublik Deutschland, sowie Sanz-Diaz, España y la Republica Federal de Alemania (1949–1966).

Befunde zur Zwischenkriegszeit und zur Nachkriegszeit noch unverbunden nebeneinanderstehen.[88] Was bereits für das Phänomen der Zwangsarbeit oder allgemeine Analysen von Kontinuitäten in der Ausländerpolitik gelungen ist, gilt es nun also auch für andere Bereiche der Migrationsforschung anzustreben.[89] In der französischen Forschung spielen bilaterale Wanderungsabkommen vor allem in älteren Arbeiten eine gewisse Rolle. Aufgegriffen haben das Thema jedoch vor allem Juristen bzw. Rechtshistoriker.[90] Daneben existieren wenige Darstellungen, die sich auf bestimmte Migrationsbeziehungen im Hinblick auf die Anwerbung von Arbeitskräften unter Nutzung von Wanderungsabkommen konzentrieren.[91] Ähnlich verhält es sich auch mit der Forschungslage in anderen Ländern. Neben den bereits thematisierten Formen der Auseinandersetzung mit Anwerbung und Wanderungsvertrag als Teil breiter dimensionierter Arbeiten liegt allein für Belgien eine systematische Analyse aller Anwerbeabkommen vor, die Belgien nach dem Zweiten Weltkrieg abgeschlossen hat.[92] Überraschenderweise fehlt auch auf Seiten der Auswanderungsländer weitgehend eine systematische Erforschung dieses Teils des institutionellen Rahmens von Arbeitsmigration. Nur zu Marokko liegen in Ansätzen bereits entsprechende Ergebnisse vor.[93]

Noch weniger gut ist die Situation in Bezug auf den Vergleich von Inhalt und Auswirkungen von Wanderungsverträgen oder der Netze von Migrationsbeziehungen, die ein Staat mit ihrer Hilfe errichten kann, zwischen mehreren Ein- oder Auswanderungsländern oder innerhalb eines multipolaren Migrationssystems. Es gibt zwar komparative Untersuchungen zu den Migrationspolitiken einzelner Länder, keine einzige reicht jedoch systematisch bis zu der Ebene der institutionellen Rahmenbedingungen, die hinter den Ausländer-, Ein- oder Auswanderungsgesetzen liegt. Die einzige und letzte vergleichende Studie zu Wanderungsverträgen, die insbesondere die Abkommen über Arbeitsmigration europäischer Staaten untereinander berücksichtigt, stammt bezeichnender Weise aus der Zwischenkriegszeit.[94] Nur Untersuchungen, die sich mit dem Einfluss supranationaler Organisationen, insbesondere der Internationalen Arbeitsorganisation (International Labour Organization, ILO), be-

88 Eine interessante Ausnahme bildet Sala, Die Anwerbung italienischer Arbeitskräfte für die deutsche Wirtschaft.

89 Vgl. exemplarisch Bade, Auswanderer, Wanderarbeiter, Gastarbeiter; ders., Population, Labour and Migration in 19th- and 20th-Century Germany; ders., Vom Auswanderungsland zum Einwanderungsland; Oltmer, Migration steuern und verwalten.

90 Flory, Accords de main-d'œuvre et modèles de développement; Picard, Les conventions bilatérales passées par la France; Leben, Le droit international et les migrations des travailleurs.

91 Vgl. als herausragendes Beispiel Ponty, Polonais méconnus.

92 Vincineau, Les traités bilatéraux relatifs à l'emploi et au séjour en Belgique des travailleurs immigrés.

93 Boudahrain, Les principales orientations des accords bilatéraux de main-d'œuvre au Maroc; Belguendouz, L'émigration des travailleurs marocains.

94 Noher, Die internationalen Verträge über die Aus- und Einwanderung. Auch Imre Ferenczi hat sich bereits Anfang der 1920er Jahre mit der Bedeutung zwischenstaatlicher Abkommen für die Regulierung von Arbeitsmigration befasst; vgl. Ferenczi, Die internationale Regelung der kontinentalen Arbeiterwanderungen in Europa.

fassen, streifen nicht selten auch die Frage der völkerrechtlichen Verträge, die regulierte Arbeitsmigration ermöglichen.[95] Auch die Ergebnisse der Auseinandersetzung mit zwischenstaatlichen Wanderungsabkommen zum Zweck der Steuerung von Arbeitsmigration nach der Wende zum 21. Jahrhundert bleiben in ihrer historischen Dimension flach und überschreiten kaum die Grenzen der bilateralen Analyse bzw. der Betrachtung solcher Gruppen von Abkommen, die jeweils einen gemeinsamen Vertragspartner aufweisen.[96] Die gestaltende Funktion von bilateralen Wanderungsverträgen wissenschaftlich zu untersuchen und aufzuzeigen, wie sich über einen längeren Zeitraum das Netz der Anwerbeabkommen entwickelt hat, um herauszuarbeiten, wie sich das Instrument im Allgemeinen sowie durch Interdependenzen und Wechselwirkungen in seinen spezifischen Ausprägungen im Besonderen entwickelt hat, ist eine noch zu lösende Aufgabe der historischen Migrationsforschung.

Damit steht jedoch der Anspruch, dieses Phänomen auf der Ebene eines Wanderungssystems zu bearbeiten vor dem Problem, dass es zwar ausreichend allgemeine, aber kaum spezielle und keine bereits komparativ angelegten Vorarbeiten gibt. Nichtsdestotrotz haben bilaterale Wanderungsverträge auf der normativen wie auf der praktischen Ebene verschriftlichte Spuren hinterlassen, die als Quellen herangezogen werden können. Neben den Beiträgen der neueren Forschung existiert ein umfangreiches älteres Schriftgut, das den gesamten Untersuchungszeitraum abdeckt und aus unterschiedlichen Perspektiven Informationen zum Untersuchungsgegenstand beisteuert. Diese Publikationen stammen vor allem aus drei Bereichen. Erstens hat die eingangs diskutierte zeitlose Bedeutung von Migrationen dazu geführt, dass – ebenso wie heute – auch in der Vergangenheit immer eine aktuelle Auseinandersetzung mit zeitspezifischen Wanderungsphänomenen stattfand. Da im 20. Jahrhundert regulierte Arbeitsmigration von eminenter Wichtigkeit war, bilden zeitgenössische Untersuchungen eine Säule der Quellen- und Literaturbasis dieser Arbeit.[97] Die zweite Gruppe von Publikationen stammt von den Akteuren des Migrationsprozesses selbst. Dabei handelt es sich im Kontext der Fragestellung vor allem um Organisationen bzw. deren Vertreter, die in einzelnen Ländern mit der Ausgestaltung normativer Elemente bilateraler Wanderungsverträge betraut waren oder als Interessengruppen auf deren Inhalt Einfluss nehmen wollten. Dazu zählen insbesondere auch das publizierte Schrifttum sowie die Periodika derjenigen staatlichen Organisationen, die mit der Umsetzung

95 Senti, Internationale Regime und nationale Politik; Guild, Who is Entitled to Work and Who is in Charge.

96 OECD, Migration for Employment.

97 Vgl. stellvertretend Becker, Die Regelung des ausländischen Arbeiterwesens in Deutschland unter besonderer Berücksichtigung der Anwerbung und Vermittlung im Auftrage der Gesellschaft zur Bekämpfung der Arbeitslosigkeit; Pasquet, Immigration et main-d'œuvre étrangère en France; Mank, Wanderungen ausländischer Landarbeiter nach Deutschland; Olivieri, Foreign Workers in Luxembourg; Zolotas, International Labor Migration and Economic Development; Macheret, L'immigration étrangère en Suisse à l'heure de l'intégration européenne; Bernard, Les travailleurs étrangers en Europe occidentale.

von Anwerbeabkommen betraut waren.[98] Die mit Abstand wichtigsten publizierten Quellen für die Erforschung der Geschichte bilateraler Wanderungsabkommen stellen drittens jedoch die Veröffentlichungen der International Labour Organization dar. Sie hat seit ihrer Gründung im Jahr 1919 eine nicht unbedeutende Rolle als Plattform für die Entwicklung international anerkannter Standards für Arbeitsmigration gespielt und aus diesem Grund fortlaufend ein breites Spektrum an Informationen aus diesem Kontext gesammelt, analysiert und publiziert.[99] Hinzu kommt die vom International Labour Office von 1922 bis 1961 monatlich herausgegebene Zeitschrift ›Informations Sociales‹, die der Verbreitung aktueller Informationen über Entwicklungen im Bereich sozial- und arbeitsrechtlicher Bedingungen und Standards diente. Eine Aufgabe dieser Zeitschrift bestand im Beobachten der internationalen Arbeitsmigration und ihrer Institutionen. Ihre meist kurzen, sachlichen und empirisch ausgerichteten Beiträge bieten daher nahezu über den gesamten Untersuchungszeitraum hinweg Einblicke, die sich so an keiner anderen Stelle publiziert finden.[100]

Unabdingbar für die Bearbeitung der Fragestellung ist schließlich der Zugang zu den Wanderungsabkommen selbst. Als zwischenstaatliche Verträge sind sie mehrheitlich in den amtlichen Publikationen der beteiligten Staaten veröffentlicht worden und stehen der Forschung entweder über diesen Weg oder über entsprechende Online-Datenbanken zur Verfügung. Von herausragender Bedeutung ist das zentrale Register völkerrechtlicher Verträge der Vereinten Nationen, das die Volltexte eines großen Teils der für diese Untersuchung relevanten Abkommen zugänglich macht.[101]

Letztlich muss das Ziel einer komparativen Langzeitstudie darin bestehen, die Hintergründe, Kausalitäten und Entwicklungen im Zusammenhang mit bilateralen Wanderungsverträgen auf nationaler Ebene aus Primärquellen zu

98 Vgl. exemplarisch Devillars, L'immigration marocaine en France; Association Belge pour le Progrès Social, Le Progrès Social; Döbler, Leben und Arbeiten in der Bundesrepublik; La réglementation relative à l'emploi des travailleurs étrangers, oder für den Fall Deutschland insbesondere das Reichsarbeitsblatt, das Bundesarbeitsblatt sowie die Amtlichen Nachrichten der der RAVAV bzw. der BAVAV.

99 Vgl. stellvertretend International Labour Office, Migration Laws and Treaties; dass., Migration Movements; dass., Recrutement, placement et conditions de travail (égalité de traitement) des travailleurs migrants; dass., Anwerbung, Arbeitsvermittlung und Arbeitsbedingungen der Wanderarbeiter; dass., The International Labour Code; dass., International Migration 1945–1957; siehe dazu ausführlicher Kapitel 3.2.2.

100 Informations Sociales, herausgegeben vom International Labour Office, Genf, 1922–1940 sowie Neue Folge 1949–1961.

101 United Nations Treaty Collection, http://untreaty.un.org/English/access.asp. Diese kostenpflichtige Datenbank beinhaltet meist amtliche Übersetzungen der Abkommen in englischer Sprache. Die Verträge der Schweiz, Luxemburgs, Frankreichs sowie Belgiens sind in nationalen Datenbanken bzw. Dokumentsammlungen zugänglich. Alle Verträge, deren Originaltext nicht eingesehen werden konnte, wurden über Inhaltsangaben in den Publikationen der International Labour Organization erschlossen; siehe dazu ausführlich Kapitel 3.4 sowie Abschnitt 6.1 des Literaturverzeichnisses.

erarbeiten und miteinander zu vergleichen.[102] In Ermangelung entsprechender Grundlagenforschung in nahezu jedem der in dieser Untersuchung behandelten Staaten einerseits, der beschränkten Arbeitskapazitäten und sprachlichen Fähigkeiten des einzelnen Forschers andererseits wäre dieses Ziel jedoch zu hoch gesteckt und eine Annäherung nur unter Aufgabe des hier bewusst gewählten breiten Horizonts möglich. Ansatzweise – und mit durchaus interessanten Beiträgen und Ergebnissen – konnte dieser Anspruch für Deutschland durch die Auswertung von Beständen des Bundesarchivs umgesetzt werden.[103] Um das Gleichgewicht der Untersuchung jedoch nicht zu stören, in der Deutschland keine exponierte Stellung einnehmen soll, wurde auf das vollständige Einarbeiten dieser Quellenbestände verzichtet. Insofern versteht sich diese Studie als ein Vorstoß in ein bislang nur unzureichend verzeichnetes Gebiet der Migrationsforschung und als Beitrag zur Erschließung dieses Forschungsfeldes, dessen weitere Bearbeitung aus nationaler und internationaler Perspektive wünschenswert bleibt.

1.4. Aufbau der Untersuchung

Dieses Buch besteht aus zwei Hauptteilen. Aufgabe des ersten Teiles ist es, durch eine Darstellung der neueren Migrationsgeschichte aller Länder, die dem Kern des zu untersuchenden Arbeitswanderungssystems zuzurechnen sind, eine Grundlage für die Analyse der Entwicklung und des Einflusses bilateraler Wanderungsverträge auf das System und die in seinen Bahnen verlaufenden Wanderungsbewegungen zu schaffen. Vor diesem Hintergrund konzentriert sich der zweite Teil auf die Geschichte zwischenstaatlicher bilateraler Wanderungs- bzw. Anwerbeabkommen. Nachdem diese in Kapitel 2 bereits in ihrem nationalen Kontext verortet sind, beginnt Kapitel 3 mit einer Diskussion der allgemeinen Charakteristika von Wanderungsverträgen. Nachdem Aufgaben, Funktionen und die mit ihnen von den beteiligten Akteuren verbundenen Interessen verdeutlicht sind, kann die Annäherung an die Vorgeschichte dieses spezifischen Elements des institutionellen Rahmens von Migrationsbeziehungen bzw. von Arbeitsmigration beginnen. Sie klärt die Frage, wann und warum die Regulierung von Arbeitsmigration auf der Ebene zwischenstaatlicher Verträge zu einem die Wanderung von Arbeitskräften in Europa beherrschenden Phänomen wurde. Das in diesem Zusammenhang deutliche Interesse des Nationalstaates als Akteur und Partei macht daran anschließend die Suche nach Instanzen notwendig, die dem supranationalen In-

102 Interessante Ausnahmen bilden der Versuch von Hahamovitch, das Phänomen *Gastarbeit* einer komparativen Langzeitbeobachtung zu unterziehen; vgl. Hahamovitch, Creating Perfect Immigrants, sowie die Studie von Meyers über die langfristige Konvergenz von Migrationskontrolle; vgl. Meyers, The Causes of Convergence in Western Immigration Control, dessen Ansatz allerdings skizzenhaft bleibt.

103 Siehe dazu Abschnitt 6.2 im Literaturverzeichnis.

teressenausgleich über die Regulierung transnationaler Arbeitsmigration dienten. Die Kombination der einzelstaatlichen Perspektive, verbunden mit einer Übersicht über die wichtigsten Migrationsströme, mit der Untersuchung des Einflusses internationaler Organisationen und ihrer Standards auf diese Wanderungsprozesse bilden den Ausgangspunkt für die Annäherung an die bilateralen Anwerbeabkommen selbst. Die Analyse aller Wanderungsverträge, die die als Ab- bzw. Zuwanderungsländer identifizierten Staaten des europäischen Systems der Arbeitsmigration zwischen 1919 und 1970 untereinander abgeschlossen haben, rundet die Darstellung ab.

Nachdem in den Kapiteln 2.1 und 2.2 die Zu- bzw. Abwanderungsländer zunächst alphabetisch abgehandelt werden, folgt die Analyse der bilateralen Abkommen in den Kapiteln 3.4.2 und 3.4.3 einem anderen Muster. Um der chronologischen Entwicklung ebenso gerecht zu werden wie den synchronen und diachronen Zusammenhängen, nimmt die Darstellung für den ersten Teil des Untersuchungszeitraumes, die Zwischenkriegszeit, die Perspektive der Zuwanderungsländer ein. Ziel ist, so zunächst die unterschiedlichen Einflüsse auf bilateraler Ebene in einer Phase zu verfolgen, die als formativ für den modernen Wanderungs- oder Anwerbevertrag gelten kann, und ihre Wirkung über die Grenzen bilateraler Beziehungen hinweg zu beobachten und mit supranationalen Entwicklungen zu verbinden. Für den Zeitraum nach dem Ende des Zweiten Weltkrieges dagegen orientiert sich die Abfolge der Betrachtungen an den Abwanderungsländern. Dies soll einerseits deren länderspezifischen Blickwinkel hervorheben und andererseits die transnationalen Interdependenzen aufzeigen, insbesondere den Einfluss des Wettbewerbs der Anwerbestaaten um Arbeitskräfte. Fragestellung und Reichweite der Untersuchung gebieten nicht zuletzt vor dem Hintergrund des Forschungsstandes, dass sich dieser Teil der Untersuchung auf die normative Ebene beschränkt. Diese Entscheidung resultiert nicht nur aus der Erkenntnis, dass der gesteckte Rahmen es nicht zulässt, die Realität des europäischen Systems der Arbeitsmigration bis hinab auf die individuelle Ebene zu verfolgen, sondern gewährleistet auch, dass der breite Horizont, den die Fragestellung aufgespannt hat, in Gänze abgeschritten werden kann. Mit diesem Aufbau bildet die Untersuchung die Zusammenhänge zwischen drei für die Fragestellung zentralen Parametern ab, deren Zusammentreffen die Ausprägung von Migrationsbeziehungen durch bilaterale Wanderungsverträge bestimmt hat: den Kontext der nationalen Migrationsgeschichte, Entwicklungen auf supranationaler Ebene und Konkurrenzverhältnisse innerhalb eines Migrationssystems.

2. Das europäische Arbeitswanderungssystem

Der erste Teil der Untersuchung konzentriert sich auf diejenigen Staaten, die im Untersuchungszeitraum die Knotenpunkte des europäischen Arbeitswanderungssystems gebildet haben. Sie werden im Folgenden, zunächst die Zudann die Abwanderungsländer, in alphabetischer Ordnung aus der Perspektive eines in das Migrationssystem eingebundenen Staates mit seinen spezifischen Mustern der Aus- und Einwanderung betrachtet. Dabei geht es um die Beantwortung von sechs Leitfragen als Grundlage für die Analyse der zwischen diesen Staaten etablierten formalen Arbeitsmarkt- bzw. Migrationsbeziehungen. Erstens erfolgt die Darstellung eingebettet in eine Skizze der Migrationsgeschichte des jeweiligen Landes, welche den Beginn der modernen Arbeitsmigration und ihre Bedeutung für Wirtschaft und Gesellschaft im Einzelfall kontextualisiert. Zweitens verfolgen wir den Verlauf von Migrationsbewegungen in oder aus jedem Land im Allgemeinen und im Besonderen die Entwicklung der Arbeitsmigration in struktureller und quantitativer Hinsicht. Auf den Versuch einer genauen und den gesamten Untersuchungszeitraum überspannenden Quantifizierung auf der Grundlage von Migrationsstatistiken wird vor dem Hintergrund von deren Unvollständigkeit und Inkonsistenz sowie der damit verbundenen methodischen Probleme allerdings verzichtet.[1] Punktuelle Angaben bzw. einzelne statistische Befunde, die als zuverlässige Basis gelten können, gewährleisten dennoch eine grundlegende Orientierung über Dimension und Ausprägung spezifischer Wanderungsbewegungen. Zeitpunkt und Verlauf der Anbindung eines Landes an das europäische Migrationssystem als Nachfrager oder Anbieter von Arbeitskräften ist der dritte Aspekt, der in jeder Betrachtung berücksichtigt wird. Viertens muss die Migrationspolitik jedes Landes hinsichtlich der Ein- oder Auswanderung generell und insbesondere in Bezug auf das Phänomen Arbeitsmigration ebenso thematisiert werden wie Chronologie, Anzahl und Auswirkungen der Anwerbeverträge, die dem Transfer von Arbeitskraft dienten, die unter seiner Beteiligung zustande kamen. Einen Einblick in Verlauf und Organisation der regulierten Arbeitsmigration bieten fünftens ein knapper Abriss der institutionellen Strukturen sowie die Strategien zur Mobilisierung von Arbeitsmigranten durch die Zuwanderungs- in den Abwanderungsländern. Sechstens beinhalten die Kapitel Ausblicke auf den Verlauf von Migrationsbewegungen und ihre ökonomischen und gesellschaftlichen Folgen über die Grenzen des Untersuchungszeitraumes hinaus. Die folgenden Abschnitte behandeln diese Fragen allerdings nicht in einem starren Muster, sondern reagieren auf die Besonderheiten jedes diskutierten Landes und seiner Migrationsgeschichte.

Die Zielsetzung dieses Ansatzes ist eine dreifache. Er soll einen Blick auf ein komplexes transnationales System eröffnen, dessen Gesamtheit aus der

1 Bilsborrow, International Migration Statistics.

Kombination der auf diese Weise modularisierten Prozesse bestand. Das europäische Migrationssystem für den Transfer von Arbeitskraft wird so in handhabbare Teilstücke zerlegt, ohne die Querverbindungen zwischen den Systemknoten zu vernachlässigen. Dadurch wird auch die Verschränkung der unterschiedlichen Dimensionen des Migrationssystems möglich: der gesellschaftlichen und der ökonomischen ebenso wie der institutionellen und der empirischen auf der Mikro- und der Makro-Ebene. Gleichzeitig ermöglicht diese Herangehensweise eine präzise Verortung jedes einzelnen Landes im Migrationssystem und seiner wechselnden Migrationsbeziehungen, die letztlich das Gesamtsystem konstituierten, nicht zu einem bestimmten Zeitpunkt, sondern über den gesamten Betrachtungszeitraum. Die Darstellung der Wanderungsbeziehungen der Zuwanderungsländer korrespondiert dabei mit der Analyse der Migrationspartner der Abwanderungsländer. Schließlich ermöglicht die migrationsgeschichtliche Einzelbetrachtung eine genaue Einordnung der Bedeutung regulierter Arbeitsmigration in drei Zusammenhängen. Erstens wird sie als *ein* Element von Ab- und Zuwanderung fassbar. Zweitens lässt sich ökonomisch motivierte Migration hinsichtlich der jeweils gewählten Migrationskanäle aufschlüsseln. Dadurch wird deutlich, welchen Rang die regulierte zwischenstaatliche Arbeitsmigration zu welchem Zeitpunkt als eine Form der Arbeitsmigration einnahm. Drittens wird ebenso in einzelstaatlicher Perspektive wie auch – aggregiert – mit Blick auf das Migrationssystem sichtbar, welche Bedeutung Arbeitsmigration und insbesondere regulierte Arbeitsmigration innerhalb des europäischen Migrationssystems besaß bzw. welche Bedeutung dem europäischen Migrationssystem im weiteren Kontext weltweiter Arbeitsmigration zukam.

2.1. Arbeitsmigration in die westeuropäischen Industriestaaten

2.1.1. Belgien

Belgien gehörte bis zum Beginn des 20. Jahrhunderts zu den Auswanderungsländern in Europa, obwohl seine Migrationsrate hinter Frankreich und knapp vor den Niederlanden im internationalen Vergleich zu den niedrigsten zählte.[2] Nichtsdestotrotz existierten in den Metropolen des Landes bereits in der zweiten Hälfte des 19. Jahrhunderts auch Einwandererkolonien von beachtlicher Größe. Es handelte sich dabei allerdings noch nicht um unqualifizierte Arbeitskräfte, sondern vorwiegend um Franzosen, Holländer und Deutsche, die sich als Unternehmer, Bankiers, Kaufleute oder Handwerker in

2 Stengers, Emigration et immigration en Belgique au XIXe et au XXe siècle, S. 23f.; Dumoulin, 1905–1950, S. 29f.; Hatton, International Migration, S. 7; Daten aus Ferenci/Willcox, International Migrations, Bd. 1, S. 200f.; Bousetta/Jacobs, Multicultural Policies and Modes of Citizenship in Belgium, S. 4f.

Belgien niedergelassen hatten.[3] Im Verlauf der Hochindustrialisierung veränderten sich die ökonomischen und demographischen Strukturen Belgiens. Der sekundäre Sektor wurde zum Beschäftigungsschwerpunkt, und der Arbeitskräftebedarf der boomenden Schwerindustrie, verbunden mit einer begrenzten intersektoralen und geographischen Arbeitskräftemobilität in Belgien sowie einem vergleichsweise langsamen Bevölkerungswachstum, führte zum Einsetzen der modernen Arbeitskräfteimmigration nach Belgien.[4]

In ihrer Anfangsphase während der letzten Jahrzehnte des 19. Jahrhunderts blieb die Arbeitsmigration weitgehend eine Angelegenheit zwischen Arbeitnehmer und Arbeitgeber. Der belgische Staat verzichtete ab 1861 sogar vollkommen auf Grenzkontrollen. Ausländer hatten ihren Aufenthalt lediglich bei den lokalen Behörden anzumelden, und obgleich sich bis zum Ersten Weltkrieg ein zunehmend restriktives Ausländerrecht entwickelte, blieb für Einwanderer der Zugang zur belgischen Gesellschaft prinzipiell offen.[5] Die Arbeitsmigranten am Ende des 19. Jahrhunderts waren zu einem großen Teil Saisonarbeiter und kamen fast ausschließlich aus den Anrainerstaaten Belgiens. Je knapp ein Drittel wanderte aus Frankreich, Deutschland sowie den Niederlanden zu, etwa 6% der Migranten stammten aus Luxemburg.[6] Der Ausländeranteil in Belgien lag um 2 bis 3% der Bevölkerung.[7] Regulierende Eingriffe sowohl in die Einwanderung mit Niederlassungsabsicht als auch in die temporäre Zuwanderung von Arbeitskräften, etwa durch zwischenstaatliche Verträge, erfolgten ebenso wenig, wie sich staatliche Stellen direkt an der Organisation des Migrationsprozesses beteiligten.[8]

Nachdem auf diese Weise bereits um die Jahrhundertwende der Ausländeranteil in Belgien zu steigen begonnen hatte, führte der mit dem konjunkturellen Aufschwung während der ersten Jahre des neuen Jahrhunderts wachsende Arbeitskräftebedarf der belgischen Bergwerke noch vor dem Ersten Weltkrieg zum ersten konzertierten Versuch der Arbeitgeber, Arbeitskräfte aus dem Ausland nach Belgien zu locken.[9] Polen aus Galizien, die meist über Frankreich nach Belgien gelangten, bildeten gemeinsam mit den weitaus zahlreicheren italienischen Arbeitern die ersten Gruppen dieser neuen Generation von Arbeitsmigranten.[10] Ihr Eintreffen in den Jahren 1910/11 markierte die begin-

3 Dumoulin, 1905–1950, S. 27f.

4 Caestecker, Belgien und Luxemburg, S. 112f.; ders., Alien Policy in Belgium, 1840–1940, S. 20f., 24; Stengers, L'immigration de 1830 à 1914, S. 119f.; vgl. dazu aus dieser Zeit Frost, Belgische Wanderarbeiter, S. 79f. Nach Berechnungen von Lesthaeghe verzeichnete Belgien ab 1900 – mit Unterbrechung durch den Ersten Weltkrieg – eine positive Wanderungsbilanz; vgl. Lesthaeghe, Transnational Islamic Communities in a Multilingual Secular Society, S. 3.

5 Caestecker, Alien Policy in Belgium, 1840–1940, S. 31; Stengers, L'immigration de 1830 à 1914, S. 125f.

6 Sartorius, Les Français en Belgique, S. 141f.; ders., Les Allemands en Belgique, S. 173f.

7 Morsa, L'immigration en Belgique 1890–1954, S. 43.

8 Blaise, Des immigrés à intégrer, S. 15.

9 Caestecker, Alien Policy in Belgium, 1840–1940, S. 27, 46; Morelli, L'immigration italienne en Belgique aux XIXe et XXe siècles, S. 195f.

10 Ebd.; Denis, La situation générale de l'immigration et les différents aspects de l'accueil, S. 10. Bereits seit 1882 gestattete es ein allgemeiner Handelsvertrag zwischen Belgien und

nende Abhängigkeit der Schwerindustrie, das heißt der Führungssektoren der belgischen Wirtschaft, von ausländischen Arbeitskräften. Bereits vor 1914 stellten ausländische Arbeitnehmer etwa 5% der Bergleute in Belgien.[11]

Das neutrale Belgien geriet zu Beginn des Ersten Weltkrieges fast gänzlich unter deutsche Kontrolle und erlebte eine nahezu vierjährige Besatzungszeit.[12] Die im Land lebenden Ausländer konnten nun plötzlich zu den Feinden des Deutschen Reiches gehören, wie die Italiener oder die Franzosen, oder zum neutralen Ausland, wie die Holländer; viele flohen in den Wirren der ersten Kriegswochen aus dem Land. Auch die Nachfrage nach ausländischen Arbeitskräften sank während des Krieges beträchtlich. Denn trotz ihrer rudimentären Einbindung in die deutsche Kriegswirtschaft lag die belgische Industrie am Boden.[13] Ohnehin waren die Verbindungen zu den traditionellen Rekrutierungsgebieten abgeschnitten. In dieser Situation kehrte sich der Migrationsprozess um und Belgier wurden zu Arbeitsmigranten innerhalb des deutschen Machtbereiches. Schon unmittelbar nach der Besetzung des Landes begannen deutsche Unternehmen, über das sogenannte Deutsche Industriebüro in Brüssel, Arbeitskräfte in Belgien anzuwerben, um ihre Personalverluste durch die Einberufung in die Armee auszugleichen. Bis zum Herbst 1916 gewann die deutsche Kriegswirtschaft auf diese Weise etwa 30.000 belgische Arbeiter.[14]

Im Jahr 1916 schließlich wurde Belgien zum Experimentierfeld der Deutschen bei der Entwicklung eines Systems der Zwangsarbeit.[15] Allein vom Oktober 1916 bis zum März 1917 deportierten die Besatzungsbehörden auf Befehl der Obersten Heeresleitung etwa 58.000 Belgier als Arbeitskräfte nach Deutschland, von denen jedoch nur ein kleiner Teil tatsächlich zur Arbeit eingesetzt wurde. Nachdem der deutliche Misserfolg der Zwangsrekrutierung offenbar geworden war, kehrte Deutschland zu einer Politik der freiwilligen Anwerbung zurück. Diese vollzog sich nun allerdings unter der ständigen Drohung von Zwangsarbeit und Deportation und unter den Bedingungen einer sich stetig verschlechternden Lebenssituation der Belgier unter deutscher Besatzung. Beides verstärkte den Druck auf potentielle Arbeitskräfte und trug so zu den steigenden Anwerbeergebnissen deutscher Stellen bei.[16] Bis zum Kriegsende wuchs die Zahl der belgischen Arbeitskräfte in Deutschland um weitere 100.000. Die Anzahl der im November 1918 in Deutschland arbeitenden Belgier erreichte dadurch 160.000, insgesamt waren im Kriegsverlauf

Italien, italienischen Migranten in Belgien zu arbeiten; vgl. Leboutte, Coal Mining, Foreign Workers and Mine Safety, S. 223.

11 Martens, Les immigrés, flux et reflux d'une main-d'œuvre d'appoint, S. 44f.; Caestecker, Alien Policy in Belgium, 1840–1940, S. 47f.; Stengers, Emigration et immigration en Belgique au XIXe et au XXe siècle, S. 75f.

12 Thiel, ›Menschenbassin Belgien‹, S. 23–36; Erbe, Belgien, Niederlande, Luxemburg, S. 278f.

13 Rawe, »...wir werden sie schon zur Arbeit bringen!«, S. 172f.; Dumoulin, 1905–1950, S. 111; Petri/Schöffer/Woltjer, Geschichte der Niederlande, S. 203.

14 Rawe, »...wir werden sie schon zur Arbeit bringen!«, S. 173f.

15 Herbert, Zwangsarbeit als Lernprozeß, S. 201f.

16 Vgl. zum Begriff Migrationsdruck Bruni/Venturini, Pressure to Migrate and Propensity to Emigrate, S. 379f., sowie Düvell, Europäische und internationale Migration, S. 128.

etwa 200.000 belgische Arbeitskräfte rekrutiert worden. Belgier gehörten damit zu den ersten Opfern deutscher Zwangsarbeit in Europa und erwiesen sich als wichtige menschliche Ressource für die deutsche Kriegführung.[17]

Nach dem Ende des Ersten Weltkrieges erhielt die belgische Einwanderungspolitik, einem gesamteuropäischen Trend folgend, eine stärker restriktive Prägung. Dennoch erzwang der mit der Normalisierung der Verhältnisse nach 1918 steigende Arbeitskräftebedarf der Bergbauunternehmen bei gleichzeitig starker Abwanderung belgischer Arbeiter in die französischen Wiederaufbauprojekte die Rückkehr zur Anwerbepolitik der Vorkriegszeit, obwohl die ökonomische Entwicklung Belgiens in den 1920er Jahren abgesehen von einem Aufschwung zwischen 1926 und 1929 durchaus wechselhaft verlief.[18] In dieser Situation begannen die belgischen Arbeitgeberverbände – über den Bergbau hinaus –, nach französischem Vorbild eine Strategie für den Arbeitskräfteimport zu entwickeln.[19] Sie planten die Einrichtung eines zentralen, für alle Branchen zuständigen Einwanderungsbüros, das die dringend benötigten ausländischen Arbeitskräfte beschaffen sollte. Die Vermittlung ausländischer Arbeiter, beispielsweise sogenannter ›Ruhrpolen‹ aus Deutschland oder auch politischer Flüchtlinge aus Italien, überwog jedoch zunächst vor der aktiven Rekrutierung im Ausland. Dennoch entstanden erste Ansätze einer regulierten Arbeitskräfteanwerbung außerhalb Belgiens unter Beteiligung staatlicher Institutionen. Zwischen den Niederlanden und Belgien wurde zwischen 1920 und 1922 ein Vermittlungsverfahren für niederländische Arbeiter etabliert, das auf der Zusammenarbeit der Arbeitsnachweise in den jeweiligen Regionen mit Arbeitskräfteüberschuss in den Niederlanden bzw. mit Arbeitskräftemangel in Belgien beruhte. Ein ähnliches Vermittlungssystem entstand 1922/23 durch eine informelle Vereinbarung zwischen dem Brüsseler Arbeitsamt und der italienischen Arbeitsverwaltung, in dessen Rahmen die ›Fédération des Associations Charbonnières‹, der Arbeitgeberverband des Steinkohlenbergbaus, zum ersten Mal amtlich mit der Anwerbung von Arbeitskräften in Italien beauftragt wurde.[20] Die starke Nachfrage nach italienischen Fachkräften ermöglichte es der italienischen Seite, beim Abschluss dieses belgisch-italienischen Anwerbeabkommens gute Vertrags- und Arbeitsbedingungen auszuhandeln und den gesamten Migrationsprozess von der staatlichen italienischen Auswanderungsbehörde überwachen zu lassen.[21]

Parallel zu diesen Entwicklungen laufende Verhandlungen mit dem jungen polnischen Staat über die Rekrutierung von Arbeitskräften für die belgische Wirtschaft führten nicht zuletzt aufgrund von Bedenken der belgischen Seite

17 Dumoulin, 1905–1950, S. 112, Oltmer, Schreckbild Migration?, S. 455.
18 Erbe, Belgien, Niederlande, Luxemburg, S. 288; Petri/Schöffer/Woltjer, Geschichte der Niederlande, S. 203; Stengers, Emigration et immigration en Belgique au XIXe et au XXe siècle, S. 78. Vgl. zur spezifischen Situation des belgischen Bergbaus in der Zwischenkriegszeit Mommen, The Belgian Economy in the 20th Century, S. 35f.
19 Siehe dazu Kapitel 2.1.3.
20 Morelli, L'immigration italienne en Belgique aux XIXe et XXe siècles, S. 197.
21 Caestecker, Alien Policy in Belgium, 1840–1940, S. 60f.

zunächst zu keinem Ergebnis. Erst ab 1926 gestattete Polen den Belgiern unter ökonomischem Druck die Rekrutierung von Bergleuten auf seinem Territorium.[22] Allerdings erhielten auswanderungswillige Polen, die im Ruhrgebiet ansässig waren, bereits ab dem Jahr 1923 erleichterten Zugang zum belgischen Arbeitsmarkt, sofern sie im Bergbau tätig wurden.[23] Mit einigen Nachbarstaaten schloss Belgien bilaterale Wanderungsverträge ab, um die Fluktuation von Arbeitskräften nach und aus Belgien zu erleichtern. Im Jahr 1924 kam ein französisch-belgischer Arbeitsvertrag, 1926 ein belgisch-luxemburgisches Abkommen und im Jahr 1933 schließlich eine belgisch-niederländische Vereinbarung zustande.[24] Im Verhältnis zu Deutschland stand in diesem Zeitraum die Frage im Vordergrund, wie den Neu-Belgiern, die in den Kreisen Eupen und Malmedy lebten, das Pendeln zu ihren häufig in Deutschland gelegenen Arbeitsstellen erleichtert werden könne. Wie in anderen Grenzgebieten Deutschlands auch spielte hier der Status des ›Grenzläufers‹, der in Abkommen fixiert wurde, eine wichtige Rolle. Bedingt durch die ökonomische Pufferzone der abgetrennten Gebiete, fand ein Auspendeln belgischer Arbeiter in Richtung Deutschland indes kaum statt.[25]

In der ersten Hälfte der 1920er Jahre stieg der Anteil der Ausländer unter den Bergleuten in Belgien von 3 auf 10% und erreichte im Jahr 1930 schließlich sogar 19%.[26] Es handelte sich neben Niederländern, Italienern und Polen vor allem um Ungarn[27] und Jugoslawen, in den 1930er Jahren kamen insbesondere im Steinkohlenbergbau auch tschechische Arbeitskräfte hinzu.[28] Aber auch Marokkaner, Tunesier und Algerier, die über bzw. aus Frankreich nach Belgien einwanderten, arbeiteten zeitweise in den Gruben von Charleroi und Lüttich.[29] Die Beschäftigung nordafrikanischer Arbeiter blieb jedoch nach rassistischen Ausschreitungen belgischer Bergleute und einer Intervention französischer Kolonialbehörden gegen eine Anwerbung von algerischen Arbeitern durch belgische Stellen nur eine kurze Episode.[30] Unter den abhängig Be-

---

22 Der Höhepunkt der Migration von Polen nach Belgien lag in den Jahren 1925 bis 1938; vgl. Morsa, L'immigration en Belgique 1890–1954, S. 67.

23 Caestecker, Alien Policy in Belgium, 1840–1940, S. 92; ders., Mineurs d'Europe centrale en Belgique, S. 163. Siehe auch Kapitel 2.2.6.

24 Hullebroek, La politique générale d'immigration et la légalisation sur les étrangers, S. 130; Morsa, L'immigration en Belgique 1890–1954, S. 47.

25 Klank, Secondary Labour Force or Permanent Staff, S. 126–154.

26 Belgique: Un projet de réglementation de l'immigration, S. 498f.; Leboutte, Coal Mining, Foreign Workers and Mine Safety, S. 221.

27 Zur Auswanderung aus Ungarn vgl. beispielsweise Puskás, Hungarian Migration Patterns, 1880–1930, S. 231–254.

28 Im Jahr 1938 arbeiteten 27.300 Ausländer im belgischen Steinkohlenbergbau, darunter 10.700 Polen, 5.200 Tschechen und 4.800 Italiener; vgl. Stengers, Emigration et immigration en Belgique au XIXe et au XXe siècle, S. 83.

29 Panciera/Ducoli, Immigration et marché du travail en Belgique, S. 17; Caestecker, Arbeitdsmarktstrategieën in de Belgische mijnindustrie tot 1940, S. 40f.; Roels, Buitenlandse arbeiders in de Luikse steenkolenmijnen, 1900–1974, S. 107.

30 Caestecker, Alien Policy in Belgium, 1840–1940, S. 61f.; Manço, Quarante ans d'immigration en Wallonie (1960–2000), S. 23; Caestecker, Mineurs d'Europe centrale en Belgique, S. 162; Attar, Historique de l'immigration maghrébine en Belgique, S. 290f.

schäftigten insgesamt spielte aber auch weiterhin die Zuwanderung aus den unmittelbaren Nachbarstaaten, darunter auch aus Frankreich und Deutschland, eine wichtige Rolle.[31]

Zur gleichen Zeit verdichteten sich die ersten Ansätze einer staatlichen Regulierung dieser zunächst unkontrollierten Arbeitskräfteeinwanderung auf den belgischen Arbeitsmarkt. Ab 1923 musste jeder Ausländer, der eine Arbeitsstelle in Belgien antreten wollte, im Besitz einer Aufenthaltsberechtigung sein. Diese konnte entweder im Vorfeld oder auch nach erfolgter Einreise bei den belgischen Behörden beantragt werden. Solche Aufenthaltsberechtigungen waren jeweils sechs Monate gültig und ihre Verlängerung hing von der jeweiligen Arbeitsmarktlage ab. Gleichzeitig wurden für die Erteilung der Aufenthaltsberechtigung nur solche Arbeitsverträge als Grundlage akzeptiert, die bereits eine Klausel enthielten, in der sich der ausländische Arbeitnehmer zur Remigration verpflichtete, sobald seine Arbeitskraft nicht mehr benötigt wurde. Flankierend sollten durch administrative Maßnahmen sowohl die Ausreise nach Vertragsende als auch der Verbleib des ausländischen Arbeitnehmers an der ursprünglich angetretenen Arbeitsstelle, zumindest aber in der Branche, für die er angeworben worden war, sicherstellen. Ab 1926 wurde daher die Einstellung ausländischer Arbeiter sowohl durch das Justiz- als auch durch das Arbeitsministerium geprüft.[32] Ein System war auf diese Weise geschaffen worden, in dem die Arbeitgeber der Schwerindustrie auf ausländische Arbeitskräfte zurückgreifen konnten, sich dabei jedoch einer ebenso politisch wie ökonomisch motivierten Regulierung des Prozesses durch staatliche Stellen unterwerfen mussten.

Bemerkenswert ist, dass die Migrationsbedingungen für Arbeiter, deren Heimatstaaten ihren Status mit Belgien vertraglich vereinbart hatten, durchaus besser gestaltet sein konnten, als diese allgemeinen Regelungen vorsahen. So wurden etwa den italienischen Arbeitern Arbeitsverträge mit einem Jahr Laufzeit zugesichert, während die Kosten für die Anreise zum Arbeitsplatz von den zukünftigen Arbeitgebern übernommen werden mussten. Gleichzeitig wurden Fragen der Sozialversicherung ebenso geregelt wie die Modalitäten des Lohntransfers in die Heimat.[33] Auch in der zweiten Hälfte der 1920er Jahre setzte sich die Entwicklung einer stärker restriktiven Einwanderungspolitik fort. Diese bewegte sich zwischen dem Wunsch der Arbeitgeber nach flexiblem Zugriff auf die Arbeitskräftereserven des Auslandes und dem der Regierung nach einem Ausbau der Kontrolle von Migrationsbewegungen nach Belgien. Gleichzeitig begann die praktische Ausländerpolitik – die Zulassung ausländischer Arbeitnehmer auf den belgischen Arbeitsmarkt –, sich auf der Basis der etablierten Kontrollinstrumente immer enger an konjunkturellen Schwankungen zu orientieren. Trotz verschiedener Ansätze und Initiativen sowohl aus

31 Grimmeau, Vagues d'immigration et localisation des étrangers en Belgique, S. 108.

32 Bousetta/Jacobs, Multicultural Policies and Modes of Citizenship in Belgium, S. 3f; Caestecker, Alien Policy in Belgium, 1840–1940, S. 76f.

33 Siehe dazu ausführlich Kapitel 3.4.2.2.

dem Lager der Arbeitgeber als auch von Seiten der Politik wurde eine grundsätzliche Neuregelung bis in die 1930er Jahre jedoch nicht erreicht.

Das eigentliche Migrationsgeschehen auf dem belgischen Arbeitsmarkt wurde Ende der 1920er Jahre zunehmend von Rekrutierungskampagnen belgischer Minengesellschaften, aber auch anderer Branchenverbände bestimmt, die Arbeiterinnen und Arbeiter vor allem nach Gesundheitszustand und Qualifikation im Ausland selektiv anwarben und auf eigene Kosten nach Belgien transportierten.[34] Ihre Rekrutierungsbeauftragten wurden vor allem in Polen, aber auch im deutschen Ruhrgebiet, in Jugoslawien, Ungarn sowie der Tschechoslowakei tätig. Solche Aktivitäten führten nicht nur zu einem neuerlichen starken Anstieg der Arbeitsimmigration, sondern sollten von nun an zu einem festen Bestandteil der Nachfragedeckung auf dem belgischen Arbeitsmarkt werden.[35] Im Gegensatz etwa zu Deutschland oder Frankreich weitete Belgien im Zuge dessen seine Migrationsbeziehungen beträchtlich aus, ohne sich – mit Ausnahme der Arbeitsmarktbeziehungen zu Italien und den direkten Nachbarländern – in Wanderungsverträgen auf Mindeststandards der gebotenen Migrationsbedingungen festzulegen. Vielmehr blieben die Auslandsaktivitäten zur Gewinnung von Arbeitskräften nahezu vollständig in privatwirtschaftlicher Hand, während sich der Staat auf die Kontrolle der Ausländer auf dem belgischen Arbeitsmarkt konzentrierte.

Als die Weltwirtschaftskrise Belgien zu Beginn der 1930er Jahre erfasste, verstärkte sich die Tendenz zu einer restriktiven Zulassung ausländischer Arbeitskräfte.[36] Dennoch betrug die jährliche Nettoeinwanderung noch bis 1932 etwa 15.000 Personen. Und obwohl in den folgenden Jahren vielfältige Anstrengungen unternommen wurden, die Ausländerbeschäftigung vor dem Hintergrund steigender Arbeitslosigkeit weiter zurückzudrängen, führte der Arbeitskräftemangel in verschiedenen Arbeitsmarktsegmenten zu einer kontinuierlichen, jedoch zunehmend illegalen Zuwanderung.[37] Im Jahr 1936 provozierte dies schließlich einen drastischen Eingriff des Staates in die transnationalen Arbeitsmarktbeziehungen. Die Arbeits- und Aufenthaltsbedingungen für ausländische Arbeitskräfte aus Staaten, mit denen keine bilateralen Vereinbarungen bestanden, wurden verschärft.[38] Kein Arbeitgeber durfte mehr einen

34 Bereits in der Zwischenkriegszeit spielte die Branchenvereinigung der Steinkohlenbergwerksbetreiber, die 1918 gegründete ›Fédéchar‹, bei der Organisation der Anwerbung eine zentrale Rolle, agierte allerdings noch nicht in offiziellem Auftrag der belgischen Regierung; vgl. Lebotte, Coal Mining, Foreign Workers and Mine Safety, S. 221.

35 Caestecker, Alien Policy in Belgium, 1840–1940, S. 123f.; ders., Mineurs d'Europe centrale en Belgique, S. 163; Grimmeau, Vagues d'immigration et localisation des étrangers en Belgique, S. 106.

36 Gerard, 1905–1950, S. 171f.; Belgique: L'emploi de la main-d'œuvre étrangère, S. 136.

37 Martens, Les immigrés, flux et reflux d'une main-d'œuvre d'appoint, S. 42f.; Restrictions à l'emploi des étrangers en Belgique, S. 269f.

38 Réglementation de l'emploi de la main-d'œuvre étrangère en Belgique, S. 202f. Von den hier diskutierten Auswanderungsländern betraf dies nur Italien. Bilaterale Abkommen mit Arbeitsmarktrelevanz bestanden ansonsten nur mit den Nachbarstaaten Luxemburg (1926), den Niederlanden (1933) sowie Frankreich (1924).

Ausländer einstellen, ohne eine Genehmigung des Arbeitsministeriums einzuholen, und kein Ausländer durfte eine Beschäftigung annehmen, ohne im Besitz einer Arbeitserlaubnis zu sein, die nun zur Aufenthaltsgenehmigung hinzukam. Wer keine Arbeitserlaubnis besaß oder erlangen konnte, fiel der Ausweisung anheim.[39] Den Kern dieser Reform bildete die Einführung eines doppelten Genehmigungsverfahrens, bei dem einerseits der Arbeitgeber eine Beschäftigungsgenehmigung einholen, andererseits sein potentieller ausländischer Arbeitnehmer eine Arbeitsgenehmigung beantragen musste.[40] Ziel dieser Maßnahmen war es, ausländische Arbeitskräfte sukzessive durch arbeitslose Belgier zu ersetzen. Ausgenommen von diesen Restriktionen blieben auch jetzt auf der Grundlage bestehender Wanderungsabkommen Arbeitskräfte aus Frankreich, Italien, den Niederlanden, der Schweiz sowie aus Luxemburg.[41]

Im Jahr darauf fand die Verschärfung der Zuwanderungspolitik mit dem Versuch eine Fortsetzung, so viele Arbeitsmigranten wie möglich durch eine – auch rückwirkende – Neubewertung ihres Aufenthaltsstatus zur Dispositionsmasse der Arbeitsmarktpolitik zu machen. Flankierend begannen die belgischen Behörden, die Einstellung neuer ausländischer Bergarbeiter strenger zu überprüfen.[42] Dennoch ging auch 1937 die Rekrutierung ausländischer Bergleute nahezu unvermindert weiter und bereits ein Jahr später erzwangen die Bergwerksgesellschaften, die infolge der wieder anspringenden Konjunktur erneut einen Arbeitskräftemangel spürten, eine neuerliche Liberalisierung des Arbeitsmarktzugangs. Um die Rekrutierung italienischer Arbeitskräfte zu erleichtern, gewährte die belgische Regierung diesen im Rahmen eines Arbeits- und Niederlassungsvertrages mit Italien 1938 sogar die völlige arbeits- und sozialrechtliche Gleichstellung mit belgischen Arbeitern.[43] Bei der aktiven Anwerbung trat nun allerdings eine individuelle Rekrutierung durch die Unternehmen gegenüber der zuvor praktizierten anonymen Anwerbung ganzer Kontingente nach Anzahl und Qualifikation der benötigten Arbeiter in den Vordergrund, sodass den strengeren Zulassungskriterien in gewisser Weise Rechnung getragen wurde.[44]

Der neuerliche Überfall Deutschlands auf das neutrale Belgien im Jahr 1940 brachte das Land zum zweiten Mal unter deutsche Besatzung und führte

39 Martens, Les immigrés, flux et reflux d'une main-d'œuvre d'appoint, S. 52f.; Swyngedouw, The Threatening Immigrant in Flanders 1930–1980, S. 329f.; Hullebroek, La politique générale d'immigration et la légalisation sur les étrangers, S. 131f.; Grimmeau, Vagues d'immigration et localisation des étrangers en Belgique, S. 107.

40 Vgl. den Zusammenhang zwischen Regulierungsintensität und Konjunkturverlauf im Fall Belgien im Überblick bei Moulaert/Deryckere, The Employment of Migrant Workers in West Germany and Belgium, S. 187.

41 Caestecker, Alien Policy in Belgium, 1840–1940, S. 190xf.

42 La main-d'œuvre étrangère en Belgique, S. 397.

43 Traité d'établissement et de travail entre la Belgique et l'Italie, S. 172f.

44 Martens/Aerts, Gastarbeider, S. 32; Bousetta/Jacobs, Multicultural Policies and Modes of Citizenship in Belgium, S. 4f.; Caestecker, Alien Policy in Belgium, 1840–1940, S. 215f.; Delbroek, Op zoek naar koolputters, S. 91.

im Verlauf des Zweiten Weltkrieges zu einer weit intensiveren Einbindung der belgischen Volkswirtschaft in die deutsche Kriegsmaschinerie, als zwischen 1914 und 1918.[45] Etwa 200.000 Belgier ließen sich während der ersten Kriegsjahre zur Arbeit in Deutschland anwerben. Hierbei kooperierte die belgische mit der deutschen Arbeitsverwaltung. Der deutsche ›Arbeitseinsatz‹ erfasste auf diese Weise auch den belgischen Arbeitsmarkt. Ab Oktober 1942 verstärkten die deutschen Besatzungsbehörden dann den Druck, um den Hunger der deutschen Kriegswirtschaft nach Arbeitskräften zu befriedigen. Von nun an gehörten zum zweiten Mal die zwangsweise Aushebung und Deportation zur Arbeit nach Deutschland zum belgischen Besatzungsalltag. Ende 1944 befanden sich schätzungsweise 350.000 belgische Arbeitskräfte im Deutschen Reich, darunter feiwillig oder unter Zwang rekrutierte Zivilarbeiter, dienstverpflichtete Jugendliche, Angehörige der ›Organisation Todt‹ sowie belgische Kollaborateure, die nach der Befreiung Belgiens mit den deutschen Streitkräften nach Osten geflohen waren.[46]

Bereits unmittelbar nach dem Ende des Krieges erforderten der Wiederaufbau des Landes und die Normalisierung des Wirtschaftslebens in Belgien eine Rekonstruktion transnationaler Arbeitsmarktbeziehungen.[47] Nachdem deutsche Kriegsgefangene, die von 1944 bis 1946 im belgischen Steinkohlenbergbau als Arbeitskräfte dienten, freigelassen wurden und größtenteils nach Deutschland zurückkehrten, mussten die traditionellen Migrationskanäle wieder geöffnet werden. Bereits im Sommer 1946 wurden auf der Grundlage einer zwischenstaatlichen Vereinbarung erneut Arbeitskräfte in Italien durch die ›Fédération des Associations Charbonnières‹, einen Zusammenschluss der Bergbauunternehmen, angeworben.[48] Als Anlaufstelle für auswanderungswillige Italiener unterhielt die ›Fédéchar‹ ab 1946 ein Rekrutierungsbüro in Mailand.[49] Ihre Zusammenarbeit mit dem belgischen Staat bestand in der Überprüfung der angeworbenen Arbeitskräfte – noch vor deren Abreise – auf ihre politische Unbedenklichkeit durch Beamte der belgischen ›Sûreté‹. Staatliche Stellen waren damit zwar noch nicht aktiv an der Rekrutierung im Ausland beteiligt, jedoch bereits an der Selektion der Arbeitsmigranten.[50] Das Ziel der Rekrutierungskampagne war es, wöchentlich bis zu 2.000 italienische Arbeitskräfte mit der Eisenbahn nach Belgien zu transportieren; zwischen 1946 und 1949 erreichten insgesamt 77.000 Italiener den belgischen Arbeitsmarkt.

45 Mommen, The Belgian Economy in the 20th Century, S. 60f.

46 Meyer, Auf belgische Arbeiter gemünzte Propaganda, S. 156; Haupt, Der ›Arbeitseinsatz‹ der belgischen Bevölkerung während des Zweiten Weltkrieges, Kapitel III; Gerard, 1905–1950, S. 44f.

47 Cassiers/de Villé/Solar, Economic Growth in Postwar Belgium, S. 180f.

48 Die Umsetzung der Vereinbarung bereitete jedoch beiden Seiten Schwierigkeiten, sodass sie 1948 durch ein Zusatzprotokoll weiterentwickelt wurde, das eine enge Überwachung des Migrationsprozesses vorsah; vgl. Recrutement de travailleurs italiens en Belgique, S. 166f.; Morelli, L'immigration italienne en Belgique aux XIXe et XXe siècles, S. 197.

49 Braeckman, Les étrangers en Belgique, S. 15.

50 Gerard, 1905–1950, S. 151.

Zusätzlich entstand im Jahr 1947 ein Rekrutierungsprogramm für ›Displaced Persons‹ in Deutschland.[51]

Flankiert wurde die Anwerbung bzw. Zulassung von Arbeitsmigranten durch die jährliche Festlegung von Einwandererkontingenten, die den Versuch einer Gesamtplanung jenseits einer nur durch den Bedarf der Unternehmen gesteuerten Anwerbung zumindest andeuten. Außerdem schränkte man die Freizügigkeit bzw. die Arbeitsmarktmobilität der ausländischen Arbeiter, die sich in der Regel für mehrere Jahre an einen Arbeitgeber oder eine Branche binden mussten, ein, um zu verhindern, dass die Migranten in Konkurrenz zu den inländischen Arbeitnehmern in anderen Wirtschaftszweigen traten.[52] Neben der massiven Anwerbung für den Steinkohlenbergbau blieben die Rekrutierungskampagnen anderer Branchenverbände oder Gebietskörperschaften, wie etwa die Anwerbung portugiesischer Steinbrucharbeiter durch den ›Conseil économique wallon‹, nur Episoden.[53]

Nach 1945 erhielten in Belgien das Außenministerium und das Justizministerium die Zuständigkeit für die Erteilung von Aufenthaltsgenehmigungen, das Ministerium für Arbeit und Soziales übernahm das Erteilen der Arbeitserlaubnis.[54] Als beratendes Gremium bestand ab 1948 eine triparitätische Kommission (›Commission triparite de la main-d'œuvre étrangère‹), der neben Regierungsvertretern auch Gewerkschaften und Arbeitgeberverbände angehörten.[55] Auf ein direktes Engagement in der Anwerbung ausländischer Arbeitskräfte im Ausland – jenseits der politischen Überprüfung – verzichtete der belgische Staat jedoch weiterhin und überließ die Auslandsaktivitäten der ›Fédéchar‹. Bis zur Mitte der 1950er Jahre folgte die Intensität der Anwerbung ausländischer Arbeitskräfte der Arbeitsmarktlage bzw. der wirtschaftlichen Entwicklung. So führte beispielsweise bereits eine leichte Konjunkturflaute an der Wende von den 40er zu den 50er Jahren zu einem vorübergehenden Anwerbestopp bzw. einer Annullierung der genehmigten Zuwandererkontingente für alle Arbeitsmarktbereiche außer dem Bergbau. Dieser Rückschlag konnte das starke Ansteigen der Zuwanderung jedoch nur kurz bremsen.[56]

Zur Deckung der Nachfrage der belgischen Wirtschaft nach Arbeitskräften, die mit dem Greifen der europäischen Nachkriegskonjunktur rapide anstieg, wurden 1956 und 1957 Anwerbeverträge mit Spanien und Griechenland un-

51 Morelli, L'immigration italienne en Belgique aux XIXe et XXe siècles, Abb. S. 177, 200; Grimmeau, Vagues d'immigration et localisation des étrangers en Belgique, S. 108; Morsa, L'immigration en Belgique 1890–1954, S. 50.

52 Martens, Les immigrés, flux et reflux d'une main-d'œuvre d'appoint, S. 71, 173f.; ders., 25 jaar wegwerparbeiders, S. 100f.

53 Gilon-Pichault, L'accueil et l'intégration des étrangers dans la province de Liège, S. 53.

54 International Labour Office, International Migration 1945–1957, S. 277.

55 Martens/Aerts, Gastarbeider, S. 33f.

56 Böhning, The Migration of Workers in the United Kingdom and the European Community, S. 28; Petri/Schöffer/Woltjer, Geschichte der Niederlande, S. 226; vgl. zum Konjunkurverlauf nach dem Zweiten Weltkrieg Mommen, The Belgian Economy in the 20th Century, S. 84f.

terzeichnet.[57] Dennoch setzte die Regierung die Rekrutierung bzw. Zulassung ausländischer Arbeitskräfte zwischen 1958 und 1961 erneut aus, als sich ein leichter Konjunkturrückgang im Bereich der Schwerindustrie anzukündigen schien.[58] Im Jahr 1959 verzeichneten die belgischen Statistiken sogar eine Nettoauswanderung, wobei allein 3.507 italienische Arbeitsmigranten – als die mit Abstand umfangreichste Gruppe von Ausländern auf dem belgischen Arbeitsmarkt – mehr das Land verließen, als neu zuwanderten.[59] Nach der Wiederaufnahme der Anwerbung folgten 1964 Anwerbeverträge mit Marokko und der Türkei.[60] In diesem Jahrzehnt begann die Neueinwanderung aus Marokko diejenige aus Italien zu überwiegen.[61] Mit Italien wurde im Jahr 1966 ein neuer Anwerbevertrag ausgehandelt, während ein Anwerbevertrag mit Tunesien im Jahr 1969 sowie Wanderungsverträge mit Algerien und Jugoslawien, die im folgenden Jahr abgeschlossen wurden, den Kreis der Staaten schloss, mit denen Belgien formale Migrationsbeziehungen aufnahm.[62]

Obwohl die Phase, in der die Rekrutierung ausländischer Arbeiter vorwiegend für den Bergbau erfolgte, bereits ab 1955 zu Ende ging und sich schon im letzten Drittel dieses Jahrzehnts deutlich andere Einsatzschwerpunkte für neu einwandernde ausländische Arbeitnehmer abzeichneten[63], verblieb die Rekrutierung ausländischer Arbeitskräfte in den Partnerstaaten weiterhin in den Händen der Bergbauarbeitgeber, die diese Aufgabe an ihren Branchenverband delegiert hatten. Etwa die Hälfte der ausländischen Arbeiter, die zwischen 1945 und 1970 nach Belgien einwanderten, wurde durch die ›Fédéchar‹ ange-

57 Eine Rolle mag hier die zurückgehende Migrationsneigung der Italiener gewesen sein, nachdem bei zwei großen Grubenunglücken im Jahr 1956 zahlreiche italienische Bergleute in Belgien ums Leben gekommen waren; vgl. Morelli, L'immigration italienne en Belgique aux XIXe et XXe siècles, S. 202. Vgl. zur Einwanderung von Spaniern nach Belgien Sanchez, Les Espagnols en Belgique au XXe siècle, S. 255f.; zur Einwanderung aus Griechenland Alexiou, L'immigration grecque en Belgique, S. 274f. Siehe auch Kapitel 2.2.2.

58 Denis, La situation générale de l'immigration et les différents aspects de l'accueil, S. 14; Alexiou, L'immigration grecque en Belgique, S. 275f.

59 Les migrations à destination en provenance de la Belgique en 1959, S. 243.

60 Martinello/Rea, Belgium's Immigration Policy brings Renewal and Challenges (online); Bayar, Un aperçu économique de l'immigration turque, S. 311f.

61 Bousetta/Jacobs, Multicultural Policies and Modes of Citizenship in Belgium, S. 6f.; Attar, Historique de l'immigration maghrébine en Belgique, S. 295; Grimmeau, Vagues d'immigration et localisation des étrangers en Belgique, S. 108. Migrationsbeziehungen zu afrikanischen Staaten südlich der Sahara, die der Zuwanderung von Arbeitskräften dienten, bestanden im Untersuchungszeitraum nicht; vgl. Manço, Quarante ans d'immigration en Wallonie (1960–2000), S. 32; eine statistische Übersicht findet sich bei Caestecker, Belgien und Luxemburg, S. 117.

62 Panciera/Ducoli, Immigration et marché du travail en Belgique, S. 27. Eine breite Zuwanderung aus den Kolonien Belgiens in Afrika nach deren Unabhängigkeit blieb zunächst aus und manifestierte sich erst im Verlauf der 1970er Jahre; vgl. Lesthaeghe, Transnational Islamic Communities in a Multilingual Secular Society, S. 4.

63 Ebd., S. 19. Bedingt durch den hohen Ausländeranteil im Bergbau blieb der Anteil der ausländischen Arbeiter, die insgesamt in dieser Branche beschäftigt waren, bis zum Ende des Betrachtungszeitraumes hoch. Zwischen 1959 und 1966 bewegte er sich zwischen 38 und 47%.

worben.[64] Um die ausländischen Arbeitskräfte im Bergbau sesshaft zu machen und ihrer Fluktuation entgegenzuwirken, förderten die Bergbauunternehmen aktiv den Familiennachzug. Allein zwischen 1946 und 1966 organisierten sie die Einwanderung von 27.000 Ehefrauen ausländischer Bergleute, die von 39.000 Kindern begleitet wurden.[65] Diese Form der Anwerbung führte dazu, dass in manchen Jahren die Migrationsbilanz zwischen Belgien und Italien in Bezug auf männliche Arbeitskräfte durch die zahlreichen alleinstehenden Rückkehrer sehr viel niedriger lag, als, bedingt durch den starken Familiennachzug, die der Italienerinnen.[66] Für die Rekrutierung vor Ort eröffnete die ›Fédéchar‹ in vielen Partnerstaaten Belgiens Anwerbebüros, so neben der Dependance in Mailand, die seit 1946 bestand, im Jahr 1955 – zwei Jahre vor dem Wanderungsabkommen beider Staaten – in Athen und im Jahr darauf in Madrid. 1962 kam ein Anwerbebüro in Casablanca hinzu und 1963 ein weiteres in Ankara.[67] Auch in der Türkei begannen die Vorbereitungen für die Anwerbung also bereits, während die Verhandlungen über den Vertrag von 1964 noch liefen. Daneben gewannen am Ende der Anwerbephase die diplomatischen Vertretungen Belgiens als Multiplikatoren und Schnittstellen für die Anwerbung oder durch Hilfestellungen für Arbeitskräfte zunehmend an Bedeutung, die sich aus eigenem Antrieb für eine Arbeitsaufnahme in Belgien interessierten.[68] Diese Entwicklung markiert zwar auch im Fall Belgiens eine stärkere direkte staatliche Beteiligung an der Gewinnung von Arbeitskräften im Ausland, kann jedoch nicht darüber hinweg täuschen, dass eine äußerst freizügige Einwanderungspraxis die individuelle Migration ohne Partizipation am Anwerbe- oder Genehmigungsverfahren auf illegalem Wege geradezu ermutigte. Im Jahrzehnt zwischen 1957 und der Rezession von 1967 gewann die spontane Einwanderung neben der Rekrutierung enorm an Bedeutung. In einigen Jahren, so etwa 1965, fanden sogar mehr ausländische Arbeitskräfte im belgischen Bergbau Beschäftigung, die als Touristen eingereist waren und die an sich illegale Arbeitsaufnahme im Zuge der ›régularisation sur place‹ nachträglich legalisieren ließen, als solche, die über die ›Fédéchar‹ angeworben worden waren.[69]

64 Heide, Labour Migration from the Mediterranean Area to the Benelux Countries, S. 141; Martens, 25 jaar wegwerparbeiders, S. 102.

65 Heide, Labour Migration from the Mediterranean Area to the Benelux Countries, S. 135.

66 Migrations à destination et en provenance de la Belgique en 1953, S. 457f. Im Jahr 1953 beispielsweise betrug die Nettoeinwanderung von Italienerinnen 4.485 Personen, die der Italiener jedoch nur 2.253, wobei allerdings 7.085 Italienerinnen und 12.302 Italiener insgesamt in Belgien eintrafen.

67 Braeckman, Les étrangers en Belgique, S. 15; Berten, La situation des travailleurs étrangers et de leurs familles dans l'industrie de charbonière belge, S. 26; Stengers, Emigration et immigration en Belgique au XIXe et au XXe siècle, S. 88.

68 Manço, Quarante ans d'immigration en Wallonie (1960–2000), S. 23.

69 Martinello/Rea, Belgium's Immigration Policy brings Renewal and Challenges (online); Panciera/Ducoli, Immigration et marché du travail en Belgique, S. 22f. Die »regularisation sur place«, also die nachträgliche Legalisierung eines Arbeitsverhältnisses sowie des Aufenthalts gewann in den 1960er Jahren große Bedeutung.

Ende 1965 übernahm ein neues Gremium, der ›Conseil consultativ des immigrés‹[70], die Federführung in der Migrationspolitik. Damit begann, obwohl der Einfluss dieser Institution gegenüber Arbeits- und Justizministerium eher zweitrangig blieb, eine Periode dichterer staatlicher Kontroll- bzw. Regulierungsbestrebungen bezüglich der Einwanderung.[71] Zu den Merkmalen der neuen Politik, die im Jahr 1967 durch eine Reihe von Erlassen formalisiert wurde, zählten eine Verschärfung der Ausweisungspraxis für arbeitslose Ausländer, die nicht über die regulierten Migrationskanäle nach Belgien gekommen waren, sowie höhere Hürden für das Erlangen von Aufenthalts- und Arbeitsgenehmigung, die von den Einwanderern zu nehmen waren. Hinzu kam eine Ausdifferenzierung unterschiedlicher Klassen von Arbeitsgenehmigungen. Diese bewegten sich zwischen unbefristeter Gültigkeit, verbunden mit freier Arbeitsplatzwahl, und der befristeten Genehmigung, die auf einen Arbeitgeber oder eine Branche beschränkt sein konnte. Während sich die Chancen von Migranten, die nicht auf der Grundlage eines Anwerbeabkommens nach Belgien gekommen waren, auf einen hochwertigen Aufenthaltsstatus verschlechterten, senkte man gleichzeitig die Wartezeiten bis zum Erlangen der vollen Freizügigkeit auf dem belgischen Arbeitsmarkt für diejenigen, die offiziell angeworben worden waren. Die Arbeitgeber schließlich sahen sich ebenfalls einer genaueren Prüfung ihrer Wünsche nach der Beschäftigung ausländischer Arbeitnehmer ausgesetzt und mussten ab 1967 beispielsweise die Beschäftigung von mehr als 15 Ausländern, die keine permanente Aufenthalts- und Arbeitsberechtigung besaßen, schriftlich begründen.[72]

Unter dem Eindruck des Konjunktureinbruchs von 1966/67 erwogen die Behörden zwar einen neuerlichen Anwerbestopp, diesen setzte man jedoch nach dem schnellen Abflauen der Rezession nicht um. Stattdessen begann für Belgien nun eine neue Boomphase der Arbeitsmigration, in der es zum Abschluss zusätzlicher Anwerbeabkommen mit Tunesien und Algerien bzw. Jugoslawien in den Jahren 1969 und 1970 kam. Erst im Juli 1974 wurde schließlich die Anwerbung ausländischer Arbeitskräfte für die belgische Wirtschaft aufgrund der negativen Entwicklung des Arbeitsmarktes und der schlechten Konjunkturaussichten endgültig eingestellt.[73]

Statistische Angaben über den Ausländeranteil auf dem belgischen Arbeitsmarkt im 20. Jahrhundert liegen bis in die 1960er Jahre nur punktuell vor. Für das Jahr 1920 ist für das gesamte Königreich von einer ausländischen

70 Damit war auch an prominenter Stelle ein Wechsel in der Terminologie von »main-d'œuvre étrangère« zu »immigrés« vollzogen.

71 Martens/Aerts, Gastarbeider, S. 77f.; ders., Les immigrés, flux et reflux d'une main-d'œuvre d'appoint, S. 108f., 134f.

72 La réglementation relative à l'emploi des travailleurs étrangers, S. 3–30; Braeckman, Les étrangers en Belgique, S. 46.

73 Reith/Tetzlaff, Belgien, S. 11–18; Blaise, Des immigrés à intégrer, S. 20f.; Martens, Les immigrés, flux et reflux d'une main-d'œuvre d'appoint, S. 62; Grimmeau, Vagues d'immigration et localisation des étrangers en Belgique, S. 106; Guillaume, Les mesures de restrictions à l'immigration en Belgique, S. 42.

Wohnbevölkerung von etwa 150.000 Personen auszugehen, die etwa 2% der Bevölkerung ausmachten. Ohne dass ermittelt werden kann, wie hoch der Anteil der Arbeitskräfte an der ausländischen Bevölkerung Belgiens lag, stieg der Ausländeranteil an der Bevölkerung bis 1947 auf etwa 367.000 Personen oder 4,3% der Bevölkerung. Im Jahr 1970 zählte man in Belgien 716.257 Ausländer, der Ausländeranteil war damit auf 7% gestiegen. 181.555 von ihnen waren in diesem Jahr als Angestellte oder Arbeiter beschäftigt, dies entspricht einer Erwerbsquote von 25,3%.[74] Über die von den Arbeitgebern im Ausland direkt angeworbenen Arbeiter liegen nur ungenaue Angaben vor. Allein die Rekrutierung für den Steinkohlenbergbau führte zwischen 1945 und 1956 zur Einwanderung von 143.826 Arbeitern, bis 1973 stieg diese Zahl auf etwa 220.000. Die Gruppe der zu einem bestimmten Zeitpunkt gleichzeitig im belgischen Bergbau beschäftigten Arbeitnehmer lag natürlich wesentlich niedriger.[75]

Unter den ausländischen Arbeitskräften in Belgien bildeten die Italiener nahezu über den gesamten Betrachtungszeitraum die wichtigste Einzelgruppe. Sie blieben aufgrund des frühen Beginns des Wanderungsprozesses und seiner zeitweise quantitativen Dominanz im Wanderungsgeschehen prägend für die ausländische Arbeitnehmerschaft, auch nachdem in den 1960er Jahren ihr Anteil unter den Neueinwanderern stetig zurückfiel. Während vor dem Zweiten Weltkrieg insbesondere im Bergbau auch Migranten aus Osteuropa ein bedeutendes Kontingent stellten, übernahmen nach 1945 zunächst griechische, dann spanische Arbeitsmigranten und zeitweise während der 1960er Jahre auch türkische und nordafrikanische Zuwanderer die Spitzenstellung. Demgegenüber blieb die Einwanderung aus Portugal oder aus Osteuropa nach dem Zweiten Weltkrieg von untergeordneter Bedeutung.[76]

Die belgische Politik der Arbeitsmigration folgte zwischen dem Ersten Weltkrieg und dem Anwerbestopp zwei Entwicklungslinien. Zum einen erhielt sie formal eine zunehmend restriktive Prägung, während ihre Praxis sich stark an den Bedürfnissen der belgischen Wirtschaft orientierte. Infolgedessen verschob sich die Wahrnehmung von Migranten sukzessive von der politisch-gesellschaftlichen Ebene hin zur ökonomischen. Zum anderen änderten sich die Zusammensetzung der migrationspolitischen Akteure und die Machtverteilung unter ihnen. Der Staat beschränkte sich zunächst auf die politische Kontrolle der Migranten. Die Arbeitgeber hingegen blieben auf dem transnationalen Arbeitsmarkt weitgehend autonom. In der Zwischenkriegszeit übernahm der Staat mehr und mehr auch die Regulierung der Arbeitsmigration, und schließlich erhielten auch die Gewerkschaften als Interessenvertreter der belgischen Arbeiterschaft stärkeren Einfluss auf die Gestaltung des Migrationsprozesses – wenn etwa auf ihr Drängen die Anwerbung in Perioden stei

74 L'immigration en Belgique, 1973, S. 18, 30, 32.

75 Martens, Les immigrés, flux et reflux d'une main-d'œuvre d'appoint, S. 161.

76 Panciera/Ducoli, Immigration et marché du travail en Belgique, S. 17, 27, 36; Ghemmaz, Des portugais en Europe du Nord, S. 137f.

gender Arbeitslosigkeit ausgesetzt wurde. Die zwischenstaatlichen Verträge, die Belgien zur Etablierung regulierter Migrationskanäle nutzte, waren – in unterschiedlichen Ausprägungen – sowohl von den Interessen der belgischen Seite als auch von den Interessen der jeweiligen Entsendeländer beeinflusst. Während Staat und Arbeitgeber versuchten, starke Kontroll- und Restriktionsoptionen in den Verträgen festzuschreiben, etwa Rückkehrverpflichtungen oder die Bindung an bestimmte Arbeitsplätze, schützten sich die Gewerkschaften über Gleichbehandlungsklauseln gegen ein Lohndumping der Unternehmen mithilfe der Einstellung unterdurchschnittlich bezahlter ausländischer Arbeitskräfte. Abhängig von der Nachfrageintensität auf dem belgischen Arbeitsmarkt wiederum waren die Entsendeländer ihrerseits in der Lage, bestimmte Minimalstandards bezüglich der Gestaltung von Migration und Berufstätigkeit ihrer Staatsbürger in Belgien in den Verträgen festzuschreiben.[77]

2.1.2. Deutschland

Wanderungsbewegungen, deren Strukturen sich nicht zuletzt auf die territoriale, ökonomische, gesellschaftliche und religiöse Heterogenität dieses Raumes zurückführen lassen, haben die Gebiete, aus denen später Deutschland werden sollte, in hohem Maß beeinflusst. Eine Vielzahl lokaler, regionaler oder transnationaler, temporärer oder permanenter Migrationen, die sowohl Zu- als auch Abwanderung einschlossen und ebenso spontan und individuell wie durch Herrschaftsstrukturen motiviert und reguliert sein konnten, sind vor diesem Hintergrund Bestandteile der Vorgeschichte jener Phänomene, von denen die Arbeitskräftewanderung im 20. Jahrhundert geprägt wurde.[78]

Die Betrachtung der transnationalen Arbeitsmigration in den deutschen Nationalstaat ab den 1880er Jahren erfordert es, einige Rahmen- bzw. Vorbedingungen zu berücksichtigen. Deutschland war zwischen dem Ende der Befreiungskriege 1815 und dem Ende der letzten bedeutenden Wirtschaftskrise des 19. Jahrhunderts, der sogenannten Großen Depression, in den 1890er Jahren im Selbstverständnis ebenso wie de facto eher ein Aus- als ein Einwanderungsland. Dies bestätigen vor allem drei große Auswanderungswellen von 1846 bis 1857, 1864 bis 1873 sowie 1880 bis 1893.[79] Insgesamt verließen mehr als sechs Millionen Deutsche zwischen 1830 und 1913 ihr Land als Auswanderer.[80]

77 Braeckman, Les étrangers en Belgique, S. 39f. Siehe dazu Kapitel 3.4.3.

78 Einen knappen Überblick geben Bade/Oltmer, Zwischen Aus- und Einwanderungsland, S. 263–268; dies., Deutschland, S. 141f. sowie neuerdings Oltmer, Migration im 19. und 20. Jahrhundert; vgl. auch exemplarisch zur Peuplierungspolitik Haver, Das Experiment des Königs.

79 Grant, Globalisation versus De-Coupling, S. 387–418.

80 Bade, Die deutsche überseeische Massenauswanderung im 19. und 20. Jahrhundert, S. 275f. sowie ders./Oltmer, Deutschland, S. 148.

Überlappend mit diesem Migrationsgeschehen traten die deutschen Territorien im Verlauf des Jahrhunderts sukzessive in einen Industrialisierungsprozess ein und vollzogen langsam den Übergang von agrarisch zu industriell geprägten Volkswirtschaften. Zugleich beschleunigte sich durch den demographischen Übergang an der Wende vom 17. zum 18. Jahrhundert für einige Jahrzehnte das Bevölkerungswachstum, während die ökonomischen und politischen Wandlungsprozesse, vor allem nach der Gründung des Kaiserreiches 1871, eine zunehmend dynamische interregionale Migration innerhalb Deutschlands anregten.[81] Diese führte zu einer Umverteilung der Bevölkerung aus dem agrarisch geprägten Osten in Richtung der industriellen und urbanen Ballungsräume.[82] Eine Folge dieser Verkettung von demographischem und ökonomischem Strukturwandel war ein temporärer, regionaler und sektoraler Arbeitskräftemangel: In den letzten Jahrzehnten des 19. Jahrhunderts wurden in den arbeitsintensiven Jahreszeiten Landarbeiter in den östlichen Teilen Deutschlands zunehmend knapp.[83]

Auf den politischen Kontext der vor diesem Hintergrund einsetzenden transnationalen Arbeitsmigration von Landarbeitern, die als Arbeitswanderer saisonal nach Deutschland kamen, gewannen vor allem drei Faktoren Einfluss. Erstens eine allgemeine Ablehnung der Niederlassung nicht-deutscher Einwanderer, die im Gegensatz zu der vergleichsweise offenen Haltung der merkantilistischen Periode stand. Zweitens ein gespanntes Verhältnis zur polnischen Bevölkerung innerhalb und außerhalb der Grenzen Deutschlands seit der Annektion von Teilen Polens durch Preußen im Zuge der dritten polnischen Teilung.[84] Drittens die überragende Bedeutung Preußens für die Gestaltung der deutschen Migrationspolitik einerseits als größter Flächenstaat mit den längsten Außengrenzen innerhalb des Kaiserreiches, andererseits als größter Nachfrager ausländischer landwirtschaftlicher Arbeitswanderer.[85]

Jenseits älterer Migrationssysteme mit Arbeitsmarktbezug, innerhalb deren Ausländer in deutsche Staaten bzw. ab 1871 ins Deutsche Reich kamen oder Deutsche Arbeit im meist benachbarten Ausland suchten sowie der Abwanderung preußischer Bürger polnischer Herkunft aus den östlichen Provinzen Preußens ins Ruhrgebiet, bildeten sich ab den 1880er Jahren neue transnationale Migrationsmuster aus[86]: die temporäre und stark reglementierte Zuwande-

81 Grant, Migration and Inequality in Germany 1870–1913, passim; Hochstadt, Mobility and Modernity, S. 107f.; Marschalck, Bevölkerungsgeschichte Deutschlands im 19. und 20. Jahrhundert, S. 45f.; Knox/Marston, Humangeographie, S. 145.

82 Durch Phänomene wie Land-Stadt-Wanderung, aber auch der Stadt-Stadt-Wanderung in Kombination von Wanderung und Rückwanderungen ergibt sich ein zirkuläres Migrationssystem, das zwischen 1860/70 und 1914 zu etwa 15–16 Mio. Fernwanderern in Deutschland führte.

83 Schmuhl, Arbeitsmarktpolitik und Arbeitsverwaltung in Deutschland 1871–2002, S. 8f.

84 Siehe dazu Kapitel 2.2.6.

85 Bade, Land oder Arbeit, S. 446f.

86 Del Fabbro, Transalpini, S. 41f.; Wennemann, Arbeit im Norden, S. 68f.; Martini, Italienische Migranten in Deutschland, S. 49f.; Walz, Region – Profession – Migration, S. 413f.; Kleßmann, Integration und Subklutur nationaler Minderheiten, S. 487f.

rung polnischer Arbeitskräfte aus den von Österreich bzw. Russland annektierten Teilen Polens vor allem in die östlichen Teile des Deutschen Reiches.[87]

Ein erstes zwischen Preußen und diesen Gebieten etabliertes informelles Migrationssystem, das Tausende von Polen als temporäre oder permanente Einwanderer in die von Gutwirtschaften dominierten preußischen Ostprovinzen geführt hatte, war durch die politisch motivierte radikale Ausweisung von etwa 40.000 nicht-naturalisierten Polen aus Preußen ab 1883 zerrissen worden.[88] Das Zusammenwirken eines wachsenden Arbeitskräftebedarfs in der arbeitsintensiven Agrarwirtschaft Ostpreußens, der Abwanderung bedeutender Bevölkerungsteile aus diesen Regionen in die Industriegebiete und des durch die Grenzschließung für polnische Arbeitsmigranten ausbleibenden Zustroms an Saisonarbeiten erzwang in den 1890er Jahren die Wiederaufnahme von Migrationsbeziehungen. Diese waren nun freilich weniger durch die vorherige freizügige Praxis als vielmehr durch eine weitreichende staatliche Kontrolle ausländischer Arbeitskräfte im Deutschen Reich gekennzeichnet.[89] Als diese Entwicklung einsetzte, lag der Ausländeranteil auf dem deutschen Arbeitsmarkt bei etwa 0,8%.[90]

Der Wunsch der Agrarproduzenten, auf ein ausreichendes und kalkulierbar temporär verfügbares Angebot an unqualifizierten landwirtschaftlichen Arbeitskräften zu zuverlässig niedrigen Kosten zurückgreifen zu können, verbunden mit dem staatlichen Anspruch, die Zuwanderung nach Deutschland bzw. Preußen lückenlos zu kontrollieren, waren neben antipolnischen Ressentiments zwei wichtige Antriebskräfte für den stetigen Ausbau institutioneller Strukturen und eine Ausweitung des staatlichen Einflusses auf die Regulierung der Migrationsbewegungen. Parallel dazu entfalteten nun auch die landwirtschaftlichen privaten und öffentlich-rechtlichen Interessenvertretungen stärkere migrationspolitische Aktivitäten. Ihr Ziel war es, den Bedarf der Agrarproduzenten an ausländischen Arbeitskräften gegenüber den staatlichen Stellen zu artikulieren und entsprechenden Einfluss auf die bevorstehende Neugestaltung des transnationalen Arbeitsmarktes an der deutschen Ostgrenze zu nehmen.[91]

Vor diesem Hintergrund definierte Preußen zwischen 1890 und 1907 die Grundlinien des Imports von Arbeitskraft unter Verhinderung von Einwanderung für das Deutsche Reich. Sie kombinierten eine Aufenthalts- und Arbeitserlaubnis, die jährlich von allen Ausländern, die zum Zweck der Arbeitsaufnahme nach Deutschland einreisten, neu zu beantragen war, mit einer obligatorischen Registrierung der Saisonarbeiter bei ihrer Einreise. Bei dieser

87 Ders., Polnische Bergarbeiter im Ruhrgebiet, 1870–1945; vgl. exemplarisch zu Migrationssystemen vor 1870 Bade, Transnationale Migration und Arbeitsmarkt im Kaiserreich, S. 196; ders., ›Preußengänger‹ und ›Abwehrpolitik‹, S. 227; ders., Land oder Arbeit, S. 411f.

88 Urban, Der Verlust, S. 22; Bade, Land oder Arbeit, S. 403f. Boockmann spricht von 26.000 Ausgewiesenen; vgl. Boockmann, Ostpreussen und Westpreussen, S. 385.

89 Bade, Land oder Arbeit, S. 407, 416.

90 Die Beschäftigung ausländischer Arbeitskräfte in Deutschland 1882 bis 1963, S. 93.

91 Bade, Land oder Arbeit, S. 417.

sogenannten ›Legitimation‹, die ab 1907/08 zentral organisiert wurde, erhielten die Migranten zu diesem Zweck einen befristet gültigen Ausweis. Ein weiterer Bestandteil des Verfahrens war der Zwang zur Ausreise aller Saisonarbeiter während der Wintermonate in der ›Karenzzeit‹, die man schon 1891 eingeführt hatte.[92] Bis zum Ende des 19. Jahrhunderts blieb die Gestaltung der Arbeiterwanderung in diesem – zunächst noch nicht vollständig realisierten – Rahmen allerdings Migranten und Arbeitgebern überlassen.

Die Organisation der Arbeitskräftebeschaffung übernahmen Mittelsmänner, die sogenannten Agenten oder Vorschnitter. Sie sorgten in den Rekrutierungsgebieten für die Anwerbung der Arbeitskräfte und für deren Transfer auf den deutschen Arbeitsmarkt bzw. in Arbeitsverhältnisse bei deutschen Agrarproduzenten und deckten so deren Nachfrage nach billigen Arbeitskräften gegen die Zahlung marktabhängiger Vermittlungsgebühren.[93] Bei steigender Nachfrage führte dies nicht nur zu einer Verteuerung der Beschäftigung von Saisonarbeitern, sondern auch zu einer hohen Fluktuation der Arbeitskräfte während der Beschäftigungssaison, die sich negativ auf die Betriebsführung auswirken konnte.[94] Um diese kostenintensive Art der Arbeitsvermittlung zu umgehen, wurden die Arbeitgeber mit der Zeit allerdings auch selbst im Ausland tätig oder entsandten Beauftragte, um ihren jährlichen Bedarf an ausländischen Landarbeitern zu decken. Auch die Landwirtschaftskammern beteiligten sich schließlich an der Anwerbung und Vermittlung ausländischer Arbeitskräfte, nicht zuletzt, um ihrerseits den kommerziellen Arbeitervermittlern entgegenzutreten und ihre Klientel zuverlässig und kostengünstig mit Arbeitskräften zu versorgen. Dabei erfolgte die Rekrutierung im Ausland ebenfalls noch durch Privatpersonen, die bestenfalls im Auftrag der Landwirtschaftskammern agierten. Zugleich konnte sich die Vermittlung ausländischer Arbeitskräfte in Deutschland stets auf einen beträchtlichen Anteil an den ausländischen Saisonarbeitern stützen, die individuell und ohne die Vermittlung von Rekruteuren zu Jahresbeginn in die Ostprovinzen wanderten. Je stabiler sich das System temporärer Arbeitsmigration zwischen den polnischen Gebieten und Deutschland etablierte, desto wichtiger wurde dieser sich selbst tragende Teil der Migrationsbewegung. Er allein konnte die Nachfrage aus Deutschland jedoch zu keinem Zeitpunkt auch nur annähernd decken.[95]

Schrittweise stieg mit der Ausweitung der Ausländerbeschäftigung ab den 1890er Jahren innerhalb Deutschlands der Organisationsgrad derjenigen Strukturen, die einerseits kontrollierend, andererseits marktregulierend wirken und gleichzeitig die Bedarfsdeckung sichern sollten. Nachdem schon vor 1900 die Landwirtschaftskammern mit ihren Arbeitsnachweisen in die Vermittlung ausländischer Landwirtschaftsarbeiter eingegriffen hatten, setzte sich nach der

92 Ebd., S. 425, 446f.
93 Ebd., S. 486; Roller, Frauenmigration und Ausländerpolitik im Deutschen Kaiserreich, S. 91; sowie zeitgenössisch Knoke, Ausländische Wanderarbeiter in Deutschland, S. 35f.
94 Herbert, Geschichte der Ausländerpolitik in Deutschland, S. 32f.; Willecke, Die landwirtschaftliche Arbeitsvermittlung in Deutschland, S. 10f., 99f.
95 Bade, Land oder Arbeit, S. 470f.

Jahrhundertwende der Trend zur Gründung zentraler Instanzen fort. Durch sie sollte die zwischen einzelnen Regionen entstandene Konkurrenz um die ausländischen Arbeitskräfte abgemildert und die Abhängigkeit von privaten Arbeitsvermittlern verringert werden.[96] Im Jahr 1903 entstand die ›Centralstelle zur Beschaffung Deutscher Ansiedler und Feldarbeiter‹ durch den ›Ostmarkverein‹ und den ›Alldeutschen Verband‹. Sie scheiterte allerdings an der übermächtigen Konkurrenz privater Arbeitsvermittler und den Partikularinteressen der Landwirtschaftskammern, die sich auf die Zuführung ausländischer Saisonarbeiter bzw. die Beschaffung von Arbeitskräften für ihren jeweiligen Kammerbezirk spezialisiert hatten. Ab 1905 wurde dann die ›Deutsche Feldarbeiter-Zentralstelle‹ (auch ›Feldarbeiterzentrale‹) tätig. Auch bei ihr handelte es sich um eine private Organisation, initiiert durch eine Gruppe von Landwirtschaftskammern, die jedoch unter Kuratel des preußischen Landwirtschaftsministeriums stand. Sie sollte den unübersichtlichen Arbeitsmarkt für ausländische Landwirtschaftsarbeiter im Sinne der Arbeitgeber ordnen, konnte sich jedoch ebenfalls zunächst nur schwer gegen die noch von vielen regionalen und branchenspezifischen Interessenvertretungen begünstigten, nicht organisierten privaten Arbeitsvermittler durchsetzen.[97] Erst als alle Landwirtschaftskammern auf Druck der preußischen Regierung die Rolle der Feldarbeiterzentrale als Koordinierungsstelle anerkennen mussten und der 1907 von der preußischen Regierung beschlossene ›Legitimationszwang‹ im Jahr 1908 eingeführt und seine Durchführung der neuen Institution übertragen wurde, war der Wendepunkt erreicht.[98] Zumindest über die preußische Grenze führte kein legaler Weg für einen Arbeitswanderer mehr an der Deutschen Feldarbeiter-Zentralstelle vorbei, die Ausweitung des Systems auch auf die anderen Bundesstaaten wurde von Preußen vehement gefordert.[99]

Alle ausländischen Arbeitskräfte, die eine Beschäftigung in Deutschland anstrebten, mussten sich nun – gleichgültig ob sie angeworben worden waren oder aus eigenem Antrieb zur Arbeitssuche nach Deutschland einreisen wollten – bei einem der insgesamt schließlich 39 Grenzämter der Deutschen Feldarbeiter-Zentralstelle registrieren und medizinisch untersuchen lassen. Erst dann durften sie die Weiterreise zu ihren Arbeitgebern antreten.[100] Sie erhielten – gegen eine Gebühr – eine Legitimationskarte mit Angaben zur eigenen Person sowie zum zukünftigen Arbeitgeber. Diese Arbeitskarte wurde beim Antritt der Arbeitsstelle an den Arbeitgeber übergeben und nur bei ordnungsge-

96 Ebd., S. 426f., 472.

97 Bade, Vom ›Menschenmarkt‹ zum Arbeitsmarkt, S. 87–93.

98 Ders., Land oder Arbeit, S. 475.

99 Vgl. zur Praxis der Anwerbung vor dem Ersten Weltkieg auch Deutsche Feldarbeiter-Zentralstelle, Bericht über die Tätigkeit im Geschäftsjahr 1906–1907; dies., Bericht über die Tätigkeit im Geschäftsjahr 1908–1909; dies., Bericht über die Tätigkeit im Geschäftsjahr 1909–1910; dies., Bericht über die Tätigkeit im Geschäftsjahr 1910–1911; dies., Bericht über die Tätigkeit im Geschäftsjahr 1911–1912; dies., Bericht über die Tätigkeit im Geschäftsjahr 1912–13.

100 Bade, Vom Auswanderungsland zum ›Arbeitseinfuhrland‹, S. 455f.

mäßer Erfüllung des Arbeitsvertrages oder dessen vorzeitiger Auflösung in beiderseitigem Einverständnis wieder an den Arbeiter zurückgegeben. Der Besitz der Legitimationskarte wiederum war bei einem Stellenwechsel eine unabdingbare Einstellungsvoraussetzung für ausländische Arbeitskräfte. Eine Kopie der Legitimationskarte erhielten die Polizeibehörden als Fahndungsmittel. Arbeiter ohne Legitimationskarte konnten ausgewiesen werden.[101]

Damit war auf der einen Seite ein System geschaffen worden, das eine lückenlosere Kontrolle ausländischer Arbeitskräfte verhieß, als zu diesem Zeitpunkt in irgendeinem anderen europäischen Land realisiert war. Gleichzeitig hatte eine nicht-staatliche Organisation in Zusammenarbeit mit öffentlich-rechtlichen und staatlichen Instanzen die Steuerung der jährlichen Migrationsbewegung übernommen. Von großer Bedeutung erwies sich, dass nun Eintrittspunkte an den Grenzen eingerichtet worden waren, die sowohl die organisiert als auch die individuell zuwandernden Arbeitskräfte erfassen konnten. Damit war nicht nur eine Voraussetzung für die regulierte, zentrale Arbeitsvermittlung erfüllt, sondern auch ein Ansatzpunkt gefunden, jede nicht gewünschte Form der Anwerbung oder Vermittlung ausländischer Arbeitskräfte zu unterbinden. An der Anwerbung jenseits der deutschen Grenze beteiligte sich die Feldarbeiter-Zentralstelle jedoch nur ausnahmsweise. Immerhin kam es allerdings mit Italien in den Jahren 1910/11 zu einer Vereinbarung, die es Angehörigen der Feldarbeiter-Zentralstelle gestattete, an der Auswahl italienischer Arbeitskräfte unter der Aufsicht des italienischen Auswanderungsamtes teilzunehmen. Es handelte sich dabei um die erste Entsendung staatlich beauftragter Rekruteure aus Deutschland ins europäische Ausland und einen der ersten Fälle der Zusammenarbeit zwischen den mit Arbeitsmigration befassten Institutionen zweier Staaten des europäischen Migrationssystems. Deutschland folgte mit diesem Ansatz zur stärkeren Beteiligung von staatlich beauftragten Institutionen des anwerbenden Landes an der Rekrutierung im Ausland einem Weg, den auch Frankreich etwa zeitgleich beschritt.[102] Bis 1914 weitete die Feldarbeiterzentrale das Netz ihrer Außenstellen durch den Aufbau eines Arbeitsnachweises für italienische Migranten in Basel zunächst bis in die Schweiz, dann auch auf Italien aus.[103]

Diese Entwicklung hatte nicht zuletzt die steigende Bedeutung ausländischer Arbeitskräfte im sekundären Sektor ausgelöst. Im Verlauf der Hochkonjunktur am Ende des Kaiserreiches wuchs der Ausländeranteil unter den Arbeitskräften auch in Gewerbe und Industrie stetig an. Neben Arbeitsmigranten aus den Nachbarstaaten Deutschlands, etwa aus Belgien und den Niederlanden, aber auch aus Österreich und der Schweiz, wurden italienische Arbeitskräfte für viele Branchen bald unentbehrlich. Im Deutschen Reich lebten bei seiner Gründung 1871 insgesamt nur 4.000 Italiener, bis 1910 war ihre

101 Herbert, Geschichte der Ausländerpolitik in Deutschland, S. 32–37.

102 Deutsche Feldarbeiter-Zentralstelle, Bericht über die Tätigkeit im Geschäftsjahr 1910–1911, S. 9.

103 Bnin Bninski, Die Deutsche Feldarbeiter-Zentralstelle, S. 9f.

Zahl auf 104.204 angewachsen, sodass sie hinter den sogenannten Auslandspolen und den Holländern bereits die drittstärkste Gruppe ausländischer Arbeitskräfte bildeten.[104] Baugewerbe, Bergbau sowie Eisen- und Stahlindustrie wiesen mit regionalen und zeitlichen Unterschieden einen Beschäftigtenanteil ausländischer Arbeitskräfte von bis zu 10% auf. Da die Arbeit in der Industrie eher konjunkturellen Schwankungen als einem saisonalen Rhythmus unterlag, stieg unter den in diesem Sektor beschäftigten Ausländern der Anteil derjenigen, die einerseits aus ihrem eigenen Interesse an ununterbrochener Lohnarbeit, andererseits auf Drängen der Arbeitgeber, die im Winter nicht auf die ausländischen Arbeitnehmer verzichten wollten oder konnten, mit Duldung der Behörden den Rückkehrzwang ignorierten und häufig über mehrere Jahre hinweg ununterbrochen in Deutschland ansässig blieben.[105]

Bis zum Jahr 1907 wuchs die Zahl der ausländischen Arbeitskräfte im Deutschen Reich auf knapp 900.000 Menschen, die bereits zu etwa zwei Dritteln im sekundären oder tertiären Sektor beschäftigt waren, das restliche Drittel arbeitete in der Landwirtschaft. Dies entsprach einem Anteil der Ausländer an den Beschäftigten aller Sektoren von etwa 4,1%.[106] Während die Landwirtschaftsarbeiter fast ausschließlich aus den russischen bzw. österreichischen Teilen Polens stammten und dem Rotationsprinzip streng unterworfen waren, rekrutierten sich die ausländischen Beschäftigten in den anderen beiden Sektoren aus zahlreichen Nationen, wobei die mit Abstand umfangreichsten Gruppen nach wie vor von den Niederländern und Italienern gebildet wurden.[107] Auf sie wurde der Rückkehrzwang nur locker angewandt, sodass sich in diesem Segment der ausländischen Arbeiterschaft – falls es sich nicht um freiwillige Rückkehr, Pendelwanderung oder Grenzpendler handelte – ein höherer Anteil an dauerhaft niedergelassenen Migranten entstand, die sogar damit begannen, ihre Familien nach Deutschland zu holen. Am Vorabend des Ersten Weltkrieges überstieg die Zahl der ausländischen Arbeitskräfte im Deutschen Reich die Millionengrenze. Der Kriegsausbruch brachte dann ein vollkommenes Umschlagen der Arbeitsmarktpolitik hinsichtlich der in Deutschland beschäftigten Ausländer mit sich. Aus dem Rückkehrzwang der Karenzzeit wurde unmittelbar ein Rückkehrverbot. Mit seiner Hilfe wollte das Deutsche Reich, das fürchten musste, von seinen bisherigen Quellen für zusätzliche Arbeitskräfte abgeschnitten zu werden, einer Verknappung von Arbeitskräften entgegenwirken.[108] Hinzu traten im Kriegsverlauf ausländische Kriegsgefan-

104 Schäfer, Italienische Gastarbeiter im Deutschen Kaiserreich (1890–1914), S. 194; Morandi, Italiener in Hamburg seit dem Kaiserreich, S. 115–135; Bade, ›Preußengänger‹ und ›Abwehrpolitik‹, S. 102f.; ders., Land oder Arbeit, S. 432, 439; zur Ausweitung der Legitimierung durch die Deutsche Arbeiterzentrale auf Italien vgl. Knoke, Ausländische Wanderarbeiter in Deutschland, S. 18.

105 Schäfer, Italienische Gastarbeiter im Deutschen Kaiserreich (1890–1914), S. 203.

106 Spoerer, Zwangsarbeit unter dem Hakenkreuz, S. 22; vgl. auch Die Beschäftigung ausländischer Arbeitskräfte in Deutschland 1882 bis 1963, S. 93, dort werden leicht niedrigere Werte angegeben.

107 Herbert, Geschichte der Ausländerpolitik in Deutschland, S. 45f.

108 Ebd., S. 99f.

gene sowie zunächst freiwillig angeworbene, dann zwangsverpflichtete Arbeitskräfte aus den besetzten Gebieten vor allem Belgiens, Polens sowie Russlands.[109] Diese Wendung markiert nicht nur die erste staatlich sanktionierte Einführung von Zwangsarbeit nicht-deutscher Arbeitskräfte in Deutschland, sondern führte auch zu einem Höchststand der Ausländerbeschäftigung, die 1918 auf etwa 2,5 Millionen Menschen oder einen Anteil von rund 14% der Erwerbstätigen anstieg.[110]

Die Arbeitsmigration nach Deutschland in der Zwischenkriegszeit lässt sich in drei Abschnitte teilen: die Phase vom Kriegsende bis zum Einsetzen der Weltwirtschaftskrise Ende der 1920er Jahre, die Zeit der Weltwirtschaftskrise, in die bereits der Übergang von der Weimarer Republik in den nationalsozialistischen Staat fällt, sowie die Phase der Rüstungskonjunktur der letzten Vorkriegsjahre. Im Migrationsgeschehen der unmittelbaren Nachkriegszeit herrschten zunächst Rückkehr- und Flüchtlingsbewegungen vor, die sowohl heimkehrende Kriegsgefangene und Zwangsarbeiter umfassten wie Deutsche, welche die durch den Friedensvertrag von Versailles abgetrennten Reichsgebiete verließen. Ebenfalls große Bedeutung erlangte zeitweise die Fluchtbewegung von Juden aus Osteuropa.[111] Auch die Auswanderung aus Deutschland erlebte eine Neubelebung. Insgesamt verließen rund 603.000 Deutsche ihre Heimat und ließen sich in Übersee nieder. Eine ähnlich stark ausgeprägte und lang andauernde Auswanderungswelle wie am Ende des 19. Jahrhunderts entwickelte sich in der Zwischenkriegszeit jedoch nicht.[112]

Die Beschäftigung ausländischer Arbeiter in Landwirtschaft und Industrie bewegte sich in diesem Zeitraum auf wesentlich niedrigerem Niveau als vor 1914, verschwand als Phänomen jedoch nicht. In bestimmten Arbeitsmarktsegmenten zogen die Lohn- und Arbeitsbedingungen, die die Arbeitgeber anbieten konnten oder wollten, auch bei hoher Arbeitslosigkeit nicht ausreichend viele inländische Arbeiter an. Die Zahl der ausländischen Beschäftigten schwankte konjunkturbedingt mit leichten Verschiebungen zwischen den Wirtschaftssektoren zwischen 150.000 und 250.000.[113] Auch an den Herkunftsregionen änderte sich grundsätzlich wenig. Italien und die Niederlande blieben die wichtigsten Migrationspartner im Westen bzw. Süden; das neu gegründete Polen und die Nachfolgestaaten Österreich-Ungarns waren die bedeutenden Quellregionen für ausländische Arbeitskräfte in Osteuropa.[114]

---

109 Elsner, Ausländerbeschäftigung und Zwangsarbeit in Deutschland während des Ersten Weltkrieges, S. 529f. Siehe dazu auch Kapitel 2.1.1 sowie Kapitel 2.2.6.

110 Oltmer, Schreckbild Migration?, S. 152; Bade/Oltmer, Zwischen Aus- und Einwanderungsland, S. 274; Spoerer, Zwangsarbeit unter dem Hakenkreuz, S. 24.

111 Oltmer, Migration und Politik in der Weimarer Republik, S. 221f.

112 Bade, Arbeitsmarkt, Bevölkerung und Wanderung in der Weimarer Republik, S. 165, 167; ab 1923 war allerdings die Anwerbung deutscher Arbeitskräfte für die Emigration durch private, gewinnorientierte Vermittlungsunternehmen nicht mehr gestattet; vgl. Allemagne: Le placement des ouvriers à l'étranger, S. 61.

113 Herbert, Geschichte der Ausländerpolitik in Deutschland, S. 122.

114 Vgl. im Überblick Oltmer, Schreckbild Migration?, S. 162f.

In der institutionellen Verfassung des Migrationsgeschehens jedoch zeichneten sich einige grundsätzlich neue Entwicklungen ab. Im Jahr 1920 formulierte die ›Reichsarbeitsgemeinschaft land- und forstwirtschaftlicher Arbeitgeber- und Arbeitnehmervereinigungen‹ drei Grundsätze für den Import von Arbeitskraft: ein Inländerprimat, das deutschen Arbeitslosen den Vorrang vor ausländischen Arbeitskräften bei der Stellenbesetzung einräumte, die tarifrechtliche Gleichstellung ausländischer Beschäftigter, die ein Lohndumping verhindern sollte, und die ständige Überprüfung der Ausländerbeschäftigung durch paritätische Kommissionen aus Arbeitgebern und Arbeitnehmern, die eine arbeitsmarktorientierte Steuerung der Zuwanderung gewährleisten sollte. Wollte man diese Bedingungen für die Beschäftigung ausländischer Arbeitskräfte in Deutschland erfüllen, schien ein Ausbau staatlicher oder staatlich kontrollierter Instanzen zu deren Regulierung unumgänglich. Hinzu kam als weiterer Faktor der Umstand, dass im Verlauf des Krieges die zuvor erreichte Kontrollintensität über die ausländischen Arbeitskräfte weitgehend verloren gegangen war und sich Versuche, diese wiederherzustellen, auf gestärkte staatliche Strukturen stützen mussten. Die Registrierung einwandernder ausländischer Arbeitskräfte blieb nach wie vor eine Aufgabe der nun zunächst in ›Deutsche Feldarbeiterzentrale‹, dann in ›Deutsche Arbeiterzentrale‹ umbenannten ehemaligen ›Deutschen Feldarbeiter-Zentralstelle‹. Für die Zulassung von Ausländern auf dem inländischen Arbeitsmarkt wurde im Jahr 1920 jedoch zum ersten Mal eine zentrale Reichsbehörde zuständig: das aus dem ›Demobilmachungsamt‹ hervorgegangene ›Reichsamt für Arbeitsvermittlung‹, das als Abteilung dem Reichsarbeitsministerium unterstand. Aus ihm ging 1927 die ›Reichsanstalt für Arbeitsvermittlung und Arbeitslosenversicherung‹ als selbstständige öffentlich-rechtliche Körperschaft hervor.[115]

Dieser neuen Arbeitsverwaltung wurde die schwierige Aufgabe zugedacht, einerseits über das Inländerpimat zu wachen, andererseits denjenigen Arbeitsmarktsegmenten, auf denen ein nicht aus deutschen Arbeitslosen zu deckender Arbeitskräftebedarf entstand, ausländische Arbeitskräfte zuzuführen. Gleichzeitig musste – in dem sich in der Weimarer Republik langsam verschiebenden Kräfteverhältnis zwischen der Reichsregierung und den Landesregierungen – das Reichsamt für Arbeitsvermittlung unter Federführung des Reichsarbeitsministeriums mit den involvierten Reichsbehörden, den Landesministerien sowie den Branchenverbänden und den Gewerkschaften koordinierend zusammenarbeiten.[116] Eine Rückkehr zu der strengen Überwachung der Verweildauer ausländischer Arbeiter in Deutschland war trotz der auf diese Weise verstärkten Regulierungsmöglichkeiten jedoch nicht durchsetzbar. Vor allem der Rückkehrzwang, den man während des Krieges ausgesetzt hatte, ließ sich gegen den Widerstand der Arbeitgeber aus dem sekundären Sektor kaum wieder einführen. Sonderregelungen für langfristig im Inland ansässige

115 Schmuhl, Arbeitsmarktpolitik und Arbeitsverwaltung in Deutschland 1871–2002, S. 70f., 156f.; Faust, Das umstrittene Vermittlungsmonopol, S. 36f.

116 Rottenecker/Schneider, Geschichte der Arbeitsverwaltung in Deutschland, S. 94f.

und beschäftigte Ausländer, der sogenannte ›Befreiungsschein‹, der seinen Inhaber auf dem Arbeitsmarkt einem Deutschen gleichstellte, sowie spezielle Regelungen für Grenzpendler, insbesondere aus ehemals deutschen Gebieten, sorgten zusätzlich für eine starke Ausdifferenzierung der Rechtsstellung von Ausländern auf dem deutschen Arbeitsmarkt. Es entstand eine Situation, in der die Arbeitsmarktinstitutionen sich bemühten, den Zustrom ausländischer Arbeitskräfte bedarfsorientiert zu steuern und für neu zuwandernde Ausländer zu den Regelungen der Vorkriegszeit zurückzukehren. Dieses Ansinnen wurde jedoch von einer wachsenden ausländischen Wohn- und Erwerbsbevölkerung begleitet, auf welche die Arbeitsmarktinstitutionen – in ihrem Sinne – nur unzureichenden Zugriff erlangten.[117] So sah die Ausländerverordnung vom 2. Januar 1926 beispielsweise vor, dass ein Arbeitgeber für die Einstellung eines Ausländers eine behördliche Erlaubnis einzuholen hatte, nicht jedoch der Arbeitnehmer. Wurde dieser im Ausland angeworben, sorgte das dafür vorgesehene Procedere für dessen ordnungsgemäße Registrierung. Bewegte sich ein Ausländer jedoch bereits auf dem deutschen Arbeitsmarkt, konnte er straffrei auch eine nicht für die Ausländerbeschäftigung freigegebene Arbeitsstelle antreten – was insbesondere für Industriearbeiter, die nicht dem strengen Rückkehrzwang unterlagen, Möglichkeiten zum Arbeitsplatzwechsel eröffnete. Erst die Verordnung über ausländische Arbeitnehmer vom 23. Januar 1933 unterwarf die Zulassung und die Beschäftigung aller ausländischen Arbeitnehmer in Deutschland wieder einer stringenteren Kontrolle.[118]

Im Kontext des sich weiterentwickelnden supranationalen europäischen Arbeitsmarktes begann Deutschland, ähnlich wie die anderen Einwanderungsländer, verstärkt damit, Migrationsbeziehungen durch bilaterale Wanderungsverträge zu formalisieren.[119] Die von Italien initiierten Verhandlungen über ein Wanderungsabkommen verliefen zwar – von deutscher Seite nicht ungewollt – im Sande. Mit Polen kam dagegen im Jahr 1927 ein Wanderungsvertrag zustande. Dieses Abkommen verlieh den schwierigen Migrationsbeziehungen zu den nun in einen neuen polnischen Nationalstaat integrierten wichtigsten Rekrutierungsgebieten für ausländische Arbeitskräfte des Deutschen Reiches eine neue Gestalt, die den verschobenen Machtverhältnissen Rechnung trug.[120] Die mit dem deutsch-polnischen Wanderungsvertrag neu gefassten Rekrutierungsmodalitäten gestatteten, dass deutsche Auswahlkommissionen, die von der deutschen Arbeitsverwaltung entsandt oder beauftragt wurden, sich in Zusammenarbeit mit den polnischen Behörden direkt in Polen betätigten. Dies mutete zwar in gewisser Weise wie eine Rückkehr zur Rekru-

117 Oltmer, »Schutz des nationalen Arbeitsmarktes«, S. 85–122.

118 Weizsäcker, Vom ›Inlandslegitimierungszwang‹ zum ›Zuwanderungsgesetz‹, S. 176f.; vgl. dazu auch RAVAV, Fünfter Bericht der RAVAV, S. 15; Hahn, Die amtlichen Bestimmungen über Inlandslegitimierung, Einstellung und Beschäftigung ausländischer Arbeiter; vgl. auch Une nouvelle réglementation de l'emploi des étrangers en Allemagne, S. 312f.; sowie Rastetter, Die ausländischen Wanderarbeiter in Deutschland, S. 179.

119 Siehe dazu Kapitel 3.4.2.

120 Oltmer, Migration und Politik in der Weimarer Republik, S. 448f.

tierungspraxis vor 1914 an, die Entsendung von Vertretern einer öffentlich-rechtlichen Institution ins Ausland, die dort in Zusammenarbeit mit der polnischen Arbeitsverwaltung die Rekrutierung durchführten, war jedoch eine wichtige Modifikation der Migrationsbeziehungen.[121] Weitere Abkommen über die Anwerbung von Arbeitskräften für die deutsche Landwirtschaft kamen 1928 mit dem Königreich der Serben, Kroaten und Slowenen (Jugoslawien) sowie in Erweiterung der Bestimmungen des Handelsvertrages von 1923 mit Litauen zustande.[122] Beide beinhalteten im Grunde ähnliche Regelungen wie der deutsch-polnische Vertrag im Hinblick auf die kollektive Anwerbung durch Beauftragte der deutschen Arbeitsverwaltung auf der Grundlage eines Mustervertrages sowie der medizinischen Untersuchung der Migranten, blieben jedoch in ihrer quantitativen Bedeutung weit hinter diesem zurück.[123]

Als die Weltwirtschaftskrise in den Jahren 1928/29 Deutschland erfasste, befanden sich etwa 240.000 ausländische Arbeitskräfte in Deutschland. Von ihnen waren 41% im Besitz eines Befreiungsscheins, die übrigen 59% sahen sich der jährlichen Legitimierung unterworfen. In der parallel zum Anstieg der Arbeitslosigkeit verschärften Abwehrpolitik gegenüber der Zuwanderung ausländischer Arbeitskräfte konzentrierten sich die Bemühungen der deutschen Behörden auf dieses Segment legitimationspflichtiger Ausländer, die entweder neu einreisten oder ihre Aufenthaltsgenehmigung verlängern mussten.[124] Ihr Anteil wurde systematisch gesenkt, die Beschäftigung landwirtschaftlicher Saisonarbeiter durch einen Beschluss, für das Jahr 1932 keine Neuzuwanderungen mehr zuzulassen, ausgesetzt.[125] Schließlich bot der Erlass des Reichsarbeitsministers vom 23. Januar 1933, der am 1. Mai 1933 in Kraft trat, eine Handhabe, die Zuwanderung von Arbeitskräften vollkommen zu unterbrechen. Die Zulassung ausländischer Arbeitskräfte nach Deutschland fand damit im Jahr 1933 ein vorläufiges Ende.[126]

Zu Beginn der nationalsozialistischen Herrschaft befanden sich noch etwa 150.000 ausländische Arbeitskräfte in Deutschland, von denen 93% den sicheren Aufenthaltsstatus besaßen, den ein Befreiungsschein mit sich brachte. Deutsche Arbeiter, die aus abgetrennten Gebieten eingewandert bzw. geflüchtet waren, jedoch keine deutsche Staatsbürgerschaft besaßen, stellten mehr als die Hälfte dieser Gruppe. Bei den übrigen ausländischen Arbeitskräften handelte es sich überwiegend um Industriearbeiter, die bereits seit dem

121 Siehe dazu Kapitel 2.2.6.

122 Gesetz über den am 1. Juni 1923 unterzeichneten Handelsvertrag zwischen Deutschland und Litauen, in: Reichsgesetzblatt, 1924, Teil II, S. 205–223, Artikel 22.

123 Allemagne-Lithuanie: Traité de commerce et de navigation, S. 138; L'émigration des Serbes, Croates et Slovènes vers l'Allemagne, S. 467.

124 Allemagne: Restrictions à l'emploi des travailleurs agricoles étrangers, S. 252f.

125 L'interdiction de l'immigration saisonnière en Allemagne, S. 50f.

126 RAVAV, Fünfter Bericht der RAVAV, S. 15. Mit Rücksicht auf die Zulassung deutscher Arbeitnehmer in anderen europäischen Staaten sowie die notwendige administrative Vorlaufzeit endete die Neuzulassung von ausländischen Arbeitnehmern allerdings nicht schlagartig, sondern wurde schrittweise umgesetzt. Vgl. dazu dies., Sechster Bericht der RAVAV, S. 21.

Ersten Weltkrieg oder länger in Deutschland lebten und arbeiteten.[127] Bis zum Einsetzen der Rüstungskonjunktur in der zweiten Hälfte des Jahrzehnts stieg die Zahl der in Deutschland arbeitenden Ausländer kaum an. Lediglich die Erfassungsmethoden der deutschen Arbeitsverwaltung, die Schritt für Schritt den nationalsozialistischen ›Arbeitseinsatz‹ durchsetzte, verbesserten sich, sodass zuvor nicht registrierte Ausländer von Jahr zu Jahr in die Statistik eingingen.[128] Im Jahr 1936 hatte die schuldenfinanzierte Rüstungskonjunktur des ›Dritten Reiches‹ die Arbeitslosen aufgesogen, und mit der Vollbeschäftigung machte sich ein neuerlicher Arbeitskräftemangel in bestimmten Arbeitsmarktsegmenten bemerkbar, der nun zum Rückgriff auf die Beschäftigung ausländischer Arbeitnehmer führte.[129]

Zuständig für das Management der Ausländerbeschäftigung blieb auch im nationalsozialistischen Deutschland die Reichsanstalt für Arbeitsvermittlung und Arbeitslosenversicherung. Sie übernahm ab 1935 auch die Aufgaben der Deutschen Arbeiterzentrale, die 30 Jahre nach ihrer Gründung aufgelöst wurde. Die Reichsanstalt war damit einerseits im Zuge der sogenannten Gleichschaltung, andererseits durch die Konzentration von Kompetenzen im Rahmen des nationalsozialistischen ›Arbeitseinsatzes‹ auf der Grundlage des seit 1927 bestehenden Vermittlungsmonopols – auch für Ausländer – zu der zentralen Instanz für die reichsweite Umsetzung der Ausländerbeschäftigung geworden.[130]

Zwei Entwicklungslinien kennzeichnen die Ausländerbeschäftigung in den letzten Jahren vor dem Ausbruch des Zweiten Weltkrieges. Erstens wurden zur quantitativen Steigerung der Ausländerbeschäftigung alte transnationale Arbeitsmarktbeziehungen reaktiviert und ausgebaut. Dabei griff Deutschland verstärkt auf die in der Zwischenzeit international üblich gewordenen bilateralen Verträge zurück, als man 1936 Verhandlungen mit Italien, Polen, Ungarn der Tschechoslowakei und Jugoslawien mit dem Ziel aufnahm, Zugang zu deren Arbeitsmarkt zu erlangen, um Arbeitnehmer für den Einsatz in Deutschland anzuwerben. Ab 1937 erfolgte eine breite Öffnung des deutschen Arbeitsmarktes für ausländische Arbeitnehmer, die entweder individuell oder aufgrund zwischenstaatlicher Verträge ins ›Dritte Reich‹ kamen.[131] Zweitens wurde die Ausländerbeschäftigung von der Reichsanstalt konsequent in den

127 Dies., Fünfter Bericht der RAVAV, S. 15f.

128 Dies., Siebenter Bericht der RAVAV, S. 24f.; dies., Achter Bericht der RAVAV, S. 32f.

129 August, Die Entwicklung des Arbeitsmarktes in Deutschland in den 30er Jahren und der Masseneinsatz ausländischer Arbeitskräfte während des Zweiten Weltkrieges, S. 310f.; Herbert, Fremdarbeiter, S. 56f.

130 Petzina, Arbeitsmarkt und Arbeitsmarktpolitik während des Nationalsozialismus, S. 58f.; Herrmann, Vom Arbeitsmarkt zum Arbeitseinsatz, S. 129f.

131 Rastetter, Die ausländischen Wanderarbeiter in Deutschland, S. 181f. Ein Vorläufer dieses Trends bestand in der Wiederaufnahme der Anwerbung tschechoslowakischer Landarbeiter Anfang 1936; vgl. L'immigration saisonnière agricole de Tchécoslovaquie en Allemagne, S. 417f.

›Arbeitseinsatz‹ integriert.[132] Im letzten Friedensjahr waren in Deutschland etwa eine halbe Million Ausländer beschäftigt, die etwa 2% der abhängig Beschäftigten ausmachten.[133] Unter ihnen befanden sich Industrie- und Landwirtschaftsarbeiter aus nahezu allen Nachbarstaaten, die sich als Saisonarbeiter, Grenzpendler oder niedergelassene Dauerarbeitskräfte in zahlreichen Branchen etabliert hatten. Während die normativ strengen Regelungen für die Zulassung von Ausländern zum deutschen Arbeitsmarkt sich unter dem Druck der Nachfrage in der Praxis zunehmend auflösten, begann sich die Kontrolle der Ausländer auf dem deutschen Arbeitsmarkt zwischen ›Arbeitseinsatz‹, Kriegsvorbereitung und ideologischen Einflüssen zu verschärfen. Schon zu diesem Zeitpunkt nahm die Organisation der Ausländerbeschäftigung im Spannungsfeld zwischen politisch-ideologischer Ablehnung der Zuwanderung und deren gleichzeitig effizienter Umsetzung Züge des späteren Zwangsarbeitssystems vorweg.[134]

Im Verlauf des Zweiten Weltkrieges erreicht die Ausländerbeschäftigung in Deutschland ihren historischen Höchststand. Gleichzeitig verlor sie ihren Charakter als freiwillige, ökonomisch motivierte Zu- oder Einwanderung vollends und vollzog sich fast ausschließlich in abgestuften Formen von Zwangsrekrutierung und Zwangsarbeit. Dabei erreichte der Grad der staatlichen Steuerung und Regulierung des Migrationsgeschehens eine einzigartige Intensität, die sich trotz der in ihrer Radikalität und Menschenverachtung neuen Qualität dieses Migrationssystems ebenso auf historische Muster der Ausländerbeschäftigung in Deutschland stützte, wie sie die Entwicklung der Arbeitsmigration nach 1945 beeinflusste.

Die Beschäftigung ausländischer Arbeitskräfte während des Zweiten Weltkrieges folgte zwischen 1939 und 1942 durchaus noch traditionellen Mustern. Der Arbeitseinsatz von Kriegsgefangenen wurde zunächst durch die Anwerbung, später durch die Dienstverpflichtung von Arbeitskräften aus besetzten Gebieten und aus solchen Staaten flankiert, die mit Deutschland verbündet waren und dem Abschluss bilateraler Anwerbeverträge zugestimmt hatten. Doch schnell gewann der sogenannte ›Ausländereinsatz‹ Züge eines Zwangsrekrutierungs- und -arbeitssystems. Er entwickelte sich zu einer hochkomplexen Institution, in deren Rahmen Menschen aus zahlreichen Staaten, die unter deutsche Herrschaft geraten waren, für die deutsche Kriegswirtschaft arbeiten mussten. Sie wurden einerseits in den ›Arbeitseinsatz‹ integriert und lebten andererseits in einer durch die nationalsozialistische Rassenideologie – aber auch politische Erwägungen – bestimmten Statushierarchie. An ihrer Spitze standen Arbeitskräfte aus Westeuropa während Konzentrationslagerhäftlinge die rangniedrigste Gruppe bildeten. Von ihrer Position innerhalb dieses Systems hingen die (Über-)Lebens- und Arbeitsbedingungen jeder einzelnen

132 Kahrs, Verstaatlichung der polnischen Arbeitsmigration nach Deutschland in der Zwischenkriegszeit, S. 173.
133 Spoerer, Zwangsarbeit unter dem Hakenkreuz, S. 30.
134 Herbert, Fremdarbeiter, S. 56f.

Gruppe von Arbeitskräften direkt ab.[135] Dieser zwar internationale, jedoch auf den deutschen Machtbereich beschränkte und kaum noch marktähnliche Arbeitsmarkt versorgte die Kriegswirtschaft bis 1945 vermutlich mit bis zu 15 Millionen ausländischen Arbeitskräften. Ihre erdrückende Mehrheit waren Zwangsarbeiterinnen und Zwangsarbeiter.[136] Aufgrund der hohen Fluktuation dieser Arbeitskräfte lag der zu einem bestimmten Zeitpunkt präsente Bestand an Arbeitskräften jedoch immer niedriger. Auf dem Höhepunkt des ›Ausländereinsatzes‹ hielten sich 1944 zeitweise etwa 7 bis 8 Millionen ausländische Arbeitskräfte in Deutschland auf. Über die Zahl der direkten und indirekten Todesopfer lässt sich nur spekulieren.[137]

Die in der ersten Kriegsphase nach wie vor für die Regulierung der Ausländerbeschäftigung zuständige Arbeitsverwaltung war in fast alle Bereiche des Zwangsarbeitssystems involviert. Nach 1933 hatte die Reichsanstalt für Arbeitsvermittlung und Arbeitslosenversicherung zunächst durch die nationalsozialistische Arbeitsmarktpolitik zum Abbau der Arbeitslosigkeit, dann als Steuerungsinstrument für die effiziente Nutzung der verfügbaren Arbeitskräfte in der Phase der Vollbeschäftigung stark an Bedeutung und Einfluss gewonnen. Parallel dazu wuchs die Behörde nicht nur personell stark, sondern hatte sich auch in den nationalsozialistischen Staatsaufbau integriert, was sich beispielsweise in der Abschaffung der triparitätischen Selbstverwaltung zugunsten einer starken Stellung ihres Präsidenten niederschlug. Im Jahr 1935 hatte die Arbeitsverwaltung die Aufgaben der Deutschen Arbeiterzentrale übernommen und ab 1936 war sie in die Umsetzung des ›Vierjahresplans‹ als zentrale Instanz für die Arbeitsmarktregulierung eingebunden.[138] In dieser Phase übernahm die Reichsanstalt für Arbeitsvermittlung und Arbeitslosenversicherung auch erneut die Anwerbung und Vermittlung ausländischer Arbeitskräfte. Im Jahr 1939 schließlich wurde die Arbeitsverwaltung, die erst 1927 mit der Gründung der Reichsanstalt selbstständig geworden war, wieder als Abteilung ins Reichsarbeitsministerium eingegliedert. Ihre Strukturen und Zuständigkeiten blieben jedoch erhalten. Auch die Einrichtung des Amtes eines ›Generalbevollmächtigten für den Arbeitseinsatz‹ im April 1942, dem die Arbeitsverwaltung unterstellt wurde, veränderte nur die Stellung des Apparates im Verwaltungsaufbau. Die Arbeitsverwaltung fand sich – ohne bedeutende personelle Veränderungen oder eine Zerschlagung ihrer Binnenstrukturen – unter einem neuen Dach wieder und arbeitete nun näher an den Machtzentren des nationalsozialistischen Staates als je zuvor. Während sich also die organisatorische Verortung mehrfach wandelte, zählte die Arbeitsverwaltung bis Kriegs-

---

135 Spoerer, Die soziale Differenzierung der ausländischen Zivilarbeiter, Kriegsgefangenen und Häftlinge im Deutschen Reich, S. 486f.; Ahonen u.a., People on the Move, S. 170f.

136 Kuczynski, Entschädigungsansprüche für Zwangsarbeit im ›Dritten Reich‹, S. 171.

137 Spoerer, Die soziale Differenzierung der ausländischen Zivilarbeiter, Kriegsgefangenen und Häftlinge im Deutschen Reich, S. 494 sowie nun im Überblick Ahonen u.a.; People on the Move, Kapitel 2 und 7.

138 Herrmann, Vom Arbeitsmarkt zum Arbeitseinsatz, S. 130f.

ende zu den wichtigsten für die Ausländerbeschäftigung zuständigen Institutionen.[139]

Innerhalb Deutschlands bediente sie sich zur Allokation des Faktors Arbeit der Mechanismen des ›Arbeitseinsatzes‹. Dabei konnte man sich nicht nur auf ihre dezentralen Strukturen stützen, sondern auch auf eine Reihe neuer Instrumente, etwa auf das Arbeitsbuch, die Beschäftigten- und die Ausländerzentralkartei und eine intensive statistische Durchdringung von Angebot und Nachfrage auf dem Arbeitsmarkt. Neu war – trotz gewisser Vorläufer während des Ersten Weltkrieges – das Ausgreifen der Arbeitsverwaltung auf den deutschen Herrschaftsbereich außerhalb der Reichsgrenzen, wo sie neben anderen in die Arbeitskräftebeschaffung eingebundenen Dienststellen agierte. Die Anzahl der mit Verbündeten bzw. den formal unabhängigen Staaten innerhalb des deutschen Machtbereiches abgeschlossenen bilateralen Anwerbeverträge übertraf die in der Vorkriegszeit gültigen Abkommen bei Weitem.[140] In den besetzten Gebieten in Osteuropa wurde eine – allerdings vielfach nur rudimentäre – Arbeitsverwaltung nach deutschem Vorbild aufgebaut und in die Rekrutierung ausländischer Arbeitskräfte eingebunden. Im Operationsgebiet der Wehrmacht arbeiteten Rekrutierungskommissionen der Arbeitsverwaltung als Teil der Besatzungsstrukturen. In den besetzten Gebieten in Westeuropa kooperierten Dienststellen der deutschen Arbeitsverwaltung mit den intakt belassenen nationalen Arbeitsmarktinstitutionen und/oder dem deutschen Besatzungsapparat bei der Beschaffung von Arbeitskräften.[141]

Im Kontext der (Zwangs-)Arbeitsmigration nach Deutschland während des Zweiten Weltkrieges trat der Begriff in den Vordergrund, der in der Nachkriegszeit zum Synonym für ausländische Arbeitskräfte und die spezifisch deutsche Form ihrer Beschäftigung werden sollte: ›Gastarbeiter‹.[142] Vermutlich kann die Begriffsbildung in Deutschland auf unterschiedliche Wurzeln zu-

139 Naasner, Neue Machtzentren in der deutschen Kriegswirtschaft 1942–1945, S. 112f.

140 Siehe Kapitel 3.4.2.4.

141 Schmuhl, Arbeitsmarktpolitik und Arbeitsverwaltung in Deutschland 1871–2002, Kapitel C; Weißbecker, »So einen Arbeitseinsatz wie in Deutschland gibt es nicht noch einmal auf der Welt!«, S. 41–66; Maier, Anfänge und Brüche der Arbeitsverwaltung bis 1952, S. 117–127; ders., Arbeitsverwaltung und NS-Zwangsarbeit, S. 67–85; zur Verstrickung der Arbeitsverwaltung in den Holocaust vgl. ders., Arbeitseinsatz und Deportation; ders., Arbeitsverwaltung und nationalsozialistische Judenverfolgung in den Jahren 1933–1939, S. 62–137; vgl. zum Komplex Zwangsarbeit exemplarisch Spoerer, Zwangsarbeit unter dem Hakenkreuz.

142 Schmuhl, Arbeitsmarktpolitik und Arbeitsverwaltung in Deutschland 1871–2002, S. 296, Schmuhls Quellenfund weist die Verwendung des Begriffs im Kontext des ›Ausländereinsatzes‹ in der zweiten Jahreshälfte 1941 nach. Eine ältere Diskussion des Begriffs findet sich bei Bade, Vom Export der Sozialen Frage zur importierten Sozialen Frage, S. 11f.; fehlgehende Begriffsklärungen vertreten dagegen beispielsweise Bolaffi, Dictionary of Race, Ethnicity and Culture, S. 125, oder Stötzel/Wengler/Böke, Kontroverse Begriffe, S. 717f. Auch neueste Literatur verzichtet nicht selten auf eine adäquate Einordnung des Begriffs und geht so partiell von falschen Prämissen aus; vgl. Chin, The Guest Worker Question in Postwar Germany, S. 8f. oder Hahamovitch, Creating Perfect Immigrants, S. 70.

rückgeführt werden.[143] Seine Verwendung im Zusammenhang mit der Beschäftigung ausländischer Zivil- und Zwangsarbeiter während des Zweiten Weltkrieges reflektiert die zunächst in der DAF, dann auch in der Arbeitsverwaltung entstehende Vorstellung, dass ein intensiver innereuropäischer Arbeitsmarktausgleich für Industrie und Dienstleistungssektor zu einem säkularen Phänomen werden würde und dabei schon die Bezeichnung für zuwandernde Arbeitskräfte, ähnlich wie der Begriff ›Saisonarbeiter‹ in der Landwirtschaft, den temporären Charakter der Zuwanderung ausdrücken müsse.[144] Zum anderen kann der Begriff als Versuch gesehen werden, eine Bezeichnung für ausländische Arbeiter aus Staaten zu finden, mit denen das ›Dritte Reich‹ Anwerbeabkommen abschloss bzw. aus besetzten Gebieten, in denen nicht ausschließlich Zwangsarbeiter rekrutiert wurden. Auch die Verwendung zur Werbung für den ›Arbeitseinsatz‹ als propagandistische Umschreibung, die den ›Gastarbeiter‹, der ja nicht notwendigerweise ein ›Westarbeiter‹ sein musste, vom ›Ostarbeiter‹ unterschied, ist belegbar.[145] Letztendlich hat sich der ab

143 Einen Hinweis auf die etymologische Grundlage der Worschöpfung ›Gastarbeiter‹ bietet die in der deutschen Rechtsgeschichte ursprünglich synonyme Verwendung des Begriffes ›Gastrecht‹ für ›Fremdenrecht‹; vgl. beispielsweise Jordans, Gastrecht, S. 291. Max Weber hat den Begriff ›Gastarbeiter‹ bzw. ›Gastvolk‹ mehrfach in der Wirtschaftsethik der Weltreligionen verwendet. Er bezeichnet damit im Kontext des hindusistisch-indischen Gesellschaftsmodells zuwandernde Arbeitskräfte niederer Kasten, die unreine oder unangenehme Arbeiten ausführen und außerhalb der Gemeinschaft stehen. An anderer Stelle nimmt er Bezug auf das Wanderungsverhalten qualifizierter Handwerker in stammesgewerblicher Absatzproduktion und schreibt: »ihre spezialistisch geschulten Arbeiter gehen auf die Wanderschaft und siedeln sich weiterhin als Gastarbeiter zeitweise oder schließlich dauernd in fremden Gemeinschaften an.«; vgl. Weber, Die Wirtschaftsethik der Weltreligionen II, S. 12f. sowie Zitat S. 126f. Im dritten Teil der Wirtschaftsethik diskutiert Weber ebenfalls das Verhältnis zugewanderter Arbeitskräfte zur Mehrheitsgesellschaft in Bezug auf das Judentum; vgl. Weber, Wirtschaftsethik der Weltreligionen III, S. 434. Die Erstveröffentlichung erfolgte im Archiv für Sozialwissenschaft und Sozialpolitik zwischen 1915 und 1918; vgl. Factor, Guide to the Archiv für Sozialwissenschaft und Sozialpolitik Group, S. 168f. Auf die Querverbindung zu den Schriften Webers verweist implizit Hoffmeier-Zlotnik, Eingliederung ethnischer Minoritäten, S. 22f., allerdings ohne Bezugnahme auf die Begriffsverwendung durch Weber oder die Wirtschaftsethik der Weltreligionen.

144 Nörpel, Zum Problem des Einsatzes ausländischer Arbeiter, S. 14f. Clemens Nörpel, ein bereits für den ADGB tätiger Arbeitsrechtler, der dann zum Arbeitswissenschaftlichen Institut der DAF überging, greift in seiner Studie die Argumentation auf, ausländische Arbeitskräfte seien temporär präsente ›Gäste‹ der ›Volksgemeinschaft‹, ohne allerdings schon die Bezeichnung ›Gastarbeiter‹ zu verwenden. Der Befund kann darauf hinweisen, dass die Bezeichnung ›Gastarbeiter‹ ursprünglich in diesem Umfeld Verwendung fand. Inwieweit dabei von einer Anlehnung an Max Weber auszugehen ist, bleibt zu untersuchen. Die Argumentation Nörpels ähnelt der Darstellung Webers allerdings in Grundzügen. Es scheint also nicht unplausibel, dass der Begriff aus dem Umfeld der DAF zur Arbeitsverwaltung hinübergewandert ist. Vgl. zu Clemens Nörpel, Linne, Von Leipart zu Ley, S. 93–98. Vgl. dann exemplarisch zur Haltung der Arbeitsverwaltung Syrup, Europas Arbeitskraft, S. 52–54; ders., Intereuropäischer Arbeiteraustausch, S. 335–342; ders., Probleme des Arbeitseinsatzes im europäischen Großraum, S. 20f.

145 Didier, Europa arbeitet in Deutschland, S. 21. Siehe dazu ebenfalls im Kontext der Ausländerbeschäftigung in der Kriegswirtschaft BArch R 3901 20264, Bericht der Auslandspostprüfstelle über das vierte Quartal 1941; BArch R 41 264, Bericht der Auslandsbriefprüfstelle im Wehrkreis X vom 24.11.1941; BArch R 3901 20267, Bericht der Auslandsbrief-

1940 bis Kriegsende nachweisbare Begriff in der Terminologie des ›Dritten Reiches‹ nicht auf breiter Ebene durchsetzen können.[146] Nach 1955 diente ›Gastarbeiter‹ in Deutschland als euphemistisches Substitut für die zunächst gebräuchliche Bezeichnung ›Fremdarbeiter‹. Man ersetzte damit einen Begriff, der ursprünglich aus dem schweizerischen Sprachgebrauch stammte, jedoch als durch den Gebrauch im NS-Staat negativ konnotiert galt, durch eine

---

prüfstelle Köln vom 13.8.1942; vergleichbare Berichte liegen für 1941/42 unter anderem für Auslandsbriefprüfstellen in Wien, München, Frankfurt am Main, Hamburg und Berlin vor. 1942/43 war die Bezeichnung bei den Auslandsbriefprüfstellen nicht mehr gebräuchlich, dazu BArch R 41 268, passim. In den Berichten von 1941/42 werden allerdings neben den Italienern, Ungarn, Slowaken, Dänen, Niederländern, Belgiern, Franzosen und Spaniern bisweilen auch polnische Zwangsarbeiter unter den Begriff subsumiert. Bei einer Großveranstaltung der ›Deutschen Arbeitsfront‹ für ausländische Arbeitskräfte im Sportpalast in Berlin im Herbst 1941 fand der Begriff öffentlich und an prominenter Stelle Verwendung und wurde explizit auf Arbeiter aus Italien, Finnland, Kroatien, Rumänien, der Slowakei, Ungarn, Bulgarien, Dänemark, Belgien, Frankreich, den Niederlanden, Norwegen und Spanien bezogen, nicht aber auf polnische oder sowjetische Zivil- bzw. Zwangsarbeiter; vgl. Ley, Schmiede des Schwertes, S. 304, 306–310. Die auf Homze zurückgehende Datierung der Erfindung des Begriffs durch Sauckel erst Ende 1944 ist also falsch; vgl. Homze, Foreign Labor in Nazi Germany, S. 264; vgl. dazu auch Köllmann, Ausländische Arbeitnehmer in Deutschland vor dem Beginn der Gastarbeiterzuwanderung, S. 53, ebenso die alleinige Zuschreibung der Begriffsbildung an Sauckel im Licht der Belege für die Verwendung, die aus der Zeit vor der Institutionalisierung Sauckels als ›Generalbevollmächtigter für den Arbeitseinsatz‹ stammen, bzw. die Rolle der ›Deutschen Arbeitsfront‹ und die Verwendung, wenn nicht gar Prägung des Begriffs in den Schriften Max Webers.

146 Zahlreiche Publikationen belegen die öffentliche Präsenz des Begriffes im ›Dritten Reich‹. Ebenfalls schon 1940 sprach das Handbuch der deutschsprachigen Zeitungen im Ausland von »deutschen Gastarbeitern« in Bezug auf deutsche Arbeiter in den Niederlanden vor Ausbruch des Zweiten Weltkrieges; vgl. Heide, Handbuch der deutschsprachigen Zeitungen im Ausland, S. 176. 1942 tauchte der Begriff in den kriegswirtschaftlichen Notizen der vom Reichspropagandaministerium herausgegebenen Zeitschrift ›Deutschland im Kampf‹ auf, deren wirtschaftspolitische Notizen den Vortrag eines Staatssekretärs aus dem Reichswirtschaftsministerium wiedergeben, der die devisenpolitischen Konsequenzen der Lohnüberweisungen der ›Gastarbeiter‹ analysiert; vgl. Grundsätze der deutschen Wirtschaftspolitik in den besetzten Ostgebieten, S. 140. Bis 1944 hatte die Bezeichnung auch Eingang in das NS-Schulungsmaterial der Wehrmacht gefunden und taucht dort im rasseideologischen Kontext einer »Fremdvolkpolitik« auf, die eine »rassenbiologische Schädigung« durch mittelfristig in Deutschland lebende ›Gastarbeiter‹ verhindern soll, wobei der Begriff hier in Anführungszeichen verwendet wird; vgl. Christoffel, Volk – Bewegung – Reich, S. 34. Dass die DAF der Terminologie treu blieb, unterstreicht die prominente Verwendung der Bezeichnung noch bis 1944; vgl. Messarius, Anlernwege und Anlernziele in der Kriegsproduktion, S. 59f. Die Publikation diskutiert Optionen für die »Auslese« von Facharbeitern unter den »fremdvölkischen Gastarbeitern«. Auch in der 1944er Ausgabe des Wirtschaftshandbuches der (1943 verbotenen) Frankfurter Zeitung ist der Begriff im Kontext des Arbeitseinsatzes präsent; vgl. Mobilisierung aller Kräfte, S. 40. Noch vor Kriegsende schließlich führte ein in den USA zusammengestelltes Wörterbuch des NS-Sprachgebrauches den Begriff ›Gastarbeiter‹ mit der Übersetzung »foreign worker« auf; vgl. Pächter, Nazi-Deutsch, S. 31. Auch ein neueres Wörterbuch zur Thematik nennt den Begriff in gleicher Bedeutung; vgl. Michael/Doerr, Nazi-Deutsch, S. 176. Schließlich verwendete noch 1945 auch die von den Alliierten für den Abwurf über deutschen Stellungen gedruckte Propagandazeitung ›Nachrichten für die Truppe‹ den Begriff, der den Machern offenbar als eingeführter deutscher Sprachgebrauch galt, als Synonym für ›Fremdarbeiter‹; vgl. Flüchtlinge strömen nach Westen, S. 3.

zwar bereits vor dem Beginn der nationalsozialistischen Diktatur geprägte, zwischen 1940 und 1945 jedoch im Kontext des ›Ausländereinsatzes‹ prominent gewordene Benennung, deren Zweck in einer propagandistischen Beschönigung der Beschäftigung ausländischer Arbeitskräfte in der Kriegswirtschaft des ›Dritten Reiches‹ gelegen hatte.[147]

In den ersten Jahren nach dem Ende des Zweiten Weltkrieges bestimmte die Bewältigung der unmittelbaren Folgen der Zwangsarbeit von Ausländerinnen und Ausländern in Deutschland das Migrationsgeschehen.[148] Vor allem die Repatriierung der bei Kriegsende in Deutschland befindlichen ›Displaced Persons‹ sowie die Familienzusammenführung und die Schicksalsklärung von Vermissten bildeten in diesem Kontext wichtige Handlungsfelder. Gleichzeitig hatte bereits vor Kriegsende ein Flüchtlingsstrom von Deutschen und Kollaborateuren aus Osteuropa bzw. den östlichen Reichsteilen eingesetzt. Außerdem wurde Deutschland in der unmittelbaren Nachkriegszeit seinerseits zum Rekrutierungsfeld für Arbeitskräfte, da nicht nur die individuell motivierte Auswanderung stark anwuchs, sondern auch eine aktive Anwerbung, etwa durch Frankreich[149] und Großbritannien, unter den ›Displaced Persons‹

147 Herbert, Geschichte der Ausländerpolitik in Deutschland, S. 158; ders., Ausländer und andere Deutsche, S. 220; Vuilleumier, Ausländer (online). Ein Beispiel für die unkritische Übernahme des Begriffs in neuere Lehrbücher bieten Knox/Marston, Humangeographie, S. 154. In den Niederlanden bezeichnete man nach dem Zweiten Weltkrieg Arbeitsmigranten zeitweise als ›Gastarbeider‹, und auch in Dänemark hat sich nach 1945 zunächst der Begriff ›Gæstearbejder‹ durchgesetzt. Es gibt ihn heute auch im Griechischen (›gastarbáiter‹) und im Serbokroatischen (›gastarbajteri‹); vgl. Novinšćak, From ›Yugoslav Gastarbeiter‹ to ›Diaspora-Croats‹, S. 125, Fn 1. Im englischen Sprachraum findet sich die Bezeichnung ›guest worker‹ auch bereits vor dem Zweiten Weltkrieg, allerdings in etwa mit der Bedeutung Gastwissenschaftler. Seit 1945 versteht man in Übernahme der deutschen Definition unter einem ›Guestworker‹: »A person who is permitted to enter a foreign country on a temporary basis for the purpose of employment«, hier exemplarisch zitiert aus Bailey, Immigration and Migration, S. 306.

148 Die Arbeitsmigration in die Deutsche Demokratische Republik bleibt ausgespart, da die DDR nicht in das westeuropäische Migrationssystem integriert war; vgl. einführend Paschirbe, Zur Situation der Arbeitsmigranten in der DDR vor und nach dem Fall der Mauer am Beispiel von vietnamesischen Vertragsarbeitern; Riedel, Erfahrungen algerischer Arbeitsmigranten in der DDR; Schüle, Vertragsarbeiterinnen und -arbeiter in der DDR, S. 80–100.

149 Zu diesem Zweck schloss Frankreich mit den USA 1947 ein Abkommen über die Anwerbung von deutschen Arbeitskräften in der amerikanischen Besatzungszone, das die bereits laufende Rekrutierung unter den ›Displaced Persons‹ ergänzte; Exchange of Notes Constituting an Agreement Relating to Principles Governing French Recruitment of German Labour in the United States Zone of Germany, 25.10.1947, hier aus: United Nations Treaty Collection (online) http://untreaty.un.org/English/access.asp, No. 1212. Im Unterschied zu allen anderen Anwerbeabkommen der Nachkriegszeit verpflichtete sich Frankreich, auch die Familien der angeworbenen Arbeitskräfte spätestens vier Wochen nach deren Abreise zu übernehmen. Lediglich 10% der deutschen Arbeiter durften ihre Familien in der amerikanischen Zone zurücklassen. Hauptgrund hierfür war die ungeklärte Frage, in welcher Form Lohnüberweisungen aus Frankreich nach Deutschland getätigt werden konnten, sodass die Versorgung der Zurückbleibenden gesichert war.

sowie der deutschen Bevölkerung stattfand.[150] Zu einer weiteren wichtigen Quelle für die Zuwanderung von Arbeitskräften wurde in den späten 1940er und den 1950er Jahren die DDR, der Hunderttausende meist junge und gut ausgebildete Menschen den Rücken kehrten, um in die BRD zu gehen. Die sich nach Deutschland ergießenden Flüchtlingsströme fungierten ab den 1950er Jahren – nach anfänglichen Integrationsschwierigkeiten – zunehmend als Arbeitskräftereservoir für die einsetzende Nachkriegskonjunktur.[151] Es handelt sich bei den Arbeitsmarkteffekten dieser Migrationsbewegung jedoch nicht in erster Linie um das Ergebnis von Arbeitsmigration. Für die Zuwanderung einer Mehrzahl der Flüchtlinge waren politische Faktoren ausschlaggebend und die Mehrheit dieser Migranten erhielt aufgrund ihrer deutschen Staatsangehörigkeit unmittelbar uneingeschränkten Zugang sowohl zur Gesellschaft als auch zum Arbeitsmarkt, auf dem sie ihre Arbeitskraft als gleichberechtigte Inländer und Bürger anbieten konnten, ohne den Beschränkungen der Ausländerbeschäftigung zu unterliegen. Die Zuwanderung von Flüchtlingen lässt sich daher als eine indirekte Arbeitsmigration auffassen.

Eine aktive Anwerbung ausländischer Arbeitskräfte fand – erstmals seit dem Ende des 19. Jahrhunderts – über ein Jahrzehnt hinweg nicht statt. Erst als sich die deutschen Arbeitsmarktreserven im Verlauf der 1950er Jahre erschöpften, erfolgte erneut eine Wiederbelebung alter transnationaler Arbeitsmarktbeziehungen.[152] Da traditionelle Rekrutierungsgebiete in Osteuropa nun hinter dem ›Eisernen Vorhang‹ lagen und abgeschnitten waren, begann die staatlich regulierte Anwerbung ausländischer Arbeitskräfte im Jahr 1955 mit dem Abschluss eines bilateralen Anwerbevertrages zwischen Deutschland und Italien. Zu diesem Zeitpunkt befanden sich noch etwa 70.000 Ausländer auf dem deutschen Arbeitsmarkt. Es handelte sich um eine Restgruppe bereits länger in Deutschland ansässiger Ausländer, Flüchtlinge ohne deutsche Staatsangehörigkeit – sogenannte ›heimatlose Ausländer‹ – sowie Einwanderer, die in der Nachkriegszeit als Konsequenz individueller Zuwanderung Zugang zum Arbeitsmarkt erlangt hatten.[153] Ab 1956 führte dann die deutsche Arbeitsverwaltung Anwerbeaktionen in Italien durch, die einem wachsenden, aus dem deutschen Arbeitsmarkt nicht mehr zu behebenden Mangel zunächst an Landwirtschafts-, bald aber auch an Industriearbeitern Abhilfe schaffen sollten. Nach einem zunächst schleppenden Anlaufen induzierten zwei Ereignisse der Anwerbung ausländischer Arbeitskräfte neue Dynamik: das Erreichen der Vollbeschäftigung im Jahr 1960 und die Abschottung der DDR durch die Befestigung der innerdeutschen Grenze 1961, die den Zustrom von Arbeitskräften aus Ostdeutschland kappte.[154]

150 Bade, Vom Auswanderungsland zum Einwanderungsland, S. 64f.; Biedermann, Eine bezahlte Passage, S. 124f., 136f.; Kay/Miles, Refugees or Migrant Workers, S. 42f.
151 Oberpenning, Flüchtlingsverwaltung und -integration im kommunalen Raum, S. 269f.
152 Bade/Oltmer, Deutschland, S. 159f.
153 Steinert, Arbeit in Westdeutschland, S. 197–209.
154 Bender/Seifert, Zuwanderung auf den Arbeitsmarkt, S. 473f.

Ökonomische ebenso wie politische Bedingungskonstellationen, verbunden mit der weiteren Verbreitung bilateraler Abkommen zur Etablierung und Regulierung von Migrationsbeziehungen in Europa, führten in Wechselwirkung mit der zunehmenden Konkurrenz um Arbeitskraft zwischen den westeuropäischen Industriestaaten, zum Abschluss immer neuer bilateraler Anwerbeabkommen in den folgenden Jahren. Mit Spanien und Griechenland kamen im Jahr 1960, im folgenden Jahr mit der Türkei, 1963 mit Marokko und 1964 mit Portugal Wanderungsabkommen zustande. Im Jahr 1965 folgte ein Abkommen mit Tunesien und 1968 ein weiteres mit Jugoslawien. Hinzu traten Verträge mit einer Reihe von Staaten über die Entsendung oder Anwerbung von Fachkräften für bestimmte Berufsgruppen, darunter Abkommen über den Einsatz japanischer und koreanischer Bergleute oder von Krankenpflegepersonal von den Philippinen und aus Korea.[155] Daneben gewann auch das grenzüberschreitende Einpendeln bzw. die Zuwanderung von Arbeitnehmern aus den Nachbarstaaten Deutschlands mit der Zeit wieder an Bedeutung, wobei Österreicher und Niederländer unter den Arbeitnehmern aus den Anrainerstaaten die mit Abstand größten Gruppen bildeten.[156]

Institutionell blieb die Ausländerbeschäftigung in Deutschland auch bei ihrer Wiederaufnahme nach dem Zweiten Weltkrieg in der Hand der im Jahr 1952 neu gegründeten Zentralstelle der Arbeitsverwaltung, die nun Bundesanstalt für Arbeitsvermittlung und Arbeitslosenversicherung hieß.[157] Die Bundesanstalt mit ihren Landes- und Bezirksarbeitsämtern übernahm, ohne dass dies zu Beginn des Prozesses in Frage gestellt wurde, erneut die Aufgabe, den Zusatzbedarf an Arbeitskräften auf dem deutschen Arbeitsmarkt zu ermitteln, die angeworbenen oder als Zuwanderer eingelassenen ausländischen Arbeitskräfte zu verteilen und auf dem deutschen Arbeitsmarkt bis zu ihrer Gleichstellung

155 Mit Korea wurden 1963 und 1970 Regierungsvereinbarungen geschlossen, die die Anwerbung von Bergleuten erlaubte. Diese Anwerbung stellt insofern einen Sonderfall dar, als die Bergbauunternehmen die Genehmigung erhielten, die Rekrutierung in Südkorea ohne Beteiligung der Bundesanstalt für Arbeit durchzuführen; vgl. Akgündüz, Labour Migration from Turkey to Western Europe, 1993, S. 156; Pak, Ich war koreanischer Gastarbeiter in Deutschland, S. 12f.; Nestler-Tremel, Im Schatten des Lebens, S. 48f., 223f. sowie 228f. Quantitativ leicht bedeutender war die Anwerbung koreanischer Krankenschwestern. Zwischen 1960 und 1976 kamen insgesamt 10.226 Krankenschwestern und 6.546 Bergarbeiter aus Korea nach Deutschland, von denen viele später in die USA weiterwanderten; vgl. Seol/ Skrentny, South Korea, S. 483; Kang, Household Structure, S. 130. Die Entsendung japanischer Bergarbeiter nach Deutschland ging auf eine Initiative Japans aus dem Jahr 1955 zurück und lief schließlich von 1957 bis 1964, das Programm erfasste jedoch nur wenige Hundert japanische Arbeitsmigranten. Als weit bedeutender sollte sich in den folgenden Jahrzehnten die Abwanderung japanischer Bergleute nach Südamerika erweisen; vgl. Endoh, Exporting Japan, S. 147; Petz, Experiment in Cooperation, S. 1f. Einen knappen Überblick über die für Deutschland nicht unwichtige philippinische Arbeitsmigration gibt Asis, The Philippines' Culture of Migration (online).

156 Stirn, Ausländerbeschäftigung in den letzten 100 Jahren, S. 11. Zahlreiche interessante Quellen zur Arbeitsmigration zwischen 1955 und 1973 bietet die Edition Göktürk/Gramling/Kaes, Germany in Transit.

157 John, Die Bundesanstalt für Arbeitsvermittlung und Arbeitslosenversicherung, S. 22f.

mit deutschen Arbeitnehmern oder ihrer Rückwanderung zu überwachen.[158] Die ausländerpolizeiliche Kontrolle der Zuwanderer verblieb in der Zuständigkeit der lokalen Polizei- und Verwaltungsbehörden. Auch auf der individuellen Ebene änderte sich wenig an der Kombination von Arbeits- und Aufenthaltsgenehmigung für ausländische Arbeitnehmer. In der Regel war beides für ein Jahr gültig und wurde – obgleich dies zunächst nicht im Sinne der Ausländerpolitik war – bei entsprechendem Bedarf verlängert.[159] Ein neues Element der Regulierung der Zuwanderung ausländischer Arbeitskräfte bestand in der Einrichtung ständiger Anwerbekommissionen in den Ländern, mit denen die Bundesrepublik Deutschland Wanderungsabkommen abgeschlossen hatte. Dadurch wurde die selektive Rekrutierung von Arbeitskräften durch staatliche Stellen im Ausland fest etabliert, die zum ersten Mal während des Zweiten Weltkrieges in größerem Umfang stattgefunden hatte.[160]

Neben der direkten Anwerbung durch die Vertreter der deutschen Arbeitsverwaltung, die in den Partnerländern Deutschlands stets mit den dortigen Arbeitsmarktinstitutionen kooperierten, blieben – jenseits der Arbeitsmigration in den grenznahen Regionen – prinzipiell drei Wege der Zuwanderung auf den deutschen Arbeitsmarkt offen. Erstens, die individuell motivierte und organisierte Einwanderung. Sie musste über die konsularischen Vertretungen Deutschlands im Ausland abgewickelt werden und erforderte, dass Arbeitsmarkt- und Polizeibehörden der Einreise einer ausländischen Arbeitskraft, die einen Arbeitsplatz vorweisen konnte, vor Reisebeginn zugestimmt hatten. Zweitens bestand die Möglichkeit zur Einreise unter Vorspiegelung eines Urlaubsaufenthalts in Deutschland mithilfe eines Touristenvisums. Die Arbeitsaufnahme verband sich dann meist mit dem Versuch, eine Legalisierung des Aufenthalts mit Arbeitsmarktzugang im Nachhinein zu erreichen. Schließlich blieb aufgrund der faktisch nicht vollkommenen Kontrollierbarkeit von Wanderungsprozessen nach einer illegal erfolgten Einreise der Verbleib in der Illegalität auf dem Arbeitsmarkt ebenfalls eine Option.[161]

Vom Beginn der staatlich regulierten Anwerbung bzw. Zuwanderung ausländischer Arbeitskräfte im Jahr 1955 bis zum Anwerbestopp des Jahres 1973 stieg die Zahl der ausländischen Arbeitnehmer in Deutschland auf etwa 2,6 Millionen. Der Einbruch der Rezession von 1966/67 hatte zwar einen kurzfristigen Anwerbestopp und ein Sinken des Ausländeranteils auf dem deutschen Arbeitsmarkt zur Folge. Das schon bald wieder einsetzende Wirtschaftswachstum brachte dann jedoch zwischen 1968 und 1973 die intensivste Anwerbekampagne bzw. Zuwanderungsbewegung auf den deutschen Arbeitsmarkt der gesamten Nachkriegszeit mit sich.[162] Der Anteil der Migranten unter

158 Vgl. zur Vorgeschichte der Anwerbung nach 1945 Sonnenberger, Nationale Migrationspolitik und regionale Erfahrung, S. 58f.

159 Dohse, Ausländische Arbeiter und bürgerlicher Staat, Kapitel 6 und 7.

160 Die politischen Prozesse fasst zusammen Steinert, Migration und Politik, S. 211f.

161 Vgl. beispielsweise Mattes, Gastarbeiterinnen in der Bundesrepublik, S. 28–81.

162 Vgl. zur ökonomischen Entwicklung der BRD Carlin, West German Growth and Institutions, S. 463f., 468f.

den abhängig Beschäftigten stieg dadurch auf 10%.[163] Da sich ein großer Anteil der Arbeitsmigranten nicht dauerhaft in Deutschland niederließ, war zum Erreichen dieser Zahl eine um ein Mehrfaches höhere Zahl an Zuwanderern notwendig. Insgesamt haben sich rund 14 Millionen Ausländer, Arbeitnehmer und ihre Familien, zeitweise in Deutschland aufgehalten, von denen sich ein Teil zur dauerhaften Niederlassung entschloss. Unter Berücksichtigung der nicht Erwerbstätigen zählte man 1973 knapp vier Millionen Ausländer in Deutschland, deren Anteil an der Wohnbevölkerung etwa 7% betrug.[164] Die größten Einwanderergruppen unter den Arbeitnehmern stellten seit Anfang der 1970er Jahre türkische und jugoslawische Migranten.[165] Eine weitgehend statische, aus der Arbeitsmigration der Nachkriegszeit resultierende Einwandererpopulation, die vor allem durch das Nachholen von Familienangehörigen wuchs, bildete sich erst nach dem Anwerbestopp im Verlauf der 1970er und 1980er Jahre heraus.[166]

Unter den jährlich nach Deutschland kommenden ausländischen Arbeitnehmern nahmen Migranten aus denjenigen Staaten, mit denen die Bundesrepublik Anwerbeverträge abgeschlossen hatten, eine kontinuierlich wachsenden Anteil ein. Hatte dieser 1956, dem ersten Jahr der Rekrutierung durch die Bundesanstalt für Arbeit in Italien, rund 50% betragen, so lag er 1973, dem letzten Anwerbejahr, bei etwa 82%. Gleichzeitig hatte sich das Volumen der Zuwanderung aus den Anwerbeländern von 15.600 Personen 1956 auf 395.800 Migranten 1973 um mehr als das Fünfundzwanzigfache gesteigert. Im gleichen Zeitraum hatte sich die Bedeutung der direkten Anwerbung durch die deutsche Arbeitsverwaltung einem komplexen Muster folgend entwickelt. Der Anteil der Angeworbenen an allen Arbeitskräften aus Ländern, mit denen Deutschland bilaterale Abkommen geschlossen hatte, sank von etwa zwei Dritteln zu Beginn auf rund 43% am Ende der Anwerbephase. Hinter dem so suggerierten sinkenden Einfluss der Anwerbung auf die Arbeitsmigration verbergen sich in länderspezifischer Betrachtung jedoch höchst unterschiedlich strukturierte Migrationsbeziehungen. Der Einschaltungsgrad der Bundesanstalt für Arbeit, also der Anteil der von ihr direkt angeworbenen oder angeforderten Migranten an der Gesamtzuwanderung von Arbeitnehmern aus einem Land, sank für die Arbeitsmigration aus Italien durch die Ausdehnung der Freizügigkeit auf dem transnationalen Arbeitsmarkt der EWG kontinuierlich und lag in den 1970er Jahren nur noch knapp über einem Prozent. Im Jahresmittel lag die Rekrutierungsquote bei italienischen Migranten zwischen 1955 und 1973 allerdings bei rund 30%. Gemessen an allen italienischen Arbeitsmigranten, die im Betrachtungszeitraum nach Deutschland kamen, immerhin noch bei 22%. Da es sich bei den italienischen Migranten um eine der quanti-

163 Drettakis, Analyse der jährlichen Wanderungsströme in der Bundesrepublik Deutschland, S. 24f.
164 Bade, Vom Auswanderungsland zum Einwanderungsland, S. 68.
165 Ebd., S. 80
166 Bender/Seifert, Zuwanderung auf den Arbeitsmarkt, S. 474f.; Bade/Oltmer, Deutschland, S. 161.

tativ größten Einwanderergruppen handelte, verzerrt diese Sonderentwicklung das Gesamtergebnis erheblich. Am entgegengesetzten Ende der Skala lag die Türkei, die schließlich den größten Teil der beim Anwerbestopp in Deutschland lebenden ausländischen Arbeitnehmer stellte. Während der Mittelwert des Einschaltungsgrades der Arbeitsverwaltung in den individuellen Migrationsprozess im Untersuchungszeitraum etwa 70% betrug, erreichte er im letzten Jahr der Anwerbung, als der sogenannte ›Zweite Weg‹ bereits weitgehend verschlossen war, sogar 96%. Gemessen an der gesamten Arbeitsmigration aus der Türkei belief sich der Einschaltungsgrad der Bundesanstalt für Arbeit noch auf 74%. Zwischen beiden Polen bewegten sich die kleineren Migrationspartner Deutschlands. Griechenland und Jugoslawien zeichneten sich in diesem Feld mit Werten um 60% durch einen tendenziell niedrigeren mittleren Einschaltungsgrad aus als Portugal und Tunesien, deren Werte um 75% lagen. Quantitativ bewegte sich die Zuwanderung aus diesen Ländern weit unterhalb der Migration aus Italien, der Türkei oder aus Jugoslawien, die zugrunde liegenden Migrationsbeziehungen jedoch waren am stärksten durch die direkte staatliche Anwerbung deutscher Stellen gekennzeichnet. Ihre Bedeutung entwickelte sich also geprägt durch drei Trends, die erst bei einem länderspezifischen Zugriff deutlich werden: Erstens unterschied sich das Gewicht der direkten Anwerbung durch deutsche Dienststellen von Land zu Land, beeinflusst durch die migrationspolitischen Entscheidungen beider Seiten. Zweitens nahm bei allen Migrationspartnern außer Italien in den letzten Jahren der Anwerbung, vor allem bedingt durch eine migrationspolitische Entscheidung Deutschlands zur verstärkten Kontrolle der Arbeitsmigration, die Intensität der regulierten Arbeitsmigration zu. Drittens verzerrt das Produkt aus Zuwandererzahlen und Nutzung unterschiedlicher Migrationskanäle aufgrund der starken Größenschwankungen bei der Arbeitsimmigration aus den verschiedenen Partnerstaaten nach Deutschland das Gesamtergebnis stark und verschleiert diese spezifischen Befunde.[167]

Die Bundesrepublik Deutschland folgte bei der Auswahl ihrer Migrationspartner und der Umsetzung ihrer Migrationspolitik vor allem utilitaristischen Kriterien. In Abhängigkeit vom Angebot an Arbeitskräften auf bereits erschlossenen ausländischen Arbeitsmärkten und der konjunkturabhängigen Nachfrage nach Arbeitskräften wurden bereits ältere Migrationsbeziehungen wie etwa zu Spanien und Italien ausgebaut oder neu belebt. Entstanden Ange-

167 Dies gilt vor allem für Italien. Mit über zwei Millionen Arbeitsmigranten, die zwischen 1955 und 1973 von dort nach Deutschland kamen, stellte Italien einen großen Teil der Arbeitsmigranten, die in diesem Zeitraum Deutschland erreichten. Bedingt durch die starke Remigration hielten sich Ende 1972 jedoch nur etwa 420.000 italienische Arbeitskräfte in Deutschland auf. Aus der Türkei kamen 865.174 Arbeitnehmer nach Deutschland, von denen 638.761 angeworben bzw. namentlich angefordert wurden; Ende 1972 hielten sich allerdings 511.104 türkische Arbeitsmigranten in Deutschland auf. Daten nach Sonnenberger, Nationale Migrationspolitik und regionale Erfahrung, S. 482f. sowie BAVAV, Erfahrungsberichte zur Anwerbung, Vermittlung und Beschäftigung ausländischer Arbeitnehmer, verschiedene Jahrgänge, und Statistisches Bundesamt, Statistisches Jahrbuch für die Bundesrepublik Deutschland, verschiedene Jahrgänge; eigene Berechnungen.

botslücken, wurden neue Partnerstaaten wie Portugal und die Türkei akquiriert bzw. dem anfänglich abgewehrten Abwanderungsdruck[168] aus solchen Staaten regulierte Kanäle geöffnet. Den Grundsatz, den Import von Arbeitskräften auf den europäischen Raum zu beschränken, umging man nur im Fall des Fachkräftebedarfs, wie im Fall der Bergarbeiteranwerbung in Korea, oder aus politischen Gründen, die etwa die Zulassung nordafrikanischer Arbeitskräfte motivierten.[169] Eine Einwanderungs- oder Integrationspolitik verband die Bundesrepublik Deutschland, die sich erst seit dem Jahr 2000 als Einwanderungsland versteht, mit diesem quantitativ umfangreichen und zeitlich fast 20 Jahre umfassenden Migrationsprozess ebenso wenig, wie dies zuvor der Fall gewesen war.[170]

Der institutionelle Rahmen für die Beschäftigung ausländischer Arbeitnehmer in Deutschland, die Zuwanderung ihrer Familienangehörigen und das Aufwachsen ihrer Kinder bestand aus der Kombination unterschiedlicher Normen. Die Arbeitsmarktpräsenz von Ausländern regelte das mehrfach neu gefasste Gesetz über Arbeitsvermittlung und Arbeitslosenversicherung, an dessen Stelle 1969 das Arbeitsförderungsgesetz mit einer neuerlichen Verankerung des Inländerprimats trat.[171] Die Grundlage für den ausländerrechtlichen Status bildete zunächst das Gesetz über das Paßwesen aus dem Jahr 1952, das die Ausländerpolizeiverordnung des Jahres 1938 ergänzte.[172] Im Jahr 1965 löste ein Ausländergesetz beide Normen ab. Aber auch danach blieb es bei der alten Kombination von Arbeits- und Aufenthaltserlaubnis, die beide an bestimmte Auflagen gebunden waren und durch ihre Befristung periodisch zur Disposition standen.[173] Die Einführung der Aufenthaltsberechtigung, mit der sich die Bundesrepublik dem gesamteuropäischen Trend anschloss, den Aufenthaltsstatus zugewanderter Ausländer nach einer bestimmten Frist zu verbessern, stellte jedoch eine wichtige Neuerung dar, die sich auch auf den Einwanderungsprozess ausländischer Arbeitnehmer auswirken sollte. Die letzte wichtige Veränderung im Untersuchungszeitraum trat im Jahr 1971 durch eine neue Arbeitserlaubnisverordnung ein.[174] Sie lockerte die zuvor obligatorische

168 Straubhaar definiert Migrationsdruck als Überangebot an migrationswilligen Arbeitskräften in Abwanderungsregionen relativ zur Nachfrage nach Arbeitswanderern in Zuwanderungsregionen. Andere Autoren differenzieren Migrationsdruck in einen Abwanderungsdruck, dem Zuwanderungsbarrieren entgegen stehen; vgl. Straubhaar, Migration Pressure, S. 5f., 24f.

169 Gälli, Afrikanische Gastarbeiter in der Bundesrepublik, S. 13.

170 Kastoryano, Negotiating Identities, S. 3; O'Brien, Continuity and Change in Germany's Treatment of Non-Germans, S. 117f.

171 Bekanntmachung der Neufassung des Gesetzes über Arbeitsvermittlung und Arbeitslosenversicherung vom 3. April 1957, in: Bundesgesetzblatt, 1957, S. 321–364.

172 Ausländerpolizeiverordnung vom 22. August 1938, in: Reichsgesetzblatt, 1938, S. 1053–1056; Gesetz über das Paßwesen vom 4. März 1952, in: Bundesgesetzblatt, 1952, S. 290–292.

173 Ausländergesetz vom 28. April 1965, in: Bundesgesetzblatt, 1965, S. 352–362. Vgl. dazu Weizsäcker, Vom ›Inlandslegitimierungszwang‹ zum ›Zuwanderungsgesetz‹, S. 180f.

174 Arbeitsförderungsgesetz vom 25. Juni 1969, in: Bundesgesetzblatt, 1969, S. 582–628; Verordnung über die Arbeitserlaubnis für nichtdeutsche Arbeitnehmer vom 2. März 1971, in: Bundesgesetzblatt, 1971, S. 152–154.

Bindung der Arbeitserlaubnis an einen Arbeitsplatz oder eine bestimmte Tätigkeit. Außerdem war es nun möglich, die Gültigkeit einer Arbeitserlaubnis sofort auf zwei Jahre auszudehnen. Die Aufenthaltsgenehmigung war allerdings nach wie vor an einen Arbeitsplatz bzw. eine Arbeitserlaubnis gebunden, deren Status wiederum an die Länge des Aufenthalts gekoppelt blieb. Dieser Mechanismus basierte auch weiterhin auf der Annahme, dass jeder Aufenthalt eines Ausländers in Deutschland prinzipiell zeitlich begrenzt sei; sie bildete das Fundament der Migrationspolitik.[175]

Die Anfänge der deutschen Integrationsbemühungen indes resultierten aus den Konflikten, die aus der De-facto-Einwanderung eines Teils der Migranten entstanden. Der Trend zur dauerhaften Niederlassung und zur Normalisierung des demographischen Profils der Zuwanderer in Deutschland verstärkte sich nach dem Ende der Anwerbung durch den Familiennachzug und das Absinken der Fluktuationsrate unter den ausländischen Arbeitskräften. Freilich ist die Integrationspolitik nicht mit einer Anerkennung des Einwanderungsprozesses gleichzusetzen. Sie diente vornehmlich der Milderung sozialer Probleme und Spannungen, die zutage traten, je länger sich dieser nicht von einer positiven gesellschaftlichen Reaktion bzw. Akzeptanz begleitete Einwanderungsprozess hinzog, während sich die ökonomischen Rahmenbedingungen, die ihn ursprünglich für Deutschland attraktiv gemacht hatten, in den 1970er Jahren auflösten. Der Vollendung des Wanderungsprozesses derjenigen Migranten, die sich zu einem Verbleib in Deutschland entschlossen, konnten solche Politikansätze kaum dienen.[176]

2.1.3. Frankreich

Frankreich hat als eines der wichtigsten Zuwanderungsländer Europas nie eine Phase intensiver Auswanderung erlebt.[177] Bereits seit 1820 ist seine Wanderungsbilanz nahezu durchgängig positiv.[178] Ein sowohl sektoral als auch geographisch nur wenig mobiles inländisches Arbeitskräftepotential, ein früher demographischer Übergang und daraus resultierendes verlangsamtes Bevölke-

175 Bauer/Zimmermann, Gastarbeiter und Wirtschaftsentwicklung im Nachkriegsdeutschland, S. 75; Bendix, Importing Foreign Workers, S. 77. In den folgenden Jahren verbesserte die Bundesrepublik den Status verschiedener Einwanderergruppen durch den Abschluss von Niederlassungsverträgen. So reduzierte etwa der deutsch-spanische Niederlassungsvertrag von 1972 die Wartezeit auf eine unbefristete Arbeitserlaubnis auf 8 Jahre Aufenthalt oder fünf Jahre legale Beschäftigung in der BRD und dehnte diese auch auf Kinder und Ehepartner aus; vgl. Breitenbach, Italiener und Spanier als Arbeitnehmer in der Bundesrepublik Deutschland, S. 30.

176 Fijalkowski, Gastarbeiter als industrielle Reservearmee?, S. 451f.

177 Vgl. allgemein Moch, Frankreich, S. 122f. sowie zur Auswanderung aus Frankreich einführend Heffernan, French Colonial Migration, S. 33f.

178 Tapinos, L'immigration étrangère en France, S. 2; Böhning, The Migration of Workers in the United Kingdom and the European Community, S. 29. Der Beginn einer Massenzuwanderung nach Frankreich wird nicht selten auf die Mitte des 19. Jahrhunderts datiert; vgl. beispielsweise Bailey, Immigration and Migration, S. 70.

rungswachstum, verbunden mit der für die Industrialisierung typischen Steigerung des Arbeitskräftebedarfs, haben dazu beigetragen, dass bereits zu Beginn der 1880er Jahre mehr als eine Million Ausländer in Frankreich lebten.[179] Im 19. Jahrhundert besaß die französische Migrationspolitik eine durchaus liberale Prägung, die nicht zuletzt durch das in der Verfassung von 1793 festgeschriebene Recht auf Asyl und den Übergang vom ius sanguinis zum ius solis in Bezug auf die Staatsbürgerschaft mit der Einführung des Code civil durch Napoleon I. beeinflusst wurden.[180] Vor diesem Hintergrund beschränkte sich der Staat bis zum Ersten Weltkrieg weitgehend auf die zeittypische politische Kontrolle ausländischer Arbeitnehmer, die sich ab 1893 zwar bei den Polizeibehörden ihres Arbeitsortes anmelden mussten, deren Zuwanderung nach Frankreich generell jedoch nur wenigen Restriktionen unterlag.[181] Eine im internationalen Vergleich schnelle Assimilation von Migranten, die sich in Frankreich niederließen, verbunden mit einer großzügigen Einbürgerungspraxis, sorgte für einen hohen Anteil permanenter Einwanderer.[182]

Nachdem sich die moderne Arbeitsmigration nach Frankreich in ihrer Frühphase vor allem aus der individuellen Einwanderung aus den Grenzregionen seiner Nachbarstaaten gespeist hatte, bildeten um die Wende zum 20. Jahrhundert Belgier die größte Gruppe ausländischer Arbeiter.[183] Sie waren vor allem im nordfranzösischen Bergbau oder als Landarbeiter tätig.[184] Im Jahr 1911 wurden die Belgier dann von italienischen Arbeitern überholt, die bis zum Zweiten Weltkrieg die größte Migrantengruppe in Frankreich stellen sollten.[185] Die Zuwanderung italienischer Arbeitsmigranten vor allem in den

179 Magnac, Wage Competition between Agriculture and Industry in Mid-Nineteenth Century France, S. 1–26; Cordeiro, L'immigration, S. 9f.; Sicsic, Foreign Immigration and the French Labour Force, 1896–1926, S. 122; Noiriel, Le rôle de l'industrialisation dans la formation du monde ouvrier en France (1880–1980); Braudel/Labrousse/Hoock, Wirtschaft und Gesellschaft in Frankreich im Zeitalter der Industrialisierung, S. 110f. sowie grundsätzlich Knox/Marston, Humangeographie, S. 145f.

180 Abdakkah, Kämpfe der Immigration in Frankreich, S. 101–124; Wihtol de Wenden, France, S. 59; dies., Frankreich, S. 258; mit einer kritischen Einschätzung Massot, Français par le sang, S. 9f.

181 Cross, Immigrant Workers in Industrial France, S. 24, 40f.; Sicsic, Foreign Immigration and the French Labour Force, 1896–1926, S. 136; Spire, Étrangers à la carte, S. 84. Die Einführung dieses Gesetzes koinzidierte mit großen ausländerfeindlichen Ausschreitungen in Frankreich 1893/94; vgl. Wihtol de Wenden, Einwanderung aus dem Maghreb in der französischen politischen Wahrnehmung, S. 226. Eine erste Welle kollektiver Gewalt gegen italienische Migranten war freilich bereits 1881 im Süden Frankreichs losgebrochen; vgl. Lucassen, Immigrant Threat, S. 81.

182 Hollifield, Immigrants, Markets, and States, S. 63f. Nach Ogden stammten 1991 rund 14 Millionen Franzosen in der ersten oder zweiten Generation von Einwanderern ab. Eine kritische Sozialgeschichte der Einwanderung nach Frankreich bietet Noiriel, The French Melting Pot.

183 Cordeiro, L'immigration, S. 15.

184 Frost, Belgische Wanderarbeiter, Zweiter Teil, passim.

185 Blaise, Des immigrés à intégrer, S. 15; Stengers, L'immigration de 1830 à 1914, S. 92f.; Sicsic, Foreign Immigration and the French Labour Force, 1896–1926, S. 137; Baines, European Labour Markets, Emigration and International Migration, 1850–1913, S. 40; vgl.

nach 1871 bei Frankreich verbliebenen Teil Lothringens hatte bereits in den 1890er Jahren eingesetzt, gewann allerdings nach der Jahrhundertwende eine neue Qualität. Bedingt durch den schnell ansteigenden Arbeitskräftebedarf begannen die französischen Bergbaugesellschaften ab 1908, Italiener durch beauftragte Agenten anwerben zu lassen. Wenig später übernahm der Dachverband der Bergbau- und Hüttenunternehmen des Departements Meurthe-et-Moselle die Rekrutierung von italienischen Arbeitskräften für alle seine Mitglieder und handelte zu diesem Zweck ein Abkommen mit der italienischen Auswanderungsbehörde aus, die seit 1901 bestand. Ebenfalls noch vor dem Ersten Weltkrieg begann die Anwerbung polnischer Arbeitskräfte für die Landwirtschaft und den Bergbau durch Arbeitgeberorganisationen, deren Agenten in den österreichischen Teilen Polens tätig wurden.[186] Auch Arbeitskräfte aus Algerien schließlich gehörten bereits vor 1914 zu den Ausländern, die in Frankreich arbeiteten. Schon ab 1910 fanden Tausende von ihnen Arbeit im Süden des Landes, vor allem in Marseille.[187]

Eine Veränderung dieser Rahmenbedingungen brachte der Erste Weltkrieg mit sich, in dessen Verlauf in Frankreich die Fundamente einer neuen Regulierung der Arbeitsmigration, geprägt von massiver stattlicher Intervention, entstanden.[188] Um den Arbeitskräftebedarf seiner Kriegswirtschaft zu decken, rekrutierte die Regierung Arbeiter aus den französischen Kolonien, die paramilitärisch organisiert Hilfsdienste verrichten mussten, im Bergbau eingesetzt wurden oder als Soldaten dienten.[189] Zu ihrer Rekrutierung und Allokation richtete das französische Kriegsministerium im Jahr 1916 eine Sonderbehörde ein, den ›Service des travailleurs coloniaux‹.[190] Parallel dazu wurde die Anwerbung vornehmlich spanischer, aber auch italienischer Landarbeiter unter Rückgriff auf das 1912 vom Landwirtschaftlichen Arbeitgeberverband (›Société des agriculteurs en France‹) gegründete ›Office nationale de la main-d'œuvre agricole‹ (ONMA) betrieben.[191] Industriearbeiter warb gleichzeitig, neben anderen Arbeitgeberorganisationen, der Rekrutierungsdienst des Branchenverbandes der Stahlindustrie, des ›Comité des forges‹, an. Er bestand bereits seit 1911 und hatte schon in der Vorkriegszeit mit der italienischen Arbeitsverwaltung über Rekrutierungsmaßnahmen verhandelt.[192] Beide erhielten nun einen quasi halbstaatlichen Charakter und wurden über Agenten in Spani-

---

zum Beginn der italienischen Migration nach Frankreich Amar/Milza, L'immigration en France au XXe siècle, S. 181.

186 Tapinos, L'immigration étrangère en France, S. 5.

187 Cordeiro, L'immigration, S. 21.

188 Viet, La France immigrée, S. 32f.; Granotier, Les travailleurs immigrés en France, S. 57; Bailey, Immigration and Migration, S. 76f.

189 Tran-Nu, Les travailleurs indochinois en France de 1939 à 1948, S. 5–21. Insgesamt arbeiteten neben 78.566 Algeriern, 18.244 Tunesiern und 35.506 Marokkanern, 48.955 Arbeiter aus Indochina, 36.941 Chinesen und 4.546 Madegassen in Frankreich; vgl. Cross, Immigrant Workers in Industrial France, S. 35f.

190 Cordeiro, L'immigration, S. 22; Potts, Der Arbeitskraftexport aus Tunesien, S. 29.

191 Cross, Immigrant Workers in Industrial France, S. 34f.

192 Siehe Kapitel 2.1.1.

en und Italien direkt tätig, die von Anwerbestellen an den jeweiligen Grenzen unterstützt wurden.[193] Dennoch entwickelte sich im Kriegsverlauf gerade die Anwerbung einer ausreichenden Anzahl von Arbeitskräften für die Industrie zu einem immer dringenderen Problem, welches das Rüstungsministerium (›Ministère des armements‹) über die Einrichtung einer eigenen Anwerbeorganisation, den ›Service de la main-d'œuvre étrangère‹, zu lösen versuchte. Ab 1916 wurden durch diese staatliche Stelle in Spanien und Portugal Bau- und Fabrikarbeiter angeworben, und auch Italien wurde – wenn auch nur in quantitativ geringem Umfang – zum Rekrutierungsfeld der Franzosen.[194] Dabei verständigten sich der Service und die italienische Auswanderungsbehörde über ein Verfahren, das es den französischen Arbeitgebern erlaubte, italienische Arbeiter über die zuständigen Behörden beider Staaten anzuwerben. Im Gegenzug erhielt die italienische Seite das Recht, die Arbeitsplätze ihrer Landsleute in Frankreich zu inspizieren und Musterarbeitsverträge bei der Anwerbung vorzuschreiben.[195] Gleichzeitig übernahm der ›Service de la main-d'œuvre agricole‹ unter Aufsicht des Landwirtschaftsministeriums die Beschaffung von Landarbeitern, die ebenfalls vor allem aus Spanien und Portugal kamen.[196] Die Organisation des Arbeitskrafttransfers aus den Nachbarstaaten Frankreichs brachte nicht nur den Aufbau eines Zentralamtes in Paris, sondern auch staatlich betriebener Einwanderungsstationen an den französischen Grenzen mit sich. Schon im Jahr 1915 wurden in Cette, Cerbère, Fos und Hendaye vier solcher Stationen, die in Aufbau und Funktion den deutschen Grenzämtern ähnelten, an der Grenze zu Spanien errichtet. 1916 folgten Einwanderungsbüros in Marseille, Arreau und in Bordeaux. Bis zum Kriegsende entstanden neben einer Reihe von Provinzämtern weitere Grenzstationen in Modane, Perthus, Arles-sur-Tech und Bourg-Madame, die teilweise bis nach dem Zweiten Weltkrieg zur Abwicklung der internationalen Arbeitsmigration genutzt wurden.[197]

Die aus der Kombination von hoher Nachfrage und fast vollkommener Freizügigkeit der ausländischen Arbeiter resultierende hohe Fluktuation der ausländischen Arbeitskräfte auf dem französischen Arbeitsmarkt konterten Staat und Arbeitgeber zunächst durch finanzielle Anreize für einen Verbleib im offiziellen Vermittlungssystem im Fall eines Arbeitsstellenwechsels sowie

---

193 Sicsic, Foreign Immigration and the French Labour Force, 1896–1926, S. 136; Tapinos, L'immigration étrangère en France, S. 5.

194 Im Fall Portugals brachte der Kriegseintritt auf der Seite Frankreichs nicht nur die Entsendung eines kleinen Truppenkontingents, sondern auch die Anwerbung von etwa 20.000 Arbeitskräften auf der Grundlage eines Anwerbevertrages mit sich; vgl. Ghemmaz, Des portugais en Europe du Nord, S. 132f.

195 Cross, Immigrant Workers in Industrial France, S. 27f.

196 Volovitch-Tavarès, Les phases de l'immigration portugaise, des années vingt aux années soixante-dix, S. 2; Viet, La France immigrée, S. 34. Ein Sonderfall unter den ausländischen Arbeitskräften waren einige Tausend griechische Flüchtlinge aus der Türkei, die 1916 auf Rhodos angeworben und per Schiff nach Marseille gebracht wurden; vgl. dazu Nogaro/Weil, La main-d'œuvre étrangère et coloniale pendant la guerre, S. 33f.

197 Ebd., S. 32f., 45.

organisatorische Maßnahmen, wie einer gemeinsamen Unterbringung verbunden mit einem gemeinsamen Einsatz von Arbeitskräften gleicher Herkunft. Als dies nur geringe Erfolge erbrachte, wurde 1917 die ›Carte de séjour‹ als Aufenthaltsgenehmigung eingeführt, mit deren Hilfe die geographische Mobilität ausländischer Arbeitnehmer ebenso eingeschränkt werden sollte wie ihr Wechsel zwischen verschiedenen Wirtschaftssektoren bzw. ein nicht erwünschter Wechsel des Arbeitsverhältnisses.[198]

Auch in der Nachkriegszeit blieb der Bedarf Frankreichs an ausländischen Arbeitern ungebrochen hoch. Der Tod von 1,4 Millionen französischen Soldaten und eine weiterhin sinkende Geburtenrate, verbunden mit den Arbeitsmarkteffekten des Wiederaufbaus in den kriegsverwüsteten Regionen des Landes, machten die Fortsetzung der Zuwanderungspolitik unumgänglich.[199] Dabei führten die wachsenden Kontrollbestrebungen sowohl der Ziel- als auch der Entsendestaaten des europäischen Migrationssystems auch im Falle Frankreichs zu einer Verstärkung staatlicher Prozessregulierung. Ihren deutlichsten Ausdruck fand diese Entwicklung in den Wanderungsabkommen, die Frankreich mit Polen und Italien im Jahr 1919 und mit der Tschechoslowakei im Jahr 1920 abschloss.[200] Später folgten Verträge mit Bulgarien, Österreich, Rumänien und Ungarn, die jedoch kaum mehr quantitative Bedeutung erlangten.[201] Die zu Jugoslawien aufgenommenen Migrationsbeziehungen formalisierte 1925 zunächst eine Reihe von Erlassen des jugoslawischen Sozialministeriums zur Festlegung der Modalitäten für die Arbeitskräfterekrutierung. 1928 folgten weitere Vereinbarungen, bevor 1930 ein regelrechter Wanderungsvertrag zustande kam, der jedoch ebenfalls keine quantitative Ausweitung der Migrationsbeziehungen zwischen beiden Staaten mehr zur Folge hatte.[202]

---

198 Ebd., passim, zur Organisation insbesondere S. 18f.; Cross, Immigrant Workers in Industrial France, S. 42f.; Hollifield, Immigrants, Markets, and States, S. 46f.; vgl. zur daraus resultierenden bürokratischen Praxis Spire, In den Kellern der französischen Einwanderungspolitik (1945–1975).

199 Dormois, The French Economy in the Twentieth Century, S. 83f.

200 Noher, Die internationalen Verträge über die Aus- und Einwanderung, S. 148f.

201 Un traité de travail Franco-Roumain, S. 465; L'immigration industrielle autrichienne, S. 118; France-Hongrie: Un accord sur le recrutement, S. 513; France-Roumanie: Le recrutement de la main-d'œuvre Roumaine pour la France, S. 275; Autriche-France: Un traité de travail, S. 507; Picard, Les conventions bilatérales passées par la France, S. 108. Dem österreichisch-französischen Vertrag gingen Migrationsbeziehungen voraus, die bis in die Mitte der 1920er Jahre zurückreichten. Bereits 1925 unterhielt die französische SGI eine Niederlassung in Österreich, über die in Zusammenarbeit mit den industriellen Bezirkskommissionen qualifizierte Arbeiter angeworben wurden, die über ein eigens eingerichtetes Zwischenlager bei Basel nach Frankreich reisten; vgl. Autriche: Les projets d'émigration, S. 531.

202 L'émigration des Serbes, Croates et Slovènes vers l'Allemagne, S. 467; France: La pénurie de la main-d'œuvre et le recrutement en Europe centrale, S. 475f. Im Jahr 1927 wurde beispielsweise die Anwerbung wegen der Lage des französischen Arbeitsmarktes ausgesetzt, 1928 kamen nur 1.728 jugoslawische Arbeiter nach Frankreich und erst im Jahr 1929 wurde mit 6.000 Migranten ein umfangreicheres Anwerbeergebnis erzielt; vgl. Yougoslavie. Le recrutement de la main-d'œuvre pour la France, S. 330. Siehe dazu auch Kapitel 2.2.4.

Staatlicherseits blieben der ›Service de la main-d'œuvre agricole‹ sowie der Service de la main-d'œuvre étrangère‹ die tragenden bürokratischen Säulen der Migrationssteuerung. Unter Aufsicht des Arbeits- bzw. Landwirtschaftsministeriums unterhielten die beiden Dienste auch nach 1918 eine Reihe von Grenzämtern, die sich mit der Abwicklung der Registrierung und Einreise ausländischer Arbeitskräfte befassten. Ergänzend überzog ein Netz regionaler Inspektionen Frankreich, das die Ausländerbeschäftigung in den Betrieben überwachte, während die Zentrale in Paris die Koordination und Vorausplanung übernahm. So wurde Mitte der 1920er Jahre die Rekrutierung portugiesischer Landarbeiter durch französische Landwirte komplett über den ›Service de la main-d'œuvre agricole‹ abgewickelt. Dieser nahm die Anforderungen der interessierten Arbeitgeber entgegen, sorgte dafür, dass die Arbeitsverträge eine Gleichstellung der portugiesischen mit den französischen Landarbeitern sicherstellten, und zog von den Arbeitgebern die Reisekosten der Arbeiter ein, die in Portugal kollektiv angeworben und per Schiff nach Frankreich transportiert wurden.[203] Die Einrichtung fest installierter Auslandsdienststellen gehörte zu diesem Zeitpunkt bereits zum Standardverfahren bei der Aufnahme von Migrationsbeziehungen. So stationierte der ›Service de la main-d'œuvre agricole‹ im Jahr 1923, als die Anwerbung in der Tschechoslowakei begann, von wo Frankreich während des Ersten Weltkrieges natürlich keine Arbeitskräfte bezogen hatte, unmittelbar eine ständig vor Ort präsente Anwerbekommission.[204]

Die Arbeitgeber ihrerseits formierten sich im gleichen Zeitraum neu und bildeten im Jahr 1924 mit der ›Société générale d'immigration‹ (SGI) eine für alle Sektoren und Branchen zuständige private und kommerziell ausgerichtete Organisation zur Beschaffung ausländischer Arbeiter.[205] Sie war auf der Grundlage der Wanderungsverträge befugt, unter bestimmten Bedingungen

203 France: L'immigration agricole portugaise, S. 28.

204 Viet, La France immigrée, S. 37f. Der stärkere staatliche Einfluss trug der Diskussion um eine stringentere Arbeitsmigrationspolitik Rechnung, die in der ersten Hälfte der 1920er Jahre in Frankreich geführt wurde. Ein Auslöser war der Eindruck, dass es den Auswanderungsländern zunehmend gelang, ihre Interessen durch eine Zusammenfassung der beteiligten Institutionen gegenüber den zersplitterten französischen Kompetenzen und Interessengruppen besser durchsetzen zu können; vgl. La main-d'œuvre étrangère et la réglementation des migrations en France, S. 369f.

205 Amar/Milza, L'immigration en France au XXe siècle, S. 289f.; Cordeiro, L'immigration, S. 23; Un organisme patronal pour le recrutement de l'immigration en France, S. 221f. Mitte der 1920er Jahre wurde in Frankreich jedoch auch die Alternative zur fast vollkommenen Reprivatisierung der Anwerbung ausländischer Arbeiter diskutiert: die Zentralisierung aller Dienste in einem ›Office public d'immigration‹ und damit zugleich die Verstärkung der staatlichen Kontrolle über die Einwanderung nach Frankreich. In gewisser Weise hätte dieser nicht realisierte Plan das ONI vorweggenommen, das 1946 zu eben diesem Zweck ins Leben gerufen wurde; vgl. France: L'organisation et la politique de l'immigration, S. 115f. Die SGI entwickelte sich zwar zur größten Anwerbeorganisation, jedoch nicht zum Monopolisten. Andere Branchenverbände entschlossen sich, je nach Lage auf ihrem Arbeitsmarktsegment, zeitweise zur Einrichtung eigener Anwerbekommissionen; vgl. dazu exemplarisch France: Le recrutement en Europe centrale pour le bâtiment, S. 155.

Rekrutierungskampagnen in den Partnerstaaten Frankreichs durchzuführen.[206] Dadurch wurde die SGI, nachdem sich die staatlichen Anwerbestellen Mitte der 1920er Jahre langsam aus der aktiven Anwerbung zurückzogen, zum alleinigen Vermittler zwischen den französischen Arbeitgebern, der französischen Ausländerbehörde und den Arbeitsmigranten. Das Unternehmen organisierte sich als Aktiengesellschaft und übernahm Anwerbung, Vorauswahl und Transport der Migranten, mit denen man bereits in deren Heimatland im Auftrag eines französischen Arbeitgebers einen Arbeitsvertrag abschloss. Im Verlauf der 1920er Jahre unterhielt die SGI in vielen Staaten Europas Außenstellen, so etwa in Polen, Ungarn, der Tschechoslowakei, Jugoslawien und Österreich, aber auch in Belgien, der Schweiz und den Niederlanden.[207] Dabei ließ sie sich jeweils sowohl von den französischen Behörden als auch von den zuständigen Stellen des Auswanderungslandes zur Durchführung der Arbeitskräfterekrutierung ermächtigten.

Parallel dazu existierte im Bereich der informellen Arbeitsmigration ein dichtes Netzwerk an privaten Akteuren, die interessierten Arbeitgebern ausländische Arbeitskräfte zuführten oder mobil einsetzbare Kolonnen ausländischer Arbeiter, etwa für die Baubranche, zusammenstellten und auf dem Arbeitsmarkt anboten.[208] Beides flankierte der Staat durch eine Reihe von Dekreten, die einen deutlichen Bezug zwischen der Einreise bzw. Einwanderung nach Frankreich und dem ökonomischen Nutzen des Einwanderers für Frankreich herstellten. Im Sinne eines Inländerprimats wurde insbesondere der konkrete Bedarf für seine Arbeitskraft unter Berücksichtigung der Arbeitsmarktlage zu einer Voraussetzung für die Zulassung eines Arbeitsmigranten.[209] Damit verfestigte sich in den 1920er Jahren zwar zunächst der aus dem Weltkrieg stammende Dualismus privatwirtschaftlicher und staatlicher Anwerbeorganisationen. Die Rekrutierung selbst wanderte jedoch nach der Gründung der SGI zunehmend zurück in private Hand, wobei man jedoch stärker als bisher in einem staatlich vorgegebenen Rahmen agierte.

Bis zum Beginn der Weltwirtschaftskrise in Frankreich im Jahr 1931 stieg der Ausländeranteil in Frankreich von etwa 3% im Jahr 1911 auf 6,6% bzw. 7,6% unter Einschluss eingebürgerter Migranten.[210] An den Arbeitskräften betrug der Anteil der Ausländer zu diesem Zeitpunkt 7,4% bzw. 8,3%. Im Bergbau und unter den Steinbrucharbeitern erreichte der Ausländeranteil zeitweise allerdings bis zu 38%.[211] Von 1920 bis 1931 nahm die Bedeutung der regu-

206 Togman, The Ramparts of Nations, S. 83.

207 Cross, Immigrant Workers in Industrial France, S. 59. An diese Arbeitsmarktbeziehungen knüpfte Frankreich vielfach nach 1945 wieder an, so etwa in einem Versuch, Arbeitskräfte aus den Niederlanden zu rekrutieren; Labour Treaty between France and the Netherlands, 2.6.1948, hier aus: United Nations Treaty Collection (online) http://untreaty.un.org/English/access.asp, No. 2762.

208 Cross, Immigrant Workers in Industrial France, S. 134f.; Le recrutement de la main-d'œuvre allemande pour le bâtiment, S. 520.

209 Rygiel, Die Zurückweisung (refoulement) von Ausländern in der Zwischenkriegszeit, S. 2.

210 Hargreaves, Multi-Ethnic France, S. 17.

211 Tapinos, L'immigration étrangère en France, S. 8.

lierten Anwerbung von Arbeitskräften im Ausland in zwei Phasen zu: Ein erster Zyklus erstreckte sich bis zum Ende der Rekonstruktion im Jahr 1926, der zweite, nach einer kurzen Abschwächung, bis in die Weltwirtschaftskrise. Über die gesamte Zwischenkriegszeit verzeichnete Frankreich eine Nettoeinwanderung von Arbeitskräften, die aus der Anwerbung im Ausland resultierte, von knapp 1,3 Millionen Personen.[212] Allein zwischen 1926 und 1931 kamen etwa 665.000 Arbeitsmigranten nach Frankreich, während im gleichen Zeitraum 340.000 das Land wieder verließen, die Nettoeinwanderung lag also bei 345.000 Personen bzw. einem Jahresmittel von 69.000 Arbeitskräften. Nahezu der gesamte Zuwachs des Arbeitskräftepotentials seit Ende des Krieges wurde auf diese Weise durch Zuwanderung erzielt.[213] In den ersten Jahren der Weltwirtschaftskrise von 1932 bis 1934 verringerte sich die Zuwanderung auf insgesamt 216.000 ausländische Arbeitskräfte, die durchschnittliche Zuwanderung pro Jahr halbierte sich. Gleichzeitig blieb die Remigration fast unverändert, sodass sich während der Weltwirtschaftskrise eine Nettozuwanderung von nur noch 6.000 Arbeitern ergibt. Dabei ist auffällig, dass sich die Beschäftigung der Ausländer in Industrie und Landwirtschaft mit 52 bzw. 48% fast die Waage hielt, jedoch in den Jahren der Rezession die Beschäftigung von ausländischen Arbeitern in der Landwirtschaft kaum sank und von Jahr zu Jahr nur geringfügige Schwankungen aufwies, während die Ausländerbeschäftigung in der Industrie stark fluktuierte. Konjunkturabhängig wurde mit der Zuwanderung von 129.000 Industriearbeitern im Jahr 1930 der Höhepunkt überschritten. Bis 1934 sank die Zahl der Neueinreisen von Ausländern, die im sekundären Sektor beschäftigt wurden, auf nur noch 11.000 ab.[214] Ähnlich wie in Deutschland zeigte sich während der Weltwirtschaftskrise, dass die Nachfrage nach Arbeitskräften in bestimmten Marktsegmenten unter den dort gegebenen Arbeitsbedingungen auch bei hoher inländischer Arbeitslosigkeit nicht zu decken war. So unterzog der französische Staat die Zulassung ausländischer Landwirtschaftsarbeiter in diesen Jahren zwar einen strengeren Kontrolle und bezog die Arbeitsnachweise obligatorisch in das Verfahren ein, um sicherzustellen, dass inländische Arbeitslose Vorrang erhielten, drosselte die Zuwanderung der landwirtschaftlichen Saisonarbeiter jedoch kaum.[215]

Als im Verlauf der 1920er Jahre die Zahl der in Frankreich lebenden Ausländer anstieg, setzte schnell eine Diskussion über Methoden zu deren besserer Überwachung ein. Ausländische Arbeiter mussten zwar ihren Wechsel von einer Kommune in eine andere melden, nicht aber einen Umzug innerhalb des Aufenthaltsortes, in dem sie gemeldet waren. Für die französischen Metropolen wie etwa den Großraum Paris, in denen sich die ausländischen Arbeiter konzentrierten, erschien diese Regelung, die auf den Aufenthalt von Landar-

212 Daulatly, La main-d'œuvre étrangère en France et la crise économique, S. 15.
213 Sicsic, Foreign Immigration and the French Labour Force, 1896–1926, S. 124.
214 International Labour Office, The Migration of Workers, 1936, S. 16.
215 France: La confédération générale du travail et l'organisation de l'immigration ouvrière, S. 293f.; La politique d'immigration de la France et l'agriculture, S. 399f. Statistische Übersichten finden sich bei Moch, Frankreich, S. 127, 135.

beitern in kleinen Gemeinden zugeschnitten war, nicht mehr angemessen. Zudem erlaubten die Gesetze in der ersten Hälfte der 1920er Jahre jedem Ausländer, der im Besitz einer Aufenthaltsberechtigung war, mit dieser frei aus- und wieder einzureisen.[216] Als Steuerungsinstrument, das im Falle einer Rezession eine Kontrolle der Ausländerbeschäftigung gewährleisten sollte, wurde anstelle der ›Carte de séjour‹ im Jahr 1926 eine obligatorische Identitätskarte[217] für ausländische Arbeiter eingeführt und die Beschäftigung nur solcher Ausländer erlaubt, die sich im Besitz dieses von den Behörden ausgestellten Ausweises befanden.[218] Schließlich führte die mit der Rezession in der ersten Hälfte der 1930er Jahre einsetzende Abschottungs- und Verdrängungspolitik gegenüber ausländischen Arbeitskräften zu weiteren einschneidenden Maßnahmen.[219] Als der Ausländeranteil im Jahr 1932 bei etwa 7,7% lag, trat ein Gesetz in Kraft, das die Beschäftigung ausländischer Arbeitnehmer in bestimmten Berufen untersagte und für andere Branchen Quotenregelungen einführte.[220] Die Zuwanderung sollte auf diese Weise streng nach Arbeitsmarktgesichtspunkten reguliert und ein Inländerprimat durchgesetzt werden. Nicht zuletzt infolge derartiger Regelungen und einer sich verschärfenden Verwaltungspraxis gegenüber Ausländern in Frankreich bzw. ihrer Einreise nach Frankreich sank der Ausländeranteil in Frankreich bis zum Vorabend des Zweiten Weltkrieges auf 4,1%.[221] Tatsächlich lag der Ausländeranteil in

216 Les travailleurs étrangers en France, 1924, S. 163f.

217 Mithilfe dieser Identitätskarte, deren Funktionen durch verschiedene Erlasse in den 1930er Jahren ausgeweitet wurden, konnte die Mobilität und die berufliche Freizügigkeit von Ausländern beschränkt werden. Die ›Carte d'indentité‹ berechtigte nur zum Aufenthalt in den auf ihr angegebenen Départements. Gleichzeitig konnten ganze Regionen für Ausländer gesperrt werden, indem untersagt wurde, entsprechende Vermerke auf den Karten anzubringen. Zudem war eine Beschäftigung nur in denjenigen Berufen zugelassen, die auf der Karte eingetragen waren; vgl. dazu France: La carte d'identité des étrangers, 1929, S. 497f.; Les problèmes d'immigration en France, S. 150f.

218 Spire, Étrangers à la carte, S. 84.

219 France: La carte d'identité des étrangers, 1931, S. 108f.

220 Ireland, The Policy Challenge of Ethnic Diversity, S. 34; Singer-Kérel, »Protection« de la main-d'œuvre nationale en temps de crise, S. 7–27; Viet, La France immigrée, S. 42f.; Blanc-Chaléard, Old and new Migrants in France, S. 48; Daulatly, La main-d'œuvre étrangère en France et la crise économique, S. 79f.

221 Rygiel, Die Zurückweisung (refoulement) von Ausländern in der Zwischenkriegszeit, S. 1; Sicsic, Foreign Immigration and the French Labour Force, 1896–1926, S. 119; Spire, Étrangers à la carte, S. 46. Rechnet man jedoch die bereits eingebürgerten Einwanderer hinzu, ergibt sich ein Migrantenanteil in Frankreich von 7,5% der Bevölkerung im Jahr 1931. Dies entsprach rund 3 Millionen Personen; vgl. Dignan, Europe's Melting Pot, S. 137; Hautcoeur, Great Depression in France, S. 278, spricht von der Ausreise von 350.000 ausländischen Arbeitskräften in den 1930er Jahren. Zu den Maßnahmen zur Reduktion des Ausländeranteils auf dem französischen Arbeitsmarkt zählte beispielsweise der Plan, 1934 im Zuge einer Überprüfung ihres Aufenthaltsstatus 6.000–7.000 polnische Bergleute auszuweisen; vgl. Mesures de refoulement des travailleurs étrangers dans les mines en France, S. 182f. Daneben wurde diskutiert, eine Steuer auf die Beschäftigung ausländischer Arbeitnehmer zu erheben; vgl. Projets de taxe sur la main-d'œuvre étrangère en France, S. 227f. Als sich ab 1937 eine wirtschaftliche Erholung abzeichnete, setzten allerdings unmittelbar Forderungen nach einer Wiederaufnahme der Anwerbung polnischer Bergleute ein.

Frankreich erst wieder in den 1970er Jahre so hoch wie vor der Weltwirtschaftskrise.[222] Trotz dieses Einschnitts in die Einwanderungsbewegung hatte sich Frankreich in der Zwischenkriegszeit – gemessen am quantitativen Verhältnis zwischen französischer Bevölkerung und Neu-Einwanderern – zum weltweit wichtigsten Einwanderungsland entwickelt.[223]

Bereits in der Zwischenkriegszeit wurden angesichts der zunehmend unübersichtlichen Vielfalt der mit dem Import von Arbeitskräften befassten staatlichen und privaten Institutionen Forderungen nach einer zentralen staatlichen Organisation laut. Diese sollte das Nebeneinander der noch aus der Vorkriegszeit stammenden privaten Arbeitgeberorganisationen sowie der in der Kriegswirtschaft verwurzelten staatlichen Stellen beenden. Insbesondere nach dem Einsetzen der Weltwirtschaftskrise, während der steigende Arbeitslosenzahlen Rufe nach einer strikten Kontrolle der Zuwanderung laut werden ließen, gewann in den 1930er Jahren die Idee eines ›Office public d'immigration‹ an Popularität, schien eine einheitliche und zentrale Organisation doch das Ziel der Wanderungskontrolle erreichbar zu machen.[224] Insbesondere die bereits in dieser Phase übliche illegale Einreise verbunden mit einer Beantragung der notwendigen Papiere, nachdem ein Zuwanderer bereits in ein Arbeitsverhältnis eingetreten war, häufig Begleiterscheinung privatwirtschaftlicher Rekrutierungskampagnen, sollte auf diese Weise eingedämmt werden.[225] Obwohl die Zulassungspolitik gegenüber ausländischen Arbeitskräften zusehends restriktiv gehandhabt wurde, gelang die Neuordnung der Migrationsbürokratie jedoch vor Beginn des Zweiten Weltkrieges nur noch in Ansätzen.[226] Am Vorabend des Krieges bildete eine interministerielle Kommission (›Commission interministeriélle de l'immigration‹) die politische Spitze dieses Apparates.[227] Sie war für das Aushandeln und Ausgestalten von Anwerbeabkommen sowie die Koordination der mit Arbeitsmigration befassten Ministerien zuständig. Die Interessen von Arbeitgebern, Arbeitnehmern und Staat dagegen wurden im 1925 geschaffenen ›Conseil national de la main-d'œuvre‹ abgestimmt[228], der auch die kurz- und mittelfristige Kontingentplanung übernahm.

222 Ogden, The Legacy of Migration, S. 104.

223 Durch den Rückgang der Einwanderung in andere Industriestaaten und den Übergang der klassichen Einwanderungsländer, etwa der USA, zu einer stark restriktiven Zulassungspolitik nahm Frankreich gemessen an seiner Einwohnerzahl die meisten Einwanderer auf, in absoluten Zahlen lag Frankreich nur noch hinter den USA; vgl. Dignan, Europe's Melting Pot, S. 140.

224 France: La réglementation de l'immigration et la situation économique, S. 515f.

225 France: L'organisation et la politique de l'immigration, S. 115f.; France: La confédération générale du travail et l'organisation de l'immigration ouvrière, S. 293.

226 Viet, La France immigrée, S. 46f.; Nouvelle réglementation française du recrutement de la main-d'œuvre étrangère, S. 310f.; L'immigration en France: L'organisation des services d'immigration, S. 91f.

227 Diese Institution blieb auch in der Nachkriegszeit bestehen und prägte bis zum Anwerbestopp die Anwerbepolitik Frankreichs; vgl. Hollifield, Immigrants, Markets, and States, S. 63.

228 Vgl. exemplarisch France: Le Conseil national de la main-d'œuvre, S. 273 sowie France: La politique d'immigration en 1929, S. 397.

Den Migrationsprozess selbst überwachten das Arbeits-, das Gesundheits- sowie das Innenministerium, wobei jedem Fachministerium die in seine Kompetenzen fallenden Teilprozesse, also Arbeitsmarktposition, Gesundheits- und Sicherheitsüberwachung, zufielen. Die staatlichen Anwerbedienste waren 1937 beim Arbeitsministerium konzentriert worden, das auch die Beschaffung von Landwirtschaftsarbeitern übernahm, ihre Tätigkeit verschob sich jedoch von der Anwerbung auf die Kontrolle und Verwaltung der ausländischen Arbeitnehmer im Inland.[229] Die praktische Anwerbung sowie der Transport der Arbeitskräfte kontrollierte ohne direkte staatliche Beteiligung die private ›Société générale d'immigration‹.[230]

Nachdem bereits die Weltwirtschaftskrise die etablierten Migrationsbeziehungen Frankreichs gestört hatte, zerrissen die deutsche Besatzung und die Einbindung Frankreichs sowohl in die deutsche Kriegswirtschaft als auch in das nationalsozialistische System der Arbeitskräftebeschaffung endgültig das französische Migrationssystem.[231] Am Ende des Krieges hatte Frankreich 600.000 Todesopfer zu beklagen, während 200.000 Migranten, die vor dem Krieg in Frankreich gelebt und gearbeitet hatten, abgewandert waren. So forderte der Wiederaufbau von Frankreich – wie schon nach dem Ersten Weltkrieg – mehr Arbeitskraft, als der eigene Arbeitsmarkt bot.[232] Zudem verknüpfte man den Wiederaufbau mit einem ambitionierten Wirtschaftsprogramm, das hohe Wachstumsraten für die französische Industrieproduktion vorsah. Obwohl schon 1945 weitreichende Maßnahmen die Mobilisierung der inländischen Arbeitsmarktreserven ermöglichen sollte, so war etwa die Zuweisung von Arbeitsplätzen unter Androhung des Verlustes der Arbeitslosenunterstützung vorgesehen, zeichnete sich bereits in diesem Jahr ab, dass eine Wiederaufnahme der Anwerbung von Arbeitskräften im Ausland unumgänglich sein würde. Daher begann Frankreich mit der Rekonstruktion seiner internationalen Arbeitsmarktbeziehungen nur wenige Monate nach Kriegsende.[233]

Ein Ineinandergreifen von Arbeits- und Aufenthaltsgenehmigung blieb das wichtigste Steuerungsinstrument für die Zuwanderung von Arbeitskräften. Die Beibehaltung des Verfahrens regelte ein Ministerialerlass vom 2. November 1945, der noch bis in die 1970er Jahre die Grundlage der französischen Arbeitsmigrationspolitik bleiben sollte. Als einzige Neuerung führte er eine Trennung von Arbeits- und Aufenthaltserlaubnis ein, durch die sich ein doppeltes Genehmigungsverfahren etablieren ließ.[234] Gestützt auf diese Rich-

229 La politique d'immigration de la France et l'agriculture, S. 399.

230 Viet, La France immigrée, S. 53.

231 Zielinski, Die deutsche Arbeitseinsatzpolitik in Frankreich 1940–1944, S. 109–132; Schumann, Europa unterm Hakenkreuz, Bd. 5, S. 76f.; Viet, La France immigrée, Kapitel II, passim.

232 Sicsic/Wyplosz, France, S. 217f.

233 Sturm-Martin, Zuwanderungspolitik in Großbritannien und Frankreich, S. 54f. Einen knappen Überblick über die Nachkriegsentwicklung bietet Amar/Milza, L'immigration en France au XXe siècle, S. 20f.

234 Cordeiro, L'immigration, S. 28.

tungsentscheidung begann Frankreich mit der Erschließung von Arbeitskraftreserven auf ausländischen Arbeitsmärkten.[235] Gemeinsam mit dem belgisch-italienischen Abkommen war die französisch-italienische Vereinbarung über die Anwerbung von Arbeitskräften von 1946 der erste Wanderungsvertrag der Nachkriegszeit in Europa. Er leitete eine Rückkehr zum langfristigen Trend der Entwicklung des europäischen Migrationssystems ein.[236] Daneben war die Zuwanderung aus vormaligen Kolonien und Überseedepartements, deren Einwohner wie beispielsweise die Algerier zum Teil privilegierte Niederlassungsoptionen genossen, eine weitere Quelle für Arbeitskräfte.[237] Für einen Staat wie Frankreich, der über gewachsene Migrationstraditionen im europäischen Kontext sowie Kolonien und besondere Beziehungen zu bereits in die Unabhängigkeit entlassenen Kolonien verfügte, war die Rekonstruktion der Arbeitsmigrationsbeziehungen zu europäischen Staaten daher nur die Wiederherstellung eines von mehreren Migrationssystemen, an denen man partizipierte. Nach dem Zweiten Weltkrieg führte die europäische Einigung zudem zur Herstellung der Freizügigkeit auf dem europäischen Binnenarbeitsmarkt. Daneben erfolgte der Wiederauf- und Ausbau des Systems bilateraler Wanderungsabkommen. Parallel unterhielt Frankreich enge Verbindungen mit Staaten des frankophonen Afrikas südlich der Sahara, die auch Arbeitsmigration in begrenztem Umfang beinhalteten, und schließlich die aus dessen besonderer Stellung im französischen Kolonialreich resultierenden Beziehungen zu Algerien.[238]

Typisch für Neuorganisation der traditionellen europäischen Migrationsbeziehungen Frankreichs nach dem Zweiten Weltkrieg ist der Fall Italien.[239] Kurz nach Kriegsende stand dem Auswanderungsdruck, der in Italien herrschte, ein immenser Arbeitskräftebedarf im französischen Bergbau gegenüber. Es resultierte eine zunächst unkontrollierte individuelle Einwanderung von italienischen Arbeitern, die zum Teil von ihren Familien begleitet wurden. Sowohl, um die gewünschte Vermehrung der in Frankreich verfügbaren Arbeitskräfte zu erreichen, als auch, um diesen Zustrom zu kontrollieren und zu regulieren,

235 Ireland, The Policy Challenge of Ethnic Diversity, S. 36f. Dieser Erlass führte nicht nur die Kombination von Arbeits- und Aufenthaltserlaubnis ein, sondern auch die Möglichkeit zur Ausweisung von Ausländern, die die »öffentliche Ordnung« störten.

236 The Franco-Italian Migration Agreements, S. 395; Togman, The Ramparts of Nations, S. 72.

237 Picard, Les conventions bilatérales passées par la France, S. 109f., 112; Cordeiro, L'immigration, S. 29; Böhning, The Migration of Workers in the United Kingdom and the European Community, S. 31f. Neben Einwanderern aus Tunesien, Algerien und Marokko sowie den Bürgern aus den vier Überseedepartements konnten die Einwohner aus insgesamt 15 schwarzafrikanischen Staaten weitgehend unreguliert nach Frankreich einwandern und für die französische Staatbürgerschaft optieren. Mit acht Staaten schloss Frankreich bilaterale Wanderungsvereinbarungen, es handelte sich um Mali, Mauretanien, Niger, Obervolta, Togo, Dahomé, Elfenbeinküste und Senegal. Vgl. zu den Überseedepartements Minces, Les travailleurs étrangers en France, S. 85f.

238 Adler, International Migration and Dependence, S. 91.

239 Sturm-Martin, Zuwanderungspolitik in Großbritannien und Frankreich, S. 55f.; zur Arbeitsmigration aus Nordafrika nach Frankreich ab 1945 siehe Kapitel 2.2.

strebte Frankreich eine Formalisierung von Rekrutierung und Transfer an. Diese Bestrebungen führten im Februar 1946 zum Abschluss des nach 1919 zweiten Wanderungsvertrages zwischen den beiden Staaten. Kurz darauf wurde die französisch-italienische Grenze für Arbeitsmigranten geschlossen. Kommissionen der französischen Arbeitsverwaltung begannen, die im Land befindlichen Italiener zu überprüfen, um aus politischen, medizinischen oder sozialen Gründen unerwünschte Personen im Vorfeld der Rekrutierung auszuweisen bzw. den erwünschten italienischen Arbeitskräften einen legalen Aufenthaltsstatus zu erteilen. Dann begann mit der Entsendung von Rekrutierungskommissionen der französischen Einwanderungsbehörde die offizielle Anwerbung von italienischen Arbeitskräften.

Schnell stellte sich jedoch heraus, dass die französischen Arbeitgeber sowohl mit den Vermittlungsgebühren als auch mit der Anzahl der Rekrutierten und der Bearbeitungsdauer von Vermittlungsaufträgen unzufrieden waren. Schon im Herbst des Jahres 1946 markierte die Genehmigung unternehmerischer Anwerbung im Ausland unter Umgehung der offiziellen Anwerbestellen eine Rückkehr zur privatwirtschaftlichen Anwerbung der Vorkriegszeit. Um die rasch steigende Nachfrage der französischen Wirtschaft zu decken, beinhaltete ein zweiter Wanderungsvertrag, der im März 1947 zustande kam, die Festlegung eines Kontingents von insgesamt 200.000 italienischen Arbeitskräften, deren Anwerbung im Folgejahr beginnen sollte. Erneut sollte eine französische Anwerbekommission, die in Mailand angesiedelt wurde, die Anwerbung koordinieren. Erneut lagen die Ergebnisse weit hinter den Erwartungen. Auch ein Anwerbevertrag über die Rekrutierung von italienischen Arbeitskräften für die Landwirtschaft, den Frankreich und Italien im Februar 1948 abschlossen, blieb in seiner Wirkung unbefriedigend. Die ebenfalls über Mailand abgewickelte Anwerbung brachte kaum 10.000 Arbeiter nach Frankreich. Dies resultierte einerseits aus den schlechten Arbeitsbedingungen, welche die italienischen Arbeitnehmer in Frankreich vorfanden, andererseits aus der weiter bestehenden Unzufriedenheit aller Beteiligten mit der schwerfälligen Arbeitsweise der französischen Einwanderungsbehörde. So ließen sich beispielsweise bei einer Anwerbeaktion in der Provinz Padua von April bis Juni 1948 zunächst 563 Arbeitskräfte registrieren. 410 erschienen zum Auswahltest zur Überprüfung ihrer beruflichen Qualifikation, 55 potentielle Migranten verließen die lokale Anwerbestation jedoch vor der Beendigung der Tests, 116 weitere fielen durch.[240] Von den 239 verbliebenen Kandidaten erschienen 16 nicht zur medizinischen Untersuchung, 19 weitere wurden aus gesundheitlichen Gründen von der italienischen Auswanderungsbehörde ausgeschlossen. Von den verbliebenen Arbeitskräften erschienen dann nur 143 beim Auswanderungszentrum in Mailand, um die Reise nach Frankreich anzutreten. Die restlichen 61 Arbeiter wurden entweder von der französischen Kommission aus medizinischen Gründen abgelehnt oder änderten im Verlauf des Verfahrens ihre Absichten und entschieden sich für einen Verbleib in Italien. Die

240 Oblath, Italian Regulation of Emigration, S. 418.

Erfolgsquote betrug also gerade einmal 25% der registrierten migrationsbereiten Arbeitskräfte.[241] Die folgenden Anwerbevereinbarungen sahen daher eine neuerliche Vereinfachung der Anwerbeprozedur sowie des gesamten bürokratischen Prozesses vor.[242]

Trotz dieser Anlaufschwierigkeiten entwickelte sich gegen Ende der 1940er Jahre eine regelrechte Krise der Migrationsbeziehungen, die den Ausbau der europäischen Arbeitsmarktbeziehungen Frankreichs zunächst in Frage stellte. Algerische Arbeitskräfte begannen nach Frankreich zu strömen und wurden zu einer Konkurrenz für die Italiener, sodass die Anforderungen der Arbeitgeber nach italienischen Arbeitskräften zurückgingen.[243] Zudem reagierte die französische Regierung mit protektionistischen Maßnahmen auf ein vorübergehendes Ansteigen der Arbeitslosigkeit. Wie bereits in den 1930er Jahren wurde das Inländerprimat forciert. Zudem wurden ganze Wirtschaftszweige für die Ausländerbeschäftigung gesperrt, die nur noch der Deckung eines echten Zusatzbedarfs an unqualifizierten Arbeitskräften oder Fachkräften dienen sollte. Der Beginn der langen Nachkriegsprosperität in den 1950er Jahren führte jedoch zu einer neuerlichen Liberalisierung und Differenzierung der Migrationsbeziehungen Frankreichs.[244]

Bei diesem Anknüpfen an ältere Migrationsmuster setzte man endlich auf die schon vor dem Krieg geforderte institutionelle Neuorganisation der Einwanderung bzw. der Arbeitsmigration. Die Umsetzung der französischen Migrationspolitik übernahm als neue Einwanderungsbehörde das 1946 ins Leben gerufene ›Office nationale d'immigration‹ (ONI).[245] Es erhielt grundsätzlich die Alleinzuständigkeit für Auswahl und Transfer ausländischer Arbeitskräfte und ihrer Familien nach Frankreich. In die Planung der Migrationspolitik waren allerdings sechs Fachministerien eingebunden: das Außenministerium, das Innenministerium, das Arbeits- und Sozialministerium, das Gesundheits- und Bevölkerungsministerium, das Handels- und Gewerbeministerium sowie das Landwirtschaftsministerium.[246] Die Anwerbung ausländischer Arbeitnehmerinnen und Arbeitnehmer konnte sowohl durch die namentlich, also durch die Einstellung einer dem Arbeitgeber bereits bekannte Person als auch anonym

---

241 Italian Agricultural Migration to France, S. 80–84.

242 Convention réglementant l'émigration italienne vers la France, S. 109f.

243 Guillen, L'immigration italienne en France après 1945, enjeu dans les relations franco-italiennes, S. 38f.

244 Ebd., S. 41f.

245 Amar/Milza, L'immigration en France au XXe siècle, S. 226f.; Granotier, Les travailleurs immigrés en France, S. 58. Die Einrichtung einer staatlichen Einwanderungsbehörde in dieser Form war zum ersten Mal bereits nach Ende des Ersten Weltkrieges von französischen Politikern gefordert worden; vgl. Dignan, Europe's Melting Pot, S. 145.

246 Togman, The Ramparts of Nations, S. 84; Freeman, Immigrant Labor and Racial Conflict in Industrial Societies, S. 70f.; Tapinos, L'immigration étrangère en France, S. 22; Viet, La France immigrée, S. 119f.; vgl. zum Kontext der Wirtschaftsplanung in Frankreich nach 1945 Mioche, A la recherche de l'économie dirigée en France dans l'après-guerre, S. 88; vgl. zur französischen Arbeitsmigrationspolitik unter innenpolitischen Gesichtspunkten auch Sturm-Martin, Zuwanderungspolitik in Großbritannien und Frankreich, S. 87f.

erfolgen.[247] In diesem Fall übernahm die Anwerbekommission der Einwanderungsbehörde – häufig in Zusammenarbeit mit den Arbeitgeberverbänden einzelner Branchen – die Suche nach einem geeigneten Bewerber.[248] Die in diesem Prozess anfallenden Kosten für Anwerbung und Transfer trug anfänglich der einstellende Arbeitgeber, wobei unter bestimmten Bedingungen staatliche Zuschüsse möglich waren.[249] Mitte der 1960er Jahre vollzog sich die Anforderung ausländischer Arbeitskräfte auf folgende Weise: Konnte ein Arbeitgeber einen konkreten Personalbedarf nicht decken, beantragte er die Zuweisung eines ausländischen Arbeitnehmers. Dieser Antrag wurde dann von der lokalen Arbeitsverwaltung geprüft, die bescheinigen musste, dass ein Arbeitnehmer mit dem angeforderten Profil nicht im gleichen Departement verfügbar war und dass einem ausländischen Arbeitnehmer zufriedenstellende Arbeits-, Lohn- und Wohnbedingungen geboten wurden. Zusätzlich prüfte das Sozialministerium, das die Federführung in Einwanderungsfragen besaß, ob sich die Anforderung generell auf einen Wirtschaftssektor bezog, für den ein Arbeitskräftemangel gegeben war. Fielen alle Prüfungen positiv aus, wurde der vom Arbeitgeber bereits unterzeichnete Arbeitsvertrag an das Office weitergeleitet und gegen eine Gebühr von 100 Francs die praktische Rekrutierung und Zuführung der Arbeitskraft unter Berücksichtigung ihrer gesundheitlichen Eignung und beruflichen Qualifikationen in Angriff genommen.[250]

Das ONI stand formal unter Aufsicht des Arbeitsministeriums und sollte alle privaten Anwerbeorganisationen auf- bzw. ablösen. Man begann zu diesem Zweck, ein Netzwerk von ständigen und temporären Auslandsdienststellen sowie Zweigstellen innerhalb Frankreichs aufzubauen. So wurden zeitweise staatliche Anwerbekommissionen in Italien, in Deutschland und seit den 1950er Jahren auch in Spanien unterhalten. Nur die 1947 einsetzende Anwerbung algerischer Arbeitskräfte fiel, aufgrund des besonderen Status der Kolonie, weder vor noch nach deren Unabhängigkeit in die Zuständigkeit der Einwanderungsbehörde. Gleichzeitig fügte sich das ONI als Schnittstelle zu ausländischen Arbeitsmärkten in das zunehmend komplexe Geflecht der französischen Migrationsbürokratie ein.[251] Die am Genehmigungsverfahren beteiligten lokalen Dienststellen des ONI waren bis 1948, ebenso wie das Direktorium der Einwanderungsbehörde, triparitätisch besetzt, das heißt von Vertretern der Verwaltung, der Arbeitgeber und der Gewerkschaften. Zu diesem Zeitpunkt besaßen die Gewerkschaften, vertreten durch ihren Dachverband, die ›Confédération générale du travail‹ (CGT), großen Einfluss innerhalb des ONI. Nicht zuletzt vor diesem Hintergrund erfolgte 1948 die Eingliederung

247 Spire, Étrangers à la carte, S. 104.
248 Togman, The Ramparts of Nations, S. 93.
249 International Labour Office, International Migration 1945–1957, S. 276f.
250 Ben Sassi, Les travailleurs tunisiens dans la région parisienne, S. 35.
251 Viet, La France immigrée, S. 132.

der Behörde ins Arbeitsministerium und damit ein vorläufiges Ende der direkten Beteiligung der Arbeitnehmer- bzw. Arbeitgebervertreter.[252]

Die administrative Neuordnung spiegelte nicht zuletzt auch die beiden langfristigen Hauptmotive für eine aktive Migrationspolitik Frankreichs, die auch in der Nachkriegszeit bestimmend blieben: die Beschaffung von Arbeitskräften einerseits, den Ausgleich des niedrigen Bevölkerungswachstums andererseits.[253] Die unterschiedlichen Interessengruppen, die diese Absichten verfolgten, die Bevölkerungsplaner und die Arbeitsmarktpolitiker, zielten zwar auf eine Nettozuwanderung, verbanden diese jedoch mit unterschiedlichen Migrationskonzepten. Die Arbeitsmarktparteien suchten im Verbund mit dem Arbeitsministerium vor dem Hintergrund der Vorkriegserfahrung das protektionistische Element durch die Zulassung temporärer Arbeitsmigranten ohne Einwanderung zu wahren. Dagegen zielten die Demographen im Umfeld des Bevölkerungsministeriums darauf, Arbeitskräfte als permanente Einwanderer zu gewinnen.[254] Während die Bevölkerungs- und Wirtschaftsplaner in den Ministerien genau vorauszuberechnen versuchten, wie viele Einwanderer bzw. Arbeitskräfte Frankreich benötigte, und die Einwanderungsbehörde ein theoretisch lückenloses System zu deren Rekrutierung aufbaute, sah die Realität vollkommen anders aus. In der Praxis führte die intendierte Zentralisierung der Anwerbung und Allokation ausländischer Arbeitskräfte keineswegs zu einer vollständigen Übernahme der Regulierung des Migrationsgeschehens durch staatliche Stellen. Vielmehr beschränkte sich die Einwanderungsbehörde angesichts ihrer bürokratischen Schwerfälligkeit schnell auf eine Registrierung bzw. Legalisierung ausländischer Arbeitskräfte, die aus eigenem Antrieb oder über Anwerbekampagnen interessierter Arbeitgeber nach Frankreich gekommen waren. Die Aktivitäten der staatlichen Anwerbekommissionen blieben gemessen an den sich entwickelnden Migrationsströmen von marginaler Bedeutung. Die Zuwanderung vollzog sich in den 1950er Jahren zunehmend unkontrolliert. Einzig auf der Makro-Ebene eines konjunkturabhängig weiter oder enger gefassten Spielraumes lässt sich eine indirekte Steuerung der Arbeitsmigration nach Frankreich ausmachen.[255] So führten beispielsweise die kurzen Rezessionen von 1952/53 sowie 1958/59 jeweils zu einem Rückgang der Ausländerbeschäftigung, die durch eine zeitweilige Rückkehr zur restriktiven Handhabung der staatlichen Kontrollinstrumente über die Neuzuwanderung von ausländischen Arbeitskräften forciert wurde. Entsprechend waren die Aufschwungphasen von 1954 bis 1957 bzw. 1960 bis 1962 von einem Ansteigen der Zuwanderung ausländischer Arbeitskräfte und abnehmender Kontrolle

252 Roosblad, Dutch Trade Unions, Immigrants and Immigration, S. 116f.; Cross, Immigrant Workers in Industrial France, S. 221f.

253 Hollifield, France, S. 187.

254 Togman, The Ramparts of Nations, S. 71f.; Spire, Étrangers à la carte, S. 43f.; Tapinos, L'immigration étrangère en France, S. 21; sowie mit exemplarischen Einblicken in die regionale Umsetzung Miller, Planning a New ›Human Economy‹ in the Departement of the Moselle, S. 54f.

255 Ogden, Labour Migration to France, S. 289–296.

des Migrationsprozesses geprägt.[256] Im Jahr 1963 erklärte die französische Regierung offen, man bevorzuge die Steuerung der Zuwanderung ausländischer Arbeitskräfte durch das freie Spiel von Angebot und Nachfrage.[257]

Trotzdem formalisierte und festigte Frankreich gleichzeitig seine Migrationsbeziehungen bis 1968 durch zahlreiche Wanderungs- bzw. Anwerbeabkommen, welche den Zugang zu den Arbeitsmärkten der Partnerstaaten für die französischen Bedürfnisse öffneten. So wurde das Abkommen mit Italien von 1946 in den folgenden Jahren mehrfach erweitert und präzisiert. 1954 folgte ein Anwerbevertrag mit Griechenland, 1960 ein Abkommen mit Spanien und 1963 Verträge mit Marokko, Tunesien und Portugal. Ihnen folgte 1964 ein Abkommen mit dem unabhängigen Algerien, das im Jahr 1968 novelliert wurde.[258] Die Wanderungsverträge mit der Türkei und Jugoslawien aus dem Jahr 1965 vollendeten schließlich das Netz bilateraler Wanderungsverträge. Im Zuge der Dekolonisation nahm man schließlich nicht nur zu Algerien Arbeitsmarktbeziehungen auf, sondern auch mit dem Senegal, Togo sowie der Elfenbeinküste.[259] Zu den Motiven für diese Ausdifferenzierung der Migrationsbeziehungen zählte zum einen der Wunsch, den Bedarf an Arbeitskräften bzw. Einwanderern Frankreichs zu decken und eine Option zu schaffen, den daraus resultierenden Migrationsprozess zu regulieren. Zum anderen wollte man auch verschiedene Quellen für Arbeitskräfte, zu denen zum Teil politisch bedingte, zum Teil rein ökonomisch motivierte Migrationsbeziehungen bestanden, so miteinander kombinieren, dass nach Möglichkeit der größte Teil der Einwanderung aus bevorzugten Herkunftsregionen erfolgte, ohne dass man in zu große Abhängigkeit von bestimmten Partnern geriet. So verfolgte das Anwerbeabkommen mit Portugal auch das Ziel, die Abhängigkeit Frankreichs von der Zuwanderung algerischer Arbeitskräfte zu vermindern.[260] Die Auswirkungen der französischen Wanderungsverträge auf die einzelnen Migrationsbeziehungen waren äußerst heterogen und davon abhängig, wie stark die Beteiligung der französischen Einwanderungsbehörde am Rekrutierungsprozess war. So existierten zwar seit dem Wanderungsvertrag von 1965 formale Migrationsbeziehungen zu Jugoslawien. Zum Zeitpunkt des Anwerbestopps in Frankreich befanden sich etwa 70.000 jugoslawische Arbeitnehmer in Frankreich, die allerdings überwiegend als Touristen eingereist und dann den Legalisierungsprozess durchlaufen hatten. Da viele von ihnen aus diesem Grund in Arbeitsverhältnissen beschäftigt waren, deren Bedingungen nicht durch Musterarbeitsverträge definiert und von einer Kommission aus Vertretern beider Staa-

256 Singer-Kérel, Conjoncture économique et politique française d'immigration 1942–1974, S. 27f.

257 Simon, L'espace des travailleurs tunisiens en France, S. 133f.

258 Granotier, Les travailleurs immigrés en France, S. 62f.

259 Togman, The Ramparts of Nations, S. 94; Koelstra/Simon, France, S. 136; Singer-Kérel, Conjoncture économique et politique française d'immigration 1942–1974, S. 37.

260 Tribalat, Die Zuwanderung von Ausländern nach Frankreich, S. 95.

ten überwacht wurden, galten ihre Lebens- und Arbeitsbedingungen – selbst in Großunternehmen wie Citroën – als besonders beklagenswert.[261]

Frankreich unterhielt gleichwohl über Jahre hinweg in der Mehrzahl seiner Partnerstaaten staatliche Anwerbekommissionen, die allerdings nur geringe praktische Bedeutung erlangten. Tatsächlich prägte eine Politik des Laissez-faire der Migrationsbehörden die Einwanderung bis in die zweite Hälfte der 1960er Jahre.[262] Offizielle Migrationskanäle existierten zwar, sie wurden jedoch kaum genutzt. Die schwerfällige Arbeitsweise der staatlichen Anwerbekommissionen wurde durch die Akzeptanz einer massiven privatwirtschaftlichen Anwerbung kompensiert, die zu einem Gutteil auf der illegalen Einreise ausländischer Arbeitskräfte beruhte.[263] So besaßen beispielsweise nur zwischen 20 und 40% aller spanischen Arbeitskräfte, die zwischen 1956 und 1971 nach Frankreich kamen, bereits – wie vorgesehen – bei ihre Einreise einen Arbeitsvertrag.[264] Insgesamt sank der Beteiligungsgrad der Arbeitsverwaltung parallel zum starken Ansteigen der Einwanderung ab 1956 innerhalb eines Jahres von 80 auf nur noch 50%. Im Jahr 1968 schließlich kamen nur noch etwa 18% aller nach Frankreich eingewanderten Arbeitskräfte auf dem vorgesehenen Weg, 82% dagegen an den Einwanderungsbehörden vorbei ins Land, obwohl sich die ›Commission interministerielle‹ bereits 1965 für eine Rückkehr zur stärkeren staatlichen Kontrolle ausgesprochen hatte.[265] So existierten zwar spezielle Regelungen für diejenigen Einwanderer, die sich auf eigene Faust vor ihrer Einreise eine Arbeitsstelle verschafft hatten, für solche, die ohne Arbeitsvertrag als Touristen einreisten, und schließlich für diejenigen, die vom ONI angeworben wurden. Gleichzeitig sahen aber die noch 1963 gültigen Regelungen für die Beantragung von Aufenthalts- und Arbeitsgenehmigungen vor, dass jeder Einwanderer, gleich auf welchem Weg er nach Frankreich gekommen war, prinzipiell jeden der drei möglichen Aufenthaltstitel, die kurzfristige und arbeitsplatzgebundene, die mittelfristige und unbeschränkte oder die permanente und unbeschränkte Arbeitsgenehmigung erhalten konnte. Bis auf die offiziell angeworbenen Arbeitskräfte liefen jedoch alle Arbeitsmigranten Gefahr, dass ihr Legalisierungsersuchen abgelehnt wurde und die Ausweisung folgte.[266] Eine Konsequenz dieser Politik des Wegsehens der Einwanderungsbehörde war eine ständige Verschlechterung der Lebens- und Arbeitsbedingungen der am staatlichen System vorbei nach Frankreich einge-

261 Minces, Les travailleurs étrangers en France, S. 75f.

262 Constant, Immigrant Adjustment in France and Impacts on Natives, S. 273; Spire, Étrangers à la carte, S. 105f., 230f.; Singer-Kérel, Conjoncture économique et politique française d'immigration 1942–1974, S. 30; Granotier, Les travailleurs immigrés en France, S. 65f.

263 Togman, The Ramparts of Nations, S. 79.

264 Amar/Milza, L'immigration en France au XXe siècle, S. 116f.

265 Campo, Spain, S. 156–163; Cross, Immigrant Workers in Industrial France, S. 221f.; Hollifield, Immigrants, Markets, and States, S. 61, 63; Togman, The Ramparts of Nations, S. 78. In den ersten Jahren der Nachkriegszeit hatte die Anwerbequote des ONI noch bei durchschnittlich 10% gelegen; vgl. Plender, International Migration Law, S. 317.

266 Réglementation concernant les étrangers en France, S. 41–49.

wanderten Migranten, die kaum je den durch die Wanderungsverträge vorgesehenen Mindeststandards entsprachen.[267]

Zunehmende gesellschaftliche Spannungen, die aus der massiven Einwanderung nach Frankreich resultierten, verbunden mit dem Nachlassen der Nachkriegskonjunktur in der zweiten Hälfte der 1960er Jahre führten zum Versuch, die staatlichen Steuerungsmöglichkeiten des Migrationsgeschehens wieder auszuweiten.[268] Nach einer Reorganisation der Einwanderungsbehörde ONI übernahm 1966 ein neues Amt, die ›Direction de la population et des migrations‹ (DPM), die dem Sozialministerium angegliedert war, die Aufsicht über die Integration von Einwanderern.[269] Die auf die Rezession von 1966/67 folgende neuerliche intensive Einwanderung bzw. Anwerbung von Arbeitskräften war daher von einem starken Regulierungsanspruch staatlicher Stellen und zunehmend restriktiven Maßnahmen gegen Ausländer im Inland geprägt.[270] Im Zuge einer strengeren Legitimierungspraxis gegenüber ausländischen Arbeitskräften nach deren Einreise wurden unqualifizierte Arbeitskräfte Ende der 1960er Jahre nur noch in Ausnahmefällen legalisiert und generell eine Zunahme der Ausländerbeschäftigung nur noch in bestimmten Berufen geduldet. Auf diese Weise verstärkten die französischen Behörden den Druck auf die Migranten, ihre Zuwanderung über die Migrationskanäle der französischen Behörden anzustreben. Diese vergaben ihrerseits Einreisegenehmigungen jedoch zunehmend selektiv.[271]

Im Zusammenhang mit den Versuchen, die Zuwanderung auf die kontrollierten Migrationskanäle zu beschränken, beinhaltete der im Jahr 1971 mit Portugal erneuerte Wanderungsvertrag eine Regelung, in der sich beide Staaten auf die Unterbindung jeglicher Zuwanderung nach Frankreich jenseits der staatlich kontrollierten Anwerbung einigten. Im folgenden Jahr wurde dann die Einreise an der Einwanderungsbürokratie vorbei, also außerhalb formalisierter Migrationskanäle, auch aus anderen Staaten nicht mehr geduldet.[272] Die Transferquote des ONI stieg daher ab 1968 auf mehr als 40% der ausländischen Arbeitskräfte und erreichte 1972, kurz vor dem Anwerbestopp, einen Höchststand von 54%.[273] Solche Maßnahmen konnten sich jedoch nicht mehr voll auswirken, da auch in Frankreich die auf die Ölpreiskrise folgende Rezes-

267 Togman, The Ramparts of Nations, S. 73f.; Wihtol de Wenden, The French Debate, S. 69.
268 Tapinos, L'immigration étrangère en France, S. 62f.
269 Bailey, Immigration and Migration, S. 77.
270 Togman, The Ramparts of Nations, S. 86; Viet, La France immigrée, S. 226f.
271 Bideberry, Techniques de recrutement, S. 19–28; Spire, Étrangers à la carte, S. 244f.; Tapinos, L'immigration étrangère en France, S. 69f.; Singer-Kérel, Conjoncture économique et politique française d'immigration 1942–1974, S. 42f.
272 Cordeiro, L'immigration, S. 46f.; Singer-Kérel, Conjoncture économique et politique française d'immigration 1942–1974, S. 44f. Eine andere Ansicht vertritt Verbunt, France, S. 127f., der die Rückkehr zur stärkeren staatlichen Kontrolle der Migration auf 1970 datiert.
273 Togman, The Ramparts of Nations, S. 78; France: Action Programme Concerning Immigration, S. 77.

sion im Juli 1974 zu einem Anwerbe- bzw. Einreisestopp führte.[274] Zu diesem Zeitpunkt lebten in Frankreich etwa 3,5 Millionen Migranten, die einen Bevölkerungsanteil von 7% ausmachten. Unter ihnen stellten die Portugiesen gefolgt von algerischen Einwanderern mit einem Anteil von jeweils knapp über 20% die größten Gruppen.[275] Die zunächst harte Reaktion Frankreichs auf die negative ökonomische Entwicklung wurde in den folgenden Jahren zwar dadurch abgemildert, dass der Familiennachzug für die Angehörigen von ausländischen Arbeitskräften, die sich legal in Frankreich aufhielten, ebenso wieder aufgenommen wurde wie die selektive Zulassung ausländischer Arbeitskräfte in bestimmte Arbeitsmarktsegmente. Sie vollzog sich nun allerdings unter strikter administrativer Kontrolle.[276]

2.1.4. Luxemburg

Im 19. Jahrhundert zählte das agrarisch geprägte Luxemburg zu denjenigen Regionen Mitteleuropas, deren Bevölkerungsentwicklung eher von Aus- als von Einwanderung beeinflusst wurde.[277] Allein in den 50 Jahren zwischen 1841 und 1891 verließen etwa 72.000 Einwohner des Großherzogtums ihre Heimat in Richtung Amerika. Ein positives Wanderungssaldo war in dieser Phase zu keinem Zeitpunkt zu verzeichnen.[278] Die Geschichte der Einwanderung nach Luxemburg beginnt erst mit dem Eintritt des Landes in die Hochindustrialisierung Ende des 19. Jahrhunderts. Die ersten ausländischen Arbeitskräfte, deren Anwesenheit in Luxemburg direkt auf die Industrialisierung des Landes zurückzuführen ist, waren deutsche Facharbeiter, die zum Aufbau der Stahlindustrie ins Land geholt wurden. In den 1890er Jahren wuchs dann der Arbeitskräftebedarf in der Schwerindustrie und im Baugewerbe so schnell, dass auch unqualifizierte Arbeitskräfte außerhalb Luxemburgs angeworben werden mussten.[279]

274 Houdaille/Sauvey, L'immigration clandestine dans le monde, S. 729f.; Spire, Étrangers à la carte, S. 247f.; Viet, La France immigrée, S. 239; Granotier, Les travailleurs immigrés en France, S. 73.

275 Blanc-Chaléard, Old and New Migrants in France, S. 51; Amar/Milza, L'immigration en France au XXe siècle, S. 263f.

276 Singer-Kérel, Conjoncture économique et politique française d'immigration 1942–1974, S. 55f.; Tribalat, Cent ans d'immigration, étrangers d'hier, français d'aujourd'hui, S. 80f.; Blanc-Chaléard, Old and New Migrants in France, S. 53f.; Hargreaves, Multi-Ethnic France, S. 24f.

277 Vgl. dazu unter Berücksichtigung der Fachkräfte- und Elitenzuwanderung in der Proto-Industrialisierung auch Pauly, Proto-industrialisation et immigration au Luxembourg, S. 54f. Die Betrachtungen Paulys machen deutlich, dass die Wanderungsbilanz Luxemburgs zwar negativ war, die Zuwanderung hochqualifizierter Arbeitskräfte jedoch schon im ausgehenden 18. Jahrhundert erkennbar wird.

278 Als, Le Luxembourg et ses étrangers, S. 486.

279 Kunitzki, Les étrangers et leur intégration au corps social luxembourgeois, S. 10.

Die ersten Ansätze zur aktiven Rekrutierung im Ausland durch luxemburgische Unternehmen fallen ins Jahr 1892.[280] Dies lag zum einen am rasanten Wachstum des sekundären Sektors, zum anderen aber auch an dem geringen Interesse vieler Luxemburger, Arbeit in den Eisen- und Stahlwerken des Landes aufzunehmen. Ein Grund hierfür war, dass sich wichtige Teile der Schwerindustrie in deutscher Hand befanden, was nicht nur zur Zurückhaltung der Luxemburger beitrug, sondern auch zu einer Bevorzugung bereits ausgebildeter deutscher Fachkräfte anstelle einer Heranbildung qualifizierter einheimischer Arbeitskräfte.[281] Angesichts alternativer Beschäftigungsmöglichkeiten, die der luxemburgische Arbeitsmarkt bot, war der Drang der Einheimischen in die Schwerindustrie zunächst wenig ausgeprägt.[282] Die Zuwanderung deutscher Fachkräfte, die sich meist mit ihren Familien in Luxemburg niederließen, prägte daher die erste Phase der Arbeitsimmigration. Um das Jahr 1890 betrug der Ausländeranteil an der Bevölkerung des Großherzogtums bereits 8,5%. Der Anteil der Deutschen schwankte zwischen 1875 und 1910 zwischen 45 und 65%, es folgten als zweitgrößte Gruppe die Belgier mit einem Anteil von etwa 18% im Jahr 1875, der jedoch bis 1910 auf knapp 10% sank. Der Anteil der Franzosen verringerte sich im gleichen Zeitraum von etwa 11% auf 5%. Italienische Migranten indes, die 1875 noch weniger als 1% der Ausländer in Luxemburg, erreichten vor dem Ersten Weltkrieg bereits einen Anteil von etwa 25%.[283] Während schon vor dem Ersten Weltkrieg die Verdrängung der qualifizierten deutschen Arbeitskräfte durch Luxemburger begann, stellten italienische Arbeiter ab 1910 die Mehrzahl der unqualifizierten Arbeitskräfte im Bergbau und der Metallindustrie. Insgesamt betrug der Anteil der Ausländer an den Industriearbeitern um 1914 rund 60%, während insgesamt 15% der Einwohner Luxemburgs aus Zuwanderern bestanden.[284]

Obwohl also die Migration aus den unmittelbaren Nachbarländern die ausländische Wohnbevölkerung deutlich prägte, setzte bereits vor dem Ersten Weltkrieg überlappend die Einwanderung unqualifizierter Arbeitskräfte aus Italien ein. Diese Migrationsbeziehungen entwickelten sich aus der indirekten Einwanderung italienischer Arbeiter aus dem 1871 vom deutschen Kaiserreich annektierten Lothringen, da zwischen dieser Region und Luxemburg aufgrund der Zollunion von 1842 keine ökonomische Grenze verlief.[285] Ab 1892 ist eine

280 Cordeiro, Etat de l'immigration au Luxembourg, S. 1.

281 Kunitzki, Les étrangers et leur intégration au corps social luxembourgeois, S. 18; zum Entstehen des luxemburgischen Fachpersonals Majerus, Les bâtisseurs de la modernité ou the invisible men?, S. 26f.

282 Vellinga, The Benelux Countries, S. 157; Cordeiro, L'immigration au Luxembourg dans le dernier quart du siècle dernier, S. 96.

283 Gallo, Les Italiens au Grand-Duché de Luxembourg, S. 10.

284 Cordeiro, L'immigration au Luxembourg dans le dernier quart du siècle dernier, S. 97; Galloro, Le comportement migratoire des Cafoni dans les bassins industriels luxembourgeois et lorrains (1880–1914), S. 47f.; Wiltgen, Les effets économiques de l'immigration au Luxembourg, S. 94.

285 Erbe, Belgien, Niederlande, Luxemburg, S. 267.

direkte Einwanderung aus Italien nachweisbar.[286] Ab diesem Zeitpunkt wurden mehrheitlich junge, unverheiratete Männer in den norditalienischen Provinzen von luxemburgischen Unternehmen direkt angeworben. Vor allem die großen Stahlunternehmen und Minengesellschaften entsandten regelmäßig Angestellte nach Italien, die Rekrutierungskampagnen durchführten und den Transport der Angeworbenen per Eisenbahn nach Luxemburg organisierten.[287] Bald traten auch die ersten unabhängigen Arbeitskräftevermittler auf und boten interessierten Arbeitgebern die Zuführung italienischer Arbeitskräfte an. Die Italiener, die neben der Stahlindustrie vor allem in der Baubranche tätig waren, erhielten Arbeitsverträge von kurzer Laufzeit und Löhne, die niedriger lagen als die vergleichbarer einheimischer Arbeitskräfte. Unter diesen Bedingungen entstand eine Art Rotationssystem, in dem sich kaum Italiener dauerhaft in Luxemburg niederließen. Die italienischen Arbeiter wurden in Abhängigkeit vom aktuellen Arbeitskräftebedarf angeworben oder entlassen, reisten dazu aus Italien an oder kehrten in ihre Heimat zurück. In diesem Zeitraum kamen daher nur wenige Familien aus Italien nach Luxemburg und nur in seltenen Fällen gelang eine dauerhafte Ansiedlung.[288]

Im Ersten Weltkrieg besetzte das Deutsche Reich Luxemburg, und obwohl die Besatzungszeit vergleichsweise ruhig verlief, blieben Auswirkungen auf Wirtschaft und Arbeitsmarkt nicht aus. Am Ende des Krieges befand sich die luxemburgische Wirtschaft in einer Krise und ein beträchtlicher Teil der italienischen Arbeiter – ab 1915 Angehörige eines Feindstaates des Deutschen Reiches – hatten das Land verlassen. Im Jahr 1919 betrug der Ausländeranteil in der Industrie noch 24,9%, in der Metallindustrie 31,6%. Sowohl die italienischen als auch die deutschen Arbeitskräfte waren während des Krieges weitgehend durch einheimische Beschäftigte ersetzt worden, sodass in den ersten Nachkriegsjahren zum ersten Mal eine luxemburgische Mehrheit unter den Arbeitern in der Stahlindustrie bestand. Bedingt durch die prekäre wirtschaftliche Entwicklung in der unmittelbaren Nachkriegszeit stockte die Neuzuwanderung von Arbeitskräften zunächst bis etwa 1923.[289] Dennoch setzten Luxemburg und Italien im Jahr 1920 zu einem Versuch an, ihre Arbeitsmarktbeziehungen – dem französischen Vorbild folgend – durch den Abschluss eines Wanderungsvertrages zu erneuern, der jedoch nicht durch den luxemburgischen Staatsrat ratifiziert wurde.[290]

Im Verlauf des in den zwanziger Jahren folgenden Aufschwungs stieg der Ausländeranteil von 1923 bis 1929, dem letzten Jahr der Hochkonjunktur in Luxemburg, wieder auf 35,2% unter den Beschäftigten im sekundären Sektor, bzw. 39,9% in der Metallindustrie. Am Vorabend der Weltwirtschaftskrise erreichte der Anteil der ausländischen Wohnbevölkerung mit einem Anteil von

286 Gallo, Les Italiens au Grand-Duché de Luxembourg, S. 13.
287 Cordeiro, Etat de l'immigration au Luxembourg, S. 2f.
288 Gallo, Les Italiens au Grand-Duché de Luxembourg, S. 114f.
289 Ebd., S. 17.
290 International Labour Office, The International Labour Code, S. 1113.

19% sogar einen neuen Höchststand.[291] Dann aber sorgten die Rezession und die bereits Ende 1929 verschärften Zulassungsbedingungen im Verlauf der 1930er Jahre für einen erneuten Rückgang des Ausländeranteils unter der luxemburgischen Arbeiterschaft.[292] Im Jahr 1939 belief sich der Anteil der Ausländer unter den Industriearbeitern nur noch auf 15,8%. In der Metallindustrie waren noch 19,1% der Arbeiter Ausländer.[293] Zu Beginn des Zweiten Weltkrieges waren noch etwa 15.000 Ausländer verblieben, die nun überwiegend aus den unmittelbaren Nachbarstaaten Deutschland, Belgien und Frankreich stammten.[294] Drei Charakteristika prägten somit die Arbeitsmigration bis zum Zweiten Weltkrieg. Erstens eine weitgehende Abwesenheit staatlicher Regulierung zugunsten einer durch die Wirtschaft selbst organisierten Arbeitsmigration. Zweitens eine hohe Mobilität der ausländischen Arbeiterschaft, die branchenspezifische Konjunkturverläufe nachzeichnete. Drittens der Übergang von einer durch Zuwanderung aus den Nachbarstaaten geprägten Arbeitsmigration zu Migrationsbeziehungen, welche die südeuropäischen Arbeitskraftreserven erschließen sollten.

Mit der Besetzung Luxemburgs durch Deutschland begann am 10. Mai 1940 eine zweite mehr als vierjährige Besatzungszeit, die einer Annektion gleichkam und sich in besonderer Weise auf den luxemburgischen Arbeitsmarkt und seine Migrationsbeziehungen auswirkte. Den Luxemburgern selbst blieb die in anderen okkupierten Gebieten übliche Aushebung von Zwangsarbeitern für die deutsche Kriegswirtschaft – jenseits von Anwerbungen auf freiwilliger Basis – erspart. Sie waren jedoch den Zwangsmaßnahmen des sogenannten ›Arbeitseinsatzes‹ ebenso unterworfen wie der Wehrpflicht, die Tausende junger Luxemburger zum Dienst in der Wehrmacht zwang.[295] Zugleich gewannen die Italiener in Luxemburg als Staatsangehörige des wichtigsten Verbündeten des ›Dritten Reiches‹ eine stärkere Stellung, die mit einem Ausgreifen faschistischer Organisationen verbunden war. Schließlich partizipierten Teile der luxemburgischen Wirtschaft, einerseits abgeschnitten von den Rekrutierungsgebieten für ausländische Arbeitskräfte, andererseits eingebunden in die kräftefordernde deutsche Kriegswirtschaft, am deutschen System von Zwangsmigration und Zwangsarbeit.[296]

Nach dem Ende des Zweiten Weltkrieges geriet das Großherzogtum erneut in eine Situation, die eine aktive Einwanderungspolitik notwendig machte. Während die Zahl der italienischen Arbeitskräfte bis 1945 auf einen Anteil

291 Wiltgen, Les effets économiques de l'immigration au Luxembourg, S. 94.

292 Luxembourg: La réglementation de l'admission et de l'emploi de la main-d'œuvre étrangère, S. 119f.

293 Hirsch, Les tergiversations d'une politique d'immigration, S. 154; Vellinga, The Benelux Countries, S. 158.

294 Böhning, The Migration of Workers in the United Kingdom and the European Community, S. 41; Gallo, Les Italiens au Grand-Duché de Luxembourg, S. 310f.

295 Quadflieg, ›Zwangssoldaten‹ und ›Ons Jongens‹, S. 84–93.

296 Dostert, Luxemburg zwischen Selbstbehauptung und nationaler Selbstaufgabe; Gallo, Les Italiens au Grand-Duché de Luxembourg.

abgefallen war, der zuletzt um 1900 erreicht worden war, steigerte der wirtschaftliche Aufschwung nach Kriegsende die Nachfrage nach Arbeitskräften weit über die Möglichkeiten des eigenen Arbeitsmarktes hinaus. Zudem blieb in den Nachkriegsjahren in Luxemburg der Babyboom aus, der die demographische Entwicklung vieler anderer Industriestaaten nach 1945 prägte. In Luxemburg dagegen begann sich früh eine negative Bevölkerungsbewegung abzuzeichnen. Auf dem Arbeitsmarkt würde, das sahen Demographen voraus, dieser Trend der Bevölkerungsentwicklung für ein quantitatives Überwiegen der aus dem aktiven Berufsleben ausscheidenden über die in die Berufstätigkeit eintretenden Schulabgänger sorgen und ein Rückgang der erwerbsfähigen indigenen Bevölkerung resultieren. Dieses langsame Schwinden der eigenen Arbeitskräftereserven, das im Verbund mit der wachsenden Nachfrage der Wirtschaft zu einer wachstumshemmenden Knappheit an Arbeitskräften führen musste, sollte eine Steigerung der Einwanderungsquote ausgleichen.[297]

Bereits im Sommer 1946 richtete Luxemburg Anfragen an die französische Einwanderungsbehörde und bat um die Vermittlung spanischer Arbeitskräfte für den Bausektor. Später bemühte man sich – mit nur wenig Erfolg – um die Zuweisung von Arbeitskräften aus den baltischen Staaten sowie aus Polen, Russland und Jugoslawien. Zugleich liefen Versuche an, Arbeitskräfte aus Deutschland und Italien zu gewinnen.[298] Die Wiederbelebung der alten Arbeitsmarktbeziehungen nach Südeuropa sollte sich schließlich als erfolgversprechend erweisen, als im gleichen Jahr die luxemburgische Regierung formale Arbeitsmarktbeziehungen zu Italien anbahnte. Schon 1947 gelangten beide Regierungen zu einem ersten Wanderungsabkommen, das alle Modalitäten der temporären Arbeitsmigration eines zunächst kleinen Kontingents italienischer Arbeitskräfte nach Luxemburg regelte und ab 1948 die Grundlage für die Zuwanderung von Italienern nach Luxemburg bildete.[299]

Die Anwerbung ausländischer Arbeitskräfte fiel in Luxemburg nun grundsätzlich in die Zuständigkeit der Arbeitsverwaltung bzw. des Arbeitsministeriums. Dies konnten eigene Rekrutierungsmissionen entsenden oder einzelne Arbeitgeber bzw. Arbeitgeberorganisationen mit der Anwerbung betrauen.[300] In diesem Kontext wurden ab Anfang der 1950er Jahre Anwerbekommissionen der ›Organisation nationale du travail‹ in Norditalien tätig, ohne jedoch die gewünschten Rekrutierungserfolge zu erzielen.[301] Eine Verbesserung der Ergebnisse erreichte erst eine Ergänzung des Abkommens mit Italien von

297 Vellinga, The Benelux Countries, S. 158; Barnich, Les débuts du Service de l'immigration, S. 79f.; Als, Le Luxembourg et ses étrangers, S. 487.

298 Pauly, L'immigration dans les relations italo-luxembourgeoises après 1945, S. 68f.

299 Piazza, Accueil et intégration des immigrés italiens au Luxembourg de 1945 à la création du Service de l'Immigration en 1964, S. 32. Die Anwerbung wurde zwar nicht von einer luxemburgischen Stelle durchgeführt, die luxemburgische Arbeitsverwaltung handelte jedoch mit der italienischen Auswanderungsbehörde einen Standardarbeitsvertrag aus, der zur Grundlage der Rekrutierung wurde; vgl. Cordeiro, Immigration, S. 24f.; Pauly, L'immigration dans les relations italo-luxembourgeoises après 1945, S. 70f.

300 Diederich, Le droit et les immigrés, S. 139.

301 Barnich, Les débuts du Service de l'immigration, S. 80.

1948 in den Jahren 1952 bzw. 1956. Neben der Zulassung privatwirtschaftlicher Initiativen zur Anwerbung trug dazu in erster Linie eine engere Zusammenarbeit mit den italienischen Arbeitsmarktinstitutionen bei. Vor allem aber weitete sich die individuelle Migration von Italienern nach Luxemburg aus und sorgte für ein Ansteigen der Einwanderungszahlen. Eine Novelle der Regelungen zur Ausländerbeschäftigung im Jahr 1956 führte für italienische Arbeitskräfte ein Mischsystem aus befristeten und unbefristeten Arbeits- bzw. Aufenthaltsgenehmigungen ein, mit dessen Hilfe eine quantitative Steuerung der Präsenz dieser größten Gruppe ausländischer Arbeitskräfte auf dem luxemburgischen Arbeitsmarkt möglich gemacht werden sollte.[302] Eine Besonderheit der Entwicklung nach dem Zweiten Weltkrieg war jedoch, dass die Italiener während der 1950er Jahre zwar nach wie vor einem Anteil zwischen 40 und 60% das umfangreichste Segment unter den jährlichen Neueinwanderungen stellten. Angesichts eines nahezu ebenso hohen Anteils an Rückwanderern aus Luxemburg blieb die Nettozuwanderung aus Italien jedoch vergleichsweise niedrig. Gleichzeitig deutet dieses Migrationsverhalten auf die Wirksamkeit der luxemburgischen Steuerungsversuche hin und ebenso auf das Übereinstimmen dieses Regelungsanspruchs mit den Wanderungsmotiven der Migranten, von denen ein nicht geringer Anteil einen temporären Aufenthalt in Luxemburg bevorzugt zu haben scheint.[303]

Zwischen 1950 und 1960 blieb die Anzahl der ausländischen Arbeitnehmer in der Stahlindustrie und im Erzbergbau nahezu konstant. Bei leichtem Beschäftigungszuwachs in diesen Branchen sank der Ausländeranteil dadurch sogar von knapp 17% auf etwa 15,2% ab. Durch die meist noch relativ kurze Verweildauer der Migranten und die dadurch entstehende Fluktuation sorgte die Zuwanderung also nur für ein Halten des schon zu Beginn der 1950er Jahre erreichten Standes. In der Industrie allgemein stieg jedoch der Anteil der ausländischen Beschäftigten von knapp 20 auf fast 29%, die Zahl der präsenten ausländischen Arbeitskräfte wuchs von 6.910 auf 13.088 Personen, verdoppelte sich in diesem Jahrzehnt also nahezu. Der Anteil der italienischen Migranten bewegte sich dabei immer um 50% der ausländischen Beschäftigten.[304] Die Ausländerbeschäftigung begann sich also langsam von der Schwerindustrie auf andere Branchen des sekundären Sektors auszuweiten und bildete dort neue Schwerpunkte. Diese Entwicklung nahm in Luxemburg extreme Formen an: Im Jahr 1971 waren nur zwischen 25 und 30% der Arbeitnehmer in der Stahlindustrie Ausländer, jedoch fast 70% der Beschäftigten der Baubranche.[305]

Bis in die zweite Hälfte der 1960er Jahre prägte die Zuwanderung aus Italien das Migrationsgeschehen. Beauftragte der luxemburgischen Regierung

302 Piazza, Accueil et intégration des immigrés italiens au Luxembourg de 1945 à la création du Service de l'Immigration en 1964, S. 33.

303 Gallo, Les Italiens au Grand-Duché de Luxembourg, S. 538f.

304 Olivieri, Foreign Workers in Luxembourg, S. 3.

305 Kunitzki, Les étrangers et leur intégration au corps social luxembourgeois, S. 28; Als, Les étrangers au Luxembourg, S. 44.

übernahmen bzw. kontrollierten die Anwerbung in Italien und erteilten den rekrutierten Arbeitskräften noch vor deren Abreise eine vorläufige Arbeitserlaubnis. Diese wurde nach der Einreise zunächst von den lokalen Polizeidienststellen geprüft und schließlich vom Arbeitsministerium bestätigt. Im Jahr 1954 wurden die ausländischen Arbeitskräfte den Inländern arbeitsrechtlich gleichgestellt. Zehn Jahre später begann die luxemburgische Regierung mit einer aktiven Integrationspolitik. Diese fand ihren institutionellen Ausdruck in der Gründung des ›Service de l'immigration‹ 1963/64, einer Behörde, deren Aufgabe die Integration derjenigen Ausländer war, die sich dauerhaft in Luxemburg niederlassen wollten. Der damit eingeleitete Politikwechsel beinhaltete ebenso eine Lockerung der Rahmenbedingungen für den Familiennachzug wie eine Unterstützung von Migranten in Frage der Wohnungssuche, der Krankenversicherung oder im Bildungsbereich. Dennoch wurde das Ziel einer zumindest partiell temporär angelegten Migrationsbewegung nicht vollkommen aufgegeben, und so blieb auch die Rückkehrförderung Teil der Ausländerpolitik.[306]

Geschuldet waren die zunehmenden Bemühungen Luxemburgs, den Aufenthalt der bereits im Lande tätigen Ausländer und ihrer Familien zu unterstützen und die Rahmenbedingungen für Einwanderer in Luxemburg zu verbessern, nicht allein Einsichten in soziale und gesellschaftliche Notwendigkeiten. Auch die zunehmende Konkurrenz innerhalb Europas um ausländische Arbeitskräfte aus der europäischen Peripherie nahm zu. Gleichzeitig setzte in diesen Regionen verstärkt eine positive wirtschaftliche Entwicklung ein, die den Migrationsdruck auf die dortigen Arbeitsmarktreserven senkte. Sowohl die Wettbewerbsposition Luxemburgs als auch die Attraktivität des Landes als Zielpunkt von Arbeitsmigration wurden durch diese Entwicklungen geschwächt. Sollte der Arbeitsmarkt also durch Zuwanderung entlastet werden, waren Verbesserungen geboten.[307] Ende der 1960er Jahre begannen sich die Rahmenbedingungen des luxemburgischen Migrationssystems durch diese Entwicklungen deutlich zu verschieben. Der wirtschaftliche Aufschwung in Italien senkte den Auswanderungsdruck, hinzu kam eine Diversifizierung der italienischen Migrationsbeziehungen, die wanderungswilligen Arbeitskräften eine immer größere Zahl alternativer Zielregionen eröffnete. Die Römischen Verträge schließlich gewährten ab 1961 den Bürgern eines Teils der EWG-Staaten, ab 1968 auch denen Italiens, Freizügigkeit auf den Arbeitsmärkten aller Mitgliedstaaten.[308] Die italienische Arbeitsmigration in Europa wurde dadurch den Steuerungsmöglichkeiten der Zielländer entzogen. Dies führte zu quantitativen Verschiebungen zwischen den Wanderungszielen italienischer Arbeiter, hatte jedoch, da die Migrationsneigung in Italien vor dem Hinter-

306 Piazza, Accueil et intégration des immigrés italiens au Luxembourg de 1945 à la création du Service de l'Immigration en 1964, S. 15; Vellinga, The Benelux Countries, S. 160; Cordeiro, Etat de l'immigration au Luxembourg, S. 20f.

307 Olivieri, Foreign Workers in Luxembourg, S. 5f.

308 Werner, Economic Integration and Migration, S. 159–194.

grund der sich bessernden binnenwirtschaftlichen Lage zu sinken begann, keine tiefgreifenden Auswirkungen mehr.

Ab 1967 war die Anzahl der aus Luxemburg in ihre Heimat zurückkehrenden Italiener größer als die Neuzuwanderung.[309] Die italienischen Migranten in Luxemburg zerfielen in diesem Prozess in zwei Gruppen. Ein Teil entschied sich für die dauerhafte Niederlassung in Luxemburg, sodass im Verlauf der 1960er Jahre für etwa 30% der italienischen Wohnbevölkerung die Verweildauer in Luxemburg zu steigen begann. Ein anderer Teil folgte weiterhin dem temporären Migrationsmuster und blieb weniger als ein Jahr als Arbeitnehmer im Land.[310] Die Veränderungen der Sozialstruktur der italienischen Einwanderer in Luxemburg in diesem Zeitraum machen die Auswirkungen des Ineinandergreifens von konjunkturbedingter Fluktuationsgeschwindigkeit und implementierter Rotation deutlich. Das luxemburgische Migrationssystem zielte im Grunde auf einen nur temporären Aufenthalt ausländischer Arbeitskräfte. Dies sollte der Steuerbarkeit der Präsenz ausländischer Arbeitskräfte dienen. In Phasen einer unruhigen Konjunkturentwicklung zeigen die schnell reagierenden Ab- und Zuwandererzahlen die Funktionsweise eines solchen Steuerungssystems. Ein lang anhaltender Aufschwung wie der Nachkriegsboom in den 1960er Jahren, verlangsamte jedoch die Rotation. Dies lag sowohl im Sinne der Migranten, die kontinuierliche Verdienstmöglichkeiten nutzten, als auch im Sinne ihrer Arbeitgeber, die eine eingespielte Stammbelegschaft zu schätzen wussten.[311]

Mit dem längeren Aufenthalt stieg jedoch auch das Interesse der ausländischen Arbeitskräfte, ihre Familien nach Luxemburg nachzuholen. Dieses Ansinnen traf auf unternehmerische Ideen, den Familiennachzug zu fördern, um die ausländische Belegschaft vor Ort zu halten, und auf die Pläne der Demographen, durch Einwanderung der ungünstigen natürlichen Bevölkerungsbewegung entgegenzuwirken. Da der Familiennachzug ein wichtiger Faktor für die Niederlassungsbereitschaft war, senkte er die Wahrscheinlichkeit der Abwanderung im Fall einer wirtschaftlichen Krise. Auf einen Abschwung reagierte nun vor allem der Teil der ausländischen Arbeiter, die sich noch weniger lang und ohne Familie im Land aufhielten. Die bereits niedergelassenen Migranten dagegen blieben auch im Fall einer Krise und auch bei drohender oder eingetretener Arbeitslosigkeit mit hoher Wahrscheinlichkeit in Luxemburg und bildeten die erste Welle einer dauerhaften Zuwanderung. Im nächsten ökonomischen Aufschwung geriet dieser Mechanismus erneut in Gang.

309 Pauly, L'immigration dans les relations italo-luxembourgeoises après 1945, S. 81f.; Cordeiro, L'immigration au Luxembourg dans le dernier quart du siècle dernier, S. 94f.; Langers, Immigration, S. 183 ; vgl. zur Vorgeschichte der Römischen Verträge und ihre Auswirkungen auf die Migrationsbeziehungen Italiens Dumoulin, L'émergence du facteur Europe dans la politique à l'immigration de la Belgique à l'égard des Italiens au début des années cinquante, S. 53f.

310 Gallo, Les Italiens au Grand-Duché de Luxembourg, S. 560.

311 Knappe quantitative Wanderungsbilanzen finden sich bei Langers, La projection des flux migratoires au Luxembourg, S. 12f.

Die sich aus Einwanderern speisenden Arbeitsmarktreserven wurden aufgesogen, ein Mehrbedarf an Arbeitskraft stimulierte die neuerliche Zuwanderung. Bei einem Aufschwung von kurzer Dauer blieben die Neuzuwanderer auf dem Arbeitsmarkt eher flexibel. Bei einem langen Aufschwung dagegen tendierten sie zur Niederlassung. Die Folge war eine Verstetigung der Präsenz ausländischer Arbeitskräfte in Verbindung mit einer Normalisierung der sozialen Zusammensetzung der ausländischen Einwohnerschaft.[312]

Im Falle der Italiener trafen Niederlassungs- und Rückwanderungstendenzen auf ein sinkendes Angebot an Neueinwanderern aus Italien, sodass die Zahl der aus diesen Migrationsbewegungen resultierenden zusätzlichen Arbeitskräfte auf dem luxemburgischen Arbeitsmarkt sank. Um die dadurch entstehende Lücke auszugleichen, bemühte sich die luxemburgische Regierung zunächst darum, Arbeitsmarktbeziehungen zu Spanien anzubahnen. Sie sollten einerseits die Zuwanderung spanischer, aber auch bereits portugiesischer Arbeiter, die ab 1964 vor allem über Frankreich und Deutschland einwanderten, ohne durch ein Rekrutierungssystem gegangen zu sein, staatlicher Kontrolle unterwerfen und gleichzeitig diese neuen Arbeitskräftereserven systematisch erschließen. Vor dem Hintergrund einer nachlassenden Migrationsneigung spanischer Arbeitskräfte und bereits fest etablierter Migrationsbeziehungen Spaniens vor allem zu Frankreich und Deutschland war ein dauerhaftes Umleiten spanischer Migranten nach Luxemburg in nennenswertem Umfang allerdings kaum möglich. So wurde Portugal in der letzten Phase der Arbeitskräftcimmigration vor der Ölpreiskrise zum wichtigsten Migrationspartner.[313] Daneben knüpfte man Ende der 1960er Jahre auch Arbeitsmarktbeziehungen zu Jugoslawien, ohne dass dies jedoch in quantitativer Hinsicht zu einer bedeutenden Arbeitskräftemigration führte. Sowohl mit Spanien als auch mit Portugal schloss Luxemburg im Jahr 1970 Wanderungsabkommen ab.

Die Einwanderung aus Portugal verlief zwischen der Rezession von 1967 und dem Ende der massiven Arbeitskräfteimmigration nach Luxemburg äußerst dynamisch. Ohne dass zuvor Migrationsbeziehungen bestanden hatten und ohne die Präsenz einer älteren Einwanderergeneration im Zielland vervielfachte sich in kürzester Zeit der Anteil der Portugiesen an der ausländischen Bevölkerung Luxemburgs. Im Jahr 1960 zählte man gerade einmal 26 Portugiesen in Luxemburg. In den Jahren darauf stieg ihre Zahl langsam durch die Sekundärmigration portugiesischer Arbeitnehmer, die über Drittstaaten nach Luxemburg kamen. Erst gegen Ende der 1960er Jahre entwickelten sich dann direkte Migrationsbeziehungen zu Portugal, die ein sprunghaftes Ansteigen der Zuwanderung portugiesischer Arbeitskräfte zur Folge hatten.[314] Zu Beginn der 1970er Jahre befanden sich bereits etwa 6.000 Portugiesen in Luxemburg,

312 Cordeiro, Etat de l'immigration au Luxembourg, S. 10f., 19f.

313 Langers, Immigration, S. 185; Wiltgen, Les effets économiques de l'immigration au Luxembourg, S. 98f.

314 Cordeiro, Etat de l'immigration au Luxembourg, S. 13f.; Carre, Intégration et assimilation des Portugais au Grand-Duché de Luxembourg, S. 24f.

1974 stellten sie 26% der in Luxemburg beschäftigten Ausländer und bis zum Beginn der 1980er Jahre war ihre Zahl auf knapp 30.000 angewachsen. Obwohl Luxemburg zu keinem Zeitpunkt das wichtigste Auswanderungsziel von Portugiesen wurde, bilden Portugiesen seit diesem Zeitpunkt in Luxemburg die größte Gruppe unter den Einwanderern.[315]

Die Anwerbung der Portugiesen übernahmen, wie bereits bei der Gestaltung der Migrationsbeziehungen zu Italien, die luxemburgischen Unternehmen selbst. Sie arbeiteten mit der portugiesischen Auswanderungsbehörde bzw. Arbeitsverwaltung zusammen. Migrationswillige Arbeitskräfte ließen sich bei den lokalen Arbeitsämtern in Portugal registrieren, die luxemburgischen Rekrutierungsbeauftragten meldeten dort ihren Bedarf an und die Auswanderungsbehörde schließlich erteilte – oder verweigerte – auf individueller Ebene Ausreisegenehmigungen, um die Kontrolle des portugiesischen Staates über die Auswanderungsbewegung zu garantieren.[316] Die zu Beginn der portugiesischen Einwanderung hohe Rückkehrrate brachte es mit sich, dass die Zahl der portugiesischen Migranten um etwa 50% höher lag als die Anzahl der in Luxemburg ansässigen Einwohner portugiesischer Abstammung.[317] Ihr Anteil an den Arbeitskräften im sekundären Sektor stieg in diesem Zeitraum allerdings auf mehr als die Hälfte. Portugiesische Arbeitnehmer wurden in nahezu allen Branchen ebenso wie in der Landwirtschaft unverzichtbar, konzentrierten sich jedoch im Baugewerbe und in der Schwerindustrie.[318]

Als jüngste Einwanderergruppe erfüllten die Portugiesen zwei Funktionen. Einerseits deckten sie die wachstumsbedingte Übernachfrage nach unqualifizierten Arbeitskräften. Andererseits unterschichteten sie innerhalb der Gruppe der ausländischen Arbeitnehmer den Arbeitsmarkt, auf dem die Angehörigen der bereits länger präsenten Migrantengruppen langsam in höher qualifizierte Tätigkeiten bzw. Berufe aufstiegen.[319] Im Gegensatz zur italienischen Migration, die auch nach dem Zweiten Weltkrieg vorwiegend junge, unverheiratete Arbeitskräfte umfasste, die ohne ihre Familien für begrenzte Zeit in Luxemburg lebten, führte die Einwanderung aus Portugal schnell zu einer permanenten Niederlassung der Migranten und ihrer Familien. Diese Entwicklung war nicht zuletzt auch den Bemühungen der luxemburgischen Regierung geschuldet, den Familiennachzug von vorneherein zu fördern, um die ausländische Wohnbevölkerung aus demographischen Erwägungen zu stabilisieren.[320] Denn trotz einer relativ hohen Rückkehrquote war die Wanderungsbilanz der Portugiesen nach Luxemburg immer positiv, die portugiesische Wohnbevölkerung des Großherzogtums wuchs ständig. Nicht zuletzt durch die fast voll-

315 Recueil statistique sur la présence des étrangers au Luxembourg, 1994, S. 17; Cordeiro, Immigration, S. 30; Als, Le Luxembourg et ses étrangers, S. 485; Levy, Bildung und Migration in Luxemburg, S. 9.

316 Beirão, Les Portugais du Luxembourg, S. 10, 21, 44.

317 Clausse, Le retour au pays des Portugais émigrés au Luxemburg, S. 116f.

318 Ries, Les étrangers dans l'agriculture luxembourgeoise, S. 57f.

319 Wiltgen, Les effets économiques de l'immigration au Luxembourg, S. 102f.

320 Hirsch, Les tergiversations d'une politique d'immigration, S. 155.

kommene Ablösung der italienischen Einwanderung durch die portugiesische und den schnelleren Familiennachzug hat die Einwanderung aus Portugal in der Bevölkerungsstruktur deutlichere Spuren hinterlassen als vorhergehende Migrationsbewegungen.[321] In den letzten Jahren der intensiven Arbeitsimmigration nach Luxemburg, zwischen 1965 und 1974, entfielen auf 100 Einwanderer aus Portugal 41 Rückkehrer. Bei den italienischen Einwanderern waren pro 100 Zuwanderungen zeitgleich jedoch 113 Abwanderungen zu verzeichnen.[322]

Auch in Luxemburg führte die Krisenerfahrung von 1967 zu Bestrebungen, die Zuwanderung ausländischer Arbeitskräfte einer effektiveren staatlichen Kontrolle zu unterwerfen und gleichzeitig den Bedürfnissen der Wirtschaft Rechnung zu tragen. Im Jahr 1972 erfolgte daher eine Neufassung des Ausländerrechts, die das System der beiderseitigen Genehmigung der Ausländerbeschäftigung in Form von Einstellungs- und Arbeitserlaubnis bestätigte und durch ein gestaffeltes System zeitlich befristeter Arbeitserlaubniskategorien ergänzte.[323] Eine entscheidende Änderung war, dass nur die Arbeitgeber eine Verlängerung der Arbeitsgenehmigung, von der die Aufenthaltsgenehmigung abhing, beantragen konnten. Gleiches galt für die Anwerbung neuer ausländischer Arbeitnehmer, die bei Interesse eines Arbeitgebers nur dann erfolgte, wenn weder in Luxemburg eine geeignete Arbeitskraft zur Verfügung stand noch sich ein Ausländer aus einem Mitgliedstaat der EWG um die Arbeitsstelle bewarb.[324] Die Genehmigung und Verwaltung sowohl der Einstellungsgenehmigung als auch der Arbeitserlaubnis verblieb bei der Arbeitsverwaltung und wurde eng an die konjunkturabhängige Arbeitsmarktentwicklung unter Wahrung eines Inländerprimats gebunden.[325]

Für den luxemburgischen Arbeitsmarkt erwies sich Arbeitsmigration im Betrachtungszeitraum als extrem wichtig. Sie war nicht nur eine Ergänzung des inländischen Arbeitskräftepotentials, vielmehr erzielte man die Steigerung des Arbeitskräftepotentials Luxemburgs während der langen Nachkriegsprosperität ausschließlich durch die Zuwanderung ausländischer Arbeitskräfte. Zugleich gelang es früher als in den meisten anderen Ländern, die durch die Zuwanderung von Arbeitskräften zu Einwanderungsländern wurden, auch die gesellschaftlichen Konsequenzen aus diesem Prozess zu ziehen. Als in den 1970er Jahren ein Ende des langen Aufschwungs erkennbar wurde, erfuhr

321 Barnich, Les débuts du Service de l'immigration, S. 82f.; Beirão, Les Portugais du Luxembourg.

322 Cordeiro, Etat de l'immigration au Luxembourg, S. 18; bei der quantitativ wesentlich weniger bedeutenden Einwanderung von Spaniern, wanderten pro 100 Zuwanderern 92 wieder ab, während das Verhältnis bei den Jugoslawen, die nach Luxemburg kamen, bei 56 Abwanderern auf 100 Zuwanderer lag.

323 Loi concernant 1e l'entrée et le séjour des étrangers, 2e le contrôle médical des étrangers, 3e l'emploi de la main-d'œuvre étrangère, in: Mémorial. Journal Officiel du Grand-Duché de Luxembourg, 31. 1972, S. 945–948.

324 Kollwelter, Immigration in Luxembourg (online).

325 Diederich, Le droit et les immigrés, S. 140f.

auch die Ausländerpolitik Luxemburgs eine grundlegende Neuorientierung.[326] Ihr Ziel bestand nun in der Einbettung von ökonomisch aus Perspektive des Einwanderungslandes sinnvoller Zuwanderung in ein breit angelegtes Integrationskonzept. Es sollte zu einem stetigen und demographisch ausgewogenen Bevölkerungszuwachs führen und gleichzeitig den Einwanderern Möglichkeiten zu sozialem Aufstieg und gesellschaftlicher Integration öffnen.[327] Um 1975 mündeten diese Ansätze in ein ambitioniertes Reformprogramm, das den Einwanderungsprozess nach Luxemburg konsolidieren sollte.[328] Nur wenige Jahre später wirkte sich die weltweit nachlassende Konjunktur allerdings auch auf die luxemburgische Wirtschaft aus. Dies führte im Jahr 1976 zu der Entscheidung, die Ausländerbeschäftigung so weit wie möglich zu reduzieren und den Bedarf an Arbeitskräften durch Rationalisierung zu beheben. 1977 wurden diese Entschlüsse in gesetzgeberische und administrative Maßnahmen umgesetzt, die dem Anwerbestopp entsprachen, der in einigen Nachbarländern Luxemburgs bereits in den vorangegangenen Jahren umgesetzt worden war.[329]

2.1.5. Niederlande

Obwohl sich die Niederlande erst nach 1945 dauerhaft in das Systems der modernen europäischen Arbeiterwanderung integriert haben, reichen einige Wanderungsphänomene, die für das Verständnis dieses Aspekts ihrer neueren Migrationsgeschichte von Bedeutung sind, weit zurück. Während das Land bereits seit der Frühen Neuzeit immer wieder zum Zufluchtsort von Menschen wurde, die aus politischen oder religiösen Gründen verfolgt wurden – eine Tradition, die sich bis ins Zeitalter der Weltkriege fortsetzte –, verlief die frühe Arbeitsimmigration in die Niederlande in durchaus konventionellen Bahnen.[330] Während des sogenannten ›Goldenen Zeitalters‹ entwickelte sich das Land zwischen 1585 und 1670 zum ersten Mal über einen längeren Zeitraum hinweg zu einem Einwanderungsland und erreichten schließlich einen Migrantenanteil an der Gesamtbevölkerung von etwa 6%, der noch bis ins 18. Jahrhundert nachweisbar ist. Während des 19. Jahrhunderts ließ die ökonomische Attraktivität der Niederlande und damit die Wanderungsintensität nach. Nun prägte eine begrenzte Zuwanderung landwirtschaftlicher Saisonarbeiter sowie von Hauspersonal oder Gesindekräften diesen Teil des Wanderungsge-

326 Cordeiro, Immigration, S. 36.

327 Parsons/Smeeding, L'immigration au Luxembourg, et après? (online). Die beiden Autoren bezeichnen an anderer Stelle Luxembourg hinsichtlich der ökonomischen und sozialen Integration von Zuwanderern als das möglicher Weise weltweit erfolgreichste Einwanderungsland; vgl. dies., The Case of Luxembourg, S. 5; dazu in der älteren Literatur Cordeiro, Etat de l'immigration au Luxembourg.

328 Ders., Immigration.

329 Hirsch, Les tergiversations d'une politique d'immigration, S. 156f.

330 Lucassen/Penninx, Newcomers, S. 27f., 37; Harzig, Migrationspolitik im nordatlantischen Raum, S. 73.

schehens auf sehr viel niedrigerem Niveau. Daneben finden sich bereits früh vergleichsweise moderne Formen der Ausländerbeschäftigung im Bereich der niederländischen Kolonialwirtschaft sowie in der wichtigsten Branche des niederländischen Dienstleistungssektors, der Seeschifffahrt, in der ein hoher Anteil der Besatzungen aus Migranten bestand.[331]

Im 19. Jahrhundert führten ökonomische und gesellschaftliche Krisen aber auch zu einigen bedeutenden Auswanderungswellen, die bis zum Ersten Weltkrieg rund 400.000 Holländer erfassten. Erst in den 1890er Jahren setzte dann der Take-Off der Hochindustrialisierung in der niederländischen Wirtschaft ein und ermöglichte den im zurückfallenden Agrarsektor frei werdenden Arbeitskräften, Beschäftigung im sekundären oder tertiären Sektor zu finden. Während das industrielle Wachstum begann, die niederländischen Arbeitsmarktreserven zu absorbieren, markiert der Beginn des niederländischen Steinkohlenbergbaus in Süd-Limburg ab dem Jahr 1900 den endgültigen Bruch mit alten Migrationsstrukturen.[332] Zum ersten Mal benötigte ein Segment des sekundären Sektors über längere Zeiträume hinweg mehr Arbeitskräfte, als der inländische Arbeitsmarkt bereitstellen konnte. Der Zuzug ausländischer Arbeiter aus Belgien und Deutschland war eine Konsequenz, gleichzeitig nahmen allerdings auch bereits polnische und italienische Bergleute Arbeit in niederländischen Zechen auf.[333] Um 1930 waren etwa 15.000 ausländische Arbeitskräfte im niederländischen Bergbau beschäftigt. Sie bildeten einen Anteil von 5% der Arbeitskräfte in dieser noch jungen und vergleichsweise kleinen Branche.[334] Die Mehrzahl der ausländischen Arbeiter, die vor dem Zweiten Weltkrieg in den Niederlanden Arbeit fanden, stammte jedoch nach wie vor aus den Grenzregionen der unmittelbaren Nachbarstaaten. Mit diesen schlossen die Niederlande Verträge, die den Rahmen dieser individuellen, teilweise von unternehmerischer Seite organisierten und in der Regel temporären Arbeiterwanderung absteckten. Ein Teil dieser Migranten, insbesondere solche aus Deutschland, behielten sogar ihren ursprünglichen Wohnort bei und pendelten im Tages- oder Wochenrhythmus über die Grenze nach Limburg.[335]

Als die Mehrzahl der europäischen Staaten nach dem Ersten Weltkrieg eine Hochkonjunkturphase durchlief, erlebte die niederländische Wirtschaft eine

331 Lucassen/Lucassen, Niederlande, S. 100f.; Zorlu, Migration and Immigrants, S. 2f.; Gladen/Kraus, Deutsche Wanderarbeiter in den Niederlanden im 19. Jahrhundert, S. 321f.; Entzinger, The Netherlands, S. 51f.; Lucassen/Penninx, Newcomers, S. 51f.; Harzig, Einwanderung und Politik, S. 54f.; Lucassen, Emigration to the Dutch Colonies and the USA, S. 21f.; Lucassen, Migrant Labour in Europe, 1600–1900.

332 Swierenga, Dutch International Migration and Occupational Change, S. 99f.; Langeweg, Bekende buren en verre vreemden, S. 57f.

333 Disko, Die Entwicklung des holländischen Steinkohlenbergbaus in der Nachkriegszeit und ihre Auswirkung auf den rheinisch-westfälischen Steinkohlenbergbau, S. 35f.; Lucassen/Penninx, Newcomers, S. 54f.

334 Heide, Labour Migration from the Mediterranean Area to the Benelux Countries, S. 133; Cornelis, Migratie naar Nederland, S. 21.

335 Harzig, Einwanderung und Politik, S. 61f.

Rezession.[336] Angesichts der Massenarbeitslosigkeit im eigenen Land wandten sich niederländische Arbeitskräfte nun in großer Zahl zur Arbeitssuche nach Belgien und Deutschland. In der Zwischenkriegszeit stiegen sie zur drittgrößten Migrantengruppe auf dem deutschen Arbeitsmarkt auf. Im Jahr 1924 befanden sich unter den 121.082 durch die Deutsche Arbeiterzentrale legitimierten ausländischen Arbeitern 52% Polen, 22% Tschechoslowaken und 8% Niederländer; unter den 85.785 Inhabern sogenannter Befreiungsscheine, die längerfristig in Deutschland ansässigen Ausländern erteilt werden konnten, lag der Anteil der Niederländer sogar bei 17%.[337] Im Jahr 1933 stellten sie, obwohl die Zulassung ausländischer Arbeiter auf den deutschen Arbeitsmarkt im Zeichen der Weltwirtschaftskrise bereits stark eingeschränkt worden war, noch immer 10% der verbliebenen ausländischen Arbeitnehmer.[338]

In den Niederlanden selbst war der Ausländeranteil nach dem Ersten Weltkrieg von 1,6% im Jahr 1920 auf 2,2% zehn Jahre später angestiegen.[339] Ende der 1920er führte die Weltwirtschaftskrise zu Versuchen, die Ausländerbeschäftigung zu drosseln und zu einer protektionistischen Arbeitsmarktpolitik überzugehen.[340] In den 1930er Jahren kam es infolgedessen zu einer fast vollkommenen Verdrängung ausländischer Arbeitskräfte bis hin zur Ausweisung arbeitsloser Ausländer.[341] Gleichzeitig zielte die Migrationspolitik auf eine Förderung der Auswanderung aus den Niederlanden.[342] Ohne dass es vor dem Ausbruch des Zweiten Weltkrieges zu einem neuerlichen nennenswerten Anstieg des Ausländeranteils auf dem niederländischen Arbeitsmarkt kam, wuchs die Abwanderung niederländischer Arbeiter auf den durch die anlaufenden Kriegsvorbereitungen nachfragestarken deutschen Arbeitsmarkt. Während des Zweiten Weltkrieges wurden die Niederlande, deren Neutralität anders als im Ersten Weltkrieg nun nicht mehr von Deutschland respektiert wurde, selbst zum Rekrutierungsfeld der deutschen Arbeitsverwaltung. Diese Entwicklung unterbrach nicht nur die Arbeitskräfteeinwanderung in die Niederlande, sondern führte Tausende Niederländer als Zivil- oder Zwangsarbeiter für die deutsche Kriegswirtschaft ins ›Dritte Reich‹.[343]

---

336 Erbe, Belgien, Niederlande, Luxemburg, S. 296f.; Petri/Schöffer/Woltjer, Geschichte der Niederlande, S. 206.

337 BArch R 3901 33073, Tätigkeitsbericht der Deutschen Arbeiterzentrale für das Jahr 1924.

338 Herbert, Geschichte der Ausländerpolitik in Deutschland, S. 123.

339 Lucassen, Einwanderung und Wege der Integration im niederländischen Großstadtgebiet von 1918 bis heute, S. 20. Die Bevölkerung der Niederlande wuchs in diesen zehn Jahren von 6.9 auf 7.9 Millionen Menschen.

340 Harzig, Einwanderung und Politik, S. 65f.

341 Lucassen/Penninx, Newcomers, S. 54, 82; Berg, Economische achtergronden van het verschijnsel der buitenlandse arbeiders in Nederland, S. 20; Lucassen, Administrative into Social Control, S. 337f.; Réglementation du travail des étrangers aux Pays-Bas, S. 432f.

342 Dazu exemplarisch Convention entre la République Argentine et les Pays-Bas relative à l'immigration de colons, S. 567.

343 Hirschfeld, Der ›freiwillige‹ Arbeitseinsatz niederländischer Fremdarbeiter während des Zweiten Weltkrieges als Krisenstrategie einer nicht-nationalsozialistischen Verwaltung, S. 497f.; ders., Die niederländischen Behörden und der ›Reichseinsatz‹, S. 172f.; ders., Fremdherrschaft und Kollaboration, S. 123f.

Auch nach dem Zweiten Weltkrieg konnten die Niederlande, trotz einer bereits in den 1950er Jahren einsetzenden Zuwanderung als Teil des Dekolonisationsprozesses und ersten Anfängen der Arbeitskräfteanwerbungen im Ausland, noch eher als Aus- denn als Einwanderungsland gelten.[344] Die Zuwanderung resultierte vor allem aus dem Verlust der Kolonien in Südostasien sowie Mittelamerika, die zur Einwanderung einer begrenzten Zahl von Immigranten aus Indonesien, Surinam sowie von den Kleinen Antillen führte.[345] Gleichwohl ist Arbeitsmigration in die Niederlande auch in den ersten Nachkriegsjahren nachweisbar. Der überraschend in einigen Branchen auftretende Arbeitskräftemangel führte schon in den späten 1940er Jahren zu einer Neubelebung der Ausländerbeschäftigung: 1947 rekrutierte ein niederländisches Stahlunternehmen auf eigene Faust die ersten 100 ausländischen Arbeiter. Gleichzeitig bemühten sich niederländische Behörden unter den ›Displaced Persons‹ in den Nachbarstaaten um Arbeitskräfte für den Bergbau und die Metallindustrie. 1948 kam eine erste Vereinbarung mit Italien über die Anwerbung von Bergleuten zustande.[346]

Obwohl die Niederlande etwa zwischen 1953 und 1957 noch eine deutliche Nettoauswanderung aufwiesen, verschob die Zuwanderung von Arbeitskräften aus Europa das Migrationssaldo zwischen den Niederlanden und den übrigen europäischen Staaten langsam ins Positive.[347] In dieser Phase war die Regierung jedoch noch weit von einer aktiven Einwanderungspolitik entfernt. Man förderte stattdessen die Auswanderung und zielte in der Arbeitsmarkt- und Tarifpolitik auf moderate Lohnsteigerungen verbunden mit einer umfassenden Preiskontrolle zugunsten eines möglichst hohen Beschäftigungsgrades.[348] Ab Mitte der 1950er Jahre machte sich jedoch in immer mehr Branchen eine spürbare Knappheit an Arbeitskräften bemerkbar, aus der sich in den 1960er Jahren ein struktureller Arbeitskräftemangel entwickelte.[349] In der Industrie begannen die Löhne schneller zu steigen, als in den Wirtschaftsplänen der Regierung vorgesehen, ein Effekt der sich nicht zuletzt durch die Anwerbung ausländischer Arbeitnehmer bis 1972 eindämmen ließ: Die Löhne für unquali-

---

344 Heeren, The Netherlands, S. 223; Hofstee, Netherlands, S. 97f.; Amersfoort, Migration Control and Minority Policy, S. 143; United Nations, Department of Economic and Social Affairs, Trends and Characteristics of International Migration since 1950, S. 25f.; Harzig, Einwanderung und Politik, S. 128f.

345 Erbe, Belgien, Niederlande, Luxemburg, S. 313; Swiaczny, Migration und allochthone Bevölkerung in den Niederlanden, S. 93; Reubsaet, On the Way up?, S. 107f.

346 Lucassen, Einwanderung und Wege der Integration im niederländischen Großstadtgebiet von 1918 bis heute, S. 24f.; Les migrations aux Pays-Bas, S. 466.

347 Böcker/Groenendijk, Einwanderungs- und Integrationsland Niederlande, S. 305; Erikson, International Migration and Regional Differentials in Unemployment and Wages, S. 80; Emigration et immigration aux Pays-Bas en 1955, S. 576f.; Emigration et immigration aux Pays-Bas en 1956, S. 401; Emigation et immigration aux Pays-Bas en 1957, S. 127f.; Emigration et immigration aux Pays-Bas en 1954, S. 626f.

348 Lucassen/Lucassen, Niederlande, S. 103f.; Penninx/Schoorl/Praag, The Impact of International Migration on Receiving Countries, S. 7f.

349 Dielemann, Multicultural Holland, S. 118–135, 119; Lucassen/Penninx, Newcomers, S. 145; Entzinger, The Netherlands, S. 59.

fizierte männliche Arbeitskräfte in Industrie und Gewerbe stabilisierten sich trotz wachsender Nachfrage nach dem Beginn der Arbeitsmigration.[350]

Die von dieser Konstellation ausgehende Sogwirkung auf potentielle Migranten in der europäischen Peripherie setzte eine zunächst individuelle und unregulierte Zuwanderung einzelner Arbeitskräfte vor allem aus Italien und Spanien in Gang.[351] Im Jahr 1955 schließlich schlossen sich, motiviert durch die veränderten wirtschaftlichen Rahmenbedingungen, einige Unternehmen aus der Metallindustrie zusammen, um gemeinsam – dem Beispiel des Bergbaus folgend – 2.000 italienische Arbeitskräfte für eine Vertragsdauer von zwei Jahren anzuwerben. Rekrutierung und Auswahl der Arbeitskräfte in Italien übernahm, mit Zustimmung der italienischen Behörden und nach den für die Steinkohlenbetriebe geltenden Regelungen, eine brancheneigene Arbeitgeberorganisation.[352] Gleichzeitig begannen auch Unternehmen aus anderen Wirtschaftszweigen, darunter etwa die Textilindustrie, die aktive Anwerbung kleiner Kontingente italienischer Arbeitskräfte zu betreiben.[353] Diese ersten Arbeitsmigranten benötigten für eine legale Zulassung auf den niederländischen Arbeitsmarkt eine Aufenthaltserlaubnis und eine Arbeitsgenehmigung. Tatsächlich jedoch war es auch in den Niederlanden zunächst üblich, versehen mit einem Touristenvisum einzureisen, eine Arbeitsstelle anzutreten und erst nach Ablauf des Visums eine Arbeits- bzw. Aufenthaltserlaubnis zu beantragen.[354]

Bedingt durch den wirtschaftlichen Aufschwung wuchs die Nachfrage nach ausländischen Arbeitskräften schnell über den Bergbau, die Metall- und Textilindustrie hinaus. Da in denjenigen Branchen, die noch nicht an einer aktiven Rekrutierung beteiligt waren, die spontane Zuwanderung von Arbeitskräften die Nachfrage nicht decken konnte, stieg das Interesse an einer Ausweitung der aktiven Rekrutierung im Ausland. Zu Beginn der 1960er Jahre zeigten sich schließlich die beiden Dachverbände der Arbeitgeberorganisationen an der Mitwirkung an einer Intensivierung der Ausländerbeschäftigung interessiert.[355] Diese unternehmerischen Interessen trafen auf bereits in Gang gekommene Verhandlungen des niederländischen Sozialministeriums mit den italienischen Behörden. Man versuchte zu einem Wanderungsregime zu gelangen, das sich am deutschen Vorbild orientierte, um volkswirtschaftlichen Verwerfungen vorzubeugen, den Nachkriegsboom mit Arbeitskräften zu versorgen und die-

350 Vgl. Zorlu, Migration and Immigrants, S. 16; Marshall-Goldschvartz, The Import of Labour, S. 23f.; Ark/de Haan/de Jong, Characteristics of Economic Growth in the Netherlands during the Postwar Period, S. 305f.; Griffiths, Macro-economic Planning in the Netherlands, S. 56f.

351 Staay, De buitenlandse werknemers, S. 200.

352 Janssen, Opvattingen en beleid van de werkgevers- en werknemersorganisaties, S. 35.

353 Amersfoort, From Workers to Immigrants, S. 309.

354 Schuster, Poortwachters over immigranten, S. 171; Amersfoort/Penninx, Western Europe as an Immigration Area, S. 46.

355 Kok, Labour Migration and Migration-Policy in the Netherlands, S. 316; es handelte sich um den VON (›Verbond van Nederlandse Ondernemingen‹) und den NCW (›Nederlandse Christelijk Werkgeversverbond‹).

jenigen Einwanderungsbewegungen, die bereits eingesetzt hatten, einer gewissen staatlichen Kontrolle zu unterwerfen.[356] Die niederländisch-italienische Anwerbevereinbarung sollte später ihrerseits zum Vorbild der folgenden Anwerbeverträge der Niederlande werden.[357] Damit begann eine neue Phase ihrer Migrationsgeschichte, die einen starken Ausbau der transnationalen Arbeitsmarktbeziehungen im Laufe der 1960er Jahre mit sich brachte.[358]

Die staatlich regulierte Anwerbung und Auswahl ausländischer Arbeitskräfte sollte grundsätzlich durch Kommissionen des Sozialministeriums (Ministerie van Sociale Zaken) erfolgen, die Anwerbebüros im Ausland – ein erstes wurde in Mailand eröffnet – unterhielten und mit den Arbeitsverwaltungen der Partnerstaaten kooperierten. Unternehmen oder Branchenverbände, die große Anwerbeaufträge vergaben, konnten jedoch auch Vertreter zu den Auslandsdienststellen entsenden und so auf den Rekrutierungsprozess Einfluss nehmen. Zunächst beherrschte eine Reihe größerer Unternehmen und Konzerne die Anwerbung ausländischer Arbeitnehmer. Kleinere Firmen dagegen verlegten sich häufig auf eine Art Sekundärrekrutierung und versuchten, ausländische Arbeitnehmer beim Auslaufen ihrer Verträge ihren ursprünglichen Arbeitgebern, die sie angefordert und die entsprechenden Gebühren entrichtet hatten, abzuwerben. Parallel dazu blieb in den 1960er Jahren eine beträchtliche individuelle Einwanderung an den Rekrutierungsstellen vorbei bedeutend, die angesichts des noch immer zunehmenden Bedarfs an ausländischen Arbeitskräften nur zu gerne toleriert wurde.[359]

Die Koordination der Ausländerbeschäftigung in den Niederlanden selbst und die Zusammenarbeit mit den staatlichen Anwerbestellen übernahm ein Gremium, das von den wichtigsten Arbeitgeberorganisationen gebildet wurde, die ›Commissie buitenlandse Arbeiders‹.[360] Während die Rekrutierung auf diese Weise weitgehend in der Hand der Arbeitgeber und der staatlichen Verwaltung blieb, integrierte das Sozialministerium die Gewerkschaften in die Gestaltung und die Überwachung der Ausländerbeschäftigung auf dem niederländischen Arbeitsmarkt.[361] Dies führte – ähnlich wie in anderen Staaten auch – zu einer triparitätischen Kontrolle der Arbeitsmigration, wobei die Unternehmen Anwerbung und Allokation übernahmen, die Gewerkschaften die Interessen der einheimischen Arbeiter vertraten und der Staat einerseits die administrative Infrastruktur bereitstellte, andererseits den Gesamtprozess zu beobachten und auf der Makro-Ebene zu steuern versuchte.[362]

---

356 Janssen, Opvattingen en beleid van de werkgevers- en werknemersorganisaties, S. 35.

357 Kok, Labour Migration and Migration-Policy in the Netherlands, S. 291.

358 Amersfoort, Migration Control and Minority Policy, S. 147; Staay, Het probleem van den buitenlandse arbeiders en het probleem van het bijhorende overheidsbeleid, S. 62f.; Cornelis, Migratie naar Nederland, S. 22f.

359 Kok, Labour Migration and Migration-Policy in the Netherlands, S. 292.

360 Janssen, Opvattingen en beleid van de werkgevers- en werknemersorganisaties, S. 35f., 46f.

361 Entzinger, The Netherlands, S. 85.

362 Roosblad, Dutch Trade Unions, S. 95f.

Die Grundlage für die Rekrutierung ausländischer Arbeitskräfte bildete der Abschluss bilateraler Wanderungsverträge, die staatlichen Stellen oder interessierten Arbeitgebern den Zugriff auf das Arbeitskräftepotential der Vertragspartner eröffnete.[363] Die Niederlande erneuerten 1960 den Anwerbevertrag mit Italien von 1948.[364] Im Jahr 1961 folgte ein Wanderungsabkommen mit Spanien. Im Jahr 1963 wurde ein Anwerbevertrag mit Portugal, 1964 mit der Türkei, 1966 mit Griechenland, 1969 mit Marokko und schließlich 1970 mit Jugoslawien und 1971 Tunesien abgeschlossen.[365] Auch alle dem niederländisch-italienischen Vertrag folgenden Anwerbeabkommen erlaubten den Niederlanden die Entsendung staatlicher Anwerbekommissionen in die Partnerstaaten. Neben dem Angebot der staatlichen Rekrutierungsbüros, den niederländischen Arbeitgebern ausländische Arbeitskräfte zu vermitteln, blieb diesen jedoch – unter bestimmten Voraussetzungen – sowohl die Möglichkeit der privaten Rekrutierung als auch der individuellen Einwanderung mit anschließender Arbeitssuche erhalten.[366] Die gleich auf welche Weise in die Niederlande gelangten Migranten sollten temporär auf dem niederländischen Arbeitsmarkt zur Verfügung stehen, jedoch nicht dauerhaft einwandern.[367]

Unter dem Einfluss einer schnell wachsenden Nachfrage nach ausländischen Arbeitnehmern gewannen in den 1960er Jahren direkte Anwerbeaktionen durch Unternehmen und Branchenverbände stark an Bedeutung. Sie schienen eine schnellere und effizientere Beschaffung der dringend benötigten Arbeiter zu gewährleisten als der bürokratische Arm staatlich administrativer Anwerbebürokratien.[368] Zunächst beschränkten sich daher die staatlichen Aktivitäten vor allem auf die Erteilung von Arbeits- und Aufenthaltsgenehmigungen an Ausländer, die individuell oder im Zuge unternehmerischer Anwerbung bereits in die Niederlande eingereist waren und einen Arbeitsplatz gefunden hatten.[369]

Während der Anteil der Zuwanderer ohne niederländische Staatsangehörigkeit in den 1960er Jahren zwischen einem und zwei Prozent bewegte[370], befan-

---

363 Penninx/Schoorl/Praag, The Impact of International Migration on Receiving Countries, S. 9; Ours/Veenmann, The Netherlands, S. 177.

364 Janssen, Opvattingen en beleid van de werkgevers- en werknemersorganisaties, S. 38f.

365 Bovenkerk, The Netherlands, S. 126f.; Muus, The Netherlands, S. 268f.

366 Böhning, The Migration of Workers in the United Kingdom and the European Community, S. 42.

367 Entzinger, Veränderte Grundlagen, S. 145f.; United Nations, Department of Economic and Social Affairs, Trends and Characteristics of International Migration since 1950, S. 25; Entzinger, The Netherlands, S. 55, 57.

368 Janssen, Opvattingen en beleid van de werkgevers- en werknemersorganisaties, S. 40f.

369 Ministerie van Sociale Zaken, De Buitenlandse Arbeider in Nederland, S. 3f.; Amersfoort, From Workers to Immigrants, S. 308–311. Dass die Konfrontation der niederländischen Mehrheitsgesellschaft mit den angeworbenen Arbeitswanderern durchaus bereits in der Frühzeit problematisch verlaufen konnte unterstreicht Thränhardt, der bereits für 1961 von gewaltsamen Ausschreitungen gegen angeworbene Spanier und Italiener in den Textilstädten Enschede, Almelo und Hengelo spricht; vgl. Thränhardt, Einwanderungs- und Integrationspolitik, S. 231.

370 Entzinger, Niederlande, S. 196.

den sich im Jahr 1965 unter den etwa 63.000 ausländischen Arbeitnehmern in den Niederlanden ca. 40.000 Arbeitnehmer aus denjenigen Staaten, die mit den Niederlanden ein Anwerbeabkommen geschlossen hatten. Zu diesem Zeitpunkt bildeten Spanier und Italiener gefolgt von türkischen und marokkanischen Arbeitern die größten Kontingente.[371] Die zum Erreichen dieses Ausländeranteils auf dem niederländischen Arbeitsmarkt notwendigen Migrationsbewegungen waren jedoch weitaus umfangreicher, da die Mehrzahl der ausländischen Arbeitnehmer weniger als ein Jahr in den Niederlanden verblieb. Zwischen 1951 und 1975 verzeichneten die niederländischen Statistiken die Zuwanderung von 301.800 Migranten aus den Abwanderungsländern des europäischen Migrationssystems.[372] Demgegenüber verließen 136.000 Ausländer im gleichen Zeitraum wieder die Niederlande; es ergibt sich eine Nettoeinwanderung von 165.800 Arbeitnehmern und Familienangehörigen. Die Wanderungsströme aus verschiedenen dieser Staaten unterschieden sich jedoch in Struktur und quantitativem Verlauf beträchtlich. So führte die Einwanderung von etwa 35.000 Italienern zwischen 1951 und 1975 nur zu einem Migrationssaldo von 7.500 Personen im Jahr 1975; für Spanier lag das Verhältnis zwischen Gesamteinwanderung und Nettoeinwanderung bei 1 zu 3. Die Zuwanderung aus der Türkei von insgesamt 86.600 Personen resultierte dagegen in einer Nettoeinwanderung von 64.000 Migranten, für Tunesier lag das entsprechende Verhältnis sogar bei 1,25 zu 1.[373] Die Intensität der temporären Arbeitsmarktpräsenz und der Bildung von Einwandererminoritäten unterschied sich in den niederländischen Migrationsbeziehungen also beträchtlich, wobei das eine nicht notwendigerweise aus dem anderen resultierte. Ein weiteres wichtiges Merkmal dieses Prozesses bestand in einem zunächst relativ niedrigen Anteil der regulierten Arbeitsmigration an der Arbeitsimmigration insgesamt. Nur 30 bis 40% der ausländischen Arbeitnehmer erreichten die Niederlande über die Kanäle der offiziellen staatlichen Anwerbebüros, die übrigen reisten individuell oder im Zuge direkter unternehmerischer Rekrutierungsaktionen ein, die freilich von der Arbeitsverwaltung genehmigt wurden und durch Anwerbeabkommen abgedeckt waren.[374]

Im Jahr 1968 war die Zahl der ausländischen Arbeitnehmer aus den Anwerbestaaten auf etwa 60.000 von 80.000 angewachsen. Nun sorgte die erste Nachkriegsrezession auch in den Niederlanden für einen Umschwung im Umgang mit der Arbeitsmigration. Das Interesse an einer staatlichen Regulierung

371 Bis heute stellen in den Niederlanden türkische und marokkanische Migranten hinter solchen aus Surinam die größten Einwanderergruppen der ersten Generation; vgl. Böcker/Groenendijk, Einwanderungs- und Integrationsland Niederlande, S. 321; Jennissen, Macroeconomic Determinants of International Migration in Europe, S. 66. Ad Knotter verweist auf die Bedeutung des niederländischen Bergbaus als Auslöser dieser Migrationsbewegungen nach dem Zweiten Weltktieg; vgl. Knotter, Arbeidsmigranten en grensarbeiders, S. 23.

372 Berücksichtigt wurden Italien, Spanien, Jugoslawien, die Türkei, Marokko, Portugal, Griechenland und Tunesien.

373 Hartog/Vriend, Post-war International Labour Mobility, S. 82f.

374 Wentholt, Algemene inleiding, S. 11f.

der Zuwanderung von Arbeitskräften trat zu diesem Zeitpunkt deutlich in den Vordergrund und erzwang einen Politikwechsel. Die Rezession hatte bewiesen, dass der Bedarf an ausländischen Arbeitskräften endlich sein konnte, ein weitgehend ungesteuerter, von unternehmerischen Interessen abhängiger Zuwanderungsprozess schien daher nicht mehr wünschenswert. Die Anwerbung und Vermittlung von ausländischen Arbeitskräften über die staatlich kontrollierten formalen Migrationskanäle sollte daher zur einzigen legalen Quelle für ausländische Arbeitnehmer werden, die der niederländischen Wirtschaft offenstand.[375] Flankierend war es nicht mehr möglich, erst nach der Einreise in die Niederlande – etwa auf der Grundlage eines Touristenvisums – eine Aufenthalts- bzw. Arbeitserlaubnis zu erlangen. Beides musste bereits im Herkunftsland des Migranten beantragt und erteilt werden, sodass auch der unkontrollierten individuellen Einwanderung auf der normativen Ebene ein Riegel vorgeschoben wurde.[376]

Da die Niederlande sich als letzter Staat Westeuropas in das System der staatlich regulierten Arbeitsmigration nach 1945 integrierten und nicht auf ältere Migrationsbeziehungen zurückgreifen konnten, unterschied sich der Einwanderungsstrom in die Niederlande strukturell von der Migration in andere europäische Länder. Über den gesamten Betrachtungszeitraum besaßen Italiener, Spanier, Griechen, Portugiesen oder Jugoslawen, die insgesamt einen großen Teil der europäischen Arbeitsmigranten stellten, für die Einwanderung in die Niederlande nur untergeordnete Bedeutung. Nur in der ersten Jahren der Anwerbung bildeten italienische Migranten die wichtigste Einwanderergruppe. Spanier leisteten dann vor allem in der ersten Hälfte der 1960er Jahre einen quantitativ bedeutenden Beitrag zur Deckung der niederländischen Nachfrage nach Arbeitskräften. Als die Niederlande mit der Anwerbung begannen, verfügten beide Länder bereits über etablierte Migrationsbeziehungen etwa zu Frankreich oder Deutschland und es war kaum möglich, signifikante Teile dieser Migrationsströme über längere Zeiträume hinweg in die Niederlande umzuleiten.[377] Dort konzentrierte man sich folglich darauf, die Mitte der 1960er Jahre neu zum europäischen System der Arbeitsmigration hinzukommenden Arbeitsmärkte zu erschließen. Dabei handelte es sich vor allem um die Türkei und die nordafrikanischen Staaten. Migranten aus der Türkei und Marokko wurden daher in der zweiten Hälfte der 1960er Jahre schnell zu den beiden mit Abstand wichtigsten Einwanderergruppen in der niederländischen Gesellschaft und auf dem niederländischen Arbeitsmarkt.[378] Gemeinsam mit spanischen Einwanderern bildeten sie am Ende des Betrachtungszeitraumes auch

375 Lucassen/Penninx, Newcomers, S. 83; Bagley, Immigration and Social Policy in the Netherlands, S. 27f.; Heide, Labour Migration from the Mediterranean Area to the Benelux Countries, S. 141.

376 Amersfoort/Penninx, Western Europe as an Immigration Area, S. 46.

377 Hartog/Vriend, Post-war International Labour Mobility, S. 82f.

378 Entzinger, Shifting Paradigms, S. 94f.; Amersfoort, Migration Control and Minority Policy, S. 146f.; ders., International Migration and Population in the Netherlands, S. 68; Swiaczny, Migration und allochthone Bevölkerung in den Niederlanden, S. 95.

die größten Gruppen unter der ausländischen Wohnbevölkerung der Niederlande. Die erste nach 1968 einsetzende Arbeitsmigration aus Jugoslawien blieb dagegen, ebenso wie die Einwanderung aus Portugal oder Griechenland, quantitativ weit weniger wichtig.[379]

Im Verlauf dieses Einwanderungsprozesses stieg der Anteil der Ausländer an der Bevölkerung von etwa 1% zu Beginn der 1960er Jahre – dies entsprach etwa dem Stand von 1899 – auf 2,5% Mitte der 1970er Jahre an.[380] Die Anzahl der jährlich erteilten Arbeitsgenehmigungen wuchs von 23.791 im Jahr 1958 auf knapp 80.000 zu Beginn der 1970er Jahre.[381] In den Jahren 1959/60 betrug der Anteil der Arbeitsmigranten am Wachstum des niederländischen Erwerbstätigenpotentials nur 4,2%, 1965/66 jedoch bereits 23,6%. Sie bildeten neben der steigenden Erwerbsquote der Frauen in den Niederlanden den zweiten für das Wachstum des Arbeitskräftepotentials entscheidenden Faktor.[382] Vom Beginn der 1960er Jahre bis 1973 war nur während der Rezession von 1966/67 überhaupt eine Nettoauswanderung zu verzeichnen. In allen anderen Jahren war das niederländische Wanderungssaldo positiv.[383] Während der Rezession entfielen dann allerdings 52,5% des Rückgangs der Beschäftigten auf ausländische Arbeitskräfte. Im folgenden Jahr sorgte der neuerliche Aufschwung erneut für eine Lockerung der Zuwanderungspraxis, sodass sogar ohne Berücksichtigung ausländischer Arbeitnehmer aus den Mitgliedstaaten der Europäischen Gemeinschaft Zuwanderer wiederum einen Anteil von 22,1% am Wachstum der Erwerbstätigenzahl in den Niederlanden besaßen.[384] Die Hochzeit der Arbeitskräfterekrutierung durch die Niederlande umfasst damit die Jahre zwischen 1964 und 1973.[385]

Einen wichtigen institutionellen Baustein der Endphase dieses Migrationssystems bildete das neue Ausländergesetz von 1965, das dem Staat eine flexible Steuerung der Zuwanderung und des Aufenthalts von Ausländern erlaubte.[386] Bis zum Anwerbestopp, der 1973 in Kraft trat, kamen über die auf seiner Grundlage regulierten Migrationskanäle durchschnittlich etwa 50% der ausländischen Arbeitskräfte in die Niederlande.[387] Die andere Hälfte nutzte nach wie vor alternative Einwanderungsmöglichkeiten.[388] Eine deutliche Steigerung des Regulierungsgrades im Vergleich zur ersten Phase der Anwerbung ausländischer Arbeiter war also auch nach dem Politikwechsel von 1968 nicht mehr erreicht worden. Im Gefolge des Anwerbestopps von 1973 verschärfte das

379 Kok, Labour Migration and Migration-Policy in the Netherlands, S. 290–296, 329.
380 Entzinger, Multikulturalismus im Wohlfahrtsstaat, S. 157.
381 Kok, Labour Migration and Migration-Policy in the Netherlands, S. 330.
382 Ebd., S. 305.
383 United Nations, Department of Economic and Social Affairs, Trends and Characteristics of International Migration since 1950, S. 26.
384 Marshall-Goldschvartz, The Import of Labour, S. 35.
385 Amersfoort, From Workers to Immigrants, S. 311.
386 Bovenkerk, The Netherlands, S. 127f.
387 Heide, Labour Migration from the Mediterranean Area to the Benelux Countries, S. 141.
388 Penninx/Schoorl/Praag, The Impact of International Migration on Receiving Countries, S. 10; Entzinger, The Netherlands, S. 55f.

Arbeitserlaubnisgesetz von 1975 (›Wet Arbeid buitenlandse Werknemers‹) die Bedingungen für ausländische Arbeitskräfte, die weniger als drei Jahre in den Niederlanden lebten. Durch die Bindung der Arbeitserlaubnis an einen bestimmten Arbeitgeber und die Festsetzung einer Höchstzahl von 20 ausländischen Beschäftigten pro Betrieb erreichte man sowohl eine quantitative Einschränkung der Ausländerbeschäftigung als auch eine Immobilisierung neu zuwandernder Ausländer, die eine Arbeitsmigration in die Niederlande zunehmend unattraktiv machte.[389]

Letztlich war die niederländische Politik in höherem Maß als diejenige Belgiens, Frankreichs oder Schwedens auf einen temporären Aufenthalt zuwandernder Arbeitnehmer gerichtet.[390] Tatsächlich jedoch verließen während der Anwerbephase im Durchschnitt nur etwa 30% der Arbeitsmigranten die Niederlande wieder, um in ihre Herkunftsstaaten zurückzukehren.[391] Erst in den 1980er Jahren entwickelte sich langsam ein Selbstverständnis als Einwanderungsland, das Konsequenzen aus der tatsächlich bereits erfolgten Einwanderung und Niederlassung Hunderttausender Migranten seit 1945 zog. Dennoch ging man schon während der Masseneinwanderung vor 1973 weder davon aus, dass ausnahmslos alle Angeworbenen in ihre Herkunftsländer zurückkehren würden, noch, dass selbst eine temporäre Migration in die Niederlande gänzlich ohne eine soziale Betreuung der Einwanderer – die im Übrigen auch deren Rückkehrfähigkeit fördern sollte – gelingen könnte. So motiviert setzte sich seit den späten 1960er Jahren eine spezifische Integrations- bzw. Minderheitenpolitik durch.[392] Diese umfasste staatlich subventionierte Angebote, die sich einerseits auf die Befähigung der Migranten richteten, sich in der niederländischen Gesellschaft zurechtzufinden und auf dem Arbeitsmarkt die gewünschte Flexibilität und Leistungsfähigkeit zu erreichen. Andererseits sollte die Betreuung die Verbindungen der Migranten zu ihrem Herkunftsland und ihrer Herkunftskultur in einer Weise erhalten, die die Rückkehrneigung aufrechterhielt und auch den Kindern der Einwanderer – beispielsweise durch entsprechenden Sprachunterricht – die Rückkehrfähigkeit verlieh.[393] Diese Ansätze korrespondierten mit dem noch bis in die jüngste Zeit erkennbaren Säulenmodell der niederländischen Gesellschaft mit ihrem Verständnis von Integration als ein Nebeneinander unterschiedlicher Kulturen auf der Grundlage einiger weniger gemeinsamer Grundeinstellungen.[394]

---

389 Harzig, Einwanderung und Politik, S. 133; Heide, Labour Migration from the Mediterranean Area to the Benelux Countries, S. 114f.

390 Entzinger, Niederlande, S. 201.

391 Zorlu, Migration and Immigrants, S. 8.

392 Tudyka, Niederlande, S. 125–137; Entzinger, Multikulturalismus im Wohlfahrtsstaat, S. 162f.; Penninx, Immigration, Minorities Policy and Multiculturalism in Dutch Society since 1960, S. 190f.

393 Entzinger, Shifting Paradigms, S. 99f.; Staay, De buitenlandse werknemers, S. 215.

394 Böcker/Groenendijk, Einwanderungs- und Integrationsland Niederlande, S. 323f.; Lucassen, Einwanderung und Wege der Integration im niederländischen Großstadtgebiet von 1918 bis heute, S. 38f.; Bagley, Immigrant Minorities in the Netherlands, S. 21; Amersfoort, Migration Control and Minority Policy, S. 155f.; Entzinger, Niederlande, S. 202.

2.1.6. Österreich

Das Migrationsgeschehen in Österreich prägte bis zur Mitte des 19. Jahrhunderts eine nur geringe Einwanderung und eine intensive Binnenwanderung.[395] Nach der Aufhebung des noch aus der merkantilistischen Wirtschaftspolitik herrührenden Auswanderungsverbots im Jahr 1867 änderte sich vorerst nur wenig an diesen Migrationsmustern. Zwar setzte schon vor 1914 eine zaghafte Auswanderungsbewegung ein, deren Ziel vor allem die Vereinigten Staaten von Amerika waren, die interregionale und nicht grenzüberschreitende Wanderung blieb jedoch das bestimmende Phänomen. Sie vollzog sich hauptsächlich aus den agrarisch geprägten Regionen des Landes in die während der Industrialisierung entstehenden neuen wirtschaftlichen Zentren und Metropolen.[396] Um 1870 waren allerdings etwa 79% der in Österreich lebenden Menschen dort ansässig, wo sie ein ›Heimatrecht‹ besaßen.[397] Dies entsprach in der Regel ihrem Geburtsort. Weitere 20% der Bevölkerung lebten in einer Gemeinde, in der sie kein ›Heimatrecht‹ genossen. Der Ausländeranteil betrug zu diesem Zeitpunkt etwa 1%. Bis zur Jahrhundertwende stieg der Anteil der Binnenmigranten jedoch auf nahezu 40% der Bevölkerung, der Ausländeranteil auf 2% an. In einigen Regionen Österreichs, so zum Beispiel in Wien, sank der Anteil der Einwohner mit ›Heimatrecht‹ sogar unter 50%.[398] Die Auswanderung aus der Doppelmonarchie Österreich-Ungarn erfasste zwischen Jahrhundertwende und Erstem Weltkrieg schließlich etwa 3,5 Millionen oder 9,3% der Untertanen des Habsburger Staates und gewann damit ebenfalls eine beträchtliche Dynamik.[399]

Bedingt nicht zuletzt durch die ethnische und kulturelle Vielfalt der Donaumonarchie bildete sich bereits früh ein vergleichsweise restriktives Management nicht grenzüberschreitender Wanderungsbewegungen heraus.[400] Zwar hatten die Untertanen des Kaisers von Österreich 1867 mit dem Übergang zur Doppelmonarchie Österreich-Ungarn das Recht auf Auswanderung erhalten, innerhalb des Landes blieben die administrativen Grenzen jedoch weitgehend undurchlässig. Dies reflektiert die konkurrierenden Interessen von Herrschaft und Wirtschaft auf unterschiedlichen Ebenen. Während die Agrareliten einen Verlust der für die landwirtschaftliche Produktion benötigten Arbeitskräfte verhindern wollten, versuchten die Industriezentren, zusätzliche Arbeitskraft anzuziehen. Diese Arbeitskräfte sollten allerdings im Falle einer

---

Vgl. für einen Ausblick auf die Arbeitsmigration in die Niederlande *nach* dem Anwerbestopp Odé/Knaap, Contemporary Patterns of Labour Based Migration to the Netherlands, S. 203f.

395 Hahn, Österreich, S. 171f. Eine neue und knappe Übersicht bietet nun auch Weigl, Migration und Integration.

396 Fassmann/Münz, Einwanderungsland Österreich?, S. 22f.

397 Hahn, Migration – Arbeit – Geschlecht, S. 139f.

398 Kreisky/Neyer, Migration in Austria, S. 189f.; Jandl/Kraler, Austria (online).

399 Komlosy, Grenzen und die Steuerung der Binnenmigration in den österreichischen und böhmischen Ländern im 18. und 19. Jahrhundert, S. 265.

400 Bauböck, Immigration Control without Integration Policy, S. 100.

zu sozialer Not führenden Überschusssituation wieder von ihren neuen Wohnorten entfernt – gewissermaßen in die Peripherie abgeschoben – werden können.[401]

Diese Konstellation machte das sogenannte ›Heimatrecht‹ im Verbund mit dem Passwesen – Pässe wurden als behördliche Wanderungsgenehmigung auch für interregionale Wanderungen benötigt – zu einem zentralen Steuerungsinstrument. Es hielt Migranten innerhalb Österreich-Ungarns in einem dauerhaft unsicheren Aufenthaltsstatus am neuen Wohnort, der ihre Abschiebung in ihre Heimatgemeinde im Falle von Arbeitslosigkeit vorsah. Erst 1901 wurde es möglich, nach zehnjähriger Verweildauer das Niederlassungsrecht am neuen Wohnort zu erwerben.[402] Die Einwanderung oder gar Anwerbung ausländischer Arbeitskräfte spielte im österreichischen Migrationsgeschehen vor dem Ersten Weltkrieg nur punktuell eine Rolle. So kamen zwar bei den Abbruch- und Bauarbeiten der Wiener Stadterweiterung italienische Tagelöhner und Arbeitskräfte vom Balkan zum Einsatz.[403] Bis 1867, im Fall der kroatischen und slowakischen Arbeiter auch über dieses Jahr hinaus, dürfte ein großer Teil von ihnen jedoch aus Regionen zugewandert sein, die zu Österreich gehörten. Ab den 1880er Jahren entwickelten sich in einigen peripheren Regionen des Reiches Migrationsmuster, die deren Bewohner als Saisonarbeiter ins Ausland führten. Die von Österreich annektierten Teile Polens etwa wurden zur wichtigsten Quellregion für ausländische Arbeitskräfte für das Deutsche Kaiserreich, aber auch andere westeuropäische Staaten.[404]

Nachdem als Konsequenz des Ersten Weltkrieges der Vielvölkerstaat Österreich-Ungarn zerfallen war und die Republik Österreich nur noch etwa 10% des früheren Staatsgebietes der Doppelmonarchie umfasste, bestimmten Flüchtlingsbewegungen bzw. Remigrationen ethnischer Minderheiten, die aus dem Entstehen der Nachfolgestaaten resultierten, das Wanderungsgeschehen. Auch die Auswanderung aus Österreich bzw. den Nachfolgestaaten Österreich-Ungarns nahm erneut zu, lag jedoch quantitativ weit unterhalb der

401 Komlosy, Grenzen und die Steuerung der Binnenmigration in den österreichischen und böhmischen Ländern im 18. und 19. Jahrhundert, S. 270f., 278f.

402 Bauböck, »Nach Rasse und Sprache verschieden«, S. 2f.; Fassmann/Münz, Einwanderungsland Österreich?, S. 15f. In den 1860er Jahren war der Erwerb des Heimatrechts neben der zehnjährigen Ansässigkeit an eine ausdrückliche Aufnahme in den Gemeindeverband gebunden und damit stark erschwert worden; vgl. Komlosy, Grenzen und die Steuerung der Binnenmigration in den österreichischen und böhmischen Ländern im 18. und 19. Jahrhundert, S. 282.

403 Baltzarek/Hoffmann/Stekl, Wirtschaft und Gesellschaft der Wiener Stadterweiterung, S. 195.

404 Vgl. zur Anwerbung von Auswanderern in Österreich und zur auswanderungsfeindlichen Gesetzgebung in Ungarn vor dem Ersten Weltkrieg Pacher, Die Arbeiterwanderungen zwischen Österreich-Ungarn und Nordamerika, S. 11f. Der Autor nennt als Durchschnittswerte für die Auswanderung in die USA zwischen 1888 und 1894 jährlich 22.000 Ungarn und 40.000 Österreicher, darunter 7.000 galizische Polen, wobei ein großer Teil dieser Auswanderer durchschnittlich nur etwa 3,5 Jahre in den USA blieb. Für Ungarn wird eine Rückkehrquote von 85% angegeben.

Auswanderungswellen der Vorkriegszeit.[405] Vom Jahr 1922 auf 1923 stieg die Zahl der Auswanderer nach Übersee beispielsweise von 10.579 auf 15.497, wobei die USA mit weitem Abstand vor Brasilien und Argentinien wichtigstes Zielland blieben.[406] Allerdings begann die österreichische Regierung einige Auswanderungsprojekte durch zwischenstaatliche Verträge abzusichern, die zu einer überwachten Ansiedlung österreichischer Kolonisten führen sollten.[407]

In der Zwischenkriegszeit bestimmte ein restriktiver Umgang mit Migranten die politische Entwicklung in Österreich.[408] An den traditionell weitreichenden Möglichkeiten für Eingriffe in den Aufenthalt von Ausländern durch den Staat änderte sich wenig. Ab 1925 übernahm ein dem Bundeskanzleramt angeschlossenes Wanderungsamt die Regelung aller die Ein- und Auswanderung betreffenden Fragen, darunter auch die Zulassung ausländischer Arbeitskräfte. Die Beschäftigung von Ausländern konnte nach dem ›Inlandsarbeiterschutzgesetz‹, das im gleichen Jahr in Kraft trat, nur unter strengen Auflagen aus ökonomischen Gründen genehmigt werden.[409] Diese Grundlinie österreichischer Migrationspolitik prägte die Regulierung der in den späten 1920er Jahren einsetzenden Zuwanderung von Arbeitskräften, die vorwiegend aus der Tschechoslowakei und aus Ungarn stammten. So blieb die Arbeitsmigration nach Österreich im Verhältnis zu anderen Migrationsbewegungen, etwa der Zuwanderung jüdischer Bevölkerungsteile aus Osteuropa, zweitrangig.[410] Die legale Arbeitsmigration nach Österreich bewegte sich zwischen 1927 und 1933 zwischen nur 5.000 und 8.000 Personen jährlich, war also marginal. Das tatsächliche Ausmaß der Ausländerbeschäftigung lag zeitweise allerdings weit höher, da beispielsweise die tschechoslowakischen landwirtschaftlichen Saisonarbeiter von der österreichischen Statistik nicht erfasst wurden. Im Jahr 1930 beispielsweise kamen mit etwa 16.000 Landarbeitern etwa doppelt so viele irreguläre wie registrierte ausländische Arbeitskräfte nach Österreich.[411]

Mit der Annektion Österreichs durch das nationalsozialistische Deutschland im Jahr 1938 fand auch eine Übernahme der dort praktizierten Ausländerpolitik statt. Eine Folge der Angliederung an das Deutsche Reich war, dass die Ausländerbeschäftigung in den letzten Jahren vor dem Zweiten Weltkrieg, ausgelöst durch die Arbeitsmarkteffekte der Kriegsvorbereitungen, auch in Österreich anstieg. Während des Zweiten Weltkrieges prägten die Zwangs-

---

405 Fassmann/Münz, Austria, S. 151.

406 L'émigration autrichienne en 1923, S. 357f.; Hahn, Österreich, S. 181f.

407 Vgl. exemplarisch Un accord de colonisation entre l'Autriche et le Pérou, S. 328. Im Jahr 1929 sah ein Vertrag zwischen den beiden Staaten die Ansiedlung von 3.000 österreichischen Familien, die eine Landzuteilung erhalten sollten, in Peru vor.

408 Bauböck, Immigration Control without Integration Policy, S. 100; vgl. dazu exemplarisch die Forderung der Arbeiterkammer Wien aus dem Jahr 1923 zur Beschränkung der Ausländerbeschäftigung L'emploi de la main-d'œuvre étrangère en Autriche, S. 522.

409 International Labour Office, Migration Laws and Treaties, Bd. 3, S. 151, 189.

410 Bauböck, »Nach Rasse und Sprache verschieden«, S. 4f.; Fassmann/Münz, Einwanderungsland Österreich?, S. 29f.

411 International Labour Office, The Migration of Workers, S. 18.

arbeiterrekrutierung und -beschäftigung seine transnationalen Arbeitsmarktbeziehungen.[412]

Wie bereits in der ersten Nachkriegszeit stand auch nach dem Ende des Zweiten Weltkrieges der Umgang mit Flüchtlingen und Vertriebenen im Vordergrund österreichischer Emigrations- und Ausländerpolitik.[413] Und wie bereits in den 1920er Jahren war die Abwehr einer Einwanderung ethnischer oder kultureller Minderheiten die Leitlinie politischen Handelns. Das zweite Element im Wanderungsgeschehen nach 1945 bildete die Aufnahme von Flüchtlingen aus Staaten des Ostblocks.[414] Beide Phänomene sorgten, unabhängig von ihren politischen und gesellschaftlichen Ursachen und Konsequenzen, auch für einen ständigen Zustrom an Arbeitskräften. Er glich nicht nur die auch in den 1950ern noch beträchtliche Abwanderung von Österreichern ins Ausland aus, sondern führte auch dazu, dass sich Knappheitserscheinungen auf dem österreichischen Arbeitsmarkt – und damit die Notwendigkeit für eine Anwerbung bzw. Zulassung ausländischer Arbeitskräfte – erst relativ spät bemerkbar machten.[415] Ein weiterer Faktor, der zu einem verzögerten Einsetzen eines genuinen Arbeitskräfteimports beitrug, hatte seine Ursache in der konjunkturellen Entwicklung. Im Gegensatz zu anderen westeuropäischen Industriestaaten zog sich der Übergang von der Bewältigung der Kriegsfolgen zur Nachkriegsprosperität verhältnismäßig lange hin. Der Aufschwung entfaltete in Österreich erst in den 1960er Jahre seine Kräfte auf dem Arbeitsmarkt, sodass die erste Hälfte des Jahrzehnts noch vom Übergang zwischen dem Abbau der Arbeitslosigkeit zum Auftreten einer zusätzlichen Nachfrage nach ausländischen Arbeitskräften geprägt war.[416] Dennoch zeigte sich der Arbeitsmarkt in einigen Segmenten schon ab 1961 so angespannt, dass an die Arbeitsverwaltung eine Anweisung erging, scharf gegen jede Form der Anwerbung österreichischer Arbeitnehmer durch ausländische Arbeitgeber vorzugehen.[417]

Um dem in den 1960er Jahren einsetzenden Drängen der Wirtschaft auf die Zufuhr zusätzlicher Arbeitskräfte aus dem Ausland gerecht zu werden, erleichterte man die Zulassung ausländischer Arbeitskräfte im Jahr 1962. Bedenken der Gewerkschaften gegen eine völlige Freigabe der Arbeitsimmigration sollten jährlich neu fixierte Kontingente an Arbeitsmigranten, die in

412 Bauböck, »Nach Rasse und Sprache verschieden«, S. 6.

413 Weigl, Migration und Integration, S. 15f., 26f.

414 Stiegnitz, Gastarbeiter in Österreich, S. 79; Bauböck, »Nach Rasse und Sprache verschieden«, S. 10f.; Fassmann/Münz, Einwanderungsland Österreich?, S. 34f.; dies., Austria, S. 152f. 1947 kam ein Wanderungsabkommen für Arbeitskräfte mit Italien zustande, das jedoch vollkommen bedeutungslos blieb; vgl. International Labour Office, The International Labour Code, S. 1146.

415 La situation de l'emploi en Autriche en 1952, S. 415.

416 Butschek, Die österreichische Wirtschaft im 20. Jahrhundert, S. 119f.; Parnreiter, Migration und Arbeitsteilung, S. 102f.; Weigl, Migration und Integration, S. 38f.

417 Anwerbung von Arbeitnehmern im Ausland für eine Beschäftigung im Inland; hier: Vorschriften über die Voraussetzungen und das Verfahren gemäß § 2 Abs. 1 Satz 2 AVAVG bei der Anwerbung in Österreich, in: Amtliche Nachrichten der BAVAV, 9. 1961, S. 168.

Österreich für begrenzte Zeit einer Erwerbstätigkeit nachgehen durften, ausräumen.[418] Bis zum Erreichen dieser quantitativen Obergrenze konnten Ausländer, die durch Anwerbung oder selbstständig nach Österreich kamen, ohne Einzelfallprüfung beschäftigt werden. Jeder Antrag auf Beschäftigung eines Ausländers galt automatisch als genehmigt, wenn er nicht innerhalb von zehn Tagen abgewiesen wurde.[419] Die Anwerbung des ersten Kontingents für das Jahr 1962 begleiteten die üblichen Anlaufschwierigkeiten eines regulierten Migrationsprozesses, sodass es zu nur 38% ausgeschöpft wurde. In den Folgejahren wurde es schrittweise erhöht und auch die Ausschöpfungsquote stieg parallel dazu an. Im Zeichen der herannahenden Vollbeschäftigung verlor die Kontingentierung jedoch zusehends an Bedeutung. Der Anspruch der Gewerkschaften auf eine quantitative Begrenzung der Einwanderung von Arbeitskräften trat in den Hintergrund und bald schon erhielt jeder Arbeitsmigrant unabhängig von der Kontingentierung automatisch eine Beschäftigungsgenehmigung.[420]

Dieser Übergang von einem komplexen Genehmigungsverfahren, dass sich quasi präventiv gegen die Zuwanderung ausländischer Arbeitnehmer richtete, zu einem vereinfachten Verfahren, das der Wirtschaft große Spielräume gewährte, erfolgte – ebenso wie in der Bundesrepublik Deutschland – auf der Grundlage der deutschen Verordnung über ausländische Arbeitnehmer vom 23. Januar 1933. Sie war nach dem ›Anschluss‹ Österreichs an das ›Dritte Reich‹ ins österreichische Recht übernommen worden und besaß nach wie vor Gültigkeit.[421] Die Neuregelung der Ausländerbeschäftigung sah für alle Ausländer, die unter der Kontingentregelung nach Österreich gelangten, grundsätzlich eine Gleichbehandlung in der Gestaltung der Arbeitsbedingungen vor. Gleichzeitig sorgten ein Inländerpimat, streng auf ein Jahr befristete Aufenthalts- und Arbeitsgenehmigungen sowie der Grundsatz, dass bei betriebsbedingten Entlassungen ausländischen Arbeitnehmern zuerst zu kündigen sei, für eine unterprivilegierte Stellung der Arbeitsmigranten auf dem österreichischen Arbeitsmarkt.[422]

Als neuer Spieler auf dem transnationalen europäischen Arbeitsmarkt schloss auch Österreich eine Reihe von Anwerbeabkommen ab. Spanien und die Türkei wurden 1962 bzw. 1964 zu den ersten Partnerländern. Während es jedoch nicht zu einer nennenswerten Migrationsbewegung aus Spanien in Richtung Österreich kam, entwickelten sich die Türkei und Jugoslawien, mit dem 1966 ein Anwerbeabkommen zustande kam, zu den wichtigsten Herkunftsländern ausländischer Arbeitskräfte in Österreich. Die jährliche Nettozuwanderung stieg, nachdem die Migrationsbeziehungen zu den beiden Ver-

418 Gächter, Austria, S. 69f.; Kreisky/Neyer, Migration in Austria, S. 192; Lebhart/Münz, Migration und Fremdenfeindlichkeit, S. 23.

419 Butschek, Der österreichische Arbeitsmarkt, S. 194.

420 Ebd., S. 196; ders., Die Struktur des österreichischen Arbeitsmarktes, S. 123.

421 Parnreiter, Migration und Arbeitsteilung, S. 117f.; Bauböck, Immigration Control without Integration Policy, S. 100.

422 Gehmacher, Austria, S. 129; Fassmann/Münz, Einwanderungsland Österreich?, S. 41f.

tragspartnern Türkei und Jugoslawien gefestigt und Anwerbemechanismen etabliert waren, schnell an und lag in der zweiten Hälfte der 1960er Jahre jährlich zwischen 10.000 und 20.000 Personen. Einzig das Rezensionsjahr 1966/67 bildete dabei eine Ausnahme, doch selbst in diesem Jahr blieb die Wanderungsbilanz Österreichs, im Unterschied zur Mehrzahl der übrigen westeuropäischen Industrieländer, positiv. Anfang der 1970er Jahre erreichte die Zuwanderung ausländischer Arbeitskräfte ihren Höhepunkt. Zwischen 25.000 und 40.000 Migranten kamen nun pro Jahr neu auf den österreichischen Arbeitsmarkt.[423] Allein zwischen 1971 und 1973 stieg die Anzahl der abhängig beschäftigten Ausländer von 166.662 auf 248.429 Personen, also um mehr als die Hälfte. Der Ausländeranteil an den Beschäftigten insgesamt erhöhte sich dadurch auf 9,2%.[424] Mit einem Anteil von fast vier Fünfteln nahmen Einwanderer aus Jugoslawien vor denjenigen aus der Türkei, deren Anteil 12% der legal abhängig Beschäftigten betrug, die mit deutlichem Abstand wichtigste Position ein.[425]

Der Staat beschränkte sich zunächst auf eine ausländerpolizeiliche Kontrolle der Migranten in Österreich, deren Status auf dem Arbeitsmarkt die Gewerkschaften regulierten. Die direkte Anwerbung selbst übertrug man der Bundeswirtschaftskammer, also der Selbstverwaltungsorganisation der Arbeitgeber, die in denjenigen Staaten, mit denen Österreich Anwerbeabkommen unterzeichnet hatte, eigene Rekrutierungsbüros unterhielt. Die von der Bundeswirtschaftskammer institutionalisierte ›Arbeitsgemeinschaft für die Anwerbung ausländischer Arbeitskräfte‹ kooperierte auf der Grundlage der Anwerbeverträge mit den Behörden in der Türkei und in Jugoslawien und hatte die Aufgabe, österreichische Unternehmen bei der Anwerbung von Arbeitskräften in diesen Ländern zu unterstützen.[426] Staat, Arbeitgeber- und Arbeitnehmerorganisationen übernahmen also diejenigen Kompetenzen im Migrationsprozess, die am stärksten mit ihren originären Interessen korrespondierten.[427] Eine einheitliche, für die Zuwanderung zuständige Behörde entstand indes nicht. Angesichts eines Anwerbeverfahrens im Ausland, das nahezu vollkommen in der Hand der unternehmerischen Selbstverwaltung lag, beteiligte sich parallel zu diesen halboffiziellen Strukturen ein breites Feld rein privatwirtschaftlicher Anwerbeinitiativen an der Arbeitskräftebeschaffung. Diese reichten von Rekrutierungsexpeditionen österreichischer Unternehmer unterschiedlichster Größenordnung bis zum Aufkommen unabhängiger Anwerbe- und Schlepperbanden, die der österreichischen Wirtschaft die gewünschten Arbeitskräfte zuführten. Die Arbeitgeber umgingen durch den Rückgriff auf

423 Dies., Austria, S. 158; Butschek, Der österreichische Arbeitsmarkt, S. 195.
424 Kreisky/Neyer, Migration in Austria, S. 193; Zahlen variieren in der Literatur.
425 Bauböck, »Nach Rasse und Sprache verschieden«, S. 12f.; Fassmann/Münz, Österreich, S. 218; Gehmacher, Austria, S. 127, 131; Biffl, Employment of Foreign Workers in Austria, S. 4f.; eine statistische Übersicht findet sich bei Hahn, Österreich, S. 185.
426 Parnreiter, Migration und Arbeitsteilung, S. 117f.; Jandl/Kraler, Austria (online).
427 Vgl. zur Rolle der Sozialpartner für die Wirtschaftsplanung in Österreich Butschek, Planning for Social Stability?, S. 40f.

solche zum Teil illegalen Praktiken nicht nur die bürokratischen Hürden des offiziellen Anwerbe- und Genehmigungsverfahrens, sondern auch die damit verbundenen Verwaltungsgebühren.[428]

Obgleich also das System des transnationalen Arbeitskrafttransfers im Grunde auf eine hohe Regulierungsintensität hin ausgelegt war, durchbrach die tatsächliche Entwicklung Schritt für Schritt die Mauern formalisierter Migrationskanäle.[429] Während des letzten Aufflammens der Nachkriegskonjunktur Anfang der 1970er Jahre wurde nicht nur die Zuwanderung über alternative Wege im Zeichen hoher Arbeitskraftnachfrage toleriert, sondern auch die auf ein Jahr begrenzte Verweildauer immer häufiger prolongiert. Der größte Teil der Einwanderung vollzog sich nach der Rezession von 1966/67 daher an der offiziellen Rekrutierungsbürokratie vorbei. So hatte in der Anfangsphase der Kontingentierung der Anteil derjenigen Ausländer, die im Rahmen des Kontingentverfahrens eine Arbeitserlaubnis erhalten hatten, bei etwa 95% gelegen. Im Jahr 1970 dagegen lag der Wert nur noch bei 60%, während 40% der in diesem Jahr nach Österreich einreisenden Arbeitsmigranten alternative Migrationskanäle nutzten.[430] Nicht nur die Migranten bevorzugten diesen nur wenig streng regulierten Zugang zum österreichischen Arbeitsmarkt, auch viele Unternehmen standen der zu Beginn der 1970er Jahre diskutierten Rückkehr zur konsequenten Kontingentierung kritisch gegenüber, da sie bei einer Plafonierung der Ausländerbeschäftigung den Verlust ausländischer Facharbeiter fürchteten.[431]

Schließlich manifestierte sich mit dem einsetzenden Familiennachzug die dauerhafte Niederlassung bzw. Einwanderung eines Teils der Arbeitsmigranten. Wie die Mehrzahl der westeuropäischen Industriestaaten verfügte auch Österreich im Jahr 1973 einen Anwerbestopp und begann auf der Grundlage des unsicheren Aufenthaltsstatus der Migranten, eine Politik der Verdrängung vom Arbeitsmarkt und aus dem Staatsgebiet einzuleiten. Diese führte trotz des Familiennachzuges zu einer drastischen Reduzierung der ausländischen Wohnbevölkerung und beinhaltete eine Plafonierung der in Österreich zulässigen Ausländer bei 250.000 Personen, die im Jahr 1974 in Kraft trat.[432] Diese Zahl entsprach bereits in etwa den 1973 in Österreich abhängig beschäftigten Ausländern ohne deren ebenfalls im Land lebende Familienmitglieder. Eine solche Regelung zielte also nicht nur auf ein Abstoppen der Einwanderung, sondern vielmehr auch auf eine aktive Verringerung der ausländischen Wohnbevölkerung, ein Ziel, das die österreichische Ausländerpolitik bereits wenige

428 Parnreiter, Migration und Arbeitsteilung, S. 121.

429 Bauböck, Immigration Control without Integration Policy, S. 101.

430 Parnreiter, Migration und Arbeitsteilung, S. 127.

431 Klose, Die wirtschaftliche Problematik der Gastarbeiter, S. 9f.; Fassmann/Münz, Migration und Bevölkerungspolitik, S. 530f.

432 Bauböck, »Nach Rasse und Sprache verschieden«, S. 14f.; United Nations, Department of Economic and Social Affairs, Trends and Characteristics of International Migration since 1950, S. 27.

Jahre später erreicht hatte, als 1975 ein 25-prozentiger Rückgang der Ausländerbeschäftigung verzeichnet werden konnte.[433]

2.1.7. Schweden

Unter den vier nordeuropäischen Ländern Schweden, Dänemark, Norwegen und Finnland hat in erster Linie für Schweden eine staatliche regulierte Arbeitsmigration, die über direkte Arbeitsmarktbeziehungen zu den Nachbarstaaten hinausging, Bedeutung gewonnen.[434] Eine nach dem Zweiten Weltkrieg intensive Zusammenarbeit zwischen den skandinavischen Staaten im Bereich der Arbeitsmigration, die mit dem Wegfallen der Arbeitserlaubnis für deren Bürger in Schweden im Jahr 1943 begann, führte 1954 zum Entstehen des ›Gemeinsamen skandinavischen Arbeitsmarktes‹. Er wurde im Jahr 1955 durch ein Sozialversicherungsabkommen der vier beteiligten Staaten und 1958 durch eine Passunion ausgebaut.[435] Innerhalb dieses ›Nordischen Arbeitsmarktes‹, auf dem Schweden der größte Nachfrager und Finnland der wichtigste Anbieter von Arbeitskräften war, regelte die Zusammenarbeit der nationalen Arbeitsverwaltungen den zwischenstaatlichen Arbeitsmarktausgleich, während ein international besetztes Gremium Leitlinien der gemeinsamen Sozial- und Arbeitsmarktpolitik formulierte und mithilfe eines Sonderfonds der Mitgliedstaaten umgesetzte.[436] Die dadurch erreichte hohe Arbeitskräftemobilität innerhalb Skandinaviens half, den Arbeitskräftebedarf Dänemarks und Norwegens, zum Teil auch Schwedens zu decken und bot gleichzeitig ein Ventil für den von hoher Arbeitslosigkeit geprägten finnischen Arbeitsmarkt.[437] Während Finnland im Untersuchungszeitraum ein Auswanderungsland blieb und Norwegen kaum auf das Arbeitskräftepotential der europäischen Peripherie zugriff, beschränkte sich in Dänemark die Phase intensiver Arbeitskräfteeinwanderung aus nicht-skandinavischen Staaten – obwohl auch in diesem Land die Erfahrungen mit ausländischen Arbeitskräften bis vor den

433 Kreisky/Neyer, Migration in Austria, S. 194; Fassmann/Münz, Austria, S. 157; Stiegnitz, Gastarbeiter in Österreich, S. 82f.; Biffl, Employment of Foreign Workers in Austria, S. 3f.

434 United Nations, Department of Economic and Social Affairs, Trends and Characteristics of International Migration since 1950, S. 33.

435 Fischer/Straubhaar, Ökonomische Integration und Migration in einem gemeinsamen Markt, S. 143f.; Ornbrant/Peura, The Nordic Pact, S. 202f. Die Verhandlungen, die zu diesem gemeinsamen Arbeitsmarkt führten, hatten bereits in der Vorkiegszeit begonnen; vgl. Echange de main-d'œuvre entre les pays nordiques, S. 465. Der erste Vertrag mit Relevanz für Arbeitsmigranten zwischen Finnland und Schweden war eine reziproke Vereinbarung über die Entschädigung von Arbeitsmigranten bei Arbeitsunfällen aus dem Jahr 1923; vgl. La convention suédo-finlandaise sur l'indemnisation des accidents du travail, S. 351f.

436 Leben, Le droit international et les migrations des travailleurs, S. 64f.

437 Die Bedeutung dieses Zusammenschlusses ist nicht zu überschätzen, denn im Gegensatz etwa zum gemeinsamen Benelux-Arbeitsmarkt umfasste er mit Finnland eine unterentwickelte Volkswirtschaft mit sehr hohem Überangebot an Arbeitskraft; vgl. Erikson, International Migration and Regional Differentials in Unemployment and Wages, S. 60f.

Ersten Weltkrieg zurückreichen[438] – auf eine relativ kurze Phase nach dem Zweiten Weltkrieg und erreichte keinen bedeutenden Umfang.[439]

Auch Schweden entwickelte sich erst nach dem Zweiten Weltkrieg zum Einwanderungsland.[440] Dennoch liegen die Wurzeln der schwedischen Migrationsgeschichte – auch die der Einwanderung – weit vor dem Jahr 1945.[441] Im 19. Jahrhundert hatte zunächst eine bis nach dem Ersten Weltkrieg andauernde Auswanderung das Wanderungsgeschehen bestimmt, die sowohl von religiösen als auch ökonomischen Motiven angetrieben wurde.[442] Die Binnenmigration dagegen, deren Dynamik sich in anderen europäischen Ländern im Verlauf der Industrialisierung verstärkte, blieb in Schweden unbedeutend, da sich die industrielle Entwicklung weitgehend in ländlichen Räumen vollzog.[443] Im Vergleich zur Abwanderung von mehr als einer Million Schweden zwischen 1870 und 1914 war die Einwanderung marginal.[444] Sie bestand bis in die Zwischenkriegszeit vor allem aus Saisonarbeitern für die Landwirtschaft, die Fischverarbeitungsindustrie oder die Holzwirtschaft sowie sporadisch von Unternehmern ins Land geholten Streikbrechern, die im Kampf gegen die Gewerkschaftsbewegung instrumentalisiert wurden.[445] Gleichwohl führte der Erste Weltkrieg im neutralen Schweden, ähnlich wie in anderen Staaten Europas, zu einem Abreißen der bis dahin freizügigen Migrationspolitik und leitete eine Phase zunehmender staatlicher Kontrolle über die Einwanderung ein, die zu einer zeitweise restriktiven Migrationspolitik führte.[446]

Ein Gesetz über die Ausweisung von Ausländern (›Utvisingslagen‹) von 1914 erlaubte der Regierung zunächst in Notsituationen, Maßnahmen gegen Ausländer in Schweden und gegen weitere Zuwanderung nach Schweden zu treffen; 1917/18 wurde ergänzend die Pass- und Visapflicht für die Einreise sowie für den Aufenthalt im Land eine Aufenthaltserlaubnis eingeführt. Auch eine Arbeitserlaubnis wurde nun für Ausländer in Schweden verpflichtend. Diese zunächst für die Kriegsdauer gedachten Regelungen verdauerte das

438 Srbik, Dänisches Gesetz über die Verwendung von ausländischen Arbeitern, S. 188f.

439 Ornbrant/Peura, The Nordic Pact, S. 214, 218, 224; Runblom, Immigration to Scandinavia after World War II, S. 282f.; Schierup, Immigrants and Immigrant Policy in Denmark and Sweden, S. 224. Der Anteil der ausländischen Bevölkerung in Dänemark und Norwegen lag nach 1945 immer weit unter dem Ausländeranteil in Schweden. In der Anwerbephase nach dem Zweiten Weltkrieg beteiligten sich dänische Unternehmen zwischen 1960 und 1973 an der Rekrutierung ausländischer Arbeitskräfte. Am Ende der Anwerbung befanden sich jedoch nur 15.000 Arbeitnehmer im Land, die aus der Türkei, Pakistan, Jugoslawien und Marokko stammten; vgl. Hedetoft, Denmark (online).

440 Vgl. zur Auswanderung aus Schweden in die USA Ostergren, Swedish Migation to North America in Transatlantic Perspective, S. 125–147.

441 Bengtsson/Lundh/Scott, From Boom to Bust, S. 15f.; Westin, Sweden (online).

442 Hammar, Sweden, S. 17; Harzig, Migrationspolitik im nordatlantischen Raum, S. 73; Gjerde, The Scandinavian Migrants, S. 85f.

443 Karlström, Economic Growth and Migration during the Industrialization of Sweden, S. 31f.

444 Ebd., S. 33. Insgesamt verließen seit Beginn des 19. Jahrhunderts etwa 2 Millionen Schweden ihr Land als Auswanderer; vgl. Abiri, The Securitization of Migration, S. 31.

445 Harzig, Einwanderung und Politik, S. 81.

446 Hammar, Sweden, S. 18.

Ausländergesetz von 1927.[447] Das damit fest installierte Aufenthalts- und Arbeitserlaubnisverfahren, das von Außenministerium, Polizei- und Sozialbehörden durchgeführt wurde, bildete von diesem Zeitpunkt an die Grundlage für den Umgang mit Ausländern auf dem schwedischen Arbeitsmarkt.[448] Im Einklang mit der Einführung von Kontrollmechanismen für den Zuzug von Arbeitskräften, die bei restriktiver Handhabung einen vollkommenen Stopp der Arbeitsimmigration möglich machten, stand die allgemeine Einwanderungspolitik Schwedens. Sie war – ähnlich wie in den anderen skandinavischen und der Mehrzahl der westeuropäischen Staaten – durch eine allgemeine Ablehnung dauerhafter Niederlassung geprägt, aus der eine äußerst restriktive Praxis der Migrationskontrolle folgte.[449] Als die schwedische Arbeitsverwaltung im Februar 1939 eine Bestandsaufnahme der sich im Land befindlichen Ausländer vornahm – da in Schweden keine verlässliche Ausländerstatistik existierte –, wurden 23.722 Ausländer gezählt, von denen 44% aus Dänemark, Norwegen und Finnland stammten sowie weitere 25% aus Deutschland. Nur 5.087 dieser Ausländer hatten sich vor dem Inkrafttreten des Ausländergesetzes von 1928 in Schweden aufgehalten, die restlichen waren im Verlauf der 1930er Jahre als Arbeitskräfte oder Flüchtlinge ins Land gekommen.[450]

Im Verlauf des Zweiten Weltkrieges und in der unmittelbaren Nachkriegszeit kam es zu einem Umschwung. Die xenophobe Haltung der Zwischenkriegszeit und der ersten Jahre des Zweiten Weltkrieges, die unter anderem zu einer harten Politik gegenüber jüdischen Flüchtlingen geführte hatte, die aus dem ›Dritten Reich‹ zu entkommen suchten, wurde durch eine von humanitären Motiven geleiteten Einwanderungspolitik abgelöst. Das neutrale Schweden wandelte sich so noch vor Kriegsende zu einem wichtigen Aufnahmeland für Flüchtlinge und Überlebende des Holocaust. Infolgedessen stieg die Anzahl der Ausländer, die sich zeitweise oder dauerhaft in Schweden aufhielten, dramatisch an.[451] Im Jahr 1949 zählte man bereits 167.300 Migranten, von denen 87.465 einer bezahlten Arbeit nachgingen.[452] Mit der ›Staatlichen Ausländerkommission‹ (›Statens utlännings-kommission‹) wurde im Jahr 1944 eine erste zentrale Behörde für die Belange der Migranten in Schweden geschaffen. Im gleichen Zeitraum sorgten die Auswirkungen einer langfristig sinkenden Geburtenrate verbunden mit einem wirtschaftlichen Aufschwung, der die Arbeitskräftereserven des Landes bis zum Ende der 1950er Jahre aufsaugen sollte, für eine zunehmende Knappheit an Arbeitskräften. Dieser begegnete

447 Ebd., S. 26; Harzig, Einwanderung und Politik, S. 83.

448 Ebd., S. 84.

449 Runblom, Immigration to Scandinavia after World War II, S. 293; L'application de la loi sur l'immigration en Suède, S. 133f.

450 Le problème des étrangers en Suède, S. 441f.

451 Abiri, The Securitization of Migration, S. 32, 54. Dazu auch exemplarisch Olsson, From Forced Labour in Nazi Germany to Controlled Labour in Democratic Sweden, S. 37–48.

452 L'immigration en Suède, S. 263.

Schweden – dem europäischen Muster folgend – in erster Linie mit einer aktiven Anwerbepolitik.[453]

Die Migrationsgeschichte seit den 1940er Jahren lässt sich in drei Phasen teilen. Bis etwa 1947 prägten die unmittelbaren Kriegsfolgen das Wanderungsgeschehen. Vom Ende der 1940er Jahre bis 1972 erstreckte sich diese Phase der regulierten Arbeitsmigration. Von den frühen 1970er Jahren an verschoben sich dann die Strukturen der Zuwanderung nach Schweden sukzessive in Richtung einer freizügigen innereuropäischen Arbeitsmigration einerseits, der Aufnahme von Flüchtlingen andererseits.[454]

Parallel zum Ausbau der Arbeitsmarktbeziehungen zu Dänemark und Finnland begannen schwedische Behörden ab 1947 mit der Rekrutierung von Arbeitskräften in Italien, Ungarn und Österreich.[455] Mit Italien und Ungarn wurden dazu in diesem Jahr Vereinbarungen geschlossen, die jedoch nicht den Stellenwert völkerrechtlicher Verträge besaßen. Die Organisation der kollektiven Anwerbung wurde der neu gegründeten nationalen Arbeitsverwaltung (›Arbetsmarknadsstyrelsen‹) übertragen. Sie sollte den Arbeitsmarkt beobachten und im Bedarfsfall die Zuwanderung ausländischer Arbeitskräfte betreiben.[456] Anwerbeaktionen im Ausland führte diese Behörde zum Teil selbst durch, aber auch die Arbeitgeber wurden bereits in dieser Phase mit eigenen Rekrutierungskampagnen außerhalb Schwedens aktiv.[457] Vor allem der Schiffbau, die Kugellagerherstellung und die Elektroindustrie waren schon früh auf die Einstellung ausländischer Arbeitskräfte angewiesen. Zu Beginn der 1950er Jahre weitete man die Anwerbung kurzfristig auf die Bundesrepublik Deutschland, die Niederlande sowie Belgien aus, dann verschoben sich die Schwerpunkte auf Italien und Griechenland.[458] Eine vorwiegend staatlich organisierte Anwerbung von Arbeitskräften erfolgte zunächst jedoch nur während der ersten Jahre, als Mittel- und Nordeuropa die Hauptrekrutierungsregionen bildeten. Im gleichen Maß, wie sich die Anwerbung in Richtung Südeuropa verschoben und die Migrationsströme nach Schweden an Breite gewannen, traten die Eigeninitiative der Migranten und die Rekrutierungsbemühungen interessierter Unternehmen in den Vordergrund.[459]

In den ersten 15 Jahren nach Ende des Zweiten Weltkrieges verlief die Zuwanderung von Arbeitskräften nach Schweden auf der Grundlage der Gesetzgebung aus der Zwischenkriegszeit, die 1954 Eingang in eine Neufassung der

453 Fritz, Postwar Planning in Sweden, S. 43–51; Widgren, Sweden, S. 19f.; Öberg, Treatment of Immigrant Workers in Sweden, S. 2f.

454 Lithman, Immigration and Immigrant Policy in Sweden, S. 7; Runblom, Immigration to Scandinavia after World War II, S. 293; Westin, Sweden (online); vgl. zur Flüchtlingspolitik Öberg, Treatment of Immigrant Workers in Sweden, S. 6f.

455 Westin, Equality, Freedom of Choice and Partnership, S. 207f.; Runblom, Immigration to Scandinavia after World War II, S. 287f.

456 Harzig, Einwanderung und Politik, S. 169.

457 Westin, Sweden (online); Kjeldstadli, Nordeuropa, S. 64.

458 Widgren, Sweden, S. 20f.

459 Bengtsson/Lundh/Scott, From Boom to Bust, S. 23; Westin, Sweden (online); Diaz, Choosing Integration, S. 26f.

Einwanderungsgesetzgebung gefunden hatte.[460] In den 1950er Jahren handhabte man die Steuerungsinstrumente der Migrationspolitik unter dem Eindruck des wirtschaftlichen Aufschwungs jedoch sehr großzügig. Rekrutierenden Unternehmen und einwandernden Arbeitskräften eröffnete dies weite Spielräume. Jeder Zuwanderer, der eine Arbeitsstelle fand, erhielt quasi automatisch auch eine Aufenthalts- und eine Arbeitsgenehmigung. Das Einwanderungsgeschehen zeichnete daher die konjunkturelle Entwicklung der Wirtschaft nach.[461] Die Migration aus Finnland dominierte während der gesamten Nachkriegszeit die Arbeitsmigration nach Schweden, das seinerseits zum wichtigsten Migrationspartner Finnlands wurde. Die Zahl der Finnen, die nach 1945 nach Schweden einwanderten, entsprach der gesamten Migration aus Finnland nach Amerika während der großen Auswanderungswellen des 19. Jahrhunderts.[462] Allein zwischen 1968 und 1971, als sich die schwedische Regierung bereits um eine Drosselung der Arbeitsmigration aus den südosteuropäischen Ländern bemühte, kamen von den 232.000 Einwanderern nach Schweden 64% aus den Ländern des ›Nordischen Arbeitsmarktes‹, unter denen die Finnen wiederum die mit Abstand größte Gruppe bildeten. Unter den 365.800 zu Beginn der 1970er Jahre in Schweden registrierten Ausländern stellten die Finnen mit 56% die Mehrheit. Dagegen blieben Arbeitsmigranten aus den südosteuropäischen Ländern eine Minderheit. Rund 11% der Ausländer in Schweden kamen aus Jugoslawien, weitere 4,5% aus Griechenland und nur 2% aus Italien.[463] Aber auch im Hinblick auf die Gestaltung der schwedischen Migrationspolitik kommt der Einwanderung aus Finnland große Bedeutung zu. Da Schweden seine erste prägende Migrationserfahrung in diesem Kontext machte, beeinflusste der Umgang mit dieser ersten Einwanderungswelle der zweiten Nachkriegszeit auch die Haltung gegenüber den sich später diversifizierenden Herkunftsregionen der Arbeitsmigranten, die nach Schweden kamen.[464]

Zu Beginn der Arbeitsmigration nach Schweden nach 1945 gingen Staat und Gesellschaft davon aus, dass die Einwanderung von Arbeitskräften weitgehend ein temporäres Phänomen bleiben würde. Schnell begann jedoch die Anzahl der Migranten zu wachsen, die sich längerfristig in Schweden niederließen.[465] Dies wurde zunächst hingenommen und regulierende Eingriffe in den Wanderungsprozess unterblieben unter dem Eindruck des ökonomischen Booms, in dessen Verlauf die schwedische Wirtschaft alle ins Land strömen-

460 Klinthäll, Return Migration from Sweden 1968–1996, S. 16.

461 Ohlsson, Economic Fluctuations and Immigration to Sweden 1945–67, S. 3–23.

462 Runblom, Immigration to Scandinavia after World War II, S. 288f. Der Vergleich bezieht sich auf die finnische Migration nach Schweden im Zeitraum von 1945 bis 1980.

463 Boye-Møller, Language Training for Immigrant Workers in Sweden, S. 506f.

464 Runblom, Immigration to Scandinavia after World War II, S. 289f.; Schierup, Immigrants and Immigrant Policy in Denmark and Sweden, S. 228.

465 Harzig, Einwanderung und Politik, S. 169f.; Kogan, Labour Market Inclusion of Immigrants in Austria and Sweden, S. 6.

den Arbeitskräfte absorbierte.[466] In diesem Prozess stiegen die Einwandererzahlen aus den skandinavischen Nachbarstaaten ebenso wie aus der südlichen und südöstlichen europäischen Peripherie rapide an. Einen ersten Höhepunkt erreichte dieser Trend zu Beginn der 1960er Jahre, als sich schon etwa 175.000 Migranten aus den skandinavischen Nachbarländern in Schweden niedergelassen hatten. In den folgenden Jahren wurden die Türkei, Griechenland und Jugoslawien zu den wichtigsten nicht-skandinavischen Migrationspartnern Schwedens, das mit Jugoslawien und der Türkei 1966 bzw. 1967 Wanderungsabkommen abschloss.[467] Wie anderen Staaten auch dienten diese offiziellen Migrationskanäle Schweden zunächst als Hebel zur Erschließung ausländischer Arbeitsmärkte sowie der Anwerbung von Facharbeitern. Ihre Ventilfunktion für die Drosselung der Arbeitsmigration nach Schweden trat erst später in den Vordergrund.[468]

Die schwedischen Behörden wurden im Zusammenhang mit der Anwerbung von Arbeitskräften in der Regel nicht selbst im Ausland tätig, eine umfangreiche Anwerbeorganisation entstand folglich nicht. Stattdessen überließ man die Anwerbung den Arbeitgebern und beschränkte sich auf die Aufsicht und die Koordination der Zusammenarbeit mit den zuständigen Stellen in den Auswanderungsländern. Die diplomatischen Vertretungen Schwedens übernahmen die Abwicklung der Einreiseformalitäten. Lediglich in Belgrad wurde im Anschluss an die Unterzeichnung des Anwerbeabkommens mit Jugoslawien im Jahr 1966 ein staatliches schwedisches Informationsbüro zu einer Rekrutierungsstelle ausgebaut und von der schwedischen Arbeitsverwaltung unterhalten.[469]

Nachdem bereits Mitte der 1960er Jahre eine Diskussion über eine verstärkte Regulierung eingesetzt hatte, führten zwei Ereignisse zu einer verstärkten Kontrolle der Arbeitsmigration nach Schweden. Im Jahr 1965 setzte ein unerwartet starker Zustrom jugoslawischer Arbeitskräfte ein, der mit der gängigen Praxis der Zulassung ausländischer Arbeitskräfte nicht zu handhaben war. Diese Entwicklung gab den Ausschlag für die Formalisierung der Migrationsbeziehungen zu Jugoslawien durch ein Wanderungsabkommen und den Aufbau der Rekrutierungsstelle, mit deren Hilfe diese Wanderungsbewegung kanalisiert werden sollte. Diese Ereignisse zeigten jedoch, dass eine unregulierte Zuwanderung schnell außer Kontrolle geraten konnte und verstärkten die Forderungen nach einer effizienteren Steuerung der Arbeitsmigration. Kurz darauf führte die Rezession von 1966/67 zur Umsetzung einer strengeren Po-

---

466 Henrekson/Jonung/Stymne, Economic Growth and the Swedish Model, S. 253f.

467 Hammar, Closing the Doors to the Swedish Welfare State, S. 171; vgl. zur jugoslawischen Migration nach Schweden Öberg, Treatment of Immigrant Workers in Sweden, S. 14f. Eine Übersicht zur türkischen Migration bietet Akgündüz, Labour Migration from Turkey to Western Europe, 2008, S. 108.

468 Lithman, Immigration and Immigrant Policy in Sweden, S. 8.

469 Diaz, Choosing Integration, S. 53, Fußnote 36; Kogan, Labour Market Inclusion of Immigrants in Austria and Sweden, S. 2f.

litik und beendete die Phase der bis dahin faktisch freien Einwanderung.[470] In einem ersten Schritt erschwerte ein neues Verfahren die privatwirtschaftliche Anwerbung von Arbeitskräften im Ausland: Eine Arbeitsgenehmigung konnten potentielle Einwanderer nur noch bei den diplomatischen Vertretungen Schwedens im Ausland beantragen und nicht mehr erst nach der Arbeitsaufnahme in Schweden. Die Erteilung der Arbeitserlaubnis vor der Einreise wurde damit obligatorisch.[471] Ab 1967 mussten Arbeitsmigranten, die nicht aus dem Gebiet des gemeinsamen ›Nordischen Arbeitsmarktes‹ stammten, neben der Arbeitserlaubnis sowohl eine Arbeitsstelle als auch eine adäquate Unterkunft nachweisen, bevor ihnen die Einreise gestattet wurde.[472]

Solche Regelungen, die 1968 die Grundlage für eine zweite Neufassung des schwedischen Einwanderungsrechts bildeten, sorgten für ein Absinken der Zuwanderung aus Südeuropa.[473] Sie hatten aufgrund der innerskandinavischen Freizügigkeit jedoch kaum eine drosselnde Wirkung auf den Gesamtumfang der Einwanderung nach Schweden, da sich die Nachfrage der Unternehmen einfach in Richtung Finnland verlagerte. So erreichte die Arbeitsmigration nach Schweden nach dem Ende der Wirtschaftskrise und angeheizt durch den neuerlichen wirtschaftlichen Aufschwung zwischen 1968 und 1970 ihren historischen Höchststand.[474] Nachdem unter den 74.000 Neueinwanderern, die im Jahr 1970 nach Schweden kamen, etwa 40.000 Finnen waren, schlossen beide Staaten ein gesondertes Abkommen, um diese Massenzustrom steuerbar zu machen.[475] Mit dem Nachlassen des Wirtschaftswachstums im Verlauf der 1970er Jahre begann Schweden damit, die Einwanderung aus nicht-skandinavischen Ländern weiter zu erschweren.[476] Die Einwanderungs- und Arbeitsmarktbehörden forcierten dies durch eine sehr restriktive Praxis bei der Erteilung von Arbeits- und Aufenthaltsgenehmigungen. Die aktive Rekrutierung außerhalb Skandinaviens endete mit der letzten Kampagne zur kollektiven Rekrutierung von Arbeitskräften in Jugoslawien im Jahr 1971.[477]

Die Arbeitsmigranten und ihre Angehörigen machten zwischen 1940 und 1977 etwa 45% des Bevölkerungswachstums in Schweden aus. In dieser Zeit stieg der Ausländeranteil insgesamt von unter 1% auf mehr als 7%, wobei zu Beginn der 1970er Jahre etwa 60% der in Schweden lebenden Ausländer aus dem Bereich des ›Nordischen Arbeitsmarktes‹ stammten.[478] Die starke jährliche Fluktuation der Ein- und Auswanderer führte zu einer wesentlich höheren Wanderungsintensität, als das Wachstum der ausländischen Wohnbevölkerung

---

470 Öberg, Treatment of Immigrant Workers in Sweden, S. 4. Dies war jedoch ebenfalls der Beginn einer aktiven Integrationspolitik.

471 Hammar, Closing the Doors to the Swedish Welfare State, S. 173.

472 Bengtsson/Lundh/Scott, From Boom to Bust, S. 16; Ornbrant/Peura, The Nordic Pact, S. 207.

473 Bengtsson/Lundh/Scott, From Boom to Bust, S. 24; Lithman, Immigration and Immigrant Policy in Sweden, S. 9.

474 Widgren, Sweden, S. 24f.; Hammar, Labour Migration to Sweden, S. 297f.

475 Lithman, Immigration and Immigrant Policy in Sweden, S. 9f.

476 Bevelander, The Employment Integration of Immigrants in Sweden, S. 450.

477 Lithman, Immigration and Immigrant Policy in Sweden, S. 11.

478 Widgren, Sweden, S. 21f.; Ekberg, Immigration and the Public Sector, S. 412.

Schwedens suggeriert. Zwischen 1949 und 1971 wurden zwar 775.179 Einwanderer gezählt, denen jedoch 405.802 Auswanderer gegenüberstanden. Die jährliche Remigrationsquote in diesem Zeitraum schwankte zwischen 32% im Jahr 1965 und 93% im Jahr 1971 und lag im Durchschnitt bei 56%.[479] Im Jahr 1970 waren von 8 Millionen Einwohnern Schwedens 639.000 Einwanderer, von denen bereits etwa 233.000 die schwedische Staatsbürgerschaft angenommen hatten, was einem Bevölkerungsanteil von etwa 8% entsprach.[480] Unter den 550.451 Einwanderern, die man im Jahr 1975 in Schweden zählte, bildeten Finnen (222.147), Norweger (43.842) und Dänen (48.302) mit 60% die größten Gruppen, gefolgt von deutschen Migranten (39.543). Jugoslawien war von allen anderen Migrationspartnern Schwedens der wichtigste. Die Türkei dagegen hatte auch nach der Anwerbevereinbarung von 1967 bis zu diesem Zeitpunkt keine vorrangige Position unter den Migrationspartnern Schwedens gewonnen. Gemessen an der gesamten ausländischen Wohnbevölkerung Schwedens im Jahr 1975 hatten die Anwerbeverträge also nicht zu einer Dominanz von Migranten aus diesen beiden Staaten geführt: In Schweden lebten damals 39.965 Jugoslawen, also gerade einmal 6,7% der Ausländer, bzw. 6.143 Türken, was einem Anteil von nur 1,1% entsprach.[481]

Bis etwa Mitte der 1960er Jahre wurde von einer Assimilation der Einwanderer ohne staatliches Zutun ausgegangen. Volumen und Strukturen des Einwanderungsprozesses führten jedoch zu der Erkenntnis, dass eine aktive Integrationspolitik zur Begleitung der Einwanderung notwendig sei. Diese durchlief zwischen 1965 und 1975 ihre formative Phase und fand ab 1969 mit der Umbenennung der Ausländerkommission in Einwandererkommission ihren institutionellen Niederschlag.[482] Damit wurde in Schweden parallel zur Verschärfung der Einwanderungsbestimmungen und im Unterschied zur Mehrzahl der europäischen Länder eine umfassende Integrationspolitik entwickelt, die helfen sollte, den Einwanderungsprozess der bereits in Schweden niedergelassenen Migranten zu vollenden.[483]

2.1.8. Schweiz

Bis weit ins 19. Jahrhundert blieb die Schweiz von einer starken Abwanderungsbewegung geprägt, die sowohl temporäre Arbeitsemigration als auch permanente Auswanderung mit sich brachten. Das Land war im vorindustriellen Zeitalter kaum je in der Lage, einer wachsenden Bevölkerung Nahrung

479 Westin, Sweden (online)

480 Öberg, Treatment of Immigrant Workers in Sweden, S. 2.

481 Bevelander, Employment and Structural Change, S. 299.

482 Hammar, Sweden, S. 33–45; Swender, The Swedish Immigrant Problem, S. 121f.

483 Hammar, Closing the Doors to the Swedish Welfare State, S. 172, 178; Westin, Equality, Freedom of Choice and Partnership, S. 213f.; Hammar, Citizenship, Aliens' Political Rights, and Politicians' Concern for Migrants, S. 85f.; Lithman, Immigration and Immigrant Policy in Sweden, S. 18f., 32f., 64.

und Auskommen zu bieten. Arbeitsmigration war infolgedessen über Jahrhunderte hinweg fester Bestandteil des schweizerischen Wirtschaftslebens. Im Verlauf des 17. Jahrhunderts sollen sich allein rund 300.000 Söldner aus der Schweiz im Dienst europäischer Armeen befunden haben, und auch nachdem die militärische Arbeitsmigration ihre Bedeutung verloren hatte, blieb sowohl die temporäre als auch die permanente Auswanderung von Schweizern ein bedeutendes Phänomen.[484]

Als Folge dieser historischen Erfahrung zielte die Migrationspolitik der Schweiz im 19. Jahrhundert darauf, die Interessen schweizerischer Auswanderer und Saisonarbeiter im Ausland zu schützen, ohne dass sich bereits parallel dazu eine Einwanderungspolitik herausbildete. Diese wurde bis zur Republikgründung im Jahr 1848 vor allem auf lokaler und regionaler Ebene formuliert und besaß eine restriktive Prägung. Erst in der zweiten Hälfte des Jahrhunderts übernahm die Bundesregierung schrittweise, allerdings nie vollkommen, die Federführung in Migrationsfragen.[485] Der Anfang einer breiten Arbeitsimmigration in die Schweiz ist eng mit der Industrialisierung des Landes verbunden, die mit den Alpendurchstichen und dem Eisenbahnbau eingeleitet wurde. Zwar gab es schon um die Mitte des 19. Jahrhunderts größere Gruppen italienischer und auch deutscher Migranten, die sich dauerhaft in der Schweiz niedergelassen hatten, aber erst um die Wende zum 20. Jahrhundert verknappte sich das Angebot an Arbeitskräfte so schnell, dass der schweizerische Arbeitsmarkt einen Sog auf die Nachbarstaaten auszuüben begann.[486] Nun zog die Schweiz Menschen aus allen Nachbarländern an und sowohl Deutsche als auch Franzosen stellten bald größere Kontingente. Die mit Abstand wichtigste Quelle für Arbeitskräfte jedoch war der arme Nachbar Italien. Dort setzte die Anwerbung von Arbeitern vor allem für große Infrastrukturprojekte, aber auch für die Textilindustrie ebenfalls um die Wende zum 20. Jahrhundert ein.[487] Die Mehrzahl der italienischen Arbeiter kam zwar als Saisonarbeiter in die Schweiz, die permanente Niederlassung eines Teils der Migranten gehörte jedoch ebenfalls früh zu den Charakteristika dieser Wanderungsbewegung.[488]

Eigenarten und Verlauf dieses ersten ökonomisch motivierten Zuwanderungsprozesses – und möglicherweise auch die eigenen Migrationserfahrungen – gewannen prägende Bedeutung für Bewertung und Wahrnehmung der modernen Arbeitsimmigration. Einwanderung jenseits der Rückwanderung schweizerischer Auswanderer oder von Flüchtlingsbewegungen wurde in der Schweiz

484 Hoffmann-Nowotny/Killias, Switzerland, S. 45; Hoffmann-Nowotny, Switzerland, S. 207; Vuilleumier, Schweiz, S. 190f.; vgl. zur Migration von Söldnern auch Lucassen, The other Proletarians, S. 184f.

485 Freiburghaus/Guggisberg, Die schweizerische Ausländerpolitik seit 1850, S. 148; Niederberger, Die politisch-administrative Regelung von Einwanderung und Aufenthalt von Ausländern in der Schweiz, S. 22f.; Soom/Truffer, Eine italienische Migrations- und Integrationsgeschichte der Stadt Bern, S. 21f.

486 Braun, Sozio-kulturelle Probleme der Eingliederung italienischer Arbeitskräfte in der Schweiz, S. 34.

487 Holmes, Forgotten Migrants, S. 31, 58f., 79f., 96f.

488 Hoffmann-Nowotny, Switzerland, S. 208; Holmes, Forgotten Migrants, S. 19f.

immer als Funktion des Arbeitsmarktes betrachtet. Die eigene Wirtschaft gewann fehlende Arbeitskräfte, diese Arbeitskräfte wiederum erhielten Gelegenheit zum Verdienst ihres Lebensunterhalts. Hieraus folgte eine temporäre Begrenzung des Aufenthalts ausländischer Arbeitskräfte. Sie wurde so flexibel gestaltet, dass die Schweiz als Migrationsziel attraktiv blieb und gleichzeitig eine hohe Fluktuation der Arbeitskräfte in und aus dem schweizerischen Arbeitsmarkt sicherstellte, dass die quantitative Präsenz und die Allokation der Ausländer auf diesem Arbeitsmarkt den konjunkturellen Bedürfnissen der Wirtschaft ebenso angepasst werden konnten wie der gesellschaftlichen Einstellung der Mehrheitsbevölkerung gegenüber der Präsenz von Zuwanderern.[489]

Einen ersten Rahmen für die Zuwanderung italienischer Arbeitskräfte in die Schweiz bildete der schweizerisch-italienische Vertrag von 1868. Bis 1914 folgten 20 weitere Niederlassungsverträge mit anderen Staaten, auf deren Grundlage sich eine weitgehend freizügige Migrationspraxis entwickelte.[490] Die reziproken bilateralen Verträge und Vereinbarungen führten dem schweizerischen Arbeitsmarkt die dringend benötigten Arbeitskräfte zu und boten den Nachbarstaaten, insbesondere Italien, ein Ventil für un- oder unterbeschäftigte Arbeitskräfte.[491] Auf diese Weise stieg der Anteil der Ausländer an der Bevölkerung der Schweiz von etwa 5% im Jahr 1860 auf 14,7% im Jahr 1910; der Anteil der ausländischen Arbeitskräfte an den abhängig Beschäftigten betrug im gleichen Jahr 16,7%.[492] Als restriktives Element in diesem an sich sehr offenen Rahmen blieb jedoch das Zulassungsrecht gegenüber Ausländern der Kantone bzw. Gemeinden erhalten, die dieses Steuerungsinstrument in Abhängigkeit von den lokalen bzw. regionalen ökonomischen und sozialen Bedürfnissen gebrauchen konnten.[493]

Nachdem bereits im Jahr 1893 und 1896 die ersten fremdenfeindlichen, gegen Italiener gerichteten Proteste der Angst der Schweizer vor einer ›Überfremdung‹[494] Ausdruck gegeben hatten, wurde der Erste Weltkrieg zu einem Wendepunkt der schweizerischen Migrationspolitik.[495] Zwischen 1914 und 1918 ergriff die neutrale Schweiz sowohl auf dem Arbeitsmarkt und infolgedessen auch in Bezug auf die Einreise bzw. Niederlassung von Ausländern stärker regulierende Maßnahmen und führte sowohl eine Arbeitsbewilligungspflicht als auch einen Visazwang ein.[496]

In der Nachkriegszeit wurde die Intensität der Grenzkontrollen zwar wieder zurückgefahren, an ihre Stelle trat jedoch die sogenannte innere Kontrolle der

489 Straubhaar/Fischer, Economic and Social Aspects of Immigration into Switzerland, S. 132.

490 Freiburghaus/Guggisberg, Die schweizerische Ausländerpolitik seit 1850, S. 154; Wimmer, Binnenintegration und Außenabschließung, S. 205.

491 Mauron, Controlling Immigration with Quotas, S. 4.

492 Soom/Truffer, Eine italienische Migrations- und Integrationsgeschichte der Stadt Bern, S. 21f.; Holmes, Forgotten Migrants, S. 14.

493 Hoffmann-Nowotny, Ausländer in der Bundesrepublik Deutschland und in der Schweiz, S. 22f.; eine statistische Übersichten finden sich bei Vuilleumier, Schweiz, S. 195f.

494 Schrettenbrunner, Gastarbeiter, S. 78f.

495 Hoffmann-Nowotny, Switzerland, S. 233.

496 Ders., Ausländer in der Bundesrepublik Deutschland und in der Schweiz, S. 24.

in der Schweiz lebenden Ausländer durch die neu geschaffene ›Fremdenpolizei‹. Die Abwehr einer vermeintlichen ›Überfremdung‹, eine Angst, die sich aus einer Mischung von Arbeitsmarktprotektion und Ängsten vor der Einwanderung politisch radikaler Migranten speiste, führte zur Institutionalisierung des während des Krieges eingeschlagenen Pfades. Politische Unruhen unter der Arbeiterschaft und eine prekäre wirtschaftliche Entwicklung beförderten die Ausarbeitung eines neuen Gesetzes zur Regelung der Ausländerbeschäftigung, das im Jahr 1925 Rechtskraft erlangte.[497] Es verknüpfte Arbeits- und Anwesenheitsbewilligung miteinander und öffnete einen weiten Spielraum für eine politisch motivierte Verweigerung der Niederlassung bzw. des Aufenthalts.[498] 1931 folgte das ›Bundesgesetz über Aufenthalt und Niederlassung der Ausländer‹.[499] Es legte die Rechte und Pflichten von Ausländern in der Schweiz fest, spezifizierte jedoch nicht die grundsätzliche Ausrichtung einer Migrationspolitik. Auch ältere Wanderungsverträge, so etwa 1934 das schweizerisch-italienische Niederlassungsabkommen von 1868[500], wurden an diese neuen Grundsätze angepasst.[501] Im Gegensatz zur Vorkriegszeit bildete nun die Wahrscheinlichkeit eines nur temporären Aufenthalts eines potentiellen Zuwanderers in der Schweiz eine wesentliche Grundlage für die Erteilung einer Aufenthalts- bzw. Arbeitserlaubnis. In das Bewilligungsverfahren war nun auch die Arbeitsverwaltung beratend eingebunden. Nur wenn ihrerseits eine positive Bewertung eines Einstellungsantrages erfolgte, konnte ein Ausländer auf seine Zulassung zum schweizerischen Arbeitsmarkt hoffen; tatsächlich wurde damit ein Inländerprimat eingeführt.[502]

Aus dieser Kodifizierung und Bürokratisierung des Zuwanderungsprozesses resultierte eine im Vergleich zur Vorkriegszeit wesentlich verschlechterte Rechtsstellung von Ausländern in der Schweiz. Die vormals liberalen Grundsätze der Migrationspraxis wurden durch die Maßgabe ersetzt, den Zuwanderungsprozess nicht nur im Sinne der ›geistigen und wirtschaftlichen Interessen‹ der Schweiz, sondern auch im Hinblick auf die Vermeidung einer ›Überfremdung‹ zu regulieren.[503] Als Folge dieses Politikwechsels sank der Ausländeranteil in der Schweiz, der zu Beginn des Ersten Weltkrieges mit 15,4%

497 Gees, Die Schweiz im Europäisierungsprozess, S. 94f.; Suisse: Le gouvernement et l'émigration, 1924, S. 240f.

498 Mauron, Controlling Immigration with Quotas, S. 4f.

499 Dieses Gesetz ist mit zahlreichen Änderungen bis heute gültig, Bundesgesetz über Aufenthalt und Niederlassung der Ausländer, hier aus: Systematische Sammlung des Bundesrechts, http://www.admin.ch/ch/d/sr/1/142.20.de.pdf (142.20).

500 Niederlassungs- und Konsularvertrag zwischen der Schweiz und Italien, abgeschlossen am 22. Juli 1868, Schweizerische Eidgenossenschaft, hier aus: Systematische Sammlung des Bundesrechts, http://www.admin.ch/ch/d/sr/c0_142_114_541.html (0.142.114.541).

501 Braun, Sozio-kulturelle Probleme der Eingliederung italienischer Arbeitskräfte in der Schweiz, S. 35.

502 Hoffmann-Nowotny, Ausländer in der Bundesrepublik Deutschland und in der Schweiz, S. 26f.

503 Niederberger, Die politisch-administrative Regelung von Einwanderung und Aufenthalt von Ausländern in der Schweiz, S. 27f.; Freiburghaus/Guggisberg, Die schweizerische Ausländerpolitik seit 1850, S. 160f.

einen Höchststand erreicht hatte und 1920 noch immer bei 10,4% lag, bis 1941 auf 5,2% ab, den Stand von 1870.[504]

Gleichwohl konnte die Schweiz weder in der Zwischenkriegszeit noch nach dem Zweiten Weltkrieg gänzlich auf ausländische Arbeitskräfte verzichten. Um sowohl die von Ablehnung der Zuwanderung beherrschte öffentliche Meinung als auch die Bedürfnisse der Wirtschaft zu befriedigen, wurde eine Migrationspraxis etabliert, die von einer niedrigen Regulierungsintensität der Einreise von Ausländern, jedoch einer hohen Kontrollintensität in Bezug auf ausländische Arbeitskräfte in der Schweiz geprägt war. Sie sollte sicherstellen, dass jede Zuwanderung in die Schweiz mit hoher Wahrscheinlichkeit einen temporären Charakter erhielt und Niederlassung bzw. Integration die Ausnahme blieben.[505] Die kantonalen und eidgenössischen Behörden verfolgten demnach ein Rotationsmodell, das den Migranten eine kurze Aufenthaltsdauer von bis zu drei Jahren zubilligte. Dabei ging man implizit davon aus, dass ein kurzer Aufenthalt in der Schweiz auch der Motivlage einer Mehrheit der Migranten entsprach.[506] Erhebungen in den Jahren 1952, 1955 sowie 1959 ergaben, dass tatsächlich zwischen 70 und 75% der Arbeitsmigranten, die keine reinen Saisonarbeiter waren, weniger als drei Jahre in der Schweiz blieben. Für die hohe Fluktuationsrate der Arbeitsmigranten in der Schweiz spricht ebenfalls der Befund, dass im Jahr 1959 nur 2,2% der sogenannten Daueraufenthalter bereits länger als neun Jahre in der Schweiz lebten.[507] Um das gewünschte Ziel zu erreichen, ausländische Arbeitskräfte als Konjunkturpuffer einzusetzen, schien also der weitere Ausbau eines effizienten Ventils zur Regulierung der Einwanderung und der dichten Überwachung des Aufenthalts von Ausländern in der Schweiz geboten. Das erste Instrument sollte dazu dienen, die Ausländerquote bei entsprechender Interessenlage durch ein Drosseln der Neuzuwanderung unter Nutzung der *natürlichen* Fluktuation der Migrationsbewegung zu senken. Der zweite Hebel sollte verhindern, dass eine signifikante Anzahl der in der Schweiz lebenden Migranten einen Aufenthaltsstatus erlangte, der ihre Ausweisung erschwerte und so der Steuerbarkeit des Migrationsprozesses entgegen lief.[508] Eine erste Konjunkturabschwächung zu Beginn der 1950er Jahre wurde zum Testfall für dieses Steuerungsinstrumentarium. In Reaktion auf die leichte Rezession passten die Behörden ihre Zulassungspraxis den veränderten Arbeitsmarktbedingungen an und drosselten die Neuzuwanderung von Arbeitskräften von 150.000 im Jahr 1947 auf nur noch etwa 75.000 im Jahr 1950.[509]

504 Hoffmann-Nowotny/Killias, Switzerland, S. 46; Freiburghaus/Guggisberg, Die schweizerische Ausländerpolitik seit 1850, S. 168f.

505 Hoffmann-Nowotny/Killias, Switzerland, S. 54; Straubhaar/Fischer, Einwanderungspolitik in der Schweiz, S. 184f.; Hoffmann-Nowotny, Switzerland, S. 227.

506 Piguet, L'immigration en Suisse depuis 1948, S. 60f.; Braun, Sozio-kulturelle Probleme der Eingliederung italienischer Arbeitskräfte in der Schweiz, S. 17.

507 Meyer, Post-war Migration to Switzerland, S. 124f.

508 Hoffmann-Nowotny, Ausländer in der Bundesrepublik Deutschland und in der Schweiz, S. 33.

509 Ebd., S. 38.

Spätestens mit dem Aufschwung der europäischen Nachkriegskonjunktur ab der zweiten Hälfte der 1950er Jahre erwies sich das strikte Beharren auf dem Rotationsprinzip jedoch als zunehmend schwierig.[510] Der große Bedarf an ausländischen Arbeitskräften im Verbund mit dem Interesse der Arbeitgeber in einer Phase nicht nachlassender Nachfrage, die einmal angeworbenen ausländischen Arbeitskräfte möglichst lang zu behalten, verbesserte die Position der Migranten, denen sich zudem mehr und mehr alternative Wanderungsziele boten. Es resultierte eine Situation, in der ein zunehmend intensives Wanderungsgeschehen auf den politisch-administrativen Anspruch prallte, an einer restriktiven Zulassungspolitik festzuhalten.[511] Auch in dieser Phase wurde der Konsens zwischen Politik, Arbeitgebern und Gewerkschaften über ein Inländerprimat und die Bindung der Arbeits- und Aufenthaltsgenehmigung an einen bestimmten Arbeitsplatz nicht aufgegeben, der eine hohe Steuerbarkeit der Präsenz ausländischer Arbeitskräfte gewährleistete.[512]

Die ausländischen Arbeitskräfte zeichneten sich in dieser Periode durch eine große Varianz ihrer Aufenthalts- und Arbeitsbedingungen aus. Entscheidend für den Status war die Art der Aufenthaltsbewilligung, die in der Schweiz die Arbeitserlaubnis einschloss. Auf eine gesonderte Arbeitserlaubnis wurde im Unterschied zu den übrigen europäischen Industriestaaten verzichtet.[513] Die sogenannten Saisoniers hielten sich jeweils nur wenige Monate in der Schweiz auf, um bestimmte Branchen – etwa das Bau- oder Hotelgewerbe – während der Bedarfsspitzen mit zusätzlichen Arbeitskräften zu versorgen. Sie durften höchstens für neun Monate im Land bleiben, den Arbeitgeber nicht wechseln, keine Familienangehörigen mit sich bringen und galten nicht als in der Schweiz ansässig. Eine zweite Gruppe besaß ein Aufenthaltsrecht von einem Jahr, das bei gleichbleibendem Bedarf an Arbeitskraft verlängert werden konnte. Ein Wechsel des Arbeitsplatzes während des ersten Jahres war jedoch verboten. Die dritte Gruppe besaß ein dauerhaftes Niederlassungsrecht, das eine Arbeitserlaubnis beinhaltete und ebenso eine rechtliche Gleichstellung mit den einheimischen Arbeitnehmern. Hinzu kamen als vierte Gruppe die Grenzpendler, die mit einem Anteil von 5 bis 10%, später sogar bis zu 20% eine wichtige Rolle bei der Ausländerbeschäftigung spielten.[514] Angetrieben durch die Nachkriegskonjunktur der 1950er bis 1970er Jahre begann der

510 Favarger, Evolution de l'économie suisse depuis 1948, S. 27f.; L'immigration de main-d'œuvre étrangère en Suisse en 1951, S. 202f.

511 Mahnig/Piguet, Die Immigrationspolitik der Schweiz von 1948 bis 1998, S. 68; Hoffmann-Nowotny, Ausländer in der Bundesrepublik Deutschland und in der Schweiz, 55f.

512 Schmitter Heisler, Trapped in the Consociational Cage, S. 22, 30. Andererseits unterhielten beispielsweise die Gewerkschaften des Bausektors, Gewerkschaft Bau und Industrie (GBI) und Gewerkschaft Bau und Holz (GBH), in den 1950er und 1960er Jahren eigene Anwerbeorganisationen für ausländische Saisonarbeiter, förderten deren Gleichbehandlung und öffneten sich für ausländische Arbeitnehmer; vgl. Haug, »... und es kamen Menschen«, S. 44f.; Wimmer, Binnenintegration und Außenabschließung, S. 211.

513 Maillat, L'immigration en Suisse, S. 111.

514 Kuhn, Guest Workers as an Automatic Stabilizer of Cyclical Unemployment in Switzerland and Germany, S. 213f.; Maillat, L'immigration en Suisse, S. 109, 111f.

Ausländeranteil an der Bevölkerung der Schweiz wieder zu wachsen. Der Umfang der ausländischen Wohnbevölkerung stieg von etwa 285.000 Personen im Jahr 1950 auf etwa 1,08 Millionen im Jahr 1973; die Erwerbsquote der ausländischen Wohnbevölkerung schwankte mit abnehmender Tendenz zwischen 50 und 75%. Dies entsprach im Jahr 1973 etwa 520.000 in der Schweiz ansässigen ausländischen Arbeitnehmern, zu denen weitere 105.000 Grenzpendler aus den Nachbarstaaten hinzuzurechnen sind. Damit waren ab 1970 wieder Werte erreicht, die mit dem Ausländeranteil von 1914 vergleichbar waren, und wie bereits am Vorabend des Ersten Weltkrieges nahmen die Proteste gegen die ›Überfremdung‹ zu.[515]

Als Folge der in den 1960er Jahren eher restriktiven Zulassungspolitik überwogen bis zum Beginn der 1970er Jahre diejenigen ausländischen Arbeitskräfte, die kurz- oder mittelfristige Arbeits- und Aufenthaltsberechtigungen besaßen.[516] Diese Strukturierung der ausländischen Arbeiterschaft resultierte aus der Praxis, dass während des Nachkriegsbooms zunächst im Prinzip jeder Ausländer, der einen Arbeitsplatz fand, auch eine Arbeitsgenehmigung erhielt. Diese Arbeitsgenehmigungen waren jedoch mehrheitlich mit einer temporären Begrenzung behaftet, die stärker als in anderen europäischen Staaten überwacht und strenger durchgesetzt wurde. In der Schweiz führte, ebenfalls im Unterschied zu den übrigen westeuropäischen Industriestaaten, weniger ein Rückgang des Wirtschaftswachstums als gesellschaftliche Gegenreaktionen auf den durch die Arbeitsmigration stark steigenden Anteil ausländischer Arbeitskräfte bzw. Wohnbevölkerung zu ersten regulierenden Eingriffen. Bereits ab 1962 geriet die Ausländerbeschäftigung im Zusammenhang mit Bestrebungen der schweizerischen Regierung, Arbeitskräfte einsparende Rationalisierungen über die Regulierung der Personaleinstellung zu forcieren, in die Diskussion. Im Jahr 1963 startete ein Versuch, über eine unternehmensbezogene Quotenregelung das Wachstum der Ausländerbeschäftigung zu dämpfen. 1964 kam eine Quotierung hinzu, die zu einem Abbau des Ausländeranteils auf Unternehmensebene bis zu einem Personalanteil von höchstens 5% führen sollte.[517] Diese Maßnahme blieb jedoch im Hinblick auf die Ausländerbeschäftigung insgesamt ohne Erfolg, da Unternehmen mit einem niedrigen Ausländeranteil tendenziell begannen, diesen zu erhöhen. Außerdem sorgten zahlreiche Ausnahmeregelungen für eine Fülle von Schlupflöchern, durch die ein Greifen dieser Reform umgangen werden konnte.[518]

Erst die Festlegung jährlicher Zuwanderungskontingente und die weitere Einschränkung der Freizügigkeit der ausländischen Arbeitnehmer, die kein

515 Ebd., S. 107f.

516 Vgl. für die 1960er Jahre Gnehm, Ausländische Arbeitskräfte, S. 114f.

517 Piguet, L'immigration en Suisse depuis 1948, S. 29; Macheret, L'immigration étrangère en Suisse à l'heure de l'intégration européenne, S. 38f.

518 Meyer, Post-war Migration to Switzerland, S. 131; Suisse: Effectif des travailleurs étrangers, S. 262–264; Straubhaar/Fischer, Economic and Social Aspects of Immigration into Switzerland, S. 133; Mahnig/Piguet, Die Immigrationspolitik der Schweiz von 1948 bis 1998, S. 71.

dauerhaftes Aufenthaltsrecht genossen – beides praktiziert ab 1970 – erreichte eine Verlangsamung des Migrationsprozesses, zu deren Konsequenzen auch eine strukturelle Veränderung der Zusammensetzung der ausländischen Arbeiterschaft zählte.[519] Die ›niedergelassenen Ausländer‹ gewannen an Bedeutung, während die Anzahl der ›Jahresaufenthalter‹ ebenso wie die der Saisonarbeiter sich rückläufig entwickelte.[520] Ebenfalls im Jahr 1970 wurde die ›Globalplafonierung‹ eingeführt und bis 1974 auf alle Kategorien ausländischer Arbeitnehmer ausgeweitet. In dieser generellen Zuwanderungsbeschränkung für Arbeitskräfte gipfelte also eine Entwicklung, die schon seit Mitte der 1960er Jahre auf eine Reduktion der Präsenz ausländischer Arbeitskräfte in der Schweiz hingewirkt hatte. Im Zuge dessen war die Zahl der in der Schweiz dauerhaft ansässigen ausländischen Arbeitskräfte zwar kontinuierlich gestiegen, während die der Ausländer mit einjähriger Aufenthaltsbewilligung stark zurückgegangen und die Zahl der Saisonarbeiter nahezu konstant geblieben war. Im Grunde hatte man also einen gegenteiligen Effekt erzielt: Die Dynamik der Zuwanderung hatte sich zwar verlangsamt, die Präsenz von Ausländern in der Schweiz, die als Arbeitsmigranten gekommen waren und langsam zu Einwanderern wurden, verfestigte sich. Gleichzeitig waren die Grenzpendler als Quelle für zusätzliche Arbeitskräfte im Verlauf der 1960er Jahre immer wichtiger geworden. Die Ergebnisse dieser Migrationspolitik werden auch anhand des Ausländeranteils an der schweizerischen Wohnbevölkerung deutlich. Während ihr Anteil von 1950 bis 1965, dem Jahr, in dem die ersten drastischen Maßnahmen zur Migrationsbegrenzug ergriffen wurden, von 6,1 auf 14,1% – also um 8% stieg – war zwischen 1965 und 1973 nur noch ein Zuwachs um 3 Punkte auf 17,1% zu verzeichnen.[521]

Erst als im Jahr 1974 die ›Globalplafonierung‹ die konjunkturabhängige jährliche Kontingentierung ablöste, brach die Arbeitsmigration in die Schweiz ein. Diese Maßnahme legte die Zahl der pro Jahr zuzulassenden Ausländer in Abhängigkeit von der Distanz zwischen der eingeführten Höchstgrenze für den Migrantenanteil an der Bevölkerung und der tatsächlichen Dimension der ausländischen Wohnbevölkerung unter Berücksichtigung der Wanderungsbilanz fest. Ergab sich ein Spielraum für die Zulassung von Ausländern, sollte dieses Kontingent nach wirtschaftlichen Bedürfnissen auf dem Arbeitsmarkt verteilt werden.[522] Die Maßnahme führte zu einer Reduzierung des Ausländer-

519 Flückiger, La politique suisse en matière d'immigration, S. 24f.

520 Straubhaar/Fischer, Einwanderungspolitik in der Schweiz, S. 197; Hoffmann-Nowotny/Killias, Switzerland, S. 58; Haug, »... und es kamen Menschen«, S. 67f.

521 Becker/Liebig/Sousa-Poza, Migration Policy and Industry Structure in Switzerland, S. 4; Maillat, L'immigration en Suisse, S. 107, 113f.

522 Freiburghaus/Guggisberg, Die schweizerische Ausländerpolitik seit 1850, S. 169; Mauron, Controlling Immigration with Quotas, S. 6; Mahnig/Piguet, Die Immigrationspolitik der Schweiz von 1948 bis 1998, S. 76.

anteils der Schweiz und entsprach strukturell dem in anderen europäischen Industriestaaten verfügten Anwerbestopp.[523]

Anwerbeabkommen spielten für die Schweiz im Betrachtungszeitraum eine weniger wichtige Rolle als für die anderen westeuropäischen Industriestaaten. Nach dem Ende des Zweiten Weltkrieges setzten die Schweiz und Italien im Jahr 1946 – zunächst vertraulich – ein Verwaltungsabkommen über die Niederlassung von Italienern in der Schweiz von 1935 wieder in Kraft, 1948 folgte ein Wanderungsabkommen, das 1965 neu gefasst wurde. Ein zweiter Wanderungsvertrag folgte im Jahr 1961 mit Spanien.[524] Ihre direkten Auswirkungen auf das Wanderungsgeschehen blieben jedoch vergleichsweise gering.

Aufgrund ihrer langen Migrationsbeziehungen zu Italien und anderen Nachbarstaaten konnte die Schweiz immer auf eine im Ausland langfristig präsente staatliche Anwerbebürokratie verzichten.[525] Nach dem Zweiten Weltkrieg übernahmen die Arbeitgeber bzw. Branchenverbände in Zusammenarbeit mit den Behörden derjenigen Staaten, in denen rekrutiert wurde, die Anwerbung von Arbeitskräften. Die Rekrutierung in Italien koordinierte das Bundesamt für Industrie, Gewerbe und Arbeit, dem interessierte Arbeitgeber ihre Anforderungen meldeten. Diese wurden dann entweder der italienischen Botschaft in Bern oder direkt der italienischen Arbeitsverwaltung übermittelt. Anträge auf die kollektive Rekrutierung größerer Arbeiterkontingente konnten auch beim italienischen Arbeitsministerium eingereicht werden. Die italienischen Behörden übernahmen die Vorauswahl der Arbeitskräfte. Die schweizerischen Firmen konnten sich dann in die endgültige Auswahl einschalten und ihre Vertreter nach Italien entsenden.[526] Die notwendigen Reisedokumente bearbeiteten die schweizerischen Konsulate in Mailand und Genua, deren Passabteilungen zu diesem Zweck ausgebaut wurden. Gleichzeitig sorgte die durch soziale Netzwerke gestützte individuelle Zuwanderung für ein ausreichendes Einwandererangebot, aus dem man im Zuge einer ›aktiven Einreisepolitik‹ nachfrageabhängig die benötigten Arbeitskräfte für den schweizerischen Arbeitsmarkt gewann.[527]

523 Straubhaar/Fischer, Einwanderungspolitik in der Schweiz, S. 185; Hoffmann-Nowotny, Switzerland, S. 217; Maillat/Jeanrenaud/Widmer, Reactions of Swiss Employers to the Immigration Freeze, S. 733f. Vgl. zum Fortgang der Debatte über die Ausländerbschäftigung in der Schweiz auch Blattner/Sheldon, Foreign Labour, Growth and Productivity, S. 160f.

524 Macheret, L'immigration étrangère en Suisse à l'heure de l'intégration européenne, S. 117f. Die Vereinbarung mit Italien von 1935 postulierte das Prinzip der Assimilation und ging auf den Niederlassungsvertrag von 1868 zwischen beiden Staaten zurück. Im Jahr 1935 hatte die Schweiz ähnliche Vereinbarungen auch mit Belgien, Frankreich, Deutschland und den Niederlassungen getroffen. Nach dem Zweiten Weltkrieg folgten Niederlassungs- und Wanderungsabkommen mit zahlreichen anderen Staaten, wie etwa Dänemark und Österreich, die jedoch nicht in den hier diskutierten Kontext fallen.

525 International Labour Office, International Migration 1945–1957, S. 277.

526 Recrutement de travailleurs à destination de l'Allemagne et de la Suisse, S. 535f.

527 Perrenoud, La politique de la Suisse face à l'immigration italienne (1943–1953), S. 121f.; Braun, Sozio-kulturelle Probleme der Eingliederung italienischer Arbeitskräfte in der Schweiz, S. 70.

Bilaterale Wanderungsverträge dienten der Schweiz in der Anfangsphase der Arbeitsmigration nach 1945 in erster Linie zur Festschreibung hoher Hürden für das Erteilen des permanenten Niederlassungsrechts, dessen sehr restriktive Gewährung einen der Grundpfeiler der Regulierung der Ausländerbeschäftigung bildete.[528] Ebenso war in der schweizerischen Migrationspolitik der Familiennachzug grundsätzlich nicht vorgesehen. Lediglich Arbeitskräfte wurden ins Land gelassen, jedoch keine Familienangehörigen. Erst mit der während des Nachkriegsbooms zunehmenden Konkurrenz um ausländische, insbesondere italienische Arbeitskräfte wurden diese restriktiven Elemente der Wanderungsverträge unhaltbar und Anfang der 1960er Jahre gestrichen. Der Wanderungsvertrag zwischen Italien und der Schweiz aus dem Jahr 1965 beinhaltete daher keine diskriminierenden aufenthaltsrechtlichen Bestimmungen mehr und gestattete unter bestimmten Bedingungen auch die Zuwanderung von Arbeitskräften mit ihren Familien.[529] Der Vertrag mit Spanien dagegen sah zunächst für spanische Arbeitnehmer schlechtere Bedingungen vor, als der italienisch-schweizerische Vertrag von 1965 den italienischen Migranten garantierte. Später ging die Schweiz dazu über, die Bedingungen des Vertrages mit Italien auch auf die Migration aus Spanien und ebenso bei der Anwerbung in Ländern, mit denen keine Wanderungsverträge bestanden, anzuwenden. Mit wichtigen Migrationspartnern wie der Türkei oder Jugoslawien stellte sie jedoch nie formelle Migrationsbeziehungen auf der Grundlage von Wanderungsverträgen her.[530]

2.2. Die Abwanderungsländer der europäischen Peripherie

2.2.1. Algerien

Den Verfall des Osmanischen Reiches, der Griechenland 1830 die Unabhängigkeit brachte, nutzte Frankreich im gleichen Jahr zur Invasion des zu diesem Zeitpunkt noch formal unter türkischer Herrschaft stehenden Fürstentums Algerien.[531] Der Besetzung folgte ein brutaler Eroberungskrieg, der sich bis 1848 hinzog, und noch bis 1871 rebellierte die indigene Bevölkerung[532] immer wieder gegen den Kolonisationsprozess. Die Revolten wurden jedoch blutig niedergeschlagen.[533] Die Transformation Algeriens in eine französische Besitzung

528 Hoffmann-Nowotny, Ausländer in der Bundesrepublik Deutschland und in der Schweiz, S. 34.

529 Ebd., S. 52, 66; Flückiger, La politique suisse en matière d'immigration, S. 23.

530 Piguet, L'immigration en Suisse depuis 1948, S. 63; Hoffmann-Nowotny/Killias, Switzerland, S. 242; Haug, »... und es kamen Menschen«, S. 52f.

531 Matuz, Das Osmanische Reich, S. 220.

532 Es handelt sich dabei im Wesentlichen um zwei ethnische Gruppen, die Araber und die Kabylen.

533 Serman, Nouvelle histoire militaire de la France, S. 253–261, 377f.

begann mit der Zerstörung seiner gewachsenen politischen, wirtschaftlichen und gesellschaftlichen Strukturen durch die französische Armee. Aus den Trümmern formte Frankreich seine neue Kolonie so, dass sie seinen ökonomischen Zielen nützlich sein konnte.[534] Dazu zählte vor allem eine Neuverteilung des Grundbesitzes durch Gewaltmaßnahmen und gesetzliche Regelungen zugunsten französischer Siedler mit dem Ziel, die Produktion von Agrargütern so zu strukturieren und zu steigern, dass die Bedürfnisse des Mutterlandes befriedigt wurden. Damit setzte eine intensive Kolonisationspolitik ein, die französische Siedler als politische und ökonomische Herrscherschicht etablierte. Folgen solch drastischer Eingriffe in Wirtschaft und Gesellschaft waren die Verarmung der indigenen Bevölkerung, Landflucht und eine fast vollständige ökonomische Abhängigkeit Algeriens von der Kolonialmacht Frankreich.[535] Die latent hohe Arbeitslosigkeit, die daraus resultierte, garantierte den französischen Agrar-, Gewerbe- und Industrieunternehmern, die sich in Algerien ansiedelten, stets verfügbare billige Arbeitskräfte.[536]

Die resultierenden Lebensverhältnisse führten immer wieder zu Aufständen und Revolten, auf die Frankreich nicht nur mit brutaler Gewalt reagierte, sondern auch – im Jahr 1881 – mit der Integration Algeriens in den französischen Staat. Damit war die Kolonie, die bereits seit 1848 als *integraler Bestandteil Frankreichs* galt, politisch und administrativ zu einem Teil des Mutterlandes geworden, in dem freilich französische Siedler als ›Bürger‹ eine vollkommen andere Position einnahmen als die nach wie vor unterprivilegierte arabische Bevölkerung, die nun den Status von ›Subjekten‹ erhielten.[537] Erst 1947 wurde die Diskriminierung der Algerier durch die Gewährung weiterer Bürgerrechte – jedoch nicht einer gleichberechtigten Staatsbürgerschaft – abgemildert und ihre Rechtsstellung derjenigen eingeborener Franzosen angenähert. Zwar gehörte zu den neu gewährten Privilegien auch die Reisefreiheit ohne administrative Einschränkungen, die Zuwanderung von Algeriern nach Frankreich blieb jedoch höchst umstritten und im Grunde unerwünscht.[538] Das Land gehörte noch bis ins Jahr 1962 zu Frankreich und erkämpfte seine Unabhängigkeit ab 1954 in einem Krieg, dessen Brutalität und Grausamkeit an die Eroberung des Landes einhundert Jahre zuvor erinnerte.[539] Erst nach der Unabhängigkeit der Demokratischen Volksrepublik Algerien kann man daher von einer eigenständigen algerischen Migrationspolitik sprechen. In den Jahren der französischen Herrschaft wurde die Arbeitsmigration nach Frankreich hingegen

---

534 Stora, Algeria, 1830–2000, S. 5.

535 Ath-Messaoud, L'immigration algérienne en France, S. 10f. Eine ökonomisch motivierte Migration von Algeriern nach Tunesien setzte bereits im letzten Drittel des 19. Jahrhunderts ein; vgl. Talha, De l'immigration coloniale á l'émigration des coloniaux, S. 23.

536 Bennoune, The Making of Contemporary Algeria, 1830–1987, S. 56f.

537 Stora, Algeria, 1830–2000, passim; ders., Histoire de la guerre d'Algérie, 1954–1962, passim.

538 Miller, Planning a New ›Human Economy‹ in the Departement of the Moselle, S. 57f.

539 Stora, Histoire de la guerre d'Algérie, 1954–1962, S. 24f.; Weisenfeld, Frankreichs Geschichte seit dem Krieg, S. 109, 125, 143.

von der Kolonialverwaltung durch administrative Regelungen ohne Rücksicht auf die Interessen der arabischen Bevölkerung, den tatsächlichen Migrationsdruck oder mögliche Vorteile für die Region zugunsten der Bedürfnisse des französischen Arbeitsmarktes bzw. Kräftebedarfs gestaltet.[540]

Diese Ereignisse bildeten die Grundlage für eine besondere Beziehung zwischen Algerien und Frankreich, die sich auch in der Migrationsgeschichte beider Länder als prägend erweisen sollte. Denn sie führte zu nahezu exklusiven Wanderungsbeziehungen Algeriens zu Frankreich: Während für ausländische Arbeitskräfte aus anderen Ländern Frankreich ein mögliches Ziel unter vielen war, stand algerischen Arbeitsmigranten nur das Mutterland als Ziel offen; dort nahmen sie zwar lange Zeit eine unterprivilegierte Stellung in Arbeitsmarkt und Gesellschaft ein, genossen jedoch vor dem Hintergrund prinzipieller Reisefreiheit und eines gesicherten Aufenthaltsstatus bis weit nach dem Zweiten Weltkrieg auch Vorrechte gegenüber anderen Zuwanderern. Im Untersuchungszeitraum wählten etwa 90% der algerischen Migranten Frankreich zum Ziel.[541]

Die Bindung Algeriens an Frankreich einerseits und die Deformation der sozioökonomischen Entwicklung Nordafrikas andererseits führten dazu, dass algerische Migranten die erste bedeutende Gruppe nicht-europäischer Arbeitsmigranten der Moderne in Europa bildeten. Schon im Jahr 1871 hatten einige Tausend von ihnen in Frankreich Arbeit gefunden und wanderten auch bereits über die Grenze nach Belgien weiter. Vor dem Ersten Weltkrieg gelangten Algerier vereinzelt auch in andere europäische Länder, wo sie meist im Bergbau beschäftigt waren. Bis kurz vor den Krieg blieb diese Migrationsbewegung jedoch auf nur drei- bis fünftausend Personen beschränkt, da besondere Ausreisebeschränkungen für arabische Algerier erst im Jahr 1913 aufgehoben wurden. Danach verzehnfachte sich ihre Anzahl in Frankreich jedoch schlagartig. Binnen eines Jahres zählte man dort etwa 30.000 Algerier, dann führte die Rekrutierung von Soldaten und Arbeitskräften in Nordafrika durch Frankreich während des Ersten Weltkrieges etwa 300.000 Algerier nach Europa.[542] Trotz der Repatriierungsanstrengungen der Franzosen in der Nachkriegszeit verblieben viele von ihnen nach 1918 in Frankreich, und es entwickelte sich zwischen Kriegsende und Weltwirtschaftskrise eine rege Pendelmigration zwischen Mutterland und Kolonie.[543] Zwischen 1919 und 1924 erreichte sie, getrieben von einer Reihe schlechter Ernten in Algerien und dem Arbeitskräftebedarf des französischen Wiederaufbaus einen ersten Höhepunkt. Auf diese Intensivierung des Migrationsgeschehens antwortete die französische Verwaltung mit migrationsbeschränkenden Maßnahmen, denn aus ihrer Perspektive stellte dieser unerwartete Zustrom von Arbeitskräften aus einer Kolonie

540 Bennoune, The Making of Contemporary Algeria, 1830–1987, S. 61f.

541 United Nations, Department of Economic and Social Affairs, Trends and Characteristics of International Migration since 1950, S. 35.

542 Bennoune, The Making of Contemporary Algeria, 1830–1987, S. 76f.

543 Vgl. zur Pendelwanderung von Algeriern in der Zwischenkriegszeit Bouguessa, Mode de vie et reproduction, S. 62f.

ein bedrohliches und daher steuerungsbedürftiges Phänomen dar.[544] Ihr größtes Ausmaß erreichte die Beschäftigung algerischer Arbeitskräfte in Frankreich um 1930, am Vorabend der Weltwirtschaftskrise. Zu diesem Zeitpunkt hielten sich etwa 120.000 Nordafrikaner als Arbeitskräfte in Frankreich auf, unter denen sich knapp 100.000 Algerier befanden.[545] Die Mobilität der algerischen Migranten lag jedoch weit höher, als diese Zahl andeutet, da sich die Arbeitskräftewanderung zwischen Frankreich und Algerien in der Zwischenkriegszeit durch eine starke Fluktuation auszeichnete.[546] Bereits die offiziell registrierten Grenzübertritte von Algeriern nach Frankreich umfassen zwischen 1922 und 1931, den Jahren der höchsten Wanderungsintensität, 441.073 Ein- und 361.970 Ausreisevorgänge. Daraus resultiert – bei starken jährlichen Schwankungen – eine durchschnittliche Zuwanderung von 44.107 und eine durchschnittliche Abwanderung von 36.197 Personen, aber eben nur eine Nettozuwanderung von knapp 8.000 Algeriern im Jahresdurchschnitt.[547] Diese hohe Mobilität erleichterte es Frankreich, die Zahl der algerischen Arbeiter schnell zu reduzieren, als man infolge der Weltwirtschaftskrise Anstrengungen unternahm, ausländische, insbesondere aber nordafrikanische Arbeiter vom französischen Arbeitsmarkt fernzuhalten.[548] Durch die Kombination der freiwilligen Rückwanderung und von Ausweisungsmaßnahmen mit einem Ausreiseverbot in den Kolonien verminderte sich die Zahl der algerischen Arbeitskräfte in Frankreich bis 1939 auf rund 24.000.[549]

Nach der Unterbrechung durch den Zweiten Weltkrieg bildete die politische Neuordnung der Beziehungen zwischen Frankreich und seinen Kolonien den Rahmen für die Migration aus Algerien zwischen Kriegsende und dem Beginn des algerischen Unabhängigkeitskrieges.[550] Eine Proklamation General de Gaulles im Juli 1944 verhieß den Algeriern zwar noch immer nicht die vollen Bürgerrechte, jedoch eine weitgehende Gleichstellung mit den *europäischen* Bürgern Frankreichs.[551] Dennoch blieben die Reisebeschränkungen in Kraft, bis im Bergbau ein Arbeitskräftemangel eintrat, den Frankreich durch die Zu-

544 Stora, Ils venaient d'Algérie, S. 16f.

545 Andere Quellen sprechen von niedrigeren Zahlen, etwa von 72.389 Nordafrikanern in Frankreich im Jahr 1931, darunter 40.374 Algeriern; vgl. Talha, De l'immigration coloniale á l'émigration des coloniaux, S. 24.

546 Ders., La migration des travailleurs entre le Maghreb et l'Europe, S. 6.

547 Vgl. Cross, Immigrant Workers in Industrial France, S. 124; Gassissot, Emigration coloniale, immigration post-coloniale, S. 33.

548 Amar/Milza, L'immigration en France au XXe siècle, S. 37. Im Jahr 1929 wurden die ersten Büros des ›Service des affaires indigènes nord-africains‹ in einigen Städten Frankreichs mit hohem Migrantenanteil aus Nordafrika eingerichtet. Sie sollten den Aufenthalt dieser Arbeitsmigranten in Frankreich begleiten, diese jedoch gleichzeitig auch überwachen; vgl. auch L'assistance aux indigènes nord-africains, S. 294.

549 Augarde, La migration algérienne, S. 17; Ath-Messaoud, L'immigration algérienne en France, S. 26f.

550 Vgl. zur Periodisierung der algerischen Migration nach Frankreich nach dem Zweiten Weltkrieg Beaugé, Les formes de la mobilisation de la force de travail algérienne en France de 1945 á 1982, S. 102f.

551 Lyons, The Civilizing Mission in the Metropole, S. 493f.

wanderung italienischer und algerischer Arbeitskräfte decken wollte. Ende 1946 begann die Anwerbung von 3.000 Bergleuten in Algerien durch das französische Arbeitsministerium – da es sich dabei nicht um eine Anwerbung im Ausland handelte, blieb das gerade gegründete ONI außen vor. Zu diesem Zweck wurden die Ausreisebeschränkungen für Algerien aufgehoben, sodass sich neben der nur schleppend verlaufenden offiziellen Anwerbung ein breiter Strom algerischer Migranten, die auf eigene Faust nach Frankreich reisten, in Bewegung setzte. Einzige Voraussetzung für die Auswanderung blieb bis 1950 eine medizinische Untersuchung, die auf eine Verwaltungsverordnung aus dem Jahr 1938 zurückging und der Seuchenbekämpfung diente. In den unmittelbaren Nachkriegsjahren gingen für jeden angeworbenen Algerier etwa 15 weitere nach Frankreich, sodass Anfang der 1950er Jahre schon etwa 200.000 Algerier in Frankreich lebten, von denen weit mehr als die Hälfte dem Arbeitsmarkt zur Verfügung standen.[552] Mitte der 1950er Jahre umfasste die algerische Minderheit in Frankreich schon mehr als 300.000 Personen und zehn Jahre später war sie auf etwa eine halbe Million Menschen angewachsen. Zu Beginn der 1970er Jahre lebten etwa 700.000 algerische Arbeitskräfte, viele bereits mit ihren Familienangehörigen, in Frankreich.[553]

Hinter diesem schnellen und durch den algerischen Unabhängigkeitskrieg nur wenig abgeschwächten Wachstum verbirgt sich, wie bereits vor dem Zweiten Weltkrieg, eine weit umfangreichere Migrationsbewegung.[554] Die von den französischen Behörden registrierten Ein- und Ausreisevorgänge von arabischen Algeriern nach bzw. aus Frankreich summierten sich bis 1972 auf etwa 5,5 Millionen Einreisevorgänge und 4,74 Millionen Ausreisevorgänge, woraus sich rechnerisch eine Nettoimmigration von 778.047 Algeriern ergibt. Für den Zeitraum von 1946 bis zur Umsetzung des Anwerbeabkommens von 1968 im Jahr 1969 verzeichnet diese Statistik, welche die illegale Migration nicht berücksichtigt, 3.554.266 Ein- sowie 3.012.165 Ausreisen. Daraus resultiert eine Nettoeinwanderung nach Frankreich von 542.101 Personen. Diese Zahl deckt sich wiederum in etwa mit den Bestandszahlen für Algerier in Frankreich Ende der 1960er Jahre. Nur in zwei Jahren, 1958 und 1965, überstieg die Remigration die Zahl der Neueinwanderungen, die Remigrationsquote bewegte sich in allen anderen Jahren zwischen 60 und 95% und erreichte im Jahresmittel etwa 85%. Es waren also weit mehr Algerier durch temporäre Wanderungsbewegungen oder Pendelwanderungen in diesen Migrationsprozess eingebunden, als die Zahl der in Frankreich befindlichen Algerier suggeriert. Tatsächlich reisten für einen Algerier, der in Frankreich blieb, im Jahresdurchschnitt über die gesamte Nachkriegszeit sechs wieder aus.[555] Dieser Befund verdeutlicht die besondere Struktur der algerischen Arbeitsmigration, die im Untersuchungszeitraum von der temporären Migration algeri-

552 Augarde, La migration algérienne, S. 26f.
553 Simon/Noin, La migration maghrébine vers l'Europe, S. 245.
554 Stora, Algeria, 1830–2000, S. 63f.
555 Eigene Berechnungen nach Augarde, La migration algérienne, S. 14f.

scher Männer nach Frankreich geprägt wurde, die das Ziel hatten, dort für begrenzte Zeit zu arbeiten. Der Familiennachzug und die dauerhafte Niederlassung setzten nach dem Zweiten Weltkrieg dagegen nur sehr zögerlich ein und gewannen erst gegen Ende der Anwerbephase größeres Gewicht.[556]

Vergleicht man die unterschiedlichen Phasen der algerischen Migration nach Frankreich hinsichtlich ihrer Intensität, so zeigt sich, dass sie ihren Höhepunkt deutlich nach der Unabhängigkeit des Landes von Frankreich erreichte.[557] Zwischen 1963 und dem Anwerbestopp kamen im Jahresmittel 27.179 Neuzuwanderer aus Algerien nach Frankreich. Dieser Wert hatte während des Ersten Weltkrieges bei etwa 11.500 gelegen, war in der Zwischenkriegszeit auf nur noch 2.850 zurückgegangen, um in der Nachkriegszeit auf etwa 24.500 Immigranten hochzuschnellen, wobei sich die Zuwanderung während des algerischen Unabhängigkeitskrieges zwischen 1954 und 1962 im Jahresdurchschnitt halbierte, sodass sich für den Zeitraum zwischen 1946 und 1962 ein Mittelwert von 20.256 Migranten pro Jahr ergibt. Ein Indikator für die damit verbundene Migrationsintensität ist die Veränderung des Verhältnisses der Nettoimmigration zu den Ausreisevorgängen. Es bewegte sich in der Zwischenkriegszeit um 1 zu 10, für jeden Zuwanderer verließen also zehn Algerier Frankreich. Der Wert sank zwischen 1946 und der algerischen Unabhängigkeit auf nur noch 1 zu 4. Zwischen 1962 und 1969, als das Anwerbeabkommen in Kraft trat, lag es bei Werten um 1 zu 8. Während des Migrationsbooms der folgenden Jahre blieb diese Relation der Ausreisenden zu den Nettozuwanderern unverändert.[558] In den letzen Jahren der Anwerbung wurden die Algerier noch vor den italienischen und portugiesischen Arbeitnehmern die größte Gruppe von Ausländern auf dem französischen Arbeitsmarkt.[559] Nach dem Anwerbestopp kam die Einwanderung nach Frankreich aus Algerien nicht zum Erliegen. Familiennachzug und Neueinwanderung bewegten sich jedoch auf wesentlich niedrigerem Niveau, sodass sich das Wachstum der algerischen Minderheit in Frankreich verlangsamte, die 1985 knapp 821.000 Personen umfasste, und damit kaum 100.000 Personen mehr als Mitte der 1970er Jahre.[560] Etwa 5% der algerischen Bevölkerung befanden sich damit am Ende der Anwerbeperiode im Ausland, die Mehrzahl von ihnen als Arbeitsmigranten. Berücksichtigt man jedoch die hohe Intensität der Migrationsbeziehungen zwischen 1946 und 1973, die zu mehr als fünf Millionen Einreisevorgänge in diesem Zeitraum geführt hatte, so ist trotz der vermutlich hohen

556 Lyons, The Civilizing Mission in the Metropole, S. 498f.; Verharen, L'immigration algérienne et la crise économique en France, S. 121f.

557 Ath-Messaoud, L'immigration algérienne en France, S. 118f.

558 Eigene Berechnungen nach Augarde, La migration algérienne, S. 14f.

559 Ath-Messaoud, L'immigration algérienne en France, S. 47.

560 Stora, Algeria, 1830–2000, S. 158; Die statistischen Angaben variieren, so spricht Simon von 870.000 Algeriern, die 1975 im Ausland lebten, von denen sich 850.00 in Frankreich befanden. Demnach wäre die Anzahl der in Frankreich lebenden Algerier sogar zurückgegangen; vgl. Simon, Industrialisation, émigration et insertion de la main-d'œuvre étrangère au Maghreb, S. 8.

Zahl der Pendelmigrationen die Mobilitätsrate der Algerier beachtlich. Im Vergleich zu den anderen Auswanderungsländern des europäischen Systems der Arbeitsmigration wies Algerien damit eine hohe, unter den nordafrikanischen Staaten die höchste Wanderungintensität auf.[561]

Die Arbeitsmigration von Algeriern in andere Zielländer erreichte nie bedeutenden Umfang. Nach Belgien, das 1969 einen Anwerbevertrag mit Algerien abschloss, der sich ab 1970 auswirkte, gelangten im Verlauf der 1960er Jahre einige Hundert algerische Arbeitskräfte, die meist aus Frankreich nach dort weiterwanderten und größtenteils im Steinkohlenbergbau Beschäftigung fanden. Im Jahr 1968 zählte man in Belgien insgesamt 1.711 algerische Arbeitskräfte. Sie stellten weniger als 1% der ausländischen Arbeitskräfte und nur etwa 10% der nordafrikanischen Arbeiter, unter denen die Marokkaner die wichtigste Gruppe bildeten.[562] In Deutschland, das keine offiziellen Migrationsbeziehungen zu Algerien unterhielt, befanden sich in den 1960er Jahren knapp 5.000 Algerier, von denen etwa die Hälfte berufstätig war. Da in Algerien keine Anwerbung für Deutschland erfolgte, ist davon auszugehen, dass diese Algerier illegal oder aufgrund ausnahmsweise gewährter Arbeits- und Aufenthaltsgenehmigungen aus Frankreich oder als politische Flüchtlinge nach Deutschland gelangten.[563]

Von einer eigenständigen Migrationspolitik Algeriens lässt sich erst nach der Unabhängigkeit des Landes sprechen. Da sich ein beträchtlicher Teil der algerischen Arbeitsmigration jedoch vor der Unabhängigkeit abgespielt hat, gilt es, auch den migrationspolitischen Kontext des Zeitraumes zu betrachten, in dem Frankreich die Migrationspolitik seiner Kolonie Algerien bestimmte. Schon 1847 benötigte jeder Algerier, der nach Frankreich reisen wollte, eine Genehmigung der französischen Kolonialverwaltung, sodass sich die Migrationsbewegung zwischen Kolonie und Mutterland strikt kontrollieren ließ. Nach der Lockerung der Reisebestimmungen im Jahr 1913 rückte Frankreich durch die Einrichtung von staatlichen Anwerbestellen in den französischen Kolonien in China, Indochina und Nordafrika zur Rekrutierung von Soldaten und Arbeitskräften während des Ersten Weltkrieges von seiner wanderungsfeindlichen Politik ab. Gleichwohl ersetzte nun ein rigides Kontrollsystem für Nordafrikaner in französischen Diensten die vormaligen Reisebeschränkungen. Im Jahr 1924 wurde die Arbeitsmigration aus Nordafrika schließlich ähnlichen, wenn auch punktuell verschärften Regeln unterworfen wie die Zuwanderung von Arbeitskräften aus dem europäischen Ausland. Nordafrikaner, die zum Zweck der Arbeitsaufnahme nach Frankreich einreisen wollten, mussten einen Arbeitsvertrag sowie einen Ausweis der Kolonialverwaltung besitzen und eine medizinische Untersuchung passieren. Ein Dekret aus dem Jahr 1926 schließ-

561 United Nations, Department of Economic and Social Affairs, Trends and Characteristics of International Migration since 1950, S. 35.

562 Zehn Jahre später befanden sich nur 9.678 Algerier in Belgien; vgl. Attar, Historique de l'immigration maghrébine en Belgique, S. 297.

563 Trébous, Migration and Development, S. 155, 165; Stora, Ils venaient d'Algérie, S. 147f.

lich sah besondere Auflagen für algerische Migranten vor. Sie mussten nun nicht mehr nur die in der Anordnung von 1924 geforderten Bedingungen erfüllen, sondern zusätzlich auch ein polizeiliches Führungszeugnis vorlegen und ausreichend Geldmittel nachweisen, um ihren Unterhalt bis zum Antritt der Arbeitsstelle zu bestreiten. Zwei Jahre später forderte man von ihnen zusätzlich eine Kaution, um gegebenenfalls ihre Heimreise zu bezahlen, die Vorlage einer Fahrkarte sowie ein Barvermögen von 150 Francs.[564] Nach der neuerlichen Einschränkung der Reisefreiheit sowie den Ausweisungsmaßnahmen, mit deren Hilfe Frankreich ab 1932 versuchte, seinen Arbeitsmarkt von den Folgen der Weltwirtschaftskrise zu entlasten, normalisierte man die Arbeitsmarktbeziehungen zu Algerien aus politischen und wirtschaftlichen Gründen wieder im Jahr 1936. Bis zum Kriegsbeginn verlief von diesem Zeitpunkt an die Arbeitsmigration nach den Regelungen aus dem Jahr 1928.[565]

Den Zeitraum zwischen der Wiederaufnahme der Migrationsbeziehungen nach Kriegsende im Jahr 1946 und der Unabhängigkeit Algeriens von Frankreich prägten vor allem zwei migrationspolitische Entwicklungen. Auf der einen Seite wurden für algerische Arbeitsmigranten rechtliche und soziale Regelungen eingeführt, die ihre Arbeits- und Lebensbedingungen in Frankreich absichern und verbessern sollten. Dazu zählten die Gewährung von Kindergeld für in Algerien zurückbleibende Kinder im Jahr 1946, die arbeitsrechtliche Gleichstellung der Algerier mit inländischen Arbeitnehmern im Jahr 1947, eine verbesserte Organisation des Transfers nach Frankreich sowie die Beteiligung der Arbeitgeber an den Kosten der Übersiedlung nach Frankreich im Jahr 1948, die Gewährung von Familienzuschlägen oder die Einrichtung spezieller Kontrollorgane, die die Lebens- und Arbeitsbedingungen nordafrikanischer Arbeiter in Frankreich überwachen sollten.[566] Die Regelung sozialer Fragen der Beschäftigung von Algeriern in Frankreich zog sich noch bis unmittelbar zur Unabhängigkeit des Landes hin.[567] Teil dieser Entwicklung war auch die Einrichtung des ›Service des mouvements de main-d'œuvre et d'action sociale‹ im Jahr 1952 in Algerien, durch den die Arbeitsmigration organisiert, reguliert und überwacht werden sollte.[568] Auf der anderen Seite stellte man die Genehmigung zur Arbeitsaufnahme in Frankreich für neu einwandernde Algerier unter ein Inländerprimat. So durften algerische Neuzuwanderer eine Arbeitsstelle nur annehmen, wenn kein französischer Arbeiter zur Verfügung stand. Zu diesen inländischen Arbeitern wurden allerdings auch die bereits in Frankreich lebenden Algerier gezählt.[569]

564 Augarde, La migration algérienne, S. 25f.

565 Leggewie, Export von Arbeit – ein Entwicklungsfaktor?, S. 57, Fußnote 15; Bennoune, The Making of Contemporary Algeria, 1830–1987, S. 78.

566 Travailleurs algériens et nord-africains en France, S. 414f.

567 Diese Seite der französischen Migrationspolitik stand in Zusammenhang mit den Versuchen, die französische Herrschaft über Algerien mit allen Mitteln positiver und negativer Anreize zu behaupten; vgl. dazu Lyons, The Civilizing Mission in the Metropole, S. 491.

568 Ath-Messaoud, L'immigration algérienne en France, S. 40.

569 Augarde, La migration algérienne, S. 27.

Die Unabhängigkeit Algeriens im Jahr 1962 machte auch eine Neuregelung der Arbeitsmarktbeziehungen beider Staaten notwendig. Auf algerischer Seite wurde das Phänomen Arbeitsmigration – durchaus nicht unumstritten – als *zeitweilig notwendiges Übel* für die Überwindung der sozialen und ökonomischen Probleme des Landes akzeptiert und bildete von Anfang an eine Größe der staatlichen Wirtschaftsplanung.[570] Der Vertrag von Evian vom 18. März 1962 garantierte erneut allen Algeriern die freie Einreise nach Frankreich, und zunächst waren keine Maßnahmen zur Regulierung der zu erwartenden Migrationsströme vorgesehen. Algerier, die in Frankreich Arbeit suchen wollten, konnten einreisen, ohne zuvor einen Arbeitsvertrag zu unterzeichnen oder sich um Arbeits- oder Aufenthaltserlaubnis bemühen zu müssen.[571] Als sich die Nettoeinwanderung jedoch von etwa 6.500 Algeriern im Jahr 1961 auf 25.000 im Jahr darauf vervierfachte und dann im Jahr 1962 erneut auf 50.000 verdoppelte, schien es unumgänglich, dem Prozess ein neues institutionelles Gerüst zu geben, das eine Regulierung der Arbeitsmigration gewährleisten sollte.[572]

Im Jahr 1964 schlossen Frankreich und Algerien daher einen ersten Wanderungsvertrag, das Granval-Nekkache-Abkommen, das jedoch nicht veröffentlicht wurde und weniger auf die Gestaltung einer zukünftigen Einwanderung als auf die Lösung eines aktuellen Problems gerichtet war.[573] Das Abkommen sah vor, die Zahl der Zuwanderer auf den französischen Arbeitsmarkt zukünftig von den in Algerien verfügbaren Arbeitskräften sowie den in Frankreich freien Arbeitsplätzen abhängig zu machen. Angesichts der hohen Arbeitslosigkeit in Algerien und dem daraus resultierenden Migrationsdruck wurde dadurch die Nachfrage nach ausländischen Arbeitskräften in Frankreich zum maßgebenden Faktor. Den speziellen Bedarf nach algerischen Arbeitskräften meldete die französische Arbeitsverwaltung dreimal pro Jahr an die algerische Partnerverwaltung, sodass der Wanderungsvertrag von 1964 im Prinzip eine flexible Kontingentregelung beinhaltete.[574] Des Weiteren wurde eine medizinische Untersuchung vor der Abreise vorgeschrieben, die allerdings die algerischen Behörden durchführten, und ein Familiennachzug nur in Aussicht gestellt, wenn eine geeignete Wohnung nachgewiesen werden konnte.[575] Tatsächlich beliefen sich die von Frankreich zugestandenen Kontingente auf etwa 1.000 Arbeitnehmer pro Monat. Algerien hatte damit zu einem Zeitpunkt einer radikalen Einschränkung der Arbeitsmigration nach Frankreich zugestimmt, zu dem die Arbeiterwanderung aus anderen Auswanderungsländern nach Frankreich noch weitgehend unreguliert verlief.[576] Die Wirkung des Abkommens blieb jedoch weit hinter den Erwartungen beider Seiten zurück. Nach

570 Bennoune, The Making of Contemporary Algeria, 1830–1987, S. 99f.; Miller, Reluctant Partnership, S. 222; Adler, International Migration and Dependence, S. 154f.
571 Simon/Noin, La migration maghrébine vers l'Europe, S. 259.
572 Stora, Algeria, 1830–2000, S. 137.
573 Augarde, La migration algérienne, S. 134.
574 Stora, Algeria, 1830–2000, S. 138.
575 Augarde, La migration algérienne, S. 134.
576 Miller, Reluctant Partnership, S. 223.

einem scharfen Einschnitt im Jahr 1965, als zum ersten Mal seit 1958 eine Nettorückwanderung von Algeriern eintrat, blieb die Migrationsintensität ebenso stark wie die Nettozuwanderung ungebrochen weiter wuchs.[577]

Vier Jahre später, im Jahr 1968, wurde in Algier ein nun offizieller Anwerbevertrag unterzeichnet, der das Wanderungsgeschehen ab 1969 beeinflusste. Er legte ein jährliches Einwandererkontingent von 35.000 Arbeitnehmern fest, die sich einer medizinischen Untersuchung durch eine französische Kommission in Algerien unterziehen und zwischen 16 und 45 Jahre alt sein mussten. Gleichzeitig wurden alle in Frankreich arbeitenden Algerier, die älter als 16 Jahre waren, verpflichtet, sich eine Aufenthaltsgenehmigung ausstellen zu lassen.[578] Ab 1969 durften Algerier, die von der algerischen Arbeitsverwaltung zur Auswanderung zugelassen wurden und einen entsprechenden Ausweis erhielten, zunächst für neun Monate nach Frankreich einreisen, um sich dort um einen Arbeitsplatz zu bemühen. Waren sie nach neun Monaten jedoch noch immer ohne Beschäftigung, mussten sie in ihre Heimat zurückkehren.[579]

Mit dieser privilegierten Regelung gegenüber anderen ausländischen Arbeitskräften in Frankreich und der Erhöhung der Einwanderungsquote war es der algerischen Regierung zwar gelungen, die Zurücksetzung gegenüber den anderen Migrationspartnern Frankreichs teilweise aufzuheben. In den unruhigen Zeiten Ende der 1960er Jahre verschlechterte sich die Lebenssituation der Algerier in Frankreich jedoch zusehends. Rassismus bis hin zu pogromartigen Gewaltakten gegen die algerische Minderheit und Proteste der nordafrikanischen Arbeiterschaft gegen ihre oft unwürdigen Arbeitsbedingungen verschärften zu Beginn der 1970er Jahre nicht nur die Stimmung in Frankreich, sondern belasteten auch die politischen Beziehungen zu Algerien. Eine Eklat kündigte sich an, als die französische Regierung die Einwanderungsquote für Algerier als Vergeltung für die im gleichen Jahr erfolgte Verstaatlichung der französischen Ölfirmen in Algerien auf 25.000 Arbeitskräfte pro Jahr absenkte.[580] Das Jahr darauf war von zahlreichen, oft blutigen Auseinandersetzungen zwischen algerischen Arbeitern und der Polizei sowie einer Vielzahl von Angriffen auf Algerier in Frankreich geprägt. Die Proteste gipfelten im Streik der ausländischen Arbeiter bei Renault im Jahr 1973, die Gewalt gegen Algerier in einer Welle rassistisch motivierter Übergriffe im Sommer desselben Jahres und einem Bombenattentat auf das algerische Konsulat in Marseille im Dezember.[581] Schon im September 1973 setzte unter dem Eindruck dieser Ereignisse die algerische Regierung die Auswanderung nach Frankreich aus, da sie

577 Augarde, La migration algérienne, S. 14; Adler, International Migration and Dependence, S. 78f.

578 Simon/Noin, La migration maghrébine vers l'Europe, S. 259.

579 Augarde, La migration algérienne, S. 135; Miller, Reluctant Partnership, S. 222.

580 Ath-Messaoud, L'immigration algérienne en France, S. 47.

581 Diesem Anschlag waren im Sommer bereits Ausschreitungen und Gewalttaten gegen afrikanische Einwanderer vorausgegangen, denen unter anderen acht Algerier zum Opfer gefallen waren; vgl. Dignan, Europe's Melting Pot, S. 149; Miller, Reluctant Partnership, S. 226.

die Sicherheit und Würde der Algerier in Frankreich nicht mehr gewährleistet sah.[582] Der allgemeine Rekrutierungsstopp der französischen Regierung im Jahr darauf traf daher auf eine bereits abebbende Arbeitsmigration aus Algerien nach Frankreich, entspannte jedoch nicht das schwierige, noch über Jahre hinweg von Gewalt und Diskriminierung geprägte Verhältnis zwischen Algeriern und Franzosen.[583] Unter dem Druck dieser Verhältnisse und der latenten Wirtschaftskrise der 1970er Jahre sank die Nettoimmigration von Algeriern nach Frankreich schnell, und ab 1975 verzeichneten die Statistiken erstmals seit der Einführung der Quotenregelung von 1965 wieder eine Nettoabwanderung von Algeriern aus Frankreich.[584]

Die Anwerbung algerischer Arbeitskräfte folgte, bedingt durch die besonderen Beziehungen zwischen beiden Staaten, nur partiell Mustern, die den Migrationsbeziehungen anderer Staaten des europäischen Systems der Arbeitsmigration ähneln. Bis zum Ersten Weltkrieg fand in Algerien keine durch die französische Verwaltung koordinierte oder regulierte Anwerbung von Arbeitskräften statt. Dies änderte sich grundlegend während des Ersten Weltkrieges, als die französische Regierung Algerier als Soldaten und Arbeiter ausheben ließ und zu diesem Zweck eine eigene Rekrutierungsorganisation aufbaute. In der Zwischenkriegszeit befand sich Frankreich in der unangenehmen Lage, aus politischen Gründen – bisweilen allerdings auch ökonomisch erwünschte – Migrationskanäle für Algerier öffnen zu müssen. Gleichzeitig stand die französische Gesellschaft der Zuwanderung von nordafrikanischen Arbeitskräften deutlich ablehnend gegenüber.[585] Administrative Hürden und zum Teil gesetzlich verankerte Bedingungen ermöglichten jedoch eine situationsabhängige Verengung dieser Kanäle durch die französische Kolonialverwaltung. Gleichzeitig sorgte der Migrationsdruck in Algerien dafür, dass der sich bei einer Weitung der Migrationskanäle nach Frankreich ergießende Strom algerischer Arbeitskräfte für den damit verbundenen Wunsch nach einer Vermehrung des Arbeitskräftepotentials sorgte. Neben der unter diesen Bedingungen relativ leicht möglichen individuellen Abwanderung nach Frankreich existierte zeitweise auch die kollektive Anwerbung von Arbeits-

582 Ath-Messaoud, L'immigration algérienne en France, S. 48, 53.

583 Gastaut sieht einen direkten Zusammenhang zwischen den Maßnahmen der französischen Regierung zur Regulierung der Arbeitsmigration nach Frankreich im Zeichen des sich abschwächenden Wirtschaftswachstums ab 1972 und dem massiven Aufflammen des Rassismus in der französischen Gesellschaft im Jahr darauf; vgl. Gastaut, La flambée raciste de 1973 en France, S. 62f. Hier findet sich auch eine detaillierte Aufstellung der schlimmsten Zwischenfälle.

584 Adler, International Migration and Dependence, S. 83f.; Miller, Reluctant Partnership, S. 228; Ath-Messaoud, L'immigration algérienne en France, S. 78; dazu auch Wihtol de Wenden, Einwanderung aus dem Maghreb in der französischen politischen Wahrnehmung, S. 229f. Interessant ist, dass Algerien im Jahr 1974 einen Anwerbevertrag mit der Deutschen Demokratischen Republik unterzeichnete, der möglicherweise ein alternatives Wanderungsziel erschließen sollte; vgl. Leben, Le droit international et les migrations des travailleurs, S. 105.

585 Wihtol de Wenden, Einwanderung aus dem Maghreb in der französischen politischen Wahrnehmung, S. 226f.

kräften. So organisierten französische Unternehmen, ab 1936 mithilfe der ›Fédération nationale des Nord-Africains en France‹, die Anwerbung geschlossener Arbeiterkolonnen durch algerische Mittelsmänner, die sogenannten ›caporaux‹.[586] Zwischen dem Ende des Zweiten Weltkrieges und dem Ende der Kolonialherrschaft verlief die Arbeitskräfterekrutierung prinzipiell in ähnlichen Bahnen. Auf der einen Seite unterhielten verschiedene Branchenverbände oder große Unternehmen Verbindungsstellen in Algerien, über die bei Bedarf Anwerbungen organisiert wurden. Der Automobilhersteller Renault etwa richtete mit Zustimmung des französischen Arbeitsministeriums Mitte der 1950er Jahre ein Rekrutierungsbüro ein, das selektive Anwerbungen durchführte. Gleichzeitig vermittelte auf Anfrage die ›Direction du travail du gouvernement général de l'Algérie‹ Arbeiter nach Frankreich. Diese Dienststelle korrespondierte mit einer speziellen Arbeitsvermittlung für Algerier des französischen Arbeitsministeriums. Eine Konstruktion, die notwendig war, weil entsprechende Dienstleistungen aufgrund des Status der Kolonie Algerien nicht von dem nur im Ausland tätigen ›Office nationale d'immigration‹ erbracht werden konnten.[587] Direkt staatlich organisierte Rekrutierungskampagnen beschränkten sich auf die Initialzündung der Nachkriegsmigration, der Anwerbung von 3.000 algerischen Bergleuten und ein quantitativ unbedeutendes Programm zur Rekrutierung algerischer Landarbeiter für die Aussaat und die Ernte im Jahr 1952.[588]

Ein dritter Weg der Rekrutierung war die Zusammenarbeit der algerischen und der französischen Arbeitsverwaltung auf lokaler Ebene. Dazu schlossen regionale Arbeitsämter beider Seiten sich in Partnerschaften zusammen, die zu einem gesteuerten Arbeitsmarktausgleich führten sollten. Bis zum Ende der Kolonialzeit wurden jedoch lediglich Pilotprojekte realisiert.[589] Neben diesen Anwerbeverfahren spielte die Rekrutierung algerischer Arbeitskräfte *in* Frankreich bzw. auf indirektem Wege in Algerien eine bedeutende Rolle. Dabei handelte es sich um einen Vorläufer der späteren namentlichen Anforderungen, bei dem bereits in französischen Unternehmen beschäftigte Algerier Empfehlungen für Landsleute aus der Familie, dem Bekanntenkreis oder dem gleichen Heimatort aussprachen. Diesen wurde eine Beschäftigung in Aussicht gestellt, woraufhin sie auf eigene Faust zum Standort des Unternehmens reisten.[590] Arbeitssuchenden Algeriern in Frankreich standen darüber hinaus aufgrund ihres besonderen Status grundsätzlich auch die Vermittlungsstellen der französischen Arbeitsverwaltung offen, deren Bedeutung für die algerischen Migranten jedoch im Vergleich zur Anwerbung oder der eigenständigen Arbeitssuche zweitrangig blieb. Da neben diesen institutionell verankerten Anwerbewegen die freie, individuelle Migration ohne eine vorhergehende

586 Michel, Les travailleurs algériens en France, S. 53.
587 Augarde, La migration algérienne, S. 53.
588 Ebd., S. 27.
589 Michel, Les travailleurs algériens en France, S. 57f.
590 Ebd., S. 54f.

Anwerbung oder die Inaussichtstellung einer Arbeitsstelle wichtig blieb, entwickelten sich bereits vor Ende der Kolonialzeit Bestrebungen seitens der französischen Regierung, die gesamte Arbeiterwanderung in einem regulierten und kontrollierten System zu kanalisieren. Der Eingang sollte durch die französische Kolonialverwaltung kontrolliert werden und eine konsequente Vorauswahl der Kandidaten sowie eine bedarfsgerechte Steuerung der Migration gewährleisten. Den Ausgang sollte die französische Arbeitsverwaltung so gestalten, dass jeder angeworbene Arbeiter dem für ihn vorgesehenen Arbeitsplatz zugeleitet würde. Vor diesem Hintergrund wurde im Jahr 1956 das ›Office algérien de la main-d'œuvre‹ (OFAMO) installiert, dessen Aufgabe die effiziente Organisation des Migrationsprozesses sein sollte. Dabei sollte das Amt – und auch dies ist im politischen Kontext des Kampfes um Herrschaft oder Unabhängigkeit zu sehen – die Interessen der algerischen Arbeiter im Ausland ebenso vertreten wie die der Arbeitgeber in Algerien, denen wichtige Fachkräfte nicht entzogen werden sollten, und gleichzeitig mit den französischen Arbeitgeberverbänden kooperieren.[591] Bis zur Unabhängigkeit wurden diese ambitionierten Pläne jedoch nicht mehr umgesetzt.[592]

Im unabhängigen Algerien war eine direkte Anwerbung von Arbeitskräften durch französische Stellen nicht denkbar. Während sich bis zum Ende der 1960er Jahre der größte Teil der Arbeitsmigration unreguliert vollzog, behielt das nicht umbenannte ›Office algérien de la main-d'œuvre‹ das alleinige Dispositionsrecht über die Verteilung der Arbeitsplatzangebote aus Frankreich auf den algerischen Arbeitsmarkt und die Zulassung von Bewerbern für diese Stellenangebote.[593] Erst mit dem Vertrag von 1968 erhielt Frankreich durch die Erlaubnis zur Durchführung der medizinischen Eignungsuntersuchung in Algerien die Kontrolle über *ein* Selektionskriterium zurück. Im Gegenzug durfte Algerien in Frankreich selbst eine eigene Infrastruktur zu unterhalten, die dem Schutz, der Unterstützung und der Betreuung seiner Arbeitsmigranten diente und von einer gemischten französisch-algerischen Kommission zur Beratung zentraler Fragen über konsularische Vertretungen bis zu Kultureinrichtungen reichte.

2.2.2. Griechenland

Als Griechenland in der zweiten Hälfte des 19. Jahrhunderts wieder einmal in seiner langen Geschichte zum Auswanderungsland wurde, resultierte dies aus einem Zusammenwirken politischer und ökonomischer Faktoren, die noch bis nach dem Zweiten Weltkrieg prägend auf die griechische Migrationsge-

591 Augarde, La migration algérienne, S. 28.

592 Michel, Les travailleurs algériens en France, S. 58f. Vgl. zur Remigrationspolitik Algeriens nach dem Anwerbestopp Algeria: Seminar on the Reintegration of Algerian Emigrant Workers, S. 199f.

593 Stora, Histoire de la guerre d'Algérie, 1954–1962, S. 42f.

schichte einwirken sollten.[594] Nachdem die Unabhängigkeit Griechenlands vom Osmanischen Reich 1829 erkämpft war, führte das Ausbleiben eines Industrialisierungsprozesses verbunden mit einer stagnierenden Entwicklung der Landwirtschaft zu einer sich aus Landflucht speisenden Urbanisierung, die sich nicht auf einen dynamischen gewerblich-industriellen Arbeitsmarkt stützen konnte. Es entstand eine Kluft zwischen den kaum entwickelten, agrarisch geprägten ländlichen Gebieten und den wenigen, nur in Ansätzen industrialisierten urbanen Zentren.[595] Der daraus resultierende soziale Druck entlud sich in den letzten Jahrzehnten des 19. Jahrhunderts in einem Anwachsen der Auswanderung. Diese war vor allem auf die Vereinigten Staaten von Amerika gerichtet, aber auch auf Australien und Kanada und gewann bereits vor dem Ersten Weltkrieg den Charakter einer Massenauswanderung.[596] Zu ihren ökonomischen Ursachen trat mit dem Beginn der Balkankriege 1911/12 eine Reihe militärischer Auseinandersetzungen, in deren Gefolge sich die wirtschaftlichen und sozialen Faktoren verstärkten, die für ein Anwachsen des Auswanderungsdrucks sorgten. Hatten etwa zwischen 1890 und 1900 nur knapp 16.000 Griechen ihr Land als Auswanderer verlassen, so stieg ihre Zahl in den ersten beiden unruhigen Jahrzehnten des 20. Jahrhunderts auf 402.000. Etwa 55% von ihnen kehrten bis zum Beginn der 1920er Jahre unter dem Eindruck der griechischen Expansion zurück, die eine bessere Zukunft in der Heimat zu verheißen schien.[597]

Gleichzeitig sank zu diesem Zeitpunkt die Auswanderung merklich ab. Nachdem im Jahr 1923 nur 15.277 Griechen ihr Land verlassen hatten, von denen die eine Hälfte transozeanische Ziele wählte, die andere sich nach Europa oder Nordafrika wandte, leitete jedoch der Verlauf des türkisch-griechischen Krieges eine zweifache Wende im Migrationsgeschehen ein. Während einerseits der türkisch-griechische Bevölkerungsaustausch in der Zwischenkriegszeit zur Einwanderung von etwa zwei Millionen Flüchtlingen aus Kleinasien führte, brach zugleich eine neuerliche Auswanderungswelle los.[598] Diese hielt bis zur Weltwirtschaftskrise 1929 an und führte innerhalb weniger Jahre fast eine halbe Million Griechen ins Ausland. Eine starke Remigrationsbewegung während der Weltwirtschaftskrise, im Zuge derer vor allem Auswanderer aus den USA wieder nach Griechenland heimkehrten, sorgte im Verbund mit einer sinkenden Auswanderungsneigung in den 1930er Jahren für ein nahezu ausgeglichenes Wanderungssaldo.[599] Der Zweite Welt-

594 Kaiser, Migration und Remigration, S. 492.

595 Papademetriou, Illusions and Reality in International Migration, S. 213.

596 Aidinidis, Zur griechischen Arbeitsemigration unter besonderer Berücksichtigung der Remigrationsproblematik, S. 23. Vgl. zur Einwanderungsgeschichte Australiens Castles, Einwanderung und Sozialpolitik in Australien, S. 171–198; Rump, Migration to Australia, S. 271–294.

597 Filias, Emigration, S. 120.

598 Dietzel-Papakyriakou, 40 Jahre griechische Migration in Schriften deutscher Sprache, S. 11f.; Grèce: L'émigration en 1923, S. 27.

599 Kaiser, Migration und Remigration, S. 498; Papademetriou, Greece, S. 187; Filias, Emigration, S. 11f.

krieg brachte mit dem deutschen Überfall und der Besatzungszeit von 1941 bis 1944 Vertreibung und Deportationen über Griechenland, aber auch die Rekrutierung Tausender Zwangsarbeiter für die deutsche Kriegswirtschaft.[600] Der Sieg der Nationalisten im griechischen Bürgerkrieg, der von 1946 bis 1949 tobte, zwang schließlich rund 150.000 Griechen, die auf der Seite der Kommunisten gekämpft hatten, ins meist osteuropäische Exil.[601] Zu Beginn der 1950er Jahre hatten wirtschaftliche Rückständigkeit und Kriege über fast 100 Jahre der griechischen Migrationsgeschichte ihren Stempel aufgedrückt.[602] Dabei waren dichte Migrationsbeziehungen nach Übersee, vor allem zu den USA, zu Kanada und zu Australien, entstanden, die bis nach dem Zweiten Weltkrieg den größten Teil der Auswanderer aufnahmen. Noch im Jahr 1953 lag der Anteil der überseeischen Ziele bei 85%.[603]

Obwohl systematische statistische Angaben über die Auswanderung aus Griechenland erst ab 1955 vorliegen – und eine Nettoauswanderung zeigen –, ergeben Schätzungen, dass bereits vor Ende des Bürgerkrieges ein neuerlicher Auswanderungsprozess eingesetzt hatte, der ungebrochen bis 1973 anhielt.[604] Seit diesem Zeitpunkt besitzt Griechenland, bedingt durch die Rückkehr griechischer Auswanderer und die eigene Transformation zum Einwanderungsland, selbst eine positive Einwanderungsbilanz.[605] Zwischen 1955 und 1973 verließen etwa 1,3 Millionen Griechen ihr Heimatland. Dies entsprach etwa 13% der Bevölkerung in knapp zwei Jahrzehnten. Diese Dimension der Auswanderung führte trotz einer Rückkehrquote von fast 50% zu tiefen Einschnitten sowohl in die demographische Entwicklung als auch in das Wachstum der erwerbstätigen Bevölkerung des Landes: Beide stagnierten zunächst, ab 1963 überstiegen dann die Bevölkerungsverluste durch die Auswanderung sogar das natürliche Bevölkerungswachstum.[606]

Der Beginn einer staatlichen Auswanderungspolitik kann im Falle Griechenlands in den frühen 1950er Jahre verortet werden.[607] Nach Weltkrieg und Bürgerkrieg war das Land von furchtbaren Zerstörungen gezeichnet. Industrie und Gewerbe lagen am Boden, die landwirtschaftliche Produktion, die noch weit mehr als 50% der griechischen Wirtschaftsleistung ausmachte, war um

600 Haziiossif, Griechen in der deutschen Kriegsproduktion, S. 210f.

601 Aidinidis, Zur griechischen Arbeitsemigration unter besonderer Berücksichtigung der Remigrationsproblematik, S. 25.

602 Papademetriou, Illusions and Reality in International Migration, S. 213; Papademetriou/Emke-Poloupolous, Migrations and Development in Greece, S. 94f.

603 Aidinidis, Zur griechischen Arbeitsemigration unter besonderer Berücksichtigung der Remigrationsproblematik, S. 25; der Anteil der USA lag in diesem Jahr bei etwa 15%.

604 Kaiser, Migration und Remigration, S. 498; Geck, Die griechische Arbeitsmigration, S. 20f.

605 Cavounidis, Migration in Southern Europe and the Case of Greece, S. 45f.

606 Lianos, Greece, S. 249; Nikolinakos/Kudat, A Comparative Study in Migration Policies, S. 32; Pteroudis, Emigrations et immigrations en Grèce, S. 159.

607 Venturas, Greek Governments, Political Parties and Emigrants in Western Europe, S. 45. Vorläufer bilden verschiedene Regierungskommissionen, die sich zum ersten Mal 1906, dann erneut 1912 in Berichten mit der Auswanderung aus Griechenland befassten.

70% zurückgegangen.[608] Das Durchschnittseinkommen aus landwirtschaftlicher Tätigkeit deckte in der ersten Hälfte der 1950er Jahre nur etwa 30 bis 50% der Grundbedürfnisse einer vierköpfigen Familie.[609] Wie für andere Staaten der europäischen Peripherie gewannen dadurch der Export von Arbeitslosigkeit und der Devisenimport durch die Lohnüberweisungen der Emigranten stark an Attraktivität. Nachdem das Zustandekommen eines ersten Anwerbevertrages mit Frankreich 1954 noch fast ohne positive Auswirkungen auf die Arbeitskräftewanderung geblieben war, entwickelte sich Belgien zum ersten wichtigen europäischen Migrationspartner Griechenlands.[610]

Vom Beispiel der Migrationsbeziehungen zwischen Griechenland und Belgien in der Frühphase der Anwerbung ausländischer Arbeiter in Europa nach dem Ende des Zweiten Weltkrieges lassen sich sowohl die Entwicklungsstadien einer solchen Beziehung wie die Einflüsse der Einbindung aller Akteure in ein komplexes Migrationssystem ablesen.[611] Der belgische Steinkohlenbergbau war zu Beginn der 1950er Jahre auf der Suche nach Quellen für zusätzliche Arbeitskräfte und daran interessiert, diese in Italien zu rekrutieren. Als bisher einziges Land, in dem Belgien Arbeitskräfte anwarb, nutzte Italien seine starke Stellung, die nicht zuletzt durch die zeitgleich anlaufenden französischen Anwerbeversuche gestärkt wurde, aus, um für bessere Arbeitsbedingungen für seine Auswanderer zu kämpfen. Dies sorgte für eine Verknappung italienischer Arbeitskräfte in Belgien und führte dazu, dass die belgischen Steinkohlengruben ihren Bedarf an Arbeitskräften zeitweise nicht vollständig durch die Anwerbung in Italien decken konnten.

Verschärfend wirkte sich aus, dass sich unter den 700 Bergarbeitern, die zwischen 1945 und 1956 in Belgien durch Arbeitsunfälle starben, ein hoher Anteil italienischer Einwanderer befand.[612] Auf dieses spannungsreiche Verhältnis zwischen Italien und Belgien und den großen Emigrationsdruck in Griechenland reagierte im Jahr 1952 ein in Brüssel ansässiger griechischer Schwammhändler, Michail Kokkinos. Er setzte sich mit der ›Fédéchar‹ in Verbindung und erbot sich, auf Probe einige griechische Bergleute aus seiner Heimatregion zu vermitteln. Der Vorschlag wurde von der Arbeitgebervereinigung aufgegriffen und mithilfe der belgischen und griechischen Behörden realisiert. Während auf diese Weise die ersten Migrationsbeziehungen zwischen Griechenland und Belgien entstanden, bemühte sich der belgische Steinkohlenbergbau, um seine Abhängigkeit von einzelnen Ländern zu reduzieren und seinen steigenden Arbeitskräftebedarf zu decken, auch um Arbeitsmarktbeziehungen zu Spanien. Die italienische Seite hingegen nahm die Schwächung ihrer Position in Belgien durchaus wahr und versuchte, diese Mitte der 1950er Jahre durch eine Reihe von Presseartikeln zu unterminieren,

608 Papademetriou, Illusions and Reality in International Migration, S. 213.
609 Alexiou, L'immigration grecque en Belgique, S. 277.
610 Filias, The Emigration of Greek Workers to Western Germany and its Consequences, S. 127; Papademetriou, Greece, S. 188.
611 Filias, Emigration, S. 131.
612 Alexiou, L'immigration grecque en Belgique, S. 275.

die man in Belgien und Griechenland lancierte, in denen die Arbeitsbedingungen griechischer Bergleute in Belgien negativ dargestellt wurden.[613] Im Jahr 1956 kippte die die Situation, als bei den dramatischen Grubenunglücken von Quaregnon und Marcinelle im Februar bzw. August die Mehrzahl der zu beklagenden Opfer Italiener waren.[614] In der Zwischenzeit hatte die griechische Regierung ein Interesse an der Förderung und Institutionalisierung der Auswanderung nach Belgien durch ein Anwerbeabkommen entwickelt, die Zuwanderung italienischer Bergleute brach ein und die belgische Regierung war bereit, die ›Fédéchar‹ beim Zugriff auf die griechischen Arbeitsmarktreserven durch ein zwischenstaatliches Abkommen zu unterstützen. Als die griechische Regierung im Jahr 1956 den Entwurf eines Anwerbeabkommens vorlegte, der auf dem belgisch-italienischen Vertrag beruhte, bildete dies den Auftakt für formelle Verhandlungen, aus denen schon Ende 1956 ein Vertragstext hervorging, der im folgenden Jahr als Anwerbeabkommen in Kraft trat.[615]

Es regelte, wie allgemein üblich, die Bedingungen der Anwerbung, des Transfers, der Arbeit und Unterbringung sowie des Lohntransfers. Die Rekrutierung erfolgte auf der Grundlage individueller Arbeitsverträge, die von der ›Fédéchar‹, die eigene Vermittlungsstellen in Griechenland einrichtete, angeboten und von griechischen Regierungsstellen bekannt gemacht wurden. Eine kollektive Anwerbung, durch die eine Anforderung größerer Gruppen griechischer Arbeiter stark vereinfacht worden wäre, blieb jedoch außen vor.[616] Die quantitativen Auswirkungen des griechisch-belgischen Anwerbevertrages auf die Auswanderung aus Griechenland erwiesen sich allerdings als begrenzt. Während die Auswanderung nach Inkrafttreten des Abkommens nur langsam über das bereits zuvor erreichte Niveau wuchs, verlagerten sich die Schwerpunkte der Zielwahl weiter von den USA und anderen überseeischen Aufnahmeländern auf europäische Ziele.[617] Dies geschah jedoch im Unterschied zu anderen Auswanderungsländern zunächst nicht durch ein Absinken der Auswanderung nach Übersee, sondern durch ein Anwachsen der Migration in Richtung europäischer Länder.[618] Erst in den späten 1950ern begann die Auswanderung nach Übersee deutlich abzufallen – und führte sogar zu einem kurzen Einbruch der Gesamtauswanderungszahlen –, während gleichzeitig die Auswanderung in europäische Länder ab 1956 stark anwuchs.[619] Bis 1960 gingen etwa 15.000 Griechen nach Belgien, von denen ein Drittel im gleichen Zeitraum wieder in ihre Heimat zurückgekehrt war. Der Höhepunkt dieser Migrationsbewegung war jedoch eigentlich schon mit ihrem Beginn überschritten, als 1957 8.502 griechische Einwanderer Belgien kurzfristig zum mit

613 Venturas, The Beginning of Greek Post-War Emigration to Belgium, S. 218f.
614 Alexiou, L'immigration grecque en Belgique, S. 275.
615 Venturas, The Beginning of Greek Post-War Emigration to Belgium, S. 223.
616 Alexiou, L'immigration grecque en Belgique, S. 275.
617 Kaiser, Migration und Remigration, S. 498; L'émigration en provenance de Grèce en 1958 et 1959, S. 168f.
618 Lianos, Flows of Greek Out-Migration and Return-Migration, S. 120.
619 L'émigration en provenance de Grèce en 1956 et 1957, S. 327f.

Abstand wichtigsten Zielland der griechischen Migration nach Europa machten. Doch bereits in den folgenden beiden Jahren ging die griechische Einwanderung nach Belgien zugunsten anderer Wanderungsziele um etwa 90% zurück.[620] Zwar stieg die Zahl der in Belgien lebenden Griechen bis 1964 langsam auf etwa 25.600 Personen[621], aber schon im Jahr 1959 – ein Jahr vor dem Abschluss eines Anwerbevertrages – überholte Deutschland Belgien als wichtigstes europäisches Zielland griechischer Auswanderer.[622] Diese Entwicklung markiert die endgültige Verlagerung der griechischen Migrationsströme auf Europa und den Beginn einer neuen Massenauswanderung in Richtung Westdeutschland.[623]

Auch die Aufnahme formeller Migrationsbeziehungen zwischen Griechenland und Deutschland im Jahr 1960 hatte eine mehrjährige Vorgeschichte. Im Unterschied zu Belgien lag der Schwerpunkt dabei jedoch nicht auf der informellen Vermittlung griechischer Arbeiter, sondern auf der politischen Ebene. Bereits ab 1955 mahnten griechische Diplomaten in Deutschland die Aufnahme von Arbeitsmarktbeziehungen unter Verweis auf die Opfer und Schäden an, die das Land unter deutscher Besatzung erlitten hatte. Nach anfänglicher Zurückhaltung der deutschen Seite, die sich zunächst nicht an einer Ausweitung der Anwerbung ausländischer Arbeitskräfte interessiert zeigte, gab die wachsende Nachfrage nach ausländischen Arbeitskräften durch die deutsche Wirtschaft den Ausschlag. Als die BRD ihre Migrationsbeziehungen in Richtung Spanien ausbaute, kamen parallel auch Verhandlungen mit Griechenland in Gang, die 1960 zu einem Wanderungsvertrag führten. Wie groß der Auswanderungsdruck in Griechenland mittlerweile war und wie sehr schnell unter diesen Bedingungen ein durch Rekrutierung akzelerierter Migrationsprozess seine Dynamik entfalten konnte, zeigt die im Vergleich zur belgischen Erfahrung gänzlich andere Entwicklung der deutsch-griechischen Arbeitskräftewanderung.[624] Schon unmittelbar mit der ersten deutschen Rekrutierungskampagne setzte ein Ansturm Tausender griechischer Auswanderer auf die Rekrutierungsbüros in Athen und Saloniki ein. Im Vergleich zum Jahr 1959 verzehnfachte sich im Jahr 1960 die Zahl der Griechen, die nach Deutschland einwanderte auf 21.500, um im Folgejahr auf über 50.000 zu wachsen und im Jahr 1965 mit 80.500 Auswanderern ihren Höhepunkt zu erreichen. Gleichzeitig partizipierten andere Migrationsziele nicht nur relativ, sondern auch in absoluten Zahlen immer weniger stark an der griechischen Emigration. Vom Beginn der Anwerbung bis zu ihrer Einstellung im Jahr 1973 kamen 615.400 griechische Arbeitnehmer und ihre Familienangehörigen nach Deutschland, von denen etwa die Hälfte im gleichen Zeitraum wieder nach Griechenland

620 L'émigration en provenance de Grèce en 1958 et 1959, S. 169.

621 Papademetriou, Greece, S. 188; Alexiou, L'immigration grecque en Belgique, S. 274; Geck, Die griechische Arbeitsmigration, S. 25. Die Zahl bezieht sich auf die Zuwanderungsvorgänge im Jahr 1964, nicht auf die Anzahl der 1964 in Belgien ansässigen Griechen.

622 Papademetriou, Greece, S. 188.

623 Geck, Die griechische Arbeitsmigration, S. 24.

624 Gogos, Überblendungen, S. 822.

zurückkehrte.[625] Mehr als 60% der griechischen Arbeitskräfte wurden über die deutschen Rekrutierungsstellen angeworben bzw. namentlich angefordert, die übrigen wählten den Weg über die deutschen Konsulate oder die Einreise mit einem Touristenvisum.[626] Deutschland nahm in den zwölf Jahren der Arbeitskräfterekrutierung in Griechenland zwischen 80 und 90% aller griechischen Auswanderer auf, die innerhalb Europas blieben, sodass zu Beginn der 1970er Jahre zeitweise 11,5% der griechischen Bevölkerung in Deutschland lebten.[627]

Gemessen an der überragenden Bedeutung Deutschlands als Migrationspartner Griechenlands nach dem Zweiten Weltkrieg blieben die Auswirkungen weiterer bilateraler Anwerbeabkommen bzw. Migrationsbeziehungen zweitrangig. Die Arbeitsmigration nach Schweden, die zu Beginn der 1970er Jahre gemeinsam mit der Aufnahme von Flüchtlingen vor der Militärdiktatur in Griechenland, die das Land zwischen 1967 und 1974 beherrschte, führte zum Entstehen einer griechischen Gemeinde von etwa 10.000 Personen. Ebenso wenig resultierten aus dem Anwerbeabkommen zwischen Griechenland und den Niederlanden von 1966 ähnlich dichte Arbeitsmarktbeziehungen.[628]

Die Auswanderungspolitik Griechenlands wies ihrerseits interessante Gemeinsamkeiten und Unterschiede zur Auswanderungspolitik anderer Anwerbestaaten auf.[629] Der Export von Arbeitskraft als Export von Arbeitslosigkeit und Import von Devisen weckte wie etwa in Spanien oder Portugal nach Ende des Zweiten Weltkrieges relativ schnell das Interesse der griechischen Regierung.[630] Nachdem schon 1951 eine staatliche Kommission ihre Arbeit an der Formulierung von Richtlinien für eine künftige Migrationspolitik aufgenommen hatte, beteiligte sich Griechenland zunächst an den internationalen Initiativen, die sich auf die Unterstützung der Abwanderung aus Europa nach Übersee richteten.[631] Doch schon der Entwicklungsplan für die Jahre 1950 bis 1953 sah dann bereits auch die Förderung der temporären Arbeitsmigration als Teil einer Wiederaufbaustrategie vor.[632] In diesem Kontext können sowohl die positive Reaktion auf die Zusammenarbeit zwischen Kokkinos und der ›Fédéchar‹ als auch die Versuche, Druck auf Deutschland auszuüben, verortet werden. Spätestens mit dem Beginn der Anwerbung griechischer Arbeiter durch

625 Lianos, Flows of Greek Out-Migration and Return-Migration, S. 122; Papageorgiou, A Study of Greek Regional Migration, S. 7f.

626 Glytsos/Katseli, Greek Migration, S. 352.

627 Kaiser, Migration und Remigration, S. 499; Papademetriou, Greece, S. 189; Lianos, Greece, S. 250; Glytsos/Katseli, Greek Migration, S. 350; dies., Theoretical and Empirical Determinants of International Labour Mobility, S. 97; Geck, Die griechische Arbeitsmigration, S. 28. Bezogen auf die gesamte Auswanderung aus Griechenland lag der Anteil Deutschlands bei 56%, bleiben die Krisenjahre 1967/68 ausgeklammert, bei 60%.

628 Lianos, Greece, S. 255.

629 Vgl. im Überblick Venturas, Greek Governments, Political Parties and Emigrants in Western Europe.

630 Angelopoulos, The Anatomy of Emigration in Greece, S. 6.

631 Venturas, Greek Governments, Political Parties and Emigrants in Western Europe, S. 46. Griechenland war nicht nur auf der Konferenz von Neapel vertreten, sondern zählte auch zu den Gründungsmitgliedern der ICEM.

632 Glytsos/Katseli, Greek Migration, S. 354.

deutsche Stellen und der quasi unbegrenzten Öffnung des deutschen Arbeitsmarktes für griechische Migranten, denn die deutsche Nachfrage überstieg bis zur Ölpreiskrise das griechische Migrationspotential zu fast jedem Zeitpunkt, kann dieses politische Ziel als erreicht angesehen werden.[633] Gleichzeitig entwickelte Griechenland zwar eine für die Intention temporärer Migration typische Betreuungsinfrastruktur im Ausland, jedoch keine erfolgreiche Einflussnahme auf den Auswanderungsprozess im Hinblick auf seine eigenen binnenwirtschaftlichen Interessen. Insbesondere eine Abstimmung der Anwerbung auf die Struktur des im Inland verfügbaren Arbeitskräftepotentials durch eine konsequente ökonomisch geleitete Vorauswahl der Migranten blieb aus.[634] Obwohl sich Regierung, Arbeitgeber, Gewerkschaften und politische Opposition intensiv um eine Steuerung des Migrationsprozesses bemühten, war keine beteiligte Institution stark genug, eine kohärente Migrationspolitik zu formulieren und umzusetzen.[635] Zwar kooperierte die griechische Arbeitsverwaltung mit den Rekrutierungsinstitutionen und unterstützte diese bei der Anwerbung durch die Durchführung medizinischer Voruntersuchungen und Werbemaßnahmen. Aber weder eine quantitative Begrenzung, die auf die Entwicklung der Arbeitslosigkeit reagierte, noch eine regionale oder berufsspezifische Koordination der Anwerbung wurde – trotz entsprechender Forderungen, die zumindest ein Problembewusstsein in Politik und Wissenschaft signalisierten – etabliert.[636] Die Zusammensetzung des Auswandererstroms blieb damit fast gänzlich den individuellen Migrationsentscheidungen und den Selektionskriterien der anwerbenden Staaten überlassen. Der Einfluss der rekrutierenden Staaten äußerte sich in einer angebots- und nachfrageabhängigen Ablehnungsquote von zwischen 30 und 40% der griechischen Bewerber. Gleichzeitig zeichnete sich ab, dass die Arbeitgeber griechischer Migranten bei der Vertragsverlängerung nach dem Ablauf des ursprünglichen Arbeitsvertrages diejenigen Arbeiter bevorzugten, die sich als qualifizierte und gute Mitarbeiter erwiesen hatten. Dies verstärkte die Tendenz zu einem längeren Verbleib der erfolgreichen Migranten im Ausland und wirkte in Bezug auf die Rückkehrer wie eine negative Selektion.[637]

Die völlige Freiheit der Auswanderung trug dazu bei, dass zwar die überwiegende Mehrheit der Emigranten aus den unterentwickelten ländlichen Gebieten stammte, sich jedoch auch Facharbeiter und Spezialisten, die in Griechenland nicht arbeitslos gewesen waren, aufgrund der besseren Verdienstmöglichkeiten im Ausland für die Migration entschieden. Noch im Verlauf der 1960er Jahre resultierte daraus eine Verknappung von Arbeitskräften in einigen Arbeitsmarktsegmenten, insbesondere in der Landwirtschaft. Im

633 Lianos, Flows of Greek Out-Migration and Return-Migration, S. 120.
634 Filias, Emigration, S. 28f.; Alexiou, L'immigration grecque en Belgique, S. 279f.
635 Lianos, Greece, S. 254f.
636 Kudat/Nikolinakos, A Comparative Study in Migration Policies, S. 31f.; Angelopoulos, The Anatomy of Emigration in Greece, S. 9; Filias, Emigration, S. 37f.; Venturas, Greek Governments, Political Parties and Emigrants in Western Europe, S. 47.
637 Papademetriou, Greece, S. 191.

primären Sektor waren hierfür nicht nur die Abwanderung und die weiter voranschreitende Landflucht, sondern auch eine sinkende Erwerbsquote ursächlich, die dadurch zustande kam, dass Familien, die durch Lohnüberweisungen aus dem Ausland unterstützt wurden, sich in Anbetracht der geringen Verdienstmöglichkeiten vom ländlichen Arbeitsmarkt zurückzogen.[638] Erst einige Jahre nach dem Beginn der Anwerbung ergriff Griechenland zaghaft Maßnahmen, um die Auswahl der Arbeitsmigranten zu beeinflussen. Im Jahr 1964 wurde beispielsweise der Personenkreis, der zur namentlichen Anforderung zugelassen wurde, eingeschränkt. Während die Auswanderung Ende der 1960er Jahre ihre intensivste Phase durchlief, wurde im Entwicklungsplan der Regierung für die Jahre 1966 bis 1970 die Arbeitsmigration bereits als Problem für die demographische und die ökonomische Entwicklung Griechenlands genannt. Folglich rückten die Reduktion der Auswanderung und eine Verstärkung der Bemühungen um eine vollkommene Umlenkung der Migration nach Europa, da man sich davon eine Steigerung der Rückwanderung erhoffte, zu Politikzielen auf.[639] Aber erst im Jahr 1972, ein Jahr vor dem Anwerbestopp, erfolgte eine deutliche regionale Beschränkung bzw. Steuerung der Anwerbung griechischer Arbeitskräfte durch Deutschland.[640] Bis zuletzt blieben die Zuständigkeiten für migrationspolitische Handlungsfelder jedoch zersplittert und eher von einer Reaktion auf Veränderungen der Anwerbepolitik der Migrationspartner oder der Strukturen des Migrationsprozesses bestimmt als von einem koordinierten Handeln der beteiligten Akteure auf griechischer Seite.[641] In den 1970er Jahren ging Griechenland zwar langsam zu einer aktiven Rückkehrförderung über, konnte dadurch jedoch nicht verhindern, dass das Land seinerseits zum Einwanderungsland werden musste, um Defizite auf dem Arbeitsmarkt auszugleichen.[642]

2.2.3. Italien

Im 19. und 20. Jahrhundert war Italien neben Irland das wichtigste Auswanderungsland Europas.[643] Während sich die irische Emigration jedoch vor allem auf Großbritannien und die USA richtete, zeichnet sich die Auswanderung aus Italien durch eine breite Streuung aus.[644] Zahlreiche europäische, nord- und

638 Kudat/Nikolinakos, A Comparative Study in Migration Policies, S. 33f.

639 Zolotas, International Labor Migration and Economic Development, S. 52f.

640 Geck, Die griechische Arbeitsmigration, S. 33.

641 Kaiser, Migration und Remigration, S. 503.

642 Fakiolas, Italy and Greece, S. 313f.; Pteroudis, Emigrations et immigrations en Grèce, S. 164f.

643 Monticelli, Italian Emigration, S. 10; Hatton/Williamson, Migration and International Labor Markets, S. 75f., S. 95f.; Fitzgerald/Lambkin, Migration in Irish History; O'Donoghue/O'Donoghue, Emigration from Ireland to the United States.

644 Vásquez-Presedo, The Role of Italian Migration in the Development of the Argentine Economy 1875–1914, S. 610f.; Faini/Venturini, Italian Emigration in the Pre-War Period, S. 73f.

südamerikanische Staaten sowie Australien wurden im Verlauf des 120-jährigen, von 1861 bis 1980 währenden Exodus italienischer Migranten zu bevorzugten Zielen. Italien ist damit unter denjenigen Ländern, die hier als Teil eines europäischen Arbeitsmigrationssystems betrachtet werden, das Auswanderungsland mit den vielfältigsten, längsten und quantitativ umfangreichsten Migrationsbeziehungen. Im Verlauf seiner Partizipation an diesem transnationalen Arbeitsmarkt wurde Italien für manche Staaten zeitweise zu einer wichtigen, für einige sogar zur wichtigsten Zuwanderungsquelle.[645]

Zwischen der Gründung der Republik Italien im Jahr 1861 und der Mitte der 1980er Jahre, als sich die Aus- zu einer Einwanderung verkehrt hatte, verließen etwa 27 Millionen Italiener ihr Land, um sich für eine Weile oder für immer im Ausland niederzulassen bzw. dort Arbeit zu suchen.[646] Dieser intensive und langfristige Abwanderungsprozess erfasste etwa ein Viertel aller in dieser Periode geborenen Italiener. Über den gesamten Zeitraum betrachtet, blieb eine Mehrheit von 52% aller italienischen Emigranten in Europa, 44% wanderten nach Amerika aus, während sich die verbleibenden 4% auf Ozeanien und Afrika verteilten. Schätzungen gehen davon aus, dass etwa die Hälfte aller italienischen Auswanderer nach längerer oder kürzerer Emigration wieder in ihre Heimat zurückkehrte.[647] Als weiteres wichtiges Wanderungsphänomen spielte die Wanderung innerhalb Italiens, die alleine in der Zwischenkriegszeit weit mehr als 10 Millionen Italiener aus ihren Geburtsorten fortführte, eine wichtige Rolle. Beide Wanderungsbewegungen zusammen machen Italien im Untersuchungszeitraum zu dem Land Europas mit der höchsten Mobilitätsrate.[648]

Etwa 75% der italienischen Emigranten seit den 1860er Jahren waren Männer, 80% der Emigranten waren im Alter zwischen 14 und 45 Jahren. Diese beiden ebenfalls nur auf Schätzungen beruhenden Werte unterstreichen im Verbund mit der hohen Remigrationsrate die wichtige Stellung der Arbeitsmigration im Kontext der Auswanderung aus Italien. Diese blickt zudem auf Traditionen zurück, die bereits im Mittelalter mit den saisonalen Wanderungen italienischer Bauarbeiter, Kunsthandwerker, Künstler und Kaufleute nach Europa, aber auch in außereuropäische Regionen begannen und sich auf vielen Ebenen ungebrochen bis ins 20. Jahrhundert fortsetzten.[649]

Die neuere Migrationsgeschichte Italiens bis zur Konversion zum Einwanderungsland wird mit Bezug auf die Wanderungsströme nicht selten in zwei Abschnitten betrachtet. Vor dem Zweiten Weltkrieg dominierte die Auswanderung nach Übersee, während sich die interregionalen Wanderungen vor allem von den Gebirgsregionen im Landesinneren an die Küsten vollzogen. Nach 1945 begann die Arbeitsmigration in die westeuropäischen Industrie-

645 Del Boca/Venturini, Italian Migration, S. 303f.
646 Malpas, L'émigration italienne sur le long terme, S. 9.
647 Vecoli, The Italian Diaspora, 1876–1976, S. 114.
648 Golini/Birindelli, Italy, S. 143; Bertagna/Maccari-Clayton, Italien, S. 209f.
649 Vecoli, The Italian Diaspora, 1876–1976, S. 116.

staaten zu überwiegen, die eine parallel verlaufende intensive Binnenwanderung von Süd- nach Norditalien flankierte.[650] Ein solches Phasenmodell deckt sich weitgehend mit den Zäsuren in der italienischen Migrationspolitik. Diese wandelte sich von einer vorsichtigen Regulierung vor dem Ersten Weltkrieg zu einer aktiv protektionistischen Politik in der Zwischenkriegszeit, die jedoch nach dem Beginn der faschistischen Herrschaft eine auswanderungsfeindliche Periode durchlief. Nach dem Ende des Zweiten Weltkrieges herrschte dann bis zum Beginn der 1980er Jahre eine aktive Migrationspolitik vor. Ihr Ziel war es, insbesondere Arbeitsemigration zu fördern und die Rechte italienischer Auswanderer abzusichern.[651] Eine differenzierte Betrachtung der Strukturen von Wanderungsbewegungen und Migrationspolitik verwischt jedoch diese vermeintlich klaren Schnittlinien und zeigt, dass vor allem Mischformen, langsame Übergänge und ein komplexes Beziehungsgeflecht in verschiedenen, sich zeitweise überlappenden und schließlich zusammenwachsenden Migrationssystemen die Migrationsgeschichte Italiens geprägt haben.[652]

Die wichtigsten Ursachen für die Zunahme der Auswanderung aus Italien seit der zweiten Hälfte des 19. Jahrhunderts waren ökonomischer Natur.[653] Die beiden Faktoren, deren Ineinandergreifen die alten mittelalterlichen und frühneuzeitlichen Migrationstraditionen zu einer Massenauswanderung anschwellen ließen, waren die uneinheitliche und nur schleppend voranschreitende wirtschaftliche Entwicklung einerseits, andererseits ein sich im 19. und 20. Jahrhundert beschleunigendes Bevölkerungswachstum.[654] Politisch motivierte Emigration blieb ein sekundärer Faktor, der jedoch immer wieder an Bedeutung gewann, so etwa nach der Einigung Italiens 1861, im Kontext der gesellschaftlichen Konflikte und Verwerfungen im Modernisierungsprozess an der Schwelle zum 20. Jahrhundert sowie während der faschistischen Herrschaft.[655]

Bei einer Betrachtung des gesamten Auswanderungsgeschehens seit den 1860er Jahren wird deutlich, dass ausgehend von einer Sockelmigration, die zwischen 100.000 und 150.000 Personen jährlich lag, in den 1880er Jahren eine deutliche Dynamisierung der Auswanderung einsetzte.[656] Die Auswandererzahlen stiegen mit zyklischen Schwankungen zunehmend schnell und erreichten vor dem Eintritt Italiens in den Ersten Weltkrieg im Jahr 1915 ihren historischen Höhepunkt, sodass italienische Migranten zwischen 1905 und 1914 sogar die Mehrheit unter den Einwanderern in die USA ausmachten. Fast 14 Millionen Migranten verließen zwischen 1876 und 1915 das Land, die

650 Garonna, Interregional and International Migration Models, S. 795; Martini, Italienische Migranten in Deutschland, S. 49.
651 Golini/Birindelli, Italy, S. 146–149.
652 Centro Studi Emigrazione, The World in my Hand, S. 8f.
653 Malpas, L'émigration italienne sur le long terme, S. 11f.
654 Zamagni, The Economic History of Italy 1860–1990, S. 28f., 203f.
655 Seidlmayer, Geschichte Italiens, S. 430f.
656 Federici, Italy, S. 149; Die italienische Migrationsstatistik setzt im Jahr 1876 ein, Zahlen für den Zeitraum zwischen 1869 und 1876 finden sich beispielsweise bei Sartorius von Waltershausen, Die italienischen Wanderarbeiter, S. 7.

Migrationsquote Italiens betrug in diesem Zeitraum rund 2,1%. Die Zwischenkriegszeit hingegen zerfällt in drei Phasen. Unmittelbar nach Kriegsende stieg die Auswanderung erneut an, wurde jedoch durch die Zuwanderungsbeschränkungen der wichtigsten Zielländer in ihrer Entfaltung eingeengt.[657] Mit dem faschistischen Regime sorgte dann eine migrationsfeindliche Politik Italiens selbst für ein weiteres Abflauen der Wanderungsbewegung, bevor in einer dritten Phase während des Krieges, vor allem bedingt durch die Rekrutierung von freiwilligen Arbeitskräften sowie Zwangsarbeitern durch Deutschland, die Migrationsintensität kurzfristig wieder zunahm. Ihre zweite ausgeprägte Hochkonjunktur durchlief die Auswanderung nach dem Zweiten Weltkrieg. Zwischen 1945 und 1975 emigrierten 7,4 Millionen Italiener. Das entspricht einer Migrationsquote von 0,5%.[658]

Eine nach Herkunftsregionen der Migranten, ihren Zielen und Wanderungsformen differenzierende Betrachtung verdeutlicht die unterschiedlichen Entwicklungsebenen, die sich hinter dem italienischen Auswandererstrom verbergen. In den ersten Jahren dominierten noch historisch gewachsene Migrationsbeziehungen. Eine temporäre, sich meist saisonal wiederholende Arbeitsmigration aus dem nördlichen Italien in die unmittelbaren Nachbarstaaten war prägend und in gewisser Weise der inneritalienischen saisonalen Arbeitsmigration verwandt. Diese versorgte Regionen, in denen intensive Agrarproduktion eine periodisch auftretende Arbeitskräfteknappheit mit sich brachte, mit den benötigten Arbeitskräften und entlastete Gebiete, in denen Agrarverfassung und wirtschaftliche Rahmenbedingungen es für einen Teil der ländlichen Bevölkerung unmöglich machten, den Lebensunterhalt ohne Zuerwerb zu bestreiten. Bedingt durch das Bevölkerungswachstum und die latente Krise des primären Sektors verlagerten sich während der letzten Jahrzehnte des 19. Jahrhunderts die Ziele dieser im Wachstum begriffenen Migrationsbewegung zunehmend auf Regionen außerhalb Italiens, von denen eine Arbeitskräftenachfrage ausging.[659]

Hinzu traten seit den 1870er Jahren neue Auswanderungsziele in Übersee. Vor allem die Vereinigten Staaten von Amerika sowie die großen südamerikanischen Einwanderungsländer Brasilien und Argentinien begannen italienische Auswanderer anzuziehen.[660] Ermöglicht und ausgelöst wurde diese Differenzierung der Auswanderung durch die Fortschritte im Verkehrssektor, die eine Auswanderung nach Übersee schneller, billiger und sicherer machten, ein

657 Dadurch wurde Frankreich, obwohl insgesamt die transozeanische Migration noch immer den größten Teil der italienischen Auswanderung umfasste, ab 1922 das wichtigste Zielland italienischer Migranten. In diesem Jahr wandten sich 85.815 Italiener nach Frankreich, jedoch nur 58.560 ins zweitwichtigste Aufnahmeland Argentinien; vgl. Italie, S. 58 sowie Les perspectives de l'émigration italienne, S. 222f.

658 Monticelli, Italian Emigration, S. 15f.; Golini/Birindelli, Italy, S. 144; Di Comité, Aspects of Italian Emigration 1881–1915, S. 153f.

659 Del Fabbro, Transalpini, S. 53f.

660 Vásquez-Presedo, The Role of Italian Migration in the Development of the Argentine Economy 1875–1914, S. 609f., 616; Italian Ministry of Foreign Affairs, Documentation on the Italian Contribution to Land Settlement, S. 73–83.

zunehmendes Interesse an europäischen Einwanderern, aus denen eine großzügige Einwanderungspolitik potentieller Zielländer resultierte, und einen Auswanderungsdruck in Italien, der aus den Bahnen der traditionellen Migrationsbeziehungen ausbrach. Die Ausprägung von Struktur und Dimension dieser Wanderungsbewegung beeinflusste vor allem die Ausbreitung der Abwanderungsbewegung auf Regionen in Mittel- und Süditalien zu Beginn des 20. Jahrhunderts.[661] Durch Norditalien von den attraktiven Auswanderungszielen in Europa getrennt, lag die Auswanderung von dort nach Amerika oft näher als der Weg in das von den Migranten aus den nördlichen Landesteilen dominierte kontinentale Migrationssystem. Dadurch entstand ein Migrationsmuster, das eine vornehmlich auf Europa gerichtete Wanderungsbewegung aus dem Norden sowie eine auf transozeanische Ziele orientierte Emigration aus dem Süden Italiens kennzeichnete.[662] Erst nach dem Zweiten Weltkrieg durchbrach der Zusammenhang von Herkunfts- und Zielregion als Konsequenz der starken Auswanderung in Richtung Europa diesen deutlichen Trend. Die Bedeutung der Auswanderung in außereuropäische Staaten gewann indes schnell an Gewicht und herrschte von Mitte der 1880er Jahre bis zum Ersten Weltkrieg vor. In der Zwischenkriegszeit hielten sich beide Wanderungsbewegungen, die nach Europa und die nach Übersee, die Waage, und erst nach 1945 begannen europäische Länder die Zielwahl italienischer Migranten deutlich vor den außereuropäischen zu dominieren.[663]

Die Verwurzelung der italienischen Migration in Traditionen temporärer Arbeitsmigration hat den Wanderungsprozess während des gesamten Betrachtungszeitraumes stark beeinflusst. Obwohl die endgültige Auswanderung in vielen Fällen zum Ergebnis von Migrationsentscheidungen wurde, existierte im Bewusstsein vieler Migranten die Vorstellung von der zeitweiligen oder saisonalen Arbeitsmigration zur Verbesserung oder Sicherung des Lebens in der Heimat. Ein Ausdruck dessen ist die im gesamten Zeitraum hohe Rückkehrerquote sowohl von Auswanderern nach Europa als auch nach Übersee. Schon vor dem Ersten Weltkrieg zeichnete die Remigration die Auswanderungswellen nach. Fehlende statistische Angaben machen Aussagen zur Nettoemigration in diesem Zeitraum schwer, insbesondere da eine Unterscheidung von tatsächlichen Veränderungen und statistischen Effekten, die auf einer besseren Erfassung der Wanderungsbewegungen beruhen, unmöglich ist. Eine Remigrationsquote von bis zu 70% für den Zeitraum zwischen 1811 und 1911, aus der eine Nettoemigration aus Italien von nur 30% folgen würde, scheint jedoch nicht unwahrscheinlich.[664] In der Zwischenkriegszeit betrug die Rück-

661 Faini/Venturini, Italian Emigration in the Pre-War Period, S. 87.

662 Ramella, Emigration from an Area of Intense Industrial Development, S. 262f.

663 Federici, Italy, S. 150f.

664 Monticelli, Italian Emigration, S. 12; Del Boca/Venturini, Italian Migration, S. 307; vgl. zur Überseewanderung Cinel, The National Integration of Italian Return Migration. Andere Autoren gehen von einer Remigrationsquote von bis zu 50% zwischen 1900 und 1914 aus; vgl. Baines, European Labour Markets, S. 47.

wanderung durchschnittlich etwa 50% der Auswanderung.[665] Hierzu trugen vor allem zwei Phänomene bei: erstens die unter dem Eindruck der Weltwirtschaftskrise zunehmend restriktive Ausländer- und Migrationspolitik der Einwanderungsländer. Zweitens die faschistische Migrationspolitik, die auf eine Drosselung und weitgehende Konversion der Auswanderung in temporäre Arbeitsmigration zielte und zu einer sehr hohen Rückwanderungsquote während der 1930er Jahre führte. Nach dem Zweiten Weltkrieg stieg die Rückwanderung auf einen Anteil von 60% der Auswanderung. Nun öffnete sich jedoch eine deutliche Schere zwischen der auf Europa und der auf Übersee gerichteten Auswanderung. Hatte sich die Rückkehrquote in der Zwischenkriegszeit noch gleichmäßig auf beide Migrationssysteme verteilt, so erreichte sie für die Migration nach Europa zwischen 1945 und 1975 einen Wert von 70%, die Rückkehrquote für überseeische Auswanderer sank gleichzeitig jedoch auf 30% ab. Während also die Migration nach Europa dem traditionellen italienischen Migrationsmuster folgte, verfestigte sich die Wanderung nach Übersee zu einer Auswanderungsbewegung. Nach dem Ende der Anwerbung von Arbeitskräften in Europa 1973/74 kam es zu eine völligen Trendumkehr, nun überstieg die Rückwanderung dauerhaft und sowohl in Bezug auf die europäischen als auch auf die außereuropäischen Wanderungsziele die Auswanderung.[666] Parallel dazu wurde Italien nicht nur durch Remigration, sondern vor allem durch neue Zuwanderungsbewegungen zum Einwanderungsland.[667]

Dauer, Dimension und Komplexität der Auswanderung aus Italien haben dazu beigetragen, dass die Verteilung der Auswanderungsbewegung auf die Migrationspartner Italiens und die zeitspezifische Zusammensetzung der Zielalternativen italienischer Migranten vielschichtig sind. Neben Brasilien, Argentinien und einigen anderen süd- bzw. mittelamerikanischen Staaten waren die USA das wichtigste außereuropäische Ziel. Zu diesen drei Ländern bestanden bis ins 19. Jahrhundert zurückreichende Migrationsbeziehungen. Nach dem Zweiten Weltkrieg erwies sich bis zum Ende der 1950er Jahre zunächst die Auswanderung nach Lateinamerika als dominierend und erst in den 1960er Jahren konnten die USA wieder ein wachsendes und schließlich überwiegendes Segment der italienischen Überseeauswanderer anziehen. Sekundäre außereuropäische Ziele, die jedoch phasenweise regelrechte Auswanderungswellen italienischer Migranten aufnahmen, waren daneben Kanada und Australien.[668]

Diese Verschiebungen der transkontinentalen Migrationsströme vollzogen sich parallel zum Anwachsen der Arbeitsmigration in europäische Länder, die sich ebenfalls auf bereits etablierte Migrationsbeziehungen stützte. Gemessen an der Zuwanderung italienischer Arbeitskräfte und ihrer Familien waren

665 Bertagna/Maccari-Clayton, Italien, S. 211.
666 Golini/Birindelli, Italy, S. 144.
667 Rosoli, Italy, passim.
668 Parentik, Italy, S. 89f.; United Nations, Department of Economic and Social Affairs, Trends and Characteristics of International Migration since 1950, S. 28; vgl. zur italienischen Migration nach Australien Baldassar, Visits Home.

Frankreich, Belgien, Deutschland und die Schweiz die wichtigsten Einwanderungsländer.[669] Die Schweiz, Luxemburg, Frankreich und Deutschland gehörten bereits seit dem Beginn der modernen Emigration zu den bevorzugten europäischen Zielen italienischer Migranten, erst in der Zwischenkriegszeit gewann Belgien an Bedeutung. Zuletzt wurden die Niederlande zu einem – allerdings untergeordneten – Wanderungsziel und auch Schweden konnte nur wenige Tausend italienische Migranten anziehen. Den höchsten Anteil am Arbeitskräftepotential bzw. an der Bevölkerung erreichten die italienischen Migranten in Luxemburg sowie der Schweiz.[670] Die größte Gruppe unter den Zuwanderern bildeten sie nach dem Zweiten Weltkrieg zeitweise in allen diesen Staaten, bevor sie – mit Ausnahme Belgiens und der Schweiz – in den 1960er und 1970er Jahren von anderen Nationalitäten überholt wurden. Ursächlich für die schwindende relative Bedeutung italienischer Migranten waren die massive Remigration, ein Nachlassen der Auswanderung aus Italien und die Ausdifferenzierung sowie das Anwachsen der Wanderungsströme im europäischen System der Arbeitsmigration.[671]

Auch die Migrationsströme aus Italien in die wichtigsten europäischen Zielländer bilden komplexe Muster, die sich im Verlauf der Zeit immer wieder veränderten. Der Höhepunkt der italienischen Arbeitsmigration nach Europa wurde bereits in der ersten Hälfte der 1960er Jahre erreicht und überschritten. Es handelte sich dabei um die letzte vorwiegend ökonomisch motivierte Auswanderungswelle aus Italien, die in den 50er und 60er Jahren noch einmal Millionen von Italienern in die Emigration führte. An dem Abflauen dieser Bewegung lässt sich ebenso das Einsetzen des italienischen ›Wirtschaftswunders‹ ablesen wie das damit verbundene Ende der Massenauswanderung.[672] Auch wenn Italiener noch über das Ende der Anwerbephase hinaus in vielen Ländern wichtige Einwanderergruppen bildeten, so endete in diesem Zeitraum doch die herausragende Stellung Italiens auf dem transnationalen Arbeitsmarkt. Während die gewachsenen italienischen Minderheiten in den Einwanderungsländern bedeutend blieben, übernahmen Auswanderungsländer wie die Türkei oder Portugal als Quelle für *neue* Arbeitskräfte die Führung. Auf vielen nationalen Arbeitsmärkten blieben italienische Arbeitskräfte dadurch noch einige Zeit dominierend, während sie die Migrationsbewegungen selbst nicht mehr prägten. Gleichzeitig verschoben sich die Schwerpunkte der innereuropäischen italienischen Migration zwischen den 1950er und den 1970er Jahren

669 Monticelli, Italian Emigration, S. 17; Brindelli, Stable Features and Changing Aspects of Italian Migration Abroad in Recent Times, S. 149.

670 Pauly, L'immigration dans les relations italo-luxembourgeoises après 1945, S. 68; Perrenoud, La politique de la Suisse face à l'immigration italienne (1943–1953), S. 113f.

671 Brindelli, Stable Features and Changing Aspects of Italian Migration Abroad in Recent Times, S. 144; United Nations, Economic Commission for Europe, Labour Supply and Migration in Europe, S. 306f.; Romero, Emigrazione e integrazione europea 1945–1973, S. 154f.

672 Rossi/Toniolo, Italy, S. 442f.; Hausmann, Kleine Geschichte Italiens von 1943–1989, S. 43f.; United Nations, Department of Economic and Social Affairs, Trends and Characteristics of International Migration since 1950, 1979, S. 27f.

deutlich. In der unmittelbaren Nachkriegszeit behielt Frankreich, das bereits seit dem Beginn der innereuropäischen Wanderung das wichtigste europäische Zielland italienischer Migranten war, seine führende Position. In den 1960er Jahren setzten sich dann jedoch spanische, portugiesische und algerische Migranten an die Spitze, während die Einwanderung aus Italien drastisch zurückging. Parallel dazu wurde Deutschland zu einem bevorzugten Zielland, dessen Zuwanderungsbilanz mit Italien zeitweise nur wenig hinter derjenigen der Schweiz zurückstand. Die Schweiz ihrerseits zählte bereits seit den 1870er Jahren zu den vorrangigen Zielen der italienischen Arbeitmigration. In der Zwischenkriegszeit ging ihr Anteil an der italienischen Arbeitsmigration jedoch aufgrund der migrationsfeindlichen Haltung beider Länder auf durchschnittlich nur noch 8% zurück. Nach 1945 erreichte die Schweiz mit einem Anteil von 31% aller italienischen Auswanderer dann den mit Abstand ersten Rang unter den europäischen Wanderungszielen.[673]

Die Anfänge einer italienischen Auswanderungs- bzw. Migrationspolitik können im unmittelbaren Umfeld der modernen Auswanderung seit den 1860er Jahren verortet werden, ein Recht auf Auswanderung ist gesetzlich seit 1888 festgeschrieben. Im Verlauf des 19. Jahrhunderts wandelte sie sich jedoch bereits vom bloßen Auswandererschutz zu einem wirtschaftspolitischen Streitpunkt. Während die schlechten Lebens- und Arbeitsbedingungen der Landbevölkerung seit den 1870er Jahren immer mehr Menschen in die temporäre oder permanente Emigration trieben, begannen die Agrarproduzenten ihrerseits um ein in ihrem Sinne ausreichendes Angebot an billigen Arbeitskräften zu fürchten. Der Einfluss solcher Interessen schlug sich in einer Serie von Gesetzen und Erlassen zur Kontrolle der Auswanderung nieder. Gleichzeitig wirkten andere Interessengruppen, die sich zum Teil unter Dienstleistern im Auswanderergeschäft – etwa Genueser Reedern –, aber auch mit Beteiligung wirtschaftswissenschaftlicher und wirtschaftspolitisch aktiver Kreise bildeten, auf eine Ausweitung bzw. offene Handhabung des Auswanderungswesens hin. Die Notwendigkeit, zu einem Ausgleich zu finden, in Verbindung mit einer ständig zunehmenden Migrationsintensität und der damit stetig zunehmenden Devisenüberweisungen aus dem Ausland sorgte für eine kontinuierliche Ausweitung des staatlichen Einflusses auf die Regulierung der Auswanderung aus Italien. Dabei setzten sich freilich nicht die auf ihre Einschränkung drängenden Kräfte durch, sondern solche, die auf eine zurückhaltende Steuerung und Auswandererschutz bedacht waren. Prägend für die Migrationspolitik waren daher eine Kontrolle von Auswanderungsagenturen und Agenten sowie die Unterstützung von italienischen Auswanderern während ihrer Reise und ihres Aufenthalts im Ausland.[674]

673 Malpas, L'émigration italienne sur le long terme, S. 17; United Nations, Department of Economic and Social Affairs, Trends and Characteristics of International Migration since 1950, 1979, S. 28.

674 Golini/Birindelli, Italy, S. 145f.

Im Jahr 1901 wurde mit dem ›Commissariato Generale della Emigrazione‹ die erste italienische Auswanderungsbehörde installiert und dem Außenministerium angegliedert. Sie übernahm unter anderem die Aufgabe, Geldüberweisungen aus dem Ausland sicher zu gestalten, und erhielt das Recht, die Auswanderung in einzelne Länder auszusetzen, falls die Behandlung der italienischen Migranten dort nicht bestimmten Bedingungen genügte. Während noch im gleichen Jahr ein königliches Dekret dafür sorgte, dass die Auswanderer ihre Reisepässe und andere notwendige Dokumente unentgeltlich erhielten, untersagte die Behörde bereits 1902 die Auswanderung nach Brasilien, als Berichte über die schlechten Lebensbedingungen italienischer Migranten in diesem Land eintrafen. Später wandte sie diese Strafmaßnahme auch gegen weitere süd- und mittelamerikanische Staaten an.[675] Im Jahr 1904 schloss Italien mit Frankreich ein erstes Abkommen, das der Regelung von Arbeitsmigration diente.[676] Ein Höhepunkt der staatlichen Regulierung wurde 1913 erreicht, als ein Gesetz die Zuständigkeit der Auswanderungsbehörde für die Genehmigung jeglicher Anwerbung italienischer Arbeiter ins Ausland verankerte, die wiederum nur erfolgte, wenn dem potentiellen Auswanderer bereits bei der Rekrutierung ein Arbeitsvertrag vorlag. Dieses Gesetz von 1913 nahm tatsächlich einige der später international üblichen Regelungen internationaler Arbeitsmigration vorweg.[677]

Nach der Unterbrechung durch den Ersten Weltkrieg gehörte Italien zu den Ländern, die den Empfehlungen des Völkerbundes folgend begannen, ein System bilateraler Verträge zur Absicherung und Organisation transnationaler Arbeitsmigration in Europa zu errichten. Unter dem Druck der nach Kriegsende in die Höhe schnellenden Arbeitslosigkeit setzte in Italien flankierend eine aktive Auswanderungspolitik ein, als die Auswanderungsbehörde dazu überging, beruflich qualifizierende und allgemein orientierende Kurse für potentielle Auswanderer durchzuführen, um deren Migrationschancen zu verbessern.[678] Sie dienten auf der Mikro- wie auf der Makro-Ebene der Nutzenmaximierung. Gut ausgebildete und auf den Wanderungsprozess vorbereitete Migranten sollten über ihre Lohnüberweisungen Familieneinkommen und damit die Devisenzuflüsse generieren, während gleichzeitig die Wettbewerbsposition italienischer Migranten auf dem transnationalen Arbeitsmarkt durch ein Angebot an gut qualifiziertem Humankapital gestärkt werden sollte.[679] Im Jahr 1923 dehnte ein königliches Dekret die Organisation der Auswanderungsbehörde bis auf Provinzebene aus. Dieser Schritt zielte auf eine bessere Steuerung und Überwachung der Auswanderung. Gleichzeitig unternahm man einen Versuch, die Auswanderung in Richtung USA – angesichts der zuneh-

675 Hatton/Williamson, Migration and International Labor Markets, S. 102.

676 Centro Studi Emigrazione, The World in my Hand, S. 29f. Siehe dazu Kapitel 3.3.

677 Britschgi-Schimmer, Die wirtschaftliche und soziale Lage der italienischen Arbeiter in Deutschland, S. 13.

678 Vgl. zur Lage des Arbeitsmarktes im Italien der Nachkriegszeit Tilly, Arbeit – Macht – Markt, S. 233f.

679 Bermani, Odyssee in Deutschland, S. 40f.

mend selektiven Einwanderungspraxis des bis dahin wichtigsten Migrationspartners – feiner abzustimmen, um eine über die zulässigen Kontingente hinausgehende Auswanderung mit ihren finanziellen und sozialen Folgen für zurückgewiesene Migranten abzufangen. Im Zuge dessen wollte man beispielsweise alle nicht-staatlichen und gewinnorientiert arbeitenden Institutionen, wie etwa Auswanderungsagenturen, vom Wanderungsprozess ausschließen, um diesen zur Gänze staatlicher Aufsicht zu unterwerfen.[680]

Schließlich markierte die Internationale Wanderungskonferenz, die 1924 in Rom zum ersten Mal die wichtigsten Aus- und Einwanderungsländer zusammenführte, den vorläufigen Höhe- und Endpunkt dieser Entwicklung.[681] Bereits zwei Jahre zuvor hatte Mussolini die Macht in Italien übernommen, und es sollte nur noch bis zur endgültigen Stabilisierung der faschistischen Herrschaft dauern, bis er die Migrationspolitik ideologischen Prämissen unterordnete.[682] Schon vor ihrer Regierungsübernahme im Jahr 1922 hatten die italienischen Faschisten eine kritische Position gegen die Auswanderung bezogen. So konnte es wenig überraschen, dass eine Einschränkung der permanenten Auswanderung zu den ersten politischen Neuausrichtungen zählte.[683] Zwar versuchte Mussolini, der ab 1926 Gesetze ohne politische Willensbildung oder Zustimmung des Parlamentes in Kraft setzen konnte, durch diesen Bruch mit der italienischen Auswanderungstradition vordergründig eine neue und eigenständige faschistische Wanderungspolitik zu formulieren. Sie korrespondierte jedoch auffällig mit den Einschränkungen der Einwanderungsmöglichkeiten der traditionellen Migrationsziele der Italiener. Sowohl die amerikanischen Einwanderungsländer als auch die kontinentaleuropäischen Migrationspartner Italiens waren kurz zuvor auf einen einwanderungsfeindlichen Kurs umgeschwenkt oder taten dies im zeitlichen Umfeld des italienischen Auswanderungsstopps unter dem Druck der Weltwirtschaftskrise. Insofern kann der migrationspolitische Richtungswechsel auch als eine Reaktion des Regimes gedeutet werden, angesichts der Einwanderungsbeschränkungen der wichtigsten

680 Le gouvernement italien et l'émigration, S. 148f.

681 Une conférence internationale de l'émigration et de l'immigration à Rome en 1924, S. 282f. Siehe dazu auch Kapitel 3.2.

682 Del Boca/Venturini, Italian Migration, S. 309; Golini/Birindelli, Italy, S. 146; Seidlmayer, Geschichte Italiens, S. 460f.

683 Im Jahr 1923 ratifizierte Italien das bereits zwei Jahre zuvor mit Brasilien unterzeichnete Auswanderungsabkommen; vgl. Les accords relatifs à l'émigration, S. 64. Als die Auswanderungsfrage 1924 im italienischen Parlament anlässlich der Beschlussfassung über das Budget der Auswanderungsbehörde diskutiert wurde, stand die Frage internationaler Zusammenarbeit zur Organisation transnationaler Arbeitsorganisation im Vordergrund. In der anschließenden Senatsdebatte betonte Mussolini noch ausdrücklich die positive Bedeutung der Arbeitsemigration für die italienische Wirtschaft; vgl. Italie: Les problèmes d'émigration devant le Parlement, S. 236f. Im gleichen Jahr jedoch setzte er eine Kommission ein, welche die Migration italienischer Landarbeiter nach Frankreich kritisch untersuchen sollte; vgl. L'émigration agricole vers la France, S. 408f. Gleichzeitig bemühten sich die Delegierten eines ebenfalls 1925 stattfindenen Kongresses über die Probleme Süditaliens um die Fortsetzung einer aktiven Auswanderungspolitik; vgl. Le congrès pour les problèmes de l'Italie méridionale et l'émigration italienne, S. 600.

Zielländer und ihrer negativen Folgen für Italien, denen man nichts entgegenzusetzen hatte, das eigene Unvermögen zu kaschieren.[684]

Ihren institutionellen Niederschlag fand die neue italienische Migrationspolitik in der Umwandlung des ›Commissariato Generale della Emigrazione‹ in die ›Direzione Generale degli Italiani all 'estero‹ im Jahr 1926. Eine dauerhafte Auswanderung sollte fortan nur noch aus Gründen der Familienzusammenführung gestattet sein und Emigration höchstens als kontrolliert temporäre Arbeitsmigration.[685] Die Auswirkungen dieses Einschnitts machten sich in Italien deutlich bemerkbar. Bereits ab 1926 sanken die Auswandererzahlen von Jahr zu Jahr. Das Zusammenwirken der Einwanderungsbeschränkungen der USA sowie anderer amerikanischer Staaten und der migrationsfeindlichen italienischen Politik führte zu einem scharfen Rückgang der Überseewanderung.[686] Noch dramatischer verlief der Rückgang der Arbeitsmigration in europäische Staaten, die während der Weltwirtschaftskrise ihre Arbeitsmärkte abschotteten. Einzig die saisonale Arbeitsmigration in die Nachbarstaaten Italiens brach weniger stark ein, was ebenso auf deren liberalere Handhabung wie auf teils fehlende Kontrollmöglichkeiten zurückzuführen war.[687] Die Auswanderung aus Italien schrumpfte auf diese Weise zwischen 1926 und 1928 um mehr als die Hälfte.[688] Als Italien schließlich zwischen 1931 und 1934 den Tiefpunkt der Rezession durchschritt und sich zugleich die eigenen sowie die Wanderungsbeschränkungen der ebenfalls unter der Wirtschaftskrise leidenden Zielländer gegenseitig verstärkten, äußerten sich die sozialen Folgen der Abschottung drastisch. Während die Löhne für Land- und Industriearbeiter tendenziell absanken, wuchs der Wanderungsdruck in den besonders betroffenen Regionen vor allem im Süden des Landes. Dieser Druck konnte nun jedoch nicht mehr ins Ausland abgeleitet werden, sondern entlud sich in die anschwellende Binnenmigration, die ihrerseits den Lohndruck auf dem inländischen Arbeitsmarkt weiter verstärkte.[689]

Auf diese Krise reagierte die Regierung mit Maßnahmen zur Einschränkung der Mobilität. Hierzu zählten ebenso Zuzugsverbote für Städte wie Subventionen zur Verbesserung der Situation in der Landwirtschaft und eine Ideologie des ›Ruralismus‹, durch die das Ansehen der Landbevölkerung bzw.

---

684 Rafalski, Italienischer Faschismus in der Weltwirtschaftskrise (1925–1936), S. 59; De Grazia, Die Radikalisierung der Bevölkerungspolitik im faschistischen Italien, S. 233.

685 Golini/Birindelli, Italy, S. 147.

686 Calavita, U.S. Immigration Law and the Control of Labor 1820–1924, S. 163f.

687 Salvemini, Under the Axe of Fascism, S. 247f.; Italie. La politique du gouvernement et l'émigration, S. 142; Bologna, Kontinuität und Zäsur in der Geschichte der italienischen Migrationsarbeit, S. 26; Monticelli, Italian Emigration, S. 11f. Im Jahr 1930 verschärfte Italien nichtsdestotrotz die Strafen für illegale Auswanderung; vgl. Italie: Nouvelles dispositions pénales concernant l'émigration, S. 151f. Schon kurz darauf zwang die steigende Arbeitslosigkeit die Regierung jedoch wieder zu einer Lockerung der Bestimmungen – die man jedoch nicht als einen grundsätzlichen Wandel im gerade eingeschlagenen restriktiven Kurs verstanden wissen wollte; vgl. Italie: Suspension des restrictions à l'émigration, S. 90f.

688 Cross, Immigrant Workers in Industrial France, S. 101, 115.

689 Zamagni, The Economic History of Italy 1860–1990, S. 312.

der Landwirtschaft aufgewertet werden sollte. Dennoch sah man sich bereits 1930 veranlasst, angesichts der wachsenden sozialen Spannungen eine temporäre Arbeitsmigration ins Ausland wieder zuzulassen. Später ging Italien sogar dazu über, diese als zukünftiges Migrationsmodell geradezu zu fördern, obgleich die temporäre Arbeitsmigration in den 1930er Jahren zeitweise zu dem eigenen Autarkiestreben und der Besiedelung der eroberten und zu Kolonien erklärten Gebiete in Nord- und Ostafrika in Konkurrenz geriet.[690] So untersagte man etwa 1929 jegliche Anwerbung von Arbeitsmigranten unter den Erwerbstätigen.[691] Die Kontrollansprüche der faschistischen Regierung in Bezug auf das Auswanderungsgeschehen führten zudem zur Umsetzung einiger bürokratischer Maßnahmen, die im Grunde bereits mit dem Abschluss der Wanderungsabkommen seit dem Ende des Ersten Weltkrieges angelegt, jedoch bisher nicht realisiert worden waren. Die heimliche Auswanderung wurde gesetzlich verboten und die Rekrutierung von Arbeitskräften durch ausländische Unternehmen oder Agenten eingeschränkt bzw. in einen administrativen Prozess eingebunden, der die Anwerbung steuerbar machen sollte. Schließlich stieg das Migrationsvolumen nach dem Abflauen der Weltwirtschaftskrise schnell wieder an. Im Geschäftsjahr 1938/39 betreute das italienische Wanderungsamt rund 450.000 Arbeiter. Einen kleinen Teil von ihnen siedelte man mit ihren Familien in die italienischen Kolonien um, während die Mehrzahl nach einer interregionalen Wanderung innerhalb Italiens verblieb. Daneben beinhaltet diese Zahl jedoch auch die für Frankreich, Belgien und Deutschland rekrutierten Arbeitskräfte, die von den italienischen Behörden in Regionen mit hoher Arbeitslosigkeit angeworben wurden.[692] Der Kurswechsel der italienischen Migrationspolitik hatte das Wanderungsvolumen kaum nachhaltig senken können, Richtung und Struktur der italienischen Arbeitsmigration – im Zusammenwirken mit externen Faktoren – jedoch durchaus beeinflusst.

Während sich in der Zwischenkriegszeit der Anteil der innerkontinentalen Migranten von 41% im Jahr 1920 auf 80% im Jahr 1938 erhöhte, blieben Frankreich, Belgien, die Schweiz und Luxemburg die wichtigsten Zielländer italienischer Arbeitsmigranten.[693] Daneben trat im Jahr 1937 das Deutsche Reich, das unter dem Druck der Vollbeschäftigung von seinem Zuwanderungsstopp für ausländische Arbeitskräfte abrückte und zu einer Politik der

690 Rafalski, Italienischer Faschismus in der Weltwirtschaftskrise (1925–1936), S. 60; De Grazia, Die Radikalisierung der Bevölkerungspolitik im faschistischen Italien, S. 238. Vgl. dazu auch Colonies italiennes. L'immigration et la colonisation, S. 293.

691 Italie: Restriction de l'émigration, S. 493f.

692 Bologna, Kontinuität und Zäsur in der Geschichte der italienischen Migrationsarbeit, S. 27; vgl. zur Steuerung der inneritalienischen Migration sowie zur Umsiedlung in eroberte Gebiete Activité du commissariat pour la colonisation et les migrations intérieures en Italie, S. 60f.

693 Les migrations italiennes en 1935, S. 191f. Im Jahr 1935 beispielsweise, in dem Italien wieder eine Nettoauswanderung zu verzeichnen hatte, wanderten 57.408 Italiener aus, während 39.470 nach Italien zurückkehrten; von den Auswanderern wählten 74% ein europäisches Zielland, unter denen Frankreich und die Schweiz mit 11.666 bzw. 7.539 Migranten die mit Abstand wichtigsten Gebiete waren.

temporären Arbeitsmigration zurückkehrte. Zur Grundlage für die Anwerbung wurde eine Serie deutsch-italienischer Verträge, die zwischen 1938 und 1943 die Bereitstellung von jährlich neu fixierten Kontingenten italienischer Arbeiter für die Landwirtschaft und die Industrie vorsahen.[694] Zwar beeinflusste die Radikalisierung des deutschen Arbeits- bzw. Zwangsarbeitseinsatzes die Praxis der Rekrutierung und die Lebenswirklichkeit der italienischen Arbeiter in Deutschland während des Zweiten Weltkrieges zunehmend. Die formal in den Verträgen festgelegten Modalitäten der Arbeitsmigration jedoch folgten gleichzeitig noch immer in vielen Punkten den Empfehlungen des Völkerbundes und wiesen zudem bereits einige Elemente auf, die sich auch in den Wanderungsverträgen nach dem Ende des Zweiten Weltkrieges wiederfinden.[695] Dieser Befund verdeutlicht ebenso die Dichotomie von Norm und Realität, wie er die Kontinuität der Entwicklung des europäischen Arbeitsmigrationssystems und hinsichtlich der Verfassung dieses Migrationssystems die vielfach bruchlose Übernahme der in den 1930er und 1940er Jahren eingetretenen Veränderungen unterstreicht.

Ende der 1930er Jahre bot die Entsendung von Saisonarbeitern nach Deutschland Italien eine willkommene Entlastung des Arbeitsmarktes, den nach dem Scheitern der faschistischen Wirtschaftspolitik zu Beginn des Zweiten Weltkrieges hohe Arbeitslosigkeit kennzeichnete.[696] Während des Krieges konzentrierte sich die italienische Arbeitsmigration fast vollkommen auf das Deutsche Reich und erreichte bis 1942 einen Umfang von etwa 500.000 Personen, bis zum Kriegsende stieg ihre Zahl möglicherweise auf etwa 800.000 Arbeitskräfte an. Berücksichtigt man die Entlassung von Kranken und Unfallopfern, diejenigen, die aus deutschen Diensten flüchteten, und solche, die auf legale Weise in ihre Heimat zurückkehrten, hat folglich im Verlauf des Krieges eine wesentlich höhere Zahl von Italienern zeitweise in Deutschland gearbeitet.[697] Die italienische Migrationspolitik verlor im Verlauf des Zweiten Weltkrieges von Anwerbeabkommen zu Anwerbeabkommen zusehends ihre Eigenständigkeit und wurde zunächst unter deutschem Druck, dann unter deutscher Herrschaft zu einer von Nötigung und Zwang geprägten Beschaffungspolitik, deren Aufgabe es war, für die deutsche Kriegswirtschaft Arbeitskräfte bereitzustellen. Der Sturz Mussolinis und der Beginn der deutschen Besatzung im noch nicht befreiten Teil Italiens im Jahr 1943 markiert endgültig den Übergang zu einem durch Zwangsrekrutierung und Zwangsarbeit dominierten Prozess, dem auch die als ›italienische Militärinternierte‹ bezeichneten italienischen Kriegsgefangenen in deutscher Hand unterworfen

694 Bermani, Odyssee in Deutschland, S. 43; Rieder, Deutsch-italienische Wirtschaftsbeziehungen, S. 204f.; Bertagna/Maccari-Clayton, Italien, S. 214.

695 Siehe dazu Kapitel 3.4.2.4.

696 Corni, Die deutsche Arbeitseinsatzpolitik in Italien, S. 137.

697 Ebd., S. 159; Wiesemann, Italienische Arbeitskräfte im nationalsozialistischen Deutschland, S. 423f.

waren.[698] Parallel dazu existierten jedoch die italienischen Einwanderergruppen in den vor 1939 wichtigen europäischen Zielländern weiter. Bis auf die Schweiz, die sich weitgehend abschottete, standen diese allerdings bis 1944/45 unter deutscher Herrschaft. Obwohl es eine Rückwanderungsbewegung nach Italien ebenso wie eine teils individuell motivierte, teils institutionell gesteuerte Abwanderungen nach Deutschland gab, lebten bei Kriegsende noch etwa 1 Million Italiener im europäischen Ausland – darunter knapp 500.000 Arbeitskräfte in Frankreich. Weitere 30.000 italienische Arbeiter waren in Belgien und Luxemburg verblieben.[699] Die Migrationsbeziehungen Italiens innerhalb Europas waren zwar durch Faschismus und Krieg geschwächt, ja sogar zerrissen, die Auswirkungen der italienischen Arbeitsmigration jedoch waren damit nicht beseitigt und boten nach Kriegsende Anknüpfungspunkte für eine Rekonstruktion der freizügigen Auswanderungstraditionen, die bis 1926 vorgeherrscht hatten.

Die Rückkehr zu offenen und pluralistischen Migrationsbeziehungen erfolgte unmittelbar nach dem Ende des Zweiten Weltkrieges. Diese frühe Entwicklung machte Italien zum ersten Auswanderungsland des europäischen Migrationssystems, das nach 1945 zu den alten Mustern zurückkehrte. Unter dem Druck der durch den Krieg schwer beeinträchtigten Wirtschaft begann sofort eine unregulierte und zum Teil von Schlepperbanden und Agenten organisierte Arbeitskräftewanderung in die Schweiz und nach Frankreich.[700] Aber bereits im Jahr 1946 wurden die ersten bilateralen Wanderungsabkommen mit Belgien und Frankreich abgeschlossen, im März 1947 nahm die erste Anwerbestelle in Mailand, es war die Niederlassung des französischen ›Office nationale d'immigration‹, ihre Arbeit auf.[701] Bis Mitte der 1960er Jahre folgten zahlreiche weitere Anwerbeabkommen, durch die Italien seine Migrationsbeziehungen absicherte und für seine Emigranten positiv auszugestalten versuchte. Diese Entwicklung stand im Zeichen einer Arbeitsmigrationspolitik, die sich aus ökonomischen Gründen einer weitgehenden Öffnung des italienischen Arbeitsmarktes für die Anwerbung von Arbeitskräften ins Ausland verschrieben hatte und den Forderungen der Anwerbestaaten in vielen Bereichen nachgab. Dennoch verlor man auch die Interessen der italienischen Migranten nicht aus den Augen und versuchte, wann immer sich Spielräume dafür öffneten, vorteilhafte Migrationsbedingungen auszuhandeln.[702] Auf italienischer

698 Spoerer, Zwangsarbeit unter dem Hakenkreuz, S. 82f.; Mantelli, Zwischen Strukturwandel auf dem Arbeitsmarkt und Kriegswirtschaft, S. 373f.; Corni, Die deutsche Arbeitseinsatzpolitik in Italien, S. 143, 147; Klinkhammer, Zwischen Bündnis und Besatzung, S. 398f.; Collotti, Italien, S. 235f.; Gibelli, Les travailleurs italiens et l'économie de guerre en Allemagne, S. 77f.

699 Bermani, Odyssee in Deutschland, S. 51f., 57.

700 Oblath, Italian Regulation of Emigration, S. 409f.

701 Dumoulin, L'émergence du facteur Europe dans la politique à l'immigration de la Belgique à l'égard des Italiens au début des années cinquante, S. 56; Guillen, L'immigration italienne en France après 1945, enjeu dans les relations franco-italiennes, S. 37f.

702 Grindrod, The Rebuilding of Italy, S. 43f.; Oblath, Italian Regulation of Emigration, S. 413f.

Seite gerieten die ökonomischen Effekte der Auswanderung, insbesondere der temporären Arbeitsmigration, zu einer festen Größe für die Wirtschaftspolitik. Die zu erwartenden Devisenzuflüsse aus Lohnüberweisungen sowie Einnahmen aus Verwaltungsgebühren, die aus der organisierten Arbeitsmigration resultierten, waren zur Deckung eines Teils des italienischen Außenwirtschaftsdefizits vorgesehen, die Abwanderung sollte die Arbeitslosigkeit reduzieren, im Ausland erworbene Qualifikationen die Chancen der Rückkehrer auf Arbeit verbessern.[703]

Auf der institutionellen Ebene markiert die Neugründung der Auswanderungsbehörde als ›Direzione Generale della Emigrazione‹ ebenfalls im Jahr 1946 die Rückkehr zu einer auswanderungsfreundlichen Politik.[704] Bis in die 1970er Jahre ergänzten nach und nach zahlreiche mit der Verwaltung, Kontrolle und Organisation der Arbeitsmigration sowie der permanenten Auswanderung befassten Instanzen die Auswanderungsbürokratie und banden staatliche und nicht-staatliche Akteure in den Prozess ein. Durch die Beteiligung der Arbeitgeberorganisationen, der Gewerkschaften und der italienischen Arbeitsverwaltung entstand schließlich eine Phalanx von Interessengruppen, die derjenigen auf der Seite der Anwerbestaaten entsprach.[705] Die assistierte temporäre Arbeitsmigration ins Ausland, insbesondere in europäische Staaten, fand damit als Grundlinie der italienischen Migrationspolitik, wiewohl sie bereits auf Wurzeln vor dem Ersten Weltkrieg bzw. in der Zwischenkriegszeit zurückging, zu ihrer institutionellen Vollendung.[706]

Ein weiterer Aspekt der Migrationspolitik Italiens im Betrachtungszeitraum betraf den europäischen Einigungsprozess. Die schrittweise Integration Italiens in den europäischen Binnenmarkt beinhaltete auch die Herstellung der Freizügigkeit für italienische Arbeitnehmer auf dem EG-Binnenarbeitsmarkt. Der Prozess begann mit der Unterzeichnung der Römischen Verträge im Jahr 1957 und fand 1968 seinen Abschluss. Zumindest für diesen Teil der italienischen Migrationsbeziehungen, die in den 1960er Jahren die bei Weitem wichtigsten Migrationspartner des Landes umfassten, wurde die Förderung temporärer oder dauerhafter Abwanderung damit obsolet.[707]

Schon mehr als ein Jahrzehnt bevor 1973 die Arbeitskräfteanwerbung in Europa endete und sich Italiens Wanderungsbilanz endgültig ins Positive verkehrte, hatte eine Entwicklung begonnen, als deren Konsequenz Italien schließlich zu einem Einwanderungsland werden sollte. In den 1960er Jahren hatte das italienische ›Wirtschaftswunder‹ eingesetzt. Anhaltend hohe Wachstumsraten – von denen freilich vor allem das industrialisierte Norditalien pro-

703 Novi-Hoffmann, Die italienisch-deutsche Anwerbevereinbarung von 1955 im Rahmen der italienischen Wanderungspolitik der 50er Jahre, S. 31f.; vgl. dazu auch Le programme d'émigration italienne pour 1957, S. 445f.

704 Romero, Migration as an Issue in European Interdependence and Integration, S. 39f.

705 Golini/Birindelli, Italy, S. 148.

706 Rodonò, Mobilität als Lebensentwurf?, S. 797.

707 Dumoulin, L'émergence du facteur Europe dans la politique à l'immigration de la Belgique à l'égard des Italiens au début des années cinquante, S. 54. Siehe dazu auch Kapitel 3.2.3.3.

fitierte – ließen Italien näher an die europäischen Industriestaaten heranrücken. Während das Bevölkerungswachstum sank, stieg der Arbeitskräftebedarf der Binnenwirtschaft, die interregionale Migration erlebte eine neue Hochphase, die Auswanderung begann jedoch zurückzugehen.[708] Bereits im Verlauf der 1960er Jahre sahen wirtschaftspolitische Planungen vor, die Arbeitsemigration aus Italien zu begrenzen, um dem inländischen Arbeitsmarkt seine Reserven zu erhalten.[709] Die 1970er Jahre bildeten dann eine Übergangsphase, die vor allem durch eine Rückwanderungswelle italienischer Arbeitsmigranten geprägt wurde, bevor sich im Jahr 1980 zum ersten Mal in der jüngeren italienischen Geschichte Einwanderungsbewegungen vom Balkan sowie aus Afrika nach Italien abzeichneten. Dieser fundamentale Umschwung machte es erforderlich, die italienische Migrationspolitik, die bis dahin vor allem eine Auswanderungspolitik war, in eine Einwanderungs- bzw. Ausländerpolitik umzuformen.[710]

Inhalt und Dichte der von Italien abgeschlossenen bilateralen Abkommen spiegelten die Phasen der italienischen Auswanderung bzw. Migrationspolitik seit den 1870er Jahren deutlich wider. Italien zählt zu den Auswanderungsländern im europäischen Migrationssystem, die bereits früh versucht haben, Auswanderern durch Verträge mit den Regierungen der Einwanderungsländer Wege zu öffnen und diese nach Möglichkeit abzusichern. Zwischen 1870 und 1970 hat Italien dazu etwa 100 Abkommen abgeschlossen, die sich ausschließlich mit der Regelung von Wanderungsfragen befassten oder Fragen der Auswanderung zumindest berührten.[711] Beginnend mit dem ersten Rechtshilfeabkommen zwischen Italien und dem Fürstentum Monaco aus dem Jahr 1871 wurde man schon vor dem Ersten Weltkrieg Vertragspartner in 40 internationalen Verträgen, die sich mit Fragen der Krankenversicherung für Auswanderer, Rechtshilfefragen, der Gewährung von Reisefreiheit sowie der Armenfürsorge befassten. Häufig handelte es sich, wie beispielsweise im Fall des deutsch-italienischen Abkommens über Armenfürsorge, um die reziproke Garantie bestimmter sozialer Leistungen für die Bürger beider Vertragsparteien im jeweils anderen Land. Mit den wichtigen Migrationspartnern Italiens in Süd- und Mittelamerika regelte man Wanderungsfragen vor allem im Rahmen allgemeiner Handelsabkommen. Im Unterschied zu den Abkommen mit europäischen Staaten, die sich meist um spezielle soziale Aspekte drehten, konzentrierten sich die Abkommen mit überseeischen Wanderungszielen vor allem auf die dauerhafte Niederlassung italienischer Migranten. Besondere Bedeutung kommt den italienisch-französischen Abkommen von 1904, 1906 sowie 1910 zu, die ausschließlich Fragen des Arbeiterschutzes, der Überweisung von Lohnersparnissen sowie der Sozial- und Unfallversicherung von

708 Rogers, Migration and Industrial Development, S. 122f.; Vecoli, The Italian Diaspora, 1876–1976, S. 121.

709 Filias, Emigration, S. 37; Grindrod, The Rebuilding of Italy, S. 188f.

710 Del Boca/Venturini, Italian Migration, S. 316f.; Golini/Birindelli, Italy, S. 149.

711 Eine Übersicht bis Ende der 1920er Jahre bietet International Labour Office, Migration Laws and Treaties.

Arbeitsmigranten abdeckten und als wichtige Vorläufer des später international üblichen Wanderungsvertrages gelten können.[712]

Zwischen dem Ende des Ersten Weltkrieges und dem Beginn der faschistischen Herrschaft setzte dann, einen allgemeinen Trend anführend, der Aufbau eines Systems spezialisierter Wanderungsabkommen ein. Den Anfang bildete der Vertrag mit Frankreich im Jahr 1919, der 1920 und 1924 erweitert wurde. Auf ihn folgten ähnliche Wanderungsverträge mit Luxemburg 1920, mit Brasilien 1921 sowie mit Belgien im Jahr 1923. Mit Deutschland kam im Jahr 1925 ein Handelsvertrag zustande, der auch Wanderungsfragen streifte, Verhandlungen über ein gesondertes Anwerbeabkommen, das zunächst Italien anstrebte, blieben jedoch nach jahrelangen Konsultationen ergebnislos. Andere Verträge aus der Zwischenkriegszeit ähnelten noch denjenigen der Vorkriegszeit und umfassten beispielsweise die Aufnahme diplomatischer Beziehungen zu neu gegründeten Staaten wie Jugoslawien, Griechenland, Lettland und der Tschechoslowakei oder die Regelung von Gebietsansprüchen und Siedlungsfragen zwischen Italien sowie Frankreich und Großbritannien in Afrika. Bemerkenswert ist einer der letzten Verträge, der vor dem Beginn der faschistischen Herrschaft zustande kam. Möglicherweise angeregt durch die Wanderungskonferenz von 1924 schlossen sich im Jahr 1925 Italien und Spanien – beides Auswanderungsländer – zusammen, um sich gegenseitig beim Schutz und bei der Fürsorge für ihre Bürger im Ausland zu unterstützen. Der auswanderungsfeindliche Kurs der italienischen Migrationspolitik, aber auch das bereits weit ausgebaute Vertragsnetzwerk und der allgemeine Rückgang des Interesses an der vertraglichen Festschreibung von Rahmenbedingungen unter dem Druck der wirtschaftlichen Rezession sorgten dafür, dass in den 1930er Jahren nur noch wenige Verträge hinzu kamen. Dies änderte sich erst wieder mit den deutsch-italienischen Verträgen aus der Vorkriegszeit und dem Zweiten Weltkrieg.[713]

Nach dem Ende des Zweiten Weltkrieges war es erneut Italien, das mit der Rekonstruktion alter Migrationsbeziehungen durch den Abschluss bilateraler Wanderungsverträge begann. Und wieder bildeten Verträge mit Belgien und Frankreich im Jahr 1946 den Auftakt dieser Entwicklung. Im Jahr 1948 folgten Wanderungsabkommen mit Luxemburg und der Schweiz sowie den Niederlanden.[714] Der letztgenannte Vertrag etablierte die erste neue Migrationsbeziehung zwischen Italien und einem anderen europäischen Land, während die ersten Verträge lediglich ältere Strukturen neu belebten und die Ausgestaltung

---

712 Auswertung einer Datenbank, zusammengestellt aus International Labour Office, Migration Laws and Treaties, Bd. 3, S. 263–311.

713 Sala, Die Anwerbung italienischer Arbeitskräfte für die deutsche Wirtschaft, S. 100f.

714 Aus dem Jahr 1947 datiert ferner ein Anwerbevertrag zur Rekrutierung italienischer Arbeiter für die Stahlindustrie Großbritanniens, der jedoch kaum quantitative Bedeutung gewann; vgl. Chaloff, From Labour Emigration to Labour Recruitment, S. 62; Damien, La chaotique installation des Italiens en Grande-Bretagne après la Seconde Guerre Mondiale, S. 150f.

leicht modifizierten.[715] Jeder dieser frühen Verträge wurde bis zur Mitte der 1960er Jahre ergänzt bzw. durch neue Abkommen abgelöst. Die Anfänge der italienisch-niederländischen Arbeitsmigration entwickelten sich dagegen nicht zu dauerhaften Arbeitsmarktbeziehungen, sondern schliefen schnell wieder ein, sodass der Vertrag beider Länder aus dem Jahr 1960 einen Neuanfang bedeutete. Als im Jahr 1955 das deutsch-italienische Anwerbeabkommen unterzeichnet wurde, war dies der letzte neue Wanderungsvertrag, den Italien mit einem europäischen Land nach 1945 abschloss. Ihm folgte als letzter Vertrag der Auswanderungsperiode der italienischen Migrationsgeschichte der italienisch-australische Wanderungsvertrag des Jahres 1970.[716] Durch diesen Ausbau erhielten sowohl die Migrationsbeziehungen zu außereuropäischen Zielländern als auch die regionalen grenzüberschreitenden Arbeitsmarktbeziehungen einen gesicherten Rahmen. In diesem Kontext entstanden bis in die 1970er Jahre zahlreiche ähnliche Verträge mit amerikanischen Staaten sowie erste Abkommen über Grenzarbeitnehmer, welche die Vereinbarungen mit Italiens Nachbarstaaten ergänzten.[717]

Die Anwerbung von Arbeitskräften für das Ausland in Italien besitzt in diesem wichtigsten kontinentaleuropäischen Auswanderungsland alte Wurzeln. Wie in anderen Staaten auch griffen bereits im 19. Jahrhundert privat operierende Mittelsmänner in den Migrationsprozess ein. Ähnlich wie beispielsweise bei der Auswanderung bzw. der Arbeitsmigration aus England in seine amerikanischen Kolonien im 17. und 18. Jahrhundert warben diese Agenten Auswanderer an, organisierten gegen Entgelt den Migrationsprozess und finanzierten bisweilen sogar die Überfahrt, wodurch die Migranten in ein Abhängigkeitsverhältnis gerieten, das nicht selten in ihrer jahrelangen Ausbeutung mündete.[718] Private Arbeitsvermittler wurden nicht nur für die transozeanische Kettenwanderung in ihrer spezifisch italienischen Form des ›Campanilismo‹[719] zu einer festen Institution, sondern auch im Kontext der temporären Arbeitsmigration in europäische Staaten.[720] Italien selbst versuchte zwar, die Tätigkeit privater Agenten zunächst durch gesetzliche Maßnahmen, später durch den Aufbau einer eigenen Auswanderungsbehörde zu regulieren, versäumte es jedoch bis kurz vor Ausbruch des Ersten Weltkrieges, mit den Einwanderungsbehörden oder denjenigen Institutionen zusammenzuarbeiten, die in den Anwerbeländern mit der Regulierung der Zuwanderung ausländischer Arbeitskräfte befasst waren. Zwar gab es Anfänge eines internationalen Informationsaustausches über die Arbeitsmarktlage ebenso wie Hilfsangebote für

715 Vgl. exemplarisch Pauly, L'immigration dans les relations italo-luxembourgeoises après 1945, S. 73.

716 Chaloff, From Labour Emigration to Labour Recruitment, S. 55f.

717 In Südamerika blieben Argentinien und Brasilien die wichtigsten Partnerstaaten, daneben wurde ein Rahmenvertrag für Auswanderer mit Chile abgeschlossen; vgl. ebd., S. 62; Centro Studi Emigrazione, The World in my Hand, S. 31.

718 Beckles, Plantation Production and »White Proto Slavery«, S. 21–46.

719 Baldassar, Visits Home, S. 110f.

720 Sartorius von Waltershausen, Die italienischen Wanderarbeiter, S. 34f.

italienische Auswanderer, der Migrationsprozess selbst jedoch verblieb weitgehend dem Individuum überlassen bzw. in der Hand privater Akteure.[721]

Während der französisch-italienische Vertrag von 1904 als erster einem modernen Wanderungsabkommen ähnlicher Vertragswerk gelten kann, das sich bemüht, den Prozess der Arbeitsmigration zu organisieren, war es die Deutsche Feldarbeiter-Zentralstelle, die vor 1914 einer zumindest halbstaatlichen Anwerbung in Italien selbst am nächsten kam. Ausschlaggebend für die deutschen Bemühungen waren die Probleme, auf die man im Jahr 1909 bei der Ausweitung ihrer Kontrolle über die ausländischen Arbeitnehmer in Deutschland auf die West- und Südgrenzen des Kaiserreiches stieß.[722] In einem ersten Schritt wurden 1910 im Transitland Schweiz in Basel und Chiasso Außenstellen errichtet, um dem Ziel näher zu kommen, Arbeiter in Italien bereits arbeitgeberspezifisch anzuwerben und in kontrollierten Sammeltransporten über vorbestimmte Verteilerpunkte zu ihren jeweiligen Bestimmungsorten in Deutschland zu geleiten. Für die Anwerbekampagne des Jahres 1911 schließlich erwirkten die deutschen Stellen die Genehmigung, in Italien selbst unter bestimmten Bedingungen und in Zusammenarbeit mit staatlichen und nichtstaatlichen Auswanderungsorganisationen durch eigenes Personal Anwerbemaßnahmen durchzuführen.[723] Ergänzend zum deutschen Arbeitsnachweis für Italiener in Bern errichtete die Deutsche Arbeiterzentrale einen ersten Stützpunkt in Como, bald darauf wurden deren Vermittler in Mailand tätig, der Transport angeworbener Arbeiter wurde über Chiasso und Basel durch die Schweiz organisiert.[724] Obgleich die Anwerbeergebnisse im Verhältnis zu den individuell, teilweise nach wie vor unter Zuhilfenahme privater Arbeitsvermittler oder unter der Führung sogenannter Vorarbeiter Arbeit suchenden Italienern bescheiden blieben, markiert die Präsenz offizieller deutscher Rekruteure in Italien doch einen wichtigen Schritt in der Entwicklung der zwischenstaatlichen Arbeitskräfteanwerbung.

In der Zwischenkriegszeit knüpfte Deutschland erst mit dem deutsch-italienischen Vertrag von 1937 wieder an diese Form der Arbeitskräfterekrutierung in Italien an. Die für diese Phase typischen Formen der Rekrutierung lassen sich daher eher am französischen Beispiel verfolgen. Der französisch-italienische Vertrag vom 30. September 1919 ermöglichte, unter strengen Auflagen der italienischen Seite, die kollektive Rekrutierung italienischer Arbeitskräfte durch französische Arbeitgeber. Die Tätigkeit einer offiziellen französischen Anwerbemission wurde jedoch in der Zwischenkriegszeit nicht gestattet. Stattdessen erreichten die Stellenangebote französischer Unternehmen die italienische Auswanderungsbehörde über konsularische Kanäle. Diese wiederum besorgte in Zusammenarbeit mit den Arbeitsnachweisen die Anwerbung von Arbeitern und deren Transport in Richtung französische Grenze.

721 Wennemann, Arbeit im Norden, S. 72f.
722 Bnin Bninski, Die Deutsche Feldarbeiterzentrale, S. 228.
723 Deutsche Arbeiterzentrale, Bericht über die Tätigkeit im Geschäftsjahr 1909–10, S. 9.
724 Bnin Bninski, Die Deutsche Feldarbeiterzentrale, S. 229f.

Dort übergab sie die potentiellen Arbeitsmigranten an die französischen Einwanderungsbehörden, die das bereits seit dem Krieg bestehende Durchgangslager für italienische Arbeitskräfte in Modane nutzten, wo die Arbeiter in Zügen aus Mailand eintrafen. Auf der französischen Seite wurde eine Selektion nach medizinischen und qualifikatorischen Gesichtspunkten vorgenommen und die ausgewählten Arbeiter auf die Reise zu ihren zukünftigen Arbeitgebern geschickt. Abgelehnte Bewerber dagegen mussten unter Rückerstattung ihrer Reisekosten nach Italien zurückkehren. Einen anderen Weg beschritt die ›Association d'immigration des mines et forges de l'Est‹ bei der Anwerbung von italienischen Arbeitskräften für die Region Biery. Sie warb Arbeiter über kollektive oder namentliche Anforderungen der französischen Unternehmen in Zusammenarbeit mit der italienischen Arbeitsverwaltung an. In Turin organisierte ein von der Association beauftragter Agent den Weitertransport nach Modena, wo die bergbauspezifischen Untersuchungen und Auswahlverfahren stattfanden. Danach gingen Sammeltransporte mit den für tauglich befundenen Italienern nach Conflans ab. Dort befand sich ein Verteilungszentrum, von dem aus die Arbeiter zu ihren Arbeitgebern weiterreisten. Die französische Landwirtschaft dagegen stützte sich in höherem Maß als die Arbeitgeber des sekundären Sektors auch in der Zwischenkriegszeit auf italienische Arbeitskräfte, die auf eigene Faust – oder organisiert durch Mittelsmänner – nach Frankreich kamen. Daneben wurden allerdings vereinzelt in direktem Kontakt mit der italienischen Auswanderungsbehörde auch kollektive Anwerbungen durchgeführt.[725]

Spätestens in der Zwischenkriegszeit hatte sich, während Hafenstädte wie Genua die Knotenpunkte der überseeischen Auswanderung bildeten, Mailand zur Sammelstelle für Auswanderer entwickelt, die sich für europäische Zielländer entschieden hatten. Diese Schlüsselstellung für die Rekrutierung und den Abtransport behielt die Stadt auch, als nach der Unterbrechung durch Weltwirtschaftskrise und die migrationsfeindliche Phase der faschistischen Migrationspolitik die temporäre Arbeitsmigration durch den deutsch-italienischen Anwerbevertrag kurz vor dem Zweiten Weltkrieg neuen Aufschwung erhielt. Bis 1942/43, also in der Phase einer geregelten Anwerbung von Arbeitskräften, befand sich die ›Arbeitseinsatzstelle des Reichsarbeitsministeriums‹ zwar in Rom, sie unterhielt jedoch dezentrale Sammelstellen für italienische Arbeitskräfte in Mailand, Verona, Como und Treviso. Diese deutschen Dienststellen kooperierten mit ihren italienischen Partnern, den im faschistischen Staatsaufbau zwangskorporierten Verbänden der Arbeitgeber und Arbeitnehmer sowie der Arbeitsverwaltung. Ähnlich wie bereits in den 1920er Jahren führte die italienische Seite regionale Rekrutierungskampagnen durch, während die deutsche Seite an den Sammelpunkten medizinische Untersuchungen und Tests der beruflichen Qualifikation vornahm und die angenommenen Arbeitskräfte in Sammeltransporten nach Deutschland brachte. Zur

725 Pairault, L'immigration organisée et l'emploi de la main-d'œuvre étrangère en France, S. 78f.

Anwerbung konnten, wenn es um die Beschaffung von Facharbeitern ging, durchaus Vertreter der Industrie hinzugezogen werden. Die deutschen Anwerbeaufträge wurden zunächst im Reichsarbeitsministerium gesammelt, dort nach ihrer Dringlichkeit bewertet und entsprechend gestaffelt an die italienischen Stellen weitergegeben.[726]

Nach dem Ende des Zweiten Weltkrieges konnte Mailand seine Stellung als Knotenpunkt der Arbeitsmigration nach Europa erneut behaupten. Die Pull-Effekte des sukzessiv einsetzenden wirtschaftlichen Aufschwungs in den westeuropäischen Industriestaaten gepaart mit den Push-Effekten der latenten Krise in Italien beschleunigten die erneute Ausdifferenzierung und Verdichtung der Arbeitsmarktbeziehungen Italiens. Belgien und Frankreich waren die ersten beiden Staaten, die ihre Rekrutierungszentralen in Mailand ansiedelten, die Schweiz unterhielt starke Konsularabteilungen zur Abwicklung von Reiseformalitäten und zur Unterstützung der selbstständig in Italien anwerbenden schweizerischen Arbeitgeber. Daneben war auch die luxemburgische ›Organisation national du travail‹ präsent, die in Norditalien gemeinsam mit luxemburgischen Arbeitgebern Anwerbekampagnen organisierte. Während die Luxemburger ihre Werbung zunächst auf Venetien und Udine konzentrierten, führten auch sie die Eignungsuntersuchungen in Mailand durch, von wo auch die Transporte nach Luxemburg abgingen. Im Jahr 1955 installierte die deutsche Arbeitsverwaltung ihre ›Deutsche Kommission in Italien‹ in Mailand und in den 1960er Jahren kamen dann auch niederländische Rekruteure hinzu. Obwohl angesichts der zunehmenden Konkurrenz unter den Anwerbestaaten und des schwindenden Migrationspotentials in Norditalien Außenstellen in Mailand schon bald nicht mehr genügten, sondern darüber hinaus auch gemeinsam mit der italienischen Arbeitsverwaltung dezentrale Aktionen durchgeführt und zeitweise Zweigstellen in anderen Städten, etwa in Verona, entstanden, blieb Mailand der Ort, an dem die meisten ausländischen Anwerbestellen ihre medizinischen und beruflichen Eignungstests durchführten und die Sammeltransporte ins Ausland organisierten.[727]

Noch in den 1950er Jahren entwickelte sich eine unübersichtliche und von harten Konkurrenzkämpfen um die verfügbaren Arbeitskräfte gezeichnete Situation. Insbesondere die deutsche Anwerbestelle bekam, als sie 1955/56 ihre Arbeit aufnahm, zu spüren, dass andere Länder bereits seit fast zehn Jahren in Italien präsent waren und einen Vorsprung an Beziehungen und Bekanntheitsgrad genossen. Die Rekruteure konkurrierten zum einen über die angebotenen Migrationsbedingungen. Zum anderen galt es, die Möglichkeiten zur Arbeitsmigration in ein Zielland durch Werbemaßnahmen bekannt zu machen und dabei über das Hervorheben positiver Wettbewerbsmerkmale Nachteiliges,

---

726 Timm, Italienische Arbeitskräfte in Deutschland, S. 344f.

727 BArch B 119 3052, Schreiben der Deutschen Kommission in Italien, Mailand, an den Präsidenten der BAVAV, 28.5.1956; BArch B 119 3057, Deutsche Kommission in Italien, Wochenbericht 17.–23.1.1964 vom 24.1.1964; vgl. dazu auch Pauly, L'immigration dans les relations italo-luxembourgeoises après 1945, S. 72f.

wie etwa niedrigere Löhne oder höhere Kosten, wettzumachen.[728] In diesem Zeitraum zeigen die italienischen Migrationsstatistiken zwei interessante Trends. Erstens sank die Zahl der Auswanderer aus Italien zwischen 1957 und 1959 von 392.451 auf 244.927, wobei die Migration nach Übersee stärker sank als die nach Europa. Parallel dazu ging die Auswanderung von Italienern in alle *alten* Anwerbestaaten, darunter Belgien, Frankreich, Luxemburg und die Schweiz, zurück, während die Zahl der nach Deutschland gehenden Arbeitskräfte von 7.652 auf 32.350 anstieg. 1959 lag die Arbeitsmigration aus Italien nach Deutschland schon etwa halb so hoch wie die Wanderungszahlen nach Frankreich oder in die Schweiz.[729] Trat also ein neuer Konkurrent auf dem italienischen Arbeitsmarkt auf, konnte er sich keineswegs aus einem unerschöpflichen Angebot bedienen. Nur wer in der Lage war, einen Teil des Migrationspotentials umzuleiten, das ansonsten einem anderen Anwerbestaat zufloss, durfte hoffen, seinen eigenen Bedarf an Arbeitskräften zu decken.

Migrationsbereite Italiener konnten den Wettbewerb der Anwerbestellen nutzen, um ihre Chancen auf einen Arbeitsplatz im Ausland zu verbessern. Die gleichzeitige Registrierung bei mehreren Rekrutierungsdiensten erlaubte beispielsweise im Fall mehrerer Zusagen, denjenigen Arbeitsplatz mit den besten Rahmenbedingungen zu wählen, und erhöhte gleichzeitig die Wahrscheinlichkeit, durch den Erfolg wenigstens einer Bewerbung überhaupt einen Arbeitsplatz im Ausland zu ergattern. Dadurch kam es zu Verteilungsphänomenen, die die relative Wettbewerbsposition der unterschiedlichen Anwerbestaaten reflektierten. Mit den zunächst angebotenen Arbeitsplätzen in der Landwirtschaft rangierte Deutschland beispielsweise am unteren Ende der Skala attraktiver Auswanderungsziele. Eine Bewerbung bei der deutschen Kommission nutzten viele italienische Migranten daher zu Beginn der deutschen Präsenz in Italien lediglich als Rückversicherung bzw. sie meldeten sich erst, wenn andere Anwerbekommissionen sie etwa aus medizinischen Gründen abgelehnt hatten.[730]

Die italienischen Partner der internationalen Rekrutierungsstellen waren zum einen das Arbeits- und Außenministerium gemeinsam mit der Auswanderungsbehörde für grundsätzliche Fragen, zum anderen in der praktischen Arbeit die italienische Arbeitsverwaltung. Ihre Arbeitsämter führten, über die

728 BArch B 119 3052, Schreiben der Deutschen Kommission in Italien, Mailand, an den Präsidenten der BAVAV, 18.5.1956; BArch B 119 3052, Niederschrift über eine Besprechung beim Arbeitsministerium in Rom am 10. Mai 1956. Dazu ebenfalls interessant die Gegenüberstellung der Anwerbebedingungen verschiedener in Mailand tätiger Kommissionen durch die deutsche Anwerbestelle, BArch B 119 3057, Vergleich des Arbeitsangebots für Baufacharbeiter, Juni 1964 oder die Analyse des französischesn Vorgehens in Italien durch die Deutsche Kommission, BArch B 119 3057, Französische Kommission in Italien, 24.6.1964.

729 Les mouvements migratoires en provenance ou à destination de l'Italie en 1959, 1958 et 1959, S. 245f. Die Rückwanderungsquote lag 1969 für Deutschland bei 63, Frankreich bei 85 und die Schweiz bei 73%.

730 BArch B 119 3052, Schreiben der Deutschen Kommission in Italien, Mailand, an den Präsidenten der BAVAV, 18.5.1956.

Jahre zunehmend unter direkter Beteiligung ausländischer Rekrutierungskommissionen, die dezentrale Mobilisierung und Vorauswahl durch. In Mailand selbst unterhielt die Arbeitsverwaltung ein Auswanderungszentrum (›Centro di Emigrazione‹), das Auswanderer in alle Zielländer betreute, begrenzt Unterkunftsmöglichkeiten bot und die Migranten bei der Abwicklung von Formalitäten unterstützte. Unter dem Ansturm von Auswanderungswilligen und Rekruteuren zeigte sich die Mailänder Einrichtung jedoch bald überfordert. Sie wurde ausgebaut und ein zweites Auswanderungszentrum in Verona eingerichtet. Diese Verbesserung der Infrastruktur nutzte die zunächst noch skeptische ›Deutsche Kommission‹ zur Errichtung einer Nebenstelle. In Verona war man nun nicht mehr der zuletzt hinzugekommene Marktteilnehmer, sondern erster Nachfrager am Ort.[731]

2.2.4. Jugoslawien

Die Gebiete, aus denen im Untersuchungszeitraum erst das Königreich Jugoslawien (1918–1941), dann die Föderative Volksrepublik Jugoslawien (1945–1963) und schließlich die Sozialistische Föderative Republik Jugoslawien (1963–1992) werden sollte, entwickelten sich nach dem Zweiten Weltkrieg zu einer der wichtigsten Herkunftsregionen für Arbeitskräfte, die in die westeuropäischen Industriestaaten einwanderten. Jugoslawien besitzt jedoch eine wesentlich weiter zurückreichende Migrationsgeschichte.[732] Bis in die letzten Jahre vor dem Ersten Weltkrieg gehörte der Norden des späteren Jugoslawien zu Österreich-Ungarn, der Süden zum Osmanischen Reich.[733] Die osmanischen Eroberungen auf dem Balkan und die daraus resultierenden Fluchtbewegungen in Richtung Westen, die sich vom 14. bis ins 18. Jahrhundert erstreckten, markieren eine erste neuzeitlichen Aus- bzw. Abwanderungswelle auf dem Gebiet des späteren Jugoslawien.[734] Im 19. Jahrhundert wurden dann die schlechten Lebensbedingungen der ländlichen Bevölkerung zum wichtigsten Motiv für die Emigration. Diese Migrationsbewegung, die spätestens während der europäischen Agrardepression der 1890er Jahre zu einer Massenauswanderung anwuchs, vollzog sich zunächst unter den jeweils spezifischen Rahmenbedingungen des österreichisch-ungarischen bzw. osmanischen Machtbereiches. In den letzten Jahren vor Ausbruch des Ersten Weltkrieges beein-

731 BArch B 149 6223, allg. Schriftverkehr, April 1956; BArch B 119 3052, Schreiben der Deutschen Kommission in Italien, Mailand, an den Präsidenten der BAVAV, 28.5.1956; BArch B 119 3052, Schreiben von Dr. Franco Bounous, Vice Direttore Generale dell'Emigrazione al Ministerio degli Afferi Estri, Rom, 7.5.1956.

732 Vgl. knapp zur frühmittelalterlichen Migrationsgeschichte Heršak/Mesić, L'espace migratoire de Yougoslavie, S. 28f.

733 Serbien war bereits durch den Berliner Vertrag von 1878 vom Osmanischen Reich unabhängig geworden.

734 Cizmic, Emigration from Yugoslavia prior to World War II, S. 255; Heršak/Mesić, L'espace migratoire de Yougoslavie, S. 32f.

flussten dann eine zunehmende regionale Autonomie unter österreichischer Herrschaft und der Zerfall der türkischen Machtstrukturen die Migrationsgeschichte der Region.[735] Es wird geschätzt, dass bis zum Ausbruch des Krieges etwa 100.000 Menschen nach Übersee auswanderten, von denen sich die Mehrzahl dauerhaft in ihrer neuen Heimat niederließ.[736]

Obwohl die Auswanderung aus dem Königreich Jugoslawien in der Zwischenkriegszeit prinzipiell leichter zu bewerkstelligen war als zuvor und nach der Unterbrechung durch die Balkankriege sowie den Ersten Weltkrieg erneut anschwoll, wurde die Wanderungintensität der Vorkriegszeit nicht mehr erreicht. Die Auswanderung stieg ab der Mitte der 1920er Jahre an, umfasste 1927 etwa 6.600 Personen und erreichte 1930 mit 25.400 Auswanderern ihren Höhepunkt. Zwischen 1930 und 1933 verließen 50.100 Migranten das Königreich, von denen sich die Mehrzahl nach Europa, insbesondere nach Frankreich, wandte.[737] Dabei handelte es sich überwiegend um temporäre Arbeitsmigration, denn den Auswanderern standen im gleichen Zeitraum fast 30.000 Rückwanderer gegenüber. Im Jahr 1932 war die Wanderungsbilanz Jugoslawiens durch krisenbedingte Remigration sogar um 1.600 Zuwanderer positiv.[738] Zwischen 1930 und 1938 verließen nach offiziellen Angaben insgesamt 153.000 Personen Jugoslawien, darunter etwa 80.000 in Richtung Europa. Gleichzeitig verzeichneten die Statistiken jedoch auch die Rückkehr von 96.000 Auswanderern.[739] In der Zwischenkriegszeit stieg also die temporäre Arbeitsmigration in europäische Staaten zu einer wichtigen Wanderungsform auf.[740] Seit 1921 regelte ein erstes Auswanderungsgesetz die Emigration nach Übersee, die auf der administrativen Ebene von einem in Zagreb angesiedelten Auswanderungskommissariat überwacht wurde. Ab 1924 folgte die Behörde den Empfehlungen der Internationalen Arbeitsorganisation über die Datenerhebung und -weiterleitung und bemühte sich, deren Standards hinsichtlich der Organisation der Auswanderung umzusetzen.[741]

Die Auswanderung nach Übersee verlagerte in der Zwischenkriegszeit ihre Schwerpunkte von den USA, Kanada und Australien in Richtung Südamerika, nachdem die traditionellen Zielländer in der Weltwirtschaftskrise ihre Einwanderungsgesetzgebung verschärften.[742] Gleichzeitig setzte in den 1920er

735 Schierup, Migration, Socialism, and the International Division of Labour, S. 27f.; Die Auswanderung erfasste regional bis zu 20% der Bevölkerung, ihr wichtigstes Ziel waren die USA; vgl. Baletic, International Migration in Modern Economic Development, S. 743.

736 Gokalp, L'émigration yougoslave, S. 25.

737 Čačić-Kumpes/Kumpes, Approche socio-historique des migrations yougoslaves en France, S. 66f.

738 Les mouvements migratoires yougoslaves en 1932, S. 364f.; International Labour Office, The Migration of Workers, S. 24.

739 Schierup, Former Yugoslavia, S. 285.

740 Ders., Migration, Socialism, and the International Division of Labour, S. 49f.

741 Royaume des Serbes, Croates et Slovènes. La réglementation de la loi d'émigration, S. 47; Royaume des Serbes-Croates-Slovènes. Réglementation de la loi sur l'émigration, S. 239f.; vgl. dazu auch Heršak/Mesić, L'espace migratoire de Yougoslavie, S. 39f.

742 Royaume des Serbes, Croates et Slovènes, S. 34.

Jahren die Arbeitsmigration nach Westeuropa ein, wo jugoslawische Arbeitskräfte vor allem als Bergarbeiter in Frankreich, Belgien, den Niederlanden und auch in Deutschland Fuß fassen konnten. Diese neuen Migrationsbeziehungen wurden zum Teil von Wanderungsverträgen oder entsprechenden Regelungen in allgemeinen Wirtschaftsabkommen flankiert. So schlossen Ende der 1920er Jahre Frankreich und das Königreich der Serben, Kroaten und Slowenen, wie Jugoslawien zu diesem Zeitpunkt offiziell hieß, zunächst einen Vertrag über die Einrichtungen konsularischer Vertretungen sowie die Gewährung von Niederlassungs- und Arbeitsrechten ab. Im Jahr 1932 folgte ein gesonderter Wanderungsvertrag für Arbeitsmigranten.[743] In der zweiten Hälfte der 1930er Jahre wurde schließlich Deutschland zum Magneten für jugoslawische Arbeitsemigranten. Nachdem bereits seit 1928 ein Vertrag über die Anwerbung von Landwirtschaftsarbeitern bestand, wurden jugoslawische Arbeitskräfte in der zweiten Hälfte des Jahrzehnts zu einer willkommenen Entlastung für den von der Rüstungskonjunktur des ›Dritten Reiches‹ leergefegten deutschen Arbeitsmarkt. Bis zum Beginn des Zweiten Weltkrieges stieg ihre Zahl auf knapp 20.000 an. Am Vorabend des Angriffs auf ihr Heimatland arbeiteten etwa 44.000 Menschen aus Jugoslawien in Deutschland, insgesamt hielten sich zwischen 1933 und 1941 etwa 100.000 Jugoslawen zeitweise als Wander- oder Saisonarbeiter im ›Dritten Reich‹ auf.[744]

Im Zweiten Weltkrieg geriet Jugoslawien unter deutsche Kontrolle. Nach dem Ende des ›Balkanfeldzuges‹ im April 1941 zerschlug das ›Dritte Reich‹ Jugoslawien in zehn Teile, von denen einige von Deutschland und den mit ihm verbündeten Nachbarstaaten Jugoslawiens annektiert wurden. Auf dem restlichen Staatsgebiet entstanden der sogenannte Unabhängige Staat Kroatien unter deutscher und italienischer Besatzung sowie Serbien, das zur deutschen Einflusszone erklärt wurde.[745]

In Kroatien setzte die Rekrutierung von Arbeitskräften für die deutsche Kriegswirtschaft bereits unmittelbar nach dem Ende der Kampfhandlungen ein und erfolgte zunächst über Wehrmachtdienststellen. Schon im Mai 1941 begannen allerdings Verhandlungen auf Regierungsebene über eine geregelte Anwerbung von Arbeitskräften, aus denen eine entsprechende zwischenstaatliche Vereinbarung hervorging.[746] Auf ihrer Grundlage errichtete die deutsche Arbeitsverwaltung ihre ›Dienststelle Kroatien‹, die in Zagreb, Banja Luka, Osijek, Sarajevo, Mostar und Senj Anwerbestellen unterhielt und sich bei der

743 France-Royaume des Serbes, Croates et Slovènes. Accords intéressant les migrations, S. 139f.

744 Schlarp, Wirtschaft und Besatzung in Serbien 1941–1944, S. 204; Sundhaussen, Wirtschaftsgeschichte Kroatiens im nationalsozialistischen Großraum 1941–1945, S. 179f.; Heršak/Mesić, L'espace migratoire de Yougoslavie, S. 41f.

745 Seckendorf/Schumann, Die Okkupationspolitik des deutschen Faschismus in Jugoslawien, Griechenland, Albanien, Italien und Ungarn (1941–1945), S. 32f.; Hory/Broszat, Der kroatische Ustascha-Staat, 1941–1945, S. 62f.

746 BArch R 41, 480, Schreiben des Reichsarbeitsministeriums an die Landesarbeitsämter, Mai 1941; vgl. dazu auch Hory/Broszat, Der kroatische Ustascha-Staat, 1941–1945, S. 70.

zunächst noch freiwilligen Anwerbung auf den kroatischen Auswanderungsdienst stützte.[747] Die ersten Erfolge dieser Rekrutierungskampagne überstiegen die Planungen bei Weitem. Schon Ende 1941 waren vermutlich mehr als 150.000 kroatische Arbeiter nach Deutschland vermittelt worden, Tausende unberücksichtiger Auswanderungsanträge lagen den kroatischen Behörden noch vor.[748] In den folgenden Jahren bemühte sich die die kroatische Regierung darum, die Wanderungsbewegung ihren eigenen Interessen folgend zu begrenzen bzw. zu beeinflussen, während die deutschen Stellen auf eine Maximierung der Ausbeute an Arbeitskräften in Kroatien hinarbeiteten. Dazu wurden mehrfach deutsch-kroatische Vereinbarungen ausgehandelt, die einerseits die Arbeitsbedingungen kroatischer Arbeiter in Deutschland regelten, andererseits den deutschen Werbestellen Arbeitskräftekontingente zusicherte.[749] Zwangsrekrutierungen gewannen jedoch bereits ab 1942 deutlich an Gewicht, als bedingt durch die Zustände in Kroatien und die Kriegslage die Motivation zur Arbeitsaufnahme im ›Dritten Reich‹ zurückging.[750] Die Rekrutierung selbst erfolgte nun teilweise in Sammellagern, in denen potentielle Arbeitskräfte von der ›Ustaša‹ zusammengetrieben wurden, sodass sich die deutschen Rekrutierungsbeauftragten zur Zwangsarbeit geeignete Menschen aussuchen konnten.[751]

Serbien war von 1941 bis 1944 einer direkten Besatzungsverwaltung der Wehrmacht unterworfen und sollte in jeder Hinsicht in die deutsche Kriegswirtschaft eingegliedert bzw. zu deren Nutzen ausgebeutet werden. Dazu zählten nicht nur Produktionskapazitäten und Rohstoffe, sondern auch Arbeitskräfte. Sowohl in Serbien selbst als auch auf dem Gebiet des Deutschen Reiches standen in diesem Zeitraum Tausende angeworbene oder zwangsverpflichtete Arbeitskräfte in deutschen Diensten.[752] Die erste Gruppe von Zwangsarbeitern aus diesem Teil Jugoslawiens waren kriegsgefangene Soldaten der jugoslawischen Armee serbischer Herkunft, die bereits im Sommer und Herbst 1941 in der deutschen Landwirtschaft zum Einsatz kamen. Die Zahl der zur Zwangsarbeit herangezogenen kriegsgefangenen Serben lag im

747 Ewerth, Der Arbeitseinsatz von Landesbewohnern besetzter Gebiete des Ostens und Südostens im Zweiten Weltkrieg, S. 5.

748 Ende 1941 schloss das Deutsche Reich mit Kroatien eine Vereinbarung über Sozialversicherung; vgl. Die Sozialversicherung der ausländischen Arbeitskräfte, S. 3–6. Eine ähnliche Vereinbarung mit Serbien kam am 8.10.1942 zustande. Beide sagen natürlich wenig über die tatsächlichen Lebensbedingungen der angeworbenen und zwangsrekrutierten Arbeitskräfte aus.

749 BArch R 41 469, Schreiben des GBA an die Landesarbeitsämter vom 15.3.1943. Siehe dazu Kapitel 3.1.2.4.

750 Sundhaussen, Wirtschaftsgeschichte Kroatiens im nationalsozialistischen Großraum 1941–1945, S. 182f.

751 Seckendorf/Schumann, Die Okkupationspolitik des deutschen Faschismus in Jugoslawien, Griechenland, Albanien, Italien und Ungarn (1941–1945), S. 42f.

752 Ewerth, Der Arbeitseinsatz von Landesbewohnern besetzter Gebiete des Ostens und Südostens im Zweiten Weltkrieg, S. 2; Seckendorf/Schumann, Die Okkupationspolitik des deutschen Faschismus in Jugoslawien, Griechenland, Albanien, Italien und Ungarn (1941–1945), S. 32f., 37.

Frühjahr 1942 etwa bei 108.000 und sank bis 1944 auf etwa 94.000 ab.[753] Der Kriegsverlauf und die nur zögerliche Eingliederung der serbischen Wirtschaft in die deutsche Kriegswirtschaft hatten im Verlauf des Jahres 1941 eine sprunghaft steigende Arbeitslosigkeit zur Folge. Vor diesem Hintergrund stellten die deutschen Besatzungsbehörden dem Reich bis zu 150.000 serbische Arbeitskräfte in Aussicht, die auf dem Wege der freiwilligen Anwerbung beschafft werden sollten. Nachdem im Sommer 1941 die Anwerbung sogenannter Freiwilliger eingesetzt hatte, sollte ein Kommando von 16 ›Werbern‹, die das Reichsarbeitsministerium nach Serbien entsandte, die Beschaffung von Arbeitskräften übernehmen.[754] Da Serbien unter Militärverwaltung stand, wurde keine eigene Dienststelle der Arbeitsverwaltung eingerichtet, stattdessen wurde die Anwerbung über einen dem ›Militärbefehlshaber Serbien‹ beigeordneten ›Generalbevollmächtigten für die Wirtschaft‹ koordiniert.[755]

Behindert durch zunehmenden Widerstand und Unruhen im Besatzungsgebiet stieg die Zahl der auf diesem Wege angeworbenen Arbeitskräfte nur langsam und erreichte Mitte 1942 – laut Statistik der Arbeitsverwaltung – 43.900 Personen. Zu diesem Zeitpunkt zeichnete sich in Serbien selbst eine durch die Verlagerung von Rüstungsaufträgen und Anforderungen der deutschen Industrie hervorgerufene Arbeitskräfteknappheit ab, die den Arbeitskräfteexport bis ins Frühjahr 1943 fast unmöglich machte.[756] Als die Rekrutierungen wieder aufgenommen wurden, meldeten sich immer noch serbische Arbeitskräfte freiwillig für eine Vermittlung nach Deutschland. Zwangsrekrutierungen im Rahmen von Vergeltungs- und Repressionsmaßnahmen der Besatzungsorgane gewannen jedoch immer größere Bedeutung. Die Arbeitskräftebeschaffung entwickelte sich daher in der zweiten Kriegshälfte auf drei Ebenen. Erstens bestand seit 1941 formal eine Zusammenarbeit zwischen den serbischen Behörden bzw. dem deutschen Besatzungsapparat und den Vertretern des Reichsarbeitsministeriums bzw. der deutschen Arbeitsverwaltung, die ihrerseits seit 1942 zur ›Arbeitseinsatzverwaltung‹ gehörte. Diese lehnte sich auf der normativen Ebene, etwa bei der Regelung der Lohnüberweisungen und Urlaubsansprüche serbischer Arbeitskräfte in Deutschland, an den zwischenstaatlichen Anwerbeabkommen der Vorkriegszeit an.[757] Zweitens ergriffen die Besatzungsbehörden zu immer drastischeren Maßnahmen, um den serbischen

753 Schlarp, Wirtschaft und Besatzung in Serbien 1941–1944, S. 207.

754 Ebd., S. 208.

755 BArch R 41 481, Schreiben des GBA an Dienststelle Bulgarien, Dienststelle Kroatien und den Militärbefehlshaber in Serbien vom 15.6.1942; BArch R 41 480, Schreiben des Reichsarbeitsministeriums an die Landesarbeitsämter vom 12.7.1941. Zuständig war in dieser Abteilung OKVR Sparkule. Im Jahr 1942 existierte daher keine Anwerbestelle der Arbeitsverwaltung in Serbien, dennoch war die namentliche Anforderung von Arbeitskräften möglich. Dazu auch Hertel, Arbeitseinsatz ausländischer Zivilarbeiter, S. 26f.

756 Seckendorf/Schumann, Die Okkupationspolitik des deutschen Faschismus in Jugoslawien, Griechenland, Albanien, Italien und Ungarn (1941–1945), S. 43.

757 Vgl. exemplarisch Lohnüberweisungen serbischer Arbeiter, S. 538; Lohnüberweisungen serbischer Arbeiter, 1942, S. 19; Lohnüberweisungen von Angestellten und Arbeitern aus Serbien, S. 306.

Arbeitsmarkt in ihrem Sinne zu steuern und zu regulieren. Sie gerieten dadurch in Konkurrenz zu denjenigen Institutionen, die Arbeitskräfte für das Reich rekrutierten. Durch Musterungen und Dienstverpflichtungen musste zunächst der kriegswichtige Arbeitskräftebedarf der serbischen Wirtschaft gedeckt werden. Darüber hinaus sollten überzählige Arbeitskräfte dem Deutschen Reich zur Verfügung stehen. Die Beschaffung der für die Ausbeutung der jugoslawischen Rohstoffreserven und zur Ausnutzung seiner Produktionskapazitäten erforderlichen Arbeitskräfte gewann also deutlichen Vorrang. Drittens schließlich wurden aus den Gefangenen und Geiseln, die im Rahmen der Bekämpfung des Widerstandes eingebracht wurden, fortlaufend Zwangarbeitskräfte rekrutiert.[758]

Nach dem Ende der deutschen Besatzung Jugoslawiens im Herbst 1944 und dem Kriegsende im Jahr darauf kam es nicht nur zur Remigration jugoslawischer Arbeitskräfte und Deportierter in ihre Heimat, sondern auch zur Flucht kroatischer und serbischer Kollaborateure sowie von Angehörigen der deutschen Bevölkerung Jugoslawiens, die vor allem in der Vojvodina ansässig gewesen war. Ihnen folgten in den ersten Nachkriegsjahren Gegner der neuen kommunistischen Regierung der Volksrepublik Jugoslawien, die nun Slowenien, Kroatien, Bosnien und Herzegowina, die Vojvodina, Montenegro, das Kosovo, Mazedonien und Serbien umfasste. In den Jahren 1953/54 endeten diese vor allem politisch motivierten Auswanderungswellen mit der Emigration der italienischen sowie der türkischen Minderheit. Obwohl diese Migranten in ihren Zielländern später vielfach auch zu willkommenen Arbeitskräften wurden, spielte Arbeitsemigration für Jugoslawien bis in die Mitte der 1950er Jahre weder politisch noch ökonomisch eine Rolle.[759]

Jugoslawien stand nach 1945 der Weg zur Industriegesellschaft noch bevor. Das vom Krieg gezeichnete Land musste ihn nicht nur unter der Last großer Zerstörungen antreten, sondern ihn gleichzeitig mit dem Übergang zu einer sozialistischen Wirtschafts- und Gesellschaftsordnung und dem Aufbau eines föderal organisierten Gemeinwesens bewältigen, das eine Grundlage zur Integration der Teilrepubliken in einem gemeinsamen Staat bilden sollte.[760] Der Export von Arbeitskraft und die Auswanderung, die in der unmittelbaren Nachkriegszeit für andere Staaten an der Peripherie Europas bereits zunahmen, kamen für das sozialistische Jugoslawien schon aus ideologischen Gründen nicht in Frage. Auch der beginnende Ost-West-Konflikt stand anfangs der Aufnahme von Migrationsbeziehungen zu Westeuropa entgegen. Andererseits bot die Teilnahme Jugoslawiens am ›European Recovery Program‹ ab 1950 eine Basis für die Annäherung des Landes an das westeuropäische Migrationssystem.[761]

758 Schlarp, Wirtschaft und Besatzung in Serbien 1941–1944, S. 215f.

759 Haberl, Die Abwanderung von Arbeitskräften aus Jugoslawien, S. 30f.

760 Baletic, International Migration in Modern Economic Development, S. 744; Baucic/Baletic, Population, Labour Force and Employment in Yugoslavia 1950–1990, S. 25f.

761 Schierup, Migration, Socialism, and the International Division of Labour, S. 59f.; Baucic, Some Economic Consequences of Yugoslav External Migrations, S. 88.

Zunächst löste die jugoslawische Wirtschaftspolitik gewaltige Bevölkerungsverschiebungen innerhalb des Landes aus. Bei gleichzeitigem Bevölkerungswachstum strömte die verarmte Landbevölkerung in die Städte und bildete dort die Arbeitskräftereserven, auf die sich die Industrialisierung stützen konnte.[762] Diese Wanderungsbewegung führte nicht nur zu einem Anwachsen der städtischen Bevölkerung, sondern dabei auch zu Wanderungsbewegungen zwischen den Teilrepubliken.[763] Die Industrialisierungsstrategie und der parallel dazu anlaufende Aufbau eines ökonomischen Planungssystems zeitigten in den 1950er Jahren jedoch nur bescheidene Erfolge. Die Phase der ›arbeitsintensiven Industrialisierung‹ führte weder zu einem deutlichen Anstieg des Lebensstandards noch zu einem Verschwinden der hohen Arbeitslosigkeit. Gleichzeitig verschärfte sich nicht nur das Wohlstandsgefälle von den urbanen zu den ländlichen Gebieten, sondern es entstanden auch neue interregionale Entwicklungsungleichheiten.[764]

Noch bis in die 1960er Jahre lehnte die jugoslawische Bundesregierung trotz steigendem Migrationsdruck die Aufnahme von transnationalen Arbeitsmarktbeziehungen außerhalb des Ostblocks oder gar die Förderung von Arbeitsmigration ab. Politische und ideologische Faktoren spielten dafür ebenso eine Rolle wie der Wunsch, eine neue Abhängigkeit von den westeuropäischen Industriestaaten, unter der Jugoslawien in der Zwischenkriegszeit gelitten hatte, zu vermeiden. Gleichwohl war der Beginn einer neuerlichen Auswanderung aus Jugoslawien nicht zu verhindern. Schon ab 1954 tauchten jugoslawische Arbeitnehmer, die nicht aus dem Kreis der Flüchtlinge stammten, in Westeuropa, insbesondere in der Bundesrepublik Deutschland, auf. Damit setzte eine spontane und häufig von illegaler Ausreise aus Jugoslawien begleitete Migrationsbewegung ein, die bis 1964, dem Jahr des Politikwechsels in Jugoslawien, etwa 115.000 Arbeitnehmer nach Westeuropa führte.[765] Dieser Politikwechsel erfolgte als Reaktion auf das Scheitern der Industrialisierungsstrategie, angesichts eines beträchtlichen Außenhandelsdefizits und der Unfähigkeit, exportfähige Güter zu produzieren. Nach zwanzig Jahren Isolation öffneten sich die Grenzen in Richtung Westen. Im Jahr 1965 erfolgte eine umfassende und radikale Wirtschaftsreform.[766] Sie brachte eine Liberalisierung

762 Macura, Employment Problems under Declining Population Growth Rates and Structural Change, S. 490; Heršak/Mesić, L'espace migratoire de Yougoslavie, S. 43f.

763 Breznik/Radoslav, Internal Migration, S. 25f.; Bartlett, Unemployment, Migration and Industrialization in Yugoslavia, 1958–1977, S. 9; Haberl, Die Abwanderung von Arbeitskräften aus Jugoslawien, S. 265; Velzen, International Labour Migration and Development Processes in Yugoslavia and Turkey, S. 37.

764 Bicanic, The Failures of Postwar Yugoslav Planning, S. 20f.; Gokalp, L'émigration yougoslave, S. 26f.; Schierup, Migration, Socialism, and the International Division of Labour, S. 60f.; Obradovic, Employment Trends and Problems in Yugoslavia, S. 561.

765 Baskin, Political Innovation and Policy Implementation in Yugoslavia, S. 25f.; Baucic, Die Auswirkungen der Arbeitskräftemigration auf Jugoslawien, S. 171; Veljkovic/Radulovic, Entwicklung der Wirtschaft in Jugoslawien, S. 39f.

766 Obradovic, Employment Trends and Problems in Yugoslavia, S. 554; Poinard/Roux, L'émigration contre le développement, S. 26f.

des Wirtschaftssystems mit sich und verband eine Förderung von Branchen wie dem Tourismus, die Devisen ins Land brachten, mit einer Ausrichtung der Produktionskapazitäten auf den Export und verstärkten Investitionen zu deren Modernisierung. Eine unmittelbare Konsequenz dieser Reform war – nicht unerwartet – ein Anstieg der Arbeitslosigkeit.[767] Gleichzeitig wurde für die Regierung die Arbeitsmigration ins Ausland als Devisenbringer zunehmend attraktiv. Geplant war die nun folgende Förderung der Arbeitsemigration als kurzfristige Maßnahme zur Überbrückung der durch die Wirtschaftsreform hervorgerufenen Friktionen. Dabei sollte sowohl der Aufenthalt von Arbeitskräften im Ausland auf individueller Ebene zeitlich begrenzt bleiben als auch die Phase der Arbeitsemigration selbst nur von möglichst kurzer Dauer sein.[768] Tatsächlich leitete sie eine fast zehn Jahre währende intensive Migrationsbewegung in Richtung Westen ein, die zur Entstehung jugoslawischer Minderheiten in zahlreichen europäischen Staaten führen sollte.[769]

Schon seit 1963 war das Passwesen weniger restriktiv gehandhabt worden und die jugoslawische Arbeitsverwaltung hatte Kontakte zu den entsprechenden Institutionen einiger westeuropäischer Industriestaaten – darunter die Bundesrepublik Deutschland – aufgenommen. Die bis zu diesem Zeitpunkt vorwiegend illegale Arbeitsemigration erfuhr so eine erste vorsichtige Legalisierung und Anerkennung.[770] Bis zum Greifen der in den folgenden Jahren ausgehandelten Anwerbeabkommen vollzog sich die Arbeitsmigration nach der Erleichterung der Ausreise vor allem über die diplomatischen Vertretungen der Zuwanderungsländer, die bei Vorlage entsprechender Papiere, etwa eines Arbeitsvertrages oder der Zusicherung einer Arbeitsstelle, Einreisevisa erteilten.[771] Mit der Wirtschaftsreform von 1965 wurden diese informellen Beziehungen durch zwischenstaatliche Wanderungsabkommen formalisiert, denen allerdings zum Teil Verhandlungen vorausgingen, die sich über mehrere Jahre erstreckten. Im Jahr 1965 kamen erste Wanderungsabkommen mit Frankreich und Österreich zustande, 1967 trat ein Abkommen mit Schweden in Kraft und im Jahr darauf folgte ein Anwerbeabkommen mit Deutschland.[772]

767 Baucic/Baletic, Population, Labour Force and Employment in Yugoslavia 1950–1990, S. 30.

768 Das jugoslawische Gastarbeiterproblem, S. 146f.; Baucic/Baletic, Labour Force and Employment in Yugoslavia 1950–1990, S. 85.

769 Baucic, The Effects of Emigration from Yugoslavia and the Problems of Returning Emigrant Workers, S. 5; Baletic, International Migration in Modern Economic Development, S. 745f.; Schierup, Migration, Socialism, and the International Division of Labour, S. 75. Bereits zeitgenössische Studien schätzten den Anteil der permanenten Auswanderer, die sich europäischen Zielen zuwandten, auf etwa 50%; vgl. Böhning, Some Thoughts on Emigration from the Mediterranean Basin, S. 257.

770 Künne, Die Außenwanderung jugoslawischer Arbeitskräfte, S. 46; Schierup, Migration, Socialism, and the International Division of Labour, S. 77; Baskin, Political Innovation and Policy Implementation in Yugoslavia, S. 47f.

771 Künne, Die Außenwanderung jugoslawischer Arbeitskräfte, S. 53.

772 Gokalp, L'émigration yougoslave, S. 31. Erste Rufe nach Arbeitskräften aus Jugoslawien waren von Seiten eines Landesarbeitsamtes, das über einen Mangel an Baufacharbeitern klagte, bereits im Jahr 1959 laut geworden; BArch B 119 1749, Niederschrift über die Präsidentenbesprechung am 16.4.1959.

Vereinbarungen mit Belgien, Luxemburg sowie den Niederlanden im Jahr 1970 machten Jugoslawien schließlich zu dem Auswanderungsland, das die meisten bilateralen Anwerbeabkommen unterzeichnet hatte.[773] Die Anwerbeabkommen dienten Jugoslawien zur Maximierung des Arbeitskräfteexports und sollten gleichzeitig – hier entsprachen die Regelungen der Abkommen nicht nur den allgemeinen Gepflogenheiten, sondern gingen sogar über diese hinaus – grundlegende Rechte der Arbeitsemigranten sichern. Der Anspruch der jugoslawischen Regierung, ihr Möglichstes zur Absicherung ihrer Bürger im Ausland zu tun, bildete einen der Grundpfeiler der Migrationspolitik.[774] Ein Vergleich verschiedener Verträge zeigt jedoch, dass sie sich im Detail durchaus in Abhängigkeit von den jeweiligen Machtpositionen unterschieden. Frankreich etwa erhielt größere Mitspracherechte bei der Auswahl der Arbeitskräfte als Österreich, das zudem einen vollen Lohntransfer zuließ, während Schweden oder Frankreich unter Berufung auf ihre nationale Gesetzgebung restriktivere Bestimmungen durchsetzen konnten, die dem jugoslawischen Interesse am Devisenimport durch Lohnüberweisungen entgegenstanden.[775]

Organisiert wurde die Anwerbung auf jugoslawischer Seite durch die föderale Arbeitsverwaltung, die ihren Hauptsitz in Belgrad hatte.[776] Mit ihr mussten alle aus dem Ausland entsandten Rekrutierungskommissionen in einem komplizierten dezentralen Verfahren zusammenarbeiten, das für eine Verteilung der Anwerbung auf Regionen und ethnische Gruppen nach dem in Jugoslawien üblichen Proporz sorgen sollte.[777] Zwar unterhielten einige der Vertragspartner in Belgrad eine zentrale Anlaufstelle, so etwa Frankreich und Schweden, die ihre Anwerbebüros 1966 eröffneten, oder die Bundesrepublik Deutschland, deren Kommission im Jahr 1968 eintraf.[778] Die praktische Rekrutierung fand in der Regel jedoch in dezentral durchgeführten Kampagnen statt. Dabei lag die Vorauswahl und Untersuchung von Bewerbern vollkommen in der Hand der jugoslawischen Arbeitsverwaltung, die eine Verteilung der angebotenen Arbeitsverträge vornahm, Bewerber zuließ und diese dann den durch das Land reisenden Anwerbekommissionen in den jeweiligen Herkunftsregionen der Arbeitskräfte zur Auswahl präsentierte. Selbst bei der Endauswahl konnten die Anwerbekommissionen dann ihre Entscheidung jedoch nicht gänzlich unabhängig von ihren jugoslawischen Partnern treffen.[779]

---

773 Begtic, Jugoslav Nationals Temporarily Working Abroad, S. 17.

774 Baucic/Baletic, Population, Labour Force and Employment in Yugoslavia 1950–1990, S. 85.

775 Schierup, Migration, Socialism, and the International Division of Labour, S. 98f.

776 Obradovic, Employment Trends and Problems in Yugoslavia, S. 567.

777 Baucic, The Effects of Emigration from Yugoslavia and the Problems of Returning Emigrant Workers, S. 10f.

778 Friganovíc, Iz Jugoslavije na rad u Francusku – les travailleurs yougoslaves en France, S. 74.

779 Künne, Die Außenwanderung jugoslawischer Arbeitskräfte, S. 49; Baucic, Die Auswirkungen der Arbeitskräftemigration auf Jugoslawien, S. 196; dazu auch exemplarisch BAVAV, Ausländische Arbeitnehmer, 1972, S. 38.

Ein solches dezentrales Verfahren wurde in ähnlicher Konsequenz nur in Spanien angewandt. Diese Form der regulierten Arbeitsmigration löst ab Mitte der 1960er Jahre die zuvor herrschende, aus jugoslawischer Sicht nur schlecht regulierbare, individuelle Ausreise ebenso ab wie die nicht autorisierten Anwerbeaktionen einzelner ausländischer Unternehmen, an denen sich zuvor auch Vertreter der deutschen Wirtschaft beteiligt hatten.[780]

In der Realität erwiesen sich die jugoslawischen Steuerungsversuche jedoch nur teilweise als wirksam. So konnte die anonyme Anwerbung zwar in hohem Maß beeinflusst werden, die namentliche Anforderung und die Ausreise an den Rekrutierungskanälen vorbei behielten jedoch beträchtlichen Umfang.[781] Gleichzeitig fanden nun genehmigte direkte Anwerbeaktionen ausländischer Unternehmen in Jugoslawien statt, die vielfach einer weniger rigiden Steuerung und Kontrolle unterlagen.[782] Solche Praktiken ergaben sich aus der Konkurrenz der anwerbenden Unternehmen um Arbeitskräfte und den Handlungsspielräumen der jugoslawischen Arbeitsverwaltung. Unternehmen, die sich um ausländische Arbeitskräfte bemühten, standen in einem Wettbewerb um das knappe Gut Arbeitskraft, der über die Löhne und Arbeitsbedingungen ausgetragen wurde, und erhielten über die regulären Vermittlungskanäle häufig nicht die angeforderte Zahl an Arbeitskräften oder nicht bedarfsgerecht qualifizierte Mitarbeiter. Hinzu trat eine schnelle Abwanderung aus den weniger attraktiven Branchen oder Regionen in Richtung besserer Arbeitsplätze. Die benachteiligten Arbeitgeber versuchten häufig, diesen Mangel durch direkte Anwerbung im Ausland auszugleichen. Die jugoslawische Arbeitsverwaltung ließ solche zusätzlichen Anwerbeaktionen in der Regel zu, versuchte sie allerdings ebenfalls einer mehr oder minder strikten Kontrolle durch ihre lokalen Dienststellen zu unterwerfen. Für Staaten, die keine eigenen Anwerbeorganisationen ins Ausland entsandten, wie etwa die Schweiz, war diese Vorgehensweise ohnehin gängig. Für Länder, die daneben eigene Anwerbestellen unterhielten, wie etwa die Bundesrepublik Deutschland, stellten diese direkten Anwerbekampagnen so lange eine willkommene Ergänzung des Arbeitskräfteangebots dar, wie die Nachfrage das Angebot überstieg. Insbesondere zwischen der Rezession von 1966/67 und dem Anwerbestopp des Jahres 1973 führten diese Rahmenbedingungen zu einer intensiven Arbeitskräfterekrutierung durch einzelne Unternehmen.[783]

Jugoslawien galt bei seinen Migrationspartnern als gute Quelle für junge und vergleichsweise hoch qualifizierte Arbeitskräfte. Daraus resultierte ein besonders ausgeprägter Interessenkonflikt zwischen den Rekruteuren und der jugoslawischen Arbeitsverwaltung: Während die einen den Facharbeitern nachjagten – die auch in Jugoslawien gute Beschäftigungschancen hatten –, versuch-

780 Dazu exemplarisch BArch B 119 3029, Schreiben der Schutzmachtvertretung Belgrad vom 17.7.1964.

781 Vesdris, Modern Migration Movements from Yugoslavia to Western European Countries, S. 88.

782 BAVAV, Ausländische Arbeitnehmer, 1970, S. 30.

783 Hergesell, Als Anwerber in Jugoslawien, S. 59f.

ten die anderen, diejenigen zu vermitteln, die im Inland arbeitslos blieben.[784] Zudem herrschten in den Regionen der Teilrepubliken zum Teil erhebliche Unterschiede im Migrationsdruck bzw. der Migrationsneigung, die durch ökonomische wie außerökonomische Faktoren bedingt waren und sich ebenfalls auf die Zusammensetzung der auswandernden Arbeitskräfte auswirkten.[785] Dadurch gingen der jugoslawischen Industrie vielfach die am höchsten qualifizierten Arbeitskräfte dauerhaft verloren, während im ländlichen Raum zeitweise ganze Landstriche unter Arbeitskräftemangel zu leiden begannen.[786]

Mit der Wirtschaftsreform von 1965 begann die intensivste Phase der Arbeitsemigration aus Jugoslawien. Im Jahr 1971 befanden sich bereits 660.000 jugoslawische Arbeitnehmerinnen und Arbeitnehmer in den westeuropäischen Industriestaaten. Dies entsprach etwa 3,3% der Erwerbstätigen, wobei die Migrationsquoten der einzelnen Teilrepubliken stark voneinander abwichen.[787] Während Kroatien mit 5,2% der Erwerbstätigen oder 227.841 Personen die Migrationsstatistik anführte, bildete Montenegro mit einem Anteil von nur 1,5% bzw. 8.030 Arbeitsmigranten das Schlusslicht.[788] Ausschlaggebend für diese ungleichmäßige Verteilung war nicht nur die unterschiedliche Bevölkerungszahl in den Teilrepubliken, sondern auch eine Kombination aus wirtschaftlichen Rahmenbedingungen und der Steuerung der Arbeitsemigration durch die Bundesregierung. Sie reagierte zwar auf den jeweiligen Migrationsdruck, sah sich aber auch von politischen Faktoren beeinflusst, die eine rein an den sozioökonomischen Erfordernissen orientierte Vorgehensweise vereitelten. Am Ende der Anwerbephase im Jahr 1973 wurden 860.000 Arbeitsemigranten im Ausland gezählt, die 250.000 Familienangehörige begleiteten.[789] Auf dem Höhe- und gleichzeitig vorläufigen Endpunkt der europäischen Arbeitsmigration im Jahr 1973 befanden sich etwa 10% des jugoslawischen Arbeitskräftepotentials im Ausland. Da es sich bei diesen Migrationen häufig um kurz- oder mittelfristige Arbeit im Ausland handelte, dürfte die Zahl der in diesem Zeitraum abwandernden jugoslawischen Arbeitskräfte wesentlich höher gelegen haben. Hinzu trat im Fall Jugoslawiens eine ununterbrochene Auswanderung in Richtung überseeischer Zielländer. Diese erlebte zwar zwischen 1965 und 1973 einen quantitativen Einbruch, kam jedoch nicht zum

784 Baucic/Baletic, Population, Labour Force and Employment in Yugoslavia 1950–1990, S. 69.

785 Baucic, The Effects of Emigration from Yugoslavia and the Problems of Returning Emigrant Workers, S. 12; Velzen, International Labour Migration and Development Processes in Yugoslavia and Turkey, S. 19f.

786 Schierup, Former Yugoslavia, S. 287; Baucic, Regional Differences in Yugoslav External Migration, S. 221; ders., Die Auswirkungen der Arbeitskräftemigration auf Jugoslawien, S. 184f.; Baskin, Political Innovation and Policy Implementation in Yugoslavia, S. 31.

787 Heršak/Mesić, L'espace migratoire de Yougoslavie, S. 46. Hier finden sich leicht höhere Angaben. Die Autoren sprechen von 671.908 jugoslawischen Arbeitnehmerinnen und Arbeitnehmern im Ausland bzw. 763.000 Migranten unter Berücksichtigung der Familienangehörigen.

788 Gokalp, L'émigration yougoslave, S. 33.

789 Vesdris, Modern Migration Movements from Yugoslavia to Western European Countries, S. 87; Gokalp, L'émigration yougoslave, S. 42.

Erliegen und gewann nach dem Ende der Anwerbung für Westeuropa im Verlauf der 1970er Jahre wieder größere Bedeutung.[790]

Die von Jugoslawien ausgehenden Migrationsströme zeigen deutliche Schwerpunktbildungen bei der Zielwahl. Etwa 65% der Arbeitsmigranten wandten sich dem deutschen Arbeitsmarkt zu, weitere 15% dem österreichischen. Die restlichen 20% verteilten sich auf die übrigen Anwerbestaaten, unter denen nur noch Frankreich, Schweden und die Schweiz nennenswerte Kontingente aufnahmen.[791] Nach dem Inkrafttreten des deutsch-jugoslawischen Anwerbeabkommens und dem Ende der Rezession 1966/67 vervielfachte sich die Arbeitsmigration in die Bundesrepublik schlagartig. Allein zwischen 1969 und 1971 wurden fast 250.000 Jugoslawen angeworben, unter denen Kroaten die größte Gruppe stellten, sodass Jugoslawen Anfang der 1970er Jahre die italienischen Migranten in Deutschland zahlenmäßig überholten und kurzzeitig – bevor die türkischen Arbeitskräfte zur wichtigsten Gruppe wurden – zum stärksten Segment innerhalb der ausländischen Arbeiterschaft in der BRD wurden. Eine Besonderheit der jugoslawischen Arbeitsmigration nach Österreich dagegen war ein überproportional hoher Anteil illegaler Zuwanderer, denen aufgrund des niedrigen Regulierungsgrades der Arbeitsmigration in Österreich der Eintritt in den Arbeitsmarkt gelang. Während sich 1971 etwa 65.000 jugoslawische Arbeiter legal in Österreich aufhielten und dort die mit Abstand größte Gruppe bildeten, befanden sich schätzungsweise zwischen 130.000 und 140.000 weitere, illegal eingereiste jugoslawische Arbeitskräfte im Land. Die Arbeitsmigration aus Jugoslawien nach Frankreich weist ebenfalls ungewöhnliche Charakteristika auf. Gemessen an der Zuwanderung nach Frankreich wurde zu Beginn der 1970er Jahre die Migration aus Jugoslawien nach Frankreich sogar wichtiger als die nach Österreich, wo die Jugoslawen die größte Gruppe ausländischer Arbeitnehmer stellten. Die Zahl der tatsächlich in Frankreich tätigen Arbeitskräfte jedoch blieb allerdings stets weit niedriger, als die Zahl der Einreisevorgänge suggeriert, da sich die jugoslawischen Arbeitskräfte dort häufig nur vergleichsweise kurz aufhielten, bevor sie in ihre Heimat zurückkehrten oder weiterwanderten. Die wichtigsten Ziele waren in diesem Fall Deutschland oder Österreich, wo die Löhne höher lagen als in Frankreich oder Australien, das zum wichtigsten überseeischen Ziel jugoslawischer Auswanderer avancierte.[792]

Neben dem hohen Kontrollanspruch der jugoslawischen Regierung prägte vor allem die Absicht, Arbeitsemigration nur als temporäres Phänomen zuzu-

---

790 Baletic, International Migration in Modern Economic Development, S. 746; Macura, Employment Problems under Declining Population Growth Rates and Structural Change, S. 498.

791 Vesdris, Modern Migration Movements from Yugoslavia to Western European Countries, S. 89; Friganovíc, Iz Jugoslavije na rad u Francusku – les travailleurs yougoslaves en France, S. 74.

792 Gokalp, L'émigration yougoslave, S. 43–51; Velzen, International Labour Migration and Development Processes in Yugoslavia and Turkey, S. 8.

lassen, die jugoslawische Auswanderungspolitik.[793] Vor diesem Hintergrund erfolgte der Aufbau eines differenzierten Netzwerks aus Betreuungseinrichtungen für jugoslawische Arbeitskräfte und ihre Familien im Ausland, das über den Zusammenhalt lokaler Gruppen kulturelle und soziale Bindungen ans Heimatland aufrechterhalten und so die Rückkehrneigung fördern sollte. Zum Familiennachzug, der eine dauerhafte Auswanderung tendenziell begünstigte, ermutigte man die abwandernden Arbeitnehmer zugleich nicht. Zudem entwickelte Jugoslawien ab 1973 als eines der ersten Abwanderungsländer eine nationale Strategie der Remigration, die sich beispielsweise im Fall der Niederlande oder Deutschlands auch auf eine zwischenstaatliche Zusammenarbeit auf der politischen Ebene stützte.[794] Sie wurde formal bereits vor dem Anwerbestopp der wichtigsten Migrationspartner Jugoslawiens beschlossen und traf nach dieser Zäsur natürlich auf die Zustimmung der Anwerbestaaten.[795] Schätzungen gehen davon aus, dass zwischen 1968 und 1977 insgesamt 950.000 Arbeitskräfte ins Ausland gingen und im gleichen Zeitraum 545.000 zurückkehrten – was einer Remigrationsquote von etwa 57% entspräche. Bis 1973 war der Wanderungssaldo Jugoslawiens in jedem Jahr negativ, nach dem Ende der Anwerbung in jedem Jahr leicht positiv.[796] Dieser Befund deutet bereits darauf hin, dass die jugoslawische Erwartung positiver Effekte der Emigration sich nur bedingt erfüllt hat. Die Remigration nahm nicht die erhofften Dimensionen an und die Rückwanderer waren vielfach nicht die erfolgreichen und hoch qualifizierten Kräfte. Gerade diese blieben mehrheitlich in ihren Beschäftigungsverhältnissen im Ausland. Gleiches galt auch für die mit der Migration verbundene Hoffnung auf Kapitalimport. Obwohl die Devisengewinne aus Lohnüberweisungen in manchen Jahren doppelt so hoch lagen wie die Einnahmen aus dem Tourismus, gelang eine Steuerung der daraus resultierenden Investitionen kaum, sodass sich die wirtschaftspolitischen Ziele der jugoslawischen Arbeitsmigration nur eingeschränkt realisieren ließen.[797]

---

793 Baucic/Baletic, Population, Labour Force and Employment in Yugoslavia 1950–1990, S. 85.

794 Böhning, Some Thoughts on Emigration from the Mediterranean Basin, S. 274. Zeitgleich wurde ein neues Auswanderungsgesetz konzipiert, das einerseits die Arbeitsemigration stärker regulierbar machen und andererseits den Schutz und die Bindung der Emigranten an ihr Heimatland verstärken sollte, um den temporären Charakter des Migrationsprozesses zu fördern. Durch das Ende der aktiven Arbeitskräfterekrutierung noch im gleichen Jahr gewann es kaum noch praktische Bedeutung; vgl. Das neue Belgrader Gastarbeitergesetz, S. 101f.

795 Haberl, Die Remigration jugoslawischer Gastarbeiter während der 1970er Jahre, S. 733.

796 Vesdris, Modern Migration Movements from Yugoslavia to Western European Countries, S. 92, 98f.

797 Haberl, Die Remigration jugoslawischer Gastarbeiter während der 1970er Jahre, S. 739f.; Böhning, Some Thoughts on Emigration from the Mediterranean Basin, S, 263, 271f.; Baskin, Political Innovation and Policy Implementation in Yugoslavia, S. 102f., 209f.

2.2.5. Marokko

Marokko ist der nordafrikanische Staat, der seine Unabhängigkeit am längsten bewahren konnte. Zum Osmanischen Reich bestanden nur lose Verbindungen, einverleiben konnte sich das mächtige Imperium das Königreich Marokko jedoch nie. Spanier und Portugiesen errichteten Stützpunkte entlang der marokkanischen Küsten, es gelang ihnen jedoch ebenfalls nicht, eine territorial ausgreifende Herrschaft zu errichten.[798] Während Portugal im 17. Jahrhundert seine Niederlassungen in Marokko wieder verlor, behaupteten die Spanier einige Hafenstädte, von denen Ceutea und Melilla noch heute unter spanischer Herrschaft stehen. Zwar gelang es Marokko, im 18. Jahrhundert als souveräner Staat anerkannt zu werden, den ab 1830 wachsenden Ansprüchen Frankreichs auf Kolonialbesitz in Nordafrika hatte das Königreich jedoch kaum etwas entgegenzusetzen. Es konnte dennoch bis zum Beginn des 20. Jahrhunderts seine Unabhängigkeit verteidigen, und erst die Einigung zwischen England und Frankreich über die Aufteilung Afrikas präjudizierte die Transformation in eine französische Kolonie. Dieser Anspruch musste allerdings zunächst gegen das Deutsche Kaiserreich und Spanien durchgesetzt werden. Der größte, dem Atlantik zugewandte Teil Marokkos wurde 1912 schließlich zu einer französischen Besitzung, während Spanien die Kontrolle über einen Gebietsstreifen entlang der marokkanischen Mittelmeerküste sowie über das südlich von Marokko gelegene West-Sahara-Gebiet erhielt.[799]

Marokko galt bis in die 1970er Jahre als das am wenigsten weit entwickelte Land Nordafrikas. Die Kolonisierung hatte traditionelle Formen der Landwirtschaft weitgehend zerstört. Die Übernahme weiter Teile der Agrarproduktion durch französische Siedler beschleunigte die dadurch hervorgerufene Verarmung der Landbevölkerung, die wiederum eine gewaltige Landflucht in die Küstenstädte auslöste. Dort wurden die Bewohner der Slums und Vorstädte zu den billigen Arbeitskräften im ebenfalls vom Mutterland dominierten gewerblichen Sektor sowie in der Industrie. Nie jedoch entwickelte sich der sekundäre Sektor so weit, dass er in der Lage gewesen wäre, das stetig wachsende Arbeitskräfteangebot zu absorbieren.[800] Auch nach dem Ende der Kolonialzeit standen die überkommenen neofeudalen Strukturen, die sich – von den französischen Herren geduldet und zur Ausübung indirekter Herrschaft genutzt – erhalten hatten, zunächst einer sozioökonomischen Modernisierung im Weg.[801] Diese Blockade, verbunden mit dem anhaltenden starken natürlichen Bevölkerungswachstum und einer in den ersten Jahren der Unabhängigkeit nahezu verzweifelten wirtschaftlichen und sozialen Lage, öffnete eine Schere zwischen verfügbaren Arbeitsplätzen und Arbeitssuchenden. Auch die ehrgeizi-

798 Brand, Citizens Abroad, S. 45.

799 Pennell, Morocco, S. 115f., 138f.; Serman, Nouvelle histoire militaire de la France, S. 693f.

800 Mojuetan, History and Underdevelopment in Morocco, S. 125f., 141f.

801 Ebd., S. 124; Pennell, Morocco since 1830, S. 305.

gen Entwicklungspläne der marokkanischen Regierung vermochten in den 1960er Jahren diese Lücke nicht zu schließen.[802] Der entstehende Migrationsdruck entlud sich – obgleich die Migrationsbeziehungen Marokkos stärker diversifiziert waren als die Algeriens oder Tunesiens – vor allem nach Frankreich.[803]

Die Geschichte der marokkanischen Arbeitsmigration beginnt jedoch nicht mit diesem modernen Phänomen. Während die Migrationsgeschichte der Region in der frühen Neuzeit zunächst von der Einwanderung von Juden und Muslimen aus Spanien, die vor der Reconquista flüchteten, bestimmt wurde, entwickelte sich der ausgeprägte Sklavenhandel bzw. der Einsatz von Sklaven als Arbeitskräften in Marokko zur ersten Zwangs-Arbeitsmigration, die noch bis ins 20. Jahrhundert hinein nicht gänzlich überwunden werden konnte. Im Verlauf des 19. Jahrhunderts begannen Marokkaner dann als Arbeitskräfte ins benachbarte Algerien abzuwandern.[804] Sie wurden angezogen vom Arbeitskräftebedarf, den die radikale Modernisierung der algerischen Landwirtschaft durch französische Siedler hervorrief.[805] Im Verlauf der Zeit entstand dort infolge der Landflucht und der beginnenden Arbeitsmigration nach Frankreich ein latenter saisonaler Arbeitskräftemangel.[806] Diese Entwicklung führte zu einem Muster saisonaler Pendelwanderung, das noch in den 1930er Jahren bis zu 85.000 Marokkaner jährlich nach Algerien führte.[807]

Die auf Europa gerichtete marokkanische Arbeitsmigration, die im Untersuchungszeitraum von dem Zusammenspiel wirtschaftlicher Unterentwicklung, kolonialer sowie postkolonialer Abhängigkeiten und schließlich der Integration Marokkos in den breiteren Kontext der europäischen Arbeitsmigration geprägt wurde, lässt sich in vier chronologischen Phasen betrachten.[808] Vor dem Zweiten Weltkrieg spielten marokkanische Migranten in Europa keine Rolle, und selbst in Frankreich blieben sie in Relation zu anderen Gruppen ausländischer Arbeitskräfte quantitativ marginal.[809] Einzig während des Ersten Weltkrieges bildeten die 70.000 Marokkaner in französischen Diensten, jedoch mit weitem Abstand hinter den Algeriern, ein etwa ebenso großes Kon-

---

802 Entelis, Comparative Politics of North Africa, S. 79; Andriamananjara, Labour Mobilization, S. 145–203.

803 Belguendouz, L'émigration des travailleurs marocains, S. 37f.; Minces, Les travailleurs étrangers en France, S. 50; Berrada, Migration, Structural Change and Economic Development in Morocco, S. 267f.

804 Marokkanische Handwerker und Händler wandten sich in der Zwischenkriegszeit aber auch anderen afrikanischen Kolonien Frankreichs zu, etwa dem Senegal oder der Elfenbeinküste; vgl. Ennaji/Sadiqi, Migration and Gender in Morocco, S. 93f.

805 Pennell, Morocco, S. 148.

806 Algérie: Les besoins de main-d'œuvre agricole, S. 286.

807 McMurray, L'impact socio-économique et culturel de l'émigration sur la ville de Nador au Maroc, S. 356; Haas, Morocco (online); Lassonde, Migration de travail au Maroc, S. 205; Refass, Un siècle d'émigration marocaine vers l'étranger, S. 8f.

808 Amar/Milza, L'immigration en France au XXe siècle, S. 211f.

809 Dazu trugen seit den 1930er Jahren freilich auch die migrationsbeschränkenden Maßnahmen der französischen Verwaltung bei; vgl. Maroc: Réglementation de l'émigration indigène de la zone française, S. 529f.

tingent an Soldaten und Arbeitern wie die Tunesier.[810] Im Zweiten Weltkrieg stellten die 126.000 marokkanischen Soldaten der französischen Armee dann bereits das größte nordafrikanische Kontingent. Auch die spanische Armee bot Marokkanern zeitweise eine Möglichkeit, als Söldner ihren Lebensunterhalt zu bestreiten. So dienten etwa 60.000 Marokkaner, vor allem Rif-Kabylen, in der spanischen Fremdenlegion und kämpften im spanischen Bürgerkrieg auf faschistischer Seite.[811]

Abgesehen von dieser spezifischen Form der Migration konzentrierte sich die Auswanderung aus Marokko in der Zwischenkriegszeit auf die Kolonialmacht Frankreich. Nachdem die zwischen 1916 und 1918 rekrutierten Arbeiter und Soldaten bis auf eine kleine Restgruppe von etwa 3.000 Personen unmittelbar nach Kriegsende repatriiert worden waren, wuchs die Zahl der Marokkaner in Frankreich während der 1920er Jahre langsam auf wieder 21.000 im Jahr 1930 an[812], nur ein Jahr später zählte man bereits etwa 29.000. Da die Migrationsbewegung der marokkanischen Arbeitskräfte eine starke Fluktuation aufwies, verbergen diese Zahlen einen weitaus intensiveren Arbeitskräftetransfer zwischen Kolonie und Mutterland. Insbesondere zwischen 1925 und 1931 drängten marokkanische Arbeiter angesichts einer Wirtschaftskrise in Marokko nach Frankreich. Allein im Jahr 1929 verzeichneten die französischen Statistiken 21.000 Einreisevorgänge aus Marokko nach Frankreich, aus denen eine Nettoeinwanderung von nur 8.000 Personen resultierte.[813] Infolge der Weltwirtschaftskrise und der in Frankreich verhängten Maßnahmen zur Ausweisung und Einreisebeschränkung sank die Beschäftigung marokkanischer Arbeiter, die im Jahr 1931 mit etwa 10.500 Personen ihren größten Umfang erreicht hatte, kontinuierlich bis 1937/38 auf einen Tiefststand von etwa 6.000 Arbeitskräften.[814]

Zum wichtigsten Hebel für die Kontrolle der marokkanischen Arbeitsmigration wurden die im Land selbst durch die französische Kolonialverwaltung errichteten Hürden, die deutlich höher lagen als etwa im benachbarten Algerien.[815] Ab 1931 mussten marokkanische Migranten nicht nur einen Arbeitsvertrag, Reisepapiere und eine medizinische Unbedenklichkeitsbescheinigung vorweisen können, bevor sie eine Ausreisegenehmigung erhielten, sondern auch eine Kaution von 1.000 Francs deponieren.[816] Ab 1938 wurde darüber hinaus

810 Augarde, La migration algérienne, S. 33.

811 McMurray, L'impact socio-économique et culturel de l'émigration sur la ville de Nador au Maroc, S. 357; Haas, Morocco (online), nennt nur 40.000.

812 Refass, Jalons historiques de l'émigration marocaine, S. 574.

813 Devillars, L'immigration marocaine en France, S. 7, 13.

814 Belguendouz, L'émigration des travailleurs marocains, S. 40.

815 Maroc: Création d'un office de l'immigration dans les zones françaises, S. 292f. Anfang der 1930er Jahre wurde mit dem ›Office marocain de l'immigration‹ innerhalb der Kolonialverwaltung eine mit der Kontrolle von Wanderungsbewegungen befasste Institution geschaffen, zu deren ersten Aufgaben die Eindämmung der Abwanderung von Arbeitskräften nach Algerien zählte.

816 Belguendouz, L'émigration des travailleurs marocains, S. 39f.; Boudoudou, Equisse d'une histoire économique et politique de l'émigration en France, S. 101.

für tunesische und marokkanische Migranten, die als Arbeitskräfte nach Frankreich einreisen wollten, auch eine spezielle Identitätskarte obligatorisch. Da diese nur die französische Kolonialverwaltung ausstellen konnte, ermöglichte sie eine effektive Kontrolle über die Abwanderung aus diesen beiden nordafrikanischen Territorien durch den neu eingerichteten ›Service d'émigration‹.[817] Die Ausweise waren für alle Arbeitskräfte außer Saisonarbeitern allerdings zeitlich unbegrenzt gültig.[818] Kurz vor Ausbruch des Zweiten Weltkrieges initiierte die französische Regierung sogar ein begrenztes Anwerbeprogramm, das auf einem Vertrag zwischen der Kolonialverwaltung und den französischen Arbeitgebervereinigungen für Landwirtschaft und Industrie beruhte. Es stand bereits im Zusammenhang mit der Mobilmachung Frankreichs und sollte 1939/40 die Anwerbung von 10.000 Landwirtschafts- und 5.000 Industriearbeitern umfassen.[819] Schließlich warb der ›Service de la main-d'œuvre indigène‹ des Arbeitsministeriums bis zum deutschen Angriff auf Frankreich am 10. Mai 1940 etwa 30.000 marokkanische Arbeiter an. Sie wurden ähnlich wie im Ersten Weltkrieg paramilitärisch organisiert und vor allem im Bergbau sowie in der Stahlindustrie eingesetzt. Mit diesen Arbeitern wurden zunächst Verträge über sechs Monate abgeschlossen, nach dem deutsch-französischen Waffenstillstand wurden sie mehrheitlich repatriiert.[820] Im Kriegsverlauf folgten Anwerbungen für die französischen Kolonialtruppen in Marokko, die nach der Invasion der Alliierten in Nordafrika teilweise in die Armee des ›Freien Frankreichs‹ eingegliedert wurden. Veteranen dieser Kontingente gehörten zu den ersten marokkanischen Migranten in Frankreich nach 1945.[821]

Erst in der Nachkriegszeit entstand langsam eine quantitativ bedeutende marokkanische Gemeinde in Frankreich, obgleich die französischen Statistiken die Marokkaner im Land noch bis 1954 nicht gesondert aufführten, da ihre Zahl unter 5.000 Personen lag. Zu den ersten Wanderungszielen marokkanischer Arbeitskräfte zählten die Berg- und Stahlwerke im Norden Frankreichs sowie in Lothringen. Diese Wanderungsbewegung vollzog sich über zwei Kanäle. Das französische ONI begann 1946 mit der Anwerbung für den Bergbau in Tunesien und rekrutierte dort bis 1948 etwa 4.000 Arbeitskräfte. Daneben

817 Kreienbrink, Country of Emigration and new Country of Immigration?, S. 195. Eine Reorganisation als ›Service centrale d'émigration‹ folgte im Jahr 1949.

818 Les problèmes d'immigration en France, S. 155.

819 Boudoudou, Equisse d'une histoire économique et politique de l'émigration en France, S. 102.

820 Sanson, Les travailleurs nord-africains de la région parisienne, S. 165. Im Sommer 1942 warb die Organisation Todt einige Monate lang Arbeitskräfte in Marokko an, die Aktion wurde nach der Landung der Alliierten in Nordafrika und die darauf folgende Besetzung des gesamten französischen Territoriums abgebrochen. Etwa 19.000 Marokkaner arbeiteten schließlich für diese Organisation. Die französischen Mobilmachungspläne hatten für Marokko ursprünglich die Bereitstellung von 100.000 Arbeitskräften nach dem Muster des Ersten Weltkrieges vorgesehen; vgl. Belguendouz, L'émigration des travailleurs marocains, S. 41.

821 Devillars, L'immigration marocaine en France, S. 8; Chattou, Migrations marocaines en Europe, S. 100. Im Dezember 1945 waren in Frankreich offiziell nur 2.873 Marokkaner registriert; vgl. Belguendouz, L'émigration des travailleurs marocains, S. 41.

setzte die Anwerbung von Arbeitskräften durch einzelne französische Unternehmen ein, aus der sich schnell eine autonome Wanderungsbewegung entwickelte, die sich auf die informellen sozialen Netzwerke stützte, über die bereits in Frankreich arbeitende Marokkaner weitere Landsleute an ihre Arbeitgeber vermittelten.[822] In den 1950er Jahren wirkte die starke Nachfrage der französischen Wirtschaft nach Arbeitskräften und die Dichte der bereits bestehenden informellen Migrationsnetzwerke akzelerierend auf diese individuelle Wanderung von Marokkanern nach Frankreich, die mit wohlwollender Unterstützung der französischen Regierung weiter an Dynamik gewann. In diesem Zeitraum bildete sich bereits eine Besonderheit der marokkanischen Arbeitsmigration heraus: Schon früh nutzten relativ viele Marokkaner in Frankreich ihre Ersparnisse, um dort kleine Geschäfte, Cafés oder Hotels zu eröffnen. Auch die Unabhängigkeit Marokkos von Frankreich unterbrach diese Entwicklung zunächst nicht.[823] Vielmehr wurden marokkanische Arbeitskräfte zeitweise zum Substitut für Algerier, als während des algerischen Unabhängigkeitskrieges die Anwerbung algerischer Arbeitskräfte zurückging bzw. stagnierte, wodurch sich an der Wende von den 1950er in die 1960er Jahre eine kurzfristige Steigerung der Migrationsintensität zwischen Frankreich und Marokko ergab. Dennoch blieb diese hinter den Erwartungen zurück, da Frankreich gleichzeitig seine Migrationsbeziehungen zu Italien, Portugal und Spanien ausbaute.[824] Ein nicht geringer Teil der marokkanischen Arbeitsmigration vollzog sich in dieser Phase über Algerien als Transitland, da vor der Unabhängigkeit die Ausreise aus Algerien nach Frankreich leichter war als die aus dem seit 1956 selbstständigen Marokko. Eine Besonderheit in diesem Kontext bildete die Zuwanderung marokkanischer Arbeitskräfte, die in Algerien für französische Siedler gearbeitet hatten und während des Krieges mit ihren Arbeitgebern nach Frankreich emigrierten.[825] Bis zum Jahr 1962 wuchs auf diese Weise die Zahl der Marokkaner in Frankreich auf etwa 53.000 an.[826]

Die vierte Phase der Migration reicht vom Inkrafttreten des französisch-marokkanischen Wanderungsvertrages im Jahr 1964 bis zum Anwerbestopp des Jahres 1974. Sie markiert nicht nur den Übergang von der individuellen Wanderung zur organisierten Rekrutierung, sondern auch den quantitativen Höhepunkt der marokkanischen Arbeitsmigration nach Frankreich und schließlich die Ausweitung der marokkanischen Migrationsbeziehungen. Als alternative Zielländer, mit denen Marokko Anwerbeabkommen schloss, traten nun neben Frankreich die Bundesrepublik Deutschland, die Niederlande sowie

822 Devillars, L'immigration marocaine en France, S. 9. Die marokkanischen Statistiken verzeichneten beispielsweise für das Jahr 1958 4.170 Auswanderer, von denen 83% nach Frankreich gingen, im Jahr darauf waren es 4.137 Migranten, Frankreich wurde für 74% von ihnen zum Ziel. Der zweitwichtigste Migrationspartner Marokkos in diesen Jahren war Algerien; vgl. Les migrations en provenance et à destination du Maroc en 1958 et 1959, S. 463f.

823 Minces, Les travailleurs étrangers en France, S. 52.

824 Chattou, Migrations marocaines en Europe, S. 100.

825 Haas, Morocco (online).

826 Belguendouz, L'émigration des travailleurs marocains, S. 42.

Belgien.[827] Der auf die Ölpreiskrise folgende Abbruch der Arbeitskräfterekrutierung durch die westeuropäischen Industriestaaten traf Marokko in einer Phase politischer Instabilität, die in zwei Staatsstreichen durch das Militär 1971 und 1972 gipfelte.[828] Die unsicheren Zustände in Marokko, gepaart mit der Unterbrechung der traditionellen marokkanischen Pendelmigration, motivierten viele der in Europa beschäftigten Marokkaner, sich für eine dauerhafte Niederlassung in ihrer neuen Heimat zu entscheiden.[829] In diesen Zeitraum fällt auch der größte Teil der Auswanderung aus Marokko, bei der es sich nicht um Arbeitsmigration handelte. Neben den etwa 400.000 muslimischen Marokkanern, die zwischen 1960 und 1971 das Land verließen, wanderten etwa 500.000 Ausländer, vor allem Franzosen, Italiener und Spanier, sowie marokkanische Juden aus.[830]

Die Statistik der marokkanischen Migration nach Frankreich verdeutlicht die Dynamik des Prozesses nach dem Zweiten Weltkrieg. Gesicherte Aufzeichnungen liegen ab dem Jahr 1963 vor, in dem die Erfassung des Migrationsgeschehens durch das französische ONI einsetzte. Das Jahr markiert gleichzeitig den Beginn der organisierten Arbeitskräfterekrutierung durch Frankreich, die Bundesrepublik sowie Belgien. Mit Blick auf den gesamten Zeitraum der organisierten Anwerbung durch Frankreich zeigt sich die für den quantitativen Verlauf eines Rekrutierungsprozesses nicht unübliche Zäsur durch die Rezession von 1966/67. Bis zu diesem Einschnitt gelangten im Jahresdurchschnitt etwa 14.000 Dauerarbeitskräfte aus Marokko nach Frankreich. Zwischen 1969 und 1974 erreichte die Arbeitsmigration mit durchschnittlich gut 20.000 Arbeitskräften pro Jahr ihren Höhepunkt. Die Gruppe der Dauerarbeitskräfte zerfiel ihrerseits in die regulär – anonym oder namentlich durch das ONI – angeworbenen Arbeiter sowie die nachträglich in Frankreich legitimierten. Während bis 1969 die selbstständig einreisenden Arbeitsmigranten die Mehrheit stellten, sorgte der verstärkte Kontrollanspruch der französischen Einwanderungsbehörde ab Ende der 1960er Jahre für einen stetigen Rückgang der Inlandslegitimierungen, die 1974 schließlich nur noch 20% der Dauerarbeitskräfte erreichten. Parallel dazu spielte die Anwerbung von Saisonarbeitern in Marokko eine besonders wichtige Rolle. Auch dabei zeichnet sich deutlich die veränderte Zulassungs- bzw. Anwerbepolitik Frankreichs in der zweiten Hälfte der Anwerbeperiode ab. Seit Beginn der 1970er Jahre schnellte die Zahl der Saisonarbeiter, die unter strengen Auflagen nur für neun Monate in Frankreich bleiben durften, in die Höhe. Waren vor 1968 im Jahresdurchschnitt nur knapp 950 marokkanische Saisonarbeiter nach Frankreich gekommen, so bildeten die 15.405 Saisonkräfte, die 1973 angeworben wurden, eine fast ebenso starke Gruppe wie die 17.700 in diesem Jahr in Marokko rekru-

827 Minces, Les travailleurs étrangers en France, S. 52.
828 Pennell, Morocco, S. 170.
829 Haas, Morocco (online).
830 United Nations, Department of Economic and Social Affairs, Trends and Characteristics of International Migration since 1950, S. 35.

tierten Dauerarbeitskräfte. 1974, im letzten Jahr der Anwerbung, stellten dann die ›saionsoniers‹ unter allen Kategorien neu zuwandernder marokkanischer Arbeitskräfte bereits das mit Abstand größte Kontingent.

In den französischen Statistiken summieren sich die marokkanischen Arbeitskräfte, die zwischen 1963 und 1974 nach Frankreich einreisten, auf 238.032 Personen, von denen im gleichen Zeitraum 71.527 wieder ausreisten. Dies entsprach einer Nettoeinwanderung von 166.505 Arbeitskräften bzw. einer Remigrationsquote von 30%. Die Rückwanderung aus Frankreich nach Marokko war damit die niedrigste der drei nordafrikanischen Migrationspartner Frankreichs.[831] Parallel zur Zuwanderung von Arbeitskräften verlief der Nachzug von deren Familien. Dieser Migrationsprozess setzte als Teil der marokkanischen Migration nach Frankreich relativ früh ein und gewann bereits vor dem Anwerbestopp beträchtliches Ausmaß. Bis zur Rezession 1966/67 kam auf etwa 8 Arbeitskräfte ein Familienangehöriger. Zwischen 1969 und 1974 stieg der Familiennachzug dramatisch an. Nun kam im Durchschnitt ein Familienmitglied auf nur noch 2,8 einwandernde Arbeitskräfte. In den ersten beiden Jahren nach dem Anwerbestopp dominierte der Familiennachzug schließlich den Migrationsprozess, unter den Einwanderern kamen im Jahresdurchschnitt etwa sieben Familienangehörige auf eine Arbeitskraft. Zwischen 1963 und 1974 registrierten die Franzosen insgesamt 53.522 einreisende Familienangehörige, wodurch die Zahl der von der Arbeitsmigration direkt oder indirekt betroffenen Marokkaner auf 291.544 anstieg.[832] Diese knappe Analyse des quantitativen Verlaufs der Arbeitskräftewanderung aus Marokko nach Frankreich verdeutlicht, dass erstens die organisierte Rekrutierung stark akzelerierend auf den Migrationsprozess wirkte. Zweitens wurde der Höhepunkt der Arbeitskräftewanderung nach der Rezession von 1966/67 erreicht. Drittens verstärkten sich in diesem Zeitraum intensivster Anwerbung die Kontrollbestrebungen der französischen Behörden ebenso, wie die Bemühungen, einen möglichst großen Teil der neuen Arbeitskräfte nur für einen eng begrenzten Zeitraum und ohne Familienangehörige als Saisonarbeiter nach Frankreich zu holen. Viertens zeigt sie, dass die Einwanderung von Familienangehörigen für Marokkaner eine überdurchschnittlich starke Rolle spielte, was sich fünftens in der vergleichsweise niedrigen Remigrationsrate marokkanischer Arbeitsmigranten niederschlug.[833]

Während der europäischen Hochkonjunktur nach dem Zweiten Weltkrieg entstanden auch die anderen für Marokko wichtigen Migrationsbeziehungen nach Europa. Drei Länder traten neben Frankreich als Ziel marokkanischer Arbeitsmigranten in den Vordergrund: Belgien, die Niederlande und die Bun-

831 Ursprünglich hatten die marokkanischen Arbeitsmigranten eine der höchsten Rückkehrquoten unter allen Arbeitsmigranten aus den Anwerbestaaten aufzuweisen; vgl. Kreienbrink, Country of Emigration an New Country of Immigration?, S. 197.

832 Eigene Berechnungen nach Bennabou/Garson, Les Marocains, S. 165f. Vgl. zum Stand der marokkanischen Migration nach Frankreich zum Zeitpunkt des Anwerbestopps Moroccan Workers in France, S. 203f.

833 Cesari, Les grandes étapes de la présence marocaine, S. 286–291.

desrepublik Deutschland. Nach dem Abbruch der Anwerbemaßnahmen dieser Länder in Marokko 1973/74 steigerte Marokko seine Bestrebungen, die Arbeitsmigration in Richtung Libyen auszuweiten, die schon 1965 durch den Abschluss eines Wanderungsvertrages formalisiert worden waren, und wählte damit eine ähnliche Strategie wie auch Tunesien und die Türkei.[834]

Die Versuche der marokkanischen Regierung, den deutschen Arbeitsmarkt für auswanderungswillige Arbeitskräfte zu erschließen, lassen sich bis ins Jahr 1959 zurückverfolgen, als erste Regierungsvertreter beim deutschen Auswärtigen Amt mit einem entsprechenden Anliegen vorstellig wurden. Die anfänglich abwehrende Haltung der Bundesrepublik Deutschland, die zu diesem Zeitpunkt eine Ausweitung ihrer internationalen Arbeitsmarktbeziehungen zu vermeiden suchte, konnte Marokko erst in den 1960er Jahren überwinden. Ausschlaggebend waren der steigende Arbeitskräftebedarf in Deutschland, insbesondere im Bereich Bergbau, der nicht vollständig durch die bereits etablierten Migrationsbeziehungen gedeckt werden konnte, sowie außenpolitische Erwägungen im Hinblick auf die Bindung der nordafrikanischen Staaten an Europa.[835] Auf die Interessen Marokkos sowie einiger deutscher Bergbauunternehmen reagierte die deutsche Regierung schließlich 1963 mit einem auf den Bergbau begrenzten Wanderungsvertrag, der 1964 in Kraft trat.[836] Vor dem Hintergrund der sich in den Jahren darauf ausdifferenzierenden deutschen Migrationsbeziehungen, insbesondere des großzügigeren Wanderungsabkommens mit Tunesien, drängte Marokko bald auf eine Revision des Vertrages. In der Tat datiert aus dem Jahr 1966 ein Anschlussvertrag, der eine Arbeitsrekrutierung für alle Branchen vorsah, jedoch gleichzeitig eine Kontingentregelung beinhaltete, die eine Obergrenze von 3.000 Arbeitskräften jährlich festschrieb.[837] Zunächst jedoch verhinderte die Rezession der Jahre 1966/67 ein Anlaufen der Rekrutierung durch eine zeitweise nach Casablanca entsandte Kommission. Erst im Jahr 1970 kam es zur Anwerbung marokkanischer Arbeiter unter Rückgriff auf den ursprünglichen Plan der deutschen Arbeitsverwaltung: Interessierte deutsche Unternehmen durften selbstständig die von ihnen benötigten Arbeitskräfte rekrutieren.[838] Diese Vorgehensweise stellte in der deutschen Rekrutierungspraxis ein einmaliges Abweichen von dem sonst strikt gewahrten Prinzip des Anwerbemonopols der Arbeitsverwaltung dar.[839]

---

834 Belguendouz, L'émigration des travailleurs marocains, S. 45f.

835 Marokko bestitzt aufgrund seiner reichen Vorkommen an Bodenschätzen einen differenzierten Bergbausektor. Steinkohlenbergbau wird im Land seit 1932 betrieben, so dass die anwerbenden Unternehmen damit rechnen konnten, auch bereits erfahrene Bergarbeiter vorzufinden. Im Untersuchungszeitraum existierte allerdings nur eine einzige Steinkohlengrube in Marokko bei Jerada.

836 Charchira, Die Berber kommen, S. 802.

837 BAVAV, Beschäftigung, Anwerbung, Vermittlung ausländischer Arbeitnehmer, 1967, S. 25.

838 Zeigleich gingen beispielsweise auch die Niederlande zur direkten Anwerbung von Arbeitskräften durch interessierte Bergbauunternehmen über; vgl. Cranssen, Marokkaanse mijnwerkers in Limburg, S. 129.

839 BAVAV, Ausländische Arbeitnehmer 1970, 1971, S. 24.

Ende des folgenden Jahres nahm die Arbeitsverwaltung mit der Entsendung einer Auswahlgruppe nach Marokko die Anwerbung wieder selbst in die Hand, vermittelte aber nur noch sechs Arbeitskräfte nach Deutschland.[840] In den beiden bis zum Anwerbestopp verbleibenden Jahren schöpfte die Auswahlgruppe das Marokko zugestandene Kontingent durch die Vermittlung von 5.900 Arbeitskräften nahezu vollkommen aus.[841] Der Schwerpunkt der Anwerbung lag hinsichtlich ihrer Verteilung auf die beiden offiziellen Vermittlungsformen, die namentliche Anforderung sowie die anonyme Anwerbung, mit etwa 85% deutlich auf den namentlichen Anforderungen. Der überwiegende Teil der Arbeitsmigration wurde also über informelle soziale Netzwerke angebahnt, um dann über den regulierten Migrationskanal der Anwerbung auf der Grundlage eines Wanderungsvertrages abgewickelt zu werden. Im Fall Marokkos trugen hierzu die schwierigen ethnischen und tribalen Strukturen bei, die es für die anfordernden Unternehmen attraktiv machten, in Bezug auf ihre regionale Herkunft homogene Gruppen von Arbeitskräften zu beschäftigen und so sozialen Spannungen zu entgehen.[842] In der Summe der offiziellen Anwerbung, der individuellen sowie der illegalen Migration und des auf den Anwerbestopp folgenden Familiennachzuges erreichte die marokkanische Gemeinde in Deutschland Mitte der 1970er Jahre eine Größe von etwa 20.000 bis 25.000 Personen. Sowohl in Relation zu den übrigen Migrationsbeziehungen Marokkos als auch zu denen Deutschlands blieben die Auswirkungen der deutsch-marokkanischen Arbeitsmigration bzw. Arbeitskräfterekrutierung also zweitrangig.

Bedeutender wurden bereits im Verlauf der 1960er Jahre die Migrationsbeziehungen zwischen Marokko und den Niederlanden. Im Untersuchungszeitraum durchlief diese Arbeitsmigration zwei Phasen. Bis 1969, als zwischen beiden Ländern ein Anwerbevertrag geschlossen wurde, kamen Marokkaner auf indirektem Weg über Belgien oder Frankreich in die Niederlande bzw. reisten auf eigene Faust als Touristen ein und versuchten dann, eine Arbeits- und Aufenthaltsgenehmigung zu erlangen.[843] Bis 1965 gelangten auf diesem Weg etwa 5.500 marokkanische Arbeitskräfte in die Niederlande.[844] Mit dem Inkrafttreten des Anwerbevertrages begann dann eine zweite, bis zum Anwerbestopp andauernde Phase. In Casablanca wurde 1970 ein niederländisches Anwerbebüro eingerichtet, während gleichzeitig niederländische Unternehmen Arbeitskräfte direkt in Marokko rekrutieren durften und sich auch die autonome Arbeitsmigration, verbunden mit späterer Legalisierung des Aufenthalts in

840 Dies., Ausländische Arbeitnehmer, 1972, S. 31.
841 Dies., Ausländische Arbeitnehmer, 1974, S. 54.
842 Charchira, Die Berber kommen, S. 802.
843 Obdeijn, Op weg naar werk ver van huis, S. 37. Unter den ersten Marokkanern, die als Arbeitsmigrnten in die Niederlande kamen, befanden sich beispielsweise einige Hundert Bergleute, die zuvor in Lothringen gearbeitet hatten und nun im Steinkohlenbergbau in Süd-Limburg Beschäftigung fanden.
844 Ders., Hier »travailleurs invités« aujourd'hui citoyens, S. 489–491.

den Niederlanden, fortsetzte.[845] Auf diese Weise erreichten bis Mitte der 1970er Jahre etwa 40.000 Marokkaner die Niederlande, wo sie die größte Gruppe ausländischer Arbeitskräfte bildeten.[846] Vor einem ähnlichen zeitlichen Horizont entstand die nach derjenigen in Frankreich wichtigste marokkanische Diaspora in Europa, die marokkanische Minderheit in Belgien. Ebenso wie die Niederlande bestanden vor den 1960er Jahren, zu deren Beginn 119 marokkanische Arbeitskräfte in Belgien registriert waren, keine nennenswerten Arbeitsmarktbeziehungen zwischen den beiden Staaten. Unter den 2.037 nordafrikanischen Bergleuten, die Ende der 1920er Jahre etwa 14% der ausländischen Bergleute in Belgien stellten, bildeten die Marokkaner hinter Algeriern und Tunesiern eine nur kleine Gruppe. Dieser Vorläufer der Arbeitsmigration aus Nordafrika nach Belgien war zudem eine indirekte Arbeitsmigration, da die Mehrzahl der Migranten über Frankreich nach Belgien kam. Nach dem Ende des Zweiten Weltkrieges fürchtete Frankreich ein Aufleben dieser Wanderungstradition und ersuchte im Jahr 1950 den Nachbarn Belgien, seine Grenzen für nordafrikanische Arbeitsmigranten zu schließen, um deren Abwanderung aus Frankreich zu verhindern.[847] Im Unterschied zu Deutschland und den Niederlanden setzte Belgien jedoch früh auf eine reguläre Anwerbung in Marokko, insbesondere um seinen Bedarf an Bergleuten aus den dortigen Bergbaugebieten zu decken. So errichtete die belgische ›Fédéchar‹ in Casablanca bereits im Jahr 1962 eine Anwerbestelle, obwohl erst im Jahr 1964 ein Anwerbeabkommen zwischen beiden Ländern zustande kam. Das Abkommen wiederum entzog dem Branchenverband ›Fédéchar‹ die direkte Kontrolle der Anwerbung und übertrug diese an die diplomatischen Vertretungen Belgiens. Das frühe Eingreifen der vom belgischen Staat beauftragten Rekrutierungsinstitution, gekoppelt mit dem spezifischen Interesse Belgiens an Bergleuten, trug jedoch dazu bei, dass die kontrollierte Anwerbung von Arbeitskräften in Marokko für Belgien größere Bedeutung besaß als die freie Anwerbung und die individuelle oder illegale Zuwanderung. Nachdem bereits Ende der 1960er Jahre mehr als 20.000 Marokkaner in Belgien lebten und ihre Zahl bis kurz vor dem Anwerbestopp auf etwa 25.000 angestiegen war, wuchs die marokkanische Minderheit auch nach dem Ende der Arbeitskräfterekrutierung stetig weiter. Bedingt durch eine erst späte wirksame Eindämmung der starken illegalen Zuwanderung, die nach dem belgischen Anwerbestopp von 1974 einge-

845 Dieses Anwerbebüro musste allerdings nach einem Korruptionsskandal 1971 bereits wieder schließen und blieb somit Episode; vgl. ders., Op weg naar werk ver van huis, S. 37. Erfolgreicher waren die direkten Anwerbekampagnen der niederländischen Steinkohlengruben und der Kommission für Personalbeschaffung ihres Dachverbandes (›Commissie Werving en Tewerkstelling Mijnpersoneel van de Mijnindustrieraad‹); vgl. Cranssen, Marokkaanse mijnwerkers in Limburg, S. 129.

846 Heinemeijer, Les relations migratoires entre le Maroc et les Pays-Bas, S. 94. Auch hier muss zwischen der Migrationsbewegung zwischen beiden Staaten und der Größe der marokkanischen Gemeinde in den Niederlanden unterschieden werden. Die marokkanische Bevölkerungsstatistik beispielsweise weist für das Jahr 1975 nur 32.200 Marokkaner in den Niederlanden aus; vgl. Refass, Jalons historiques de l'émigration marocaine, S. 573.

847 Attar, Historique de l'immigration maghrébine en Belgique, S. 294.

setzt hatte, und den parallel verlaufenden legalen Familiennachzug entstand in Belgien ab Mitte der 1970er Jahre die größte marokkanische Minderheit in Europa außerhalb Frankreichs.[848]

Eine eigenständige Migrationspolitik konnte Marokko erst nach der Unabhängigkeit von Frankreich entwickeln. Im Unterschied zu anderen Staaten, die im europäischen System der Arbeitsmigration zu den Entsendeländern von Arbeitskräften zählten, dauerte es jedoch nach 1956 mehr als ein Jahrzehnt, bis eine praktische Migrationspolitik Eingang in die Wirtschaftspolitik der marokkanischen Regierung fand. Die ersten Pläne zur Entwicklung des Landes, die ab 1960 in die Tat umgesetzt werden sollten, berücksichtigten die Auswanderung unbeschäftigter Arbeitskräfte als Hebel der Wirtschafts- bzw. Entwicklungspolitik überraschenderweise nicht.[849] Dies mag nicht zuletzt auf die Vorstellung zurückzuführen sein, die durch die Abwanderung der Europäer aus Marokko frei werdenden Arbeitsplätze und der Personalbedarf, den der Aufbau eines eigenen Staatsapparates hervorrufen würde, könnten die negativen Arbeitsmarkteffekte der Unabhängigkeit auffangen. Sowohl der Fünfjahresplan für 1960 bis 1964 als auch die nach Abbruch des Programms folgenden Dreijahrespläne konstatierten, dass die Auswanderung von Arbeitslosen erwünscht sei, ohne jedoch konkrete Maßnahmen zur Gestaltung dieses Prozesses zu ergreifen. Die Wirtschaftspolitik konzentrierte sich in diesem Zeitraum – ohne je ihre hochgestreckten Ziele erreichen zu können – auf die Arbeitsbeschaffung durch Industrialisierung und Wachstum.[850] Der Fünfjahresplan für 1968 bis 1972 änderte diesen Zustand, indem er die drei allgemeinen Ziele temporärer Arbeitsmigration aus Sicht der Entsendeländer – Devisenzuwächse, Entlastung des Arbeitsmarktes und Qualifikation der Migranten im Ausland – explizit benannte.[851] Aber erst der nächste Entwicklungsplan für die Jahre 1973 bis 1977 sah den Ausbau der Auswanderungsinfrastruktur in Marokko selbst sowie verschiedene Ansätze zur Förderung Auswanderungswilliger vor. Diese Initiative koinzidierte zeitlich mit dem allgemeinen Anwerbestopp in Europa und kam so um Jahre zu spät.[852] Zwar schloss Marokko bereits im Mai 1963 seinen ersten Wanderungsvertrag mit der Bundesrepublik Deutschland ab, im Juni desselben Jahres folgte der französisch-marok-

848 Brand, Citizens Abroad, S. 51; Attar, Historique de l'immigration maghrébine en Belgique, S. 297. Die Niederlande waren also nach Frankreich das wichtigste Anwerbeland in Marokko, Belgien jedoch bei Betrachtung der gesamten marokkanischen Migration neben Frankreich das wichtigste Zielland für Marokkaner; vgl. Refass, Un siècle d'émigration marocaine vers l'étranger, S. 12f. Ein daneben kaum erfassbares Phänomen ist die Migration von Marokkanern zwischen den unterschiedlichen europäischen Zielländern. Einblicke im Rahmen einer Fallstudie bietet Najib, Migration of Labour and the Transformation of the Economy of the Wedinoon Region in Morocco, S. 104f.

849 Pennell, Morocco since 1830, S. 306.

850 Vgl. auch Haas, Between Courting and Controlling, S. 11f., der zwar den Wechsel in der marokkanischen Migrationspolitik erst 1973 ansetzt, die Bedeutung von Arbeitsmigration in den Entwicklungsplänen der 60er Jahre allerdings ausführlich diskutiert.

851 Vgl. insbesondere zu den Austauschbeziehungen zwischen Frankreich und Marokko Charef, La circulation migratoire marocaine.

852 Bennabou/Garson, Les Marocains, S. 137f.

kanische Anwerbevertrag. Es dauerte aber bis zum Ende der Rezession von 1966/67, bis die Rekrutierung zu den in den Abkommen festgelegten Modalitäten in größerem Umfang in Gang kam. Ähnlich verhielt es sich mit dem Wanderungsabkommen mit den Niederlanden, das erst 1969 zustande kam.[853] Einzig die Rekrutierung von Bergleuten auf der Grundlage des belgisch-marokkanischen Vertrages von 1964 spielte bereits in den Jahren zuvor eine aus marokkanischer Perspektive quantitativ bedeutendere Rolle.

Zunächst jedoch brachten die auf diese Weise etablierten internationalen Arbeitsmarktbeziehungen den Anwerbestaaten eine Verbesserung des Zugriffs auf die Arbeitskräftereserven Marokkos, während man dort selbst keine konsistente Migrationspolitik verfolgte. Der Zugang zu den Migrationskanälen nach Europa war daher geprägt von Bestechung und Betrug. Migrationswillige Marokkaner konnten Pässe und andere notwendige Papiere bis hin zu Bescheinigungen über fiktive Familienangehörige, die für die Beantragung von Kindergeld im Zielland notwendig waren, bei korrupten Beamten kaufen.[854] Zwar richtete die marokkanische Regierung ein Auswanderungsbüro im Sozial- und Arbeitsministerium ein, das die Anforderungen aus dem Ausland kanalisieren und die Migrationschancen im Land verteilen sollte[855], aber zunächst blieb der Einfluss dieser Regierungsorganisation ebenso gering wie die Bedeutung der Arbeitsmigration in den Wirtschaftsplänen der Regierung.[856]

Die Migration von Arbeitskräften nach Frankreich sollte sich nach dem Anwerbevertrag von 1963 über das französische ›Office national d'immigration‹ vollziehen, das ein Rekrutierungszentrum in Casablanca unterhielt, in dem Kandidaten nach einer lokal durchgeführten medizinischen und beruflichen Vorauswahl durch französische Ärzte auf ihren Gesundheitszustand hin untersucht wurden, um dann gegebenenfalls direkt an ihre Arbeitgeber weitergeleitet zu werden. Das marokkanisch-französische Abkommen sah, wie international üblich, die Vertragsunterzeichnung noch vor der Abreise vor und garantierte den Migranten in Frankreich überdurchschnittlich gute Migrationsbedingungen.[857] Daneben existierte jedoch eine breite und erst in den letzten Jahren der Anwerbephase sukzessive eingeschränkte heimliche Arbeitsmigration nach Frankreich, die von der liberalen Legalisierungspraxis der Franzosen profitierte.[858]

Ähnlich wie im Fall Frankreichs war die Organisation der Arbeitskräfterekrutierung durch die Regierungen der beteiligten Staaten – mit Ausnahme

853 Belguendouz, L'émigration des travailleurs marocains, S. 45. Ähnlich wie der deutsch-marokkanische Vertrag war eine wichtige Funktion des niederländisch-marokkanischen Anwerbevertrages, eine bereits in Gang gekommene Arbeitsmigration zu regulieren. Das 1970 eröffnete niederländische Anwerbebüro in Casablanca wurde allerdings 1971 nach einem Skandal um illegale Arbeitsverträge wieder geschlossen.

854 Minces, Les travailleurs étrangers en France, S. 52.

855 Brand, Citizens Abroad, S. 59.

856 Ebd., S. 61.

857 Siehe dazu auch Kapitel 3.4.3.5.

858 Simon/Noin, La migration maghrébine vers l'Europe, S. 258. Die Beteiligungsquote des ONI lag 1967 bei 35%, wenige Jahre darauf bereits bei 87%.

der Bundesrepublik Deutschland – vor allem in der Anfangsphase des jeweiligen Migrationsprozesses wichtig. In den mittleren Jahren der Anwerbung gewann dann vorübergehend die unregulierte individuelle Emigration, die sich auf soziale Netzwerke sowie die direkte Anwerbung durch interessierte Unternehmen aus den Staaten stützte, mit denen Marokko Anwerbeverträge unterzeichnet hatte, vorrangige Bedeutung. Diese Zuwanderung über informelle Kanäle erlaubte es, die Zuwanderung während der Jahre des höchsten Bedarfs zu maximieren und dabei auf den bürokratischen Aufwand des offiziellen Anwerbeverfahrens zu verzichten. Erst in der Endphase der Arbeitskräfterekrutierung bemühten sich die Anwerbestaaten wieder verstärkt, die Arbeitsmigration in die offiziellen Anwerbekanäle zu drängen, um ihre Regulierungsmöglichkeiten auszuweiten. Der marokkanische Einfluss auf die Anwerbung von Arbeitskräften erwies sich als eher gering und hing deutlich von dem niedrigen Stellenwert ab, den das Land als Migrationspartner europäischer Staaten innehatte. Zumindest aber während des Höhepunktes der organisierten Anwerbung Ende der 1960er Jahre bemühte man sich erkennbar darum, die Arbeitsemigration aus besonders strukturschwachen Regionen des Hinterlandes sowie aus den von Berbern[859] besiedelten Gebieten zu fördern, deren Skepsis gegenüber der Zentralregierung man dadurch abmildern wollte.[860] Angesichts des hohen Anteils der namentlichen Anforderungen unter den Arbeitsplatzangeboten aus Europa blieb der disponible Teil der Arbeitsmigration jedoch niedrig, sodass die entwicklungspolitischen Ziele dieser Migrationssteuerung kaum erreicht werden konnten.[861]

Obwohl die marokkanische Regierung nach dem Ende der Anwerbung keine explizite Rückkehrpolitik betrieb, betrachtete man noch bis in die 1990er Jahre die Arbeitsmigration im Grunde als ein temporäres Phänomen.[862] Trotz des bereits hohen Anteils von Migranten, die sich in ihren Zielländern dauerhaft niedergelassen hatten, wurden Integration und Einbürgerung daher zugunsten einer Perpetuierung der Herkunftsidentität nicht gefördert. Stattdessen sollte die Betreuung durch Konsulate, Lehrer und Geistliche die Bindung an das Herkunftsland generationenübergreifend aufrechterhalten.[863] Die dadurch verhinderte eigenständige Integration marokkanischer Migranten in Belgien, den Niederlanden, der Bundesrepublik Deutschland sowie in Frankreich war neben den unterschiedlichen und zum Teil erst spät auf eine dauerhafte Niederlassung zielenden Migrationspolitiken dieser Länder und der allgemeinen

859 Park, Historical Dictionary of Morocco, S. 69f.

860 Haas, Between Courting and Controlling, S. 8f. Haas geht davon aus, dass die Arbeitsmigration auch gezielt zur Ableitung ethnischer Konflikte in Marokko genutzt wurde.

861 Kreienbrink, Country of Emigration an New Country of Immigration?, S. 196f.

862 Hamdouch/Berrada, Tendances et implications de la migration marocaine vers l'étranger, S. 141. Wie andere Abwanderungsländer auch versuchte Marokko nach dem europäischen Anwerbestopp die temporäre Arbeitsmigration in den Mittleren Osten zu verlagern, blieb allerdings weitgehend erfolglos; vgl. Kreienbrink, Country of Emigration and new Country of Immigration?, S. 197 sowie mit anderer Einsätzung, Lacroix, Les résaux marocains du développement, S. 49.

863 Haas, Morocco (online); Brand, Citizens Abroad, S. 50f., 55f.

gesellschaftlichen Ausgrenzung der Migranten aus Nordafrika ein Faktor, der die Vollendung des Einwanderungsprozesses der Marokkaner in ihre jeweilige neue Heimat verzögerte.

2.2.6. Polen

Zwischen 1860 und 1939 wurden etwa 12 Millionen Polen durch permanente oder temporäre Auswanderung zu Migranten, weitere 1,7 Millionen fielen zwischen 1939 und 1945 der deutschen Zwangsarbeiterrekrutierung zum Opfer.[864] Im Zuge dieser freiwilligen und erzwungenen Migrationen erreichte Polen bis 1945 eine der höchsten Wanderungsquoten unter den europäischen Auswanderungsländern. Obwohl Polen nach dem Ende des Zweiten Weltkrieges bis zum Ende des Kalten Krieges in den Hintergrund trat, gehörte es doch für nahezu einhundert Jahre zu den wichtigsten Ausgangspunkten permanenter Abwanderung sowie temporärer Arbeitsmigration. Gleichzeitig besitzt Polen wohl eine der komplexesten Migrationsgeschichten unter den europäischen Staaten, denn die jüngere Wanderungsgeschichte der Polen ist im 19. und beginnenden 20. Jahrhundert Teil der Geschichte einer Nation ohne Staat. Nach der dritten Teilung Polens durch Preußen, Österreich und Russland im Jahr 1795 und der Bestätigung der Auflösung des ehemaligen Königreichs Polen unter geringfügiger Revidierung der Teilungsgrenzen in der Schlussakte des Wiener Kongresses 1815, zerfiel das Land in insgesamt sechs Teilgebiete, die von den drei sogenannten Teilungsmächten kontrolliert bzw. annektiert wurden.[865]

Nach dem Ersten Weltkrieg entstand im Jahr 1921 zum ersten Mal seit rund 125 Jahren wieder ein vereinigtes Polen, das bereits nach 18 Jahren Unabhängigkeit vom nationalsozialistischen Deutschland zerstört wurde. Nach 1945 zerschnitt der ›Eiserne Vorhang‹ zunächst alle nach Westen gerichteten Migrationsbeziehungen Polens, sodass eine weitgehend durch neue Faktoren bestimmte Phase in der Wanderungsgeschichte des Landes begann. Die Rolle Polens als Auswanderungsland im europäischen System der Arbeitsmigration kann vor diesem Hintergrund in drei Phasen diskutiert werden: Erstens der bis zum Ende des Ersten Weltkrieges reichenden Teilungszeit, zweitens der polnischen Unabhängigkeit unter Einschluss des Zweiten Weltkrieges und drittens der Migrationsgeschichte von 1945 bis zum Ende unseres Untersuchungszeitraumes.

Beginn und Verlauf der polnischen Emigration stehen in direktem Zusammenhang mit dem Widerstand der Polen gegen das ihnen mit der Zerschlagung und Annektion ihres Landes zugedachte Schicksal einerseits, der spezifi-

864 Rathkolb, Zwangsarbeit in der Industrie, S. 669; Walaszek, Wychodžcy. Emigrants or Poles?, S. 1. Vgl. für einen knappen Überblick Grzymala-Moszczynska, Migration Processes in Poland, S. 182–205.

865 Boockmann, Ostpreussen und Westpreussen, S. 320f.; 376f.; Praszałovicz, Polen, S. 258f.

schen Position der Polen in den drei Staaten, zu denen sie nun gehörten, sowie der daraus resultierenden ökonomischen Rahmenbedingungen andererseits.[866] Der bis ins 20. Jahrhundert hinein wirkende ökonomische Motor der polnischen Auswanderung bzw. Arbeitsmigration war die fortschreitende Verarmung der Landbevölkerung in allen drei Teilgebieten. Sie war ein Produkt aus der unterbrochenen autonomen wirtschaftlichen Entwicklung Polens, der politischen und wirtschaftlichen Interessen der jeweiligen Teilungsmacht sowie alter und neuer lokaler Eliten. Gleichzeitig trug die Anbindung Osteuropas an die Weltwirtschaft mit ihren sinkenden Transportkosten und sich verdichtenden Kommunikationsnetzen dazu bei, dass sich der entstehende Migrationsdruck nicht mehr nur in regionalen oder interregionalen Migrationen entlud, sondern grenzüberschreitende Wanderungen über immer weitere Distanzen auch für das zerschlagene Polen immer wichtiger wurde. Neben der ökonomisch motivierten Migration spielte – insbesondere für den an Russland gefallenen Teil Polens, das sogenannte Kongresspolen – eine politisch motivierte Emigration immer wieder eine bedeutende Rolle.[867]

In diesem russischen Teil Polens wurde in den ersten Jahrzehnten nach der Restauration vor allem die Zuwanderung deutscher Facharbeiter, Kaufleute und auch Industrieller sowie das Entstehen einer russischen Oberschicht in Landwirtschaft und Verwaltung bedeutsam. Auswanderung dagegen trat zunächst im Kontext des Widerstandes gegen die russische Vorherrschaft auf. So verließen nach den beiden gescheiterten Aufständen von 1831 und 1863 Tausende von Polen ihre Heimat und siedelten nach Westeuropa über, insbesondere nach Frankreich. Der Exodus der polnischen Intelligenz in den 1830er Jahren trägt bezeichnenderweise den Namen ›Große Emigration‹, obgleich nur etwa 9.000 Polen ins Ausland gingen.[868] Parallel dazu vollzog sich eine quantitativ weit umfangreichere Zwangsmigration durch die Deportation und Umsiedlung Hunderttausender Polen, vor allem nach Sibirien.[869] Nach der Aufhebung der Leibeigenschaft in Russland zwischen 1861 und 1864 gewann auch ökonomisch motivierte Migration zunehmend an Bedeutung. Es entwickelte sich ein intensives Wanderungsgeschehen zwischen Russisch-Polen und anderen Teilen des Zarenreiches. Eine wachsende Zahl von Polen, insbesondere Facharbeiter sowie Angehörige akademischer Berufe, suchte ihr Glück in den Metropolen Russlands oder in der Peripherie, wo die Erschließung des Landes Chancen für eine neue Existenz bot. Bis zum Ende der russischen Herrschaft wanderte etwa 1 Million Polen ins Innere des Zarenreiches ab.[870] Obwohl es sich bei dieser Wanderungsbewegung aus polnischer Perspektive um eine Auswanderung handelte, war es doch streng genommen eine interregionale Wanderung innerhalb des russischen Machtbereiches.[871] Parallel zur einset-

866 Hoensch, Geschichte Polens, Kapitel 4.
867 Morawska, East Europeans on the Move, S. 97.
868 Hoensch, Geschichte Polens, S. 202f.
869 Murdzek, Emigration in Polish Social-Political Thought, 1870–1914, S. 41.
870 Ebd., S. 44f.
871 Walaszek, Wychodźcy. Emigrants or Poles?, S. 2.

zenden Emigration eines Teils der jüdischen Bevölkerung, die sich insbesondere in der zweiten Hälfte des 19. Jahrhunderts wachsender Diskriminierung ausgesetzt sah, gewannen erst im letzten Drittel des Jahrhunderts zwei neuere Migrationsbewegungen an Bedeutung. Zum einen die Auswanderung nach Übersee, vor allem nach Nord- und Südamerika. Etwa 950.000 Bewohner der vormals polnischen Gebiete, darunter Polen, Ruthenen, Ukrainer und Juden, wählten diesen Weg, der 85% von ihnen in die USA führte.[872] Zum anderen verstärkte sich in den 1890er Jahren die meist temporäre Arbeitsmigration in das westlich angrenzende Preußen sowie andere europäische Länder. Beteiligten sich im Jahr 1890 nur etwa 17.000 Polen an der temporären Arbeitsmigration nach Westen, stieg ihre Zahl am Vorabend des Ersten Weltkrieges auf fast 350.000, von denen sich jedoch etwa 95% nach Deutschland wandten, während sich die übrigen 5% auf die Schweiz, Frankreich, Belgien und Schweden verteilten.[873]

Das Königreich Galizien und Lodomerien besaß im Vergleich zu den anderen beiden Teilen Polens ein relativ hohes Maß an Eigenständigkeit innerhalb Österreich-Ungarns.[874] Auswanderung stand in diesem Teil Polens in enger Wechselwirkung mit der Umstrukturierung des primären Sektors im Verlauf des 19. Jahrhunderts. Das Entstehen einer Oberschicht großer Agrarproduzenten führte zu einer Umverteilung des Landbesitzes, der zu einem gesteigerten Bedarf an Arbeitskräften beitrug, über welche man in Form landloser Bauern auch verfügte. Dieses ländliche Proletariat wiederum suchte seinerseits in der temporären oder permanenten Auswanderung einen Ausweg aus seiner existenzbedrohenden Verarmung. Galizien wurde daher in den letzten Jahrzehnten des 19. Jahrhunderts zu dem Teil Polens mit der intensivsten ökonomisch motivierten Auswanderung. Bis zum Beginn des Ersten Weltkrieges verließen etwa 600.000 Menschen diesen Teil Polens, die sich allerdings auf unterschiedliche ethnische Gruppen verteilten, nach Übersee, und auch dabei waren die USA wichtigstes Zielland. Gleichzeitig wurde Galizien ab den 1890er Jahren zum wichtigsten Rekrutierungsfeld Preußens bzw. des Deutschen Reiches für die Gewinnung temporärer landwirtschaftlicher Arbeitskräfte.[875]

Für Galizien lässt sich im 19. Jahrhundert am ehesten von einer polnischen Migrationspolitik sprechen. Diese entwickelte sich von einer Vernachlässigung des Phänomens in der Anfangsphase über Versuche, Auswanderung zu unterbinden, um billige Arbeitskräfte für den primären Sektor verfügbar zu halten, hin zu Bemühungen um eine regulierte Auswanderung, die eine notwendige soziale Entlastung mit den Bedürfnissen der regionalen Arbeitgeber

872 Holmes, Jewish Economic and Refugee Migrations, S. 148f.

873 Ludkiewicz, The Agrarian Structure of Poland and France from the Point of View of Emigration, S. 163.

874 Hoensch, Geschichte Polens, S. 226f.

875 Ludkiewicz, The Agrarian Structure of Poland and France from the Point of View of Emigration, S. 163.

in Einklang bringen sollte.[876] Seinen institutionellen Niederschlag fand dieser Anspruch in den Arbeitsnachweisen, die 1904 mit dem Ziel geschaffen wurden, jedem Auswanderungswilligen nach Möglichkeit die Alternative einer Beschäftigung in der Heimat zu bieten. Vier Jahre später entstand mit der ›Polskie Towarzystwo Emigracyjne‹, der ›Polnischen Auswanderungsgesellschaft‹, die sich als eine von mehreren ähnlichen Organisationen zur erfolgreichsten Auswanderungsagentur entwickelte, ergänzend eine Art informeller Auswanderungsbehörde. Damit war ein Gegenmodell zu den privaten galizischen Arbeitsvermittlungsagenturen entstanden, die im Auftrag der Deutschen Feldarbeiterzentrale Saisonarbeiter anwarben.[877] Die ›Auswanderungsgesellschaft‹ dagegen sah es nicht nur als ihre Aufgabe an, polnischen Emigranten Migrationsziele zu erschließen und den Wanderungsprozess zu unterstützen, sondern bemühte sich um eine Steuerung der Auswanderung. Diese unterlag zwei Prämissen. Erstens galt permanente Auswanderung und der damit verbundene Verlust polnischer Bevölkerung als dem Ziel abträglich, einen vereinten polnischen Staat zu errichten. Auswanderung sollte daher entweder temporären Charakter besitzen oder in Zielgebiete erfolgen, in denen das Entstehen einer starken polnischen Gemeinde das Beibehalten der polnischen Identität und damit einer Neigung zur Rückwanderung nach einer Staatsgründung begünstigen würde.[878] Zweitens verfestigte sich auf politischer Ebene nach der Wende zum 20. Jahrhundert eine kritische Haltung gegenüber der Migration nach Preußen, das seinerseits mit der Einführung des Legitimierungszwangs die Kontrolle über die Einwanderung polnischer Arbeitskräfte verstärkte. Auf polnischer Seite bemühte man sich – wenn auch mit nur bescheidenem Erfolg –, durch das Propagieren alternativer Ziele die Arbeitsmigration nach Preußen zu vermindern.[879]

In den Teilen Polens schließlich, die preußisch geworden waren, sind im 19. Jahrhundert vier Migrationsbewegungen von Bedeutung. Als Binnenmigration vollzog sich zunächst die Zuwanderung einer neuen politischen, administrativen und ökonomischen Herrschaftsschicht aus Preußen, die von einer organisierten Siedlungsbewegung in die neuen Provinzen begleitet wurde. Beides sollte der ›Germanisierung‹ der annektierten Gebiete dienen.[880] Später, teilweise überlappend einsetzend, begann die Abwanderung preußischer Polen in die deutschen Industriereviere, insbesondere ins Ruhrgebiet, in denen die Hochindustrialisierung eine aus den regionalen Arbeitsmärkten nicht zu befriedigende Nachfrage nach Arbeitskräften hervorgerufen hatte.[881] Beim Aus-

876 Murdzek, Emigration in Polish Social-Political Thought, 1870–1914, S. 101f.

877 Bade, Europa in Bewegung, S. 224.

878 Walaszek, Wychodźcy. Emigrants or Poles?, S. 2f.

879 Murdzek, Emigration in Polish Social-Political Thought, 1870–1914, S. 112f.

880 Hoensch, Geschichte Polens, S. 230f.; Murdzek, Emigration in Polish Social-Political Thought, 1870–1914, S. 5f.

881 Frackowiak, Arbeitsmigranten und/oder Einwanderer?, S. 76f.; Murzynowska, Die polnischen Erwerbsauswanderer im Ruhrgebiet während der Jahre 1880–1914, S. 16f.; Murphy, Gastarbeiter im Deutschen Reich.

bruch des Ersten Weltkrieges lebten etwa 550.000 Polen in Teilen des Deutschen Reiches, die nicht zum ehemaligen polnischen Staatsgebiet gehörten. Zugleich stellten preußische Polen im letzten Drittel des 19. Jahrhunderts einen Teil der polnischen Migration nach Übersee.[882] Schätzungsweise 600.000 Polen entschieden sich bis 1914 für die Emigration. Schließlich waren auch die polnischen Provinzen Preußens Aufnahmegebiete für polnische Saisonarbeiter, deren Anwerbung die um 1885 rigoros unterbrochene Einwanderung von Polen aus den anderen beiden Landesteilen nach Preußen ersetzt hatte.

Die Auswanderung von Polen nach Übersee war Teil der sich ab 1870 entwickelnden Massenemigration aus Osteuropa. Sie führte bis zum Ausbruch des Ersten Weltkrieges mehr als vier Millionen Menschen aus Osteuropa nach Amerika, wobei die USA mit einem Anteil von 90% am Migrationsstrom als wichtigstes Zielland fungierten. Unter den Auswanderern aus Osteuropa befanden sich neben Russen und Ruthenen, Bewohnern der baltischen Staaten und Angehörigen der jüdischen Minderheit insgesamt etwa 1,1 bis 1,3 Millionen ethnische Polen, von denen wiederum die Mehrheit aus Galizien sowie Kongresspolen stammte. Für die Struktur dieser vor allem ökonomisch motivierten Wanderungsbewegung war prägend, dass bis zum Ersten Weltkrieg ein großer Teil der polnischen Auswanderer die Migration als temporäre Arbeitsmigration auffasste, sodass die Auswanderung ganzer Familien mit klarer Niederlassungsabsicht zunächst schleppend anlief.[883] Gleichwohl bildeten sich in den USA bereits vor dem Ersten Weltkrieg geschlossene polnische Gemeinden heraus, die von einer starken Bindung an die alte Heimat bestimmt waren. Anders dagegen entwickelte sich die Auswanderung nach Südamerika. In Brasilien, das neben Argentinien zum wichtigsten südamerikanischem Ziel polnischer Migranten aufstieg, entstand Ende des 19. Jahrhunderts durch eine von Familienwanderung geprägte Einwanderung aus Polen eine regional bedeutende polnische Minderheit im Bundesstaat Paraná.[884]

Nach der Unterbrechung durch den Ersten Weltkrieg blieb nach Kriegsende ein Wiederaufflammen der Massenauswanderung in Richtung Amerika aus.[885] Zwar stiegen die Auswandererzahlen zunächst wieder an, lagen jedoch weit niedriger als vor 1914. Die restriktive Wende der amerikanischen Einwanderungspolitik im Jahr 1924, mit der die Einwanderung aus Osteuropa durch ein rigides Quotensystem scharf reduziert wurde, und der Wegfall des ökonomischen Anreizes während der Weltwirtschaftskrise verursachten einen tiefen Einschnitt in die transatlantische Migration aus Polen. Ab 1923 lag die Auswanderung in europäische Staaten in jedem Jahr höher als die Auswanderung nach Übersee.[886] Diese kam durch den Zweiten Weltkrieg erneut vollkommen

882 Lucassen, The Immigrant Threat, S. 53f.; Ludkiewicz, The Agrarian Structure of Poland and France from the Point of View of Emigration, S. 162.

883 Morawska, East Europeans on the Move, S. 98.

884 Walaszek, Wychodźcy. Emigrants or Poles?, S. 3.

885 Praszałovicz, Polen, S. 263.

886 Ludkiewicz, The Agrarian Structure of Poland and France from the Point of View of Emigration, S. 164.

zum Erliegen und wurde zwischen 1945 und dem Zusammenbruch des Ostblocks auf quantitativ niedrigem Niveau vor allem durch Flüchtlingsmigration und Familienzusammenführung geprägt.[887]

Im Ersten Weltkrieg geriet das gesamte polnische Territorium unter die Kontrolle der Mittelmächte, sodass sich die polnische Arbeitsmigration fast vollkommen auf das Deutsche Reich konzentrierte. Um den direkten und indirekten Arbeitskräftebedarf der Kriegswirtschaft zu decken, untersagte man den polnischen Saisonarbeitern bei Kriegsausbruch die zuvor erzwungene winterliche Heimkehr aus Deutschland und verdauerte ihre Arbeitsverhältnisse. Später begannen Anwerbekampagnen im zuvor russischen Teil Polens, den deutsche Truppen besetzt hatten. Sie gewannen schnell den Charakter einer Zwangsrekrutierung bzw. Deportation. Im Zuge dieser Zwangsmigration kamen allein in den Jahren 1917/18 weitere 410.000 Polen nach Deutschland, wo sich – ohne dass genaue quantitative Angaben über ihre Fluktuation vorliegen – bei Kriegsende etwa 500.000 bis 600.000 polnische Arbeitskräfte aufhielten.[888]

Nach Ende des Krieges veränderte die Gründung der Republik Polen die Stellung der Polen im europäischen Migrationssystem grundlegend. Sie waren nun nicht mehr die Bürger fremder Staaten in annektierten Provinzen, sondern besaßen einen eigenen Staat, der sich daran machte, seine Migrationsbeziehungen neu zu ordnen. Denn ein Parameter blieb vor wie nach dem Weltkrieg wirkungsmächtig: die wirtschaftliche Schwäche der polnischen Volkswirtschaft, deren verarmte ländliche Unterschicht noch immer einem beträchtlichen Auswanderungsdruck unterlag.[889] Nun aber bot Frankreich, motiviert von ökonomischen Interessen ebenso wie der traditionell wohlwollenden Haltung gegenüber Polen, dem jungen Staat eine Anschlussmöglichkeit an die sich gerade entwickelnden modernen Formen der Arbeitsmigration und eine Alternative zur Arbeitsmigration nach Deutschland.[890] Zum Grundstein dieses neuen Kapitels der polnischen Migrationsgeschichte wurde der französisch-polnische Vertrag von 1919.[891]

Frankreich hatte sich jedoch bereits vor dem Ausbruch des Ersten Weltkrieges als Mitbewerber um polnische Arbeitskräfte bemerkbar gemacht und das deutsche Quasi-Monopol bei der Rekrutierung galizischer Arbeiter in Frage gestellt.[892] Ursächlich für diese Entwicklung, die um 1907 einsetzte, waren zwei Momente. In Frankreich herrschte eine latente Knappheit an Arbeits-

887 Morawska, East Europeans on the Move, S. 101. In den 1990er Jahren waren amerikanische Staaten nach Deutschland wieder das wichtigste Wanderungsziel polnischer Auswanderer; vgl. Kaluza, Permanent External Migration from Poland, S. 173.

888 Rawe, »... wir werden sie schon zur Arbeit bringen!«, S. 186f., 209f.; Spoerer, Zwangsarbeit unter dem Hakenkreuz, S. 23; Bade, Europa in Bewegung, S. 241.

889 Rabinowitch, The Seasonal Emigration of Polish Agricultural Workers to Germany I, S. 218f.

890 Niklewski, La réglementation de l'immigration des travailleurs polonais en France, S. 51.

891 Noher, Die internationalen Verträge über die Aus- und Einwanderung, S. 149f.

892 Einen Überblick bietet Amar/Milza, L'immigration en France au XXe siècle, S. 258f.

kräften. Insbesondere in der Landwirtschaft war diese Nachfrage immer schwerer zu decken, da die traditionellen Einwanderergruppen wie etwa die Italiener ebenso wie die einheimischen Arbeiter vermehrt in Bergbau und Industrie abwanderten. Die Spanier konzentrierten sich auf Südfrankreich, erreichten aber nur selten den Nordosten des Landes, wo belgische Arbeitskräfte bei sinkender Migrationsneigung in immer geringerem Maß zur Verfügung standen. In dieser Situation waren gerade die französischen Agrararbeitgeber und ihre Dachverbände am Aufbau neuer Migrationsbeziehungen interessiert.[893] In Galizien formierte sich gleichzeitig eine politisch motivierte Bewegung, die sich gegen die Anwerbung von Arbeitskräften für Preußen wandte und dafür warb, nicht in dem Staat nach Arbeit zu suchen, der einen Teil des Vaterlandes unterjocht hatte, sondern sich einem alternativen Ziel zuzuwenden: Frankreich. Vor diesem Hintergrund entstand in Galizien eine Reihe von nicht-staatlichen Auswanderungsorganisationen, die Dependancen in den Regionen Frankreichs unterhielten, die sich besonders an der Aufnahme polnischer Saisonarbeiter interessiert zeigten, darunter Paris, Dijon und Nancy.[894]

Die Organisation dieser Wanderungsbewegung verlief bis 1914 jedoch schleppend und mit wechselndem Erfolg. Obwohl sich wichtige Elemente späterer Migrationsbeziehungen bereits abzeichnen, so beispielsweise die Festlegung eines festen organisatorischen Protokolls für das Rekrutierungsverfahren unter Kooperation französischer und polnischer Institutionen oder die Nutzung von Musterarbeitsverträgen, nahmen die polnischen Saisonarbeiter noch eine stark diskriminierte Stellung auf dem französischen Arbeitsmarkt ein. Auch die Umsetzung der Anwerbeverfahren krankte, trotz beiderseitiger Bemühungen, an Umständlichkeit und Bürokratie und schließlich erwies sich der Versuch, polnische Arbeiter als Saisonarbeiter für die Landwirtschaft zu gewinnen, als kaum praktikabel. Zwischen ihrer polnischen Heimat und ihren französischen Arbeitsstätten lagen oft mehr als tausend Kilometer. Zeit- und Geldaufwand für die Reise waren beträchtlich, sodass sich Frankreich in Bezug auf die Arbeitsbedingungen in einer gegenüber Preußen nachteiligen Position befand. Insgesamt dürften zwischen 1907 und 1914 nur wenig mehr als 10.000 polnische Arbeiter nach Frankreich gegangen sein, von denen nach Kriegsausbruch etwa die Hälfte in Frankreich verblieb.[895] Eine im Vergleich zur saisonalen Wanderung ins Deutsche Reich verschwindend kleine Zahl.[896]

In der Zwischenkriegszeit sollte sich aus diesen bescheidenen Anfängen eine Massenmigration entwickeln. Zwischen 1919 und 1939 verließen etwa 2.044.000 Auswanderer Polen, von denen 1.031.000 innerhalb weniger Jahre wieder in ihre Heimat zurückkehrten. Von den sich zumindest mittelfristig im

893 Noiriel, Italians and Poles in France, S. 143.
894 Ponty, Polonais méconnus, S. 7f.
895 Gogolewski, Les Polonais en France avant la Seconde Guerre Mondiale, S. 650; Cross, Immigrant Workers in Industrial France, S. 25.
896 Ponty, Polonais méconnus, S. 15f. Die in der Literatur oft genannte Zahl von 20.000 polnischen Arbeitskräften, vgl. beispielsweise Bade, Europa in Bewegung, S. 106, beruht nach Ponty auf älteren, vermutlich übertriebenen Schätzungen.

Ausland niederlassenden Polen wandte sich mehr als die Hälfte nach Übersee, vor allem nach Brasilien, Kanada und die USA. Unter den europäischen Zielländern nahm nun jedoch Frankreich deutlich die Spitzenposition ein.[897] Als im Jahr 1921 die Polen in Frankreich zum ersten Mal in einer eigenen Kategorie statistisch erfasst wurden, da sie nun eine eigene Staatsbürgerschaft besaßen, zählte man insgesamt 46.766 Personen. Zehn Jahre später lebten 507.811 Polen in Frankreich, sie bildeten nach den Italienern die zweitgrößte ausländische Minderheit im Land.[898] Der Krieg selbst hatte drei Parameter der Arbeitsmigration verändert. Erstens hatte der Arbeitskräftemangel das Vordringen ausländischer Arbeitskräfte im sekundären und tertiären Sektor beschleunigt. Zweitens hatte Frankreich den Kreis seiner Migrationspartner stark erweitert. Drittens hatte die Bedeutung der staatlich regulierten bzw. organisierten Rekrutierung ausländischer Arbeitskräfte stark an Bedeutung gewonnen. Diese veränderten Rahmenbedingungen erleichterten die Ausweitung der französisch-polnischen Arbeitsmarktbeziehungen nach Kriegsende.

Noch vor dem Ende der Kämpfe um die Grenzen des neuen polnischen Staates handelten Vertreter der polnischen und der französischen Regierung ein Anwerbeabkommen aus, das sich in seiner Form als beispielgebend für zahlreiche folgende bilaterale Wanderungsverträge erweisen sollte. Am 3. September 1919 unterzeichneten beide Staaten das Abkommen in Warschau. Obwohl der Vertragstext nicht den gesamten Regelungsbedarf leistete, sah er neben den bereits üblichen Musterarbeitsverträgen und einer Gleichbehandlungsklausel sowie Vereinbarungen über eine Reihe von Sozialleistungen und Rechten zur gesellschaftlichen Partizipation vor, dass Frankreich in Zusammenarbeit mit polnischen Stellen selbstständig Anwerbekampagnen in Polen durchführen durfte.[899] Hierzu wurde in Polen eine eigene Auswanderungsbehörde (›Urząd Emigraycyjny‹) geschaffen, die 1924 reorganisiert und dem Ministerium für Arbeit und Soziales angegliedert wurde. Sie war bis zum Zweiten Weltkrieg für alle Fragen der Aus- und Einwanderung zuständig.[900] Das Amt wurde bis Ende der 1920er Jahre weiter ausgebaut und erhielt 1928, als auch die organisierte Arbeitsmigration nach Deutschland wieder eingesetzt hatte, regionale Zweigstellen in Warschau, Krakau, Lvov, Brzesc (am Bug) sowie in Bialystok. Diese Regionalbüros dienten als erste Instanz zur Abwicklung aller mit dem Migrationsprozess verbundenen Formalitäten.[901]

Bereits Ende des Jahres 1919 richtete die ›Mission française de la main-d'œuvre‹ ihr Büro in Warschau ein und im Jahr darauf eröffnete das polnische Auswanderungsamt eine Dependance in Toul. In der Praxis gestaltete sich die Abwicklung der Rekrutierung jedoch organisatorisch ebenso kompliziert wie in der Vorkriegszeit, wozu die mannigfaltigen, über unterschiedliche Behör-

897 Gogolewski, Les Polonais en France avant la Seconde Guerre Mondiale, S. 650.
898 Hargreaves, Mulit-Ethnic France, S. 17; Noiriel, Italians and Poles in France, S. 142.
899 Siehe dazu Kapitel 3.4.
900 Pologne: L'organisation de l'Office d'émigration, S. 411f.; Goddeeris, De Poolse migratie in België, 1945–1950, S. 17.
901 Pologne: Ouverture de bureaux régionaux de l'Office d'émigration, S. 100.

den und Ministerien verteilten Zuständigkeiten für verschiedene Abschnitte des Prozesses auf beiden Seiten einiges beitrug. Erst 1924 übernahm auf französischer Seite die ›Société générale d'immigration‹ die Federführung und erreichte eine Vereinfachung des Verfahrens. Nun entstand ein leistungsfähiges System der Anwerbung und des Transfers polnischer Arbeitskräfte. Bereits in diesem Jahr gingen von 26.136 Polen, die in europäische Länder migrierten, 22.966 nach Frankreich. Unter allen Emigranten betrug der Anteil der in Polen kollektiv Angeworbenen knapp 65%. Unter diesen Emigranten wiederum lag der Anteil der Arbeitskräfte fast ebenso hoch, während die verbleibenden 35% auf begleitende Familienangehörige entfielen. Besondere Bedeutung besaß die organisierte Rekrutierung für den Bergbau, hier lag ihr Anteil bei fast 90%. Unter den Landarbeitern lag der Anteil der kollektiv Rekrutierten bei 75%, bei Industrie- und Gewerbearbeitern wesentlich niedriger.[902]

Französische Arbeitgeber, die polnische Arbeitskräfte einstellen wollten, meldeten ihren Bedarf an ihre lokalen Arbeitsämter, die ihrerseits prüften, ob die Anfrage aus vor Ort vorhandenen Kräften gedeckt werden konnte. Falls nicht, wurden die Anforderungen an eine Arbeitgeberorganisation der Branche weitergegeben, aus der die Anfrage gekommen war. Bei diesen Anforderungen wurde grundsätzlich zwischen Bergleuten, hier sollte sich ein Beschäftigungsschwerpunkt für polnische Migranten entwickeln, Industriearbeitern und Landwirtschaftsarbeitern unterschieden.[903] Alle Anfragen wiederum liefen bei der ›Société générale d'immigration‹ zusammen, die sie ihrerseits an das Landwirtschafts- oder das Arbeitsministerium weiterreichte, die die Berechtigung der Anforderung hinsichtlich der nationalen Arbeitsmarktlage beurteilten. Von dort gingen die Anforderungen an die polnische Auswanderungsbehörde, die in Zusammenarbeit mit der französischen Rekrutierungskommission und den lokalen Arbeitsämtern in Polen geeignete Kandidaten auswählte. Für die angeworbenen Arbeitskräfte standen zwei Auswanderungszentren bereit, in denen die medizinischen Untersuchungen stattfanden und man die Arbeiter mit Reisepapieren versah. Eines befand sich in Wejherowo, eines in Myslowice.[904] Von Wejherowo erfolgte der Transport nach Frankreich per Schiff. Die Sammeltransporte wurden auf dieser Route in Einwanderungszentren in Dunkerque und Le Havre in Empfang genommen, von wo man die Arbeitskräfte auf ihre Arbeitsplätze verteilte. Von Myslowice dagegen fuhren die Arbeiter mit der Eisenbahn nach Frankreich. Endstation der Züge war Toul, wo ebenfalls ein spezielles Einwanderungszentrum die Weiterleitung organisierte.[905]

902 Pologne: L'émigration en 1924, S. 264.

903 Oualid, The Occupational Distribution and Status of Foreign Workers in France, S. 169f.; vgl. zu den unterschiedlichen Typen von Arbeitsverträgen Niklewski, La réglementation de l'immigration des travailleurs polonais en France, S. 69f.

904 Le Comité central des houillères de France et l'immigration polonaise, S. 530f. Dieses Anwerbezentrum war bereits zwei Jahre zuvor vom Zentralverband der Bergbauunternehmen gegründet worden, um gezielt qualifizierte Bergleute anzuwerben.

905 Ponty, Polonais méconnus, S. 69f.

Eine Nebenlinie der polnischen Einwanderung nach Frankreich bildete die Anwerbung von Polen, die insbesondere als Bergleute im Ruhrgebiet ansässig geworden waren. Auch diese Migrationsbewegung hatte ihre Wurzeln in der Vorkriegszeit, als die ersten ›Ruhrpolen‹ sich für die Auswanderung nach Frankreich entschieden.[906] Diese Erfahrungen hatten in der Zwischenkriegszeit zwei Folgen. Erstens ein neuerlich starkes Interesse Frankreichs an der Anwerbung polnischer Bergleute und Industriearbeiter in Deutschland. Hierzu eröffnete man im Jahr 1921 sogar ein eigenes Rekrutierungsbüro in Duisburg, das unter dem Schutz der im Ruhrgebiet stationierten französischen Truppen Werbekampagnen durchführte.[907] Zweitens besaß man bereits positive Erfahrungen mit den überdurchschnittlich qualifizierten polnischen Arbeitern aus Deutschland, als es zu entscheiden galt, ob auch in Polen Arbeiter für den sekundären Sektor rekrutiert werden sollten.[908] Die frühe Hinwendung zu einer breiten Anwerbung in Polen sicherte Frankreich den Zugriff auf die am besten qualifizierten Auswanderer, während es beispielsweise Belgien erst ab 1926 gestattet war, Bergleute direkt in Polen anzuwerben.[909]

Die Arbeitsmigration von Polen nach Frankreich erreichte einen ersten Wendepunkt im Jahr 1926.[910] Nach den Statistiken des französischen Arbeitsministeriums kamen bis zum Ende dieses Jahres 232.349 polnische Arbeiter und ihre Familienangehörigen nach Frankreich, von denen nur 8.157 das Land schon wieder verlassen hatten. Insgesamt verzeichnete die französische Bevölkerungsstatistik in diesem Jahr 309.423 in Frankreich lebende Polen.[911] In Polen selbst zeichnete sich nach dem Staatsstreich Piłsudskis eine migrationspolitische Wende ab.[912] Sie zielte auf die Verstetigung der durch perma-

906 Gogolewski, Les Polonais en France avant la Seconde Guerre Mondiale, S. 652. Nach Artikel 91 des Vertrages von Versailles konnten polnischstämmige Deutsche vor ihrer Einwanderung nach Frankreich für die polnische Staatsbürgerschaft optieren. Diese Einwanderungsbewegung wurde vorwiegend im Eisenbahntransport über Sammelstellen in Nancy, Toul oder Cahâlon-sur-Marne abgewickelt, wo im Übrigen auch eine medizinische Untersuchung der Einwanderer durchgeführt wurde und eine politische Überprüfung zur Abwehr unerwünschter Personen stattfand.

907 Lucassen, The Immigrant Threat, S. 55.

908 Kleßmann, Comparative Immigrant History, S. 335f.

909 Ponty, Polonais méconnus, S. 61f. Es ist schwierig, die Zuwanderung von Polen aus Deutschland nach Frankreich statistisch zu beziffern. Im Jahr 1924 beispielsweise führte die polnische Auswanderungsstatistik 22.966 Auswanderer in europäische Länder auf. Gleichzeitig verzeichnete die französische Statistik die Einreise von 41.014 polnischen Arbeitskräften. Das Internationale Arbeitsamt führte die Diskrepanz vor allem auf die Zuwanderung von Polen aus dem Ruhrgebiet zurück, die dann bei etwa 17.000 Personen gelegen hätte; vgl. Pologne: L'émigration en 1924, S. 263; Pologne: L'émigration en Belgique, S. 91f.

910 Eine differenziertere Periodisierung bietet Gogolewski, Les Polonais en France avant la Seconde Guerre Mondiale, S. 651f.

911 Kleßmann, Comparative Immigrant History, S. 337. Vgl. zur Bedeutung der Migration ganzer Familien aus Polen nach Frankreich exemplarisch Le Comité central des houillères de France et l'immigration polonaise, S. 530f. Im Jahr 1922 warb diese Organisation knapp 19.000 polnische Arbeiter an, die von 36.000 Familienangehörigen begleitet wurden.

912 Hoensch, Geschichte Polens, S. 265f., dazu auch Restriction partielle de l'émigration, S. 285.

nente Auswanderung entstandenen polnischen Diaspora – vor allem in den außereuropäischen Einwanderungsländern – und eine Abkehr von der saisonalen Arbeitsmigration.[913] Eine praktische Auswirkung dieses Umschwungs bestand 1928 in einer Einschränkung der spontanen Arbeitsmigration in europäische Staaten durch einen Erlass der polnischen Auswanderungsbehörde, die einen Arbeitsvertrag oder eine schriftliche Einstellungszusage zur Vorbedingung für die Ausstellung eines Passes erklärte.[914] Dennoch ließen sich die ökonomischen Zwänge, auch nachdem sich die wirtschaftliche Lage in Polen Ende der 1920er Jahre leicht verbesserte, kaum ignorieren und so behielt die Arbeitsmigration nach Frankreich ihre Bedeutung. Jedoch verringerte sich durch den Vertrag mit der Weimarer Republik von 1927, der die Migrationsbeziehungen zu Deutschland normalisierte, die Abhängigkeit von Frankreich, sodass Polen es wagen konnte, die Verhandlungen um eine Verbesserung der Migrationsbedingungen mit dem Druckmittel einer Drosselung der Migration nach Frankreich voranzutreiben.[915] Immerhin wandten sich im Jahr 1929 etwa 82.000 Polen nach Frankreich, während gleichzeitig 88.000 als landwirtschaftliche Saisonarbeiter nach Deutschland gingen. Beide Länder waren damit Ende der 1920er Jahre zu fast gleichwertigen Migrationspartnern Polens geworden.[916]

In Frankreich führte die Rezession von 1926/27 zu ersten Forderungen, die Einwanderung aus Polen zu vermindern. Obwohl sich die französische Wirtschaft zwischen 1928 und 1931 noch einmal erholte und die Rekrutierungszahlen in Polen erneut in die Höhe schnellten, begann mit der Wende des Jahres 1926 ein rückläufiger Trend, der sich mit Beginn der Weltwirtschaftskrise in Frankreich deutlich verstärkte. Zeitgleich stieg aus demselben Grund freilich der Auswanderungsdruck in Polen.[917] Hierfür sorgte vor allem die Kombination aus der zunehmenden Arbeitslosigkeit polnischer Migranten in Frankreich und dem Abwanderungsdruck, den die französischen Behörden ab 1931 auf ausländische Arbeitskräfte ausübten.[918] Von diesem Jahr bis zum Kriegsausbruch war die Wanderungsbilanz Polens mit Frankreich in jedem Jahr

913 Walaszek, Wychodżcy. Emigrants or Poles?, S. 11f.

914 Pologne, 1928, S. 209.

915 Cross, Immigrant Workers in Industrial France, S. 120f.

916 International Labour Office, The Migration of Workers, S. 23.

917 Im Jahr 1929 wurde in Frankreich sogar erwogen, die Migrationsbedingungen für polnische Einwanderer dadurch drastisch zu verbessern, dass ihnen mithilfe von Agrarkrediten die Möglichkeit zum schnellen Erwerb von Landbesitz geboten wurde. So wollte Frankreich etwa mit Kanada oder Brasilien gleichziehen, die unter polnischen Migranten als Wanderungsziele zusehends beliebter wurden. Gleichzeitig verlangten die Interessenverbände der französischen Landwirtschaft von ihrer Regierung, ein neues Anwerbeabkommen mit Polen auszuhandeln, das die Anwerbung einer größeren Zahl weiblicher Arbeitskräfte ermöglichen sollte. Zu diesem Zeitpunkt verlangte Polen von Frankreich die Einhaltung einer Quote von zwei männlichen Arbeitern, die für jede weibliche Arbeitskraft rekrutiert werden musste; vgl. France: L'organisation et la politique de l'immigration, S. 116f.

918 Niemyska-Hessenowa, An Enquiry into the Position of Returned Migrants in Poland, S. 783.

deutlich negativ, sodass die polnische Gemeinde in Frankreich um fast 100.000 Personen schrumpfte.[919] Die Statistiken des französischen Arbeitsministeriums zeigen, dass die Zuwanderung zwischen 1927 und 1939 insgesamt zwar bei 233.539 Personen lag, gleichzeitig allerdings auch 186.736 Polen Frankreich wieder verließen, sodass der Nettozuwachs in diesen Jahren, der sich auf die Jahre vor 1931 konzentrierte, nur bei 46.803 Personen lag.[920]

Diese quantitativen Befunde verdeutlichen einen weiteren neuen Charakterzug der polnischen Migration nach Frankreich in der Zwischenkriegszeit: Ihre temporale und demographische Struktur näherte sich derjenigen einer modernen Arbeitsmigration an. Zwar wurden über die Rekrutierungskanäle Arbeitskräfte angeworben, ihnen stand jedoch grundsätzlich die Möglichkeit offen, ihre Familien mitzunehmen oder nachkommen zu lassen. Infolgedessen war der Anteil der mitwandernden Familienangehörigen sowohl bei landwirtschaftlichen als auch bei industriellen Arbeitskräften höher als bei vorhergehenden vergleichbaren Wanderungsbewegungen.[921] Zudem rückte man in Frankreich von einer saisonalen Zulassung von Arbeitskräften ab und zog ihre konjunkturabhängige Präsenz unter Inkaufnahme einer Tendenz zur dauerhaften Einwanderung vor, allerdings ohne die Aufgabe von Sanktionsmöglichkeiten zur Verringerung der ausländischen Arbeiterschaft im Krisenfall. Ein deutliches Zeichen für diesen Wandel war die lange Aufenthaltsdauer. Als das polnische Auswanderungsamt 1934 eine Befragung unter Rückwanderern durchführte, hatten Rückkehrer aus europäischen Ländern, also vor allem aus Frankreich, im Durchschnitt 7,2 Jahre im Ausland gearbeitet.[922]

Die polnische Arbeitsmigration nach Deutschland indes verlief in der Zwischenkriegszeit unter gänzlich anderen Vorzeichen. Deutschland hatte während des Ersten Weltkrieges unter dem Druck des kriegswirtschaftlichen Arbeitskräftebedarfs seine Migrationspolitik gegenüber polnischen Arbeitskräften radikal geändert. Aus Saisonarbeitern waren Dauerarbeitskräfte geworden. In den 1920er Jahren bestand eines der wichtigsten Anliegen der deutschen Migrationspolitik im Bestreben, die Niederlassung eines Teils der polnischen Migranten in Deutschland rückgängig zu machen und im Bereich der Landwirtschaft zu einer saisonalisierten Arbeitsmigration zurückzukehren.[923] Ein zweiter wichtiger Faktor für die Entwicklung der deutschen Arbeitsmigrationspolitik gegenüber Polen war, dass die Nachfrage nach ausländischen

---

919 Noiriel, Italians and Poles in France, S. 142.

920 Ponty, Polonais méconnus, S. 425. Die polnischen Migrationsstatistiken zeigen den gleichen Trend, weisen durchschnittlich jedoch leicht höhere Werte auf. Ab 1937 führte das Abflauen der Weltwirtschaftskrise in Frankreich zu Plänen, die Anwerbung polnischer Bergleute wieder zu forcieren; vgl. Revendications polonaises concernant l'émigration d'ouvriers mineurs vers la France, S. 228f.

921 Cross, Immigrant Workers in Industrial France, S. 84f.; Ponty, Polonais méconnus, S. 354f.

922 Niemyska-Hessenowa, An Enquiry into the Position of Returned Migrants in Poland, S. 783f.

923 Bei ausländischen Arbeitskräften im Sekundären Sektor, unter denen die Polen eine kleine Minderheit bildeten, rückte man vor allem aus wirtschaftlichen Gründen von einer Resaisonalisierung ab.

Arbeitskräften im Vergleich zur Vorkriegszeit zwar dramatisch schrumpfte, jedoch weder Landwirtschaft noch Industrie ohne Ausländer auskommen konnten. Insbesondere auf polnische Arbeiter für den primären Sektor ließ sich zu keinem Zeitpunkt verzichten.

Die polnischen Migrationsbeziehungen zu Deutschland zwischen 1918 und 1939 zerfallen vor diesem Hintergrund in vier Phasen. Bis 1926 wirkten sich die politischen Konflikte zwischen beiden Staaten lähmend auf die Rekonstruktion, Normalisierung – oder Modernisierung – der Arbeitsmarktbeziehungen aus. Der polnische Staat untersagte jede Arbeitsmigration nach Deutschland, sodass sich die deutsche Seite durch sogenannte Selbststeller, Migranten, die sich bei den deutschen Grenzämtern meldeten, nachdem sie auf eigene Faust die Grenze überschritten hatten, und illegale Anwerbenetzwerke mit polnischen Landwirtschaftsarbeitern versorgte. Etwa 100.000 Polen waren nach dem Ende des Krieges in Deutschland verblieben und hatten sich, meist mit ihren Familien, niedergelassen. Zusätzlich kamen nun geduldet auf illegalem Wege jährlich zwischen 100.000 und 130.000 polnische Arbeitswanderer nach Deutschland.[924] 1926/27 schließlich leiteten zwei provisorische Wanderungsvereinbarungen, die Jahreskontingente polnischer Arbeiter festlegten, die legal nach Deutschland einreisen durften, eine Normalisierung der Arbeitsmarktbeziehungen ein. Im November 1927 folgte dann die Unterzeichnung des polnisch-deutschen Wanderungsvertrages in Warschau.[925] Deutschland erreichte mit diesem Vertrag die schrittweise Resaisonalisierung der polnischen Arbeitsmigration. Polen konnte seinen Vertragspartner auf eine Reihe internationaler Standards festlegen, wie etwa die weitgehende arbeitsrechtliche Gleichbehandlung und eine Befreiung von der deutschen Einkommenssteuer beim Nachweis eines ständigen Wohnsitzes in Polen. Schließlich wurde die Rekrutierung in Polen durch deutsche Dienststellen, jedoch unter Aufsicht der polnischen Arbeitsverwaltung und des Auswanderungsamtes gestattet. Diese ebenfalls üblich werdende Regelung erlaubte es den polnischen Behörden, die Anwerbung nach arbeitsmarktpolitischen Erfordernissen auf unterschiedliche Regionen Polens zu verteilen, während sie sich zuvor durch die deutschen Anwerbemethoden vorwiegend auf grenznahe Gebiete konzentriert hatte. Von nun an bestimmte das polnische Auswanderungsamt die Anzahl, die berufliche Qualifikation sowie die Herkunftsregionen polnischer Arbeitsmigranten nach Deutschland.[926]

---

924 Rabinowitch, The Seasonal Emigration of Polish Agricultural Workers to Germany I, S. 228.

925 Kahrs, Verstaatlichung der polnischen Arbeitsmigration nach Deutschland in der Zwischenkriegszeit, S. 165f. Die Frage der Rentenansprüche polnischer Arbeiter, die infolge des Vertrages von 1927 nach Polen zurückkehren mussten, jedoch während ihres Aufenthalts in Deutschland Ansprüche erworben hatten, wurde in einem zweiten Vertrag im Jahr 1931 geregelt; vgl. Sobczak, Die polnischen Wanderarbeiter in Deutschland in den Jahren 1919 bis 1939 und ihre Behandlung, S. 55.

926 Ruziewicz, Le problème de l'émigration polonaise en Allemagne, S. 223f.; Noher, Die internationalen Verträge über die Aus- und Einwanderung, S. 168f.; Rabinowitch, The Seasonal Emigration of Polish Agricultural Workers to Germany I, S. 230f.

Die in einem Zusatzvertrag näher spezifizierte Anwerbung erfolgte in drei Schritten. Zunächst ermittelte die deutsche Arbeitsverwaltung die Zahl der benötigten polnischen Saisonarbeiter und fixierte jährlich eine Anwerbequote, die mit Vorschlägen für ihre Verteilung auf Anwerbegebiete in Polen an das dortige Auswanderungsamt übermittelt wurde. Eine Konferenz deutscher und polnischer Behördenvertreter handelte dann aus, inwieweit Polen die deutschen Anforderungen quantitativ und strukturell zu erfüllen bereit war. Dieser Verständigungsprozess sollte jährlich zwischen Dezember und Februar, also vor Beginn der Anwerbung, ablaufen. Zur Vorbereitung der tatsächlichen Anwerbung begann im Anschluss in Deutschland eine Verteilung der fixierten Quote auf die Arbeitsamtsbezirke, von wo in einer Gegenbewegung die Anforderungen der Arbeitgeber einliefen. In Polen begann zeitgleich die Registrierung auswanderungswilliger Arbeitskräfte. Die aus Deutschland eingehenden anonymen Arbeitsverträge verteilten die Behörden dann nach arbeitsmarktpolitischen Gesichtspunkten auf die Bezirke, während namentliche Anforderungen direkt an die genannten Arbeiter gingen, die meist mehrere Jahre in Folge denselben Arbeitgeber aufsuchten. Diese neue Regulierungsmöglichkeit der polnischen Arbeitsverwaltung führte zu einer deutlichen Verschiebung der Anwerbegebiete vom Westen Polens in die zuvor russischen Gebiete Ostpolens, die nun zwischen 70 und 80% der Arbeitskräfte stellten. Die tatsächliche Rekrutierung begann erst nach dem Abschluss dieses Verteilungsprozesses und erfolgte in Polen gemeinsam durch Vertreter der Deutschen Arbeiterzentrale und der polnischen Arbeitsverwaltung unter Aufsicht eines Beamten des polnischen Auswanderungsamtes.

In einem ersten Schritt versammelte man die registrierten Saisonarbeiter eines Bezirks und wählte nach beruflicher Qualifikation und körperlichem Zustand die benötigte Zahl von Arbeitskräften aus. Mit ihnen schlossen die deutschen Vertreter im Auftrag der Arbeitgeber noch vor Ort Arbeitsverträge ab. Den Angeworbenen teilte man dann das Datum der Ausreise und das zuständige deutsche Grenzamt mit. Dort fanden sich die Arbeitskräfte, kostenlos von der polnischen Seite mit den notwendigen Reisepapieren ausgestattet, zum vorbestimmten Termin ein. Der Transport mit der polnischen Eisenbahn erfolgte zum halben Fahrpreis. Im deutschen Grenzamt erhielten sie nach einer medizinischen Untersuchung die deutschen Reisepapiere, vor allem die Legitimationskarte. Die Weiterreise erfolgte in Sammeltransporten, bisweilen in Sonderzügen von bis zu 18 Wagen für etwa 800 Arbeiter, zu Verteilerpunkten in den Provinzen, aus denen die Anforderungen eingegangen waren. Im November, wenn die Erntearbeiten in Deutschland endeten, begann dann die jährliche Rückführung der Saisonarbeiter nach Polen, und mit der Quotenfixierung für das kommende Jahr auf deutscher Seite begann die Vorbereitung des nächsten Wanderungszyklus.[927]

Die Zahl der jährlich in der deutschen Landwirtschaft beschäftigten polnischen Arbeitskräfte veränderte sich nach der erstmaligen Anwendung dieses

927 Ders., The Seasonal Emigration of Polish Agricultural Workers to Germany II, S. 332–369.

Verfahrens im Jahr 1928 im Vergleich zu den Vorjahren kaum.[928] Lediglich Anwerbepraxis und die Migrationsbedingungen hatten sich zugunsten Polens verschoben, freilich um den Preis der Ausweisung eines Teils derjenigen Polen, die sich seit 1914 in Deutschland niedergelassen hatten. Der strukturelle Wandel offenbart sich jedoch in den polnischen Migrationsstatistiken, die von 1926 bis 1929 einen Anstieg von 43.706 auf 87.247 jährliche Zuwanderungsvorgänge nach Deutschland zeigen. Danach begann die Saisonwanderung infolge der Weltwirtschaftskrise zu sinken und kam mit dem Aussetzen der Anwerbung landwirtschaftlicher Arbeitskräfte im Ausland durch die Weimarer Republik im Jahr 1932 praktisch zum Erliegen. Gleichzeitig jedoch lag die Remigration zwischen 1925 und 1934 in fünf von zehn Jahren höher als die Wanderung nach Deutschland, sodass sich für den gesamten Zeitraum eine registrierte Zuwanderung von 397.128 Personen, die Rückkehr von 377.670 Personen und daraus eine Nettoimmigration von Polen nach Deutschland von nur knapp 20.000 Personen ergibt.[929]

Zwischen 1932 und 1937 waren die Arbeitsmigrationsbeziehungen zwischen Polen und Deutschland unterbrochen. Für Polen, das ebenfalls unter der Weltwirtschaftskrise litt, war das Wegbrechen sowohl Frankreichs als auch Deutschlands als Migrationspartner eine schwere Belastung. Für den sich aufstauenden Migrationsdruck boten sich indes in den Jahren der Rezession kaum alternative Ventile. Es entwickelte sich in diesem Zeitraum allerdings auf der Grundlage eines Wanderungsvertrages aus dem Jahr 1929 eine quantitativ weniger umfassende saisonale Arbeitsmigration aus Polen nach Lettland, die jährlich zwischen 12.000 und 23.000 polnische Arbeitskräfte umfasste. Diese Arbeitsmigration verlief zunächst unorganisiert und spontan in den grenznahen Regionen, wurde jedoch schnell von den polnischen Behörden übernommen, die sich einerseits bemühten, den lettischen Arbeitsmarkt weiter für polnische Migranten zu öffnen, andererseits die Migrationschancen über die grenznahen Gebiete hinaus breiter zu verteilen.[930] Die Modalitäten der Anwerbung und die Arbeitsbedingungen regelten zwei weitere polnisch-lettische Verträge aus dem Jahr 1934 bzw. 1938, wobei letztgenannter ein regelrechter Anwerbevertrag war, während der erste allgemeine Fragen der Sozialversicherung beinhaltete. Wie zu diesem Zeitpunkt international üblich sollte die namentliche und anonyme Anwerbung jährlich vereinbarter Kontingente auf der Grundlage eines Musterarbeitsvertrages über die lettischen Landwirtschaftskammern und die polnische Arbeitsverwaltung abgewickelt werden, die Reise- und Verpflegungskosten für die polnischen Arbeiter übernahmen deren

928 Ebd., S. 367.

929 Kahrs, Verstaatlichung der polnischen Arbeitsmigration nach Deutschland in der Zwischenkriegszeit, S. 168.

930 Landau, Seasonal Emigration from Poland to Germany and Latvia, S. 201; Lettonie-Pologne: Recrutement de travailleurs polonais pour l'agriculture lettone, S. 454.

lettische Arbeitgeber. Der Lohntransfer wurde in einem gesonderten Abkommen zwischen den Finanzministerien beider Staaten geregelt.[931]

Eine Rückkehr zu den alten Migrationsmustern, die dem polnischen Arbeitsmarkt wieder eine gewisse Entlastung versprach, kündigte sich mit der Wiederaufnahme der Arbeitsmigration nach Deutschland an, wo in der zweiten Hälfte der 1930er Jahre die Kriegsvorbereitungen für eine Arbeitskräfte verschlingende Hochkonjunktur gesorgt hatten. So wurde nur vier Jahre nach dem faktischen Stopp der Anwerbung im Jahr 1936 erstmals wieder ein Kontingent von 10.000 Arbeitskräften vereinbart, das 1937 durch deutsche Stellen in Polen angeworben werden sollte. Für das Jahr 1938 sah die Planung die Anwerbung von 30.000 und für das Jahr 1939 sogar von 60.000 Personen vor.[932] Die zugrunde liegende deutsch-polnische Vereinbarung legte Arbeitszeiten und Lohnhöhe fest. Die deutschen Stellen durften nur 35% des Gesamtkontingents polnischer Arbeitskräfte für kleinbäuerliche Betriebe anwerben, da die dortigen Arbeitsbedingungen häufig schlechter waren als die auf den großen Gutswirtschaften in den östlichen Landesteilen. Gleichzeitig erhielten die polnischen Arbeiter ein außerordentliches Kündigungsrecht bei schlechter Behandlung oder dringenden persönlichen Gründen, die eine vorzeitige Rückkehr nach Polen erforderten. Die Rekrutierung verlief wie vor der Weltwirtschaftskrise über eine beidseitige Selektion, die auch zwei medizinische Untersuchungen umfasste. Die polnische Regierung beschloss dabei, die namentliche Anforderung von Arbeitskräften schrittweise einzuschränken, um die Anwerbung vollkommen im Sinne ihrer Arbeitsmarktpolitik zur Entlastung von Regionen mit hoher Arbeitslosigkeit einsetzen zu können.[933]

Damit wäre – hätte die politische Entwicklung nicht zu einer Unterbrechung der Arbeitsmigration nach Deutschland durch die polnische Regierung im Jahr 1939 geführt – der vormalige Umfang der polnischen saisonalen Arbeitskräftewanderung nach Deutschland nahezu wieder erreicht gewesen und Polen hätte, etwa durch das Ende der namentlichen Anforderungen, sogar eine Verbesserung seiner Position in dieser Migrationsbeziehung erreicht.[934] Neben der offiziellen Anwerbung kehrte Deutschland zur Praxis der frühen 1920er Jahre zurück und lockerte die Einreisebestimmungen für Arbeitsmigranten, um zusätzlich zu denjenigen Arbeitskräften, die unter Kontrolle der Regierungen der jeweiligen Migrationspartner angeworben wurden, weitere ausländische Arbeiter zu gewinnen. Insbesondere die Migrationsbeziehungen zu Polen als dem größten Arbeitskräftereservoir an der deutschen Ostgrenze spielte die-

931 Traité polono-letton en matière d'émigration, 1939, S. 107f. Fast zeitgleich kam ein polnisch-estnischer Vertrag ähnlichen Inhalts zustande; vgl. Traité polono-estonien en matière d'émigration, S. 438.

932 August, Die Entwicklung des Arbeitsmarktes in Deutschland in den 30er Jahren und der Masseneinsatz ausländischer Arbeitskräfte während des Zweiten Weltkrieges, S. 312f.

933 Arrangement polono-allemand relatif à l'émigration saisonnière, S. 67.

934 Kahrs, Verstaatlichung der polnischen Arbeitsmigration nach Deutschland in der Zwischenkriegszeit, S. 173.

se Form der Arbeitsmigration in den Jahren 1938/39 eine zunehmend wichtige Rolle.[935]

Polen wurde mit dem Beginn des Zweiten Weltkrieges das erste Opfer der deutschen militärischen Expansion und damit auch zum ersten Ziel für die Rekrutierung von Arbeitskräften in besetzten Gebieten. Bis Mitte 1944 gelangten insgesamt etwa 2,2 Millionen Arbeitskräfte aus Polen nach Deutschland, von denen etwa 1,9 Millionen ethnische Polen waren. Diese Arbeitsmigration war bis auf einen geringen Prozentsatz freiwilliger Arbeitskräfte eine Zwangsmigration, die sich unter fortwährend radikalisierenden Rahmenbedingungen vollzog und die polnischen Arbeitskräfte zu einer der statusniedrigsten Gruppen ausländischer Arbeiter im ›Dritten Reich‹ degradierte.[936] Damit lösten sich die deutsch-polnischen Arbeitsmarktbeziehungen während des Zweiten Weltkrieges vollends von ihren traditionellen Formen, während die extremen Erfahrungen der deutschen Besatzungsherrschaft und des sogenannten ›Arbeitseinsatzes‹ zugleich einen Schlussstrich unter die deutsch-polnische Arbeitsmigration zog, die nach dem Ende des Krieges bis zum Zusammenbruch des Ostblocks faktisch zum Erliegen kam.

Deutschland und Frankreich waren zwar die mit Abstand wichtigsten Ziele polnischer Arbeitsmigration in der Zwischenkriegszeit, jedoch bei Weitem nicht die einzigen. Bereits kurz vor dem Ersten Weltkrieg entstanden aus ersten Ansätzen zur Anwerbung polnischer Arbeiter in Galizien Arbeitsmarktbeziehungen zwischen Polen und Belgien. In der Zwischenkriegszeit knüpften die belgischen Arbeitgeber an diese durch den Krieg unterbrochenen Migrationsbeziehungen an und erneuerten ihre Versuche zur Anwerbung polnischer Arbeitskräfte.[937] In Belgien stieg die Zahl der registrierten Ausländer polnischer Nationalität von 5.239 im Jahr 1920 auf 51.085 im Jahr 1930.[938] Ein großer Teil dieser Migranten waren allerdings polnische Juden, die nach Westen flüchteten, während polnische Arbeitsmigranten zunächst eine vergleichsweise kleine Gruppe blieben.[939] 1923 arbeiteten etwa 1.000 Polen in Belgien, 1925 bereits 5.000 und Ende 1930 knapp 12.000. Diese Arbeitskräfte kamen auf unterschiedlichen Wegen nach Belgien. Ein Teil wanderte zunächst nach Frankreich ein und ging dann von dort nach Belgien, das vermeintlich bessere Arbeits- und Lebensbedingungen bot. Eine zweite wichtige Gruppe waren sogenannte ›Ruhrpolen‹, die um die Mitte der 1920er Jahre aus Deutschland nach Frankreich, Belgien und in die Niederlande auswanderten. Direkt in Polen rekrutierte Arbeitskräfte stellten dagegen zunächst die kleinste Gruppe unter den polnischen Arbeitern in Belgien.[940]

935 Ebd., S. 175.
936 Spoerer, Zwangsarbeit unter dem Hakenkreuz, S. 44f.
937 Caestecker, Alien Policy in Belgium, 1840–1940, S. 47.
938 Versteegh, De onvermijdelijke afkomst?, S. 99.
939 Goddeeris, De Poolse migratie in België, 1945–1950, S. 23f.; Stengers, Emigration et immigration en Belgique au XIXe et au XXe siècle, S. 78f.
940 Caestecker, Polish Migrants' Children in Interwar Belgium and the Netherlands, S. 170f.; Versteegh, De onvermijdelijke afkomst?, S. 99.

Als wichtiges Manko der belgisch-polnischen Arbeitsmarktbeziehungen erwiesen sich in den ersten Jahren das Fehlen eines Wanderungsabkommens und das belgische Desinteresse, ein solches auszuhandeln. Obwohl sich Polen schon in den frühen 1920er Jahren am Abschluss eines Wanderungsvertrages interessiert zeigte, um den belgischen Arbeitsmarkt als Ventil für die polnische Unterbeschäftigung zu erschließen und für die polnischen Migranten eine gewisse Rechtssicherheit zu gewährleisten, wie sie etwa der Vertrag mit Frankreich festgeschrieb, verharrte Belgien während der gesamten Zwischenkriegszeit in einer ablehnenden Haltung.[941] Angesichts der quantitativ wenig bedeutenden Migrationsbeziehungen schien es – vor allem aus der Perspektive der Arbeitgeber – vorteilhafter, die Arbeitsmarktbeziehungen ohne einen fixierten Rahmen gegenseitiger Rechte und Pflichten zu gestalten.[942] Die ausschlaggebende Bedeutung von Nützlichkeitserwägungen für das Interesse an deren vertraglicher Verfassung unterstreichen die belgisch-italienische Verwaltungsvereinbarung von 1923, welche die Anwerbung italienischer Arbeiter für die belgische Wirtschaft regelte ebenso wie der belgisch-französische Wanderungsvertrag von 1924, in dem die Migrationsbedingungen für belgische Arbeiter in Frankreich festgelegt wurden.[943] Im Verhältnis zu Polen ließ sich Belgien nur zu einem allgemeinen Handelsabkommen bewegen. Das informelle Abkommen der belgischen ›Fédéchar‹ mit der polnischen Auswanderungsbehörde über die Arbeitskräftewerbung bot für die polnische Seite keinen befriedigenden Ersatz, sodass die direkte Anwerbung durch belgische Arbeitgeber in Polen gänzlich untersagt wurde. Seine feindliche Haltung gegenüber Belgien gab Polen erst unter dem Regime Piłsudskis auf. So begann ab 1926 eine direkte Anwerbung in Polen, die zu Beginn durch die ›Fédéchar‹ organisiert wurde. Im Jahr 1929 kam eine Vereinbarung zwischen dem polnischen Auswanderungsamt und der ›Association Charbonnière de Charleroi et de la Basse Sambre‹ zustande. In dieser Phase richteten die belgischen Grubenunternehmen Anwerbebüros in den polnischen Steinkohlerevieren ein, wo es ihnen gelang, sich über die Gewährung besonderer Vergünstigungen, wie die Übernahme der Reisekosten und die Zahlung eines Handgeldes bei Vertragsabschluss, gegen die bereits etablierte französische Konkurrenz durchzusetzen. Die belgischen Anwerbekommissionen rekrutierten 1929/30 fast 4.500 polnische Arbeitskräfte, unter denen sich jedoch nur wenige ausgebildete Bergleute befanden.[944]

Nach der Unterbrechung durch die Weltwirtschaftskrise gewann die Arbeitsmigration aus Polen nach Belgien in der kurzen Aufschwungphase in der zweiten Hälfte der 1930er Jahre erneut vorübergehend an Bedeutung. Im Jahr

941 Vgl. exemplarisch zur belgischen Verschleppungstaktik Les accords relatifs à l'émigration, S. 64.

942 Caestecker, Alien Policy in Belgium, 1840–1940, S. 66f.; Versteegh, De onvermijdelijke afkomst?, S. 100.

943 Auswertung einer Datenbank, zusammengestellt aus International Labour Office, Migration Laws and Treaties, Bd. 3, S. 263–311.

944 Goddeeris, De Poolse migratie in België, 1945–1950, S. 17f.

1937 warb die ›Fédéchar‹ neben knapp 3.500 Ungarn und Arbeitern aus der Tschechoslowakei insgesamt 3.677 Polen für den Bergbau an, und obwohl diese Anwerbekampagne singulär blieb und im Folgejahr nur ein begrenzter Familiennachzug organisiert wurde, mobilisierte sie die größte Gruppe polnischer Arbeiter, die in der Zwischenkriegszeit innerhalb eines Jahres nach Belgien kam.[945] Im Vergleich zum Beginn der 1930er Jahre hatte sich durch Zu- und Abwanderung die Zahl der in Belgien ansässigen Polen kaum verändert. 1939 lebten etwa 50.000–60.000 Menschen mit polnischer Staatsbürgerschaft in Belgien, darunter neben polnischen Arbeitskräften mit ihren Familien, von denen der größte Teil in den Steinkohlerevieren arbeitete, viele jüdische Migranten.[946] Im Bergbau bildeten die Polen am Vorabend des Zweiten Weltkrieges neben Arbeitsmigranten aus Ungarn, der Tschechoslowakei und Jugoslawien sowie italienischen Arbeitskräften und einigen wenigen Nordafrikanern ein wichtiges Segment unter den ausländischen Beschäftigten.[947]

Ein viertes Migrationsziel polnischer Arbeitskräfte, das jedoch ebenfalls quantitativ wenig Bedeutung gewann, waren die Niederlande, insbesondere die Provinz Limburg, in der sich die einzigen Steinkohlengruben des Landes befanden. Auch in die Niederlande, die vor dem Ersten Weltkrieg keine Arbeitsmarktbeziehungen zu Polen unterhielten, kamen im Verlauf der 1920er Jahre zunächst einige Hundert Polen, die das Ruhrgebiet verließen und sich – als begehrte Fachkräfte für den Bergbau – gemeinsam mit ihren Familien in Limburg niederließen, nachdem sie für die polnische Staatsbürgerschaft optiert hatten. Gemeinsam mit einigen Polen, die direkt aus Polen in die Niederlande gingen, bildeten polnische Migranten dort 1920 eine etwa tausendköpfige Minderheit, die neben anderen Arbeitskräften 105 Bergleute stellte.[948]

Den sich verdichtenden Migrationsbeziehungen zwischen Polen und den Niederlanden trug der Handelsvertrag von 1925 Rechnung, der eine reziproke arbeits- und sozialrechtliche Gleichstellung von Arbeitsmigranten zwischen beiden Ländern vorsah.[949] Nachdem die niederländische Regierung im Jahr 1929 zunächst die Genehmigung erbat, 500 Bergleute anzuwerben[950], stieg die Zahl der Polen im niederländischen Steinkohlenrevier schon 1930 auf etwa 4.000 an, darunter 1.257 Bergarbeiter. Bedingt durch die Weltwirtschaftskrise blieb dieser schnelle Zuwachs eine Ausnahme und die polnische Minderheit schrumpfte wieder auf etwa 2.500 Personen, unter denen sich nur noch 457 Bergleute befanden.[951] Eine direkte Anwerbung durch niederländische Arbeit-

945 Caestecker, Polish Migrants' Children in Interwar Belgium and the Netherlands, S. 172. Der Familiennachzug war gemäß dem für polnische Bergleute in den 1930er Jahren gebräuchlichen Musterarbeitsvertrag von der Genehmigung des Arbeitgebers abhängig; vgl. Le contrat de travail des mineurs polonais, S. 398.

946 L'introduction de familles des travailleurs polonais en Belgique, S. 93f.

947 Caestecker, Mineurs d'Europe centrale en Belgique, S. 162f.

948 Langeweg, Bekende buren en verre vreemden, S. 66f.

949 Le traité de commerce hollando-polonais, S. 253.

950 Pologne: Le recrutement pour les mines néerlandaises, S. 148.

951 Versteegh, De onvermijdelijke afkomst?, S. 164f.

geber in Polen fand jedoch nur 1929 statt, als ein Konjunkturaufschwung den Arbeitskräftebedarf der Minen so stark anwachsen ließ, dass auch die Anwerbung unqualifizierter polnischer Arbeiter aus ländlichen Gebieten zur Option für die niederländischen Minengesellschaften wurde.[952] Bei dieser kurzen Episode kooperierten diese mit dem polnischen Auswanderungsamt, wobei der polnische Honorarkonsul in Heerlen sich einerseits darum bemühte, die Einstellung polnischer Arbeitskräfte gegenüber ausländischen Arbeitern aus Italien, Ungarn, der Tschechoslowakei oder Jugoslawien zu fördern, andererseits versuchte, gute Arbeitsbedingungen für die in Polen rekrutierten Arbeitskräfte auszuhandeln. Insgesamt wurden Ende der 1930er Jahre allerdings nur wenige Hundert Polen in Posen und Schlesien angeworben und mit Sonderzügen in die Niederlande gebracht, wobei sie die Reisekosten vollständig selbst tragen mussten.[953]

Der Zweite Weltkrieg markiert eine tiefe Zäsur in der polnischen Migrationsgeschichte. Während des Krieges machte die Einbindung Polens ins deutsche System der Zwangsarbeit alle bis dahin erreichten Fortschritte der gleichberechtigten Integration des Landes ins europäische System der Arbeitsmigration zunichte. In der unmittelbaren Nachkriegszeit bestimmte das Schicksal von Hunderttausenden polnischen ›Displaced Persons‹, die über den ehemaligen deutschen Machtbereich verstreut waren, das Migrationsgeschehen. Schließlich veränderte die Integration Polens in den Ostblock die Rahmenbedingungen polnischer Arbeitsmigration nach Europa vollends. Nach 1945 stellten die Teilung Europas und das kommunistische Regime in Polen die in Frankreich lebenden Migranten vor eine schwierige Wahl. Einerseits warb die polnische Regierung um die Rückkehr qualifizierter Arbeitskräfte, andererseits führte die Remigration hinter den ›Eisernen Vorhang‹. Unter diesen Vorzeichen entschied sich die Mehrzahl der in Frankreich lebenden Polen für die Vollendung des Einwanderungsprozesses. Die Einbürgerungszahlen schnellten, nachdem sie in der Vorkriegszeit eher niedrig gelegen hatten, in die Höhe. Nur etwa 78.000 Polen entschieden sich bis 1950 für eine Rückkehr.[954]

Auch in Belgien sorgten die Kriegsfolgen für einen Strukturwandel der polnischen Migration. Während ein Teil der ansässigen polnischen Bevölkerung sich für die Rückwanderung nach Polen bzw. ein Weiterwandern nach England oder Übersee entschied, entwickelte sich eine Neueinwanderung, die in begrenztem Umfang Polen aus Polen, mehrheitlich jedoch ›Displaced Per-

---

952 Caestecker, Polish Migrants' Children in Interwar Belgium and the Netherlands, S. 171f.

953 Versteegh, De onvermijdelijke afkomst?, S. 232f.

954 Kleßmann, Comparative Immigrant History, S. 348; dazu auch exemplarisch Kostrubiec, Evolution de la structure de la population active polonaise du Nord/Pas-de-Calais, S. 221–235. Parallel dazu bemühten sich Frankreich und Polen in den ersten Nachkriegsjahren um entsprechende Regelungen hinsichtlich der Sozialversicherungsansprüche polnischer Migranten in Frankreich; Protocol Relating to the Status of Paid Workers, or Workers Treated as such, who have been Employed in Poland, France and Belgium, 17.8.1948, hier aus: United Nations Treaty Collection (online) http://untreaty.un.org/English/access.asp, No. 10700.

sons‹, die nicht nach Polen zurückkehren wollten, als Einwanderer oder Durchwanderer nach Belgien führte. Zugleich begann in den Jahren 1946/47 die Anwerbung polnischer ›Displaced Persons‹ in Flüchtlingslagern, die in Deutschland lagen, sowie unter den in England demobilisierten Angehörigen der polnischen Verbände in der britischen Armee, um den Arbeitskräftebedarf der belgischen Industrie, insbesondere des Steinkohlenbergbaus, zu decken. Als zu Beginn der 1950er Jahre diese Migrationsbewegung jedoch langsam auslief, lag die Gesamtzahl der Polen in Belgien – allerdings in ihrer Zusammensetzung verändert – noch immer bei etwa 60.000 Personen.[955]

Die andere Seite der Rückholpolitik der kommunistischen Führung Polens äußerte sich in einer zunehmend restriktiven Prägung der polnischen Migrationspolitik hinsichtlich der Auswanderung aus Polen.[956] Polnische Arbeitsmigration, die zuvor das bestimmende Element der innereuropäischen polnischen Migration gewesen war, verschwand bis zum Ende des Betrachtungszeitraumes fast vollkommen. Die ersten Nachkriegsjahre bis etwa 1950 waren vor allem durch Bevölkerungsverschiebungen geprägt, die durch die Zwangsmigration der Kriegsjahre und die Grenzverschiebungen bzw. -ziehungen der Nachkriegszeit bedingt wurden. Etwa vier Millionen Menschen verließen Polen, 3,8 Millionen siedelten sich auf polnischem Territorium an.[957] In der ersten Hälfte der 1950er Jahre sorgte die migrationsfeindliche Politik Polens für einen starken Rückgang der Auswanderung, die sich in diesem Zeitraum fast ausschließlich zwischen Polen und der DDR abspielte. In der zweiten Hälfte des Jahrzehnts begann eine zweite Welle der Auswanderung von Angehörigen der deutschen Minderheit in Polen nach Westdeutschland, die während der gesamten 1960er Jahre das Wanderungsgeschehen bestimmte. Parallel zu diesen Migrationsbewegungen vollzog sich die Auswanderung eines großen Teils der jüdischen Bürger Polens nach Israel. Nachdem die gesamte Auswanderung aus Polen mit knapp 150.000 Personen im Jahr 1957 ihren absoluten Höhepunkt erreicht hatte, stabilisierten sich die Auswandererzahlen, unter Berücksichtigung aller Ziele, in den 1960er Jahren bei etwa 22.000 Migranten pro Jahr.[958] Erst in den 1970er Jahren führten dann die Verhandlungen zwischen Polen und der BRD über Ausreisemöglichkeiten für deutschstämmige Polen zu einem neuerlichen Anstieg der Auswandererzahlen.[959] An der zwischen den späten 1940er Jahren und dem sogenannten Anwerbestopp Anfang der 1970er Jahre von Westeuropa ausgehenden Nachfrage nach Arbeitskräften partizipierte Polen indes nur marginal. 1972 waren etwa 4.000 Arbeitskräfte aus Osteuropa, darunter vor allem Polen und Rumänen, als tem-

955 Goddeeris, De Poolse migratie in België, 1945–1950, S. 201f.

956 Ruchniewicz, Die polnische politische Emigration nach Deutschland in den Jahren 1945 bis 1980, S. 64f.; Miera, Polski Berlin, S. 33f.

957 Stola, Das kommunistische Polen als Auswanderungsland (online). Vgl. für Einblicke in die Rolle Polens als Einwanderungsland für politische Flüchtlinge Grzymala-Moszczynska, Migration Processes in Poland, S. 187f.

958 Stola, Das kommunistische Polen als Auswanderungsland (online), S. 7.

959 Korcelli, Emigration from Poland after 1945, S. 172.

poräre Arbeitskräfte in westeuropäischen Staaten beschäftigt.[960] Eine Wiedereingliederung ins europäische System der Arbeitsmigration blieb bedingt durch die politische Entwicklung aus.[961] Erst im Verlauf der 1980er Jahre fand Polen im Zuge der Aufhebung zahlreicher Reisebeschränkungen langsam wieder Anschluss an die innereuropäische temporäre Arbeitsmigration, um schließlich in den 1990er Jahren erneut zu einem der wichtigsten Herkunftsländer für Arbeitswanderer zu werden.[962]

Innerhalb des Ostblocks spielte temporäre Arbeitsmigration eine wesentlich geringere Rolle als im Westen. Das Zusammenwirken einer ungünstigen demographischen Entwicklung in fünf der sieben osteuropäischen Staaten und eines gleichzeitig wachsenden Arbeitskräftebedarfs machten neben der Mobilisierung von Arbeitskräftereserven, die zu einer wesentlich höheren Beschäftigungsquote als in Westeuropa führten, einen begrenzten transnationalen Arbeitskräftetransfer jedoch unumgänglich. Infolgedessen entstand auch innerhalb des RGW-Gebietes ein grenzübergreifender Arbeitsmarkt, zu dessen wichtigsten Aufnahmestaaten neben der Sowjetunion die Deutsche Demokratische Republik und die Tschechoslowakei gehörten.[963] In Polen, das neben Ungarn und Bulgarien zum Arbeitskräftereservoir des Ostblocks zählte, herrschte, obwohl bisweilen hohe Wachstumsraten der Wirtschaft ausgewiesen wurden, ein latenter ökonomischer Migrationsdruck.[964] Bereits in den ersten Nachkriegsjahren begann mit einem tschechisch-polnischen Abkommen über die Beschäftigung polnischer Arbeitskräfte in grenznahen Gebieten ein neues Kapitel der polnischen Arbeitsmigration.[965] In gewisser Weise knüpfte Polen dann doch an ältere Migrationsmuster an, als sich Anfang der 1960er Jahre erste Arbeitsmarktbeziehungen zu Ostdeutschland entwickelten.[966] Die institutionellen Voraussetzungen dafür boten der deutsch-polnische Vertrag über die Qualifizierung von Arbeitskräften und die Vereinbarungen des Rates für gegenseitige Wirtschaftshilfe (RGW) über einen internationalen Arbeitskräftetransfer innerhalb des Ostblocks. Infolgedessen entstanden drei Formen der ökonomisch motivierten Migration von Polen in die DDR. In grenznahe Gebiete pendelten polnische Arbeitskräfte, während sich gleichzeitig in quantitativ sehr begrenztem Umfang eine regelrechte Einwanderung unter Gewäh-

960 Schultz, Labour Migration among the Socialist European Countries in the Post World War II Period, S. 194.

961 Iglicka, Poland's Post-War Dynamic of Migration, 25f.

962 Stola, Das kommunistische Polen als Auswanderungsland (online); Cyrus, Wie vor hundert Jahren?, S. 185–202; Miera, Polski Berlin, S. 38f.; Kaluza, Permanent External Migration from Poland, S. 171–181.

963 Schüle, Vertragsarbeiterinnen und -arbeiter in der DDR, S. 80–100; Paschirbe, Zur Situation der Arbeitsmigranten in der DDR vor und nach dem Fall der Mauer am Beispiel von vietnamesischen Vertragsarbeitern, S. 9f.

964 Machowski/Zwass, Polen, S. 112.

965 Levcik, Migration and Employment of Foreign Workers in COMECON Countries and their Problems, S. 462f.

966 United Nations, Department of Economic and Social Affairs, Trends and Characteristics of International Migration since 1950, S. 34.

rung der Staatsbürgerschaft der DDR entwickelte. Erneut wurde jedoch in den späten 1960er Jahren eine temporäre Arbeitsmigration zum Schwerpunkt des Wanderungsgeschehens, die noch bis zum Ende der DDR sowohl im primären als auch im sekundären Sektor von Bedeutung blieb.[967] Dabei spielte insbesondere die Entsendung von Mitarbeitern polnischer Unternehmen vor allem aus der Baubranche eine Rolle, die Aufträge in der DDR übernahmen. Diese Art des Arbeitskräftetransfers dominierte im Ostblock als Sonderform der Arbeitsmigration.[968] Als in Westeuropa die von den Anwerbestaaten 1973/74 verfügten Rekrutierungsstopps den Kreislauf der europäischen Arbeitsmigration unterbrachen, befanden sich etwa 30.000 Arbeitsmigranten aus Polen in der Tschechoslowakei, wo sie mehrheitlich in der Textilindustrie arbeiteten, während sich etwa 50.000 polnische Arbeitskräfte in der DDR aufhielten.[969]

2.2.7. Portugal

Auswanderung ist eine strukturelle Konstante der portugiesischen Geschichte.[970] Das Land besitzt eine bis ins Mittelalter zurückreichende Migrationstradition, die sich ursprünglich im Kontext der Entdeckungsreisen und der sich anschließenden kolonialen Expansion entwickelte. Bis in die ersten Jahrzehnte des 19. Jahrhunderts waren die Auswanderungsströme daher vor allem auf die portugiesischen Besitzungen in Südamerika, Asien und Afrika gerichtet und verliefen innerhalb des eigenen Kolonialreiches. Aber auch einige europäische Regionen, insbesondere Spanien und Frankreich sowie auch die Niederlande bildeten seit der Frühen Neuzeit zeitweise wichtige Wanderungsziele.[971] Selbst als das portugiesische Weltreich im 19. Jahrhundert zerfiel, blieben ehemalige Kolonien, vor allem das seit 1822 unabhängige Brasilien, die bevorzugten Ziele.[972] Sie gewannen ihre Attraktivität nicht nur durch die sprachliche und kulturelle Nähe zu Portugal, sondern auch durch ihre fortschreitende wirtschaftliche Erschließung, die Chancen für portugiesische Siedler öffneten.[973] Hatte im 18. Jahrhundert die Ausbeutung von Bodenschätzen in Brasilien als

967 Miera, Polski Berlin, S. 98f.; Stola, Das kommunistische Polen als Auswanderungsland, (online) S. 9.

968 Compton, Migration in Eastern Europe, S. 210; Levcik, Migration and Employment of Foreign Workers in COMECON Countries and their Problems, S. 463.

969 Schultz, Labour Migration among the Socialist European Countries in the Post World War II Period, S. 195.

970 Baganha/Góis/Pereira, International Migrations to and from Portugal, S. 417.

971 Higgs, Portuguese Migration before 1800, S. 9f.; Marcadé, L'émigration portugaise, S. 134f. In Portugal kam es, wie zuvor in Spanien, im 16. Jahrhundert zur Vertreibung eines großen Teils der jüdischen Bevölkerung, die jedoch nicht nur in den Orient, sondern vor allem in die Handelsmetropolen Europas flüchteten.

972 Godinho, L'émigration portugaise, S. 58f.; Rocha Trindade, Portuguese Migration to Brazil in the Nineteenth and Twentieth Centuries, S. 30f. Brasilien war bis 1960 der quantitative wichtigste Migrationspartner Portugals.

973 Engerman, The Bricks of an Empire 1415–1999, S. 24; Vieira, Emigration from the Portuguese Islands in the Second Half of the Nineteenth Century, S. 43f.

wichtiger Faktor für eine Akzeleration der Wanderungsbewegung von Portugal nach Südamerika gesorgt, induzierte am Ende des 19. Jahrhunderts die Abschaffung der Sklaverei in Brasilien im Jahr 1888 einen Substitutionsbedarf auf dem Arbeitsmarkt, der für ein Anschwellen der Einwanderungsströme sorgte.[974] Im Vergleich dazu erlangten die USA als Ziel portugiesischer Migranten nur untergeordnete Bedeutung.[975] Der Aufschwung der Auswanderung aus Portugal nach Brasilien in den 1890er Jahren bildete den Auftakt für weiteres Wachstum, das zu einem ersten Höhepunkt der Auswanderung vor dem Ersten Weltkrieg führte. Zwischen 1911 und 1915 verließen pro Jahr durchschnittlich etwa 55.000 Menschen Portugal. In der Zwischenkriegszeit jedoch ging die Auswanderung durch die Weltwirtschaftskrise mit jährlich zwischen 7.000 und 8.000 Personen auf Werte zurück, die zuletzt Mitte des 19. Jahrhunderts erreicht worden waren.[976] In diesem Zeitraum verstärkte sich ein Trend, der bereits vor dem Ersten Weltkrieg eingesetzt hatte: In der Zwischenkriegszeit setzte sich eine Verlagerung der Wanderungsströme fort, die zu einem langsamen Bedeutungszuwachs europäischer Länder für portugiesische Migranten führte.[977] Frankreich, das bereits im Ersten Weltkrieg portugiesische Arbeiter anwarb, wurde dabei schnell zum wichtigsten europäischen Zielland.[978] Dadurch avancierte Spanien zum obligatorischen Transitland für die portugiesischen Arbeitsmigranten, die sich in Richtung Europa wandten. So erhielt auch die bereits sehr viel ältere, jedoch quantitativ unbedeutende Arbeitsmigration von Portugiesen nach Spanien neue Impulse.[979] Gleichzeitig stützte der Druck einer latent schlechten Arbeitsmarktlage in Portugal Forderungen, die Arbeitsmigration stärker zu fördern.[980]

Mit der zweiten großen Auswanderungswelle aus Portugal, die nach dem Zweiten Weltkrieg einsetzte, vollzog sich schließlich der Übergang von einer vorwiegend transatlantischen zu einer innereuropäischen Wanderung.[981] Hatten von 1950 bis 1954 nur 2% der 184.000 portugiesischen Auswanderer europäische Ziele gewählt, waren es zwischen 1960 und 1964 bereits 50% und 1970 bis 1974 schließlich 83% der 667.000 Portugiesen, die ihr Land verließen.[982] Seit Beginn der 1960er Jahre suchte sich also die Mehrzahl der portugiesischen Auswanderer Ziele in Europa, wobei allein Frankreich bis zum Ende

974 Anido/Freire, L'émigration portugaise, S. 13.

975 Baganha, Unbroken Links, S. 91; Rocha Trindade, Portugal, S. 164f.

976 Godinho, L'émigration portugaise, S. 11.

977 Bacalhau, Regional Distribution of Portuguese Emigration according to Socio-Economic Context, S. 55f.

978 Volovitch-Tavarès, Les phases de l'immigration portugaise, des années vingt aux années soixante-dix, S. 2.

979 López Trigal, La migration portugaise en Espagne, S. 110.

980 Portugal: Chômage et immigration, S. 282.

981 Vgl. dazu nun auch grundlegend Ghemmaz, Des portugais en Europe du Nord, S. 132f., 135f.

982 Pereira/Tavares, Portuguese Population in France, S. 3; Les migrations des ressortissants portugais en 1951, S. 468f.; Migrations des Portugais en 1954, S. 411f. 1951 war Frankreich das einzige kontinentaleuropäische Land, das portugiesische Migranten aufnahm, sein Anteil an der Emigration aus Portugal lag bei etwa 1,8%.

dieser Phase der europäischen Arbeitsmigration etwa 62% der portugiesischen Auswanderer aufnahm.[983] Der Anteil der Portugiesen an der Einwanderung von Arbeitskräften nach Frankreich stieg dadurch von etwa 10% der Neueinwanderer im Jahr 1961 auf mehr als 50% zu Beginn der 1970er Jahre. Die Portugiesen lösten so italienische und auch spanische Migranten als wichtigste Gruppe unter den ausländischen Arbeitskräften in Frankreich ab und wurden auch für andere Staaten zu Beginn der 1970er Jahre zu einer wichtigen Quelle für Arbeitskräfte.[984] So etwa auch für Luxemburg, das eine ähnliche Entwicklung, wenn auch auf wesentlich niedrigerem quantitativem Niveau, durchlief. Schon kurz nach dem Beginn ihrer Zuwanderung wurden portugiesische Arbeiter dort ebenfalls zur größten Gruppe unter den ausländischen Arbeitskräften. Zwischen 1960 und 1974 erreichte die Auswanderung im Sog des europäischen Nachkriegsbooms ihren historischen Höhepunkt.[985] Etwa die Hälfte der 3,1 Millionen Portugiesen, die zwischen dem Jahr 1900 und der Ölpreiskrise ihr Land verließen, traf ihre Migrationsentscheidung in diesem Zeitraum.[986] Neben Frankreich und Luxemburg wurden auch die Bundesrepublik Deutschland und die Niederlande zu wichtigen europäischen Zielländern.[987] Mit ihnen schloss die portugiesische Regierung ebenso wie mit Frankreich Anwerbeverträge und erlaubte die Durchführung systematischer Rekrutierungskampagnen, die jedoch unter strenger Aufsicht der portugiesischen Auswanderungsbehörden erfolgten.[988]

Die Entwicklung der Auswanderung sowie der Emigrationspolitik Portugals und damit auch seiner Migrationsbeziehungen stand seit den 1930er Jahren in engem Zusammenhang mit den politischen und ökonomischen Zielsetzungen des ›Estado Novo‹, der korporatistischen Staatsform, die der Diktator António Salazar und sein Nachfolger Marcelo Caetano dem Land von 1932 bis zur Revolution von 1974 aufoktroyierten.[989] Vor dem Ende des Zweiten Weltkrieges folgte man einer für die Zwischenkriegszeit nicht untypischen Politik der Einschränkung grenzüberschreitender Wanderungsbewegungen.[990] Die Verfassung des ›Estado Novo‹ von 1933 griff bereits ältere Ansätze einer restriktiven Auswanderungspolitik auf und beschnitt die Möglichkeiten zur Emigration drastisch. Die Regulierung der Auswanderung im Sinne staatlicher

983 Rocha Trindade, Portugal, S. 169f.; Godinho, L'émigration portugaise, S. 17.

984 Brettell, Emigration and Underdevelopment, S. 66f.; Baganha, From Closed to Open Doors, S. 2.

985 Clausse, Portuguese Emigration to the EEC and the Utilization of Emigrants' Remittances, S. 144f.

986 Rocha Trindade, Portugal, S. 168f.

987 Leloup, L'émigration portugaise dans le monde et ses conséquences pour le Portugal, S. 68f.

988 Corciero, Zwischen Diktatur und Demokratie, S. 825; Baganha/Góis/Pereira, International Migrations to and from Portugal, S. 420f.

989 Baiôa/Fernandes/Ribeiro de Meneses, The Political History of Twentieth-Century Portugal; César das Neves, Portuguese Postwar Growth, S. 330f.

990 Rosas, Salazarism and Economic Development in the 1930s and 1940s, S. 88f.

Interessen erhielt damit Verfassungsrang.[991] Man koppelte dabei an einer migrationspolitischen Tradition an, welche die Wanderung in eigene Kolonien, im Fall Brasiliens auch nach deren Unabhängigkeit, zuließ oder sogar förderte, die Auswanderung in andere Staaten jedoch durch gesetzliche, administrative und monetäre Hürden nahezu unmöglich machte.[992] Erst nach 1945 setzte langsam ein Umdenken ein. Trotzdem wurde mit der Verlagerung der Wanderungsschwerpunkte nach Europa die illegale Auswanderung auf dem Landweg, die im Vergleich zur illegalen Migration nach Übersee sehr viel einfacher zu bewerkstelligen war, zu einem regelrechten Massenphänomen.[993] Gleichzeitig rückte das Phänomen Auswanderung als Möglichkeit zur Entlastung des Arbeitsmarktes und zur Beschaffung von Devisen ins Blickfeld der Wirtschaftspolitiker.[994] Die kontinentale Auswanderung war weniger leicht zu kontrollieren, konnte aber reguliert und als Sicherheitsventil für den relativen Bevölkerungsüberschuss genutzt werden.[995] Die Migrationsgeschichte Portugals nach dem Zweiten Weltkrieg zerfällt vor diesem Hintergrund in zwei Phasen. Bis zum Todes Salazars im Jahr 1968 besaß die Migrationspolitik restriktiven Charakter und ein hoher Kontrollanspruch kennzeichnete den Umgang mit der Arbeitsmigration nach Europa. Mit der Regierung Caetano begannen sich dann freizügigere Tendenzen durchzusetzen, die auch die Entwicklung der Migrationspolitik nach der Demokratisierung des Landes 1974 weiter prägen sollten.[996]

Der Auswanderungsstopp, der im Jahr 1947 für einige Monate galt, ist ein Indiz für den Richtungswechsel zu einer Regulierung der Auswanderung. Der Neubeginn folgte nach diesem Abschneiden des Migrationsflusses mit der Gründung der portugiesischen Auswanderungsbehörde ›Junta da Emigração‹.[997] Die Junta, in die alle tangierten Fachministerien Vertreter entsandten, unterstand dem Innenministerium und erhielt die Aufgabe, alle zur Steuerung der Auswanderung im staatlichen Interesse notwendigen Maßnahmen zu ergreifen. Noch bis in die 1960er Jahre blieb dabei die Einschränkung der permanenten Auswanderung primäres Ziel der staatlichen Migrationspolitik. Sie sah ein Quotensystem vor, das die Auswanderung in Abhängigkeit von der Arbeitsmarktlage regeln und den Migrationsdruck auf ein verträgliches Maß reduzieren sollte. Dabei erfolgte eine Verteilung der Auswanderungsquoten sowohl auf einzelne Provinzen als auch auf bestimmte Berufsgruppen. Die

991 Baganha, Portuguese Emigration after World War II, S. 191.
992 Engerman, The Bricks of an Empire 1415–1999, S. 27.
993 Corciero, Zwischen Diktatur und Demokratie, S. 825; Rocha Trindade, Immigrés portugais, S. 48f.
994 Graham, Money and Migration in Modern Portugal, S. 82f.; Lains, Catching up to the European Core, S. 373f.; Chaney, Regional Emigration and Remittances in Developing Countries, S. 19, 23, 91f.
995 Rocha Trindade, Portuguese Migration Movements inside Europe, S. 52.
996 Pereira, La politique d'émigration de l'Estado Novo entre 1958 et 1974 (online); Cavaco, A Place in the Sun, S. 176; Poinard, L'émigration portugaise de 1960 à 1969, S. 294f.
997 Eine grundlegende Reform der Behörde erfolgte erst mit der Demokratisierung Portugals 1974; vgl. Guibentif, Le Portugal face à l'immigration, S. 129.

Zulassung zur Auswanderung war für Migrationswillige mit strengen Auflagen bzw. Voraussetzungen verbunden.[998] Mit der Einrichtung einer Migrationsbehörde setzte auch eine Verfolgung der informellen Migrationsinstitutionen ein, der Agenten und Mittelsmänner, die Auswanderungswilligen Wege ins Ausland oder die Kolonien ebneten.[999] An ihre Stelle sollte die lückenlose Kontrolle des staatlichen Kontroll- und Planungsapparates treten.[1000] Das Ziel bestand darin, alle alternativen Migrationskanäle zu versperren und die Auswanderungsbehörde zum Knotenpunkt sowohl für die Auswahl der Auswanderer und die Verteilung der Auswanderungskontingente auf die Regionen des Landes als auch für die Vermittlung der potentiellen Auswanderer an die Rekrutierungsbüros derjenigen Staaten, mit denen Portugal formale Migrationsbeziehungen aufnahm, zu machen.

In diese Periode fallen die ersten bilateralen Wanderungsabkommen Portugals mit Frankreich und den Niederlanden im Jahr 1963 sowie mit Deutschland 1964.[1001] Im Jahr 1970 kam ein Anwerbeabkommen mit Luxemburg hinzu. Während die Vertragspartner Portugals daran interessiert waren, mittels dieser Wanderungsabkommen ein Bresche in das restriktive portugiesische Migrationsregime zu schlagen, zielte die Regierung Salazars darauf, informelle Migrationsbeziehungen durch ihre Formalisierung regulierbar zu machen.[1002] Gleichzeitig blieb Portugal jedoch auch darauf angewiesen, sein Netz formalisierter und kontrollierter Migrationskanäle so auszuweiten, dass die gewünschten Auswandererzahlen über diese Migrationsverbindungen abgeleitet werden konnten.[1003] Der Spagat zwischen dem Wunsch nach einer Kontrolle der Auswanderung und der Notwendigkeit, Migrationsdruck abzubauen, dabei jedoch auf ein extrem restriktives Migrationsregime zu setzten gelang indes nicht.

Angesichts des enormen und stetig wachsenden Auswanderungsdrucks in Portugal führte diese Politik zu einer Flucht portugiesischer Migranten in die Illegalität. Der Anteil der Migranten, die ihre Wanderung individuell organisierten und Portugal an der Auswanderungsbehörde vorbei verließen, lag in den Jahren 1950/51 bei nur wenigen Hundert Personen, stieg bis zur Mitte der 1960er Jahre auf etwa 30% der Auswanderer und lag in den Jahren 1970/71, als die portugiesische Arbeitsmigration nach Europa ihren Höhepunkt erreichte, bei fast 67%. Für die Periode zwischen 1950 und 1988 wird der Anteil der illegalen Auswanderer an den insgesamt 2.152.000 portugiesischen Mig-

998 Baganha, Portuguese Emigration after World War II, S. 191; Poinard/Roux, L'émigration contre le développement, S. 31.

999 Corciero, Zwischen Diktatur und Demokratie, S. 825.

1000 Engerman, The Bricks of an Empire 1415–1999, S. 28.

1001 Im Hintergrund standen die Bemühungen Portugals um assoziierte Mitgliedschaft in der Europäischen Gemeinschaft; vgl. Andresen-Leitao, Portugal's European Integration Policy, 1947–72, S. 31f.

1002 Convention de main-d'œuvre entre le Portugal et la République fédérale d'Allemagne, S. 76f.

1003 Pereira, La politique d'émigration de l'Estado Novo entre 1958 et 1974 (online).

ranten auf etwa 36% geschätzt.[1004] Aufgrund der großzügigen Legalisierungspraxis Frankreichs gegenüber Arbeitsmigranten, die an den offiziellen Migrationskanälen vorbei ins Land kamen, war die illegale Migration in dieser Richtung am stärksten ausgeprägt.[1005] Nicht alle Länder, in die Portugiesen einwanderten, profitierten jedoch gleichermaßen von diesem Kontrollverlust, der zeitlich mit Bestrebungen in zahlreichen Einwanderungsländern zusammentraf, die Einwanderung von Arbeitskräften stärker zu reglementieren. So vollzog sich die Arbeitsmigration nach Frankreich, die portugiesische Arbeiter innerhalb weniger Jahre zur größten Gruppe von Ausländern auf dem französischen Arbeitsmarkt machte, in der Phase des ›Laissez-faire‹ der französischen Arbeitskräfterekrutierung zunehmend an der portugiesischen Auswanderungsbehörde ebenso wie an der französischen Einwanderungsbehörde vorbei. Erst im Gefolge des novellierten französisch-portugiesischen Anwerbevertrages von 1971 traf dieser breite Wanderungsstrom aus Portugal auf die sich verstärkenden Bemühungen seitens der französischen Behörden um eine Einschränkung der unregulierten Einwanderung von Arbeitern. Zudem beinhaltete das Abkommen, das auch zur Substitution algerischer Arbeitskräfte gedacht war, angesichts steigender Arbeitslosenzahlen in Frankreich eine Beschränkung der Einwanderung aus Portugal auf 65.000 Arbeitskräfte pro Jahr.[1006] In Deutschland dagegen blieb der hohe Anteil der über die portugiesische Auswanderungsbehörde und die deutsche Arbeitsverwaltung laufende Teil der Bewegung gewahrt, während Luxemburg, das relativ spät auf die portugiesischen Arbeitskräftereserven zuzugreifen begann, die sich dort durchsetzende liberalisierte Wanderungspraxis mit einer aktiven Zuwanderungspolitik koppelte und so in kurzer Zeit eine große Anzahl portugiesischer Arbeitskräfte ins Land ziehen konnte.[1007]

Eine Eigenart der portugiesischen Migrationspolitik war – unter bestimmten Bedingungen – ein stillschweigendes Hinnehmen, ja sogar Akzeptieren der illegalen Auswanderung, die mit einem Strafmaß von bis zu zwei Jahren Gefängnis bedroht war, ohne dass es bis zum Ende der 1960er Jahre zu einem Politikwechsel kam. Vielmehr trieb die portugiesische Auswanderungsbehörde die Migranten geradezu in die Illegalität. Exemplarisch macht dies der Umgang mit Frankreich deutlich. Bereits seit 1957 warb das französische ONI über eine Dependance im spanischen Irun in Zusammenarbeit mit der portugiesischen Junta in Portugal selbst Arbeitskräfte an. Die Franzosen übermittelten der portugiesischen Seite Stellenangebote, die Auswanderungsbehörde bestimmte die Migranten, diese wurden noch vor Ort einem Auswahlprozess

1004 Baganha, Portuguese Emigration after World War II, S. 192; dies., From Closed to Open Doors, S. 2f., 10.

1005 Chaney, Regional Emigration and Remittances in Developing Countries, S. 80; Brettell, Emigration and Underdevelopment, S. 73.

1006 Volovitch-Tavarès, Les phases de l'immigration portugaise, des années vingt aux années soixante-dix, S. 4; Leloup, L'émigration portugaise dans le monde et ses conséquences pour le Portugal, S. 58.

1007 Siehe Kapitel 2.1.4.

unterzogen und an französische Unternehmen weitervermittelt. Auf diese Weise kamen Jahr für Jahr einige Tausend Portugiesen legal nach Frankreich. Die illegale Auswanderung in Richtung Frankreich überholte die legale Migration allerdings schnell und machte die Kontrollbemühungen beider Staaten obsolet. Im Jahr 1963 handelten beide Länder schließlich ein Anwerbeabkommen aus, das 1964 in Kraft trat. Frankreich beabsichtigte, auf diese Weise die Zuwanderung aus Portugal auszuweiten – das ONI konnte nun direkt in Portugal tätig werden – und sich gegen die zunehmende Konkurrenz anderer Einwanderungsländer zu schützen. Schließlich hatten die Niederlande wenige Wochen zuvor einen Anwerbevertrag geschlossen, während Deutschland im Begriff stand, Verhandlungen über eine Vereinbarung aufzunehmen. Portugal indes sah in den Abkommen einen Hebel, mit dessen Hilfe ein größerer Teil der Auswanderung – der legalen und der illegalen – in kontrollierte Kanäle gezwungen werden konnte. Entsprechend gestaltete man den Rekrutierungsprozess: Namentliche Anforderungen wurden abgelehnt, um die vollständige Kontrolle über die Auswahl der Migranten zu erlangen. Informationen über die Möglichkeiten der Anwerbung wurden kaum verbreitet. Diese Maßnahme senkte die Bewerberzahl, da viele Portugiesen nichts von der Anwesenheit ausländischer Rekrutierungskommissionen wussten, sodass die Zugangskontrolle durch die Auswahl der Bewerber bei der Auswanderungsbehörde verblieb. Schließlich setzte man, so etwa 1967, die Anwerbung von Facharbeitern sowie von Angehörigen ganzer Berufs- oder Altersgruppen zeitweise aus. Infolge solcher Rahmenbedingungen blieb alles beim Alten. Im Jahr 1965 gingen nur 15.000 der 51.000 portugiesischen Arbeiter über das im Anwerbeabkommen vorgesehene Verfahren nach Frankreich, die übrigen wählten die illegale Ausreise und die nachträgliche Legalisierung. Über den gesamten Zeitraum ihrer Zusammenarbeit lag die Beteiligungsquote des ONI bzw. der ›Junta da Emigração‹ an der portugiesisch-französischen Arbeitsmigration um 50%.[1008]

Eine Anpassung der portugiesischen Auswanderungspolitik wurde in den 1960er Jahren durchaus diskutiert, eine Liberalisierung blieb jedoch in Regierungs- und Wirtschaftskreisen höchst umstritten. Die landwirtschaftlichen Eliten fürchteten die aus einer Abwanderung der armen Landbevölkerung, die industriellen Eliten die aus einem Verlust urbaner Arbeitsmarkreserven resultierenden Lohneffekte.[1009] Dieser Konflikt innerhalb der politischen Führung führte sogar zunächst zur Ablehnung französischer Anfragen nach den Möglichkeiten zur Ausweitung der Anwerbung von Arbeitskräften und prägte

1008 Pereira, La politique d'émigration de l'Estado Novo entre 1958 et 1974 (online); Convention de main-d'œuvre entre le Portugal et al Rèpublique fédérale d'Allemagne, S. 76f.; Leloup, L'émigration portugaise dans le monde et ses conséquences pour le Portugal, S. 68; der Autor geht davon aus, dass zwischen 1964 und 1969 von 404.476 durch das ONI in Frankreich registrierten portugiesischen Auswanderern 94.322 illegal nach Frankreich eingereist waren.

1009 Leeds, Salazar's ›Model Económico‹, S. 35f.; Thormann, Employment and Earnings in Portugal, 1953–1967, S. 604.

später den restriktiven Umgang mit dem Anwerbeprozess. Vor dem Hintergrund der zunehmenden ökonomischen Schwierigkeiten konnten sich zu einer vorsichtigen Öffnung der Auswanderung neigende Kräfte jedoch mit der Regierungsübernahme Caetanos im Jahr 1968 durchsetzen. Dieser Politikwechsel traf auf eine wachsende Migrationsneigung weiter Kreise der Bevölkerung. Diese speiste sich nicht nur aus den ökonomischen Schwierigkeiten Portugals, sondern auch aus dem zunehmend repressiven Charakter des Regimes und der Mobilisierung junger Männer für die Kolonialkriege, die Portugal ab 1961 führte.[1010] Die portugiesische Migrationspolitik verfolgte von 1968 bis zur Revolution im April 1974 einen Abbau ihrer Restriktionen.[1011] Dazu zählte auch die Aufhebung der Strafbarkeit der illegalen Auswanderung im Jahr 1968.[1012] Angesichts der Zuwanderungsbeschränkungen, die von allen westlichen Industriestaaten im Kontext des Ölpreisschocks verhängt wurden, entwickelte sich die Auswanderungspolitik des demokratischen Portugals, das erst 1986 Mitglied der Europäischen Gemeinschaft wurde und damit Zugang zum europäischen Binnenarbeitsmarkt erhielt, dann allerdings unter gänzlich neuen Rahmenbedingungen.[1013]

Die Emigration portugiesischer Arbeitskräfte zwischen Erstem Weltkrieg und Ölpreiskrise verlief also in drei Phasen. Der Beginn der Herrschaft Salazars verstärkte zunächst restriktive Tendenzen in der Migrationspolitik und führte zu einer Abschottung des portugiesischen Arbeitsmarktes im Zeichen einer kompromisslosen Autarkiepolitik. Dennoch verließen jährlich zwischen 6.000 und 15.000 Menschen das Land, meist in Richtung Südamerika. Erst im Jahr 1943 kam die Auswanderung – kriegsbedingt – fast vollkommen zum Erliegen. Nach dem Ende des Zweiten Weltkrieges begann sich ein Politikwechsel zur Kontrolle einer unvermeidlichen Abwanderung abzuzeichnen. Gleichzeitig vollzog sich eine Verlagerung der Migrationsströme aus Portugal von transatlantischen Zielen nach Europa. Dennoch wandten sich 1957 beispielsweise erst rund 10% der 35.356 portugiesischen Auswanderer europäischen Ländern zu – 96% von ihnen gingen nach Frankreich –, während Brasilien mit einem Anteil von etwa 56% nach wie vor wichtigster Migrationspartner Portugals blieb.[1014] Die Auswandererzahlen betrugen im Durchschnitt zu Beginn der 1950er Jahre um 20.000 Menschen pro Jahr und stiegen langsam bis auf jährlich etwa 35.000 bis 40.000 Emigranten zu Beginn der 1960er Jahre. Ab 1963 schließlich wandten sich in jedem Jahr mehr Migranten europäischen als

1010 Pereira, Entre modernisateurs et conservateurs (online); Pereira, Portuguese emigration 1958–1985, S. 654f.; Leeds, Salazar's ›Model Económico‹, S. 44f.; Brandao de Brito, The Portuguese Economy, S. 107f.

1011 Baganha, From Closed to Open Doors, S. 3.

1012 Anido/Freire, L'émigration portugaise, S. 50f.; Corciero, Zwischen Diktatur und Demokratie, S. 825; Bielek, Wirtschafts- und Agrarpolitik in Portugal, S. 8.

1013 Kölster, Portugal, S. 147f.; Solé, Portugal and Spain, S. 316f.; Clausse, Portuguese Emigration to the EEC and the Utilization of Emigrants' Remittances, S. 152f.; Brandao de Brito, The Portuguese Economy, S. 109f.; Ferreira de Paiva, Portuguese Migration Studies, S. 139f.; Pereira, Portuguese Emigration 1958–1985, S. 655f.

1014 L'émigration en provenance du Portugal en 1957, S. 415f.

transatlantischen Zielen zu. Während das Regime Mitte der 1960er Jahre zwischen einem forcierten Export von Arbeitskräften nach Europa und dem Beharren auf traditionellen Kontrollansprüchen schwankte, stiegen die Auswandererzahlen auf jährlich über 100.000 Menschen und erreichten im Jahr 1970 – unter Berücksichtigung der kontrollierten sowie der autonomen bzw. illegalen Auswanderung – mit 183.205 Personen ihren absoluten Höhepunkt. Diese Massenauswanderung prägte die dritte Phase der Auswanderung, die mit der Liberalisierung des portugiesischen Migrationsregimes ab 1968 begann. Nach der Auflösung des europäischen Anwerbesystems sanken die Auswandererzahlen im Verlauf der 1970er Jahre wieder stark ab und lagen zu Beginn der 1980er Jahre bei Werten um 20.000 Migranten. Das Auswanderungsniveau war damit wieder mit der Wanderungsintensität der frühen 1950er Jahre vergleichbar.[1015]

Zwischen 1950 und 1974 wurden 1.514.300 Portugiesen zu temporären und permanenten Auswanderern, wobei sie in der Regel einen mehrjährigen Aufenthalt im Ausland und eine dauerhafte Beschäftigung gegenüber der Saisonarbeit bevorzugten. Für das kleine Land brachte dieses hohe Migrationsniveau gravierende demographische Konsequenzen mit sich, denn etwa 18% der Bevölkerung wanderten aus. Die Menschenverluste durch den Auswanderungsprozess in den 1950er bis 1970er Jahren konnte das natürliche Bevölkerungswachstum nicht kompensieren, die Einwohnerzahl Portugals sank. Während das hohe Auswanderungsniveau und die starke Landflucht für eine regelrechte Entvölkerung einiger ländlicher Regionen Portugals sorgten, lebten im Jahr 1995 nach offiziellen Statistiken 4,5 Millionen Menschen mit portugiesischen Wurzeln im Ausland und knapp 9,9 Millionen in Portugal selbst.[1016] Dieser Befund deutet an, dass die vom Regime intendierte Entlastung des Arbeitsmarktes durchaus möglich war, und hilft, das intensive Steuerungsbedürfnis der portugiesischen Regierung zu erklären. Derartig massive Einschnitte in die Bevölkerungsstruktur und damit auch den Arbeitsmarkt – denn es wanderten vor allem erwerbsfähige Personen aus – konnten sich langfristig negativ auswirken, wenn sie unkontrolliert nach den Bedürfnissen der Einwanderungsländer erfolgten, und nur dann positiv, wenn Arbeitskraft aus solchen Bereichen abfloss, in denen tatsächlich ein Überangebot herrschte.[1017]

Vom Beginn ihrer aktiven Auswanderungspolitik an nutzte die portugiesische Regierung Anwerbeabkommen, um ihren Arbeitskräften den Zugang zu ausländischen Arbeitsmärkten zu erschließen, und ließ die Auswanderung über informelle Migrationskanäle angesichts der eigenen prekären wirtschaftlichen Entwicklung zu. Das Etablieren formeller Migrationskanäle diente jedoch nicht nur als Türöffner, da Portugal ja im Unterschied etwa zu Spanien

1015 L'émigration portugaise en 1963, S. 74–75; Baganha, From Closed to Open Doors, S. 5f., 10f.

1016 Alpalhao/Pereira Da Rosa, L'émigration portugaise, S. 293; Pereira/Tavares, Portuguese Population in France, S. 3; Rocha Trindade, Réseaux de transnationalité, S. 258.

1017 Anido/Freire, L'émigration portugaise, S. 74f.

oder Italien kaum über gewachsene Migrationsbeziehungen nach Europa verfügte, sondern auch dem intensiven Kontroll- und Steuerungsbedürfnis der Bürokratie des ›Estado Novo‹. Dieser war bemüht, ein lückenloses System staatlich gelenkter Auswanderung zu errichten. Die gelenkte Auswanderung wurde jedoch – wie in anderen Ländern auch – nicht zuletzt aufgrund bürokratischer Schwerfälligkeit und der faktisch nicht realisierbaren vollkommenen Kontrolle von Migration mit der Zeit durch eine Komponente individueller Migration ergänzt.[1018]

2.2.8. Spanien

Spanien besitzt zwei säkulare Wanderungstraditionen, die im 20. Jahrhundert durch das Phänomen Arbeitsmigration erweitert worden sind. Zum einen vollzogen sich seit dem 15. Jahrhundert Wanderungsbewegungen innerhalb des spanischen Kolonialreiches sowohl nach Süd- und Mittelamerika als auch nach Asien. Dabei entstanden Migrationsbeziehungen, die auch nach der Unabhängigkeit der Kolonien vielfach ihre Bedeutung behielten.[1019] Zum anderen spielt die Binnenmigration in Spanien seit der Vertreibung der Araber von der iberischen Halbinsel und den darauf folgenden Siedlerströmen nach Andalusien und Granada eine bedeutende Rolle. Später folgten periodische Wanderungsschübe aus Zentralspanien in Richtung der Küsten, die insbesondere in Krisenzeiten großen Umfang erreichen konnten. Seit dem Beginn der Industrialisierung prägten dann Bewegungen aus den agrarisch geprägten peripheren Regionen in die industriellen Ballungsgebiete die internen Migrationsmuster und noch bis ins 20. Jahrhundert wiesen die Spanier eine durch den ökonomischen Strukturwandel bedingte hohe intra- und interregionale sowie regionale grenzüberschreitende Mobilität auf.[1020] Bereits ab 1830 sind etwa spanische Saisonarbeiter in der französischen Landwirtschaft nachweisbar.[1021]

Begünstigt durch eine 1853 liberalisierte Auswanderungsgesetzgebung gewann die Abwanderung aus Spanien während der letzten Jahrzehnte des 19. Jahrhunderts stark an Umfang, und auch die Bedeutung von Zielgebieten außerhalb des eigenen Kolonialreiches nahm zu.[1022] Von 1880 bis zum Ausbruch des Ersten Weltkrieges verließen etwa 3 Millionen Spanier ihre Heimat, 90% von ihnen in Richtung Südamerika, wo sie sich vor allem in Argentinien, Bra-

1018 Rocha Trindade, Portugal and Spain, S. 266. Auch nachdem 1968 die illegale Auswanderung nicht mehr unter Strafe stand, blieb sie prinzipiell gesetzeswidrig. Dies änderte sich erst 1977.

1019 Altman, Spanish Migration to the Americas, S. 28f.; Moya, Cousins and Strangers, passim.

1020 Bradshaw, Internal Migration in Spain, S. 69f.; Bover/Velilla, Migrations in Spain, S. 389.

1021 Farré, L'émigration espagnole vers l'Europe pendant la deuxième moitié du XXe siècle, S. 135; Pietschmann, Spanien und Portugal, S. 238.

1022 Tascón, Les migrations asturiennes dans le contexte espagnol (XIXe–XXe siècle), S. 221.

silien, Kuba und Uruguay niederließen.[1023] Obwohl der Verlauf der Auswanderung in diesem Zeitraum, wenn auch weniger stark ausgeprägt, dem Wachstumstrend in den südeuropäischen Auswanderungsländern folgte und im letzten Jahrzehnt vor dem Kriegsausbruch zur Massenauswanderung anschwoll, gingen sowohl in Relation zur Gesamtbevölkerung als auch in absoluten Zahlen weniger Spanier ins Ausland als etwa Portugiesen oder Italiener.[1024] Gleichzeitig wiesen die Spanier bereits in diesem Zeitraum eine hohe Remigrationsquote auf: Nur jeder dritte Auswanderer in transozeanische Zielregionen blieb dauerhaft im Ausland, zwei Drittel dagegen kehrten nach Spanien zurück.[1025] Während die Faktoren, die den Migrationsdruck in diesen Ländern hervorriefen, vor allem ein Entwicklungsrückstand und ein starkes Lohngefälle, in Portugal oder Italien ähnlich gelagert waren, scheint eine Kombination aus Armut und sehr niedrigen Wechselkursen der spanischen Währung für das Zurückbleiben der spanischen Auswanderung ausschlaggebend gewesen zu sein. Bis zu 30% der potentiellen Migranten in Spanien waren finanziell nicht in der Lage, ihre Migrationsentscheidung umzusetzen, sodass die Auswanderung insgesamt in diesem Zeitraum auf niedrigerem Niveau verlief als in vergleichbaren Ländern.[1026]

Die moderne grenzüberschreitende Arbeitsmigration von Spaniern innerhalb Europas begann mit der saisonalen Wanderung in Richtung Frankreich im 19. Jahrhundert. Bis zum Ersten Weltkrieg blieb sie jedoch, ebenso wie die Arbeitsmigration in andere europäische Länder, marginal. Erst die Rekrutierung spanischer Arbeiter für die französische Kriegswirtschaft zwischen 1914 und 1918 änderte dies und führte zur Entwicklung einer dauerhaften Migrationsbeziehung Spaniens zu einem europäischen Land. Im Jahr 1918 befanden sich bereits 350.000 Spanier in Frankreich, von denen jedoch etwa 100.000 nach Kriegsende wieder nach Spanien zurückkehrten.[1027] Die Arbeitsmigration von Spaniern nach Frankreich erlebte in den 1920er Jahren im Zuge von Konjunkturaufschwung und Wiederaufbau erneut ein beträchtliches Wachstum, bevor die Weltwirtschaftskrise und die Verdrängungspolitik Frankreichs für einen starken Rückgang sorgten. Ende der 1930er Jahre war mit etwa 250.000 Spaniern eine Bestandsgröße erreicht wie zu Beginn der 1920er Jahre. Die Spanier konzentrierten sich in Frankreich vor allem in der Landwirtschaft im Süden und Südwesten des Landes. Sie setzten sich sowohl aus Saisonarbeitern, der am stärksten fluktuierenden Gruppe, als auch aus solchen Migranten zusammen, die einen mittel- oder langfristigen Aufenthalt in Frankreich einkalkulierten. Auch regelrechte Einwanderung mit dauerhafter Niederlassung war bereits in der Zwischenkriegszeit anzutreffen, wie die Einbürgerung von 40.000 Spaniern bis zum Beginn des Zweiten Weltkrieges unter-

1023 Sánchez-Alonso, Those Who Left and Those Who Stayed Behind, S. 731f.

1024 Ebd., S. 735.

1025 Gregory, Intra European Migration and Regional Development, S. 69.

1026 Sánchez-Alonso, European Emigration in the Late Nineteenth Century, S. 327; dies., What Slowed Down the Mass Emigration from Spain before World War II, S. 316.

1027 Rocha Trindade, Portugal and Spain, S. 263.

streicht.[1028] Dennoch blieb Europa für die seit 1900 stetig wachsenden Auswandererströme aus Spanien noch bis zum Ende des Zweiten Weltkrieges ein zweitrangiges Zielgebiet, dessen Bedeutung weit hinter den traditionellen südamerikanischen Einwanderungsländern rangierte, obwohl die Migrationsbeziehungen zu diesen Staaten während der Weltwirtschaftskrise Ende der 1920er Jahre einen dramatischen Einbruch erlebten.[1029] Das neue Auswanderungsgesetz indes, das 1924 in Kraft trat und unter anderem die Einrichtung der Auswanderungsbehörde mit sich brachte, beinhaltete bereits eine wichtige Neuerung, die auf den langsamen Bedeutungszuwachs Europas für die spanische Emigration reagierte. Es galt uneingeschränkt für alle spanischen Auswanderer, während zuvor Migranten, die nach Europa oder Afrika gegangen waren, explizit ausgeschlossen blieben. Das Gesetz orientierte sich hinsichtlich des Auswandererschutzes sowie der Migrationskontrolle an den Empfehlungen der Internationalen Arbeitsorganisation und war entsprechend modern, in seinen Bestimmungen allerdings trotz der Berücksichtigung der innereuropäischen Migration klar auf die überseeische Migration zugeschnitten.[1030] Die Bedeutung der überseeischen Auswanderung für Spanien lässt sich auch am Zuschnitt der 1924 geschaffenen Auswanderungsbehörde ablesen, deren Zuständigkeit sich auch nach ihrer Reorganisation und Modernisierung zwischen 1927 und 1929 vollkommen auf diesen Bereich beschränkte.[1031]

Nach dem Sieg Francos im spanischen Bürgerkrieg bildete der Zweite Weltkrieg, in dem Spanien seine Neutralität wahren konnte, eine Zäsur im Wanderungsgeschehen. Auswanderung aus Spanien war nun im Angesicht der faschistischen Diktatur häufig eine Flucht politischer Gegner.[1032] In der Gegenrichtung versuchten jedoch ebenso Menschen, die vor den Deutschen flüchteten, in das neutrale Spanien zu gelangen.[1033] Einzig die Anwerbung spanischer Arbeitskräfte für die Kriegswirtschaft des ›Dritten Reiches‹ auf der Grundlage eines bilateralen Abkommens zwischen den beiden Diktaturen deutete bereits auf die Nachkriegsentwicklung hin, die eine deutliche Umorientierung der spanischen Migrationsströme mit sich bringen sollte.[1034]

Doch in den ersten Jahren nach 1945 erlebte Spanien zunächst eine schwache Wiederbelebung der Migrationsbeziehungen zu Südamerika, während das Regime Francos den wirtschaftspolitischen Autarkiekurs fortsetzte, der seit 1939 die Richtung der Außenhandels- und Migrationspolitik bestimmte. Gegen Ende der 1950er Jahre führten jedoch drei ineinandergreifende Entwick-

1028 Ewenczky, Les Espagnoles, S. 74.
1029 Bover/Velilla, Migrations in Spain, S. 392f.
1030 Espagne: Un nouveau code de l'émigration, S. 453f.
1031 Espagne: L'organisation des services d'émigration, S. 141.
1032 Santos Delgado, Exiliados y emigrados 1939–1999, S. 11f.; Ewenczky, Les Espagnoles, S. 74; Viet, La France immigrée, S. 51; Stein, Beyond Death and Exile, S. 5f.
1033 Hermsdorf, Exil in den Niederlanden und in Spanien.
1034 Deutsch-spanische Vereinbarung über spanische Arbeitskräfte, S. 517; vgl. zu den spanisch-deutschen Wirtschaftsbeziehungen im Zweiten Weltkrieg Ruhl, Spanien im Zweiten Weltkrieg, S. 41f., 84f. Siehe dazu Kapitel 3.4.2.4.

lungen zu grundlegenden Veränderungen der spanischen Arbeitsmigration. Erstens konnte Franco im ›Kalten Krieg‹ die Isolation seines Landes in Europa aufbrechen, indem er sich den USA als Verbündeter gegen den Ostblock andiente.[1035] Gleichzeitig suchte die spanische Regierung über den Versuch, internationalen Wirtschaftsinstitutionen beizutreten, weltwirtschaftlichen Anschluss. Zweitens rückte die Auswanderung als Export von Arbeitskraft bzw. Arbeitslosigkeit ab Mitte der 1950er Jahre, als sich bedingt durch eine Agrarkrise die wirtschaftliche Lage in Spanien verschärfte, zunehmend ins Blickfeld der staatlichen Wirtschaftsplanung.[1036] Dies umso mehr, als die ökonomischen und sozialen Folgen der wirtschaftlichen Abschottung den Auswanderungsdruck in Spanien stark erhöht hatten. Auch die Rezession Anfang der 1960er Jahre, die mit der Wiedereingliederung der spanischen Wirtschaft in den internationalen Wettbewerb bzw. das internationale Wirtschaftssystem in Zusammenhang stand, trug weiter zu einem Ansteigen des Migrationspotentials unter der spanischen Bevölkerung bei.[1037] Drittens verloren die südamerikanischen Staaten als Auswanderungsziele sowohl politisch als auch ökonomisch zunehmend an Attraktivität.[1038] Im Verlauf der 1950er Jahre kündigte sich also ein Ende der wirtschaftlichen Autarkiepolitik ebenso an wie eine Wiedereingliederung in die internationale Arbeitsmigration.[1039]

Zu den Folgen dieser Konstellation zählten ein Bedeutungsgewinn der nach Arbeitskräften hungernden westeuropäischen Industriestaaten als Migrationsziele einerseits, andererseits eine Verstärkung von Planung und Kontrolle der Auswanderung in Spanien.[1040] War das Verlassen des Landes bis zu diesem Zeitpunkt vor allem eine Privatangelegenheit gewesen und die spanische Gesetzgebung und Diplomatie bestenfalls auf den Schutz ihrer ausgewanderten Bürger im Ausland gerichtet, trat nun die bürokratisch administrative Steuerung und sogar Förderung der Migration als Teil der Wirtschaftspolitik bzw. -planung in den Vordergrund.[1041] Die wichtigste wirtschaftliche Voraussetzung für diesen Paradigmenwechsel der Auswanderungspolitik war das Scheitern des ökonomischen Stabilisierungsplans der spanischen Regierung von 1959, der ursprünglich die Modernisierung und Reintegration Spaniens in die Weltwirtschaft flankieren sollte. Dieser hatte die Industrialisierung des Landes weiter vorangetrieben und für einen Mechanisierungsschub in der Landwirtschaft gesorgt, der allerdings eine Vielzahl von Arbeitskräften im Primären Sektor freisetzte. Da aber aus der staatlichen Wirtschaftsplanung nicht die er-

1035 Nohlen, Spanien, S. 26f.; Steinert, Migration und Politik, S. 290f.

1036 Aceña/Comin, Industrial Planning in Spain under the Franco Regime, S. 395f.

1037 Antolín Nicolás, International Migration Flows, S. 2f.; Bernecker, Sozialgeschichte Spaniens im 19. und 20. Jahrhundert, S. 298f.; Nohlen, Spanien, S. 169.

1038 Muñoz Sánchez, Die spanische Arbeitsmigration in die Bundesrepublik Deutschland, S. 819; Campo, Spain, S. 156f.

1039 Hommel, Der Beginn der wirtschaftlichen Westintegration Spaniens durch die Beitritte zur OEEC, zum IWF und zur Weltbank, S. 253–272.

1040 Bernitt, Die Rückwanderung spanischer Gastarbeiter, S. 8f.

1041 Rocha Trindade, Portugal and Spain, S. 264; Bover/Velilla, Migrations in Spain, S. 392f.; Aceña/Comin, Industrial Planning in Spain under the Franco Regime, S. 391f.

warteten Wachstumsimpulse resultierten, verschlechterten sich zu Beginn der 1960er Jahre die Lebensbedingungen in Spanien zusehends.[1042] Eine neue Auswanderungswelle schien im Angesicht dieser Krise als eine Option zur Entlastung des Arbeitsmarktes sowie auf Devisengewinne durch Lohnüberweisungen von Arbeitsmigranten.[1043] Der Umstand, dass von den 1.472.000 Arbeitern, die zwischen 1955 und 1972 von der spanischen Auswanderungsbehörde registriert wurden, 59% vor ihrer Auswanderung arbeitslos gewesen waren, unterstreicht nicht nur die Bedeutung, sondern auch den Erfolg der spanischen Politik der Auswanderung als Export von Arbeitslosigkeit.[1044] Die notwendigen administrativen und gesetzlichen Voraussetzungen für die neue Auswanderungspolitik entstanden zwischen 1956 und 1960. Auf die Gründung der Auswanderungsbehörde ›Instituto Español de Emigración‹ (IEE) als Abteilung des Arbeitsministeriums im Jahr 1956 folgten 1960 und 1962 weitere grundlegende Auswanderungsgesetze.[1045] Das Auswanderungsgesetz von 1956 brachte den Wandel der spanischen Migrationspolitik deutlich zum Ausdruck. Die Arbeitsmigration erfuhr nun eine aktive Förderung und wurde als ökonomische wie soziale Chance für die Auswanderer und ihre Familien mit positiven Auswirkungen für das Gemeinwohl apostrophiert. Gleichzeitig erhielt zwar jeder Spanier das Grundrecht auf Auswanderung, diese wurde jedoch einer strikten staatlichen Kontrolle unterworfen. Sie bezog sich ebenso auf die Aufnahme von Migrationsbeziehungen zu anderen Staaten wie auf Dauer und Umfang der Wanderungsbewegung oder auf die Auswahl der Migranten. Wem die Auswanderungsbehörde jedoch die Möglichkeit zur Arbeit im Ausland eröffnet hatte, der sollte gemäß der neuen spanischen Gesetzgebung weitreichende Unterstützung und Hilfestellungen erfahren.[1046]

Den Zugang zu den Arbeitsmärkten potentieller Zielländer in Europa sicherte sich Spanien über den Abschluss bilateraler Wanderungsverträge. Im Gegensatz etwa zu Italien, das nach 1945 unmittelbar auf ein breites Spektrum gewachsener und teilweise bereits durch bilaterale Verträge institutionalisierte Migrationsbeziehungen zurückgreifen konnte, war Spanien bisher kaum in das europäische Migrationssystem integriert gewesen. Frankreich hatte als einziges Land bisher eine bedeutende Zahl spanischer Arbeitsmigranten aufgenommen und einen Wanderungsvertrag abgeschlossen. Außerdem hatte während des Zweiten Weltkrieges eine quantitativ wenig bedeutende Anwerbung

1042 Harrison, The Spanish Economy, S. 146f.; Prados de la Escosura/Sanz, Growth and Macroeconomic Performance in Spain, S. 361f.

1043 Campo, Spain, S. 158; Ewenczky, Les Espagnoles, S. 75.

1044 Sanchez, Les Espagnols en Belgique au XXe siècle, S. 257.

1045 Panorama de la emigración española en Europa, 1986, S. 18f.; Campo, Spain, S. 159; Muñoz Sánchez, Die spanische Arbeitsmigration in die Bundesrepublik Deutschland, S. 819. Diese Behörde folgte der älteren Auswanderungsbehörde, die sich vor allem auf die überseeische Migration konzentriert hatte, und förderte nun verstärkt die innereuropäische Arbeitsmigration.

1046 Loi de base sur la réglementation de l'émigration, S. 254f.

spanischer Arbeiter für das ›Dritte Reich‹ auf der Grundlage eines bilateralen Vertrages stattgefunden.[1047]

Den ersten Anwerbevertrag nach dem Zweiten Weltkrieg schloss Spanien im Jahr 1956 mit Belgien. Er ermöglichte die Rekrutierung spanischer Bergleute durch die belgische ›Fédéchar‹. Die folgenden Anwerbevereinbarungen, die 1960 mit Deutschland, 1961 mit der Schweiz, Frankreich und den Niederlanden sowie 1964 mit Österreich zustande kamen, zielten dagegen nicht mehr nur auf eine bestimmte Branche, sondern öffneten spanischen Arbeitnehmern alle Segmente der jeweiligen Arbeitsmärkte, in denen Arbeitskräftemangel herrschte.[1048] Gleichzeitig versuchte die spanische Regierung, auch die Auswanderung nach Südamerika wiederzubeleben, und schloss dazu 1965 einen multilateralen Wanderungsvertrag mit einer Reihe südamerikanischer Staaten ab, der allerdings nicht mehr zu einer signifikanten Steigerung der Auswanderung in diese Region führte. Und auch die bilateralen Verträge mit westeuropäischen Staaten markierten nicht bereits das Ende der spanischen Vernetzungsbemühungen, wie die Verhandlungen mit der Europäischen Wirtschaftsgemeinschaft um einen multilateralen Wanderungsvertrag in den 1960er Jahren zeigen.[1049]

Das ›Instituto Español de Emigración‹ verfolgte bei seiner auf bilaterale Abkommen gegründeten Zusammenarbeit mit den Rekrutierungsinstanzen der Vertragspartner Spaniens eine Politik strikter Auswanderungskontrolle, die 1960 ein ergänzend zu den Wanderungsgesetzen erlassenes Dekret festschrieb. Ihr Ziel war es, zu überwachen, wer auswanderte, und dabei die Anwerbung so zu steuern, dass sie Regionen Spaniens mit schlechter Arbeitsmarktlage entlastete.[1050] Vor diesem Hintergrund wurde jede nicht-steuerbare Form individueller Migration, etwa mit Touristenvisum nach Frankreich oder auf dem sogenannten ›Zweiten Weg‹ nach Deutschland, von der spanischen Seite abgelehnt.[1051] Zu verhindern war die Arbeitsmigration jenseits der kontrollierten Migrationskanäle jedoch nicht, solange der Arbeitskräftebedarf in den anwerbenden Staaten zu einer großzügigen Zulassungspolitik beitrug, für die der Gewinn von Arbeitskraft im Vordergrund stand. Insbesondere nach Frankreich, dem wichtigsten Zielland spanischer Arbeitskräfte und einzigem Migrationspartner, der direkt an Spanien angrenzte, kamen nur 20 bis 40% der Arbeitskräfte auf dem von der spanischen Auswanderungsbehörde kontrollierten Weg. Die übrigen Arbeitsmigranten konnten auf die lockere Legalisierungspolitik der französischen Behörden zählen und überschritten die Grenze meist

1047 Vilar/Vilar, La emigración española a Europa en el siglo XX, S. 25.

1048 Campo, Spain, S. 160; Aschmann, »Treue Freunde ...«?, S. 321.

1049 Larroque, Protection juridique par les accords bilatéraux, S. 15f.; Rocha Trindade, Portugal and Spain, S. 267f.

1050 Procédure administrative pour l'examen des offres d'emploi émanant de l'étranger, S. 247f.

1051 BArch B 119 3038, Arbeitsvermittlung ausländischer Arbeitnehmer durch die Bundesanstalt im Ausland, 1960, Schreiben vom 18.2.1963.

illegal oder als Touristen getarnt.[1052] Auch auf der spanischen Seite herrschte ein durchaus ambivalentes Verhältnis zur illegalen Auswanderung, denn die staatlichen Wirtschaftspläne gaben regelrechte Planziele für die jährlich ins Ausland zu sendenden Arbeiter vor, die sogar die Summe der daraus zu erzielenden Devisengewinne durch Lohnüberweisungen beinhalteten. Vor diesem Hintergrund verbarg während der 1960er Jahre die offizielle Linie vollkommen kontrollierter Auswanderung zumindest eine Duldung der inoffiziellen Arbeitsmigration, die dazu beitrug, trotz eines schwerfälligen bürokratischen Apparates eine hohe Migrationsintensität zu erzielen.[1053]

Eine weitere Begleiterscheinung der Einbindung der Auswanderungspolitik in die staatliche Wirtschaftsplanung war die Auffassung, die spanische Arbeitsmigration bliebe ein temporäres Phänomen, das hülfe, den Industrialisierungsprozess zu bewältigen. Sobald jedoch das Heimatland ausreichende Beschäftigungsmöglichkeit böte, sollte eine Förderung der Remigration einsetzen, um die Emigranten wieder nach Hause zu holen. Zu diesem Zweck errichtete die spanische Regierung bereits bei Beginn der Anwerbung in vielen Zielländern eine dichte Betreuungsinfrastruktur, deren Aktivitäten die Bindung der Migranten an ihr Heimatland lebendig erhalten sollte.[1054] Tatsächlich verzeichnete das IEE in den 1970er Jahren eine Remigrationsquote von etwa 70%, die zwar ursächlich auf das Zusammenwirken des spanischen Wirtschaftswachstums als Pull- sowie des europäischen Konjunktureinbruchs als Push-Faktor resultierte, deren hohe Intensität jedoch auch als Ergebnis der spanischen Migrationspolitik gedeutet werden kann.[1055]

Eine hohe Auswanderungsbereitschaft in Spanien, begleitet von einem Interesse der Regierung an temporärer Arbeitsmigration, die Nachfrage nach Arbeitsmigranten in den westeuropäischen Industriestaaten mit ihren spezifischen Politikansätzen und schließlich das Netz aus bilateralen Wanderungsabkommen bildeten in den 1960er Jahren den Rahmen für einen regelrechten Massenexodus aus Spanien. Arbeitnehmer und ihre Angehörigen ließen sich in diesem Jahrzehnt in allen in Kapitel 2.1 untersuchten Industrieländern Bestandteil nieder, ihre räumliche Verteilung und zeitliche Präsenz wies jedoch deutliche Schwerpunkte auf. Während sich in Schweden und Luxemburg nur sehr kleine Gruppen spanischer Arbeitsmigranten bildeten, gewannen sie in den Niederlanden bis Mitte der 1960er Jahre größere Bedeutung als etwa die Italiener und wuchsen mit etwa 19,5% der ausländischen Arbeitnehmer hinter Marokkanern und Türken zur drittstärksten Gruppe.[1056] Auch in Belgien blieb

1052 Bernitt, Die Rückwanderung spanischer Gastarbeiter, S. 12; Campo, Spain, S. 159.

1053 BArch B 119 3038, Beschäftigung, Anwerbung und Vermittlung ausländischer Arbeitnehmer 1965–1971, Erfahrungsbericht Spanien 1965.

1054 Muñoz Sánchez, Die spanische Arbeitsmigration in die Bundesrepublik Deutschland, S. 820; Sanchez, Les Espagnols en Belgique au XXe siècle, S. 265; Bernitt, Die Rückwanderung spanischer Gastarbeiter, S. 15.

1055 Passigli, Report on Spanish Emigration, S. 102f.; Leib, Die Rückkehr der spanischen Arbeitsmigranten, S. 151f.

1056 Passigli, Report on Spanish Emigration, S. 88f.

das Wachstum der Einwanderung aus Spanien begrenzt, obwohl es sich um eine der ersten Migrationsbewegungen aus Spanien nach Europa in der Nachkriegszeit gehandelt hatte. Neben Frankreich wurden die Schweiz und Deutschland zu den wichtigsten Aufnahmeländern für spanische Arbeitsmigranten, gemeinsam nahmen diese drei Staaten einen Anteil von 85% der spanischen Auswanderer nach 1945 auf.[1057] Nach einer kurzen Phase der unregulierten Arbeitsmigration im ersten Nachkriegsjahrzehnt entwickelte sich Frankreich mit der Aufnahme offizieller Migrationsbeziehungen zum wichtigsten Zielland vor allem kurzfristiger Arbeitsmigration. Erst als die Konkurrenz um Arbeitskräfte in Italien an Schärfe zunahm gewann auch eine aktive Werbung von Dauerarbeitskräften für die Industrie an Bedeutung. Ab 1960 bildeten spanische Immigranten zeitweise die wichtigste Gruppe unter den europäischen Arbeitsmigranten in Frankreich. Ihr Anteil an den jährlichen Neueinwanderungen betrug Mitte der 1960er Jahre bisweilen mehr als 50%.[1058] Im Jahr 1968 waren die Spanier für kurze Zeit sogar vor den Italienern die größte Gruppe von Ausländern in Frankreich. Mitte der 1970er Jahre lebten dort etwa 620.000 Spanier, die 16% der ausländischen Wohnbevölkerung des Landes stellten und nun, nach den Massenwanderungen der Jahre 1969 bis 1973, hinter Algeriern, Portugiesen und Italienern die viertwichtigste Einwanderergruppe bildeten.[1059] Diese Migration hatte zu einem großen Teil den Charakter eines Einwanderungsprozesses. So ließen sich von den etwa 700.000 Spaniern, die zwischen 1956 und 1971 nach Frankreich kamen, schließlich 450.000, also immerhin 64,3%, dort dauerhaft nieder.[1060]

Deutschland erlebte im Gefolge des Anwerbevertrages von 1961 nach der Arbeitsmigration während des Zweiten Weltkrieges erneut eine Arbeitskräfteeinwanderung aus Spanien. Im Gegensatz zur Migration nach Frankreich verlief ein großer Teil dieser Bewegung über die von der spanischen Auswanderungsbehörde und der deutschen Arbeitsverwaltung kontrollierten Kanäle. Diese regulierte Migration erfasste bis zu 70% der spanischen Einwanderer, und Deutschland fungierte zeitweise als das wichtigste Aufnahmeland für spanische Dauerarbeitskräfte, die im sekundären Sektor Beschäftigung fanden.[1061] Der Bedeutungsunterschied im Vergleich zu Frankreich verdeutlicht indes die Zahl der spanischen Einwohner Deutschlands am Ende des Betrachtungszeitraumes. Nach dem Ende der Anwerbung im Jahr 1974 lebten 272.676 spanische Arbeitnehmer und Familienangehörige in Deutschland. Mit einem Anteil

1057 Santos Delgado, Exiliados y emigrados 1939–1999, S. 34; Farré, L'émigration espagnole vers l'Europe pendant la deuxième moitié du XXe siècle, S. 137; Campo, Spain, S. 158. Mitte der 1960er Jahre nahmen die Spanier unter den Neuzuwanderern in Frankreich 50%, in Deutschland 26% und in der Schweiz 9% ein.

1058 Bernitt, Die Rückwanderung spanischer Gastarbeiter, S. 19f.; Ewenczky, Les Espagnoles, S. 84.

1059 Vilar/Vilar, La emigración española a Europa en el siglo XX, S. 42; Passigli, Report on Spanish emigration, S. 85.

1060 Campo, Spain, S. 159.

1061 Vilar/Vilar, La emigración española a Europa en el siglo XX, S. 64f.; Bernitt, Die Rückwanderung spanischer Gastarbeiter, S. 25.

von 6,6% der ausländischen Wohnbevölkerung bildeten sie hinter türkischen, italienischen und jugoslawischen Migranten bereits eine der kleineren Einwanderergruppen.[1062]

Die Schweiz entwickelte sich, obwohl der Anwerbevertrag mit Spanien bereits aus dem Jahr 1961 datierte, erst in den 1970er Jahren zu einem wichtigen Zielland spanischer Arbeitsmigranten.[1063] Im Verlauf der von den schweizerischen Unternehmen betriebenen Anwerbung – Angaben über den Beteiligungsgrad der spanischen Auswanderungsbehörde sind nicht zu finden – dienten die spanischen Arbeitsmigranten in den letzten Jahren der Anwerbung als Ergänzung zu den italienischen Arbeitnehmern.[1064] Deren Migrationsneigung begann in diesem Zeitraum abzusinken, sodass sich die wachsende Nachfrage nach Arbeitskräften aus der Schweiz nicht mehr in so hohem Maß wie zuvor auf dem italienischen Arbeitsmarkt decken ließ. Bis zum Jahr 1973 wuchs die Zahl der Spanier in der Schweiz auf knapp 125.000. Sie bildeten damit – allerdings mit weitem Abstand – hinter mehr als einer halben Million Italiener mit einem Anteil von 11,3% der ausländischen Arbeitskräfte die zweitgrößte Gruppe ausländischer Arbeiter. Etwa 65% der spanischen Arbeitsmigranten in der Schweiz bestanden aus Saisonarbeitern mit kurz befristeter Aufenthalts- und Arbeitserlaubnis.[1065] Dieser hohe Anteil war das Ergebnis einer vergleichsweise strengen Rotationspolitik der Schweiz gegenüber spanischen Arbeitsmigranten.[1066] Daher sahen sie sich in der Schweiz von den Maßnahmen zum Abbau der Ausländerbeschäftigung Mitte der 1970er Jahre, zu denen eine Beschränkung der Vergabe von Arbeitsgenehmigungen für Saisonarbeiter zählte, besonders stark betroffen.[1067]

Die Auswanderung von Arbeitskräften in die westeuropäischen Industriestaaten vollzog sich aus spanischer Perspektive unter Herausbildung komplexer Konkurrenzstrukturen. Erstens stand spanischen Migranten der Weg in unterschiedliche Migrationssysteme offen. Die einfachste Form, den schlechten Lebensverhältnissen in den krisengeschüttelten – vor allem ländlichen – Regionen zu entgehen, war die Wanderung in die urbanen bzw. industriellen Zentren des Landes.[1068] Diese standen als Zielpunkte nach dem Zweiten Weltkrieg zunehmend im Wettbewerb mit internationalen Alternativen. Während die Auswanderung nach Übersee an Attraktivität verlor, wurden die westeuropäischen Industriestaaten immer wichtiger.[1069] In diesem Migrationssystem

1062 Passigli, Report on Spanish Emigration, S. 7. Vgl. zur Entwicklung der deutsch-spanischen Migrationsbeziehungen auch Sanz-Diaz, España y la Republica Federal de Alemania (1949–1966), S. 955f. Für seinen Hinweis auf diese Literatur danke ich Roberto Sala.

1063 Bernitt, Die Rückwanderung spanischer Gastarbeiter, S. 18.

1064 Vilar/Vilar, La emigración española a Europa en el siglo XX, S. 70.

1065 Passigli, Report on Spanish Emigration, S. 98f.

1066 Campo, Spain, S. 159.

1067 Bernitt, Die Rückwanderung spanischer Gastarbeiter, S. 23f.

1068 Brandes, Migration, Kinship, and Community, S. 15f.; Gregory, Intra European Migration and Regional Development, S. 70.

1069 Farré, L'émigration espagnole vers l'Europe pendant la deuxième moitié du XXe siècle, S. 136.

konkurrierten spanische Arbeitsmigranten mit den Auswanderern aus anderen Ländern, deren migrationswillige Arbeitskräfte Zugang zu diesem Migrationssystem hatten. In Spanien selbst jedoch standen auch die anwerbenden Staaten im Wettbewerb – insbesondere unter der Einwirkung eines im Verhältnis zur Nachfrage schnell nachlassenden Auswandererpotentials Italiens.[1070]

Die Zielalternativen positionierten sich durch die Arbeits- und Migrationsbedingungen in dieser Matrix: Hohe Löhne in der Schweiz standen einer strengen Aufenthaltsregulierung gegenüber; Frankreich hatte eine niedrige Zuwanderungsschwelle zu bieten und konnte sich auf gewachsene spanische Migrationsnetzwerke stützen; für Deutschland sprachen gute und durch staatliche Aufsicht regulierte Lohn- und Arbeitsbedingungen trotz eines wenig attraktiven Ausländerrechts. Die Verteilung der Migranten auf diese Optionen hing jedoch natürlich nicht nur von der relativen Attraktivität ab, sondern auch vom konkreten Verhältnis zwischen Angebot an ausländischen Arbeitsplätzen und spanischen Migrationswilligen zu einem konkreten Zeitpunkt und vom Zugang zu den jeweiligen Anwerbekommissionen.[1071]

Innerhalb Spaniens bildeten sich Zonen heraus, in denen jeweils die Rekrutierungskommissionen eines oder mehrerer Industrieländer besonders intensiv betätigten oder aus denen heraus sich eine überdurchschnittlich starke Auswanderung in spezifische Zielgebiete entwickelte. Dieses Phänomen ist im Falle Spaniens durch das Ineinandergreifen einer Reihe unterschiedlicher Faktoren zu erklären. Erstens versuchte die spanische Auswanderungsbehörde, die Anwerbung nicht nur quantitativ und strukturell, sondern auch regional zu steuern. Einzelnen Rekrutierungskampagnen wies sie daher bestimmte Gebiete zu. Die Rekrutierungsorganisationen wiederum bemühten sich, daraus den exklusiven Zugang zum Arbeitskräftepotential solcher Regionen abzuleiten und diese für sich auch über längere Zeiträume zu vereinnahmen. Zweitens beeinflussten aber auch die Migranten als individuellen Akteuren selbst und die Summe ihrer Entscheidungen die Zusammensetzung der Wanderungsbewegungen zwischen Spanien und seinen Migrationspartnern. Diese konnte ebenso von gewachsenen Migrationstraditionen bzw. -verbindungen abhängen wie von der Wahl zwischen unterschiedlichen Migrationsbedingungen oder konkreten Stellenangeboten, die aus den in der Rekrutierung aktiven Ländern vorlagen. Ergebnis dieser Konstellation waren demnach regional unterschiedliche Anwerbeschwerpunkte der Rekrutierungsinstitutionen und regionalen Präferenzen der Arbeitswanderer.[1072]

Ein letztes Spezifikum der spanischen Arbeitsmigration nach dem Zweiten Weltkrieg ist die hohe Rückkehrneigung der Arbeitswanderer sowohl während der Anwerbephase als auch nach ihrem Ende.[1073] Sie spricht einerseits für das

1070 Ewenczky, Les Espagnoles, S. 80f.
1071 Ebd., S. 82.
1072 Ebd., S. 83.
1073 Tascón, Les migrations asturiennes dans le contexte espagnol (XIXe–XXe siècle), S. 222; Vilar/Vilar, La emigración española a Europa en el siglo XX, S. 66.

Greifen der spanischen Fürsorgepolitik und ist andererseits Ausdruck für die fehlenden Einwanderungsangebote, die bis auf Schweden und Frankreich keines der Anwerbeländer schon während der Anwerbephase machten. Entsprechend entwickelte sich die Remigration vor allem in solchen Ländern zu einem bedeutenden Phänomen, in denen beide Faktoren zusammenwirken konnten. Auf die starke Rückwanderung spanischer Arbeitsmigranten wirkte jedoch auch die chronologische Position Spaniens im Anwerbeprozess ein. In der Nachkriegszeit waren Migranten von der iberischen Halbinsel die zweite Gruppe, die sich nach den Italienern in das europäische Migrationssystem integrierte. Ihnen folgten später Arbeitswanderer aus der Türkei, den nordafrikanischen Staaten und Jugoslawien. Gleichzeitig beteiligten sich relativ weniger Spanier als etwa Portugiesen, Türken oder Italiener an diesem Migrationsprozess. Dies führte dazu, dass die Präsenz spanischer Arbeitskräfte in Ländern wie den Niederlanden oder Belgien, aber auch in Deutschland und der Schweiz früh ihren Höhepunkt erreichte und sich dann sowohl die Größe der spanischen Diaspora als auch ihre Bedeutung in Relation zu anderen Einwanderergruppen rückläufig zu entwickeln begann.[1074] In Deutschland beispielsweise überschritt die Zuwanderung aus Spanien bereits im Jahr 1965 ihren Höhepunkt und hielt während der zweiten Hochphase der Anwerbung zwischen 1968 und 1973 bei Weitem nicht mehr das Niveau der ersten Jahre, sodass sich das Wachstum der spanischen Minderheit in Deutschland stark verlangsamte. Auf den Anwerbestopp im Jahr 1973 folgte dann kein Familiennachzug aus Spanien in einem Umfang, der das Wanderungssaldo beider Staaten positiv hielt. Vielmehr lag die Zahl der Fortzüge aus der Bundesrepublik im ersten Jahrzehnt nach dem Anwerbestopp durchschnittlich etwa doppelt so hoch wie die Zahl der Neuzuwanderungen, sodass sich rein rechnerisch im Jahr 1985 mit rund 92.000 Personen nur wenige Tausend Spanier mehr in Deutschland aufhielten als 1962, im zweiten Jahr der Anwerbung. Für die Rückwanderung in den 1970er und 1980er Jahren wurden nicht nur die schwindenden Beschäftigungschancen im Ausland, sondern auch die Annäherung Spaniens an die Europäische Gemeinschaft und die Demokratisierung des Landes ab 1976 zu einem wichtigen Motor. Der Beitritt zum gemeinsamen europäischen Markt veränderte 1986 die Stellung spanischer Migranten in Europa grundlegend, die nun ebenso wie die Italiener die volle Freizügigkeit auf dem gemeinsamen europäischen Arbeitsmarkt genossen. Zugleich beschleunigte dieser Prozess mit seinen positiven Auswirkungen auf die ökonomische Entwicklung des Landes die Verwandlung Spaniens zum Einwanderungsland. Seit den 1990er Jahren ist die dortige Landwirtschaft neben einigen anderen Branchen zunehmend auf ausländische Saisonarbeiter angewiesen, während seine geographische Lage an der südwestlichen Außengrenze Europas Spanien mit der größtenteils illegalen Zuwanderung von Flüchtlingen und Arbeitsmigranten aus Afrika zu konfrontieren begann.[1075]

1074 Ebd., S. 26.
1075 Baumer, Spanien, S. 171f.

2.2.9. Türkei

Die Existenz der Türkei ist das Ergebnis einer langen Kette von Wanderungsprozessen, dennoch war sie bis in die zweite Hälfte des 20. Jahrhunderts weder Ein- noch Auswanderungsland. Das einer der Völkerwanderung ähnliche Vordringen turkstämmiger Nomaden aus Zentralasien in Richtung Westen kann als der Beginn dieser Entwicklung gesehen werden. Sie ließen sich zwischen dem 11. und dem 13. Jahrhundert in dem damals zum Oströmischen Reich gehörenden Anatolien nieder, wo sie noch unter seldschukischer Oberherrschaft erste kleinere Fürstentümer etablierten.[1076] Das mächtigste dieser Fürstentümer verselbstständigte sich im 14. Jahrhundert und wurde zur Keimzelle des Osmanischen Reiches. Damit begann eine fast drei Jahrhundert währende Expansion des türkischen Herrschaftsgebietes, in deren Verlauf weite Regionen des Balkans und Osteuropas, der arabischen Halbinsel und Nordafrikas ebenso kolonieähnliche Bestandteile dieses Vielvölkerstaates wurden, wie Teile des Kaukasus oder Persiens.[1077]

Innerhalb dieses riesigen Staates war freiwillige Migration alltäglich. Ebenso gehörten allerdings auch erzwungene Wanderungsbewegungen zur osmanischen Herrschaftspraxis.[1078] In den Gebieten, die nicht zum türkischen Kernland zählten, wurde durch Anreiz oder Zwang eine türkische Präsenz etabliert, die sowohl Herrschaftspersonal als auch Siedler umfasste. Zudem kam es noch bis zum Zusammenbruch des Osmanischen Reiches ebenso zur planmäßigen, häufig unfreiwilligen Umsiedlung indigener nicht-türkischer Bevölkerungsgruppen in andere Reichsteile wie zur staatlich gelenkten Ansiedlung türkischer Siedler in den Grenzregionen aus strategischen Gründen.[1079] Einwanderung *ins* Osmanische Reich blieb zwischen dem 15. und dem 20. Jahrhundert dagegen die Ausnahme.[1080] Neben der Ansiedlung christlicher Kriegsgefangener oder der Rückkehr von Flüchtlingen nach der Eroberung Konstantinopels im Zuge von Peuplierungsmaßnahmen blieb die Aufnahme von etwa 90.000 jüdischen Flüchtlingen aus Spanien Ende des 15. Jahrhunderts die größte singuläre Einwanderungsbewegung.[1081] Zwei für die Entwicklung im späten 19. und im 20. Jahrhundert wichtige Konsequenzen waren das Fehlen einer mit der westeuropäischen Erfahrung vergleichbaren Aus- oder Einwanderungstradition im türkischen Kernland sowie die Existenz verstreuter türkischer Minderheiten in den zeitweise vom Osmanischen Reich beherrschten Gebieten. Mit dem Zerfall dieses Reiches stellte sich die Frage nach der Zukunft dieser

1076 Hoerder, Cultures in Contact, S. 109.
1077 Matuz, Das Osmanische Reich, S. 9f.; Faroqhi, Geschichte des Osmanischen Reiches, S. 18f.
1078 Hoerder/Lucassen/Lucassen, Terminologien und Konzepte in der Migrationsforschung, S. 41.
1079 Adanir/Kaiser, Migration, Deportation and Nation-Building, S. 279, 281.
1080 Hoerder, Cultures in Contact, S. 110f.
1081 Ebd., S. 100f.; Kirişci, Turkey.

Minderheiten in den neu entstehenden Nationalstaaten. Mit ihr beginnt die moderne türkische Migrationsgeschichte.[1082]

Nach der Gründung der türkischen Republik im Jahr 1923 setzte sich zunächst ein Trend fort, der bereits mit den territorialen Verlusten des Osmanischen Reiches im Verlauf des 19. Jahrhunderts eingesetzt hatte: die Rückwanderung türkischer Bevölkerungsteile aus den verlorenen Gebieten.[1083] Nun jedoch vollzog sich diese Wanderung als ein politisch erwünschter und motivierter sowie administrativ organisierter Prozess. Zwischen 1923 und 1960 gelangten etwa 1,2 Millionen Türken vom Balkan, aus den Staaten Osteuropas sowie aus Griechenland, der asiatischen Sowjetunion und China in die Türkei. Die Abwicklung der Zuwanderung erfolgte auf zwei Wegen. Vor allem die frühen Remigrationswellen aus Griechenland, Rumänien oder Bulgarien waren überwiegend staatlich regulierte Operationen, die zum Teil die Form eines Austausches respektiver Minderheiten zwischen den beteiligten Staaten annahmen. Eine kleinere Gruppe von Einwanderern kam parallel dazu, insbesondere nach dem Zweiten Weltkrieg, aufgrund individuell gestalteter Wanderungsbewegungen in die Türkei.[1084] Nur zwei größere Auswanderungswellen verliefen zeitgleich: die Abwanderung der griechischen Bevölkerung aus der Westtürkei in den 1920ern Jahre sowie die Auswanderung eines Teils der türkischen Juden nach Palästina bzw. Israel.[1085] Obwohl bedingt durch diese Migrationen in den 1930er Jahren etwa 6% der Bevölkerung der Türkei im Ausland geboren waren, bis 1960 fiel dieser Wert durch das Nachlassen der Einwanderung und das schnelle Bevölkerungswachstum von 3,4%[1086], ist dieser Prozess der Abwanderung der deutschen Minderheiten aus Osteuropa nach 1945 ähnlicher als den Strukturen der gleichzeitig ablaufenden innereuropäischen bzw. interkontinentalen Migrationsbewegungen.[1087]

In den 1960er Jahren zählte die Türkei dann zu den letzten Staaten, die sich in das europäische System der organisierten Arbeitsmigration einfügten. Im Unterschied zu allen anderen Staaten dieses Netzwerkes hatte die Türkei bis zu diesem Zeitpunkt – bis auf eine Ausnahme – keine vergleichbaren Migrationserfahrungen gesammelt und war nie Bestandteil der bereits 90 Jahre alten europäischen Arbeitsmigration gewesen.[1088] Als einziger Vorläufer der ab 1961

1082 Keyder, External Labour Migration from Turkey and its Impact, S. 13.

1083 Adanir/Kaiser, Migration, Deportation and Nation-Building, S. 279; Akgündüz, Labour Migration from Turkey to Western Europe, 2008, S. 9f.

1084 Barışık/Eraydin/Gedik, Turkey, S. 305, 309f.

1085 Ebd., S. 301. Die Abwanderung nicht-türkischer Bevölkerungsteile zog sich noch bis nach dem Zweiten Weltkrieg hin und verlief durchaus nicht immer friedlich, wie etwa die Ausschreitungen gegen die griechische Minderheit Mitte der 1950er Jahre unterstreichen, auf die eine fluchtartige Auswanderungswelle folgte.

1086 Martin, Migration and Development, S. 596; Barışık/Eraydin/Gedik, Turkey, S. 310.

1087 Die Zahl der Rückwanderer lag zwar wesentlich niedriger als im Fall Westdeutschlands, das nach 1945 10 Millionen Flüchtlinge aufnahm, und die Rückwanderung vollzog sich über einen längeren Zeitraum hinweg, im Ergebnis erreichte die Türkei zeitweise jedoch einen vergleichbaren Anteil von Rückwanderern an der Bevölkerung.

1088 Akgündüz, Labour Migration from Turkey to Western Europe, 1995, S. 154; Abadan-Unat, Turkish Migration to Europe 1960–1975, 1995, S. 5.

rapide an Dichte und Dynamik gewinnenden transnationalen Arbeitsmarktbeziehungen der Türkei kann die Entsendung türkischer Schüler und Handwerksgesellen nach Deutschland während des Ersten Weltkrieges gewertet werden.[1089] Diese war Teil der vom Deutschen Kaiserreich in der Türkei betriebenen Reform des Bildungswesens – neben der Heeresreform ein zweiter wichtiger Ansatzpunkt, um den deutschen Einfluss im Osmanischen Reich auszuweiten.[1090] Nach Deutschland wurden in den Jahren 1916 und 1917 jedoch nicht nur ausgewählte privilegierte türkische Schüler entsandt, sondern auch knapp 300 Waisenkinder, die neben dem Schulbesuch eine handwerkliche Ausbildung erhalten sollten. Ihnen folgten im gleichen Jahr 200 weitere Jugendliche, die man im Bergbau eingesetzte. Bei Kriegsende 1918 waren neben einigen Hundert Schülern etwa 200 Handwerkslehrlinge, 150 Berglehrlinge sowie 150 Landwirtschaftslehrlinge aus der Türkei in Deutschland tätig. Insgesamt hielten sich zu diesem Zeitpunkt schätzungsweise 15.000 Türken auf dem Territorium der Mittelmächte auf.[1091]

Als 1961 die Türkei durch den Abschluss eines Anwerbeabkommens formale Migrationsbeziehungen mit der Bundesrepublik Deutschland knüpfte, mögen die frühen rudimentären Arbeitsmarktbeziehungen zwischen beiden Ländern Pate gestanden haben. Triebkräfte der Entwicklung waren nun jedoch nicht mehr politische Absichten, sondern ökonomische Interessen.[1092] Zu diesem Zeitpunkt durchlief die Türkei bereits seit mehr als einer Generation eine Phase schnellen Bevölkerungswachstums, während gleichzeitig die Modernisierung des Landes und damit das Wachstum von Wirtschaft und Beschäftigungsmöglichkeiten hinter der Dynamik der Bevölkerungsentwicklung zurückblieb.[1093] Der Sturz der Regierung Menderes durch die türkischen Streitkräfte im Mai 1960 markierte vor diesem Hintergrund einen grundsätzlichen Wandel der türkischen Wirtschaftspolitik: Wachstum durch staatliche Lenkung und Planung rückten in den folgenden Jahrzehnten in den Mittelpunkt wirtschaftspolitischen Handelns.[1094] Ähnlich wie für andere Staaten der europäischen Peripherie gehörte der Export von Arbeitskräften als Mittel zur Reduktion der Arbeitslosigkeit und zur Steigerung von Deviseneinnahmen zu den Kernbereichen dieser Modernisierungsanstrengungen.[1095] Der erste Fünf-

1089 Sagaster, Achmed Talib.

1090 Ergün, Die deutsch-türkischen Erziehungsbeziehungen während des Ersten Weltkrieges (online).

1091 Ryll, Türkische Schüler auf deutschen Schulen, S. 114f.; Argun, Turkey in Germany, S. 53f.

1092 Akgündüz, Labour Migration from Turkey to Western Europe (1960–1974), 1993, S. 155f. sowie nun grundlegend ders., Labour Migration from Turkey to Western Europe, 2008.

1093 Leopold, Sozio-ökonomische Ursachen der Migration türkischer Arbeitskräfte, S. 34f.

1094 Boratav, Die türkische Wirtschaft im 20. Jahrhundert, S. 90f.; Şen, Migration Movements from Turkey to the European Community, S. 6f.; Paria, Die Grundfunktionen des Staates in der Türkei, 1920–1990, S. 99.

1095 Liebermann/Gitmez, Turkey, S. 202f.; Akgündüz, Labour Migration from Turkey to Western Europe, 1995, S. 163f.; Keyder, External Labour Migration from Turkey and its Impact, S. 5f.

jahresplan zur Entwicklung der türkischen Wirtschaft wertete die temporäre Emigration von Arbeitskräften als positive Einflussgröße, Gleiches galt für den folgenden zweiten sowie den im Jahr 1968 beschlossenen dritten Entwicklungsplan, der bis zum Jahr 1975 reichte.[1096] Eine Verfassungsänderung gestand 1961 den Bürgern der Republik Türkei erstmals Reisefreiheit zu, während die türkische Arbeitsverwaltung die Organisation des Arbeitskräfteexports übernahm.[1097]

Die Migrationsgeschichte der Türkei nach dem Zweiten Weltkrieg zerfällt in drei Phasen.[1098] In einer ersten Phase, deren Beginn im Jahr 1956 verortet werden kann, vollzog sich die Arbeitsmigration in Richtung Westeuropa überwiegend gebunden an private Initiativen oder individuelle Migrationsentscheidungen und erreichte im Vergleich zu anderen, parallel verlaufenden Migrationsbewegungen keine quantitative Bedeutung. Sie bildete den Auftakt zur späteren Massenauswanderung.[1099] Den Übergang zur zweiten Phase markiert der Beginn der organisierten Rekrutierung im Jahr 1961. Sie erstreckte sich bis zum Ende der Anwerbung durch die westeuropäischen Industriestaaten in den Jahren 1973/74. In diesen Jahren stand das Zusammenwirken von organisierter Anwerbung und staatlicher Auswanderungslenkung im Vordergrund.[1100] Die Bedeutung veränderter Rahmenbedingungen unterstreicht die schlagartige Verzehnfachung der jährlichen Auswanderung zwischen 1960 und 1963 von 2.700 auf 27.000 Personen. In der dritten Phase, die Mitte der 1970er Jahre einsetzte, vollendete der Familiennachzug infolge des Anwerbestopps und der Verstetigung der Einwanderung in die westeuropäischen Industriestaaten diesen Migrationsprozess.[1101] Die Arbeitsmigration nach Westeuropa umfasst also einen Zeitraum von der Mitte der 1950er bis zur Mitte der 1970er Jahre, die Periode der regulierten Anwerbung den Zeitraum von 1961 bis 1973.[1102] Mit dem Anwerbestopp 1973 endete die Arbeitsmigration nach Westeuropa allerdings nicht für alle Länder so schlagartig wie im Fall Deutschlands. Waren 1973 noch 105.753 Arbeitskräfte nach dort vermittelt worden, so sank die Vermittlung auf nur noch 640 Personen im Jahr 1975.[1103] Vielmehr ebbte die Migrationsbewegung bei Berücksichtigung aller Migrationsziele türkischer Arbeitskräfte in Westeuropa langsam ab, bis sie zu Beginn

1096 Akgündüz, Labour Migration from Turkey to Western Europe, 2008, S. 16f.

1097 Şen, Migration Movements from Turkey to the European Community, S. 119f.; Barışık/Eraydin/Gedik, Turkey, S. 302; Aydinoğlu, Manpower and Employment Policies under the Five-Years-Plans and Emigration, S. 107f.; Akre, Turkish Administrative Structures and the Migrant Worker, S. 187.

1098 Abadan-Unat, Turkish Migration to Europe 1960–1975, S. 13f.

1099 dies., Turkey, S. 309.

1100 Akgündüz, Labour Migration from Turkey to Western Europe, 2008, S. 56f.

1101 Vgl. dazu mit einem Vergleich der türkischen Migration nach Deutschland, Belgien, Frankreich und in die Niederlande Muus, The Netherlands, S. 22f.

1102 Abadan-Unat, Migration ohne Ende, S. 62.

1103 Dies., Turkey, S. 312f. In den 1970er Jahren kam es dann auch zur illegalen Einreise türkischer Migranten in die BRD über die DDR; vgl. dies., Turkish Migration to Europe 1960–1975, S. 11.

der 1980er Jahre faktisch keine Rolle mehr spielt. Gleichzeitig jedoch begann eine Arbeitsmigration aus der Türkei in arabische und nordafrikanische Ölstaaten, vor allem in Richtung Saudi-Arabien und Libyen.[1104] Sie führte innerhalb von zehn Jahren mehr als eine Viertelmillion Türken in den Mittleren Osten und machte Saudi-Arabien Ende der 1980er Jahre zum wichtigsten Ziel türkischer Arbeitskräfte.[1105]

Für einen Staat ohne eigene Tradition der transnationalen Arbeitsemigration war der Einstieg in den europäischen Arbeitsmarkt zu Beginn der 1960er Jahre kein einfaches Unterfangen. Die Beziehungen zu Deutschland schienen jedoch einen ersten Ansatzpunkt zu bieten. Zum einen gelang es bereits im Jahr 1956 ersten türkischen Migranten, durch ein noch loses Netzwerk privater und institutioneller Verbindungen auf dem deutschen Arbeitsmarkt Fuß zu fassen. Zum anderen boten informelle Beziehungen Kanäle, über die die Türkei ihr Interesse an der Aufnahme von Arbeitsmarktbeziehungen kommunizieren konnte. In diesem Zusammenhang spielten auch deutsche Emigranten, die in der Türkei Zuflucht vor den Nationalsozialisten gefunden hatten und nun wichtige Positionen in Wissenschaft und Wirtschaft innehatten, eine Rolle. Von den ersten türkischen Praktikanten über eine Ausweitung der Aus- und Fortbildungsprogramme kam es im Jahr 1960 schließlich zu deutsch-türkischen Verhandlungen über ein Anwerbeabkommen, die 1961 in einen entsprechenden Vertrag mündeten. Es war für Deutschland das vierte Anwerbeabkommen nach 1945, für die Türkei das überhaupt erste und der Grundstein ihrer Einbindung in das europäische Arbeitsmigrationssystem.[1106] In den folgenden sechs Jahren erweiterte die Türkei ihre formellen Migrationsbeziehungen durch Wanderungsverträge mit Belgien, den Niederlanden und Österreich im Jahr 1964, ein Anwerbeabkommen mit Frankreich, das im Jahr 1965 zustande kam, sowie ein Abkommen mit Schweden, das im Jahr 1967 den Abschluss bildete.[1107] Der im Jahr 1967 ausgehandelte und ab 1968 wirksame bilaterale Wanderungsvertrag mit Australien war eine direkte Folge der restriktiven Migrationspolitik der westeuropäischen Industriestaaten im Verlauf der ersten Nachkriegsrezession. Die Türkei reagierte prompt mit der Suche

1104 Während die steigenden Ölpreise in Europa zum Schrumpfen des Wirtschaftswachstums und einer Abkehr der europäischen Industriestaaten von der Anwerbung ausländischer Arbeitswanderer beitrugen, führten steigende Einnahmen aus dem Ölexport gerade in den arabischen Staaten zu einem rasanten Anwachsen der Nachfrage nach ausländischen Arbeitskräften; vgl. Lucas, International Migration and Development, S. 36f.

1105 Abadan-Unat, Vom Gastarbeiter zum Pendler, S. 101; Akgündüz, Labour Migration from Turkey to Western Europe, 1995, S. 166; Icduyğu, Socio-Economic Development and International Migration, S. 45f.; Keyder, External Labour Migration from Turkey and its Impact, S. 14f. sowie Seccombe/Lawless, Between Western Europe and the Middle East, S. 43. Mit Libyen schloss die Türkei am 1. Mai 1975 ein Anwerbeabkommen; vgl. Abu-Lughod, Recent Migrations in the Arab world, S. 232f. sowie Gesemann, Arbeitskräfte ohne Rechte, S. 349f. und Saudi Arabia: 500.000 Foreign Workers to be Recruited to Fulfil Five-Year Plan, S. 317f.

1106 Hunn, »Nächstes Jahr kehren wir zurück ...«, S. 33f.; Abadan-Unat, Migration ohne Ende, S. 64f.

1107 Ebd., S. 68.

nach alternativen Wanderungszielen als Ventil für den unvermindert hohen Migrationsdruck.[1108]

Von der Möglichkeit, im Rahmen bilateraler Abkommen eigene Anwerbekommissionen oder -dienststellen in der Türkei einzurichten, die in Kooperation mit der türkischen Arbeitsverwaltung die Auswahl der Arbeitskräfte übernahmen, machten allerdings nicht alle Migrationspartner der Türkei Gebrauch. Deutschland richtete mit dem Beginn der Anwerbung im Jahr 1961 eine ständige Kommission in Istanbul ein, die in den Jahren bis zum Anwerbestopp ihren Standort in der Stadt zweimal wechseln musste, um ihre Arbeitskapazitäten auszuweiten. Später kam eine Dependance in Ankara hinzu. Als die türkische Arbeitsmigration nach Frankreich vier Jahre nach dem Abschluss des französisch-türkischen Rekrutierungsabkommens größere Bedeutung für den französischen Arbeitsmarkt gewann, richtete das ONI ebenfalls Anwerbestellen in Istanbul und Ankara ein.[1109] Außer den Niederlanden, die ebenfalls ein ständiges Anwerbebüro in der Türkei betrieben, setzten alle anderen Migrationspartner des Landes auf eine zeitlich begrenzte Präsenz. Zwar unterhielt die belgische ›Fédéchar‹ für einige Zeit ein Anwerbebüro für Bergarbeiter in Ankara, alle anderen Vertragspartner stützten die Gewinnung von Arbeitskräften jedoch auf temporär entsandte Rekrutierungskommissionen oder Initiativen einzelner Unternehmen bzw. Branchenverbände.[1110]

Im Verlauf der nur 12 Jahre andauernden aktiven Arbeitskräfterekrutierung in der Türkei entschlossen sich mehr als 80% aller türkischen Migranten, die zwischen dem Zweiten Weltkrieg und Mitte der 1970er Jahre ihr Land verließen, zumindest zur temporären Auswanderung. Viele ließen sich in ihren Zielländern schließlich dauerhaft nieder und wurden zu Einwanderern. Diese Migrationsbewegungen machten die Anwerbephase zwischen 1961 und 1973 zu einer der intensivsten Perioden transnationaler Wanderung in der türkischen Geschichte. Die enorme Dynamik dieses Migrationsprozesses ist nur unter Berücksichtigung der von Angebot und Nachfrage nach Arbeitskräften sowie der spezifischen Organisationsform der türkischen Arbeitsmigration nachzuvollziehen.

Das Migrationspotential der Türkei bzw. der auf ihrem Arbeitsmarkt herrschende Migrationsdruck wurde zu Beginn der 1960er Jahre durch das Zusammentreffen eines schnellen Bevölkerungswachstums – die Einwohnerzahl der Türkei hatte sich seit den 1930er Jahren verdoppelt und sollte sich bis zum Jahr 1990 ein weiteres Mal verdoppeln – mit den ökonomischen und gesell-

1108 Içduygu, Socio-Economic Development and International Migration, S. 45; Australien nahm bis 1980 etwa 16.000 türkische Arbeitskräfte auf, die in der Mehrzahl nach dem europäischen Anwerbestopp 1973/74 nach Australien auswanderten.

1109 Amar/Milza, L'immigration en France au XXe siècle, S. 314f.; Gokalp, L'émigration turque en Europe et particulièrement en France, S. 343, 349.

1110 Akgündüz, Labour Migration from Turkey to Western Europe, 1995, S. 155; hinzu kamen Sozialversicherungsabkommen mit der Schweiz und Dänemark im Jahr 1970. Beide Staaten nahmen ohne Anwerbevertrag türkische Arbeitsmigranten auf.

schaftlichen Friktionen eines Modernisierungsprozesses bestimmt.[1111] Die Industrialisierung des Landes trug zwar zu einem schnellen, wenn auch auf niedrigem Niveau einsetzenden Wirtschaftswachstum bei, stimulierte jedoch gleichzeitig einen Urbanisierungsprozess, der vielfach das Arbeitskräfteangebot in den industriellen Zentren schneller steigen ließ, als sekundärer und tertiärer Sektor die zuwandernden Arbeitskräfte absorbieren konnten.[1112] Zudem führte die Industrialisierung zu einer sich immer weiter öffnenden Schere zwischen den Lebensverhältnissen der Beschäftigten in den ländlichen, agrarisch geprägten Regionen und der städtischen Arbeiterschaft, was zu einer Beschleunigung der Binnenmigration und zu einem Anwachsen des Migrationsdrucks sowohl in den urbanen Gebieten als auch auf dem Land führte.[1113] Dieses Migrationspotential wurde durch das Fehlen von Wanderungsbeziehungen der Türkei und dem formalen Verbot der Auswanderung vor der Verfassungsänderung von 1961 – einem Erbe der Bevölkerungspolitik Kemal Atatürks – gewissermaßen zurückgestaut und begann sich in die Anwerbung in Richtung Westeuropa zu entladen. Auch der Beginn der Auswanderung konnte freilich das Wachstum des Arbeitskräfteüberschusses in der Türkei kaum bremsen. Die Nachfrage nach Arbeitskraft aus den europäischen Industriestaaten traf also auf ein Angebot, wie es in Quantität und Struktur so in keinem anderen der Auswanderungsländer der europäischen Peripherie existierte.[1114]

Die Anwerbung von Arbeitskräften in der Türkei ist auch im Hinblick auf die Arbeitskräftenachfrage und die Bedingungen ihrer Befriedigung im Kontext einer Zäsur im europäischen Migrationsprozess zu verorten. Zu Beginn der 1960er Jahre hatte in der Mehrzahl der Anwerbestaaten die Nachkriegskonjunktur bereits begonnen, die indigenen Arbeitskräftereserven aufzusaugen. Auf transnationaler Ebene resultierte daraus eine wachsende kumulierte Nachfrage nach Arbeitskräften, die in immer geringerem Maß auf den bis dahin erschlossenen Arbeitsmärkten der europäischen Peripherie befriedigt werden konnte. Das europäische Migrationssystem trat daher in der ersten Hälfte der 1960er Jahre in eine Phase ein, in der eine erste Gruppe von Abwanderungsländern, zu der etwa Italien und Spanien zählten, durch eine zweite Gruppe von Staaten erweitert wurde, deren Arbeitsmärkte sich die westeuropäischen Industriestaaten nun schnell erschlossen. Zu dieser Gruppe zählten zum einen ältere Migrationspartner Westeuropas wie etwa Portugal oder Griechenland, deren Migrationsbeziehungen ausgeweitet und gefestigt wurden, daneben aber auch Neulinge wie die Türkei, Jugoslawien oder die nordafrikanischen Staaten.[1115] Die Türkei fand damit zu einem Zeitpunkt Anschluss an

1111 State Institute of Statistics, The Population of Turkey, 1923–1994, S. 3f.

1112 Munro, Migration in Turkey, S. 640f., 647f.; State Institute of Statistics, The Population of Turkey, 1923–1994, S. 45f.

1113 Keyder, External Labour Migration from Turkey and its Impact, S. 109f.

1114 Aydinoğlu, Manpower and Employment Policies under the Five-Years-Plans and Emigration, S. 125.

1115 Salt/Clout, International Labour Migration, S. 130.

das europäische System der Arbeitsmigration, als die Nachfrage der Arbeit importierenden Volkswirtschaften schnell anstieg. Dieses Wachstum setzte sich aus der steigenden Nachfrage der bereits aktiven Anwerbestaaten und dem Hinzukommen neuer Konkurrenten zusammen. Unter denjenigen Ländern, die ihre Arbeitskräftereserven diesem System verfügbar machten, besaß die Türkei relativ zu ihrem späten Eintritt und der kurzen Dauer der aktiven Anwerbung das quantitativ umfangreichste Migrationspotential und wurde zu Beginn der 1970er Jahre gemeinsam mit Jugoslawien zeitweise sogar zur wichtigsten Quelle für Arbeitskräfte im laufenden Migrationsprozess.[1116]

Die Migration türkischer Arbeitskräfte in die westeuropäischen Industriestaaten vollzog sich auf zwei Arten. Die Türkei hatte sich grundsätzlich für ein streng kontrolliertes System der Auswanderung entschieden, in dem jeder Migrant durch eine Abteilung der türkischen Arbeitsverwaltung an die Rekrutierungsstellen der Anwerbestaaten bzw. über deren diplomatische Vertretungen an interessierte Arbeitgeber vermittelt werden sollte.[1117] Die Anwerbung über diesen Migrationskanal konnte sowohl im Rahmen einer anonymen Kontingentanwerbung als auch in Form der namentlichen Anforderung einer bestimmten Person erfolgen. Eine legale Auswanderung war ebenfalls unter bestimmten Bedingungen auf individuellem Weg über die diplomatischen Vertretungen der Anwerbestaaten möglich. Daneben vollzog sich, wenn auch in geringerem Umfang, eine individuelle und prinzipiell illegale Arbeitskräftewanderung, wobei diese Migranten bis zum Ende der Anwerbung mit einer Legalisierung ihrer illegalen Arbeitsaufnahme durch die Anwerbestaaten rechnen konnten.[1118]

Im Fall einer namentlichen Anforderung übermittelten die Rekrutierungsinstitutionen bzw. die diplomatischen Vertretungen die Daten der angefragten Arbeiter an die türkische Arbeitsverwaltung. Diese setzten sich mit ihnen in Verbindung, registrierten sie, prüften, ob die von der türkischen Regierung vorausgesetzten Bedingungen erfüllt waren, und begleitete sie parallel zur Überprüfung der Anwerbevoraussetzung auf dem Weg durch die Dienststellen des Anwerbelandes und durch die Ausreiseformalitäten.[1119] Grundsätzlich konnte jeder, der die Voraussetzungen erfüllte, durch eine namentliche Anforderung als Arbeitskraft ins Ausland vermittelt werden. Parallel dazu richtete die türkische Arbeitsverwaltung ein Verzeichnis auswanderungsbereiter Arbeitskräfte ein, in das sich jeder eintragen lassen konnte, der die Voraussetzungen erfüllte, die von der türkischen Seite gefordert wurden. Trafen anonyme Anforderungen nach Arbeitskräften ein, wurden von dieser Liste die ersten Bewerber abgerufen, welche die Spezifikationen der Anforderung erfüllten.[1120] Dabei bemühte sich die türkische Arbeitsverwaltung zwar, den Abfluss quali-

1116 Paine, Exporting Workers, S. 57f.
1117 Akre, Turkish Administrative Structures and the Migrant Worker, S. 198.
1118 Siehe Kapitel 2.1.
1119 Abadan-Unat, Migration and Development, S. 8f.
1120 Liebermann/Gitmez, Turkey, S. 205.

fizierter Arbeitskräfte so zu steuern, dass diese vorwiegend aus Regionen kamen, deren Arbeitskräftepotential bereits ein überdurchschnittliches Qualifikationsniveau aufwies, tatsächlich wurde aber nun in wenigen Ausnahmefällen die Ausreise qualifizierter Arbeitskräfte untersagt. Ansonsten sorgte der Wunsch nach Deviseneinnahmen aus Remitten dafür, dass die Türkei auch gegen in den 1960er Jahren einsetzende Protest türkischer Unternehmen einen nicht kleinen Teil ihres Potentials an qualifizierten Arbeitskräften – derjenigen Kategorie, die in Europa am dringendsten gesucht wurden – dem transnationalen europäischen Arbeitsmarkt zur Verfügung stellte.[1121]

Während sich die namentlichen Anforderungen nur indirekt und sehr begrenzt durch die türkische Arbeitsverwaltung beeinflussen ließen, bemühte sich die Arbeitsverwaltung, die anonymen Anforderungen im Sinne der wirtschaftspolitischen Ziele bzw. Bedürfnisse des Landes zu steuern. Dies konnte zum einen durch spezielle Rekrutierungskampagnen in wirtschaftlich benachteiligten Regionen geschehen. Zum anderen ermutigten die lokalen Arbeitsämter die Bevölkerung solcher Gebiete, sich in die Warteliste aufnehmen zu lassen. Im ländlichen Raum wurde zudem die Möglichkeit zur Gründung landwirtschaftlicher Kooperativen geschaffen, deren Mitglieder bevorzugt die Möglichkeit zur temporären Arbeitsemigration erhielten, wenn sie im Gegenzug einen Teil ihrer Lohnersparnisse in den Betrieb investierten. Nicht wenige Migranten nutzten diesen Weg jedoch, um einen Arbeitsplatz im Ausland zu erlangen, ohne ihren Teil der Abmachung zu erfüllen, sodass dieses Konzept scheiterte.[1122]

Die effiziente Organisation von Rekrutierung und Allokation durch die türkische Arbeitsverwaltung ist allerdings nicht mit der Entwicklung einer koordinierten Auswanderungspolitik gleichzusetzen. Während die Steuerung der Rekrutierung vor allem ihrer quantitativen Maximierung diente, kam es bis zum Ende der Anwerbephase nicht zur Herausbildung eines umfassenden migrationspolitischen Konzepts, mit dessen Hilfe sich eine strukturelle Steuerung umsetzen ließ. So wurde die Abwanderung weder mit den Bedürfnissen des türkischen Arbeitsmarktes in Einklang gebracht noch die Investition der Devisenrückflüsse im Sinne der wirtschaftlichen Entwicklung gelenkt oder die Remigration hinsichtlich der Wiedereingliederung der zurückkehrenden Migranten und eines optimalen Einsatzes der von ihnen erworbenen Fähigkeiten beeinflusst. Gleiches galt für die Betreuung der türkischen Migranten im Ausland. Die zuständigen Ministerien, beteiligt waren unter anderem das

1121 Abadan-Unat, Migration ohne Ende, S. 109f.; Abadan-Unat, Migration and Development, S. 10, 22f.; Martin, The Unfinished Story, S. 29; Kudat/Nikolinakos, A Comparative Study in Migration Policies, S. 33.

1122 Vgl. detailliert De Tapia, La création d'enterprises populaires par les migrants en Turquie, S. 59–75 sowie ferner Liebermann/Gitmez, Turkey, S. 206; Velzen, International Labour Migration and Development Processes in Yugoslavia and Turkey, S. 82f.; Abadan-Unat, Turkish Migration to Europe 1960–1975, S. 26f.; dies., Migration ohne Ende, S. 102f. und zu ähnlichen Konzepten auch Hunn, »Nächstes Jahr kehren wir zurück...«, S. 167f.

Arbeits-, das Finanz, das Sozial-, das Informations-, das Bildungs- und das Planungsministerium, agierten innerhalb ihres Zuständigkeitsbereiches ohne Abstimmung oder zentrale Planung.[1123]

In den Jahren der Anwerbung zwischen 1961 und 1974 betreute die türkische Arbeitsverwaltung nach offiziellen Angaben die Auswanderung von rund 810.000 Arbeitskräften.[1124] Zwischen 30 und 40% dieser Migranten gingen auf der Grundlage einer namentlichen Anforderung ins Ausland, die verbleibende Mehrheit wurde über das Listenverfahren von der türkischen Arbeitsverwaltung und den ausländischen Rekruteuren selektiert.[1125] Bis 1972 kehrten nach türkischen Angaben knapp 590.000 Arbeitsmigranten in ihre Heimat zurück, davon mehr als 90% aus Deutschland. Angesichts der etwa 770.000 türkischen Arbeitskräfte, die sich zum Zeitpunkt des Anwerbestopps noch in den westeuropäischen Industriestaaten befanden, unterstreichen diese Zahlen den Umfang der Pendelwanderung. Sie machen wahrscheinlich, dass sich die Statistik auf Individuen, ungeachtet der Anzahl der auf sie entfallenden Migrationsereignisse im Sinne einer temporären Arbeitsemigration, bezieht. Die Zahl der Migrationsereignisse lag demnach wesentlich höher als die Zahl der an dem Prozess beteiligten Personen. Dies verdeutlicht der Befund, dass nur ein sehr kleiner Teil der Rückkehrer bei Befragungen angab, ihre Rückkehr in die Türkei sei endgültig.[1126]

Es wird geschätzt, dass neben der regulierten Arbeitsmigration eine heimliche, individuelle Auswanderung im Umfang von etwa 20% des Volumens der offiziellen Zahlen existierte.[1127] Dieser Schätzwert konnte regional und zeitlich allerdings durchaus weit übertroffen werden. Im Boğazlıyan-Bezirk beispielsweise war die türkische Arbeitsverwaltung im Jahr 1965 an 49,1% der Abwanderungen als Vermittlerin beteiligt, weitere 42,4% der Arbeitsmigranten jedoch reisten als Touristen in ihr Zielland und umgingen so die offiziellen Migrationskanäle.[1128] Insbesondere in den letzten Jahren vor dem Anwerbestopp begann diese illegale Auswanderung zunehmend eine Rolle zu spielen. Bei unverändert hohem Auswanderungsdruck in der Türkei war die Länge der Warteliste für die Berücksichtigung bei einer anonymen Anforderung zeitwei-

1123 Akre, Turkish Administrative Structures and the Migrant Worker, S. 191, 199f.; Kudat/Nikolinakos, A Comparative Study in Migration Policies, S. 33f.; Velzen, International Labour Migration and Development Processes in Yugoslavia and Turkey, S. 86f.; Abadan-Unat, Migration and Development, S. 43f.; Şen, Migration Movements from Turkey to the European Community, S. 118; Gitmez, Ergebnisse der Arbeitsauswanderung auf die ökonomische Entwicklung, S. 107–130.

1124 In der Literatur finden sich dazu teilweise abweichende Angaben. Eine gut belegte statistische Übersicht bietet Akgündüz, Labour Migration from Turkey to Western Europe, 2008, S. 79.

1125 Liebermann/Gitmez, Turkey, S. 205.

1126 Paine, Exporting Workers, S. 183.

1127 Keyder, External Labour Migration from Turkey and its Impact, S. 17, der zwischen 1971 und 1974 etwa 202.700 illegale Arbeitsemigranten schätzt; dazu auch Paine, Exporting Workers, S. 180.

1128 Abadan-Unat, Migration ohne Ende, S. 75. In 8,5% der untersuchten Fälle konnten keine Angaben zum Migrationskanal ermittelt werden.

se auf über eine Million Menschen angewachsen[1129], die Chancen, auf legalem Weg ohne mehrjährige Wartezeit emigrieren zu können, sanken daher im Verlauf der Anwerbephase zusehends. Parallel dazu nahm die Arbeitsmigration mithilfe von Touristenvisa, gefolgt von der illegalen Arbeitsaufnahme im Zielland, die Bestechung der Mitarbeiter der türkischen Auswanderungsstellen ebenso wie der Mitarbeiter ausländischer Rekrutierungsbüros und der Handel mit Namenslisten zu dem Zweck, eine namentliche Anforderung zu fingieren, dramatisch zu. Dadurch stieg zu Beginn der 1970er Jahre in einigen Anwerbestaaten, insbesondere in Deutschland, der Anteil der illegal Beschäftigten ohne gültige Aufenthaltsgenehmigung. Diese Entwicklung erreichte in einer Periode ihren Höhepunkt, in der sich die Anwerbestaaten darum bemühten, die im Rekrutierungsrausch der 1960er Jahre vielfach nachlässige bzw. großzügige Praxis der Zulassung ausländischer Arbeitskräfte wieder einer stärkeren Kontrolle zu unterwerfen. In diesem Zusammenhang erfolgte beispielsweise die spektakuläre Ausweisung von etwa 40.000 türkischen Arbeitsmigranten aus der Bundesrepublik Deutschland Anfang des Jahres 1971 als ein Versuch, durch drastische Maßnahmen dem Kontrollverlust über die Migrationskanäle entgegenzuwirken.[1130]

Bis zum Ende der Anwerbung wurden türkische Arbeitnehmer in allen Staaten, mit denen die Türkei Wanderungsabkommen geschlossen hatte, zu einer auf dem Arbeitsmarkt und in der Gesellschaft relevanten Gruppe. Ihre Verteilung auf die Teilarbeitsmärkte des europäischen Migrationssystems entwickelte sich jedoch extrem ungleichmäßig. Mit einem Anteil von 82% gelangte die überwiegende Mehrheit der von der türkischen Arbeitsverwaltung von 1961 bis 1973 ins Ausland vermittelten Arbeitnehmer in die Bundesrepublik Deutschland. Frankreich (5,7%), Österreich (4,4%), die Niederlande (3%) sowie Belgien (1,9%) konnten im Vergleich dazu nur sehr begrenzt Arbeitskräfte aus der Türkei gewinnen. Die Arbeitsmigration aus der Türkei nach Schweden blieb trotz des Anwerbevertrages von 1967 marginal. Auch die Schweiz, die zwar die Zuwanderung aus der Türkei zuließ, jedoch keinen Anwerbevertrag abschloss, besaß als Migrationspartner der Türkei mit einem Anteil von 0,8% der türkischen Arbeitsmigranten keine signifikante Bedeutung.[1131] Etwa 95% der türkischen Migranten wählten damit solche Länder als Wanderungsziele, die eine aktive Rekrutierung in der Türkei betrieben oder wie Österreich eine Anwerbung durch die Wirtschaft selbst zuließen.[1132]

1129 Bis 1974 ließen sich 2.710.755 auswanderungswillige Arbeitskräfte registrieren. Unter Berücksichtigung der Tatsache, dass nur etwa 60% der etwa 810.000 Arbeitsmigranten, die von der türkischen Arbeitsverwaltung betreut wurden, aufgrund anonymer Anforderungen aus dem Pool der registrierten selektiert wurden, wird klar, wie niedrig die Wahrscheinlichkeit lag, durch das Einschreiben in die Bewerberliste tatsächlich einen Arbeitsplatz im Ausland zu erhalten; vgl. Keyder, External Labour Migration from Turkey and its Impact, S. 17.

1130 International Labour Office, Wanderarbeitnehmer, S. 9, 13f.

1131 Akgündüz, Labour Migration from Turkey to Western Europe, 1995, S. 166.

1132 Abadan-Unat, Turkish Migration to Europe 1960–1975, S. 7.

Die Arbeitsemigration aus der Türkei verlief nach 1961 in zwei Wellen.[1133] Während der ersten Phase, zwischen 1961 und 1965, stieg die Zahl der jährlich durch die türkische Arbeitsverwaltung ins Ausland vermittelten Arbeitskräfte von 4.041 auf 51.520; insgesamt wurden 160.685 Türken rekrutiert. In den Jahren 1966 bis 1968 schwächte die Rezession das Wachstum der Arbeitsemigration ab, sodass in diesen Jahren nur 86.561 Personen vermittelt wurden. Ihren Höhepunkt erreichte die Wanderungsbewegung dann in den Jahren 1969 bis 1973, in deren Verlauf mehr als zwei Drittel der türkischen Arbeitsmigranten ins Ausland gingen. 543.029 Arbeitskräfte durchliefen in diesem Zeitraum die türkische Arbeitsverwaltung. Daten zur Rückwanderung in die Türkei im gleichen Zeitraum deuten ferner an, dass sich die Arbeitsmigration nach Europa zu einem großen Teil als temporäre Arbeitsmigration vollzog. Bis ins Jahr 1967 stieg die Zahl der Rückwanderer von Jahr zu Jahr, näherte sich der Zahl der Auswanderer an und überstieg diese im Jahr 1967 sogar bedingt durch das scharfe Abfallen der Auswanderung. Nach der Rezession ging die Zahl der Rückwanderer im Verhältnis zur Auswanderung drastisch zurück. Insbesondere für die zweite Wachstumsperiode der Auswanderung von 1968 bis 1973 kann daher von einer Zunahme der Aufenthaltsdauer im Ausland bis hin zur dauerhaften Niederlassung ausgegangen werden.[1134]

Die Auswanderung aus der Türkei verstärkte sich im Gefolge der Arbeitsmigration, bis schließlich der Anteil der Arbeitskräfte an den Auswanderern im Verlauf der Jahre zu sinken begann. Die Diversifizierung der Einwanderung in die westeuropäischen Industriestaaten von Arbeitskräften zu Familienverbänden deutete sich also bereits vor dem Einsetzen des massiven Familiennachzuges nach dem Ende der Anwerbung an. Durchschnittlich lag der Anteil der Arbeitskräfte an den Auswanderern aus der Türkei zwischen 1962 und 1965 bei 77,7%, wobei in den Jahren 1963 und 1964 sogar Werte von 97,7 bzw. 92,8% erreicht wurden. In der rezessiven Zwischenphase von 1966 bis 1968 sank der Anteil der Arbeitskräfte an den Auswanderern auf einen Mittelwert von 46%, bevor er sich in der zweiten Wachstumsphase der Arbeitskräftemigration bei 58% einpendelte, ohne dass je wieder die Extremwerte der frühen 1960er Jahre erreicht werden konnten. Während also in den letzten Jahren der Anwerbung die erdrückende Mehrheit der türkischen Arbeitsmigranten in den Wanderungsprozess eintrat, schrumpfte ihr Anteil an der gleichzeitig stark wachsenden Auswanderung aus der Türkei ständig.

1133 In diesem Jahr befanden sich nach offiziellen türkischen Angaben 1.500 Arbeitskräfte im Ausland, in Deutschland kursierten Schätzungen, nach denen sich bereits 6.000 türkische Arbeitnehmer allein in der Bundesrepublik aufhielten; vgl. Kuntze, Ausländerbeschäftigung in Europa – gesehen vom Standpunkt der Herkunftsländer, S. 7–17; BArch B 119 3070, Fränkische Tagespost vom 6.7.1961.

1134 Daten nach Keyder, External Labour Migration from Turkey and its Impact, S. 17, ergänzt durch Statistisches Bundesamt, Statistisches Jahrbuch für die Bundesrepublik Deutschland, 1962–1974 sowie Sonnenberger, Nationale Migrationspolitik und regionale Erfahrung, S. 481.

Obwohl die Bundesrepublik Deutschland während der gesamten Anwerbephase der mit weitem Abstand wichtigste Migrationspartner der Türkei blieb, unterlag auch die Verteilung der türkischen Emigranten auf die westeuropäischen Industriestaaten zwischen 1961 und 1973/74 Veränderungen. Belgien beispielsweise trat vor allem zwischen 1963 und 1966 durch die Anwerbung von Bergleuten in Erscheinung.[1135] 91% aller türkischen Arbeitskräfte, die nach Belgien vermittelt wurden, rekrutierte die ›Fédéchar‹ in diesen drei Jahren. Andere wichtige Migrationspartner der Türkei wie Frankreich oder Österreich traten bis zum Beginn der 1970er Jahre bei der Anwerbung dagegen kaum in Erscheinung. 78% der türkischen Arbeitskräfte wanderten erst zwischen 1970 und 1973 nach Österreich ein, in Frankreich lag der Anteil der in diesen drei Jahren zuwandernden türkischen Arbeitnehmer sogar bei 98%. Nur die Niederlande und Deutschland wiesen – wenn auch auf vollkommen unterschiedlichem Niveau – einen mit Ausnahme der Rezessionsphase kontinuierlich ansteigenden Trend bei der Arbeitskräfterekrutierung in der Türkei auf.[1136] Schließlich gehörten türkische Migranten in beiden Ländern zum Zeitpunkt des Anwerbestopps zu der wichtigsten Gruppe von Ausländern auf dem jeweiligen Arbeitsmarkt; in den Niederlanden waren 62.600 türkische Arbeitskräfte registriert, in der Bundesrepublik Deutschland 457.200.[1137]

Solche Schwankungen und Verlagerungen von Migrationsströmen verdeutlichen die Strategien von Anwerbe- und Entsendeländern im europäischen Migrationssystem. Vor der Zäsur von 1967 wurden neben Deutschland und den Niederlanden andere Anwerbestaaten nur sporadisch in der Türkei aktiv. Während diese beiden Länder die Türkei langfristig zur Deckung ihres Arbeitskräftebedarfs an sich banden, versuchte Belgien lediglich, eine temporäre Arbeitskräftenachfrage aus einem spezifischen Arbeitsmarktsegment durch die Anwerbung türkischer Bergleute zu decken. Staaten wie Frankreich oder Österreich schließlich verstärkten ihre Rekrutierungsmaßnahmen in der Türkei erst Anfang der 1970er Jahre, um durch die Erschließung eines Angebotssegments in der Türkei ihren immer noch wachsenden Bedarf an Arbeitskräften auf einem transnationalen Arbeitsmarkt zu decken, auf dem die Konkurrenz um Arbeitskraft angesichts einer exponentiell wachsenden Gesamtnachfrage, die auf ein schrumpfendes Angebot auf den bereits erschlossenen Arbeitsmärkten traf, zusehends stärker wurde.

1135 Die Türkei war eines der wenigen Anwerbeländern, in denen erfahrene Bergleute für den Untertagebetrieb rekrutiert werden konnten, als günstig erwies sich, dass die Bergbauregion um Zonguldağ zu Beginn der 1960er Jahre eine Beschäftigungskrise durchlief; vgl. Nichols/Kahveci, The Condition of Mine Labour in Turkey, S. 203.

1136 Eigene Berechnungen nach Abadan-Unat, Migration and Development, S. 11. Zuwanderungsdaten dürfen nicht mit Bestandsdaten verwechselt werden. Während Zuwanderungsdaten die Intensität der Migration widerspiegeln, hängt die Entwicklung von Bestandszahlen nicht nur von Wanderungsbilanz, sondern wesentlich von der Verweildauer der Migranten ab; zu Bestandsdaten vgl. Abadan-Unat, Turkey, S. 308.

1137 Akgündüz, Labour Migration from Turkey to Western Europe, 1995, S. 156f.

2.2.10. Tunesien

Die militärische Okkupation des Fürstentums Tunesien durch Frankreich und die Errichtung einer Protektoratsherrschaft begründeten im Jahr 1881 die Bindung des Landes an Europa und bilden einen Ausgangspunkt für die Integration Tunesiens in das europäische System regulierter Arbeitsmigration.[1138] Bis zu diesem Zeitpunkt gehörte Tunesien formal zum Osmanischen Reich, obwohl es bereits seit dem Anfang des 18. Jahrhunderts weitgehende Selbstständigkeit genoss. Frankreich nutzte die Schwäche der alten Kolonialmacht, um mit militärischen Mitteln Fakten zu schaffen und sich schließlich zum neuen Kolonialherren zu machen.[1139] Die Anbindung an Frankreich, der französische Einfluss auf die ökonomische Entwicklung Tunesiens und der Entwicklungsrückstand auf die europäischen Industriestaaten trugen als drei wichtige Faktoren seit diesem Zeitpunkt zur Entwicklung eines hohen Migrationsdrucks in Tunesien bei, der das Land immer wieder zum Arbeitskräftereservoir für Frankreich, aber auch andere europäische und afrikanische Staaten werden ließ.[1140]

Die Arbeitsmigration von Tunesiern lässt sich in Form von temporärer Stadt-Land-Wanderung sowie regionalen Migrationen im nordafrikanischen Raum bis in die vorkoloniale Zeit zurückverfolgen.[1141] Unter französischer Herrschaft verstärkten sich zunächst diese älteren Migrationsmuster in Wechselwirkung mit der ökonomischen Überformung der Kolonie. Die von Frankreich geprägte wirtschaftliche Entwicklung führte zur Herausbildung einer dualisierten Wirtschaft, die zum einen aus partiell modernisierten Teilen des primären und sekundären Sektors bestand, die sich weitgehend in französischem Besitz befanden. Ein zweiter, rückständiger Teil der Wirtschaft, den einheimische Kleinbauern, -unternehmer und Handwerker dominierten, blieb von Modernisierungsprozessen dagegen weitgehend abgekoppelt. Unter diesen Bedingungen wurden die ökonomischen Zentren der Kolonie zu Magneten für eine zusehends verelendende Landbevölkerung. Infolgedessen sammelte sich ein Arbeitskräftepotential, das später zu einem Auswandererpotential werden sollte, in den Städten der Küstenregionen. Auch nach dem Ende der französischen Herrschaft im Jahr 1956 blieben die aus dieser Entwicklung resultierenden Konstellationen bestimmend für die Partizipation Tunesiens an der internationalen Arbeitskräftemigration: Die rückständige Wirtschaft des Landes konnte das schnell wachsende Arbeitskräfteangebot, insbesondere nach Beginn eines rapiden Bevölkerungswachstums seit dem Ende des Zweiten Weltkrieges, nicht absorbieren.[1142]

1138 Serman, Nouvelle histoire militaire de la France, S. 632f.

1139 Ling, Morocco and Tunisia, S. 42f.

1140 Dubois, Aspects économiques des problèmes de l'emploi au Maroc, S. 489–500; Khemaïes, Population et emploi en Tunisie, S. 16f.

1141 Mzabi, L'émigration dans la Tunisie du sud-est et ses conséquences sur la région, S. 310; Addeddaiem, Les divers facteurs de l'émigration tunisienne, S. 4.

1142 Granotier, Les travailleurs immigrés en France, S. 199; Pfleiderer-Becker, Tunesische Arbeitnehmer in Deutschland, S. 45f.; Addeddaiem, Les divers facteurs de l'émigration

Zwar gewannen die von Tunesien in Richtung Europa ausgehenden Migrationsströme erst nach dieser Zäsur quantitative Bedeutung, dennoch besitzt auch diese tunesische Arbeitsmigration Wurzeln, die weiter zurückreichen, wenngleich auch vor 1945 ausschließlich Frankreich als Migrationspartner in Erscheinung trat. Im Unterschied zu den Algeriern, die bereits Ende des 19. Jahrhunderts in Frankreich nachweisbar sind, partizipierte Tunesien kaum an solch frühen Wanderungsbeziehungen zwischen Nordafrika und Frankreich. Auch während des Ersten Weltkrieges blieben die Tunesier – trotz einer umfangreichen Rekrutierung von Arbeitskräften und Soldaten durch Frankreich auch in Nordafrika – gemeinsam mit den Marokkanern die kleinste Gruppe unter den kolonialen Hilfskräften. Die 18.249 Arbeitskräfte aus Tunesien machten nur knapp 15% der im Maghreb angeworbenen Arbeitskräfte aus, die 50.000 tunesischen Soldaten in französischen Diensten stellten rund 20% der nordafrikanischen Kolonialtruppen.[1143] Nach der Repatriierung des größten Teils dieser Kontingente nach Kriegsende zählte man im Jahr 1924 in Frankreich zwar etwa 100.000 Algerier, jedoch nur noch je 10.000 Marokkaner und Tunesier. Auch im weiteren Verlauf der Zwischenkriegszeit entwickelte sich noch keine bedeutende Arbeitsmigration. Tunesier kamen in diesem Zeitraum vorwiegend als Studenten, Kaufleute oder Gewerbetreibende nach Frankreich und blieben ebenso unter den nordafrikanischen Arbeitsmigranten wie unter den ausländischen Arbeitskräften insgesamt eine Minderheit.[1144]

Als sich nach dem Ende des Zweiten Weltkrieges eine weitere Welle nordafrikanischer Migranten in Richtung Frankreich bewegte, befand sich unter ihnen erneut eine im Vergleich zu den Algeriern nur kleine Gruppe Tunesier. Bis zur Unabhängigkeit der französischen Kolonien in Nordafrika diente vor allem Algerien als Arbeitskräftereservoir für die französische Wirtschaft, während kein anderes europäisches Land Zugang zu den nordafrikanischen Besitzungen Frankreichs erhielt.[1145] Aus diesem Grund konnte es erst mit der Unabhängigkeit Tunesiens im Jahr 1956 zur Ausweitung der Migration nach Euro-

tunisienne, S. 5f.; Simon, Industrialisation, émigration et insertion de la main-d'œuvre étrangère au Maghreb, S. 4f.; Baduel, Migrations internes et émigration, S. 169–186.

1143 Augarde, La migration algérienne, S. 33; höhere Zahlen finden sich bei MacMaster, Labour Migration in French North Africa, S. 194.

1144 Pfleiderer-Becker, Tunesische Arbeitnehmer in Deutschland, S. 47; Potts, Der Arbeitskraftexport aus Tunesien, S. 58f., 64, 79. Zur Geschichte der Nordafrikaner in Frankreich während des Zweiten Weltkrieges vgl. Brand, Citizens Abroad, S. 93.

1145 Nur am Rande sei erwähnt, dass Frankreich seinerseits zeitweise eine intensive Einwanderungspolitik nach Tunesien im Rahmen seiner Kolonisationsbemühungen betrieb. So kam es im Jahr 1929 zu einem Wanderungsvertrag zwischen Malta und Tunesien, der die Anwerbung von 5.000 maltesischen Arbeitskräften vorsah. Der Vertrag, von dem sich Malta eine Entlastung seines Arbeitsmarktes erhoffte, sah ähnliche Migrationsbedingungen wie die zeitgleich in Europa geschlossenen Wanderungsverträge vor und führte zur Eröffnung eines französischen Anwerbebüros auf der Insel; vgl. L'immigration maltaise en Tunisie, S. 143. Ähnlich abenteuerlich war der Plan, 300 tschechoslowakische Baufacharbeiter für Tunesien anzuwerben; vgl. Tchécoslovaquie: L'émigration vers la Tunisie, S. 329f.

pa kommen.[1146] Den Beginn des Prozesses markierte nicht nur die Rückwanderung einer Mehrheit der französischen Siedler, sondern auch die Abwanderung derjenigen Tunesier, die für die Kolonialverwaltung tätig gewesen waren, sowie eines großen Teils der jüdischen Bevölkerung des Landes. Nach dieser durch den Dekolonisationsprozess hervorgerufenen Wanderungsbewegung erfolgte ein schneller Übergang zur Arbeitsemigration. Im ersten Jahrzehnt nach der Unabhängigkeit blieb Frankreich das mit Abstand wichtigste Ziel tunesischer Arbeitskräfte, die nun in einer zunächst kaum kontrollierten und vorwiegend individuellen, also nicht kollektiv organisierten Wanderungsbewegung in Richtung Europa strömten.[1147] Diese erste Phase der tunesischen Arbeitsmigration nach Europa währte von der Unabhängigkeit bis 1963. Das folgende Jahrzehnt prägten dann Versuche der tunesischen Regierung, die Arbeitsmigration zu kontrollieren und zu steuern.[1148] Gleichzeitig diversifizierte sich die Auswanderung aus Tunesien, für die Frankreich als Zielland ab Mitte der 1960er Jahre zusehends an Bedeutung verlor. Gingen 1962 noch 90% der tunesischen Migranten nach Frankreich, so sank der Anteil dieses Migrationsstromes an der Gesamtauswanderung aus Tunesien bis 1970 auf nur noch etwa 29%.[1149]

Die Entwicklung der tunesischen Migrationspolitik stand in engem Zusammenhang mit der Dekolonisation und der darauf folgenden politischen Neuorientierung. Der ›pragmatische Sozialismus‹ des Staatschefs Habib Bourguiba akzeptierte eine temporäre Arbeitsmigration schnell als Instrument zur Entlastung des Arbeitsmarktes sowie zur Steigerung der Deviseneinnahmen und integrierte sie als Faktor in die ökonomischen Entwicklungspläne.[1150] Dies geschah vor dem Hintergrund einer fast hoffnungslosen wirtschaftlichen Lage zu Beginn der 1960er Jahre. Die Bevölkerung wuchs explosionsartig, gleichzeitig musste die Wirtschaft nicht nur den Übergang in die Unabhängigkeit bewältigten, sondern litt unter den bis zum Ende des Jahrzehnts durch politische Ereignisse immer wieder gestörten Beziehungen zu Frankreich, von dem Tunesien auch nach der Selbstständigkeit abhängig blieb. So stieg die ohnehin hohe Arbeitslosigkeit nicht zuletzt durch die Folgen der Verstaatlichung des in französischer Hand verbliebenen Grundbesitzes sowie den ökonomischen Konsequenzen der Unterstützung des algerischen Unabhängigkeitskampfes und des politischen Konflikts über den französischen Marinestützpunkt in Bizerte weiter.[1151] Der Migrationsdruck in Tunesien wuchs, gleichzeitig schien es aussichtslos, offizielle Migrationsbeziehungen zwischen

---

1146 Weisenfeld, Frankreichs Geschichte seit dem Krieg, S. 107f.; Entelis, Comparative Politics of North Africa, S. 129f.

1147 Behr, Auswirkungen der Arbeitsemigration auf die wirtschaftliche Entwicklung Tunesiens, S. 130.

1148 Pfleiderer-Becker, Tunesische Arbeitnehmer in Deutschland, S. 72.

1149 Khemaïes, Population et emploi en Tunisie, S. 28.

1150 Behr, Auswirkungen der Arbeitsemigration auf die wirtschaftliche Entwicklung Tunesiens, S. 129f.

1151 Addeddaiem, Les divers facteurs de l'émigration tunisienne, S. 5f.

beiden Ländern zu etablieren. Die tunesische Regierung sah sich schließlich sogar gezwungen, das noch aus französischer Zeit stammende System von Arbeitslagern zu übernehmen, in denen Arbeitslose einquartiert wurden und im Rahmen von Arbeitsbeschaffungsmaßnahmen wenigstens ein minimales Einkommen erhielten, um das Elend der Bevölkerung zu mindern. Eine Verringerung der in diesen Arbeitsbeschaffungsprogrammen alimentierten Arbeitnehmer gelang tatsächlich erst, als die Auswandererzahlen anzusteigen begannen.[1152]

In der ersten Hälfte der 1960er Jahre begann Tunesien – ungeachtet politischer Hindernisse – mit einer aktiven Migrationspolitik, die zwischen illegaler, also nicht staatlich kontrollierter, und legaler Arbeitsmigration, die über die offiziellen Migrationskanäle erfolgte, unterschied. Ihr Ziel war neben der Entlastung des Arbeitsmarktes und der Einkommensverbesserung durch Devisenüberweisungen aus dem Ausland vor allem eine Qualifikation der Arbeitsmigranten während ihrer beruflichen Tätigkeit im Ausland. Erste staatliche Hilfestellungen für auswanderungswillige Arbeitskräfte erfolgten durch ein Auswanderungsbüro, das dem Sozialministerium angegliedert war und sich um die Vermittlung qualifizierter Arbeitskräfte nach Europa bemühte. Bald darauf entsandte die tunesische Regierung darüber hinaus Beauftrage, die mit europäischen Firmen Kontakte knüpfen sollten, um die Rekrutierung tunesischer Arbeitskräfte zu fördern. Als dritte Säule der aktiven Erschließung ausländischer Arbeitsmärkte errichtete Tunesien in Frankreich ein sehr dichtes Netz konsularischer Vertretungen, das ebenso der Vermittlung von Arbeitskräften wie ihrer Betreuung diente.[1153] Theoretisch brachte dieser neue Regulierungsanspruch der Regierung für die tunesischen Migranten eine Einschränkung ihrer Mobilität mit sich. Der Kontrolle stand jedoch gleichzeitig eine Verbesserung der Migrationsbedingungen im Rahmen kontrollierter Auswanderung gegenüber, da die tunesische Regierung den Schutz der Rechte ihrer Bürger im Ausland übernahm. Noch bis Ende der 1960er Jahre gelang es allerdings nicht, die Abwanderung ins Ausland effektiv zu kontrollieren oder gar zu steuern. Die politischen Absichten existierten, Ansätze waren gemacht, ein administrativer Apparat zur ihrer konsequenten Umsetzung fehlte.[1154]

Ein weiteres Zeichen des Politikwechsels, durch den die Arbeitsemigration als Faktor im ersten wirtschaftlichen Entwicklungsplan Tunesiens Eingang fand, war – wie in anderen Auswanderungsländer auch – der Aufbau eines Netzes aus bilateralen Wanderungsverträgen. Im Jahr 1963 kam ein Wanderungsabkommen mit Frankreich zustande, das jedoch erst ab 1969 wirksam

1152 Potts, Der Arbeitskraftexport aus Tunesien, S. 67f.; Simon, L'espace des travailleurs tunisiens en France, S. 54f. Noch 1961 waren in Tunesien etwa 30% der männlichen Arbeitskräfte zwischen 20 und 59 Jahren in staatlichen Arbeitsbeschaffungsprojekten beschäftigt; vgl. dazu Costa, Manpower Mobilization for Economic Development in Tunisia, S. 16.

1153 Brand, Citizens Abroad, S. 93, 111; Ben Sassi, Les travailleurs tunisiens dans la région parisienne, S. 35.

1154 Pfleiderer-Becker, Tunesische Arbeitnehmer in Deutschland, S. 54.

wurde, nachdem beide Staaten ihre politischen Konflikte beigelegt hatten.[1155] Im gleichen Jahr schlossen Deutschland und Tunesien ein Anwerbeabkommen, das ebenfalls erst Jahre später, nach dem Ende der Rezession von 1966/67, zu einer zahlenmäßig bedeutenden Anwerbung tunesischer Arbeitnehmer führte.[1156] In die letzte Phase der europäischen Arbeitskräfteanwerbung zwischen Rezession und Ölpreiskrise fielen dann das tunesisch-belgische Abkommen von 1969 und der tunesisch-niederländische Vertrag aus dem Jahr darauf. Die größte quantitative Bedeutung erlangte jedoch der tunesisch-libysche Anwerbevertrag, der ebenfalls aus dem Jahr 1971 datierte.[1157]

Nachdem für die Abkommen mit Deutschland und Frankreich nicht zuletzt politische Faktoren den Ausschlag gegeben hatten, erwies sich die für den Abschluss der drei letzten Wanderungsverträge neben der hohen Arbeitskräftenachfrage die Gründung der tunesischen Arbeitsverwaltung im Jahr 1967 als wichtig, die zeitlich mit dem Beginn der dritten wirtschaftlichen Planperiode zusammenfiel.[1158] Das ›Office de la formation professionnelle et de l'emploi‹, ab 1973 ›Office des travailleurs tunesiens á l'étranger de l'emploi et de la formation professionnelle‹, erhielt die Aufgabe, die Arbeitsvermittlung sowohl im Inland als auch ins Ausland zu koordinieren und zu kontrollieren. Als afrikanisches Land ohne Migrationstradition, die es mit Europa verband, sah sich Tunesien gezwungen, zur Erschließung anderer Arbeitsmärkte als des französischen selbst aktiv zu werden, um seinen auswanderungswilligen Arbeitskräften Beschäftigungsmöglichkeiten in der Migration bieten zu können. In diesem Prozess bemühte sich die Arbeitsverwaltung um eine für die tunesischen Migranten positive Gestaltung der Migrationsbeziehungen auf der Grundlage entsprechender Wanderungsverträge.[1159]

Der im Kontext der europäischen Arbeitskräfterekrutierung späte Aufbau institutionalisierter Migrationsbeziehungen sowie einer eigenen Auswanderungsbehörde haben dazu beigetragen, dass sich auch nach dem Beginn der kontrollierten Anwerbung ein Großteil der tunesischen Migration illegal oder an offiziellen Migrationskanälen vorbei vollzog.[1160] Insbesondere gelang es der tunesischen Regierung bis in die letzten Jahre der Anwerbung hinein kaum je, die Migration nach Frankreich zu steuern. Gemessen an den von der französischen Einwanderungsbehörde registrierten einreisenden tunesischen Arbeitsmigranten ließen sich nur etwa 15% der nach Frankreich kommenden Tunesier im Vorfeld der Abwanderung bei den tunesischen Behörden als Arbeits-

1155 Vgl zu den darin fixierten Bedingungen Khemaïes, Population et emploi en Tunisie, S. 51f.

1156 Hamoussi/Sezer, Die Entwicklung der tunesischen Arbeitsmigration, S. 815, auch im Fall Tunesiens datiert die erste Anfrage an die Bundesrepublik über die Entsendung von Arbeitskräften bereits aus dem Jahr 1956.

1157 Khemaïes, L'évolution de l'émigration tunisienne en Europe occidentale et ses impacts socio-économiques, S. 190f.; ders., Population et emploi en Tunisie, S. 30f.

1158 Brand, Citizens Abroad, S. 95.

1159 Simon, L'espace des travailleurs tunisiens en France, S. 138f.; Behr, Auswirkungen der Arbeitsemigration auf die wirtschaftliche Entwicklung Tunesiens, S. 129f.

1160 Khemaïes, Population et emploi en Tunisie, S. 33.

kräfte registrieren.[1161] Bezogen auf die gesamte Arbeitsmigration aus Tunesien nach Frankreich, erhielt im Jahr 1968 sogar ein Anteil von 98,3% der Migranten durch nachträgliche Legalisierung Zugang zum französischen Arbeitsmarkt. Für alle anderen Herkunftsländer ausländischer Arbeitskräfte in Frankreich lag dieser Wert zu diesem Zeitpunkt bei durchschnittlich 82%. Ermöglicht wurde diese nahezu vollkommen unkontrollierte Zuwanderung nach Frankreich durch eine kaum durchsetzbare Ausreisekontrolle auf tunesischer und die bis 1970 geringe Kontrolle der Einwanderung aus Tunesien auf französischer Seite.[1162]

Entscheidend für eine Veränderung dieser Situation war neben dem bereits genannten Aufbau der tunesischen Arbeitsverwaltung die Umsetzung des Anwerbeabkommens mit Frankreich von 1963 ab dem Jahr 1969. Bis ins Jahr 1971 sank der Anteil der nachträglich legalisierten tunesischen Migranten in Frankreich auf 26,1% ab, etwa drei Viertel der Tunesier kamen nun also über die offiziellen Migrationskanäle ins Land. Bis 1973 stieg der Anteil der kontrollierten Migration sogar auf 80%.[1163] Da die offizielle Anwerbung jedoch sowohl namentliche als auch anonyme Anforderungen beinhaltete, sagt diese verstärkte Kontrolle der Einwanderung *nach* Frankreich wenig über die Regulierung der Auswanderung *aus* Tunesien. In der Tat reisten, nachdem die kontrollierte Arbeitsmigration zum wichtigsten Migrationskanal geworden war, noch immer bis zu 90% der Tunesier, die als Dauerarbeitskräfte nach Frankreich gingen, auf der Basis namentlicher Anforderungen aus. Ihre Migration war damit der Steuerung durch die tunesischen Behörden hinsichtlich der Besetzung einer Arbeitsstelle im Ausland nach sozioökonomischen Kriterien entzogen.[1164] Gänzlich anders entwickelten sich die Migrationsprozesse etwa nach Libyen oder in die Bundesrepublik Deutschland. Während die Arbeitsmigration nach Libyen bis zum Anwerbevertrag des Jahres 1971 nahezu vollkommen unreguliert an der tunesischen Arbeitsverwaltung vorbei lief, wurde die Anwerbung nach Deutschland so gestaltet, dass eine Zuwanderung an den offiziellen Anwerbekanälen vorbei fast ausgeschlossen blieb.[1165] Pläne der deutschen Arbeitsverwaltung aus dem Jahr 1965, die Anwerbung direkt durch interessierte deutsche Arbeitgeber durchführen zu lassen, ließen sich bei Beginn der Anwerbung im Jahr darauf nicht realisieren.[1166] Später gelang es deutschen Unternehmern, allerdings in quantitativ unbedeutendem Umfang, auf

1161 Simon/Noin, La migration maghrébine vers l'Europe, S. 259.

1162 Simon, L'espace des travailleurs tunisiens en France, S. 133f.

1163 Ebd., S. 142.

1164 Potts, Der Arbeitskraftexport aus Tunesien, S. 80f.

1165 Behr, Auswirkungen der Arbeitsemigration auf die wirtschaftliche Entwicklung Tunesiens, S. 135, 145; die strikte Kontrolle des Migrationsprozesses spiegelt auch die Tatsache, dass etwa im Jahr 1972 von 10.000 in Deutschland befindlichen Tunesiern 9.890 Erwachsene im erwerbsfähigen Alter waren; vgl. Simon, L'émigration tunisienne en 1972, S. 96.

1166 BAVAV, Beschäftigung, Anwerbung, Vermittlung ausländischer Arbeitnehmer, 1966, S. 16; BAVAV, Beschäftigung, Anwerbung, Vermittlung ausländischer Arbeitnehmer, 1967, S. 25.

privaten Reisen nach Tunesien Arbeitskräfte direkt anzuwerben, die dann mit Touristenvisa nach Deutschland einzureisen versuchten.[1167]

Die Anwerbung erfolgte nach den international üblichen Standards auf der Grundlage anonymer Stellenangebote oder der namentlichen Anforderung bestimmter Arbeitnehmer, die durch die Empfehlung von Tunesiern, die bereits im betreffenden Unternehmen arbeiteten, bekannt waren. So beruhten zwischen 1967 und 1969 beispielsweise durchschnittlich etwa 60% der Vermittlungen in alle Partnerstaaten auf namentlichen Anforderungen, die restlichen 40% der legalen Arbeitsmigration konnten durch die tunesische Arbeitsverwaltung gesteuert werden. Diese unterhielt in allen Provinzen des Landes Zweigämter, bei denen sich jeder Auswanderungswillige registrieren lassen konnte. Dieser musste bereits arbeitslos sein und konnte innerhalb einer Wartezeit von zwei Monaten auf dem inländischen Arbeitsmarkt vermittelt oder in ein Arbeitsbeschaffungsprogramm aufgenommen werden, wodurch sein Auswanderungsgesuch hinfällig wurde. War der Kandidat nach zwei Monaten noch immer ohne Arbeit, prüfte eine regionale Auswahlkommission seine Eignung. Ein potentieller Arbeitsmigrant musste, um sich registrieren lassen zu können, zwischen 18 und 45 Jahre alt sein und eine medizinische Voruntersuchung passieren. Erfüllte er alle Bedingungen, kam sein Name auf die Auswandererliste und er erhielt kostenlos einen Reisepass. Nun stand er für die Anforderungen der ausländischen Rekrutierungsstellen bereit. Die anonymen Stellenangebote aus dem Ausland wurden ihrerseits in Abhängigkeit von der Verfügbarkeit geeigneter Bewerber und nach sozialen und ökonomischen Gesichtspunkten auf die Provinzen verteilt.[1168] Die nach diesen Kriterien präselektierten Kandidaten führten die tunesischen Stellen anforderungsabhängig den ausländischen Anwerbekommissionen oder Dienststellen zu.[1169]

Alle europäischen Staaten, mit denen Tunesien Anwerbevereinbarungen unterzeichnet hatte, entsandten zumindest zeitweise Rekrutierungsbeauftragte. Mit Ausnahme der französischen sowie der deutschen Anwerbestellen blieben diese jedoch ebenso unbedeutend wie die Arbeitsmigration aus Tunesien nach Belgien oder in die Niederlande.[1170] Das französische ONI unterhielt seit Juni 1969 eine ständige Niederlassung und ein Auswanderungszentrum in Tunis, die in Zusammenarbeit mit der tunesischen Arbeitsverwaltung die Anwerbung von Arbeitskräften im Rahmen jährlich neu fixierter Kontingente durchführten.[1171] Um die anonymen Stellenangebote zu füllen, richtete das ONI in den einzelnen Gouvernements Auswahlkommissionen ein, die aus den Kandidaten, die es auf die Auswandererlisten geschafft hatten, die benötigten Arbeitskräfte aussuchten. Bei der Zentrale in Tunis erfolgte dann eine medizinische Untersuchung durch französische Ärzte, und nach dem Überwinden dieser

1167 Pfleiderer-Becker, Tunesische Arbeitnehmer in Deutschland, S. 61.
1168 Behr, Auswirkungen der Arbeitsemigration auf die wirtschaftliche Entwicklung Tunesiens, S. 134.
1169 Simon, L'espace des travailleurs tunisiens en France, S. 138f.
1170 Ders., L'émigration tunisienne en 1972, S. 96, 98.
1171 Khemaïes, Population et emploi en Tunisie, S. 43f.

letzten Hürde begann der Transferprozess nach Frankreich, der mit der Erteilung der Arbeits- und Aufenthaltsgenehmigung für die Dauer des Arbeitsvertrages abschloss. Die namentliche Anforderung gestaltete sich dagegen einfacher. Kandidaten, die ein Arbeitsplatzangebot erhielten, wurden von der tunesischen Arbeitsverwaltung sofort auf die Auswandererliste gesetzt und nach Tunis zur Untersuchung durch die französische Kommission geschickt. Während das anonyme Verfahren oft bis zu drei Monate in Anspruch nahm, durchliefen die Migranten im Fall der namentlichen Anforderung die Formalitäten innerhalb weniger Tage.[1172]

Die deutsche Bundesanstalt für Arbeit dagegen hielt es zunächst nicht für geboten, eine Anwerbekommission dauerhaft zu installieren, sondern entsandte eine sogenannte Auswahlgruppe, die so lange vor Ort blieb, bis alle deutschen Stellenangebote befriedigt waren oder das mit der tunesischen Regierung ausgehandelte Arbeiterkontingent ausgeschöpft war.[1173] Mit steigenden Vermittlungszahlen dehnte sich die Entsendedauer der deutschen Auswahlgruppe jedoch bereits ein Jahr nach dem Beginn der Rekrutierung auf eine fast ganzjährige Präsenz aus. Während der Rezession von 1966/67 unterblieb dann die Entsendung einer Auswahlgruppe, sodass erst mit der Wiederaufnahme der Anwerbung im Jahr 1969 von einer ständigen Präsenz einer deutschen Rekrutierungskommission und von einer kontinuierlichen Anwerbung bis 1973 gesprochen werden kann.[1174] Dabei erfolgte die Vorauswahl ebenso sowie die Voruntersuchung von der tunesischen Arbeitsverwaltung dezentral, die dann die Bewerber der deutschen Auswahlgruppe in Tunis vorgestellte, wo die Deutschen eine endgültige Auswahl nach Qualifikation und Gesundheitszustand vornahmen, die Arbeitsverträge abschlossen und den Transfer nach Deutschland organisierten.[1175]

Vergleicht man die Arbeitsmigration aus Tunesien nach Deutschland und Frankreich hinsichtlich der Migrationskanäle und ihrer relativen Bedeutung, zeigen sich die Auswirkungen der unterschiedlichen Migrationsbeziehungen und Organisationsformen. Während fast 96% der für den deutschen Arbeitsmarkt angeworbenen Tunesier über namentliche (55,1%) oder anonyme (40,8%) Anforderungen rekrutiert wurden, gelang es nur einem sehr kleinen Rest der Migranten, mittels eines Touristenvisums einzureisen, Arbeit zu finden und ihren Aufenthalt im Nachhinein legalisieren zu lassen. Nach Frankreich dagegen reisten fast 80% der Tunesier mittels eines Touristenvisums ein und erreichten dann eine Legalisierung des Aufenthalts als Arbeitnehmer. Nur 18,5% der Migranten wählten den Weg über die offiziellen Anwerbekanäle. Davon entfielen 11% auf namentliche Anforderungen und nur 7,5% auf die anonyme Anwerbung.[1176] Der wichtigste Faktor für dieses unausgewogene

1172 Simon, L'espace des travailleurs tunisiens en France, S. 139.
1173 BAVAV, Ausländische Arbeitnehmer 1970, S. 30.
1174 Hamoussi/Sezer, Die Entwicklung der tunesischen Arbeitsmigration, S. 816.
1175 BAVAV, Ausländische Arbeitnehmer, 1974, S. 39.
1176 Simon, L'espace des travailleurs tunisiens en France, S. 145.

Verhältnis zwischen den Migrationskanälen war das langwierige und bürokratische Verfahren des ONI auf der einen, die niedrigen Wanderungshürden für die individuelle Migration auf der anderen Seite. Die geringe Attraktivität bzw. Leistungsfähigkeit der anonymen Rekrutierung ging jedoch auch auf eine besondere Regelung des tunesisch-französischen Vertrages zurück. Die französische Regierung teilte den für das kommende Jahr prognostizierten Arbeitskräftebedarf im Dezember jeden Jahres mit. Diese sowohl für die tunesischen Migranten als auch für die französischen Arbeitgeber wenig flexible Vorgehensweise provozierte geradezu die Nutzung alternativer Migrationskanäle.[1177]

Über den gesamten Zeitraum hinweg zeichnete sich die tunesische Arbeitsmigration durch eine der höchsten Remigrationsquoten aller ins europäische System der Arbeitsmigration eingebundenen Länder aus. Sie lag zwischen 1955 und 1973 bei durchschnittlich 85% aller ins Ausland abwandernden Arbeitskräfte. Die Rückwanderung resultierte zum einen aus den Leitlinien der Migrationspolitik, die Arbeitsmigranten ins Ausland als temporäres Phänomen definierte und konjunkturabhängig eine Rückkehr der Migranten in die Heimat förderte bzw. anregen wollte. Obwohl es nur ansatzweise gelang, dieses Politikziel zu realisieren, betrachtete man die Migranten grundsätzlich nicht als permanente Auswanderer, sondern als Bürger im Ausland. Zum anderen schlug sich diese Auffassung nicht nur in der Art der Förderung der Arbeitsmigration, etwa der Entsendung von Männern, die ihre Familien zurückließen, nieder, sondern formte auch die Vorstellungen von der Arbeitsmigration bei den Migranten selbst.[1178] Ein dritter Faktor war die schlechte Arbeitsmarktposition nordafrikanischer Migranten im Ausland und die ihnen häufig entgegenschlagende gesellschaftliche Ausgrenzung, die verbunden mit ihrem aufenthaltsrechtlichen Status für eine schnelle Rotation sorgte.[1179] Dieser Befund macht verständlich, warum die tunesischen Migrationsstatistiken in diesen achtzehn Jahren 2.211.940 Auswanderungsvorgänge verzeichnen, sich 1973 jedoch nur 238.300 Tunesier im Ausland befanden. Insgesamt 1.973.640 waren im gleichen Zeitraum wieder in ihre Heimat zurückgekehrt. Nur etwa 22% dieser Migranten verließen Tunesien in der Phase unregulierter Migration und ungesicherter Migrationsbeziehungen zwischen 1955 und 1963. Ihren Höhepunkt erreichte die Arbeitsmigration dann zwischen 1964 und 1973. In diesen zehn Jahren brach bei kontinuierlichem Wachstum der Wanderungsvorgänge die überwiegende Mehrheit der tunesischen Arbeitsmigranten auf. Zwar lag das Migrationssaldo des Landes über den gesamten Zeitraum im positiven Bereich, der Mittelwert der Nettoauswanderung verdreifachte sich jedoch von jährlich knapp 6.000 Tunesiern zwischen 1955 und 1963 auf durchschnittlich 18.500 pro Jahr zwischen 1964 und 1973. In dieser Phase kalkulierte der fünfte Entwicklungsplan der französischen Regierung mit einem Zugewinn

1177 Ben Sassi, Les travailleurs tunisiens dans la région parisienne, S. 35.
1178 Noureddine, Ein- oder Auswanderer, S. 215f.
1179 Brand, Citizens Abroad, S. 98f.

von etwa 5.000 tunesischen Arbeitskräften jährlich.[1180] Bedingt durch die hohe Rückkehrrate zeichnen die Aus- und Rückwandererströme, die zu dieser Nettomigration führten, ein anderes Bild: Während in der ersten Phase der unkontrollierten Arbeitsmigration jährlich im Durchschnitt etwa 33.000 Tunesier aus- und 27.000 rückwanderten, erfasste die jährliche Wanderungsbilanz in der zweiten Phase bis 1973 im Jahr durchschnittlich etwa 191.0000 Aus- und 172.000 Rückwanderer.[1181] In diesem Jahr befanden sich offiziell 149.274 Tunesier in Frankreich, inklusive der sich illegal im Land aufhaltenden belief sich ihre Zahl tatsächlich vermutlich auf zwischen 160.000 und 170.000 Personen.[1182] Tunesien wies demnach im Untersuchungszeitraum eine intensive Arbeitsmigration auf, die klar von einer temporären Wanderungsbewegung geprägt wurde und nur zu einer vergleichsweise geringen permanenten Auswanderung führte. Gleichzeitig besaß Tunesien mit einer Bevölkerung, die zu Beginn der 1970er Jahre auf knapp sechs Millionen Menschen gewachsen war, bei Berücksichtigung der temporären sowie der permanenten Migration dennoch eine hohe Mobilitätsquote. Bis in die zweite Hälfte der 1970er Jahre stieg der Anteil der Tunesier im Ausland auf rund 5% der Bevölkerung.[1183]

Hinsichtlich der Verteilung der tunesischen Migranten auf die Migrationspartner des Landes sticht die überragende Bedeutung Frankreichs als Wanderungsziel prägend hervor. Das ehemalige Mutterland nahm zeitweise mehr als 90% aller nach Europa wandernden Tunesier auf. In Frankreich selbst spielten die Tunesier jedoch aufgrund ihrer relativ geringen Zahl unter den ausländischen Arbeitskräften nur eine untergeordnete Rolle.[1184] Daneben trat nur noch die Bundesrepublik Deutschland als Aufnahmeland eines größeren Kontingents tunesischer Arbeitskräfte in Erscheinung, insgesamt wurden jedoch nur etwa 15.000 Arbeitnehmerinnen und Arbeitnehmer angeworben. Auf alle anderen europäischen Staaten dagegen entfielen ab 1962/63 nur etwa 5% der legalen Auswanderer, dennoch bildeten sich kleine tunesische Minderheiten in der Schweiz, in Österreich, den Niederlanden in Belgien sowie in Norwegen.[1185] Im Jahr 1972 hielten sich 49% aller von der tunesischen Arbeitsverwaltung registrierten Migranten in Frankreich auf, weitere 18% arbeiteten in Westdeutschland. Dagegen hatte Libyen bereits einen Anteil von 27% der tunesischen Arbeitsmigranten angezogen, während auf alle anderen Staaten nur

1180 Ben Sassi, Les travailleurs tunisiens dans la région parisienne, S. 25.

1181 Eigene Berechnungen nach Khemaïes, Les travailleurs tunisiens en France, S. 506f.

1182 Brand, Citizens Abroad, S. 97; Alouane, L'émigration maghrébine en France, S. 15. Wie in den Migrationsstatistiken anderer Länder auch ergeben sich deutliche Diskrepanzen zwischen der Anzahl der in Tunesien als Auswanderer und den in den Einwanderungsländern registrierten Tunesiern.

1183 Potts, Der Arbeitskraftexport aus Tunesien, S. 74.

1184 Nach dem Anwerbestopp sank der Anteil bis 1977 auf noch etwa 70% durch die zunehmende Bedeutung Lybiens; vgl. ebd., S. 70.

1185 Behr, Auswirkungen der Arbeitsemigration auf die wirtschaftliche Entwicklung Tunesiens, S. 132f., 156. In Belgien befanden sich beispielsweise im Jahr 1977 nur 4.587 Tunesier; vgl. Attar, Historique de l'immigration maghrébine en Belgique, S. 297.

etwa 6% entfielen.[1186] Von diesen Befunden sind Verschiebungen zwischen einzelnen Migrationspartnern hinsichtlich ihrer Partizipation an den von Tunesien ausgehenden Wanderungsströmen zu unterscheiden. Bei der Verteilung der jährlich aus Tunesien auswandernden Arbeitskräfte verlor Frankreich in den letzten Jahren der Anwerbung durch die Ausdifferenzierung der Migrationsbeziehungen Tunesiens seine Spitzenstellung. Gleichzeitig entwickelte sich Libyen zu deren wichtigstem Migrationsziel.

Die Migrationsbeziehungen zwischen Libyen und Tunesien gewannen für beide Staaten große Bedeutung und sind insofern ein Sonderfall, als zwei nordafrikanische Staaten noch vor dem Ende der Arbeitskräftemigration nach Europa zu den für einander wichtigsten Migrationspartnern wurden.[1187] Tunesier stellten in Libyen einen großen Teil der unqualifizierten Arbeitskräfte in der Ölindustrie und besaßen für dessen Arbeitsmarkt eine ähnliche Bedeutung wie die finnischen Arbeitskräfte für Schweden. Die Arbeitsmigration von Tunesien nach Libyen umfasste fast ausschließlich Saisonarbeiter und wies nicht nur eine hohe Rotationsgeschwindigkeit der Arbeitskräfte auf, sondern auch starke kurzfristige Schwankungen. Aus politischen Gründen sperrte Libyen mehrfach seine Grenzen für tunesische Arbeiter, um Druck auszuüben. In Zeiten guter Beziehungen dagegen gab es zwischen den Nachbarstaaten faktisch keine Grenzkontrollen. Ihren Anfang nahm diese Wanderungsbeziehung im Jahr 1959 mit dem Aufbau der libyschen Ölindustrie, die 1961 die Förderung aufnahm. Während der 1960er Jahre, als die Beziehungen zwischen Frankreich und Tunesien in den ersten postkolonialen Jahren gespannt war, wurde Libyen kurzfristig sogar zum wichtigsten Aufnahmeland für tunesische Arbeiter, um dann von Frankreich abgelöst und nach dem europäischen Anwerbestopp zum mit Abstand wichtigsten Migrationspartner Tunesiens zu werden.[1188] Eine weitere Eigenart dieser Migrationsbeziehung war der geringe Grad an Kontrolle, den die tunesische Migrationspolitik über sie erlangen konnte. Schätzungen zufolge überquerten vor dem tunesisch-libyschen Wanderungsvertrag für jeden legal vermittelten Arbeiter 40 weitere illegal die Grenze nach Libyen und selbst 1972, als eine stärkere Steuerung der Migrationsbewegung einsetzte, lag das Verhältnis zwischen legaler und illegaler Arbeitskräftewanderung bei etwa 1 zu 6.[1189]

Der Anwerbestopp, mit dem die westeuropäischen Industriestaaten die Rekrutierung ausländischer Arbeitnehmer in den Jahren 1973 und 1974 schließlich beendeten, bedeutete auch für die tunesische Arbeitsmigration einen tiefen Einschnitt und beschleunigte die Verlagerung der Migrationsströme auf innerafrikanische Ziele. Die Anwerbung durch die deutsche Bundesanstalt für Arbeit ging bereits ab 1972 zurück, da zum einen die Konjunkturabschwächung sich auf den Arbeitskräftebedarf auszuwirken begann, andererseits nach

1186 Pfleiderer-Becker, Tunesische Arbeitnehmer in Deutschland, S. 54.
1187 Findlay/Lawless, New Directions in Tunisian Emigration, S. 78f.
1188 Potts, Der Arbeitskraftexport aus Tunesien, S. 88.
1189 Schliephake, Libyen als Bezugspunkt mediterraner Arbeiterwanderungen, S. 112f.

dem Anschlag auf die Olympischen Spiele in München Einreisebeschränkungen für Personen aus dem arabischen Raum in Kraft traten. Als eine Cholera-Epidemie in Tunesien die Lage weiter erschwerte, war ein Ende der Anwerbung bereits abzusehen, als der generelle Anwerbestopp der Bundesrepublik Deutschland zum Abzug der Auswahlgruppe Tunis führte.[1190] In Frankreich wurde das Ende der Anwerbung durch eine Verschärfung der Einreisebestimmungen für Arbeitskräfte durch das ONI Mitte 1973 eingeleitet. Im Zuge dieser Maßnahmen wurden Tausende tunesischer Arbeitsmigranten schon beim Versuch der Einreise abgefangen und in ihr Heimatland zurückgeschickt. Anfang Juli 1974 setzte die französische Regierung die Anwerbung von Arbeitskräften im Ausland auf unbestimmte Zeit aus und unterbrach den Familiennachzug für ein Jahr.[1191] Ausgenommen blieben lediglich Saisonarbeiter und die Arbeitsmigration innerhalb des gemeinsamen europäischen Arbeitsmarktes, in den Tunesien nicht integriert war. Den Anwerbestopp flankierte eine Rückkehrpolitik, die insbesondere arbeitslos gewordene ausländische Arbeitnehmer zur Remigration motivieren sollte. Gleichzeitig errichtete man jedoch in Frankreich auch eine Behörde, deren Aufgabe die Integration derjenigen Einwanderer war, die sich für einen dauerhaften Verbleib in Frankreich entschieden. Die Zäsur der Jahre 1973/74 bedeutete das Ende des seit dem Zweiten Weltkrieg gewachsenen Systems der Arbeitsmigration zwischen Frankreich und Tunesien. Im weiteren Verlauf der 1970er Jahre setzte sie sich in Form einer sehr begrenzten Anwerbung von Saisonarbeitern fort. Wie in anderen Ländern auch prägte jedoch der Übergang zur Einwanderung der Familien bereits in Frankreich lebender Tunesier einerseits, die Rückkehr tunesischer Arbeitsmigranten andererseits in den folgenden Jahren die Migrationsbeziehungen beider Länder.[1192]

2.3. Zusammenfassung

Welche Antworten auf die eingangs aufgeworfenen Fragen lassen sich nun aus der einzelstaatlichen Betrachtung ableiten? Zusammenfassend können die Befunde aus den 18 Abschnitten der Kapitel 2.1 und 2.2 auf zwei Ebenen verortet werden: Erstens lassen sich Aussagen über die Entwicklung des gesamten Migrationssystems treffen. Zweitens ist es möglich, hinsichtlich der Leitthemen Migrationsgeschichte, Migrationspolitik, Bedeutung von Arbeitsmigration und regulierter Anwerbung komparative Erkenntnisse zu formulieren.

Zahlreiche Befunde bestätigen zunächst die Periodisierung der europäischen Migrationsgeschichte und verdeutlichen nicht nur die Entwicklungs-

1190 BAVAV, Ausländische Arbeitnehmer, 1974, S. 52.

1191 Khemaïes, Population et emploi en Tunisie, S. 138f.

1192 Simon, L'espace des travailleurs tunisiens en France, S. 365; Khemaïes, Les travailleurs tunisiens en France, S. 136f.

phasen der Arbeitsmigration, sondern auch die Herausbildung eines entsprechenden Migrationssystems. Bis zum Ersten Weltkrieg entwickelten sich verschiedene Muster moderner Arbeitsmigration. Frankreich und Deutschland, aber auch Luxemburg und die Schweiz sowie in Anfängen auch Belgien begannen schon in diesem Zeitraum, langsam von der Zuwanderung ausländischer Arbeitskräfte abhängig zu werden. Auf der Angebotsseite stand vor allem Italien im Vordergrund, gefolgt von denjenigen Teilen Polens, die zu Österreich-Ungarn gehörten. Diese Migrationsmuster müssen jedoch noch als voneinander getrennte Systeme aufgefasst werden, da ihnen im Prinzip zwar das gleiche Phänomen zugrunde lag, sie aber noch zu keinem gemeinsamen institutionellen Rahmen fanden und aus der Perspektive der Zuwanderungsländer weitgehend isoliert nebeneinanderstanden. Ähnlichkeiten zwischen der Gestaltung von Migrationsbeziehungen ergaben sich auf der Seite der Zuwanderungsländer eher aus dem ihnen allen gemeinsamen wachsenden Anspruch auf die Kontrolle ihres Territoriums und die Protektion ihres Arbeitsmarktes. Dieser Trend, der sich abgestuft in allen bereits in diesem Zeitraum aktiven Zuwanderungsländern feststellen lässt, ist in erster Linie auf die Herausbildung nationalstaatlicher Strukturen zurückzuführen, nicht aber auf die internationale Verbreitung eines bestimmten Sets von Standards oder bestimmter institutioneller Instrumente.

In der Zwischenkriegszeit fand das Migrationssystem zwar noch nicht zu seiner endgültigen Ausdehnung, es zeichneten sich jedoch drei wichtige Eigenschaften ab, die seine Gestalt in der Nachkriegszeit bestimmen sollten. Erstens etablierten sich allmählich immer mehr Wanderungsbeziehungen, die primär dem temporären Transfer von Arbeitskraft dienten. Zwischen der zeitlich begrenzten Zuwanderung und einer dauerhaften Einwanderung errichteten die Zuwanderungsstaaten unterschiedlich hohe Hürden. Zweitens spielte die Verbreitung bilateraler Wanderungsverträge eine zunehmend wichtige Rolle für die Organisation dieser Migrationsbeziehungen. Drittens begann eine stetige Ausweitung des Migrationssystems, die eine wachsende Diversifizierung der internationalen Arbeitsmarktbeziehungen einzelner Staaten begleitete. Diese Expansion richtete sich vor allem auf die Staaten Mittel- und Osteuropas, die nach dem Ersten Weltkrieg ihre Unabhängigkeit erlangt hatten. Zweiter Weltkrieg und Ost-West-Konflikt unterbrachen diese Entwicklungslinie und trugen zur Verschiebung des Migrationssystems nach Süd- bzw. Südosteuropa bei. Der Blick auf die Systembausteine zeichnet ein Bild von der Zwischenkriegszeit als einer formativen Phase, in der das europäische System der Arbeitsmigration bereits wichtige Grundlinien aufwies, die sich nach dem Zweiten Weltkrieg voll entfalten sollten. Der Zweite Weltkrieg als einschneidende Zäsur verhinderte eine ungebrochene Kontinuität der sich abzeichnenden Migrationsströme. Zugleich überspannte jedoch eine Reihe von Kontinuitätslinien auf der institutionellen Ebene diese Deformation des Wanderungssystems, wie insbesondere die Analyse der Arbeitsmigration nach Deutschland verdeutlicht hat.

Auch nach 1945 finden sich diese Charakteristika des europäischen Migrationssystems wieder. Schon in den ersten Nachkriegsjahren begannen erneut Wanderungsströme zwischen den westeuropäischen Industriestaaten und der Peripherie des Kontinents zu entstehen. Und auch für die später hinzukommenden Migrationsbeziehungen galt, dass sie zwar in ihrer quantitativen Dimension schwanken konnten, strukturell jedoch einen mittel- bis langfristig stabilen Charakter besaßen. Hatten sich Migrationskanäle erst einmal etabliert, riss in der Regel die Arbeitsmigration zwischen zwei Staaten erst mit dem Anwerbestopp von 1973/74 ab. Außerdem lagen nicht nur einer wachsenden Zahl dieser Migrationsbeziehungen zumindest für den Migrationskanal des regulierten Arbeitskrafttransfers bilaterale Wanderungsverträge zugrunde. Vielmehr erhielten nach und nach alle bedeutenden Wanderungsbeziehungen innerhalb des Systems einen solchen institutionellen Rahmen. Dabei herrschte meist ein dialektisches Verhältnis zwischen der Bedeutung einer Migrationsbeziehung und dem Abschluss eines Wanderungsvertrages. Hatte die Arbeitsmigration zwischen zwei Ländern ein gewisses Niveau erreicht, stieg die Wahrscheinlichkeit, dass ein Wanderungsvertrag folgte. Beabsichtigten zwei Länder, intensive Migrationsbeziehungen aufzunehmen, war ein Wanderungsvertrag quasi unumgänglich. Hatte ein Land wichtige Migrationsbeziehungen mithilfe von Wanderungsverträgen etabliert, wuchs der Druck auf andere Migrationspartner des oder der betroffenen Länder, ebenso zu handeln.

Auch die Expansion des Systems blieb nicht nur eine Konstante, sondern erreichte nach 1945 ihren Höhepunkt auf zwei Ebenen. Erstens gehörten ab Mitte der 1960er Jahre 17 der 18 in diesem Kapitel untersuchten Staaten gleichzeitig zum europäischen Migrationssystem, auch wenn die Zahl der sie verbindenden Migrationsbeziehungen noch weiter anwuchs. Die größte Dichte wiesen die Migrationsbeziehungen innerhalb des Systems im Jahr 1970 auf. Zwischen 1970 und 1973/74 besaß die höchste je erreichte Zahl bilateraler Wanderungsverträge gleichzeitig Gültigkeit. Mit diesem strukturellen Wachstum verband sich die Entwicklung der Wanderungsintensität, die ebenfalls zum Ende des Untersuchungszeitraumes ihr Maximum erlangte. Aggregiert aus den einzelstaatlichen Befunden lässt sich damit sagen, dass das europäische System der Arbeitsmigration zwischen 1970 und 1973 sowohl hinsichtlich seiner geographischen Ausdehnung als auch in Bezug auf seine institutionelle Verfassung und die Quantität der Arbeitsmigration voll ausgeprägt war.

Die Verdichtung der institutionalisierten Regelungsmechanismen dieses Migrationssystems, die zudem strukturell konvergierten, regt zu der Vermutung an, dass ein zunehmend restriktives Regime die Arbeitsmigration in Europa prägte. Die Ergebnisse der einzelstaatlichen Betrachtung legen jedoch nahe, in diesem Punkt von einer differenzierten und vielschichtigen, nicht aber von einer linearen Entwicklung auszugehen. Es lässt sich einerseits argumentieren, dass der Ausbau von staatlichen oder halbstaatlichen Migrationsinstitutionen in allen betrachteten Ländern über die Zeit zu einer Zunahme der Regulierungs- bzw. Kontrollintensität geführt hat. Insofern kann durchaus von zunehmender Restriktion im Sinne der Einschränkung der Freiheit zu weitgehend freier, individuell bestimmter Migration gesprochen werden. Die Migrationsgeschichte zeigt jedoch auch, dass der Aufbau eines institutionellen Rahmens für transnationale Arbeitsmigration in Europa, insbesondere mit der Definition von Migrationskanälen für die staatlich kontrollierte Anwerbung von Arbeitskräften, wichtige Migrationshindernisse in Form von Kosten, Unsicherheit und Informationsdefiziten gesenkt, wenn nicht sogar beseitigt hat. Die zunehmende Regulierung brachte also größere Sicherheit für alle Akteure mit sich.[1193] Allerdings gingen alle Staaten bei der Gestaltung dieser Migrationsbeziehungen zunehmend selektiv mit der Auswahl derjenigen um, die Zugang zu diesen Migrationschancen erhielten. Auch dieser Befund lässt sich durchaus im Sinne einer zunehmenden Einschränkung von Freiheiten interpretieren. Gleichzeitig eröffnete der regulierte Transfer von Arbeitskraft breiten Segmenten der Bevölkerung der Auswanderungsländer die Option für eine Arbeitsmigration mit minimierten Risiken. Es standen also weniger Migrationskanäle offen, und die bestehenden waren theoretisch einer zunehmend umfassenden Kontrolle unterworfen. Zu den durch sie gebotenen Migrationschancen hatte jedoch ein größerer Teil der Migrationswilligen Zugang. Letztlich konnten innerhalb dieses Migrationssystems in den letzten Jahren seines Bestehens so viele Menschen wie nie zuvor unter garantierten und überwachten Bedingungen transnationale Arbeitsmigration wagen.

Im Hinblick auf den normativen Rahmen und seine reale Ausprägung finden sich zudem Phasen, in denen auch die strengsten Mechanismen zur Migrationskontrolle wenig restriktiv gehandhabt wurden, neben solchen, in denen das Fehlen einer Steuerung, die alle Prozessabschnitte erfasste, durchaus nicht mit einem freizügigeren Migrationsregime gleichzusetzen ist. Das zunehmend dichte institutionelle Gerüst des Migrationssystems diente also nicht einseitig der Drosselung oder Einschränkung, sondern vielmehr der Steuerung von Migrationsströmen. Diese Steuerung ging auf der einen Seite nachfragegetrieben von den Zuwanderungsländern aus. Diese nutzten sie in der Frühphase der Arbeitsmigration bisweilen auch zur radikalen zeitweiligen Unterbrechung der Arbeitsmigration. Zu diesem Schritt entschlossen sich nahezu alle Zuwanderungsstaaten im Verlauf der Weltwirtschaftskrise. Ähnliches lässt sich als Reaktion auf kurzfristige Konjunkturschwankungen in der Nachkriegszeit beobachten, auf die etwa Belgien und Frankreich verschiedentlich unmittelbar mit Unterbrechungen der Arbeitsmigration reagierten. Die Rezession von 1966/67 erwies sich schließlich als die erste Situation, in der alle Zuwanderungsstaaten fast zeitgleich die Möglichkeiten des Migrationssystems nutzten, um die Arbeitsmigration fast schlagartig zu stoppen, nur um sie wenige Monate später umso stärker anzuheizen. Auf der anderen Seite konnten die Auswanderungsländer ihre Migrationsinstitutionen nutzen, um ihr Wanderungspotential auf die Migrationskanäle ihrer einzelnen Partner zu verteilen. Theoretisch besaßen auch sie die Möglichkeit, die Migrationsströme in einzelne Zielregionen zu

1193 Diesen Befund unterstreicht für den Fall Türkei die Analyse von Akgündüz, Labour Migration from Turkey to Western Europe, 2008, S. 170.

unterbrechen. Nur in einem einzigen Fall, dem Auswanderungsstopp, den Algerien gegenüber Frankreich in Jahr 1973 erließ, griff ein Auswanderungsland jedoch zu dieser drastischen Maßnahme.

So scheint sich die strikte Periodisierung liberaler und restriktiver Phasen bei einem Vergleich der Ergebnisse auf einzelstaatlicher Ebene aufzulösen. Zwar verfolgten Staaten wie Frankreich, Belgien, Luxemburg oder die Schweiz vor dem Ersten Weltkrieg eine weitgehend freizügige Politik gegenüber der Arbeitsimmigration. Sie alle führten wichtige Instrumente zur Kontrolle dieser Arbeitsmigration jedoch bereits vor 1914 ein. Zudem muss eine fehlende Regulierung auch mit dem Fehlen jeglicher Garantien für die Behandlung ausländischer Arbeitskräfte gleichgesetzt werden, sodass vor dem Ersten Weltkrieg ihrer Ausbeutung kaum Grenzen gesetzt waren. Unter diesen Bedingungen wurden Arbeitsmigranten tatsächlich zu einer Konkurrenz auf dem Arbeitsmarkt, mit der inländische Arbeitskräfte kaum mithalten konnten. Die sich ergebenden Spannungen entluden sich vielerorts noch vor der Jahrhundertwende in gewalttätigen Ausschreitungen gegen ausländische Arbeitskräfte, die wiederum zu protektionistischen Maßnahmen in den betroffenen Staaten führen konnten. Gänzlich aus diesem Rahmen fallen die deutschen Arbeitsmarktbeziehungen zu den polnischen Gebieten unter russischer bzw. österreichischer Herrschaft. Sie wiesen bereits im 19. Jahrhundert einen Organisationsgrad und eine Kontrollintensität auf, deren Praxis die Grundlage für die weitere Entwicklung der Arbeitsmigration nach Deutschland legen und teilweise später von anderen Staaten nachgeahmt werden sollte.

Die Zwischenkriegszeit gilt vielfach als Phase eines extrem restriktiven Migrationsregimes in Europa, insbesondere hinsichtlich der internationalen Arbeitskräftewanderung. Eine Zunahme der Kontrollintensität ist in diesem Zeitraum unübersehbar. Nicht nur die Einführung von Arbeits- und Aufenthaltserlaubnis für Ausländer in den Zuwanderungsstaaten ist ein deutliches Zeichen für diese Tendenz, sondern auch die Versuche zur Einschränkung der Arbeitskräftezuwanderung etwa in Deutschland oder der Schweiz. Der hohe Stellenwert der Weltwirtschaftskrise für die Entwicklung der Arbeitsmigration sollte jedoch nicht darüber hinwegtäuschen, dass sich innerhalb des Migrationssystems während der Zwischenkriegszeit Wanderungsströme entwickelten, welche die Arbeitsmigration vor dem Ersten Weltkrieg weit übertrafen. Wichtigstes Beispiel in diesem Zusammenhang ist der Verlauf der polnischen Arbeitsmigration nach Frankreich. Aber auch die Ausdifferenzierung der Migrationsbeziehungen nach Süd- und Osteuropa, wo sich kleinere Migrationsmuster herauszubilden begannen, zeigt, dass Arbeitskraft in Europa zwischen den Weltkriegen meist ein knappes Gut war. Dies gilt insbesondere für die letzten Jahre vor dem Ausbruch des Zweiten Weltkrieges, als sich die Migrationskanäle durch das Wiederanspringen der Konjunktur wiederbelebten, nachdem die Krise in der Mehrzahl der Staaten überwunden war. Im Unterschied zur Vorkriegszeit verband der staatliche Anspruch auf Regulierung und Kontrolle des Phänomens jedoch die Steuerung der Arbeitsimmigration mit ersten Garantien hinsichtlich der angebotenen Migrationsbedingungen.[1194]

Nach dem Zweiten Weltkrieg trafen zwei Konstellationen aufeinander. Erstens ein emergentes Migrationssystem, dessen institutioneller Rahmen, bestehend aus nationalen Ein- und Auswanderungsgesetzen, ausländerrechtlichen Vorschriften und zwischenstaatlichen Wanderungsabkommen sich bereits herausgebildet hatte. Zweitens ein für Europa außergewöhnliches Zusammenspiel von Faktoren, das eine in langfristiger Perspektive eher untypische Phase überproportionalen Wirtschaftswachstums auslöste, aus dem wiederum eine hohe Nachfrage nach ausländischen Arbeitskräften der westeuropäischen Industriestaaten resultierte. Das Migrationsregime, das sich unter diesen Bedingungen entwickelte, wies formal eine hohen Grad der Regulierbarkeit auf, der sich prinzipiell nicht nur auf die Anwerbung von Arbeitskräften erstreckte, sondern auch auf jeden anderen legalen Migrationskanal. Die Grundlinien ähnelten sich dabei in allen Einwanderungsländern, ihre praktische Umsetzung unterschied sich jedoch. Interessant sind dabei die Ähnlichkeiten und Divergenzen in den unterschiedlichen Bereichen des Wanderungsprozesses. So zeichneten sich die Einmündungspunkte der Migrationskanäle, soweit sie von den Zuwanderungsländern gestaltet wurden, durch eine Konvergenz ihrer Eigenschaften aus. Ebenso begann in allen Staaten die Distanz zwischen In- und Ausländern auf dem Arbeitsmarkt hinsichtlich der Rechtsstellung sowie der Arbeitsbedingungen tendenziell zu schrumpfen. Dagegen blieb der Umgang mit Arbeitsmigration in Bezug auf die sie nahezu immer begleitende dauerhafte Niederlassung eines Teils der Migranten im Zielland stark von den gesellschaftlichen und politischen Präferenzen bzw. Traditionen der einzelnen Länder geprägt. Zwischen der normativen Struktur der Arbeitsmigration und ihrer Realität klaffte während der europäischen Nachkriegsprosperität eine beträchtliche Lücke. Einige Staaten, wie Frankreich, Belgien oder Luxemburg, gestatteten zeitweise eine quasi vollkommen freie Zuwanderung von Arbeitskräften, die auch die illegale Einwanderung in Kauf nahm. Andere, wie Österreich, Schweden oder die Schweiz, waren der illegalen Zuwanderung gegenüber weniger tolerant. Dennoch entwickelte sich beispielsweise in Österreich eine beträchtliche illegale Beschäftigung jugoslawischer Arbeitskräfte. Allein Deutschland blieb seinem säkularen Entwicklungstrend treu und betrieb den mit Abstand größten Aufwand unter den europäischen Zuwanderungsländern, um die Arbeitsmigration auf die kontrollierten Migrationskanäle der Anwerbung bzw. des Sichtvermerksverfahrens (›Zweiter Weg‹) zu beschränken.[1195]

Trotz solcher Unterschiede ist innerhalb des Migrationssystems ein Muster erkennbar, nach dem sich dieses Migrationsregime in den Zuwanderungsländern entwickelte. Es lässt sich durch ein Drei-Phasen-Modell beschreiben, bei dem lediglich Anfang und zeitliche Ausdehnung der einzelnen Phasen länder-

1194 Siehe dazu näher Kapitel 3.5.

1195 Vgl. auch Hollifield, The Emerging Migration State, S. 71; Ruhs/Martin, Numbers versus Rights, S. 253.

spezifisch divergierten. In einer ersten Phase galt es, Migrationskanäle zu etablieren und einen Migrationsprozess anzuregen. Hierzu genügte in der Regel nicht, sich die Arbeitsmigration selbst zu überlassen. Vielmehr boten sich bilaterale Abkommen an, um durch eine aktive Rekrutierung in der Startphase die kritische Schwelle des Wanderungsgeschehens zu überwinden, hinter der die Eigendynamik von Migrationsbeziehungen wirkte. In einer zweiten Phase dominierte ein sich selbst tragender Migrationsprozess, der für den gewünschten Transfer von Arbeitskraft sorgte. Die beteiligten Staaten standen ihm mit ihren spezifischen Regulierungs- und Kontrollansprüchen gegenüber: Die breite Öffnung alternativer Migrationskanäle war nun eine typische Strategie, durch die Länder, welche die Zugangshürden senkten, auf ihre Kontrollmöglichkeiten verzichteten, jedoch stärker am Migrationspotential ihrer Partnerländer partizipieren und dabei die Rekrutierung teilweise privatisieren konnten. Die staatliche Anwerbung diente in dieser Phase vor allem drei Zwecken. Erstens sicherte sie, insbesondere auf umkämpften Arbeitsmärkten, die Marktteilnahme bzw. -präsenz und gewährleistete eine bedarfsorientierte Beschaffung von Arbeitskräften. Zweitens hielt sie den Migrationskanal der regulierten Anwerbung offen, über den nicht nur Arbeitskräfte transferiert wurden, sondern auch Informationen flossen und zwischenstaatliche Kontakte auf administrativer Ebene bestanden. Drittens bot sie die Möglichkeit zur Rekrutierung von Arbeitskräften, die relativ zur Nachfrage knapp waren, um die also ein besonders intensiver Wettbewerb unter den Zuwanderungsländern herrschte. In einer dritten Phase schließlich wuchs das Kontrollbedürfnis der Nachfragestaaten wieder. Auslösend wirkten zunächst veränderte politische Zielsetzungen, die nicht zuletzt aus der Wahrnehmung der sozioökonomischen Folgen einer so umfangreichen internationalen Arbeitsmigration, wie sie Europa in der Nachkriegszeit erlebte, resultierten. Denn in der Regel setzte die Steigerung des Regulierungsgrades durch die Zuwanderungsländer ein, bevor die Nachfrage nach ausländischen Arbeitskräften in den 1970er Jahren drastisch und dauerhaft zurückging. Es erfolgte allgemein eine Verengung auf die regulierte Anwerbung als den am besten steuerbaren Migrationskanal, sodass bei Bedarf eine Umstrukturierung, Drosselung oder ein Stopp der Anwerbung erreichbar war, der auf dieser Grundlage am Ende des Untersuchungszeitraumes 1973/74 umgesetzt wurde.

Die Anwerbestaaten des Migrationssystems durchliefen, Frankreich und Belgien zuerst, Österreich und die Niederlande zuletzt, bis zum Beginn der 1960er Jahre die erste Phase. Als die Nachkriegskonjunktur schließlich alle erfasst hatte, begann die zweite Phase, die sich bis zur Rezession von 1966/67 erstreckte. Um die regulierte Anwerbung herum verliefen immer breitere Ströme von Arbeitsmigration aus der europäischen Peripherie nach Westeuropa, denen sich das ganze Spektrum möglicher Migrationskanäle eröffnete. Die kurze, jedoch ganz Europa nach mehr als einem Jahrzehnt ununterbrochen hoher wirtschaftlicher Wachstumsraten erfassende Krise erwies sich als der entscheidende Schock, der die dritte Phase einleitete. Die Verbindung eines wachsenden Migrantenanteils auf dem Arbeitsmarkt und in der Gesellschaft mit der Erfahrung, dass das Wirtschaftswachstum und damit der Arbeitskräftemangel schlagartig enden konnten, führte in allen Staaten zu verschärften Bestimmungen für die Zulassung ausländischer Arbeitnehmer. In dieser Situation zeigte sich deutlich der Einfluss politischer Präferenzen auf einen an sich ökonomisch motivierten Prozess.[1196] Die Nachfrage nach ausländischen Arbeitskräften stieg in Europa nach der Krise auf ein Niveau, das weit über dem zuvor erreichten lag. Fast die Hälfte der Arbeitsmigranten, die sich zwischen Zweitem Weltkrieg und Ölpreiskrise innerhalb des Migrationssystems bewegten, tat dies in den letzten fünf Jahren des Untersuchungszeitraumes. Der gestiegene Kontrollanspruch führte jedoch dazu, dass man im Unterschied zu den 1960er Jahren dem regulierten Transfer von Arbeitskraft gegenüber einem ›Laissez-faire‹ den Vorzug gab.

Das Migrationsregime für die Arbeitsmigration in Europa durchlief also keine eindimensionale Entwicklung von großer Freiheit zu restriktiver Kontrolle, sondern veränderte sich in einem vielschichtigen Prozess, den zwei Merkmale prägten. Erstens ein Dualismus zwischen allgemeinen Trends und deren länderspezifischen Ausprägungen, wobei sich über die Zeit die Spielräume verengten, in denen sich die Einzelentwicklungen unterschieden. Zweitens das Fehlen einer einfachen Kongruenz einer an den großen historischen Zäsuren orientierten chronologischen Periodisierung und den Entwicklungsphasen des Migrationssystems. Wanderungsströme, institutioneller Rahmen und geographische Struktur des Migrationssystems zeichneten sich vielmehr ebenso durch Kontinuitäten wie durch Brüche aus, deren Summe es ermöglicht, von der ungebrochenen Existenz eines Migrationssystems von 1919 bis 1973/74 zu sprechen.

Eine zweite Perspektive auf die Ergebnisse der Kapitel 2.1 und 2.2 lässt sich durch ein komparatives Herangehen an die einzelstaatlichen Befunde im Hinblick auf vier der aufgeworfenen Leitfragen gewinnen: erstens die Bedeutung von Wanderungsphänomenen, zweitens den Stellenwert der Arbeitsmigration, drittens die Rolle einer regulierten Anwerbung von Arbeitskräften sowie viertens die migrationspolitische Dimension des Geschehens. Für die Gruppe der Zuwanderungsländer hat sich gezeigt, dass sie alle, wenn auch in höchst unterschiedlichem Maß, an der europäischen Massenauswanderung des 19. Jahrhunderts partizipiert haben. Schon vor dem Ersten Weltkrieg sorgte jedoch der Arbeitskräftebedarf der Hochindustrialisierung im Verbund mit den Auswirkungen des demographischen Übergangs für ein Ende dieses Trends, das der Kriegsausbruch 1914 lediglich beschleunigte. Die Bedeutung der Auswanderung für einzelne Länder hat sich dabei allerdings als durchaus unterschiedlich erwiesen. Starke Abweichungen von dieser generellen Entwicklungslinie haben sich bei Frankreich und den Niederlanden gezeigt. Für Frankreich hatte die Auswanderung auch schon im 19. Jahrhundert kaum eine Rolle gespielt, nicht von ungefähr setzte die moderne Arbeitsmigration nach Frankreich zeitlich am frühesten ein. Die Niederlande dagegen hatten während des

1196 Vgl. dazu neuerdings auch ebd., S. 255.

19. Jahrhunderts eine eher niedrige Auswanderungsrate und wiesen nach dem Zweiten Weltkrieg als einer der letzten westeuropäischen Industriestaaten noch über fast ein Jahrzehnt hinweg eine im Vergleich zu seiner Bevölkerung hohe Auswanderung auf, die keinen temporären Charakter besaß. Die Niederlande begannen schließlich zuletzt, eine aktive Migrationspolitik zur Gewinnung temporärer ausländischer Arbeitskräfte zu betreiben.

Die Auswanderung wurde im 20. Jahrhundert somit in immer mehr der westeuropäischen Industriestaaten bedeutungslos. Fast zeitgleich entwickelte sich in fast allen die wichtigste Voraussetzung für den Beginn von Einwanderungsprozessen: ein Mangel an Arbeitskräften. In dieser Situation verstand sich jedoch keines dieser Länder als Zielland dauerhafter Zuwanderung. Die daraus resultierenden migrationspolitischen Entscheidungen führten dazu, dass Wanderungsbewegungen, die als Einwanderung aufgefasst werden konnten, nicht zustande kamen. Frankreich bildete in gewisser Hinsicht eine Ausnahme, da man die Arbeitsmigration aus demographischen Gründen schon früh mit der Option einer von vollständiger Assimilation begleiteten dauerhaften Niederlassung verband. Ein Angebot, das freilich nur für bestimmte Migrationsbeziehungen galt. Andere Wanderungsbewegungen, die einer Einwanderung ähnelten, hatten dagegen in Europa ausnahmslos politische Ursachen. Sie vollzogen sich entweder als Konsequenz von Kriegen in Form von Flüchtlingsbewegungen und Bevölkerungsverschiebungen oder waren die Folge der Dekolonisation. Aus diesem Grund wurde die auf einen nur zeitweiligen Aufenthalt im Zielland ausgerichtete Arbeitsmigration für die ›Core Economies of Northwestern Europe‹ von einem neuen Phänomen vor 1914 zu einer wichtigen Erweiterung nationaler Arbeitsmärkte in der Zwischenkriegszeit und schließlich während des europäischen ›Wirtschaftswunders‹ sowohl auf nationalstaatlicher wie auf europäischer Ebene zum wichtigsten Wanderungsphänomen überhaupt.

Die in Kapitel 2.2 diskutierten Staaten, die auf dem internationalen Arbeitsmarkt als Exporteure des Produktionsfaktors Arbeit fungierten, machten gänzlich andere Migrationserfahrungen. Im Hinblick auf ihre Bedeutung als Auswanderungsländer sind durch die einzelstaatliche Betrachtung drei Gruppen erkennbar geworden. Italien, Spanien und Portugal partizipierten an der europäischen Massenauswanderung des 19. Jahrhunderts als Auswanderungsländer ersten Ranges. Die Migrationsbeziehungen Italiens konzentrierten sich auf die USA, die der iberischen Halbinsel auf die südamerikanischen Einwanderungsländer. Auch das geteilte Polen gehörte zu denjenigen Regionen Europas, die eine starke Auswanderung prägte. Allerdings waren durch die besondere Migrationsbeziehung zu Preußen bzw. dem Deutschen Reich seine Wanderungsströme schon früher stärker von einem innereuropäischen und temporären Muster bestimmt. Eine zweite Gruppe bildeten Griechenland und das spätere Jugoslawien. Ihr Wanderungsniveau lag im 19. Jahrhundert niedriger als das der Länder aus der ersten Gruppe, sie können jedoch auch bereits zu den Auswanderungsländern gezählt werden. Bedeutungslos dagegen waren im transnationalen Wanderungsgeschehen der Maghreb sowie die Türkei. Die nordafrikanischen Staaten entwickelten sich unter dem Diktat des Kolonialismus abhängig von und konzentriert auf Frankreich. Die Türkei dagegen besaß vor dem Zweiten Weltkrieg praktisch keine bedeutenden transnationalen Migrationsbeziehungen. Für alle genannten Staaten außer für die Türkei verlor die Auswanderung in der Zwischenkriegszeit kaum an Bedeutung, durchlief aber eine strukturelle Veränderung. Der hohe Auswanderungsdruck bildete im Untersuchungszeitraum eine Konstante. Art und Ziel der Emigration veränderten sich nach 1918 jedoch durch zwei Faktoren. Erstens stieg in Europa – nur kurz durch die Weltwirtschaftskrise unterbrochen – die Nachfrage nach Arbeitskraft. Eine Reihe europäischer Staaten entwickelte sich so zu attraktiven Zielen für Arbeitsmigration. Diese Arbeitsmigration war aufgrund der relativ kurzen Distanzen zwischen Ursprung und Ziel sowie ihrer spezifischen Organisationsformen leichter durch temporäre Migration zu realisieren, als die transozeanische Migration. Die klassischen amerikanischen Einwanderungsländer dagegen verfolgten früher und länger als die europäischen Industriestaaten zwischen den Weltkriegen aus politischen und ökonomischen Gründen eine einwanderungsfeindliche Politik. Eine zunächst noch nicht für eine völlige Trendumkehr ausreichende Verlagerung der Wanderungsbewegungen aus Italien, Spanien und Portugal setzte ein, Polen diversifizierte seine inner- und außereuropäischen Migrationsbeziehungen, Jugoslawien gelang eine erste Anbindung an den internationalen Arbeitsmarkt, an dem auch Griechenland, wenn auch nur schwach, zu partizipieren begann. Die Kolonien im Maghreb wurden für Frankreich als Erweiterung des französischen Arbeitsmarktes zunehmend bedeutend und blieben in ihren Migrationsbeziehungen weitgehend auf Frankreich beschränkt. Auf diese in der Zwischenkriegszeit einsetzende Entwicklung wirkten die ökonomischen Rahmenbedingungen der Nachkriegszeit auf zweierlei Weise katalytisch. Die Bedeutung Europas als Wanderungsziel für Arbeitsmigranten wuchs weiter, sodass sich die Auswanderung zusehends von den traditionellen Zielen weg verlagerte. Mit dieser Verlagerung war indes auch eine Veränderung des Charakters der Migration von einer klassischen, tendenziell dauerhaften Niederlassung als Regelfall in Übersee hin zu einer temporären Migration mit der Niederlassung im Zielland als Ausnahme verbunden. Zudem verstärkte sich die Wanderungsintensität, da sich unter dem latenten Migrationsdruck die Schleusen der Migrationskanäle immer weiter öffneten. Dieser Mechanismus wirkte auf die Länder der ersten beiden obengenannten Gruppen unmittelbar. Einzig Polen scherte aufgrund seiner politisch bedingten Abschottung aus. Marokko, Tunesien und Algerien erhielten nach ihrer Unabhängigkeit langsam breiteren Zugang, blieben jedoch weitgehend auf Frankreich fixiert. Die Türkei schließlich stieß mit ihrem enormen Arbeitskräftepotential als letzter und einziger Staat hinzu, der die vorangehenden Entwicklungsphasen nicht durchlaufen hatte. Durch diesen Prozess wurde auch für alle Staaten dieser Gruppe – mit Ausnahme Polens – spätestens nach dem Zweiten Weltkrieg und bis zur Ölpreiskrise die innereuropäische, prinzipiell temporäre Arbeitsmigration zum ökonomisch und gesellschaftlich wichtigsten transnationalen Wanderungsphänomen. Seine Bedeutung unterstreicht der Befund, dass alle nach dem Zweiten Weltkrieg ins Migrationssystem eingebundenen Abwanderungsstaaten die temporäre Entsendung von Arbeitskräften ins Ausland als ökonomische Größe in ihre wirtschaftspolitischen Planungen einbezogen.[1197]

Der Auswanderungsdruck in den sich schneller entwickelnden Volkswirtschaften im Herzen Europas ließ also – mit Ausnahme einiger weniger Perioden, in denen außergewöhnliche Ereignisse die Auswanderung kurzzeitig wiederbelebten – im Untersuchungszeitraum nach. Die Migrationsströme nach Übersee versiegten, bis die ökonomische Entwicklung sogar die Einwanderung von Arbeitskräften in diesen Volkswirtschaften erforderte. Da diese Umkehr des Wanderungstrends nicht mit einer Veränderung des Selbstbildes dieser Staaten bzw. ihrer Gesellschaften einherging, veränderte sich der Charakter der Migration im Verhältnis zu den für das 19. Jahrhundert prägenden Zügen. Aus der Zuwanderung künftiger Bürger, die zugleich auch Arbeitskräfte waren, wurde die Zuwanderung von Arbeitskräften, die in der Regel keinen Zugang zur Gesellschaft ihres Ziellandes erhalten sollten. Der Auswanderungsdruck in den sich langsam entwickelnden Volkswirtschaften in der Peripherie Europas blieb trotz eines langfristig abnehmenden Trends im Untersuchungszeitraum so hoch, dass sich die Emigration aus diesen Ländern ununterbrochen fortsetzte. Einzig Italien näherte sich schon im Untersuchungszeitraum einem Zustand, in dem der Auswanderungsdruck sich durch eine Verbesserung der ökonomischen Rahmenbedingungen abschwächte. Die daraus resultierenden Wanderungsströme begannen in der Zwischenkriegszeit auf das europäische Migrationssystem umzuschwenken und konzentrierten sich schließlich nach 1945 überwiegend auf europäische Zielländer. Hinter dieser Entwicklung stand die relative Verlagerung der Nachfrage nach Arbeitskräften von den klassischen überseeischen Einwanderungsländern nach Europa. Verstärkend wirkte sich aus, dass die besonderen Rahmenbedingungen der europäischen Arbeitsmigration in einigen Staaten Migrationspotentiale erschließen konnten, für die die Hürden eines klassischen Auswanderungsprozesses zu hoch lagen. Das europäische Migrationssystem integrierte sich in diesem Prozess zu einem Raum, dessen Wanderungsströme nach innen gerichtet waren. Die Auswanderung aus den ›Core Economies of Northwestern Europe‹ wurde demographisch und ökonomisch bedeutungslos; die Auswanderung aus der europäischen Peripherie verlagerte sich von außereuropäischen Zielen nach Westeuropa.

Arbeitsmigranten standen im europäischen Migrationssystem unterschiedliche Migrationskanäle offen. Eine voll ausgebildete Migrationsbeziehung setzte sich aus vier Migrationskanälen zusammen: der regulierten Anwerbung, dem Sichtvermerksverfahren, der Einreise mit einem Touristenvisum sowie der illegalen Einwanderung. Die Nutzung bzw. der Zugang zu diesen Migrationskanälen hing ebenso von den Präferenzen der Migranten wie von den migrationspolitischen Zielen und den entsprechenden Steuerungsversuchen

1197 Vgl. dazu auch Collinson, Europe and International Migration, S. 64f.

der Ein- und Auswanderungsstaaten ab. Die konkreten Ausprägungen unterschieden sich länderspezifisch und veränderten sich über die Zeit. Im Kontext unserer Fragestellung ist vor allem der Stellenwert der regulierten Anwerbung bzw. der über sie verlaufenden Arbeitsmigration als Teilprozess vorrangig. Generalisierend lässt sich feststellen, dass bezogen auf das gesamte Untersuchungsgebiet und den gesamten Untersuchungszeitraum stets der kleinere Teil der Arbeitsmigranten den Weg der staatlich organisierten oder regulierten Anwerbung gewählt hat. Zeitlich differenziert zeichnet sich ein aufsteigender Trend der Bedeutung regulierter Anwerbung bzw. Arbeitsmigration innerhalb des Migrationssystems ab. Diese Bedeutung konnte sich freilich sowohl durch ein Verstärken als auch durch die Abwehr von ökonomisch motivierter Migration manifestieren. So gewann die regulierte Anwerbung nach dem Ersten Weltkrieg an Gewicht. In der Weltwirtschaftskrise erwiesen sich dann bereits einige Staaten erstmals in der Lage, durch das Sperren des neuen Migrationskanals dessen Steuerungspotential für eine Protektion des eigenen Arbeitsmarktes zu nutzen. Nach dem Zweiten Weltkrieg diente die regulierte Arbeitsmigration der Wiederbelebung des europäischen Migrationssystems. Die Hochphase des europäischen ›Wirtschaftswunders‹ relativierte das Anschwellen der Arbeitsmigration in allen Migrationskanälen in ihrer Bedeutung. Erst nach der Krise von 1966/67 wurde ein Zustand erreicht, in dem quantitativ außerordentlich starke Wanderungsbewegungen größtenteils über regulierte Migrationskanäle verliefen. Länderspezifisch sind hingegen deutliche Unterschiede des Anteils regulierter Anwerbung an der Arbeitsmigration erkennbar. Analytisch können dabei drei Ebenen unterschieden werden. Erstens, das Ausmaß der Anwerbung, zweitens ihr institutioneller Rahmen, drittens die migrationspolitischen Grundlinien, auf denen diese Form der Arbeitsmigration erfolgte.

In Deutschland besaß die regulierte Anwerbung das größte Gewicht. In der Zwischenkriegszeit sorgte eine rigide Zulassungspolitik der deutschen Behörden für einen hohen Grad an Kontrolle über die Zuwanderung von Arbeitskräften. Zwischen 1955 und 1973, der Hochphase der Rekrutierung ausländischer Arbeitskräfte im Ausland, lag der Beteiligungsgrad der Arbeitsverwaltung an der Arbeitsmigration aus den Staaten, mit denen Wanderungsabkommen bestanden, bei durchschnittlich 60%. Bedingt durch den europäischen Einigungsprozess war der Einschaltungsgrad in die Arbeitsmigration in Italien am niedrigsten, aufgrund des beidseitigen Kontrollanspruchs über die Arbeitsmigration im Verhältnis zu Portugal am intensivsten. 1973 erreichte die BAVAV mit einem Einschaltungsgrad von 95,7% an der Arbeitsmigration aus Portugal nach Deutschland den wohl höchsten im Untersuchungszeitraum je erzielten Wert. In Frankreich, das vor und während des Ersten Weltkrieges zu den Pionieren der Konzeption und Nutzung des neuen Migrationskanals gehört hatte, besaß die regulierte Arbeitskräfterekrutierung in der Zwischenkriegszeit zwar einen hohen Stellenwert. Nach dem Zweiten Weltkrieg führte jedoch die Kombination aus dem Aufbau einer schwerfälligen staatlichen Bürokratie und dem Höhepunkt der Nachfrage auf dem internationalen Arbeitsmarkt im Verlauf der ›Trente Glorieuses‹ zu einem dramatischen Bedeutungsverlust. Der Beteiligungsgrad des ›Office nationale d'immigration‹ sank zeitweise unter 20%. Er stieg erst in den letzten Jahren vor dem Anwerbestopp wieder signifikant an und erreichte zu Beginn der 1970er Jahre Werte um 80%. Für Belgien liegen keine genauen Angaben über den Einschaltungsgrad der ›Fédéchar‹ vor. Er lag so lange vergleichsweise hoch, wie sich die Rekrutierung auf Bergleute für den Untertagebetrieb konzentrierte, die ein spezifisches Auswahlverfahren durchlaufen mussten. In der Nachkriegszeit begann die Bedeutung der aktiven Rekrutierung dann ebenfalls zu sinken und unterschritt in den 1960er Jahren für Bergleute zeitweise die 50-Prozent-Marke. In den Niederlanden bewegte sich der Anteil der durch staatliche Stellen oder Unternehmen im Ausland angeworbenen Arbeitnehmer in den 1960er Jahren um 30 bis 40% aller Arbeitsmigranten. Die Verschärfung der Zulassungsbedingungen für ausländische Arbeitnehmer in den letzten Jahren vor dem Anwerbestopp ließ diesen Wert auf 50% ansteigen. Im Falle Österreichs schließlich hat sich gezeigt, dass in den 1960er Jahren zunächst etwa 95% der Arbeitsmigranten im Rahmen der Kontingentregelung ins Land kamen. Aussagen über den Anteil der direkt im Ausland angeworbenen Arbeitskräfte darunter sind jedoch nicht möglich. Die Bedeutung der regulierten Arbeitsmigration sank im Untersuchungszeitraum dann jedoch auf etwa 60% ab. Die Schweiz, Schweden und Luxemburg unterhielten selbst kein Netz staatlicher Anwerbestationen im Ausland. Daher liegen keine Angaben für den Anteil der durch private Institutionen oder Unternehmen angeworbenen Arbeitskräfte vor. Die Bedeutung der regulierten Anwerbung besaß also durchaus ganz unterschiedliche Ausprägungen und entwickelte sich in länderspezifischen Mustern. Vorsichtig lässt sich schätzen, dass im europäischen langfristigen Durchschnitt zwischen 1946 und 1973/74 etwa die Hälfte der Arbeitsmigranten, die sich innerhalb des europäischen Migrationssystems bewegten, durch staatlich regulierte Anwerbung oder Anforderung in den Wanderungsprozess eingetreten sind.

Eine ebenso große Spannbreite wie bei der Bedeutung der Anwerbung hat sich auch für ihre institutionelle Organisation ergeben. Dennoch lassen sich auch Gemeinsamkeiten zwischen den einzelstaatlichen Befunden erkennen. Zu den wichtigsten Übereinstimmungen zählt die enge Verschränkung der Anwerbung im Ausland mit der Ausländerpolitik einerseits, der Arbeitsmarktpolitik andererseits. Diese manifestierte sich in den betrachteten Zuwanderungsländern durch das Ineinandergreifen von Wanderungsverträgen und Ausländergesetzgebung sowie durch die Einbindung aller Arbeitsmarktparteien in die Arbeitsmigrationspolitik und deren Umsetzung. Deutschland stützte die Rekrutierung von Arbeitskräften im Ausland auf eine staatliche Infrastruktur, deren Anfänge bzw. Vorläufer bis ins 19. Jahrhundert zurückreichten. Federführend in der Praxis blieb über den gesamten Untersuchungszeitraum die deutsche Arbeitsverwaltung, bis 1935 in Kooperation mit der Deutschen Arbeiterzentrale. Als einziges Land unterhielt Deutschland in allen Anwerbestaaten außer Marokko und Tunesien permanente staatliche Anwerbeköpfe und versuchte, die Arbeitsmigration so weit wie möglich über diese abzuwickeln. In Frankreich blieb die Anwerbung selbst länger in rein privater Hand. Bis auf eine kurze Zeitspanne während und nach dem Ersten Weltkrieg warben ausschließlich Arbeitgebervereinigungen bzw. von ihnen getragene Organisationen im Ausland Arbeitskräfte an. Erst nach 1945 richtete man eine spezialisierte staatliche Stelle ein, die unter allen in Europa zu diesem Zweck geschaffenen Ämtern am ehesten einer Einwanderungsbehörde glich. In Belgien monopolisierte eine private Institution die Anwerbung bis weit nach dem Zweiten Weltkrieg. Erst als auch der Steinkohlenbergbau seine Bedeutung einbüßte und die Anwerbung von Bergleuten im Ausland keine Rolle mehr spielte, übernahmen staatliche Instanzen und auch die Arbeitgeber direkt selbst die Rekrutierung. Eine mit Deutschland oder Frankreich vergleichbare Anwerbeorganisation gab es jedoch zu keinem Zeitpunkt. In den Niederlanden, Schweden und Luxemburg existierte eine Mischform aus staatlicher Aufsicht bzw. staatlichen Anwerbeaktivitäten auf niedrigem Niveau und dem Engagement interessierter Arbeitgeber bei der Rekrutierung im Ausland. Österreich dagegen übertrug, ähnlich wie Belgien, einer zentralen Organisation der unternehmerischen Selbstverwaltung die Koordination der Anwerbung, ohne dass staatliche Stellen direkt im Ausland tätig wurden oder eine besondere Behörde für die Steuerung der Ausländerbeschäftigung geschaffen wurde. Die Schweiz schließlich beschränkte sich auf eine wenig invasive Regulierung unternehmerischer Anwerbeaktivitäten im Ausland.

Auch die Abwanderungsländer des Migrationssystems versuchten vielfach, die Auswanderung bzw. Arbeitsmigration, die von ihnen ausging, durch eigene Institutionen zu begleiten bzw. zu beeinflussen und so ihre Position und Einflussmöglichkeiten auf dem internationalen Arbeitsmarkt zu verbessern. Diese Institutionen bestanden aus Normen und Organisationen: In der Mehrzahl der Abwanderungsländer entstanden Auswanderungsgesetze oder zumindest Regelungen bzw. politische Vorgaben, nach denen die Arbeitsmigration abgewickelt wurde. Die Umsetzung solcher Normen übernahmen in einigen Staaten bestehende Bürokratien, wie etwa die Arbeits- oder Sozialverwaltung. In anderen Staaten errichtete man spezialisierte Organisationen, die sich allgemein mit Auswanderung oder sogar nur mit Arbeitsmigration befassten. Der Teil des institutionellen Rahmens, den die Abwanderungsländer schufen, sollte ebenso wie der Teil, den die Zuwanderungsländer definierten, nach außen und innen wirken. Auf dem eigenen Arbeitsmarkt galt es, die Migrationschancen so zu verteilen, dass sie den jeweiligen sozial- und arbeitsmarktpolitischen Zielen dienten. Außerdem lag es prinzipiell im Interesse der Abwanderungsländer, ihr eigenes Arbeitskräftepotential selektiv dem internationalen Arbeitsmarkt zur Verfügung zu stellen. Facharbeiter durften nicht in so großer Zahl der eigenen Wirtschaft verloren gehen, dass deren Entwicklung beeinträchtigt wurde; regionale Arbeitsmärkte, auf denen kein Überangebot an Arbeitskraft herrschte, mussten vor einer Abwerbung von Arbeitskräften ins Ausland geschützt werden – auch wenn dies im Einzelfall nicht im Interesse der davon betroffenen Menschen lag. Inwieweit diese Ansprüche durchsetzbar waren, hing von unterschiedlichen Faktoren ab. Zum einen von der Intensität des Wanderungsdrucks und dem Stellenwert, den die Vorteile, die sich aus der Arbeitsmigration ergaben, also etwa Devisengewinne und Qualifikation des Humankapitals, besaßen. Zum anderen von der Fähigkeit der staatlichen und institutionellen Akteure, effiziente Steuerungsmechanismen zu etablieren. Auf dem internationalen Arbeitsmarkt hingegen besaßen diejenigen Staaten einen Vorteil, die einen solchen Apparat in die Gestaltung des Migrationsprozesses einschalten konnten. Dabei galt es, ausländische Arbeitsmärkte zu erschließen, vorteilhafte Migrationsbedingungen auszuhandeln und deren Einhaltung zum Schutz der eigenen Migranten zu überwachen.

Die Befunde auf einzelstaatlicher Ebene haben auf Seiten der Abwanderungsstaaten ein durchaus heterogenes Feld unterschiedlicher Ansätze aufgezeigt. Die älteren unter ihnen entwickelten, teilweise gestützt auf Organisationen, die sich mit der Regulierung der klassischen Auswanderung befasst hatten, als erste eigene Institutionen zur Steuerung der modernen Arbeitsmigration. Italien machte 1901 den Anfang, Portugal folgte 1947, im Jahr 1956 kam Spanien hinzu. Polen hatte bereits mit seiner Selbstständigkeit nach dem Ersten Weltkrieg eine Auswanderungsbehörde gegründet. Diese Institutionen waren in der Regel an entsprechende Fachministerien gebunden bzw. mit deren Vertretern besetzt und stützten sich im Inland auf die Arbeitsverwaltung. Kamen wie im Fall Portugals und Spaniens die Regulierungsansprüche und Steuerungsmöglichkeiten autoritärer Regime hinzu, konnte dies nach innen zu einer rigiden Kontrolle der Migrationsprozesse führen. Trafen solche Ansprüche, wie im Fall Portugals, auf ein Pendant beim Migrationspartner, etwa den hohen Kontrollanspruch Deutschlands, resultierte daraus ein extrem stark regulierter Migrationsprozess, der fast vollkommen über den Kanal der staatlich regulierten und organisierten Anwerbung verlief. Trafen sie jedoch auf einen Migrationspartner, dem es um schnelle Nachfragedeckung unter Verzicht auf eigene Kontrolloptionen ging, wie im Fall Frankreichs, unterlief das Ausweichen der Migranten von den stark regulierten auf weniger gut kontrollierte Migrationskanäle schnell alle Steuerungsversuche. Das Resultat war ein hoher Anteil illegaler Emigranten, deren Zuwanderung das Zielland nachträglich legalisierte. Eine zweite Gruppe von Staaten entschied sich, keine eigenen Auswanderungsämter einzurichten, die sich mit der temporären Arbeitsmigration zu befassen hatten, sondern die Abwicklung der Arbeitsmigration der Arbeitsverwaltung zu übertragen. Zu dieser Gruppe zählten neben Jugoslawien und der Türkei auch Marokko und Algerien sowie bis 1973 auch Tunesien. Die Versuche dieser Länder zur Beeinflussung der Arbeitsmigration erwiesen sich als sehr unterschiedlich erfolgreich. Jugoslawien gelang es, mithilfe seiner Arbeitsverwaltung ein hohes Maß an Kontrolle auszuüben. Die Türkei sowie die nordafrikanischen Staaten führten zumindest in Bezug auf den eigenen Arbeitsmarkt eine sozioökonomische Steuerung ein, die sich freilich nur begrenzt realisieren ließ. In Griechenland dagegen misslangen, bedingt durch ungelöste Kompetenzstreitigkeiten und das Fehlen einer federführenden Institution, die staatlichen Steuerungsversuche weitgehend.

Hinsichtlich der Ziele der Staaten des Migrationssystems haben sich für die Ab- und die Zuwanderungsländer einige Grundmotive herauskristallisiert. Die Zuwanderungsländer glichen einen Mangel an Arbeitskräften in Arbeitsmarktsegmenten, die von unqualifizierter und stark konjunkturabhängiger Beschäftigung geprägt waren, durch Zuwanderung aus. Sie schoben auf diese Weise Rationalisierungsinvestitionen oder gar strukturelle Anpassungsprozesse auf. Die Vergrößerung des Arbeitskräftepotentials erfolgte jedoch so, dass die Ausländerbeschäftigung sowohl im Auf- als auch im Abschwung den Arbeitsmarkt flexibilisierte. Im Aufschwung verhinderte die Ausländerbeschäftigung die Verknappung und damit die Verteuerung des Faktors Arbeit. Die Belastungen eines Abschwungs dagegen trafen dann wiederum vornehmlich die ausländischen Arbeitskräfte aufgrund ihrer prekären Arbeitsmarktpräsenz. Auf der Seite der Abwanderungsstaaten verbanden sich im Lauf der Zeit drei Interessen zu einer Motivkonstellation, die ihre Wirkung vor allem nach dem Zweiten Weltkrieg entfaltete. Erstens die Entlastung des eigenen Arbeitsmarktes von Arbeitslosigkeit; dies ist fraglos das älteste Motiv. Zweitens der Zufluss von Kapital aus dem Ausland in Form von Lohnüberweisungen, ein Effekt, der sich auf der Grundlage eines den Migranten offenstehenden internationalen Zahlungsverkehrs und dem zunehmend temporären Charakters der Arbeitsmigration verstärkte, da vermehrt Familienangehörige im Herkunftsland zurückblieben. Drittens die Rückkehr von qualifizierten Arbeitskräften aus dem Ausland als Endpunkt der Migration.

Diese Motive beider Seiten trafen auf der einzelstaatlichen Ebene allerdings auf durchaus unterschiedliche migrationspolitische Konzeptionen, welche die Art, in der sie sowohl das Migrationssystem als auch einzelne Migrationsbeziehungen gestalteten, stark beeinflusst hat. Unter den Anwerbestaaten lassen sich drei migrationspolitisch definierte Gruppen ausmachen. Erstens Staaten, die Einwanderung strikt ablehnten oder lediglich als unvermeidbare und ungewollte Begleiterscheinung wahrnahmen. Die Schweiz und Deutschland können als die extremsten Vertreter dieser Position gelten, gefolgt von den Niederlanden, die allerdings früher als die beiden erstgenannten Länder zu einer Art Einwanderungspolitik übergingen. Belgien und Luxemburg bilden eine zweite Gruppe. Belgien folgte einer liberalen Linie und befürwortete in Zeiten der Arbeitskräftenachfrage eine Niederlassung ausländischer Arbeitnehmer und ihrer Familien im Land. Ebenso verhielt sich Luxemburg, das diese Haltung darüber hinaus relativ früh mit einer Integrationspolitik verband. Eine deutlich positivere Haltung gegenüber dem Übergang von der Arbeitsmigration zur Einwanderung nahmen Frankreich und Schweden ein und gestalteten ihre Politik entsprechend. Dies ist allerdings nicht notwendigerweise mit der Bevorzugung klassischer Einwanderung als primärem Wanderungsphänomen gleichzusetzen. Während dies am ehesten noch auf Schweden zutraf, fungierte die temporäre Arbeitsmigration in Frankreich als eine demographische Grundlage für eine durch weitere Selektionsmechanismen gesteuerte Einwanderung.

Nachdem nun Kontext, Ausprägungen und Relevanz der staatlich regulierten Anwerbung von Arbeitskräften sowohl auf der Ebene des Migrationssystems als auch seiner Bausteine zeitlich differenzierend diskutiert sind, wird sich der zweite Teil der Untersuchung auf die Entwicklung des Instruments konzentrieren, das auf der institutionellen Ebene im Untersuchungszeitraum aus nationalen Arbeitsmärkten den internationalen Arbeitsmarkt eines Migrationssystems gemacht hat: den bilateralen Wanderungsvertrag.

3. Die Institutionalisierung regulierter Arbeitsmigration

Die Betrachtung der Migrationsgeschichte auf einzelstaatlicher Ebene hat gezeigt, dass das Migrationssystem, in dessen Bahnen der zwischenstaatliche Transfer von Arbeitskräften in Europa verlief, sich nicht allein durch Migrationsbewegungen konstituiert, die aus einer Vielzahl autonomer Migrationsentscheidungen und dem Wechselspiel von Angebot und Nachfrage auf nationalen bzw. internationalen Arbeitsmärkten resultierten. Nachdem bereits vor dem Ersten Weltkrieg die Arbeiterwanderung zwischen vielen europäischen Staaten zu institutionellen Formen gefunden hatte, die oft eine Beteiligung organisierter Interessen oder des Staates aufwiesen, entstand in der Zwischenkriegszeit mit dem staatlich organisierten oder regulierten temporären Transfer von Arbeitskräften zwischen zwei Staaten ein neuer Migrationskanal.

Dieser neue Migrationskanal erhielt seine Form und Ausprägung durch bilaterale Wanderungsabkommen, die Staaten mit einem Arbeitskraftdefizit und solche mit einem Arbeitskräfteüberschuss miteinander abschlossen. Etablierten zwei Staaten auf diese Weise Migrationsbeziehungen zum Transfer von Arbeitskräften, trat die staatliche Rekrutierung als neuer Weg der Zuwanderung neben den Arbeitsmarkteintritt von ausländischen Arbeitskräften. Sie verlief dabei nicht selten über dieselbe Infrastruktur, die zuvor private, jedoch staatliche anerkannte, beauftragte oder zumindest geduldete Anwerbeorganisationen geschaffen hatte. Diese behielten in der Regel zunächst ihre Zuständigkeit für die Beschaffung von Arbeitskräften im Ausland, führten diese jedoch nun auf der Grundlage völkerrechtlicher Verträge staatlich legitimiert durch. Die staatlich regulierte Rekrutierung von ausländischen Arbeitskräften begann also, die privat organisierte Anwerbung schrittweise abzulösen, und trat neben die anderen Migrationspfade, die transnationalen Arbeitsmigranten offenstanden: das konsularische Genehmigungsverfahren, die Zureise mit einem auf andere Art als der Arbeitssuche begründeten Visum, mit der Absicht der Arbeitsaufnahme und der Hoffnung auf nachträgliche Legitimierung des Aufenthalts sowie die illegale Migration. In der Hierarchie dieser Migrationskanäle stand die regulierte Anwerbung – als am besten steuerbare Form der Zuwanderung – meist an der Spitze, während der Zugang zu den alternativen Migrationskanälen von politischen und ökonomischen Faktoren abhing, die sich in Gewichtung und Wirkung von Migrationspartner zu Migrationspartner unterschied und im Verlauf der Zeit verändern konnte.[1]

Im Hinblick auf die institutionelle Ausprägung dieses Migrationskanals lassen sich drei Entwicklungslinien vom Ende des 19. Jahrhunderts bis in die 1970er Jahre ausmachen. Erstens eine kontinuierliche Zunahme der staatlichen Kontrolle über den Prozess der Arbeitsmigration. Zweitens eine Konvergenz

1 Siehe dazu Kapitel 3.4.

der Rahmenbedingungen, die zur Gestaltung der unterschiedlichen Phasen dieses Migrationsprozesses zwischen den beteiligten Staaten vereinbart wurden. Drittens die Verbreitung zwischenstaatlicher Verträge, die solche Migrationsbedingungen festschrieben.

Seit dem Ende des Ersten Weltkrieges nutzte eine wachsende Gruppe von Staaten bilaterale Verträge als Grundlage von Arbeitsmigrationsbeziehungen, bis diese sich schließlich als Standard durchsetzten und damit gleichzeitig den staatlich regulierten Transfer des Faktors Arbeit als Normalfall der Arbeitsmigration in Europa etablierten. Während Kapitel 2 die Bedeutung solcher bilateralen Abkommen im Kontext der Migrationsgeschichte der beobachteten Staaten darstellt, umreißt der folgende Teil Entwicklung, Ausprägungen und Verbreitung dieses für die Verfassung des europäischen Systems der Arbeitsmigration grundlegenden Instruments. Die Komplexität des Gegenstandes und die Vielzahl der zu berücksichtigenden Abkommen verbietet eine detaillierte Analyse für alle Staaten über den gesamten Untersuchungszeitraum. Stattdessen ist es das Ziel, die wichtigsten Trends und Stationen der Entwicklung des bilateralen Wanderungsabkommens unter Berücksichtigung von allgemeinen und besonderen Aspekten zu skizzieren. Dazu werden in einem ersten Schritt die Grundelemente zwischenstaatlicher Wanderungsabkommen und ihre Ausgestaltung diskutiert, bevor wir deren Funktion im europäischen System der Arbeitsmigration unter drei Gesichtspunkten betrachten. Einleitend verdeutlicht eine modellhafte Skizze, welche Bereiche des Migrationsgeschehens bilaterale Verträge abdecken und welche Interessen sich in diesen Regelungen widerspiegeln. Ein zweiter Abschnitt zeigt den Einfluss internationaler Organisationen, in erster Linie der Internationalen Arbeitsorganisation, auf Form, Entwicklung und Verbreitung solcher Abkommen. Die letzten Kapitel widmen sich der Regelung von internationalen Wanderungsbewegungen durch völkerrechtliche Verträge. Für die Zeit bis zum Ende des Ersten Weltkrieges konzentriert sich die Darstellung auf Entwicklung und Verbreitung erster Bestimmungen und Verträge und führt verschiedene Stränge, in denen Arbeitsmigration in diesem Zeitraum mithilfe zwischenstaatlicher Verträge organisiert wurde, als Grundlage für die folgenden Betrachtungen zusammen. Für den Kern des Untersuchungszeitraumes von 1919 bis zur Mitte der 1970er Jahre wird dann die Entwicklung spezieller bilateraler Wanderungsverträge beobachtet, die den Transfer von Arbeitskräften zwischen zwei Staaten regulieren, um die wichtigsten Entwicklungslinien dieser Institution herauszuarbeiten.

3.1. Funktionen zwischenstaatlicher Wanderungsabkommen

Zwischenstaatliche Wanderungsabkommen zum Transfer des Faktors Arbeit zwischen zwei Volkswirtschaften sind eine mögliche Antwort auf die durch demographische, strukturelle und konjunkturelle Faktoren bedingte ungleichmäßige Verteilung von Arbeitsangebot und Arbeitsnachfrage. Die Entwicklung dieses Instruments steht gleichzeitig in engem Zusammenhang mit den politischen Interessen der an der Gestaltung wirtschaftlich bedingter transnationaler Migrationsprozesse beteiligten bzw. von ihren Konsequenzen betroffenen Akteure. Bilaterale Wanderungsabkommen dienen der Mobilisierung ausländischer Arbeitskräfte, der Festlegung ihrer Arbeitsmarktposition im anwerbenden Land sowie ihrer politischen und ökonomischen Kontrolle.[2] Sie sind insofern Teil der Ausländerpolitik eines Staates und ergänzen dessen Gesetzgebung über die Ein- und Ausreise oder den Aufenthalt von Ausländern auf dem Staatsgebiet bzw. machen Vorgaben für deren Umsetzung auf dem Arbeitsmarkt.[3] Bilaterale Wanderungsverträge werden damit zu einem Bestandteil der institutionellen Verfassung aller durch sie verbundenen Arbeitsmärkte. Mit ihrer rahmengebenden Funktion für den durch sie definierten Migrationskanal, zu dem auch der administrativ überwachte Aufenthalt ausländischer Arbeitskräfte gehört, stellen sie allerdings einen eigenständigen, zwar auf die Ausländergesetzgebung bezogenen, analytisch jedoch von ihr zu trennenden Baustein staatlicher Migrationspolitik dar. Dies gilt insbesondere, da sie als völkerrechtliche Verträge zwei Staaten aneinander binden. Sie erweitern zudem den Kreis der gestaltenden Akteure über die rein nationalstaatliche Ebene hinaus.

Die in bilateralen Wanderungsabkommen festgelegten Rahmenbedingungen für Arbeitsmigration lassen sich den beteiligten Interessengruppen zuordnen. Im engeren Sinn können als Akteure die Arbeitsmarktparteien der beteiligten Staaten aufgefasst werden. Erstens also der Staat, der aus volkswirtschaftlichen Erwägungen Arbeitskräfte entsendet, sowie derjenige, der Arbeitskräfte anwerben möchte. Zweitens die Arbeitgeber, die diese Arbeitskräfte nachfragen und durch Zuwanderung ebenso Rationalisierungskosten wie steigende Lohnkosten vermeiden können, aber auch die Arbeitgeber der Entsendestaaten, die auf einen Teil des Arbeitskräftereservoirs, das ins Ausland abwandert, verzichten. Drittens die Arbeitnehmer des Zuwanderungslandes, die mit einer Verschlechterung ihrer Verhandlungsposition – etwa hinsichtlich der Verbesserung von Lohnbedingungen bei schrumpfendem Arbeitskräfteangebot – rechnen müssen, sowie die Arbeitnehmer des Entsendelandes, die zu potentiellen Arbeitsmigranten werden und für die Chance, einer Erwerbsarbeit im Ausland nachgehen zu können, Kosten und Risiken in Kauf nehmen.[4]

---

2 Während Veenmann und Roelandt *Arbeitsmarktposition* als markiert durch die Arbeitslosenquote, die Dauer der Arbeitslosigkeit, das Qualifikationsniveau, das Lohnniveau und die Verteilung auf verschiedene Bereiche des Arbeitsmarktes in Bezug auf eine bestimmte Gruppe von Arbeitnehmerinnen und Arbeitnehmern definieren, wird der Begriff hier im Hinblick auf die rechtliche Stellung als wichtige Determinante für die Ausprägung der genannten Variablen aufgefasst; vgl. Veenmann/Roelandt, Ethnic Minorities in the Dutch Labour Market, S. 27.

3 Caestecker, The Changing Modalities of Regulation in International Migration, S. 76f.

4 Guild, Who is Entitled to Work and Who is in Charge, S. 100.

Zwischenstaatliche Wanderungsverträge regeln ungeachtet einer Vielzahl spezifischer Ausprägungen die vier Phasen temporärer Arbeitsmigration. Diese beginnt mit der Mobilisierung von Arbeitskräften in deren Heimat und der Selektion geeigneter Migranten. Dann folgt der Transfer der Arbeitskräfte in das anwerbende Land. Die dritte Phase ist die Erfüllung des Arbeitsvertrages im Ausland. Schließlich können viertens bilaterale Wanderungsverträge auch die Optionen umfassen, die einem Arbeitsmigranten am Ende seines zeitlich begrenzten Aufenthalts offenstehen. Diese bewegen sich zwischen obligatorischer Remigration, der Verlängerung des Aufenthalts für bestimmte Zeit und der Verdauerung der Niederlassung nach dem Durchlaufen mehrerer Aufenthaltszyklen.[5]

Transnationale Arbeitsmigration als Transfer des Faktors Arbeit von einem auf einen anderen Arbeitsmarkt umfasst die zumindest temporäre Auswanderung aus einem und die Einwanderung in einen anderen Staat. Sie berührt damit das Spannungsfeld zwischen dem Souveränitätsanspruch des modernen Staates und seiner Einbindung in nationale und internationale Interessenkonstellationen. Einerseits können diese dazu führen, dass auf Kontrollansprüche des Staates zugunsten ökonomischer Prämissen verzichtet wird, andererseits können ökonomische Notwendigkeiten aus politischen Erwägungen zurückgestellt werden.[6]

Es muss also nicht verwundern, dass die moderne Form des institutionellen Rahmens für Arbeitsmigration, ein völkerrechtlicher Vertrag, die herausragende Stellung des Staates in diesem an sich ökonomisch motivierten Austauschprozess unterstreicht. Dem Staat als Akteur im Migrationsgeschehen oblag es nicht nur, Beginn, Form und Volumen der Migrationsbewegung zu determinieren, sondern auch deren Ende. Denn Wanderungsverträge hatten, bis auf wenige Ausnahmen, eine kurze Laufzeit, nach der sie neu ausgehandelt und modifiziert werden, stillschweigend verlängert oder auslaufen konnten.[7] Wichtige Motive für Staaten, die Kontrolle über Arbeitsmigration zu übernehmen, waren neben grundsätzlichen politischen, gesellschaftlichen und ökonomischen Überlegungen auch praktische Erwägungen.[8] Da in der Hochindustrialisierung Arbeitsmigration in einer Größenordnung zur ökonomischen Notwendigkeit wurde, die nicht mehr mit den zuvor üblichen Verfahren von den diplomatischen bzw. konsularischen Vertretungen bewältigt und kontrolliert werden konnte, blieben nur die Alternativen, Arbeitsmigration stark einzuschränken, eine unkontrollierte Massenwanderung innerhalb Europas zuzulassen oder die sich ergebenden logistischen, finanziellen, sozialen und admi-

5 Vgl. beispielsweise International Labour Office, The International Labour Code, Appendices, S. 324f.

6 Fauchille, The Rights of Emigration and Immigration, S. 318, 322.

7 Leben, Le droit international et les migrations des travailleurs, S. 90.

8 Vgl. zur Bedeutung des zu Beginn des 20. Jahrhunderts aufflammenden Nationalismus für die Regulierung von Arbeitsmigration Lucassen, The Great War and the Origins of Migration Control in Western Europe and the United States, S. 45f.

nistrativen Fragen durch ein koordiniertes Vorgehen der beteiligten Staaten zu regeln.[9]

Die beiden Staaten, die ein bilateraler Wanderungsvertrag zu Migrationspartnern machte, begleiteten in der Regel den gesamten Migrationsprozess durch eigens geschaffene oder beauftragte staatliche, öffentlich-rechtliche oder private Institutionen. Diese Kooperation begann mit der Zusammenarbeit von Rekrutierungs- bzw. Auswahlstellen bei der Mobilisierung der Arbeitskräfte im Entsendeland und konnte sich von der Überwachung der vereinbarten Migrationsbedingungen und der Betreuung der Migranten im Ausland bis zur gemeinsamen Organisation der Remigration erstrecken.[10] Der Staat, der sich zum Ausgleich eines Arbeitskräftemangels für eine kontrollierte Zuwanderung von Arbeitskräften entschied, verband mit dem Aufbau eines auf einem zwischenstaatlichen Abkommen basierenden Rekrutierungsapparates vor allem zwei Absichten: Verlief Arbeitsmigration als Zuwanderungsprozess ausschließlich über einen staatlich kontrollierten Migrationskanal, bestand die Möglichkeit zur vollständigen Kontrolle der Zu- und Abwanderung. Dieser Kontrollanspruch entsprang ebenso den Souveränitätsansprüchen des Nationalstaates hinsichtlich des Aufenthalts von Ausländern auf seinem Territorium wie ökonomischen Motiven.[11] Ein anderer Weg bestand in der Beauftragung einer privaten Organisation, häufig getragen von Branchen- oder allgemeinen Arbeitgeberverbänden, die unter staatlicher Aufsicht handelten. Eine solche Lösung vermied um den Preis höherer Autonomie der Wirtschaft den Aufbau und den Unterhalt eines staatlichen Apparates.

Die politischen Interessen des Staates spiegeln sich in Selektionskriterien für die Zulassung von Ausländern. Einerseits erlaubte die selektive Zulassung im Falle einer administrativ organisierten Prüfung, auch im Fall einer Massenwanderung die Kontrolle über Struktur und Umfang zu wahren. Andererseits diente sie der Kostenminimierung durch die nachfragegerechte Zulassung von solchen Ausländern, die mit nur geringer Wahrscheinlichkeit die Leistungen der Fürsorgesysteme beanspruchen. Grundsätzlich bedeutet Selektion also, dass der Staat nicht nur auf der Makro-Ebene entschied, mit welchen Staaten Migrationsbeziehungen etabliert wurden, sondern auch auf der Mikro-Ebene einen Hebel besaß, mit dessen Hilfe jeder einzelne Migranten beurteilt wurde, wobei diese Entscheidung durch staatliche Stellen direkt getroffen oder delegiert werden konnte. So weit die ökonomischen Motive. Auch die politisch motivierte Selektion griff auf zwei Ebenen. Erstens durch die Auswahl derjenigen Staaten, die als Migrationspartner geeignet waren. So lehnten beispielsweise viele europäische Zuwanderungsländer Arbeitsmigration aus nicht-europäischen Staaten ab. Zu den Standardbedingungen der politischen Selektion auf der Mikro-Ebene wurde dagegen der Ausschluss Vorbestrafter

9 International Labour Office, International Migration 1945–1957, S. 286.

10 Miller/Martin, Administering Foreign-Worker Programs, S. 43.

11 Flory, Ordres juristiques et statut des travailleurs étrangers, S. 176; Miller/Martin, Administering Foreign-Worker Programs, S. 31.

oder politisch missliebiger Personen durch den Anwerbestaat. Auf dieser Ebene korrespondiert die Exklusion ethnischer Gruppen aus Staaten, mit denen man Migrationsbeziehungen aufzunehmen bereit war, mit der Wahl der Migrationspartner auf der Makro-Ebene. Die Bundesanstalt für Arbeit lehnte beispielsweise die Vermittlung von Portugiesen mit afrikanischem Migrationshintergrund nach Deutschland aufgrund ihrer Hautfarbe ab.[12] Natürlich konnte prinzipiell auch jedes Auswanderungsland entsprechende politische Kriterien für die Zulassung zur Emigration anlegen, meist jedoch achtete man vor allem darauf, dass jeder Migrant seine Militärdienstpflicht erfüllt hatte.

Die wirtschaftlichen Selektionskriterien sahen die geschlechtsspezifische Auswahl von gesunden, nachfragegerecht qualifizierten Arbeitskräften innerhalb eines bestimmten Altersintervalls vor. Diese Art der Auswahl potentieller Arbeitsmigranten bildete den Kern des ökonomischen Interesses anwerbender Staaten. Sie ermöglichte es, unter Vermeidung unerwünschter Zuwanderung und, wenn gewünscht, ohne die Einschaltung nicht-staatlicher Rekruteure oder Vermittler – und damit unter Vermeidung unkalkulierbarer Kosten und einer gewinnorientierten, jedoch aus staatlicher Perspektive unerwünschten Anwerbepraxis – Segmenten des eigenen Arbeitsmarktes genau die dort fehlenden Arbeitskräfte zuzuführen. Dieser Verlagerung des Ausgleichs von Angebot und Nachfrage nach ausländischen Arbeitskräften vor die eigenen Grenzen sollte ökonomisch nicht gewollte Zuwanderung bereits vor dem Beginn des Wanderungsprozesses stoppen. Diese Regelungen überschnitten sich meist mit zentralen Interessen der Arbeitgeber des Aufnahmelandes, die zwar auf die Möglichkeit von Lohnsenkungen durch eine unkontrollierte Vermehrung des Arbeitskräfteangebots verzichteten, dafür mit nur geringem eigenen Aufwand und Risiko sowie damit verbundenen niedrigen zusätzlichen Kosten ihre Arbeitskräftenachfrage befriedigen und gegebenenfalls Rationalisierungsinvestitionen aufschieben konnten.[13] Ähnliches galt für die Mobilitätskontrolle über ausländische Arbeitskräfte auf der Grundlage zwischenstaatlicher Verträge auf dem Arbeitsmarkt ihres Ziellandes. Durch die grundsätzlich zeitliche Beschränkung ihrer Präsenz, die in Intervallen verlängert und so nachfrageabhängig ausgedehnt werden konnte, und die Beschneidung ihrer beruflichen und geographischen Freizügigkeit versuchte der aufnehmende Staat, unerwünschte politische, soziale und ökonomische Folgen der Zuwanderung zu unterbinden. Zugleich versicherte die Mobilitätsbeschränkung die Arbeitgeber der Verfügbarkeit der benötigten Arbeitskräfte und rechtfertigte so ihre Zugeständnisse.[14] Auf der höchsten Stufe regulativer Differenzierung unterschieden bilaterale Abkommen daher zwischen Saisonarbeitskräften mit festgelegter Aufenthaltsdauer von unter einem Jahr, Dauerarbeitskräften, mit grundsätzlich

12 BArch R 149 22404, Auszug aus der Niederschrift über die Sitzung des Arbeitskreises für Fragen der Beschäftigung ausländischer Arbeitnehmer am 12. Mai 1965.

13 Martin, Guestworker Programs, S. 23f.

14 Leben, Le droit international et les migrations des travailleurs, S. 80; Martin/Lowell/Taylor, Migration Outcomes of Guest Worker and Free Trade Regimes, S. 138f.

temporärer Aufenthaltsdauer, Arbeitern für den primären, sekundären oder tertiären Sektor oder gar für einzelne Branchen wie etwa den Bergbau. Auch Kombinationen dieser drei Kategorien waren möglich.

Aus der Perspektive der entsendenden Staaten bot die Organisation von Arbeitsmigration über zwischenstaatliche Verträge zunächst eine gewisse Sicherheit in Bezug auf die Umsetzung der eigenen Ziele, die in einer Entlastung des eigenen Arbeitsmarktes von Arbeitslosigkeit und damit dem Ableiten von sozialem Druck, dem Zufluss von Devisen und der Verbesserung der Lebenssituation der zurückbleibenden Familien sowie der Qualifizierung der ins Ausland entsandten Arbeitskräfte bestanden. Zusätzlich eröffnete die in den Wanderungsverträgen meist vorgesehene Vorselektion der potentiellen Migranten durch die Behörden des entsendenden Staates die Möglichkeit, die Zusammensetzung des abfließenden Arbeitskräftepotentials zu beeinflussen. Für den entsendenden Staat war diese Option in zweifacher Weise von Bedeutung. Erstens konnte gesteuert werden, in welchen Regionen Migrationschancen geboten wurden, sodass sich strukturschwache Gebiete bevorzugen und solche, in denen Arbeitskräftemangel drohte, schonen ließen. Zweitens erlaubte die Vorauswahl, qualifizierten Arbeitskräften die Abwanderung zu erschweren oder zu verbieten, um nicht für die eigene Entwicklung dringend benötigtes Humankapital zu verlieren. Beides deckte sich mit den Interessen der inländischen Arbeitgeber, die weder am Verlust qualifizierten noch an einer Verknappung unqualifizierten Personals interessiert sein konnten.[15]

An diesem Punkt kollidierten nicht selten die Interessen des anwerbenden und des entsendenden Staates, da die doppelte Selektion dem Entsendestaat eine Möglichkeit bot, gerade die begehrtesten Arbeitskräfte von der Anwerbung auszuschließen. Dieser Konflikt war einer der wichtigen Gründe für die Öffnung alternativer Migrationskanäle durch die anwerbenden Staaten, die für den Entsendestaat zum Teil weniger gut kontrollierbar waren. Auch die in fast allen Verträgen vorgesehene Option, neben der anonymen Anwerbung von Arbeitskräften, die der Abgabestaat aus bestimmten Gruppe potentieller Migranten nach deren Eignung für eine ausgeschriebene Arbeitsstelle auswählte, weitere Arbeitnehmer namentlich anzufordern, diente in diesem Zusammenhang den Interessen des Anwerbestaates und seinen Arbeitgebern. Denn die namentliche Anforderung erleichterte nicht nur die Rückkehr eines Migranten zum selben Arbeitgeber oder den Nachzug von Freunden oder Verwandten – was auch im Interesse der Migranten liegen konnte. Vielmehr ermöglichte die namentliche Anforderung einen Zugriff auf qualifiziertes Personal oder solche Arbeitnehmer, denen der Zugang zur Anwerbung aus unterschiedlichen Gründen durch die Institutionen des Entsendestaates verwehrt wurde. Umgekehrt jedoch konnte auch ein entsendender Staat den Zugang zu alternativen Migrationskanälen erleichtern, wenn über die offizielle Anwerbung eine Arbeitsmarktentlastung im gewünschten Maß nicht zu erzielen war, und auf diese

15 Miller/Martin, Administering Foreign-Worker Programs, S. 25.

Weise die Beschränkung und Regulierung von Arbeitsmigration durch die Zuwanderungsländer verwässern.[16]

Zum Komplex des temporären Transfers von Arbeitskraft gehörten ferner die zeitliche Begrenzung von Aufenthaltszyklen über die Befristung von Arbeitsverträgen bzw. Aufenthaltsgenehmigungen sowie Regelungen über den Familiennachzug, der gestattet werden konnte, wenn es sich nicht um reine Saisonarbeit handelte, sowie Vorkehrungen für den Geldtransfer vom Aufnahme- ins Entsendeland.[17] Diese Aspekte berührten zwar ebenfalls die Interessensphären von Staat und Arbeitgebern, betrafen aber in erster Linie die Migranten selbst. Hinsichtlich deren Status stand für die Arbeitnehmer des Anwerbestaates vor allem die Gleichbehandlung der ausländischen Arbeitnehmer im Vordergrund. Sie diente der Vermeidung von Dumpingkonkurrenz, die beim Zustrom rechtlich nicht abgesicherter Arbeitskräfte zur Erosion von Löhnen, Sozialleistungen und Arbeitsbedingungen führen musste. Die Anwerbestaaten stellten daher aus sozial- und arbeitsmarktpolitischen Gründen zunächst durch ein Inländerprimat sicher, dass der Zustrom an Arbeitskraft aus dem Ausland das im Inland nicht zu deckende Nachfragesegment nicht überstieg. Eine Gleichbehandlungsklausel sorgte ergänzend dafür, dass die zusätzliche Arbeitskraft auf dem eigenen Arbeitsmarkt im Vergleich zum inländischen Arbeitskräftepotential ein homogenes Gut bildete.[18] Die ausländischen Arbeitnehmer profitierten von dieser Gleichstellung, da ihnen – trotz versteckter Möglichkeiten zur Diskriminierung auf dem Arbeitsmarkt und mancherlei Einschränkungen der Freizügigkeit – im Bereich der Sozialversicherungsleistungen sowie der Arbeitsbedingungen ein Status geboten wurde, der dem der einheimischen Erwerbstätigen weitgehend glich.[19]

Eine weitere wichtige Funktion zwischenstaatlicher Verträge war die Institutionalisierung der Informationsvermittlung. Sie diente vor allem der Mobilisierung potentieller Migranten durch die Senkung informatorischer Wanderungshürden. Sie verringerte außerdem die Unsicherheit der Migranten über Optionen, Verlauf und Risiken des Wanderungsprozesses. Ein wichtiger Bestandteil dieser Informationsvermittlung, der zugleich einer Verbesserung der Rechtssicherheit beider Seiten diente, bestand in der Nutzung von zweisprachig ausgefertigten Musterarbeitsverträgen, die Beauftragte beider Partnerstaaten gemeinsam konzipierten. Solche Verträge beinhalteten genaue Angaben über die Arbeits- und Lohnbedingungen und unterlagen einem Modifikationsverbot.[20] Schließlich lassen sich auch die Regelungen des Transfers, des Transports der Migranten zu ihren künftigen Arbeitsplätzen, aus zwei Blickwinkeln interpretieren. Für den anwerbenden Staat war der kollektive Trans-

---

16 Leben, Le droit international et les migrations des travailleurs, S. 74f.; Widgren/Martin, Managing migration, S. 221f.; Martin, Guestworker Programs, S. 33f.

17 Ebd., S. 31; Leben, Le droit international et les migrations des travailleurs, S. 85f., 90f.

18 Tatsächlich wird dieser Zustand natürlich nie erreicht; vgl. Kayser, Manpower Movements and Labour Markets, S. 210.

19 Miller/Martin, Administering Foreign-Worker Programs, S. 42.

20 Leben, Le droit international et les migrations des travailleurs, S. 73f.

port der Beginn der Kontrolle über die ausländischen Arbeiter. Für deren Arbeitgeber war zugleich sichergestellt, dass die angeforderten Arbeitskräfte tatsächlich erschienen. Dabei nahm der organisierte Transport, dessen Kosten die Migranten nicht oder nur zu einem geringen Anteil tragen mussten, diesen eine finanzielle und organisatorische Unwägbarkeit. Ähnliches galt für die Vereinbarung zur Bereitstellung von Unterkünften, die sich nicht selten in zwischenstaatlichen Anwerbeabkommen fand. Der Arbeitgeber investierte in Transport und Unterbringung der Arbeiter und erhielt im Gegenzug das benötigte und vor Ort nicht verfügbare Kontingent an Arbeitskraft. Für den Arbeitsmigranten entfielen zugleich zwei wichtige Belastungen seines Auslandsaufenthaltes.[21]

Verortung und Bewertung der in bilateralen Wanderungsverträgen repräsentierten Interessen verdeutlichen, dass die staatlichen Akteure, die mit dem Abschluss eines Wanderungsvertrages die Kontrolle über einen Migrationsprozess übernehmen konnten, auch die Grundlinien der daraus resultierenden Migrationsbeziehungen festlegten. Die Interessen der anderen Akteursgruppen fanden im Verlauf der politischen Prozesse, die zunächst zur Entscheidung für die Partizipation an transnationaler Arbeitsmigration führten und dann dem Aushandeln der Migrationsbedingungen dienten, in Abhängigkeit von ihrem Stellenwert und ihrer Machtposition Berücksichtigung. Während sich die Interessen der Akteure des Anwerbestaates zumeist stark überschnitten, verliefen die Interessen von Anwerbe- und Entsendestaat in vielen Punkten geradezu entgegengesetzt. Der Nachfrager versuchte, einen konjunkturabhängigen Bedarf an Arbeitskraft mit den bestmöglich geeigneten Arbeitnehmern zu den für ihn günstigsten Bedingungen zu decken. Der Anbieterstaat dagegen wollte die Entsendung von Migranten für die eigene wirtschaftliche Entwicklung nutzen und seinen Bürgern im Ausland die bestmöglichen Bedingungen verschaffen. Das Interesse der Anwerbestaaten war also während Konjunkturaufschwüngen am größten, das der Entsendestaaten während wirtschaftlicher Rezessionen. Unter der Bedingung zunehmend synchron verlaufender Konjunkturzyklen in Europa konnte dieser Zielkonflikt dazu führen, dass gerade dann, wenn die Nachfrage am höchsten war, das Angebot an ausländischen Arbeitskräften tendenziell sank und umgekehrt.[22] Dieses Phänomen musste sich verstärken, wenn die Volkswirtschaften der in der Regel unterentwickelten Entsendestaaten ihren Rückstand aufzuholen begannen. Ein Interesse an der wirtschaftlichen Entwicklung seiner Migrationspartner, einer Qualifikation der Arbeitsmigranten oder einer Verbesserung ihrer Aufenthalts- oder Niederlassungsoptionen konnte der Anwerbestaat vor diesem Hintergrund aus ökonomischer Perspektive nicht bzw. nur in Verbindung mit anderweitigen, etwa demographischen Zielen entwickeln. Entsprechend vage waren die diesbezüg-

21 International Labour Office, International Migration 1945–1957, S. 288f.; Leben, Le droit international et les migrations des travailleurs, S. 82f.

22 Vgl. zur Konvergenz der wirtschaftlichen Rahmenbedingungen in Europa nach 1945 Crafts/Toniolo, Postwar Growth, S. 19.

lichen Artikel in den Wanderungsverträgen. Den gemeinsamen Nenner beider Partner bildete im Grunde nur der Wunsch nach einer Umverteilung von Arbeitskraft zwischen einer Volkswirtschaft mit einem Überangebot und einer mit einer Übernachfrage nach Arbeitskraft, dahinter bestimmten Eigeninteressen und Machthierarchien die Gestaltung von bilateralen Verträgen und ihrer Umsetzung.[23]

Bei der Formulierung von Migrationsbedingungen befanden sich, auch das zeigt die Diskussion der Gestaltung bilateraler Verträge, die Anwerbestaaten als Nachfrager meist in der stärkeren Position. Die Entsendestaaten sowie die Migranten selbst profitierten oft nur von sekundären Effekten der Regelungen, die primär den Bedürfnissen der Anwerbestaaten entsprachen. Für diese vorteilhafte Position sorgte nicht nur der unterschiedlich verteilte Druck der Problemkonstellationen, wobei die sozialen und ökonomischen Nöte der Entsendeländer diese fast immer in die schlechtere Position brachten. Darüber hinaus setzte die Ausdifferenzierung der Migrationsbeziehungen der Anwerbestaaten die Entsendeländer in Konkurrenz zueinander.[24] Diesem Nachteil traten die Entsendeländer ihrerseits mit drei Strategien entgegen. Erstens mithilfe nichtökonomischer Argumente, die etwa Aspekte der Entwicklungszusammenarbeit oder der politischen Beziehungen zwischen beiden Migrationspartnern instrumentalisierten. Zweitens konnte gerade die Ausdifferenzierung der Migrationsbeziehungen der Nachfrager zu einem Vorteil für die Anbieterstaaten werden. Begrenzten politische Konstellationen oder Präferenzen die potentielle Zahl der Entsendeländer, weil etwa die Arbeitskräfte nur aus dem europäischen Raum oder dessen unmittelbarer Peripherie stammen sollten, war der Spielraum der Anwerbestaaten eingeschränkt. Denn in einem solchermaßen in seiner Expansion eingeschränkten Migrationssystem musste mit der Zeit auch die Konkurrenz der Nachfragestaaten um Arbeitskräfte wachsen, sodass die Entsendeländer wiederum in eine bessere Verhandlungsposition um Migrationsbedingungen gelangten. Bilaterale Wanderungsabkommen konnten also unter Konkurrenzbedingungen dem Anwerbestaat zur Verbesserung seiner Wettbewerbsposition durch die Garantie vorteilhafterer Migrationsbedingungen dienen, wobei die konkurrierenden Nachfragerstaaten sich an den in den Abkommen der Konkurrenz angebotenen Bedingungen orientieren konnten. Drittens boten internationale Organisationen eine Plattform, um Mindeststandards für die Gestaltung von Arbeitsmigration zu definieren, und obgleich in solchen Institutionen in der Regel auch die Industrieländer die Oberhand besaßen, konnte sich doch deren Verpflichtung auf außerökonomische Ziele zugunsten der Verhandlungsposition der schwächeren Partei auswirken.[25]

23 Miller/Martin, Administering Foreign-Worker Programs, S. 43.
24 Flory, Ordres juristiques et statut des travailleurs étrangers, S. 185f.
25 Leary, Labour Migration, S. 234f.

3.2. Die Institutionalisierung von Migrationsstandards

1919, im gleichen Jahr, in dem Polen und Frankreich den ersten modernen Vertrag über die Anwerbung von Arbeitskräften abschlossen, nahm mit der Internationalen Arbeitskonferenz in Washington DC die Internationale Arbeitsorganisation (International Labour Organization, ILO) als Unterorganisation des Völkerbundes ihre praktische Arbeit auf. Damit erhielt zum ersten Mal eine internationale Institution die Aufgabe, eine Verbesserung des Arbeiterschutzes über nationale Grenzen hinweg durch das Aushandeln und Durchsetzen allgemeiner Mindeststandards zu erreichen, die über multilaterale Abkommen oder Konventionen verankert werden sollten. Die ILO vereinigte als erste supranationale Organisation alle Arbeitsmarktparteien – Regierungen, Arbeitgeberverbände und Gewerkschaften – aller Mitgliedstaaten.[26] Fragen der transnationalen Arbeiterwanderung rückten ebenfalls in den Aufgabenbereich dieser neuartigen Institution, die für die weitere Entwicklung des modernen bilateralen Wanderungsvertrages bis zum Ende der massenhaften Anwerbung ausländischer Arbeitskräfte in Europa in den 1970er Jahren beträchtliche Bedeutung gewinnen sollte. Ausschlaggebend hierfür war die besondere Rolle, welche die Arbeitsmigration als Form des Faktortransfers in einer sich globalisierenden Wirtschaft spielte. Im Unterschied zu anderen Produktionsfaktoren ist die menschliche Arbeitskraft als *Gut* nicht von ihrem Träger trennbar oder ohne diesen zu verlagern. Bewegt sich ein Mensch nun zwischen zwei Sphären, in denen unterschiedliche arbeits- und sozialrechtliche Standards herrschen, so muss entschieden werden, zu welchen Bedingungen er in die jeweils andere Sphäre eintritt: zu denen seines oder denen des fremden Landes. Je nachdem, ob er aus einem Land mit höheren oder niedrigeren Standards kommt, hat diese Entscheidung weitreichende Konsequenzen für ihn und für die Arbeiterschaft des Landes, auf dessen Arbeitsmarkt er sich begibt. Damit ist die Arbeitsmigration eine direktere Form der Konfrontation unterschiedlich verfasster Volkswirtschaften als die indirekten Auswirkungen unterschiedlicher nationaler Standards auf die Produktionskosten und deren Folgen für den internationalen Wettbewerb.

Die Bedeutung der Internationalen Arbeitsorganisation für die Gestaltung des europäischen Systems der Arbeitsmigration im dialektischen Verhältnis zwischen nationalstaatlicher Interessenpolitik und internationaler Zusammenarbeit muss in diesem Kontext hoch bewertet werden. Dafür sprechen drei Argumente. Erstens besteht ein nachweisbarer Einfluss der Organisation auf die Gesetzgebung ihrer Mitgliedstaaten, der auch für die Regulierung der transnationalen Arbeitsmigration gilt.[27] Die ILO konnte sich im Laufe ihrer Geschichte als wichtiges Bindeglied und damit Ort der Kommunikation, aber auch der Kooperation im regulativen Wettbewerb der Nationalstaaten etablie-

26 Vgl. dazu http://www.ilo.org.
27 Strang/Mei Yin Chang, The International Labor Organization and the Welfare State, S. 257f.

ren.[28] Die Gestaltung nationaler Migrationspolitik hing daher nicht nur von binnenstaatlichen Strukturen und Präferenzen ab, sondern zunehmend auch von Einflüssen, die von internationalen Zusammenhängen ausgingen. Internationale Organisationen, die multilaterale Normenabsprachen aushandelten, wurden auf diese Weise fester Bestandteil des institutionellen Rahmens der Weltwirtschaft.[29] Zweitens gilt dies umso mehr, als internationale Arbeitsmigration immer mindestens zwei Staaten betrifft. In dem dieser Studie zugrunde liegenden Modell werden sogar die durch einen gleichen Migrationspartner indirekt miteinander verbundenen Staaten eines Migrationssystems von dessen jeweils anderen Migrationsbeziehungen beeinflusst. Wir bewegen uns also in einem Handlungsfeld der ILO, in dem ihr als internationale Clearingstelle für die Abstimmung zwischenstaatlicher Absprachen besondere Bedeutung zukommt. Daher muss sich die nachgewiesene indirekte gegenseitige Beeinflussung der Arbeits- und Sozialgesetzgebung von Nationalstaaten in diesem Bereich ebenfalls, wenn nicht sogar besonders stark auswirken und auch für die Migrationspolitik kann angenommen werden, dass die Verbreitung eines Standards sich mit dem Ansteigen der Zahl der ihn umsetzenden Staaten beschleunigt.[30] Drittens vereinigte die Internationale Arbeitsorganisation im Untersuchungszeitraum als einzige supranationale Organisation alle Staaten des Migrationssystems und war gleichzeitig so verfasst, dass auch alle Arbeitsmarktparteien dieser Staaten Einfluss auf ihre Aktivitäten besaßen. Demgegenüber hatten andere internationale Organisationen, deren Wirken im Untersuchungszeitraum die Entwicklung des Migrationsgeschehens beeinflussten, wie die OEEC/OECD und die EWG/EG, nicht nur eine grundsätzlich andere Zielrichtung als die ILO, sondern setzten sich auch aus einem kleineren Kreis von Mitgliedstaaten mit stärkerer Interessenkongruenz zusammen. Sie zielten auf die Bildung eines Ressourcenpools zwischen einer Gruppe von Staaten mit politisch und/oder ökonomisch ähnlichen Bedürfnissen mit dem Ziel, die Ressourcenverteilung zu optimieren.[31]

3.2.1. Anfänge im 19. Jahrhundert

Bei der Gründung der Internationalen Arbeitsorganisation traf eine Reihe von Entwicklungslinien aufeinander, die im 19. Jahrhundert dem Bestreben unter-

---

28 Senti, Der Einfluß internationaler Organisationen auf nationale Sozialausgaben, S. 547f.; Nussberger, Sozialstandards im Völkerrecht, S. 120f.; Köppen, Die Rolle der Internationalen Arbeitsorganisation (ILO) bei der Verwirklichung internationaler Sozialstandards, S. 161f.; vgl. für die Bundesrepublik hinsichtlich der Arbeitsmigration Wollenschläger, Die Internationale Arbeitsorganisation (ILO), S. 583f.

29 Vgl. zu diesem Aspekt insbesondere Thomas/Lauderdale, State Authority and National Welfare Programs in the World Systems Context, S. 384, 387f., 394f.

30 Strang/Mei Yin Chang, The International Labor Organization and the Welfare State, S. 236, 238f.

31 Miller/Martin, Administering Foreign-Worker Programs, S. 33f.; International Labour Office, Migrant Workers, S. 17f.

schiedlicher Akteure entsprungen waren, die Lebens- und Arbeitsbedingungen der Arbeiterschaft im Zeitalter der Industrialisierung zu verbessern. Nach ersten Forderungen früher Sozialreformer, wie etwa der Petition Robert Owens an den Aachener Friedenskongress von 1818, in der er ein internationales Regime zur Verbesserung und Überwachung des Arbeitsschutzes forderte, hatten sich im Verlauf des Jahrhunderts vier wichtige, an bestimmte Institutionen gebundene Strömungen herausgebildet, in denen sich die verschiedenen Akteursgruppen zusammenfanden.[32] Der erste internationale Arbeiterkongress manifestierte im Jahr 1866 das Engagement der sozialistischen Bewegung nicht nur in Bezug auf die internationale Koordinierung der Bemühungen um eine Verbesserung der Arbeitergesetzgebung in einzelnen Staaten, sondern auch für deren Internationalisierung.[33] Sie bildete zeitweise einen Gegenpol zu der ausländerfeindlichen Haltung, die anfänglich die nationalen Gewerkschaftsbewegungen gegenüber Arbeitsmigranten einnahmen. Gegen Ende des 19. Jahrhunderts, beginnend mit ersten internationalen Konferenzen in den 1880er Jahren, entwickelte aber auch die internationale Gewerkschaftsbewegung Aktivitäten zur Verallgemeinerung arbeits- und sozialrechtlicher Standards über nationalstaatliche Grenzen hinaus.[34] Im Hinblick auf ihre Einstellung zur internationalen Arbeitsmigration – zumindest soweit es die Haltung der Arbeiterschaft der Einwanderungsländer bzw. derjenigen Staaten betraf, die ausländische Arbeiter aufnahmen – erfolgte damit der langsame Übergang von einer migrationsfeindlichen Politik der Abschottung nationaler Arbeitsmärkte, die sich vor allem auf Konkurrenzängste stützte, zur Forderung nach der Gleichbehandlung ausländischer Arbeiter.[35]

Gleichzeitig betätigten sich unterschiedlich orientierte private Organisationen, die sich der Umsetzung spezifischer oder auch allgemeiner sozialreformerischer Visionen verschrieben hatten, zu denen ebenfalls eine Verbesserung von Lebens- und Arbeitsbedingungen der Arbeiterschaft zählte.[36] In diesem

32 Owen, Two Memorials on Behalf of the Working Classes, S. 22f.; Lowe, International Aspects of the Labor Problem, S. 5; vgl. dazu grundsätzlich Engerman, History and Political Economy of International Labour Standards, 12f. 31f.

33 Gandenberger, Die Internationale Arbeitsorganisation, S. 6.

34 Lowe, Historical Survey of International Action Affecting Labour, S. 20–82; Geary, Labour in Western Europe from 1800, S. 227–287; dazu auch Becker, Die Regelung des ausländischen Arbeiterwesens in Deutschland unter besonderer Berücksichtigung der Anwerbung und Vermittlung im Auftrage der Gesellschaft zur Bekämpfung der Arbeitslosigkeit, S. 108.

35 Lucassen, The Great War and the Origins of Migration Control in Western Europe and the United States, S. 47f. Vgl. zu den Regelungen der ILO hinsichtlich der Gleichbehandlung zusammenfassend Nussberger, Sozialstandards im Völkerrecht, S. 169f. Eine zeitgenössische Darstellung bietet die Zusammenfassung einer Studie des französischen Gewerkschaftsverbandes zu Fragen der Arbeitsmigration aus dem Jahr 1925; vgl. Les syndicats ouvriers français et l'immigration, S. 594–599.

36 Senghaas-Knobloch/Dirks/Liese, Internationale Arbeitsregulierung in Zeiten der Globalisierung, S. 7. Ein anderes Beispiel ist die 1910 gegründete, gewerkschaftsnahe ›Internationale Vereinigung zur Bekämpfung der Arbeitslosigkeit‹, für die Imre Ferenci 1912 eine weitsichtige Analyse der wachsenden Bedeutung temporärer Arbeitsmigration in Industriegesellschaften vorlegte, die auch Handlungslinien für eine verbesserte Organisation dieses Phänomens beinhaltete; vgl. Ferenczi, Die Arbeitslosigkeit und die internationalen Arbeiterwande-

Umfeld entstand, mit langer Vorgeschichte, 1901 in Basel ein ›Internationales Arbeitsamt‹ als nicht-staatliche Organisation, das der ›Internationalen Gesellschaft für Arbeitsgesetzgebung‹ angeschlossen war.[37] Das ›Internationale Arbeitsamt‹ bestand aus einem zentralen Büro und nationalen Zweigstellen in einigen Ländern. Zusätzlich konnten interessierte Staaten ihre Delegierten zu den jährlichen Konferenzen der Gesellschaft entsenden. Ein Hauptziel beider Institutionen war die Regelung der Arbeitsgesetzgebung auf internationaler Ebene mithilfe völkerrechtlicher Verträge. Bereits während des ersten Arbeitstreffens im September 1901 wurde die Gleichbehandlung ausländischer Arbeiter, die sich als einer der ersten internationalen Standards durchsetzen sollte, zu einer der zentralen Forderungen erhoben.[38] Eine vierte Entwicklungslinie bildeten die Aktivitäten der europäischen Nationalstaaten zur Verbreitung anerkannter Mindeststandards auf supranationaler Ebene. Den Anfang markierten die Versuche der Schweiz, die sich seit 1881 bemühte, die Staaten Europas zu Verhandlungen über solche Standards zu versammeln.[39] Ihre Initiative führte schließlich zur ersten ›Internationalen Konferenz über Arbeitsgesetzgebung‹, die 1890 in Berlin stattfand. Sie mündete in eine Serie weiterer Treffen, die sich bis zum Beginn des Ersten Weltkrieges fortsetzte.[40] Lagen die Motive der nicht-staatlichen Akteure in einer direkten Verbesserung der Lebensumstände der Arbeiterschaft, so trieb die Industriestaaten, neben einer gewissen Fürsorge gegenüber ihren Bürgern, ein ökonomisches Problem. Mit der Verabschiedung der ersten Fabrik- und Arbeitergesetze sowie den Anfängen des Sozialversicherungswesens konnten fortschrittliche Sozial- und Arbeitsstandards im internationalen Wettbewerb zu einem Nachteil werden. Das Aushandeln eines Gestaltungskorridors und eine allmähliche Angleichung derartiger Standards dienten daher nicht zuletzt der Vermeidung von Konkur-

---

rungen. Vgl. exemplarisch zur Haltung der deutschen Gewerkschaften Herbert, Geschichte der Ausländerpolitik in Deutschland, S. 65f.

37 Die Gesellschaft war bereits 1900 mit Sitz in Bern als Ergebnis der Bemühungen liberaler Kräfte aus verschiedenen Staaten unter Beteiligung einiger Gewerkschaftsvertreter sowie ebenfalls von Arbeitgebervertretern gegründet worden, um die Arbeitsbedingungen zu verbessern und Mindeststandards zu codifizieren und so der Radikalisierung der Arbeiterschaft entgegen zu wirken. Ihre Aufgabe sollte die Koordination internationaler Bemühungen sein; vgl. Ruotsila, »The Great Charter for the Liberty of the Working Man«, S. 30.

38 Lowe, Historical Survey of International Action Affecting Labour, S. 91f.

39 Ab den 1880er Jahren unterstrichen gewalttätige Ausschreitungen, die sich meist gegen italienische Arbeitsmigranten richteten, in verschiedenen Staaten Europas den wachsenden Druck zur Regelung der internationalen Arbeitsmigration; vgl. zu den Unruhen in Marseille im Jahr 1881 Dignan, Europe's Melting Pot, S. 143; dazu ausführlicher auch Amar/Milza, L'immigration en France au XXe siècle, S. 29f.; vgl. zu den Unruhen in Bern Soom/Truffer, Eine italienische Migrations- und Integrationsgeschichte der Stadt Bern, S. 56.

40 Auf der Konferenz von Bern wurde 1905 erstmals eine internationale Übereinkunft zu Fragen des Arbeitsschutzes formuliert, die im folgenden Jahr als Konvention von den teilnehmenden Staaten angenommen wurde. Es handelte sich um die erste Anwendung dieses Instruments internationaler Politik im Bereich des Arbeits- und Sozialrechts und ist als Innovation in diesem Kontext ebenso hoch zu bewerten, wie der französisch-italienische Vertrag von 1904; vgl. Foggon, The Origin and Development of the ILO and International Labour Organisations, S. 97f. Siehe zum französisch-italienischen Vertrag Kapitel 3.3.

renznachteilen. Das Interesse an einer solchen Absicherung war es schließlich, das die europäischen Nationalstaaten zu einem partiellen Abrücken von ihren Souveränitätsansprüchen in Bezug auf die Arbeits- und Sozialgesetzgebung motivierte.[41] Ihr Ziel bestand in der Protektion des eigenen Arbeitsmarktes in einem internationalen System, das Isolation zur Wahrung eigener Wettbewerbsvorteile unmöglich machen sollte.

3.2.2. Die Internationale Arbeitsorganisation 1919 bis 1975

Bereits vor dem Ersten Weltkrieg hatten also wichtige Akteure nicht nur die Bedeutung der Absicherung bestimmter Rahmenbedingungen nationaler Arbeitsmärkte jenseits nationalstaatlicher Grenzen erkannt, sondern auch die Notwendigkeit, die grenzüberschreitende Arbeitsmigration in diesen Regulierungsprozess einzubeziehen. In der Ausnahmesituation des Ersten Weltkrieges trafen diese Bestrebungen auf eine durch die Kriegssituation gestärkte internationale Gewerkschaftsbewegung, die sich auf alliierter Seite schon vor Kriegsende dafür einsetzte, eine supranationale Organisation zur Schaffung und Überwachung eines staatlichen und zwischenstaatlichen Arbeitsrechts zu institutionalisieren.[42] Diese Idee fand ihre Umsetzung in Teil XIII des Vertrages von Versailles, der die Gründung der Internationalen Arbeitsorganisation als Teil des Völkerbundes vorsah.[43] Zur Hauptaufgabe der ILO wurde die Durchsetzung von weltweit gültigen Mindeststandards für die wirtschaftlichen und sozialen Rahmenbedingungen der Arbeitswelt. Die Präambel ihrer Verfassung nennt drei zentrale Ziele der Gründung, die sich bereits im Motivkonglomerat ihrer Vorläufer wiederfinden: neben dem Streben nach Frieden und sozialer Gerechtigkeit die Vermeidung von Konkurrenznachteilen aufgrund von Sozialgesetzgebung.[44] So war es nur folgerichtig, dass schon zu den Grundsätzen und Aufgaben der ILO, die Artikel 427 des Versailler Vertrages festhält, die Durchsetzung der Gleichbehandlung von Wanderarbeitnehmern und inländischen Arbeitskräften zählte.[45]

41 Senti, Internationale Regime und nationale Politik, S. 11; Nussberger, Sozialstandards im Völkerrecht, S. 162f.; Foggon, The Origin and Development of the ILO and International Labour Organisations, S. 98f.; Bonvin, L'Organisation Internationale du Travail, S. 11f.

42 Vgl. zu Vorläufern und dem Gründungsprozess auch Ruotsila, »The Great Charter for the Liberty of the Working Man«.

43 Wollenschläger, Die Internationale Arbeitsorganisation (ILO), S. 574f. Der Versailler Vertrag spricht zunächst nur von einer ›ständigen Organisation‹; vgl. Gesetz über den Friedensschluß zwischen Deutschland und den alliierten und assoziierten Mächten vom 16. Juli 1919, in: Reichsgesetzblatt, 1919, S. 1269f.; vgl. zur Vor- und Entstehungsgeschichte der ILO auch die umfangreiche Quellenedition Shotwell, The Origins of the International Labor Organisation.

44 Gesetz über den Friedensschluß zwischen Deutschland und den alliierten und assoziierten Mächten, Teil XIII, Abschnitt I, Organisation der Arbeit, in: Reichsgesetzblatt, 1919, S. 1269; vgl. dazu auch Bonvin, L'Organisation Internationale du Travail, S. 23f.; sowie Ghebali, The International Labour Organisation, S. 65.

45 Gesetz über den Friedensschluß zwischen Deutschland und den alliierten und assoziierten Mächten, Teil XIII, Artikel 427, in: Reichsgesetzblatt, 1919, S. 1303f., 1307. Eine zeitgenös-

Die Internationale Arbeitsorganisation erhielt als ständiges Sekretariat das Internationale Arbeitsamt am Sitz des Völkerbundes in Genf und als Exekutivorgan einen Verwaltungsrat. Die jährlich zusammentretende ›Internationale Arbeitskonferenz‹ (auch Allgemeine Konferenz) dagegen bildete die Vollversammlung aller Mitgliedstaaten, die jeweils zwei Regierungsvertreter und je einen Repräsentanten der Arbeitgeber- bzw. Arbeitnehmerorganisationen entsandten. In ihrem zum damaligen Zeitpunkt einzigartigen Aufbau bündelte die ILO die Interessen von Staat, Arbeitgebern und Arbeitnehmern auf eine neue und für viele Staaten – etwa hinsichtlich der Organisation nationaler Arbeitsverwaltungen – richtunggebende Art und Weise.[46] Gleichwohl behielten die Regierungen der Mitgliedstaaten dadurch die politische Oberhand, dass die Anzahl ihrer Vertreter in allen Gremien ebenso hoch lag wie die der Arbeitgeber und Arbeitnehmer zusammen. Die triparitätische Zusammensetzung führte also nicht zu einer drittelparitätischen Stimmenverteilung.[47] Vor diesem Hintergrund repräsentierten die von der ILO ausgearbeiteten Standards zwar Kompromisse zwischen den Arbeitsmarktparteien, die Machthierarchie führten jedoch deutlich die Regierungen der Mitgliedstaaten an. Zudem besaßen sie nicht nur die Stimmenmehrheit, sondern ihnen oblag es auch, die Standards der ILO anzuerkennen und in nationales Recht umzusetzen, denn bindenden Charakter besaßen diese ohne eine Ratifikation durch die Mitgliedstaaten grundsätzlich nicht.[48]

---

sische Einschätzung aus deutscher Perspektive bietet Schätzel, Internationale Arbeiterwanderungen, passim. Es ist in diesem Zusammenhang interessant, dass der erste Direktor der ILO, Albert Thomas, ein französischer Sozialist war, der während des Ersten Weltkrieges Munitionsminister gewesen war und also sowohl über Erfahrungen mit der Rekrutierung ausländischer Arbeitskräfte besaß als auch Frankreich, als dem Land mit dem am weitesten entwickelten internationalen Instrumentarium zur Regulierung von Arbeitsmigration, eine starke Stellung innerhalb der Organisation verschaffte; vgl. Cox, ILO, S. 103. Dies ist insbesondere von Bedeutung, da das Munitionsministerium als erstes mit der Anwerbung von Kolonialarbeitern befasst war und Bedingungen festlegte, die den später in Europa üblichen Regelungen stark ähnelten; vgl. Nogaro/Weil, La main-d'œuvre étrangère et coloniale pendant la guerre, S. 15.

46 Ghebali, The International Labour Organisation, S. 27, 127f. sowie Galenson, The International Labor Organization, S. 33f. Hier insbesondere zu den politischen Folgen der Einbindung aller drei Arbeitsmarktparteien.

47 Senti, Internationale Regime und nationale Politik, S. 11; Foggon, The Origin and Development of the ILO and International Labour Organisations, S. 100f. Eine Ausnahme sind die technischen Kommissionen, die mit der Erarbeitung der Vorlagen für Konventionen befasst sind. Sie sind im Verhältnis 1:1:1 zusammen gesetzt.

48 Eingeschränkt wurde dieses Übergewicht der Regierungsvertreter durch den Grundsatz, dass eine Zweidrittelmehrheit für die Annahme von Konventionen durch die ILO ausreichte, da dies Koalitionen zwischen Ländervertretern unterschiedlicher Interessengruppen in die Lage versetzte, beschlussfähige Mehrheiten zu bilden; vgl. International Labour Office, Der Einfluss der Übereinkommen und Empfehlungen der Internationalen Arbeitsorganisation, S. 6; Köppen, Die Rolle der Internationalen Arbeitsorganisation (ILO) bei der Verwirklichung internationaler Sozialstandards, S. 157. Der Komplex politischer Prozesse und ihrer Auswirkungen auf das Handeln der ILO bleibt hier ausgeklammert, da im Kontext dieser Untersuchung der Einfluss definierter Standards auf das Handeln von Nationalstaaten als Akteuren der Gestaltung transnationaler Arbeitsmarktbeziehungen im Vordergrund steht; vgl. zu Entscheidungsprozessen innerhalb der ILO beispielsweise Cox, ILO, S. 102–138, passim, insbe-

Ihre arbeits- und sozialrechtlichen Standards fixiert die Internationale Arbeitsorganisation bis heute mithilfe zweier Instrumente: Empfehlungen (Recommendations) und Übereinkommen (Conventions). Die Empfehlungen stellen unverbindliche Leitlinien für die Politik auf nationalstaatlicher Ebene dar.[49] Die Übereinkommen hingegen können durch die Mitgliedstaaten ratifiziert werden, wodurch eine Verpflichtung zu ihrer Umsetzung in nationales Recht entsteht.[50] Um eine möglichst weite Verbreitung ihrer Standards zu erreichen, nutzt die Internationale Arbeitsorganisation die Übereinkommen, um deren Kern und Grundlinien niederzulegen, die man oft auf eine von der notwendigen Mehrheit der Mitgliedstaaten akzeptiert Kompromissformel reduziert. Weiterführende Regelungen bleiben indes den Empfehlungen vorbehalten, die von den Mitgliedstaaten auch teilweise umgesetzt oder als Orientierungsmarken für die nationale Politik genutzt werden können. Ergänzend ist die Praxis entstanden, den Übereinkommen Anhänge beizufügen, deren Ratifizierung optional ist. Sie erlauben eine stufenweise Übernahme von Konventionen durch die Mitgliedstaaten.[51]

Die Wirkung der Konventionen und Empfehlungen kann auf drei Ebenen liegen. Bestenfalls dienen sie den Mitgliedstaaten der ILO als Vorlage für die Formulierung der eigenen Gesetzgebung. Dieser Prozess muss nach der Ratifikation einer Konvention stattfinden, kann aber auch weniger förmlich durch die Umsetzung von Teilen einer Übereinkunft einsetzen. Daneben kann die Ratifikation einer Konvention die moralische Position eines Staates in der internationalen Politik verbessern und kann so wiederum positiv auf die Verbreitung eines von der ILO angestrebten Standards wirken. Schließlich kann die Ausrichtung nationaler Politik an den Standards der ILO diese von der reinen Interessenpolitik emanzipieren und es Regierungen im Zuge tiefgreifender Reformen oder beim Aufbau eines Staatswesens – etwa während der Dekolonisation – ermöglichen, unabhängige Entscheidungen durchzusetzen.[52]

Mit Fragen der Arbeitsmigration begann sich die Internationale Arbeitsorganisation unmittelbar nach dem Anlaufen ihrer praktischen Arbeit auseinanderzusetzen.[53] Bereits während der ersten Internationalen Arbeitskonferenz

---

sondere S. 117; Ghebali, The International Labour Organisation sowie Landy, The Effectiveness of International Supervision.

49 Vgl. dazu ausführlich International Labour Office, Der Einfluss der Übereinkommen und Empfehlungen der Internationalen Arbeitsorganisation, passim.

50 Wollenschläger, Die Internationale Arbeitsorganisation (ILO), S. 580f. Vgl. für Veränderungen in der Bewertung von Conventions und deren Auswirkungen auf die Übernahme in nationales Recht Haas, Beyond the Nation State, S. 247f. Hier findet sich ebenfalls eine Darstellung der Entscheidungsprozesse innerhalb der ILO bei der Formulierung und Durchsetzung ihrer Standards.

51 Landy, The Influence of International Labour Standards, S. 559, 568f.; Bonvin, L'Organisation Internationale du Travail, S. 182f.

52 Strang/Mei Yin Chang, The International Labor Organization and the Welfare State, S. 243; vgl. ebd., S. 249–254 für eine empirische Analyse des Einflusses der ILO-Konventionen auf nationale Gesetzgebung.

53 Creutz, The ILO and Social Security for Foreign and Migrant Workers, S. 351–369, passim. Die Frage nach dem Grad der Durchsetzung der von der ILO formulierten Standards und der

1919 wurde die Einrichtung einer ›Internationalen Auswanderungskommission‹ beschlossen, die im August 1921 ihre Arbeit aufnahm und im gleichen Jahr einen Bericht vorlegte.[54] Dieses Papier fungierte als eine Bestandsaufnahme von Gesetzeslage und Praxis transnationaler Arbeitsmigration in den wichtigsten der betroffenen Staaten. Es konzentrierte sich daher auf eine Übersicht über die Kontrolle privater Rekrutierungs- und Informationsdienste in den Mitgliedstaaten, die Formen der kollektiven Anwerbung von Arbeitskräften, die staatliche Überwachung bzw. das Verbot von Verträgen, die ungerechtfertigte Lohnabzüge durch die Arbeitgeber beinhalteten, die Vorschriften über Gesundheitsuntersuchungen oder Qualifikationstests für angeworbene Arbeitskräfte vor deren Abreise, Fragen der Reiseorganisation, insbesondere hinsichtlich der Hygiene bei Sammeltransporten, sowie die Rolle nationaler Arbeitsverwaltungen für die internationale Arbeitsmigration und schließlich die Gleichbehandlung ausländischer Arbeitnehmer.[55] Entsprechend lesen sich die Forderungen, die die Kommission nach der Sichtung ihrer Ergebnisse aufstellte, wie ein Plädoyer für eine umfassende Reform des Migrationswesens unter staatlicher Aufsicht. Die in diesem ersten umfassenden Papier der ILO abgedeckten Bereiche, der Informationsaustausch, die selektive Rekrutierung, der Schutz der Migranten, organisatorische Belange sowie die staatliche Kontrolle über nahezu alle Teilbereiche als Garant für die Einhaltung der Standards ebenso wie zur Wahrung der nationalstaatlichen Interessen, blieben für den gesamten Untersuchungszeitraum die zentralen Felder ihrer regulativen Bemühungen.[56]

Auf der Grundlage dieser Ergebnisse sprach sich die Internationale Arbeitsorganisation 1921 für eine Verbesserung sowie die Ausweitung der internationalen Koordination auf staatlicher Ebene zur Abstimmung der unterschiedlichen Interessenlagen im Bereich der Arbeitsmigration aus. Dazu sollten ein standardisierter umfangreicher Informationsaustausch sowie die Einrichtung spezieller Dienste bei den nationalen Arbeitsverwaltungen bzw. Arbeitsnachweisen zur Betreuung von Migranten gehören. Zugleich war eine Zusammenarbeit der zuständigen Behörden zweier Länder vorgesehen, zwischen denen ein Arbeitsmarktausgleich stattfand, um Kontrolle und Organisation zu optimieren und die Gleichbehandlung inländischer und ausländischer Arbeitneh-

hierfür geeigneten Mechanismen wird seit der Gründung der Organisation diskutiert, neuere Studien räumen hierbei auch der Welthandelsorganisation (WTO) große Bedeutung ein, die allerdings für diese Untersuchung noch keine Rolle spielt; vgl. Staiger, A Role for the WTO, S. 298f. Grundsätzlich gelten die Normen der ILO noch immer als die wichtigste Institutionalisierung von Mindeststandards für den Umgang mit Arbeitswanderern und zugleich als ein wenig robustes Instrumentarium; vgl. Méndez/Olea/Feldmann, International Standards of Due Process for Migrant Workers, Asylum Seekers, and Refugees, S. 461.

54 International Labour Office, The International Labour Code, Appendices, S. 284. Vgl. zur Arbeit der Kommission im Detail Fauchille, The International Emigration Commission, S. 527–562.

55 Ebd.

56 Varlez, General Principles of an International Convention on the Conditions and Contracts of Employment of Foreign Workers, S. 467–482.

mer zu gewährleisten. Weiterhin forderte man nicht nur eine strenge Aufsicht über private Auswanderungsagenten oder internationale Arbeitsvermittler und entsprechende Strafvorschriften, sondern auch die arbeitsmarktabhängige Rekrutierung ausländischer Arbeitskräfte, die im Fall einer kollektiven und umfangreichen Anwerbung staatlich beauftragte Agenturen unter Konsultation der Arbeitsmarktparteien des Ein- und des Auswanderungslandes übernehmen sollten. Ferner verpflichtete man die Regierungen der beteiligten Staaten, die Einhaltung der zu standardisierenden Arbeitsverträge ebenso zu überwachen wie das Verbot, ausländische Streikbrecher anzuwerben. Internationale Standards wollte man zudem zur Fixierung des Verfahrens und für die Verbreitung medizinischer und beruflicher Auswahltests nutzen.[57] Beides sollte sicherstellen, dass ein Migrant sowohl die Ausreise- als auch die Einreisebedingungen seines Herkunfts- bzw. Ziellandes erfüllte. Besondere Bedeutung maß die Kommission dem Schutz von Frauen und Kindern sowie der Organisation von Transporten per Schiff oder auf der Schiene unter hygienischen und menschenwürdigen Bedingungen zu. Hierzu zählte nicht nur eine obligatorische Reiseversicherung, sondern auch eine Vorlaufzeit für die Änderung von Einreisebestimmungen, um den Migranten die Gelegenheit zu geben, entsprechend zu reagieren. Einer ständigen Kommission für Wanderungsfragen, deren Einrichtung vorgeschlagen wurde, übertrug die Resolution die Klärung der Frage nach der Besteuerung ausländischer Arbeiter, nach Regelungen für Krankenversicherung und Gesundheitsschäden am Arbeitsplatz sowie nach der Einrichtung von Betreuungsdiensten, die sich der Arbeitsmigranten ab dem Grenzübertritt in ihr Zielland annahmen.[58] Mit dem Bericht der Wanderungskommission und ihren Resolutionen lag eine Bilanz der gängigen Organisationsformen internationaler Arbeitsmigration und ihrer Probleme vor, aus deren Analyse die ILO Forderungen ableitete, die bis zum Zweiten Weltkrieg für ihre Aktivitäten im Bereich der Arbeitsmigration handlungsleitend bleiben sollten.[59]

Bis 1939 formulierte die Internationale Arbeitsorganisation 67 Übereinkommen und 66 Empfehlungen.[60] Drei der Konventionen und fünf Empfehlungen befassten sich direkt oder zumindest an wichtiger Stelle mit Fragen der internationalen Arbeitsmigration. Im Jahr 1919 verabschiedete die ILO auf ihrer ersten Konferenz eine Konvention und zwei Empfehlungen, die Fragen der Arbeitsmigration berührten. Bezeichnenderweise handelte es sich um ihre ersten beiden Empfehlungen überhaupt, welche die erste Internationale Arbeitskonferenz in Washington DC annahm. Die ›Empfehlung betreffend die Ar-

57 Vgl. zur Entwicklung medizinischer Untersuchungsverfahren im Kontext der Einwanderung in die USA Faichild, Science at the Borders, S. 53f.

58 International Labour Office, The International Labour Code, Appendices, S. 284–288.

59 Vgl. zusammenfassend auch International Labour Organization, First Report of the International Labour Organisation to the United Nations, S. 103f. Dazu auch La conférence internationale de l'émigration et de l'immigration, S. 114f.

60 Vgl. zur Ausweitung des thematischen Fokus der ILO in der Zwischenkriegszeit Ghebali, The International Labour Organisation, S. 12f.

beitslosigkeit‹ (R1) sah in Abschnitt II vor, dass kollektive Anwerbemaßnahmen im Ausland nur auf der Grundlage einer Absprache auf Regierungsebene und nach Anhörung der Arbeitgeber und Arbeitnehmer in beiden Ländern durchgeführt werden sollten.[61] Die ›Empfehlung betreffend die Gegenseitigkeit in der Behandlung der ausländischen Arbeitnehmer‹ (R2) forderte ergänzend die Prüfung, ob sich die Gleichstellung von Arbeitsmigranten im Arbeitsschutz und der Vereinigungsfreiheit durch die nationale Gesetzgebung der Mitgliedstaaten umsetzen ließ.[62] Einen ersten Schritt zur Durchsetzung der Gleichbehandlung mit bindender Wirkung für die ratifizierenden Staaten beinhaltete dagegen bereits das ›Übereinkommen über Arbeitslosigkeit‹ (C2). Es wurde ebenfalls auf der Sitzung von 1919 angenommen und bis 1932 von allen wichtigen kontinentaleuropäischen Staaten ratifiziert, in die Arbeitskräfte einwanderten.[63] In Artikel 3 sah diese Konvention die Gleichbehandlung ausländischer Arbeitskräfte hinsichtlich der Arbeitslosenversicherung vor. In einem wichtigen Problembereich internationaler Arbeitsmigration verpflichteten sich die ratifizierenden Staaten damit zur Herstellung eines internationalen Standards durch die Anpassung ihrer nationalen Gesetzgebung.[64] Eine dritte Empfehlung wurde im Jahr 1922 von der vierten Internationalen Arbeitskonferenz angenommen und befasste sich mit der Einführung und Standardisierung von Migrationsstatistiken. Die ›Empfehlung betreffend die Mitteilung von statistischen und anderen Auskünften über Aus-, Ein-, Rück- und Durchwanderung an das Internationale Arbeitsamt‹ (R19) sollte das Internationale Arbeitsamt zur Zentralstelle für die Sammlung von Wanderungsdaten machen, die alle Länder nach gleichen Prinzipien zu erheben hatten.[65]

Die siebente Konferenz der Internationalen Arbeitsorganisation im Jahr 1925 entschied nicht nur über die Einberufung eines permanenten Komitees zu Migrationsfragen, sondern verabschiedete schließlich das erste Übereinkommen, das ausdrücklich die Arbeitsmigration betraf.[66] Nicht von ungefähr

---

61 ILO: Empfehlung 1, 1919, hier aus: http://www.ilo.org/ilolex/german/docs/rec001.htm. Der amtliche Text aller Empfehlungen und Konventionen sowie Informationen über die Ratifizierung der Konventionen findet sich in der ilolex-Datenbank der ILO online.

62 ILO: Empfehlung 2, 1919, hier aus: http://www.ilo.org/ilolex/german/docs/rec002.htm. Später wurde diskutiert, ob die Empfehlung zu einer Konvention ausgearbeitet werden sollte, dieses Projekt blieb jedoch unrealisiert; vgl. Un projet de convention sur l'égalité de traitement en matière d'indemnisation des accidents du travail, S. 20.

63 Vgl. Die Liste der ratifizierenden Staaten unter http://www.ilo.org/ilolex/cgi-lex/ratifce.pl?C2; vgl. dazu auch Varlez, General Principles of an International Convention on the Conditions and Contracts of Employment of Foreign Workers, S. 657f.

64 ILO: Übereinkommen 2, 1919, hier aus: http://www.ilo.org/ilolex/german/docs/gc002.htm.

65 ILO: Empfehlung 19, 1922, hier aus: http://www.ilo.org/ilolex/german/docs/rec019.htm. Diese Empfehlung leitete einen ambitionierten Versuch der ILO ein, einen kompletten quantitativen Überblick über die weltweiten Wanderungsbewegungen zusammenzustellen und fortlaufend zu aktualisieren, der letztlich scheitern musste; vgl. International Labour Office, Migration Movements. Das Problem ist bis heute ungelöst; vgl. dazu Bilsborrow, International Migration Statistics.

66 La Conférence Internationale du Travail et l'égalité de traitement entre travailleurs étrangers et nationaux, S. 439f.; Comité permanent des migrations, S. 3f. Das Komitee trat 1926 zum

befasste sich die Konvention erneut mit der Gleichstellung ausländischer Arbeitnehmer, gebot allerdings nicht deren vollkommene Gleichbehandlung, sondern beschränkte sich auf die Frage der Entschädigung bei Betriebsunfällen. So bewegte sie sich zwar im Kernfeld der gewerkschaftlichen Interessen[67], diente aber ebenso der Einhegung zwischenstaatlicher Konkurrenz, wie sie den Arbeitsmigranten in der bis dahin ungeklärten Frage der Übertragbarkeit solcher Versicherungs- und Entschädigungsleistungen in ihr Herkunftsland größere Sicherheit verhieß.[68] Diese erste Konvention zur Arbeitsmigration ratifizierten bis ins Jahr 2007 insgesamt 120 Staaten. Bereits bis 1929 hatten alle in Kapitel 2 behandelten Einwanderungsländer das Übereinkommen anerkannt, bis 1936 folgten die Auswanderungsländer mit Ausnahme der Türkei und Jugoslawiens, die auch später keine Ratifizierung durchführten. Algerien, Marokko und Tunesien traten der Konvention nach ihrer Unabhängigkeit von Frankreich bei.[69] Die Konvention Nr. 19 wurde dadurch zum einzigen Instrument der ILO, das Arbeitsmigration betraf, das eine Mehrheit ihrer Mitgliedstaaten anerkannte und umsetzte.

Im weiteren Verlauf der 1920er Jahre folgten keine zusätzlichen Empfehlungen oder Konventionen in diesem Politikfeld. Dennoch verfolgte die ILO auf anderer Ebene die Verbesserung der Migrationsbedingungen und die Verbreitung ihrer Grundsätze weiter. Außerdem verbreiteten sich parallel vielfach die von der ILO vertretenen Regelungen in den auf bilateraler Ebene ausgehandelten Wanderungsverträgen, deren Zahl in der Zwischenkriegszeit rasch wuchs.[70] Diskutiert wurden Fragen der internationalen Arbeitskräftewanderung auch auf den wichtigen Migrationskonferenzen der 1920er Jahre in Rom (1924) und Havanna (1928), ohne dass es jedoch zu einem internationalen Konsens kam, der zu weiteren verbindlichen Regelungen hätte führen können.[71] Ebenfalls aus den 1920er Jahren datiert eine Reihe interner Initiativen

ersten Mal zusammen, seine Arbeit konzentrierte sich jedoch zunächst auf Fragen der transkontinentalen Auswanderung.

67 Die internationale Gewerkschaftsbewegung diskutierte die Frage internationaler Arbeitsmigration auf einer eigenen Wanderungskonferenz in London im Jahr 1926. Die Ergebnisse dieser ›World Migration Conference‹, die von der ›International Federation of Trade Unions‹ gemeinsam mit der ›Labor and Socialist International‹ organisiert wurde, legten die Gewerkschaften der ILO vor; vgl. Varlez, General Principles of an International Convention on the Conditions and Contracts of Employment of Foreign Workers, S. 332.

68 Übereinkommen über die Gleichbehandlung einheimischer und ausländischer Arbeitnehmer in der Entschädigung bei Betriebsunfällen (C19), http://www.ilo.org/ilolex/german/docs/gc019.htm. Vgl. zur Vorgeschichte der Konvention Egalité de traitement des travailleurs étrangers et nationaux victimes d'accidents du travail, S. 435f.

69 Vgl. zur Ratifikation des Übereinkommens Nr. 19 http://www.ilo.org/ilolex/cgi-lex/ratifce.pl?C19.

70 International Labour Office, Anwerbung, Arbeitsvermittlung und Arbeitsbedingungen der Wanderarbeiter, S. 6. Siehe dazu Kapitel 3.4.1.

71 Siehe dazu Kapitel 3.4. Vgl. zur Konferenz in Rom auch Conférence internationale de l'émigration et de l'immigration, S. 62f. Die Frage der nachfragegerechten Steuerung von Arbeitsmigration und der Zusammenarbeit der Behörden der beteiligten Staaten gehörte ebenso zu den Hauptthemen der Konferenz wie die nach der inhaltlichen Gestaltung von Wanderungsverträgen und der Gleichbehandlung von Ausländern. Die Konferenz von Ha-

der Internationalen Arbeitsorganisation. Sie markieren den Beginn einer Entwicklung, die im folgenden Jahrzehnt zu einem ambitionierten und umfassenden Anlauf zur Regelung der transnationalen Arbeitsorganisation führen sollte. Auf der Internationalen Arbeitskonferenz des Jahres 1922 brachte ein britischer Arbeitnehmervertreter eine Entschließung zur Frage der zwischenstaatlichen Wanderungsverträge ein. Vier Jahre später forderte ein Deligierter der polnischen Regierung die Prüfung der in den Mitgliedstaaten herrschenden Praxis der Unterstützung von Migranten. Zugleich schlug ein schweizerischer Arbeitnehmervertreter eine Neuordnung der Arbeitsvermittlung für ausländische Arbeitskräfte unter Ausschluss privater Dienste vor und 1928 sollte auf französischen Wunsch die Frage der Gleichbehandlung hinsichtlich der Löhne und Arbeitsbedingungen ausländischer Arbeitnehmer auf der Konferenz der ILO erörtert werden. In den Jahren 1929/30 rückte dann vor allem die Anwerbung und Arbeitsvermittlung ausländischer Arbeitnehmer ins Zentrum der Debatte. Damit griff die ILO nicht nur die bereits in ihrer ersten Empfehlung von 1919 angeschnittene Problematik wieder auf, sondern initiierte eine umfangreiche Materialsammlung und -analyse zur Vorbereitung einer neuen Welle von Empfehlungen und Konventionen zur Arbeitsmigration.[72]

Der tiefe Einschnitt der Weltwirtschaftskrise in das europäische System der Arbeitsmigration verlagerte dann jedoch die Schwerpunkte der politischen Aktivitäten der ILO. Gleichzeitig erarbeitete das Internationale Arbeitsamt allerdings – basierend auf den Fragen und Forderungen des vorangegangenen Diskurses – eine Reihe von Grundlagenwerken, die Geschichte und Praxis des Arbeitskräftetransfers in Europa und weltweit durchleuchteten. Unter diesen Berichten aus den späten 1920er und 1930er Jahren finden sich drei Bände zur Wanderungsgesetzgebung sowie eine Studie zur organisierten Arbeiterwanderung.[73] Sie bildeten die Basis für die Empfehlungen und Konventionen in der zweiten Hälfte des Jahrzehnts. Mit ihnen setzte die ILO ihre auf grundsätzliche Ziele gerichteten internen Arbeitsergebnisse um. Aber auch die Wiederbelebung der internationalen Arbeitsmigration in der zweiten Hälfte der 1930er Jahre, die der Organisation solcher Wanderungsbewegungen erneut

vanna setzte den Anfangspunkt für die Diskussion über ein internationales Statut zur Festlegung der Behandlung von Ausländern bzw. Migranten; vgl. Varlez, Migration and the Havana Conference of 1928, S. 1–19 sowie Macheret, L'immigration étrangère en Suisse à l'heure de l'intégration européenne, S. 139. Die Ausarbeitung dieses Status wurde, ebenfalls ohne konkrete Ergebnisse, auf einer Konferenz unter Schirmherrschaft des Völkerbunds in Paris im Jahr 1929 fortgesetzt; vgl. Le traitement des étrangers et entreprises étrangères, S. 142. Zu diesem Zeitpunkt diskutierte man ebenso ergebnislos auch die Möglichkeit, das Geflecht bilateraler Abkommen durch eine internationale Konvention zu ersetzen; vgl. Varlez, General Principles of an International Convention on the Conditions and Contracts of Employment of Foreign Workers, S. 328f.

72 International Labour Office, Anwerbung, Arbeitsvermittlung und Arbeitsbedingungen der Wanderarbeiter, S. 9f.

73 Dass., Migration Laws and Treaties, dass., The Migration of Workers.

größere Priorität verliehen, erwies sich für die nun folgende Kampagne als motivierendes Moment.[74]

Im Jahr 1937 legte die ILO der Vollversammlung des Völkerbundes eine Denkschrift vor, die ebenso ihre Haltung zur Frage der internationalen Migration darlegte, wie sie versuchte, die aktuellen Problemstellungen zu umreißen und Lösungsvorschläge für eine international verbindliche Regulierung des Phänomens präsentierte. Dabei unterschied die ILO zwischen der permanenten ökonomisch motivierten Auswanderung aus Europa vor allem in überseeische Staaten und der temporären Arbeitsmigration. Der Schwerpunkt des Wanderungsgeschehens wurde nach wie vor bei der klassischen Auswanderung gesehen. Die eher unflexible und langfristige Umverteilung von Arbeitskraft durch diese Form der Wanderung galt dabei als zu bevorzugende Lösung ökonomischer Ungleichgewichte. Die temporäre Arbeitsmigration unter staatlicher Kontrolle oder Aufsicht innerhalb Europas dagegen wurde als relativ neues und quantitativ noch untergeordnetes Phänomen wahrgenommen, das in der von starken konjunkturellen Schwankungen gezeichneten Zwischenkriegszeit jedoch zusehends an Bedeutung gewonnen hatte. Diese Analyse der ILO macht deutlich, dass auch ein nicht geringer Teil der Arbeitsmigration innerhalb Europas, etwa zwischen Frankreich und Polen, tatsächlich noch als Einwanderungsprozess aufgefasst wurde, in dessen Rahmen eben ein Teil der Migranten – wie dies auch in der transozeanischen Wanderung der Fall war – in ihre Herkunftsländer zurückkehrte.[75]

Nachdem die Frage so wieder auf der politische Agenda präsent war, erarbeitete die ILO im Verlauf ihrer 24. Konferenz im Jahr 1938 aus dem zuvor erhobenen Material, das in der Zwischenzeit durch eine aktuelle Befragung der Mitgliedstaaten ergänzt worden war, die Entwürfe für zwei Empfehlungen und eine Konvention. Sie sollten die Grundlage für eine umfassende Regelung internationaler Arbeitsmigration bilden, die man einer weitreichenden staatlichen Aufsicht unterworfen sehen wollte. Diese sollte nicht nur dafür bürgen, dass die vorgesehenen Standards überwacht wurden, sondern den beteiligten Staaten eine fast vollständige Kontrolle über Umfang und Struktur von Migrationsströmen erlauben.[76] Das Plenum der 25. Internationalen Arbeitskonferenz nahm im Jahr 1939 das ›Übereinkommen über Anwerbung, Arbeitsvermittlung und Arbeitsbedingungen der Wanderarbeiter‹ (C66)[77] an, das durch

74 Dass., Anwerbung, Arbeitsvermittlung und Arbeitsbedingungen der Wanderarbeiter, S. 11; Cox, ILO, S. 104.

75 Oblath, Population and Social Problems, S. 291–318; Migration Problems, S. 721–741. Das Memorandum ging auf eine Anfrage des Völkerbundes aus dem Vorjahr zurück, der in der Vollversammlung die Frage der internationalen Migration diskutiert hatte.

76 International Labour Office, Anwerbung, Arbeitsvermittlung und Arbeitsbedingungen der Wanderarbeiter, passim. Vgl. zur Diskussion um die permanente Auswanderung und die temporäre Arbeitsmigration im Kontext der internationalen Kooperation der beteiligten Staaten innerhalb der ILO Oblath, Population and Social Problems, S. 214f.

77 ILO: Übereinkommen 66, 1939, hier aus: http://www.ilo.org/ilolex/german/docs/gc066.htm. Der Begriff »Wanderarbeiter« entspricht der wissenschaftlichen Kategorie des Arbeitswanderers.

zwei Empfehlungen flankiert wurde: die ›Empfehlung betreffend Anwerbung, Arbeitsvermittlung und Arbeitsbedingungen der Wanderarbeiter‹ (R61)[78] sowie die ›Empfehlung betreffend die zwischenstaatliche Zusammenarbeit hinsichtlich der Anwerbung, der Arbeitsvermittlung und der Arbeitsbedingungen der Wanderarbeiter‹ (R62)[79].[80]

Die zentralen Bestimmungen des Übereinkommens 66 waren die staatliche Aufsicht über private Werbung für Ein- oder Auswanderung sowie der Aufbau eines staatlichen bzw. staatlich lizenzierten Betreuungssystems für Arbeitsmigranten. Zudem sah Artikel 3, Absatz 2, vor, die Anwerbung, den Transfer und die Arbeitsvermittlung als Teil des Migrationsprozesses staatlichen Institutionen des Ein- und/oder des Auswanderungslandes zu übertragen oder durch direkte Beauftragte eines Arbeitgebers bzw. gemeinnützige private Organisationen durchführen zu lassen, sofern eine Überwachung durch staatliche Stellen gewährleistet war (Artikel 4). Die Arbeitsmigranten selbst sollte eine obligatorische schriftliche Ausfertigung des Arbeitsvertrages in ihrer Muttersprache, dessen Inhalt bezüglich Reisekosten, Lohnzahlungen sowie Arbeitszeiten und -bedingungen minutiös geregelt war, vor einer irreführenden Anwerbepraxis schützen. Außerdem verpflichteten sich alle Staaten, die der Konvention beitraten, zur vollständigen Gleichbehandlung der ausländischen Arbeiter mit den Inländern in arbeitsrechtlicher Hinsicht.[81]

Empfehlung 61 detaillierte – allerdings ohne bindenden Charakter – einige Bestimmungen des Übereinkommens. Hervorzuheben sind darunter diejenigen Regelungen, die sich mit dem staatlichen Einfluss auf den Migrationsprozess befassen. Darunter fiel die Genehmigung von Anwerbemaßnahmen bzw. der Anforderung eines ausländischen Arbeitnehmers durch die Arbeitsverwaltung. Die Zulassung ausländischer Arbeiter sollte auf diese Weise direkt von der Arbeitsmarktlage im Einwanderungsland abhängig gemacht werden. Kam die zuständige Behörde zu dem Schluss, dass der nationale Arbeitsmarkt ausreichende Ressourcen bot, musste der antragstellende Arbeitgeber im Inland nach den benötigten Mitarbeitern suchen. Ebenso sah die Empfehlung vor, dass die wichtigsten Rahmenbedingungen eines Migrationsprozesses auf dem Wege zwischenstaatlicher Abkommen festzulegen seien. Im Falle kollektiver Rekrutierung sollte nicht nur eine selektive Auswahl durch einen Vertreter des anwerbenden Staates, sondern auch eine direkte Aufsicht über den gesamten Rekrutierungsprozess durch einen offiziellen Vertreter dieser Seite stattfinden.

78 ILO: Empfehlung 61, 1939, hier aus: http://www.ilo.org/ilolex/german/docs/rec061.htm.

79 ILO: Empfehlung 62, 1939, hier aus: http://www.ilo.org/ilolex/german/docs/rec062.htm.

80 Interessanterweise gingen den Beschlussfassungen von 1939 auf der 25. Tagung 1938 analoge Diskussionen über die Entwicklung eines Standards für Arbeitsverträge von indigenen Arbeitskräften in Kolonialgebieten voraus, die parallel zur Meinungsbildung über die Regulierung der Arbeitsmigration in Europa ablief. Diese Initiative ging auf die Arbeit einer Expertenkommission zurück, die bereits seit 1926 mit der Eindämmung der Zwangsarbeit in Kolonialgebieten befasst war; vgl. International Labour Office, Anwerbung, Arbeitsvermittlung und Arbeitsbedingungen der Wanderarbeiter, dass., Regelung des Arbeitsvertrages der eingeborenen Arbeitnehmer.

81 Miller, International Migration in Post-Cold War International Relations, S. 31.

Den Aufgaben und Rechten der beteiligten Staaten widmete sich dann die Empfehlung 62 sogar in Gänze. Mit ihr wurde nicht nur ein weiteres Mal die zentrale Bedeutung zwischenstaatlicher Abkommen betont, sondern auch deren inhaltliche Schwerpunkte weiter ausgeführt. Darunter fielen die Organisation und die Überwachung von Ein- und Heimreise der Arbeitskräfte und ihrer Familienangehörigen, Erleichterungen des Lohntransfers in die Heimatländer sowie der Erwerb und die Wahrung von Versicherungsansprüchen. Des Weiteren oblag es den beteiligten Staaten, Musterarbeitsverträge zu entwerfen, als Teil der Arbeitsmarktpolitik Anwerbekontingente festzulegen und den Migrationsprozess durch gemeinsame Kommissionen überwachen zu lassen. Im Ergebnis stellte der Verbund dieser drei Schriftstücke inhaltlich eine Weiterentwicklung der bereits 1921 formulierten Forderungen der ILO unter Berücksichtigung der Gepflogenheiten dar, die sich aus den von einzelnen Staaten abgeschlossenen bilateralen Wanderungsabkommen herauslesen ließen. Dabei führte die Verschränkung der Arbeitsmarktparteien als Interessengruppen auf nationaler Ebene, bei der Gestaltung zwischenstaatlicher Migrationsbeziehungen und beim Formulieren der internationalen Standards als Kompromiss, zu einer engen Wechselbeziehung zwischen den Leitlinien der Internationalen Arbeitsorganisation und der nationalen Praxis.

Der Zweite Weltkrieg verhinderte jede unmittelbare Auswirkung dieser drei in ihrer Konzeption neuartigen Beschlüsse der ILO, die darauf zielten, den zwischenstaatlichen Arbeitskräftetransfer auf eine international standardisierte und die Interessen aller beteiligten Parteien respektierende Basis zu stellen.[82] Sie wurden zwar Teil des International Labour Code der ILO von 1939, veröffentlicht 1941, der eine Zusammenstellung der bis dahin angestrebten und erreichten Standards umfasste. Sein XI. Buch befasste sich mit der internationalen Arbeitsmigration, erlangte jedoch, da keine einzige Ratifizierungsmeldung einging, keine praktische Bedeutung mehr.[83] Gleichwohl markieren die Übereinkunft 66 sowie die Empfehlungen 61 und 62 für die Entwicklung des europäischen Migrationssystems einen Wendepunkt. Sie zeigen, dass die Grundsätze internationaler Migrationspolitik für den Bereich der Arbeitsmigration als Ergebnis der Erfahrung der Zwischenkriegszeit bereits vor Ausbruch des Zweiten Weltkrieges formuliert wurden. Sie sollten sich in den Instrumenten wiederfinden, welche die ILO nach 1945 zur Regelung von Arbeitsmigration erarbeitete. Darüber hinaus verdeutlichen die Beschlüsse der 25. Konferenz der Internationalen Arbeitsorganisation, wie Trends in der Ausgestaltung bilateraler Migrationsbeziehungen – vor allem in Europa – durch Beobachtung und Analyse des Wanderungsgeschehens sowie Initiativen der in die Gremien der ILO entsandten Interessenvertreter Eingang in den Diskurs

82 Das Übereinkommen 66 wurde bis 1949 von keinem Mitgliedstaat ratifiziert; vgl. http://www.ilo.org/ilolex/cgi-lex/ratifce.pl?C66.

83 International Labour Office, The International Labour Code, 1941, S. 519–542. Der ›International Labour Code‹ ist eine Zusammenstellung aller Resolutionen, Konventionen und Empfehlungen der ILO; vgl. Strang/Mei Yin Chang, The International Labor Organization and the Welfare State, S. 241.

fanden und daraus, teils unter Übernahme, teils unter Modifikation der gängigen Praxis, Vorschläge für Standards erarbeitet und Versuche unternommen wurden, diese auf möglichst breiter Basis, wiewohl bisweilen unter Inkaufnahme von Kompromissen beim Interessenausgleich, zu etablieren.[84]

Der Zweite Weltkrieg legte die ILO für fast fünf Jahre lahm. Die Organisation verlegte ihren Sitz von Genf nach Montreal, und erst im Jahr 1944 markierte die 26. Konferenz der ILO, die als Konferenz von Philadelphia bekannt wurde, einen Neuanfang. Die Internationale Arbeitsorganisation kehrte 1946, nun erste Sonderorganisation der Vereinten Nationen, nach Genf zurück. Sie überlebte als einziges Element des Völkerbundes den Krieg mit ungebrochener Kontinuität. Der Zweite Weltkrieg und seine Folgen hatten die Organisation und die Regulierung von Migrationsbewegungen nicht nur aus Sicht der ILO zu erstrangigen Problemfeldern werden lassen. Obwohl die Erklärung von Philadelphia, eine Grundsatzerklärung der ILO zur Definition ihrer künftigen Ziele, die später in ihre Verfassung einging, Arbeitsmigration nicht explizit benannte, zählte ein neuer Versuch, die vor dem Krieg entwickelten Ideen umzusetzen, zu den ersten Arbeitsschwerpunkten der ILO.[85]

Bis zum Jahr 1949 kristallisierten sich unter Federführung der ›Ständigen Wanderungskommission‹ der ILO (Permanent Committee on Migration) zwei Linien migrationspolitischer Aktivitäten heraus. Die Expertengruppe war 1940 ins Leben gerufen worden, um die Arbeit der ersten Ständigen Kommission des Jahres 1925 fortzusetzen. Zu seiner ersten Sitzung trat das neue Gremium jedoch erst 1946 zusammen, um die Grundlinien des ›Manpower Programme‹ der ILO zu erarbeiten.[86] Dieser Strategieplan hatte zum Ziel, die für die Nachkriegszeit antizipierten Migrationsbewegungen durch ein organisatorisches Regelwerk zu gestalten und alle Akteursgruppen zu beraten sowie aktiv zu unterstützen.[87] Sein Ansatz stand in engem Zusammenhang mit den internationalen Bemühungen zum Wiederaufbau Europas nach dem Zweiten Weltkrieg. Dieser wurde spätestens mit der Gründung der OEEC zur Koordinierung des European Recovery Programme (ERP, auch Marshall Plan) zu einer internationalen Angelegenheit, zu der auch die Umverteilung der vorhandenen Arbeitskraft von Überschuss- in Mangelgebiete bzw. -volkswirtschaften über nationale Grenzen hinweg gehörte.[88] Zur ersten Konferenz über die Frage des ef-

84 Siehe dazu vor allem Kapitel 3.4.

85 Vgl. zur Organisation der ILO als Teil der Vereinten Nationen Köppen, Die Rolle der Internationalen Arbeitsorganisation (ILO) bei der Verwirklichung internationaler Sozialstandards, S. 158f.; International Labour Office, The International Labour Code, S. 289.

86 Die Umsetzung des Programms erfolgte auf regionaler Basis, in Europa liefen die Aktivitäten bereits 1948 an; vgl. Copland, The ILO Manpower Programme, S. 375.

87 Sauvy, Some Aspects of the International Migration Problem, S. 18f. Dabei wurde die Frage nach organisierter oder freier Wanderung nach 1945 durchaus wieder offen diskutiert. Sauvy wägt die Vorteile freier Wanderung, die er im Erhalt der Eigeninitaitaive der Migranten, geringeren Kosten und einfacherer Organiation sieht, gegen die Möglichkeiten der ökonomischen und politischen Steuerung von Migrationsbewegungen um den Preis eines aufwändigen Apparates sowie einer grundsätzlich anderen Position der Migranten im Prozess ab.

88 Hahn/Weber, Die OECD, S. 34f.

fizienten Einsatzes der in Europa verfügbaren Arbeitskräfte im Wiederaufbau, welche die OEEC im Januar 1948 nach Rom einberief, zog man die ILO hinzu.[89] Dort dachte man ihr zunächst die Rolle einer Zentralstelle für die Sammlung und Weitergabe von Informationen zu. Demgegenüber zielte die ILO darauf, in den bereits von politischen Spannungen überschatteten ersten Nachkriegsjahren, in denen eine Vielzahl alter und neuer Organisationen Zuständigkeiten für Migrationsfragen beanspruchte, eine eigene Position zu finden, aus der heraus sie aktiv an der als ihre Aufgabe empfundenen Gestaltung internationaler Arbeitsmigration mitwirken konnte.[90]

Bei der Konzeption der Leitlinien für ihre migrationspolitischen Aktivitäten ging die Internationale Arbeitsorganisation von drei Formen der Wanderung aus, in deren Rahmen es galt, Fragen der Anwerbung, Selektion, der beruflichen Qualifikation, des Transfers zwischen Heimat- und Zielland sowie der Arbeits- und Lebensbedingungen im Ausland zu regulieren: erstens der dauerhaften Auswanderung unter Sicherung des Lebensunterhalts durch eine abhängige Beschäftigung; zweitens der dauerhaften Auswanderung zur Besiedlung und Kultivierung ungenutzten Landes und drittens der temporären Arbeitsmigration. Obwohl die Ausrichtung des ›Manpower Programme‹ ebenso wie Arbeit der ›Ständigen Wanderungskommission‹ also bereits auf der Akzeptanz einer ungleichen Verteilung von Arbeit und Arbeitskräften als regulierungsbedürftigem Phänomen beruhten, war die spätere Entwicklung des europäischen Migrationssystems in der zweiten Hälfte der 1940er Jahre noch keineswegs vorauszusehen. Noch lagen die Schwerpunkte des Programms im Bereich der permanenten Auswanderung. Nicht zuletzt unter dem Eindruck der früh wieder einsetzenden Arbeitsmigration von Italien nach Frankreich wurde zwar das Fortbestehen alter Formen temporärer Migration zwischen Nachfragern und Anbietern in Europa einkalkuliert. Europa galt aber grundsätzlich wieder als Auswanderungsregion, in der als Kriegsfolge ein Überangebot von Arbeitskräften bestand. Folglich schien die Aufgabenstellung einerseits in der Erleichterung einer begrenzten Arbeitsmigration, die allerdings nach Möglichkeit nicht-temporären Charakter besitzen sollte, zwischen den europäischen Industriestaaten zu bestehen. Andererseits galt es, eine Auswanderungswelle *aus* Europa nach Übersee zu organisieren. Diese Auswanderung war in den Augen der ILO in erster Linie ein Niederlassungs- und Assimilationsprozess. Fragen der beruflichen Qualifikation, Arbeitsvermittlung oder der beruflichen Weiterbildung von Migranten im Zuge ihrer Übersiedlung waren daher ein wichtiger Programmbestandteil. Sie galten aber in erster Linie als Grundlage für den Aufbau einer neuen dauerhaften Existenz und nicht der Optimierung eines temporären Arbeitskrafttransfers zwischen zwei Staaten. Die temporäre, weil von einer konjunkturgesteuerten Nachfrage abhängige Arbeitsmigration, fasste man noch nicht als den Normalfall auf.[91]

89 Alcock, History of the International Labour Organisation, S. 210f.
90 Ebd., S. 220f.
91 Copland, The ILO Manpower Programme, S. 369f.

In den Jahren 1950 und 1951 führten zwei Wanderungskonferenzen, die von der ILO in Genf und Neapel einberufen wurden, zur Verabschiedung der Grundsätze, nach denen diese Wanderungsbewegung verlaufen sollte. Zu diesen Rahmenbedingungen zählten nicht nur eine Verpflichtung der beteiligten Staaten zum Informationsaustausch und zu einer weitgehenden Unterstützung der Ein- bzw. Auswanderer. Vielmehr sollte zunächst die Zusammenarbeit spezialisierter Institutionen der beteiligten Länder den Abgleich von Angebot und Nachfrage gewährleisten. Beim Transfer der Migranten räumte man den Einwanderungsländern ein Selektionsrecht sowohl hinsichtlich des Gesundheitszustandes als auch der beruflichen Qualifikationen ein. Der Migrationsprozess selbst sollte über zentrale Aus- bzw. Einwanderungseinrichtungen mithilfe von Sammeltransporten durchgeführt werden.[92] Hatte sich die Genfer Konferenz vor allem auf die transkontinentale Wanderung bezogen und allgemeine Grundsätze festgelegt, so widmete sich die Konferenz von Neapel in erster Linie der innereuropäischen Migration. Neben Fragen des Transports, des Abbaus bürokratischer Hürden und der internationalen Koordination unter Einbeziehung der OEEC sowie der ILO nahm in den Beschlüssen die Festlegung der Prozeduren und Kriterien für medizinische Auswahluntersuchungen potentieller Migranten breiten Raum ein.[93] Die Selektion von Einwanderern unter staatlicher Kontrolle sowie die staatliche Regulierung des Gesamtprozesses übernahm die ILO aus den migrationspolitischen Grundmustern wichtiger Einwanderungsländer, die sich in der Zwischenkriegszeit durchgesetzt hatten. Es handelte sich dabei jedoch um Bausteine, die sich bereits in gleicher oder ähnlicher Form in den Vorstellungen der ILO zur Standardisierung internationaler Arbeitsmigration von 1939 finden lassen. Da aus der Sicht der Internationalen Arbeitsorganisation auch im Falle permanenter Einwanderung arbeits- und sozialrechtliche Fragen im Vordergrund standen, ist dieser Konvergenzprozess beim ersten Versuch, Standards für die dauerhafte Niederlassung von Arbeitskräften und ihren Familien zu finden, wenig verwunderlich. Er verankerte allerdings nicht nur den Schutz ausländischer Arbeitskräfte – nun als Einwanderer –, sondern auch die Selektivität sowie staatliche Kontrolle auf einer weiteren Ebene.

Zeitweise verfolgte die ILO im Umfeld der beiden Wanderungskonferenzen den Plan zur Einrichtung einer internationalen Organisation für die Koordination von Wanderungsbewegungen, scheiterte jedoch am Widerstand bzw. Desinteresse einer Mehrheit der wichtigsten Ein- und Auswanderungsländer. Auch der Aufbau einer entsprechenden Stelle innerhalb der ILO fand – aus politischen Gründen – keine Zustimmung auf der Wanderungskonferenz von Neapel. Stattdessen entschied eine weitere Wanderungskonferenz, die Ende 1951 in Brüssel unter amerikanischer Führung stattfand, zur Koordination der

92 So die auf der ersten Wanderungskonferenz in Genf 1950 verabschiedete Resolution; vgl. International Labour Office, The International Labour Code, S. 295f.; Copland, Migration and Economic Development, S. 102f.

93 International Labour Office, The International Labour Code, S. 309–319.

Auswanderung aus Europa das ›Intergovernmental Committee on European Migration‹ (ICEM) ins Leben zu rufen.[94] Die Ständige Wanderungskommission der ILO kooperierte schließlich mit dem ICEM, wurde jedoch nur in wenigen Fällen im Rahmen gemeinsamer Projekte in die praktische Arbeit einbezogen.[95] Die Internationale Arbeitsorganisation verfehlte damit ihr Ziel, nach 1945 zu einem eigenständigen Akteur im Migrationsgeschehen zu werden. Sie blieb stattdessen auf ihre traditionellen Funktionen beschränkt, die sie lediglich um die technische Beratung interessierter Regierungen auf deren Anfrage erweitern konnte.

Tatsächlich entwickelte sich die ökonomisch motivierte permanente Migration innerhalb Europas nur zu einem marginalen Phänomen. Eine Ausnahme bildeten natürlich die kriegsbedingten Flüchtlingsbewegungen, die in unserem Kontext außen vor bleiben, da sie den von der ILO mit dem ›Manpower Programme‹ ins Auge gefassten Wanderungsbewegungen quasi vorgelagert waren. Auch die temporäre Arbeitsmigration zwischen den Industriestaaten Europas lag, bedingt durch die schnelle wirtschaftliche Erholung des Kontinents, hinter allen Erwartungen. Die Wirkung des ›Manpower Programme‹ beschränkte sich insofern für Europa auf die in den 1950er Jahren kurzzeitig stark anwachsende Auswanderung aus einigen Ländern.[96] Für die Zukunft der temporären Arbeitsmigration innerhalb Europas erwies sich dagegen die zweite Entwicklungslinie als von weitaus größerer Bedeutung: die Reorganisation der temporären Arbeitsmigration.

Im Zuge ihrer Neupositionierung im Bereich der internationalen Migrationspolitik widmete sich die ILO in den ersten Nachkriegsjahren einer Neufas-

94 Das ICEM (ursprüngich PICMME für ›Intergovernmental Committee for the Movement of Migrants from Europe‹) war eine von der UNO unabhängige Organisation, die von westlichen Staaten getragen wurde und die operative Nachfolge der ›International Refugee Organization‹ antrat, die 1952 liquidiert wurde. Die Organisation wurde 1989 schließlich zur ›International Organization for Migration‹; vgl. Perruchoud, From the Intergovernmental Committee for European Migration to the International Organization for Migration, S. 502f.; Ducasse-Rogier, The International Organization for Migration, 1951–2001, S. 8f. Die Gründungsstaaten waren Australien, Österreich, Belgien, Brasilien, Kanada, Chile, die BRD, Griechenland, Frankreich, Italien, Luxemburg, die Niederlande, die Schweiz und die USA. Bis Ende der 1950er Jahre kamen Argentinien, Kolumbien, Costa Rica, Dänemark, Israel, Neuseeland, Norwegen, Paraguay, Rhodesien und Nyassland, Spanien, Schweden, Uruguay sowie Venezuela hinzu. Die Mitgliedstaaten zerfielen in drei Gruppen: europäische Auswanderungsländer, Einwanderungsländer und Drittstaaten, die an der Mitgestaltung der Wanderungsbewegung interessiert waren. Vgl. zur praktischen Arbeit des Komitees exemplarisch Comité intergouvernemental pour les migrations européennes, S. 215f. Im Jahr 1957 betreute die Organisation etwa die Hälfte aller Auswanderer aus Österreich, der BRD, Griechenland, Italien und den Niederlanden, die sich außereuropäischen Zielen zuwandten; vgl. International Labour Office, International Migration 1945–1957, S. 292. Eine Übersicht über die Arbeit des ICEM gibt Marks, Internationally Assisted Migration, S. 481–494.

95 Alcock, History of the International Labour Organisation, S. 230f.; International Labour Office, The International Labour Code, S. 289f.

96 Körner, Internationale Mobilität der Arbeit, S. 63, der allerdings die Ansätze zwischenstaatliche organisierter Arbeitsmigration vor dem Zweiten Weltkrieg vergisst, sowie Alcock, History of the International Labour Organisation, S. 235.

sung des ›Übereinkommens über Wanderarbeiter‹ (C66) von 1939.[97] Diese sollte modernisiert und an die veränderten ökonomischen und politischen Rahmenbedingungen nach dem Zweiten Weltkrieg angepasst werden. Im Jahr 1949 nahm die Internationale Arbeitskonferenz die überarbeitete Konvention als Übereinkommen 97, ›Übereinkommen über Wanderarbeiter (Neufassung vom Jahre 1949)‹, an.[98] Sie trat nach der Ratifizierung durch zwei Mitgliedstaaten, Italien und die Niederlande, im Jahr 1952 in Kraft. Ihren weitreichenden Bestimmungen schlossen sich darüber hinaus jedoch von den in Kapitel 2.1 diskutierten Staaten nur Belgien (1953), die Bundesrepublik Deutschland (1959) und Frankreich (1954) an. Von den in Kapitel 2.2 behandelten Auswanderungsländern ratifizierten neben Italien lediglich Algerien (1962), Portugal (1978) und Spanien (1967) die Konvention.[99] Obwohl also nur die Hälfte der untersuchten Einwanderungsländer und eine Minderheit der Auswanderungsländer das Übereinkommen 97 übernahmen und in nationales Recht umsetzten, bildete es doch ein inhaltliches Gerüst für die Organisation der zwischenstaatlichen Arbeitsmigration in Europa nach 1945.[100]

Artikel 1 des Übereinkommens 97 verpflichtete die ratifizierenden Staaten, die ILO über ihre Wanderungsgesetzgebung, etwaige Sondervorschriften für Arbeitsmigranten sowie alle völkerrechtlichen Verträge, die das Gebiet der Arbeitsmigration berührten, zu informieren. Artikel 2 schrieb vor, eine unentgeltlich tätige Beratungsstelle für Arbeitsmigranten zu unterhalten, während Artikel 3 die Unterdrückung irreführender Werbung vorsah. Ferner verpflichteten sich alle ratifizierenden Staaten, die Ab- und Anreise der Migranten sowie ihre Eingewöhnung zu unterstützen (Artikel 4). Die folgenden beiden Abschnitte der Konvention regelten die medizinische Untersuchung der Migranten vor der Abreise, deren ärztliche Betreuung während ihrer Reise ins Bestimmungsland (Artikel 5) sowie die Gleichbehandlung der Wanderarbeiter (Artikel 6). Diese hatte sich auf die Lohn- und Arbeitsbedingungen, die Vereinigungsfreiheit, die Unterbringung sowie die Sozialversicherungsleistungen zu erstrecken. Bei der Organisation der Arbeitsvermittlung wurden die beteiligten Staaten zur Zusammenarbeit ihrer Arbeitsverwaltungen angehalten, deren Dienstleistungen den Arbeitsmigranten kostenlos zur Verfügung stehen sollten (Artikel 7). Artikel 8 befasste sich mit dem Aufenthaltsstatus von Arbeitsmigranten und ihren Familienangehörigen. Eine Ausweisung nach einem Unfall, einer Erkrankung oder einer aus anderen Gründen eingetretenen Arbeitsunfähigkeit sollte nur gestattet sein, falls gesonderte Abkommen zwischen den beteiligten Staaten dies vorsahen. Während Artikel 9 festlegte, dass Lohnersparnisse unter Beachtung gegebenenfalls existierender Devisenausfuhrbestim-

97 Gedruckt finden sich die Instrumente der ILO der Jahre ab 1949 beispielsweise zusammengestellt in: International Labour Office, Migrant Workers.

98 ILO: Übereinkommen 97, 1949, hier aus: http://www.ilo.org/ilolex/german/docs/gc097.htm; vgl. Plender, International Migration Law, S. 298f.

99 Vgl. dazu die Liste der ratifizierenden Staaten unter http://www.ilo.org/ilolex/cgi-lex/ratifce.pl?C97.

100 Davy, Überregionales und regionales Völkerrecht, S. 38; siehe dazu Kapitel 3.4.

mungen transferiert werden durften, sah Artikel 10 vor, dass die betroffenen Staaten im Falle einer Wanderungsbewegung *größeren Umfanges* die Modalitäten des Migrationsprozesses durch eine gesonderte Vereinbarung regeln sollten.[101]

Neben diesen grundsätzlichen Bestimmungen umfasste die Konvention zwei Anhänge, die sich speziellen Fragen widmeten. Anhang I bezog sich auf Migrationsbeziehungen, die nicht auf der Grundlage einer zwischenstaatlichen Vereinbarung fußten. Neben einer Wiederholung zentraler Punkte der Konvention erweiterte Anhang I die Bestimmungen dahingehend, dass die Anwerbung auch in diesem Fall entweder durch öffentliche Stellen oder durch beauftragte private Dienste, etwa die zukünftigen Arbeiter oder dritte Organisationen, durchgeführt werden konnte, wenn deren Tätigkeit genehmigt, überwacht und gesetzlich reguliert wurde. Eine vergleichbare Bestimmung beinhaltete auch Anhang II, der sich auf die Arbeitsmigration unter Nutzung zwischenstaatlicher Vereinbarungen bezog. Zusätzlich allerdings fixierte Artikel 6, dass die Zulassung von Ausländern nur erlaubt war, wenn die Arbeitsverwaltung des Einwanderungslandes zuvor geprüft hatte, ob nicht eine geeignete inländische Arbeitskraft zur Verfügung stand. Die ILO hatte damit das für die Anwerbestaaten unverzichtbare Inländerprimat anerkannt und verankert. Diese in Anhang I fehlende Bestimmung verweist auf die Bewertung der quantitativen Bedeutung beider Wanderungsformen. Während die unregulierte Arbeitsmigration offenbar für kleinere Migrationsbewegungen vorgesehen war, sollten zwischenstaatliche Vereinbarungen den Rahmen für die quantitativ bedeutenden Migrationsbeziehungen bilden.[102] Die weiterführenden detaillierten Festlegungen der Anhänge konnten bei der Ratifizierung explizit ausgenommen werden, sodass die Möglichkeit bestand, nur den Haupttext der Empfehlung anzuerkennen. Diese Gliederung in drei Teile sollte die Wahrscheinlichkeit erhöhen, dass die im Haupttext festgelegten Eckpunkte, insbesondere hinsichtlich der Rechte und des Schutzes der Migranten, von einer möglichst großen Zahl von Mitgliedstaaten anerkannt würden, auch wenn diese nicht bereit waren, die Konvention in ihrer vollen Reichweite umzusetzen.[103]

Ausführlichere Richtlinien zur Arbeitsmigration gab die zeitgleich mit der Übereinkunft 97 angenommene ›Empfehlung betreffend die Wanderarbeiter (Neufassung vom Jahre 1949)‹ (R86).[104] Die Empfehlung folgt inhaltlich den Schwerpunkten der Konvention 97, sodass an dieser Stelle vor allem die Aspekte zu diskutieren sind, die eine inhaltliche Erweiterung bedeuten.[105] So beschrieb Abschnitt II der Empfehlung nicht nur die Ausgangssituation, bei

101 Artikel 11 bis 18 beziehen sich auf Fragen der Ratifizierung, Gültigkeit sowie Kündigung der Konvention; vgl. dazu auch Guild, Who is Entitled to Work and Who is in Charge, S. 105f.

102 Ein dritter Anhang regelt die Ein- und Ausfuhr persönlichen Besitzes sowie von Arbeitsgeräten.

103 Alcock, History of the International Labour Organisation, S. 212.

104 ILO: Empfehlung 86, 1949, hier aus: http://www.ilo.org/ilolex/german/docs/rec086.htm.

105 Vgl. dazu ausführlich Plender, International Migration Law, S. 200f.

einer Umverteilung von Arbeitskraft zwischen Volkswirtschaften mit einem Überschuss und solchen mit einem Mangel an Arbeitskräften, sondern auch die zentralen Bestimmungsfaktoren für die Entscheidung bezüglich der Gestaltung von Arbeitsmigration: Diese sollte immer unter dem Primat der eigenen Arbeitsmarktlage und unter Beteiligung der Arbeitgeber- und Arbeitnehmerverbände als Arbeitsmarktparteien erfolgen. Die in Abschnitt III folgenden Details zur Informations- und Beratungspflicht der beteiligten Staaten gegenüber den Migranten beinhalteten nun zum ersten Mal auch Richtlinien für die Erleichterung der Rückkehr von Arbeitsmigranten in ihre Heimatländer. Wie bereits die Konvention führte Abschnitt V der Empfehlung die Modalitäten der beruflichen und medizinischen Auswahlverfahren im Einzelnen aus, präzisierte jedoch auch diejenigen Bedingungen der Zulassung bzw. der Aufenthaltsdauer eines Arbeitswanderers in seinem Zielland, die eine Verdauerung seines Aufenthaltsstatus zur Folge haben sollten. Hierzu zählten die Möglichkeit zur Ausweisung aus arbeitsmarktpolitischen Gründen unter bestimmten Voraussetzungen aber auch ein Verbot der Ausweisung nach fünfjährigem Aufenthalt. Schließlich benannte die Empfehlung als Instrument für die detaillierte Regelung von Migrationsbeziehungen unter Wahrung der spezifischen Interessen ihrer Arbeitsmarktparteien die bilaterale zwischenstaatliche Vereinbarung über Arbeitsmigration. Als Grundlage für solche Abkommen, die nach Möglichkeit den Standards der ILO entsprechen sollten, folgte ein Anhang mit dem Entwurf eines Musterabkommens über zeitweilige und ständige Wanderung von Arbeitnehmern. Der Mustervertrag setzte die Regelungen der Konvention 97 sowie der Empfehlung 86 praxisorientiert um. Dabei traten vor allem zwei Aspekte ein weiteres Mal in den Vordergrund: erstens die überragende Stellung des Staates auf der Mikro- sowie der Marko-Ebene, die neben der Überwachung der definierten Standards nun auch die Festlegung von Umfang und Struktur der anzuwerbenden Arbeitskräfte umfasste. Zweitens die zunehmende Bedeutung temporärer Arbeitsmigration als Gegenstand der Regulierung, da der Mustervertrag zum erstem Mal von Seiten der ILO Bestimmungen über die Rückkehr von Arbeitsmigranten in deren Heimatländer beinhaltete.[106]

Interessant sind ergänzend die Verschiebungen zwischen der Konvention 66 von 1939 und ihrer Neufassung von 1949. Eine genaue Beschreibung der Bereiche, auf die sich die Gleichbehandlung bezog, ersetzte die eher allgemeine Formulierung der ersten Empfehlung. Ebenso wurde ausländischen Arbeitern nicht mehr nur das Recht auf den Eintritt in eine Gewerkschaft zugestanden. Vielmehr sollten ihre Lohn- und Arbeitsbedingungen an die Ergebnisse von Tarifverhandlungen angepasst werden. Neben diesen Fortschritten standen allerdings Veränderungen, die dem Bestreben der Mitgliedstaaten geschuldet waren, durch die Ratifizierung von ILO-Konventionen keine allzu

106 Vgl. dazu auch International Labour Office, The International Labour Code, S. 324f. Der Vertragsentwurf beinhaltet auch eine Variante für die Einwanderung von Flüchtlingen und Umsiedlern, diese Bestimmungen erstrecken sich jedoch nicht auf die Arbeitsmigration.

großen Verpflichtungen einzugehen. In diesem Zusammenhang reflektierte der Aufbau der Konvention 97 deutlich die Präferenz für staatlich kontrollierte Arbeitsmigration. So beinhaltete der Text der Konvention lediglich die allgemeine Verpflichtung, den Wanderungsprozess zu unterstützen. Sehr viel weiter gehende Zusagen zur Sorge um das Wohlergehen von Migranten rutschten dagegen in die Anhänge und sahen sich so zur Disposition gestellt. Daneben wurde die Regelung aus Artikel 5 der Konvention von 1939 geändert, die festlegte, dass ein Arbeitsmigrant, der aus Gründen, die er nicht zu vertreten hatte, seine Arbeitsstelle nicht antreten konnte, nicht ausgewiesen, sondern weitervermittelt werden sollte. Sie fand sich in der Version von 1949 nur noch in Anhang I, der sich auf Migrationsbeziehungen ohne Wanderungsvertrag bezog. Gleiches galt für die Garantie, dass ein Arbeitsmigrant, der aus von ihm nicht zu vertretenden Gründen die Arbeit, für die er angeworben worden war, nicht ausführen konnte, weitervermittelt und bei etwaiger Arbeitslosigkeit unterhalten werden sollte.

Im Hinblick auf die Internationale Arbeitsorganisation kann im Jahr 1949 die Ausarbeitung eines Rahmens für transnationale Arbeitsmigration als abgeschlossen gelten.[107] Auf dieser Grundlage errichtete die ILO in den 1950er Jahren ein Netz regionaler Büros, welche die technische Beratung und die Zusammenarbeit mit interessierten Regierungen in Migrationsfragen durchführten, und bemühte sich um die Verbreitung der in den Konventionen und Empfehlungen formulierten Standards bei der Gestaltung von Wanderungsbeziehungen.[108] Bis zum Ende der in den 1950er Jahren erneut einsetzenden massenhaften Arbeitsmigration innerhalb Europas blieben weitere, vergleichbar wichtige Regelungen aus. Die ILO wandte sich im Bereich der Arbeitsmigration in den Jahren darauf zunächst den Problemen der Entwicklungsländer zu. So wurde beispielsweise im Jahr 1955 die ›Empfehlung betreffend den Schutz der Wanderarbeiter in unterentwickelten Ländern und Gebieten‹ (R100)[109] angenommen. 1962 legte die ILO dann mit dem ›Übereinkommen über die Gleichbehandlung von Inländern und Ausländern in der Sozialen Sicherheit‹ (C118) ein Abkommen zur Ratifikation vor. Es füllte alle Lücken aus, die das Übereinkommen 97 und die Empfehlung 86 bezüglich der Gleichbehandlung von Ausländern und Inländern durch die Sozialversicherungssysteme offen gelassen hatten. Die Gleichbehandlung sollte demnach die ärztliche Betreuung, Krankengeldzahlungen, Leistungen bei Mutterschaft, Invalidität und im Alter sowie an Hinterbliebene und bei Arbeitsunfällen, Berufskrankheiten,

107 Ende der 1950er Jahre bilanzierte ein Bericht der ILO Verlauf, Struktur und Verfassung der weltweiten politisch und ökonomisch motivierten Migrationsströme. Für den Bereich der Arbeitsmigration kamen die Autoren zu dem Ergebnis, dass die bestehenden Standards ausreichend seien, jedoch einer verstärkten Durchsetzung bedurften; vgl. International Labour Office, International Migration 1945–1957, S. 413f. Vgl. dazu auch exemplarisch die Stellungnahme der internationalen Gewerkschaftsbewegung, Internationaler Bund Freier Gewerkschaften, Internationale Wanderungsfragen.

108 Cox, ILO, S. 104.

109 ILO: Empfehlung 100, 1955, hier aus: http://www.ilo.org/ilolex/german/docs/rec100.htm.

Arbeitslosigkeit sowie schließlich auch Familienleistungen umfassen. Ausnahmeregelungen gewährten jedoch jedem ratifizierenden Staat die Möglichkeit, Teile dieses Kataloges auszuschließen. Auch dieses Übereinkommen ratifizierte nur eine Minderheit der ILO-Mitgliedstaaten. Es trat zwar nach der Übernahme durch Schweden und die Niederlande im April 1964 in Kraft, wichtige Einwanderungsländer wie Deutschland oder Frankreich ratifizierten das Abkommen jedoch erst im Jahr 1971 bzw. 1974.[110]

Eine Konvention zur Arbeitsmigration dagegen erschien erst wieder im Jahr 1975 mit dem ›Übereinkommen über Missbräuche bei Wanderungen und die Förderung der Chancengleichheit und der Gleichbehandlung der Wanderarbeitnehmer‹ (C143) auf der Tagesordnung der 60. Internationalen Arbeitskonferenz.[111] Diese Konvention sollte – teilweise bereits auf die veränderten Strukturen der Arbeitsmigration nach dem Anwerbestopp der europäischen Industriestaaten reagierend – zur Grundlage für die Bekämpfung illegaler Arbeitsmigration und illegaler Beschäftigung von Ausländern werden.[112] Bezeichnenderweise ratifizierten mit Schweden (1982), Italien (1981) und Portugal (1978) nur noch drei der untersuchten Staaten die Konvention 143, die mit insgesamt 21 Ratifizierungen die am wenigsten breit anerkannte Richtlinie zur Arbeitsmigration der ILO bleiben sollte.[113]

Ungeachtet der häufig an innenpolitischen Faktoren oder der Unvereinbarkeit mit der nationalen Rechtslage, die ein Mitgliedstaat nicht bereit war anzupassen, scheiternden Ratifikation von Konventionen bzw. der Übernahme der Empfehlungen wurde die Übereinkunft 97 gemeinsam mit der Empfehlung 86 zur Leitlinie für den Abschluss bilateraler Wanderungsabkommen. Die nach 1945 zwischen den Ein- und Auswanderungsländern des europäischen Migrationssystems geschlossenen Vereinbarungen, Abkommen und Verträge folgten in vielen Punkten diesen beiden Initiativen der Internationalen Arbeitsorgani-

---

110 ILO: Empfehlung 118, 1962, hier aus: http://www.ilo.org/ilolex/german/docs/gc118.htm; zur Ratifizierung vgl. http://www.ilo.org/ilolex/cgi-lex/ratifce.pl?C118. Von den übrigen hier untersuchten Staaten ratifizierten die Übereinkunft Italien (1965), Tunesien (1965) sowie die Türkei (1974), insgesamt sind bis 2007 38 Ratifizierungen registriert worden. Die Konvention ergänzte die Übereinkunft 102 aus dem Jahr 1952, die die Mindeststandards für soziale Sicherheit innerhalb eines Staates festlegte. Für Ausländer sah die Konvention in Artikel 68 nur grundsätzlich eine Gleichbehandlung vor und überließ es den ratifizierenden Staaten, entsprechende Sonderregelungen zu treffen; ILO: Übereinkommen 102, 1952, hier aus: http://www. ilo.org/ilolex/german/docs/gc102.htm sowie auch Stellungnahme der Bundesregierung zum Übereinkommen 118, 1964, S. 87f.

111 ILO: Übereinkommen 143, 1975, hier aus: http://www.ilo.org/ilolex/german/docs/gc143.htm.

112 International Labour Office, Wanderarbeitnehmer, passim.

113 Vgl. zur Ratifizierung des Übereinkommens Nr. 143 http://www.ilo.org/ilolex/cgi-lex/ratif ce.pl?C143. Vgl. zu den Initiativen zur internationalen Arbeitsmigration der ILO in den frühen 1970er Jahren auch Flory, Ordres juristiques et statut des travailleurs étrangers, S. 196. Die Arbeit der ILO zur Regulierung des Transfers von Arbeitskraft verlagerte sich seit den 1970er Jahren zunehmend auf die Länder der sogenannten Dritten Welt. Dabei wurde neben Protokollen zur Sicherung der Regierungskontrolle über die Arbeitsmigration auch das Instrument des bilateralen Wanderungsvertrages kontinuierlich weiterentwickelt; vgl. dazu exemplarisch Abella, Orderly International Migration of Workers and Incentives to Stay; ders., Sending Workers Abroad.

sation.[114] Bevor in Kapitel 3.4 das Verhältnis zwischen den bilateralen Wanderungsabkommen, die von den Staaten des untersuchten Migrationssystems nach dem Ende des Zweiten Weltkrieges abgeschlossen wurden, und der Migrationspolitik der Internationalen Arbeitsorganisation diskutiert wird, können Befunde aus einigen der westeuropäischen Industriestaaten zur Wirkung der Konventionen auf die nationale Migrationspolitik erste Hinweise auf die Relevanz der ILO in diesem Kontext geben.[115]

In Schweden scheiterte die Ratifizierung sowohl der Übereinkunft 97, die erste Debatte dazu fand im ›Riksdag‹ im Jahr 1950 statt, als auch der Übereinkunft 143 von 1975 an deren Forderung der vollständigen Gleichberechtigung ausländischer Arbeitnehmer im Sozialversicherungssystem. Denn Schweden schloss ausländische Arbeitskräfte von der staatlichen Rentenversicherung aus, da diese nur schwedische Staatsbürger aufnahm. Weitere Hindernisse für die Übernahme der Konvention bestanden in der zu gewährenden Vereinigungsfreiheit. Diesen Grundsatz verletzte beispielsweise eine schwedisch-italienische Vereinbarung von 1947. Sie zwang italienische Arbeitsmigranten in Schweden, dem Berufsverband der Branche beizutreten, in der sie Beschäftigung fanden, und während ihres Aufenthalts in Schweden Mitglied zu bleiben.[116] Erst 1976 beseitigte die formelle Aufhebung der Vereinbarung, die im Übrigen kaum praktische Auswirkungen auf das Wanderungsgeschehen zwischen beiden Staaten hatte, diesen Konflikt. Dennoch blieb die Konvention 97 unratifiziert, da sie überdies die Übernahme der Reisekosten für ausgewiesene ausländische Arbeitskräfte forderte. Diese mussten jedoch, wie im schwedischen Ausländergesetz von 1954 vorgesehen, bis 1980 ihre Rückreise selbst finanzieren. Schließlich gelang es, in einem langwierigen Verfahren die Diskrepanzen zwischen den Gesetzen Schwedens und der Konvention 143 so weit auszuräumen, dass die Ratifizierung 1982 erfolgen konnte. Die Konvention 97 dagegen, die für die innereuropäische Arbeitsmigration weit bedeutender war, blieb vor allem wegen Unstimmigkeiten über die Gleichbehandlung in Fragen der Sozialversicherung unratifiziert, obwohl Schweden die Mehrzahl ihrer Bestimmungen in der praktischen Migrationspolitik, etwa in der Gestaltung der

114 Miller/Martin, Administering Foreign-Worker Programs, S. 32f.

115 Forschungsergebnisse hierzu liegen für die Schweiz, Frankreich, Belgien und Schweden vor. Untersuchungen zu Deutschland, Spanien, Tunesien und Jugoslawien dagegen beinhalten keine Erkenntnisse zum Bereich der Arbeitsmigration; vgl. Pesic, International Labour Standards and Yugoslav Legislation, S. 443–467; Schnorr, The Influence of ILO Standards on Law and Practice in the Federal Republic of Germany, S. 539–564; Abdeljaouad, The Influence of International Labour Conventions on Tunisian Legislation, S. 191–209; Albalate Lafita, The Influence of International Labour Conventions on Labour Law and Social Change in Spain, S. 443–457.

116 Knocke, Sweden, S. 159. Eine Zwangsmitgliedschaft in einer Gewerkschaft war für schwedische Arbeitnehmer nicht vorgesehen. Die Klausel, die auch in anderen Wanderungsverträgen Schwedens auf Betreiben der Gewerkschaften eingefügt wurde, bedeutete insofern auch eine Verletzug des Gleichbehandlungsgrundsatzes.

bilateralen Wanderungsverträge, umsetzte.[117] Im Gegensatz dazu ermöglichten die flexiblen Ratifizierungsoptionen der Konvention 118 von 1962 Schweden die Annahme derjenigen Teile, die mit der eigenen Rechtslage konform gingen, obwohl die Verpflichtungen dieser Konvention im Bereich der Gleichbehandlung von Ausländern durch die Sozialversicherungssysteme über diejenigen der Konvention 97 hinausgingen.[118]

In Belgien nahm die Auseinandersetzung mit der Konvention 97 einen gänzlich anderen Weg. Die Lesung der Übereinkunft im belgischen Senat stützte sich auf eine grundsätzliche Überprüfung der belgischen Migrationsgesetze, die zu deren Anpassung an die Forderungen der ILO und der Ratifizierung der Konvention im Jahr 1953 führte.[119] Frankreich ratifizierte die Übereinkunft 97 ein Jahr später als Belgien, allerdings unter Ausschluss des Anhangs II. Als Streitpunkt erwies sich die Interpretation des Artikels 6 des Anhangs, welcher die Bereiche der Gleichbehandlung ausländischer Arbeitskräfte ausführlicher als der Text der Konvention auflistete. Eine vollständige Gleichbehandlung bei der Sozialversicherung hätte die Gewährung von Unterhaltszahlungen an Schwangere umfassen müssen, die jedoch nach der französischen Sozialgesetzgebung französischen Staatsbürgerinnen vorbehalten waren. Die Konsequenz dieses Konflikts war, dass Frankreich den Teil der Übereinkunft nicht anerkannte, der sich auf die wichtigste Form der Arbeitsmigration bezog, die staatliche Anwerbung, für die Frankreich nach 1945 eigens das ONI eingerichtet hatte. Es kann sich also durchaus um einen Vorwand zur Verzögerung der vollständigen Ratifikation gehandelt haben, mit dem Frankreich die Anwendung des Anhangs II auf die regulierte Arbeitsmigration umgehen wollte, die auf diese Weise weiterhin weitgehend der nationalstaatlichen Disposition unterlag.[120]

Die Schweiz bemühte sich bereits in der Zwischenkriegszeit, die Standards der ILO in die Gestaltung ihrer Migrationsbeziehungen einfließen zu lassen. Im Jahr 1927 beispielsweise schloss man mit Italien ein Abkommen zur Ausdehnung der Arbeitslosenfürsorge auf Migranten, das sich ausdrücklich auf die Empfehlung C2 der Internationalen Arbeitsorganisation zur Arbeitslosigkeit von 1919 berief.[121] Nach 1945 verzichtete die Schweiz allerdings ebenso wie Österreich, die Niederlande und Schweden auf eine Ratifikation der für die Zukunft der Arbeitsmigration so bedeutsamen Übereinkunft 97 und ebenso wie alle in Kapitel 2.1 abgehandelten Staaten auf die Anerkennung der Übereinkunft 143. Damit sicherte sich das Land die vollständige Souveränität über die Gestaltung seiner Migrationsbeziehungen, die nur von der relativen Positi-

117 Lagergren, The Influence of ILO Standards on Swedish Law and Practice, S. 319f. Schweden war allerdings das einzige der in dieser Untersuchung diskutierten Länder, das die Konvention 143 ratifizierte.

118 ILO: Empfehlung 118, 1962, hier aus: http://www.ilo.org/ilolex/german/docs/gc118.htm.

119 Landy, The Influence of International Labour Standards, S. 562; Troclet/Vogel-Polsky, The Influence of International Labour Conventions on Belgian Labour Legislation, S. 410f.

120 Morellet, The Influence of International Labour Conventions on French Legislation, S. 353f.

121 Un accord portant réciprocité en matière d'assurance-chômage, S. 461.

on der Migrationspartner beim Aushandeln der Migrationsbedingungen abhängig war. Die Schweiz realisierte zwar die Gleichbehandlung in den meisten Bereichen der Lohn- und Arbeitsbedingungen und auch hinsichtlich der Sozialversicherungen, nahm jedoch die Alters- und Hinterbliebenenversicherung sowie bestimmte Familienzulagen aus.[122] Ebenso verzichtete sie auf den Aufbau von Beratungsorganisationen oder die konsequente Überwachung privater Anwerbung. Ähnlich argumentierte man auch in der Diskussion um die Ratifizierung der Konvention 143, die nach schweizerischer Auffassung einen Grad der Freizügigkeit für ausländische Arbeitnehmer forderte, der nicht mit den Interessen der Schweiz konform ging.[123]

Diese exemplarischen Befunde verdeutlichen drei interessante Sachverhalte. Erstens war die Ratifikation von Übereinkommen zur Arbeitsmigration häufig mit Vorbehalten und Einschränkungen verbunden, die den Staaten ihre Handlungsfreiheit bei der Gestaltung der Migrationsbeziehungen erhalten sollten. Zweitens war eine partielle, verzögerte oder abgelehnte Ratifikation eines Übereinkommens nicht notwendigerweise gleichbedeutend mit einer Ablehnung aller seiner Bestimmungen. Drittens bestand die Übernahme der ILO-Standards nicht allein in der Angleichung der Gesetzeslage. Gerade im Fall der Arbeitsmigration bezog sie sich auf die Gestaltung zwischenstaatlicher Verträge und Abkommen, deren Inhalt zwar mit der nationalen Ausländer- bzw. Wanderungsgesetzgebung korrespondierte. Zugleich beinhalteten solche Anwerbeabkommen aber organisatorische Regelungen, die sich nach den Vorschlägen der ILO richten konnten, ohne dass sie einer gesetzlichen Grundlage bedurften.

Gerade diese zwischenstaatlichen Wanderungsabkommen begannen sich nach dem Ersten Weltkrieg in Europa in Bezug auf die obligatorische Vorlage übersetzter Arbeitsverträge, die Unterzeichnung des Arbeitsvertrages vor der Abreise, die Befugnisse des Anwerbelandes zur Rekrutierung im Partnerstaat, die Verteilung der Kosten sowie die Modalitäten medizinischer Eignungsuntersuchungen, des Familiennachzuges, der Gleichbehandlung und der Bereitstellung angemessener Unterkünfte zunehmend zu ähneln und die Versuche der ILO zu reflektieren, in diesen Bereichen Mindeststandards zu etablieren. Und obwohl das aus der Anwerbung entstehende Arbeitsverhältnis nicht allein durch ein Anwerbeabkommen geregelt wurde, deutete doch die in zahlreichen Verträgen vorgesehene Einrichtung einer binational besetzten Kommission zur Begleitung des Migrationsprozesses ein Interesse der beteiligten Staaten an einer Einhaltung solcher Standards an. Dennoch zeigt sich in vielen Punkten der Anwerbevereinbarungen eine breite Varianz der Formulierung. Dies gilt vor allem für die Festlegung von Einwanderungskontingenten bzw. die Zulassung unbeschränkter Rekrutierung, Möglichkeiten für den Familiennachzug, oder die

122 Valticos, L'attitude de la Suisse à l'égard des conventions internationales du travail, S. 135.
123 Senti, Internationales Regime und nationale Politik, S. 264f., 336. Die Ratifikation des Übereinkommens 19 im Jahr 1929 dagegen hatte noch eine Anpassung der Gesetzgebung zur Umsetzung der Gleichbehandlung von Ausländern bei Betriebsunfällen zur Folge gehabt.

Laufzeit der vorgesehenen Arbeitsverträge sowie verbunden damit den Aufenthalt angeworbener ausländischer Arbeitskräfte. Da schließlich kein Anwerbevertrag den anwerbenden Staat zur Aus- bzw. Fortbildung der angeworbenen Arbeiter verpflichtete, sondern dies einzig dem spezifischen Arbeitskräftebedarf überließ, und selten spezifische sozioökonomische Rechte der Arbeitsmigranten festgeschrieben wurden, war trotz aller Fortschritte die Arbeitsmarktposition der angeworbenen Arbeitnehmerinnen und Arbeitnehmer im Ausland im Vergleich zu einheimischen Arbeitskräften unterprivilegiert.[124]

Das aus diesen Prozessen resultierende Spannungsfeld zwischen der Ausarbeitung von Standards durch eine internationale Organisation, ihrer Verbreitung in nationaler Gesetzgebung und ihrem Einfluss auf die Gestaltung internationaler Verträge regt die nähere Untersuchung des letztgenannten Elements des europäischen Systems der Arbeitsmigration nahe. Zuvor jedoch muss eine Diskussion von drei weiteren internationalen Organisationen, die nach 1945 Einfluss auf die Entwicklung dieses Migrationssystems genommen haben, dieses Kapitel abschließen. Es handelt sich um die OEEC/OECD, die EWG/EG sowie den Europarat.

3.2.3. Supranationale Organisationen in Europa nach 1945

3.2.3.1. Die OEEC/OECD

Die ›Organization for European Economic Cooperation‹ entstand 1948 unter amerikanischer Führung zur Durchführung des ›European Recovery Programme‹ als Zusammenschluss von 17 Staaten, darunter alle späteren Anwerbestaaten sowie Italien, die Türkei, Portugal, Griechenland und Spanien als fünf der wichtigsten Auswanderungsländer des europäischen Migrationssystems.[125] Sie bildete die erste supranationale Organisation in Europa, zu deren Gründungsauftrag auch die Optimierung des Arbeitskräftetransfers zwischen den ihr zugehörigen Volkswirtschaften zählte.[126] Der Einfluss der OEEC auf die Arbeitsmigration in Europa muss in der Nachkriegszeit im Zusammenhang mit drei Wanderungstrends und einer zur damaligen Zeit handlungsleitenden Prognose betrachtet werden. Ende der 1940er Jahre wurden für Europa kriegs- und rekonstruktionsbedingt umfangreiche Wanderungsbewegungen vorausge-

124 Miller/Martin, Administering Foreign-Worker Programs, S. 42f.; vgl. zur Entwicklung von den 1970er Jahren bis zum Beginn des 21. Jahrhunderts Angenendt, Regelung und Vermittlung, S. 180–201, zur ILO insbesondere S. 194f.

125 Elvert, Die europäische Integration, S. 44f.; Barbezat, The Marshall Plan and the Origins of the OEEC, S. 33–48; Hardach, Der Marshall-Plan, S. 99f.; die Gründungsstaaten der OEEC waren Belgien, Dänemark, Deutschland, Frankreich, Griechenland, Irland, Island, Italien, Japan, Kanada, Luxemburg, die Niederlande, Norwegen, Österreich, Portugal, Schweden, die Schweiz, Spanien, die Türkei, das Vereinigte Königreich und die Vereinigten Staaten.

126 OECD, The OECD and International Migration, S. 7. Artikel 8 der Gründungsakte vom 8. April 1948 trägt den Mitgliedstaaten auf, Arbeitsmigration zu fördern und zu erleichtern.

sehen. Diese würden nach dem Abklingen der Flüchtlingsbewegungen in ökonomisch bedingte Wanderungen übergehen. Tatsächlich prägten drei Entwicklungen – jenseits der Flüchtlingsströme, jedoch zum Teil mit ihnen verschränkt – die Wanderungsbewegungen im Nachkriegseuropa. Erstens eine Auswanderung aus Europa, die zwar anstieg, jedoch weit hinter den ursprünglichen Erwartungen zurückblieb. Zweitens eine begrenzte Arbeitskräftemobilität zwischen den westeuropäischen Industriestaaten, die jedoch nicht zur dauerhaften Niederlassung oder Präsenz bedeutender Gruppen von Arbeitskräften aus diesen Staaten in einem anderen Land dieser Kategorie führte. Drittens eine Arbeitskräftewanderung aus der geographischen und ökonomischen Peripherie Europas in seine Industriestaaten. Dabei war der Migrationsdruck in den Auswanderungsländern, vor allem in Italien, größer und in höherem Maße akut als die Nachfrage aus den Industriestaaten, die zunächst nur von Frankreich und Belgien ausging und sich auf die Arbeitskräftebeschaffung für den Bergbau beschränkte. Die Auswanderung aus Europa verlor indes im Verlauf der 1950er Jahre fast jede Bedeutung. Die Arbeitskräftemigration zwischen den Industriestaaten überstieg ein überschaubares Maß nicht und wurde mit dem Beginn des allgemeinen Wirtschaftsaufschwungs zu einem zweitrangigen Phänomen. Die Wiederbelebung der klassischen Arbeitsmigration zwischen den beiden Staatengruppen auf unterschiedlichem ökonomischem Entwicklungsniveau zeigte sich dagegen schnell wieder als das vorrangige Wanderungsphänomen, auf das die OEEC/OECD mit ihrer Wanderungspolitik reagieren musste.[127]

Bereits Artikel 8 ihres Gründungsvertrages aus dem Jahr 1948 nannte die Verbesserung der Fluktuation von Arbeitskräften zwischen den Mitgliedstaaten, um deren Allokation zur Förderung des Wiederaufbaus und des Wirtschaftswachstums zu optimieren als ein Ziel der Organisation.[128] Um es zu erreichen, verpflichteten sich die Mitgliedstaaten schrittweise zum Abbau von Wanderungshindernissen. Die OEEC, die 1961 ihren regionalen Schwerpunkt aufgab und in der OECD aufging, besaß zur Begleitung und Steuerung dieses Prozesses zwei Instrumente, die den Empfehlungen und Konventionen der ILO ähnelten. Die sogenannten Entscheidungen (Decisions) der OEEC/OECD waren für die Mitgliedstaaten rechtlich bindend und mussten in nationales Recht umgesetzt werden. Die Empfehlungen (Recommendations) dagegen stellten lediglich unverbindliche Leitlinien dar.[129] Ihre institutionelle Verankerung fanden die migrationspolitischen Aktivitäten der OEEC im ›Manpower Committee‹ der Organisation, das zwischen 1948 und 1953 für die Ausarbeitung der grundlegenden Richtlinien verantwortlich zeichnete.[130]

127 Vgl. dazu knapp OECD, The European Reconstruction 1948–1961, S. 80f.

128 Langerbein, Die Politik der innereuropäischen Arbeiterwanderungen, S. 47.

129 Hahn/Weber, Die OECD, S. 50f.

130 Leben, Le droit international et les migrations des travailleurs, S. 59; Steinert, Migration und Politik, S. 205f. ; vgl. zum Verhältnis der Schweiz zur OEEC Gees, Die Schweiz im Europäisierungsprozess, S. 95f.

Innerhalb der OEEC wurde Italien bereits im Gründungsjahr zum stärksten Verfechter der schnellen Umsetzung einer freizügigen internationalen Arbeitsmigration.[131] Frankreich dagegen wurde, als erster und wichtigster Nachfrager nach ausländischen Arbeitskräften, unerwartet zu einem Gegenspieler Italiens in Fragen ihrer grundsätzlichen Vereinfachung. So war man zwar an einer Wiederbelebung der internationalen Arbeitsmigration interessiert, achtete jedoch darauf, die Kontrolle über den Migrationsprozess nicht aus der Hand zu geben. Die Auseinandersetzungen zwischen den beiden Antagonisten um die Balance zwischen freizügiger und regulierter Arbeitskräftefluktuation zogen sich bis in die 1950er Jahre hin, während einerseits die ersten Anwerbeabkommen zwischen Italien und Frankreich zustande kamen und andererseits Frankreich erstmals eine staatliche Einwanderungsbehörde einrichtete. Frankreich hatte sich damit bereits sehr früh für eine Politik der regulierten Arbeitsmigration entschieden, als sich herausstellte, dass die in den Wirtschaftsplänen prognostizierte Nachfrage nach ausländischen Arbeitskräften in den späten 1940er Jahren kleiner war, als ursprünglich angenommen.[132] So erreichte Italien zunächst nur eine allgemeine Erklärung der OEEC über die Gleichbehandlung ausländischer Arbeitskräfte. Grundsätzlich wollte man die Frage auf der Konferenz über Arbeitskräftemobilität, die noch 1948 in Rom stattfand und Raum für weitere Verhandlungen bieten sollte, diskutieren. Das Ergebnis dieser Konferenz blieb jedoch weit hinter den Erwartungen Italiens zurück. Lediglich eine Reihe praktischer Absprachen zur Organisation der italienischen und portugiesischen Arbeitsmigration nach Frankreich sowie zur Rekrutierung von ›Displaced Persons‹ in Deutschland wurden getroffen. Die bereits anlaufende Arbeitsmigration blieb indes der strengen administrativen Kontrolle der Einwanderungsländer unterworfen, und die erhofften Maßnahmen zur Herstellung größerer Freizügigkeit auf dem europäischen Arbeitsmarkt entfielen.[133]

Erst im Jahr 1953 verabschiedete die OEEC mit der Decision C(53)251 ein Grundsatzpapier zur Beschäftigung von Angehörigen eines Mitgliedstaates als Arbeitnehmer in einem anderen Mitgliedstaat.[134] Dieses später mehrfach ergänzte Dokument stand deutlich unter dem Einfluss der Konvention 97 sowie der Empfehlung 86 der ILO.[135] Gleichzeitig beinhaltete es einige Erweiterungen dieser Grundsätze, die prägenden Einfluss auf die Gestaltung der Wanderungsbeziehungen zwischen den Mitgliedstaaten der OEEC gewinnen sollten. Die OEEC folgte der ILO in der Verankerung des Inländerprimats sowie der

131 Romero, Migration as an Issue in European Interdependence and Integration, S. 42f.

132 Milward, The Reconstruction of Western Europe, 1945–51, S. 78f., 254.

133 Ders., The Committee of European Economic Co-operation and the Advent of the Customs Union, S. 535f.

134 Ghosh, Towards a New International Regime for Orderly Movements of People, S. 21; Hahn/Weber, Die OECD, S. 277f.

135 Vgl. zur Haltung der ILO zur Arbeitsmigrationspolitik der OEEC sowie der EGKS International Labour Office, Soziale Aspekte der europäischen wirtschaftlichen Zusammenarbeit, Kapitel VI.

Beschränkung des temporären Aufenthalts auf maximal fünf Jahre, nach deren Ablauf ein unbefristetes Niederlassungsrecht gewährt werden sollte. Auch zur Durchsetzung einer grundsätzlichen Gleichbehandlung von Arbeitsmigranten im Ausland bekannte sich die OEEC. Zudem beschränkte sie die Sperrfrist für Ausländer bei der Besetzung eines Arbeitsplatzes für Angehörige eines OEEC-Mitgliedstaates auf einen Monat und legte für alle Mitgliedstaaten deren Bevorzugung bei der Zulassung ausländischer Arbeitskräfte fest. Daneben beinhalteten die Richtlinien der OEEC Regelungen für die Einführung periodisch zu erneuernder Arbeitsgenehmigungen mit temporärer Gültigkeitsdauer als Instrument für eine nachfrageorientierte Arbeitsmigrationspolitik. Mit ihrer Hilfe konnten die Zu- bzw. Einwanderungsländer, die in der OEEC deutlich das politische Übergewicht besaßen, flexibel auf die Entwicklung der nationalen Arbeitsmärkte reagieren. Ergänzend nutzten die westeuropäischen Industriestaaten Klauseln in ihren Wanderungsgesetzen bzw. -verträgen, mit deren Hilfe aus Gründen der *nationalen Sicherheit*, des *übergeordneten staatlichen Interesses* oder der *öffentlichen Gesundheit* Einschränkungen und Kontrollmechanismen zur Regulierung der Arbeitsmigration in das System einbezogen werden konnten. Diese Vorbehalte waren der Diskrepanz zwischen der Verpflichtung zu einer allgemeinen Liberalisierung der Arbeitsmigration, der sich die OEEC-Mitgliedstaaten auf dem Papier verschrieben hatten, und ihren tatsächlichen Bedürfnissen und Interessen geschuldet. So drängten die unterentwickelten Staaten an der Peripherie Europas zu einer schnellen Verbesserung der Freizügigkeit in Wanderungsfragen, und auch die klassischen Einwanderungsländer innerhalb der OEEC standen der Wiederbelebung der transozeanischen Auswanderung positiv gegenüber. Die europäischen Industriestaaten dagegen orientierten sich vor allem an ihren eigenen ökonomischen Bedürfnissen und behielten sich durch die genannten Regelungen die schnelle Rückkehr zu einer protektionistischen Arbeitsmarkt- bzw. Migrationspolitik vor.[136] Der Urtext der Übereinkunft erfuhr im Verlauf der 1950er Jahre mehrere Erweiterungen und mündete 1961 schließlich in die ›Recommendation of the Council Concerning the Introduction and Employment of Foreign Manpower‹.[137]

Diese Skizze der frühen OEEC-Migrationspolitik macht vier für das europäische System der Arbeitsmigration wichtige Sachverhalte deutlich. Erstens bot die OEEC in erster Linie einen Rahmen für den politischen Prozess, in dem Staaten als Anbieter oder Nachfrager auf einem internationalen Arbeitsmarkt versuchten, ihre Interessen durchzusetzen. Diesen Prozess beherrschten die Industriestaaten als Nachfrager, insbesondere da in der formativen Phase der OEEC in den späten 1940er und frühen 1950er Jahren Italien als einziges

136 Leben, Le droit international et les migrations des travailleurs, S. 60; Macheret, L'immigration étrangère en Suisse à l'heure de l'intégration européenne, S. 158f. Belgien etwa verfügte in den 1950er Jahren mehrfach in Reaktion auf Konjunkturabschwächungen ein Anwerbe- bzw. Einreiseverbot für Arbeitsmigranten und hob diese Regelungen umgehend wieder auf, wenn sich Arbeitskräfteknappheit bemerkbar machte; siehe dazu Kapitel 2.1.1.

137 OECD, The OECD and International Migration, S. 8f.

unterentwickeltes Mitgliedsland wieder die Entsendung von Arbeitskräften ins Ausland aufnahm. Zweitens verzichtete die OEEC vor diesem Hintergrund weitgehend auf die Formulierung eigener arbeits- oder sozialrechtlicher Normen und lehnte sich an die Vorgaben der ILO an. Diese wurden vor allem durch die Regelung praktischer Fragen ergänzt. In gewisser Weise wirkte die OEEC dadurch auch als Transmissionsriemen für die Verbreitung der Standards der ILO. Drittens behandelte die OEEC Arbeitsmigration als ein primär ökonomisches Phänomen. Die arbeitsmarktorientierte Wanderung im OEEC-Raum sollte nachfragegesteuert, das heißt mit temporärem Charakter, für eine effiziente Allokation des Faktors Arbeit sorgen. Daraus ergab sich automatisch, dass die Nachfragestaaten die Gestaltung des Migrationssystems bestimmen und die Anbieterstaaten im Rahmen der gegebenen Nachfrage von den positiven Sekundäreffekten der Arbeitsmigration profitieren sollten. Viertens trugen die ergänzenden Regelungen der OEEC zur Gestaltung von Arbeitsmigration in Europa ihren wirtschaftlichen Motiven ebenso Rechnung wie dem politischen bzw. ökonomischen Übergewicht der westeuropäischen Industriestaaten als denjenigen Volkswirtschaften, in denen tendenziell ein Arbeitskräftemangel herrschte.

Mit der Erweiterung der OEEC zur OECD im Jahr 1961 vergrößerte sich auch der Bezugsrahmen der Migrationspolitik der nun weltweit agierenden Organisation. Nicht zuletzt die komplexeren Migrationsbeziehungen der Mitgliedstaaten warfen die Frage der Zulassung ausländischer Arbeitskräfte aus Drittstaaten auf.[138] Diese wiederum orientierten sich weitaus stärker, als dies zuvor der Fall gewesen war, an den Standards der Internationalen Arbeitsorganisation.[139] Die in diesem Kontext zu verortenden Entwicklungen berühren die Fragestellung der Untersuchung jedoch nur indirekt und werden aus diesem Grund nicht weiter ausgeführt. Als die OEEC ihren Schwerpunkt in Europa aufgab, war fast ebenso lange eine weitere internationale Organisation zu einem wichtigen Akteur der Entwicklung der europäischen Arbeitsmigration geworden: der Europarat.

3.2.3.2. Der Europarat

Eine weitere Institution, deren Tätigkeit sich nach 1945 auf die Gestaltung von Arbeitsmigration in Europa auswirkte, war der 1949 in London gegründete Europarat.[140] Zwar lag der Schwerpunkt seiner Arbeit generell nicht im wirtschaftlichen Bereich, in dem die EGKS sowie später die EWG die Führung übernahmen. Da sich jedoch seine Zusammensetzung, die wie die OEEC eine umfangreichere und stärker heterogen strukturierte Staatengruppe umfasste,

138 Hahn/Weber, Die OECD. S. 53f.; Barbezat, The Marshall Plan and the Origins of the OEEC, S. 33–48.

139 Miller/Martin, Administering Foreign-Worker Programs, S. 34. Ein weiteres Grundsatzpapier zur Beschäftigung ausländischer Arbeitskräfte legte die OECD erst wieder 1976 vor.

140 Elvert, Die europäische Integration, S. 48.

von der dieser beiden Institutionen unterschied, entwickelte der Europarat eigene Richtlinien für die Gestaltung der Arbeitsmigration in Europa, die sich partiell von denen der anderen Institutionen unterschieden.[141] Ebenso wie die OEEC und die EWG bezog sich die Migrationspolitik des Europarates vor allem auf Arbeitsmigranten, die sich zwischen seinen Mitgliedstaaten bewegten. Im Unterschied zur EWG und ebenso wie im Fall der OEEC gehörten mit Italien, Griechenland und der Türkei wichtige Entsendeländer innerhalb des europäischen Systems der Arbeitsmigration im Untersuchungszeitraum bereits zu dieser Organisation.[142] Frühe Pläne des Europarates für ein aktives Eingreifen in das Migrationsmanagement im Europa der Nachkriegszeit blieben auf zwei Tätigkeitsfelder beschränkt. Bevor andere Körperschaften diese Aufgabe übernahmen, handelte der Europarat in Zusammenarbeit mit der ILO eine Reihe provisorischer Sozialversicherungsabkommen zwischen seinen Mitgliedstaaten aus, die Arbeitsmigranten eine Gleichbehandlung mit Inländern im jeweiligen Sozialsystem garantierten.[143] In die Organisation der Flüchtlingswanderung bzw. der Arbeitsmigration selbst griff der Europarat allerdings nur noch insofern ein, als er ein Wohnungsbauprojekt für italienische Arbeiter in Frankreich und in Verona den Aufbau des zweiten italienischen Auswanderungszentrums neben dem in Mailand finanzierte.[144]

Als die Anwerbung ausländischer Arbeitskräfte durch die westeuropäischen Industriestaaten in den 1960er Jahren ihrem Höhepunkt entgegenstrebte, verabschiedete der Europarat eine Reihe von Dokumenten mit Relevanz für die Gestaltung dieses Migrationsprozesses. Diese bewegten sich, wie etwa die Europäische Menschenrechtskonvention, die 1950 unterzeichnet wurde und drei Jahre später in Kraft trat, im Bereich der Herstellung von Rechtssicherheit und -gleichheit für Ausländer oder waren auf die allgemeine Erleichterung des Reiseverkehrs gerichtet.[145] Im Jahr 1955 legte eine Expertenkommission dem Europarat die Europäische Niederlassungscharta vor, die nach der Ratifizie-

141 Flory, Ordres juristiques et statut des travailleurs étrangers, S. 197.

142 Gründungsstaaten waren Belgien, Dänemark, Frankreich, Irland, Italien, Luxemburg, die Niederlande, Norwegen, Schweden und Großbritannien. Bis zum Ende unseres Untersuchungszeitraumes kamen folgende Mitglieder hinzu: Türkei und Griechenland (1949), Island (1950), BRD (1951), Österreich (1956), Zypern (1961), die Schweiz (1963) und Malta (1965). Portugal und Spanien wurden erst 1976 bzw. 1977 aufgenommen.

143 Guinand, Die Internationale Arbeitsorganisation (ILO) und die soziale Sicherheit in Europa (1942–1969), S. 270f. Dazu auch ausführlich Macheret, L'immigration étrangère en Suisse à l'heure de l'intégration européenne, S. 181f.

144 International Labour Office, International Migration 1945–1957, S. 299f.; dazu auch allgemein Council of Europe, No Room for them?. Beide Auswanderungszentren spielten bei der Arbeitskräfteanwerbung durch die europäischen Industriestaaten nach 1945 eine bedeutende Rolle.

145 Leben, Le droit international et les migrations des travailleurs, S. 60f.; vgl. für eine aktuelle Übersicht Europarat, Vollständige Liste der Verträge des Europarates, http://conventions.coe.int/Treaty/Commun/ListeTraites.asp?CM=8&CL=GER (Stand 2007). Von besonderer Bedeutung ist in diesem Kontext die Konvention zum Schutze der Menschenrechte und Grundfreiheiten von 1950.

rung durch alle Mitgliedstaaten 1965 in Kraft trat.[146] Sie sah einerseits vor, dass Bürger dieser Staaten sich in jedem anderen Mitgliedstaat wirtschaftlich zu gleichen Bedingungen betätigen und niederlassen konnten wie Inländer. Die Zulassung von Ausländern jedoch unterlag, ähnlich wie von der OEEC/OECD vorgesehen, der Prärogative der Mitgliedstaaten hinsichtlich *wichtiger Gründe wirtschaftlicher oder sozialer Art*.[147] Während die Ratifizierung dieses Dokuments noch im Gange war, unterzeichneten die Mitgliedstaaten des Europarates 1961 in Turin die Europäische Sozialcharta, die ebenfalls 1965 in Kraft trat. In Artikel 18 sicherten die ratifizierenden Staaten die Erleichterung der Ausübung einer Erwerbsarbeit durch Angehörige jeder anderen Vertragspartei zu.[148] Die dabei für Arbeitsmigranten gültigen Mindeststandards sowie Grundlegendes zur Organisation der Arbeitsmigration regelte Artikel 19, der sich eng, wenn auch weniger detailliert, an die Übereinkunft 97 der ILO anlehnte.[149] Die Auswirkungen der Konvention auf das Europäische System der Arbeitsmigration mussten im Untersuchungszeitraum jedoch gering bleiben. Von allen in Kapitel 2 diskutierten Ländern setzten die Konvention bis zum Anwerbestopp von 1973/74 nur Deutschland, Italien, Schweden (1965) sowie in Österreich (1969) in Kraft.[150]

Ähnlich erging es einem weiteren Projekt des Europarates zur Gestaltung von Arbeitsmigration. Schon im Jahr 1966 regte der Ministerrat die Ausarbeitung einer Konvention zur rechtlichen Stellung von Arbeitsmigranten an. Die beauftragte Expertengruppe nahm 1967 ihre Arbeit auf und legte 1971 einen Entwurf vor, aus dem im gleichen Jahr das ›Europäische Übereinkommen über die Rechtsstellung der Wanderarbeitnehmer‹ wurde, das den Mitgliedstaaten 1977 zur Unterzeichnung vorgelegt wurde. Im Jahr 1983 trat die Konvention zunächst in Schweden, Spanien und der Türkei in Kraft, sodass dieser Schritt keine praktischen Auswirkung auf die in dieser Studie untersuchten Formen der Arbeitsmigration in Europa haben konnte.[151] Auch dieses Instrument lehnte sich eng an die Standards der Internationalen Arbeitsorganisation für die Organisation der Anwerbung, der Selektion, des Transports und des

146 Plender, International Migration Law, S. 236f. Immerhin war die Niederlassungscharta 1955 – wenn auch noch nicht wirksam – das erste multilaterale völkerrechtliche Instrument zu einer Frage, die bislang fast ausschließlich in bilateralen Vereinbarungen geregelt worden war.

147 Europäisches Niederlassungsabkommen, in: Europarat: Vollständige Liste der Verträge des Europarates, hier aus: http://conventions.coe.int/Treaty/ger/Treaties/Html/019.htm. Kapitel IV der Konvention regelt die Erwerbstätigkeit im Ausland, Artikel 10 ermöglicht die Einschränkung der Freizügigkeit durch die Unterzeicherstaaten.

148 Vgl. dazu im Überblick Boucaud, Migrant Workers and their Families.

149 Europäische Sozialcharta, in: Europarat: Vollständige Liste der Verträge des Europarates, hier aus: http://conventions.coe.int/Treaty/ger/Treaties/Html/035.htm.

150 Für eine vollständige Liste der Ratifikationen und des Inkrafttretens der Konvention vgl. http://conventions.coe.int/Treaty/Commun/ChercheSig.asp?NT=035&CM=1&DF=&CL=GER.

151 Vgl. http://conventions.coe.int/Treaty/Commun/ChercheSig.asp?NT=093&CM=8&DF=3/26/2007&CL=GER. Hinweise auf weitere Konventionen des Europarates mit Relevanz für die Arbeitsmigration zwischen den Mitgliedstaaten finden sich bei Flory, Ordres juristiques et statut des travailleurs étrangers, S. 198.

Schutzes der Arbeitswanderer im Ausland an.[152] Gleichzeitig – und auch in diesem Fall zeigt sich darin die Ausrichtung der Übereinkunft auf die Regulierung des nachfragekonformen Faktortransfers – erweiterte sie diese jedoch um Bestimmungen, die es ermöglichten, die Aufenthalts- und Arbeitserlaubnis zunächst auf ein Jahr zu begrenzen. Ferner beinhaltete das Übereinkommen in Kapitel IV Regelungen für die Rückkehr der Arbeitsmigranten in ihre Herkunftsstaaten. Ein wichtiger Unterschied zu den Konventionen der ILO bestand allerdings im Rechtscharakter des europäischen Übereinkommens. Es sollte im Falle einer Ratifizierung automatisch zu innerstaatlich gültigem Recht werden und nicht – wie im Falle der ILO-Standards – nur zur Anpassung der nationalen Gesetze verpflichten. Die dadurch ausgelösten Vorbehalte bei den Mitgliedstaaten des Europarates fingen umfangreiche Ausnahmeregelungen auf. So wurde die prinzipiell angestrebte Freizügigkeit der Arbeitskräfte durch die Möglichkeit der Unterzeichnerstaaten eingeschränkt, Arbeitsmigration aufgrund nationaler Gesetzgebung oder politischer Interessen über die Bestimmungen des Vertrages hinaus zu regulieren oder zu unterbinden oder das Übereinkommen von vorneherein nur teilweise zu ratifizieren.[153] Die Tatsache, dass 17 Jahre zwischen dem Beginn der Ausarbeitung der Konvention und ihrem Inkrafttreten in einem kleinen Teil des europäischen Migrationssystems lagen, verdeutlicht nicht nur den schwierigen Prozess der Kompromissfindung in einem von so unterschiedlichen Interessen bestimmten Gremium wie dem Europarat. Vielmehr hatte sich auch die Problemstellung, auf die Mitte der 1960er Jahre mithilfe der Konvention reagiert werden sollte, in den 1980er Jahren grundlegend gewandelt. Die klassische Arbeitsmigration spielte im Vergleich zu den Jahren des europäischen ›Wirtschaftswunders‹ nur noch eine untergeordnete Rolle.[154]

3.2.3.3. Die EGKS/EWG

Mit der Gründung der ›Europäischen Gemeinschaft für Kohle und Stahl‹ im Jahr 1951 durch Belgien, Deutschland, Frankreich, Italien, Luxemburg und die Niederlande begann nicht nur der Weg zur Europäischen Union, sondern auch eine neue Phase der Arbeitsmigration zwischen diesen Staaten.[155] Die Erleichterung der transnationalen Wanderung von Arbeitskräften aus dem Bergbau bzw. der Stahlindustrie zwischen den Mitgliedstaaten der EGKS markiert zwei wichtige Grundsätze für die internationale Arbeitsmarktpolitik der Organisati-

152 Plender, International Migration Law, S. 250.

153 Europäisches Übereinkommen über die Rechtsstellung der Wanderarbeitnehmer, in: Europarat: Vollständige Liste der Verträge des Europarates, hier aus: http://conventions.coe.int/Treaty/ger/Treaties/Html/093.htm. Dazu auch aus deutscher Perspektive Echterhölter, Der Entwurf eines Europäischen Wanderarbeitnehmerstatuts, S. 269.

154 Auf eine Diskussion des Gemeinsamen Arbeitsmarktes der Benelux-Staaten, der 1956 institutionalisiert wurde und 1961 in der ersten Stufe der Umsetzung des EWG-Vertrages aufging, sowie des ›Nordischen Arbeitsmarktes‹ wird an dieser Stelle verzichtet.

155 Elvert, Die europäische Integration, S. 56.

on.[156] Erstens handelte es sich ebenso wie bei der OEEC um eine ökonomisch motivierte Politik, die zu einem optimierten Faktoreinsatz in einem für den Wiederaufbau Europas strategisch wichtigen Wirtschaftsbereich beitragen sollte. Zweitens bezog sich diese Arbeitsmigrationspolitik vor allem auf die Migration zwischen den Mitgliedstaaten.[157] Die zweite Etappe der europäischen Einigung begann mit den Römischen Verträgen zwischen den sechs Staaten der EGKS, die im Jahr 1957 dadurch zur Europäischen Wirtschaftsgemeinschaft wurden. Der Artikel 48 des EWG-Vertrages sah unter Wahrung einer Übergangsfrist die Herstellung der Freizügigkeit für Arbeitnehmer auf dem EWG-Binnenarbeitsmarkt vor.[158] Diese sollten binnen zehn Jahren alle Mitgliedstaaten realisieren. In diesem Prozess können zwei Ebenen unterschieden werden. Einerseits gewährleisteten die Bestimmungen des EWG-Vertrages, dass die Umsetzung der Freizügigkeit der Arbeitnehmer nicht gegen die politischen oder ökonomischen Interessen der wirtschaftlich führenden Staaten der EWG erfolgte.[159] So regelten in Ergänzung des Artikels 49, der gemeinsam mit Artikel 48 die Organisation des zwischenstaatlichen Arbeitsmarktausgleiches skizzierte, die Artikel 52, 54 und 56 des Vertrages die Niederlassungsfreiheit in einer Weise, die ausländerrechtlichen Sondervorschriften der Mitgliedstaaten weiterhin den Vorrang gaben.[160] Andererseits blieb Italien, das einzige Auswanderungsland innerhalb der EWG, bezeichnenderweise bis 1968, also bis zur vollständigen Herstellung der Niederlassungsfreiheit, von den Vorstufen des Prozesses ausgeschlossen.[161] Die Wirkung bilateraler Wanderungs- bzw. Anwerbeverträge der Signatarstaaten entfaltete sich also von diesen Entwicklungen zunächst vollkommen unberührt.[162]

Die erste wichtige Station der Öffnung des EWG-Arbeitmarktes bestand in der Umsetzung der Verordnung[163] 15/61 im Jahr 1961.[164] Unter Erteilung einer für ein Jahr gültigen Arbeitserlaubnis für eine bestimmte Arbeitsstelle oder Branche, konnte ein Arbeitnehmer aus einem Mitgliedstaat nun in einem ande-

156 Im Jahr 1953 schlossen die EGKS und die ILO ein Kooperationsabkommen ab; vgl. Guinand, Die Internationale Arbeitsorganisation (ILO) und die soziale Sicherheit in Europa (1942–1969), S. 285.

157 Gissler, Das europäische Sozialrecht, S. 26; die Freizügigkeit der Arbeitnehmer ist in Artikel 69 des EGKS-Vertrages geregelt.

158 Groeben/Boeckh/Thiesing, Kommentar zum EWG-Vertrag, Bd. 1, S. 411f.

159 Steinert, Migration und Politik, S. 200f.

160 Groeben/Boeckh/Thiesing, Kommentar zum EWG-Vertrag, 427f., 459f., 474f., 487f.

161 Die Erweiterung der EWG um weitere Auswanderungsländer in den 1970er und 1980er Jahren spielt im Kontext dieser Untersuchung keine Rolle mehr.

162 Leboutte, Coal Mining, Foreign Workers and Mine Safety, S. 226.

163 Im Unterschied zu den Richtlinien sowie den Erklärungen der EWG sind die Verordnungen für die Mitgliedstaaten rechtlich bindend.

164 Miller/Martin, Administering Foreign-Worker Programs, S. 37; Steinert, Migration und Politik, S. 314f.; vgl. dazu im Detail Borries, Aktuelle Rechtsfragen zu den Verordnungen Nr. 3 und Nr. 4 der EWG über die soziale Sicherheit von Wanderarbeitern, S. 142–146 sowie Knolle, Freizügigkeit der Arbeitnehmer, S. 674–679; Ausnahmemöglichkeiten blieben im Übrigen, ähnlich wie bei den Regelungen des Europarates, begründet durch übergeordnete staatliche Interessen zunächst bestehen; vgl. Plender, International Migration Law, S. 207f.

ren Mitgliedstaat arbeiten, wenn die fragliche Stelle drei Wochen nach ihrer Ausschreibung durch die öffentliche Arbeitsverwaltung noch unbesetzt war. Nach drei Jahren Beschäftigung endete die Beschränkung der Arbeitsgenehmigung und nach einem weiteren Jahr galt ein ausländischer Arbeiter einem inländischen als gleichgestellt.[165] Der zweite Schritt erfolgte im Jahr 1964 mit der Verordnung 38/64.[166] Sie hob die dreiwöchige Wartezeit für EWG-Angehörige auf und führte stattdessen eine 15-tägige Karenzzeit ein, nach der eine Arbeitsstelle auch an einen ausländischen Arbeitnehmer aus einem Staat außerhalb der EWG vergeben werden konnte. Darüber hinaus fielen alle Beschränkungen innerhalb des Arbeitsmarktes weg, etwa die Vorschrift, EWG-Ausländer nur in Branchen zu beschäftigen, für die offiziell ein Arbeitskräftemangel festgestellt worden war. Schließlich wurde ein ausländischer Arbeitnehmer aus EWG-Staaten mit der Erteilung der ersten Arbeitsgenehmigung arbeits- und sozialrechtlich einem Inländer gleichgestellt und der Familiennachzug geregelt. Die Herstellung der völligen Freizügigkeit erfolgte 1968 mit der Verordnung 1612/68.[167] Nun wurde auch die Beschränkung der Beschäftigung von EWG-Ausländern auf Arbeitsstellen, die bei der öffentlichen Arbeitsverwaltung ausgeschrieben worden waren, ebenso aufgehoben wie die Bedingung, vor dem Antritt einer Arbeitsstelle eine Unterkunft nachzuweisen. Mit dem Verzicht auf die Erteilung der Arbeits- und Aufenthaltsgenehmigung vor der Einreise eines EWG-Ausländers fiel eine weitere Vorbedingung für die internationale Arbeitskräftemobilität weg. Stattdessen konnten EWG Angehörige nun in einen anderen Mitgliedstaat einreisen, dort drei Monate lang nach einer Arbeitsstelle suchen und erhielten im Erfolgsfall automatisch eine für fünf Jahre gültige Aufenthaltsgenehmigung.

Bei diesem Prozess handelte es sich um eine Flexibilisierung des Binnenarbeitsmarktes des EWG-Raumes, der sich ausschließlich auf die Bürger der Mitgliedstaaten der Europäischen Wirtschaftsgemeinschaft – bis 1968 mit Ausnahme Italiens – bezog.[168] Von der Regulierung der internationalen Arbeitsmigration, wie sie die OEEC/OECD umsetzte, unterschied sich das Vorgehen der EWG in einem wichtigen Punkt. Die für die OEEC-Staaten vorgesehene, auf ein Jahr ausgestellte Arbeits- und Aufenthaltsgenehmigung, die

165 Vgl. zur Bewertung der Gleichbehandlung von Arbeitnehmern in der EWG Kayser, Die soziale Sicherung der Wanderarbeitnehmer in der Europäischen Wirtschaftsgemeinschaft, S. 20f.

166 Gissler, Das europäische Sozialrecht, S. 67f. Dazu auch aus zeitgenössischer Sicht Knolle, Die Beschäftigungsfreiheit in der EWG, S. 363–368. Beim Autor handelt es sich mit großer Wahrscheinlichkeit um einen Funktionär, der sich schon während des Zweiten Weltkrieges mit Fragen der Arbeitsmigration befasst hatte; vgl. dazu Knolle, Die Einsatzbedingungen der Arbeitskräfte aus den neu besetzten Ostgebieten, S. 127f.

167 Gissler, Das europäische Sozialrecht, S. 82f.; dazu auch ausführlich Plender, International Migration Law, S. 198f.

168 Eine Erweiterung der Zulassungspraxis auf Arbeitnehmer aus Drittstaaten unter Nutzung eines koordinierten Systems bilateraler Verträge wurde erste Ende der 1970er Jahre diskutiert; vgl. Leben, Le droit international et les migrations des travailleurs, S. 67; vgl. für die Auswirkungen auf Deutschland Sonnenberger, Nationale Migrationspolitik und regionale Erfahrung, S. 79f.

sich an der gängigen Praxis der Einwanderungsstaaten in der Vor- ebenso wie in der Nachkriegszeit anlehnte, rückte die EWG 1961 ab. Man orientierte sich also nur noch in der ersten Übergangsphase an der bei regulierter Arbeitsmigration üblichen, die Nachfrager begünstigenden Regelung. Freilich nahm die Bedeutung der Arbeitsmigration zwischen den EWG-Staaten stetig ab. In den ersten Jahren nach 1945 kamen etwa zwei Drittel der ausländischen Arbeiter in den späteren EGKS-Staaten aus anderen Mitgliedsländern. Bis 1959 war ihr Anteil auf etwa 48% aller ausländischen Arbeitskräfte in der EWG gefallen. Im Jahr 1974, zum Zeitpunkt des Anwerbestopps, besaßen allerdings nur noch 27% der etwa 6,4 Millionen ausländischen Arbeitskräfte in den EWG-Staaten die Staatsangehörigkeit eines Mitgliedslandes.[169] Unter diesen wiederum bildeten mit 47 bzw. 26% Italiener und Iren, also Bürger traditioneller Auswanderungsländer, die weitaus größten Gruppen. Die Arbeitsmigration zwischen den übrigen EWG-Staaten dagegen war relativ zur gesamten Arbeitsmigration marginal.[170] Die Aktivitäten der EWG bezogen sich also auf einen Teil der Arbeitsmigration, dessen Regulierung zusehends unproblematischer wurde. Die bis 1973 anwachsende Arbeitsmigration aus Drittstaaten indes blieb von den Konventionen der EWG unberührt. Ihre Gestaltung unterlag prinzipiell dem politischen Willen und den ökonomischen Bedürfnissen der Einzelstaaten und wurde durch deren Gesetze bzw. die von ihnen abgeschlossenen Wanderungsabkommen geregelt.[171]

Auf einer zweiten, sozialrechtlichen Ebene wird, ähnlich wie bei der OEEC, der Einfluss der Normen der Internationalen Arbeitsorganisation auf die Migrationspolitik der EWG deutlich. In ihrem Gründungsjahr unterzeichneten die EGKS-Staaten das ›Europäische Abkommen über die soziale Sicherheit der Wanderarbeitnehmer‹. Diese Konvention ging ursprünglich auf die Umsetzung der Freizügigkeit für Bergleute und Stahlarbeiter innerhalb der Montanunion zurück und sollte ab 1953 von einer Expertengruppe weiterentwickelt werden. Die Arbeitsgruppe band ab 1954 Fachleute der ILO ein, die ihrerseits ein starkes Interesse daran hatte, ihre Grundsätze auch in einer europäischen Konvention zur Arbeitsmigration verankert zu sehen. Die durchaus nicht unproblematische Zusammenarbeit der beiden Institutionen führte 1957 zu einer Konvention, die im Dezember in Rom unterzeichnet wurde, jedoch bedingt durch die Gründung der EWG nicht mehr in Kraft trat.[172] Ihren Grundgedanken übernahm die EWG jedoch in den Artikel 51 des EWG-Vertrages, der die sechs Mitgliedstaaten verpflichtete, auf dem von ihnen gebildeten internationalen Arbeitsmarkt Mechanismen zu schaffen, welche ausländischen

169 Zu den Gründungsstaaten waren Dänemark, Irland und Großbritannien hinzugekommen.

170 Leben, Le droit international et les migrations des travailleurs, S. 67.

171 Flory, Ordres juristiques et statut des travailleurs étrangers, S. 199.

172 Guinand, Die Internationale Arbeitsorganisation (ILO) und die soziale Sicherheit in Europa (1942–1969), S. 248f.; International Labour Office, International Migration 1945–1957, S. 300; Signature de la convention européenne concernant la Sécurité sociale des travailleurs migrants, S. 145f.

Arbeitnehmern aus EWG-Staaten die Wahrung ihrer Ansprüche auf Sozialversicherung ermöglichte. Ergänzend rief Artikel 118 sie zur internationalen Zusammenarbeit in sozialen Fragen auf.[173] Dabei wollten sich die EWG-Staaten auf eine gemeinsame Linie in sozial- und arbeitsrechtlichen Fragen verständigen, um in internationalen Organisationen wie der ILO oder der OECD mit einer Stimme sprechen zu können.[174] Andersherum übernahm die EWG die Standards der ILO bei der Ausarbeitung eigener Richtlinien. Verbindliche, an den Standards der ILO orientierte Normen für die Regelung der Sozialversicherung von EWG-Bürgern innerhalb der Gemeinschaft entstanden mit der später mehrfach ergänzten Verordnung 3/58, die bis in die 1970er Jahre zur Grundlage für die sozialrechtliche Behandlung dieser Arbeitskräfte wurde.[175] Ferner berief sich die EWG im Jahr 1962 in einer Richtlinie zur Einrichtung sozialer Dienste für ausländische Arbeiter aus dem EWG-Raum auf die Übereinkunft 97 sowie die Empfehlung 86 der ILO als Grundlage. Gleiches galt für eine Richtlinie zur Bereitstellung von Unterkünften für ausländische Arbeiter aus EWG-Staaten und deren Familien aus dem Jahr 1965, die erneut unter anderem auf die Übereinkunft 97 Bezug nahm.[176]

Ähnlich wie im Fall der OEEC prägte eine utilitaristisch überformte Umsetzung der Standards der Internationalen Arbeitsmigration die Regulierung der Arbeitsmigration zwischen den Mitgliedstaaten der EWG. Diese resultierte vor allem aus dem Verständnis von Arbeitsmigration als einem nachfrageorientierten Faktortransfer und trug maßgeblich dazu bei, dass sich die EWG-Staaten weitreichende Vorbehalte und Steuerungsmöglichkeiten hinsichtlich ihrer Partizipation an einem Arbeitswanderungssystem erhielten. Dabei wird die Bedeutung der EWG für die Entwicklung der Arbeitsmigration zwischen den in Kapitel behandelten Staaten dadurch eingeschränkt, dass lediglich die Aufnahmestaaten mehrheitlich auch zur ›Europäischen Wirtschaftsgemeinschaft‹ zählten und sich deren Konventionen nahezu ausschließlich auf ihre Mitgliedstaaten bezogen.

3.3. Arbeitsmigration in völkerrechtlichen Verträgen bis 1919

Bilaterale Wanderungsverträge, die der Regelung kontrollierter temporärer Arbeitsmigration durch den Staat oder unter staatlicher Aufsicht dienten, haben sich seit dem Ende des Ersten Weltkrieges als Instrument zur Verfassung

173 Groeben/Boeckh/Thiesing, Kommentar zum EWG-Vertrag, S. 434f.; 1515.

174 Ebd., S. 1521.

175 Guinand, Die Internationale Arbeitsorganisation (ILO) und die soziale Sicherheit in Europa (1942–1969), S. 262f.; Gissler, Das europäische Sozialrecht, S. 125.

176 Landy, The Influence of International Labour Standards, S. 601f. In diesem Zusammenhang gab die EWG eine eigene Untersuchung zur sozialen Lage der Arbeitsmigranten in Europa in Auftrag; vgl. dazu exemplarisch EWG, Synthèse des rapports établis sur les conditions de logements des travailleurs migrants dans trois pays de la CEE.

von Migrationsbeziehungen in Europa durchgesetzt. Vor dem Ersten Weltkrieg hatten dagegen nur wenige der in Kapitel 2 untersuchten Länder auch nur einen bilateralen Wanderungsvertrag abgeschlossen, der den staatlich organisierten Transfer von Arbeitskräften umfassend regelte.[177] Zwar nahmen schon vor 1914 die Regulierungsansprüche der europäischen Nationalstaaten in Bezug auf die grenzüberschreitende Migration ebenso zu wie das Volumen ökonomisch motivierter und auf begrenzte Dauer angelegter Wanderungen. Infolgedessen veränderte sich auch die tatsächliche Regulierungsdichte solcher Prozesse. Zugleich blieb jedoch die Organisation von Arbeitsmigration in Europa, jenseits der unterschiedlichen Ausprägungen der Kontrolle der europäischen Staaten über die Ein- und Ausreise von Ausländern, gänzlich Individuen oder privaten Organisationen überlassen. Die Regulierung der Saisonarbeit polnischer Landarbeiter mithilfe einer öffentlich-rechtlichen Institution durch das Deutsche Reich ab den 1890er Jahren stellte in dieser Epoche die höchste Entwicklungsstufe kontrollierter temporärer Arbeitsmigration dar.[178]

Dennoch entstand bereits im 19. Jahrhundert ein dichtes Geflecht von zwischenstaatlichen Abkommen, die sich mit Fragen der Migration befassten oder diese zumindest am Rande tangierten. Eine Aufstellung der Internationalen Arbeitsorganisation über bilaterale Verträge, die Wanderungsfragen beinhalteten, für den Zeitraum von 1783 bis 1928 umfasst etwa 600 derartige Abkommen, von denen 416 unter Beteiligung eines der 18 Staaten des Untersuchungsgebietes zustande kamen. Die zunehmende Vertragsdichte, welche die Migrationsbeziehungen der Mitglieder dieser Staatengruppe prägte, unterstreicht die wachsende Bedeutung von Wanderungsfragen im Völkerrecht. So sind vom Ende des 18. Jahrhunderts bis 1870 für die untersuchten Staaten nur neun Verträge mit Relevanz für Migrationsfragen verzeichnet, an denen mindestens einer dieser Staaten beteiligt war. Zwischen 1871 und 1880 kamen 20 weitere hinzu und in den 1880er Jahren wurden 40 zusätzliche Verträge abgeschlossen. Im folgenden Jahrzehnt entstanden weitere 13 Abkommen. Zwischen 1901 und 1910 wurden dann 33 Verträge geschlossen und zwischen 1911 und 1920 zählte die ILO weitere 45 neu hinzukommende Abkommen. Bis zum Beginn der 1920er Jahre registrierte man insgesamt 160 bilaterale Verträge. In den Jahren von 1921 bis 1928 wurden dann allein 256 neue zwischenstaatliche Abkommen, die Wanderungsfragen betrafen, unter Beteili-

177 Im kolonialen Kontext dagegen datieren erste Abkommen über den Transfer indigener Arbeitskräfte zwischen den Kolonialgebieten unterschiedlicher Kolonialmächte bereits aus dem 19. Jahrhundert, so etwa der französisch-britische Vertrag über die Migration indischer Arbeitskräfte in französische Kolonien von 1861, der niederländisch-britische mit ähnlichem Ziel von 1870 oder der spanisch-chinesische Vertrag über den Transfer chinesischer Arbeiter nach Kuba aus dem Jahr 1877; vgl. International Labour Office, International Treaties and Conventions, S. 263, 265.

178 Caestecker, The Changing Modalities of Regulation in International Migration, S. 79; siehe dazu Kapitel 2.1.2. Eine Entwicklungssystematik der internationalen Wanderungsgesetzgebung, allerdings mit dem Schwerpunkt auf der klassischen transkontinentalen Auswanderung, bietet Schindlmayr, Sovereignty, Legal Regimes and International Migration, S. 109–123.

gung eines der in Kapitel 2 untersuchten Staaten geschlossen. Die Spitzenreiter unter den beteiligten Parteien waren Frankreich mit 104, Deutschland (ab 1871) mit 88 sowie Italien mit 76 Verträgen, die Vertragsdichte korrespondierte also direkt mit dem Stellenwert eines Staates als Ein- oder Auswanderungsland.[179]

In dieser Vielzahl unterschiedlichen Zwecken dienender Abkommen lassen sich über die Zeit vier strukturelle Trends ausmachen, die für die spätere Entwicklung bilateraler Anwerbeabkommen Relevanz gewinnen sollten. Eine erste Klasse von Verträgen, die vor allem im 19. Jahrhundert Verbreitung fand, war eine Begleiterscheinung der großen Auswanderungsbewegung aus Europa nach Übersee. Sie hatten den Schutz von Auswanderern durch ihr Herkunftsland, die Regelung von Niederlassungsrechten oder die Klärung von Fragen der Staatsbürgerschaft zum Inhalt.[180] Häufig wurden, insbesondere wenn es nicht um die Regelung von Massenaus- bzw. -einwanderung handelte, sondern um die individuelle Migration kleiner Gruppen von Geschäftsleuten bzw. Freiberuflern oder qualifizierten Personals als Teil internationaler Wirtschaftsbeziehungen bzw. außenwirtschaftlicher Aktivitäten, die ausgehandelten Bedingungen im Rahmen allgemeiner Handels-, Verkehrs- und/oder Freundschaftsverträge festgeschrieben.[181] Eine zweite Gruppe von Verträgen spiegelte die wachsenden Ansprüche von Staaten auf Kontrolle der sich auf ihrem Territorium aufhaltenden Ausländer. Solche Abkommen befassten sich vor allem seit dem letzten Drittel des 19. Jahrhunderts mit der Ausweisung unerwünschter Personen bzw. Personengruppen, konnten aber auch Rechtshilfe- und Fürsorgefragen abdecken.[182] Diese Vertragsgattung verweist auf eine dritte Art zwischenstaatlicher Verträge, die im gleichen Zeitraum an Bedeutung gewann. Dabei handelte es sich in erster Linie um Abkommen zwischen Staaten, die sich auf einer ähnlichen gesellschaftlichen und wirtschaftlichen Entwicklungsstufe befanden und häufig benachbart waren.[183] Zwischen diesen Staaten entstand gegen Ende des Jahrhunderts, als sich in der Mehrzahl der europäischen Industriestaaten – wenn auch auf sehr unterschiedlichem Niveau – sozialstaatliche Strukturen zu entwickeln begannen, ein neuartiger Regelungsbedarf.[184] Es galt, angesichts einer nicht unbeträchtlichen, oft regionalen, aber eben grenzübergreifenden Arbeitsmigration zwischen diesen Ländern die Po-

179 International Labour Office, International Treaties and Conventions, S. 262–303.

180 Vgl. zum Verhältnis von Auswanderungskontrolle und Auswandererschutz Fahrmeir, From Economics to Ethnicity and Back, S. 180f.

181 So zum Beispiel die Verträge zwischen Dänemark und der Schweiz von 1875 zwischen Schweden, Norwegen und Argentinien aus dem Jahr 1885 oder zwischen Deutschland und Kolumbien aus dem Jahr 1892; vgl. International Labour Office, International Treaties and Conventions, S. 264, 267, 269.

182 Beispielhaft für derartige Abkommen sind das Abkommen über Ausweisung unerwünschter Personen aus dem Jahr 1910 und der belgisch-niederländische Vertrag über Rechtshilfe aus dem Jahr 1892; vgl. International Organization for Migration, Illustration of Multilateral, Regional and Bilateral Cooperative Arrangements in the Management of Migration, S. 305f.

183 Strang/Mei Yin Chang, The International Labor Organization and the Welfare State, S. 240.

184 Linden, Transnational Labour History, S. 36f.

sition von Ausländern hinsichtlich der Sozialversicherungssysteme eines Landes, in dem sie – als Ausländer – einer Erwerbsarbeit nachgingen, zu bestimmen. Dies lag im Interesse der Fürsorgepflichten des Herkunftslandes dieser *modernen* Arbeitsmigranten, aber auch im Interesse der sie aufnehmenden Staaten, insbesondere von deren Arbeiterschaft. Denn über eine Gleichstellung ausländischer Arbeiter wurde eine Konkurrenzsituation vermieden, die zu einer Erosion erkämpfter Sozialstandards führen konnte. Eine ähnliche Entwicklung bahnte sich im gleichen Zeitraum im Bereich des Arbeitsschutzes an, etwa bei der Ausdehnung von gesetzlich fixierten Mindeststandards für Lohn- und Arbeitsbedingungen auf ausländische Arbeiter. Sie führte allerdings erst im letzten Jahrzehnt vor dem Ersten Weltkrieg zu völkerrechtlichen Verträgen, die freilich in Reichweite und Zahl hinter den internationalen sozialrechtlichen Regelungen zurückblieben. In beiden Fällen handelte es sich nicht selten um das Ergebnis eines politischen Prozesses, an dem nicht nur staatliche Institutionen, sondern auch die Arbeiterbewegung sowie unterschiedlich motivierte private Institutionen, vielfach gegen den Widerstand von Arbeitgebern und bisweilen Regierungen, großen Anteil hatten: also einen Verständigungsprozess zwischen den Arbeitsmarktparteien.[185] Die Arbeitgeber traten dabei als natürliche Feinde eines gesetzlichen Arbeiterschutzes auf und argumentierten einerseits, wohl wissend um die schwächere Verhandlungsposition der Arbeitnehmer, mit der Vertragsfreiheit auf dem Arbeitsmarkt, andererseits mit den nachteiligen Auswirkungen einer Verteuerung des Faktors Arbeit für Produktion und Gewinne, insbesondere durch die internationale Konkurrenz. Die Arbeitgeber agierten dabei jedoch weniger als Gegner der internationalen Entwicklungen. Vielmehr konzentrierten sie sich auf die Beeinflussung der nationalen Arbeitsgesetzgebung. Dem internationalen Wettbewerb standen aber auch die Arbeiter selbst zwiespältig gegenüber. Zwar mussten sie einerseits daran interessiert sein, durch eine Internationalisierung von Arbeitsstandards einen Dumping-Wettbewerb zu ihrem Nachteil zu verhindern. Zugleich aber fürchteten die Arbeiter in fortschrittlichen Staaten, dass beim Aushandeln eines internationalen Standards ihre eigenen, überdurchschnittlichen Bedingungen nach unten angepasst werden würden.[186]

Im Zusammenhang mit den Bemühungen um die Ausdehnung des Arbeiterschutzes und der Sozialversicherungen auf ausländische Arbeitskräfte begann mit dem französisch-italienischen Vertrag vom 15. April 1904 in zweifacher

185 Lowe, Historical Survey of International Action Affecting Labour, passim, insbesondere S. 143f.; unter der großen Zahl derartiger Verträge sei exemplarisch verwiesen auf den luxemburgisch-belgischen Vertrag von 1905 oder den französisch-belgischen Vertrag von 1906. Ungeachtet dessen sprachen sich Teile der internationalen Arbeiterbewegung zeitweise auch gegen eine transnationale Arbeitsmigration aus; vgl. Linden, Transnational Labour History, S. 170, Fn. 41.

186 Lowe, Historical Survey of International Action Affecting Labour, S. 163. Siehe dazu auch Kapitel 3.2.1.

Hinsicht eine neue Entwicklung.[187] Erstens handelte es sich um den ersten Vertrag, der sowohl arbeits- als auch sozialrechtliche Fragen transnationaler Arbeitsmigration umfasste. Zweitens ist er als der erste Vertrag zu werten, der im Kontext der modernen Arbeitsmigration, die in Europa seit dem letzten Drittel des 19. Jahrhunderts aufgekommen war, nicht zwischen zwei Staaten auf gleicher Entwicklungsstufe, bzw. mit gleichen Bedürfnissen geschlossen wurde. Die Vertragspartner waren der Arbeitskraftimporteur Frankreich und der Arbeitskraftexporteur Italien. Insofern trug der Vertrag von 1904 dem neuen Phänomen der massenhaften Arbeiterwanderung des Industriezeitalters in höherem Maße Rechnung als die Harmonisierungsbemühungen der industrialisierten Staaten untereinander.[188]

Die Verhandlungen zwischen italienischen und französischen Regierungsvertretern, die zu diesem Vertrag führen sollten, begannen bezeichnenderweise im Umfeld der Tagung der Internationalen Gesellschaft für Arbeitsrecht in Köln im September 1902 und zogen sich mit Unterbrechungen über ein Jahr hin. Der 1904 unterzeichnete Vertrag sicherte französischen und italienischen Arbeitern reziprok den Genuss der arbeits- und sozialrechtlichen Standards des jeweils anderen Landes und den Zugang zum Bankwesen verbunden mit Erleichterungen des Devisentransfers zu, wenn sie dort abhängig beschäftigt einer Erwerbsarbeit nachgingen. Zugleich verpflichtete sich Italien zum Ausbau der dem französischen Recht unterlegenen Bereiche seiner Arbeiterschutzbestimmungen.[189] Folgeverträge, die 1906, 1910 sowie 1916 zustande kamen, dehnten sukzessive die Gleichbehandlung aus und entwickelten die Modalitäten des zwischenstaatlichen Zahlungsverkehrs für die Arbeitsmigranten weiter. Andere Staaten folgten in der Anwendung dieses neuen Vertragstypus, wobei Deutschland und die Schweiz in der Regelung der Arbeitsmigration aus Italien noch 1904 das französische Beispiel in Teilen nachahmten.[190] Da jedoch stets weit mehr Italiener in Frankreich als Franzosen in Italien arbeiteten – Gleiches gilt für das Deutsche Reich und die Schweiz –, muss der Vertrag nicht nur unter dem Gesichtspunkt der internationalen Harmonisierung von Sozialstandards, sondern auch im Kontext des Schutzes der Arbeiterschaft desjenigen Landes gesehen werden, das durch die Gleichstellung die ausländischen Arbeiter zu einem homogenen Substitut für inländische Arbeiter machte.

Durch die Sequenz von Verträgen, die italienische Arbeitsmigranten gleichberechtigt in das System der europäischen Staaten integrierten, zwischen denen Arbeitkräfte zu den Bedingungen der jeweils inländischen Arbeiter fluktuieren konnten, war Italien also das erste Auswanderungsland Teil eines

187 Arrangement concernant les remboursements et les transfers de fonds déposés à la Caisse Nationale d'Epargne de France et la Caisse d'Epargne Postale d'Italie, 14.4.1904, hier aus: Ministère des Affaires Étrangères de la République Française, Archives Diplomatiques, Base Pacte, http://www.doc.diplomatie.gouv.fr.

188 Nussberger, Sozialstandards im Völkerrecht, S. 114f.

189 Mahaim, The Historical and Social Importance of International Labor Legislation, S. 9.

190 Lowe, Historical Survey of International Action Affecting Labour, S. 142, 145f., 156.

Migrationssystems geworden, das im Begriff stand, von unregulierter Migration zu rechtlich unsicheren Bedingungen in einen Zustand höherer Regulierung und international anerkannter Standards überzugehen. Zugleich ist an dem hohen Stellenwert, den der Transfer von Lohnersparnissen ins Herkunftsland in diesen Verträgen einnahm, ablesbar, dass das zugrunde liegende Phänomen nicht mehr die traditionelle Saisonarbeit, sondern die temporäre, vor allem von konjunkturbedingter Nachfrage abhängige, auf den industrialisierten Arbeitsmarkt gerichtete Arbeitsmigration war. Einige der damit in den Kanon der regelungswürdigen Aspekte internationaler Arbeitskräftewanderung aufgerückten Tatbestände wanderten in der Zwischenkriegszeit, insbesondere aber nach dem Zweiten Weltkrieg, in den Bereich der Sozialversicherungsabkommen. Sie wurden nach 1945 fast obligatorisch zwischen Staaten geschlossen, die Arbeitsmarktbeziehungen unterhielten. Andere dagegen fanden Eingang in die sich nach dem Ersten Weltkrieg in Europa verbreitenden Anwerbeabkommen. Dazu zählten etwa die arbeits- und sozialrechtliche Gleichbehandlung, die prinzipielle Festlegung des Grades der Einbeziehung in die Sozialversicherungssysteme sowie des Familiennachzuges und des Geldtransfers.

In den völkerrechtlichen Verträgen zu Wanderungsfragen aus der Zeit vor dem Ersten Weltkrieg lässt sich also eine Reihe von Elementen identifizieren, die auch zu Bestandteilen der Anwerbeverträge der Zwischenkriegszeit wurden. Erstens der Anspruch eines Staates auf den Schutz seiner Bürger, wenn sich diese für längere Zeit, etwa aus ökonomischen Gründen, im Ausland aufhielten, wozu auch die staatliche Aufsicht über Auswanderungsunternehmer und die von ihnen gebotenen Dienstleistungen und Informationen zählte.[191] Zweitens die Kontrollansprüche des modernen Staates gegenüber Ausländern, die sich nicht mehr nur auf politische, sondern zunehmend auch ökonomische Belange bezogen. Ein wichtiger Aspekt dieser Tradition war die selektive Zulassung von Einwanderern, die nach bestimmten Kriterien vor dem Eintritt auf das Territorium des Staates begutachtet wurden, der ihr Ziel war. Drittens die Ausdehnung sozialer und arbeitsrechtlicher Standards auf alle in einem Land tätigen Arbeitskräfte, bedingt einerseits durch den Schutzanspruch des Herkunftslandes eines Arbeitsmigranten, andererseits durch das Bestreben der Industriestaaten, den Markteintritt von Arbeitskräften zu unterbinden, für die solche Standards keine Gültigkeit besaßen. Viertens schlossen schon vor dem Ersten Weltkrieg auch im Bereich der Arbeitsmigration nicht mehr nur Industriestaaten untereinander, sondern auch bereits Industriestaaten als Nachfrager zusätzlicher Arbeitskräfte und unterentwickelte Staaten als Anbieter zusätzlicher Arbeitskräfte zwischenstaatliche Verträge zur Regulierung von Arbeitsmigration.

Zwei weitere Entwicklungslinien, die für die organisatorische und vertragliche Form der Regulierung transnationaler Arbeitsmigration nach dem Ersten Weltkrieg wichtig sind, müssen ebenfalls berücksichtigt werden. Erstens der Umgang mit grenzüberschreitender organisierter Arbeitskräftebeschaffung in

191 Fauchille, The Rights of Emigration and Immigration, S. 527.

den Kolonien der europäischen Staaten. Zweitens die spezifischen Formen der Arbeitskräftebeschaffung zwischen 1914 und 1918. Während sich die Anwerbung von Arbeitskräften auch nach 1904 in Europa noch jenseits einer Grundlage zwischenstaatlicher Vereinbarungen bewegte, hatten verschiedene europäische Kolonialmächte bereits begonnen, die Rekrutierung von indigenen Arbeitskräften in ihren Kolonien, wenn es sich um die Anwerbung durch eine Kolonialmacht auf dem Territorium einer anderen handelte, durch zwischenstaatliche Vereinbarungen zu regeln. Dokumente wie der britisch-französische Vertrag über die Anwerbung von Arbeitskräften durch Angehörige eines der beiden Staaten auf den Neu-Hebriden (Vanuatu)[192] vom 20. Oktober 1906 erinnerten in manchen Teilen noch an die Rekrutierung von Kontraktknechten, die vom 17. bis ins 20. Jahrhundert eine übliche Form der Mobilisierung unfreier Arbeit im kolonialen Kontext gewesen war.[193] So schlossen die Arbeitskräfte zunächst einen dreijährigen Vertrag mit einem Rekrutierungsagenten, der seine Ansprüche später an den endgültigen Arbeitgeber verkaufte bzw. übertrug und gaben für die Vertragsdauer einen Teil ihrer Freizügigkeit auf.[194] Andere Bestimmungen des Vertrages lassen aber bereits die später in Europa üblichen Formen der Anwerbung ausländischer Arbeiter erahnen. Die Rekrutierung erfolgte zwar durch private Agenten, diese mussten jedoch nicht nur eine Lizenz erwerben, sondern standen vom Beginn der Anwerbung bis zur Rückführung der Arbeitskräfte, die ihren Vertrag erfüllt hatten, unter direkter staatlicher Aufsicht. Die Arbeitskräfte ihrerseits wurden vollständig mit Bargeld bezahlt, der Lohntransfer, die Arbeitsbedingungen und ein wenigstens rudimentärer Arbeiterschutz waren festgelegt und wurden überwacht. Die Anwerbung selbst erfolgte kollektiv und beinhaltete eine medizinische Untersuchung, allerdings unter Ausschluss von Kindern und mit besonderen Regeln für die Rekrutierung weiblicher Arbeitskräfte.[195]

Ähnliche Bestimmungen enthielt auch der Vertrag zwischen Transvaal, das nach der Annektion durch Großbritannien unter englischer Verwaltung stand und 1910 als Provinz in die Südafrikanische Union aufgenommen wurde, und der portugiesischen Provinz Mosambik[196] über die Anwerbung von Arbeitern

192 Eine Inselgruppe im Südpazifik, die unter der gemeinsamen Herrschaft beider Staaten stand.

193 King, Migration in a World Historical Perspective, S. 24f. sowie Menard, From Servants to Slaves, S. 205–240. Hahamovitch verweist auf Gemeinsamkeiten und Unterschiede zwischen Kontraktknechten und temporären Arbeitskräften. Während die Bleibeoption nach Vertragsende für die Kontraktknechte explizit zu den Anreizen der Anwerbung zählte, war für temporäre Arbeitskräfte im Sinne der ›Gastarbeit‹ die Repatriierung vorgesehen, was natürlich ebenfalls – wie im vorliegenden Kontext – in deren Interesse liegen konnte; vgl. Hahamovitch, Creating Perfect Immigrants, S. 72.

194 Vgl. zur Bedeutung der Kontraktknechtschaft für koloniale Arbeitsmärkte im 20. Jahrhundert und den Übergang zur Rekrutierung von Vertragsarbeitern Ward, Contract Labor Recruitment from the Highlands of Papua New Guinea, S. 274f.

195 Lowe, Historical Survey of International Action Affecting Labour, S. 199–204.

196 Eine ältere Schreibweise lautet: Mocambique.

für die Bergbauunternehmen in Transvaal vom 1. April 1909.[197] Die Rekrutierungsagenten arbeiteten ebenfalls unter direkter Aufsicht durch die Kolonialverwaltungen Englands und Portugals. Die angeworbenen Arbeiter erhielten einen Jahresvertrag, den sie bereits vor ihrer Abreise unterzeichneten. Dieser galt – auch wenn eine Agentur vermittelnd auftrat – als unmittelbar mit dem zukünftigen Arbeitgeber geschlossen. Das Arbeitsverhältnis konnte nur nach Genehmigung durch die Kolonialverwaltung verlängert werden. Die Kosten für die Ausstattung mit Reisepapieren trugen die Arbeitgeber. Ferner wurden Modalitäten des Lohntransfers sowie der Steuerexemtion für die Arbeitsmigranten geregelt. Eine wichtige Stellung nahm außerdem die Kontrolle über den Aufenthalt der Arbeitskräfte ein. Die portugiesische Kolonialverwaltung in Mosambik erhielt durch die Vertragsbestimmungen Garantien für einen kontrollierten Ab- und Rückfluss der rekrutierten Arbeitskräfte, wodurch die angestrebte strikte Kontrolle über die in Mosambik zur Verfügung stehenden Arbeitskräfte gewährleistet werden sollte. Die Verwaltung von Transvaal verpflichtete sich dagegen zur Rückführung illegaler Migranten bzw. solcher Arbeitskräfte, deren Vertrag ohne Prolongation ablief.[198] Mit seinen Bestimmungen legte das Abkommen eine weitreichende und so bisher noch nicht realisierte Verfügungsgewalt des entsendenden Staates über den Aufenthalt von Arbeitskräften in fremdem Territorium fest. Die durch staatliche Stellen überwachte und durch einen völkerrechtlichen Vertrag fixierte Organisation einer umfangreichen temporären Mobilisierung von Arbeitskräften war also auch bereits vor dem Ersten Weltkrieg nicht unbekannt, sondern hatte lediglich *in* Europa in dieser Form noch keine Verbreitung gefunden.[199]

Im europäischen Kontext erfolgte die entscheidende Annäherung zwischen privater Rekrutierung, staatlicher Aufsicht und der Fixierung von Arbeitsmigration in zwischenstaatlichen Verträgen während des Ersten Weltkrieges. Das Deutsche Kaiserreich bediente sich innerhalb seines Machtbereiches vor allem einer Kombination seiner bereits relativ weit entwickelten öffentlich-rechtlichen Anwerbebürokratie, verbunden mit unternehmerischer Initiative, und militärisch durchgesetzter Zwangsrekrutierung bzw. Zwangsarbeit. Vor dem

197 Vgl. für einen Überblick über die Arbeitskräfterekrutierung in Südafrika über die Grenzen einzelner Kolonialgebiete hinweg Taylor, The Reorganization of Mine Labor Recruitment in Southern Africa, S. 250–272.

198 Lowe, Historical Survey of International Action Affecting Labour, S. 205–208. Diese Passvorschriften stellen einen interessanten Vorläufer der sich während und nach dem Ersten Weltkrieg auch in Europa verbreitenden Praxis dar; vgl. Fauchille, The Rights of Emigration and Immigration, S. 329. Die transnationale Arbeitskräfterekrutierung für den südafrikanischen Bergbau hat sich bis in die Gegenwart aus solchen Wurzeln fortentwickelt.

199 Siehe dazu Kapitel 3.2. Vgl. zu speziellen Aspekten, insbesondere etwa der medizinischen Selektion, auch International Labour Office, Regelung des Arbeitsvertrages der eingeborenen Arbeitnehmer, S. 14f., S. 24. Hahamovitch spricht von den Parallelen zwischen der Entwicklung in Europa, insbesondere hinsichtlich der Ausländerbeschäftigung in Preußen, und regulierter Arbeitsmigration in den englischen Kolonien in Afrika oder Indien, denen sich dann auch Frankreich angenähert hat; vgl. Hahamovitch, Creating Perfect Immigrants, S. 76. Die Übertragung von Methoden der Rekrutierung und Regulierung von Arbeitskräften aus den Kolonien nach Europa betont auch Harris, The New Untouchables, S. 6f.

Hintergrund dieser oft völker- und menschenrechtswidrigen Praxis blieb eine Regelung dieser Arbeitsmigration durch zwischenstaatliche Verträge aus. Frankreich dagegen sicherte sich durch ein differenziertes System von Migrationsbeziehungen ab, das im Falle der kolonialen Arbeitskräfte, die in der Kriegswirtschaft eingesetzt wurden, ebenfalls nicht selten menschenverachtenden Charakter besaß.[200] Eine Reihe von Eigenschaften des internationalen Arbeitskrafttransfers nach Frankreich zwischen 1914 und 1918 sollten später die Regelung transnationaler Arbeitsmarktbeziehungen in Europa prägen.[201]

Erstens transportierte die massenhafte Rekrutierung von Arbeitskräften und Soldaten aus den französischen Kolonien die Erfahrungen der Arbeitskräftebeschaffung aus dem kolonialen Kontext nach Europa. Hierzu trug nicht nur die hohe Zahl von Arbeitskräften bei, die es in kurzer Zeit administrativ zu behandeln galt, sondern auch ein erhöhtes Maß an staatlicher Kontrolle bzw. Teilhabe am Prozess der Anwerbung, des Transports sowie der Überwachung des Aufenthalts und der Arbeitsbedingungen.[202] Deutlich zeichneten sich die Parallelen zwischen der Regulierung kolonialer Arbeitsmigration und den später in Europa verallgemeinerten und in Verträgen bzw. Abkommen fixierten Prinzipien auch in der französischen Praxis der Anwerbung von Arbeitskräften aus seinen Kolonien während des Ersten Weltkrieges ab. So untersagten die französischen Behörden zwar beispielsweise jede individuelle Migration aus Nordafrika nach Frankreich und machten die Repatriierung der Arbeitskräfte nach dem Ende ihrer Arbeitsverträge – sofern man diese nicht verlängerte – obligatorisch. Zugleich führten sie aber standardisierte Arbeitsverträge ein und überwachte deren unveränderte Anwendung. Es galt grundsätzlich die Gleichbehandlung von In- und Ausländern unter Wahrung eines Inländerprimats, die Reisekosten der Arbeiter wurden übernommen sowie Unterkunft und medizinische Versorgung garantiert. Der Arbeitsvertrag selbst wurde bereits bei der Anwerbung durch die französische Kolonialverwaltung stellvertretend unterzeichnet, sobald der Kandidat die medizinische Selektionsuntersuchung passiert hatte.[203]

Zweitens umfassten Abkommen zwischen Frankreich und seinen Nachbarstaaten, die der Anwerbung von Arbeitskräften dienten, nun nicht mehr nur sozial- und arbeitsrechtliche Regelungen, sondern auch Aspekte der Anwerbung von Arbeitskräften durch französische Organisationen in diesen Ländern. Zu diesem Zweck vereinbarten die französischen Behörden 1916 ein Grund-

200 Lucassen, The Great War and the Origins of Migration Control in Western Europe and the United States, S. 56; Moch, Moving Europeans, S. 165f.

201 Siehe Kapitel 2.1.2 sowie 2.1.3. Vgl. auch Oualid, Le contrôle de la main-d'œuvre étrangère en France, S. 46–53.

202 Cross, Immigrant Workers in Industrial France, S. 34.

203 Nogaro/Weil, La main-d'œuvre étrangère et coloniale pendant la guerre, S. 7f. Die Anwerbung in Nordafrika erfolgte prinzipiell auf freiwilliger Basis. Wurden jedoch die von der Kolonie zu stellenden Kontingente nicht erfüllt, gingen die französischen Behörden zur Aushebung über. Im Gegensatz zur Anwerbung in Nordafrika war die Rekrutierung in Indochina von schlechteren Arbeitsbedingungen und stärkerem Zwangscharakter geprägt.

satzabkommen mit dem italienischen Auswanderungsamt, das die anonyme Anwerbung von Arbeiterkontingenten in Italien durch französische Stellen ermöglichte.[204] Im gleichen Jahr kam ein ähnliches Anwerbeabkommen mit der portugiesischen Regierung zustande. Es sah vor, dass Kandidaten für die Anwerbung zunächst durch die portugiesischen Behörden mobilisiert und überprüft wurden, bevor eine französische Kommission in Portugal die tatsächliche Anwerbung durchführte. Aufgrund der Neutralität Spaniens gestattete das 1917 ausgehandelte Abkommen zwischen Frankreich und Spanien allerdings nicht die Anwerbung von Arbeitskräften durch Vertreter Frankreichs in Spanien, sondern nur die Auswahl geeigneter Arbeiter an den Grenzstationen.[205] Drittens entstanden in diesem Zusammenhang bei verschiedenen Ministerien, die in Frankreich mit der Arbeitskräftebeschaffung für unterschiedliche Sektoren betraut waren, zumindest zeitweise Abteilungen bzw. angegliederte Organisationen, die sich nicht nur mit der Verteilung und Kontrolle der Arbeiter im Inland, sondern eben auch mit deren Anwerbung im Ausland befassten. Diese Dienststellen hatten staatlichen oder zumindest öffentlich-rechtlichen Charakter und unterschieden sich dadurch von den zuvor für die Anwerbung zuständigen privaten Organisationen.[206] Eine direkte administrative Kontinuität in der Organisation der Arbeitsmigration nach Frankreich von der Kriegs- in die Nachkriegszeit gewährleistete die Überführung des ›Service de la main-d'œuvre étrangère‹ in die Zuständigkeit des Arbeitsministeriums im Jahr 1917 und dessen Umwandlung von einer militärischen in eine zivile Dienststelle sowie die Beibehaltung der interministeriellen Kommission zur Regelung von Wanderungsfragen. Die französische Regierung behandelte mithilfe solcher Institutionen, insbesondere in Polen und in Italien, die Anwerbung von Arbeitskräften für den Wiederaufbau des Landes zunächst ähnlich wie die Arbeitskräftebeschaffung während des Krieges. Dies galt vor allem für die Belange der Anwerbung, des Arbeiterschutzes, der Gleichbehandlung sowie des Inländerprimats. Obwohl sie die Abwicklung des Migrationsprozesses im Verlauf der 1920er Jahre zusehends wieder privaten Organisationen überließ, muss der Einfluss der Kriegserfahrung auf die Gestaltung der Anwerbeverträge in den Jahren 1919 bis 1921, die international nachgeahmt werden sollten, vor diesem Hintergrund hoch bewertet werden.[207]

204 Tatsächlich wurden nur wenige Tausend Arbeiter auf diese Weise rekrutiert, bevor der Krieg endete.
205 Ebd., S. 33f., 41.
206 Cross, Immigrant Workers in Industrial France, S. 37f.
207 Nogaro/Weil, La main-d'œuvre étrangère et coloniale pendant la guerre, S. 56f. Siehe dazu auch Kapitel 2.1.3.

3.4. Bilaterale Wanderungsabkommen 1919 bis 1974

3.4.1. Die Ausbreitung des Wanderungsvertrages in Europa

Mit der Unterzeichnung der französisch-polnischen ›Convention relative à l'émigration et l'immigration‹ am 3. September 1919 durch die Beauftragten beider Regierungen in Warschau begann die Verbreitung eines neuen Typs zwischenstaatlicher Verträge zur Regelung von Arbeitsmigration in Europa.[208] Erst Anfang der 1970er Jahre, in der letzten Hochphase der europäischen Arbeitsmigration vor dem Ölpreisschock, fand diese Entwicklung mit einer letzten Welle neuer Anwerbeabkommen ihr vorläufiges Ende.[209] Zwischen 1919 und 1970 schlossen die in Kapitel 2 untersuchten Länder rund 80 Wanderungsabkommen untereinander ab. Mindestens 15 weitere Abkommen kamen zwischen 1928 und 1947 mit osteuropäischen Staaten zustande, die in der vorliegenden Studie nicht als dauerhafte Bestandteile des Migrationssystems gewertet werden. Eine ebenfalls große Zahl bilateraler Verträge bestand mit außereuropäischen Einwanderungsländern und fungierten auch nach 1945 als Grundlage einer zeitweise beträchtliche Auswanderung aus Europa. Daneben forderten auch die sich zwischen den westeuropäischen Industriestaaten verdichtenden Arbeitsmarktbeziehungen zunehmend viele bilaterale Verträge, bevor multilaterale System an ihre Stelle traten.[210]

Die Ausbreitung der zwischenstaatlich, durch Verträge fixierten Regulierung von Arbeitsmigration kann in drei Phasen eingeteilt werden, in denen jeweils spezifische Trends vorherrschten: den Zeitraum von 1919 bis 1939, den Zweiten Weltkrieg sowie die Zeit von 1946 bis 1970.

Nach dem Ersten Weltkrieg begannen Frankreich und Deutschland mit der Rekonstruktion ihrer Migrationsbeziehungen. Frankreich und Italien schlossen 1919 einen Wanderungsvertrag, dem bis Mitte der 1930er Jahre Verträge

208 Varlez, General Principles of an International Convention on the Conditions and Contracts of Employment of Foreign Workers, S. 319; solche Abkommen konnten in Form von zwischenstaatlichen Verträgen, Übereinkommen bzw. Vereinbarungen oder Verwaltungsvereinbarungen zustande kommen. Die Begriffe werden hier zur Vermeidung von Monotonie nicht trennscharf verwendet, die korrekte diplomatische Form ist jeweils aus dem zitierten Vertragstext zu ersehen.

209 Einzelne Vertragstexte werden in Kapitel 3.4 diskutiert. Vgl zur Bedeutung bilateraler Wanderungsabkommen in Europa im Jahr 2004 die Beiträge in OECD, Migration for Employment.

210 Berücksichtigt werden hier Verträge, Abkommen und Verwaltungsvereinbarungen. So weit wie möglich wurden auch Anschlussverträge oder Vertragsnovellierungen aufgeführt. Handelsverträge sowie allgemeine Wanderungsabkommen wurden nur gezählt, wenn sie einen direkten Bezug zu Arbeitsmigration aufwiesen. Aufgrund der unübersichtlichen internationalen Vertragslandschaft sowie des Interpretationsspielraumes bei der Anwendung der Kriterien kann kein Anspruch auf Vollständigkeit erhoben werden. Eine Aufstellung mit dem Jahr der Unterzeichnung oder des Inkrafttretens für jeden gezählten Vertrag findet sich in Tabelle 1 im Anhang; Tabelle 2 gibt die Anzahl der Verträge für jedes Ab- und Zuwanderungsland sowie die Anzahl der pro Jahr zwischen 1946 und 1971 geschlossenen Abkommen an.

zwischen Italien und Luxemburg (1920, nicht ratifiziert), Belgien (1923, Verwaltungsabkommen) folgten. Parallel dazu weitete Frankreich seine formalisierten Migrationsbeziehungen nach Osteuropa durch Verträge mit der Tschechoslowakei (1920, Folgeabkommen 1928) sowie mit Polen (1919, Folgeabkommen 1920, 1925) aus. Deutschland nutzte zwischenstaatliche Wanderungsabkommen zunächst zu einem Versuch, durch die Aufnahme entsprechender Bestimmungen in den Handelsvertrag mit Litauen (1923) eine alternative Quelle für ausländische Saisonarbeiter zu Polen zu erschließen, dann zur Neuregelung der Migrationsbeziehungen zu Polen (1927). In der zweiten Hälfte der 1920er Jahre begann dann eine schnelle Ausbreitung des Vertragsnetzes nach Osteuropa, wo sich Frankreich durch Abkommen mit Österreich, Rumänien und Ungarn im Jahr 1930 sowie mit Jugoslawien im Jahr 1932 etablierte.[211] Im gleichen Jahr knüpfte ein Wanderungsabkommen zwischen Frankreich und Spanien an die Migrationsbeziehungen zwischen beiden Staaten während des Ersten Weltkrieges an und lenkte die zunehmend wichtigen Migrationsbeziehungen Frankreichs zu seinem südwestlichen Nachbarn in regulierte Bahnen. Mit ähnlichen Intentionen hatte man bereits 1923 bzw. 1924 Wanderungsverträge mit Großbritannien und Belgien unterzeichnet. Die Weimarer Republik begann zeitgleich mit dem Ausbau ihrer Migrationsbeziehungen nach Osteuropa und schloss mit der Tschechoslowakei, Jugoslawien und Österreich im Jahr 1928 drei weitere Verträge über die Anwerbung von Saisonarbeitern für die deutsche Landwirtschaft. Österreich, das für Deutschland und Frankreich zeitweise selbst zur Quelle für Arbeitskräfte wurde, regelte nach dem Ersten Weltkrieg vor allem die Migrationsbeziehungen zu den nun selbstständigen Staaten Ungarn (1926) und Tschechoslowakei (1921, 1925) sowie zu Polen (1922). Ferner begann sich die Annäherung der Benelux-Staaten, die nach dem Zweiten Weltkrieg zu einem gemeinsamen Arbeitsmarkt führen sollte, durch eine Reihe von Arbeitsmarktabkommen abzuzeichnen.[212]

Kurz vor dem Beginn des Zweiten Weltkrieges reaktivierte Deutschland, das zwischen 1932 und 1937 alle Wanderungsverträge ausgesetzt hatte, seine internationalen Arbeitsmarktbeziehungen durch neue Vereinbarungen, so etwa mit Italien 1937 und 1939 bzw. Jugoslawien, Bulgarien und der Slowakei im gleichen Jahr. Ein Abkommen zwischen Frankreich und Portugal Anfang 1940 war dann die letzte zwischenstaatliche Vereinbarung, die ohne deutsche Beteiligung zustande kam, bevor die deutsche Aggression das dichte Netzwerk regulierter Wanderungsbeziehungen in Europa zerriss. An seine Stelle trat bis 1945 nicht nur das System der Arbeitskräfteaushebung und der

211 Daulatly, La main-d'œuvre étrangère en France et la crise économique, S. 11f.

212 Plender, International Migration Law, S. 274f.; bemerkenswert sind daneben die Ansätze zur Anwendung bilateraler Wanderungsverträge in Osteuropa während der Zwischenkriegszeit. So regelten Rumänien und Jugoslawien die Anwerbung jugoslawischer Landarbeiter im Jahr 1933 durch ein Abkommen, ähnlich verfuhren beispielsweise Litauen und Polen 1929, Estland und Litauen 1934 sowie Litauen und Lettland im Jahr 1930. Auf diese Entwicklungslinie wird im Folgenden nicht weiter eingegangen.

Zwangsarbeit in den vom ›Dritten Reich‹ unterworfenen Gebieten durch militärische und zivile Besatzungsbehörden. Vielmehr gestanden die deutschen Machthaber denjenigen Staaten, denen man eine eigene Regierung und eine gewisse Selbstständigkeit zubilligte, auch im Kriegsverlauf zwischenstaatliche Vereinbarungen oder Abkommen über die Anwerbung von Arbeitskräften zu. So wurde mit Italien bis 1942/43 in jedem Jahr die Umsetzung der Anwerbevereinbarungen von 1937, 1939 und 1941 ausgehandelt. Mit Kroatien traf man zwischen 1941 und 1944 drei Vereinbarungen, die Abkommen mit Bulgarien und der Slowakei sowie mit Rumänien wurden fortgeschrieben und mit Ungarn 1941 und 1942 ähnliche Absprachen getroffen. Neben diesen sechs – mehr oder weniger freiwilligen – Migrationspartnern schloss das Deutsche Reich 1941 und 1942 zwei Vereinbarungen mit dem neutralen Spanien über die Entsendung von Arbeitern nach Deutschland.[213]

Ähnlich wie nach dem Ersten Weltkrieg bedurfte das europäische System der Arbeitsmigration nach 1945 einer Rekonstruktion, und wie schon 1918 entstand fast unmittelbar nach Kriegsende in einigen europäischen Staaten wieder ein Bedarf an zusätzlicher Arbeitskraft, der katalytisch auf diese Revitalisierung wirkte. Für die Zeit bis 1970 lassen sich vier prägende Entwicklungslinien ausmachen. Erstens intensivierten einige Auswanderungsländer zu Beginn und am Ende der Anwerbephase zwischen 1946 und 1970 durch neue oder novellierte Abkommen ihre transozeanischen Migrationsbeziehungen.[214] Als sehr viel bedeutender allerdings erwies sich zweitens die Neuvernetzung Italiens als noch immer wichtigster Quelle für Arbeitsmigranten in Europa mit alten und neuen Migrationspartnern. Zwischen 1946 und 1948 schlossen in schneller Folge Frankreich, Luxemburg, Belgien, die Schweiz, die Niederlande, Österreich und Schweden Anwerbeabkommen mit Italien, die später teilweise mehrfach erneuert bzw. überarbeitet wurden. Kurzzeitig schien es in dieser frühen Phase so, als könne sich die Tschechoslowakei als neuer Knotenpunkt in das Migrationssystem integrieren. Ihr gelang es 1947, mit Italien ein Anwerbeabkommen zu unterzeichnen, auf das im Jahr darauf ein weiterer Vertrag mit Rumänien folgte.[215] Ebenso nahm auch Großbritannien 1947 Migrationsbeziehungen zu Italien auf, die jedoch für beide Staaten kaum Bedeu-

213 Mit Dänemark und Norwegen bestanden dagegen nur Vereinbarungen über die Sozialversicherung der in Deutschland arbeitenden Bürger beider Länder, eine ähnliche Vereinbarung kam 1942 mit Frankreich zustande. Vgl. für einen Überblick über die Rekrutierung von Arbeitskräften und Zwangsarbeitern durch das ›Dritte Reich‹ in Europa Spoerer, Zwangsarbeit unter dem Hakenkreuz.

214 Italien schloss mit Australien 1951 und 1970, Argentinien 1947, Brasilien 1950 Wanderungsabkommen, Spanien bereits 1946 mit Brasilien und die Niederlande, die sich zu diesem Zeitpunkt als Auswanderungsland sahen, mit Neuseeland im Jahr 1949. Die Niederlande versuchten 1951 durch einen Vertrag mit Frankreich, die Arbeitsemigration zu fördern. Deutschland wurde durch zwei Verträge mit Frankreich 1946 und 1950 ebenfalls kurzfristig zum Arbeitskraftexporteur.

215 Ähnlich ist der Anwerbevertrag zwischen Ungarn und Schweden aus dem Jahr 1947 zu werten.

tung gewannen.[216] Deutschland belebte erst 10 Jahre nach Kriegsende als letzter europäischer Staat seine Arbeitsmarktbeziehungen zu Italien neu und schloss 1955 ein Anwerbeabkommen ab, das 1957, 1961 und 1965 überarbeitet wurde. Nach Anfängen, die bis in die Mitte der 1950er Jahre zurückreichen, begann in den 1960er Jahren eine dritte Entwicklung die Verbreitung der bilateralen Wanderungsverträge zu bestimmen: der schnelle Ausbau des Migrationssystems in Richtung Süd- und Südosteuropa. Den Beginn markierten die Abkommen Griechenlands mit Belgien (1957) und Frankreich (1954), denen 1960 Deutschland und 1966 die Niederlande folgten.[217] Spanien wurde, nach einem ersten Vertrag mit Belgien aus dem Jahr 1956, zwischen 1960 und 1964 durch Abkommen mit Frankreich, den Niederlanden, Deutschland, der Schweiz sowie Österreich eingebunden. Es folgten die Türkei zwischen 1961 und 1967[218] sowie Portugal durch Verträge mit Frankreich, Deutschland und den Niederlanden 1963 und 1964. Jugoslawien schließlich markierte den Endpunkt dieser Ausbauphase durch den Abschluss von Anwerbeverträgen mit Frankreich (1965), Österreich (1966), Schweden (1967) und Deutschland (1968). Die Integration der nordafrikanischen Staaten ins System der bilateralen Wanderungsabkommen erfolgte als Sonderentwicklung nach deren Unabhängigkeit von Frankreich. Marokko und Tunesien banden sich im Jahr 1963 an Frankreich, ein Jahr später folgte Algerien. Deutschland vereinbarte 1963 bzw. 1965 die Anwerbung von Arbeitskräften in Marokko und 1966 mit Tunesien. Die Niederlande folgten 1969 nach Marokko, Belgien, das bereits seit 1964 vertraglich mit Marokko verbunden war, im gleichen Jahr nach Tunesien, und 1971 kam das letzte Anwerbeabkommen des Betrachtungszeitraumes zwischen den Niederlanden und Tunesien zustande.

Die Anwerbeabkommen, die nach der europäischen Rezession 1966/67 hinzu traten, leiteten bereits die Bildung des vierten und letzten Musters der Ausbreitung bilateraler Wanderungsverträge nach 1945 ein. Es fiel in die zweite Anwerbephase zwischen dieser Rezession und dem Ölpreisschock, als innerhalb von nur fünf Jahren eine Arbeitsmigration durch die Bahnen des Migrationssystems lief, die quantitativ gleichbedeutend mit dem Migrationsvolumen des gesamten Zeitraumes seit dem Kriegsende war. In dieser Periode

216 Behar, Diplomacy and Essential Workers, S. 328f. Die Anwerbung durch britische Stellen in Mailand und Neapel folgte den gleichen Mustern wie die Anwerbung durch andere europäische Staaten. Bemerkenswert ist jedoch die extrem hohe Ablehnungsquote italienischer Bewerber, die 1951 beispielsweise bei etwa 45% der 5.327 geprüften Bewerber lag. Ausschlaggebend hierfür waren die besonders strengen britischen Selektionskriterien. Insgesamt wurden bis 1951 nur 6.800 Italiener angeworben.

217 In der Literatur finden sich zudem Hinweise auf einen griechisch-schwedischen Vertrag aus dem Jahr 1967. Venturas datiert den größten Teil der Abkommen falsch, nennt aber zusätzlich einen griechisch-schweizerisches Abkommen von 1974 sowie ein griechisch-schwedisches von 1978, bei beiden dürfte es sich um Sozialversicherungsabkommen gehandelt haben; vgl. Venturas, Greek Governments, Political Parties and Emigrants in Western Europe, S. 48.

218 Anwerbeverträge kamen mit Deutschland 1961 (neu gefasst 1964), den Niederlanden, Belgien und Österreich 1964 sowie Frankreich 1965 und Schweden 1967 zustande.

sahen sich vor allem die kleineren Anwerbestaaten veranlasst, ihr Netz bilateraler Wanderungsabkommen noch einmal stark auszuweiten. Belgien unterzeichnete 1970 Verträge mit Algerien und Jugoslawien. Luxemburg versuchte, den jugoslawischen Arbeitsmarkt zu erschließen, und formalisierte die bereits angelaufene Migration aus Portugal sowie aus Spanien. Die Niederlande gewannen durch das Abkommen mit Tunesien und Jugoslawien zwei weitere wichtige Migrationspartner hinzu. Mit Ausnahme des Jahres 1947 wurde daher 1970 das Jahr, in dem die westeuropäischen Industriestaaten die meisten Wanderungsabkommen installierten. Mit dieser Welle von Vertragsabschlüssen erreichte das europäische Netz bilateraler Wanderungsabkommen seine größte Dichte. Mit dem einseitig verkündeten Ende der Anwerbung und dem Auslaufen der in der Regel nur für einen bestimmten Zeitraum gültigen Abkommen, zerfiel das Vertragssystem im Verlauf der 1970er Jahre, nachdem die organisierte Arbeitsmigration in Europa im Zeichen des Strukturwandels vorübergehend ihre Bedeutung weitgehend eingebüßt hatte. Kurioserweise markiert das Zustandekommen eines Anwerbevertrages zwischen Algerien und der Deutschen Demokratischen Republik im Jahr 1974 in gewisser Weise diesen Wendepunkt. Während Algerien, abgekoppelt von seinen bisherigen Migrationspartnern, nach alternativen Wanderungszielen suchte – der Aufbau neuer Migrationsbeziehungen wurde für eine Reihe der Entsendestaaten in den 1970ern zu einer Notwendigkeit –, sah die DDR nach dem Wegfall der westeuropäischen Konkurrenz eine Chance gekommen, ihren chronischen Arbeitskräftemangel durch einen weiteren Anwerbevertrag, nun jedoch mit einem Partner außerhalb des Ostblocks bzw. der Gemeinschaft sozialistischer Staaten, zu beheben.[219]

3.4.2. Nationale Traditionen und internationale Zusammenhänge bis 1945

Die inhaltliche Struktur von bilateralen Abkommen zur Organisation transnationaler Arbeitsmigration lässt sich zunächst aus einzelstaatlicher Perspektive verfolgen, um dann auf dieser Grundlage die Entwicklung unterschiedlicher Vertragsarten ebenso wie die Verbreitung bestimmter Formelemente herauszuarbeiten. Da für den Entwurf von Wanderungsverträgen in dieser formativen Phase häufig die Interessen desjenigen Staates maßgebend waren, der die Zuwanderung von Arbeitskräften regulieren wollte, wählt die folgende Analyse zunächst den Blickwinkel der Einwanderungsländer und verfolgt deren Vertragsgestaltung in der Zwischenkriegszeit.

219 Agreement to Provide for the Employment and Training of Algerian Manpower in the German Democratic Republic, S. 76f.; Schüle, Vertragsarbeiterinnen und -arbeiter in der DDR, S. 80–100.

3.4.2.1. Frankreich

Ähnlich wie bereits durch den Vertrag mit Italien 1904 setzte Frankreich durch sein Abkommen mit Polen 1919 einen neuen Maßstab für die institutionelle Verfassung von Arbeitsmigration in Europa. Es handelte sich um den ersten Wanderungsvertrag moderner Art zwischen zwei europäischen Staaten, der eine umfassende und detaillierte Regelung für die wichtigsten Teilschritte des Migrationsprozesses beinhaltete. Seine Maßgaben sollten reziprok für die Angehörigen beider Staaten im jeweils anderen Land gelten, bezogen sich aber – da die Arbeitsmigration von Frankreich nach Polen keine Bedeutung besaß – auf die Einwanderung polnischer Arbeitskräfte und ihrer Familien nach Frankreich. Beide Staaten erklärten sich bereit, diesen Prozess weitreichend zu unterstützen und den Angehörigen des jeweils anderen Staates Erleichterungen bei der Ein- bzw. Ausreise zu gewähren. Dabei bezog sich der Vertrag sowohl auf die individuelle Migration als auch auf die kollektive Anwerbung von Arbeitskräften. Es galt das Prinzip der Gleichbehandlung von In- und Ausländern im Hinblick auf die Bezahlung, die Arbeitsgesetzgebung, die Gewährung von Leistungsansprüchen aus der Sozialversicherung sowie von Pensionsansprüchen und der Vereinigungsfreiheit.[220] Eine Meistbegünstigungsklausel garantierte, dass bessere Bedingungen, die in zukünftigen französischen Verträgen enthalten sein könnten, auf die polnischen Arbeitsmigranten Anwendung fanden.[221] Die Einhaltung der Vertragsbedingungen hatte in beiden Ländern durch eine staatliche Stelle überwacht zu werden, bei der die Arbeitsmigranten ein Beschwerderecht genossen, wobei sie ihre Anliegen in ihrer Muttersprache vortragen durften. Ferner wurde zwischen den Parteien die Reisefreiheit für Arbeitskräfte und deren Angehörige vereinbart, deren einzige Voraussetzung der Besitz von Ausweispapieren war, die wiederum von den Behörden des Heimatlandes kostenlos ausgefertigt werden sollten. Ein gemeinsamer Beschluss beider Staaten konnte jedoch die individuelle Einwanderung einschränken, falls die Arbeitsmarktlage in einem der Staaten dies erforderte. Die Anwerbung konnte auf der Grundlage eines bereits vor der Abreise abgeschlossenen Arbeitsvertrages erfolgen. In diesem Fall reiste der polnische Arbeiter zu seinem künftigen Wohn- und Arbeitsort, wo er sich bei den lokalen Behörden anmelden musste. Migranten, die ohne einen Arbeitsvertrag mit einem französischen Arbeitgeber einreisen wollten, wurde die Weiterreise zur selbstständigen Arbeitssuche gestattet, sofern sie

220 Im Jahr 1923 fand die erste Versammlung der ›Union genérale des ouvriers polonais en France‹ in Paris statt; vgl. Les syndicats polonais et l'émigration vers la France, S. 164f. Es lässt sich feststellen, dass eine Reihe von Forderungen, die von dieser Vereinigung aufgestellt wurden, ihren Weg in die Beratungen der gemischten Kommission zur Gestaltung der französisch-polnischen Wanderungsbeziehungen und darüber in die Zusatzvereinbarungen zum Vertrag von 1919 fanden. So etwa die Forderung nach einer stärkeren Überwachung der Arbeitsbedingungen in Frankreich durch polnische Inspektoren.

221 So insbesondere die Regelungen des französisch-italienischen Vertrages vom 30. September 1919; vgl. International Labour Office, Recrutement, placement et conditions de travail (égalité de traitement) des travailleurs migrants, S. 139.

sich selbst unterhalten konnten. Mittellose Einwanderer dagegen wurden in Beherbergungsstationen untergebracht und mussten auf ihre Vermittlung an interessierte Arbeitgeber warten. Diese konnte durch jede kostenfreie Arbeitsvermittlung erfolgen.[222]

Für die kollektive Anwerbung von Arbeitskräften gab der Vertrag ein genaues Protokoll vor. Der Staat, in dem die Anwerbung stattfand, konnte die Gebiete bestimmen, in denen der jeweils andere Arbeitskräfte rekrutieren durfte. Das Anwerbekontingent legten beide Parteien in Bezug auf Umfang und Zusammensetzung periodisch gemeinsam fest. Eine mit Vertretern beider Staaten besetzte Kommission sollte mindestens einmal jährlich zusammentreten, um Monita und Verbesserungsvorschläge nationaler Gremien zu diskutieren, die ihrerseits triparitätisch durch die Arbeitsmarktparteien besetzt sein sollten. Die Anwerbung selbst führten staatliche Stellen durch. Im Normalfall begab sich eine Anwerbekommission des Aufnahmestaates in den Entsendestaat und führte dort alle notwendigen Auswahlprüfungen durch. Angenommene Bewerber erhielten die Möglichkeit, unmittelbar nach ihrer Auswahl einen standardisierten Arbeitsvertrag zu unterzeichnen, dessen Bedingungen Vertreter Frankreichs und Polens in gemeinsamen Verhandlungen festlegten. Über die Auswahl eines Kandidaten konnten entweder die staatliche Anwerbekommission im Auftrag des späteren Arbeitgebers, dieser selbst, sofern er bei der Rekrutierung zugegen war, oder ein von ihm beauftragter Vertreter bzw. eine im Namen der Arbeitgeber agierende Branchenorganisation entscheiden. Weitere Einzelheiten sollten nach Inkrafttreten des Vertrages spezielle Verwaltungsabkommen oder ergänzende Vereinbarungen regeln. Darunter fielen die Details der Gleichbehandlung, insbesondere durch die Sozialversicherung, und der Transfer von Lohnersparnissen.[223]

Am 14. Oktober 1920 wurde in Warschau die Vereinbarung über soziale Betreuung und Fürsorge unterzeichnet, die vor allem Fragen der Gleichbehandlung betraf, unter anderem hinsichtlich des Erwerbs von immobilem Besitz, der Gesundheitsversorgung und der Vereinigungsfreiheit. Eine wichtige Einschränkung der Fürsorgepflichten des aufnehmenden Staates bestand in der Einführung einer 60-Tage-Frist, während der dieser für die Kosten von Sozial- oder Krankenfürsorge solcher Migranten aufzukommen hatte, die nicht die ebenfalls festgelegten Minimalbedingungen für die Aufenthaltsdauer erfüllten, die sie zum Empfang der regulären Sozialleistungen berechtigte. Nach Ablauf dieser Frist musste das Herkunftsland des Migranten weitere Kosten übernehmen. Anderenfalls wurde – mit gewissen Ausnahmen – die Ausweisung des Betroffenen und gegebenenfalls seiner Familie eingeleitet. Im Jahr 1924 räumte eine zusätzliche Vereinbarung polnischen Beamten einen direkteren Einfluss auf das Rekrutierungsverfahren ein und gestattete es privaten polnischen Wohltätigkeitsorganisationen, in Frankreich tätig zu werden. Zugleich

222 Noher, Die internationalen Verträge über die Aus- und Einwanderung, S. 151. Der französisch-tschechoslowakische Vertrag enthielt eine identische Bestimmung.

223 Der Vertragstext findet sich abgedruckt bei Ponty, Polonais méconnus, S. 395f.

wurde ein französischer Erlass über die Ausweisung ausländischer Arbeitnehmer, die Kontraktbruch begangen hatten, für polnische Migranten aufgehoben.[224] Im Jahr darauf reformierte eine Vereinbarung das gesamte Anwerbeverfahren. Im Zuge dessen wurde die Absicherung der Arbeitsmigranten gegen vertragswidrige Migrationsbedingungen verbessert. Ein wichtiger Beitrag hierzu war die Einführung neuer Formulare für die Anforderung polnischer Arbeiter, die nun auch Kosten und Bedingungen von Unterkunft und Verpflegung beinhalten mussten. Die Vereinbarung sah aber auch zum ersten Mal eine medizinische Voruntersuchung der Migranten durch französische bzw. von der französischen Kommission beauftragte Ärzte in Polen vor. Zudem vereinbarten die Vertragspartner die Bedingungen der Rückführung von polnischen Arbeitnehmern, die krank, aber transportfähig in Frankreich eintrafen.[225]

Die Arbeit der gemischten polnisch-französischen Kommission, die den Migrationsprozess überwachte, zeigte in den folgenden Jahren, dass beide Staaten das Wanderungsgeschehen nach den Vorgaben ihrer Vereinbarungen beobachteten und aktiv gestalteten, um auf Missstände zu reagieren und die Vertragsbedingungen den sich verändernden Gegebenheiten anzupassen. So beschloss die Kommission auf ihrer jährlichen Konferenz 1928 die Anwerbung eines Kontingents von 10.000 Männern und 5.000 Frauen für die Landwirtschaft sowie von 8.000 männlichen und 1.000 weiblichen Industriearbeitern. Darüber hinaus führte man eine Verpflichtung der Arbeitgeber zur Angabe der Mindestverdienstmöglichkeiten in den Arbeitsverträgen ein und legte Bedingungen für die Beschäftigung weiblicher polnischer Arbeitskräfte in der französischen Landwirtschaft fest. Gleichzeitig sollte die Anwerbung polnischer Familien für die Arbeit auf entlegenen Höfen gefördert und die Saisonarbeit weiter ausgebaut werden. In Bezug auf die allgemeinen Arbeitsbedingungen verwandte sich das Gremium für eine Ausweitung der Überwachung der Vertragstreue beider Seiten in Frankreich. Dabei sollte insbesondere der Einsatz einer größeren Zahl von Inspektoren, die polnisch sprachen, die Position der polnischen Migranten stärken. Ferner erreichte die polnische Delegation, dass arbeitslosen Polen in Frankreich eine andere Behandlung zukam, als sie gleichzeitig nordafrikanischen Arbeitern aus den französischen Kolonien widerfuhr, die man auf administrativem Wege vom französischen Arbeitsmarkt verdrängte. Im Jahr darauf arbeitete die Kommission unter anderem Bedingungen für die namentliche Anforderung polnischer Arbeiter aus, die für den sekundären Sektor angeworben werden sollten.[226]

224 Les accords franco-polonais sur les migrations, S. 22f.

225 Der Wortlaut beider Vereinbarungen ist bei Ponty, Polonais méconnus, S. 398f. bzw. 404f. abgedruckt.

226 International Labour Office, Recrutement, placement et conditions de travail (égalité de traitement) des travailleurs migrants, S. 140; dazu auch Les accords franco-polonais sur les migrations, S. 22f.; International Labour Office, Migration Laws and Treaties, Bd. 3, S. 307. Vgl. exemplarisch zu den Ergebnissen der Konferenz von 1928 Conférence franco-polonais pour l'émigration, S. 94f.; vgl. zu den Ergebnissen der Konferenz von 1930 Protocole sur l'émigration polonaise en France en 1930, S. 467f.

Der so geschaffene Rahmen aus Abkommen und Vereinbarungen regulierte im Kern die Gleichbehandlung ausländischer Arbeiter mit Inländern in wichtigen Fragen sowie den Aufenthalt und die Arbeit von Arbeitsmigranten zu garantierten Bedingungen, die staatlicherseits überwacht wurden. Ebenso wurde der staatliche Einfluss auf den Migrationsprozess gesichert, insbesondere im Hinblick auf die Anwerbung und die Selektion ausländischer Arbeiter. Gleichzeitig band man nicht nur die nationalen Interessengruppen in die Prozessgestaltung ein, bei der eine gemischte Kommission als Plattform für die Verständigung der Vertragsparteien fungierte, sondern gewährte auch den Migranten Zugang zu Appellationsinstanzen. Während der Vertrag beiden Staaten grundsätzlich das Recht einräumte, die Arbeitsmigration aus politischen Interessen zu drosseln oder zu stoppen, fehlten im Vertragswerk selbst Regelungen über eine grundsätzliche Befristung des Aufenthalts ausländischer Arbeitskräfte in Frankreich bzw. Polen.

Die Wirkung der Vereinbarung ging weit über die französisch-polnischen Migrationsbeziehungen hinaus. Erstens ist bemerkenswert, dass der Vertrag zustande kam, bevor die Internationale Arbeitsorganisation auf der Konferenz von Washington Ende November 1919 ihre ersten Konventionen zur Arbeitsmigration verabschiedete. In Anbetracht der starken Stellung Frankreichs innerhalb der Organisation während der 1920er Jahre ist es nicht unwahrscheinlich, dass die französischen Ansätze für eine umfassende Regulierung von Arbeitsmigration prägend in die späteren Ausarbeitungen der ILO Eingang fanden. Frankreich hatte damit unmittelbar nach dem Ersten Weltkrieg eine neue Art von Abkommen geschaffen, in dem die Interessen der Arbeitsmarktparteien der beteiligten Staaten in der Organisation transnationaler Arbeitsmigration zusammenflossen und sich in der Regelung der Gleichbehandlung, der praktischen Gestaltung sowie der Kontrolle und Überwachung widerspiegelten.[227] Zweitens lässt sich nachweisen, dass der französisch-polnische Vertrag zum Modell für weitere Anwerbeverträge wurde und bereits eine Reihe von Merkmalen aufwies, die später weite Verbreitung in der internationalen Vertragslandschaft finden sollten. So lehnte sich der französisch-tschechoslowakische Wanderungsvertrag vom 20. März 1920 im Wortlaut sehr eng an das Abkommen von 1919 an. Die Meistbegünstigungsklausel aus dem französisch-polnischen Vertrag wurde aus dem französisch-tschechoslowakischen Abkommen jedoch gestrichen.[228] Ein weiterer wichtiger Unterschied bestand im Verbot jeglicher Rekrutierung durch andere Stellen als das tschechoslowakische Sozialministerium und die französische Arbeitsverwaltung bzw. jeder anderen Form selbstständiger Arbeitsmigration. Auch solche Restriktionen, mit denen ein Vertragspartner alternative Migrationskanäle blockierte, sollten

227 Fauchille, The Rights of Emigration and Immigration, S. 332.

228 Als vierter französischer Wanderungsvertrag nach dem Ersten Weltkrieg kam 1923 ein französisch-irischer Anwerbevertrag für Landarbeiter ins Gespräch, der jedoch nicht realisiert wurde; vgl. La main-d'œuvre étrangère et la réglementation des migrations en France, S. 369f.

sich später in einer ganzen Reihe anderer Wanderungsverträge wiederfinden. Neu im Vergleich zu dem französisch-polnischen Vertrag war eine Klausel, die den Einsatz der angeworbenen Arbeitskräfte als Streikbrecher ausdrücklich untersagte. Eine vergleichbare Regelung erweiterte das französisch-polnische Vertragswerk im Jahr 1925.

Ähnlich wie in der Ausgestaltung der Migrationsbeziehungen zu Polen ergänzten in den Jahren nach Vertragsabschluss weitere Vereinbarungen die Migrationsbeziehung beider Staaten, während eine gemischte Kommission den Prozess fortlaufend überwachte und Veränderungsvorschläge ausarbeitete.[229] So war die Anwerbung von Saisonarbeitern für die französische Landwirtschaft Inhalt mehrerer Folgevereinbarungen des Vertrages von 1920. Vergleichbares fehlte im französisch-polnischen Verhältnis. Während die Arbeitsmigration von Polen nach Frankreich also fast mit einer Einwanderung gleichzusetzen war, führte die Vereinbarung zwischen Frankreich und der Tschechoslowakei das Element des temporär streng begrenzten Aufenthalts bestimmter Gruppen ausländischer Arbeitskräfte in die französischen Wanderungsverträge ein. Der französisch-tschechoslowakische Handelsvertrag vom 2. Juli 1928, der am 9. April des folgenden Jahres in Kraft trat, ersetzte diese Einschränkungen allerdings durch Regelungen, die sich wieder am Vertrag mit Polen – diesmal mit einer Meistbegünstigungsklausel – orientierten.[230] Auch ein zweiter wichtiger Wanderungsvertrag Frankreichs folgte dem Vorbild des französisch-polnischen Vertrages. Als am 2. November 1932 ein Abkommen über Arbeitsmigration zwischen Spanien und Frankreich zustande kam, basierte der Vertragstext auf den Regelungen der französisch-polnischen bzw. französisch-tschechoslowakischen Vereinbarungen. Gleichbehandlung, in diesem Vertrag gemäß den Bestimmungen der ILO ausgeweitet auf die Arbeitslosenunterstützung, Anwerbung und Selektion unter beidseitiger staatlicher Kontrolle, eine obligatorische medizinische Untersuchung und die Möglichkeit zur namentlichen Anforderung von Arbeitskräften neben der kollektiven Rekrutierung, bildeten den Kern dieses letzten wirksamen französischen Anwerbevertrages vor dem Zweiten Weltkrieg.[231]

Mit drei Staaten hatte Frankreich seine Migrationsbeziehungen auf der Grundlage eines umfassenden, jedoch flexiblen Systems von neuartigen Verträgen und Abmachungen geregelt. Zwei Vertragspartner, Spanien und Polen,

---

229 International Labour Office, Recrutement, placement et conditions de travail (égalité de traitement) des travailleurs migrants, S. 141; dass., International Treaties and Conventions, S. 136f. Insgesamt blieb die Arbeitsmigration aus der Tschechoslowakei nach Frankreich jedoch begrenzt. Im Jahr 1922 beispielsweise forderte das ›Comité central des houillères de France‹ nur 100 Tschechen, jedoch 18.862 Polen an; vgl. Le Comité central des houillères de France et l'immigration polonaise, S. 530f.

230 France-Tchécoslovaquie: Un accord commercial intéressant les migrations, S. 491f.; France-Tchécoslovaquie: Une conférence pour le recrutement des travailleurs tchécoslovaques, S. 508f.

231 International Labour Office, Recrutement, placement et conditions de travail (égalité de traitement) des travailleurs migrants, S. 137; Accords entre l'Espagne et la France sur les migrations et le travail, S. 346f.

gehörten neben Italien zu den wichtigsten Migrationspartnern Frankreichs, die Arbeitsmigration aus der Tschechoslowakei dagegen gewann nur untergeordnete Bedeutung. Im gleichen Zeitraum entstand jedoch ein zweiter Typus von Wanderungsverträgen, mit deren Hilfe Frankreich seine Migrationsbeziehungen zu Staaten formalisierte, die von sekundärer Wichtigkeit waren. In diese Kategorie fallen die Wanderungsverträge mit Griechenland aus dem März 1929, mit Rumänien aus dem Januar 1930[232], mit Ungarn aus dem Februar des gleichen Jahres, mit Österreich aus dem Mai 1930 sowie der Vertrag mit Jugoslawien, der im Juli 1932 unterzeichnet wurde.[233] Diese Verträge orientierten sich ebenfalls an den Prinzipien des französisch-polnischen Vertrages, teilweise bereits unter Berücksichtigung von Regelungen aus den Folgeabkommen. Zum Teil beschränkten sie sich jedoch auf weniger weitreichende Vereinbarungen, insbesondere bezüglich der Gleichbehandlung bei Sozialleistungen. So umfasste der Vertrag mit Rumänien nahezu identische Bedingungen wie der französisch-polnische.[234] Das Abkommen mit Österreich wiederum, das wenige Monate später zustande kam, übernahm fast wörtlich den Text des Abkommens mit Rumänien.[235] Vorgesehen war neben der Zulassung individueller Migration die namentliche sowie die anonyme Rekrutierung von Arbeitskräften durch Regierungsstellen des jeweils anderen Landes, verbunden mit einer beruflichen sowie einer medizinischen Auswahl der Kandidaten und großzügigen Regelungen für den Familiennachzug. Während ihres Auslandsaufenthalts galt der Grundsatz der Gleichbehandlung durch die Sozialversicherungen bzw. staatliche Wohlfahrtseinrichtungen, wobei insbesondere die Arbeitslosenversicherung eingeschlossen wurde. Die Einhaltung der Vertragsbedingungen sollte zwar durch staatliche Stellen überwacht werden, es war jedoch weder vorgesehen, besondere Inspektoren einzusetzen, noch, eine gemischte Kommission, die von nationalen Gremien unter Beteiligung der ausländischen Arbeitnehmer beraten wurden. Beschwerden sollten stattdessen über die diplomatischen Vertretungen laufen. In diesem Punkt wichen die Verträge also von ihrem Vorbild ab. Ursächlich für diese Diskrepanz war die

232 Rumanie: L'émigration saisonnière en France, S. 494. Angesichts hoher Arbeitslosigkeit und einer begrenzten spontanen saisonalen Migration nach Frankreich hatte die rumänische Regierung im Jahr 1929 angestrebt, mit Frankreich einen Wanderungsvertrag nach dem französisch-polnischen Vorbild abzuschließen.

233 Vgl. auch Noher, Die internationalen Verträge über die Aus- und Einwanderung, S. 166. Das Abkommen löste einen bereits 1929 zustande gekommenen Vertrag ab, der ähnliche Regelungen beinhaltete. Vgl. zum französisch-österreichischen Vertrag ausführlich Traité de travail entre l'Autriche et la France, S. 49f.

234 Un traité de travail franco-roumain, S. 465f.

235 Die Vereinbarung bildete den Abschluss der Bemühungen der österreichischen Regierung, angesichts der steigenden Arbeitslosigkeit Wanderungsbeziehungen mit verschiedenen europäischen Staaten zu etablieren, darunter neben Fankreich auch Deutschland, Luxemburg und Belgien. Ferner strebte Österreich eine Förderung der Auswanderung in die USA sowie nach Brasilien an. Die Vereinbarung mit Frankreich war seit 1925 angebahnt worden; vgl. Autrich: Les autorités et l'émigration, S. 588f. Im Jahr 1929 eruierte das österreichische Wanderungsamt, ob es möglich sei, 12.000 Facharbeiter nach Frankreich zu vermitteln; vgl. Autriche-France: Placement d'ouvriers autrichiens en France, S. 281.

geringe zu erwartende Zahl der Arbeitswanderer, die aus dem jeweiligen Land nach Frankreich kommen würde.[236] Das Abkommen mit Ungarn war der am wenigsten weit ausformulierte Wanderungsvertrag Frankreichs. Er beinhaltete nur die Festlegung der Rekrutierungsprozedur sowie die Verpflichtung zur Anwendung von Musterarbeitsverträgen, verschob weiterführende Regelungen jedoch vollständig auf später zu treffende Verabredungen. Diese kamen bedingt durch die Weltwirtschaftskrise allerdings nicht mehr zustande. In ähnlicher Weise verfuhr man beim Vertrag mit Jugoslawien, dessen Reichweite sich auf die Gleichbehandlung bezüglich der Arbeitsgesetzgebung sowie der Arbeitslosenunterstützung beschränkte.[237]

Eine Sonderstellung nahm Italien unter den Migrationspartnern Frankreichs ein, die sich vor allem auf drei Elemente stützte. Erstens war Italien die mit Abstand wichtigste Quelle für ausländische Arbeitskräfte Frankreichs. Zweitens war es das einzige Auswanderungsland, mit dem Frankreich bereits vor 1919 ausführliche vertragliche Regelungen zur Organisation von Arbeitsmigration getroffen hatte, die es beim Aushandeln neuer Vereinbarungen zu berücksichtigen galt. Drittens besaß Italien eine starke Auswanderungsbehörde, die sich – im Bewusstsein der Bedeutung italienischer Arbeitskräfte auf dem internationalen Arbeitsmarkt – intensiv für deren Rechte einsetzte, sodass Frankreich bei den Vertragsverhandlungen ein erfahrener und selbstbewusster Partner gegenübertrat. Aufgrund dieser Vorgeschichte unterschied sich der französisch-italienische ›Traité de travail‹ in einigen Aspekten von anderen Wanderungsverträgen Frankreichs in der Zwischenkriegszeit. Das Ziel des Abkommens, das am 30. September 1919 unterzeichnet wurde, war es, nicht nur die Bedingungen für Arbeitsmigration zwischen beiden Staaten reziprok festzuschreiben, sondern darüber hinaus die Niederlassung von Auswanderern aus dem jeweils anderen Land in umfassender Weise zu regeln.[238] Nun folgte der Vertrag zwar den bereits aus dem französisch-polnischen Abkommen bekannten inhaltlichen Leitlinien und sah ebenso wie dieser sowohl die Zulassung individueller Migration wie kollektiver Anwerbung auf der Basis von Kontingentvereinbarungen unter Wahrung von Arbeitsmarktvorbehalten der Vertragsparteien vor, deckte jedoch nicht die Zulassung staatlicher französischer Anwerbekommissionen auf italienischem Boden ab. Folglich standen

236 Traité de travail, d'assurances sociales et d'assistance, d'assurances sociales et d'assistance, 27.5.1930, hier aus: Ministère des Affaires Étrangères de la République Française, Archives Diplomatiques, Base Pacte, http://www.doc.diplomatie.gouv.fr. Im Jahr 1929, also vor dem Vertragsabschluss, waren etwa 300–400 österreichische Arbeitskräfte in Frankreich beschäftigt; vgl. L'immigration industrielle autrichienne, S. 118.

237 International Labour Office, Recrutement, placement et conditions de travail (égalité de traitement) des travailleurs migrants, S. 132, 137, 141. Im Fall Jugoslawiens handelte es sich um die Formalisierung bereits bestehender Migrationsbeziehungen, denn die private ›Societé générale d'immigration‹ unterhielt dort 1932 bereits seit einiger Zeit ein Anwerbebüro.

238 Traité de travail, 30.9.1919, hier aus: Ministère des Affaires Étrangères de la République Française, Archives Diplomatiques, Base Pacte, http://www.doc.diplomatie.gouv.fr. Vgl. dazu auch Pasquet, Immigration et main-d'œuvre étrangère en France, S. 42f.

bei der Kollektivanwerbung private französische Organisationen oder die Arbeitgeber selbst der italienischen Auswanderungsbehörde gegenüber. Ein zweiter wichtiger Unterschied zu dem drei Wochen zuvor abgeschlossenen Vertrag mit Polen war die Reichweite des französisch-italienischen Abkommens. Es umfasste detaillierte Angaben über das Recht auf Schul- und Berufsausbildung, den Erwerb von Immobilien und die Bezugsberechtigung für Sozialleistungen, die man jedoch auf eine Frist von 45 Tage begrenzte, wenn der Betroffene nicht bereits eine bestimmte Mindestaufenthaltsdauer vorweisen konnte. Vergleichbare Vergünstigungen erreichte Polen erst im Zusatzabkommen vom 14. Oktober 1920, das die fehlenden Teile meist wörtlich aus dem Abkommen mit Italien übernahm. Die Meistbegünstigungsklausel des französisch-polnischen Abkommens hatte sich also unmittelbar zugunsten Polens ausgewirkt. In einem Punkt wich das Zusatzabkommen jedoch ab: Die Dauer der Verpflichtung zu Sozialleistungen an Unversicherte wurde im Verhältnis zu Polen auf 60 Tage heraufgesetzt. Ein vertraglich fixiertes Recht auf Schul- und Berufsbildung enthielt das Abkommen jedoch nicht.[239] Auf die mit diesem Vertrag gesetzten Standards bestand Italien seinerseits beim Vertragsabschluss mit Luxemburg und erreichte dabei sogar noch eine entscheidende Verbesserung: Die im Vorläufer fixierte Verpflichtung, die Kosten für Sozialleistungen an Unversicherte für die Dauer von 45 Tagen zu übernehmen, wurde unbegrenzt ausgedehnt. Es mag nicht nur an der krisenhaften Entwicklung der Wirtschaft des Großherzogtums Anfang der 1920er Jahre gelegen haben, dass eine Ratifizierung dieses Abkommens ausblieb, sondern auch an den weitreichenden Verpflichtungen, die es ihm als Aufnahmeland auferlegte.[240]

Eine weitere Form der Regelung wirtschaftlich motivierter Migration entwickelte Frankreich gegenüber seinen direkten Nachbarstaaten Belgien und Luxemburg. Bürger des Großherzogtums Luxemburg erhielten ebenso wie juristische Personen durch die ›Convention d'établissement‹ vom 31. März 1930 die umfassendsten Freizügigkeitsrechte in Bezug auf Einreise, Niederlassung, Berufs- oder Geschäftstätigkeit unter allen Vertragspartnern Frankreichs. Eine Meistbegünstigungsklausel sorgte zudem dafür, dass neue, bessere Regeln aus zukünftigen Verträgen automatisch auch auf die Migrationsbeziehungen zu Luxemburg Anwendung fanden.[241] Hintergrund für diese Großzügigkeit waren natürlich nicht zuletzt die vergleichsweise marginalen Ausmaße der französisch-luxemburgischen Wanderungsbewegung. Wie der Fall Belgien zeigt, stieg die Komplexität der Regelungen parallel zur Bedeutung der Migrationsbeziehungen. So umfasste der ›Traité de travail‹ zwischen beiden Staaten vom 24. Dezember 1924 Vereinbarungen über weitgehende Reisefreiheit

239 Vgl. dazu den Vertragstext bei Ponty, Polonais méconnus, S. 404f.

240 International Labour Office, Recrutement, placement et conditions de travail (égalité de traitement) des travailleurs migrants, S. 151f.

241 Convention d'établissement, 31.3.1930, hier aus: Ministère des Affaires Étrangères de la République Française, Archives Diplomatiques, Base Pacte, http://www.doc.diplomatie.gouv.fr.

und umfassende Gleichbehandlung durch die Sozialfürsorge und insbesondere auch die Arbeitslosenfürsorge, jedoch auch die Option für beide Staaten, die Arbeitsmigration aus arbeitsmarktpolitischen Erwägungen auszusetzen.[242] Den Text des Vertrages wiederum übernahmen Belgien und Luxemburg in ihrem Abkommen vom 20. Oktober 1926 wortwörtlich. Angepasst wurden lediglich die Formulierungen über die Arbeitslosenfürsorge an die Modalitäten des luxemburgischen Systems, während eine Bestimmung zur Vermeidung von Sondersteuern für Ausländer wegfiel.[243]

Für die Zwischenkriegszeit, die erste formative Phase, in der sich Struktur und Inhalte bilateraler Wanderungsverträge zur Arbeitsmigration entwickelten, können für Frankreich, den wichtigsten Akteur in diesem Zeitraum, drei Trends festgehalten werden. Erstens die Herausbildung unterschiedlicher Vertragsarten für verschiedene Arten von Migrationsbeziehungen. Mit wichtigen Migrationspartnern aus der Klasse der wirtschaftlich weniger entwickelten Staaten vereinbarte Frankreich umfassende Abkommen, in denen die Migrationsbedingungen detailliert festgehalten wurden. Mit zweitrangigen Migrationspartnern kamen dagegen eingeschränkte Vereinbarungen zustande. Nachbarstaaten auf gleichem Entwicklungsniveau wie Belgien und Luxemburg, zu denen nicht nur alte Wanderungsbeziehungen, sondern auch gute politische Beziehungen existierten, erhielten dagegen Abkommen, die eine weitgehende Freizügigkeit garantierten. Zweitens ist im Verlauf der 1920er und 1930er Jahre eine Konvergenz der Vertragsbedingungen, insbesondere in der Klasse der primären Migrationsbeziehungen, nachweisbar. Sie zeigt, wie die Übertragung von Regelungen von einem zum anderen Vertragspartner in der Sequenz der Wanderungsabkommen bzw. ihrer Folgeabkommen zur akkumulierenden Ausdehnung ihrer Regelungsreichweite und gleichzeitig zur Weiterentwicklung dieses wichtigsten Typs des Migrationsvertrages beitrug. Drittens besaßen die ersten französischen Wanderungsabkommen nicht nur eine Vorbildfunktion für spätere französische Verträge, sondern wurden auch international nachgeahmt. So übernahm, wie in den bereits diskutierten Beispielen, sogar die Vereinbarung zwischen Polen und dem brasilianischen Bundesstaat São Paolo über die Einwanderung polnischer Landarbeiter und ihrer Familien – neben spezifischen Regelungen, die sich aus den Erfordernissen dieses Wanderungsprojektes ergaben – zentrale Inhaltselemente des französisch-polni-

242 Traité de travail entre la Belgique et la France, 24.12.1924, hier aus: Ministère des Affaires Étrangères de la République Française, Archives Diplomatiques, Base Pacte, http://www.doc.diplomatie.gouv.fr. Der Vertrag trat allerdings erst 1928 in Kraft. Im gleichen Jahr regelte ein weiteres Abkommen die Zulassung belgischer Saisonarbeiter für die französische Landwirtschaft; 1935 wurde die Frage der Grenzpendler durch ein entsprechendes Abkommen geregelt.

243 International Labour Office, Recrutement, placement et conditions de travail (égalité de traitement) des travailleurs migrants, S. 136. Diese Regelung war insofern bedeutend, als mit der Einführung der ›carte d'identité‹ für Ausländer im Jahr 1925 eine Sonderabgabe von 68 Francs erhoben wurde; vgl. France: La loi des finances et les cartes d'identité pour immigrants, S. 586f.

schen bzw. des französisch-italienischen Wanderungsvertrages sowie ihrer Folgeabkommen.[244]

3.4.2.2. Belgien

Einen anderen Weg beschritt Belgien, das ebenfalls bereits über diversifizierte Migrationsbeziehungen verfügte, diese jedoch weit weniger stark formalisierte. Auch unter den belgischen Verträgen lassen sich zwei der Kategorien identifiziere, in denen sich die französischen Abkommen verorten lassen. So verfolgte Belgien durch Abkommen mit Luxemburg und Frankreich aus den Jahren 1926 bzw. 1924 das Ziel, belgische Arbeitsmigranten in beiden Staaten abzusichern. Beide Verträge sahen großzügige Regelungen vor, wie sie zwischen vergleichbar entwickelten Nachbarstaaten üblich wurden. In die gleiche Kategorie fällt das Abkommen mit den Niederlanden aus dem Jahr 1933. Die Lösung, die Belgien mit Italien zur Organisation der Arbeitsmigration anstrebte, unterschied sich allerdings vom französischen Ansatz. Am 1. Oktober 1923 trat ein Verwaltungsabkommen zwischen dem belgischen Arbeitministerium und dem italienischen Konsulat in Brüssel in Kraft, das die Modalitäten der Anwerbung italienischer Arbeitskräfte festlegte. Danach hatten belgische Arbeitgeber ausführliche Anforderungsformulare, in denen Arbeits-, Lohn- und Wohnbedingungen beschrieben wurden, über die belgische Arbeitsverwaltung, die ihrerseits die Zulässigkeit der Anforderung unter Arbeitsmarktgesichtspunkten zu bestätigen hatte, an das belgische Arbeitsministerium zu richten. Dort wurden die Anträge ein weiteres Mal geprüft und dann an das italienische Auswanderungsamt weitergeleitet, das nach einer eigenen Begutachtung der angebotenen Stellen die Anwerbung geeigneter Kandidaten übernahm. Weiterführende Regelungen zur Gleichbehandlung oder Gewährung von Sozialleistungen sparte die Vereinbarungen aus. Zwei wichtige Elemente hielten zu diesem Zeitpunkt Einzug in die Verfassung der belgischen Migrationsbeziehungen. Zum ersten Mal war nun Arbeitsmigration nach Belgien einer beidseitigen staatlichen Kontrolle unterworfen, mit der allerdings noch keine über die Überprüfung der Arbeitsbedingungen hinausgehende Verpflichtung des anwerbenden Staates verbunden war. Zudem trat nun die belgische ›Fédéchar‹, die schon Anfang der 1920er Jahre die Anwerbung ausländischer Arbeitskräfte für den Bergbau weitgehend übernommen hatte, zumindest halboffiziell als eine im Namen der belgischen Regierung agierende Institution auf.[245] Im Jahr 1938 folgte die Festschreibung der belgisch-italienischen Mig-

244 Noher, Die internationalen Verträge über die Aus- und Einwanderung, S. 119. Später strebte Polen an, den Vertrag mit São Paulo auf ganz Brasilien auszuweiten; vgl. Les traités d'émigration de la Pologne, S. 130f.

245 Morelli, L'immigration italienne en Belgique aux XIXe et XXe siècles, S. 197 sowie International Labour Office, Recrutement, placement et conditions de travail (égalité de traitement) des travailleurs migrants, S. 134f. Bezeichnenderweise führte ein polnischer Vorschlag aus dem Jahr 1930 über den Abschluss eines Wanderungsvertrages, der sogar die

rationsbeziehungen in einem völkerrechtlichen Vertrag durch einen ›Traité d'établissement et de travail entre la Belgique et l'Italie‹, der in den Jahren bis zum Beginn des Zweiten Weltkrieges allerdings nur noch begrenzte Wirkung entfalten konnte.[246] Zweitrangige Migrationsbeziehungen wie die zu Polen schließlich beließ Belgien in einem unregulierten Zustand, auch wenn sich daraus zeitweise Nachteile für seine internationalen Arbeitsmarktbeziehungen ergaben.

3.4.2.3. Schweiz

Ähnlich wie Belgien verhielt sich auch die Schweiz, die mit ihrem wichtigsten Migrationspartner Italien im Jahr 1868 einen reziproken Niederlassungsvertrag nach dem für die Schweiz typischen Muster geschlossen hatte, das tendenziell noch auf die Begünstigung der Auswanderung aus der Schweiz zielte. Im Jahr 1934 fügte ein Abkommen mit Italien eine Frist von fünf Jahren rechtmäßigen Aufenthalts vor der Gewährung der bis dahin umgehend geltenden Niederlassungsfreiheit, für abhängig Beschäftigte von sogar 10 Jahren ein. Ohne in der Zwischenkriegszeit weitere Verpflichtungen durch die Unterzeichnung eines Wanderungsabkommens einzugehen, hielt sich damit die Schweiz die Möglichkeit offen, die Zuwanderung italienischer Arbeitskräfte durch gesetzgeberische Maßnahmen und Zugangsbeschränkungen zum eigenen Arbeitsmarkt nach ihren politischen und ökonomischen Bedürfnissen zu regulieren.[247]

3.4.2.4. Deutschland

Deutschland ging in der Zwischenkriegszeit ebenfalls dazu über, seine internationalen Arbeitsmarktbeziehungen durch Wanderungsabkommen zu formalisieren. Der Charakter der Abkommen und Verträge unterschied sich jedoch von denjenigen, die sich am französischen Vorbild orientierten. Für die Weimarer Republik galt zunächst der Grundsatz, nur in solchen Fällen Wanderungsabkommen anzustreben, in denen es sich um die temporäre bzw. saisonale Anwerbung von landwirtschaftlichen Arbeitskräften handelte. Dies entsprach nicht zuletzt den realen Bedürfnissen des deutschen Arbeitsmarktes unter den prekären wirtschaftlichen Bedingungen der Zwischenkriegszeit.

Regelungen des französisch-polnischen Abkommens erweitert hätte, zu keinem Ergebnis; vgl. Pologne: Un projet de convention avec la Belgique sur l'émigration, S. 473f.

246 Traité d'établissement et de travail entre la Belgique et l'Italie, S. 172f.; Leboutte, Coal Mining, Foreign Workers and Mine Safety, S. 223.

247 Niederlassungs- und Konsularvertrag zwischen der Schweiz und Italien, abgeschlossen am 22. Juli 1868, hier aus: Schweizerische Eidgenossenschaft, Systematische Sammlung des Bundesrechts, http://www.admin.ch/ch/d/sr/c0_142_114_541.html (0.142.114.541) sowie Erklärung über die Anwendung des Niederlassungs- und Konsularvertrages vom 22. Juli 1868 zwischen der Schweiz und Italien, abgegeben am 5. Mai 1934, hier aus: Schweizerische Eidgenossenschaft, Systematische Sammlung des Bundesrechts, http://www.admin.ch/ch/d/sr/c0_142_114_541_3.html (0.142.114.541.3).

Während der Bedarf an ausländischen Arbeitskräften im sekundären und tertiären Sektor im Vergleich zur Vorkriegszeit stark zurückgegangen war, konnte die Arbeitskräftenachfrage in der Landwirtschaft, insbesondere der saisonale Spitzenbedarf, auch in Jahren hoher Arbeitslosigkeit nicht vollständig durch inländische Arbeitskräfte gedeckt werden. Hauptgrund hierfür waren die schlechten Lebens- und Arbeitsbedingungen, die in diesem Segment des Arbeitsmarktes herrschten.

Auf die Entwicklung des Netzes deutscher Wanderungsverträge wirkte sich diese Konstellation in zweifacher Weise aus. Einerseits schloss die Weimarer Republik bis zur Weltwirtschaftskrise eine Reihe von Abkommen zur Anwerbung von Landwirtschaftsarbeitern. Andererseits kam trotz jahrelanger Verhandlungen auf deutsches Betreiben hin kein Anwerbevertrag mit Italien zustande. Italien strebte bereits 1920 einen Wanderungsvertrag mit Deutschland an, seinem neben der Schweiz und Frankreich wichtigsten Migrationspartner.[248] Das Reichsamt für Arbeitsvermittlung reagierte auf die italienische Anfrage mit einem Vorschlag, der sich an den kurz zuvor abgeschlossenen Verträgen zwischen Frankreich und Italien bzw. Polen orientierte und empfahl, einen vergleichbaren Vertrag mit Italien auszuhandeln.[249] Während das Auswärtige Amt Verhandlungen befürwortete, um Deutschland nach dem verlorenen Krieg zurück auf die diplomatische Bühne zu bringen, verhielt sich das Innenministerium – vermutlich mit Blick auf Polen – ablehnend, da durch einen weitreichenden und für die Arbeitsmigranten günstigen Wanderungsvertrag kein Präzedenzfall geschaffen werden sollte, auf den sich andere Staaten berufen konnten.[250] Das Reichsarbeitsministerium dagegen gab zu bedenken, dass die Zahl der italienischen Arbeiter in Deutschland, obgleich relativ zur Vorkriegszeit stark gesunken, sehr viel höher sei als die der Deutschen in Italien. Ein Vertrag würde also Italien weit mehr Vorteile bringen als Deutschland und sei daher nicht wünschenswert.[251] Schließlich traten beide Staaten in Verhandlungen ein, in denen die deutsche Seite Italien durch ein kompliziertes und langwieriges Abstimmungsverfahren über die deutschen und italienischen Vertragsentwürfe zwischen den zuständigen Ministerien auf Reichs- und Länderebene und andere Verschleppungstaktiken über mehrere Jahre hinweg hinhielt. Die Verhandlungen verliefen endlich – im Licht der neuen italienischen Migrationspolitik – im Sande.[252] Von Bedeutung für die

248 Deutschland selbst hatte den französisch-italienischen Vertrag bereits 1919 zur Kenntnis genommen, BArch R 3901 33139, Der Arbeitsvertrag zwischen Italien und Frankreich (nach dem italienischen Text des ›Sole‹ vom 12./14. November 1919).

249 BArch R 3901 34451, Schreiben des Reichsamts für Arbeitsvermittlung an das Reichsarbeitsministerium vom 28.12.1920.

250 BArch R 3901 34451, Schreiben des Reichsministeriums des Inneren an das Reichsarbeitsministerium vom 9.11.1921.

251 BArch R 3901 34451, Schreiben des Reichsarbeitsministeriums an das Reichsministerium des Inneren u.a. vom 18.4.1922. Schon bei dieser Gelegenheit schlug das RAM vor, ein gesondertes Abkommen über Sozialversicherungen von dem eigentlichen Wanderungsvertrag abzutrennen, während die französischen Verträge beides gewissermaßen kombinierten.

252 Dazu im Detail BArch R 3901 33170, Deutsch-italienische Verhandlungen, 1921–1927.

weitere Entwicklung ist diese Episode auch deswegen, weil sie zeigt, dass die Genese einer neuen Form zwischenstaatlicher Wanderungsverträge außerhalb Deutschlands *in* Deutschland durchaus wahrgenommen und diskutiert wurde. Im Jahr 1922 erschien etwa im Reichsarbeitsblatt ein Artikel unter dem Titel ›Internationale Wanderungsverträge‹. Der Verfasser war der im Reichsarbeitsministerium für Wanderungsfragen zuständige Regierungsrat Werner Stephan. In seinem Beitrag analysierte Stephan die internationale Entwicklung und thematisierte sowohl die umfassenden Regelungen des neuen Vertragstypus hinsichtlich der Anwerbeverfahren und der Gleichbehandlung ausländischer Arbeiter als auch die Absicht der Internationalen Arbeitsorganisation, auf die Gestaltung transnationaler Arbeitsmigration einzuwirken.[253]

Die ablehnende Haltung gegenüber Italien ist freilich nicht mit einem völligen Desinteresse Deutschlands an Wanderungsverträgen gleichzusetzen. Bereits im Jahr 1923 traf der deutsch-litauische Handelsvertrag Regelungen für die Anwerbung litauischer Saisonarbeiter für die deutsche Landwirtschaft.[254] Der Handelsvertrag war die erste von fünf Wanderungsvereinbarungen, welche die Weimarer Republik bis zur Weltwirtschaftskrise abschloss, und diente als Modell für einen Teil dieser Vereinbarungen. Der Artikel 22 des Handelsvertrages vom 1. Juni 1923 betraf die Rekrutierung litauischer Saisonarbeiter für die deutsche Landwirtschaft durch die Deutsche Arbeiterzentrale und die litauische Arbeitsverwaltung. Die Anwerbung erfolgte auf der Grundlage von Anforderungen deutscher Arbeitgeber durch die litauischen Behörden unter Nutzung von Musterarbeitsverträgen. Die DAZ übernahm die angeworbenen Arbeiter an einer Grenzstation, wo man die Migranten medizinisch untersuchte und Kranke aussonderte. Dann erfolgte der Weitertransport der in Gruppen rekrutierten und reisenden Arbeitskräfte an ihren Bestimmungsort. Ferner regelte die Vereinbarung die Ausstellung von Reisedokumenten sowie die Konsequenzen von Vertragsbruch oder Umvermittlung. Die Gleichbehandlung gewährte man einerseits in Bezug auf Arbeitsschutz, öffentliche Fürsorge, Arbeitsbedingungen sowie Zugang zur Arbeitsgerichtsbarkeit, andererseits brachte man den Vorbehalt dem entgegenstehender deutscher Gesetze ein. Die zentrale Frage der gleichen Entlohnung, wie sie Inländer erhielten, war damit im Grunde zwar abgedeckt, wurde jedoch im Vertrag nicht explizit thematisiert, sondern in den Musterarbeitsverträgen festgelegt.[255] Im internationalen Vergleich wenig stark ausgeprägt waren die Vorschriften zur Überwachung der Migrationsbedingungen. Ohne die Einrichtung beratender oder gar binational besetzter Gremien oder garantierter Beschwerdewege vorzusehen, beschränkte man sich auf die Überwachung der Arbeitsverträge sowie eine Absichtserklärung, für eine menschenwürdige Unterbringung der Ar-

253 Stephan, Internationale Wanderungsverträge, S. 215–218.

254 Gesetz über den am 1. Juni 1923 unterzeichneten Handelsvertrag zwischen Deutschland und Litauen, in: Reichsgesetzblatt, Teil II, 1924, S. 205–223, Artikel 22.

255 Vgl. dazu den Musterarbeitsvertrag für jugoslawische Wanderarbeiter, analysiert in International Labour Office, Migration Laws and Treaties, Bd. 3, S. 171f.

beitsmigranten zu sorgen. Dem Muster der deutsch-litauischen Vereinbarung entsprachen auch diejenige Deutschlands mit der Tschechoslowakei vom 11. Mai 1928 sowie die mit dem Königreich der Serben, Kroaten und Slowenen vom 15. Dezember des gleichen Jahres.[256] Dieser Vertrag wurde im Unterschied zu den anderen beiden allerdings von einem Verwaltungsabkommen zwischen der Deutschen Arbeiterzentrale und der jugoslawischen Arbeitsverwaltung flankiert, das nicht nur Reiseorganisation und Arbeitsbedingungen konkretisierte, sondern der deutschen Seite gestattete, einen Beauftragten nach Jugoslawien zu entsenden, um die Rekrutierung zu überwachen. Im Gegenzug konnte die jugoslawische Arbeitsverwaltung einen Mitarbeiter zur Betreuung der Arbeitsmigranten in Deutschland stationieren. Ferner wurde den beiden zuständigen Behörden aufgegeben, noch offene Fragen, wie etwa die des Lohntransfers jugoslawischer Arbeiter, einvernehmlich zu lösen.[257]

Anderen Inhalts war der deutsch-polnische Vertrag vom 24. September 1927.[258] Das Abkommen widmete sich größtenteils der sogenannten Resaisonalisierung der deutsch-polnischen Arbeitsmarktbeziehungen. Es behandelte daher vorrangig Fragen des Bleiberechts bereits in Deutschland ansässiger Polen bzw. die Bedingungen für deren Ausweisung und in diesem Zusammenhang die Abgeltung erworbener Versicherungsansprüche. Daneben wurden in Bezug auf die künftige Anwerbung landwirtschaftlicher Saisonarbeiter weniger ausführliche Regelungen getroffen, wie in der zu diesem Zeitpunkt bereits bestehenden Vereinbarung mit Litauen. Lediglich die Erklärung zur Gleichbehandlung, die wortgleich kurz darauf auch in die Vereinbarungen mit

256 International Labour Office, Recrutement, placement et conditions de travail (égalité de traitement) des travailleurs migrants, S. 192f. sowie Bekanntmachung, betreffend die am 15. Dezember 1928 zwischen der Deutschen Regierung und der Regierung des Königreichs der Serben, Kroaten und Slovenen abgeschlossene Vereinbarung über die serbisch-kroatisch-slowenischen landwirtschaftlichen Wanderarbeiter, in: Reichsgesetzblatt, Teil II, 1929, S. 642–645; Bekanntmachung über die am 11. Mai 1928 in Berlin abgeschlossene deutsch-tschechoslowakische Vereinbarung über tschechoslowakische landwirtschaftliche Wanderarbeiter, Reichsgesetzblatt, Teil II, 1928, S. 491–495. Die Tschechoslowakei ihrerseits hatte im Übrigen im Jahr 1925 eine Sonderabgabe für Arbeitgeber für die Einstellung jedes Ausländers in Höhe von 1.000 Kronen eingeführt, um angesichts steigender Arbeitslosigkeit die Ausländerbeschäftigung zurückzudrängen. Diese Maßnahme unterstreicht das tschechoslowakische Interesse an der Verfestigung von Migrationsbeziehungen, die dem eigenen Arbeitskräfteexport dienten; vgl. Tchécoslovaquie: Le recrutement des travailleurs étrangers, S. 298. Vorgeschichte und Verhandlungen beschreibt Oltmer, Schreckbild Migration?, S. 180f.

257 International Labour Office, Migration Laws and Treaties, Bd. 3, S. 150f. Dazu auch Oltmer, Schreckbild Migration?, S. 178f.

258 Accord entre la Pologne et l'Allemagne, S. 364f. Im Jahr zuvor war bereits ein Vorvertrag zustande gekommen, bei dessen Aushandlung beide Parteien ihrem wohlwollenden Bemühen um eine längerfristige Regelung Ausdruck gegeben hatten. Der deutsche Chefunterhändler hatte dabei öffentlich geäußert, die Konventionen der ILO zur Gleichbehandlung von 1925 (C19) bilde eine wichtige Verhandlungsgrundlage. Zudem hatten beide Staaten im September 1927 eine Vereinbarung über die reziproke Anwendung der Arbeitslosenfürsorge auf die Angehörigen des jeweils anderen Staates unterzeichnet; vgl. Allemagne-Pologne: Réciprocité en matière d'assurance-chômage, S. 462; vgl. dazu auch mit einer anders akzentuierten Interpretation, Oltmer, Migration und deutsche Außenpolitik, S. 412f.

der Tschechoslowakei und mit Jugoslawien übernommen wurde, findet sich bereits im deutsch-polnischen Vertrag.[259] Die Einzelheiten der arbeits- und sozialrechtlichen Behandlung der nach Vertragsabschluss neu als Saisonarbeiter angeworbenen Polen regelte ein beigefügter Musterarbeitsvertrag. Ebenso wurden die Modalitäten der Rekrutierung in einem Zusatzabkommen ausgearbeitet. Sie gestalteten die Rekrutierungspraxis deutscher Stellen in Polen in einer Form, die der französischen Anwerbung in Polen ähnelte und es den Deutschen erstmals erlaubte, diese durch Angehörige der Deutschen Arbeiterzentrale durchführen zu lassen, die mit den polnischen Behörden kooperierten.[260] Eine bemerkenswerte Auswirkung dieses Vertrages war der Wunsch des Zentralverbandes der französischen Landwirte an ihre Regierung im Jahr 1929, einen neuen Vertrag mit Polen auszuhandeln, der sich an den deutschen Vereinbarungen orientierte. Man hielt sie offensichtlich für besser als diejenigen, die man selbst Polen zu bieten hatte, und wollte so erreichen, dass die polnische Regierung die Anwerbung einer größeren Zahl weiblicher Arbeitskräfte gestattete.[261] Im Januar des gleichen Jahres tagte die vom Vertrag installierte deutsch-polnische Konferenz zur Festlegung des Anwerbekontingentes, das für 1929 auf 63.000 Arbeiter fixiert wurde. Hierbei brachten die polnischen Delegierten eine Reihe von Klagen vor, die sich auf die Beschleunigung des Anwerbeverfahrens durch die Beauftragten der Deutschen Arbeiterzentrale sowie die bessere Überwachung der Vertragstreue der deutschen Arbeitgeber bezogen. Die Ähnlichkeit zu Arbeitsweise und Themen der französisch-polnischen Arbeitstagung verdeutlicht die schnelle Anpassung der Verfahrensweisen. Die deutsch-polnischen Wanderungsbeziehungen näherten sich dadurch dem durch Frankreich vorgegebenen internationalen Standard an.[262]

Nachdem im Jahr 1932 die Anwerbung ausländischer Arbeitnehmer unter dem Eindruck der Massenarbeitslosigkeit für die folgenden Jahre ausgesetzt worden war, sorgten die Rüstungskonjunktur der letzten Vorkriegsjahre in Deutschland und das Abflauen der Weltwirtschaftskrise schneller als vermutet für eine Wiederaufnahme von Arbeitsmarktbeziehungen zum Ausland. Hierzu konnte Deutschland zunächst die Anwerbevereinbarung mit Polen reaktivieren, die man nicht aufgekündigt hatte. Das verordnete Ausbleiben von Anfragen aus Deutschland hatte lediglich die Anwerbung unterbrochen.[263] Es folgten jedoch noch vor Ausbruch des Krieges neue Abkommen über Arbeitsmigration mit Italien und Rumänien, die im Verlauf des Zweiten Weltkrieges durch ähnliche Vereinbarungen mit weiteren Staaten, die bis auf Spanien innerhalb des deutschen Machtbereiches lagen.

259 Gesetz über den Vertrag zwischen dem Deutschen Reiche und der Polnischen Republik über polnische landwirtschaftliche Arbeiter, Reichsgesetzblatt, Teil II, 1928, S. 167–173.
260 Rabinowitch, The Seasonal Emigration of Polish Agricultural Workers to Germany I, S. 235.
261 France: L'organisation et la politique de l'immigration, S. 117.
262 Allemagne-Pologne: L'immigration saisonnière polonaise en Allemagne, S. 388.
263 Reprise de l'émigration saisonnière polonaise à destination de l'Allemagne, S. 251f.

Zwischen 1937 und 1942 handelten das ›Dritte Reich‹ und das faschistische Italien eine Reihe von Vereinbarungen zur Anwerbung italienischer Arbeitskräfte für den deutschen Arbeitsmarkt aus.[264] Den Anfang machte im Juli 1937 die ›Deutsch-italienische Vereinbarung über die Anwerbung, Vermittlung und Beschäftigung italienischer landwirtschaftlicher Arbeiter‹.[265] Da allerdings entgegen den Wünschen Deutschlands im Jahr des Vertragsabschlusses keine größeren Anwerbeaktionen mehr möglich waren, vereinbarte man lediglich die Entsendung von 500 deutschsprachigen Arbeitskräften aus Italien und sah in einem analog formulierten Vertrag gleiche Bedingungen für die Rekrutierung im folgenden Jahr vor. Das Vorgehen ähnelte im Grunde den Modalitäten bei der regulierten Arbeitskräfteanwerbung, die sich in der Zwischenkriegszeit herausgebildet hatten. Auffällig ist allerdings, dass sich die Formulierung des Vertragstitels nicht mehr am vorher üblichen deutschen Muster ›Vertrag über [...] Wanderarbeitnehmer‹, sondern an dem von der Internationalen Arbeitsorganisation propagierten Wortlaut »[...] Anwerbung, Vermittlung und Beschäftigung [...]« hielt. Eine Neuerung in den internationalen Arbeitsmarktbeziehungen Deutschlands, die mit Sicherheit auf die Vorstellungen des italienischen Auswanderungsamtes zurückführbar ist. Die Vorauswahl der Bewerber erfolgte durch die ›Direzione Generale degli Italiani all'estero‹ nach Kriterien der beruflichen Qualifikation sowie der gesundheitlichen Eignung. Für die Endauswahl entsandte das deutsche Arbeitsministerium Beauftragte aus der Arbeitsverwaltung nach Italien. Die Organisation des Transportes regelte die Vereinbarung ebenso wie eine Gleichbehandlung der Italiener mit deutschen Arbeitern hinsichtlich der Arbeitsbedingungen. Sie waren in einem Musterarbeitsvertrag festgeschrieben, der darüber hinaus auch Bestimmungen über die Krankenversicherung italienischer Arbeiter in Deutschland beinhaltete. Außerdem stellte man eine detaillierte Fixierung des Sozialversicherungsschutzes ebenso in Aussicht wie die Überweisung von Lohnersparnissen in den Grenzen zugeteilter Devisenkontingente.[266] Ab dem Jahr 1938, für das zunächst ein Kontingent von 2.000 Arbeitskräften für die Landwirtschaft ausgehandelt wurde, das man bereits Ende 1937 auf 30.000 Personen erhöhte, sollte sich die Arbeitsmigration zwischen beiden Staaten als regulierte saisonale Wanderung vollziehen.[267] In den folgenden Jahren fanden jeweils mehrfach Gespräche zwischen Vertretern der zuständigen italienischen und deutschen Behörden statt, die zu einer zunehmend genauen Festlegung der Migra-

264 Vgl. dazu im Überblick Mantelli, Von der Wanderarbeit zur Deportation, S. 51–89.

265 Deutsch-italienische Vereinbarung über die Anwerbung, Vermittlung und Beschäftigung italienischer landwirtschaftlicher Arbeiter, 28.7.1937, hier aus: Dazzi, Vereinbarungen zwischen Deutschland und Italien auf dem Gebiet der Arbeit und der Sozialversicherung, S. 63f. Für die Möglichkeit zur Einsicht in diese wichtige Quellenedition danke ich Professor Brunello Mantelli und Roberto Sala; vgl. dazu auch Accords italo-allemands pour l'envoi des travailleurs italiens dans des entreprises agricoles allemandes, S. 131f.

266 Rastetter, Die ausländischen Wanderarbeiter in Deutschland, S. 192f.

267 Dazzi, Vereinbarungen zwischen Deutschland und Italien auf dem Gebiet der Arbeit und der Sozialversicherung, S. 63f., 74f.

tionsbedingungen der Italiener führten. In den Diskussionen hielt die italienische Delegation an zentralen italienischen Interessen hinsichtlich vorteilhafter Regelungen aus Sicht der Arbeitnehmer fest, die man bisweilen aufgrund der Abhängigkeit Deutschlands vom Zustrom italienischer Arbeitnehmer durchsetzen konnte. Die deutschen Verhandlungsführer indes ließen auf Zugeständnisse in Detailfragen ihre Ansprüche hinsichtlich der Einschränkung der Freizügigkeit und der Disziplinierung der Migranten im Rahmen des deutschen ›Arbeitseinsatzes‹ folgen. Der zweite wichtige Bereich der Verhandlungen war die Fixierung der für das jeweils nächste Jahr vorgesehenen Anwerbekontingente. So vereinbarte man für 1939 bereits die Rekrutierung von 30.000 Landarbeitern und 7.000 Gesindekräften und stieß damit bereits an die Leistungsgrenze der deutschen Devisenwirtschaft für die Finanzierung der Lohnüberweisungen.[268] Die Planung sah dann für das Jahr 1940 die Anwerbung von 30.000 Arbeitern und 1.000 Gesindekräften sowie für 1941 die Entsendung von schließlich 50.000 Arbeitern und 10.000 Gesindekräften für den Primären Sektor vor.[269] Die dabei vorgesehenen ärztlichen Untersuchungen wichen nicht von den schon in der Vorkriegszeit international üblichen und auch von der Internationalen Arbeitsorganisation vertretenen Mustern ab. Sie sollten in der Regel durch italienische Ärzte erfolgen. Bei einer Anwerbung für den Bergbau konnte die Reichsknappschaft zur Durchführung der Tauglichkeitsuntersuchung für die Untertagearbeit allerdings eigene Ärzte nach Italien entsenden.

Die Anwerbung von Arbeitskräften für andere Sektoren der Wirtschaft hatten beide Staaten zum ersten Mal im Jahr 1938 vertraglich vereinbart, als sie im September dieses Jahres ein Abkommen über die Entsendung von zunächst 6.000 Bauarbeitern schlossen, das noch vor Jahresende um ein weiteres Kontingent von 1.500 Arbeitskräften ergänzt wurde.[270] Zeitgleich handelten Delegationen beider Staaten bereits eine Vereinbarung über die Anwerbung von Industriearbeitern aus, die im März 1939 unterzeichnet werden konnte.[271] Auch diese Vereinbarung sah die Übermittlung von Stellenangeboten durch die deutschen an die italienischen Behörden vor, die dann eine Vorauswahl trafen und Listen geeigneter Bewerber zurücksandten. Von diesen Listen konnte die deutsche Seite eine Auswahl treffen oder – bei größeren Rekrutie-

268 BArch R 41 377, Schreiben des Reichsarbeitsministeriums an die Landesarbeitsämter vom 17.4.1939.

269 Dazzi, Vereinbarungen zwischen Deutschland und Italien auf dem Gebiet der Arbeit und der Sozialversicherung, S. 83, 90, 97f., 108f., 117, 239. Parallel zu diesem Prozess kamen gesonderte Abkommen über die soziale Betreuung der italienischen Migranten (beispielsweise zwischen dem ›Reichsnährstand‹ und dem ›Faschistischen Landarbeiterverband‹) sowie, am 20. Juni 1939, ein Sozialversicherungsabkommen zustande. Dazu auch BArch R 41 479, Schreiben des Reichsarbeitsministeriums vom 19.3.1940; BArch R 41 480, Schreiben des Reichsarbeitsminsteriums vom 18.2.1941.

270 Dazzi, Vereinbarungen zwischen Deutschland und Italien auf dem Gebiet der Arbeit und der Sozialversicherung, S. 203f.

271 Deutsch-italienische Vereinbarung über die Anwerbung, Vermittlung und Beschäftigung italienischer gewerblicher Arbeiter, 17.3.1939, hier aus: Dazzi, Vereinbarungen zwischen Deutschland und Italien auf dem Gebiet der Arbeit und der Sozialversicherung, S. 218f.

rungskampagnen – eine eigene Auswahlkommission des Reichsarbeitsministeriums zur Endauswahl entsenden. Hierzu unterhielt das Ministerium eine Zentralstelle in Rom sowie Sammelstellen in Mailand, Como, Verona und Treviso.[272] Analog zum Abkommen über Landarbeiter regelte die Vereinbarung die Gleichbehandlung, führte einen Musterarbeitsvertrag ein, verwies auf ein noch auszuarbeitendes Sozialversicherungsabkommen und formulierte eine Fürsorgepflicht der deutschen Behörden gegenüber den italienischen Migranten. Außerdem sah die Übereinkunft die Option vor, bei der Anwerbung größerer Kontingente von Arbeitskräften für einzelne Großbauvorhaben Sonderbedingungen festzulegen.[273] Wie die Vereinbarung von 1937 folgten auch auf den Vertrag über Industriearbeiter zahlreiche Verhandlungsrunden zwischen Expertendelegationen, die einerseits die Migrationsbedingungen ständig präzisierten, andererseits die jährlichen Kontingente festlegten. So vereinbarte man im Juni 1940 die Anwerbung weiterer 20.000 Arbeiter und bekräftigte erneut die Beteiligung deutscher Stellen an der Auswahl der Arbeiter in Italien. Zugleich besprachen die Regierungsvertreter aber auch Änderungen im Musterarbeitsvertrag sowie Möglichkeiten einer für die Migranten angenehmeren Gestaltung der Sammeltransporte nach Deutschland.[274] Anfang 1941 forderte die deutsche Seite die Freigabe von 54.000 Arbeitskräften[275], wobei den Verheirateten bereits nach 6 Monaten die Gelegenheit für eine Familienheimfahrt gewährt wurde.[276] Alle bis dahin angeworbenen italienischen Industriearbeiter besaßen im Übrigen nach 6 Monaten Vertragslaufzeit ein ordentliches Kündigungsrecht. Für 1941 strebte die deutsche Seite zur Verringerung der Fluktuation eine Laufzeit der Arbeitsverträge von einem Jahr an, wobei alle bereits bestehenden Arbeitsverträge mit kürzerer Laufzeit in gegenseitigem Einverständnis der Vertragsparteien entsprechend verlängert werden sollten.[277] In ähnlicher Weise setzte sich der Prozess bis zum Zusammenbruch

272 Timm, Der Einsatz ausländischer Arbeitskräfte in Deutschland, S. 53.

273 Dies geschah dann erstmals bei der Anwerbung für den Bau des Volkswagenwerkes; vgl. Dazzi, Vereinbarungen zwischen Deutschland und Italien auf dem Gebiet der Arbeit und der Sozialversicherung, S. 222f.

274 Ebd., S. 238f., 255f.

275 In einer zweiten Verhandlungsrunde forderte Deutschland ein Kontingent von sogar 200.000 Arbeitskräften insgesamt, Italien sagte die Anwerbung von 154.000 Arbeitern zu.

276 BArch R 41 480, Schreiben des Reichsarbeitsministerums an die Landesarbeitsämter vom 30.3.1941.

277 Dazzi, Vereinbarungen zwischen Deutschland und Italien auf dem Gebiet der Arbeit und der Sozialversicherung, S. 257f. Zu einer anaolgen Vereinbarung kam es 1941 noch für den Dienstleistungssektor; Deutsch-italienische Vereinbarung über Anwerbung, Vermittlung und Beschäftiung italienischer Arbeitskräfte des Gaststätten- und Beherbergungsgewerbes, 6.2.1941, hier aus: Dazzi, Vereinbarungen zwischen Deutschland und Italien auf dem Gebiet der Arbeit und der Sozialversicherung, S. 299–300. Eine Sonderform der Anwerbung bildete die direkte Zusammenarbeit deutscher und italienischer Unternehmen bei Großbaumaßnahmen, in deren Rahmen italienische Baufirmen bis zu mehreren Tausend Arbeitskräften entsandten; vgl. dazu exemplarisch die Vereinbarung zwischen der IG Farben AG und mehreren italienischen Baufirmen; Vertrag für die Ausführung von Bauarbeiten in Zusammenarbeit mit deutschen Unternehmungen in den Bauvorhaben von Heydebeck,

Italiens und der Kriegserklärung an Deutschland im Jahr 1943 fort. Nach dieser Zäsur kam es zu keinen weiteren Vereinbarungen. Weder mit der faschistischen ›Republik von Saló‹ und natürlich ebenso wenig mit dem neuen Kriegsgegner, dessen Territorium Deutschland noch teilweise besetzt hielt, setzte das ›Dritte Reich‹ die Praxis der Anwerbevereinbarungen fort. Zugleich näherte sich der Umgang mit den italienischen Arbeitskräften in Deutschland in den letzten beiden Kriegsjahren schrittweise der Behandlung ausländischer Arbeitskräfte an, die Deutschland im Rahmen des ›Arbeitseinsatzes‹ zwangsrekrutierte.[278]

Die regulierte Arbeitsmigration zwischen Italien und Deutschland vollzog sich zwischen 1937 und 1942 also auf der Grundlage von Vereinbarungen für alle drei Wirtschaftssektoren aus den Jahren 1937, 1939 bzw. 1941. Diese Abkommen orientierten sich in bemerkenswerter Weise an international üblichen Formelementen zwischenstaatlicher Wanderungsabkommen. Präzisiert wurde ihre Umsetzung in regelmäßigen Verhandlungen zwischen den beiden Vertragspartnern, bei denen sich die Machtverhältnisse sukzessive von Italien, das zunächst als Anbieter eines knappen Gutes und Verbündeter Deutschlands eine gute Verhandlungsposition besaß, hin zur deutschen Seite verschoben, die ihre Forderungen nach Arbeitskräften und ihre Vorstellungen zu deren Einsatz und Behandlung im ›Dritten Reich‹ in wachsendem Maß durchsetzen konnte.[279]

Eine Ausnahmeerscheinung unter den internationalen Arbeitsmarktbeziehungen Deutschlands während des Zweiten Weltkrieges bildete die Anwerbung spanischer Arbeitnehmer, handelte es sich doch um den einzigen Fall, in dem man einen Anwerbevertrag mit einem neutralen Land abschloss. In der Vorkriegszeit war die Arbeitsmigration aus Deutschland nach Spanien zwar auf niedrigem Niveau verlaufen, jedoch weit umfangreicher gewesen als diejenige in umgekehrter Richtung.[280] Nach Kriegsbeginn entwickelte sich auch der spanische Arbeitsmarkt zu einem potentiellen Rekrutierungsfeld für die deutsche Kriegswirtschaft. Arbeitskräftemangel in Deutschland traf auf hohe Arbeitslosigkeit in Spanien, das zunächst der Bürgerkrieg, dann die Wende zum Faschismus und nun der Weltkrieg von seinen traditionellen Migrationspartnern abgeschnitten hatte, während die ideologische Affinität beider Regime katalytisch auf die Aufnahme regulierter Arbeitsmarktbeziehungen wirkte. So unterzeichneten trotz der Abschottungspolitik Spaniens nach Vorgesprächen zwischen Vertretern der deutschen und der spanischen Einheitsgewerk-

Blechhammer und Auschwitz, 14.3.1942, hier aus: Dazzi, Vereinbarungen zwischen Deutschland und Italien auf dem Gebiet der Arbeit und der Sozialversicherung, S. 332–344.

278 Seckendorf/Schumann, Die Okkupationspolitik des deutschen Faschismus in Jugoslawien, Griechenland, Albanien, Italien und Ungarn (1941–1945), S. 88f.

279 Vgl. zur Praxis der Anwerbung auch Timm, Italienische Arbeitskräfte in Deutschland, S. 344–346.

280 BArch R 41 477, Schreiben des Reichsarbeitsministeriums an die Landesarbeitsämter vom 2.3.1939; BArch R 41 479, Schreiben des Reichsarbeitsministeriums an die Landesarbeitsämter vom 26.7.1940.

schaft, bei denen zunächst die Rede von der Rekrutierung von bis zu 100.000 Arbeitskräften war, beide Regierungen am 21. August 1941 in Madrid eine Anwerbevereinbarung.[281] Auch die Bestimmungen dieses Vertrages orientierten sich am international verbreiteten Muster. Die Behörden beider Staaten, auf deutscher Seite das Reichsarbeitsministerium, auf spanischer das Arbeitsministerium, organisierten in direkter Zusammenarbeit die Anwerbung von Arbeitskräften für alle Wirtschaftssektoren. Die Rekrutierung erfolgte durch gemischte Kommissionen in Spanien in einem zweistufigen Verfahren, das eine Untersuchung der beruflichen Qualifikationen sowie des Gesundheitszustandes umfasste. Hierzu richtete das Reichsarbeitsministerium eine ständige Dienststelle in Madrid ein. Die eigentliche Anwerbung erfolgte jedoch in einem dezentralen Verfahren. Des Weiteren sah die Vereinbarung die Gleichstellung der spanischen mit deutschen Arbeitern vor und beinhaltete grundlegende Bestimmungen über deren soziale Absicherung. Drei Besonderheiten des Abkommens waren erstens das Interesse, die spanischen Arbeiter für den sekundären Sektor mindestens zwei Jahre in Deutschland zu behalten. Zweitens das Zugeständnis der Zulassung einer spanischen Kommission zur Überwachung der Migrationsbedingungen in Deutschland. Drittens die Befreiung der spanischen Arbeitnehmer von allen Sonderbestimmungen, die ihre Möglichkeiten zur Überweisung von Lohnersparnissen einschränkten.[282] Auf die deutsch-spanische Vereinbarung von 1941 folgten, wie bei den Arbeitsmarktbeziehungen zu Italien, periodisch Verhandlungen, die der Überwachung der Migrationsbedingungen sowie dem Aushandeln von Anwerbekontingenten dienten.[283] Im Prinzip bewegte sich damit auch die Anwerbevereinbarung zwischen Deutschland und Spanien im international üblichen Rahmen und unterschied sich auf der normativen Ebene ebenso wenig von den Anwerbevereinbarungen anderer Staaten aus der Vorkriegszeit, wie sie andererseits die Rekrutierungspraxis der Nachkriegszeit vorwegnahm.

Zwischenstaatliche Abkommen unterhielt das ›Dritte Reich‹ neben diesen beiden Migrationspartnern während des Krieges auch mit der Slowakei, Kroatien, Rumänien[284], Bulgarien[285] und Ungarn.[286] Diese Vereinbarungen folgten

281 Deutsch-spanische Vereinbarung über spanische Arbeitskräfte, S. 517. Seit dem 18.2.1941 existierte bereits ein Sozialversicherungsabkommen zwischen beiden Staaten; vgl. Die Sozialversicherung der ausländischen Arbeitskräfte, S. 3–6.

282 Timm, Der Einsatz ausländischer Arbeitskräfte in Deutschland, S. 99f.; Lohnüberweisungen spanischer Arbeitnehmer, S. 629.

283 BArch R 41 481, Schreiben des Generalbevollmächtigten für den Arbeitseinsatz an die Landesarbeitsämter vom 1.6.1942; BArch R 41 481, Niederschrift über die deutsch-spanischen Verhandlungen vom 2. bis 11. Juli 1942 über den Einsatz spanischer Arbeiter in Deutschland. Spanische Arbeiter befanden sich noch bis Kriegsende in deutschen Diensten, dazu BArch R 41 470, Schreiben des Generalbevollmächtigten für den Arbeitseinsatz an die Landesarbeitsämter vom 5.1.1945.

284 BArch R 41 482, Schreiben des Generalbevollmächtigten für den Arbeitseinsatz an die Landesarbeitsämter vom 30.9.1942.

285 Hoppe, Bulgarien, S. 134.

ebenfalls ähnlichen Mustern wie die Arbeitsmarktbeziehungen zu Italien.[287] Nachdem ein Grundabkommen abgeschlossen war, berieten Delegationen der Vertragspartner regelmäßig über die Umgestaltung des Verfahrens, mögliche Veränderungen der Migrationsbedingungen und die Kontingente für die jeweils nächste Anwerbeperiode. Im Unterschied zu Spanien, gegenüber dem Deutschland seine Interessen nicht mit Gewalt durchsetzen konnte, oder Italien, das vom ›Dritten Reich‹ im Hinblick auf die Arbeitsmarktbeziehungen bis 1943 eine gewisse Rücksichtnahme erfuhr, durchliefen die Wanderungsbeziehungen zu den osteuropäischen Migrationspartnern die Abwärtsspirale in Richtung Zwangsarbeit jedoch sehr viel schneller. Ausschlaggebend für den Grad, in dem Deutschland willkürlich seine kriegswirtschaftlichen Interessen in Bezug auf die Arbeitskräfte aus diesen Staaten umsetzte, war ihre Abhängigkeit und Nützlichkeit. Der Prozess verlief daher in der Slowakei oder in Kroatien zunächst schneller als in Bulgarien oder Rumänien.[288] Als diese Staaten jedoch in der letzten Kriegsphase aus ihren Bündnissen mit Deutschland austraten, wandelten sich die Arbeitsverhältnisse ihrer Bürger, die im ›Dritten Reich‹ arbeiteten, schlagartig von denen ausländischer Arbeitnehmer zu Zwangsarbeitern.[289]

Im Hinblick auf das Kontinuum der Genese bilateraler Wanderungsabkommen sind diese Entwicklungen während des Zweiten Weltkrieges in mehrfacher Hinsicht bedeutsam. Im internationalen Zusammenhang offenbaren die Formen, die das Deutsche Reich für seine Anwerbevereinbarungen wählte, eine enge Anlehnung an die Vorschläge, welche die Internationale Arbeitsorga-

286 August, Die Entwicklung des Arbeitsmarktes in Deutschland in den 30er Jahren und der Masseneinsatz ausländischer Arbeitskräfte während des Zweiten Weltkrieges, S. 314f.; dazu auch Timm, Der Einsatz ausländischer Arbeitskräfte in Deutschland, S. 57f., 60f., 66f.

287 Dazu exemplarisch BArch R 41 479, Deutsch-slowakische Vereinbarung vom 8.12.1939; BArch R 41 480, Vereinbarung mit der kroatischen Regierung über Anwerbung von kroatischen gewerblichen Arbeitern für 1941; die Vereinbarung datierte vom 8.5.1941; BArch R 41 480, Schreiben des Reichsarbeitsministeriums an die Landesarbeitsämter vom 30.6.1941; BArch R 41 480, Deutsch-ungarische Vereinbarung über den Einsatz ungarischer nichtlandwirtschaftlicher Arbeiter im Reich vom 4.7.1941; BArch R 41 481, Deutsch-ungarische Vereinbarung über land- und forstwirtschaftliche Arbeiter vom 11.1.1942; Deutsch-kroatische Vereinbarung über den Arbeitseinsatz kroatischer Arbeitskräfte in Deutschland vom 3.2.1943; BArch R 41 469, Deutsch-bulgarische Vereinbarung über bulgarische gewerbliche Arbeitskräfte vom 9.2.1943; zuvor wurde die Anwerbung auf der Grundlage einer analogen Vereinbarung vom 10. August 1939 durchgeführt; vgl. Hetzner, Rechtliche Fragen beim Einsatz ausländischer Arbeitskräfte, S. 5; Timm, Der Einsatz ausländischer Arbeitskräfte in Deutschland, S. 67; BArch R 41 469, Vertrag zwischen dem Großdeutschen Reich und der Slowakischen Republik über den Einsatz und die Betreuung slowakischer Arbeitskräfte im deutschen Reichsgebiet vom 19.3.1943.

288 So verlängerte der deutsche ›Generalbevollmächtigte für den Arbeitseinsatz‹, Fritz Sauckel, beispielsweise im August 1944 durch einen Erlass alle Arbeitsverträge kroatischer Arbeitnehmer pauschal bis zum 15. August 1945; BArch R 41 469, Schreiben des Generalbevollmächtigten für den Arbeiteinsatz an die Gauarbeitsämter vom 21.8.1944.

289 Seckendorf/Schumann, Die Okkupationspolitik des deutschen Faschismus in Jugoslawien, Griechenland, Albanien, Italien und Ungarn (1941–1945), S. 97f.

nisation in den 1930er Jahren ausgearbeitet hatte.[290] Gegenüber Spanien und auch Italien kann dies durch die Erfahrung beider Länder mit internationaler Arbeitsmigration und ihrer Vertrautheit mit deren internationalen Standards erklärt werden. Für die osteuropäischen Partnerstaaten des ›Dritten Reiches‹ indes muss die Motivation zur Wahl der spezifischen Form eher im Interesse Deutschlands an der Vorspiegelung staatlicher Souveränität und der Illusion von Unabhängigkeit im deutschen Machtbereich durch den Abschluss zwischenstaatlicher Verträge gesehen werden, die sich im Wortlaut an internationalen Normen orientierten. Unter allen Wanderungsabkommen entfernte sich die Realität der Migration von der Normsetzung der Vereinbarungen freilich bei den Verträgen mit deutscher Beteiligung aus den Jahren 1939 bis 1945 mit Abstand am weitesten.

Für die Arbeitskräftebeschaffung während des Krieges erfüllten die Anwerbevereinbarungen allerdings nicht nur außenpolitische, sondern auch praktische Zwecke. Solange Dienststellen der Partnerstaaten die Anwerbung übernahmen und die erzielten Ergebnisse mit der Planung übereinstimmten, lagen Aufwand und Kosten für die Rekrutierung deutlich niedriger als bei der Durchführung durch deutsches Personal. Ebenso senkte der Status, den die Arbeitskräfte aufgrund der Vereinbarung in Deutschland erhielten, den Kontroll- und Überwachungsaufwand für den Teil der Arbeitskräfte, die aus den Partnerstaaten stammten. Für eine gewisse Zeit ersparten die Wanderungsvereinbarungen dem ›Dritten Reich‹ also die Ausdehnung des Zwangsarbeitssystems in einem Teil seines Machtbereiches. Für die Entwicklung der regulierten Arbeitsmigration nach Deutschland schließlich übernahm diese Form der Verfassung von Arbeitsmigration zwei Funktionen. Erstens bildeten die Kontinuitäten zur Vorkriegszeit eine Brücke zur Wiederaufnahme der Anwerbung im Ausland in der Nachkriegszeit auf der organisatorischen, normativen und auch auf der personellen Ebene. Zweitens traten jedoch einige Funktionselemente im Anwerbeprozess auf, die für die Arbeitskräfteanwerbung durch Deutschland in gewisser Hinsicht neu waren. Zum ersten Mal entsandte Deutschland Angehörige der staatlichen Verwaltung für die Anwerbung ins Ausland, die dort mit den Behörden des Entsendestaates zusammenarbeiteten.[291] Außerdem richtete Deutschland im Zuge der Anwerbung erstmals dauerhaft im Ausland installierte staatliche Dienststellen ein.[292] Beides stand vordergründig im Einklang mit den Forderungen der ILO, die Deutschland bezeichnenderweise schon 1934 verlassen hatte, bezüglich der Organisation

290 Beisiegel, Der Arbeitseinsatz im neuen Europa, S. 203, zentrale Elemente des Vorgehens zusammenfassend.

291 Vor 1939 war dies höchstens für Angehörige der Deutschen Arbeiterzentrale, die jedoch eine öffentlich-rechtliche Institution war, möglich gewesen.

292 Eine Liste findet sich bei Didier, Handbuch für die Dienststellen des Generalbevollmächtigten für den Arbeitseinsatz und die interessierten Reichsstellen im Großdeutschen Reich und in den besetzten Gebieten, S. 295f.

internationaler Arbeitsmigration und ging selbstverständlich in die deutsche Praxis der Nachkriegszeit ein.[293]

3.4.2.5. Österreich

Die Republik Österreich entwickelte sich erst nach dem Zweiten Weltkrieg zu einem bedeutenden Nachfrager nach ausländischen Arbeitskräften im europäischen Migrationssystem. Nichtsdestotrotz begann der Aufbau eines Netzwerkes von Wanderungsverträgen bereits in der Zwischenkriegszeit und umfasste sowohl die eigene Arbeitsemigration wie den Import von Arbeitskraft. Eine besondere Stellung unter diesen Wanderungsbeziehungen nahm die Arbeitsmigration nach Deutschland ein. Zwischen beiden Staaten war am 13. Dezember 1928 eine Vereinbarung über die Anwerbung landwirtschaftlicher Saisonarbeiter zustande gekommen, die sich an den Vereinbarungen Deutschlands mit der Tschechoslowakei sowie mit Jugoslawien orientierte.[294] Sie war das Ergebnis eines Projektes beider Staaten, das im Jahr 1928 für die Beschäftigung von 3.000 unqualifizierten Arbeitskräften aus Österreich in der deutschen Landwirtschaft gesorgt hatte. Nun verdauerte die Vereinbarung zwischen dem Reichsarbeitsministerium, dem österreichischen Wanderungsamt sowie dem Landwirtschafts- und dem Sozialministerium diese Arbeitsmarktbeziehung. Die Vereinbarung folgte im Grunde der deutschen Praxis einer Abstimmung der Nachfrage und des Angebots an Arbeitskraft zwischen den zuständigen Behörden. Die Auswahl der österreichischen Arbeiter erfolgte dann analog zum Verfahren, das mit Jugoslawien vereinbart worden war, durch die österreichische Arbeitsverwaltung. Den Aufenthalt der Österreicher in Deutschland steuerte eine obligatorische Begrenzung der Arbeitsverträge und damit der Aufenthaltsgenehmigungen bis zum 15. Dezember des Jahres, in dem die Anwerbung erfolgte.[295] Anders als bei der Anwerbung in Polen entsandte die Deutsche Arbeiterzentrale keine eigenen Rekrutierungsbeauftragten und war auch nicht befugt, den Prozess – wie im Falle Jugoslawiens – durch einen Beobachter zu überwachen. Der Musterarbeitsvertrag für österreichische Arbeiter in Deutschland folgte hingegen fast vollkommen dem kurz zuvor

293 International Labour Office, The Exploitation of Foreign Labour by Germany, S. 83f; zu Vorstellungen über den europäischen Arbeitsmarkt der Nachkriegszeit aus der deutschen Arbeitsverwaltung exemplarisch Beisiegel, Der Arbeitseinsatz in Europa, S. 117–139.

294 International Labour Office, Recrutement, placement et conditions de travail (égalité de traitement) des travailleurs migrants, S. 128f. Im März 1929 wurde durch eine Verordnung der RAVAV durch die Befreiung österreichischer Landarbeiter von der Beitragspflicht zur Arbeitslosenversicherung eine Klausel des deutsch-polnischen Vertrages übernommen; vgl. Verordnung über die Befreiung österreichischer landwirtschaftlicher Wanderarbeiter von der Pflicht zur Arbeitslosenversicherung, in: Reichsgesetzblatt, 1929, Teil I, S. 76. Oltmer sieht den Vertrag enger am deutsch-polnischen Wanderungsvertrag, von dem er sich jedoch durch eine Reihe nicht veröffentlichter Sonderbestimmungen entfernte; vgl. Oltmer, »Schutz des nationalen Arbeitsmarktes«, S. 119.

295 Autriche-Allemagne: Accord sur les migrations saisonnières dans l'agriculture allemande, S. 489f.

formulierten Mustervertrag, der die deutsch-jugoslawische Vereinbarung begleitete. Er stellte die österreichischen Arbeiter lediglich in Steuerfragen geringfügig besser.[296] Vor dem Hintergrund der quantitativ kaum bedeutenden Saisonwanderung, die sich in den folgenden Jahren entwickelte, und der politischen Beziehungen zwischen Deutschland und Österreich erfuhren die Arbeitsmarktbeziehungen zwischen beiden Staaten wenig mehr als ein Jahr später eine grundsätzliche Veränderung. Eine Klausel des deutsch-österreichischen Handelsvertrages vom 12. April 1930 sicherte österreichischen Arbeitnehmern in Deutschland ihre vollständige und vorbehaltlose Gleichstellung mit den Inländern zu und ergänzte die Vereinbarung zudem um eine Meistbegünstigungsklausel.[297]

Neben Abkommen, in denen Österreich die Entsendung eigener Arbeitskräfte ins Ausland regelte, wie in den Verträgen mit Frankreich[298] und Deutschland, ging es in Vereinbarungen mit der Tschechoslowakei, Ungarn und Polen um die Anwerbung landwirtschaftlicher Saisonarbeiter für den österreichischen Arbeitsmarkt. Die Unabhängigkeit dieser drei Länder, die bis 1918 ganz oder teilweise zur österreichisch-ungarischen Doppelmonarchie gehört hatten, transformierte vielfach interregionale saisonale Arbeitsmigration in eine transnationale Arbeitsmigration. Eine erste grundsätzliche Regelung strebten Österreich und seine Nachbarstaaten in allgemeinen Handelsverträgen an. Der unterschiedliche Grad der Formalisierung dieser drei Migrationsbeziehungen reflektiert dabei ihre unterschiedliche Bedeutung für den österreichischen Arbeitsmarkt. So beinhaltete der österreichisch-ungarische Handelsvertrag vom 22. Februar 1922 zunächst keinen Passus zu den zwischenstaatlichen Arbeitsmarktbeziehungen.[299] Ein Zusatzprotokoll zum Vertrag vom 9. April 1926 fügte diesen jedoch in allgemeiner Form bei. Das Protokoll beschränkte die Anwerbung von Arbeitskräften auf die kollektive Rekrutierung, die in Zusammenarbeit zwischen den zuständigen Behörden beider Staaten durchgeführt werden sollte. Weitere organisatorische und rechtliche Details wurden auf Verwaltungsabkommen verschoben, die jedoch nicht zustande kamen. Ähnlich verhielt es sich mit dem österreichisch-polnischen Handelsvertrag. Er umfasste bereits in seiner ersten Fassung einen Abschnitt, der mit dem Artikel 22 des österreichisch-tschechoslowakischen Vertrages vergleichbar war, allerdings ebenfalls nicht in weitere Vereinbarungen zur Arbeitsmigration mündete.[300] Anders dagegen entwickelten sich die Migrationsbeziehungen zwischen

296 International Labour Office, Migration Laws and Treaties, Bd. 3, S. 231f.

297 Handelsvertrag zwischen der Republik Österreich und dem Deutschen Reich, 12.4.1930, in: Bundesgesetzblatt für die Republik Österreich, 1931, S. 59–66, Artikel 1–3.

298 Siehe Kapitel 3.4.2.1.

299 Handelsübereinkommen zwischen der Republik Österreich und dem Königreich Ungarn, 8.2.1922, in: Bundesgesetzblatt für die Republik Österreich, 1923, S. 231–241.

300 Handelsübereinkommen zwischen der Republik Österreich und Polen, 25.9.1922, in: Bundesgesetzblatt für die Republik Österreich, 1923, S. 109–121, Artikel 20; vgl. International Labour Office, Recrutement, placement et conditions de travail (égalité de traitement) des travailleurs migrants, S. 131.

der Tschechoslowakei und Österreich. Der Handelsvertrag zwischen beiden Staaten vom 4. Mai 1921 verpflichtete sie grundsätzlich zur Förderung der saisonalen Arbeitsmigration von Landarbeitern.[301] Genaue Bestimmungen dazu legte ein Verwaltungsabkommen vom 24. Juni 1925 fest, das zwischen dem österreichischen Landwirtschaftsministerium und den tschechoslowakischen Ministerien für Landwirtschaft und Soziales zustande kam. In drei wichtigen Punkten ähnelte das Abkommen dem auch für die deutschen Anwerbeverträge typischen Muster. Erstens beschränkte es die Arbeitsmigration auf eine temporäre Arbeitsmarktpräsenz und schloss die Ansiedlung bzw. Einwanderung aus. Zweitens legte der Handelsvertrag die Organisation der Arbeitsmigration grundsätzlich in die Hände staatlicher Institutionen. Auf österreichischer Seite war die ›Öffentliche Zentralstelle für Land- und Forstwirtschaftliches Arbeitswesen‹, auf tschechoslowakischer die Arbeitsverwaltung zuständig. Drittens blieb die individuelle Wanderung zugunsten der kollektiven Anwerbung ausgeschlossen. Andere Teile der Vereinbarung resultierten jedoch aus spezifischen praktischen Erfordernissen, die Ergebnis von Migrationsgeschichte und -politik beider Staaten waren. Im Unterschied etwa zu Frankreich oder Deutschland hatte Österreich bis in die Zwischenkriegszeit keine nennenswerten transnationalen Arbeitsmarktbeziehungen unterhalten und keinerlei administrative Infrastruktur zur Organisation und Kontrolle von Arbeitsmigration aufgebaut. Die mit der Abwicklung der jährlichen Wanderungsbewegung beauftragten Behörden verzichteten auch weiterhin darauf. Stattdessen beschränkte man sich bei der kollektiven Anwerbung auf die Auswahl sogenannter Vormänner (›Gzady‹), denen eine Art Lizenz zur Anwerbung von Arbeitergruppen ab einer Mindestgröße von drei Personen erteilt wurde. Sie hatten ebenfalls – gegen Kostenerstattung – für die medizinische Untersuchung der Kandidaten und deren Transport zu ihren Arbeitsorten zu sorgen, da keine speziellen Grenzstationen existierten und keine österreichischen Anwerbekommissionen in der Tschechoslowakei tätig werden sollten.[302]

Eine generelle Gleichbehandlung der ausländischen Arbeiter war in dieser Vereinbarung nicht geregelt. Sie beinhaltete jedoch Vorschriften, die sicherstellten, dass für jeden in der Tschechoslowakei Rekrutierten eine Unfallversicherung bestand. Weiteres war in den Musterarbeitsverträgen festgelegt, die durch die zuständigen Ministerien beider Staaten unter Beteiligung der mit der Anwerbung betrauten Behörden sowie der österreichischen Arbeitgeber und Vertretern der tschechoslowakischen Arbeiterschaft ausgearbeitet wurden. Die praktische Umsetzung, die Anpassung der Vorschriften sowie ihre Überwachung übernahm eine binational zusammengesetzte Kommission nach französischem Vorbild, die jährlich zusammentrat und den beteiligten Regierungen Empfehlungen vorlegte. Eine Schiedskommission unter wechselndem Vorsitz

301 Handelsübereinkommen zwischen der Repbulik Österreich und der Tschecho-Slowakischen Republik, 4.5.1921, in: Bundesgesetzblatt für die Republik Österreich, 1922, S. 1721–1737, Artikel 22.

302 Autriche-Tchécoslovaquie: Etablissement du contrat de travail pour 1931, S. 86.

und die Verpflichtung der österreichischen Regierung zur Inspektion der Arbeitsstätten tschechoslowakischer Migranten vervollständigten den institutionellen Rahmen.[303]

3.4.3. Das Netz bilateraler Wanderungsverträge 1945 bis 1971

Die Befunde in den Kapiteln 2.1 und 3.4.1 haben gezeigt, dass die Staaten des europäischen Migrationssystems nach dem Ende des Zweiten Weltkrieges unmittelbar zur Nutzung des bilateralen Wanderungsvertrages zur Regulierung internationaler Arbeitsmarktbeziehungen zwischen dem ökonomischen Zentrum Europas und seiner Peripherie zurückkehrten. Obwohl, wie in Kapitel 3.2.3 deutlich geworden ist, die Bedeutung multilateraler Konventionen in diesem Bereich seit 1945 in Europa zunahm, bevorzugten die europäischen Staaten noch bis zum Ende des Betrachtungszeitraumes das bilaterale Abkommen zur Regelung bestimmter transnationaler Arbeitsmarktbeziehungen. Multilaterale Strukturen formten allerdings zunehmend die Gestaltungsspielräume, in denen sich zwischenstaatliche Abkommen bewegen konnten. Zudem entstanden mit der EGKS/EWG, dem ›Nordischen Arbeitsmarkt‹ und dem gemeinsamen Arbeitsmarkt Belgiens, der Niederlande sowie Luxemburgs drei internationale Arbeitsmärkte, auf denen weitgehend Freizügigkeit der Arbeitskräfte herrschte. Wichtige Rahmenbedingungen der institutionellen Verfassung transnationaler Arbeitsmigration begannen sich also nach dem Ende des Zweiten Weltkrieges zu verändern.

Im Gegensatz zu der noch überschaubaren Vertragslandschaft der Zwischenkriegszeit erschwert das sich schnell verdichtende Geflecht bilateraler Wanderungsverträge und multilateraler Normen, das zwischen 1946 und 1971 entstand, eine systematische Analyse ihrer inhaltlichen Entwicklung unter Berücksichtigung des gesamten Migrationssystems. Es ist vielleicht auch dieser Unübersichtlichkeit geschuldet, dass die Forschung bislang nur vereinzelt komparative Untersuchungen vorgelegt hat. Diese beziehen sich mit wenigen Ausnahmen auf eine Betrachtung solcher Gruppen von Wanderungsabkommen, die durch einen gemeinsamen Vertragspartner definiert sind.[304] Diese älteren, meist von Juristen verfassten Arbeiten prägt zudem überwiegend der in den 1970er und 1980er Jahre aktuelle Diskurs über die Ungleichheit zwischen den Industriestaaten und den Auswanderungsländern. Sie konzentrieren sich

303 International Labour Office, Recrutement, placement et conditions de travail (égalité de traitement) des travailleurs migrants, S. 133f. Die im Protokoll von 1925 festgelegten Mechanismen regulierten noch bis zur Annektion Österreichs durch das Deutsche Reich die Saisonwanderung tschechoslowakischer Arbeiter.

304 Vgl. beispielsweise Boudahrain, Les principales orientations des accords bilatéraux de main-d'œuvre au Maroc, S. 134–142; Picard, Les conventions bilatérales passées par la France; Vincineau, Les traités bilatéraux relatifs à l'emploi et au séjour en Belgique des travailleurs immigrés.

daher vor allem auf die Rolle der Anwerbestaaten als die in der Regel mächtigere Partei solcher bilateralen Arbeitsmarktbeziehungen.[305]

Nach einigen Vorüberlegungen wird im Folgenden ein anderer Weg eingeschlagen, um die Entwicklungstrends bilateraler Wanderungsabkommen zwischen Zweitem Weltkrieg und Anwerbestopp zu skizzieren. An die Stelle des Vergleichs der Wanderungsabkommen aus der Sicht der in Kapitel 2.1 abgehandelten Anwerbestaaten bzw. zwischen diesen Staaten tritt die Beobachtung der vertraglich fixierten Migrationsbeziehungen von Industriestaaten zu den in Kapitel 2.2 diskutierten Auswanderungsländern. Dies erschließt einen Zugang zur Analyse ihrer Gemeinsamkeiten, Unterschiede und Entwicklungstrends, der neben den nationalen Präferenzen für die institutionelle Verfassung von Arbeitsmigration und dem Einfluss internationaler Standards auf diesen Prozess insbesondere den Faktor des Wettbewerbs von Anwerbestaaten erfasst. Im Mittelpunkt steht dabei nicht die neuerliche Bestätigung der prinzipiell ungleichen Position von Anwerbe- und Entsendestaaten, die den Industriestaaten in der Regel die Oberhand bei der Gestaltung von Arbeitsmarktbeziehungen verschaffte, sondern die Frage, inwiefern die Konkurrenz mehrerer Anwerbestaaten auf dem Arbeitsmarkt eines Auswanderungslandes den Inhalt von Wanderungsverträgen beeinflussen konnte.

Vergegenwärtigen wir uns zunächst das institutionelle Umfeld sowie zentrale außerökonomische Faktoren, die auf die Gestaltung bilateraler Wanderungsverträge einwirkten bzw. diese umgab. Auf der internationalen Ebene hat sich gezeigt, dass seit dem Ende des Ersten Weltkrieges ein Konvergenzprozess ablief, der zur Durchsetzung nicht nur des Wanderungsvertrages als zwischenstaatlichem Instrument, sondern auch bestimmter inhaltlicher Merkmale beitrug.[306] Triebkraft dieser Entwicklung war der Wunsch der Einwanderungsländer, Mindeststandards für die internationale Arbeitsmigration zu verankern, die nicht nur der humanitären Idee des Schutzes der Rechte von Migranten, sondern vor allem dem Willen zur Protektion der nationalstaatlichen Sozialsysteme bzw. Arbeitsmärkte entsprang. Gleichzeitig gerieten schon in der Zwischenkriegszeit solche Einwanderungsländer, die ihre Migrationsbeziehungen nur partiell oder verspätet an die sich herausbildenden Standards anglichen, unter wachsenden Anpassungsdruck, wenn sie vermeiden wollten, dass sich ihre Wettbewerbsposition um die *besten* Arbeitsmigranten, verschlechterte, also ihre relative Attraktivität als Wanderungsziel nachließ. Es handelte sich daher nicht vornehmlich um einen quantitativen, sondern um einen qualitativen Wettbewerb. Zugleich konnte eine Konkurrenzsituation dazu führen, dass die ausgehandelten Migrationsbedingungen sich über den üblichen Standard hinaus günstig für ein Auswanderungsland entwickelten, dessen Arbeitskräfte auf dem internationalen Arbeitsmarkt begehrt waren. Als dritte Kraft in dieser Konstellation wirkten die politischen Präferenzen der Einwan-

305 Einen komparativen Ansatz vertritt allein Flory, Accords de main-d'œuvre et modèles de développement, S. 263–277, jedoch aus der Perspektive der Industriestaaten.

306 Siehe dazu Kapitel 3.2.

derungsländer – etwa die Absicht Deutschlands zur Beschränkung auf saisonale Arbeitsmigration oder die Offenheit Frankreichs gegenüber permanenter Einwanderung – auf die Gestaltung von Arbeitsmarktbeziehungen. Besonders deutlich trat diese Komponente in der Verkettung bilateraler Wanderungsverträge mit anderen Instrumenten zur Regelung der Arbeitsmarktposition ausländischer Arbeitnehmer zutage.

Nach 1945 konzentrierten sich bilaterale Wanderungsabkommen auf die Mobilisierung, den Transfer und die Arbeitsbedingungen ausländischer Arbeitnehmer. Flankierend regelte in jedem Land, seit dem Ersten Weltkrieg zunehmend restriktiv, eine Ausländergesetzgebung die rechtlichen Bedingungen der Präsenz eines Ausländers. Diese gewährleisteten in allen berücksichtigten Einwanderungsländern über die Verknüpfung unterschiedlicher Kategorien von Aufenthalts- und Arbeitsgenehmigungen sowie die Definition von Vorbehalten gegenüber der Zulassung von Ausländern auf das eigene Territorium weitreichende Eingriffs- und Kontrolloptionen des Staates. Als drittes Element dieses institutionellen Rahmens entstand ebenfalls aus Vorläufern in der Zwischenkriegszeit nach dem Zweiten Weltkrieg das Instrument des Sozialversicherungsabkommens, das als zweite Schiene der Gestaltung von internationalen Arbeitsmarktbeziehungen die zunehmend komplexe Ausdehnung der Sozialsysteme eines Staates auf die Bürger seiner Vertragspartner gewährleistete.

Bilaterale Wanderungsverträge entwickelten sich also im Wechselspiel von Wettbewerbsbeschränkung durch Standardisierung und Konkurrenz um Arbeitskräfte unter dem Einfluss politischer Präferenzen der beteiligten Staaten. Nationale Ausländergesetze reflektierten diese politischen Interessen deutlich. So gesehen sorgte ein Wanderungsvertrag für die benötigten ausländischen Arbeitskräfte, die Ausländergesetzgebung übernahm ihre Kontrolle bzw. die Steuerung ihrer Präsenz auf dem Arbeitsmarkt, während ein Sozialversicherungsabkommen gegebenenfalls ihre Position in den Sozialsystemen des Einwanderungslandes definierte.

Dieser Zusammenhang verdeutlicht den wachsenden Einfluss multilateraler Strukturen auf das europäische System der Arbeitsmigration nach 1945. Obwohl weder die vom Europarat noch die von der OEEC angestrebte internationale Freizügigkeit von Arbeitskräften auf den Arbeitsmärkten der Mitgliedstaaten realisiert wurde, beeinflussten beide Organisationen die Entwicklung der bilateralen Wanderungsverträge.[307] Die Unterordnung der Freizügigkeit unter nationalstaatliche Interessen zählte zu den wichtigen Gründen für die weitere Verbreitung des bilateralen Wanderungsvertrages, der solche Festlegungen für einzelne Migrationsbeziehungen ermöglichte. In diesem Bereich blieb der Einfluss multilateraler Verträge eher gering. Anders jedoch entwickelte sich ihre Wirkung auf wichtige soziale Standards. Die vom Europarat, dem mit der Türkei, Griechenland und Italien im Untersuchungszeitraum drei

307 Kapitel 3.2.3.3 hat gezeigt, dass die EWG vor allem für Italien eine Rolle gespielt hat, nicht aber für die übrigen Auswanderungsländer.

wichtige Auswanderungsländer angehörten, und von der OEEC, in der darüber hinaus auch Portugal und Spanien vertreten waren, unternommenen Versuche, die sozialen Migrationsbedingungen zu verbessern, können als Triebkraft der schnellen Ausbreitung von Sozialversicherungsabkommen zwischen Staaten gewertet werden, die bedeutende Wanderungsbewegungen verbanden. Damit diffundierten gleichzeitig wichtige Standards, die von der ILO vertreten und vom Europarat bzw. von der OEEC übernommen wurden, auch ohne eine formale Ratifizierung ihrer Normen in zwischenstaatliche Migrationsbeziehungen. Dort wiederum führten sie zu einer Verbesserung und einer stärkeren Verankerung der arbeits- und sozialrechtlichen Gleichbehandlung ausländischer Arbeitskräfte und entzogen diesen Bereich der Migrationsbeziehungen mehr und mehr dem Gestaltungsspielraum der beteiligten Staaten. Wichtige Parameter für die Gestaltung von Migrationsbeziehungen konnten so nicht mehr uneingeschränkt aus Gründen des Wettbewerbs oder aus politischem Kalkül manipuliert werden.

Inhalt und Gestaltungsspielräume von Wanderungsverträgen in Europa schränkte diese Entwicklung auch in einem zweiten wichtigen Bereich ein. Schon seit der Zwischenkriegszeit hatten sich, orientiert an den Vorschlägen der Internationalen Arbeitsorganisation und unter Führung Frankreichs zentrale Strukturmerkmale durchgesetzt. Dazu zählten die staatliche Kontrolle oder gar Durchführung der Anwerbung unter Kooperation der in den Vertragsstaaten jeweils zuständigen Behörden oder beauftragten Organisationen, die doppelte Auswahl der Bewerber um eine Arbeitsstelle im Ausland und die Gleichbehandlung der ausländischen mit den inländischen Arbeitnehmern. Hatte in diesem letzten Punkt vor dem Zweiten Weltkrieg noch eine vergleichsweise große Bandbreite möglicher Lösungen existiert, so schränkte die Verbreitung moderner Sozialversicherungsabkommen zwischen einer Mehrheit der europäischen Staaten den Gestaltungsspielraum der Nationalstaaten beim Aushandeln von Wanderungsabkommen zusehends ein. Da das Netz der Sozialversicherungsabkommen in Europa sich seinerseits erst im Verlauf der ersten Nachkriegsjahre zu verdichten begann, erfolgte die Verlagerung der Regelung der Gleichbehandlung von den Wanderungsabkommen zu den Sozialversicherungsabkommen graduell.[308]

Es gilt daher insbesondere zwei Entwicklungslinien des bilateralen Wanderungsvertrages herauszuarbeiten: erstens die Angleichung der Vertragsgestaltung auf der nationalen und der internationalen Ebene, also die Diffusion allgemeiner Standards; zweitens spezifische Divergenzen und ihre Ursachen im Spannungsfeld von nationalen Präferenzen, Konvergenzprozessen und Konkurrenz.

308 Eigenständige Sozialversicherungsabkommen thematisiert die folgende Analyse allerdings nur am Rande.

3.4.3.1. *Italien*

Wie schon 1919 gehörten Frankreich und Italien zu den ersten Staaten, die nach einer kriegsbedingten Deformierung des europäischen Migrationssystems zur Wiederherstellung von Arbeitsmarktbeziehungen mithilfe zwischenstaatlicher Vereinbarungen zurückkehrten. Am 22. Februar 1946 unterzeichneten beide Staaten in Rom eine Vereinbarung, die der Anwerbung der ersten Hälfte eines Kontingents von 40.000 Bergleuten für die Untertagearbeit in französischen Gruben dienen sollte. Es handelte sich um die erste Vereinbarung, die das französische ›Office national d'immigration‹ als verantwortliche Behörde benannte. Sie konzentrierte sich weitgehend auf die Festlegung einer komplizierten Anwerbeprozedur durch eine französische Kommission in Italien. Immerhin war es das erste Mal, dass Italien in Friedenszeiten die Anwerbung von Arbeitskräften durch die Vertreter eines anderen Staates gestattete. Dabei legte die französische Seite, wie später auch im Entwurf eines Musterabkommens der ILO von 1949 vorgesehen, großen Wert auf die genaue Beschreibung der von der französischen Anwerbekommission durchzuführenden medizinischen Eignungsuntersuchung und eine exakte Spezifizierung der gewünschten Arbeitskräfte.[309] Während von einer Gleichstellung der italienischen Arbeitskräfte mit französischen Bergleuten explizit im Abkommen keine Rede war, führte ein Zusatzabkommen nicht nur die genauen Anforderungen auf, die ein italienischer Bewerber hinsichtlich seines Gesundheitszustandes[310], seiner beruflichen Qualifikation und seines Alters aufweisen musste, sondern auch die Lohn- und Arbeitsbedingungen.[311] Aufgrund der Devisenknappheit, die kurz nach Kriegsende in Frankreich herrschte, gab die Vereinbarung allerdings Beschränkungen für die Lohnüberweisungen der italienischen Bergleute vor. Die freigegebenen Beträge mussten auf ein Verrechnungskonto eingezahlt werden, das in französischen Francs geführt wurde. Das Geld durfte nur zum Kauf französischer Produkte verwendet werden, die dann nach Italien eingeführt werden konnten. Ebenso erhielten die italieni-

309 Es handelte sich um Standarduntersuchungen, die eine Röntgenaufnahme der Lunge sowie eine Blutuntersuchung einschlossen. Die explizite Regelung, die sich auch in anderen Verträgen der 1940er Jahre wiederfinden wird, ist vermutlich nicht nur auf ältere Traditionen der Seuchenkontrolle und die spezifische Nachkriegssituation zurückzuführen, sondern auch darauf, dass es sich um die Anwerbung von Bergleuten handelte, also um Arbeitskräfte für eine Branche, in der medizinische Eignungsuntersuchungen eine besondere Rolle spielen.

310 Die feste Verankerung einer Gesundheitsprüfung im Zuge der Anwerbung im Procedere der Anwerbung unterstrich kurz darauf erneut die Internationale Arbeitsorganisation in ihrer Übereinkunft 97, die in Artikel 5a von den beteiligten Staaten forderte, den Gesundheitszustand von Wanderarbeitern und von mitreisenden Familienangehörigen zu überwachen. Die medizinischen Untersuchungen, die ausnahmslos in allen Wanderungsvereinbarungen vorgesehen waren, dienten ebenso gesundheitspolizeilichen Zwecken, wie sie Teil des Auswahlverfahrens von Arbeitnehmern für bestimmte Tätigkeiten waren.

311 Arrangement relatif au recrutement d'ouvriers italiens comme travailleurs du fond pour les mines françaises, 22.2.1946, hier aus: Ministère des Affaires Étrangères de la République Française, Archives Diplomatiques, Base Pacte, http://www.doc.diplomatie.gouv.fr.

schen Arbeiter, deren Familien in Italien zurückblieben, zwar sofort Familienleistungen, diese wurden jedoch nicht nach Italien überwiesen, sondern auf einem anderen Sperrkonto verwahrt, bis die Familien nach Frankreich übersiedelten. Diese Einschränkungen erklären die großzügige Regelung des Familiennachzuges für die italienischen Bergleute und gleichzeitig das Scheitern des Abkommens.[312]

Nur vier Monate später schlossen Belgien und Italien ihr erstes vollwertiges Anwerbeabkommen überhaupt. Es sollte dem Transfer von insgesamt 50.000 italienischen Bergleuten nach Belgien einen Rahmen geben. Fünf Aspekte dieser Vereinbarung, die in einem sehr viel freundlicheren Ton gehalten ist als die französisch-italienische Übereinkunft, sind an dieser Stelle von besonderer Bedeutung. Erstens bezog sich der Vertragstext explizit auf die europäische Zusammenarbeit im Rahmen gemeinsamer Wiederaufbauanstrengungen und verwies somit bereits auf die italienischen Bemühungen um möglichst große Freizügigkeit für seine Arbeitskräfte in Europa im Rahmen der OEEC in den Jahren nach 1948. Klarer noch wird die Rolle, die der Arbeitsmigration in der italienischen Wirtschaftsplanung zugedacht war, durch den Verweis auf ein fast zeitgleich unterzeichnetes Abkommen, in dem Belgien – ähnlich wie das ›Dritte Reich‹ bei der Gestaltung der deutsch-italienischen Arbeitsmarktbeziehungen in den Jahren 1939/40 – zusagte, für jede italienische Arbeitskraft eine bestimmte Menge Steinkohle nach Italien zu liefern. Dieses Tauschgeschäft versorgte Italien nicht nur mit einem dringend benötigten Rohstoff, sondern schuf auch eine Grundlage für die Überweisung der Lohnersparnisse der italienischen Arbeiter in ihre Heimat. Zweitens beinhaltete der belgisch-italienische Vertrag genaue Regelungen der Arbeits- und Lebensbedingungen, die von den belgischen Minengesellschaften hergestellt und von der belgischen Regierung überwacht werden mussten. Dazu zählten nicht nur die Gewährung von Familienbeihilfen, ausführliche Vorschriften über Unterbringung und Verpflegung, inklusive der Festlegung eines Höchstbetrages, den die Arbeitgeber für Kost und Logis vom Lohn einbehalten durften, und die Bestellung von Übersetzern und Vertrauensleuten, sondern auch Vorkehrungen für den Transfer der Lohnersparnisse über ein Clearingkonto, auf dem die Lohnüberweisungen mit den Zahlungen der italienischen Regierung für die belgischen Kohlelieferungen verrechnet wurden. Drittens orientierten sich beide Staaten bei der Festlegung des Procedere für die Rekrutierung an den international üblichen Verfahrensweisen. So wurde das belgische Büro in Mailand, bei dem die Endauswahl und -untersuchung der Bewerber erfolgte, die zweite in der Stadt nach 1945 wiedereröffnete Anwerbestelle. Viertens übernahm, wie in vielen Verträgen aus der Zwischenkriegszeit bereits vorgesehen, eine gemischte Kommission aus Vertretern beider Staaten die Überwachung des Anwerbeprozesses in Italien sowie der Vertragstreue beider Seiten in Belgien. Eine formelle Gleichstellung belgischer und italienischer Bergleute fehlte in dem Abkommen jedoch ebenso wie in der französisch-italienischen Vereinba-

312 The Franco-Italian Migration Agreements, S. 396f.

rung. Fünftens führte der belgische Vertrag zwei neue Elemente in den Rekrutierungsprozess ein: eine Sicherheitsüberprüfung der italienischen Arbeitskräfte durch die belgische Staatspolizei in Italien und die Beschränkung des Aufenthalts der Italiener in Belgien auf zunächst ein Jahr. Nach dieser Frist lief das bei der Anwerbung erteilte Visum ab und musste für einen weiteren Verbleib im Land neu beantragt werden.[313] Diese im Vergleich zum französischen Angebot insbesondere hinsichtlich der Lohnüberweisungen, überlegenen Migrationsbedingungen machten Belgien unmittelbar zum bevorzugten Wanderungsziel italienischer Migranten. Die Anwerbezahlen der französischen Kommission brachen ein. Auch angesichts von zwei Millionen Arbeitslosen in Italien war der Migrationsdruck nicht so groß, dass bei einer alternativen Wanderungsoption Bedingungen Akzeptanz fanden, die dem zentralen Motiv vieler Italiener zuwiderliefen, den Familienunterhalt in der Heimat zu sichern.[314]

Am 24. November 1946 konterte Frankreich das belgische Angebot mit einer Verbesserung der Migrationsbedingungen. Es stellte die Anwerbung von 200.000 Arbeitern im Jahr 1947 oder etwa 17.000 pro Monat in Aussicht, vereinfachte das Anwerbeverfahren nicht nur hinsichtlich der Auswahlprozedur, sondern auch dadurch, dass die französische Seite nun die Kosten der Arbeiter für die Anreise zu den Untersuchungen übernahm. Als ausschlaggebend für die nun steigenden Anwerbezahlen erwies sich jedoch nicht zuletzt die Einführung einer Prämie, die man allen angenommenen Arbeitern sofort nach dem Überschreiten der französischen Grenze auszahlte. Sie betrug 2.000 Francs für Bergleute und 1.000 Francs für Arbeiter, die für andere Branchen rekrutiert worden waren.[315]

Für Belgien wiederum legte die ›Fédéchar‹ am 9. Februar 1948 einen verbindlichen Musterarbeitsvertrag vor. Dieser Arbeitsvertrag, der von allen belgischen Arbeitgebern bei der Einstellung italienischer Migranten unverändert verwendet werden musste, beinhaltete neben der Zusicherung, dass die Arbeitgeber den Familiennachzug fördern würden, die Gleichstellung der italienischen Bergleute hinsichtlich der Arbeits- und Lohnbedingungen und aller Sozialversicherungen. Darüber hinaus gewährte er die Möglichkeit, den Arbeitsvertrag nach Ablauf des ersten Jahres ohne Benennung einer Höchstdauer

313 Protocol (with Exchange of Notes) Concerning the Recruiting of Italian Workers and their Settlement in Belgium, 23.6.1946, and the Annex to that Protocol, 26.4.1947, hier aus: United Nations Treaty Collection (online) http://untreaty.un.org/English/access.asp, No. 305. Die bei den Vereinten Nationen hinterlegten völkerrechtlichen Verträge werden ins Englische übersetzt. Die Nutzung der Online-Datenbank der Vereinten Nationen ist über ein kostenpflichtiges Abonnement möglich. Die Verträge sind jedoch auch in der gedruckten Ausgabe der United Nations Treaty Collection unter der jeweils angegebenen Registrierungsnummer zugänglich.

314 The Franco-Italian Migration Agreements, S. 397.

315 Ebd., S. 399.

der Beschäftigung um jeweils ein weiteres Jahr zu verlängern.[316] Im gleichen Jahr kam eine Vereinbarung über Sozialversicherungen zwischen beiden Staaten zustande, die reziprok die Leistungen der zentralen Sozialversicherungssysteme auf die Angehörigen beider Staaten ausdehnte, die in dem jeweils anderen Land arbeiteten.[317]

Die Kombination dieser drei Dokumente verschaffte italienischen Arbeitern in belgischen Bergwerken erneut bessere Migrationsbedingungen, als sie von Frankreich angeboten wurden – allerdings keine Prämie für die Vertragsunterzeichnung. Beide Staaten bemühten sich zeitgleich um große Kontingente von Arbeitskräften, die bestimmte Voraussetzungen erfüllen mussten: Sie sollten jung, gesund, nach Möglichkeit unverheiratet und bereit zur Untertagearbeit sein sowie im Idealfall bereits sprachliche und berufliche Vorkenntnisse mitbringen. Die schnelle Sequenz der Anwerbevereinbarungen, mit denen jeweils ein Vertragspartner auf die Offerten seines Konkurrenten reagierte, waren das Medium, über das dieser erste scharfe Wettbewerb um Arbeitskräfte in der Nachkriegszeit ausgetragen wurde.[318]

Zwei Monate nachdem der belgische Musterarbeitsvertrag Gültigkeit erlangt hatte, schlossen Italien und Luxemburg ihren ersten Wanderungsvertrag. Die Ratifizierung eines ersten Abkommens nach französisch-italienischem Vorbild im Jahr 1920 in Luxemburg war seinerzeit im luxemburgischen Staatsrat gescheitert. Damit trat ein dritter Mitbewerber um italienische Arbeitskräfte auf den Plan. Das ›Arrangement relatif au recrutement de travailleurs agricoles en Italie‹ vom 6. April 1948 stellte vergleichsweise gute Migrationsbedingungen für die Anwerbung von zunächst eintausend italienischen Landarbeitern in Aussicht, die in Zusammenarbeit zwischen luxemburgischen und italienischen Dienststellen im Auswanderungszentrum in Mailand durchgeführt werden sollte. Die Einstellung der Italiener sollte unter Nutzung eines von beiden Seiten akzeptierten Musterarbeitsvertrages und unter Gewährung

316 Protocol between Belgium and Italy Concerning the Recruiting of Italian Workers and their Settlement in Belgium, 9.2.1948, hier aus: United Nations Treaty Collection (online) http://untreaty.un.org/English/access.asp, No. 915.

317 Convention between Belgium and Italy on Social Insurance, 30.4.1948, hier aus: United Nations Treaty Collection (online) http://untreaty.un.org/English/access.asp, No. 571. Das Abkommen wurde 1952 um den Mutterschutz und die Arbeitslosenversicherung erweitert, die Neufassung trat 1955 in Kraft. Der Musterarbeitsvertrag wurde im Jahr 1952 in einer überarbeiteten Fassung neu beschlossen; Protocol Concerning the Recruitment of Italian Workers, 1.8.1952, hier aus: United Nations Treaty Collection (online) http://untreaty.un.org/English/access.asp, No. 915.

318 Das gegenseitige Überbieten bei der Verbesserung der Migrationsbedingungen fand in der schwankenden Verteilung der italienischen Migranten auf die Zielländer Belgien und Frankreich zwischen 1946 und 1950 ein deutliches Echo. Während Frankreich 1946/47 als Zielland dominierte, gelang es Belgien 1948 über die Hälfte aller innereuropäischen italienischen Migranten anzuziehen. In den Jahren darauf begann dann Frankreich deutlich als Zielland zu dominieren, während die Schweiz ebenfalls an Bedeutung gewann. 1951 wanderten 31.300 Italiener in die Schweiz, 28.600 nach Belgien und 35.500 nach Frankreich, wobei gemessen an der Größe des Ziellandes die Bedeutung der italienischen Migration für Belgien und die Schweiz weit höher zu werten ist als für Frankreich; vgl. OEEC, A Decade of Post World-War II European Migration, S. 12–20.

eines Mindeststandards hinsichtlich Unterbringung und Ernährung erfolgen. Hinsichtlich der Bezahlung und der Arbeitsbedingungen sah die Vereinbarung ebenso eine sofortige Gleichstellung der Italiener mit den Inländern vor wie in Bezug auf die Sozialversicherungen und -leistungen. Einzig die Höhe der Lohnüberweisungen war auf zwei Drittel der Bruttolohnsumme inklusive aller Zusatzleistungen beschränkt. Ebenso wie die beiden vorangehenden Wanderungsverträge sah auch die italienisch-luxemburgische Vereinbarung ausschließlich die anonyme Anwerbung von Arbeitskräften, jedoch nicht deren namentliche Anforderung vor.[319]

Einige Monate zuvor, am 31. März 1948, hatte Frankreich den Rückstand durch die ausdrückliche Gleichbehandlung italienischer Arbeitskräfte ausgeglichen, die im belgischen Musterarbeitsvertrag sowie in der luxemburgisch-italienischen Vereinbarung enthalten war. Vertreter beider Staaten unterzeichneten das erste Sozialversicherungsabkommen, das Italien nach 1945 abschloss, es trat allerdings erst am 1. August 1949 in Kraft. Der Vertrag regelte, unter Berufung auf die Prinzipien des Vertrages von 1919, nicht nur die sozialversicherungsrechtliche Gleichbehandlung der Bürger beider Staaten, falls sie im jeweils anderen Staat erwerbstätig wurden, sondern auch die Übertragung erworbener Ansprüche bei einer Rückkehr ins Herkunftsland.[320] Den zweiten entscheidenden Schritt, mit dem Frankreich sich wieder zum attraktivsten Zielland für italienische Arbeitsmigranten in Europa machte, war der ›Accord d'immigration entre la France et l'Italie‹ vom 21. März 1951, der die seit 1945 zustande gekommenen Vereinbarungen ablöste. Bei dieser Rückkehr zu einem völkerrechtlichen Wanderungsvertrag orientierten sich beide Seiten in vielen Punkten an ihrem Abkommen von 1919. Der neue Vertrag markiert daher eine gewisse Normalisierung der französisch-italienischen Migrationsbeziehungen und sollte Frankreich wieder zur Spitzenstellung unter den Migrationspartnern Italiens verhelfen.[321]

Dieser Wanderungsvertrag war der erste nach dem Ende des Zweiten Weltkrieges, der, vergleichbar mit den Abkommen aus der Zwischenkriegszeit, Arbeitsmigration umfassend und längerfristig regulieren sollte. Er beendete

319 Arrêté du 26 avril 1948 portant approbation de l'arrangement relatif au recrutement de travailleurs agricoles en Italie conclu le 6.4.1948 entre les gouvernements italien et luxembourgeois, in: Mémorial du Grand-Duché de Luxembourg, 29. 1948, S. 680–682. Im Jahr 1951 schlossen beide Länder ein Sozialversicherungsabkommen, das zwei Jahre darauf in Kraft trat; Loi du 21 août 1953 portant approbation de la convention générale et du protocole spécial entre le Grand-Duché de Luxembourg et la République Italienne, sur la Sécurité sociale, 29.3.1951, in: Mémorial du Grand-Duché de Luxembourg, 56. 1953, S. 1137–1146.

320 Convention générale tendant à coordonner l'application aux ressortissants des deux pays de la législation française sur la Sécurité sociale et de la législation italienne sur les assurances sociales et les prestations familiales, 31.3.1948, hier aus: Ministère des Affaires Étrangères de la République Française, Archives Diplomatiques, Base Pacte, http://www.doc.diplomatie.gouv.fr.

321 Accord d'immigration entre la France et l'Italie, 21.3.1951, hier aus: Ministère des Affaires Étrangères de la République Française, Archives Diplomatiques, Base Pacte, http://www.doc.diplomatie.gouv.fr.

die seit Kriegsende vorherrschende Praxis der kurzfristigen Ad-hoc-Vereinbarungen und diente – mit gewissen Einschränkungen – später auch international als Vorbild für die Verträge anderer Staaten. Das Dokument besteht aus drei Teilen: dem Vertrag sowie einem Anhang, der die Anwerbeprozedur präzisiert, und einem weiteren, der den Familiennachzug regelt. Im eigentlichen Abkommen vereinbarten Frankreich und Italien eine umfassende gegenseitige Informationspflicht, in deren Rahmen Frankreich in unterschiedlichen Zeitintervallen seinen Bedarf an italienischen Arbeitskräften übermittelte und Italien im Gegenzug bekannt zu geben hatte, inwiefern diese Nachfrage durch Arbeitsmigranten gedeckt werden konnte. Die Anwerbung sah sowohl die anonyme als auch die namentliche Anforderung von Arbeitskräften für alle Branchen – also nicht mehr nur Bergleute – vor und schloss daneben die Rekrutierung von Saisonarbeitern ein, die nur neun Monate in Frankreich bleiben durften. Die Anwerbung selbst sollte über ein weniger kompliziertes Verfahren als bisher praktiziert in Mailand erfolgen, blieb aber nach wie vor mit einer doppelten Selektion der Auswanderungskandidaten durch die Behörden beider Länder verbunden.[322] Auch die medizinische Untersuchung, zunächst durch eine italienische, dann durch eine französische Kommission, ließ man unangetastet, führte allerdings ein Revisionsverfahren für ablehnende Bescheide der französischen Mediziner ein. Wurde ein italienischer Kandidat ausgeschlossen, legte man seinen Fall einer gemischten italienisch-französischen Ärztekommission zur Beurteilung vor, die – wenn kein einstimmiger Beschluss zustande kam – externe Mediziner als Gutachter anrufen musste. Um die Attraktivität Frankreichs bereits bei der Anwerbung zu erhöhen, sorgte der Vertrag dafür, dass den Migranten selbst keine Kosten entstanden und ihre Untersuchung in Mailand innerhalb von höchstens zwei Tagen stattfand. Darüber hinaus erhöhte man das vorgesehene Handgeld beträchtlich: Jedem Italiener, der sich für den französischen Bergbau anwerben ließ, stand nun eine Prämie von 3.000 Francs, jeder Arbeitskraft für eine andere Branche eine Prämie von 1.500 Francs zu. Auch die Vorschriften für den Familiennachzug fielen, wie bereits zuvor, großzügig aus.[323]

In den folgenden Jahren traten weitere Abkommen, die Fragen der Sozialversicherung, des Lohntransfers und des Familiennachzuges regelten, neben den Vertrag von 1951.[324] Diese Entwicklung gipfelte in der Übernahme einer

322 Ein interessanter Hinweis auf die verbesserte italienische Verhandlungsposition ist die Auflockerung der Altersgrenzen, die für Bergleute bei 35, für Landarbeiter bei 45 und für sonstige Arbeitskräfte bei 40 Jahren lagen. Für verheiratete Arbeiter mit mehreren Kindern unter fünf Jahren waren zudem Ausnahmeregelungen vorgesehen.

323 Vgl. zur Ausgestaltung dieser Migrationsbeziehung zur Tätigkeit der vertraglich festgelegten Arbeit der gemischten Kommission exemplarisch Réunion de la commission mixte italo-française pour l'émigration, S. 443f.

324 Noch im Juni 1951 erfolgte eine Präzisierung der Familienbeihilfen, die Frankreich den in Italien zurückbleibenden Familienangehörigen italienischer Migranten gewährte; Arrangement relatif au régime de paiement des allocations familiales en Italie, 15.6.1951, hier aus: Ministère des Affaires Étrangères de la République Française, Archives Diplomatiques, Base Pacte, http://www.doc.diplomatie.gouv.fr. In den Jahren 1956/57 legten Italien

Reihe von Bestimmungen des ›Europäischen Abkommens über die soziale Sicherheit der Wanderarbeitnehmer‹ noch vor dessen Inkrafttreten, durch die Gründung der EWG sollte es obsolet werden, im März 1958.[325] Die kumulative Verbesserung der Migrationsbedingungen für italienische Arbeitskräfte, die sich nach Frankreich wandten, war allerdings nicht nur eine Folge der steigenden Zahl von Staaten, die um italienische Arbeitskräfte warben, sondern auch des europäischen Einigungsprozesses. Seit der Gründung der OEEC, vor allem aber mit dem Übergang der Montanunion in die Europäische Wirtschaftsgemeinschaft durch die Unterzeichnung der Römischen Verträge 1957 wirkten sich die auf dieser Ebene angestrebten Regelungen für einen transnationalen Arbeitsmarkt auch auf die italienischen Migrationsbeziehungen aus.

Während noch der französisch-belgische Konkurrenzkampf auf dem italienischen Arbeitsmarkt andauerte, entschied sich auch die Schweiz für eine Formalisierung ihrer Arbeitsmarktbeziehungen zu Italien, die zuvor auf der Grundlage von zwischenstaatlichen Vereinbarungen aus den Jahren 1868 bzw. 1934 abgewickelt worden waren. Es handelte sich bei der neuen Vereinbarung um den ersten modernen Wanderungsvertrag über temporärere Arbeitsmigration in den bereits alten Migrationsbeziehungen zwischen beiden Staaten. Das am 22. Juni 1948 in Rom unterzeichnete und knapp einen Monat später in Kraft tretende Dokument sah ein Vermittlungsverfahren vor, in dem die Behörden beider Staaten den Rahmen für eine privatwirtschaftliche Anwerbung herstellten.[326] Schweizerische Arbeitgeber konnten über die diplomatische Vertretung ihres Landes Arbeitsplatzangebote an Italien übermitteln. Die dortige Arbeitsverwaltung schrieb die Stellen aus und sorgte für eine Vorauswahl geeigneter Bewerber. Standen diese bereit, konnten die schweizerischen Unternehmer anreisen, um nach einer Endauswahl die Abreise ihrer neuen Mitarbeiter zu ihren Arbeitsorten zu organisieren. Eine medizinische Untersuchung war nicht Teil des Auswahlprozesses, sondern fand bei der Einreise aufgrund der schweizerischen Einwanderungsbestimmungen statt. Das Verfahren sah anonyme Anforderungen ebenso vor wie namentliche, für die jedoch bestimmte Auflagen galten. Beide Wege unterlagen jedoch einer strikten admi-

und Frankreich die Sozialversicherungsleistungen für landwirtschaftliche Saisonarbeiter sowie die Modalitäten des Lohntransfers in zwei gesonderten Übereinkommen fest; Accord par échange de lettres relatif au régime des assurances sociales applicable aux ressortissants italiens exécutant en France un travail saisonnier dans une profession agricole, 3.3.1956; hier aus: Ministère des Affaires Étrangères de la République Française, Archives Diplomatiques, Base Pacte, http://www.doc.diplomatie.gouv.fr.; Franco-Italian Protocol (with annex and addendum) Concerning Italian Seasonal Workers, 19.9.1957, hier aus: United Nations Treaty Collection (online) http://untreaty.un.org/English/access.asp, No. 4361.

325 Agreement between Italy and France Respecting the Application in Advance of Certain Provisions of the European Convention on Social Security for Migrant Workers, 27.3.1958, hier aus: United Nations Treaty Collection (online) http://untreaty.un.org/English/access.asp, No. 4428.

326 Vereinbarung zwischen der Schweiz und Italien über die Einwanderung italienischer Arbeitskräfte in die Schweiz, 22.6.1948, hier aus: Sammlung der eidgenössischen Gesetze, 1948, S. 838–844.

nistrativen Kontrolle. Die Nutzung eines Musterarbeitsvertrages war ebenso vorgesehen wie die Deckung der Reisekosten durch die Arbeitgeber und die Gleichstellung der Migranten mit schweizerischen Arbeitnehmern hinsichtlich der Arbeitsbedingungen und sozialrechtlicher Bestimmungen. Von besonderer Bedeutung für die Entwicklung zwischenstaatlicher Wanderungsabkommen sind vier Besonderheiten dieses Vertrages. Erstens ließ sich die Schweiz in Artikel 2 zusichern, dass Italien in Anerkenntnis der alten Migrationsbeziehungen zwischen beiden Staaten »bei der Zuteilung der verfügbaren italienischen Arbeitskräfte unter die an deren Zuzug interessierten Länder den Bedürfnissen der Schweiz Rechnung« trug. Dieser deutliche Bezug zur massiven Anwerbung durch Belgien und Frankreich in Italien ist ein selten klarer Beweis für die starke Konkurrenz und die sich schon früh abzeichnende Knappheit migrationswilliger italienischer Arbeitskräfte. Zugleich unterstreicht die Formulierung die wachsende Bedeutung der staatlichen Regulierung der europäischen Arbeitsmigration, bei der die Schweiz implizit von entsprechenden Steuerungsmöglichkeiten ausging, die individuelle Migrationsentscheidungen überlagern konnten. Zweitens schrieb die Schweiz eine Mitsprache der Arbeitgeber bei der regionalen Verteilung der Stellenangebote im Vertrag fest, denn die italienische Arbeitsverwaltung verpflichtete sich, die Arbeitskräfte nach Möglichkeit in den Regionen zu rekrutieren, welche die Arbeitgeber präferierten. Drittens bediente sich die Schweiz einer doppelten Versicherung hinsichtlich des temporären Charakters der Arbeitsmigration, die sich auf ›Saisonarbeiter‹ oder den ›vorübergehenden Aufenthalt‹ von Arbeitskräften (Artikel 1) bezog und grundsätzlich ›temporären Charakter‹ (Artikel 17) besitzen sollte. Eine genaue zeitliche Befristung des Aufenthalts gab die Vereinbarung zwar nicht vor, die Definition der Zuwanderung als temporär und zweckgebunden durch Artikel 17 unterwarf die italienischen Arbeiter jedoch den Sonderbestimmungen des Abkommens von 1934, nach denen sich die Frist bis zur Gewährung der Niederlassungsbewilligung von fünf auf zehn Jahre verlängerte.[327] Viertens war der schweizerisch-italienische Vertrag von 1948 der erste nach 1945, der einen staatlich kontrollierten Rahmen für die Arbeitsmigration vorgab, die Anwerbung letztlich jedoch den einzelnen schweizerischen Arbeitgebern überließ und weder eine staatliche noch eine öffentlich-rechtliche oder eine bestimmte private Institution mit deren Durchführung betraute. Insofern stellte dieses Abkommen ebenso ein Zugeständnis der Schweiz an den internationalen Trend zum Abschluss bilateraler Wanderungsabkommen nach einem gemeinsamen Muster dar, wie es sich an den Spezifika der italienisch-schweizerischen Migrationsbeziehungen, vor allem aber an den arbeits- und wanderungspolitischen Vorstellungen der Schweiz orientierte.

327 Erklärung über die Anwendung des Niederlassungs- und Konsularvertrages vom 22. Juli 1868 zwischen der Schweiz und Italien, abgegeben am 5. Mai 1934, hier aus: Schweizerische Eidgenossenschaft, Systematische Sammlung des Bundesrechts, http://www.admin.ch/ch/d/sr/c0_142_114_541_3.html (0.142.114.541.3), Artikel 2, Absatz 2.

Die ›Vereinbarung zwischen der Regierung der Bundesrepublik Deutschland und der Regierung der Italienischen Republik über die Anwerbung und Vermittlung von italienischen Arbeitskräften nach der Bundesrepublik Deutschland‹ vom 20. Dezember 1955 hingegen lehnte sich in ihrer Präambel mit der Formulierung, beide Regierungen seien »von dem Wunsch geleitet, die Beziehungen zwischen ihren Völkern im Geiste europäischer Solidarität« übereingekommen, »einen hohen Beschäftigungsstand der Arbeitskräfte zu erreichen und die Produktionsmöglichkeiten voll auszunutzen«, nicht nur an die Zielvorgaben der OEEC an, sondern folgte auch dem französischen Vorbild.[328] In die gleiche Richtung verwies auch Artikel 22 der Vereinbarung, der vorsah, dass künftige Regelungen im europäischen Rahmen, die italienischen Arbeitskräften eine größere Freizügigkeit verschafften, nicht durch den Inhalt der deutsch-italienischen Vereinbarung beschnitten werden konnten. Inhaltlich folgten die Migrationsbedingungen dieses nun vierten Staates, der in Italien vertragsbasiert Arbeitskräfte anwerben wollte, den bereits bekannten Linien. Vorgesehen waren die anonyme sowie die namentliche Anforderung von Arbeitskräften, die in einem Verfahren beiderseitiger Selektion durch die deutsche Bundesanstalt für Arbeitsvermittlung und Arbeitslosenversicherung und das italienische Ministerium für Arbeit und soziale Sicherheit rekrutiert werden sollten.[329] Als erstes Anwerbeabkommen unter italienischer Beteiligung nach 1945 legte die deutsch-italienische Vereinbarung kein Kontingent für die jährlich anzuwerbende Zahl an Arbeitskräften fest. Stattdessen beruhte der quantitative ebenso wie der qualitative Verlauf der Arbeitskräfterekrutierung durch Deutschland auf dem Aggregat der unternehmerischen Einzelentscheidungen.[330]

Dazu installierte die deutsche Seite in Mailand eine eigene Anwerbekommission, die ohne Obergrenze alle von den deutschen Arbeitgebern eingereichten Stellenangebote in einem ununterbrochenen Anwerbeprozess zu bedienen suchte.[331] Italiener konnten entweder als Saisonarbeitskräfte, deren Verweildauer in Deutschland neun Monate nicht überschreiten durfte, oder als Dauerarbeitskräfte angeworben werden. Diese erhielten zunächst, wie auch in den französischen oder belgischen Verträgen vorgesehen, einen auf ein Jahr

328 Vereinbarung zwischen der Regierung der Bundesrepublik Deutschland und der Regierung der Italienischen Republik über die Anwerbung und Vermittlung von italienischen Arbeitskräften nach der Bundesrepublik Deutschland, 20.12.1955, hier aus: Amtliche Nachrichten der BAVAV, 3. 1955, S. 52–55.

329 Vgl. zur Vorgeschichte des Abkommens Steinert, Die deutsch-italienische Wanderungsvereinbarung und die Anwerbung italienischer Arbeitskräfte in den späten 1950er Jahren, S. 441f.; vgl. zur Rolle der deutschen Steinkohlenindustrie Yano, Arbeitsmigration im Steinkohlenbergbau in der Frühphase der Bundesrepublik, S. 255f.

330 Bhagwati/Schatz/Wong, The West German Gastarbeiter System of Immigration, S. 278f. Eine Ausnahme bildete die Kontingentierung der Anwerbung in den Abkommen mit Marokko und Tunesien von 1965 bzw. 1966; siehe dazu Kapitel 3.4.3.5 bzw. Kapitel 3.4.3.8.

331 Die Rekrutierung wurde zunächst nur während einiger Wochen am Jahresende unterbrochen, ein Überbleibsel aus der Zeit der Rekrutierung von Saisonarbeitern für die Landwirtschaft.

befristeten Aufenthaltstitel, der bei entsprechender Arbeitsmarktlage und der Weiterbeschäftigung des Migranten nach Ablauf eines Jahres unter Beachtung der Vorschriften des deutschen Ausländergesetztes verlängert werden konnte.[332] Eine Gleichbehandlung der italienischen mit den deutschen Arbeitnehmern war nicht Teil der Vereinbarung, wurde aber durch entsprechende Formulierungen in dem verbindlichen Musterarbeitsvertrag und die Bestimmungen des Sozialversicherungsabkommens zwischen beiden Staaten vom 5. Mai 1953 garantiert.[333] Der Familiennachzug wurde, ebenso wie in den französischen und den belgischen Abkommen, grundsätzlich ermöglicht. Die beiden Mitbewerber Deutschlands sahen allerdings nur relativ kurze Wartezeiten vor, nach denen beim Nachweis einer geeigneten Wohnung der Familiennachzug gestattet werden konnte. Im Unterschied dazu erlaubte Deutschland diesen zunächst nur für Arbeitskräfte, die in einem unbefristeten Arbeitsverhältnis standen. Er kam also weder für Saisonarbeiter in Frage, noch für jeden anderen italienischen Migranten während seines ersten Jahres in Deutschland, in dem er generell nur den über ein Jahr laufenden Arbeitsvertrag besaß. Eine weitere Besonderheit dieser Anwerbevereinbarung bildete ein Passus, der die italienische Seite dazu verpflichtete, der deutschen Kommission keine Bewerber vorzustellen, die straffällig geworden oder wegen »asozialen Verhaltens« bekannt waren. Eine Formulierung, welche die Abkommen anderer Anwerbestaaten mit Italien bis dahin nicht kannten. Die Bedeutung eines Anwerbeabkommens für den Eintritt in den umkämpften Markt für italienische Arbeitsmigranten verdeutlicht der Befund, dass im Jahr 1955 immerhin 75% aller italienischen Migranten, die sich europäischen Zielen zuwandten, auf der Grundlage der zu diesem Zeitpunkt bestehenden Wanderungsverträge angeworben wurden. Von diesen gingen wiederum 90% nach Belgien oder Frankreich. Die Gewinnung italienischer Arbeitskräfte in bedeutendem Umfang ohne den Aufbau eines entsprechenden Rekrutierungssystems konnte daher kaum zu einem Erfolg führen.[334]

Etwa ein Jahr vor der Ausweitung der Fürsorgebestimmungen im Rahmen der französisch-italienischen Arbeitsmigration wurde die deutsch-italienische Vereinbarung im März 1957 zum ersten Mal überarbeitet. Neben einer Reihe von Ergänzungen, die Formalitäten und Praxis der Anwerbung betrafen, billigte ein neuer Absatz in Artikel 16 der Vereinbarung den italienischen Ar-

332 Das deutsche Ausländerrecht sah vor, dass in den ersten fünf Jahren Arbeits- und Aufenthaltsgenehmigung jeweils für nur ein Jahr erteilt wurde, anschließend konnte eine Aufenthaltsgenehmigung, die unbegrenzt gültig war, beantragt werden. Im Fall einer Erteilung fielen die davor gegebenen Möglichkeiten zur Einschränkung der Arbeitsmarktfreizügigkeit durch eine Bindung der Arbeitsgenehmigung an eine Branche oder einen Arbeitgeber weg. Für Italien traten ab 1957 in Bezug auf Arbeitsmigration allerdings schrittweise die Regelungen des EWG-Vertrages an die Stelle des deutschen Ausländerrechts; vgl. Bauer/ Zimmermann, Gastarbeiter und Wirtschaftsentwicklung im Nachkriegsdeutschland, S. 75.

333 Convention relative aux aussurances sociales, 5.5.1953, hier aus: http://www.ilo.org/dyn/natlex/ (INT-1953-IA-25459)

334 Emigration italienne en 1955, S. 28f. Zu diesem Zeitpunkt waren noch etwa zwei Drittel der italienischen Auswanderung auf außereuropäische Ziele gerichtet.

beitern die Zahlung von Kindergeld auch für in ihrer Heimat zurückbleibende Kinder zu.[335] Im Dezember 1961 erfolgte die nächste Ergänzung der Vereinbarung zwischen Deutschland und Italien, diesmal weniger durch die internationale Konvergenz als durch den Wettbewerb um Arbeitskräfte bedingt. Die in unserem Zusammenhang wichtigste Änderung der Vereinbarung war die Öffnung des sogenannten ›Zweiten Weges‹ für italienische Arbeitsmigranten. Artikel 13, Absatz 2, der Neufassung sah vor, dass auch Migranten, die ohne die Einschaltung der offiziellen deutschen Anwerbestellen in Deutschland arbeiten wollten, falls sie das Sichtvermerksverfahren durchliefen, eine Arbeitserlaubnis erteilt werden konnte, falls das in Aussicht stehende Arbeitsverhältnis auf der Grundlage des der Vereinbarung beigefügten Musterarbeitsvertrages zustande kam. Diese Erweiterung der Vereinbarung ermöglichte den Zufluss zusätzlicher Arbeitskräfte zu gleichen Bedingungen, wie sie die Anwerbung vorschrieb. Der Zweite Weg stand auf diese Weise nicht zur Rekrutierung von Arbeitskräften offen, die aufgrund schlechterer Lohn- und Arbeitsbedingungen zu einer Dumping-Konkurrenz werden konnten.[336]

In der Zwischenzeit war durch eine Vereinbarung über die Anwerbung italienischer Arbeitskräfte vom 6. August 1960 auch der letzte Anwerbestaat auf dem italienischen Arbeitsmarkt eingetroffen: die Niederlande.[337] Das Übereinkommen orientierte sich bis hin zu einzelnen Formulierungen – beispielsweise der fast übereinstimmenden Präambel oder dem Ausschluss sogenannter ›asozialer Bewerber‹ – am Vorbild der deutschen Vereinbarungen von 1955 bzw. 1957 und folgte diesen inhaltlich weitgehend. Dies führte zu ähnlichen Rekrutierungsprotokollen für Arbeitskräfte, die aus einem festgelegten Altersintervall stammen und eine medizinische Untersuchung passieren mussten, um zunächst für ein Jahr in den Niederlanden beschäftigt zu werden. Danach erhielten sie die Option, nach Einholen der erforderlichen Genehmigungen weitere befristete oder unbefristete Arbeitsverträge anzunehmen. Daneben finden sich in der niederländisch-italienischen Vereinbarung allerdings einige bemerkenswerte Abweichungen. Die Gleichbehandlung hinsichtlich der Lohn- und Arbeitsbedingungen war im Gegensatz zur deutschen Vereinbarung in einem eigenen Artikel verankert. Er verpflichtete die niederländischen Arbeitgeber

335 Vereinbarung zwischen der Regierung der Bundesrepublik Deutschland und der Regierung der Italienischen Republik über die Anwerbung und Vermittlung von italienischen Arbeitskräften nach der Bundesrepublik Deutschland unter Berücksichtigung des Notenwechsels vom 1. März 1957, hier aus: Amtliche Nachrichten der BAVAV, 5. 1957, S. 163–167. Vergleichbare Regelungen übernahmen die Franzosen im März 1958 durch die Aufnahme des Artikels 40 des Europäischen Abkommens über die soziale Sicherheit der Wanderarbeitnehmer in den Kanon ihrer Migrationsbedingungen für italienische Arbeitskräfte.

336 Änderung der Vereinbarung zwischen der Regierung der Bundesrepublik Deutschland und der Regierung der Italienischen Republik vom 20. Dezember 1955 in der Fassung vom 1. März 1957 über die Anwerbung und Vermittlung italienischer Arbeitskräfte nach der Bundesrepublik Deutschland vom 14. Dezember 1961, hier aus: Bundesarbeitsblatt, 13. 1962, S. 71–77.

337 Agreement Concerning the Recruitment and Placement of Italian Workers in the Netherlands, 6.8.1960, hier aus: United Nations Treaty Collection (online) http://untreaty.un.org/English/access.asp, No. 6546.

zudem zur Stellung von Unterkünften und bestimmte eine Höchstsumme von 15 Gulden, die sie den Arbeitern als Beitrag für Kost und Logis vom Lohn abziehen durften. Die Sozialversicherung der italienischen Migranten dagegen folgte bereits den Maßgaben, die die Europäische Wirtschaftsgemeinschaft für die Freizügigkeit von Arbeitnehmern auf ihrem Binnenarbeitsmarkt vorgegeben hatte. Die frühe Einbeziehung Italiens in den Prozess der Liberalisierung der Arbeitsmigration unterstrich auch die Berufung auf die Bestimmungen des Artikels 48 des EWG-Vertrages, die ausdrücklich auf die niederländisch-italienischen Arbeitsmarktbeziehung angewandt werden sollten.

Im Falle einer Remigration nach Ende des ursprünglichen Vertrages überließ das Abkommen die Frage der Reisekosten nicht der Entscheidung des Arbeitgebers, sondern verpflichtete diese zur vollständigen Übernahme. Ebenso hatten die niederländischen Arbeitgeber die Kosten für eine Urlaubsheimfahrt italienischer Arbeiter zu tragen, falls diese ihren Vertrag verlängerten. Die Niederlande hatten in ihren Arbeitsmarktbeziehungen zu Italien damit bereits erste Schritte der Herstellung des gemeinsamen EWG-Arbeitsmarktes vorweggenommen und Italien Bedingungen eingeräumt, die man innerhalb der EWG mit der ersten Phase der Aufhebung der nationalen Arbeitsmarktgrenzen ab 1961 zu realisieren begann. Freilich führte die interessante Kombination aus einem im Vergleich zu den Abkommen Luxemburgs, Belgiens und Frankreichs restriktiven Migrationsmodell, das sich am deutschen Beispiel orientierte, und einer in Bezug auf die Arbeits- und Lebensbedingungen deutlichen Besserstellung italienischer Arbeitsmigranten im Vergleich zu den von Deutschland gebotenen Migrationsbedingungen nicht zu einer quantitativ bedeutenden Verlagerung der italienischen Migrationsströme in Richtung des niederländischen Arbeitsmarktes. Ein wichtiger Grund hierfür bestand darin, dass im Unterschied zu den Wanderungsverträgen aller anderen Anwerbestaaten die unter niederländischer Beteiligung geschlossenen Abkommen bis zum niederländisch-marokkanischen Abkommen von 1969 nie Bestimmungen beinhalteten, die einen Familiennachzug in Aussicht stellten.

Die zweite Stufe der Bildung des EWG-Binnenarbeitsmarktes, die 1965 begann, löste dann die letzte Welle von Novellierungen der mit Italien bestehenden Anwerbevereinbarungen aus. Einzig Frankreich konnte angesichts seiner bereits seit den 1950er Jahren bestehenden, weitgehend freizügigen und detailliert geregelten Migrationsbeziehungen zu Italien auf jede Neufassung seines Wanderungsvertrages vor der Einbindung Italiens in den europäischen Binnenarbeitsmarkt 1968 verzichten. Alle anderen Staaten, die in Italien Arbeitskräfte anwarben, novellierten 1965/66 ihre Wanderungsabkommen. Deutschland eröffnete die Runde mit der Neufassung der deutsch-italienischen Vereinbarung am 23. Februar 1965.[338] Nun nahm die Vereinbarung direkten

338 Vereinbarung zwischen der Regierung der Bundesrepublik Deutschland und der Regierung der Italienischen Republik über die Anwerbung und Vermittlung von italienischen Arbeitskräften nach der Bundesrepublik, 23.2.1965, hier aus: Bundesarbeitsblatt, 16. 1965, S. 277–281.

Bezug auf die in der Zwischenzeit ergangenen Verordnungen der Europäischen Wirtschaftsgemeinschaft sowie die Artikel 48 und 49 des EWG-Vertrages, freilich nicht ohne auch auf die darin eingeräumten nationalen Vorbehalte zu rekurrieren. Ihren Niederschlag fanden die Bestrebungen der EWG in einer Auflockerung des Auswahlverfahrens für italienische Arbeitnehmer. Die Vereinbarung institutionalisierte ferner die dezentrale Anwerbung in Zusammenarbeit mit lokalen Arbeitsämtern in Italien. Hatten solche Rekrutierungskampagnen außerhalb Mailands bisher nur sporadisch stattgefunden und der Deckung im normalen Verfahren nicht erfüllbarer Anforderungen deutscher Arbeitgeber gedient, so wurden sie nun ein fester Bestandteil der Arbeit der deutschen Kommission. Auch der Familiennachzug sollte erleichtert werden. Er hing jedoch nach wie vor von einem unbefristeten Arbeitsvertrag ab und kam daher während des ersten Jahres des Aufenthalts in Deutschland nur in Frage, wenn auch die Ehefrau einen Arbeitsplatz in Deutschland erhielt.[339] Eine beträchtliche Erweiterung erfuhren indes die Bestimmungen über die Gleichbehandlung der italienischen und der deutschen Arbeitnehmer hinsichtlich ihrer Entlohnung, des Kündigungsschutzes, der Vereinigungsfreiheit, des Zugangs zu Gremien der betrieblichen Mitbestimmung sowie der beruflichen Fortbildung.

Die Neufassung der niederländisch-italienischen Vereinbarung vom 6. September 1965 beeinflusste die praktische Organisation der Arbeitsmigration zwischen beiden Ländern hingegen wenig.[340] Die beiden wichtigen Neuerungen bestanden in einer Vereinfachung der doppelten Selektion, bei der sich die Niederlande allerdings vorbehielten, in solchen Fällen, in denen sich die niederländische Auswahlkommission nicht mit den Ergebnissen der italienischen Vorauswahl zufrieden zeigte, eigene medizinische Untersuchungen sowie Tests der beruflichen Qualifikation durchzuführen. Daneben folgten die Vorschriften über den Verbleib italienischer Migranten in den Niederlanden nach Ablauf ihres ersten Arbeitsvertrages nun den Vorschriften, die für den EWG-Binnenarbeitsmarkt galten.

Einen weit radikaleren Einschnitt in die Anwerbung italienischer Arbeitnehmer markierte die belgisch-italienische Vereinbarung, die im Jahr darauf zustande kam. Bisher hatte die belgische ›Fédéchar‹ im Auftrag der Regierung die Anwerbung von Arbeitskräften in Italien vor allem für den Bergbau durchgeführt. Das Übereinkommen vom 11. Juli 1966 sah dagegen vor, dass die belgische und die italienische Arbeitsverwaltung bei der Ausschreibung von Stellenangeboten für alle Sektoren der belgischen Wirtschaft in Italien direkt zusammenarbeiten sollten. Ebenso wie in der deutschen Vereinbarung spielte dabei die dezentrale Anwerbung auf der Grundlage der Übermittlung

339 Sonnenberger, Nationale Migrationspolitik und regionale Erfahrung, S. 87f.

340 Agreement Concerning the Recruitment and Placement of Italian Workers in the Netherlands, 6.8.1960, Protocol Amending the Above-Mentioned Agreement, 6.9.1965, hier aus: United Nations Treaty Collection (online) http://untreaty.un.org/English/access.asp, No. 6546.

von Stellenangeboten an einzelne Provinzarbeitsämter in Italien eine größere Rolle als bei dem bis dahin praktizierten, auf Mailand konzentrierten Verfahren. In der Regel erhielten die Arbeitsmigranten nun zeitlich nicht begrenzte Arbeitsgenehmigungen, die eine Arbeitsaufnahme in allen Branchen gestatteten. Beschränkungen jenseits der auf EWG-Ebene vorgesehenen Regelungen führte das Abkommen nicht ein. Im Gegenteil regelte es sowohl den Familiennachzug als auch Familienleistungen, den Zugang zu beruflicher Bildung und Schule, auch zu muttersprachlichem Unterricht für Kinder mit Migrationshintergrund, sowie zum Wohnungsmarkt und sah auch Integrationsmaßnahmen für italienische Migranten vor.[341]

Diese Verbesserung der Migrationsbedingungen für italienische Arbeitnehmer in Belgien, Deutschland und den Niederlanden sowie die für 1968 vorgesehene vollständige Einbindung Italiens in den Binnenarbeitsmarkt der Europäischen Wirtschaftsgemeinschaft hatte auch die Schweiz, die seit deren Gründung der OEEC und seit 1963 auch dem Europarat angehörte, unter Druck gesetzt, ihre Arbeitsmarktbeziehungen zu Italien zu modernisieren, die noch auf den Regelungen aus dem Jahr 1948 basierten. Am 10. August 1964 unterzeichneten Vertreter beider Staaten das ›Abkommen zwischen der Schweiz und Italien über die Auswanderung italienischer Arbeitskräfte in die Schweiz‹.[342] Die Rekrutierung von Arbeitskräften erfolgte auch weiterhin direkt durch interessierte Arbeitgeber oder deren Beauftragte, die ihre von den schweizerischen Behörden geprüften Anforderungen, die namentlich oder anonym sein konnten, an die italienische Arbeitsverwaltung übermittelten und dann in Italien gemeinsam mit den italienischen Stellen die Anwerbung vornahmen. Die Rolle der Schweiz in diesem Abschnitt des Migrationskanals beschränkte sich auf eine Untersuchung der Arbeitsmigranten auf ansteckende Krankheiten sowie die Durchführung der Einreiseformalitäten. Die zunächst auf die Dauer des ersten Arbeitsvertrages befristete Arbeits- und Aufenthaltsgenehmigung italienischer Arbeitskräfte konnte nun in einem zweistufigen Verfahren verbessert und schließlich zur Niederlassungsbewilligung werden. Nach fünf Jahren in der Schweiz verlängerte man die Aufenthaltsbewilligung bei entsprechender Arbeitsmarktlage in mehrjährigen Intervallen, bis ein Aufenthalt von zehn Jahren ein dauerhaftes Bleiberecht erwirkte. Im zweiten Fünfjahresabschnitt genossen die italienischen Arbeitskräfte allerdings bereits

341 Accord entre le Gouvernement belge et le Gouvernement italien relatif à l'emploi et au séjour en Belgique des travailleurs italiens et de leurs familles, hier aus: Senat de Belgique, Documents législatifs, 563 (1974–1975) N. 1, S. 103–108, ergänzt durch: Protocole fixant des modalités d'application de l'article 2 de l'accord entre le Gouvernement belge et le Gouvernement italien relatif à l'emploi et au séjour en Belgique des travailleurs italiens et de leurs familles, hier aus: Senat de Belgique, Documents législatifs, 563 (1974–1975) N. 1, S. 109–116.

342 Abkommen zwischen der Schweiz und Italien über die Auswanderung italienischer Arbeitskräfte in die Schweiz, 10.8.1964, hier aus: Schweizerische Eidgenossenschaft, Systematische Sammlung des Bundesrechts, http://www.admin.ch/ch/d/sr/c0_142_114_548.html (0.142. 114.548); vgl. auch Gees, Die Schweiz im Europäisierungsprozess, S. 121f.

weitergehende Freizügigkeitsrechte auf dem schweizerischen Arbeitsmarkt.[343] Auch für Saisonarbeiter verbesserten sich die Möglichkeiten zur Erlangung einer Jahresbewilligung, die dann zur Grundlage für eine Niederlassungsbewilligung werden konnte. Das Zusammenwirken der internationalen Konkurrenz und der europäischen Migrationspolitik führte auch zum Abrücken der Schweiz vom Verbot des Familiennachzuges. Nachdem ein Abkommen aus dem Jahr 1962 bereits die Modalitäten der Ausdehnung der schweizerischen Sozialversicherungen auf italienische Migranten definiert hatte, stellte das Anwerbeabkommen von 1964 die Gleichbehandlung bei der Bezahlung sowie der Arbeits- und Arbeiterschutzgesetzgebung fest. Nach fünf Jahren Aufenthalt in der Schweiz stand den italienischen Migranten zudem auch die Aufnahme in die schweizerischen Arbeitslosenkassen offen.

Nachdem so bis zur Mitte der 1960er Jahre die Anwerbeabkommen Italiens mit seinen wichtigsten Migrationspartnern zu einer Form gefunden hatten, die bis zum Ende der Anwerbung weitgehend Gültigkeit behalten sollte, bildete eine letzte Anpassung des niederländisch-italienischen Wanderungsabkommens in einigen Punkten, die den für Italien gültigen Bestimmungen der EWG angepasst wurden, im Juli 1970 den Abschluss der Entwicklung dieses Aspekts der italienischen Migrationsbeziehungen.[344]

3.4.3.2. Griechenland

Angesichts einer mit organisatorischen Schwierigkeiten behafteten und in den jährlichen Anwerbeergebnissen volatilen Entwicklung der Rekrutierung von Arbeitskräften in Italien erweiterte Frankreich im wirtschaftlichen Aufschwung des Jahres 1954 seine Migrationsbeziehungen. Durch das Abkommen mit Griechenland vom 13. März 1954 wurden griechische Migranten zum zweiten Mal nach der episodenhaften Anwerbung von Flüchtlingen durch französische Behörden während des Ersten Weltkrieges in das europäische Arbeitsmigrationssystem eingebunden. Im Gegensatz zu den Vereinbarungen

343 Die Schweiz folgte in diesem Punkt dezidiert nicht den Empfehlungen der OEEC aus dem Jahr 1953.

344 Agreement Concerning the Recruitment and Placement of Italian Workers in the Netherlands, 6.8.1960, Protocol Amending the Above-Mentioned Agreement, as Amended, 15.7.1970, hier aus: United Nations Treaty Collection (online) http://untreaty.un.org/English/access.asp, No. 6546. Neben einer Reihe von Verfahrensänderungen wurde beispielsweise der Zugang zu beruflicher Fortbildung in das Abkommen aufgenommen und der Höchstpreis für Kost und Logis von 15 Gulden monatlich auf einen Lohnanteil von 20% geändert. Der Familiennachzug fand noch immer keine Erwähnung im Abkommen und blieb so der Anwendung europäischer Bestimmungen in Kombination mit der niederländischen Gesetzgebung überlassen. Ein Jahr später machte ein Notenwechsel alle Änderungen an Artikel 18 der Vereinbarung, die sich auf die ›Gemischte Kommission‹ bezogen, rückgängig und ersetzte sie durch die Fassung von 1965; dazu Agreement Concerning the Recruitment and Placement of Italian Workers in the Netherlands, 6.8.1960, Procès-Verbal of Rectification of the Protocol Amending the Above-Mentioned Agreement, as Amended, 15.7.1970, 14.4.1971, hier aus: United Nations Treaty Collection (online) http://untreaty.un.org/English/access.asp, No. 6546.

mit Italien, die zu diesem Zeitpunkt bereits der Wanderungsvertrag von 1951 und diverse Absprachen über Fragen der Sozialversicherung erweitert hatten, begründete das Abkommen mit Griechenland eine völlig neue Migrationsbeziehung.

Auf französischer Seite mag neben der einsetzenden Hochkonjunktur Mitte der 1950er Jahre der Wunsch nach einer Diversifizierung der Quellen für ausländische Arbeitskräfte eine gewisse Rolle gespielt haben. Immerhin wuchs die Konkurrenz um Arbeitskräfte in Italien durch den Eintritt neuer Marktteilnehmer und die steigende kumulierte Nachfrage ständig.[345] Katalytisch für das Zustandekommen der französisch-griechischen Vereinbarung, die eben nicht, wie im Falle Italiens auf älteren dichten Arbeitsmarktbeziehungen beruhte, wirkten daneben die Bemühungen der griechischen Regierung um die Förderung der Arbeitsemigration, mit der man ab 1950 als feste Größe in den eigenen Wirtschaftsplänen kalkulierte. So beinhaltete die Vereinbarung der beiden Staaten zwar die üblichen Vorkehrungen für die Anwerbung von Arbeitnehmern, sie blieb jedoch von französischer Seite vergleichsweise vage gehalten. Die Entsendung einer Anwerbekommission wurde als Option ohne die Benennung der französischen Einwanderungsbehörde formuliert, ansonsten sollte der Abgleich von Stellenangeboten und Arbeitnehmern zwischen den Arbeitsverwaltungen über diplomatische Kanäle laufen. Die Lohnüberweisungen beschränkte man entgegen den für Italien gültigen Regelungen auf 50% des Bruttolohns für verheiratete Arbeiter, deren Familien in Griechenland lebten, und 20% für Spitzenverdiener sowie Arbeitnehmer, deren Familien nach Frankreich übersiedelten. Der Familiennachzug selbst, der grundsätzlich vom ›Office nationale d'immigration‹ großzügig gehandhabt werden sollte, bedurfte allerdings neben der auch für Italien vorgesehenen Gesundheitsuntersuchung und der amtlichen Genehmigung zusätzlich der Sicherheitsüberprüfung aller einreisenden Angehörigen durch die französische Polizei.[346]

Die Beschränkungen des Lohntransfers, von dem die französische Seite seit ihren Erfahrungen in Italien wusste, dass sie potentielle Migranten angesichts besserer Angebote aus anderen Ländern abschrecken mussten, und der Verzicht auf eine aktive Anwerbung verdeutlichen, dass es sich bei dem Abkommen aus französischer Sicht eher um ein taktisches Manöver handelte. Frankreich gab damit nicht zuletzt dem griechischen Drängen nach, ohne unmittelbar durch das Angebot attraktiver Migrationsbedingungen die Arbeitsmigration aus Griechenland zu begünstigen. Vorteilhaft für Frankreich war, dass prinzipiell der Zugang zum griechischen Arbeitsmarkt nun möglich und damit eine Ausweichmöglichkeit für die eigene Nachfrage geschaffen war.

345 Etwa zeitgleich weitete sich auch die Zuwanderung von Algeriern, die 1946 mit der Anwerbung von 3.000 Bergleuten begonnen hatte, zu einer Massenwanderung aus.

346 Agreement Concerning Emigration (with Administrative Arrangements Nos. 1 and 2, Signed at Paris on 13 March 1954), 13.5.1954, hier aus: United Nations Treaty Collection (online) http://untreaty.un.org/English/access.asp, No. 3036.

Erwies sich die Verlagerung der Nachfrage als notwendig, ließen sich die Bedingungen, so wie man es in Italien praktiziert hatte, entsprechend anpassen.

Trotz des in Griechenland herrschenden beträchtlichen Migrationsdrucks blieb, wie nicht anders zu erwarten, der Erfolg des Abkommens bescheiden. Eine Ursache bestand in der großen Bedeutung, die zu diesem Zeitpunkt alternative Migrationsziele für griechische Auswanderer besaßen. Noch überwog nicht nur die Wanderung nach Übersee, auch innerhalb Europas spielte während der ersten Hälfte der 1950er Jahre eine intensive und zunächst weitgehend unregulierte Arbeitsmigration zwischen Belgien und Griechenland eine wichtigere Rolle. Diese hatte 1952 eingesetzt und zur Anwerbung griechischer Arbeiter für den belgischen Steinkohlenbergbau durch die ›Fédération des Associations Charbonnières‹ geführt. Im Jahr 1957 mündeten diese informellen Migrationsbeziehungen schließlich in eine Regierungsvereinbarung über die organisierte Arbeitsmigration. Das Beispiel dieser Übereinkunft zeigt sowohl den Einfluss des Wettbewerbs der Anwerbeländer wie den der Konkurrenz der Entsendeländer: Italien hatte im Vorfeld des Vertragsabschlusses begonnen, seine Monopolstellung für die Entsendung von Arbeitskräften in den belgischen Steinkohlenbergbau durch eine Pressekampagne in Griechenland, die zur Abschreckung griechischer Migranten gedacht war, zu verteidigen. Gleichzeitig erwies es sich für Belgien nach dem Zustandekommen des französisch-griechischen Vertrages als zunehmend schwierig, die ›Fédéchar‹ ohne jede zwischenstaatliche Vereinbarung, die bestimmte Mindeststandards und Verfahrensweisen vorgab, weiterhin Arbeitskräfte in Griechenland anwerben zu lassen.

Die belgisch-griechische Vereinbarung folgte in ihren Bestimmungen in Bezug auf die Anwerbung selbst den bereits üblichen Protokollen. Auf der Grundlage eines Informationsaustausches zwischen beiden Regierungen über Arbeitsstellen- und Arbeitskräfteangebot sowie die Lebens- und Arbeitsbedingungen in Belgien sowie einer arbeits- und sozialrechtlichen Gleichbehandlung konnte die ›Fédéchar‹ nun in offiziellem Auftrag fortfahren, in einem doppelten Selektionsprozess griechische Arbeiter aus dem Alterssegment zwischen 23 und 35 Jahren für den belgischen Steinkohlenbergbau zu rekrutieren. Die eigentliche Neuerung, die das Abkommen in die Migrationsbeziehungen beider Länder einführte, war die systematische Beteiligung der griechischen Behörden am Anwerbeprozess. Dabei implizierte die Vereinbarung durch die Art, in der die Transporte von Griechenland nach Italien organisiert wurden, die großzügige Handhabung des Familiennachzuges, ohne dass dieser gesondert thematisiert wurde. Der Verbleib eines Migranten in Belgien nach Ablauf seines ersten, befristeten Vertrages gestattete die Vereinbarung nur, wenn er eine Anschlussbeschäftigung im Bergbau fand. Der Vertragstext selbst gab keine Zeitspanne für diese Befristung an, der Musterarbeitsvertrag sah jedoch eine Beschäftigung für die Dauer von 12 Monaten vor. Die gleiche Regelung fand sich auch in dem ein Jahr älteren Abkommen mit Spanien. In den 1960er Jahren veränderte man den Passus jedoch in einigen der folgenden Anwerbeabkommen und sah eine Anstellung für *mindestens* 12 Monate vor. Diese Regelung galt für die Migrationsbeziehungen zur Türkei, zu Tunesien und Marokko. In den Abkommen mit Jugoslawien und Algerien kehrte man 1969/70 jedoch zur alten, weniger flexiblen Formulierung zurück. In der Phase des höchsten Arbeitskräftebedarfs waren also bereits die Arbeitsverträge auf einen längerfristigen Aufenthalt der Arbeitnehmer in Belgien ausgerichtet. Als in den letzten Jahren der Anwerbung zur hohen Nachfrage ein erhöhtes Steuerungsbedürfnis hinzukam, wurde mit der Befristung auf ein Jahr eine automatische Überprüfung der Arbeits- und Aufenthaltsberechtigung eingeführt. Nach fünf Jahren Beschäftigung eines griechischen Arbeitnehmers im Steinkohlenbergbau fiel die Beschränkung seiner Freizügigkeit weg. Gleiches galt für Familienangehörige griechischer Bergleute, die ebenfalls nach fünf Jahren rechtmäßigen Aufenthalts in Belgien eine Arbeitserlaubnis der Klasse A beantragen konnten.[347] Eine vergleichbare Einschränkung musste beispielsweise in den deutschen Anwerbeabkommen nicht enthalten sein, um einen ähnlichen Effekt zu erzielen. Nach dem deutschen Ausländergesetz wurden während der ersten fünf Jahre des Aufenthalts eines ausländischen Arbeitnehmers in Deutschland Arbeits- und Aufenthaltsgenehmigung immer für nur ein Jahr ausgestellt. Die Arbeitsgenehmigung war dabei in der Regel immer an eine bestimmte Branche, in den ersten Jahren der Anwerbung bisweilen sogar an einen Arbeitgeber gebunden. Bei jedem Antrag auf Verlängerung konnte daher über den weiteren Verbleib eines Ausländers auf dem Arbeitsmarkt und seinen Bewegungsspielraum in der nächsten Genehmigungsperiode entschieden werden.[348]

Zum ersten Mal beinhaltet dieses belgische Anwerbeabkommen detaillierte Regelungen zum Verfahren im Falle eines Kontraktbruchs. Zwar sahen diese immer dann, wenn der Arbeitgeber das vorzeitige Vertragsende zu vertreten hatte, eine Neuvermittlung vor, sodass dem Migranten keine Nachteile entstanden. Hatte dieser jedoch einen Vertragsbruch begangen, für den es keinen rechtfertigenden Anlass gab, leiteten die belgischen Behörden umgehend die Rückführung des Betroffenen in seine Heimat ein.[349] Verließ ein Bergmann vor Ablauf dieser ersten fünf Jahre Belgien, um dauerhaft in seine Heimat zurückzukehren, musste er die Reisekosten selbst tragen, während eine Reihe von Vereinbarungen, die etwa mit Italien zustande kamen, die Arbeitgeber zur Finanzierung der Remigration verpflichteten.[350] Die vornehmlich migrati-

347 Mit dieser Regelung orientierte sich Belgien an den Empfehlungen der OEEC aus dem Jahr 1953, die ihrerseits den Standards der ILO folgten. Gleichzeitig bedeutete die Beschränkung der Freizügigkeit auf dem belgischen Arbeitsmarkt während dieser ersten fünf Jahre über den ersten Arbeitsvertrag hinaus eine drastische Beschneidung der Gleichbehandlung.

348 Bauer/Zimmermann, Gastarbeiter und Wirtschaftsentwicklung im Nachkriegsdeutschland, S. 75.

349 Die gleiche Regelung fand sich in den Abkommen mit der Türkei (1964), Tunesien (1969) und Jugoslawien (1970), nicht jedoch in denen mit Italien (1966), Spanien (1956) und Marokko (1964).

350 Accord entre la Belgique et la Grèce concernant l'émigration de travailleurs grecs en Belgique en vue d'être occupés dans les charbonnages, 12.7.1957, hier aus: Senat de Belgique, Documents législatifs, 563 (1974–1975) N. 1, S. 28–47.

onspolitische Funktion dieses Vertrages, der quasi als institutioneller Rahmen über einen bereits etablierten Wanderungsstrom gelegt wurde, unterstreicht seine marginale Wirkung: Die Wanderungsintensität zwischen Belgien und Griechenland stieg nach Vertragsabschluss kaum über das zuvor erreichte Niveau hinaus an und ging in den 1960er Jahren sogar bis zur Bedeutungslosigkeit zurück. Ein wichtiger Faktor, der diese Entwicklung auslöste, war der Beginn der Arbeitsmigration von Griechen nach Deutschland.

Nachdem also weder die Vereinbarungen mit Frankreich oder Belgien zu gravierenden Veränderungen der griechischen Auswanderung geführt hatten, gelang der Bundesrepublik Deutschland im Jahr 1960 die Aufnahme von formalen Arbeitsmarktbeziehungen, die unmittelbar zu einer regelrechten Massenmigration auf den deutschen Arbeitsmarkt führte. Die deutsch-griechische Vereinbarung besaß ebenfalls eine Vorgeschichte, aus deren Kontext drei Aspekte hervorgehoben werden müssen. Erstens hatten, als das Abkommen 1960 unterzeichnet wurde, griechische Stellen bereits seit einigen Jahren auf die Einrichtung dieses Migrationskanals hingearbeitet. Dieses Drängen war Teil der griechischen Strategie zum Ausbau seiner innereuropäischen Arbeitsmigration, die gegenüber Deutschland mit Hinweis auf die im Zweiten Weltkrieg durch Deutschland zugefügten Verluste mit Nachdruck vertreten werden konnte. Zweitens entstand im Vorfeld der Anwerbung eine schnell an Intensität gewinnende illegale Arbeitsmigration zwischen Griechenland und Deutschland, auf die sich möglicherweise die kurz zuvor aufgenommenen Arbeitsmarktbeziehungen zu den beiden Nachbarstaaten Belgien und Frankreich katalytisch auswirkten. Sie resultierte aus dem hohen Migrationsdruck in Griechenland und ließ das trotz bereits zweier etablierter Migrationsbeziehungen große Wanderungspotential erahnen, das sich nach dem Beginn der Rekrutierung nach Deutschland ergießen würde.[351] Drittens stand Deutschland Ende der 1950er Jahre vor der Frage, wie sich die Zuflüsse zusätzlicher Arbeitskraft aus dem Ausland gesteigert ausweiten ließen. Angesichts der begrenzten Möglichkeiten, die der italienische Arbeitsmarkt bot, schien eine Ausweitung der Arbeitsmarktbeziehungen die logische Antwort auf die Verknappung des Faktors Arbeit in der Bundesrepublik zu sein.[352]

Die Vereinbarung zwischen Griechenland und Deutschland vom 30. März 1960 lässt sich deutlich in konventionelle sowie innovative Bereiche strukturieren.[353] Die Organisation der Anwerbung durch eine deutsche Kommission in Zusammenarbeit mit dem griechischen Arbeitsministerium auf der Basis anonymer Rekrutierung oder namentlicher Anforderung verbunden mit doppelter

351 BArch B 119 3079, 1. Wochenbericht der Deutschen Kommission in Griechenland, 7.5.1960.

352 BArch B 119 3052, Schreiben der BAVAV an das Bundesministerium für Arbeit und Sozialordnung vom 22.5.1956; vgl. auch Mattes, Gastarbeiterinnen in der Bundesrepublik, S. 37f.

353 Vereinbarung zwischen der Regierung der Bundesrepublik Deutschland und der Regierung des Königreichs Griechenland über die Anwerbung und Vermittlung von griechischen Arbeitnehmern nach der Bundesrepublik Deutschland, hier aus: Bundesarbeitsblatt, 13. 1962, S. 77–80.

Selektion, die Kostenverteilung, die Organisation der Reise und die Formalitäten des Vertragsabschlusses und der Ausfertigung der Reisepapiere folgten in etwa den Bestimmungen der Vereinbarungen mit Italien. Sie orientierten sich am international üblichen Procedere. Dazu zählte auch eine dem deutsch-italienischen Abkommen vergleichbare Regelung des Familiennachzuges, die diesen grundsätzlich gestattete. Entsprechende Bestimmungen fanden sich auch in den Vereinbarungen mit Spanien und Portugal. In der migrationspolitischen Praxis verlangten die deutschen Behörden jedoch – wie im Falle der italienischen Migranten – noch bis in die 1970er Jahre eine mindestens einjährige Wartezeit, die auf bis zu drei Jahre ausgedehnt werden konnte.[354]

Neu am deutsch-griechischen Abkommen war indes, dass die Vereinbarung mit Griechenland im Gegensatz zur obligatorischen Entsendung einer deutschen Kommission nach Italien eine *Kann*-Formel enthielt und sich insofern an das griechisch-französische Verfahren anlehnte. Sie ließ prinzipiell auch die Übermittlung von Stellenangeboten an das Arbeitsministerium und die Zulassung von Arbeitsmigranten über den sogenannten ›Zweiten Weg‹ als alleinigen Migrationskanal zu. Eine wesentliche Erweiterung erfuhren die sonst üblichen Regelungen durch die Einführung eines Vorschlagsrechts, das bisher kein anderer Wanderungsvertrag enthalten hatte: Die griechische Seite musste sich nicht mehr nur darauf beschränken, auf Stellenausschreibungen aus Deutschland zu reagieren und geeignete Bewerber zu suchen. Sie konnte nach Artikel 6, Absatz 2, der Vereinbarung selbst aktiv werden und der deutschen Kommission Bewerberlisten vorlegen. In diese Listen konnten sich Facharbeiter oder erfahrene Arbeitskräfte eintragen lassen, die sich um einen Arbeitsplatz in Deutschland bemühen wollten. Die deutsche Seite verpflichtete sich, offene Stellen nach Möglichkeit mit diesen Bewerbern zu besetzen. So entstand ein Pool potentieller Migranten. Mit seiner Hilfe konnte die deutsche Kommission nicht nur Vermittlungsaufträge schneller erfüllen, sondern auch zusätzlich qualifizierte Arbeitskräfte gewinnen. Das griechische Arbeitsministerium seinerseits sicherte sich durch diese Regelung zwei Vorteile. Erstens hatte man die Möglichkeit, unabhängig von den vorliegenden Anforderungen Auswanderer zu rekrutieren und nicht nur die Position Griechenlands, dem bald unerledigte Vermittlungsaufträge aus Spanien[355] und Italien zuflossen, als Migrationspartner Deutschlands zu verbessern. Zweitens ließen sich innenpolitische Effekte bereits durch die Option auf einen Arbeitsplatz im Ausland erzielen. Die für Griechenland im Vergleich zu der zu diesem Zeitpunkt wichtigsten Anwerbevereinbarung mit Belgien entscheidende Bestimmung war jedoch die Anwerbung griechischer Arbeitnehmer für alle Branchen des deutschen Arbeitsmarktes. Im Übrigen verzichtete die deutsch-griechische Verein-

354 Sonnenberger, Nationale Migrationspolitik und regionale Erfahrung, S. 96.

355 Die deutsch-spanische Vereinbarung vom 29.3.1960 enthielt eine ähnliche Bestimmung. Die Anwerbung unterlag dort jedoch einer wesentlich strengeren Kontrolle durch die spanische Auswanderungsbehörde; siehe dazu Kapitel 2.2.8.

barung als erster deutscher Wanderungsvertrag auf den Ausschluss von Bewerbern, die »wegen asozialen Verhaltens« auffällig geworden waren.

Der Beginn der Anwerbung griechischer Arbeitnehmer für den deutschen Arbeitsmarkt löste den umfangreichsten Wanderungsstrom von Arbeitskräften aus Griechenland nach Westeuropa nach dem Zweiten Weltkrieg aus. Entsprechend groß war die Bedeutung der Arbeitsmarktbeziehungen zwischen Deutschland und Griechenland bereits, als sechs Jahre später die Niederlande ein eigenes Anwerbeabkommen aushandelten. So konnte sich die niederländische Arbeitsverwaltung, welche die Anwerbung organisierte, zunächst keine bedeutenden Erfolge versprechen. Vor diesem Hintergrund ist eine Reihe von Besonderheiten der Vereinbarung zwischen beiden Staaten vom 13. September 1966 bemerkenswert. Natürlich umfasste sie die üblichen Standardregelungen zur anonymen und namentlichen Anforderung von Arbeitskräften. Auch die bereits aus dem niederländisch-italienischen Abkommen bekannten Besonderheiten der Zulassung religiöser und sozialer Organisationen zur Betreuung der Migranten in den Niederlanden, der expliziten Nennung der Vereinigungsfreiheit und der grundsätzlichen arbeits- und sozialrechtlichen Gleichbehandlung fehlten nicht. Eine deutliche Abweichung von den international üblichen Bestimmungen bildete der Verzicht auf eine obligatorische medizinische Begutachtung potentieller Migranten durch eine niederländische Kommission. Er muss auf den Versuch zurückgeführt werden, sich auf dem griechischen Arbeitsmarkt als Zielland zu etablieren, indem man dem Partnerland freie Hand bei der Mobilisierung und Auswahl migrationswilliger Arbeitnehmer zubilligte.

Zwar sah die Vereinbarung die Möglichkeit einer Entsendung vor und sprach auch von der Festlegung bestimmter Bedingungen, etwa hinsichtlich des Alters, die Bewerber erfüllen mussten. Vorgeschrieben war allerdings, trotz der Option einer nicht weiter spezifizierten Endauswahl durch niederländische Stellen, nur eine medizinische Untersuchung durch die griechischen Behörden. Diese Regelung stellte eine bedeutende Vereinfachung des Eintritts in den Migrationsprozess für die griechischen Migranten dar, denn die Gesundheitsuntersuchungen durch die ausländischen Anwerbestellen galten als eine der am schwersten zu nehmenden Hürden. Grundsätzlich konnte die Anwerbung allerdings auch extensiv, ohne eine staatliche Anwerbestelle der Niederlande in Griechenland durch die Übersendung von Bewerberlisten an die niederländische Arbeitsverwaltung abgewickelt werden, die nach ihrer Entscheidung eine Liste der akzeptierten Kandidaten zurückreichte, die dann wiederum die Reise in die Niederlande antreten konnten. Zugleich fehlte die ausdrückliche Nennung einer Verlängerungsoption für den zunächst auf ein Jahr befristeten Arbeitsvertrag. Bedingt war dieser Unterschied zu früheren niederländischen Abkommen durch die Intentionen des neuen niederländischen Einwanderungsgesetzes von 1965, das eine bessere Steuerung der Zuwanderung und des Verbleibs von Ausländern auf dem niederländischen Arbeitsmarkt erreichen sollte. War diese Verlängerungsoption noch im Abkommen mit Italien aus dem Vorjahr enthalten und verhieß sie, bei Fortbestand des

Arbeitsverhältnisses oder beim Antritt einer neuen Arbeitsstelle, auch eine Erneuerung der Aufenthaltsgenehmigung, beschränkte sich der Passus im Abkommen mit Griechenland auf die obligatorische Unterzeichnung des Jahresvertrages vor Reiseantritt.[356] Am Verlauf der Wanderungsströme aus Griechenland nach Westeuropa änderte das Abkommen mit den Niederlanden indes wenig. Zu fest waren bereits die Migrationsbeziehungen zu Deutschland etabliert, die griechischen Arbeitnehmern im europäischen Migrationssystem mit Ausnahme der restriktiven Regelung des Familiennachzuges die besten Migrationsbedingungen bot.

3.4.3.3. Spanien

Nach dem Zweiten Weltkrieg erfolgte der Anschluss Spaniens an das europäische Migrationssystem durch bilaterale Wanderungsverträge in drei Phasen. 1956 manifestierte das Abkommen mit Belgien den Richtungswechsel in der spanischen Migrationspolitik. 1960/61 schloss mit Deutschland, Frankreich, den Niederlanden und der Schweiz die Mehrheit der Migrationspartner Spaniens in dichter Folge ihre Anwerbeabkommen ab. 1964 vervollständigte der Nachzügler Österreich den Kreis der Staaten, die auf dem spanischen Arbeitsmarkt Arbeitskräfte rekrutierten. Dem kurzen Abstand zwischen der Gründung der neuen spanischen Auswanderungsbehörde, dem Inkrafttreten des ersten Auswanderungsgesetzes seit Beginn der Diktatur Francos und dem Zustandekommen des spanisch-belgischen Migrationsvertrages ist dessen für die moderne Arbeitsmigration untypische Form geschuldet. Am 28. November 1956 unterzeichneten die Bevollmächtigten beider Staaten in Brüssel die ›Convention d'émigration entre la Belgique et l'Espagne‹.[357] Im Unterschied zur Mehrzahl der nach 1945 geschlossenen Wanderungsvereinbarungen handelte es sich dabei um einen Staatsvertrag, der reziprok die Modalitäten für eine organisierte Arbeitsmigration zwischen beiden Staaten festlegte. Da aus dem Grund der beidseitigen Anwendung der Vertragstext keine konkreten Regelungen enthalten konnte, wurden diese in einige separate Anhänge ausgelagert. So reduziert sich das Abkommen selbst auf allgemeingültige Normen und Vorkehrungen.

Nur zwei Aspekte unterscheiden den Vertrag in diesem Bereich vom Standardverfahren. Erstens vereinbarten die Parteien ein Schnellverfahren mit vereinfachtem Protokoll zur Deckung eines dringenden Arbeitskräftebedarfs. Zweitens sicherten sich Belgien und Spanien gegenseitig zu, nach fünf Jahren

356 Agreement Concerning the Recruitment, Placement and Employment of Workers in the Netherlands, 13.9.1966, hier aus: United Nations Treaty Collection (online) http://untreaty.un.org/English/access.asp, No. 3036. Der in dieser Übersetzung verkürzte vollständige Titel der Vereinbarung lautete Accord entre le Royaume des Pays-Bas et le Royaume de Grèce concernant le recrutement, le placement et l'emploi de travailleurs aux Pays-Bas, in: Tractatenblad van het Koninkrijk der Nederlanden, 52. 1967, Nr. 24, S. 1–7.

357 Convention d'émigration entre la Belgique et la l'Espagne, 28.11.1956, hier aus: Senat de Belgique, Documents législatifs, 563 (1974–1975) N. 1, S. 7–27.

Aufenthalt und Arbeit eines ihrer Bürger im jeweils anderen Land alle Beschränkungen seiner Freizügigkeit auf dem Arbeitsmarkt aufzuheben.[358] Die Bestimmungen über den Vollzug des Vertrages konzentrierten sich dann gänzlich auf die Anwerbung spanischer Arbeitnehmer durch die belgische ›Fédéchar‹ für den Untertagebetrieb im Steinkohlenbergbau. Auf diese Tätigkeit blieben die Spanier in den ersten fünf Jahren ihres Aufenthalts in Belgien beschränkt, danach stand ihnen, je nach Arbeitsmarktlage, die freie Arbeitsplatzwahl mit einer zeitlich unbeschränkten Aufenthaltserlaubnis offen. Mit der Ausnahme des um fünf Jahre weiter gefassten Alterssegments für die Anwerbung, das im Falle Spaniens bei anonymer Anforderung Arbeitskräfte zwischen 18 und 35 Jahren umfasste, beinhaltet das Abkommen durch die Kombination des Vertrages mit seinen Anhängen die gleichen Regelungen wie die Wanderungsvereinbarung Belgiens mit Griechenland, die man im folgenden Jahr unterzeichnete.[359]

Vier Jahre später hatten sich die beiden wichtigsten Faktoren, von denen die Verdichtung des europäischen Migrationssystems beeinflusst wurde, weiter verstärkt. Einerseits hatte sich in Spanien der institutionelle Rahmen einer aktiven Migrationspolitik gefestigt, während das Auswanderungsamt erst Erfahrungen in diesem Aufgabenfeld sammeln konnte. Zugleich verstärkten wirtschaftliche Schwierigkeiten in Spanien den Migrationsdruck. Andererseits entfaltete zu Beginn der 1960er Jahre der Aufschwung bereits in einer Mehrzahl der westeuropäischen Industriestaaten seine Wirkung. Auf der Suche nach Arbeitskräften hatten diese schon in den späten 1950er Jahren begonnen, ihre Migrationsbeziehungen zu Ländern mit Arbeitskräfteüberschuss auszubauen. 1960/61 wurde dann Spanien das zweite Auswanderungsland nach Italien, das dieser dynamische Prozess massiv erfasste.

Die Vereinbarung mit Deutschland vom 29. März 1960 entsprach aus deutscher Sicht der Standardform solcher Abkommen und beinhaltete kaum Abweichungen vom Abkommen mit Griechenland, das man zeitgleich aushandelte.[360] Für Spanien indes brachte die Aufnahme solcher Arbeitsmarktbeziehungen eine beträchtliche Erweiterung seiner Möglichkeiten. Die Bundesrepublik Deutschland war nach Belgien der zweite Migrationspartner, mit dem man auch 1945 formale Beziehungen aufnahm, und das erste Land, das daran interessiert war, Arbeitskräfte für alle Branchen und nicht etwa nur den Bergbau wie im Falle Belgiens anzuwerben. Die Rekrutierung war zwar an berufli-

358 Diese Regelung ist ein gutes Beispiel für die Orientierung der Anwerbeabkommen an internationalen Standards: die OEEC hatte eine solche Regelung 1953 in Anlehnung an die Standards der ILO gefordert.

359 Eine Besonderheit im belgischen Anwerbeverfahren bestand darin, dass vor Ort lediglich ein Arbeitsvertrag abgeschlossen wurde und die Migranten von ihrer Regierung die notwendigen Reisedokumente erhielten. Da die Anwerbung durch eine private Organisation durchgeführt wurde, war die Beantragung der Aufenthaltsgenehmigung erst nach der Ankunft in Belgien vorgesehen. Deutschland, die Niederlande oder Schweden wickelten die Erteilung der ersten Aufenthaltsgenehmigung bereits im Zuge der Anwerbung im Entsendeland ab.

360 Steinert, Migration und Politik, S. 295f.

che und gesundheitliche Bedingungen, jedoch nicht an eine bestimmte Altersgrenze geknüpft.[361]

Fast genau ein Jahr nachdem sich Deutschland und Spanien auf ihr Anwerbeabkommen geeinigt hatten, folgten zwischen Januar und April 1961 drei weitere Vereinbarungen. Mit Frankreich schloss sich am 25. Januar 1961 der älteste europäische Migrationspartner Spaniens der Riege derjenigen Staaten an, die sich auf dem spanischen Arbeitsmarkt durch bilaterale Wanderungsverträge positionierten. Bedingt durch die auch nach dem Zweiten Weltkrieg nicht vollkommen zum Erliegen gekommene Arbeitsmigration zwischen beiden Staaten und die besondere Bedeutung spanischer Landarbeiter, die saisonal in Südfrankreich Beschäftigung fanden, wählten die beiden Vertragspartner einen im Spektrum der Wanderungsverträge der Nachkriegszeit ungewöhnlichen Weg des Übereinkommens. Zeitgleich wurden zwei sich im Detail unterscheidende Abkommen unterzeichnet, eines für Dauerarbeitskräfte, eines für Saisonarbeiter.[362] Beide enthielten die üblichen organisatorischen Vorkehrungen, die Vereinbarung über Dauerarbeitskräfte war versehen mit der für Frankreich typischen detaillierten Regelung des Familiennachzuges. Durch Bezugnahme in der Präambel des Abkommens knüpfte Frankreich einerseits an das spanisch-französische Wanderungsabkommen von 1932 an, andererseits verwies man ebenso deutlich auf die von der OEEC 1953 formulierten Grundsätze für die organisierte Arbeitsmigration als Orientierungslinie und damit indirekt auf die Migrationsstandards der ILO.

Ein interessanter Unterschied ergab sich allerdings in der Organisation der Anwerbung in beiden Fällen. Dauerarbeitskräfte sollten unter Einhaltung bestimmter Altersgrenzen – Ausnahmen waren möglich – anonym und namentlich rekrutiert werden. Das Verfahren unterlag der doppelten Selektion durch das spanische Auswanderungsamt und die französische Einwanderungsbehörde ONI. Es bestand aus der dezentralen Vorauswahl durch die spanische und eine zentral durchgeführte Endauswahl durch die französische Seite mit zweifacher Prüfung der beruflichen und gesundheitlichen Eignung. Bei der Rekrutierung von Saisonarbeitern dagegen reisten die französische und die spanische Auswahlkommission gemeinsam durch das Land und führten die Vorauswahl durch, auf die dann eine weitere Prüfung am Hauptsitz des ONI in

361 Vereinbarung zwischen der Regierung der Bundesrepublik Deutschland und der Regierung des Spanischen Staates über die Wanderung, Anwerbung und Vermittlung von spanischen Arbeitnehmern nach der Bundesrepublik Deutschland, 29.3.1960, hier aus: Amtliche Nachrichten der BAVAV, 8. 1960, S. 274–277.

362 Viele andere Wanderungsabkommen, etwa die deutschen, enthielten bereits knappe Regelungen für die tendenziell in ihrer Bedeutung abnehmende saisonale Wanderung. Die schweizerischen Verträge klammerten diese andererseits in der Regel aus, da sie gänzlich anderen Bestimmungen unterlagen. Vgl. zur Vorgeschichte der Aufnahme regulierter Migrationsbeziehungen und der Bedeutung des Sozialversicherungsabkommens zwischen beiden Staaten von 1959 in diesem Zusammenhang Sanz-Diaz, España y la Republica Federal de Alemania (1949–1966), S. 946f.

Spanien erfolgte.[363] So stellte die Anwesenheit französischer Vertreter bei der Vorauswahl sicher, dass die Ablehnungsquote bei der Endauswahl niedrig ausfiel. Hoffnungslosen Kandidaten konnte so die Anreise zur zentralen Endauswahl erspart bleiben. All jene aber, welche diese Vorauswahl passiert hatten, besaßen auch gute Chancen, die Endauswahl zu überstehen. Die für Saisonarbeiter schlechtere Relation von Dauer und Gewinn der Migration zu Aufwand und Risiko musste sie also nicht schon davon abschrecken, die Reise vom Wohnort zur Endauswahl in Kauf zu nehmen. Daneben konnten die französischen Kommissionen durch ihre dezentralen Anwerbekampagnen und das vereinfachte Verfahren auch auf einem Arbeitsmarkt, auf dem immer mehr Konkurrenten besser bezahlte Arbeitsplätze mit längerfristigen Zeitverträgen und Aussicht auf deren Erneuerung anboten, trotzdem Saisonkräfte mobilisieren. Denn alle anderen Anwerbeländer mussten sich zunächst auf ein zentrales Auswahlverfahren beschränken, während Frankreich Saisonarbeitern den Eintritt in die Migration über eine besonders niedrige Hürde ermöglichte. Dies spielte für Frankreich eine umso wichtigere Rolle, als man zu Beginn der 1960er Jahre bestrebt war, die Zahl der Saisonarbeiter drastisch zu steigern. Im Fall der spanisch-französischen Anwerbeabkommen lässt sich beobachten, dass die Festschreibung von Rahmenbedingungen und Verfahrensweisen in solchen Vereinbarungen sich unmittelbar auch auf bereits etablierte Migrationsbeziehungen auswirkte.[364] Sowohl die Zuwanderung von Saisonarbeitskräften als auch die der Dauerarbeitskräfte stieg zu Beginn der 1960er Jahre schon im Vorfeld des Vertragsabschlusses und insbesondere nach dem Beginn der Anwerbung dramatisch an. Im Vergleich zu 1959 verfünffachte sich sowohl die Zahl der spanischen Saisonarbeiter als auch die der Dauerarbeitskräfte bereits bis 1964.[365]

Einen Monat nach der Unterzeichnung der spanisch-französischen Abkommen in Madrid kam am 2. März 1961 ebenfalls in der spanischen Hauptstadt das Abkommen mit der Schweiz zustande. Es sah die von schweizerischen Behörden beaufsichtigte, jedoch von schweizerischen Arbeitgebern und den spanischen Behörden organisierte namentliche oder anonyme Anwerbung von Arbeitskräften vor. Dabei überließ man die Vorauswahl dem spanischen

363 Accord complémentaire entre la France et l'Espagne relatif aux travailleurs permanents, 25.1.1961, hier aus: Ministère des Affaires Étrangères de la République Française, Archives Diplomatiques, Base Pacte, http://www.doc.diplomatie.gouv.fr.; Accord complémentaire entre la France et l'Espagne relatif aux travailleurs saisonniers, hier aus: Ministère des Affaires Étrangères de la République Française, Archives Diplomatiques, Base Pacte, http://www.doc. diplomatie. gouv.fr.

364 Ein Sozialversicherungsabkommen zwischen Frankreich und Spanien bestand bereits seit Juni 1957.

365 Khemaïes, Les travailleurs tunisiens en France, S. 530, 547. Erst acht Jahre später kam eine Ergänzung des Abkommens von 1961 durch eine Vereinbarung über die Krankenversicherung spanischer Saisonarbeiter in Frankreich zustande; Agreement Concerning Sickness Insurance Benefits for Spanish Seasonal Workers in Agriculture, 28.7.1969, hier aus United Nations Treaty Collection (online) http://untreaty.un.org/English/access.asp, No. 10711.

Auswanderungsamt, das nur auf Anfrage der Arbeitgeber eine besondere Prüfung der beruflichen und medizinischen Eignung der Kandidaten vornahm. Obligatorisch war indes eine Gesundheitsprüfung bei der Einreise an der Grenze, die sich auf die Untersuchung der Migranten auf eine Reihe ansteckender Krankheiten beschränkte. Zur Vermeidung von Abweisungen übermittelten die schweizerischen Behörden ihre Untersuchungskriterien im Vorfeld an das spanische Auswanderungsamt.

Ein Aspekt, an dem sich die Zurückhaltung der schweizerischen Behörden bei der praktischen Durchführung der Anwerbung deutlich zeigte, war die Regelung der Kostendeckung. Viele Anwerbestaaten vereinbarten mit ihren Partnern komplizierte Schlüssel, nach denen man die Kosten für die Reise der Bewerber zu den Untersuchungen, für die Auswahlverfahren und schließlich den Transport der Angeworbenen an ihre Ziele auf staatliche Stellen, Arbeitgeber und Arbeitnehmer verteilte. Das schweizerisch-spanische Abkommen verpflichtete hingegen die Arbeitgeber zur Übernahme der Kosten für eine von ihnen beantragte ausführliche Eignungsprüfung und die Anreise vom Wohnort der Migranten in Spanien bis zu ihrem zukünftigen Arbeitsplatz. Ebenso blieb die Frage der Rückreisekosten nicht den vertraglichen Vereinbarungen zwischen dem spanischen Arbeitnehmer und seinem Arbeitgeber überlassen. Sie wurden, außer im Fall eines Vertragsbruches durch den Arbeitgeber, den Arbeitnehmern aufgebürdet. Eine Besserstellung erfuhren die Spanier in der Schweiz schließlich im Vergleich zu den italienischen Migranten. Lag vor diesen noch über die Neufassung des italienisch-schweizerischen Abkommens hinaus eine Zehnjahresfrist zwischen der ersten Einreise und der Gewährung auf ein dauerhaftes Aufenthaltsrecht, so orientierte sich der schweizerisch-spanische Vertrag an den Vorgaben der OEEC und sah dieses bereits nach nur fünf Jahren vor. Einen Familiennachzug vor dem Verstreichen dieser Frist beinhaltete das Abkommen indes nicht.[366] Dieses Zugeständnis machte die Schweiz nicht zuletzt, da man mit Spanien keine direkten Grenzen teilte und eine quantitativ mit der Zuwanderung aus Italien vergleichbare Migrationsbewegung aus Spanien kaum zu erwarten war. Tatsächlich entwickelten sich die Spanier zwar zur zweitgrößten Einwanderergruppe in der Schweiz, zahlenmässig lagen sie im Untersuchungszeitraum jedoch stets weit hinter den italienischen Zuwanderern.[367]

Der niederländisch-spanische Anwerbevertrag vom 8. April 1961 war das dritte und letzte dieses Jahres in Madrid unterzeichnete Wanderungsabkommen. Es beinhaltete fast wortwörtlich die Regelungen, die sich fünf Jahre später auch im niederländisch-griechischen Vertrag finden sollten. Für die ge-

366 Abkommen zwischen der Schweiz und Spanien über die Anwerbung spanischer Arbeitskräfte und deren Beschäftigung in der Schweiz, 2.3.1961, hier aus: Schweizerische Eidgenossenschaft, Systematische Sammlung des Bundesrechts, http://www.admin.ch/ch/d/sr/c0_142_113_328.html (0.142.113.328).

367 Vgl. zur weiteren Entwicklung, insbesondere den spanischen Forderungen zur Angleichung der Migrationsbedingungen an diejenigen des schweizerisch-italienischen Abkommens von 1964 Gees, Die Schweiz im Europäisierungsprozess, S. 133f.

nerelle Entwicklung des Instruments des Wanderungsabkommens sind daher vor allem folgende Punkte von Bedeutung. Ähnlich wie im deutsch-spanischen Vertrag aus dem Vorjahr beinhaltete der Titel des Abkommens noch das Wort ›Immigration‹ neben dem Verweis auf Anwerbung und Vermittlung von Arbeitskräften, das später nicht zuletzt deshalb verschwand, um den temporären Charakter der Rekrutierung nicht in Frage zu stellen. In Bezug auf die Veränderungen, die im Untersuchungszeitraum an den unter niederländischer Beteiligung zustande gekommenen Abkommen zu beobachten sind, ist ein weiterer Befund interessant. Bestimmungen, die sich bis zum niederländisch-griechischen Vertrag von 1966 auflockerten, waren in diesem zweiten Wanderungsabkommen der Niederlande im Jahr 1961 noch eher eng gefasst. Er beinhaltete ein genau fixiertes, jedoch vergleichsweise breites Altersintervall. Gleichzeitig sahen seine Bestimmungen eine strengere Durchführung der zweiten Eignungsuntersuchung durch eine niederländische Kommission vor als spätere Verträge. Ein anderer Vertragsteil zeigt dagegen einen Versuch, die Attraktivität der niederländischen Angebote dadurch zu steigern, dass die Reiseorganisation verbessert und die Kosten zugunsten der Migranten auf Arbeitgeber und beteiligte Staaten umverteilt wurden. So beschränkte der Vertrag von 1961 die Organisation und die Kostenübernahme für die Anreise der spanischen Migranten in die Niederlande nicht mehr auf die Strecke zwischen dem Auswahlzentrum in Spanien und dem Arbeitsamt des Bezirks, in dem der Arbeitsort lag, sondern erweiterte diese auf die Reise vom alten zum neuen Wohnort. Ähnliche Veränderungen lassen sich auch in den Abkommen anderer Staaten nachweisen. Nachdem die meisten Länder zu diesem Zeitpunkt einen unbeschränkten Lohntransfer zugelassen hatten, verlagerte sich der Wettbewerb um bessere Migrationsbedingungen also partiell in diesen Bereich.[368]

Am 2. Mai 1962 wurde auch Österreich auf dem spanischen Arbeitsmarkt aktiv, als in Madrid der erste Wanderungsvertrag nach 1945 unter österreichischer Beteiligung unterzeichnet wurde und in Kraft trat. Zwei Jahre später, am 16. Juli 1964, erfuhr er bereits eine Revision und wurde mit leicht verändertem Text ein zweites Mal wirksam. Auch das österreichisch-spanische Wanderungsabkommen orientierte sich in seinen Bestimmungen an den internationalen Gepflogenheiten. Einige Abweichungen von diesem Standard machen jedoch auch den Lernprozess nachvollziehbar, den der Neuling Österreich auf dem internationalen Arbeitsmarkt durchlief. An zwei Stellen wird eine bemerkenswerte Entwicklung erkennbar: Werteten andere Staaten bei einer Neu-

368 Agreement (with Protocol) Concerning the Immigration, Recruitment and Placement of Spanish Workers in the Netherlands, 8.4.1961, hier aus: United Nations Treaty Collection (online) http://untreaty.un.org/English/access.asp, No. 6996. Im Zusatzprotokoll zum Abkommen vereinbarten die Partnerstaaten die Anwendung der niederländischen Sozialgesetzgebung auf die spanischen Migranten sowie den zeitnahen Abschluss eines Sozialversicherungsabkommens. Tatsächlich induzierte das Wanderungsabkommen einen nicht unbeträchtlichen Zufluss spanischer Arbeitskräfte, der sich jedoch aufgrund einer hohen Remigrationsquote nicht in einer umfangreichen Einwanderung niederschlug.

auflage von Wanderungsabkommen häufig zur Verbesserung der Anwerbeergebnisse ihre Migrationsbedingungen auf oder senkten zu diesem Zweck Zulassungshürden, schränkte Österreich 1964 die Spielräume bei der Anwerbung ein. Erstens hatte das Abkommen von 1962 bei der Festlegung des Auswahlverfahrens eine schwammige Formulierung in Bezug auf die erste Auswahlrunde durch die spanische Auswanderungsbehörde akzeptiert. So war zwar vorgesehen, dass diese eine erste nicht weiter spezifizierte Auswahl vornahm, berufliche und medizinische Untersuchung sollten jedoch nur auf besonderen Antrag der österreichischen Kommission erfolgen, falls eine solche entsandt wurde. Die in den Bewerberpool aufgenommenen Arbeitskräfte wurden zwar der österreichischen Seite vorgestellt, der Vertrag nannte jedoch nicht explizit deren Berechtigung zu einer weiteren medizinischen oder beruflichen Eignungsprüfung. Diese wenig präzise Regelung, welche die Möglichkeiten Österreichs einschränkte und den Spielraum der Spanier ausweitete, verschwand 1964. Die neue Version des Textes entsprach inhaltlich den auch bei den Verträgen anderer Anwerbestaaten üblichen Maßgaben. Die spanische Auswanderungsbehörde war nun gehalten, eine berufliche und medizinische Vorauswahl durchzuführen, der österreichischen Kommission wurde das Recht zugestanden, eine von beruflichen und gesundheitlichen Untersuchungen begleitete Endauswahl vorzunehmen. Schließlich führte man zudem einen Passus ein, der die Arbeitgeber ins Spiel brachte. Sie oder ihre Beauftragten bzw. die in ihrem Namen handelnde österreichische Delegation hatte ihre Entscheidung über Ablehnung oder Einstellung des Bewerbers unmittelbar nach diesen Tests zu treffen, worauf dann der Vertragsabschluss folgte. Die Entscheidungshoheit hatte sich damit deutlich auf die österreichische Seite verschoben. Zweitens sah der Vertrag von 1962 eine direkte Übernahme der Reisekosten für die spanischen Arbeitnehmer durch deren Arbeitgeber vor. Eine Regelung, die sich offenbar nicht bewährte, da man die organisatorische und finanzielle Abwicklung 1964 den Beauftragten des österreichischen Bundesministeriums für Sozialordnung übertrug. Die zu Lasten der Arbeitgeber gehenden Kostenanteile rechnete man im Nachhinein mit diesen ab. Eine dritte Veränderung betraf die Festlegung der Arbeitnehmer und -geber auf die Verwendung eines von beiden Partnerstaaten erarbeiteten Musterarbeitsvertrages, die unüblicherweise im Abkommen von 1962 noch nicht vorgesehen war. Bei diesen drei Nachbesserungen handelte es sich um Aspekte des ersten Wanderungsabkommens, deren ungenaue Einarbeitung in den ersten Vertragstext vermutlich der Unerfahrenheit Österreichs geschuldet war. Sowohl die Regelung der doppelten Selektion als auch die Festlegung des Zeitpunktes der Entscheidung über die Annahme eines Bewerbers durch den Arbeitgeber hatten zunächst Spanien einen im Vergleich zu anderen Abkommen größeren Einfluss auf die Rekrutierung verschafft. Die Einführung des Verweises auf die Nutzung eines Mustervertrages dagegen verbesserte die Rechtssicherheit der spanischen Migranten und stellte eine wichtige Anpassung an die Standardbedingungen von Wanderungsverträgen dar.[369]

3.4.3.4. Türkei

Ein Jahr nachdem Deutschland durch seinen Anwerbevertrag in Spanien Fuß gefasst hatte und während 1961/62 ein Anwerbestaat nach dem anderen mit dem neuen Vertragspartner zu einem Wanderungsabkommen gelangte, kam in Ankara am 30. Oktober 1961 eine deutsch-türkische Vereinbarung zustande.[370] Sie begründete die Einbindung der Türkei ins europäische Migrationssystem und war der erste moderne Wanderungsvertrag des Landes überhaupt. Deutschland, das zu diesem Zeitpunkt bereits mit Italien, Spanien und Griechenland verbunden war, stieß damit 1961 als erster der westeuropäischen Industriestaaten auf den türkischen Arbeitsmarkt vor, um dort Arbeitskräfte für die eigene Volkswirtschaft zu gewinnen. Obwohl die deutsch-türkische Vereinbarung inhaltlich in weiten Teilen den zu diesem Zeitpunkt bereits bestehenden Verträgen folgte, beinhaltete sie doch eine Reihe von Besonderheiten.

Als erster Wanderungsvertrag unter allen bisher diskutierten wurde diese Vereinbarung nicht als Abkommen von Bevollmächtigten der Partnerstaaten unterzeichnet. Stattdessen tauschten beide Regierungen Verbalnoten aus, in denen sie die Verhandlungsergebnisse anerkannten und bestätigten. Damit wählte man eine Verständigung auf einer niedrigeren Ebene diplomatischer Kommunikation, als dies bislang üblich gewesen war. Im Kontext von Wanderungsverträgen waren Verbalnoten durchaus nicht unüblich, sie wurden allerdings in der Regel zur Einfügung kleinerer Ergänzungen oder Änderungen in bestehende Vereinbarungen genutzt, die den Charakter völkerrechtlicher Verträge besaßen. Das deutsche Vorgehen in diesem Fall begründeten Vorbehalte, die gegen die Anwerbung türkischer Arbeitnehmerinnen und Arbeitnehmer herrschten, bzw. öffentliche Gegenreaktionen, die man auf diesen Schritt erwartete. Außerdem fürchtete die Regierung, die bislang die Linie verfolgt hatte, keine Arbeitsmigration aus außereuropäischen Staaten zuzulassen, einen Präzedenzfall zu schaffen, der weitere Staaten, deren Ansinnen zur Aufnahme von Migrationsbeziehungen dieser Art man zurückgewiesen hatte, zu neuerlichen Anläufen motivieren könnte. Zugleich erforderte die Nachfrage

369 Abkommen zwischen Österreich und Spanien über die Anwerbung spanischer Arbeitskräfte und deren Beschäftigung in Österreich, 2.5.1962, in: Bundesgesetzblatt für die Republik Österreich, 1962, S. 938–946; Abkommen zwischen Österreich und Spanien über die Anwerbung spanischer Arbeitskräfte und deren Beschäftigung in Österreich, 2.5.1962, in: Bundesgesetzblatt für die Republik Österreich, 1969, S. 449–459. Das Abkommen von 1964 ist eines der wenigen, das formal gekündigt wurde. Ein Notenwechsel vom 29. Juli 1997 hielt das Erlöschen des Abkommens durch den Beitritt Österreichs zur Europäischen Union am 1. Januar 1995 fest; Erlöschen des Abkommens zwischen Österreich und Spanien über die Anwerbung spanischer Arbeitskräfte und deren Beschäftigung in Österreich, 29.7.1997, in: Bundesgesetzblatt für die Republik Österreich, 1998, S. 1275–1277.

370 Steinert, Migration und Politik, S. 305f. Eine Übersicht bietet Akgündüz, Labour Migration from Turkey to Western Europe, 2008, S. 61.

nach Arbeitskraft in Deutschland, die sich aus den bisher erschlossenen Quellen nicht decken ließ, deren Diversifizierung. Ein weiterer Migrationspartner musste gefunden werden, und die Auswahl der noch nicht ins Migrationssystem eingebundenen Staaten mit viel versprechenden Arbeitsmarktreserven verkleinerte sich zusehends.

Dieses Motiv zog sich auch durch den Text der Vereinbarung, der in einigen markanten Aspekten von der Norm abwich. Erstens spezifizierte das Abkommen die Vorauswahl durch die türkische Arbeitsverwaltung nicht weiter, sondern forderte diese nur in allgemeiner Art. Die Endauswahl der Bewerber erfolgte dann unter beruflichen und medizinischen Gesichtspunkten durch die deutsche Anwerbekommission. Zweitens erweiterte man die automatischen Ausschlusskriterien, die eine Bewerbung unmöglich machten, von der Verurteilung zu einer Freiheitsstrafe von mehr als drei Monaten auf den Ausschluss jedes Kandidaten, der überhaupt eine Vorstrafe aufzuweisen hatte. Drittens beschränkte die Vereinbarung den Aufenthalt türkischer Arbeitsmigranten in Deutschland auf maximal zwei Jahre. Auf den ersten Jahresvertrag konnte also vor einer obligatorischen Rückkehr in die Türkei nur noch ein weiterer Jahresvertrag folgen. Diese Regelung ähnelte der Beschränkung des Aufenthalts ausländischer Arbeitnehmer auf drei Jahre, welche die Schweiz nach 1945 für einige Zeit praktizierte. Zudem wich auch die entsprechende Formulierung in Abschnitt 9 der Vereinbarung von denjenigen in anderen deutschen Wanderungsverträgen ab. Wurde von griechischen oder spanischen Migranten eine Verlängerung der Arbeitserlaubnis gefordert, aus der sich gegebenenfalls eine Ausdehnung der Aufenthaltserlaubnis herleitete, waren türkische Migranten gehalten, sowohl Arbeits- als auch Aufenthaltserlaubnis verlängern zu lassen. Es gab mithin zwei Möglichkeiten, ihnen auf dem Verwaltungsweg einen längeren Aufenthalt in Deutschland zu verwehren. Viertens sah der Vertrag, im Gegensatz etwa zum deutsch-griechischen aus dem Vorjahr, nicht vor, dass Listen qualifizierter Arbeitskräfte, die an einem Arbeitsplatz in Deutschland interessiert waren, auch unabhängig von entsprechenden Anforderungen vorgelegt werden konnten. Die Möglichkeit zur Vorstellung qualifizierter Arbeitskräfte ohne konkretes Beschäftigungsangebot räumte die Vereinbarung der türkischen Arbeitsverwaltung jedoch ein. Fünftens beinhaltete die deutsch-türkische Vereinbarung als erster der deutschen Anwerbeverträge nach 1945 keinen Passus über den Familiennachzug. Er war angesichts der strengen Aufenthaltsbeschränkung nicht vorgesehen.[371] Sechstens war im Unterschied zu den übrigen deutschen Anwerbeverträgen keine namentliche Anforderung türkischer Arbeitnehmer vorgesehen. Das schnelle Anlaufen der Anwerbung in

371 Regelung über die Vermittlung türkischer Arbeitnehmer nach der Bundesrepublik Deutschland, 30.10.1961, hier aus: Bundesarbeitsblatt, 13. 1962, S. 69–71. Ein Nachholen zumindest des Ehepartners war zunächst nur über eine namentliche Anforderung als Arbeitskraft oder über einen Antrag auf Aufenthalts- und Arbeitsgenehmigung auf der Grundlage eines Einstellungsversprechens bzw. Arbeitsvertrages bei den diplomatischen Vertretungen Deutschlands möglich; vgl. dazu auch Sonnenberger, Nationale Migrationspolitik und regionale Erfahrung, S. 91f.

der Türkei mit Rekrutierungsergebnissen, die in Relation zu den Anwerbeergebnissen in der Anfangsphase anderer Arbeitsmarktbeziehungen nicht abfielen, muss angesichts dieser im internationalen Vergleich schlechten Migrationsbedingungen zwei Faktoren zugeschrieben werden.[372] In der Türkei öffnete die Einführung der Reisefreiheit in die Verfassung im Jahr 1961 geradezu die Schleusen zur Entladung des dortigen Migrationsdrucks. Zugleich blieb Deutschland von 1961 bis 1964 – eine historisch einmalige Situation – Monopolist. Kein anderes Land nahm 1962 und 1963 die Anwerbung von Arbeitskräften in der Türkei auf. Es stand also nur ein Weg offen, und als 1964 die nächsten Wanderungsverträge zustande kamen, hatten sich zwischen Deutschland und der Türkei bereits dichte Migrationsbeziehungen entwickelt.

In den Jahren 1964/65 erlebten die internationalen Arbeitsmarktbeziehungen der Türkei eine schnelle Diversifizierung, als in schneller Folge Österreich, die Niederlande, Belgien und Frankreich eigene Anwerbeabkommen mit der Türkei abschlossen.[373] Am 15. Mai 1964 wurde Österreich zum zweiten Migrationspartner der Türkei. Das Abkommen übernahm fast wörtlich den Text des nur zehn Tage zuvor in einer überarbeiteten Fassung unterzeichneten zweiten Anwerbevertrages mit Spanien. Es folgte den üblichen Bestimmungen, beinhaltete allerdings ebenfalls eine Einschränkung der namentlichen Anforderung türkischer Arbeitnehmer. Über namentliche Anforderungen durften lediglich solche türkischen Arbeitnehmer zugelassen werden, die bereits in Österreich bei einem bestimmten Arbeitgeber beschäftigt gewesen waren und nun zu diesem zurückkehrten. Ihre erste Anwerbung musste also anonym erfolgt sein. Daneben konnten auch Familienangehörige ersten Grades von bereits in Österreich lebenden türkischen Migranten angefordert werden. Gemessen an den unvorteilhaften Bedingungen der deutsch-türkischen Vereinbarungen, fällt am österreichisch-türkischen Abkommen auf, dass es keinerlei Einschränkungen beinhaltete, die über die Bestimmungen des österreichischen Ausländerrechts hinausgingen. Insbesondere waren keine aufenthaltsbeschränkenden Fristen oder Höchstgrenzen vorgesehen, und die Festlegung der Dauer des Arbeitsverhältnisses blieb Arbeitgebern und -nehmern überlassen. Auch in diesem Abkommen sah Österreich die Option eines Familiennachzuges nicht ausdrücklich vor. Die Bestimmung, dass im Falle einer Ausweisung türkische Arbeitnehmer und ihre Familienangehörigen formlos von der Türkei übernommen werden mussten, deutete die Möglichkeit jedoch zumindest an.[374]

372 Die Härte der Anwerbebedingungen in Relation zu späteren Abkommen bestätigt auch Akgündüz, Labour Migration from Turkey to Western Europe, 2008, S. 61f.

373 Bei diesen Vertragspartnern handelte es sich bis auf Österreich um Mitgliedstaaten der EWG, mit der die Türkei am 12. September 1963 ein Assoziierungsabkommen unterzeichnet hatte. Das sogenannte ›Ankara-Abkommen‹ beinhaltete auch einen Passus über die Herstellung der Freizügigkeit der Arbeitnehmer; vgl. Treichler, Arbeitsmigration und Gewerkschaften, S. 78f. sowie detaillierter Elmas, L'intervention du facteur «immigration» dans les relations turco-européennes, S. 80f.

374 Abkommen zwischen der Republik Österreich und der Türkischen Republik über die Anwerbung türkischer Arbeitskräfte und deren Beschäftigung in Österreich, 15.5.1964, in: Bundesgesetzblatt für die Republik Österreich, 1964, S. 1061–1072. Im Jahr 1966 kam es

Auch das belgisch-türkische Abkommen vom 16. Juli 1964 orientierte sich an den bereits unter belgischer Beteiligung bestehenden Wanderungsverträgen. Es sah die Anwerbung von Arbeitskräften für alle Sektoren der belgischen Wirtschaft vor. Dies war tatsächlich eine Neuerung, zu der Belgien erstmals in dem wenige Monate zuvor mit Marokko abgeschlossenen Vertrag gegriffen hatte, denn bisher hatte vor allem der belgische Steinkohlenbergbau im Vordergrund gestanden. Dennoch blieb die Anwerbung auf belgischer Seite in der Hand der ›Fédéchar‹. Das Abkommen regelte die anonyme und namentliche Anforderung unter beidseitiger Selektion zu den international üblichen Rahmenbedingungen. Die zweite medizinische Untersuchung durch belgische Ärzte war allerdings ausdrücklich als eine Möglichkeit und nicht als obligatorischer Bestandteil des Auswahlverfahrens vorgesehen, was aus der Perspektive der türkischen Migranten eine Senkung der Zugangshürden zum belgischen Arbeitsmarkt darstellte.

Einen Vorteil gegenüber den beiden älteren türkischen Anwerbeabkommen bot die Vereinbarung mit Belgien durch die Zusicherung des Familiennachzuges ohne strenge Auflagen. Nach nur einem Monat Beschäftigung musste lediglich die Verfügbarkeit von angemessenem Wohnraum nachgewiesen werden. Auch die Regelungen über den Verbleib in Belgien nach dem Vertragsende waren sowohl im internationalen Vergleich als auch gegenüber den älteren belgischen Verträgen günstig. Die namentliche Anforderung von Arbeitskräften ließ die Vereinbarung allerdings nur mit den gleichen Beschränkungen wie im österreichisch-türkischen Vertrag zu. Im Hinblick auf die Verbesserung des Aufenthaltsstatus türkischer Migranten in Belgien ergab sich aus dem Anwerbevertrag eine wichtige Neuerung: Mussten Migranten aus anderen Ländern, die im belgischen Steinkohlenbergbau arbeiteten, bisher fünf Jahre in diesem Sektor tätig gewesen sein, bevor sie sich frei auf dem belgischen Arbeitsmarkt bewegen konnten, so senkte der belgisch-türkische Vertrag diese Frist auf drei Jahre, wenn ein türkischer Migrant sich gemeinsam mit seiner Familie in Belgien niedergelassen hatte. Für Arbeitnehmer, deren Familie in der Türkei zurückgeblieben war, sah das Abkommen nach wie vor eine fünfjährige Wartezeit vor. Diese Neuregelung galt sowohl für türkische Bergleute als auch für türkische Migranten, die in anderen Sektoren der belgischen Wirtschaft arbeiteten. Während dieser ersten drei bzw. fünf Jahre durften allerdings nur Arbeitsverträge mit Unternehmen aus dem Sektor angenommen werden, für den der Arbeitnehmer ursprünglich angeworben worden war. Eine Bindung an den ersten Arbeitgeber erfolgte damit jedoch nicht. Im Anschluss erteilte man dem, türkischen Arbeitnehmer bei entsprechender Arbeitsmarktlage eine unbefristete Arbeitserlaubnis für alle Branchen der belgi-

zu einer geringfügigen Veränderung des Abkommens hinsichtlich Fortdauer und Kündigungsmöglichkeiten; Notenwechsel über die Abänderung des Abkommens zwischen der Republik Österreich und der Türkischen Republik über die Anwerbung türkischer Arbeitskräfte und deren Beschäftigung in Österreich, 12.10.1966, in: Bundesgesetzblatt für die Republik Österreich, 1967, S. 383–384.

schen Wirtschaft.[375] Diese Regelung bevorzugte deutlich jene Migranten, die sich gemeinsam mit ihren Familien dauerhaft in Belgien niederlassen wollten. In diesem Zusammenhang ist auch eine weitere Bestimmung des Vertrages interessant, die es untersagte, türkischen Arbeitnehmern in Belgien aufgrund mangelnder Sprachkenntnisse die Gleichbehandlung mit einheimischen Arbeitern zu verwehren.

Nur einen Monat später kam am 19. August 1964 der türkisch-niederländische Anwerbevertrag zustande. Er folgte in weiten Teilen dem Vorbild des niederländisch-spanischen Abkommens aus dem Jahr 1961 und enthielt für türkische Arbeitsmigranten keine Regelungen, die sie gegenüber den Arbeitnehmern aus anderen Partnerstaaten der Niederlande drastisch benachteiligte. Dennoch zeigt die Analyse des Abkommens einige Besonderheiten bzw. Abweichungen. Eine Neuerung bestand in der Option, die Arbeitnehmer auch auf dem Luftweg von der Türkei in die Niederlande reisen zu lassen und hierbei die staatlichen Fluglinien beider Staaten als mögliche Transportdienstleister zu benennen. Diese Nutzung moderner Verkehrsmittel, die im Verhältnis zur Türkei aufgrund der großen räumlichen Distanz auch Deutschland übernahm, zur Vereinfachung und Beschleunigung des Transfers verdeutlicht in Kombination mit einem anderen Aspekt des Vertrages die niederländischen Intentionen, die Anwerbung in der Türkei zunächst nicht mit einer umfangreichen staatlichen Anwerbebürokratie zu unterstützen. Die Pläne für die Verteilung der Reisekosten sahen vor, dass diese zwischen einem zentralen Abreiseort in der Türkei und den Bestimmungsorten in den Niederlanden von den Arbeitgebern zu übernehmen waren. Vor Ort jedoch zahlten niederländische Stellen die Reisekosten direkt an die türkischen Arbeitnehmer aus und forderten diese erst später von den Arbeitgebern ein. Zugleich sah ein Notenwechsel zwischen den beiden Regierungen vom Tag der Vertragsunterzeichnung vor, dass die Arbeitgeber Verkehrswege und -mittel für den Transport der türkischen Arbeitnehmer selbst bestimmen konnten, da sie die Reisekosten trugen.

Die Gleichbehandlung verankerte der niederländisch-türkische Anwerbevertrag sowohl im Hinblick auf Arbeitsrecht und Arbeiterschutz als auch auf die Einbeziehung der Migranten in die niederländischen Sozialsysteme. Der niederländisch-spanische Vertrag von 1961 hatte die Bestimmung über die Anwendung der niederländischen Sozialversicherung noch zum Gegenstand eines Zusatzprotokolls gemacht, in dem beide Regierungen ihre Absicht betonten, schnell ein gesondertes Sozialversicherungsabkommen zu beschließen. Das türkisch-niederländische Abkommen dagegen nahm diese Bestimmungen, sogar in noch konkreterer Form, in den Vertragstext auf.[376] Eine Regelung des

375 Accord entre la Belgique et la Turquie relatif à l'occupation de travailleurs turcs en Belgique, 16.7.1964, hier aus: Senat de Belgique, Documents législatifs, 563 (1974–1975) N. 1, S. 74–102; die gleiche Regelung hatte bereits der belgisch-marokkanische Wanderungsvertrag enthalten, der vier Monate zuvor zustande gekommen war.

376 Agreement Concerning the Immigration, Recruitment and Placement of Turkish Workers in the Netherlands, 19.8.1964, hier aus: United Nations Treaty Collection (online) http://untreaty.un.org/English/access.asp, No. 7523. Tatsächlich kam zwei Jahre später ein

Familiennachzuges blieb ebenso wie in den Vereinbarungen der Türkei mit Deutschland und Österreich sowie allen vorausgehenden Anwerbeabkommen der Niederlande ausgespart. Auch die namentliche Anforderung türkischer Arbeitnehmer schränkte der niederländisch-türkische Wanderungsvertrag ebenso ein wie seine Vorgänger. Eine Regelung, die augenscheinlich auf das Interesse der türkischen Seite zurückging, die Zulassung zur Arbeitsmigration gänzlich unter ihre Kontrolle zu bringen, wie der in diesem Abkommen zum ersten Mal vorkommende Passus belegt, der es den Niederlanden zwar gestattete, namentliche Anforderungen weiterzuleiten, ihre Bewilligung aber von der türkischen Arbeitsverwaltung abhängig machte.

Den Abschluss des Jahres 1964 bildete eine Novelle der deutsch-türkischen Vereinbarung, die sich jedoch nur an einigen wenigen Punkten änderte. Die Neufassung vereinbarten beide Regierungen durch einen Notenwechsel: Am 20. Juli 1964 ging die deutsche Note an die türkische Regierung, am 30. September traf die türkische Antwort ein, die neue Vereinbarung trat rückwirkend zum 1. September 1961 in Kraft. Die Änderungen gingen auf Verhandlungen zweier Regierungsdelegationen im gleichen Jahr zurück und bezogen sich vor allem auf praktische Fragen. So gestattete man nun der Türkei die Entsendung eigenen Betreuungspersonals und führte regelmäßige Konsultationen einer gemischten Kommission – Standard in nahezu allen anderen Wanderungsverträgen – ein. Eine Präzisierung erfolgte außerdem bei den Bestimmungen über die Verteilung der Reisekosten. Die wichtigste Veränderung war jedoch, dass die Bundesrepublik ihren Vorbehalt bezüglich der Gesamtaufenthaltsdauer türkischer Migranten in der Bundesrepublik von nicht mehr als zwei Jahren aufgab.[377] Eine Einschränkung, die angesichts der internationalen Konkurrenz 1964 nur unter Inkaufnahme rückläufiger Anwerbeergebnisse aufrechtzuerhalten gewesen wäre.[378] Eine weitere Veränderung der Migrationsbedingungen türkischer Migranten, die sich der Bundesrepublik Deutschland zuwandten, ergab sich zeitgleich. Bereits im April des Jahres 1964 unterzeichneten beide Staaten ein Sozialversicherungsabkommen. Es trat zwar erst im November des folgenden Jahres in Kraft, präzisierte jedoch die soziale Absicherung und damit die Gleichstellung türkischer Arbeitnehmer in Deutschland und fungierte

Sozialversicherungsabkommen zwischen den Niederlanden und der Türkei zustande; Convention sur la Sécurité sociale (avec protocole de signature), 5.4.1966, hier aus: http://www.ilo.org/dyn/natlex/ (INT-1966-IA-26142). Spanien und die Niederlande dagegen schlossen erst 1974 ein Sozialversicherungsabkommen ab; Social Security Convention, with Final Protocol, 2.5.1974, hier aus: http://www.ilo.org/dyn/natlex/ (INT-1974-IA-15489).

377 Ohne Widerspruch blieb diese Änderung auf beiden Seiten nicht. Während die Türkei zunächst ein Einspruchsrecht bei der Verlängerung des Aufenthalts in Deutschland forderte, war das Bundesministerium des Inneren beispielsweise daran interessiert, in einer Feststellung zu bekräftigen, dass der Familiennachzug nach wie vor ausgeschlossen blieb, weder der eine noch der andere Vorschlag drangen jedoch durch; BArch B 149 6225, Sitzungsniederschrift vom 6.8.1963; BArch B 149 6225, Sitzungsniederschrift vom 4.1.1964.

378 Vermittlung türkischer Arbeitnehmer nach der Bundesrepublik Deutschland. Bek. des BMA vom 3. Dezember 1964 über eine Änderung und Neufassung der deutsch-türkischen Vereinbarung vom 30. Oktober 1961, hier aus: Bundesarbeitsblatt, 16. 1965, S. 125–127.

somit als wichtige Ergänzung der Anwerbevereinbarung, in der sich dieser Aspekt lediglich in den Bestimmungen des Musterarbeitsvertrages niederschlug.[379]

Nachdem also bis Ende 1964 Deutschland, die Niederlande sowie Österreich eher restriktiv formulierte Abkommen und Belgien eine seinen liberalen Traditionen folgende Anwerbevereinbarung mit der Türkei geschlossen hatten, kamen 1965 und 1967 mit Frankreich und Schweden die beiden letzten Migrationspartner des Landes hinzu, die ihrerseits eher großzügig gefasste Wanderungsverträge anboten. Am 8. April 1965 wurde die ›Convention de main-d'œuvre entre la France et la Turquie‹ durch die Unterschriften eines französischen sowie eines türkischen Regierungsbeauftragten rechtskräftig.[380] Die Türkei übte in diesem Vertrag zum ersten Mal Verzicht auf ihre Vorbehalte gegenüber der namentlichen Anforderung von Arbeitskräften und ließ sie neben der anonymen Rekrutierung uneingeschränkt zu. Das Anwerbeverfahren selbst wich in keinem Punkt von den bereits bekannten Prinzipien ab. Allerdings hielt die Vereinbarung explizit fest, dass bei Verzicht auf die Entsendung einer französischen Anwerbekommission die Rekrutierung auch direkt über die diplomatischen Vertretungen Frankreichs abgewickelt werden konnte. Eine weitere Besonderheit französischer Anwerbeverträge, die sich seit den Abkommen mit Italien Ende der 1940er Jahre eingebürgert hatte, war die Zusicherung, dass der Aufenthalt der türkischen Bewerber an dem Ort, an dem die französische Kommission die Endauswahl durchführte, möglichst kurz, höchstens jedoch fünf Tage dauern sollte. Außerdem beinhaltete die Vereinbarung großzügige Regelungen für den Familiennachzug: Der französische Staat übernahm die Kosten für den Teil der Reise, der auf französischem Territorium verlief. Im Unterschied zu den Migrationsbedingungen, die von den Niederlanden oder Deutschland angeboten wurden, sah die französisch-türkische Vereinbarung nicht von vorneherein eine zeitliche Begrenzung von Aufenthalt oder Arbeitsverträgen vor. Außerdem sicherte Frankreich zu, bei allen Gründen für einen Arbeitsplatzverlust, die nicht vom Arbeitnehmer selbst zu verantworten waren, für die Vermittlung einer neuen Arbeitsstelle zu sorgen. Allerdings verhinderte ein Katalog von Bedingungen, unter denen türkischen Arbeitnehmern Arbeits- und Aufenthaltsgenehmigung entzogen werden konnte, dass aus solchen Bestimmungen automatisch ein sicherer Aufenthaltsstatus resultierte. Ein Versagen am Arbeitsplatz nach einem Stellenwechsel führte, wenn der Betroffenen nicht innerhalb von drei Monaten einen neuen Arbeitsplatz fand, für den er sich als qualifiziert erwies, ebenso zur Ausweisung wie Arbeitsverweigerung oder die Unfähigkeit, sich an das Leben in Frankreich anzupassen. Schließlich genügte auch die Feststellung, dass von einem

379 Convention sur la Sécurité sociale (avec protocole final), 30.4.1964, hier aus: http://www.ilo.org/dyn/natlex/ (INT-1964-IA-25484).

380 Convention de main-d'œuvre entre la France et la Turquie, 8.4.1965, hier aus: Ministère des Affaires Étrangères de la République Française, Archives Diplomatiques, Base Pacte, http://www.doc.diplomatie.gouv.fr.

Migranten eine Gefahr für die öffentliche Ordnung oder die Sicherheit Frankreichs ausging, zur Einleitung eines Ausweisungsverfahrens. Während die Gleichbehandlung der türkischen Arbeitskräfte in Frankreich und ihre Einbindung ins französische Sozialversicherungssystem detailliert festgeschrieben wurde, ein ergänzendes Sozialversicherungsabkommen zwischen beiden Staaten kam erst 1972 zustande, fehlten im französisch-türkischen Vertag jegliche Bestimmungen über die Kostenverteilung zwischen staatlichen Institutionen, Arbeitnehmern und -gebern. Im französisch-spanischen Vertrag von 1961 hatte sich Frankreich im Gegensatz dazu noch verpflichtet, die Reisekosten der spanischen Bewerber auch innerhalb Spaniens zu übernehmen.[381] Ein interessantes, wenn auch eher symbolisches Beispiel für die Orientierung der französischen Verträge an den Standards der ILO ist neben den allgemeinen Bestimmungen die seltene Aufnahme eines Details aus Anhang III der Konvention C97, die den zollfreien Transfer von Arbeitsgeräten, die sich im persönlichen Besitz eines Migranten befanden, vorsah.

Zwei Jahre später, am 10. März 1967, kam in Stockholm mit dem schwedisch-türkischen Anwerbevertrag das letzte Wanderungsabkommen der Türkei im Betrachtungszeitraum zustande, das gleichzeitig auch für Schweden der letzte Wanderungsvertrag bis zum Anwerbestopp von 1973/74 sein sollte.[382] Die Vereinbarung sah vor, dass anonyme Stellenangebote schwedischer Unternehmen in Zusammenarbeit zwischen der schwedischen und der türkischen Arbeitsverwaltung besetzt werden sollten. Die Vorauswahl der Bewerber übernahm die türkische Seite, Schweden dagegen erhielt die Möglichkeit, feste Vermittlungsstellen in der Türkei einzurichten oder temporär präsente Anwerbekommissionen zu entsenden, die eine Endauswahl unter den von der türkischen Arbeitsverwaltung angenommenen Bewerbern vornehmen konnte sowie Arbeits- und Aufenthaltsgenehmigungen ausstellte. Den eigentlichen Arbeitsvertrag unterzeichneten die Migranten, anders als bei den Verfahren der meisten anderen Anwerbestaaten, erst in Schweden. Für diejenigen türkischen Migranten, die diese Hürden genommen hatten, sah der Vertrag nach ihrer Ankunft in Schweden eine Reihe fortschrittlicher Hilfestellungen unter Gewährung einer weitgehenden Statusgleichheit mit den einheimischen Arbeitnehmern vor. Hierzu zählte Verpflegung und Unterbringung auf Staatskosten in Schweden, falls eine zeitliche Lücke zwischen der Einreise und dem Arbeitsbeginn entstand oder die Arbeitsbedingungen der ersten Arbeitsstelle

381 Convention générale de Sécurité sociale du 20 janvier 1972 entre la République Française et la République de Turquie, http://www.ilo.org/dyn/natlex/ (INT-1972-IA-16868). Das Abkommen trat im August 1973, wenige Monate vor dem Anwerbestopp, in Kraft.

382 Schweden hatte kurz nach dem Krieg Abkommen mit Italien und Ungarn sowie mit den Besatzungsbehörden in Österreich abgeschlossen, die ebenso wenig Bedeutung gewannen wie die Anwerbeversuche in Belgien und Deutschland in den 1950er Jahren; vgl. dazu Runblom, Immigration to Scandinavia after World War II, S. 299; Lithman, Immigration and Immigrant Policy in Sweden, S. 7f. Im Jahr zuvor, 1966, hatte Schweden mit Jugoslawien seinen wichtigsten Wanderungsvertrag außerhalb des ›Nordischen Arbeitsmarktes‹ abgeschlossen.

nicht den vereinbarten Standards entsprachen, sodass eine Umvermittlung notwendig wurde. Diese besondere Bestimmung war typisch für die Anwerbeverträge Jugoslawiens und war bereits in den Abkommen mit Frankreich (1965) und Österreich (1966) enthalten gewesen, die vor dem schwedisch-jugoslawischen Anwerbevertrag (1967) zustande gekommen waren. Auch der schwedisch-jugoslawische Vertrag übernahm schließlich diese Fürsorgegarantie – ebenso wie die Bestimmung über den freien Arbeitsplatzwechsel ohne Auflagen.

Als man im Jahr darauf das schwedisch-türkische Abkommen aushandelte, fanden darin zahlreiche Bestimmungen des schwedisch-jugoslawischen Vertrages Eingang, die mit großer Wahrscheinlichkeit ursprünglich die jugoslawische Seite eingebracht hatte.[383] Den Familiennachzug der Ehepartner, Kinder und im Unterschied zu den Regelungen anderer Länder auch der Eltern ermöglichte das Abkommen ebenso wie einen freizügigen Wechsel des Arbeitsplatzes ohne Auflagen, die über das schwedische Arbeitsrecht hinausgingen. Außerdem, und auch in diesem Punkt zeigte sich das schwedische Anwerbeabkommen fortschrittlich, sicherte man türkischen Arbeitsmigranten den Zugang zur beruflich qualifizierenden Fortbildung zu. Daneben stellte das Abkommen in Aussicht, dass zur Vorbereitung der Einwanderung nach Schweden bereits in der Türkei Sprachkurse und berufsbezogene Qualifizierungsmaßnahmen durchgeführt und durch die schwedische Regierung finanziert werden sollten. Des Weiteren kannte der Vertrag weder eine zeitliche Befristung des ersten Arbeitsverhältnisses noch des Gesamtaufenthalts türkischer Migranten in Schweden und führte an keiner Stelle Kriterien auf, die zu einer Ausweisung einmal eingewanderter Arbeitskräfte oder ihrer Familienangehörigen führten konnten.[384] Die aktive Rekrutierung auf der Grundlage dieses Wanderungsabkommens gewann für die türkische Arbeitsmigration nach Schweden keine entscheidende Bedeutung. Zwar entstand in Schweden im Betrachtungszeitraum eine kleine türkische Minderheit, deren Einwanderung sich jedoch überwiegend in Form individueller oder privatwirtschaftlich organisierter Migration vollzog. Dennoch zeigen die im europäischen Vergleich außergewöhnlichen Vorgaben der schwedischen Wanderungsverträge, dass staatlich organisierte bzw. regulierte Arbeitsmigration auch ohne die Prämisse temporärer Arbeitsmigration als der Beginn eines Einwanderungsprozesses denkbar war.

383 Für diese Verkettung spricht auch, dass vergleichbare Regelungen in keinem anderen der türkischen Wanderungsverträge enthalten sind.

384 Agreement between the Government of the Republic of Turkey and the Government of the Kingdom of Sweden Concerning the Employment to Turkish Workers in Sweden, in: Türkiye Cumhuriyeti Resmî Gazete, 7. Oktober 1967, Nr. 12738, S. 1–2.

3.4.3.5. Marokko

Am 21. Mai 1963 wurde die Bundesrepublik Deutschland zum ersten Staat, der mit dem 1956 von Frankreich unabhängig gewordenen Marokko eine Anwerbevereinbarung traf. Für Deutschland bedeutete diese Ausweitung seiner Migrationsbeziehung die Aufnahme eines zweiten außereuropäischen Staates unter seine Migrationspartner. Entsprechend blieb schon die Anbahnung der Vereinbarung nicht unumstritten. Die deutschen Arbeitgeber, insbesondere aus dem Bergbau, hofften, in den marokkanischen Bergbaugebieten Facharbeiter gewinnen zu können.[385] Diesem Ansinnen schloss sich die deutsche Arbeitsverwaltung an, nicht zuletzt da sich Anfang der 1960er Jahre bereits eine illegale, meist über Frankreich als Zwischenstation laufende Arbeitsmigration zwischen Marokko und Deutschland entwickelte, die es zu kanalisieren galt. Während sich dagegen das Bundesministerium des Inneren gegen die Aufnahme formaler Arbeitsmarktbeziehungen sträubte, spielte auf der politischen Bühne der Versuch, Marokko durch diese Form der Unterstützung an den Westen zu binden und durch eine solche Geste einen Verbündeten im instabilen arabischen Raum zu sichern, ebenfalls eine wichtige Rolle.[386] Vor diesem Hintergrund sahen die zuständigen deutschen Stellen jedoch keine Notwendigkeit, Migrationsbeziehungen von gleicher Intensität wie die bereits bestehenden aufzunehmen. Und so fällt die ›Vereinbarung zwischen der Regierung der Bundesrepublik Deutschland und der Regierung des Königreichs Marokko über die vorübergehende Beschäftigung marokkanischer Arbeitnehmer in der Bundesrepublik Deutschland‹ in mehr als einer Hinsicht aus dem Rahmen der deutschen Wanderungsverträge.[387]

Zunächst sah die Vereinbarung im Unterschied zu allen ihren Vorgängerinnen nicht die Einrichtung einer ständigen Anwerbekommission vor, sondern die Entsendung einer sogenannten Auswahlgruppe, die im Bedarfsfall in Marokko Arbeitskräfte anwerben sollte. Die marokkanische Arbeitsverwaltung ihrerseits hatte nach Vorgabe der laufend übermittelten Stellenangebote eine Vorauswahl geeigneter Arbeitskräfte zu treffen. Diese bezog sich allerdings nur auf eine berufliche Eignungsprüfung, eine medizinische Voruntersuchung sah der Vertrag nicht vor. Es handelte sich hierbei jedoch keineswegs um ein Zugeständnis der deutschen Seite, sondern um eine Konsequenz von deren Einschätzung, dass eine durch marokkanische Stellen durchgeführte Voruntersuchung unzuverlässig sein müsse. Die Gesundheitsprüfung beschränkte sich daher auf eine Untersuchung durch deutsche Ärzte, die mit der Auswahlgruppe nach Marokko reisten. Dieser Auswahlgruppe gehörten neben Vertretern

385 Steinert, »Chianti am Rhein«, S. 144f.

386 BArch B 149 6225, Arbeitskreis für Fragen der Beschäftigung ausländischer Arbeitnehmer, Niederschrift vom 18.12.1962.

387 Vereinbarung zwischen der Regierung der Bundesrepublik Deutschland und der Regierung des Königreichs Marokko über die vorübergehende Beschäftigung marokkanischer Arbeitnehmer in der Bundesrepublik Deutschland, 21.5.1963, hier aus: Bundesarbeitsblatt, 14. 1963, S. 601–603.

der Arbeitsverwaltung auch Beauftragte derjenigen Unternehmen an, die in Marokko nach Arbeitskräften suchten. Auch das stellte eine Neuerung im deutschen Anwerbeverfahren dar. Möglich wurde eine solche Zusammensetzung dadurch, dass sich die Anwerbung auf der Grundlage des deutsch-marokkanischen Wanderungsabkommens einzig auf Bergleute für den deutschen Steinkohlenbergbau beschränkte.

Da die Zahl der interessierten Unternehmen also sehr eingeschränkt war, konnte ihre Einbindung in die Auswahlgruppe leicht erfolgen. Zu einem Zeitpunkt, an dem Belgien, das in den ersten beiden Nachkriegsjahrzehnten zunächst fast nur Arbeitskräfte für den Bergbau rekrutiert und deren Freizügigkeit auf dem belgischen Arbeitsmarkt mit strengen Auflagen versehen hatte, die Anwerbung ausweitete, griff Deutschland, das sich bislang dadurch ausgezeichnete hatte, eine branchenoffene Rekrutierungspolitik zu verfolgen, zum ersten Mal zur Einschränkung der Anwerbung auf einen bestimmten Sektor.

Die Vereinbarung sah außerdem eine arbeits- und sozialrechtliche Gleichstellung der marokkanischen Migranten mit den deutschen Bergleuten vor, beinhaltete allerdings eine Leistungsbeschränkung, die zu diesem Zeitpunkt im Verhältnis zu anderen Migrationspartnern Deutschlands bereits aufgehoben war. Ansprüche auf Familienleistungen der Krankenkassen sowie auf Kindergeld für in Marokko zurückbleibende Angehörige der Bergleute waren nicht vorgesehen. Dies aber schloss die Angehörigen aller marokkanischen Bergleute aus, da ein Familiennachzug ebenso wie im deutsch-türkischen Vertrag nicht vorgesehen war. Eine weitere Regelung der Vereinbarung offenbart die mit ihr verbundenen migrationspolitischen Intentionen. Vorgesehen war ausnahmslos eine anonyme Anwerbung marokkanischer Bergleute, nicht jedoch deren namentliche Anforderung. Ebenso wenig konnte die marokkanische Arbeitsverwaltung selbst die Initiative ergreifen und einen Bewerberpool bilden, auf den die deutsche Auswahlgruppe zugreifen konnte, um ihre Vermittlungsaufträge schnell zu erfüllen. Im Gegensatz zu allen anderen Wanderungsabkommen Deutschlands beinhaltete die deutsch-marokkanische Vereinbarung darüber hinaus die Verpflichtung der marokkanischen Regierung zur aktiven Bekämpfung jeglicher Arbeitsmigration nach Deutschland jenseits dieses streng reglementierten Migrationskanals. Außerdem brachte der spezielle Charakter der Anwerbevereinbarung zwei weitere Besonderheiten mit sich. Erstens beschränkte sie den Stellenwechsel marokkanischer Arbeitskräfte auf den Steinkohlenbergbau, eine Umvermittlung in andere Branchen war nicht zulässig. Zweitens beinhaltete die Vereinbarung keine expliziten Einschränkungen der Beschäftigungsdauer. Vielmehr erlaubte der beigefügte Musterarbeitsvertrag das Zustandekommen von dauerhaften Arbeitsverhältnissen, die während des ersten Jahres ihrer Laufzeit nicht gekündigt werden durften. Zum ersten Mal waren damit langfristige Beschäftigungsverhältnisse denkbar, wobei die marokkanischen Migranten in diesem Fall ihre zunächst auf ein Jahr begrenzte Aufenthaltserlaubnis entsprechend anpassen lassen mussten.

Vor allem politische Faktoren führten dazu, dass kurz auf den Abschluss eines Wanderungsvertrages mit Tunesien im Jahr 1965, der eine freie Rekrutierung im Rahmen eines fixierten Kontingentes vorsah, auch das Anwerbeabkommen mit Marokko angepasst wurde. Analog zum Übereinkommen mit Tunesien sagte Deutschland die Rekrutierung von bis zu 3.000 marokkanischen Arbeitnehmern zu, die außerhalb des Bergbaus beschäftigt werden sollten. Die Rekrutierung durch Bergbauunternehmen ohne Kontingentbegrenzung berührte diese Erweiterung jedoch nicht. Der politische Hintergrund für diese Zusage lag im Interesse Deutschlands, Marokko für sein pro-westliches Verhalten im Kontext der Mitte der 1960er Jahre aufflammenden Spannungen im Nahen Osten zu belohnen.[388] Die Wünsche, die über den Bundespräsidenten an Ministerien und Verwaltung herangetragen wurden, stießen dort zunächst auf heftigen Widerstand. Dieser leitete sich nicht nur von allgemeinen innenpolitischen Bedenken ab, sondern auch von der zu Beginn des Jahres 1966 im Vorfeld der kommenden Rezession langsam spürbar werdenden Beruhigung des Arbeitsmarktes.[389] Auf die Anwerbeaktivitäten in Marokko selbst wirkten sich die nun theoretisch eröffneten Möglichkeiten daher zunächst kaum aus.[390] Im Verlauf des Jahres 1966 verstärkte sich zwar der politische Druck zur Steigerung der Anwerbezahlen in Marokko und Tunesien, die Auswirkungen der Rezession und das Fehlen entsprechender Stellenangebote schoben die Wirksamkeit des Abkommens jedoch weiter auf, zu Anwerbemaßnahmen kam es nur vereinzelt.[391] Nachdem 1970 die Rekrutierung marokkanischer Arbeitnehmer tatsächlich angelaufen war, beeinflussten erneut politische Ereignisse massiv die Entwicklung der Arbeitsmarktbeziehungen beider Länder. Zunächst folgte unmittelbar auf das Attentat auf die israelische Olympiamannschaft im September 1972 die Anweisung, keine Transporte bereits angeworbener tunesischer Arbeitnehmer nach Deutschland durchzuführen. Die Anwerbung selbst sollte jedoch normal weiterlaufen, was unmittelbar zu Unruhen unter den in Tunis zur Abreise versammelten Migranten führte.[392] Nach der Normalisierung der Situation erhöhte man dann im Jahr darauf die Anwerbequote für Marokko von 3.000 auf 20.000 Arbeitnehmer jährlich, eine Maßnahme, die aufgrund des kurz darauf verfügten allgemeinen Anwerbe-

388 Gälli, Afrikanische Gastarbeiter in der Bundesrepublik, S. 13.

389 BArch B 119 4715, Schreiben des Präsidenten der BAVAV an den Bundesarbeitsminister vom 4.2.1966; BArch B 119 4715, Schreiben des Bundesarbeitsministers an den Präsidenten der BAVAV vom 9.2.1966. Anfang 1966 schöpfte man das Anwerbekontingent dadurch aus, dass man beispielsweise 2000 illegal in Nordrhein-Westfalen lebende Marokkaner mit Rücksichtnahme auf eine Reise des Bundespräsidenten nach Marokko, nicht auswies, sondern auf das Kontingent anrechntet; dazu BArch B 119 4715, Abt. I, Vermerk vom 24.2.1966.

390 BArch B 119 4715, Schreiben der Deutschen Botschaft Rabat an das Auswärtige Amt vom 23.6.1966.

391 BArch B 119 4708, Abt. I, Abteilungsleitervermerk vom 23.5.1966; BArch B 119 4708, Schreiben des Bundespräsidenten an den Präsidenten der BAVAV vom 20.6.1966; BArch B 149 22344, Ergebnisprotokoll vom 19.2.1969.

392 BArch B 119 4966, Schreiben des Präsidenten der BAVAV an das Bundesministerium für Arbeit und Sozialordnung vom 23.10.1972. Vgl. zum Einfluss des Attentats auf die deutsche Migrationspolitik allgemein Bendix, Importing Foreign Workers, S. 56f.

stopps nicht mehr greifen sollte.[393] Beide Wanderungsabkommen Deutschlands mit Marokko sind also Sonderfälle. Das Abkommen von 1963 diente der Beschaffung von Arbeitskräften für eine spezielle Branche, für die zu diesem Zeitpunkt die Anwerbung innerhalb Europas zunehmend schwer wurde. So wie beispielsweise mit Japan[394] oder Korea[395] schloss Deutschland auch mit Marokko ein spezielles Wanderungsabkommen ab, das einzig der Rekrutierung von Bergleuten diente. Seine Erweiterung im Jahr 1966 bestimmten indes politische Überlegungen und nicht die Erfordernisse der Arbeitsmarktlage.[396]

Ebenfalls im Jahr 1963 schlossen auch Frankreich und Marokko einen Wanderungsvertrag. Dieser begründete allerdings keineswegs eine neue Migrationsbeziehung, sondern regulierte die bereits alten Arbeitsmarktbeziehungen beider Länder, die nach der Unabhängigkeit Marokkos im Jahr 1956 nicht abgerissen waren. Der Vorgang kann im Kontext des Aufbaus zwischenstaatlicher Beziehungen zwischen Frankreich und seiner ehemaligen Kolonie verortet werden, bei dem sich beide Staaten nun dem allgemeinen Trend zur vertraglichen Regulierung transnationaler Arbeitsmigration anschlossen. Nur zwei Monate später kam auch der französisch-tunesische Wanderungsvertrag zustande, der dem französisch-marokkanischen weitgehend ähnelte. Zwischen Algerien und Frankreich indes sollte die Aufnahme regulierter Wanderungsverträge nach internationalem Vorbild trotz des Vorvertrages von 1964 noch bis 1969 auf sich warten lassen.[397]

Der Hintergrund der kolonialen und nun postkolonialen Verbindung Frankreichs und Marokkos verlieh dem Abkommen einen besonderen Charakter. Auf der einen Seite folgte er in vielen Bereichen den internationalen Standards. Eine doppelte Selektion und eine intensive medizinische Untersuchung der marokkanischen Bewerber, die aus einem festgelegten Altersintervall rekrutiert wurden, waren ebenso vorgesehen wie eine rechtliche Gleichbehandlung der marokkanischen Migranten und der französischen Arbeitnehmer in Fragen des Arbeits- und Sozialrechts. Hinzu kam die Zusicherung, für die marokkanischen Einwanderer die bestmöglichen Lebensbedingungen zu gewährleisten und ihre Eingliederung zu begleiten. Auch den Familiennachzug regelte das Abkommen sogar ohne die übliche Auflage einer Prüfung des ent-

393 BArch B 119 4966, Schreiben des Bundesministeriums für Arbeit und Sozialordnung an das Auswärtige Amt vom 17.8.1973.

394 Zweites (Ergänzungs-)Programm zur vorübergehenden Beschäftigung von japanischen Bergarbeitern im Ruhrkohlenbergbau, 30.1.1962, hier aus: Bundesarbeitsblatt, 13. 1962, S. 265–268. Das erste derartige Anwerbeprogramm datierte bereits aus dem Jahr 1956; vgl. dazu auch Emploi temporaire de mineurs Japonais dans la République fédérale d'Allemagne, S. 502f.

395 Programm zur vorübergehenden Beschäftigung von koreanischen Bergarbeitern im westdeutschen Steinkohlenbergbau, 16.12.1963, hier aus: Bundesarbeitsblatt, 15. 1964, S. 143–145.

396 Vereinbarung zwischen der Regierung der Bundesrepublik Deutschland und der Regierung des Königreichs Marokko vom 21. Mai 1963 über die vorübergehende Beschäftigung marokkanischer Arbeitnehmer in der Bundesrepublik Deutschland in der am 4. März 1966 geänderten Fassung, hier aus: Bundesarbeitsblatt, 17. 1966, S. 469–472.

397 Siehe dazu Kapitel 3.4.3.9.

sprechenden Antrages durch die Verwaltung und die Bindung an den Nachweis einer angemessenen Wohnung. Im Gegenteil, die französischen Behörden sicherten der Einwanderung von Familien marokkanischer Arbeitsmigranten jegliche Unterstützung zu. Als Teil der Entwicklungszusammenarbeit Marokkos und Frankreichs gewährte man marokkanischen Einwanderern Zugang zu den Berufsbildungseinrichtungen des französischen Arbeitsministeriums. Als weiterer Unterschied – etwa zu dem ein Jahr später abgeschlossenen französisch-türkischen Wanderungsvertrag – fehlten Kriterien für eine Ausweisung marokkanischer Arbeitnehmer. Selbst die sonst übliche Klausel, dass ein vom Arbeitnehmer zu vertretender Bruch des ersten Arbeitsvertrages den Entzug von Arbeits- und Aufenthaltserlaubnis zur Folge haben konnte, war im französisch-marokkanischen Abkommen nicht vorgesehen.[398]

Die genaue Regelung des Anwerbeverfahrens war nicht Bestandteil des Vertragstextes selbst, sondern in einen Anhang verlagert. Die Anwerbung ähnelte organisatorisch dem mit Spanien vereinbarten Protokoll. Die erste medizinische Vorauswahl unter den Bewerbern nahmen marokkanische Stellen lokal vor. Parallel führte die französische Anwerbekommission in Zusammenarbeit mit der marokkanischen Arbeitsverwaltung eine zweite Vorauswahl durch, die sich auf die beruflichen Qualifikationen konzentrierte. Wer diese Hürde genommen hatte, den lud die französische Kommission zur zweiten Auswahlrunde an ihren Hauptsitz ein. Sie sollte einen höchstens dreitägigen Aufenthalt in Casablanca erfordern. Nun wurden weitere medizinische Test durchgeführt und über die gesundheitliche Eignung eines Bewerbers entschieden.[399] Gegen eine negative Beurteilung konnten die Bewerber Widerspruch einlegen und erhielten dann die Chance, sich einer unabhängigen medizinischen Kommission zu stellen.

Für Arbeitskräfte, die namentlich angefordert wurden, entfielen beide Voruntersuchungen. Sie konnten sich unmittelbar der französischen Kommission präsentieren und bei gesundheitlicher Eignung sofort nach Frankreich einreisen.[400] Ein Zusatzprotokoll zur Vereinbarung legte die Details der Zulassung marokkanischer Migranten zu Berufsbildungseinrichtungen in Frankreich fest. Es sah vor, dass jährlich im Rahmen einer Kontingentregelung marokkanische Arbeitnehmer nach den Vorgaben des französisch-marokkanischen Wanderungsvertrages für solche Ausbildungskurse ausgewählt. Bis auf eine kleine Gruppe von Arbeitern, die nach ihrer Qualifizierung unmittelbar nach Marokko zurückkehren durfte, mussten alle marokkanischen Migranten, die in den Genuss einer solchen Maßnahme gekommen waren, jedoch mindestens für ein

398 Convention on Labour between France and Morocco, 1.6.1963, hier aus: United Nations Treaty Collection (online) http://untreaty.un.org/English/access.asp, No. 27556.

399 Einen Einblick in die Rekrutierungspraxis des ONI und französischer Unternehmen in den nordafrikanischen Staaten bietet Hargreaves, Immigration in Post-War France, Text 6.1., S. 78f.

400 Convention on Labour between France and Morocco, 1.6.1963, Annex Concerning Recruitment Procedures, hier aus: United Nations Treaty Collection (online) http://untreaty.un.org/English/access.asp, No. 27556.

Jahr in ihrem Beruf in Frankreich arbeiten, um so einen Ausgleich für die von französischer Seite aufgewendeten Mittel zu schaffen.[401] Während alle bisherigen französischen Wanderungsverträge weit weniger deutlich auf eine nur temporäre Migration ausländischer Arbeitskräfte nach Frankreich gerichtet waren als die Abkommen anderer Staaten, kam unter den französischen Wanderungsabkommen dieser erste mit einer ehemaligen Kolonie abgeschlossene Vertrag einem Einwanderungsvertrag, der die Zulassung zur Einwanderung an die Bereitschaft eines Familienmitgliedes band, sich dem französischen Arbeitsmarkt zur Verfügung zu stellen, am nächsten.[402]

Obwohl Belgien das dritte Land war, das einen Wanderungsvertrag mit Marokko abschloss, kann es doch als erster postkolonialer Migrationspartner Marokkos neben Frankreich gelten. Denn als am 17. Februar 1964 die ›Convention entre la Belgique et le Maroc relative à l'occupation de travailleurs marocains en Belgique‹ unterzeichnet wurde, unterhielt Belgien bereits seit zwei Jahren eine Anwerbestelle in Casablanca.[403] Ähnlich wie im Falle Frankreichs diente das Anwerbeabkommen des Jahres also der Verfestigung und Regulierung bereits bestehender Arbeitsmarktbeziehungen und kann in Zusammenhang mit der internationalen Ausbreitung dieses Instruments, aber auch dem beginnenden Engagement anderer Staaten in Marokko, die – wie Deutschland – Anwerbeabkommen anboten, verortet werden.

Beim belgisch-marokkanischen Vertrag verzichtete Belgien zum ersten Mal auf die Beschränkung der Anwerbung von Arbeitskräften für den Bergbau. Außerdem überließ man die die Rekrutierung im Ausland in diesem Fall nicht der ›Fédéchar‹, sondern beauftragte die diplomatischen Vertretungen Belgiens mit der Abwicklung.[404] Dieser Schritt konnte ebenso mit der Erwartung eines nur geringen Wanderungsaufkommens zusammenhängen wie mit Vorbehalten der marokkanischen Regierung. Er ist jedoch insofern ungewöhnlich, als die ›Fédéchar‹ in den beiden Jahren vor dem Vertragsabschluss in Marokko eigenständig Rekrutierungskampagnen durchgeführt hatte. In weiten Teilen nahm die Vereinbarung die bereits dargestellten Regelungen des belgisch-türkischen Abkommens vorweg. Insbesondere die Ausweitung der Anwerbung auf alle Wirtschaftssektoren Belgiens sowie die Senkung der Wartezeit der Migranten bis zur Erlangung der vollen Freizügigkeit auf dem belgischen Arbeitsmarkt von fünf auf drei Jahre waren zwei wichtige Neuerungen in den

401 Protocol on Adult Vocational Training, 1.6.1963, hier aus: United Nations Treaty Collection (online) http://untreaty.un.org/English/access.asp, No. 27556.

402 Belguendouz, L'émigration des travailleurs marocains, S. 45.

403 Convention entre la Belgique et le Maroc relative à l'occupation de travailleurs marocains en Belgique, 17.2.1964, hier aus: Senat de Belgique, Documents législatifs, 563 (1974–1975) N. 1, S. 49–73. Das Interesse an der Anwerbung qualifizierter marokkanischer Bergarbeiter war hierfür ausschlaggebend. Es zeigte sich jedoch, dass der größte Teil der Abwanderer, auch solche, die später im Bergbau Beschäftigung fanden, aus ländlichen Regionen stammten und zuvor in der Landwirtschaft tätig gewesen waren; vgl. McMurray, The Contemporary Culture of Nador, S. 24f.

404 Ebenso verfuhr man in dem fünf Monate darauf in Kraft tretenden Abkommen mit der Türkei; siehe dazu Kapitel 3.4.3.4.

belgischen Migrationsbeziehungen. In einigen Punkten setzte die Vereinbarung mit Marokko jedoch strengere Maßstäbe für die Anwerbung von Arbeitskräften, als dies im Abkommen mit der Türkei der Fall sein sollte. Erstens war die zweite medizinische Untersuchung durch Ärzte der belgischen Kommission obligatorischer Bestandteil des Auswahlverfahrens. Zweitens findet sich in dem Artikel, der Kriterien für einen definitiven Ausschluss vom Auswahlverfahren vorgibt, eine Bestimmung, die vorher lediglich in einigen deutschen Anwerbeverträgen aufgetaucht war. Sie bezog sich auf solche Kandidaten, denen ihr Heimatland keinen Reisepass ausfertigte. International verbreitet war eine Ausschlussklausel, die es den Behörden der Auswanderungsländer untersagte, Bewerber bei den ausländischen Anwerbekommissionen zu präsentieren, die Vorstrafen bzw. mehr als geringfügige Freiheitsstrafen aufzuweisen hatten. Seit 1960 sahen einige Abkommen ergänzend vor, dass auch solche Bewerber auszuschließen waren, denen ihr Heimatland einen Reisepass verwehrte. War eine solche Regelung für die anwerbenden Staaten eine Art Sicherung gegen die Rekrutierung von Personen, die den Behörden ihres Heimatlandes als gefährlich galten, so fügten die Auswanderungsländer mithilfe dieser Bestimmung ein weiteres Kriterium in den Anwerbeprozess ein, mit dessen Hilfe sie beeinflussen konnten, wer Zugang zu den formalen Migrationskanälen erhielt. Kriminelle konnte dadurch ebenso an der Ausreise über den Weg der Arbeitsmigration gehindert werden wie Männer, die ihren Militärdienst noch nicht absolviert hatten, oder Angehörige der politischen Opposition.[405] Drittens lag die Wartezeit zwischen Beschäftigungsbeginn und dem Familiennachzug im belgisch-marokkanischen Vertrag noch bei den bislang üblichen drei Monaten, während man sie im Abkommen mit der Türkei auf einen Monat verkürzte. Im Gegensatz zu diesen im Vergleich zum Abkommen mit der Türkei schlechteren Bedingungen enthielt die belgisch-marokkanische Vereinbarung eine Absichtserklärung, die in Aussicht stellte, dass Kindergeldzahlungen und Familienleistungen, die sich aus dem belgischen Sozialsystem ergaben, auch gewährt werden sollten, wenn die Familien der marokkanischen Migranten nicht nach Belgien einwanderten.[406] Die nach wie vor gesondert aufgeführten Bestimmungen für Bergleute unterschieden

405 So im deutsch-griechischen Vertrag von 1960 sowie in der deutsch-türkischen Vereinbarung von 1961 (und später von 1964); sie war jedoch weder im deutsch-italienischen Abkommen von 1961 noch im deutsch-spanischen von 1960 zu finden. Im deutsch-italienischen Vertrag von 1965 fielen dagegen alle Ausschlusskriterien, die sich auf Vorstrafen etc. bezogen, im Zuge der Herstellung des europäischen Binnenarbeitsmarktes weg. Die BAVAV reagierte mit einer Empfehlung an die deutschen Arbeitgeber, die Vorlage eines amtlichen Führungszeugnisses zur Bedingung für die Einstellung italienischer Arbeitnehmer zu machen; vgl. Durchführung der deutsch-italienischen Anwerbevereinbarung, hier: Vorlage eines amtlichen Führungszeugnisses der italienischen Bewerber, in: Amtliche Nachrichten der BAVAV, 14. 1966, S. 323.

406 Diese Frage regelte schließlich das Sozialversicherungsabkommen aus dem Jahr 1968; Convention générale sur la Sécurité sociale entre le Maroc et la Belgique, 24.6.1968, hier aus: http://www.ilo.org/dyn/natlex/ (INT-1968-IA-21529); vgl. auch Davy, Belgien, S. 235f.

sich ebenso wenig von den übrigen belgischen Anwerbeabkommen wie die beigefügten Musterarbeitsverträge. Jedoch beinhaltete die Vereinbarung mit Marokko nicht nur einen allgemeinen Musterarbeitsvertrag und einen weiteren für Bergleute, sondern auch einen speziellen Arbeitsvertrag für Bauarbeiter, der die eigentlichen arbeitsmarktpolitischen Ziele Belgiens erkennbar macht.

Fünf Jahre später, am 14. Mai 1969, unterzeichneten Vertreter der Niederlande und Marokkos in Den Haag einen Wanderungsvertrag. Für beide Staaten war dieses Abkommen das erste seit 1964. Während Marokko in der Zwischenzeit einige Erfahrungen mit der regulierten Arbeitsmigration gesammelt hatte, lagen zwischen dem niederländisch-türkischen Abkommen von 1964 und dem niederländisch-marokkanischen von 1969 für die Niederlande die Einführung eines neuen Ausländergesetzes im Jahr 1965 und die erste Nachkriegsrezession von 1966/67. An einigen markanten Stellen wich vor diesem Hintergrund das Abkommen von 1969 von bisherigen Leitlinien der niederländischen Wanderungsverträge ab. Neben einigen organisatorischen Veränderungen des Standardverfahrens, die den Informationsfluss und die administrative Abwicklung erleichtern sollten, sah die Vereinbarung zwei Alternativen für die Einbindung niederländischer Stellen vor. Zum einen konnte die niederländische Arbeitsverwaltung eine permanente Dependance in Marokko für die Rekrutierung von Arbeitskräften einrichten oder eine Anwerbekommission für begrenzte Dauer entsenden. Zum anderen war für den Fall des Verzichts auf diese Option vorgesehen, dass die Anwerbung unter Beachtung der Vorschriften des Anwerbevertrages von der marokkanischen Seite organisiert wurde. Dann sorgten die diplomatischen Vertretungen der Niederlande lediglich für die Erteilung der notwendigen Visa.

In seinen weiteren Bestimmungen offenbart die Vereinbarung zwei interessante Entwicklungslinien. Ihr Text drückt um einiges deutlicher als der anderer Abkommen aus, dass die Arbeitsmigration aus Marokko in die Niederlande grundsätzlich temporären Charakter besitzen sollte: Die Arbeitsverträge waren zunächst auf ein Jahr begrenzt und marokkanische Arbeitsmigranten mussten – dem neuen Ausländergesetzt folgend – im Besitz eines Visums sein, das nur den temporären Aufenthalt in den Niederlanden vorsah. Das erhöhte niederländische Steuerungsbedürfnis gegenüber transnationaler Arbeitsmigration schlug sich zudem in einer Verpflichtung der marokkanischen Regierung nieder, die Arbeitsemigration an der offiziellen Anwerbung vorbei nach Kräften zu unterbinden. Gleichzeitig jedoch lockerten die Niederlande die Möglichkeiten zur Partizipation nicht-staatlicher Stellen an der Anwerbung auf: Zwar wurde jede Beteiligung nicht-autorisierter Personen oder Institutionen untersagt, allerdings zugleich die Option geschaffen, Dritte, etwa Unternehmen oder Branchenverbände, mit der Durchführung der Rekrutierung zu beauftragen. Darüber hinaus beinhaltete die Vereinbarung von 1969 allerdings auch eine Reihe von Regelungen, mit denen die Migrationsbedingungen für Marokkaner sich entscheidend im Vergleich zu denjenigen anderer Einwanderergruppen in den Niederlanden verbesserten. Zum ersten Mal überhaupt gestattete ein niederländischer Wanderungsvertrag den Familiennachzug. Nach zwei

Jahren Aufenthalt in den Niederlanden konnten marokkanische Arbeitnehmer eine Genehmigung für die Einwanderung ihrer Familien beantragen, die dann gegebenenfalls sogar von den niederländischen Behörden unterstützt werden sollte. Außerdem konnten marokkanische Arbeitnehmer nach dem Ende ihres ersten Arbeitsvertrages weitgehend uneingeschränkt eine andere Arbeit annehmen. Insbesondere für den Fall einer vom Arbeitnehmer verschuldeten vorzeitigen Auflösung des ersten Arbeitsvertrages war keine Ausweisung aus den Niederlanden, sondern eine Neuvermittlung vorgesehen. Wie nur wenige andere Wanderungsverträge verdeutlicht dieses Abkommen die drei Eckpunkte, zwischen denen sich die organisierte Arbeitsmigration – und ihre vertragliche Basis – im Betrachtungszeitraum entwickelte. Deutlich zeichnet sich das wachsende Kontrollbedürfnis der Einwanderungsstaaten nach der Rezession ab, die zu einer Beschränkung der Arbeitsmigration auf die regulierte Rekrutierung beitrug. Daneben hielten die Niederlande explizit an der Vorstellung einer nur temporären Arbeitsmigration fest. Gleichzeitig jedoch deutete der Vertrag die Option für eine längerfristige oder gar dauerhafte Niederlassung von Arbeitskräften mit ihren Familien an, die einen Einwanderungsprozess begünstigte.[407]

3.4.3.6. Portugal

Gegensätzlich zum Verlauf der niederländisch-marokkanischen Migrationsbeziehungen entwickelte sich die Arbeitsmigration zwischen Portugal und den Niederlanden. Auf dem marokkanischen Arbeitsmarkt hatten sich die Niederlande 1969 als letzter Anwerbestaat mit einem überraschend innovativen Wanderungsabkommen platziert, in den Jahren darauf wurde Marokko zum wichtigsten Migrationspartner der Niederlande. Dagegen war der niederländisch-portugiesische Wanderungsvertrag vom 22. November 1963 das überhaupt erste Anwerbeabkommen Portugals innerhalb des europäischen Migrationssystems.[408] Dennoch gelang es nicht, auf der Grundlage des Vertrages zwischen den Niederlanden und Portugal eine breite Arbeitsmigration zwischen den beiden Partnerstaaten zu induzieren.

Die niederländisch-portugiesische Anwerbevereinbarung rangierte zeitlich zwischen dem Abkommen der Niederlande mit Spanien von 1961 und dem mit der Türkei aus dem Jahr 1964. Die Abfolge der drei Verträge lässt anhand der variierenden Formulierung einiger Bestimmungen die Bemühungen der Niederlande erkennen, zu einem ihren Interessen gemäß funktionierenden Rekrutierungsverfahren zu gelangen. 1961 hatte das Abkommen mit Spanien beispielsweise vorgesehen, dass die spanische Auswanderungsbehörde und die niederländische Arbeitsverwaltung eine gemeinsame Untersuchung der aus-

407 Convention Concerning the Recruitment and Placement of Moroccan Workers in the Netherlands, 14.5.1969, hier aus: United Nations Treaty Collection (online) http://untreaty.un.org/English/access.asp, No. 9781.

408 Die Vereinbarung mit Frankreich aus dem Jahr 1940 war praktisch wirkungslos geblieben.

wanderungswilligen spanischen Arbeitnehmer durchführen sollten. Die Möglichkeit zur Entsendung einer niederländischen Delegation, die in der Lage war, eine eigene medizinische Begutachtung der Bewerber vorzunehmen, war als Option für den Anwerbeprozess formuliert. 1963 sah der Vertrag mit Portugal noch immer eine gemeinsame Untersuchung der Bewerber vor, die Entsendung der niederländischen Rekrutierungskommission war nun jedoch obligatorisch. 1964 veränderte man im niederländisch-türkischen Abkommen erneut die Vorgehensweise. Die Entsendung einer eigenen Auswahlkommission zum Anwerbeprozess wurde wieder zur Option herabgestuft und blieb der niederländischen Arbeitsverwaltung überlassen. Dafür trennte man nun endgültig die erste Untersuchung durch die Behörden des Auswanderungslandes von der zweiten Untersuchung durch die niederländische Seite, bei der dann auch die endgültige Entscheidung über die Einstellung eines Arbeitnehmers fiel. In den meisten übrigen Punkten wich das Abkommen nur in Formulierungen von den anderen niederländischen Wanderungsverträgen ab. Vorgesehen war die individuelle Anwerbung oder namentliche Anforderung von Arbeitskräften unter Beteiligung der Behörden beider Länder. Die Arbeitskräfte sollten aus einem bestimmten Altersintervall stammen, erhielten zunächst Verträge über ein Jahr, waren in den Niederlanden den einheimischen Arbeitnehmern weitgehend gleichgestellt und im Rahmen der Anwerbung trugen die niederländischen Arbeitgeber die Hin- und bis auf wenige Ausnahmen auch die Rückreisekosten, während sich die beteiligten Staaten die Kosten für den Auswahlprozess teilten.[409]

Eine Gemeinsamkeit mit dem niederländisch-spanischen Abkommen bildete die als Protokoll beigefügte Absichtserklärung, die Einbeziehung der portugiesischen Migranten in die niederländische Sozialversicherung schnellstmöglich durch ein entsprechendes Abkommen im Detail zu regeln. Tatsächlich kam ein Sozialversicherungsabkommen beider Staaten, zwischen denen sich keine quantitativ bedeutende Arbeitsmigration entwickeln sollte, erst im Jahr 1979 zustande.[410] Eine Besonderheit, die in diesem Wanderungsvertrag zum ersten Mal in der Nachkriegszeit auftauchte, war ein Artikel, der die beiden Regierungen darauf verpflichtete, alle anderen Formen der Migration zwischen Portugal und den Niederlanden, die nicht über die durch das Abkommen eingerichteten Migrationskanäle verlief, zu eliminieren. Zum Zeitpunkt des Vertragsabschlusses resultierte diese Vorgabe aus dem hohen Interesse der portugiesischen Regierung, die Arbeitsemigration streng zu überwachen und vollkommen steuerbar zu gestalten. Während die vergleichbare Regelung im niederländisch-marokkanischen Abkommen durchaus auch bereits auf das Interesse der Niederlande Ende der 1960er Jahre an einer Ver-

409 Agreement Concerning the Migration, Recruitment and Employment of Portuguese Workers in the Netherlands (with Protocol), 22.11.1963, hier aus: United Nations Treaty Collection (online) http://untreaty.un.org/English/access.asp, No. 7185.

410 Social Security Convention between the Netherlands and Portugal, hier aus: http://www.ilo.org/dyn/natlex/ (INT-1979-IA-12615).

stärkung der staatlichen Einflussmöglichkeiten auf Struktur und Umfang der Einwanderung zurückgeführt werden kann, ging die Initiative für die entsprechende Bestimmung im Abkommen von 1963 mit Sicherheit auf die portugiesische Seite zurück. Die Niederlande waren zu diesem Zeitpunkt noch nicht an solchen Einschränkungen interessiert.

Ein wichtiger Grund für die geringe Wirksamkeit des niederländisch-portugiesischen Anwerbevertrages war das Auftreten eines übermächtigen Konkurrenten: Am 31. Dezember 1963 trat der an diesem Tag in Lissabon unterzeichnete französisch-portugiesische Wanderungsvertrag in Kraft.[411] Wie schon im Fall Marokkos diente die Vereinbarung jedoch weniger dem Neuaufbau von Arbeitsmarktbeziehungen als der Formalisierung bereits laufender Wanderungsbewegungen. Schon 1957 hatte nämlich die französische Einwanderungsbehörde begonnen, in Portugal direkt Arbeitskräfte zu rekrutieren. Zugleich bestand bereits seit diesem Jahr ein Abkommen zwischen beiden Staaten, das die Berücksichtigung der portugiesischen Migranten durch das französische Sozialversicherungssystem regelte.[412] Der Wanderungsvertrag von 1963 wich nur wenig von seinen französischen oder internationalen Vorgängern ab. Die für Frankreich typischen großzügigen Bestimmungen für den Familiennachzug, der im Falle einer Genehmigung unterstützt von den französischen und den portugiesischen Behörden ablaufen sollte, und die Zusicherung des Zugangs zu den französischen Einrichtungen der beruflichen Fortbildung waren ebenso vorgesehen, wie das Anwerbeverfahren selbst den Standardparametern folgte.[413] Außerdem beschrieben drei Anhänge die Einzelheiten der Anwerbung von Dauerarbeitskräften und Saisonarbeitern sowie der Abwicklung des Familiennachzuges. Die Kombination der nun vertraglich garantierten Migrationsbedingungen, die dem Angebot der Niederlande weit überlegen waren, mit der Dynamik eines bereits angelaufenen Wanderungsprozesses garantierten Frankreich unmittelbar den Aufstieg zum wichtigsten kontinentalen Wanderungsziel portugiesischer Migranten.

Die Einwanderung von Dauerarbeitskräften aus Portugal nach Frankreich, die schon seit 1957 langsam, aber stetig wuchs, stieg allein von 1963 auf 1964 von 24.781 auf 43.751 Arbeitnehmer und hatte sich damit fast verdoppelt.[414] In den 1960er Jahren entwickelte sich die portugiesische Arbeitsmigration zur wichtigsten Quelle ausländischer Arbeitskräfte für Frankreich, während Frankreich das wichtigste Wanderungsziel von Portugiesen wurde. Ab 1970

411 Agreement Concerning the Migration, Recruitment and Employment of Portuguese Workers in France (with annexes), 31.12.1963, hier aus: United Nations Treaty Collection (online) http://untreaty.un.org/English/access.asp, No. 11553.

412 Convention générale sur la Sécurité sociale, 16.7.1957, hier aus: Ministère des Affaires Étrangères de la République Française, Archives Diplomatiques, Base Pacte, http://www.doc.diplomatie.gouv.fr. Das Abkommen trat am 1. Juni 1959 in Kraft.

413 Der Aspekt der beruflichen Fortbildung wurde 1964 durch ein Zusatzprotokoll weiter ausgeführt, Protocole entre la France et le Portugal relatif à la formation professionnelle, 16.10.1964, hier aus: Ministère des Affaires Étrangères de la République Française, Archives Diplomatiques, Base Pacte, http://www.doc.diplomatie.gouv.fr.

414 Khemaïes, Population et emploi en Tunisie, S. 531.

stellten sie hinter den Algeriern die größte Einwanderergruppe in Frankreich. Vor diesem Hintergrund erneuerten die beiden Staaten am 29. Juli 1971 sowohl ihren Anwerbevertrag als auch ihr Sozialversicherungsabkommen.[415] Für die Rekrutierung portugiesischer Arbeitskräfte sah das neue Anwerbeabkommen allerdings einschränkend eine Jahresquote von 65.000 Personen vor.[416] Die überragende Bedeutung der französisch-portugiesischen Wanderungsbeziehungen führte zu einem weiteren Abweichen beider Länder von der allgemeinen Entwicklung des europäischen Migrationssystems. Im Jahr 1977, als nach dem Anwerbestopp von 1973/74 alle anderen Anwerbestaaten ihre Rekrutierungsabkommen ausgesetzt hatten und eher auf einen Abbau der ausländischen Wohnbevölkerung hinwirkten, legten Frankreich und Portugal ihren Anwerbevertrag zum dritten Mal neu auf. Die neue Vereinbarung hielt sich bei der Neuanwerbung von Arbeitskräften an die bekannten Muster, führte jedoch eine Reihe von Verbesserungen und Vereinfachungen des Verfahrens ein.[417] Dazu zählte auch die Option, französische Arbeitgeber bzw. ihre Vertreter direkt in den Anwerbeprozess zu integrieren und ihnen ein Mitspracherecht bei der Prüfung der Bewerber auf ihre berufliche Eignung zu gewähren. Wichtiger jedoch war, dass auch Aspekte geregelt wurden, die sich aus der dauerhaften Niederlassung bzw. Einwanderung portugiesischer Migranten ergaben. Sie bezogen sich etwa auf die Frage der Wiedereinreise von Kindern portugiesischer Migranten, die Staatsbürger Portugals geblieben waren und daher Frankreich zur Ableistung des Militärdienstes in ihrem Herkunftsland verlassen mussten. Außerdem lockerte man die Bedingungen für eine Ausweisung oder Repatriierung etwa arbeitslos oder arbeitsunfähig gewordener Migranten ebenso auf, wie man die Hürden für den Zugang zu Aus- und Fortbildung senkte. Weiterhin finden sich im Abkommen Ansätze, nicht nur die Integration in die französische Gesellschaft zu fördern, sondern auch zur Wahrung der ursprünglichen kulturellen Identität der Migranten. Insbesondere die Frage des Schulbesuches portugiesischer Kinder thematisierte der Vertrag ausführlich. Als Vorbereitung auf die Einschulung sah er Sprachkurse vor, die es den Kindern ermöglichen sollten, dem Schulunterricht auf Französisch von der ersten Klasse an folgen zu können. Zugleich verankerte man auch den muttersprachlichen Unterricht als Element der Schulbildung während der Dauer der Schulpflicht.[418] Angesichts der zu diesem Zeitpunkt quasi bedeutungslosen aktiven Rekrutierung neuer portugiesischer Arbeitskräfte für den

415 Convention générale entre la France et le Portugal sur la Sécurité sociale, 29.7.1971, hier aus: Ministère des Affaires Étrangères de la République Française, Archives Diplomatiques, Base Pacte, http://www.doc.diplomatie.gouv.fr; Protocole sur l'immigration et la situation sociale en France des travailleurs portugais et leurs familles (avec un annexe), 29.7.1971, hier aus: http://www.ilo.org/dyn/natlex/ (INT-1971-IA-17409).

416 Ghemmaz, Des portugais en Europe du Nord, S. 136f.

417 Costa-Lascoux, De l'immigré au citoyen, S. 29.

418 Agreement on the Immigration, Conditions and Social Advancement of Portuguese Workers and their Families in France (with Annexes), 11.1.1977, hier aus: United Nations Treaty Collection (online) http://untreaty.un.org/English/access.asp, No. 15777.

französischen Arbeitsmarkt markierte das Abkommen von 1977 einen wichtigen Schritt in Richtung einer Konsolidierung der Einwanderung von Portugiesen nach Frankreich und ihrer Integration in die französische Gesellschaft.[419] Zwar öffnete Frankreich in der Mehrzahl seiner Wanderungsverträge Optionen für eine dauerhafte Niederlassung. Die Entwicklung der französisch-portugiesischen Vertragsbeziehungen zeigt jedoch die Abkehr von einem primär temporär angelegten Migrationsprozess mit Einwanderungsoption zu einem, bei dem man von der Einwanderung als Normalfall ausging.

Angesichts der starken Verhandlungsposition, die Portugal vor dem Hintergrund der guten Migrationsbeziehungen zu Frankreich besaß, ist es wenig verwunderlich, dass die Bestimmungen des deutsch-portugiesischen Anwerbeabkommens vom 17. März 1964 von den sonst in den deutschen Wanderungsabkommen üblichen Regelungen abwichen.[420] Das Anwerbeverfahren lehnte sich eng an die bereits diskutierten Regelungen zwischen Portugal und den Niederlanden an. Bei der Festschreibung der gegenseitigen Informations- und Unterrichtungspflichten folgte das Abkommen dem niederländischen Vorbild zum Teil wörtlich und wich damit etwa von den Formulierungen des deutsch-spanischen Abkommens von 1961 ab. Auch die Choreographie der ersten sowie der zweiten medizinischen und beruflichen Untersuchung der Bewerber folgte dem Abkommen mit den Niederlanden bis hin zur optionalen Beteiligung der deutschen Anwerber an der ersten Begutachtung, die von der portugiesischen Auswanderungsbehörde durchgeführt wurde. Eine weitere Parallele bestand in der Aufnahme genauer Bestimmungen über die Gleichbehandlung der portugiesischen Arbeitnehmer mit ihren deutschen Kollegen hinsichtlich des Arbeits- und Sozialrechts. Sie folgten ebenfalls dem Text des Vertrages zwischen Portugal und den Niederlanden und fanden damit erstmals Eingang in den Text einer deutschen Anwerbevereinbarung, während sie bisher in die Musterarbeitsverträge verschoben worden waren. Gleiches galt für die Ermächtigung der portugiesischen Konsuln in Deutschland, ihren Landsleuten im Fall von Streitigkeiten am Arbeitsplatz beratend zur Seite zu stehen, die sich davor in keinem anderen deutschen Abkommen findet.

Ein weiterer Aspekt des Abkommens verdeutlicht gleichfalls die hohen Kontrollansprüche der portugiesischen Regierung – und deren Durchsetzbarkeit. Zwar sah man neben der anonymen Anwerbung die namentliche Anforderung von portugiesischen Arbeitnehmern durch deutsche Arbeitgeber vor, die portugiesische Auswanderungsbehörde behielt sich aber ein im Abkommen festgeschriebenes Einspruchsrecht gegen deren Genehmigung vor. Ebenso wie in allen vorangehenden deutschen Wanderungsabkommen außer dem mit der Türkei sah die Vereinbarung mit Portugal die Option des Familiennachzuges vor. Aber auch in diesem Punkt offenbaren sich die Einflüsse

419 Vgl. dazu auch kritisch Ghemmaz, Des portugais en Europe du Nord, S. 58.

420 Vereinbarung zwischen der Regierung der Bundesrepublik Deutschland und der Regierung der Portugiesischen Republik über die Vermittlung von portugiesischen Arbeitnehmern nach Deutschland, hier aus: Bundesarbeitsblatt, 15. 1964, S. 381–384.

parallel bestehender anderer portugiesischer Migrationsbeziehungen. Neben dem üblichen Vorbehalt einer Genehmigung des Antrages auf Familiennachzug durch die Ausländerbehörde, die unter anderem vom Nachweis angemessenen Wohnraums abhing, beinhaltete der deutsch-portugiesische Vertrag zum ersten Mal eine Bestimmung über eine medizinische Voruntersuchung der einwandernden Familienmitglieder. Sie war in deutlicher Anlehnung an die entsprechenden Formulierungen im französisch-portugiesischen Abkommen formuliert, beinhaltete jedoch explizit den Hinweis, dass eine Körperbehinderung keinen Ausschlussgrund für die Einwanderung darstellen konnte.

Schließlich wies das deutsch-portugiesische Abkommen auch eine Gemeinsamkeit mit dem deutsch-türkischen Abkommen aus dem Jahr 1961 auf. Dort war zum ersten Mal als Bedingung für einen über ein Jahr hinausgehenden Aufenthalt in Deutschland neben der Verlängerung der Arbeitserlaubnis auf der Grundlage eines Anschlussvertrages bzw. einer neuen Arbeitsstelle die Pflicht zur Verlängerung der Aufenthaltserlaubnis eingeführt worden, die nun nicht mehr automatisch gewährt wurde, wenn ein Arbeitsvertrag bestand. Als weiteres neues Element führte die deutsche Seite einen Passus in den Vertragstext ein, der die sozialrechtliche Gleichbehandlung insofern einschränkte, als Familienangehörige portugiesischer Migranten, die nicht in Deutschland lebten, von den Leistungen der Sozialversicherung ausgeschlossen sowie bei der Berechnung der Kindergeldansprüche außen vor blieben. Man griff damit zu einer Formulierung, die in den Wanderungsverträgen vieler anderer Industriestaaten, die ebenfalls eine explizite Regelung zu Fragen der Sozialversicherung beinhalteten, zum Standard gehörten. Der Ein- oder Ausschluss von im Ausland verbliebenen Familienangehörigen war ein Punkt, an dem sich in einer Konkurrenzsituation die Migrationsbedingungen leicht verbessern ließen. Eine Veränderung kostete das Zuwanderungsland Geld, erforderte aber kein Abrücken von migrationspolitischen Präferenzen. Im Gegenteil, die Zahlung von Familienleistungen ins Ausland konnte die Migrationsneigung von Familienmitgliedern im Sinne eines einwanderungsfeindlichen Migrationspartners sogar senken. Allerdings sah ein Zusatzprotokoll zum deutsch-portugiesischen Vertrag – ebenso wie beim niederländisch-portugiesischen Abkommen – vor, dass zeitnah ein gesondertes Sozialversicherungsabkommen Fragen der Gleichbehandlung umfassend regeln sollte. Im Unterschied zu den Niederlanden schloss Deutschland sein erstes Sozialversicherungsabkommen aber noch im ersten Jahr der regulierten Anwerbung ab, wodurch sich die Migrationsbedingungen für Portugiesen in Deutschland weiter verbesserten.[421]

421 Convention relative à la Sécurité sociale (avec protocole final), 11.6.1964, hier aus: http://www.ilo.org/dyn/natlex/ (INT-1964-IA-25295). Dieses Abkommen wurde im Betrachtungszeitraum zwei Mal überarbeitet: Accord complémentaire à la convention relative à la Sécurité sociale du 6 novembre 1964, 12.8.1968, hier aus: http://www.ilo.org/dyn/natlex/ (INT-1966-IA-25296) sowie Agreement, with Final Protocol, to amend the Social Security Convention of 8 Dec. 1966, 30.9.1974, hier aus: http://www.ilo.org/dyn/natlex/ (INT-1974-IA-15483).

Die Bundesrepublik Deutschland hatte sich so auf eine dem niederländischen Angebot überlegende Weise im portugiesischen Arbeitsmarkt positioniert. Sie hatte sich allerdings bei der Ausgestaltung des Vertrages in einer Reihe von Punkten offenbar an portugiesischen Vorstellungen orientieren müssen, die Portugal wiederum gestützt auf die dichten Migrationsbeziehungen zu Frankreich, das immer als alternatives Wanderungsziel in Frage kam, durchsetzen konnte. Zwar konnte das deutsche Angebot mit dem französischen durchaus mithalten, angesichts der französischen Konkurrenz und der rigiden Kontrollpolitik der portugiesischen Behörden – die durch eine illegale Migration nach Frankreich leichter zu unterlaufen war als durch den Versuch, am offiziellen Wanderungskanal vorbei nach Deutschland zu gelangen – blieben die Anwerbeergebnisse der deutschen Verbindungsstelle in Portugal gemessen an der Gesamtauswanderung aus Portugal und der gesamten Arbeitsmigration nach Deutschland jedoch zweitrangig.

Für mehr als sechs Jahre verlief die regulierte Arbeitsmigration aus Portugal nach Westeuropa in den Bahnen der drei in den Jahren 1963/64 abgeschlossenen Wanderungsverträge. Unter denjenigen Staaten, in die portugiesische Arbeitsmigranten einwanderten, ohne dass ein Anwerbeabkommen bestand, gewann im Verlauf der 1960er Jahre Luxemburg wachsende Bedeutung. Zwar war der Anteil derjenigen Migranten, die sich dem Großherzogtum zuwandten, gemessen an seinem Anteil an der Gesamtauswanderung klein. Für Luxemburg jedoch wurden die portugiesischen Einwanderer am Ende des Jahrzehnts zunächst zum Substitut für die auslaufende Zuwanderung aus Italien, dann sogar zur größten Einwanderergruppe in der Gesellschaft des kleinen Landes. Als die Migrationsbewegung zwischen beiden Ländern sich zu Beginn der 1970er Jahre weiter verstärkte und insbesondere für Luxemburg in Anbetracht einer einsetzenden Nettoabwanderung italienischer Migranten als Quelle für Arbeitskräfte wichtiger wurde, einigten sich Portugal und Luxemburg im Mai 1970 auf einen Wanderungsvertrag.[422] Zu diesem Zeitpunkt bestand freilich bereits – neben dem Wanderungsvertrag mit Italien – eine Reihe von Abkommen und gesetzlichen Regelungen, mit denen Luxemburg auf die Einwanderung ausländischer Arbeitskräfte reagiert hatte. Schon im Jahr 1963 hatte ein Ministerialerlass spanische und portugiesische Arbeitnehmer in Luxemburg in die Arbeitslosenversicherung eingeschlossen. Die beiden wichtigsten Migrantengruppen neben den Italienern waren damit gegen den Verlust des Arbeitsplatzes abgesichert, obwohl weder mit Spanien noch mit Italien Wanderungsverträge bestanden oder deren Abschluss geplant war. Jeder in Luxemburg beschäftigte Arbeitnehmer konnte zu gleichen Bedingungen wie ein Luxemburger die Arbeitslosenunterstützung beanspruchen, wenn er in den 12 Monaten vor dem Eintritt der Arbeitslosigkeit mindestens 200 Tage legal in

422 Der luxemburgisch-portugiesische und der luxemburgisch-jugoslawische Wanderungsvertrag wurden im Mai 1970 innerhalb von nur 8 Tagen unterzeichnet.

Luxemburg gearbeitet hatte.[423] Diese Regelung bedeutete für Spanier und Portugiesen eine deutliche Besserstellung gegenüber der allgemeinen Regelung aus dem Jahr 1951. Sie hatte vorgesehen, dass Ausländer oder Staatenlose nur in den Genuss der Arbeitslosenunterstützung kommen konnten, wenn sie entweder mit einer Luxemburgerin verheiratet waren oder ihren Wohnsitz seit mindestens 15 Jahren im Großherzogtum hatten. Ausgenommen waren lediglich solche ausländischen Arbeitnehmer, mit deren Heimatländern entsprechende vertragliche Vereinbarungen bestanden.[424] Seit dem Jahr 1964 war außerdem das ›Comité d'assistance sociale aux travailleurs étrangers‹ auch für die Belange portugiesischer Migranten in Luxemburg zuständig. Die Kommission war in diesem Jahr eingerichtet worden, um die migrationspolitischen Bestimmungen des EWG-Vertrages und der Europäischen Sozialcharta für alle ausländischen Arbeitnehmer in Luxemburg umzusetzen.[425] Nachdem im Jahr 1966 schließlich bereits ein Sozialversicherungsabkommen mit Portugal zustande gekommen war, bildete der Abschluss eines Anwerbevertrages in diesem Fall den letzten Schritt beim Aufbau von Arbeitsmarktbeziehungen.[426]

Hatte sich der ursprüngliche luxemburgisch-italienische Wanderungsvertrag aus der Nachkriegszeit noch in den Bahnen der damals üblichen Bestimmungen bewegt, so wies das Abkommen mit Portugal einige spezifische Regelungen auf, die sowohl die Ansätze der luxemburgischen Migrationspolitik wie auch die praktische Umsetzung der Anwerbung durch Luxemburg widerspiegeln, die sich bis zu diesem Zeitpunkt entwickelt hatte. Die Vereinbarung legte, wie alle anderen Verträge auch, je eine Behörde aus jedem Partnerstaat fest, die die Anwerbung abzuwickeln hatte. Portugal beauftragte die ›Junta da Emigraçao‹, Luxemburg das ›Office national du travail‹. Auch die Verpflichtung zum gegenseitigen Informationsaustausch glich den international üblichen Gepflogenheiten. Die praktische Rekrutierung jedoch erfolgte auf einem bemerkenswerten Weg. Zunächst übersandte man aus Luxemburg die geprüften und für die Auslandsanwerbung genehmigten Stellenangebote nach Portugal. Dort suchte die Auswanderungsbehörde selbstständig geeignete Bewerber aus und legte nach einer Voruntersuchung eine Personalakte mit allen wichtigen Angaben zur Person an, die wiederum an die luxemburgischen Stellen zurückgesandt wurde. Diese legten die Dossiers den Arbeitgebern vor, die auf ihrer Basis entscheiden konnten, ob sie den Betreffenden einstellen wollten.

423 Réglement ministériel du 20 décembre 1963 concernant l'admission des travailleurs espagnols et portugais au bénéfice des indemnités de chômage, in: Mémorial du Grand-Duché de Luxembourg, 73. 1963, S. 1084.

424 Arrêté ministériel du 6 février 1958 concernant l'admission des travailleurs étrangers et sans nationalité au bénéfice des indemnités de chômage, in: Mémorial du Grand-Duché de Luxembourg, 13. 1958, S. 112.

425 Réglement ministériel du 2 mars 1964 portant institution d'un Comité d'assistance sociale aux travailleurs étrangers, in: Mémorial du Grand-Duché de Luxembourg, 21. 1964, S. 448.

426 Loi du 17 juin 1966 portant approbation de la convention entre le Luxembourg et le Portugal sur la Sécurité sociale, 12.2.1965, in: Mémorial du Grand-Duché de Luxembourg, 31. 1966, S. 539–550.

Wenn ja, unterzeichnete der Arbeitgeber einen Musterarbeitsvertrag, der dann nach Portugal zurückgesandt wurde, wo die Reisevorbereitungen für den nun angenommenen Migranten begannen. Die Auswahl der Bewerber einschließlich der medizinischen und der beruflichen Begutachtung blieb grundsätzlich den portugiesischen Behörden überlassen. Dem ›Office national du travail‹ war auf Wunsch die Beteiligung gestattet, es konnte allerdings sein Mitspracherecht auch an Arbeitgeber oder Branchenverbände, die in Luxemburg ansässig waren und eine entsprechende Genehmigung erhielten, delegieren.

Noch vor der Reise erteilte die diplomatische Vertretung Luxemburgs in Portugal den Migranten eine vorläufige, für ein Jahr gültige Aufenthaltsgenehmigung, die nach ihrer Ankunft in Luxemburg bestätigt und gegebenenfalls verlängert werden konnte. Binnen drei Tagen nach Eintreffen eines Arbeitnehmers an seinem Arbeitsplatz hatte sein Arbeitgeber zusätzlich eine Beschäftigungsgenehmigung zu beantragen und seinen neuen Mitarbeiter bei der Sozialversicherung anzumelden. Drei Monate später konnte jeder Migrant, der seinen Arbeitsvertrag bis dahin erfüllt hatte, den Nachzug seiner Familie beantragen. Bei Reise und Niederlassung sagten die luxemburgischen Behörden ihre wohlwollende Unterstützung zu, Ehefrau und volljährige Kinder erhielten automatisch eine Arbeitsgenehmigung.[427] Die dadurch eröffnete Einwanderungsperspektive stützten Regelungen, die den Kindern portugiesischer Migranten gleichberechtigten Zugang zu Schul- und Ausbildungssystem zusicherten und neben Maßnahmen zur Integration in die luxemburgische Gesellschaft auch muttersprachlichen Unterricht für Kinder und Erwachsene vorsahen. Außerdem gewährte man den Einwanderern Zollexemtionen für ihren persönlichen Besitz, wenn sie ihn nach Luxemburg einführen wollten. Zugleich beinhaltete die luxemburgisch-portugiesische Vereinbarung auch die für die Wanderungsverträge Portugals typische Verpflichtung, jedoch ausschließlich an die luxemburgischen Behörden adressiert, jegliche Migration an diesem kontrollierten Verfahren vorbei zu unterbinden. Für die Rekrutierung portugiesischer Arbeitskräfte etablierte der Wanderungsvertrag ein Anwerbeverfahren, das praktisch ohne die Beteiligung der luxemburgischen Arbeitsverwaltung bei der Auswahl der Migranten in Portugal auskam. Diese konnte entweder gänzlich von der portugiesischen Seite oder von deren Auswanderungsbehörde in Kooperation mit den interessierten Arbeitgebern abgewickelt werden. Kein anderer Staat außer der Schweiz hatte sich bis zu diesem Zeitpunkt so weit aus der Auslandsrekrutierung zurückgezogen und sich auf seine Kontrollfunktionen beschränkt. Zudem manifestierten die Bestimmungen der Vereinbarung zwischen Luxemburg und Portugal, die portugiesischen Migranten im internationalen Vergleich außergewöhnlich gute Migrationsbezie-

427 Diese Regelung breitete sich zu Beginn der 1970er Jahre im europäischen Migrationssystem aus. Der belgisch-jugoslawische Vertrag aus dem gleichen Jahr führte sie ebenso ein, wie beispielsweise der deutsch-spanische Niederlassungsvertrag von 1971. Belgien hatte vergleichbare Bestimmungen allerdings auch schon zum Gegenstand früherer Anwerbeverträge, etwa im Übereinkommen mit Griechenland, gemacht.

hungen verhieß, die Ausrichtung der luxemburgischen Migrationspolitik auf Niederlassung und Integration anstelle von temporärer Arbeitsmigration ohne Einwanderungsoption.[428]

3.4.3.7. Jugoslawien

Am Vorabend des Anwerbestopps von 1973/74 war Jugoslawien das Land innerhalb des europäischen Systems regulierter Arbeitsmigration, das die meisten Wanderungsverträge mit westeuropäischen Industriestaaten abgeschlossen hatte. Nachdem jugoslawische Arbeitnehmer bereits im Verlauf der 1960er Jahre auf den Arbeitsmärkten verschiedener europäischer Staaten aufgetaucht waren, ohne dass bereits ein Verfahren für deren regulierte Arbeitsmigration bestand, setzte um die Mitte des Jahrzehnts ein Prozess ein, der bis 1970 zum Abschluss von sieben Wanderungsverträgen führen sollte. Während die Verhandlungen zwischen Belgrad und Bonn bereits in Gang gekommen waren, machte Frankreich am 25. Januar 1965 durch die Unterzeichnung eines Anwerbeabkommens mit Jugoslawien den Anfang. Für Jugoslawien stand die Formalisierung von Migrationsbeziehungen und damit vielfach die Beendigung einer mehr oder weniger illegalen Arbeitsmigration in engem Zusammenhang mit den Wirtschaftsreformen, die in der zweiten Hälfte der 1960er Jahre für eine Beschäftigungskrise und entsprechenden Migrationsdruck sorgten. Frankreich und die ihm auf den jugoslawischen Arbeitsmarkt folgenden europäischen Staaten dagegen trieb das Interesse an der Anwerbung gut ausgebildeter jugoslawischer Facharbeiter. In dieser Hinsicht galt Jugoslawien als ein weitgehend unausgeschöpftes Reservoir qualifizierter Arbeitnehmer, also derjenigen Kategorie von Arbeitsmigranten, für welche die Nachfrage stets weit größer war als das Angebot. Ein weiterer wichtiger Faktor für die Entwicklung der Migrationsbeziehungen zwischen Jugoslawien und Westeuropa war die besondere politische Situation, denn mit dem französisch-jugoslawischen Abkommen nahm zum ersten Mal nach 1945 ein (süd-)osteuropäischer Staat, der nun dem sozialistischen Lager angehörte, wieder Arbeitsmarktbeziehungen zu Westeuropa auf. Trotz des hohen Auswanderungsdrucks verfolgte die jugoslawische Regierung, den Trumpf der Facharbeiter in der Hand, gegenüber ihren Verhandlungspartnern eine harte Linie zur Durchsetzung einer Reihe von Modifikationen der Standardverfahren für die Anwerbung von Arbeitskräften, die sich durch fast alle jugoslawischen Wanderungsverträge ziehen.

Auch die französisch-jugoslawische Vereinbarung des Jahres 1965 hielt sich in ihren Grundsätzen an den internationalen Usus. Sie sah eine anonyme Anwerbung oder die namentliche Anforderung von Arbeitskräften, deren Gleichbehandlung mit den einheimischen Arbeitnehmern und ihre Berücksichtigung durch die Sozialversicherungssysteme des Einwanderungslandes

428 Vgl. zur weiteren Ausgestaltung des Vertragsnetzwerks zwischen Portugal und Luxemburg nach 1973 Ghemmaz, Des portugais en Europe du Nord, S. 147f.

vor.[429] Zu den immer wiederkehrenden Bestimmungen zählte auch die Einrichtung einer gemischten Kommission aus Vertretern beider Partnerstaaten zur Beobachtung und Verbesserung des Rekrutierungsprozesses bzw. der Migrationsbedingungen. Die Anwerbung begann mit der Übermittlung von Beschäftigungsangeboten an die jugoslawische Arbeitsverwaltung, die nach ihrem Gutdünken eine Vorauswahl hinsichtlich der Qualifikation und des Gesundheitszustandes traf und geeignete Bewerber für den ausgeschriebenen Arbeitsplatz vorschlug. Diese Vorauswahl nutzte man, wie die entsprechenden Behörden anderer Auswanderungsländer auch, um die angebotenen Migrationschancen auf dem eigenen Arbeitsmarkt zu verteilen. Dadurch konnten von den sozialen Folgen wirtschaftlicher Krisen besonders betroffene Regionen entlastet, aber auch politisch, ethnisch oder ideologisch begründete Bevorzugungen gewährt oder Benachteiligungen umgesetzt werden.

Die zweite Auswahlrunde übernahm im Unterschied zu anderen Wanderungsverträgen nun nicht eine rein französische Anwerbekommission, sondern ein paritätisch besetztes Gremium aus Vertretern beider Partnerstaaten. Die Entscheidung über die endgültige Annahme oder Ablehnung eines Bewerbers musste in diesem Gremium einstimmig fallen. Eine weitere Besonderheit des Verfahrens bestand in seiner konsequenten Dezentralisierung. Die Vorauswahl und auch die Endauswahl fanden jeweils in den Regionen statt, welche die jugoslawische Arbeitsverwaltung für eine bestimmte Rekrutierungskampagne als Zielgebiet designierte. Außerdem beinhaltete der Vertrag die üblichen Bestimmungen über den Familiennachzug, vor allem günstige Regelungen zur Neuvermittlung im Falle eines vorzeitigen Ende des Arbeitsvertrages ohne Schuld des Arbeitnehmers: Bis zur Neuvermittlung hatten die französischen Behörden für Unterbringung und Unterhalt des betroffenen Arbeitnehmers aufzukommen. Eine solche Regelung war erstmals im Vertrag zwischen

429 Die Gleichbehandlung konnte sich auf das französisch-jugoslawische Sozialversicherungsabkommen vom 5. Januar 1950 stützen; Convention générale sur la Sécurité sociale entre la France et la Yougoslavie, 5.1.1950, hier aus: United Nations Treaty Collection (online) http://untreaty.un.org/English/access.asp, No. 9502; ein Notenwechsel zum Vertrag von 1965 sah eine zügige Erneuerung bzw. Modernisierung des Abkommens vor. Dies erfolgte in zwei Schritten. Erstens durch eine Reihe von Verwaltungsvereinbarungen und Ergänzungen in den Jahren 1966 bis 1968; Agreement Amending the General Convention between France and Yugoslavia on Social Security, 5.1.1966, hier aus: United Nations Treaty Collection (online) http://untreaty.un.org/English/access.asp, No. 9502; Arrangement administratif concernant les modalités d'application de la convention générale sur la Sécurité sociale du 5 janvier 1950, modifiée et complétée par l'avenant du 8 février 1966 à ladite convention, 23.1.1967, hier aus: http://www.ilo.org/dyn/natlex/ (INT-1967-IA-25751) sowie Arrangement administratif complémentaire abrogeant et remplaçant certaines dispositions de l'article 56 de l'arrangement administratif du 23 janvier 1967 pris pour l'application des dispositions de la convention générale de Sécurité sociale du 5 janvier 1950, modifiée et complétée par l'avenant du 8 février 1966, 13.3.1968, hier aus: http://www.ilo.org /dyn/natlex/ (INT-1968-IA-25733). Zweitens durch eine Erweiterung des Sozialversicherungsabkommens auf Saisonarbeiter im Jahr 1970; Agreement Concerning Yugoslav Seasonal Workers Employed in France and French Seasonal Workers Employed in Yugoslavia, 5.3.1970, hier aus: United Nations Treaty Collection (online) http://untreaty.un.org/ English/access.asp, No. 10803.

Frankreich und Tunesien von 1963 enthalten gewesen und in der Regel nicht Teil der Wanderungsverträge anderer Staaten. Nachdem der Passus im französisch-jugoslawischen Abkommen aufgetaucht war, pflanzte er sich auch in den folgenden Wanderungsvereinbarungen fort, die Jugoslawien mit anderen Staaten einging.[430]

Spezielle Ausweisungsgründe nannte der Vertrag zwischen Frankreich und Jugoslawien nicht. Er sicherte vielmehr explizit die Möglichkeit zur beruflichen Fortbildung zu, die ein Anhang detailliert regelte. Eine weitere bemerkenswerte Abweichung von den bisherigen Wanderungsverträgen Frankreichs bestand darin, dass man den jugoslawischen Migranten das ausdrückliche Recht einräumte, während ihres Aufenthalts in Frankreich ohne weitere Genehmigung neue Arbeitsverträge nach eigenem Gutdünken abzuschließen.[431] Die Arbeitsmigration zwischen Jugoslawien und Frankreich blieb allerdings auch in den Jahren nach dem Vertragsabschluss von bescheidenem Ausmaß. Zum Zeitpunkt des Anwerbestopps bildeten jugoslawische Arbeitnehmer gemeinsam mit türkischen Migranten die beiden kleinsten Kontingente von Ausländern auf dem französischen Arbeitsmarkt.

Am Ende des Jahres 1965 traten mit dem Wanderungsvertrag zwischen Österreich und Jugoslawien die Arbeitsmigrationsbeziehungen beider Länder, die aufgrund der gemeinsamen Geschichte und der direkten Nachbarschaft bereits ältere Traditionen besaßen, in die Phase regulierter Anwerbung ein. Für Österreich sollten Arbeitnehmer aus Jugoslawien infolge des Anwerbeabkommens zu der mit weitem Abstand wichtigsten Einwanderergruppe werden. Während das Land so zu einem bedeutenden Wanderungsziel für Jugoslawen avancierte, stieg die Bundesrepublik Deutschland zu dem europäischen Zielland auf, das in absoluten Zahlen die meisten jugoslawischen Migranten aufnahm, die dort zeitweise zur größten, am Ende des Untersuchungszeitraumes hinter türkischen Migranten immerhin zur zweitgrößten Gruppe wurden.

Vergleicht man die Regelungen des österreichisch-jugoslawischen Abkommens mit dem zu Jahresbeginn unterzeichneten französisch-jugoslawischen Vertrag, so wird der außergewöhnlich starke Einfluss des Auswanderungslandes in beiden Konstellationen deutlich. Denn obwohl sich auch diese

430 Diese Fürsorgeerklärung ist nicht mit den Regelungen eines Abkommens über Sozialversicherung oder Arbeitslosenversicherung gleichzusetzen, da sie sich nicht allein auf finanzielle Unterstützung bezieht, sondern auf die Bereitstellung einer Unterkunft und die Übernahme der Reisekosten zum neuen Arbeitsplatz. Das nur wenige Wochen als der französisch-tunesische Vertrag ältere Abkommen zwischen Frankreich und Marokko hatte eine solche Erklärung noch nicht beinhaltet.

431 Accord entre la République Française et la République Socialiste Fédérative de Yougoslavie réglementant l'emploi des travailleurs yougoslaves en France, 25.1.1965, hier aus: United Nations Treaty Collection (online) http://untreaty.un.org/English/access.asp, No. 25819. Der Anwerbevertrag wurde im Übrigen 1973/74 nicht gekündigt, sondern die Einwanderung durch den Stopp von Vermittlungsaufträgen und die Sperrung alternativer Migrationskanäle für Arbeitsmigranten aus Jugoslawien ausgesetzt. Im Jahr 1986 modernisierte man den Wanderungsvertrag in einigen Punkten und erweiterte ihn zugleich im Hinblick auf die dauerhafte Niederlassung jugoslawischer Migranten in Frankreich.

Vereinbarung in den von den internationalen Standards vorgegebenen Bahnen bewegte, wich sie in den Details des Anwerbevorgangs von dem sonst üblichen österreichischen Muster ebenso ab, wie sich der französisch-jugoslawische Vertrag von der Norm der vorhergehenden französischen Wanderungsverträge entfernt hatte. Stattdessen orientierte sich die Regelung des Auswahlverfahrens an den gleichen jugoslawischen Vorgaben, die bereits in den Vertrag mit Frankreich eingegangen waren. So betraute man in Analogie eine österreichisch-jugoslawische Kommission mit der Endauswahl der von der jugoslawischen Arbeitsverwaltung in einer ersten Auswahlrunde ermittelten Bewerber. Die Kommission entschied endgültig über Annahme oder Ablehnung eines Bewerbers. Das im Abkommen mit Frankreich vorgesehene Einspruchsrecht gegen diese Entscheidung fiel im Vertrag mit Österreich jedoch bereits weg. Auch die schon im Vertrag mit Frankreich auffällige Bestimmung, die es jugoslawischen Arbeitnehmern gestattete, während ihres Aufenthalts – bei ordnungsgemäßer Kündigung oder Auslaufen des Vertrages – selbstständig neue Arbeitsverhältnisse einzugehen, wiederholte das Abkommen mit Österreich. Sie war bisher in keinem der österreichischen Rekrutierungsabkommen enthalten gewesen. Diese hatten sich auf die Formel beschränkt, dass *nach* dem Ende des ersten Arbeitsvertrages unter Beachtung der ausländerrechtlichen Bestimmungen weitere Arbeitsverträge eingegangen werden durften. Auch die Unterhaltspflicht der österreichischen Behörden gegenüber jugoslawischen Arbeitnehmern, deren Arbeitsvertrag ohne deren Schuld vorzeitig endete, im Zeitraum bis zum Antritt einer neuen Arbeitsstelle war offenbar eine jugoslawische Forderung, die man in beide Anwerbeverträge einbrachte. Die Option des Familiennachzuges, die Österreich spanischen Migranten gewährt hatte, kannte die österreichisch-jugoslawische Vereinbarung indes nicht.[432]

Ein Abkommen von anderem Charakter kam am 16. September 1966 zwischen Jugoslawien und Schweden zustande. Natürlich folgte auch dieser Wanderungsvertrag dem internationalen Muster und berücksichtigte ebenso wie seine beiden Vorgänger in hohem Maß die jugoslawischen Vorgaben für die Gestaltung der Anwerbung. So sollte auch in diesem Fall der zweistufige Auswahlprozess im ersten Schritt durch die jugoslawische Arbeitsverwaltung und im zweiten durch eine gemischte Kommission aus Vertretern der jugoslawischen und der schwedischen Arbeitsverwaltung durchgeführt werden. Bei der Rekrutierung größerer Kontingente durch einen Arbeitgeber gestattete man allerdings die Entsendung eines Vertreters zum Auswahlprozess. Auf diese Weise blieb auch bei der Anwerbung für den schwedischen Arbeits-

432 Abkommen zwischen der Republik Österreich und der Sozialistischen Föderativen Republik Jugoslawien über die Regelung der Beschäftigung jugoslawischer Dienstnehmer in Österreich, 19.11.1965, hier aus: Bundesgesetzblatt für die Republik Österreich, 1966, S. 247–256. Am gleichen Tag unterzeichneten beide Staaten ein Sozialversicherungsabkommen; Convention (with Final Protocol) between the Republic of Austria and the Socialist Federal Republic of Yugoslavia on Social Security. 19.11.1965, hier aus: http://www.ilo.org/dyn/natlex/ (INT-1965-IA-21283).

markt der Einfluss der jugoslawischen Seite auf die Auswahl der Migranten überproportional hoch. Analog zu anderen jugoslawischen Anwerbevereinbarungen finden sich im jugoslawisch-schwedischen Abkommen auch die typischen Bestimmungen über die Unterhalts- und Fürsorgepflichten Schwedens gegenüber den jugoslawischen Arbeitnehmern und deren Recht zum freien Wechsel des Arbeitsplatzes neben der allgemeinen Festschreibung ihrer Gleichbehandlung und Sozialversicherung.

Der schwedische Politikansatz, auf eine zeitliche Begrenzung der Arbeitsmigration zu verzichten und stattdessen ein Einwanderungsangebot zu machen, schlug sich im Fehlen der in den Abkommen anderer Staaten unumgänglichen Befristung des ersten Arbeitsvertrages bzw. der daran gebundenen Aufenthaltserlaubnis nieder. Entsprechend versah das Abkommen den Familiennachzug, der neben Ehepartner und Kindern auch für die Eltern der Einwanderer in Frage kam, ebenfalls nicht mit Auflagen wie etwa Wartezeiten oder dem Nachweis einer geeigneten Wohnung. Darüber hinaus galt der Verlust des Arbeitsplatzes nicht als Grund für eine Repatriierung. Vielmehr sollte den jugoslawischen Einwanderern der Zugang zu den Unterstützungsmaßnahmen der schwedischen Arbeitsverwaltung bei der Suche nach einem neuen Arbeitsplatz bis hin zur beruflichen Qualifizierung oder Umschulung offenstehen.[433]

Durch seine Regelungen verband der schwedisch-jugoslawische Vertrag von 1966 die an sich gegensätzlichen Interessen Schwedens und Jugoslawiens. Während Jugoslawien ein Programm dezidiert temporärer Arbeitsmigration verfolgte, das den jugoslawischen Arbeitnehmern im Ausland einen möglichst guten Status gewährleisten sollte, bot Schweden die Perspektive einer längerfristigen, möglicherweise sogar dauerhaften Niederlassung bzw. der Einwanderung an.[434] Im Gegensatz zum schwedisch-türkischen Abkommen, das zunächst nur zu einer nahezu unbedeutenden Zuwanderung von Arbeitskräften führte, erwies sich die Vereinbarung mit Jugoslawien als sehr wirksam. Bis 1971 hatten jugoslawische Migranten in Schweden alle anderen Einwanderergruppen bis auf die Finnen, die mit rund 56% die absolute Mehrheit besaßen, überholt. Die 40.600 in diesem Jahr in Schweden lebenden Jugoslawen machten zwar nur 11,1% aller Ausländer aus, berücksichtigt man jedoch nur die Arbeitsmigranten aus den Anwerbestaaten, stieg ihr Anteil auf fast 60%.[435] Ausschlaggebend hierfür war nicht zuletzt die Kombination aus einer Ver-

433 Die Möglichkeit der vorbereitenden Qualifizierung jugoslawischer Migranten durch schwedische Stellen oder jugoslawische Einrichtungen, die den schwedischen Standards genügten, wurde ebenso wie der Zugang zu berufsqualifizierenden Einrichtungen in Schweden in einem Anhang zum Abkommen gesondert geregelt.

434 Agreement between the Government of the Kingdom of Sweden and the Government of the Socialist Federal Republic of Yugoslavia on Employment of Yugoslav Workers in Sweden, 16.9.1966, hier aus: Sveriges Överenskommelser med främmande Makter, 68. 1967, S. 1–7. Für seine freundliche Unterstützung bei der Beschaffung einer Vertragskopie danke ich Gustav Rönneklev von der Abteilung Migration und Asylpolitik des schwedischen Justizministeriums.

435 Boye-Møller, Language Training for Immigrant Workers in Sweden, S. 506.

schärfung der Zugangsregulierung für Arbeitsmigranten, die nicht aufgrund organisierter Anwerbemaßnahmen nach Schweden einwandern wollten, und der aktiven Rekrutierung von Arbeitskräften in Jugoslawien durch schwedische Stellen, die in Belgrad ihr einziges dauerhaft besetztes Büro im Ausland unterhielten. Gleichzeitig mit der Verengung der unregulierten Migrationskanäle hatte Schweden erfolgreich einen regulierten Migrationskanal etabliert. Der positive Verlauf der Anwerbung in Jugoslawien wiederum trug dazu bei, dass die Option der aktiven Rekrutierung in der Türkei, die im Jahr darauf entstand, kaum umgesetzt wurde.

Nach der Rezession der Jahre 1966/67 war die Bundesrepublik Deutschland der vierte westeuropäische Staat, der sich auf ein Anwerbeabkommen mit Jugoslawien einließ. Die Vereinbarung vom 12. Oktober 1968 zwischen Deutschland und Jugoslawien begründete jedoch keineswegs eine völlig neue Wanderungsbeziehung. Vielmehr griff sie regulierend in bereits fest, wenn auch informell bestehende Arbeitsmarktbeziehungen ein. Als die Anwerbevereinbarung in Kraft trat, befanden sich knapp 150.000 jugoslawische Arbeitnehmer in Deutschland. Ohne dass seit 1945 ein neuer Wanderungsvertrag geschlossen worden war, konnten sie hinter den Italienern, Türken und Griechen zur viertstärksten Gruppe ausländischer Arbeitnehmer aufsteigen.[436] Vor allem der hohe Anteil von Facharbeitern und von weiblichen Arbeitskräften – beides stark nachgefragte Kategorien von Arbeitskräften auf dem europäischen Arbeitsmarkt – an den jugoslawischen Migranten sorgten dafür, dass sie auch ohne Wanderungsvertrag schnell Zugang zum deutschen Arbeitsmarkt erhielten und auch während der Rezession weit weniger häufig als ihre Kollegen aus anderen Auswanderungsländern entlassen wurden und in ihre Heimat zurückkehren mussten.[437] Dieser Bedeutung für den deutschen Arbeitsmarkt entsprechend und angesichts der schon vor 1969 intensiven Arbeitsmigration zwischen Jugoslawien und Deutschland besaß auch der Anwerbevertrag eine längere Vorgeschichte. Schon im Jahr 1959 diskutierte man innerhalb der Bundesanstalt für Arbeit auf Drängen einiger Landesarbeitsämter, ob angesichts der Verknappung von Facharbeitern nicht eine Verdichtung der Arbeitsmarktbeziehungen zu Jugoslawien erstrebenswert sein könnte.[438] Obwohl eine Erweiterung des Kreises derjenigen Staaten, zu denen formale Arbeitsmarktbeziehungen bestanden, auf einen Staat, der dem Ostblock zugerechnet wurde, nicht in Frage kam, lernten in den Jahren darauf mehr und mehr deutsche Arbeitgeber die jugoslawischen Migranten als Facharbeiter zu schätzen. So wuchs ihre Zahl bis in die erste Hälfte der 1960er Jahre stetig, und der Druck der Arbeitgeber auf die Arbeitsverwaltung, von der man eine systemati-

436 Mattes, Gastarbeiterinnen in der Bundesrepublik, S. 52f.

437 Weidenbörner, Deutsch-jugoslawische Vereinbarung über die Vermittlung jugoslawischer Arbeitnehmer, S. 158–160.

438 BArch B 119 1749, Niederschrift über die Präsidentenbesprechung vom 16.4.1959. Schon seit 1954 nahm die Bundesrepublik Deutschland Praktikanten im Rahmen eines Hilfsprogramms für Jugoslawien auf; BArch B 119 3026, Teilband 1, Vermittlung und Zulassung von Angehörigen einzelner Länder auf den deutschen Arbeitesmarkt, passim.

sche Rekrutierung in Jugoslawien erwartete, wuchs ebenfalls.[439] Ab 1964 verhandelten beide Staaten immer wieder über den Abschluss eines Wanderungsabkommens, wobei wechselseitiges Taktieren eine Einigung verhinderte. Streitpunkte bildeten vor allem die jugoslawischen Forderungen nach der Berücksichtigung bestimmter Verfahrenselemente, die Deutschland wie die anderen Partnerstaaten Jugoslawiens zuvor zwang, seine eigenen Wünschen hintanzustellen.[440] Als Regierungsvertreter die ›Vereinbarung zwischen der Regierung der Bundesrepublik Deutschland und der Regierung der Sozialistischen Föderativen Republik Jugoslawien über die Regelung der Vermittlung jugoslawischer Arbeitnehmer nach und ihrer Beschäftigung in der Bundesrepublik Deutschland‹[441] endlich unterzeichneten, hatte sich ihr Text weit mehr als die Abkommen mit Frankreich oder Österreich an die Vorstellungen des Anwerbestaates Deutschland angenähert. Dennoch konnte sich auch Jugoslawien mit einer Reihe von Forderungen durchsetzen. Infolgedessen sticht die Vereinbarung von 1968 deutlich unter den deutschen Wanderungsverträgen hervor.

Im Vermittlungsverfahren konnte die jugoslawische Seite ihr Konzept der paritätisch besetzten gemeinsamen Kommission durchsetzen, der die endgültige Entscheidung über die Einstellung eines Bewerbers in der zweiten Auswahlrunde oblag. Die im Vertrag mit Frankreich vorgesehene Einspruchsmöglichkeit der Arbeitnehmer war allerdings ebenso wie bereits im Abkommen mit Österreich weggefallen. Dagegen hatte die deutsche Verhandlungsdelegation die Option eingebracht, die Arbeitgeber am Auswahlprozess zu beteiligen. So verschob sich das Gleichgewicht von Entsende- und Anwerbeland bei der Endauswahl doch in Richtung der Interessen Deutschlands, da die

439 Der Eschweiler Bergwerksverein beschäftigte 1963 bereits mehrere Hundert jugoslawische Bergleute; BArch B 119 3026, Schreiben des Eschweiler Bergwerksvereins an die BAVAV vom 10.4.1963. In der Baubranche ging man dazu über, Gewerke über Werkverträge an jugoslawische Baufirmen direkt zu vergeben oder Leiharbeiter zu beschäftigen; BArch B 149 22344, Ergebnisprotokoll vom 1.8.1966. Von Seiten einzelner Politiker wurde dagegen zuweilen aus politischen Gründen der Abbau der Beschäftigung jugoslawischer Migranten gefordert; BArch B 119 3026, Teilband 2, Vermittlung und Zulassung von Angehörigen einzelner Länder auf den deutschen Arbeitesmarkt, passim. Die Spannungen zwischen dem Wunsch, die Migration aus Jugoslawien aus politischen Gründen zu begrenzen, und der ökonomischen Notwendigkeit, Arbeitskräfte in Jugoslawien anzuwerben, wirkte zugleich als treibende Kraft dieses Prozesses, machte den Fall aber auch so kompliziert, dass sich die Verhandlungen außergewöhnlich lange hinzogen.

440 BArch B 119 3027, Vermerk vom 30.11.1964; BArch B 119 3061, Bericht Ia – 5700, März 1965; BArch B 119 3080, Besprechung mit den Ausländerreferenten im BMI, 29.1.1965; BArch B 119 3080, Ia – 5762, März 1968; BArch B 119 3080, Ressortbesprechung beim Bundesministerium für Arbeit und Sozialordnung vom 14.12.1967; BArch B 119 4141, Anwerbeverfahren: Italien, Griechenland, Jugoslawien, passim; BArch B 119 4141, Vermerk Abt. Ia5 – 5272 vom 15.2.1967.

441 Vereinbarung zwischen der Regierung der Bundesrepublik Deutschland und der Regierung der Sozialistischen Föderativen Republik Jugoslawien über die Regelung der Vermittlung jugoslawischer Arbeitnehmer nach und ihrer Beschäftigung in der Bundesrepublik Deutschland, 12.10.1968, hier aus: Amtliche Nachrichten der BAVAV, 17. 1969, S. 170–174.

Arbeitgeber über die Verweigerung der Beschäftigung eines Migranten gewissermaßen ein direktes Vetorecht im Auswahlprozess besaßen. Ihr Einspruch verhinderte bereits die Annahme eines Bewerbers, während üblicherweise nur die Einstellung eines bereits angenommenen Kandidaten verweigerbar war, die dann dessen Umvermittlung zur Folge hatte, nicht aber seinen Ausschluss vom Migrationsprozess. Im Gegenzug erhielten die Arbeitgeber die Möglichkeit, Vereinbarungen mit der jugoslawischen Arbeitsverwaltung über Vorbereitungsmaßnahmen zu treffen, die den Migranten die Einarbeitung an ihren zukünftigen Arbeitsstellen erleichtern und gleichzeitig ihren Nutzen für den deutschen Arbeitgeber steigern sollten. Eine weitere Besonderheit, die sich in ähnlicher Form vor allem in Wanderungsverträgen mit Spanien wiederfindet, war die Dezentralisierung sowohl des ersten als auch des zweiten Auswahlschrittes, die den Bewerbern die Anreise zum Hauptsitz der ›Gemischten Kommission‹ in Belgrad ersparte und die Reisetätigkeit stattdessen den Rekruteuren aufbürdete. Hart blieb Deutschland bei der grundsätzlichen Befristung von Arbeit und Aufenthalt jugoslawischer Migranten auf zunächst ein Jahr. So stand einerseits die Befristungsregelung im Vertrag, andererseits räumte dieser den Arbeitnehmern die Möglichkeit ein, ihren Vertrag zu verlängern oder den Arbeitgeber zu wechseln. Dieses Recht wurde jedoch durch die Beachtung der ausländerrechtlichen Vorschriften eingeschränkt oder zumindest von einem Einspruch der deutschen Behörden abhängig gemacht. Auch die von der jugoslawischen Seite bereits zuvor geforderte Zusicherung von Unterhaltsleistungen für einen Arbeitnehmer, der ohne sein Verschulden arbeitslos geworden war, akzeptierte Deutschland als Vertragsbedingung. Die Bestimmung schließlich, dass die Regelungen der Vereinbarung auch für solche jugoslawischen Arbeitnehmer gelten sollten, die in Deutschland für jugoslawische Unternehmen arbeiteten, die Aufträge deutscher Firmen durchführten, verweist auf eine Besonderheit der deutsch-jugoslawischen Arbeitsmarktbeziehungen. Der Passus trug der Praxis Rechnung, in der Bauwirtschaft jugoslawische Arbeiterkolonnen zu beschäftigen, die von ihren Mutterfirmen entsandt wurden. Ihre Unterwerfung unter die Gleichstellungs- und Gleichbehandlungsklauseln des Wanderungsvertrages versperrte ihnen die Möglichkeit, durch Dumpingangebote, die auf niedrigeren Lohn- und Lohnnebenkosten beruhten, als billigere Konkurrenz zu deutschen Firmen aufzutreten. Die arbeits- und sozialrechtliche Gleichbehandlung der jugoslawischen Arbeitnehmer mit ihren deutschen Kollegen regelte das Abkommen grundsätzlich, die Details wurden in dem zeitgleich unterzeichneten Abkommen über soziale Sicherheit und Arbeitslosenversicherung niedergelegt.[442]

Auch nach dem Vertragsabschluss entwickelten sich die deutsch-jugoslawischen Wanderungsbeziehungen ungewöhnlich. Im Verlauf der Anwerbung blieb eine dezentrale Rekrutierung für die jugoslawische Seite ein wichtiger

442 Brüggemann, Deutsch-jugoslawisches Abkommen über Arbeitslosenversicherung, S. 160–162; Agreement on Social Insurance (with Final Protocol), 12.10.1968, hier aus: http://www.ilo.org/dyn/natlex/ (INT-1968-IA-25487).

Verfahrensschritt. Die zweite Auswahlrunde fand nur dann in Belgrad statt, wenn der Anwerbeschwerpunkt in Serbien lag. Ansonsten führte man die Endauswahl über die Teilrepubliken Jugoslawiens verteilt durch. Ihr Beharren auf der Beibehaltung des dezentralen Verfahrens und dessen Ausbau war Teil intensiver Bemühungen der jugoslawischen Regierung, die Migrationsbedingungen ihrer Bürger nach Möglichkeit zu überwachen und zu verbessern. Angesichts der großen Bedeutung, die jugoslawischen Arbeitskräften in Deutschland zukam, gelang ihr dies bis zum Anwerbestopp in unterschiedlichen Bereichen. Im April 1972 vereinbarten beide Staaten eine Neuregelung der Anwerbung, die in mehrfacher Hinsicht nicht nur die gegebenen Verhandlungsspielräume ausleuchtet, sondern auch die Grenzen der Regulierbarkeit moderner Migrationsbewegungen. Auf der einen Seite versuchte die deutsche Arbeitsverwaltung, das Anwerbeverfahren in allen Details minutiös zu reglementieren, und erreichte zumindest die Festlegung, dass die endgültige Entscheidung innerhalb der Gemischten Kommission über die Einstellung eines Bewerbers von der deutschen Delegation getroffen wurde. Daneben führte man genaue bürokratische Verfahrensweisen für Zeitpunkt und Vorgehensweise der Aushändigung von Arbeitsverträgen und Legitimationskarten ein sowie Bestimmungen über deren Rückgabe bzw. Stornierung für den Fall, dass ein Migrant in letzter Sekunde die Reise nach Deutschland doch nicht antrat. Auf der anderen Seite akzeptierte man ein durchgängig dezentrales Anwerbeverfahren, das ebenfalls von einer Fülle administrativer Regelungen und Bedingungen begleitet wurde. Letztlich enthüllte der Abschnitt zur Kostenverteilung, der mit zahlreichen Sonderbestimmungen und Ausnahmen versuchte, für alle denkbaren Fälle eine verursacherbezogene Kostenverteilung vorzusehen, die Unmöglichkeit, die unübersichtliche Realität eines an Komplexität gewinnenden Migrationsgeschehens bis ins letzte Detail den Maßgaben eines geregelten Anwerbeprozesses zu unterwerfen.[443]

Als die Arbeitsmigration aus Jugoslawien in die Bundesrepublik Deutschland ihren Höhepunkt erreichte, entschieden sich drei weitere westeuropäische Industriestaaten, die mit Jugoslawien noch keine intensiven Arbeitsmarktbeziehungen unterhielten, zum Abschluss von Wanderungsverträgen. Im Jahr 1970 unterzeichneten die Niederlande, Luxemburg und Belgien entsprechende Vereinbarungen. Sowohl für Jugoslawien als auch für Belgien und Luxemburg stellten diese Abkommen die letzten vor dem Anwerbestopp von 1973/74 dar. Lediglich die Niederlande entschieden sich noch im Jahr 1971 zu einem weiteren Abkommen mit Tunesien. Keines dieser drei Abkommen konnte jedoch mehr vor dem Ende der Anwerbung ausländischer Arbeitskräfte bedeutende Migrationsströme in die neuen Migrationspartner Jugoslawiens umlenken oder

443 Verfahrensregelung zur deutsch-jugoslawischen Regierungsvereinbarung über die Regelung der Vermittlung jugoslawischer Arbeitnehmer nach und ihrer Beschäftigung in der Bundesrepublik Deutschland vom 12. Oktober 1968 vom 24. April 1972, in: Amtliche Nachrichten der BAVAV, 20. 1972, S. 403–408.

induzieren.[444] Einer solchen Entwicklung stand nicht zuletzt entgegen, dass mit Deutschland und Österreich die beiden mit Abstand wichtigsten Migrationsziele jugoslawischer Migranten eine übermächtige Konkurrenz für die Neulinge auf dem jugoslawischen Arbeitsmarkt darstellten.

Am 9. März 1970 eröffneten die Niederlande durch die Unterzeichnung eines Wanderungsabkommens in Belgrad diese letzte Welle der Institutionalisierung von Migrationsbeziehungen. Wie nicht anders zu erwarten, zeichneten Kompromisse zwischen den Ansprüchen der beiden Vertragspartner die spezielle Ausprägung des Wanderungsvertrages. Die Niederlande zogen sich aus dem Auswahlverfahren vor Ort weitgehend zurück. Lediglich die Möglichkeit, einen Delegierten zur jugoslawischen Arbeitsverwaltung zu entsenden, gewährleistete überhaupt ihre Präsenz während der Rekrutierung. Zwar sahen die Bestimmungen vor, dass beide Seiten gemeinsam die endgültige Entscheidung über die Einstellung in der zweiten Auswahlrunde trafen, sowohl die beruflichen als auch die medizinischen Untersuchungen lagen jedoch gänzlich in jugoslawischer Hand. Dagegen beharrten die Niederlande ebenso wie Deutschland auf der Befristung des ersten Arbeitsvertrages auf eine Dauer von 12 Monaten. Auch die weiteren Bestimmungen des Abkommens, etwa bezüglich der Gleichbehandlung, der namentlichen Anforderung oder der Fürsorgepflichten der Niederlande gegenüber jugoslawischen Migranten, glichen stärker den Regelungen der vorhergehenden jugoslawischen Abkommen als denen der Niederlande.[445] In Relation zur zeitgleich verlaufenden Einwanderung aus der Türkei und aus Marokko blieb die Arbeitsmigration aus Jugoslawien in die Niederlande zweitrangig. Zwischen Vertragsabschluss und Anwerbestopp ergab sich eine Nettozuwanderung von etwa 6.000 Personen, von denen ein sinkender Anteil aus Arbeitnehmern und ein wachsender aus deren Familienangehörigen bestand. Die niederländische Migrationsstatistik zeigt jedoch auch, dass in dem Jahrfünft vor dem Wanderungsvertrag eine fast ebenso intensive Arbeitsmigration zwischen beiden Staaten verlief wie in der ersten Hälfte der 1970er Jahre, als formale Migrationsbeziehungen bestanden.[446] Dies legt den Schluss nahe, dass im Fall des niederländisch-jugoslawischen Anwerbeabkommens für die Niederlande die Regulierung eines bereits in Gang gekommenen Wanderungsgeschehens vor der Gewinnung neuer Arbeitskräfte, die zu diesem Zeitpunkt überwiegend aus anderen Ländern kamen, im Vordergrund stand.

444 Ein deutliches Indiz für die Diversifizierungsstrategie hinsichtlich seiner Migrationsbeziehungen, die Jugoslawien verfolgte, ist die Unterzeichnung eines jugoslawisch-australischen Vertrages über die Niederlassung jugoslawischer Arbeitskräfte in Australien; Agreement on the Residence and Employment of Yugoslav Citizens in Australia, 12.2.1970, hier aus: United Nations Treaty Collection (online) http://untreaty.un.org/English/access.asp, No. 10660.

445 Agreement Concerning the Regulation of the Employment of Yugoslav Workers in the Netherlands, 9.3.1970, hier aus: United Nations Treaty Collection (online) http://untreaty.un.org/English/access.asp, No. 10804. Ein Sozialversicherungsabkommen bestand zwischen beiden Staaten bereits seit 1956.

446 Hartog/Vriend, Post-War International Labour Mobility, S. 82.

Am 28. Mai 1970 folgte eine Wanderungsvereinbarung zwischen Jugoslawien und Luxemburg. Dort suchte man Alternativen für die schwindende Arbeitsmigration aus Italien. Neben Portugal, mit dem am 20. Mai ein ähnliches Abkommen zustande gekommen war, schien Jugoslawien ein geeigneter Migrationspartner. Drei Faktoren trugen in dieser Konstellation dazu bei, dass sich die beiden Vereinbarungen in ihren Bestimmungen stark ähnelten. Erstens verhandelte man zeitgleich mit beiden Ländern. Zweitens stand Luxemburg zwei Regierungen gegenüber, die einen hohen Kontrollanspruch über die Auswanderung bzw. die Arbeitsemigration beanspruchten. Drittens verfolgte Luxemburg das Ziel, die Anwerbung ohne den Aufbau einer umfangreichen staatlichen Anwerbebürokratie im Ausland zu bewältigen. So überließ man wie im Abkommen mit Portugal die Auswahl und die medizinische und berufliche Untersuchung den Behörden des Entsendelandes und behielt sich lediglich vor, einen Vertreter der eigenen Arbeitsverwaltung zur Endauswahl zu entsenden. Diese Aufgabe konnten die Luxemburger jedoch auch, ebenso wie im Abkommen mit Portugal, an die interessierten Arbeitgeber oder ihre Branchenverbände delegieren. Drci andere Besonderheiten der jugoslawischen Abkommen finden sich auch in diesem Vertrag wieder. Die Beschränkung der namentlichen Anforderung auf die Rückrufung eines bereits zuvor beim gleichen Arbeitgeber beschäftigten Arbeitnehmers oder zur Anwerbung eines Familienmitgliedes, Regelungen für die Organisation von Berufsvorbereitungskursen in Jugoslawien und Bestimmungen über die autonome Verlängerung des ersten oder den Abschluss eines neuen Arbeitsvertrages. Diese jugoslawische Forderung war jedoch, ebenso wie im Verhältnis zu Deutschland, durch die obligatorische Begrenzung des ersten Arbeitsvertrages auf 12 Monate eingeschränkt.

Die Eingliederung in den luxemburgischen Arbeitsmarkt folgte dann, unter Wahrung der arbeits- und sozialrechtlichen Gleichbehandlung, den luxemburgischen Gepflogenheiten in gleicher Weise, wie es im Abkommen mit Portugal festgelegt war. Allerdings blieb der Familiennachzug so wie in bisher allen jugoslawischen Wanderungsabkommen mit Ausnahme desjenigen mit Frankreich ausgeklammert. Bis zum Anwerbestopp drei Jahre später entwickelte sich ebenso wenig eine nennenswerte Arbeitsmigration zwischen den beiden Partnern wie im Fall der Niederlande. Stattdessen ersetzten die Portugiesen, die gemessen an der Bevölkerung und ihrem Ausländeranteil in Luxemburg in großer Zahl ins Großherzogtum strömten, die ausbleibenden italienischen Migranten.[447]

447 Loi du 11 avril 1972 portant approbation de l'accord entre le Grand-Duché de Luxembourg et la République socialiste fédérative de Yougoslavie réglementant l'emploi au Luxembourg des travailleurs yougoslaves, 28.5.1970, hier aus: Mémorial du Grand-Duché de Luxembourg, 26. 1972, S. 863–868. Ein Sozialversicherungsabkommen zwischen beiden Staaten war bereits 1955 zustande gkommen; Loi du 10 août 1955 portant approbation de la convention générale entre le Grand-Duché de Luxembourg et la République Populaire Fédérative de Yougoslavie sur la Sécurité sociale et le protocole spécial, 13.10.1954, in: Mémorial du Grand-Duché de Luxembourg, 51. 1955, S. 1229–1239.

Als von ähnlich geringer Bedeutung sollte sich der Wanderungsvertrag zwischen Belgien und Jugoslawien erweisen, den beide Staaten am 23. Juli 1970 in Belgrad unterzeichneten. Auch in diesem Fall kann vermutet werden, dass der Rückgang der italienischen und auch der spanischen Arbeitsmigration, die für Belgien bis dahin von großer Wichtigkeit gewesen waren, ein Motiv für den Versuch darstellten, nach dem Abflauen der Rezession von 1966/67 neue Migrationspartner zu finden. Von einem besonderen Interesse Jugoslawiens dagegen kann ähnlich wie beim Abkommen mit den Niederlanden oder Luxemburg nicht ausgegangen werden. So bildet auch der belgisch-jugoslawische Vertrag eine von Jugoslawien dominierte Mischung der typischen Formelemente aus Wanderungsverträgen der beiden neuen Partner. Die Auswahl der Migranten blieb unter Mitsprache eines belgischen Delegierten, der vom Arbeitsministerium oder den interessierten Unternehmern entsandt werden konnte, der jugoslawischen Seite überlassen und folgte den bereits bekannten Schritten. Die namentliche Anforderung beschränkte man auf jugoslawischen Wunsch, eine Zeitbegrenzung für den ersten Arbeitsvertrag wurde nicht vereinbart, bei dessen Auslaufen waren eine Verlängerung oder der Stellenwechsel unter Beachtung der relevanten belgischen Gesetze gestattet. Den Familiennachzug erlaubte Belgien mit den gleichen Auflagen wie für spanische oder marokkanische Arbeitnehmer und stellte in Abhängigkeit von der Arbeitsmarktlage auch Arbeitsgenehmigungen für den Ehepartner oder volljährige Kinder in Aussicht. Außerdem war der belgisch-jugoslawische Vertrag der erste, der keine Sonderbestimmungen mehr für die Anwerbung von Bergleuten für den Untertagebetrieb enthielt.

Nach dem Abkommen mit Marokko sah die Vereinbarung mit Jugoslawien als zweiter Wanderungsvertrag die ›Fédéchar‹ nicht von vorneherein als Anwerbeorganisation vor. Dagegen hielt das Abkommen allerdings an einer Einschränkung der Freizügigkeit der jugoslawischen Migranten auf dem belgischen Arbeitsmarkt während der ersten Jahre ihres Aufenthalts fest. Im Vergleich zu den Regelungen, die mit Spanien, Marokko oder der Türkei getroffen worden waren, erhielten Jugoslawen jedoch deutlich bessere Bedingungen. Nach fünf Jahren legalem Aufenthalt oder drei Jahren legaler Beschäftigung in Belgien erhielten sie die volle Freizügigkeit auf dem Arbeitsmarkt und konnten auch mit Arbeitgebern außerhalb der Branche Arbeitsverträge abschließen, für die sie ursprünglich rekrutiert worden waren. War die ganze Familie nach Belgien eingewandert, reduzierte sich diese Wartezeit auf nur zwei Jahre.[448] Trotz dieser im Vergleich sehr guten Migrationsbedingungen blieb ein Anwachsen der Wanderungsströme zwischen den beiden Ländern aus. Im Jahr 1972, zwei Jahre nach dem Abschluss der Wanderungsabkommen mit den drei Benelux-Staaten und ein Jahr vor dem Ende der Anwerbung befanden sich etwa 8.000–10.000 jugoslawische Arbeitnehmer in den drei Ländern, das ent-

448 Accord entre la République Socialiste Fédérative de Yougoslavie et le Royaume de Belgique relatif à l'emploi et au séjour en Belgique des travailleurs yougoslaves, 15.7.1970, hier aus: Senat de Belgique, Documents législatifs, 563 (1974–1975) N. 1, S. 141–155.

sprach etwa 1,5% der zu diesem Zeitpunkt im europäischen Ausland beschäftigten Jugoslawen.[449]

3.4.3.8. Tunesien

Im August 1963, nur zwei Monate nachdem ein Wanderungsabkommen mit Marokko zustande gekommen war, schlossen auch Frankreich und Tunesien eine Anwerbevereinbarung ab. Nachdem der Vertrag von Evian im Jahr zuvor algerischen Migranten weitreichende Einreisefreiheiten garantiert hatte, die in dieser Form für Marokkaner und Tunesier seit der Unabhängigkeit beider Staaten von Frankreich nicht gegeben waren, glich man diesen Nachteil im Verhältnis zur ehemaligen Kolonialmacht nun zumindest partiell aus. Frankreich diente die ›Convention de main-d'œuvre‹ vom 9. August 1963 – die bezeichnenderweise weder ›Anwerbung‹ noch ›Wanderung‹ in ihrem Titel trug – vor allem der Entwicklung seiner postkolonialen Beziehungen zu Tunesien, denn eine bedeutende Arbeitsmigration zwischen beiden Staaten blieb trotz der steigenden Migrationsrate nach 1963 sowohl vor als auch nach dem Zustandekommen des Wanderungsvertrages aus.[450] Unter den Migranten aus dem Maghreb bildeten die Tunesier in Frankreich stets die mit Abstand kleinste Gruppe. Tunesien dagegen trachtete nicht nur, den legalen Zugang zum französischen Arbeitsmarkt für seine Arbeitskräfte zu verbessern, sondern hatte in der ersten Hälfte der 1960er Jahre auch eine Strategie zur Diversifizierung seiner internationalen Arbeitsmarktbeziehungen als Teil der eigenen Wirtschaftsplanung eingeleitet.

Die Bestimmungen des Abkommens ähnelten denjenigen des französisch-marokkanischen, das kurz zuvor ausgehandelt worden war. Bemerkenswert sind jedoch einige Abweichungen zwischen den beiden Dokumenten. Die Wanderungsvereinbarung mit Tunesien war in einen relativ kurzen Text gefasst, der die grundsätzlichen Regelungen beinhaltete. In den meisten Punkten orientierte er sich an den internationalen Standards. Festgelegt war eine doppelte Selektion von Arbeitskräften aus einem vorgegebenen Altersintervall, die wie in Marokko gänzlich dezentral unter Einbeziehung der französischen Werbekommission in die zweite Auswahlrunde durchgeführt wurde. Außerdem waren die zeitlich unbegrenzte Zulassung zum französischen Arbeitsmarkt unter Garantie der Gleichbehandlung und der Einbeziehung in die Sozialversicherung, ein einfaches Verfahren für den Familiennachzug und großzügige Regelungen im Fall eines vorzeitigen Wechsels des Arbeitsplatzes vorgesehen. Eine weitreichende Klärung von Details durch die vertragschließenden Parteien wie im Fall der französisch-marokkanischen Übereinkunft, die in einen Vertrag und einige Anhänge zerfiel, erfolgte jedoch nicht. Ebenso wenig beinhaltete das Abkommen mit Tunesien Bestimmungen über die Wei-

449 Baucic, Die Auswirkungen der Arbeitskräftemigration auf Jugoslawien, S. 174.

450 Convention de main-d'œuvre, 9.8.1963, hier aus: United Nations Treaty Collection (online) http://untreaty.un.org/English/access.asp, No. 27261.

terbildung tunesischer Arbeitnehmer in Frankreich und ihren Zugang zu Einrichtungen des Berufsbildungswesens. Entsprechendes hatte zwei Monate zuvor im Abkommen mit Marokko breiten Raum eingenommen. Dafür garantierte der Vertrag mit Tunesien durch seine zehnjährige Laufzeit langfristig den Zugang zum französischen Arbeitsmarkt, während die Vereinbarung mit Marokko nur auf fünf Jahre angelegt war.[451] Politische Erwägungen dominierten also die Motive für den französisch-tunesischen Wanderungsvertrag, der Frankreich ein Arbeitskräftepotential von untergeordneter Bedeutung erschloss. Die Vereinbarung bot tunesischen Migranten kaum eine Bevorzugung vor anderen, kontinentaleuropäischen Arbeitnehmern. Der wichtigere Migrationspartner Marokko erhielt zeitgleich bereits eine Reihe von Sonderrechten für seine Migranten, während Algerier in den 1960er Jahren den mit Abstand freizügigsten Zugang zum französischen Arbeitsmarkt genossen.

Kurz vor der Abänderung der deutsch-marokkanischen Anwerbevereinbarung von 1963 schloss die Bundesrepublik mit Tunesien am 18. Oktober 1965 eine Vereinbarung über die Anwerbung von 3.000 Arbeitskräften. Hinter dieser Initiative standen ebenso wie im Falle Marokkos politische Erwägungen auf deutscher Seite, die dazu führten, dass man dem Drängen beider Staaten nach der Aufnahme von Arbeitsmarktbeziehungen nachgab und damit das Prinzip des Ausschlusses außereuropäischer Staaten von der regulierten Arbeitsmigration nach Deutschland ein weiteres Mal durchbrach.[452] Der Text der Vereinbarung unterschied sich daher, ebenso wie die Vereinbarungen mit Marokko, markant von den übrigen deutschen Wanderungsabkommen. Die Praxis der Rekrutierung sollte zwar den üblichen Standards folgen. Sie konnte jedoch entweder von einer Auswahlgruppe der BAVAV, die im Bedarfsfall entsandt wurde, durchgeführt werden, oder von den Arbeitgebern selbst. Ihnen erteilte die deutsche Arbeitsverwaltung auf Wunsch eine Genehmigung zur Anwerbung. Die einzige Auflage bestand in diesem Fall darin, dass die Unternehmensvertreter von einem Arzt begleitet werden mussten, der die medizinischen Untersuchungen vornahm. Die von den Anwerbekommissionen der BAVAV für die Migranten aus anderen Ländern vorgesehene Legitimationskarte entfiel daher und wurde durch den für die Einreise auf dem Zweiten Weg vorgeschriebenen Einreisesichtvermerk ersetzt. Außerdem war die Gleichbehandlung der tunesischen Migranten auf Entlohnung und Arbeitsbedingungen beschränkt. Auf die Frage der Sozialversicherungsleistungen ging die Vereinbarung indes nicht ein. Der beigefügte Musterarbeitsvertrag sah jedoch die Abführung entsprechender Beiträge vor. Auch die Vorgaben für die Anwer-

451 Frankreich wich häufig von der international üblichen Gültigkeit eines Wanderungsvertrages von einem Jahr mit der Option der stillschweigenden Verlängerung ab. Weniger wichtigen Migrationspartnern wie Griechenland oder der Türkei gestand man die Minimallaufzeit von einem Jahr zu, wichtigeren Partnerstaaten wie Spanien oder Portugal zwei Jahre. Die überaus lange Laufzeit der Abkommen mit Marokko und Tunesien lag in den besonderen Beziehungen der beiden Länder zu Frankreich begründet. Das Abkommen mit Algerien aus dem Jahr 1969 erhielt dann sogar eine unbegrenzte Gültigkeitsdauer.

452 Schönwälder, Why Germany's Guestworkers were Largely Europeans, S. 249f.

bung spiegelten deutlich den politischen Charakter des Vertrages: Nur die Vereinbarungen mit Tunesien und Marokko legten Anwerbekontingente fest.[453] Zugleich sollten vor allem solche Stellenangebote nach Tunesien weitergeleitet werden, die eine Beschäftigung im Bausektor bei solchen Unternehmen vorsahen, die sich in Tunesien engagierten. Das Ziel war eine Fortbildung der tunesischen Migranten im Hinblick auf eine spätere Tätigkeit in ihrem Herkunftsland.

Während Deutschland die ansonsten für seine Anwerbeverträge unübliche Fürsorgepflicht bei einem vom tunesischen Arbeitnehmer nicht zu verantwortenden, vorzeitig notwendigen Stellenwechsel übernahm, die sich so auch im Abkommen mit Frankreich wiederfand, nutzte man gleichzeitig den Abschluss des Wanderungsvertrages, um jegliche Zuwanderung an diesem Migrationskanal vorbei auszuschließen. Deutschland gestattete die Zulassung von Arbeitsmigranten über den Zweiten Weg ohne den Filter der Anwerbekommission nicht und verpflichtete die tunesische Regierung auf die Bekämpfung entsprechender Aktivitäten im eigenen Land. Auch die grundsätzliche Befristung des Arbeitsverhältnisses auf ein Jahr behielt die deutsche Seite bei und verschärfte sie zunächst dadurch, dass die sonst übliche Option auf eine Verlängerung bzw. einen neuen Arbeitsvertrag im deutsch-tunesischen Abkommen fehlte.[454]

Ihrer politischen Motivation entsprechend blieb die Anwerbung in Tunesien sehr zum Leidwesen der tunesischen Regierung zunächst bedeutungslos.[455] Zwar entsandte man schon 1966 eine Auswahlgruppe und organisierte im Juni des Jahres einen ersten Arbeitertransport, der 77 Migranten umfasste, die deutschen Arbeitgeber zeigten sich jedoch an tunesischen Arbeitnehmern weitgehend desinteressiert.[456] Ein Grund hierfür war die Weigerung Tunesiens, die Anwerbung von Frauen zuzulassen. Auch ein Umschwenken zu der Regelung, Frauen gemeinsam mit ihren Männern als Arbeitnehmerinnen anwerben zu lassen, brachte keine Verbesserung, da sich gegen eine solche Regelung die deutschen Behörden verwahrten, die eine Familienwanderung unter allen Umständen verhindern wollten.[457] Vor diesem Hintergrund gewannen die tunesisch-deutschen Migrationsbeziehungen erst nach der Rezession von 1966/67 eine bescheidene Dynamik, wobei es sich bei dem Wanderungsabkommen zwischen beiden Staaten rein technisch um eines der effizientesten im Hinblick auf die Konzentration der Migrationsbewegung auf diesen Migrationskanal handelte: Kamen bei einem Durchschnittswert über alle Migrati-

453 Eine Ausnahme bildeten dabei die Abkommen mit Japan und Südkorea über die vorübergehende Beschäftigung von Bergarbeitern.

454 Vereinbarung zwischen der Regierung der Bundesrepublik Deutschland und der Regierung der Tunesischen Republik über die Beschäftigung tunesischer Arbeitnehmer in der Bundesrepublik Deutschland, 18.10.1965, hier aus: Bundesarbeitsblatt, 17. 1966, S. 221–223.

455 BArch B 119 4708, Schreiben des Landesarbeitsamts Südbayern an den Präsidenten der BAVAV vom 18.5.1966.

456 BArch B 119 4708, Schreiben des Präsidenten der BAVAV an das Bundesministerium für Arbeit und Sozialordnung vom 22.6.1966.

457 BArch B 119 4708, Referentenvermerk, Referat Ia5 vom 12.9.1966.

onspartner Deutschlands von etwa 50% nur 61% der marokkanischen Migranten über die regulierte Anwerbung nach Deutschland, so lag der Wert für tunesische Arbeitnehmer bei 78%. Nur in den Wanderungsbeziehungen mit Portugal wurde dieser Wert mit 82% noch übertroffen. In diesem Fall lag die strikte Kontrolle der Migrationsbewegung jedoch im Interesse beider Regierungen.

Belgien und die Niederlande waren 1969 bis 1971 die letzten europäischen Staaten, die mit Tunesien Wanderungsverträge abschlossen. Beide blieben jedoch bedeutungslos. In Belgien lebten in der zweiten Hälfte der 1970er Jahre etwa 4.500 Tunesier, in die Niederlande kamen zwischen 1970 und 1975 rund 1.400 Tunesier.[458] Auf den Arbeitsmärkten beider Länder bildeten sie die kleinste Gruppe der Arbeitsmigranten aus Staaten, mit denen Belgien bzw. die Niederlande Wanderungsverträge abgeschlossen hatten. Der zeitlich zwischen dem Abkommen Belgiens mit der Türkei von 1964 und mit Jugoslawien von 1970 gelegene Wanderungsvertrag mit Tunesien vom 7. August 1969 ist eine Mischung aus Elementen, die sich aus der allgemeinen Entwicklung der belgischen Anwerbeverträge ergaben, und einer Orientierung an dem Anwerbeabkommen mit Marokko aus dem Jahr 1964. Es muss zudem im Zusammenhang mit dem Wanderungsvertrag gesehen werden, den Belgien 1970 mit Algerien unterzeichnete. Rekrutierung, Transport und Eingliederung in den belgischen Arbeitsmarkt folgten den für die belgischen Anwerbevereinbarungen üblichen Linien. Hatte die Vereinbarung mit der Türkei, von der man sich offenbar eine umfangreiche Arbeitsmigration erwartete, noch die Delegation der Anwerbung an die von belgischer Seite in der Regel damit betraute ›Fédéchar‹ vorgesehen, so sollten bei der Anwerbung in Marokko alle Auswahlschritte, an denen Belgien beteiligt war, von den dortigen diplomatischen Vertretungen übernommen werden.

Die belgisch-tunesische Vereinbarung schließlich überließ, falls die belgischen Behörden eine eigene Beteiligung nicht für notwendig hielten, die Anwerbung interessierten Unternehmen oder deren Branchenverbänden und wich damit endgültig von dem bis dahin für Belgien typischen Muster der Rekrutierung durch die ›Fédéchar‹ oder entsandte Regierungsvertreter ab.[459] Außerdem unterschied sich der Vertrag mit Tunesien vom belgisch-türkischen ebenso wie vom belgisch-marokkanischen Vertrag durch eine Senkung der Wartezeit bis zur Gewährung der Freizügigkeit auf dem belgischen Arbeitsmarkt. Sie reduzierte sich von fünf Jahren für Einzelmigranten und drei Jahren für Arbeitsnehmer, die mit ihren Familien in Belgien lebten, auf drei bzw. zwei Jahre. Diese Regelung wurde 1970 sowohl in den belgisch-jugoslawischen als auch in den belgisch-algerischen Vertrag übernommen. Eine Anlehnung an das Abkommen mit Marokko war die Zusicherung, Familienleistungen auch für Kin-

458 Attar, Historique de l'immigration maghrébine en Belgique, S. 297; Hartog/Vriend, Post-War International Labour Mobility, S. 82.

459 Das Abkommen mit Jugoslawien übertrug die Anwerbung staatlichen Stellen, die Regelung mit Algerien glich den Vereinbarungen mit Marokko und Tunesien.

der zu gewähren, die in Tunesien zurückblieben. Im Unterschied zu den Wanderungsbeziehungen zu Marokko, der Anwerbevertrag von 1964 nannte diese Regelung nur als eine Möglichkeit, die erst mit dem Sozialversicherungsabkommen von 1968 realisiert wurde, war die Zusage im Abkommen mit Tunesien definitiv. Ein Sozialversicherungsabkommen kam jedoch erst im Jahr 1975 zustande.[460] Eine Gemeinsamkeit der drei belgischen Abkommen aus den 1960er Jahren indes war die Aufhebung der obligatorischen Befristung des ersten Arbeitsverhältnisses auf 12 Monate. Diese sahen die den Wanderungsverträgen beigefügten Musterarbeitsverträge für türkische, marokkanische und tunesische Migranten nur noch als minimale Laufzeit vor. Trotz seiner geringen Bedeutung für die nach Belgien führenden Wanderungsströme scherte das Anwerbeabkommen mit Tunesien also im Unterschied etwa zur Vereinbarung zwischen Deutschland und Tunesien nicht radikal aus dem Kontinuum der belgischen Wanderungsverträge aus. Vielmehr bestehen ebenso deutliche Parallelen zu dem weitaus wichtigeren Abkommen mit Marokko wie zu den beiden auf die Vereinbarung mit Tunesien folgenden Abkommen.[461]

Die Niederlande sollten nicht nur das letzte europäische Land sein, das sich in den 1960ern in das europäische System der Arbeitsmigration integrierte, sondern auch den letzten Wanderungsvertrag vor dem allgemeinen europäischen Anwerbestopp 1973/74 unterzeichnen. Am 8. März 1971 trat durch die Unterschrift der beiden Regierungsbeauftragten das niederländisch-tunesische Anwerbeabkommen in Kraft.[462] Der Text der Vereinbarung glich bis auf zwei Ausnahmen wörtlich in allen Bestimmungen der Vereinbarung, die die Niederlande und Marokko zwei Jahre zuvor getroffen hatten. Zum einen hatte man einen Abschnitt über den Zugang der tunesischen Migranten zu den staatlichen Berufsbildungszentren in den Niederlanden eingefügt, der eine Qualifizierung der tunesischen Arbeitnehmer vor ihrer Vermittlung an niederländische Unternehmen ermöglichte. Zum anderen sah der Vertrag den Familiennachzug nicht vor, den man marokkanischen Migranten zugestanden hatte. Diese deutliche Schlechterstellung der Tunesier gegenüber marokkanischen Einwanderern mag dazu beigetragen haben, dass in der kurzen Zeitspanne bis zum Ende der aktiven Anwerbung nur wenige tunesische Arbeitsmigranten die Niederlande erreichten. Jedenfalls konnten die Niederlande mit diesem Angebot und angesichts der Sperrung der anderen Migrationskanäle zwischen beiden Ländern gegen alternative Wanderungsziele wie etwa Frankreich, das unter den Zielen tunesischer Migranten eine dominante Stellung einnahm, nicht konkurrieren. Andererseits spricht die für die tunesische Ar-

460 Convention générale de Sécurité sociale, 29.1.1975, hier aus: http://www.ilo.org/dyn/natlex/ (INT-1975-IA-18719).

461 Convention entre la Tunisie et la Belgique relative à l'emploi et au séjour en Belgique des travailleurs tunisiens, 7.8.1969, hier aus: Senat de Belgique, Documents législatifs, 563 (1974–1975) N. 1, S. 117–128.

462 Convention concerning the Recruitment in Tunisia of Tunisian Workers and their Placement in the Netherlands, 8.3.1971, hier aus: United Nations Treaty Collection (online) http://untreaty.un.org/English/access.asp, No. 11324.

beitsmigration extrem niedrige Remigrationsquote dafür, dass diejenigen Tunesier, die in die Niederlande einwanderten, dort attraktive Lebensbedingungen vorfanden.[463]

3.4.3.9. Algerien

Den letzten Wanderungsvertrag, den Frankreich vor dem Einreisestopp vom Juli 1974 abschloss, unterzeichneten Vertreter Frankreichs und Algeriens am 27. Dezember 1968 in Algier.[464] Bedingt durch die enge Bindung Algeriens an Frankreich vor dessen Unabhängigkeit, die sich nach dem Ende des Unabhängigkeitskrieges mit den Vereinbarungen zwischen beiden Staaten im Vertrag von Evian von 1962 fortsetzte, diente die Vereinbarung aus französischer Sicht der Regulierung einer bis dahin weitgehend freizügigen algerischen Migration. Algerien konnte sich von dem Abkommen eine Verbesserung und Fixierung der seinen Bürgern angebotenen Migrationsbedingungen versprechen.

Frankreich hatte im Jahr 1962 zunächst eine unregulierte Reisefreiheit im Verhältnis zu Algerien gewährt. 1964 versuchte man, im ›Granval-Nekkache-Abkommen‹ gewisse Kontrollen und Beschränkungen hinsichtlich der Arbeitsmigration einzuführen, scheiterte jedoch zumindest bezüglich der quantitativen Begrenzung der Zuwanderung. Der Vertrag von 1968 schließlich stellte einen zweiten Versuch dar, die Migration zwischen beiden Staaten so zu verfassen, dass einerseits der Selbstverpflichtung Frankreichs zur Öffnung gegenüber Algerien und andererseits dem französischen Regulierungsbedürfnis angesichts einer massiven Zuwanderung aus Algerien Rechnung getragen wurde. Diese Regulierung der algerischen Migration nach Frankreich erfolgte durch zwei Mechanismen. Durch die Wiedereinführung einer medizinischen Untersuchung der Migranten durch französische Ärzte vor dem Reisebeginn. Und mithilfe von Bestimmungen über den Aufenthaltsstatus sowie den Arbeitsmarktzugang von Algeriern in Frankreich. Der wichtigste Unterschied zu allen anderen diskutierten Abkommen bestand indes darin, dass die französisch-algerische Vereinbarung keine Anwerbung algerischer Arbeitnehmer durch französische Stellen in Algerien vorsah, sondern lediglich eine gewisse Kontrolle dieses auf individuellen Entscheidungen beruhenden Wanderungsstromes. Insofern war der französisch-algerische Vertrag von 1968 kein Anwerbeabkommen im engeren Sinne und wird hier als Sonderfall ausgeklammert.

---

463 Auch hier wirkte der Zeitrahmen dieses Wanderungsprozesses indes verzerrend, da die Rückwanderungsquote im Vorfeld und nach dem Anwerbestopp allgemein stark zurückging. Im Jahr 1975 bahnte Luxemburg, verspätet, einen Anwerbevertrag mit Tunesien an, der allerdings keine Wirksamkeit mehr erlangte; vgl. Ghemmaz, Des portugais en Europe du Nord, S. 147.

464 Accord entre le gouvernement de la République Française et le gouvernement de la République Algérienne Démocratique et Populaire relatif à la circulation, à l'emploi et au séjour en France des ressortissants algériens et de leurs familles, hier aus: Ministère des Affaires Étrangères de la République Française, Archives Diplomatiques, Base Pacte, http://www.doc.diplomatie.gouv.fr. Vor dem Anwerbestopp hatte Algerien jedoch bereits Ende 1973 die Auswanderung nach Frankreich ausgesetzt.

Seinen einzigen regulären Anwerbevertrag schloss Algerien am 8. Januar 1970 mit Belgien ab. Der Vertrag glich fast genau der sechs Monate zuvor zwischen Belgien und Tunesien getroffenen Vereinbarung. Nur vier signifikante Unterschiede zwischen beiden sind erkennbar. Erstens machte das Sozialversicherungsabkommen, das bereits am 27. Februar 1968 zwischen Belgien und Algerien zustande gekommen war, im Vertrag detaillierte Regelungen über die sozialrechtliche Gleichstellung überflüssig. Zweitens brachte Algerien eine Zusatzbestimmung ein, die algerischen Migranten im Falle einer rechtmäßigen Vertragsauflösung vor dem Ende des ersten Arbeitsvertrages die Repatriierung auf eigenen Wunsch zusicherte, ohne dass ihnen dabei Kosten entstanden. Drittens kehrte Belgien bei diesem Abkommen wie auch beim folgenden mit Jugoslawien zur Festsetzung von 12 Monaten Höchstlaufzeit für das erste Arbeitsverhältnis zurück.[465] Viertens verzichtete man auf eine Vereinbarung zur beruflichen Qualifikation algerischer Arbeitnehmer in Belgien. Eine deutliche Parallele zwischen den Migrationsbeziehungen Belgiens zu Tunesien und Algerien bestand schließlich in deren geringem quantitativem Niveau. Als 1968 das Sozialversicherungsabkommen zwischen Belgien und Algerien zustande kam, hielten sich etwa 1.700 Algerier legal in Belgien auf. Bis 1977 wuchs ihre Zahl lediglich auf 9.678. Damit muss auch dieser Wanderungsvertrag und die auf seiner Basis verlaufende Arbeitsmigration zu den Marginalien des europäischen Migrationssystems gerechnet werden. Struktur und Wirkung der beiden Wanderungsabkommen des Landes separieren Algerien deutlich von den übrigen Auswanderungsländern. Die Arbeitsmigration besaß zwar eine vergleichbare politische und ökonomische Funktion und ähnliche quantitative und strukturelle Dimensionen. Ihre institutionelle Grundlage indes unterschied sich von der Mehrzahl der Wanderungsbeziehungen des europäischen Migrationssystems.

3.5. Zusammenfassung

Kapitel 3 hat sich auf zwei Aspekte der Institutionalisierung regulierter Migrationsbeziehungen konzentriert. Erstens auf das Entstehen und die Entwicklung des bilateralen Wanderungsvertrages. Zweitens auf die Genese eines Netzwerkes solcher Abkommen, das die Staaten des europäischen (Arbeits-) Migrationssystems miteinander direkt und indirekt verband, sie zu Partnern oder Konkurrenten machte.

Die vom historischen Einzelfall losgelöste Betrachtung derartiger Wanderungsverträge hat eine komplexe Matrix aus Reichweite, Inhalten und Funktionen offenbart. Ein Wanderungs- oder Anwerbeabkommen bezog sich im

465 Convention entre le Royaume de Belgique et la République Algérienne Démocratique et Populaire relative à l'emploi et au séjour des travailleurs algériens et de leurs familles, hier aus: Senat de Belgique, Documents législatifs, 563 (1974–1975) N. 1, S. 129–140.

Untersuchungszeitraum in der Regel auf alle vier Phasen eines Migrationsprozesses: die Mobilisierung, den Transfer, den Aufenthalt am Zielort und schließlich den Abschluss der Migration durch vollendete Einwanderung oder Rückkehr ins Herkunftsland. Es verband die rechtlichen und institutionellen Sphären zweier Staaten und ergänzte sie um spezifische Aspekte, die sich aus dem Phänomen Arbeitsmigration ergaben. Dabei integrierte ein Wanderungsvertrag die Vorstellungen der Arbeitsmarktparteien beider Staaten in einem Interessenausgleich, für dessen Zustandekommen die Vermittlung durch staatliche Akteure ebenso wichtig war wie deren normative Kompetenzen.

Ein Anwerbeabkommen fixiert damit in gewisser Hinsicht Regeln für die Organisation eines Prozesses, die aus nationalstaatlicher Perspektive auf zwei Grundlagen beruhen. Einerseits auf Bedürfnissen, die im nationalen Rahmen einen Kompromiss der beteiligten Akteure repräsentierten, und andererseits auf dem Ausgleich dieser Bedürfnisse, den die beteiligten Staaten als Repräsentanten nationaler Interessen auf internationaler Ebene aushandelten. Als dritte einwirkende Größe haben sich Einflüsse erwiesen, die im supranationalen Raum entstehen. Sie resultierten daraus, dass jeder bilaterale Wanderungsvertrag und die durch ihn regulierte Migrationsbeziehung in einem Umfeld komplexer internationaler Arbeitsmarktbeziehungen existierten. Die beiden Vektoren dieser Variablen bestanden zum einen, wie Kapitel 2 zeigen konnte, im Wettbewerb um Arbeitskräfte oder Arbeitsplätze zwischen verschiedenen Staaten, zum anderen in der Herausbildung von Standards, an denen sich die Organisation des zwischenstaatlichen Transfers von Arbeitskraft orientieren sollte.

Die Idee, transnationale Arbeitsmigration auf der Grundlage eines bestimmten Regelwerkes zu organisieren, hatte ihren Ursprung im 19. Jahrhundert. Sie entwickelte sich aus dem Spannungsfeld zwischen den ökonomischen Effekten der Hochindustrialisierung und der Herausbildung des Nationalstaates. Ihre Komponenten lassen sich wiederum den drei Arbeitsmarktparteien Staat, Arbeitnehmer und Arbeitgeber zuordnen. Die Staaten Europas mussten die Ab- oder Zuwanderung von Arbeitskräften zulassen, begannen aber zugleich, eine Kontrolle dieser grenzüberschreitenden Wanderungen zu realisieren und damit einen internationalen Dumpingwettbewerb auf nationalen Arbeitsmärkten einzuhegen, der die politische Stabilität gefährden konnte. Gleiches lag im Interesse der Arbeitnehmer, die ausländische Arbeitskräfte unter der Bedingung ihrer arbeits- und sozialrechtlichen Gleichbehandlung akzeptierten, was auch die Arbeitgeber als Preis dafür hinnahmen, dass auf dem internationalen Arbeitsmarkt eine größere Versorgungssicherheit mit Arbeitskräften zu niedrigeren Kosten entstand. Drei jedoch allen Partikularinteressen zugrunde liegende Elemente waren die Erkenntnis, dass protektionistische Isolation in der modernen Welt unmöglich geworden war, die Notwendigkeit, ökonomische Bedürfnisse zu befriedigen und der Anspruch, diesen Prozess unter Vermeidung bestimmter Konkurrenzphänomene zu bewältigen.

Die einzelnen Akteursgruppen formulierten ihre Interessen bis zum Beginn des 20. Jahrhunderts zunächst noch weitgehend voneinander isoliert. Obwohl es bereits einige Ansätze zu deren Integration gab, veränderte sich die Situation erst nach dem Ersten Weltkrieg grundlegend durch die Gründung der Internationalen Arbeitsorganisation als zentraler Plattform für die Weiterentwicklung der Idee von allgemeingültigen Migrationsstandards. Hinsichtlich der Definition eines Kanons solcher Standards, an denen die betroffenen Staaten ihre Migrationspolitik ausrichten sollten, war die Zwischenkriegszeit eine entscheidende Periode. Die ILO beschäftigte sich seit ihrer Gründung im Jahr 1919 fortwährend nicht nur mit Fragen der klassischen Aus- und Einwanderung, sondern auch mit Fragen der modernen Arbeitsmigration und reagierte damit auf das neue Phänomen. In den 1920er Jahren haben sich dabei zwei Schwerpunkte gezeigt. Die Beobachtung und Analyse von Migrationsbeziehungen und Wanderungsströmen und die Formulierung und Etablierung erster Standards. Nachdem zunächst einige begrenzte Vorhaben umgesetzt worden waren, darunter insbesondere Aspekte der Gleichbehandlung, gipfelte die Tätigkeit der ILO im Jahr 1939 in einer Übereinkunft und zwei Empfehlungen, die zum ersten Mal umfassende Vorschläge für die Gestaltung eines spezifischen Migrationskanals für den staatlich regulierten Transfer von Arbeitskräften unterbreiteten.

Für die Genese dieser Standards waren zwei Strömungen prägend. Zum einen die Umsetzung der Kerninteressen der Arbeitsmarktparteien, die in der ILO repräsentiert waren. Hierzu zählten die Gleichbehandlung, die selektive Anwerbung durch staatliche Stellen und die Überwachung der Vertragstreue. Zum anderen ergaben sich Wechselwirkungen zwischen der Migrationspolitik einzelner Staaten und der Herausbildung der Standards, denn während die ILO an ihren Projekten arbeitete, begann sich bereits – von Frankreich ausgehend – der Wanderungsvertrag als Instrument der Migrationspolitik zu verbreiten. Die ILO nahm daher Anregungen aus der Praxis auf und ergänzte diese durch die in ihren Gremien entwickelten Vorschläge zu Standards, die dann schon vor dem Zweiten Weltkrieg die Gestaltung zwischenstaatlicher Abkommen beeinflussten.

Ihren eigentlichen Abschluss fand die Ausprägung von Migrationsstandards, die sich auf das europäische Migrationssystem auswirken sollten, zwar erst mit der Neuauflage der Übereinkunft C66 und der sie ergänzenden Empfehlungen durch die Übereinkunft C97 und die Empfehlung R86 im Jahr 1949. Doch obwohl der Vergleich dieser Dokumente Veränderungen zeigt, die der Nachkriegssituation Rechnung trugen, bleibt festzuhalten, dass sich die Grundlinien des zwischenstaatlichen Wanderungsabkommens bereits in der Zwischenkriegszeit weitgehend herausgebildet hatten. Sowohl die Vorgaben der ILO als auch die Vertragspraxis der europäischen Staaten unterschied sich vor und nach dem Zweiten Weltkrieg nicht grundlegend.

Nach dem Zweiten Weltkrieg gelang es der ILO allerdings nicht mehr, als Akteur der europäischen Migrationspolitik Fuß zu fassen. Die Instrumente, die sie zwischen 1950 und 1975 in Bezug auf Arbeitsmigration vorlegte, besaßen für das europäische Migrationssystem nur noch untergeordnete Relevanz. Die in den ›International Labour Code‹ von 1951 eingegangenen Grundsätze der

ILO für die Gestaltung internationaler Arbeitsmigration aus den Jahren 1939 bzw. 1949 entwickelten sich jedoch zur international anerkannten Orientierungslinie. Über den gesamten Untersuchungszeitraum ist also ein hoher Grad an Übereinstimmung zwischen den Konzepten der ILO und der Vertragspraxis der europäischen Staaten festzustellen. In der Zwischenkriegszeit formierten sich beide Ebenen in einem dialektischen Prozess. Sogar während des Zweiten Weltkrieges wich das ›Dritte Reich‹ auf der normativen Ebenen nicht vollkommen von diesem säkularen Trend ab und in der Nachkriegszeit setzten sich die entstandenen inhaltlichen und formalen Muster flächendeckend durch.

Auf die normative Entwicklung gewannen nach 1945 in Europa mit dem Europarat, der OEEC und der EWG drei regionale supranationale Organisationen neben der ILO Einfluss. Ihre Bedeutung kann in drei Punkten zusammengefasst werden. Erstens handelte es sich um Organisationen, die im Vergleich zur ILO aus wenigen Staaten bestanden und in denen politisch klar die Industriestaaten dominierten. Ihre Migrationspolitik war daher in weit höherem Maße Interessenpolitik als diejenige der Internationalen Arbeitsorganisation. Zweitens gewannen die von diesen Organisationen im Untersuchungszeitraum eingeleiteten Schritte auf der normativen und der praktischen Ebene für die staatlich regulierte Arbeitsmigration nur wenig Bedeutung. Beim Europarat und der OEEC lag dies zum einen an dem bisweilen Jahrzehnte währenden Abstimmungsprozess, der zur Rechtswirksamkeit wichtiger Instrumente führte, als das Phänomen, das sie beeinflussen sollten, bereits bedeutungslos geworden war. Siebzehn Jahre vergingen beispielsweise zwischen dem Beginn der Ausarbeitung des ›Europäischen Übereinkommens über die Rechtsstellung der Wanderarbeitnehmer‹ des Europarates im Jahr 1966 und seinem Inkrafttreten in nur drei Mitgliedstaaten im Jahr 1983. Die EWG dagegen war vor allem ein Zusammenschluss von Industriestaaten, zwischen denen Arbeitsmigration, welche die unteren Segmente des Arbeitsmarktes betraf, nur in sehr bescheidenem Umfang existierte. Einzig für die Migrationsbeziehungen Italiens, das zwischen 1957 und 1968 schrittweise in den Binnenarbeitsmarkt der EWG integriert wurde, brachte diese Entwicklung eine dramatische Verbesserung seiner Position mit sich. Drittens hat sich aber auch gezeigt, dass diese drei Organisationen in der Nachkriegszeit zu wichtigen Transmissionsriemen für die Verbreitung der Standards der ILO wurden. Denn obwohl zur Wahrung der Interessen der Industriestaaten deren Vorgaben vielfach eingeschränkt und aufgeweicht wurden, orientierten sie sich an deren Empfehlungen und Konventionen. Bezogen sich europäische Staaten in ihren Verträgen auf die EWG oder die OEEC, so verwiesen sie indirekt inhaltlich auf die Arbeit der ILO.

Die Standards für die Gestaltung von Arbeitsmigration, die sich in diesem Prozess herauskristallisierten, umfassten in den Richtlinien der Internationalen Arbeitsorganisation von 1949 folgende Punkte: Zwei Staaten, die Migrationsbeziehungen aufnahmen, sollten Mechanismen für einen umfassenden Informationsaustausch über nationale migrationspolitische Normen und Entscheidungen sowie über ihren Bedarf bzw. ihr Angebot an Arbeitskräften installieren. Ihre Informations- und Beratungspflicht erstreckte sich ferner auch auf die Migranten selbst, deren Migration und Eingewöhnung im Zielland nach Kräften unterstützt werden sollte. Die Anwerbung von Arbeitskräften hatte durch oder unter Aufsicht der Behörden der beiden beteiligten Staaten zu erfolgen und beinhaltete sowohl eine Auswahl nach Qualifikation wie eine Selektion nach medizinischen Kriterien. Letztere waren ebenfalls durch die ILO im Detail vorgegeben. Außerdem galt für die Zulassung ausländischer Arbeitnehmer ein Inländerpimat. Entschied sich ein Staat jedoch für die Anwerbung bzw. Zulassung ausländischer Arbeitnehmer, so waren für sie die Gleichbehandlung mit den inländischen Arbeitnehmern in arbeits- und sozialrechtlichen Fragen und der gleichberechtigte Zugang zu den Arbeitsmarktinstitutionen vorgesehen. Die Festlegung des Aufenthaltsstatus der Migranten und der Grad seiner Beschränkung blieben zwar im Grunde den beteiligten Staaten überlassen. Aber auch in diesem Punkt regte die ILO Regelungen an, welche die Migranten hinsichtlich ihres Aufenthalts und gegebenenfalls auch des Familiennachzuges vor einer willkürlichen bzw. sie völlig ökonomisierenden Behandlung im Zielland schützen sollten. Gleiches galt für die Lohnüberweisungen ins Herkunftsland. Ein wichtiges Instrument zur Absicherung dieser Bedingungen war die Nutzung eines Musterarbeitsvertrages, den nicht die Vertragsparteien, sondern die beteiligten Staaten untereinander aushandelten und überwachten. Die Verankerung des temporären Charakters moderner Arbeitsmigration schlug sich gleichfalls in den Vorgaben der ILO nieder, die ab 1949 erste Regelungen für die Organisation der Heimkehr ausländischer Arbeitnehmer umfassten. Größere Wanderungsbewegungen, die dem Transfer von Arbeitskraft dienten, sollten nach den Vorstellungen der Internationalen Arbeitsorganisation schließlich durch zwischenstaatliche Wanderungsabkommen begleitet werden, die nicht zuletzt den Regulierungsbedarf abdecken sollten, der sich aus der Durchsetzung dieser Standards ergab.

Neben den länderspezifischen migrationspolitischen Präferenzen und dem Wettbewerb um Arbeitskräfte auf dem internationalen Arbeitsmarkt ist damit der dritte Faktor beschrieben, der den normativen Rahmen transnationaler Arbeitsmigration in Europa beeinflusst hat: die Formulierung und Verbreitung von Standards für die Gestaltung von Migrationsbeziehungen auf supranationaler Ebene. Darüber hinaus ist die Verankerung des bilateralen Wanderungsabkommens als Instrument zur Fixierung solcher Standards in einzelnen Migrationsbeziehungen als Teil dieses Mechanismus deutlich geworden.

Der erste moderne Wanderungsvertrag zur Organisation von Arbeitsmigration war der französisch-polnische aus dem Jahr 1919. Da dieser Vertrag zustande kam, bevor die Internationale Arbeitsorganisation Wanderungsabkommen zur Absicherung von Migrationsbedingungen einzufordern begann, lassen sich durch einen Blick auf die völkerrechtliche Dimension internationaler Migration im 19. Jahrhundert in Kapitel 3.3 Vorläufer und Wurzeln dieses Instruments herausarbeiten. Zwei Befunde dieser Betrachtung sind als Ergebnis festzuhalten. Eine seit dem Beginn des 19. Jahrhunderts stetig zunehmende Dichte des Vertragsnetzes, mit dessen Hilfe Staaten internationale Migrationsbewegungen regulierten. Insbesondere die Zahl der Verträge, die unter Beteiligung derjenigen Staaten zustande kam, die später das europäische System der Arbeitsmigration konstituierten, wuchs exponentiell. Teil dieses Prozesses war die ständige Anpassung der Vertragstypen an die jeweils vorherrschenden oder neuen Formen der Wanderung bzw. an Veränderungen des institutionellen Umfeldes. Ein entscheidender Faktor hierbei war das Entstehen des Nationalstaates mit seinen Souveränitäts- und Kontrollansprüchen, ein anderer der ständige Wandel der Migrationen selbst. Standen zunächst klassische Auswanderungsprozesse im Vordergrund, so dominierte am Ende des Jahrhunderts die Verfassung internationaler Arbeitsmarktbeziehungen ähnlich weit entwickelter, meist benachbarter Staaten innerhalb Europas. Dann erst begann um die Wende zum 20. Jahrhundert die Entwicklung von Vorformen der späteren Wanderungs- bzw. Anwerbeverträge.

Dies verweist auf den zweiten wichtigen Befund. Die Suche nach den Wurzeln des modernen Wanderungsvertrages hat drei Entwicklungslinien erkennbar gemacht: erstens die zwischenstaatliche Regelung von Arbeitsmigration im kolonialen Kontext und zweitens die französisch-italienischen Migrationsbeziehungen. Letztere erhielten als erste Migrationsbeziehung zwischen zwei europäischen Staaten ab 1904 einen institutionellen Rahmen, der eine Reihe bilateraler Abkommen umfasste. Drittens haben bilaterale Verträge ebenso wie die später in solchen Abkommen fixierten Modalitäten der staatlich regulierten bzw. organisierten Anwerbung von Arbeitskräften während des Ersten Weltkrieges für die Kriegswirtschaft Frankreichs sowohl hinsichtlich der Arbeitsmigration aus seinen Kolonien als auch aus europäischen Staaten eine wichtige Rolle gespielt. Frankreich prägte demnach diese Vorstufen, übte nach dem Ersten Weltkrieg in der ILO großen Einfluss aus und wurde in der Zwischenkriegszeit zeitweise zum wichtigsten Einwanderungsland und Importeur von Arbeitskräften. Darüber hinaus begann Frankreich nicht nur als erstes europäisches Land mit dem Aufbau von Migrationsbeziehungen auf der Grundlage bilateraler Verträge, sondern besaß auch das dichteste Netz solcher Wanderungsbeziehungen. Frankreich muss daher als der entscheidende einzelstaatliche Akteur für die Einführung und die Verbreitung dieses neuen Instruments der Migrationssteuerung gewertet werden.

Eine Übersicht über die Ausbreitung des Wanderungsvertrages zwischen 1919 und 1970 hat ebenfalls eine Reihe interessanter Entwicklungen offenbart, welche die zunehmende Relevanz dieses Instruments im Untersuchungszeitraum unterstreichen. Über die gesamte Zwischenkriegszeit wuchs die Zahl der Wanderungsabkommen zur Regulierung von Arbeitsmigration in Europa. Allein von 1919 bis 1934 – bis die Weltwirtschaftskrise alle betrachteten Staaten erfasst hatte und diese Bewegung stoppte – kamen zwischen den Kernstaaten des europäischen Migrationssystems 13 Wanderungsverträge bzw. Folgeverträge zustande. Unter Berücksichtigung der osteuropäischen Staaten, die nur zeitweise zur Peripherie des Migrationssystems gehörten, stieg diese Zahl bereits auf 24 Abkommen. In den letzten Vorkriegs- und Kriegsjahren bediente sich dann allein das ›Dritte Reich‹ einer Reihe von

Wanderungsabkommen. Unter Einbeziehung der Folgeverträge können insgesamt 16 zwischenstaatliche Vereinbarungen zwischen 1937 und 1943 gezählt werden. Das neue Instrument fand also in einer ersten Phase, die bis in die Weltwirtschaftskrise hineinreichte, schnelle Verbreitung in Europa. In einer zweiten Phase hielt dann Deutschland erst zur Kriegsvorbereitung, dann sogar im Rahmen des ›Arbeitseinsatzes‹ an dem inzwischen international anerkannten Wanderungsvertrag zur Absicherung bestimmter Migrationsbeziehungen fest.

Nach 1945 setzte sich auf der internationalen Ebene die durch Weltwirtschaftskrise und Weltkrieg unterbrochene Entwicklung fort. Zwischen 1946 und 1949 entstanden die ersten neun neuen Wanderungsverträge bzw. Folgeabkommen. In den 1950er Jahren sank die Zahl der Neuabschlüsse bzw. Novellierungen leicht auf nur fünf ab. Die 1960er Jahre, in denen insgesamt 38 Wanderungsabkommen zwischen den Kernstaaten des europäischen Migrationssystems zustande kamen, markierten dann den Höhepunkt der Entwicklung. 1964 wurde zu dem Jahr des Untersuchungszeitraumes, in dem mit acht Verträgen die größte Zahl von Anwerbeabkommen unterzeichnet wurde. Nicht weniger dynamisch verlief die Entwicklung zu Beginn der 1970er Jahre. Allein 1970 kamen sechs, im Jahr darauf zwei weitere Anwerbeverträge neu hinzu. Dann unterbrach der Anwerbestopp nicht nur die Ausbreitung des bilateralen Wanderungsvertrages für einige Jahre, sondern führte auch dazu, dass die bestehenden Abkommen durch Auslaufen ihre Gültigkeit nach und nach verloren.

Das Netz aus Migrationsbeziehungen, das durch diese Wanderungsverträge entstand, expandierte in der Zwischenkriegszeit nur mit Ausläufern nach Südeuropa, vor allem aber in Richtung Mittel- und Osteuropa. Zu diesem Zeitpunkt hatten bereits alle Anwerbestaaten der Nachkriegszeit bis auf Schweden und die Niederlande mindestens einen Wanderungsvertrag abgeschlossen oder angestrebt. Nach dem Zweiten Weltkrieg verlagerten sich die Schwerpunkte dann aus politischen Gründen deutlich in Richtung Süd- und Südosteuropa. Dieser Expansionsprozess verlief auf drei Ebenen. Erstens verdichteten sich, sobald ein Anwerbestaat mit einem Entsendestaat ein Abkommen geschlossen hatte, die vertraglich basierten Migrationsbeziehungen des Entsendestaates, da bereits bestehende Wanderungsbeziehungen zu anderen Staaten nun ebenfalls ein solches Fundament erhielten und neu hinzukommende Arbeitsmarktbeziehungen sich diesem Niveau anpassen mussten. Zweitens lässt sich beobachten, dass neue Staaten mithilfe von Wanderungsverträgen an das Migrationssystem Anschluss fanden, sobald die Migrationsbeziehungen zwischen den zuvor zum System gehörenden Staaten eine gewisse Dichte erreicht, also die Konkurrenz auf den Arbeitsmärkten der Entsendestaaten entsprechend zugenommen hatte. Danach tendierten die Migrationsbeziehungen dieses neu hinzu kommenden Anbieters der ersten Beobachtung entsprechend. Daraus ergab sich drittens, dass die Zahl der durch Wanderungsverträge verfassten Migrationsbeziehungen der Anwerbestaaten ebenfalls ständig stieg. Das Ineinandergreifen dieser Mechanismen ist insbesondere in der Zeit nach 1945 deutlich zu erkennen, wobei sich die expansive und die verdichtende Bewegung überlagerten. Die Phase geographischen Wachstums erstreckte sich über zwei Jahrzehnte von 1946 bis 1966. Zwischen 1946 und 1954, dem Jahr, in dem Griechenland als Entsendestaat integriert wurde, konzentrieren sich jedoch alle Wanderungsverträge in einer ersten Verdichtungsbewegung auf Italien. Nach Griechenland wurden dann schnell Spanien (1960), die Türkei (1961), Marokko und Portugal (1963), Algerien (1964), Jugoslawien (1965) und Tunesien (1966) eingebunden. Die Verdichtungsbewegung reichte indes bis 1971, da zwischen 1966 und 1971 nur noch Anwerbeabkommen zwischen den bereits zum System gehörenden Staaten zustande kamen. Zwischen 1960 und 1966 überlagerten sich beide Effekte, sodass der Institutionalisierungsprozess seine intensivste Phase durchlief. Mit 31 der 59 nach 1945 bei dieser Analyse berücksichtigten Verträgen kam in diesen sechs Jahren mehr als die Hälfte aller Wanderungsabkommen des Migrationssystems zustande.

Im Jahr 1971, als der Ausbau der institutionellen Strukturen ein Ende gefunden hatte, waren unter den Anwerbestaaten Deutschland und Frankreich mit je 13 Wanderungsverträgen bzw. Folgeverträgen die am besten vernetzten Länder, Frankreich besaß durch seine besondere Beziehung zu Algerien insgesamt neun, Deutschland acht Migrationspartner innerhalb des Systems. Es folgten die Niederlande mit ebenfalls acht, dann Belgien mit sieben, Luxemburg und Österreich mit je vier, Schweden mit drei und die Schweiz mit nur zwei Vertragspartnern. Tendenziell besaßen also die kleineren Volkswirtschaften Westeuropas, deren Arbeitskräftebedarf quantitativ geringer war, auch weniger derart verfasste internationale Arbeitsmarktbeziehungen.

Bei den Arbeitsmarktstrategien der Anwerbestaaten sind also gewisse Muster erkennbar. Kleine Volkswirtschaften wiesen, auch wenn sie ein hohes Arbeitskraftdefizit aufwiesen, absolut nur einen vergleichsweise kleinen Bedarf an ausländischen Arbeitskräften auf. Sie konnten sich daher auf eine niedrigere Zahl an Migrationspartnern stützen, wenn diese Arbeitsmarktbeziehungen auf weit entwickelten Migrationsbeziehungen beruhten. Die Schweiz unterhielt derartige Beziehungen zu Italien, ebenso Luxemburg, Schweden fand in Finnland den größten Teil der benötigten Arbeitskräfte. Mittlere Volkswirtschaften, die über keine gewachsenen Migrationsbeziehungen verfügten, mussten ihre Arbeitsmarktbeziehungen bereits weiter ausdifferenzieren. Dabei konnten sie auf einen Migrationspartner stoßen, der zu einer Hauptquelle für die nachgefragten Arbeitskräfte wurde. Zwischen Österreich und Jugoslawien entstand eine solche Migrationsbeziehung. Anderenfalls blieb nur, wie im Fall der Niederlande oder Belgiens, eine Ausweitung der Arbeitsmarktbeziehungen, bis eine Nachfragedeckung gewährleistet war. Die großen Volkswirtschaften wie Deutschland und Frankreich konnten ihren immensen Zuwanderungsbedarf nur befriedigen, wenn sie eine möglichst große Zahl von Migrationspartnern an sich banden. Auch Migrationsbeziehungen, die praktisch eine Monopolisierung der Migrationsströme eines Entsendelandes erlaubten, wie die Portugals und Algeriens zu Frankreich oder der Türkei und Griechenlands zu Deutschland, machten den ständigen Ausbau der Arbeitsmarktbeziehungen für beide Länder nicht obsolet.

Auf Seiten der Abwanderungsländer unterhielt Italien als einziges Land vertragsbasierte Wanderungsbeziehungen zu allen westeuropäischen Industriestaaten und schloss zwischen 1945 und 1971 insgesamt 16 Abkommen mit dieser Staatengruppe. Jugoslawien (7), Spanien (6) und die Türkei (6) bildeten vor Griechenland, Marokko, Tunesien und Portugal mit je vier Migrationspartnern sowie Algerien, das neben Frankreich nur noch Belgien als Vertragspartner aufweisen konnte, ein Mittelfeld.[466] Kapitel 2 hat jedoch gezeigt, dass nicht alle diese Migrationsbeziehungen für die Entsendeländer den gleichen Stellenwert einnahmen. Nur aus den Arbeitsmarktbeziehungen Italiens resultierte eine wichtige Rolle italienischer Arbeitskräfte in allen Anwerbestaaten. Für Jugoslawien waren trotz der Vielzahl seiner Anwerbeverträge vor allem Deutschland und Österreich die wichtigsten Migrationspartner, für Spanien Frankreich ebenso wie für Portugal und die nordafrikanischen Staaten und für Griechenland und die Türkei die Bundesrepublik Deutschland. Für die Entsendestaaten und für die Aufnahmestaaten können institutionalisierte Migrationskanäle also zunächst eine Chance, eine Option auf die Realisierung der auf diese Weise angebahnten Arbeitsmarktbeziehungen sein, die letztlich von einer Vielzahl weiterer Faktoren abhing.

Die beiden letzten Abschnitte von Kapitel 3.4 haben abschließend alle Anwerbeverträge, die von den Kernstaaten des Migrationssystems zwischen 1919 und 1971 untereinander zustande gekommen sind, sowie einige Abkommen mit Drittstaaten einer inhaltlichen Analyse unterzogen. Die Entwicklung des von Frankreich geprägten Teils der Vertragslandschaft in der Zwischenkriegszeit verdeutlicht seine überragende Bedeutung als Vorreiter der Ausarbeitung und Verbreitung des bilateralen Wanderungsabkommens in Europa. Frankreich wandte das neue Instrument konsequent bei der Erschließung ausländischer Arbeitsmärkte an. Bis 1940 kamen mit allen Migrationspartnern der Nachkriegszeit mit Ausnahme der Türkei sowie der französischen Kolonien in Nordafrika Anwerbeabkommen zustande. Fünf weitere Wanderungsverträge regelten die Migrationsbeziehungen zu Österreich, Rumänien, Ungarn sowie der Tschechoslowakei. Diese Wanderungsabkommen beinhalteten – wenn auch abgestuft nach der Bedeutung des jeweiligen Landes als Migrationspartner Frankreichs – bereits wichtige Elemente, die auch die ILO in den Kanon ihrer Migrationsstandards aufnahm. Darunter fielen die Gleichbehandlung, die staatliche Aufsicht über die Anwerbung bzw. den Wanderungsprozess, die Einführung einer obligatorischen medizinischen Untersuchung potentieller Migranten, die Abhängigkeit der Ausländerbeschäftigung von der Arbeitsmarktlage, ein begrenzter Schutz der Migranten vor Ausbeutung und Willkür, die Einführung gemischter Kommissionen aus Vertretern beider Vertragsstaaten für die periodische Evaluation des Migrationsprozesses und die Nutzung von Musterverträgen. Der Transfer der französischen Form des Wande-

466 Siehe dazu auch Tabelle 1 und Tabelle 2 im Anhang.

rungsvertrages auf die internationale Ebene über ihre Vorbildfunktion für die Überlegungen der Internationalen Arbeitsorganisation war demnach ein Weg, auf dem sich diese Art der Institutionalisierung von Migrationsbeziehungen zu verbreiten begann. Ein anderer war die direkte Übernahme französischer Vertragselemente durch weitere Staaten, da bis 1939 noch keine vollständige Vorlage von Seiten der ILO existierte. Die Ergebnisse dieses Prozesses waren bis zum Zweiten Weltkrieg jedoch höchst unterschiedlich.

Zunächst entwickelte sich Anfang der 1920er Jahre, von Deutschland ausgehend, eine alternative Richtung der vertraglichen Gestaltung von Migrationsbeziehungen, die dem Transfer von Arbeitskraft dienten. Die Mehrzahl der deutschen Anwerbeverträge der Zwischenkriegszeit orientierte sich an den Bedürfnissen Deutschlands und regelte praktische Fragen vor allem unter dieser Prämisse. Jegliche Überwachung des Migrationsprozesses unter Beteiligung von Vertretern des Entsendelandes war aus deutscher Perspektive ebenso wenig denkbar wie die Verankerung von Schutzvorschriften oder Beschwerderechten für die nach Deutschland kommenden ausländischen Arbeitnehmer. Den Abschluss von Wanderungsabkommen mit Italien, das an seine Migrationsbeziehungen den Maßstab seiner Abkommen mit Frankreich anlegte, lehnte Deutschland schlichtweg ab, obwohl Italien zu seinen wichtigsten Migrationspartnern zählte. Gleichwohl war in den Bereichen, in denen sich die Interessen beider Seiten überschnitten, also etwa bei der Gleichbehandlung, die in Musterarbeitsverträgen verankert wurde, eine gewisse Modernisierungstendenz erkennbar. Einen Nachahmer fand die Weimarer Republik in Österreich, dessen Wanderungsverträge in der Zwischenkriegszeit ähnlichen Mustern folgten.

Dennoch blieb auch Deutschland nicht gänzlich unberührt von der Entwicklung der neuen Migrationsinstitution. Denn als 1927 ein erster regulärer Wanderungsvertrag mit Polen zustande kam, wich man zwar nicht vollkommen von den eigenen Traditionen ab. Das Dreiecksverhältnis zwischen Polen, Frankreich und Deutschland erforderte jedoch Zugeständnisse. Deutschland war mit der Wiedervereinigung Polens nach dem Ersten Weltkrieg in eine schwierige Situation im Spannungsfeld zwischen politischer Lage und eigenen Arbeitsmarktbedürfnissen geraten. Zugleich drängte Frankreich mit Macht auf den polnischen Arbeitsmarkt. Das französisch-polnische Anwerbeabkommen von 1919 wurde zur Grundlage einer massiven Arbeitskräftewerbung durch französische Arbeitgeberverbände in Polen. Deutschland seinerseits sah sich durch die französische Konkurrenz aus seiner vor dem Krieg fast monopolartigen Stellung auf dem polnischen Arbeitsmarkt verdrängt. Die Zahl der in Frankreich arbeitenden Polen verzehnfachte sich innerhalb weniger Jahre auf über eine halbe Million, und Frankreich löste Deutschland als wichtigstes Wanderungsziel polnischer Arbeitskräfte ab. Angesichts dieser Alternative war Polen nicht darauf angewiesen, die Störung der deutsch-polnischen Arbeitsmarktbeziehungen unter Hinnahme nachteiliger Bedingungen zu beseitigen. Mit dem Ende der Rekonstruktionsphase in Frankreich und der Konjunkturabschwächung in der zweiten Hälfte der 1920er Jahre ging Frankreich ab 1926 jedoch zu einer restriktiven Zulassungspolitik gegenüber polnischen Arbeitskräften über. Dadurch geriet Polen zusehends unter Druck, die Frage der Arbeitsmarktbeziehungen zur Weimarer Republik zu klären, um angesichts der eigenen zunehmend prekären wirtschaftlichen Entwicklung alternative Entlastungsventile für den Arbeitsmarkt zu finden. Der deutsch-polnische Vertrag von 1927 reflektierte den Druck, unter den beide Seiten geraten waren. Er ermöglichte es Polen, im Rahmen einer Kontingentvereinbarung Arbeitskräfte nach Deutschland zu entsenden und so den eigenen Arbeitsmarkt zu entlasten. Gleichzeitig war es Deutschland erstmals gestattet, eigene Anwerbekommissionen nach Polen zu entsenden, die dort allerdings unter staatlicher Aufsicht agierten. Damit war es Polen gelungen, den Migrationsprozess auf seiner Seite einer systematischen Regulierung zu unterwerfen. Ferner ermöglichten es die nun jährlich stattfindenden deutsch-polnischen Konsultationen, die in erster Linie der Vorbereitung der jeweils nächsten Anwerbekampagne dienten, der polnischen Seite, durch Vorschläge und Beschwerden Einfluss auf die Gestaltung des Migrationsprozesses zu nehmen. Diese zumindest in Ansätzen erkennbare Veränderung der deutschen Praxis in Richtung der von Frankreich geprägten internationalen Gepflogenheiten war zugleich die erste Situation, in der die Konkurrenz zweier Anwerbestaaten auf dem Arbeitsmarkt eines Entsendelandes den institutionellen Rahmen der Arbeitsmigration beeinflusst hat.

Aus ganz anderen Gründen hielt das nationalsozialistische Deutschland an der Verwendung bilateraler Wanderungsabkommen fest, als es seinen Arbeitsmarkt ab 1937 wieder für ausländische Arbeitnehmer öffnete. Zwar konnte Italien bis in die ersten Kriegsjahre hinein seine starke Stellung als Verbündeter und wichtigster Migrationspartner des ›Dritten Reiches‹ nutzen, um die Migrationsbedingungen der Italiener vertraglich durchaus in seinem Sinne zu fixieren. Während des Zweiten Weltkrieges müssen die Wanderungsabkommen im deutschen Machtbereich jedoch unter zwei Gesichtspunkten bewertet werden. Man setzte ein in seinen Formen international anerkanntes Instrument im Verhältnis zu den pro forma selbstständigen staatlichen Gebilden unter deutscher Herrschaft ein, um die Fassade einer gewissen Normalität zu wahren. Diese Art der der Beschaffung von Arbeitskräften reduzierte zudem für einige Jahre Aufwand und Kosten der Arbeitskräftebeschaffung für den deutschen ›Arbeitseinsatz‹. Schließlich muss deutlich zwischen der normativen Gestaltung und der realen Ausprägung solcher Migrationsbeziehungen unterschieden werden, die sich im Kriegsverlauf den Bedingungen der Zwangsarbeit annäherten. In längerer zeitlicher Perspektive bildete die Nutzung von Wanderungsverträgen durch das ›Dritte Reich‹ jedoch eine wichtige institutionelle Brücke zwischen der Vor- und der Nachkriegszeit.

Auch andere Staaten schlossen sich in der Zwischenkriegszeit der neuen Strömung eher zögerlich an. Die Schweiz verweigerte sich gar einer Modernisierung ihrer Migrationsbeziehungen und verschärfte 1934 im Zuge ihrer wanderungsfeindlichen Politik die Zulassungs- und Aufenthaltsbedingungen für italienische Arbeitsmigranten. Auch Luxemburg konnte sich noch nicht für eine moderne Verfassung seiner Arbeitsmarktbeziehungen zu Italien entschließen, als die italienische Regierung im Jahr 1920 einen Wanderungsvertrag nach französisch-italienischem Vorbild anbahnen wollte. Belgien schließlich machte Zugeständnisse von der Bedeutung einzelner Migrationsbeziehungen abhängig, freilich ohne in der Zwischenkriegszeit auch nur einen vollwertigen Wanderungsvertrag zu unterzeichnen. Im Verhältnis zu Italien regelte aber zumindest ein Verwaltungsabkommen grundsätzliche Fragen der Arbeitsmigration in dieser für Belgien wichtigsten Wanderungsbeziehung. Dem polnischen Drängen auf einen Anwerbevertrag nach französisch-polnischem Muster gab man, im Unterschied zu Brasilien, das eine Anlehnung des Wanderungsabkommens mit Polen am polnisch-französischen Vertrag akzeptierte, jedoch nicht nach.

Für die Verbreitung moderner Wanderungsabkommen lassen sich also verschiedene Szenarien erkennen. In den meisten Migrationsbeziehungen der Zwischenkriegszeit lag die Gestaltungshoheit noch deutlich auf der Seite der Zuwanderungsländer. Frankreich und die Weimarer Republik waren die hervorstechenden Akteure einer aktiven und vertragsbasierten Arbeitsmigrationspolitik, verfolgten dabei allerdings unterschiedliche Ansätze. Der Einfluss der jeweiligen Migrationspartner auf den Verzicht oder das Zustandekommen von Wanderungsabkommen und deren Gestaltung hing von Interessenkonkurrenz ab oder korrelierte direkt mit der Machtverteilung innerhalb einer Migrationsbeziehung. Die Herausbildung von Migrationsstandards und deren Kodifizierung durch die ILO hatte bereits eingesetzt, und Beispiele für die Gestaltung moderner Migrationsbeziehungen lassen sich durchaus aufzeigen. Der moderne Wanderungsvertrag avancierte jedoch noch nicht zu einer conditio sine qua non der Arbeitsmigration innerhalb des europäischen Migrationssystems.

Als unmittelbar nach dem Ende des Zweiten Weltkrieges in Europa einzelne Staaten mit der Rekonstruktion ihrer internationalen Arbeitsmarktbeziehungen begannen, hatten bilaterale Wanderungsverträge als deren Grundlage stark an Relevanz gewonnen. Ausschlaggebend hierfür waren die Entwicklungen der Zwischenkriegszeit auf bilateraler Ebene. Frankreich gehörte zu den ersten Ländern, die ihre Migrationsbeziehungen nach 1945 erneuerten, und basierte diese konsequent auf entsprechenden völkerrechtlichen Instrumenten. Damit hatte ein wichtiger Akteur des europäischen Migrationsgeschehens zu Beginn der Nachkriegsentwicklung einen hohen nationalen Standard gesetzt. Zudem lagen nun in den Empfehlungen und Übereinkommen der ILO-Orientierungslinien für die Organisation des zwischenstaatlichen Transfers von Arbeitskraft vor, und die Zahl der sie ratifizierenden Staaten wuchs. Auch entstanden nach 1945 in Europa supranationale Organisationen, zu deren Ziel die Regulierung transnationaler Arbeitsmigration zählte. Unerwartet nahm nun der Wettbewerb um Arbeitskräfte schneller zu als je zuvor. Dies trug schließlich maßgeblich zur rapiden Ausbreitung von Wanderungsverträgen bei, denen sich immer weniger Staaten verschließen konnten, auch wenn sie nicht zu denjenigen Ländern gehörten, welche die entsprechenden Konventionen der ILO formal anerkannten.

Inwieweit nun haben nationale Präferenzen und internationale Standards die Ausprägung von Wanderungsverträgen beeinflusst und wie stark haben diese sich durch die Konkurrenz der Anwerbestaaten auf dem internationalen Arbeitsmarkt verändert? Die Analyse der wichtigsten Anwerbeabkommen bzw. ihrer Folgeverträge zwischen den Kernstaaten des europäischen Migrationssystems aus dem Zeitraum zwischen 1946 und 1971 in Kapitel 3.4.3 hat gezeigt, dass sich ein Set bestimmter Standardbestimmungen bzw. -elemente in den Anwerbeabkommen schnell durchgesetzt hat. Die überwiegende Mehrzahl der Verträge sah den von der ILO geforderten Informationsaustausch über Migrations- und Arbeitsmarktbedingungen sowie konkrete Stellenangebote und mögliche Bewerber um diese Stellen vor. Die Anwerbung und die Organisation der Migration hatten ausnahmslos direkt durch staatliche Stellen oder zumindest unter deren Aufsicht zu erfolgen. Die Gleichstellung der ausländischen mit den inländischen Arbeitskräften war in jedem Vertrag grundsätzlich vorgesehen, ebenso beinhalteten die Abkommen Regelungen über den Aufenthaltsstatus und Arbeitsbedingungen ausländischer Arbeitnehmer, den Lohntransfer, die Verteilung der durch Anwerbung und Transfer entstehenden Kosten, eine Überwachung und Evaluation der Anwerbung, medizinische und berufsbezogene Auswahluntersuchungen, die doppelte Selektion durch Entsende- und Anwerbestaat, die Modalitäten der anonymen Anwerbung bzw. der namentlichen Anforderung sowie gegebenenfalls die Möglichkeiten zur Nutzung anderer Migrationskanäle.

Die Liste dieser standardmäßig zu regelnden Elemente eines Migrationsprozesses steckte auf zwei Ebenen einen Gestaltungskorridor ab. Er gab vor, welche Aspekte von Arbeitsmigration unter der Beachtung vertraglich fixierter Bedingungen zu verlaufen hatten. Zugleich begrenzte sie die Spielräume für die Festlegung der einzelnen Variablen zwischen den Interessen der beteiligten Staaten, den marktüblichen Bedingungen und den idealtypischen Vorgaben der ILO.

Jedes Wanderungsabkommen reflektierte aber auch einen spezifischen Ausgleich der nationalen Präferenzen für die Gestaltung von Arbeitsmigration der beteiligten Staaten in einer Mischung, die von der jeweiligen Verhandlungsposition beider Partner abhing. Für jedes Land lassen sich aus der Summe seiner Anwerbeverträge die Grundlinien seiner Präferenzen destillieren. Da diese eng mit der bereits diskutierten migrationspolitischen Orientierung korrespondierten, werden an dieser Stelle lediglich drei zentrale Punkte exemplarisch hervorgehoben: die Verankerung des temporären Charakters von Arbeitsmigration, die Regelung des Familiennachzuges und der Grad der staatlichen Beteiligung bzw. Steuerung.

Im Hinblick auf temporäre Arbeitsmigration galt nach 1945 in Europa für die Abwanderungsländer, dass sie von einer durchaus mittelfristigen Migrationsperspektive ausgingen, die grundsätzlich jedoch zeitlich begrenzt bleiben sollte. Insofern fasste keiner der in Kapitel 2.2 diskutierten Staaten die Arbeitsmigration innerhalb des europäischen Migrationssystems primär als einen Auswanderungsprozess auf. Zugleich aber ergab sich aus der Abwanderung für die Entsendestaaten sehr viel weniger politisches und soziales Konfliktpotential. Im Gegenteil, da sich die ökonomischen Bedingungen, die für die Abwanderung ursächlich waren, kaum oder nur schleppend verbesserten, bestand in vielen Staaten sogar ein eher geringes Interesse an einer Rückwanderung. Ihre dahingehenden Vorstellungen verfolgten die Entsendestaaten durch Betreuungsmaßnahmen für ihre Staatsangehörigen im Ausland, die eine Bindung ans Mutterland konservieren sollten, oder durch gesonderte Reintegrationsprogramme für Heimkehrer. Da sich der größere Teil der Arbeitsmigration in Europa nach 1945 tatsächlich als temporäre Migration vollzog und sich die Entsendestaaten stets mit Remigration konfrontiert sahen, spielte die dauerhafte Auswanderung in ihren Überlegungen im Untersuchungszeitraum kaum eine Rolle. Auf Seiten der Anwerbestaaten lagen die Verhältnisse vollkommen anders. Kein Vertreter dieser Staatengruppe sah die Arbeitsmigration grundsätzlich als Einwanderungsprozess. Entsprechend beinhalteten alle Anwerbeabkommen der Nachkriegszeit in unterschiedlichen Formen Elemente zeitlicher Begrenztheit des Aufenthalts ausländischer Arbeiter auf dem eigenen Arbeitsmarkt.

Unter allen Wanderungsverträgen der Nachkriegszeit weisen einzig die beiden schwedischen Abkommen mit der Türkei und mit Jugoslawien keinerlei temporale oder konditionale Einschränkung des Aufenthalts von Arbeitsmigranten auf. Frankreich, das von der Arbeitsmigration Tore zu einer selektiven Einwanderung öffnete, verzichtete in der Mehrzahl seiner Wanderungsabkommen auf eine direkte zeitliche Begrenzung der Arbeitsmigration. Stattdessen wählte man den Weg über einen Katalog von Bedingungen, die eine Ausweisung des Migranten herbeiführen konnten, wenn sein Verbleib in Frankreich nicht erwünscht war. Dazu zählten beispielsweise der Verlust des Arbeitsplatzes, die Unfähigkeit, eine angebotene Arbeit zufriedenstellend zu erledigen, oder Konflikte mit dem Gesetz. Alle anderen Staaten führten grundsätzlich Genehmigungszyklen von meist einem Jahr Dauer ein, nach denen der Aufenthalt eines Arbeitsmigranten zur Disposition stand und nur dann verlängert wurde, wenn man ihn auf dem Arbeitsmarkt noch benötigte.

Die Präferenzen bei der Regelung des Familiennachzuges in den Wanderungsverträgen korrelierten allerdings nicht direkt mit einer strengen oder weniger strengen zeitlichen Begrenzung der Zuwanderung. Während das allgemeine Recht auf Ausreise aus ihren Heimatländern den Angehörigen von Arbeitsmigranten grundsätzlich die Übersiedlung ins Ausland möglich machte, lassen sich unter den Anwerbestaaten drei unterschiedliche Haltungen identifizieren. Frankreich, Schweden, Luxemburg und Belgien akzeptierten in ihren Wanderungsabkommen die großzügigsten Bestimmungen für die Zuwanderung von Familienangehörigen als Teil der Arbeitsmigration. Dies basierte wie im Fall Frankreichs bisweilen auf bevölkerungspolitischen Zielen oder geschah, etwa in Schweden, aus humanitären Erwägungen. In Belgien ging das Interesse am Familiennachzug ursprünglich auf das Interesse der Arbeitgeber zurück, die Fluktuation unter den ausländischen Bergleuten zu senken und sie für einen mehrjährigen Aufenthalt zu gewinnen. Deutschland, die Niederlande und Österreich dagegen standen dem Familiennachzug im Grunde negativ gegenüber und belegten ihn, wenn sie ihn in einen Wanderungsvertrag aufnahmen, mit weitaus schärferen Auflagen. Als Motive für dieses Vorgehen kommen die grundsätzliche Ablehnung von Einwanderung und der Versuch, Arbeitsmigration auf ihre rein ökonomischen Funktionen zu begrenzen, in Frage. Die Schweiz schließlich hat sich als dasjenige Land erwiesen, dass nicht nur seine Migrationsbeziehungen am wenigsten stark kodifiziert hat, sondern auch der Zuwanderung von Familien als Vorstufe eines Einwanderungsprozesses mit der deutlichsten Ablehnung gegenüberstand; eine Auswirkung des in der Schweiz schon seit dem Ersten Weltkrieg offen ausgetragenen Diskurses über die ›Überfremdung‹ des Landes durch die Einwanderung ausländischer Arbeitnehmer und ihrer Angehörigen.

Hinsichtlich des Grades der staatlichen Intervention in den Migrationsprozess ergeben sich ebenfalls heterogene Befunde, die jedoch einige Trends erkennen lassen. Die beidseitige staatliche Regulierung bzw. Aufsicht über die Arbeitsmarktbeziehungen realisierte jeder der analysierten Verträge. In allen Herkunftsländern war der Grad der staatlichen Kontrolle zumindest auf der normativen Ebene hoch. Ausnahmslos jeder Vertrag benannte entsprechende Behörden oder Instanzen und keiner ließ einen Spielraum für ein gänzlich selbstständiges Agieren der ausländischen Anwerbeorganisationen oder etwa die Übertragung der staatlichen Aufsicht an eine nicht-staatliche Stelle. Unter den Anwerbestaaten sahen indes nur Frankreich und Deutschland auch die Organisation der Anwerbung durch staatliche Stellen vor. Alle anderen behielten sich zwar die Option zur Entsendung staatlicher Rekrutierungskommissionen vor, daneben aber auch die Übertragung dieser Aufgabe an private Institutionen. Die Schweiz überließ die Anwerbung konsequent den Arbeitgebern und ihren Interessenverbänden, in den Niederlanden, Luxemburg, Schweden und Österreich überwog die regulierte, aber private Anwerbung in praktisch jeder Migrationsbeziehung.

Nationale Präferenzen und internationale Standards veränderten sich jedoch durch einen dritten Faktor: die Konkurrenz zwischen den Anwerbestaaten um Arbeitskräfte. Diesen Wettbewerb trugen die Anwerbestaaten über die in ihren Wanderungsverträgen angebotenen Migrationsbedingungen aus. Sie unterlagen nicht nur einem direkten Wettbewerb durch die Präsenz mehrerer Nachfrager auf einem nationalen Arbeitsmarkt, sondern auf der Ebene des europäischen Migrationssystems einem Vergleich über einzelne Arbeitsmärkte hinweg. Exemplarisch lässt sich dieser Prozess anhand von situativen Beispielen sowie der generellen Entwicklung der Gestaltung unterschiedlicher Variablen von Wanderungsverträgen nachvollziehen.

Drei Konstellationen, in denen die Wirkung zunehmender Konkurrenz deutlich wird, stechen im Untersuchungszeitraum hervor. Erstens die Anwerbung durch Frankreich und Belgien in Italien zwischen 1946 und dem Beginn der 1950er Jahre. In diesem Zeitraum überboten sich die beiden Konkurrenten in schneller Folge in ihren Migrationsbedingungen, und die Wanderungsströme aus Italien reagierten mit nur kurzer Verzögerung auf die jeweilige Entwicklung. Die Situation in Italien verschärfte sich dann durch das Hinzukommen immer neuer Nachfrager, als sich zu Belgien und Frankreich später Luxemburg, Deutschland und schließlich auch die Niederlande gesellten und sich das italienische Angebot an Arbeitskräften für den internationalen Arbeitsmarkt relativ zur kumulierten Nachfrage schnell als unzureichend erwies. Im Fall Italiens führte diese zweite Phase der Anwerbung, in der zahlreiche Nachfrager gleichzeitig Arbeitskräfte rekrutierten, jedoch nicht mehr zu einer dramatischen Aufwärtsbewegung der Migrationsbedingungen. Dies lag vor allem an ihrem bereits relativ hohen Niveau und der beginnenden europäischen Integration, die diesen Prozess überlagerte. Außerdem reagierten die Anwerbestaaten auf ihre Erfahrungen in Italien mit der Expansion des Migrationssystems.

Eine zweite Situation, in der der Faktor Konkurrenz die Migrationsbedingungen deutlich beeinflusste, war die Anbindung der Türkei an das Migrationssystem. Deutschland hatte von 1961 bis 1964 als Monopolist auf dem türkischen Arbeitsmarkt Arbeitskräfte zu Bedingungen nachfragen können, die im internationalen Vergleich besonders schlecht für die Migranten waren. Als 1964/65 fünf Mitbewerber in kurzer Folge das Spielfeld betraten, musste nicht nur Deutschland sein Angebot durch ein Sozialversicherungsabkommen und eine Neuauflage des Wanderungsvertrages nach oben korrigieren. Auch die anderen Vertragspartner der Türkei wichen teilweise positiv von ihren üblichen Rahmenbedingungen ab. Während Schweden und Frankreich bei ihrer allgemein eher migrationsfreundlichen Vertragsgestaltung blieben, verzichtete Österreich auf die Vorgabe für die Befristung der Arbeitsverträge und damit des Aufenthalts. Belgien regelte den Familiennachzug noch großzügiger, als bis dahin in seinen Abkommen üblich. Einzig die Niederlande machten keine Zugeständnisse an den ›Run‹ auf den türkischen Arbeitsmarkt.

Ein dritter Fall, in dem sich der Einfluss des Wettbewerbs deutlich erkennen lässt, ist die Gestaltung der jugoslawischen Wanderungsabkommen. In Reaktion auf das große Interesse von sieben Staaten, die zwischen 1965 und 1970 mit Jugoslawien Wanderungsabkommen unterzeichneten und auf Zugriff auf das Facharbeiterpotential ihres neuen Partners hofften, konnte Jugoslawien zwei ungewöhnliche Bedingungen in allen seinen Wanderungsverträgen durchsetzen. Erstens besondere Fürsorgepflichten der Anwerbestaaten gegenüber jugoslawischen Migranten sowie besondere Freiheiten, die sie bei der Gestaltung ihrer Arbeitsmarktpräsenz genossen. Zweitens den höchsten Grad der Einflussnahme, den eines der in Kapitel 2.2 untersuchten Länder je erreichte, auf den Anwerbeprozess.

Im Gegensatz dazu konnten sich allerdings auch Situationen entwickeln, in denen ein Anwerbestaat auf dem Arbeitsmarkt eines Entsendelandes eine so starke Position einnahm, dass Konkurrenten kaum eine Chance hatten. Dies galt etwa für die Migrationsbeziehungen zwischen Portugal und Frankreich oder diejenigen zwischen Deutschland und der Türkei. Auch wenn andere

Anwerbestaaten zum Teil bessere Migrationsbedingungen boten, resultierte daraus nicht automatisch eine Verlagerung von Wanderungsbewegungen, wenn über alternative Migrationsbeziehungen bereits ein selbsttragender Migrationsprozess in Gang gekommen war. Dies wiederum musste nicht gleichbedeutend mit dem Misserfolg eines Wanderungsvertrages sein, denn angesichts des quantitativ sehr unterschiedlichen Nachfrageniveaus verschiedener Staaten konnte auch eine absolut niedrige Partizipation an der Arbeitsemigration aus einem Entsendeland den Bedürfnissen eines kleinen oder in seinen Wanderungsbeziehungen breit aufgestellten Anwerbestaates genügen.

Ähnliche Veränderungen, also eine stetige Verbesserung durch zunehmenden Wettbewerb, lassen sich in der Nachkriegszeit auch in Bezug auf einzelne Variablen beobachten, mit deren Hilfe zwei Staaten in einem Wanderungsvertrag ihre spezifischen Migrationsbedingungen aushandelten. Dieser Aspekt ist in zweifacher Hinsicht von Bedeutung. So lässt sich aufzeigen, wie in einigen Bereichen ein Zustand erreicht wurde, der keine weitere Verbesserung zuließ. Der Wettbewerb der Migrationsbedingungen verlagerte sich dann auf andere Felder. Dadurch zeigten sich jedoch auch die Grenzen des Wettbewerbs, den die migrationspolitischen Grundlinien der Anwerbestaaten an einigen zentralen Punkten einschränkten. Zur Illustration dieser Zusammenhänge dienen exemplarisch vier Inhalte von Anwerbeabkommen: die Zeitbegrenzung des Aufenthaltszyklus, der Familiennachzug, der Lohntransfer sowie die Gleichbehandlung auf dem Arbeitsmarkt des Ziellandes.

Einige Staaten, die zunächst von einer strengen zeitlichen Begrenzung der Arbeitsmigration ausgingen, veränderten die entsprechenden Bestimmungen ihrer Anwerbeverträge im Untersuchungszeitraum. Den Rahmen, in dem sie sich dabei bewegten, gaben internationale Normen vor: Die ILO forderte für die temporäre Arbeitsmigration einen minimalen Aufenthaltszyklus von einem Jahr und eine Höchstdauer der temporären Arbeitsmigration mit unsicherem Aufenthaltsstatus von fünf Jahren. Diese Obergrenze übernahmen auch Europarat und OEEC in ihre internationale Arbeitsmarkt- bzw. Migrationspolitik. Deutschland beharrte zwar prinzipiell auf dem einjährigen Zyklus, scheiterte jedoch im Verhältnis zur Türkei mit dem Experiment einer generellen Begrenzung des Gesamtaufenthalts auf zwei Jahre. Eine ähnliche Regelung, die den Gesamtaufenthalt von Arbeitsmigranten auf drei Einjahreszyklen beschränkte, musste die Schweiz in den 1960er Jahren aufgeben, da sie als einziges Land des Migrationssystems an einer solchen Einschränkung festhielt, die international nicht mehr konkurrenzfähig war. In einer anderen Richtung nutzten Belgien oder Österreich ihre Möglichkeiten, von dem einjährigen Zyklus abzuweichen. Österreich beispielsweise verzichtete gegenüber verschiedenen Migrationspartnern zwar nicht auf den Befristungsgrundsatz, aber auf die Vorgabe einer Höchstgrenze für die Laufzeit des ersten Arbeitsvertrages. Belgien nutzte die seinen Wanderungsverträgen beigefügten Musterarbeitsverträge, um durch den Übergang von einem Beschäftigungsangebot, das ›über höchstens ein Jahr‹ lief, zu einem Angebot, das auf ›mindestens ein Jahr‹ lautete, seine Wettbewerbsposition zu verbessern.

Ein zweiter Bereich, der ebenfalls durch nationale Präferenzen eng begrenzt war, betraf den Familiennachzug. Dabei handelte es sich um einen der am wenigsten flexiblen Aspekte bilateraler Anwerbeabkommen, dennoch lassen sich auch hier einige bemerkenswerte Prozesse aufzeigen. Die Niederlande etwa wichen nur einmal in ihren Migrationsverträgen vom Grundsatz der Vermeidung von Familiennachzug ab, als sie diesen unter strengen Auflagen in ihrem Wanderungsvertrag mit Marokko aus dem Jahr 1969 gestatteten. Hatte in anderen Migrationsbeziehungen der Niederlande der Verzicht auf entsprechende Regelungen einen gravierenden Nachteil gegenüber der Konkurrenz angebotenen Bedingungen bedeutet, machte man marokkanischen Migranten nun ein Angebot, das etwa dem der Bundesrepublik deutlich überlegen war. Waren andere Migrationsbeziehungen der Niederlande nur schleppend angelaufen, so entwickelte sich die Migration aus Marokko in die Niederlande zu einem der intensivsten Wanderungsprozesse der neueren niederländischen Geschichte. Noch sehr viel konsequenter nutzte Belgien die Spielräume seiner eigenen vergleichsweise freizügigen Migrationspolitik aus, um über den Familiennachzug seine Marktposition zu verbessern. So sanken die Beschränkungen des Familiennachzuges in den belgischen Anwerbeverträgen der Nachkriegszeit fortlaufend. Die Schweiz dagegen sah sich, ähnlich wie im Fall der zeitlichen Begrenzung der Arbeitsmigration, in den 1960er Jahren unter dem Druck alternativer Migrationsziele mit besseren Bedingungen gezwungen, ihr Abweichen von der Norm ins Negative aufzugeben. In ihrem Wanderungsvertrag mit Italien von 1965 fehlten endlich die zuvor strengen Bestimmungen, die eine Ansiedlung italienischer Arbeitnehmer mit ihren Familien in der Schweiz verhindern sollten.

Die Bestimmungen über den Transfer von Lohnersparnissen aus dem Ziel- in das Herkunftsland erwiesen sich ebenfalls als ein Bereich, den die Anwerbestaaten zeitweise zur Verbesserung ihrer Marktposition nutzten. Die Möglichkeit zur uneingeschränkten Überweisung von Lohnersparnissen lag sowohl im Interesse der Migranten als auch in dem der Regierungen ihrer Heimatstaaten. Bot ein Zielland also eine starke Währung und freizügige Transferregelungen, war dies ein wichtiges Qualitätskriterium. Bis weit in die Nachkriegszeit sahen sich die Anwerbestaaten jedoch gezwungen, den unkontrollierten Abfluss von Kapital ins Ausland aufgrund seiner devisen- und außenwirtschaftlichen Konsequenzen zu kontrollieren. Als extremstes Beispiel aus der Nachkriegszeit kann der französisch-amerikanische Vertrag über die Anwerbung deutscher Arbeitskräfte durch Frankreich in der amerikanischen Besatzungszone gelten. Um Lohnüberweisungen aus Frankreich nach Deutschland zu vermeiden, machte man den Familiennachzug quasi zur Bedingung für eine Anwerbung. Kurz darauf wurde die französisch-belgische Konkurrenz in Italien vor allem im Bereich des Lohntransfers ausgetragen, wobei sich Belgien mit größeren Freiheiten und einem besseren Verrechnungsverfahren zunächst durchsetzen konnte. Dann aber setzte ein schneller Trend zum Abbau von Verrechnungszwängen und Höchstgrenzen ein, den sich die Anwerbestaaten aufgrund der positiven gesamtwirtschaftlichen Entwicklung leisten konnten. In den 1960er Jahren genossen Arbeitsmigranten in fast allen Migrationsbeziehungen vollkommene bzw. nur durch allgemeine devisenrechtliche Bestimmungen eingeschränkte Freiheiten hinsichtlich des Transfers von Ersparnissen in ihre Herkunftsländer. Ein Wettbewerb über diese Variable war nicht mehr möglich.

Eine ähnliche, wenn auch weniger weit gehende Entwicklung lässt sich im vierten Beispiel beobachten, der Gleichbehandlung. Eine grundsätzliche Gleichbehandlung von ausländischen und inländischen Arbeitnehmern in arbeits- und sozialrechtlicher Hinsicht zählte zum Kern des internationalen Migrationsstandards. Aus Sicht der ILO sollte sie sich nicht nur auf die Kosten beziehen, die den Arbeitgebern beim Einsatz ausländischer Arbeitnehmer entstanden, um so eine Konkurrenz durch billigere Arbeitswanderer zu verhindern, sondern auf die Herstellung gleicher Bedingungen hinsichtlich der Arbeits- und Lebenssituation. Für die Arbeitsmarktparteien des Aufnahmelandes dagegen standen dagegen zunächst ihre jeweiligen Interessen im Vordergrund. Die Arbeitnehmer wollten Konkurrenz vermeiden, die Arbeitgeber möglichst billige Arbeitskräfte, der Staat wollte seine volkswirtschaftlichen Bedürfnisse verbunden mit möglichst niedrigen ökonomischen und sozialen Kosten stillen. Vereinbarungen zur Gleichbehandlung bewegten sich in den ersten Nachkriegsjahren daher zunächst am geforderten Minimum bzw. reflektierten vor allem die Absichten der Anwerbestaaten. Im Zuge der Expansion und Verdichtung des Migrationssystems erweiterten sich dann die Bestimmungen vom Bereich der Lohn- und Arbeitsbedingungen auf die Einbeziehung der Arbeitsmigranten in eine zunehmende Zahl von Sozialversicherungen. Dieser Prozess wiederum führte schon in den 1950er Jahren dazu, dass parallel zum Netz der Wanderungsabkommen ein System aus Sozialversicherungsabkommen entstand, das Fragen der Unfall-, Kranken-, Arbeitslosen- und Rentenversicherung auf zwischenstaatlicher Ebene ebenso klärte wie die Gewährung anderer Sozial- und Familienleistungen. Diese Entwicklung führte zu einer starken Angleichung der arbeits- und sozialrechtlichen Gleichbehandlung im Verlauf der 1960er Jahre und damit dazu, dass auch in diesem Feld kaum noch ein Wettbewerb unter den Anwerbestaaten stattfinden konnte.

Für die Migrationsentscheidungen spielten die Bedingungen der Gleichbehandlung indes nach wie vor eine Rolle. Denn obwohl Inländer und Ausländer auf einem Arbeitsmarkt gleiche Rechte genossen, konnte sich die daraus resultierende Qualität der Migrationsbedingungen zwischen zwei Anwerbestaaten durchaus auch weiterhin unterscheiden. So haben anthropologische Untersuchungen in Marokko beispielsweise ergeben, dass bei individuellen Migrationsentscheidungen zwischen Deutschland und den Niederlanden abgewogen wurde zwischen der Kombination niedrigerer Löhne, aber eines schnellen Zugangs zur Arbeitslosenversicherung in den Niederlanden und höherer Löhne verbunden mit Wartezeiten auf das Anrecht auf Arbeitslosenhilfe in Deutschland. Häufig fiel die Migrationsentscheidung zugunsten der größeren sozialen Sicherheit in den Niederlanden. Die beiden letzten Beispiele zeigen deutlich die Wechselwirkungen zwischen Standards und Wettbewerb. Der internationale Migrationsstandard legte Minima fest. Der Lohntransfer musste grundsätzlich ermöglicht werden und die Gleichbehandlung sich auf Lohn- und Arbeitsbedingungen erstrecken. Beide Bereiche wurden durch ihre Aufnahme unter die regelungsbedürftigen Migrationsbedingungen als Wettbewerbsfelder definiert. Die Konkurrenz schließlich sorgte für eine Konvergenz der Migrationsbedingungen am oberen Ende der möglichen qualitativen Ausprägungen: der freie Transfer der Lohnersparnisse und die umfassende Gleichbehandlung auf der Grundlage von Sozialversicherungsabkommen wurden zur Normalität.

Als Antworten auf die Leitfragen in Kapitel 3 lässt sich zusammenfassend also festhalten: Kapitel 2 zeigt, dass das Industriezeitalter in Europa spezifische Formen von Arbeitsmigration mit sich brachte, die auf die soziale, wirtschaftliche und politische Entwicklung Europas im Untersuchungszeitraum prägenden Einfluss nahmen. Der moderne Wanderungsvertrag entstand als Reaktion auf das neue Phänomen. Er verband die außenpolitischen bzw. außenwirtschaftlichen Kontrollansprüche des europäischen Nationalstaates mit dem Ausgleich politischer bzw. gesellschaftlicher Interessen und ermöglichte so den regulierten Ausgleich zwischen Angebot und Nachfrage auf einem internationalen Arbeitsmarkt. Die Form dieses neuen institutionellen Bausteins entstand aus Wechselwirkungen zwischen Ansätzen auf einzelstaatlicher Ebene und der Genese internationaler Standards auf supranationaler Ebene. Diese Dialektik übernahm auch für seine Verbreitung eine wichtige Funktion, die jedoch auch dadurch befördert wurde, dass der Zugang eines Landes zu dem internationalen Arbeitsmarkt, dessen Teilarbeitsmärkte durch bilaterale Anwerbeabkommen miteinander verbunden waren, zunehmend von der Akzeptanz dieses Instruments abhing. Je mehr Staaten Wanderungsverträge nutzten, desto größer wurde der Druck auf alle anderen, selbst in diesen Institutionalisierungsprozess einzutreten, um ihre Interessen durchzusetzen. Die Existenz einer in vielen Teilen standardisierten normativen Institution ist jedoch nicht gleichbedeutend mit einer stets gleichförmigen Ausprägung. In diesem Punkt konnte der Einfluss von drei Faktoren nachgewiesen werden: die Bedeutung internationaler Standards, die sowohl die zu regulierenden Aspekte einer (Arbeits-)Migrationsbeziehung als auch Spielräume für die Ausgestaltung einzelner Variablen vorgaben; die Wirkung migrationspolitischer Traditionen und Präferenzen der beteiligten Staaten und schließlich der Einfluss der Wettbewerbssituation auf dem internationalen Arbeitsmarkt. Vor allem Kombinationen und Wechselwirkungen zwischen diesen Faktoren, jeweils eingebettet in den konkreten Kontext einer oder mehrerer Migrationsbeziehungen, sind dabei als besonders wirkungsmächtig hervorgetreten und haben gezeigt, dass vor allem multikausale Zusammenhänge für die Deutung der Entwicklung des europäischen Migrationssystems zwischen Erstem Weltkrieg und Ölpreiskrise zielführend sind.

4. Ergebnisse

Von den 1870er bis in die 1970er Jahre entstand mit dem bilateralen Wanderungsvertrag eine Institution zur Regulierung des temporären Transfers von Arbeitskraft, setzte sich in Europa durch und wurde Teil des institutionellen Fundamentes eines transnationalen Arbeitsmarktes. Dieser Prozess fußte zwar auf älteren Entwicklungen, begründete aber neue Formen der grenzüberschreitenden Arbeitswanderung. Das so konstituierte Migrationssystem konnte allerdings nur unter den außergewöhnlichen wirtschaftlichen Bedingungen des europäischen ›Wirtschaftswunders‹ zu einem internationalen Arbeitsmarkt heranreifen, der schließlich 17 über Wanderungsverträge eng miteinander verbundene Volkswirtschaften umfasste. Ohne die extrem ungleiche Verteilung von Arbeit und Arbeitskräften zwischen den Entsende- und Aufnahmestaaten dieses Migrationssystems in den drei ersten Jahrzehnten nach dem Ende des Zweiten Weltkrieges hätten sich sowohl die Arbeitsmigration in Europa als auch die Institutionalisierung internationaler Arbeitsmarktbeziehungen auf gänzlich andere Weise entwickelt. Als diese Bedingungskonstellation mit dem Ölpreisschock auslief, lösten die westeuropäischen Industriestaaten ihr bis dahin auf bilateralen Wanderungsverträgen basierendes Migrationssystem schlicht auf. In den 1970er Jahren setzte sich dann die Ausdehnung des innereuropäischen Arbeitsmarktes fort, der sich durch eine bis hin zur fast vollkommenen Gleichstellung reichende Freizügigkeit für die ihm zugehörigen Arbeitnehmerinnen und Arbeitnehmer in Verbindung mit einer interessengeleiteten Abschottung gegen Zugang von außen auszeichnete. Insofern kann die Ära des bilateralen Wanderungsvertrages als eine entscheidende Phase in der säkularen Entwicklung regulierter transnationaler Arbeitsmärkte gewertet werden.

In seiner Zeit und seiner Bedingtheit erfüllte der bilaterale Wanderungsvertrag spezifische Aufgaben als institutionelles Bindeglied eines Migrationssystems, das dem zeitbegrenzten Transfer von Arbeitskraft diente. Durch seine Funktion und seinen Aufstieg zu einem Bestandteil jeder wichtigen Migrationsbeziehung zwischen der europäischen Peripherie und den westeuropäischen Industriestaaten grenzt er den Untersuchungszeitraum als eine Periode ab, in der Arbeitsmigration in Europa grundsätzlich anders verfasst war als in der ältern bzw. jüngeren Migrationsgeschichte.[1] Vor 1919 existierten bilaterale Wanderungsabkommen zur Regulierung von Arbeitsmigration in Europa praktisch nicht. Nach 1974 büßte der Wanderungsvertrag seine flächendeckende Verbreitung ein. Neben multilateralen Lösungen verwendete man ihn nun in Europa nur noch selten.

1 Diese Einschätzung stützt etwa Hammar, Politics of Immigration Control and Politicisation of International Migration, S. 15, der als prägendes Element internationaler Migration nach dem Anwerbestopp die Politisierung des Umgangs mit dem Phänomen sieht.

In seiner ökonomischen Funktion bildete der bilaterale Wanderungsvertrag auf der Makro-Ebene zwischen 1919 und 1973/74 das nationale Teilmärkte integrierende Rückgrat eines internationalen Arbeitsmarktes, der sich weder in Ausdehnung noch Funktion mit den zeitgleich existierenden politisch oder ökonomisch ausgerichteten Staatenbünden des Untersuchungsgebietes deckte. Im Unterschied zu multilateralen Lösungen gestattete das System der bilateralen Wanderungsverträge den Aufbau eines besonderen Arbeitsmarktes. Die beteiligten Staaten konnten ihre Migrationskanäle selektiv errichten und innerhalb eines Gestaltungskorridors definieren, der zwischen internationalen Standards, nationalen Präferenzen und den Erfordernissen des Marktes gewisse Spielräume bot. Sie erlaubten die Konstruktion eines sehr großen Migrationssystems, dessen Binnenbeziehungen den Interessen der jeweiligen Partner – in Abhängigkeit von deren Durchsetzungsfähigkeit – entsprachen, ohne Regeln zu schaffen, die in gleicher Form für alle gelten mussten. Zwar verlief nie der gesamte Transfer des Faktors Arbeit über solchermaßen regulierte Migrationskanäle, jedoch ein stetig wachsender Anteil sowohl auf zwischenstaatlicher Ebene wie auch im gesamten Migrationssystem. Dieser internationale Arbeitsmarkt unterschied sich damit von anderen oder ähnlichen Ansätzen, die im Untersuchungszeitraum erkennbar geworden sind. Obwohl sie sich in ihrer Entwicklung gegenseitig beeinflussten und überschnitten, konstituierten der ›Nordische Arbeitsmarkt‹, der gemeinsame Arbeitsmarkt der Benelux-Länder und schließlich der Binnenarbeitsmarkt der EWG bzw. EG andere Marktformen, während die migrationspolitischen Instrumente des Europarates oder der OECD/OEEC im Untersuchungszeitraum für die Gestaltung von Arbeitsmigration aus der Peripherie ins Zentrum keine vergleichbare Reichweite erzielten.

Seine größte Bedeutung erlangte der Wanderungsvertrag nach dem Zweiten Weltkrieg. Im Verlauf des Nachkriegsbooms erwies er sich als der entscheidende institutionelle Baustein eines Migrationssystems, das extrem leistungsfähig sein musste, um die gewünschten Ausgleichsprozesse zwischen den Arbeitsmärkten der westeuropäischen Industriestaaten und der europäischen Peripherie in einer bestimmten Form zu bewältigen. Sie sollte nicht nur den reinen Faktortransfer gewährleisten, sondern gleichzeitig die Umsetzung nationaler und internationaler Vorgaben. Hierzu zählten insbesondere auch nicht ökonomisch, sondern politisch definierte Ziele. Auf der Meso-Ebene der unterschiedliche Migrationskanäle umfassenden Migrationsbeziehungen zweier Staaten ermöglichten Wanderungsverträge bei Arbeitskräfteknappheit die Etablierung einer Marktpräsenz, die Anregung von Arbeitsmigration, deren nachfragegerechte quantitative und strukturelle Regulierung bis hin zum Verzicht auf Kontrolle. Im Fall nachlassender Nachfrage gestatte es die Existenz eines regulierten Migrationskanals zunächst, die Arbeitsmigration auf diesen zu beschränken und so das Kontrollpotential zu maximieren, ohne gleichzeitig auf den Faktortransfer verzichten zu müssen. Riss der Nachfragesog schließlich ab, ließ sich auch dieses Ventil verschließen und der Migrationsprozess – zumindest theoretisch – beenden. Die Generalprobe von 1966/67 und schließlich der Anwerbestopp von 1973/74 haben die Steuerungsmöglichkeiten regulierter Migrationskanäle drastisch demonstriert, aber auch deren Grenzen aufscheinen lassen.

Eine soziale Funktion bilateraler Wanderungsverträge manifestierte sich auf der Mikro-Ebene des Migrationsprozesses. Die regulierte Arbeitsmigration schränkte zwar die Freiheit aller potentiellen Arbeitsmigranten ein, denn sie brachte hinsichtlich der Arbeitsmärkte, von denen Zuwanderung in ein Aufnahmeland zugelassen wurde, ebenso eine Selektivität mit sich wie in Bezug auf die Auswahl jedes einzelnen Migranten, der als Anbieter von Arbeitskraft Zugang zu einem ausländischen Arbeitsmarkt erhielt, der Teil des internationalen Arbeitsmarktes war. Jedem, der die Schleusen der regulierten Migrationskanäle jedoch passieren konnte, boten sich Migrationsbedingungen, die in höherem Maße definierte qualitative Mindeststandards erfüllten und einer intensiveren Überwachung unterlagen als je zuvor. Zumindest auf der normativen Ebene stellte das europäische Migrationssystem im Vergleich zu den davor herrschenden Bedingungen einen bedeutenden Fortschritt dar. Ein Fortschritt, der angesichts eines relativ kleinen Anteils potentieller Migranten, die innerhalb des Migrationssystems etwa aufgrund gesundheitlicher Einschränkungen von Wanderungschancen ausgeschlossen blieben, und einer weitaus größeren Gruppe potentieller Migranten, denen erst sinkende Wanderungshindernisse Migrationschancen erschlossen, nicht gering zu bewerten ist.[2]

An diesem Punkt erreicht die vorliegende Untersuchung ihre Grenzen. Ihr institutionengeschichtlicher Ansatz blendet die sozialhistorische Dimension, die konkreten Ausprägungen und Realitäten der Arbeitsmigration im Europa des 20. Jahrhunderts weitgehend aus. Zugunsten der Langzeitbeobachung des Gesamtsystems verzichtet sie auf eine Detailschärfe, die permanent die Distanz zwischen der institutionellen Norm und ihrer realen Ausgestaltung auslotet. Gerade das extreme Beispiel der Deformation des Migrationssystems durch das ›Dritte Reich‹ hat die Wichtigkeit dieser Differenzierung unterstrichen. Zu keinem anderen Zeitpunkt im Untersuchungszeitraum haben sich die realen Migrationsbedingungen krasser von der normativen Ebene und von dem von der Propaganda erzeugten Bild unterschieden, während eine Kombination aus menschenverachtender Praxis und dem vordergründigen Festhalten an eingespielten institutionellen Mechanismen und Formen das Migrationssystem prägte.

Jenseits dieses Extrems führt uns die sozialhistorische Migrationsforschung in zahlreichen Studien die Härte der Lebenswirklichkeit vor Augen, die für die Mehrzahl aller direkten und indirekten Arbeitsmigranten Normalität war. Es bleibt die Aufgabe weiterer Forschungen, die positiven und negativen Einflüsse der Institutionalisierung des europäischen Migrationssystems auf die individuellen und kollektiven Migrationserfahrungen auf der Mikro-Ebene weiterzuverfolgen. Ein Ansatz, der die sozialhistorische Forschungslandschaft

2 Vgl. zu dem sich gleichzeitig ergebenden Dilemma zwischen Regulierung und Gleichbehandlung neuerdings auch Ruhs/Martin, Numbers versus Rights, S. 261.

erweitert, ist die Untersuchung der Zusammenhänge zwischen institutionalisierten Migrationsbedingungen und den Mechanismen ihrer Umsetzung unter Berücksichtigung von deren institutionellem, politischem und kulturellem Umfeld durch die Beobachtung ihrer Strukturen und ihres Einflusses auf die historische Realität über längere Zeiträume hinweg.

Hierzu können insbesondere Untersuchungen der Bürokratien beitragen, welche die Regulierung von Arbeitsmigration übernommen haben – der Bundesanstalt für Arbeitsvermittlung und Arbeitslosenversicherung oder des ›Office national d'immigration‹, des ›Instituto Español de Emigración‹ oder des ›Office algérien de la main-d'œuvre‹ – wenn sie die Wechselwirkungen zwischen einer Institution und der Gestaltung eines Migrationsprozesses bis hinunter auf die Mikro-Ebene umfassen.[3] Solche Untersuchungen sind als länderspezifische Studien denkbar, die auf eine breit angelegte Analyse zielen oder als komparative Arbeiten. Gerade Vergleiche zwischen privaten, halbstaatlichen und staatlichen Organisationen, etwa zwischen der Deutschen Arbeiterzentrale und der ›Société générale d'immigration‹ oder der belgischen ›Fédéchar‹, versprechen in diesem Zusammenhang spannende Erkenntnisse.

Eine wichtige Fortführung des institutionengeschichtlichen Ansatzes, der auf ein ganzes Migrationssystem zielt, sind Studien, die seine Ergebnisse auf die einzelstaatliche Ebene transportieren oder in Form eines Vergleiches kleinerer Staatengruppen aufgreifen. In jedem Fall gilt es, die bisherigen Ergebnisse quellengestützt zu erweitern und zu überprüfen. Dies eröffnet nicht nur für die Bearbeitung der deutschen Migrationsgeschichte – etwa im Hinblick auf ihre institutionellen Fundamente – neue Fragestellungen, sondern wird sich auch für die historische Migrationsforschung in anderen Ländern, deren Historiographie in diesem Bereich noch in höherem Maß von Desideraten gezeichnet ist, als lohnend erweisen. Eine zweite interessante Weiterentwicklung des hier gewählten Ansatzes ist der Vergleich der Befunde aus Europa mit der Analyse analog verfasster Migrationssysteme, denn die Verbreitung bilateraler Wanderungsverträge zur Regulierung von Arbeitsmigration wurde im 20. Jahrhundert schnell zu einem globalen Phänomen. Für das amerikanische ›Bracero‹-Programm etwa, das zwischen 1942 und 1964 mehr als 4,5 Millionen mexikanische Arbeitskräfte auf der Grundlage bilateraler Wanderungsverträge in die USA geführt hat, ist sowohl seine Anlehnung an das von der ILO konzipierte Migrationsregime als auch seine daraus folgende Ähnlichkeit mit dem europäischen Migrationssystem noch weitgehend unerforscht.[4]

Aus dem doppelten Charakter der Arbeitsmigration als dem Transfer von Arbeitskraft aus ökonomischer und der Wanderung eines Menschen aus sozialer Perspektive resultierten die bis heute teils unbewältigten Folgeerscheinungen des hier diskutierten Phänomens. Regulierte Arbeitsmigration schien

---

3 Vgl. dazu jetzt Calvo Salgado u.a., Historia del Instituto Español de Emigración.

4 Hauser, Das Braceroprogramm, 1942–1964; Bendix, Importing Foreign Workers; Calavita, Inside the State; Meissner, US Temporary Worker Programs, sowie den Beginn komparativer Betrachtungen dieses Phänomens markierend, Hahamovitch, Creating Perfect Immigrants.

den Anwerbestaaten die nachfragekonforme Verfügbarkeit von Arbeitskräften ohne gesellschaftliche Konsequenzen zu garantieren, dass heißt ohne eine Verdauerung ihrer Präsenz über den Zeithorizont ihrer ökonomischen Notwendigkeit hinaus oder gar eine Einwanderung. Die Reduzierung der Migration auf ihre ökonomische Seite, auf die rein nachfragegesteuerte, wirtschaftlich motivierte Anwesenheit eines Migranten auf dem Arbeitsmarkt, auf dem seine Arbeitskraft gerade benötigt wurde, blendete die soziale Dimension von Wanderungsbewegungen aus.[5] Hier wurzelt die folgenschwere Inkongruenz zwischen den Vorstellungen, die von Arbeitsmigration herrschten, der institutionellen Verfassung des Wanderungsprozesses und seiner Realität. Denn weder entsprach das Interesse eines Arbeitgebers oder eines Staates an der Anwesenheit eines Migranten notwendigerweise dem Interesse von dessen Familie oder Herkunftsland an seiner Abwesenheit, noch stimmten die Eigeninteressen eines Migranten automatisch mit denen der anderen Akteure überein. Sie konnten sich sogar gegensätzlich zu ihnen verhalten. Zudem veränderten sich im Prozessverlauf durchaus die Motive und Ziele, die einzelne Akteure, insbesondere aber die Arbeitswanderer selbst, mit der Migration verbanden. Die europäische Arbeitsmigration hat wie fast jeder ursprünglich auf den temporären Transfer von Arbeitskraft ausgerichtete Wanderungsprozesses gezeigt, dass zeitlich begrenzte Arbeitsmigration immer mit der Einwanderung eines Teils der involvierten Menschen verbunden ist. Jede andere Erwartung muss sich als Illusion erweisen. Ursächlich sind nicht nur Differenzen in den Motiven und Rahmenbedingungen, sondern auch die Begrenztheit der Steuerungs- bzw. Kontrollmöglichkeiten menschlichen Verhaltens. Aus der europäischen Erfahrung im Untersuchungszeitraum lassen sich einige Erkenntnisse über die Ursachen dieses Scheiterns ableiten.[6]

Erstens war eine überwiegend temporäre Arbeitsmigration, bei der die Interessen der Akteure harmonieren, möglich, solange das europäische Migrationssystem eine zeitlich offene Perspektive zu bieten schien. Sie erlaubte es Migranten, die an mehr als einer kurzfristigen Arbeit im Ausland interessiert waren, zwischen Herkunftsland und unterschiedlichen oder der gleichen Station auf dem internationalen Arbeitsmarkt zu pendeln und dort mittelfristig zu verweilen. Die Einschränkung der Anwerbung durch alle Zuwanderungsländer als Konsequenz der Rezession von 1966/67 hat diese Perspektive zerstört und die Endlichkeit der Migrationschance bewiesen. Auch wenn es sich um eine zeitlich nur sehr kurze Unterbrechung der Wanderungsbewegungen gehandelt hat, veränderte sie das Migrationsverhalten in den letzten sechs Jahren des Migrationssystems merklich: Die Niederlassungsneigung stieg, als die Garantie der freien Bewegung ihre Glaubwürdigkeit verlor. Zweitens zeigen sozialhistorische bzw. zeitgenössische soziologische Untersuchungen, dass die Neigung zur Niederlassung mit der Dauer der Migration wächst. Je länger das System der Arbeitsmigration existierte, umso wahrscheinlicher wurde der Be-

5 Freeman, The Politics of Immigration in Liberal Democracies, S. 237.
6 Castles, Why Migration Policies Fail, S. 222f.

ginn einer partiellen Einwanderung. Drittens trug natürlich auch der Familiennachzug zur Intensivierung dieser Tendenz bei, denn er verminderte die Attraktivität der Remigration, auch wenn er aus Sicht der Anwerbestaaten den grundsätzlich zeitlich begrenzten Charakter der Arbeitsmigration nicht verändern sollte. Viertens bot der institutionelle Rahmen des Migrationssystems nach 1945 zunehmend weniger Handhabe für die Durchsetzung einer temporären Arbeitsmigration. Die Zuwanderungsstaaten akzeptierten im Angesicht der Hochkonjunktur nur zu gerne eine längere Verweildauer, da die schnelle Fluktuation der Migranten zwar ihren politischen Zielen diente, ökonomisch jedoch hohe Kosten durch den permanenten Austausch eingearbeiteter Mitarbeiter verursachte. Gleichzeitig forderten internationale Normen die Verbesserung des Aufenthaltsstatus von Arbeitsmigranten nach einigen Jahren. Noch im Untersuchungszeitraum näherten sich alle Anwerbestaaten der von der ILO und der OEEC geforderten Frist von fünf Jahren an, nach der die Remigration eines Arbeitsmigranten nur noch schwer zu erzwingen war. Das Zusammenwirken dieser Faktoren begünstigte den Übergang von der temporären Arbeitsmigration zu Niederlassung und Einwanderung. Dennoch muss noch einmal betont werden: Der größte Teil der Migranten, die sich nach dem Zweiten Weltkrieg durch das europäische Migrationssystem bewegt haben, entschied sich tatsächlich nicht für die Einwanderung, sondern nur für eine temporäre Arbeitsmigration. Die aus ihr hervorgegangene Einwanderung hat immer nur den kleineren Teil der ausländischen Arbeitnehmer erfasst und später durch den Familiennachzug an Umfang gewonnen. Das Versagen des Migrationssystems lag nicht darin, dass es nicht einen Prozess vorwiegend temporärer Arbeitsmigration ermöglichte, sondern darin, dass es eine natürliche Begleiterscheinung jeder Wanderung ignorierte. Es ist daher nicht verwunderlich, dass diejenigen Staaten, die sich von vorneherein darauf vorbereiteten, dass aus der Anwerbung von Arbeitskräften auch ein Einwanderungsprozess resultieren würde, oder dieses Phänomen bei seinem Auftreten früh anerkannt haben, die Folgen der Arbeitsmigration besser bewältigen konnten als Staaten, deren Wahrnehmung und Selbstbild sich nicht veränderten.[7]

Diese Befunde führen zu der Frage, wie sich die in dieser Arbeit thematisierten Formen der Arbeitsmigration in Europa nach dem Ende des Untersuchungszeitraumes weiterentwickelt haben. Auf die Massenwanderung von Arbeitskräften in Europa bis 1973/74 folgte eine Phase, in der die westeuropäischen Industriestaaten zu einer protektionistischen Arbeitsmarktpolitik zurückkehrten. Die Arbeitsmigration zwischen dem Zentrum und der Peripherie Europas trat in den 1970er und 1980er Jahren – obgleich das Phänomen nie gänzlich verschwand – hinter andere Formen der Zuwanderung zurück.[8] Als

7 Vgl. dazu mit anderer Akzentuierung Martin/Abella/Kuptsch, Managing Labor Migration in the Twenty-first Century, S. 93f.

8 Lange weist beispielsweise darauf hin, dass in einigen europäischen Staaten schon während der 1980er Jahre Abkommen zwischen der Arbeitsverwaltung, den Gewerkschaften und Ar-

Sekundärmigrationen folgte auf das Ende der Anwerbung der Familiennachzug, der das demographische Profil der aus Arbeitsmigration entstandenen Zuwandererminoritäten zu normalisieren begann. Daneben spielten Flüchtlingsströme und eine zunehmende illegale Wanderung nach Europa eine wichtige Rolle im Migrationsgeschehen. Erst ab den 1990er Jahren hat die saisonale oder temporäre Arbeitsmigration für die unteren Segmente vieler Arbeitsmärkte Westeuropas wieder zunehmend an Bedeutung gewonnen. Für einen spezifischen Mangel an Arbeitskräften gilt sie noch immer als eine geeignete Lösung. Allerdings ermöglichen es die veränderten Rahmenbedingungen vielfach, selektive und temporäre Arbeitsmigration zu institutionalisieren, ohne gleichzeitig Mindeststandards der Migrationsbedingungen festzulegen, die an die Gleichbehandlung des alten Migrationssystems heranreichen. Eine weitere Dimension haben seit den Anschlägen vom 11. September 2001 die Reaktionen auf den globalen Terrorismus und die daraus resultierenden stark gesteigerten Sicherheitsanforderungen an die Regulierung von Wanderungsprozessen dem Diskurs aber auch der migrationspolitischen Praxis hinzu gefügt.[9]

Auf dem Spielfeld der klassischen Arbeitsmigration konnte jedenfalls von einer Gleichbehandlung polnischer Saisonarbeiter in der deutschen Landwirtschaft oder im Dienstleistungssektor mit inländischen Arbeitskräften zwischen dem Zerfall des ›Ostblocks‹ und dem EU-Beitritt Polens kaum die Rede sein. Zu den diskriminierenden Arbeitsbedingungen, die man ausländischen Arbeitswanderern bot, fand man nach wie vor keine deutschen Bewerber für Erntearbeiten. Dies führte in gewisser Hinsicht zu einer Renaissance des Migrationsregimes, das in Europa vor der Regulierung der internationalen Arbeitsmigration durch Standards und bilaterale Verträge herrschte, obwohl seit 1990 ein bilateraler Wanderungsvertrag zwischen Polen und Deutschland bestand, der aus polnischer Sicht als eines der wenigen erfolgreichen Projekte zur Arbeitsmigration gilt.[10] Hatte bis 1973 die hohe Nachfrage nach ausländi-

beitgeberverbänden genutzt wurden, um wieder ausländische Arbeitskräfte als landwirtschaftliche Saisonarbeiter, für den Bausektor oder den Gesundheistbereich zu rekrutieren und sieht hier den Beginn einer Privatisierung der grenzüberschreitenden Arbeitsmigration in die EG bzw. EU; vgl. Lange, Tripartite Agreements on Labour Migration, S. 138f. Martin u.a. dagegen sehen als wichtige Kontinuitätslinie den Übergang von den allgemeinen Anwerbeabkommen, die vor 1973/74 dominierten, zu spezifischeren Anwerbeprogrammen, die wieder stärker auf eine Überwachung des temporären Charakters setzten; vgl. Martin/Abella/Kuptsch, Managing Labor Migration in the Twenty-first Century, S. 83f.

9 Die Idee der Prüfung und Überwachung, gerade von Arbeitswanderern, ist – wie diese Studie zeigt – selbstverständlich nicht neu, gewinnt aber in der Auseinandersetzung mit dem Terrorismus eine neue Qualität; vgl. Chebel d'Appollonia/Reich, The Securitization of Immigration, S. 8f.

10 Okólski, Seasonal Labour Migration in the Light of the German-Polish Bilateral Agreement, S. 204f.; Korczynska, Individuelle Kosten und Nutzen der Saisonarbeit der Polen in Deutschland, S. 205f. Daneben schloss die Bundesrepublik zwischen 1989 und 2005 rund ein Dutzend Abkommen mit ost- und südosteuroäischen Staaten, die der regulierten Entsendung von Arbeitnehmern im Rahmen von Unternehmenskooperationen als so genannte Werkvertragsarbeitnehmer zum Gegenstand hatten und auf einem Quotensystem beruhten; vgl. Menz,

schen Arbeitskräften dazu geführt, dass sich Regulierung mit einem gesteigerten Maß an Sicherheit für die Migranten verband, so hat die extreme Verschiebung durch den Rückgang der Nachfrage und das stetige Wachstum des Angebots in Osteuropa dazu geführt, dass die Zuwanderungsländer sich in vielen Bereichen auf die Kontrolle von Arbeitsimmigration aus der *neuen* Peripherie mit sinkender Qualität ohne Absicherung der Migrationsbedingungen zurückziehen konnten. Mit der Annäherung Polens and die EU kamen dann allerdings die bekannten Mechanismen wieder zum Vorschein: die Erweiterung der Reisefreiheit polnischer Arbeitsmigranten durch den EU-Beitritt hat die Zahl der Wettbewerber um diese Arbeitskräfte erhöht. Die von Deutschland gebotenen Migrationsbedingungen waren schlechter als die der Niederlande, Großbritanniens oder der skandinavischen Staaten. Eine Verlagerung der Migrationsströme aus Polen in diese Regionen vollzog sich schlagartig. Gleichzeitig verscherschoben sich die Migrationsbeziehungen der Staaten Westeuropas, die auf eine unterprivilegierte und ungeschützte Zuwanderung von Arbeitskräften zielen, zusehends weiter nach Osten. Zu welchen Regulierungsmaßnahmen und supranationalen Standards wird der Prozess diesmal führen?[11]

In anderen Bereichen, dort wo – wie in der EU – supranationale Verbünde Migrationsbedingungen garantieren, die ausländische Arbeitnehmer zur Konkurrenz für Inländer werden lassen, gelten die alten Regeln noch. So sorgen beispielsweise die europäische Entsenderichtlinie und das deutsche Arbeitnehmer-Entsendegesetz dafür, dass unter solchen Bedingungen der Grundsatz der Gleichbehandlung durchgesetzt wird, um die Kosten für inländische und ausländische Arbeitskraft anzugleichen. Dieser Mechanismus hat in der Zwischenzeit mit der vollständigen Integration Polens in die EU auch die polnischen Arbeitsmigranten erfasst. Andere Brennpunkte, an denen sich Migrationsverhältnisse rapide ändern und sich die Frage stellt, wie eine positive Regulierung und ein effektiver Schutz von Migranten umsetzen lassen, liegen heute in Südeuropa.[12]

Aus globaler Perspektive hat die Bedeutung temporärer Arbeitsmigration seit dem Ende der Anwerbung in Europa noch beträchtlich zugenommen. Mehr als 30 Jahre nachdem alle europäischen Anwerbestaaten 1973/74 einen Rekrutierungsstopp verkündeten, ist die temporäre Arbeitsmigration noch immer die am schnellsten wachsende Form ökonomisch motivierter Wanderung. Im Jahr 2006 haben die Vereinten Nationen temporäre Arbeitsmigration zum ersten Mal zum Thema ihres ›High Level Dialog on Migration and De-

Beyond the Anwerbestopp?, S. 255f., der darin eine Rückkehr zur »Gastarbeiteranwerbung« erkennt.

11 Vgl. dazu beispielsweise Ruhs, The Potential of Temporary Migration Porgrammes in Future International Migration Policy, S. 7f., 32f.; ders./Martin, Numbers versus Rights, S. 250, die gestützt auf Prognosen der Vereinten Nationen eine Renaissance der regulierten temporären Arbeitsmigration voraussagen. Generelle Ausblicke auf die Zukunft der Kontrolle von Migration bietet die Aufsatzsammlung Pécoud/de Guchteneire, Migration without Borders.

12 Baldwin-Edwards, European Immigration, S. 506f.

velopment‹ gemacht.[13] Obwohl sich die Schwerpunkte dieses Migrationsgeschehens von Europa nach Asien und in den arabischen Raum verlagert haben, wird Arbeitsmigration im Bereich mittlerer und hoher Qualifikationen und auch deren Regulierung für Europa auf absehbare Zeit sowohl auf nationaler wie auf supranationaler Ebene eine Notwendigkeit und eine zu bewältigende ökonomische und soziale Herausforderung bleiben. Gerade im Bereich der Migration Niedrig- oder Unqualifizierter könnten Forderungen nach einer stärken Kontrolle unter dem Eindruck der Herausforderung durch den internationalen Terrorismus und die Angst vor Einwanderung zu einer Wiederbelebung hochgradig regulierter Programme zum temporären Transfer von Arbeitskraft kommen.[14]

Unter den aktuellen Lösungsversuchen zeichnen sich drei Trends ab. Erstens die Rückkehr zu Wanderungsverträgen, die regulierte Arbeitsmigration an die Stelle illegaler oder irregulärer Zuwanderung und Beschäftigung setzen.[15] Ihre Mechanismen gleichen in bemerkenswerter Weise ihren Vorbildern aus dem Zeitraum zwischen 1919 und 1973. Zweitens im Zuge dessen neuerliche Versuche, endlich einen Weg zu finden, eine zeitliche Begrenzung der Arbeitsmarktpräsenz von Migranten durchzusetzen, die nicht von ihnen selbst, sondern von den Bedürfnissen des Arbeitsmarktes abhängt. Dies kann in Ansätze münden, die temporäre Migration mit Mitteln zu erzwingen, welche die Grenzen rechtsstaatlicher und humanitärer Politik sprengen, wie die Praxis der temporären Arbeitsmigration in einigen arabischen Staaten zeigt. Die in der Diskussion der vergangenen Jahre kursierende Idee, Arbeitsmigranten, die eine ihnen zugebilligte Verweildauer in ihrem Zielland überschritten haben, von privaten Rückholdiensten deportieren zu lassen, stößt an diese Grenzen und enthüllt, dass auch in der westlichen Welt Migrationsregime denkbar sind, die sich nicht auf positive Anreize und konventionelle Kontrollmechanismen verlassen wollen.[16] Derzeit herrschen im europäischen und amerikanischen Kontext jedoch positive Ansätze vor. Ein Konzept für die Organisation temporärer Arbeitsmigration, das eine höhere Chance für einen von den Aufnahmestaaten gewünschten Verlauf des Migrationsprozesses gewährleistet, zugleich die Interessen und die Würde der Migranten wahrt und Vorteile für deren Heimatländer mit sich bringt, ist eines der momentan wichtigsten migrations- und wirtschaftspolitischen Zukunftsprojekte. Drittens entwickeln sich in diesem Bemühen zwei Richtungen. Eine besteht auf dem Ziel der möglichst vollstän-

13 Steinweg, United Nations High-Level Dialogue on International Migration and Development, S. 2.

14 Hierauf deutet etwa der 2005 von George W. Bush ins Spiel gebrachte Vorschlag zu einer Neuauflage des Bracero-Programms hin, um die Arbeitswanderung aus Mexiko einer rigiden Kontrolle zu unterwerfen; vgl. Bailey, Immigration and Migration, S. 57. Interessant wird der Zusammenhang dadurch, dass die mexikanische Seite kurz darauf ebenfalls ein Programm zur Anwerbung temporärer Arbeitskräfte mit den USA anstrebte, um deren rigide Zuwanderungspolitik aufzuweichen; vgl. ebd. S. 102.

15 Martin/Abella/Kuptsch, Managing Labor Migration in the Twenty-first Century, S. 98f.

16 In diesem Zusammenhang ist auch Ansatz von Bader bemerkenswert, eine Ethik der Migrationspolitik einzufordern; vgl. Bader, The Ethics of Migration, S. 353.

dig temporären Arbeitsmigration und versucht, diese durch differenzierte Motivationsmechanismen zu gewährleisten. Die zweite verbindet eine Reform des institutionellen Rahmens temporärer Arbeitsmigration mit der Erkenntnis, dass der Entschluss zur Einwanderung bei einem Teil der Migranten im Zuge solcher Migrationsprozesse immer eine Begleiterscheinung sein wird. Jedes Migrationsregime, das primär auf temporäre Arbeitsmigration zielt, sollte daher auch eine Komponente enthalten, die den Weg zur dauerhaften Niederlassung mit klaren Bedingungen und Perspektiven verbindet, die sich sowohl an der ökonomischen als auch an der sozialen Dimension und Wirklichkeit von Migration orientieren.[17]

Der Blick auf die Vergangenheit der Arbeitsmigration nach Europa regt an, beim Streben nach Standards und Protokollen, die zukünftig auf supranationaler Ebene den temporären Transfer von Arbeitskraft regulieren sollen, eine gewisse Geschichtsvergessenheit zu überwinden, um durch die Analyse des Gestern jeden unkritischen Rückgriff auf die alten Rezepte im Morgen zu erkennen. Dazu gehört nicht nur die Kenntnis der historischen Ursachen und Strukturen, ihrer Erfolge und ihres Versagens, sondern auch ein Bewusstsein für die komplexen Zusammenhänge, die dafür sorgen, dass sich jeder institutionelle Rahmen, den wir einem Migrationsregime geben, fortwährend in einer Weise verändern wird, die sich den Steuerungsmöglichkeiten einzelner Akteure entziehen kann. Den Einfluss des Zusammenspiels ökonomischer Rahmenbedingungen in Aufnahme- und Entsendeländern, internationaler Standards, nationaler Präferenzen und des auf jedem Markt unvermeidlichen Wettbewerbs nicht nur auf den Verlauf der Arbeitsmigration in Europa, sondern auch auf deren Institutionen – hier untersucht am Beispiel des bilateralen Wanderungsvertrages – auf diese Zusammenhänge hat das historische Beispiel verdeutlicht.

Als Beitrag zur migrationshistorischen Forschung hat die in dieser Untersuchung gewählte Perspektive auf die europäische Arbeitsmigration gezeigt, wie wichtig es ist, die europäische Arbeitsmigration als Phänomen des Industriezeitalters über die großen Zäsuren des 20. Jahrhunderts hinaus einer Langzeitbeobachtung zu unterziehen, um ihre säkularen Entwicklungslinien freizulegen. Auch lässt sich bestimmten Strukturen dieses Migrationssystems erst durch die Überwindung eines nationalen Blickwinkels gerecht werden. Die Analyse des Gesamtsystems als Summe der Migrationsbeziehungen einzelner Aus- oder Einwanderungsländer zeigt, wie sich im 20. Jahrhundert ein euro-

17 Vgl. dazu Münz/Straubhaar, Migrants and the European Labour Market; Migration Policy Institute, Managing Irregular Migration; Agunias, Linking Temporary Worker Schemes with Development; Sriskandarajah/Hopwood Road, United Kingdom; vgl. zur Reform des Migrationsregimes der USA, Meissner, Immigration and America's Future. Wie schwierig der Weg zu einer progressiven Politik der Einwanderung bzw. der Arbeitsmigration ist, zeigt das Ende eines der jüngeren Reformversuches in den USA durch eine Niederlage der amerikanischen Regierung bei der Abstimmung über ihre Gesetztesvorlage zur Novelle des Einwanderungsgesetztes im Senat am 27. Juni 2007; vgl. Pear/Hulse, Immigrant Bill Dies in Senate, in: New York Times, 29.6.2007.

päisches Migrationssystem im Spannungsfeld internationaler institutioneller Konvergenz und nationaler Handlungsstrategien entwickelte, ausbreitete, seine eigenen Institutionen hervorbrachte und schließlich zusammenbrach. Mit der Kombination beider Ansätze hat diese Studie eine neue Perspektive auf Form, Wirkung und Entwicklung einer bislang in der Forschung vernachlässigten Institution erarbeitet und gleichzeitig unser Wissen über ein komplexes und in seinen Auswirkungen bis heute spürbares Phänomen erweitert. Kein einziges Element dieses Migrationssystems hat sich jemals völlig unabhängig von den es umgebenden Strukturen entwickelt, ein Befund, der sich als Ergebnis dieser Studie nicht nur auf die Abhängigkeit der Aus- von den Einwanderungsländern bezieht, sondern insbesondere auf das Verhältnis der Ein- und Auswanderungsländer untereinander. Diese Feststellungen ermöglichen nicht nur ein anderes Deuten und Verorten säkularer Entwicklungen und struktureller Brüche im Migrationsgeschehen, sondern machen auch manchen vermeintlichen Sonderweg als Teil eines breiten internationalen Trends und damit die wirklich spezifischen Elemente bilateraler Arbeitsmarktbeziehungen vor dem Hintergrund eines internationalen Arbeitsmarktes erkennbar.

5. ANHANG

Abkürzungsverzeichnis

AEA	American Economic Association
ADGB	Allgemeiner Deutscher Gewerkschaftsbund
AVAVG	Gesetz über Arbeitsvermittlung und Arbeitslosenversicherung
BArch	Bundesarchiv
BAVAV	Bundesanstalt für Arbeitsvermittlung und Arbeitslosenversicherung
C	Convention
CEE	Communauté économique européenne
CGT	Confédération générale du travail
COMECON	Council for mutual economic assistance
CRESM	Centre de recherches et d'études sur les sociétés méditerrannées
DAZ	Deutsche Arbeiterzentrale
EEC	European Economic Community
EG	Europäische Gemeinschaft
EGKS	Europäische Gemeinschaft für Kohle und Stahl
ERP	European Recovery Program
EU	Europäische Union
EWG	Europäische Wirtschaftsgemeinschaft
Fédéchar	Fédération des Associations Charbonnières
Fn	Fußnote
GBA	Generalbevollmächtigter für den Arbeitseinsatz
GBH	Gewerkschaft Bau und Holz
GBI	Gewerkschaft Bau und Industrie
IAO	Internationale Arbeitsorganisation
ICEM	Intergovernmental Committee on European Migration
IEE	Instituto Español de Emigración
IFO	Institut für Wirtschaftsforschung
ILO	International Labour Organization
IMIS	Institut für Migrationsforschung und Interkulturelle Studien
INS	Immigration and Naturalization Service
IOM	International Organization for Migration
NCW	Nederlandse Christelijk Werkgeversverbond
NF	Neue Folge
OECD	Organization for Economic Cooperation and Development
OEEC	Organization for European Economic Cooperation
OFAMO	Office algérien de la main-d'œuvre
OKVR	Oberkriegsverwaltungsrat
ONI	Office nationale d'immigration
ONMA	Office nationale de la main-d'œuvre agricole
R	Recommendation
RAVAV	Reichsanstalt für Arbeitsvermittlung und Arbeitslosenversicherung
RGW	Rat für gegenseitige Wirtschaftshilfe
PICMME	Intergovernmental Committee for the Movement of Migrants from Europe
SGI	Société générale d'immigration
UN	United Nations
VNO	Verbond van Nederlandse Ondernemingen

Tabelle 1: Wanderungsabkommen 1919 bis 1971

	Algerien	Griechen-land	Italien	Jugosla-wien	Marokko	Polen	Portugal	Spanien	Tunesien	Türkei	Österreich	Rumänien	Bulgarien	Slowakei	Litauen	Tschecho-slowakei	Ungarn	Nieder-lande	UK	Schweiz	Belgien	Deutsch-land
Belgien	1970	1957	1923 1938 1946 1948	1970	1964			1956	1969	1964								1933				
Deutschland		1960	1937 1938 1939 1941 1955 1957 1961 1965	1928 1939 1941 1943 1944 1968	1963 1966	1927	1964	1941 1942 1960	1965	1961 1964	1928	1941	1939 1943	1939 1941 1942	1923	1928	1941 1942					
Frankreich	1964 1968	1929 1954	1919 1947 1948 1951	1932 1965	1963	1919 1920 1925	1940 1963 1971	1930 1932 1961	1963	1965	1930	1930				1920 1928	1930	1951	1923	1946	1924	1946 1950
Luxemburg			1920 1948	1970			1970	1970										1933			1926	
Niederlande		1966	1948 1960	1970	1969		1963	1961	1971	1964												
Österreich			1947	1966		1922		1962 1964		1964 1966						1921 1925	1926					
Schweden			1947	1967						1967							1947					
Schweiz			1934 1948 1965					1961														

Tabelle 2: Abgeschlossene Wanderungsverträge und Folgeabkommen 1946 bis 1971 pro Jahr und Land

Jahr	**Summe**	46	47	48	49	50	51	52	53	54	55	56	57	58	59	60	61	62	63	64	65	66	67	68	69	70	71
Belgien	**8**	1		1									1							2					1	2	
Frankreich	**13**		1	1			1			1							1		3	1	2			1			1
Österreich	**6**		1															1		2		2					
Schweden	**3**		1																				2				
Luxemburg	**4**			1																						3	
Niederlande	**9**			1												1	1		1	1		1			1	1	1
Deutschland	**13**										1		1			2	2		1	2	2	1		1			
Schweiz	**3**			1													1				1						
Summe		**1**	**3**	**5**	**0**	**0**	**1**	**0**	**0**	**1**	**1**	**1**	**2**	**0**	**0**	**3**	**5**	**1**	**5**	**8**	**5**	**4**	**2**	**2**	**2**	**6**	**2**
Italien	**16**	1	3	5			1				1		1			1	1				2						
Griechenland	**4**									1			1			1						1					
Spanien	**8**											1				1	3	1		1						1	
Türkei	**8**																1			4	1	1	1				
Marokko	**5**																		2	1		1			1		
Portugal	**5**																		2	1						1	1
Tunesien	**4**																		1		1				1		1
Algerien	**3**																			1				1		1	
Jugoslawien	**7**																				1	1	1	1		3	

Karte 1: Der Kern des europäischen Migrationssystems vor dem Ersten Weltkrieg

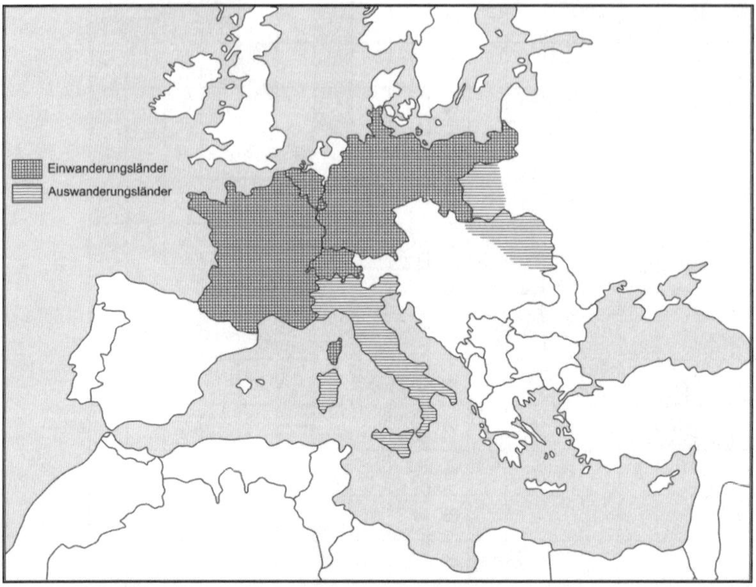

Europa mit den Grenzen von 1914

Karte 2: Kern und Peripherie des europäischen Migrationssystems in der Zwischenkriegszeit

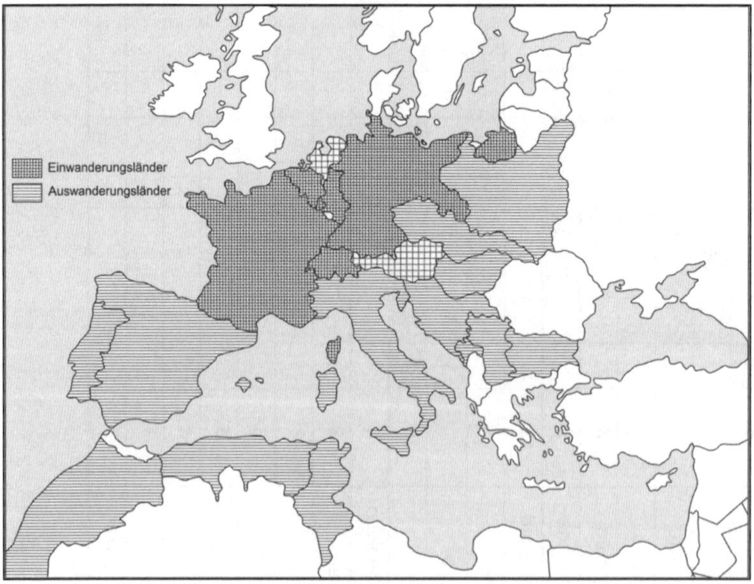

Europa mit den Grenzen von 1923

Karte 3: Der Kern des europäischen Migrationssystems nach dem Zweiten Weltkrieg

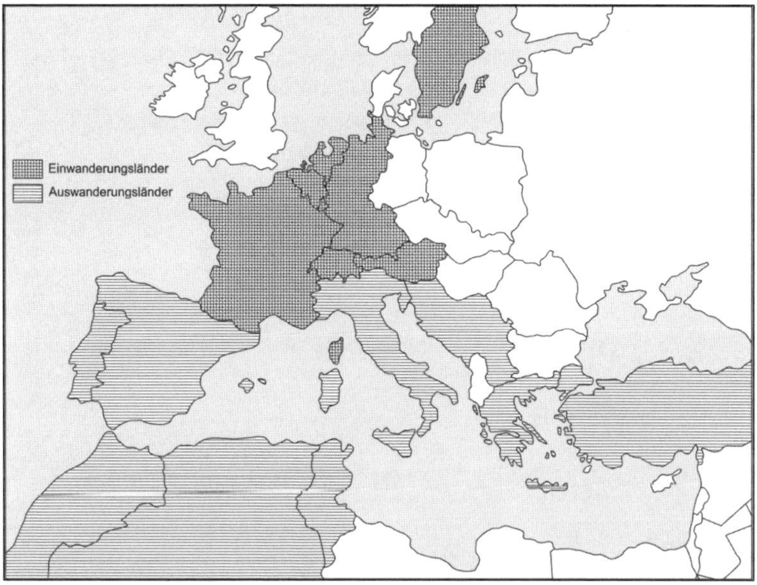

Europa mit den Grenzen von 1964

6. QUELLEN UND LITERATUR

6.1. Zwischenstaatliche Vereinbarungen und Gesetze

6.1.1. Belgien

Accord entre la Belgique et la Grèce concernant l'émigration de travailleurs grecs en Belgique en vue d'être occupés dans les charbonnages, 12.7.1957, hier aus: Senat de Belgique, Documents législatifs, 563 (1974–1975) N. 1, S. 28–47.

Accord entre la Belgique et la Turquie relatif à l'occupation de travailleurs turcs en Belgique, 16.7.1964, hier aus: Senat de Belgique, Documents législatifs, 563 (1974–1975) N. 1, S. 74–102.

Accord entre la République Socialiste Fédérative de Yougoslavie et le Royaume de Belgique relatif à l'emploi et au séjour en Belgique des travailleurs yougoslaves, 15.7.1970, hier aus: Senat de Belgique, Documents législatifs, 563 (1974–1975) N. 1, S. 141–155.

Accord entre le Gouvernement belge et le Gouvernement italien relatif à l'emploi et au séjour en Belgique des travailleurs italiens et de leurs familles, hier aus: Senat de Belgique, Documents législatifs, 563 (1974–1975) N. 1, S. 103–108.

Convention between Belgium and Italy on Social Insurance, 30.4.1948, hier aus: United Nations Treaty Collection (online) http://untreaty.un.org/English/access.asp, No. 571.

Convention entre la Tunisie et la Belgique relative à l'emploi et au séjour en Belgique des travailleurs tunisiens, 7.8.1969, hier aus: Senat de Belgique, Documents législatifs, 563 (1974–1975) N. 1, S. 117–128.

Convention entre le Royaume de Belgique et la République Algérienne Démocratique et Populaire relative à l'emploi et au séjour des travailleurs algériens et de leurs familles, hier aus: Senat de Belgique, Documents législatifs, 563 (1974–1975) N. 1, S. 129–140.

Convention entre la Belgique et le Maroc relative à l'occupation de travailleurs marocains en Belgique, 17.2.1964, hier aus: Senat de Belgique, Documents législatifs, 563 (1974–1975) N. 1, S. 49–73.

Convention générale de Sécurité sociale, 29.1.1975, hier aus: http://www.ilo.org/dyn/natlex/ (INT-1975-IA-18719) (Belgien-Tunesien).

Convention générale sur la Sécurité sociale entre le Maroc et la Belgique, 24.6.1968, hier aus: http://www.ilo.org/dyn/natlex (INT-1968-IA-21529).

Protocol (with Exchange of Notes) Concerning the Recruiting of Italian Workers and their Settlement in Belgium, 23.6.1946, and the Annex to that Protocol, 26.4.1947, hier aus: United Nations Treaty Collection (online) http://untreaty.un.org/English/access.asp, No. 305.

Protocol between Belgium and Italy Concerning the Recruiting of Italian Workers and their Settlement in Belgium, 9.2.1948, hier aus: United Nations Treaty Collection (online) http://untreaty.un.org/English/access.asp, No. 915.

Protocol Concerning the Recruitment of Italian Workers, 1.8.1952, hier aus: United Nations Treaty Collection (online) http://untreaty.un.org/English/access.asp, No. 915.

Protocole fixant des modalités d'application de l'article 2 de l'Accord entre le Gouvernement belge et le Gouvernement italien relatif à l'emploi et au séjour en Belgique des travailleurs italiens et de leurs familles, hier aus: Senat de Belgique, Documents législatifs, 563 (1974–1975) N. 1, S. 109–116.

Traité de travail entre la Belgique et la France, 24.12.1924, hier aus: Ministère des Affaires Étrangères de la République Française, Archives Diplomatiques, Base Pacte, http://www.doc.diplomatie.gouv.fr.

6.1.2. Deutschland

Accord complémentaire à la convention relative à la Sécurité sociale du 6 novembre 1964, 12.8.1968, hier aus: http://www.ilo.org/dyn/natlex/ (INT-1966-IA-25296) (Deutschland-Portugal).

Agreement on Social Insurance (with Final Protocol), 12.10.1968, hier aus: http://www.ilo.org/dyn/natlex/ (INT-1968-IA-25487) (Deutschland-Jugoslawien).

Agreement, with Final Protocol, to Amend the Social Security Convention of 8 Dec. 1966, 30.9.1974, hier aus: http://www.ilo.org/dyn/natlex/ (INT-1974-IA-15483) (Deutschland-Portugal).

Änderung der Vereinbarung zwischen der Regierung der Bundesrepublik Deutschland und der Regierung der Italienischen Republik vom 20. Dezember 1955 in der Fassung vom 1. März 1957 über die Anwerbung und Vermittlung italienischer Arbeitskräfte nach der Bundesrepublik Deutschland vom 14. Dezember 1961, hier aus: Bundesarbeitsblatt, 13. 1962, S. 71–77.

Convention relative à la Sécurité sociale (avec protocole final), 11.6.1964, hier aus: http://www.ilo.org/dyn/natlex/ (INT-1964-IA-25295) (Deutschland-Portugal).

Convention sur la Sécurité sociale (avec protocole final), 30.4.1964, hier aus: http://www.ilo.org/dyn/natlex/ (INT-1964-IA-25484) (Deutschland-Türkei).

Deutsch-bulgarische Vereinbarung über bulgarische gewerbliche Arbeitskräfte vom 9.2.1943; BArch R 41 469.

Deutsch-italienische Vereinbarung über die Anwerbung, Vermittlung und Beschäftigung italienischer landwirtschaftlicher Arbeiter, 28.7.1937, hier aus: Dazzi, Antonio: Vereinbarungen zwischen Deutschland und Italien auf dem Gebiet der Arbeit und der Sozialversicherung, 1942, S. 63–64.

Deutsch-italienische Vereinbarung über die Anwerbung, Vermittlung und Beschäftigung italienischer gewerblicher Arbeiter, 17.3.1939, hier aus: Dazzi, Antonio: Vereinbarungen zwischen Deutschland und Italien auf dem Gebiet der Arbeit und der Sozialversicherung, 1942, S. 218–219.

Deutsch-kroatische Vereinbarung über den Arbeitseinsatz kroatischer Arbeitskräfte in Deutschland vom 3.2.1943, BArch R 41 469.

Deutsch-slowakische Vereinbarung vom 8.12.1939, BArch R 41 479.

Deutsch-ungarische Vereinbarung über den Einsatz ungarischer nichtlandwirtschaftlicher Arbeiter im Reich vom 4.7.1941, BArch R 41 480.

Deutsch-ungarische Vereinbarung über land- und forstwirtschaftliche Arbeiter vom 11.1.1942, BArch R 41 481.

Gesetz über den am 1. Juni 1923 unterzeichneten Handelsvertrag zwischen Deutschland und Litauen, in: Reichsgesetzblatt, 1924, Teil II, S. 205–223.

Gesetz über den Vertrag zwischen dem Deutschen Reiche und der Polnischen Republik über polnische landwirtschaftliche Arbeiter, Reichsgesetzblatt, 1928, Teil II, S. 167–173.

Programm zur vorübergehenden Beschäftigung von koreanischen Bergarbeitern im westdeutschen Steinkohlenbergbau, 16.12.1963, hier aus: Bundesarbeitsblatt, 15. 1964, S. 143–145.
Regelung über die Vermittlung türkischer Arbeitnehmer nach der Bundesrepublik Deutschland, 30.10.1961, hier aus: Bundesarbeitsblatt, 13. 1962, S. 69–71.
Vereinbarung mit der kroatischen Regierung über Anwerbung von kroatischen gewerblichen Arbeitern für 1941, BArch R 41 480.
Vereinbarung über die serbisch-kroatisch-slowenischen landwirtschaftlichen Wanderarbeiter, in: Reichsgesetzblatt, Teil II, 1929, S. 642–645.
Vereinbarung über tschechoslowakische landwirtschaftliche Wanderarbeiter, in: Reichsgesetzblatt, Teil II, 1928, S. 491–495.
Vereinbarung zwischen der Regierung der Bundesrepublik Deutschland und der Regierung des Königreichs Marokko vom 21. Mai 1963 über die vorübergehende Beschäftigung marokkanischer Arbeitnehmer in der Bundesrepublik Deutschland in der am 4. März 1966 geänderten Fassung, hier aus: Bundesarbeitsblatt, 17. 1966, S. 469–472.
Vereinbarung zwischen der Regierung der Bundesrepublik Deutschland und der Regierung des Königreichs Marokko über die vorübergehende Beschäftigung marokkanischer Arbeitnehmer in der Bundesrepublik Deutschland, 21.5.1963, hier aus: Bundesarbeitsblatt, 14. 1963, S. 601–603.
Vereinbarung zwischen der Regierung der Bundesrepublik Deutschland und der Regierung der Portugiesischen Republik über die Vermittlung von portugiesischen Arbeitnehmern nach Deutschland, hier aus: Bundesarbeitsblatt, 15. 1964, S. 381–384.
Vereinbarung zwischen der Regierung der Bundesrepublik Deutschland und der Regierung der Sozialistischen Föderativen Republik Jugoslawien über die Regelung der Vermittlung jugoslawischer Arbeitnehmer nach und ihrer Beschäftigung in der Bundesrepublik Deutschland, 12.10.1968, hier aus: Amtliche Nachrichten der BAVAV, 17. 1969, S. 170–174.
Vereinbarung zwischen der Regierung der Bundesrepublik Deutschland und der Regierung der Tunesischen Republik über die Beschäftigung tunesischer Arbeitnehmer in der Bundesrepublik Deutschland, 18.10.1965, hier aus: Bundesarbeitsblatt, 17. 1966, S. 221–223.
Vereinbarung zwischen der Regierung der Bundesrepublik Deutschland und der Regierung der Italienischen Republik über die Anwerbung und Vermittlung von italienischen Arbeitskräften nach der Bundesrepublik Deutschland, 20.12.1955, hier aus: Amtliche Nachrichten der BAVAV, 3. 1955, S. 52–55.
Vereinbarung zwischen der Regierung der Bundesrepublik Deutschland und der Regierung der Italienischen Republik über die Anwerbung und Vermittlung von italienischen Arbeitskräften nach der Bundesrepublik Deutschland unter Berücksichtigung des Notenwechsels vom 1. März 1957, hier aus: Amtliche Nachrichten der BAVAV, 5. 1957, S. 163–167.
Vereinbarung zwischen der Regierung der Bundesrepublik Deutschland und der Regierung der Italienischen Republik über die Anwerbung und Vermittlung von italienischen Arbeitskräften nach der Bundesrepublik, 23.2.1965, hier aus: Bundesarbeitsblatt, 16. 1965, S. 277–281.
Vereinbarung zwischen der Regierung der Bundesrepublik Deutschland und der Regierung des Königreichs Griechenland über die Anwerbung und Vermittlung von griechischen Arbeitnehmern nach der Bundesrepublik Deutschland, hier aus: Bundesarbeitsblatt, 13. 1962, S. 77–80.
Vereinbarung zwischen der Regierung der Bundesrepublik Deutschland und der Regierung des Spanischen Staates über die Wanderung, Anwerbung und Vermittlung

von spanischen Arbeitnehmern nach der Bundesrepublik Deutschland, 29.3.1960, hier aus: Amtliche Nachrichten der Bundesanstalt für Arbeitsvermittlung und Arbeitslosenversicherung, 8. 1960, S. 274–277.

Verfahrensregelung zur deutsch-jugoslawischen Regierungsvereinbarung über die Regelung der Vermittlung jugoslawischer Arbeitnehmer nach und ihrer Beschäftigung in der Bundesrepublik Deutschland vom 12. Oktober 1968 vom 24. April 1972, in: Amtliche Nachrichten der BAVAV, 20. 1972, S. 403–408.

Vermittlung türkischer Arbeitnehmer nach der Bundesrepublik Deutschland. Bek. des BMA vom 3. Dezember 1964 über eine Änderung und Neufassung der deutsch-türkischen Vereinbarung vom 30. Oktober 1961, hier aus: Bundesarbeitsblatt, 16. 1965, S. 125–127.

Vertrag zwischen dem Großdeutschen Reich und der Slowakischen Republik über den Einsatz und die Betreuung slowakischer Arbeitskräfte im deutschen Reichsgebiet vom 19.3.1943, BArch R 41 469.

Zweites (Ergänzungs-)Programm zur vorübergehenden Beschäftigung von japanischen Bergarbeitern im Ruhrkohlenbergbau, 30.1.1962, hier aus: Bundesarbeitsblatt, 13. 1962, S. 265–268.

6.1.3. Frankreich

Accord complémentaire entre la France et l'Espagne relatif aux travailleurs permanents, 25.1.1961, hier aus: Ministère des Affaires Étrangères de la République Française, Archives Diplomatiques, Base Pacte, http://www.doc.diplomatie.gouv.fr.

Accord complémentaire entre la France et l'Espagne relatif aux travailleurs saisonniers, hier aus: Ministère des Affaires Étrangères de la République Française, Archives Diplomatiques, Base Pacte, http://www.doc.diplomatie.gouv.fr.

Accord d'immigration entre la France et l'Italie, 21.3.1951, hier aus: Ministère des Affaires Étrangères de la République Française, Archives Diplomatiques, Base Pacte, http://www.doc.diplomatie.gouv.fr.

Accord entre la République Française et la République Socialiste Fédérative de Yougoslavie réglementant l'emploi des travailleurs yougoslaves en France, 25.1.1965, hier aus: United Nations Treaty Collection (online) http://untreaty.un.org/English/access.asp, No. 25819.

Accord entre le gouvernement de la République Française et le gouvernement de la République Algérienne Démocratique et Populaire relatif à la circulation, à l'emploi et au séjour en France des ressortissants algériens et de leurs familles, hier aus: Ministère des Affaires Étrangères de la République Française, Archives Diplomatiques, Base Pacte, http://www.doc.diplomatie.gouv.fr.

Accord par échange de lettres relatif au régime des assurances sociales applicable aux ressortissants italiens exécutant en France un travail saisonnier dans une profession agricole, 3.3.1956; hier aus: Ministère des Affaires Étrangères de la République Française, Archives Diplomatiques, Base Pacte, http://www.doc.diplomatie.gouv.fr.

Agreement Amending the General Convention between France and Yugoslavia on Social Security, 5.1.1966, hier aus: United Nations Treaty Collection (online) http://untreaty.un.org/English/access.asp, No. 9502.

Agreement between Italy and France Respecting the Application in Advance of Certain Provisions of the European Convention on Social Security for Migrant Workers, 27.3.1958, hier aus: United Nations Treaty Collection (online) http://untreaty.un.org/English/access.asp, No. 4428.

Agreement Concerning Emigration (with Administrative Arrangements Nos. 1 and 2, signed at Paris on 13 March 1954), 13.5.1954, hier aus: United Nations Treaty Collection (online) http://untreaty.un.org/English/access.asp, No. 3036.

Agreement Concerning Sickness Insurance Benefits for Spanish Seasonal Workers in Agriculture, 28.7.1969, hier aus United Nations Treaty Collection (online) http://untreaty.un.org/English/access.asp, No. 10711.

Agreement Concerning the Migration, Recruitment and Employment of Portuguese Workers in France (with Annexes), 31.12.1963, hier aus: United Nations Treaty Collection (online) http://untreaty.un.org/English/access.asp, No. 11553.

Agreement Concerning Yugoslav Seasonal Workers Employed in France and French Seasonal Workers Employed in Yugoslavia, 5.3.1970, hier aus: United Nations Treaty Collection (online) http://untreaty.un.org/English/access.asp, No. 10803.

Agreement on the Immigration, Conditions and Social Advancement of Portuguese Workers and their Families in France (with Annexes), 11.1.1977, hier aus: United Nations Treaty Collection (online) http://untreaty.un.org/English/access.asp, No. 15777.

Arrangement administratif complémentaire abrogeant et remplaçant certaines dispositions de l'article 56 de l'arrangement administratif du 23 janvier 1967 pris pour l'application des dispositions de la convention générale de Sécurité sociale du 5 janvier 1950, modifiée et complétée par l'avenant du 8 février 1966, 13.3.1968, hier aus: http://www.ilo.org/dyn/natlex/ (INT-1968-IA-25733) (Frankreich-Jugoslawien).

Arrangement administratif concernant les modalités d'application de la convention générale sur la Sécurité sociale du 5 janvier 1950, modifiée et complétée par l'avenant du 8 février 1966 à ladite convention, 23.1.1967, hier aus: http://www.ilo.org/dyn/natlex/ (INT-1967-IA-25751) (Frankreich-Jugoslawien).

Arrangement concernant les remboursements et les transfers de fonds déposés à la Caisse Nationale d'Épargne de France et la Caisse d'Épargne Postale d'Italie, 14.4.1904, hier aus: Ministère des Affaires Étrangères de la République Française, Archives Diplomatiques, Base Pacte, http://www.doc.diplomatie.gouv.fr.

Arrangement relatif au recrutement d'ouvriers italiens comme travailleurs du fond pour les mines françaises, 22.2.1946, hier aus: Ministère des Affaires Étrangères de la République Française, Archives Diplomatiques, Base Pacte, http://www.doc.diplo matie.gouv.fr.

Arrangement relatif au régime de paiement des allocations familiales en Italie, 15.6.1951, hier aus: Ministère des Affaires Étrangères de la République Française, Archives Diplomatiques, Base Pacte, http://www.doc.diplomatie. gouv.fr.

Convention d'établissement, 31.3.1930, hier aus: Ministère des Affaires Étrangères de la République Française, Archives Diplomatiques, Base Pacte, http://www.doc.diplo matie.gouv.fr.

Convention de main-d'œuvre entre la France et la Turquie, 8.4.1965, hier aus: Ministère des Affaires Étrangères de la République Française, Archives Diplomatiques, Base Pacte, http://www.doc.diplomatie.gouv.fr.

Convention de main-d'œuvre, 9.8.1963, hier aus: United Nations Treaty Collection (online) http://untreaty.un.org/English/access.asp, No. 27261 (Frankreich-Tunesien).

Convention générale de Sécurité sociale du 20 janvier 1972 entre la République Française et la République de Turquie, http://www.ilo.org/dyn/natlex/ (INT-1972-IA-16868).

Convention générale entre la France et le Portugal sur la Sécurité sociale, 29.7.1971, hier aus: Ministère des Affaires Étrangères de la République Française, Archives Diplomatiques, Base Pacte, http://www.doc.diplomatie.gouv.fr.

Convention générale sur la Sécurité sociale entre la France et la Yougoslavie, 5.1.1950, hier aus: United Nations Treaty Collection (online) http://untreaty.un.org/English/access.asp, No. 9502.

Convention générale sur la Sécurité sociale, 16.7.1957, hier aus: Ministère des Affaires Étrangères de la République Française, Archives Diplomatiques, Base Pacte, http://www.doc.diplomatie.gouv.fr.

Convention générale tendant à coordonner l'application aux ressortissants des deux pays de la législation française sur la Sécurité sociale et de la législation italienne sur les assurances sociales et les prestations familiales, 31.3.1948, hier aus: Ministère des Affaires Étrangères de la République Française, Archives Diplomatiques, Base Pacte, http://www.doc.diplomatie.gouv.fr.

Convention on Labour between France and Morocco, 1.6.1963, Annex Concerning Recruitment Procedures, hier aus: United Nations Treaty Collection (online) http://untreaty.un.org/English/access.asp, No. 27556.

Convention on Labour between France and Morocco, 1.6.1963, hier aus: United Nations Treaty Collection (online) http://untreaty.un.org/English/access.asp, No. 27556.

Exchange of Notes Constituting an Agreement Relating to Principles Governing French Recruitment of German Labour in the United States Zone of Germany, 25.10.1947, hier aus: United Nations Treaty Collection (online) http://untreaty.un.org/English/access.asp, No. 1212.

Franco-Italian Protocol (with Annex and Addendum) Concerning Italian Seasonal Workers, 19.9.1957, hier aus: United Nations Treaty Collection (online) http://untreaty.un.org/English/access.asp, No. 4361.

Labour Treaty between France and the Netherlands, 2.6.1948, hier aus: United Nations Treaty Collection (online) http://untreaty.un.org/English/access.asp, No. 2762.

Protocol on Adult Vocational Training, 1.6.1963, hier aus: United Nations Treaty Collection (online) http://untreaty.un.org/English/access.asp, No. 27556 (Frankreich-Marokko).

Protocol Relating to the Status of Paid Workers, or Workers Treated as such, who have been Employed in Poland, France and Belgium, 17.8.1948, hier aus: United Nations Treaty Collection (online) http://untreaty.un.org/English/access.asp, No. 10700.

Protocole entre la France et le Portugal relatif à la formation professionnelle, 16.10.1964, hier aus: Ministère des Affaires Étrangères de la République Française, Archives Diplomatiques, Base Pacte, http://www.doc.diplomatie.gouv.fr.

Protocole sur l'immigration et la situation sociale en France des travailleurs portugais et leurs familles (avec un annexe), 29.7.1971, hier aus: http://www.ilo.org/dyn/natlex/ (INT-1971-IA-17409).

Traité de travail, 30.9.1919, hier aus: Ministère des Affaires Étrangères de la République Française, Archives Diplomatiques, Base Pacte, http://www.doc.diplomatie.gouv.fr.

Traité de travail, d'assurances sociales et d'assistance, 27.5.1930, hier aus: Ministère des Affaires Étrangères de la République Française, Archives Diplomatiques, Base Pacte, http://www.doc.diplomatie.gouv.fr.

6.1.4. Luxemburg

Arrêté du 26 avril 1948 portant approbation de l'arrangement relatif au recrutement de travailleurs agricoles en Italie conclu le 6.4.1948 entre les Gouvernements italien et luxembourgeois, in: Mémorial du Grand-Duché de Luxembourg, 29. 1948, S. 680–682.

Arrêté ministériel du 6 février 1958 concernant l'admission des travailleurs étrangers et sans nationalité au bénéfice des indemnités de chômage, in: Mémorial du Grand-Duché de Luxembourg, 13. 1958, S. 112.
Loi concernant 1e l'entrée et le séjour des étrangers, 2e le contrôle médical des étrangers, 3e l'emploi de la main-d'œuvre étrangère, in: Mémorial. Journal Officiel du Grand-Duché de Luxembourg, 31. 1972, S. 945–948.
Loi du 10 août 1955 portant approbation de la convention générale entre le Grand-Duché de Luxembourg et la République Populaire Fédérative de Yougoslavie sur la Sécurité sociale et le protocole spécial, 13.10.1954, in: Mémorial du Grand-Duché de Luxembourg, 51. 1955, S. 1229–1239.
Loi du 17 juin 1966 portant approbation de la convention entre le Luxembourg et le Portugal sur la Sécurité sociale, 12.2.1965, in: Mémorial du Grand-Duché de Luxembourg, 31. 1966, S. 539–550.
Loi du 21 août 1953 portant approbation de la convention générale et du protocole spécial entre le Grand-Duché de Luxembourg et la République Italienne, sur la Sécurité sociale, 29.3.1951, in: Mémorial du Grand-Duché de Luxembourg, 56. 1953, S. 1137–1146.
Loi d'avril 1972 portant approbation de l'accord entre le Grand-Duché de Luxembourg et la République socialiste fédérative de Yougoslavie réglementant l'emploi au Luxembourg des travailleurs yougoslaves, 28.5.1970, hier aus: Mémorial du Grand-Duché de Luxembourg, 26. 1972, S. 863–868.
Réglement ministériel du 2 mars 1964 portant institution d'un Comité d'assistance sociale aux travailleurs étrangers, in: Mémorial du Grand-Duché de Luxembourg, 21. 1964, S. 448.
Réglement ministériel du 20 décembre 1963 concernant l'admission des travailleurs espagnols et portugais au bénéfice des indemnités de chômage, in: Mémorial du Grand-Duché de Luxembourg, 73. 1963, S. 1084.

6.1.5. Niederlande

Accord entre le Royaume des Pays-Bas et le Royaume de Grèce concernant le recrutement, le placement et l'emploi de travailleurs aux Pays-Bas, in: Tractatenblad van het Koninkrijk der Nederlanden, 52. 1967, Nr. 24, S. 1–7.
Agreement (with Protocol) Concerning the Immigration, Recruitment and Placement of Spanish Workers in the Netherlands, 8.4.1961, hier aus: United Nations Treaty Collection (online) http://untreaty.un.org/English/access.asp, No. 6996.
Agreement (with Exchange of Letters) Concerning the Immigration, Recruitment and Placement of Turkish Workers in the Netherlands, 19.8.1964, hier aus: United Nations Treaty Collection (online) http://untreaty.un.org/English/access.asp, No. 7523.
Agreement Concerning the Migration, Recruitment and Employment of Portuguese Workers in the Netherlands (with Protocol), 22.11.1963, hier aus: United Nations Treaty Collection (online) http://untreaty.un.org/English/access.asp, No. 7185.
Agreement Concerning the Recruitment and Placement of Italian Workers in the Netherlands, 6.8.1960, Protocol Amending the above-mentioned Agreement, 6.9.1965, hier aus: United Nations Treaty Collection (online) http://untreaty.un.org/English/access.asp, No. 6546.
Agreement Concerning the Recruitment and Placement of Italian Workers in the Netherlands, 6.8.1960, Procès-Verbal of Rectification of the Protocol Amending the above-mentioned Agreement, as Amended, 15.7.1970, 14.4.1971, hier aus: United

Nations Treaty Collection (online) http://untreaty.un.org/English/access.asp, No. 6546.
Agreement Concerning the Recruitment and Placement of Italian Workers in the Netherlands, 6.8.1960, Protocol Amending the above-mentioned Agreement, as Amended, 15.7.1970, hier aus: United Nations Treaty Collection (online) http://untreaty.un.org/English/access.asp, No. 6546.
Agreement Concerning the Recruitment, Placement and Employment of Workers in the Netherlands, 13.9.1966, hier aus: United Nations Treaty Collection (online) http://untreaty.un.org/English/access.asp, No. 3036.
Agreement Concerning the Regulation of the Employment of Yugoslav Workers in the Netherlands, 9.3.1970, hier aus: United Nations Treaty Collection (online) http://untreaty.un.org/English/access.asp, No. 10804.
Convention Concerning the Recruitment and Placement of Moroccan Workers in the Netherlands, 14.5.1969, hier aus: United Nations Treaty Collection (online) http://untreaty.un.org/English/access.asp, No. 9781.
Convention Concerning the Recruitment in Tunisia of Tunisian Workers and their Placement in the Netherlands, 8.3.1971, hier aus: United Nations Treaty Collection (online) http://untreaty.un.org/English/access.asp, No. 11324.
Convention sur la Sécurité sociale (avec protocole de signature), 5.4.1966, hier aus: http://www.ilo.org/dyn/natlex/ (INT-1966-IA-26142) (Niederlande-Türkei).
Social Security Convention between the Netherlands and Portugal, hier aus: http://www.ilo.org/dyn/natlex/ (INT-1979-IA-12615).
Social Security Convention, with Final Protocol, 2.5.1974, hier aus: http://www.ilo.org/dyn/natlex/ (INT-1974-IA-15489) (Spanien-Niederlande).

6.1.6. Österreich

Abkommen zwischen der Republik Österreich und der Sozialistischen Föderativen Republik Jugoslawien über die Regelung der Beschäftigung jugoslawischer Dienstnehmer in Österreich, 19.11.1965, hier aus: Bundesgesetzblatt für die Republik Österreich, 1966, S. 247–256.
Abkommen zwischen der Republik Österreich und der Türkischen Republik über die Anwerbung türkischer Arbeitskräfte und deren Beschäftigung in Österreich, 15.5.1964, in: Bundesgesetzblatt für die Republik Österreich, 1964, S. 1061–1072.
Abkommen zwischen Österreich und Spanien über die Anwerbung spanischer Arbeitskräfte und deren Beschäftigung in Österreich, 2.5.1962, in: Bundesgesetzblatt für die Republik Österreich, 1962, S. 938–946.
Abkommen zwischen Österreich und Spanien über die Anwerbung spanischer Arbeitskräfte und deren Beschäftigung in Österreich, 2.5.1962, in: Bundesgesetzblatt für die Republik Österreich, 1969, S. 449–459.
Convention (with Final Protocol) between the Republic of Austria and the Socialist Federal Republic of Yugoslavia on Social Security. 19.11.1965, hier aus: http://www.ilo.org/dyn/natlex/ (INT-1965-IA-21283).
Erlöschen des Abkommens zwischen Österreich und Spanien über die Anwerbung spanischer Arbeitskräfte und deren Beschäftigung in Österreich, 29.7.1997, in: Bundesgesetzblatt für die Republik Österreich, 1998, S. 1275–1277.
Handelsübereinkommen zwischen der Republik Österreich und dem Königreich Ungarn, 8.2.1922, in: Bundesgesetzblatt, 1923, S. 231–241.

Handelsübereinkommen zwischen der Republik Österreich und der Tschecho-Slowakischen Republik, 4.5.1921, Bundesgesetzblatt, 1922, S. 1721–1737.

Handelsübereinkommen zwischen der Republik Österreich und Polen, 25.9.1922, in: Bundesgesetzblatt, 1923, S. 109–121.

Handelsvertrag zwischen der Republik Österreich und dem Deutschen Reich, 12.4.1930, Bundesgesetzblatt, 1931, S. 59–66.

Notenwechsel über die Abänderung des Abkommens zwischen der Republik Österreich und der Türkischen Republik über die Anwerbung türkischer Arbeitskräfte und deren Beschäftigung in Österreich, 12.10.1966, in: Bundesgesetzblatt für die Republik Österreich, 1967, S. 383–384.

6.1.7. Schweden

Agreement between the Government of the Kingdom of Sweden and the Government of the Socialist Federal Republic of Yugoslavia on Employment of Yugoslav Workers in Sweden, 16.9.1966, hier aus: Sveriges Överenskommelser med främmande Makter, 68. 1967, S. 1–7.

Agreement between the Government of the Republic of Turkey and the Government of the Kingdom of Sweden Concerning the Employment to Turkish Workers in Sweden, in: Türkiye Cumhuriyeti Resmî Gazete, 7. Oktober 1967, Nr. 12738, S. 1–2.

6.1.8. Schweiz

Abkommen zwischen der Schweiz und Italien über die Auswanderung italienischer Arbeitskräfte in die Schweiz, 10.8.1964, hier aus: Schweizerische Eidgenossenschaft, Systematische Sammlung des Bundesrechts, http://www.admin.ch/ch/d/sr/c0_142_114_548.html (0.142.114.548).

Abkommen zwischen der Schweiz und Spanien über die Anwerbung spanischer Arbeitskräfte und deren Beschäftigung in der Schweiz, 2.3.1961, hier aus: Schweizerische Eidgenossenschaft, Systematische Sammlung des Bundesrechts, http://www.admin.ch/ch/d/sr/c0_142_113_328.html (0.142.113.328).

Erklärung über die Anwendung des Niederlassungs- und Konsularvertrages vom 22. Juli 1868 zwischen der Schweiz und Italien, abgegeben am 5. Mai 1934, hier aus: Schweizerische Eidgenossenschaft, Systematische Sammlung des Bundesrechts, http://www.admin.ch/ch/d/sr/c0_142_114_541_3.html (0.142.114.541.3).

Niederlassungs- und Konsularvertrag zwischen der Schweiz und Italien, abgeschlossen am 22. Juli 1868, hier aus: Schweizerische Eidgenossenschaft, Systematische Sammlung des Bundesrechts, http://www.admin.ch/ch/d/sr/c0_142_114_541.html (0.142.114.541).

Vereinbarung zwischen der Schweiz und Italien über die Einwanderung italienischer Arbeitskräfte in die Schweiz, 22.6.1948, hier aus: Sammlung der eidgenössischen Gesetze, 1948, S. 838–844.

6.1.9. International Labour Organization

Empfehlung 1. Empfehlung betreffend die Arbeitslosigkeit, 1919, hier aus: http://www.ilo.org/ilolex/german/docs/rec001.htm.

Empfehlung 2. Empfehlung betreffend die Gegenseitigkeit in der Behandlung der ausländischen Arbeitnehmer, 1919, hier aus: http://www.ilo.org/ilolex/german/docs/rec002.htm.

Übereinkommen 2. Übereinkommen über Arbeitslosigkeit, 1919, hier aus: http://www.ilo.org/ilolex/german/docs/gc002.htm.

Empfehlung 19. Empfehlung betreffend die Mitteilung von statistischen und anderen Auskünften über Aus-, Ein-, Rück- und Durchwanderung an das Internationale Arbeitsamt, 1922, hier aus: http://www.ilo.org/ilolex/german/docs/rec019.htm.

Übereinkommen 19. Übereinkommen über die Gleichbehandlung einheimischer und ausländischer Arbeitnehmer in der Entschädigung bei Betriebsunfällen, 1925, hier aus: http://www.ilo.org/ilolex/german/docs/gc019.htm.

Empfehlung 61. Empfehlung betreffend Anwerbung, Arbeitsvermittlung und Arbeitsbedingungen der Wanderarbeiter, 1939, hier aus: http://www.ilo.org/ilolex/german/docs/rec061.htm.

Empfehlung 62. Empfehlung betreffend die zwischenstaatliche Zusammenarbeit hinsichtlich der Anwerbung, der Arbeitsvermittlung und der Arbeitsbedingungen der Wanderarbeiter, 1939, hier aus: http://www.ilo.org/ilolex/german/docs/rec062.htm.

Übereinkommen 66. Übereinkommen über Anwerbung, Arbeitsvermittlung und Arbeitsbedingungen der Wanderarbeiter, 1939, hier aus: http://www.ilo.org/ilolex/german/docs/gc066.htm.

Empfehlung 86. Empfehlung betreffend die Wanderarbeiter (Neufassung vom Jahre 1949), 1949, hier aus: http://www.ilo.org/ilolex/german/docs/rec086.htm.

Übereinkommen 97. Übereinkommen über Wanderarbeiter (Neufassung vom Jahre 1949), 1949, hier aus: http://www.ilo.org/ilolex/german/docs/gc097.htm.

Empfehlung 100. Empfehlung betreffend den Schutz der Wanderarbeiter in unterentwickelten Ländern und Gebieten, 1955, hier aus: http://www.ilo.org/ilolex/german/docs/rec100.htm.

Übereinkommen 102, Übereinkommen über die Mindestnormen der Sozialen Sicherheit, 1952, hier aus: http://www.ilo.org/ilolex/german/docs/gc102.htm.

Empfehlung 118. Übereinkommen über die Gleichbehandlung von Inländern und Ausländern in der Sozialen Sicherheit, 1962, hier aus: http://www.ilo.org/ilolex/german/docs/gc118.htm.

Übereinkommen 143. Übereinkommen über Missbräuche bei Wanderungen und die Förderung der Chancengleichheit und der Gleichbehandlung der Wanderarbeitnehmer, 1975, hier aus: http://www.ilo.org/ilolex/german/docs/gc143.htm.

Empfehlung 151. Empfehlung betreffend Wanderarbeitnehmer in Beschäftigungsländern, 1975, hier aus: http://www.ilo.org/ilolex/german/docs/rec151.htm.

6.1.10. Europarat

Europäische Sozialcharta, in: Vollständige Liste der Verträge des Europarates, hier aus: http://conventions.coe.int/Treaty/ger/Treaties/Html/035.htm.

Europäisches Niederlassungsabkommen, in: Vollständige Liste der Verträge des Europarates, hier aus: http://conventions.coe.int/Treaty/ger/Treaties/Html/019.htm.

Europäisches Übereinkommen über die Rechtsstellung der Wanderarbeitnehmer, in: Vollständige Liste der Verträge des Europarates, hier aus: http://conventions.coe.int/Treaty/ger/Treaties/Html/093.htm.

6.1.11. Sonstige Verträge und Gesetze

Agreement on the Residence and Employment of Yugoslav Citizens in Australia, 12.2.1970, hier aus: United Nations Treaty Collection (online) http://untreaty.un.org/English/access.asp, No. 10660.

Arbeitsförderungsgesetz vom 25. Juni 1969, in: Bundesgesetzblatt, 1969, S. 582–628.

Arbeitsnachweisgesetz. Vom 22. Juli 1922, in: Reichsgesetzblatt, 1922, S. 657–671.

Ausländergesetz vom 28. April 1965, in: Bundesgesetzblatt, 1965, S. 352–362.

Ausländerpolizeiverordnung vom 22. August 1938, in: Reichsgesetzblatt, 1938, S. 1053–1056.

Bekanntmachung der Neufassung des Gesetzes über Arbeitsvermittlung und Arbeitslosenversicherung vom 3. April 1957, in: Bundesgesetzblatt, 1957, S. 321–364.

Bundesgesetz über Aufenthalt und Niederlassung der Ausländer, hier aus: Schweizerische Eidgenossenschaft, Systematische Sammlung des Bundesrechts, http://www.admin.ch/ch/d/sr/1/142.20.de.pdf (142.20).

Gesetz über Arbeitsvermittlung und Arbeitslosenversicherung. Vom 16. Juli 1927, in: Reichsgesetzblatt, 1927, S. 187–220.

Gesetz über das Paßwesen vom 4. März 1952, in: Bundesgesetzblatt, 1952, S. 290–292.

Gesetz über den Friedensschluß zwischen Deutschland und den alliierten und assoziierten Mächten vom 16. Juli 1919, in: Reichsgesetzblatt, 1919, S. 687–1349.

Verordnung über die Arbeitserlaubnis für nichtdeutsche Arbeitnehmer vom 2. März 1971, in: Bundesgesetzblatt, 1971, S. 152–154.

Verordnung über die Befreiung österreichischer landwirtschaftlicher Wanderarbeiter von der Pflicht zur Arbeitslosenversicherung, in: Reichsgesetzblatt, 1929, Teil I, S. 76.

6.2. Archivalien

Bundesarchiv Koblenz

Bundesanstalt für Arbeitsvermittlung und Arbeitslosenversicherung

BArch B 119 1749
BArch B 119 3026
BArch B 119 3027
BArch B 119 3029
BArch B 119 3038
BArch B 119 3052
BArch B 119 3057
BArch B 119 3061
BArch B 119 3079
BArch B 119 3080
BArch B 119 4141
BArch B 119 4708
BArch B 119 4715
BArch B 119 4966

Bundesministerium für Arbeit und Sozialordnung

BArch R 149 22404
BArch B 149 22344
BArch B 149 6223
BArch B 149 6225

Bundesarchiv Berlin

Reichsarbeitsministerium

BArch R 3901 20264
BArch R 3901 33073
BArch R 3901 33139
BArch R 3901 33170
BArch R 3901 34451
BArch R 3901 34451

BArch R 41 469
BArch R 41 480
BArch R 41 481

6.3. Literatur

Abadan-Unat, Nermin (Hg.): Turkish Workers in Europe 1960–1975. A Socio-Economic Reappraisal, Leiden 1976.[18]
Dies.: Migration and Development. A Study of the Effects of International Labour Migration on Bogazliyan District, Ankara 1976.
Dies.: Turkish Migration to Europe 1960–1975. A Balance Sheet of Achievements and Failures, in: dies. (Hg.): Turkish Workers in Europe 1960–1975. A Socio-Economic Reappraisal, Leiden 1976, S. 1–46.
Dies.: Vom Gastarbeiter zum Pendler. 30 Jahre Auswanderung aus der Türkei, in: Jahrbuch für vergleichende Sozialforschung, 94. 1992, S. 79–107.
Dies.: Turkey: Late Entrant into Europe's Work Force, in: Kubat, Daniel (Hg.): The Politics of Migration Policies. Settlement and Integration – the First World into the 1990s, New York 1993, S. 307–336.
Dies.: Migration ohne Ende. Vom Gastarbeiter zum Eurotürken, Berlin 2005.
Abdakkah, Mogniss H.: Kämpfe der Immigration in Frankreich. Übergänge in die Politik und soziale Transformationen, in: Sozial.Geschichte, 17. 2002, S. 101–124.
Abdeljaouad, Amor: The Influence of International Labour Conventions on Tunisian Legislation, in: International Labour Review, 91. 1965, S. 191–209.
Abella, Manolo I.: Orderly International Migration of Workers and Incentives to Stay. Options for Emigration Countries, Genf 1995.
Ders.: Sending Workers Abroad. A Manual for Low- and Middle-Income Countries, Genf 1997.
Abiri, Elisabeth: The Securitisation of Migration. Towards an Understanding of Migration Policy Changes in the 1990s – the Case of Sweden, Göteborg 2000.
Abu-Lughod, Janet: Recent Migrations in the Arab World, in: McNeill, William Hardy/Ruth S. Adams (Hg.): Human Migration. Patterns and Policies, Bloomington 1978, S. 225–238.
Accord entre la Pologne et l'Allemagne, in: Informations Sociales, 17. 1926, S. 364.
Accords entre l'Espagne et la France sur les migrations et le travail, in: ebd., 44. 1932 S. 346.
Accords italo-allemands pour l'envoi des travailleurs italiens dans des entreprises agricoles allemandes, in: ebd., 65. 1938, S. 131.
Aceña, Pablo Martín/Francisco Comin: Industrial Planning in Spain under the Franco Regime, in: ders./James Patrick Simpson (Hg.): The Economic Development of Spain since 1870, Aldershot 1995, S. 390–401.
Ders./James Patrick Simpson (Hg.): The Economic Development of Spain since 1870, Aldershot 1995.
Activité du commissariat pour la colonisation et les migrations intérieures en Italie, in: Informations Sociales, 73. 1940, S. 60.
Adanir, Fikret/Hilmar Kaiser: Migration, Deportation and Nation-Building. The Case of the Ottoman Empire, in: Leboutte, René (Hg.): Migrations et migrants dans une perspective historique. Permanences et innovations, Brüssel 2000, S. 273–292.
Addeddaiem, Ali: Les divers facteurs de l'émigration tunisienne, in: Hommes et migrations, 23. 1972, S. 4–13.

18 Um die Auffindbarkeit zu erleichtern, sind im Literaturverzeichnis alle selbstständigen und unselbstständigen Schriften ohne weitere Unterteilung verzeichnet. Publikationen, deren Autoren nicht genannt sind, wurden alphabetisch nach ihrem Titel einsortiert. Sammelbände, aus denen einzelne Aufsätze herangezogen wurden, sind ebenfalls aufgeführt.

Adler, Stephen: International Migration and Dependence, Farnborough 1977.
Aerts, Erik/Milward, Alan S. (Hg.): Economic Planning in the Post-1945 Period, Leuven 1990.
Agoumy, Taoufik (Hg.): Géographie humaine. La grande encyclopédie du Maroc, Band 9, Casablanca 1988.
Agreement to Provide for the Employment and Training of Algerian Manpower in the German Democratic Republic, in: Social and Labour Bulletin, 1. 1974, S. 76.
Agunias, Dovelyn: Linking Temporary Worker Schemes with Development, in: Migration Information Source, 2007, http://www.migrationinformation.org/Profiles/display.cfm?ID=576.
Ahonen, Pertti u.a. (Hg.): People on the Move. Forced Population Movements in Europe in the Second World War and its Aftermath, Oxford 2008.
Aidinidis, Konstantinos: Zur griechischen Arbeitsemigration unter besonderer Berücksichtigung der Remigrationsproblematik. Eine empirische Untersuchung, Hannover 1990.
Akgündüz, Ahmet: Labour Migration from Turkey to Western Europe (1960–1974), in: Capital and Class, 51. 1993, S. 153–194.
Ders.: Labour Migration from Turkey to Western Europe. An Analytical Review from its Commencement to the Recruitment Halt, in: Revue européenne des migrations internationales, 11. 1995, S. 153–176.
Ders.: Labour Migration from Turkey to Western Europe, 1960–1974. A Multidisciplinary Analysis, Aldershot 2008.
Akre, James E.: Turkish Administrative Structures and the Migrant Worker. Towards a Greater Government Support and Participation, in: Abadan-Unat, Nermin (Hg.): Turkish Workers in Europe 1960–1975. A Socio-Economic Reappraisal, Leiden 1976, S. 187–209.
Albalate Lafita, Joaquin: The Influence of International Labour Conventions on Labour Law and Social Change in Spain, in: International Labour Review, 118. 1979, S. 443–457.
Alcock, Antony Evelyn: History of the International Labour Organisation, London 1971.
Aleinikoff, Thomas Alexander/Vincent Chetail (Hg.): Migration and International Legal Norms, Den Haag 2003.
Alexiou, Amalia: L'immigration grecque en Belgique, in: Morelli, Anne (Hg.): Histoire des étrangers et de l'immigration en Belgique de la préhistoire à nos jours, Brüssel 1992, S. 274–289.
Algeria: Seminar on the Reintegration of Algerian Emigrant Workers, in: Social and Labour Bulletin, 1. 1974, S. 199.
Algérie: Les besoins de main-d'œuvre agricole, in: Informations Sociales, 29. 1929, S. 286.
Allegrezza, Serge/Mario Hirsch/Norbert von Kunitzki (Hg.): L'immigration au Luxembourg, et après?, Amsterdam 2007.
Allemagne: Le placement des ouvriers à l'étranger, in: Informations Sociales, 9. 1924, S. 61.
Allemagne: Restrictions à l'emploi des travailleurs agricoles étrangers, in: ebd., 36. 1930, S. 252.
Allemagne-Lithuanie: Traité de commerce et de navigation, in: ebd., 31. 1929, S. 138.
Allemagne-Pologne: L'immigration saisonnière polonaise en Allemagne, in: ebd., 29. 1929, S. 388.
Allemagne-Pologne: Réciprocité en matière d'assurance-chômage, in: ebd., 23. 1927, S. 462.

Alouane, Youssef: L'émigration maghrébine en France, Tunis 1979.
Alpalhao, Joao Antionio/Victor Pereira Da Rosa: L'émigration portugaise. Réflection sur les causes et les conséquences, in: International Migration, 17. 1979, S. 290–296.
Als, Georges: Le Luxembourg et ses étrangers, in: Werner, Pierre (Hg.): Innovation – Intégration, Luxemburg 1993, S. 485–492.
Ders.: Les étrangers au Luxembourg, in: Institut Grand-Ducal (Hg.): Les étrangers et leur insertion à la collectivité luxembourgeoise, Luxemburg 1981, S. 39–56.
Altman, Ida: Spanish Migration to the Americas, in: Cohen, Robin (Hg.): The Cambridge Survey of World Migration, Cambridge 1995, S. 28–32.
Amar, Marianne/Pierre Milza: L'immigration en France au XXe siècle, Paris 1990.
Amersfoort, Hans van: International Migration and Population in the Netherlands, in: Tijdschrift voor economische en sociale geografie, 84. 1993, S. 65–74.
Ders.: From Workers to Immigrants. Turks and Moroccans in the Netherlands 1965–1992, in: Cohen, Robin (Hg.): The Cambridge Survey of World Migration, Cambridge 1995, S. 308–311.
Ders./Jeroen Doomernik (Hg.): International Migration. Processes and Interventions, Amsterdam 1998.
Ders./Rinus Penninx: Western Europe as an Immigration Area, in: ders./Jeroen Doomernik (Hg.): International Migration. Processes and Interventions, Amsterdam 1998, S. 42–70.
Ders.: Migration Control and Minority Policy. The Case of the Netherlands, in: Brochman, Grete/Tomas Hammar (Hg.): Mechanisms of Immigration Control. A Comparative Analysis of European Regulation Policies, Oxford 1999, S. 135–168.
Andresen-Leitao, Nicolau: Portugal's European Integration Policy, 1947–72, in: Journal of European Integration History, 7. 2001, S. 25–36.
Andriamananjara, Rajaona: Labour Mobilization. The Moroccan Experience, in: Rijckeghem, Willy van (Hg.): Employment Problems and Policies in Developing Countries. The Case of Morocco, Rotterdam 1976, S. 145–203.
Angelopoulos, A.Th.: The Anatomy of Emigration in Greece, in: Social Science Centre (Hg.): Essays on Greek Migration, Athen 1967, S. 1–10.
Angenendt, Steffen: Regelung und Vermittlung. Die Rolle internationaler Migrationsorganisationen, in: Thränhardt, Dietrich/Uwe Hunger/Hans van Amersfoort (Hg.): Migration im Spannungsfeld von Globalisierung und Nationalstaat, Wiesbaden 2003, S. 180–201.
Anido, Nayade/Rubens Freire: L'émigration portugaise. Présent et avenir, Paris 1978.
Antolín Nicolás, Pablo: International Migration Flows. The Case of Spain (1960–1988), Oxford 1994.
Anwerbung von Arbeitnehmern im Ausland für eine Beschäftigung im Inland, hier: Vorschriften über die Voraussetzungen und das Verfahren gemäß § 2 Abs. 1 Satz 2 AVAVG bei der Anwerbung in Österreich, in: Amtliche Nachrichten der Bundesanstalt für Arbeitslosenversicherung und Arbeitsvermittlung, 9. 1961, S. 168.
Arango, Joaquìn: Explaining Migration. A Critical View, in: International Social Science Journal, Oxford, 52. 2000, S. 284–296.
Argun, Betigül Ercan: Turkey in Germany. The Transnational Sphere of Deutschkei, London 2003.
Ark, Bart van/Jakob de Haan/Herman J. de Jong: Characteristics of Economic Growth in the Netherlands during the Postwar Period, in: Crafts, Nicholas/Gianni Toniolo (Hg.): Economic Growth in Europe since 1945, Cambridge 1996, S. 290–328.
Arrangement polono-allemand relatif à l'émigration saisonnière, in: Informations Sociales, 70. 1939, S. 67.

Aschmann, Birgit: »Treue Freunde ...«? Westdeutschland und Spanien 1945–1963, Wiesbaden 1999.
Asis, Maruja M.B.: The Philippines' Culture of Migration, in: Migration Information Source, 2006, http://www.migrationinformation.org/Profiles/display.cfm?ID=364.
Ath-Messaoud, Malek: L'immigration algérienne en France, Paris 1976.
Attar, Rachida: Historique de l'immigration maghrébine en Belgique, in: Morelli, Anne (Hg.): Histoire des étrangers et de l'immigration en Belgique de la préhistoire à nos jours, Brüssel 1992, S. 290–310.
Auer, Peter (Hg.): Changing Labour Markets in Europe: the Role of Institutions and Policies, Geneva 2001.
Augarde, Jacques: La migration algérienne, Paris 1970.
August, Jochen: Die Entwicklung des Arbeitsmarktes in Deutschland in den 30er Jahren und der Masseneinsatz ausländischer Arbeitskräfte während des Zweiten Weltkrieges. Das Fallbeispiel der polnischen zivilen Arbeitskräfte und Kriegsgefangenen, in: Archiv für Sozialgeschichte, 24. 1984, S. 305–354.
Autriche: Les autorités et l'émigration, in: Informations Sociales, 16. 1925, S. 588.
Autriche: Les projets d'émigration, in: ebd., 15. 1925, S. 529.
Autriche-Allemagne: Accord sur les migrations saisonnières dans l'agriculture allemande, in: ebd., 30. 1929, S. 489.
Autriche-France: Placement d'ouvriers autrichiens en France, in: ebd., 30. 1929, S. 281.
Autriche-France: Un traité de travail, in: ebd., 36. 1930, S. 507.
Autriche-Tchécoslovaquie: Etablissement du contrat de travail pour 1931, in: ebd., 37. 1931, S. 86.
Aydinoğlu, Ismail Hakki: Manpower and Employment Policies under the Five-Years-Plans and Emigration, in: Abadan-Unat, Nermin (Hg.): Turkish Workers in Europe 1960–1975. A Socio-Economic Reappraisal, Leiden 1976, S. 104–135.
Bacalhau, Mário: Regional Distribution of Portuguese Emigration according to Socio-Economic Context, in: Bruneau, Thomas C./Victor Pereira da Rosa/Alex MacLeod (Hg.): Portugal in Development. Emigration, Industrialization, the European Community, Ottawa 1984, S. 53–64.
Bade, Klaus J.: Land oder Arbeit? Transnationale und interne Migration im deutschen Nordosten vor dem Ersten Weltkrieg, Osnabrück 1979.
Ders.: Arbeitsmarkt, Bevölkerung und Wanderung in der Weimarer Republik, in: Stürmer, Michael (Hg.): Die Weimarer Republik, Frankfurt a.M. 1980, S. 160–187.
Ders.: Transnationale Migration und Arbeitsmarkt im Kaiserreich, in: Pierenkemper, Toni/Richard Tilly (Hg.): Historische Arbeitsmarktforschung. Entstehung, Entwicklung und Probleme der Vermarktung von Arbeitskraft, Göttingen 1982, S. 185–214.
Ders.: Vom ›Menschenmarkt‹ zum Arbeitsmarkt. Ausländerrekrutierung und Inlandsvermittlung ausländischer Arbeitskräfte in Preußen vor dem Ersten Weltkrieg, in: Zeitschrift für Ausländerrecht und Ausländerpolitik, 3. 1983, S. 87–93.
Ders. (Hg.): Auswanderer, Wanderarbeiter, Gastarbeiter. Bevölkerung, Arbeitsmarkt und Wanderung in Deutschland seit der Mitte des 19. Jahrhunderts, Ostfildern 1984.
Ders.: Vom Auswanderungsland zum ›Arbeitseinfuhrland‹. Kontinentale Zuwanderung und Ausländerbeschäftigung in Deutschland im späten 19. und frühen 20. Jahrhundert, in: ders. (Hg.): Auswanderer, Wanderarbeiter, Gastarbeiter: Bevölkerung, Arbeitsmarkt und Wanderung in Deutschland seit der Mitte des 19. Jahrhunderts, Ostfildern 1984, S. 433–485.
Ders.: Die deutsche überseeische Massenauswanderung im 19. und 20. Jahrhundert. Bestimmungsfaktoren und Entwicklungsbedingungen, in: ders. (Hg.): Auswanderer,

Wanderarbeiter, Gastarbeiter. Bevölkerung, Arbeitsmarkt und Wanderung in Deutschland seit der Mitte des 19. Jahrhunderts, Ostfildern 1984, S. 259–299.
Ders.: ›Preußengänger‹ und ›Abwehrpolitik‹. Ausländerpolitik und Ausländerkontrolle auf dem Arbeitsmarkt in Preußen vor dem Ersten Weltkrieg, in: Archiv für Sozialpolitik, 24. 1984, S. 91–162.
Ders.: Vom Export der Sozialen Frage zur importierten Sozialen Frage. Deutschland im transnationalen Wanderungsgeschehen seit der Mitte des 19. Jahrhunderts, in: ders. (Hg.): Auswanderer, Wanderarbeiter, Gastarbeiter. Bevölkerung, Arbeitsmarkt und Wanderung in Deutschland seit der Mitte des 19. Jahrhunderts, Ostfildern 1984, S. 9–72.
Ders. (Hg.): Population, Labour and Migration in 19th- and 20th-Century Germany, Leamington Spa 1987.
Ders.: Vom Auswanderungsland zum Einwanderungsland. Deutschland im 19. und 20. Jahrhundert, Cloppenburg 1999.
Ders.: Europa in Bewegung. Migration vom späten 18. Jahrhundert bis zur Gegenwart, München 2002.
Ders./Jochen Oltmer: Zwischen Aus- und Einwanderungsland. Deutschland und die Migration seit der Mitte des 17. Jahrhunderts, in: Zeitschrift für Bevölkerungswissenschaft und Demographie, 28. 2003, S. 263–306.
Ders. u.a. (Hg.): Enzyklopädie Migration in Europa, Paderborn 2007.
Ders./Jochen Oltmer: Deutschland, in: Bade, Klaus u.a. (Hg.): Enzyklopädie Migration in Europa, Paderborn 2007, S. 141–170.
Bader, Veit: The Ethics of Immigration, in: Constellations, 12. 2005, S. 331–361.
Baduel, Pierre Robert: Migrations internes et émigration. Le cas tunisien, in: Talha, Labri (Hg.): Maghrébins en France. Emigrés ou immigrés, Paris 1983, S. 169–186.
Baganha, Maria I.B.: Unbroken links. Portuguese Emigration to the USA, in: Cohen, Robin (Hg.): The Cambridge Survey of World Migration, Cambridge 1995, S. 91–96.
Dies.: Portuguese Emigration after World War II, in: Pinto, António Costa (Hg.): Modern Portugal, Palo Alto 1998, S. 189–205.
Dies.: From Closed to Open Doors. Portuguese Emigration under the Corporatist Regime, in: Journal of Portuguese History, 1. 2003, http://ies.berkeley.edu/research/files/CP02/CP02-Close_to_Open_Doors.pdf.
Dies./Pedro Góis/Pedro Telhado Pereira: International Migrations to and from Portugal. What do we know and where are we going?, in: Zimmermann, Klaus F. (Hg.): European Migration. What do we know?, Oxford 2005, S. 415–458.
Bagley, Christopher: Immigrant Minorities in the Netherlands, in: International Migration Review, 5. 1971, S. 18–35.
Ders.: Immigration and Social Policy in the Netherlands, in: New Community, 1. 1971, S. 25–28.
Bailey, Rayna: Immigration and Migration, New York 2008.
Baines, Dudley: European Labour Markets. Emigration and International Migration, 1850–1913, in: Hatton, Timothy J. (Hg.): Migration and the International Labor Market, 1850–1939, London 1994, S. 35–54.
Baiôa, Manuel/Paulo Jorge Fernandes/Filipe Ribeiro de Meneses: The Political History of Twentieth-Century Portugal, in: Journal of Portuguese History, 1. 2003, http://www.brown.edu/Departments/Portuguese_Brazilian_Studies/ejph/html/issue2/pdf/baioa.pdf.
Baldassar, Loretta: Visits Home. Migration Experiences between Italy and Australia, Melbourne 2001.

Baldwin-Edwards, Martin: The Emerging European Immigration Regime. Some Reflections on Implications for Southern Europe, in: Journal of Common Market Studies, 25. 1997, S. 497–519.
Baletic, Zvonimir: International Migration in Modern Economic Development, in: International Migration Review, 16. 1982, S. 736–756.
Baltzarek, Franz/Alfred Hoffmann/Hannes Stekl: Wirtschaft und Gesellschaft der Wiener Stadterweiterung, Wiesbaden 1975.
Barbezat, Daniel: The Marshall Plan and the Origins of the OEEC, in: Griffiths, Richard T. (Hg.): Explorations in OEEC History, Paris 1997, S. 33–48.
Barışık, Ayfur/Ayda Eraydin/Ayse Gedik: Turkey, in: Nam, Charles B./William J. Serow/David F. Sly (Hg.): Handbook on International Migration, Westport 1990, S. 301–323.
Barnich, Marcel: Les débuts du Service de l'immigration, in: Pauly, Michel (Hg.): Letzebuerg de Letzebuerger? Le Luxembourg face à l'immigration, Luxembourg-Bonnevoie 1985.
Bartlett, Will: Unemployment, Migration and Industrialization in Yugoslavia, 1958–1977, San Domenico 1984.
Başgöz, Ilhan/Norman Furniss (Hg.): Turkish Workers in Europe. An Interdisciplinary Study, Bloomington 1985.
Baskin, Mark Allan: Political Innovation and Policy Implementation in Yugoslavia. The Case of Worker Migration Abroad, Ann Arbor 1986.
Basu, Kaushik u.a. (Hg.): International Labor Standards. History, Theory and Policy Options, Malden 2003.
BAVAV: Anwerbung und Vermittlung ausländischer Arbeitnehmer. Erfahrungsbericht 1961, Nürnberg 1962.
Dies.: Anwerbung, Vermittlung, Beschäftigung ausländischer Arbeitnehmer. Erfahrungsbericht 1962, Nürnberg 1963.
Dies.: Anwerbung, Vermittlung, Beschäftigung ausländischer Arbeitnehmer. Erfahrungsbericht 1963, Nürnberg 1964.
Dies.: Beschäftigung, Anwerbung, Vermittlung ausländischer Arbeitnehmer. Erfahrungsbericht 1964, Nürnberg 1965.
Dies.: Beschäftigung, Anwerbung, Vermittlung ausländischer Arbeitnehmer. Erfahrungsbericht 1965, Nürnberg 1966.
Dies.: Beschäftigung, Anwerbung, Vermittlung ausländischer Arbeitnehmer. Erfahrungsbericht 1966, Nürnberg 1967.
Dies.: Beschäftigung, Anwerbung, Vermittlung ausländischer Arbeitnehmer. Erfahrungsbericht 1967, Nürnberg 1968.
Dies.: Ausländische Arbeitnehmer. Beschäftigung, Anwerbung, Vermittlung, Erfahrungsbericht 1968, Nürnberg 1969.
Dies.: Ausländische Arbeitnehmer. Beschäftigung, Anwerbung, Vermittlung. Erfahrungsbericht 1969, Nürnberg 1970.
Dies.: Ausländische Arbeitnehmer 1970, Nürnberg 1971.
Dies.: Ausländische Arbeitnehmer. Beschäftigung, Anwerbung, Vermittlung. Erfahrungsbericht 1971, Nürnberg 1972.
Dies.: Ausländische Arbeitnehmer. Beschäftigung, Anwerbung, Vermittlung. Erfahrungsbericht 1972/73, Nürnberg 1974.
Bauböck, Rainer (Hg.): The Challenge of Diversity. Integration and Pluralism in Societies of Immigration, Aldershot 1996.
Ders.: »Nach Rasse und Sprache verschieden«. Migrationspolitik in Österreich von der Monarchie bis heute, Wien 1996.

Ders.: Immigration Control without Integration Policy. An Austrian Dilemma, in: Brochman, Grete/Tomas Hammar (Hg.): Mechanisms of Immigration Control. A Comparative Analysis of European Regulation Policies, Oxford 1999, S. 97–134.
Baucic, Ivo: The Effects of Emigration from Yugoslavia and the Problems of Returning Emigrant Workers, Den Haag 1972.
Ders.: Die Auswirkungen der Arbeitskräftemigration auf Jugoslawien, in: Manfrass, Klaus/Reinhard Lohrmann (Hg.): Ausländerbeschäftigung und internationale Politik. Zur Analyse transnationaler Sozialprozesse, München 1974, S. 171–206.
Ders.: Regional Differences in Yugoslav External Migration, in: Kostanick, Huey Louis (Hg.): Population and Migration Trends in Eastern Europe, Boulder 1977, S. 217–243.
Ders.: Some Economic Consequences of Yugoslav External Migrations, in: Bernard, Philippe J. (Hg.): Les travailleurs étrangers en Europe occidentale, Paris 1976, S. 87–104.
Ders./Zvonimir Baletic: Population, Labour Force and Employment in Yugoslavia 1950–1990, Wien 1979.
Bauer, Thomas K./Klaus F. Zimmermann: Gastarbeiter und Wirtschaftsentwicklung im Nachkriegsdeutschland, in: Jahrbuch für Wirtschaftsgeschichte, 1996, S. 73–108.
Baumer, Andreas: Spanien, in: Gieler, Wolfgang/Dietmar Fricke (Hg.): Handbuch europäischer Migrationspolitiken. Die EU-Länder und die Beitrittskandidaten, Münster 2004, S. 169–182.
Bayar, Ali: Un aperçu économique de l'immigration turque, in: Morelli, Anne (Hg.): Histoire des étrangers et de l'immigration en Belgique de la préhistoire à nos jours, Brüssel 1992, S. 311–328.
Bayefsky, Anne F. (Hg.): Human Rights and Refugees, Internally Displaced Persons and Migrant Workers, Leiden 2006.
Beaugé, Gilbert: Les formes de la mobilisation de la force de travail algérienne en France de 1945 à 1982, in: Talha, Labri (Hg.): Maghrébins en France. Emigrés ou immigrés, Paris 1983, S. 101–120.
Becker, Leonhard/Thomas Liebig/Alfonso Sousa-Poza: Migration Policy and Industry Structure in Switzerland, St. Gallen 2005.
Becker, Otto: Die Regelung des ausländischen Arbeiterwesens in Deutschland unter besonderer Berücksichtigung der Anwerbung und Vermittlung im Auftrage der Gesellschaft zur Bekämpfung der Arbeitslosigkeit, Berlin 1918.
Beckles, Hilary: Plantation Production and »White Proto Slavery«. White Indentured Servitude and the Colonisation of the English West Indies, 1624–1645, in: The Americas, 41. 1985, S. 21–46.
Beer, Mathias/Dittmar Dahlmann (Hg.): Über die trockene Grenze und über das offene Meer. Binneneuropäische und transatlantische Migrationen im 18. und 19. Jahrhundert, Essen 2004.
Begtic, Mustafa: Jugoslav Nationals Temporarily Working Abroad, in: Yugoslav Survey, 13. 1972, S. 17–30.
Behar, Joseph: Diplomacy and Essential Workers. Official British Recruitment of Foreign Labour in Italy, 1945–1951, in: Journal of Policy History, 15. 2003, S. 324–344.
Behr, Vera: Auswirkungen der Arbeitsemigration auf die wirtschaftliche Entwicklung Tunesiens, Frankfurt a.M. 1984.
Beirão, Delfina: Les Portugais du Luxembourg. Des familles racontent leur vie, Paris 1999.
Beisiegel, Philipp: Der Arbeitseinsatz im neuen Europa, in: Soziale Praxis: Zeitschrift für Aktienwesen, Gesellschaftsrecht und Sozialpolitik, 51. 1942, S. 200–206.

Ders.: Der Arbeitseinsatz in Europa, in: Funk, Walther (Hg.): Europäische Wirtschaftsgemeinschaft, Berlin 1943, S. 117–139.
Belchem, John/Klaus Tenfelde (Hg.): Irish and Polish Migration in Comparative Perspective, Essen 2003.
Belgique: L'emploi de la main-d'œuvre étrangère, in: Informations Sociales, 36. 1930, S. 136.
Belgique: Un projet de réglementation de l'immigration, in: ebd., 29. 1929, S. 498.
Belguendouz, Abdelkrim: L'émigration des travailleurs marocains, in: Agoumy, Taoufik (Hg.): Géographie humaine. La grande encyclopédie du Maroc, Band 9, Casablanca 1988, S. 37–64.
Ben Sassi, Tijani: Les travailleurs tunisiens dans la région parisienne, Paris 1968.
Bender, Stefan/Wolfgang Seifert: Zuwanderung auf den Arbeitsmarkt. Nationalitäten- und geschlechtsspezifische Unterschiede, in: Zeitschrift für Soziologie, 24. 1995, S. 473–495.
Bendix, John: Importing Foreign Workers. A Comparison of German and American Policy, New York 1990.
Bengtsson, Tommy/Christer Lundh/Kirk Scott: From Boom to Bust: The Economic Integration of Immigrants in Sweden, in: Zimmermann, Klaus F. (Hg.): European Migration. What do we know?, Oxford 2005, S. 15–58.
Bennabou, Mohamedh/Jean-Pierre Garson: Les Marocains, in: Garson, Jean-Pierre/Georges Tapinos/Mohamedh Bennabou (Hg.): L'argent des immigrés. Revenus, épargne et transferts de huit nationalités immigrées en France, Paris 1981, S. 133–172.
Bennoune, Mahfoud: The Making of Contemporary Algeria, 1830–1987. Colonial Upheavals and Post-Independence Development, Cambridge 1988.
Benz, Wolfgang/Johannes Houwink ten Cate/Gerhard Otto (Hg.): Anpassung, Kollaboration, Widerstand. Kollektive Reaktionen auf die Okkupation, Berlin 1996.
Berg, E.L.: Economische achtergronden van het verschijnsel der buitenlandse arbeiders in Nederland, in: Wentholt, R. (Hg.): Buitenlandse arbeiders in Nederland, Leiden 1967, S. 15–32.
Berg-Eldering, Lotty van den (Hg.): Van gastarbeider tot immigrant. Marokkanen en Turken in Nederland 1965–1985, Alphen aan den Rijn 1986.
Berger, Stefan/Andy Croll/Norman LaPorte: Towards a Comparative History of Coalfield Societies, Aldershot 2005.
Bermani, Cesare: Odyssee in Deutschland. Die alltägliche Erfahrung der italienischen ›Fremdarbeiter‹ im ›Dritten Reich‹, in: Bologna, Sergio/Brunello Mantelli/ders. (Hg.): Proletarier der ›Achse‹. Sozialgeschichte der italienischen Fremdarbeit in NS-Deutschland 1937 bis 1943, Berlin 1997, S. 37–252.
Bernard, Philippe J. (Hg.): Les travailleurs étrangers en Europe occidentale, Paris 1976.
Bernecker, Walther L.: Sozialgeschichte Spaniens im 19. und 20. Jahrhundert. Vom Ancien Régime zur parlamentarischen Monarchie, Frankfurt a.M. 1991.
Bernitt, Marion: Die Rückwanderung spanischer Gastarbeiter. Der Fall Andalusien, Königstein i.Ts. 1981.
Berrada, Abdellah: Migration, Structural Change and Economic Development in Morocco, in: OECD (Hg.): Migration and Development. New Partnerships for Co-Operation, Paris 1994, S. 267–274.
Bertagna, Federica/Marina Maccari-Clayton: Italien, in: Bade, Klaus J. u.a. (Hg.): Enzyklopädie Migration in Europa, Paderborn 2007, S. 205–219.
Berten, A.: La situation des travailleurs étrangers et de leurs familles dans l'industrie de charbonnière belge, in: Le Progrès Social, 80. 1964, S. 22–36.

Bevelander, Pieter: Employment and Structural Change: Economic Integration of Immigrants in the Swedish and Malmö Labour Markets 1970–1990, in: Gorter, Cees (Hg.): Crossing Borders. Regional and Urban Perspectives on International Migration, Aldershot 1998, S. 295–232.
Ders.: The Employment Integration of Immigrants in Sweden, in: Journal of Ethnic and Migration Studies, 25. 1999, S. 445–468.
Bhagwati, Jagdish N./Klaus-Werner Schatz/Kar-yiu Wong: The West German Gastarbeiter System of Immigration, in: European Economic Review, 26. 1984, S. 277–294.
Bicanic, Ivo: The Failures of Postwar Yugoslav Planning, in: Aerts, Erik/Alan Steele Milward (Hg.): Economic Planning in the Post-1945 Period, Leuven 1990, S. 15–23.
Bideberry, M.: Techniques de recrutement, in: Economie humanisme, 189. 1969, S. 19–28.
Biedermann, Bettina: Eine bezahlte Passage. Die Auswanderung von Deutschen nach Australien in den 1950er Jahren, Marburg 2006.
Bielek, Peter: Wirtschafts- und Agrarpolitik in Portugal. Isolation, abhängige Weltmarktintegration und EG-Beitritt, in: Lusorama, 2. 1985, S. 7–16.
Biffl, Gudrun: Employment of Foreign Workers in Austria. From the Sixties to the End of the Eighties, Wien 1991.
Bigo, Didier/Elspeth Guild (Hg.): Controlling Frontiers. Free Movement into and within Europe, Aldershot 2005.
Bilsborrow, R.E.: International Migration Statistics. Guidelines for Improving Data Collection Systems, Genf 1997.
Blaise, Pierre: Des immigrés à intégrer. Choix politiques et modalités institutionnelles, Brüssel 1992.
Blanc-Chaléard, Marie-Claude: Old and New Migrants in France. Italians and Algerians, in: Lucassen, Leo/David Feldman/Jochen Oltmer (Hg.): Paths of Integration. Migrants in Western Europe (1880–2004), Amsterdam 2006, S. 46–62.
Blattner, Nikolaus/George Sheldon: Foreign Labour, Growth and Productivity. The Case of Switzerland, in: Gordon, Ian R./A.P. Thirlwall (Hg.): European Factor Mobility. Trends and Consequences, Basingstoke 1989, S. 148–165.
Bnin Bninski, Withold von: Die Deutsche Feldarbeiterzentrale, in: Caritas, 1911, S. 226–230.
Ders.: Die Deutsche Feldarbeiter-Zentralstelle, in: Caritasverband für das katholische Deutschland (Hg.): Das Auswandererproblem. Die dritte Konferenz für Auswandererwesen in Dresden über die ausländischen Saisonarbeiter in Deutschland, Freiburg i.Br. 1912, S. 7–14.
Böcker, Anita u.a. (Hg.): Regulation of Migration. International Experiences, Amsterdam 1998.
Böcker, Anita/Kees Groenendijk: Einwanderungs- und Integrationsland Niederlande, in: Wielenga, Friso/Ilona Taute (Hg.): Länderbericht Niederlande. Geschichte – Wirtschaft – Gesellschaft, Bonn 2004, S. 303–362.
Bogs: Die Sozialversicherung der ausländischen Arbeitskräfte, in: Arbeitseinsatz und Arbeitslosenhilfe, 11. 1944, S. 3–6.
Böhning, Wolf Rüdiger: The Migration of Workers in the United Kingdom and the European Community, New York 1972.
Ders.: Some Thoughts on Emigration from the Mediterranean Basin, in: International Labour Review, 11. 1975, S. 251–277.
Bolaffi, Guido u.a. (Hg.): Dictionary of Race, Ethnicity and Culture, London 2003.
Bologna, Sergio: Kontinuität und Zäsur in der Geschichte der italienischen Migrationsarbeit, in: ders./Brunello Mantelli/Cesare Bermani (Hg.): Proletarier der ›Achse‹.

Sozialgeschichte der italienischen Fremdarbeit in NS-Deutschland 1937 bis 1943, Berlin 1997, S. 17–36.

Bommes, Michael/Jost Halfmann (Hg.): Migration in nationalen Wohlfahrtsstaaten. Theoretische und vergleichende Untersuchungen, Osnabrück 1998.

Ders.: Der Mythos des transnationalen Raumes. Oder: Worin besteht die Herausforderung des Transnationalismus für die Migrationsforschung?, in: Thränhardt, Dietrich/Uwe Hunger/Hans van Amersfoort (Hg.): Migration im Spannungsfeld von Globalisierung und Nationalstaat, Wiesbaden 2003, S. 90–116.

Bonvin, Jean-Michel: L'Organisation Internationale du Travail. Etude sur une agence productrice de normes, Paris 1998.

Boockmann, Hartmut: Ostpreussen und Westpreussen, Berlin 1995.

Boratav, Korkut: Die türkische Wirtschaft im 20. Jahrhundert (1908–1980), Frankfurt a.M. 1987.

Borries, Melchior von: Aktuelle Rechtsfragen zu den Verordnungen Nr. 3 und Nr. 4 der EWG über die soziale Sicherheit von Wanderarbeitern, in: Bundesarbeitsblatt, 12. 1961, S. 142–146.

Boucaud, Pascale: Migrant Workers and their Families. Protection within the European Social Charter, Straßburg 1996.

Boudahrain, Abdellah: Les principales orientations des accords bilatéraux de main-d'œuvre au Maroc, in: Revue juridique et politique, 34. 1980, S. 134–142.

Boudoudou, Mohamed: Equisse d'une histoire économique et politique de l'émigration en France, in: Qaddu-ri, Abd al-Maji-d (Hg.): Le Maroc et la Hollande. Etudes sur l'histoire, la migration, la linguistique et la sémiologie de la culture, Rabat 1988, S. 99–112.

Bouguessa, Kamal: Mode de vie et reproduction. La communauté algérienne en France pendant la colonisation, in: Talha, Labri (Hg.): Maghrébins en France. Emigrés ou immigrés, Paris 1983, S. 51–70.

Bourguignon, François: International Labour Migrations and Economic Choices. The European Case, Paris 1977.

Bousetta, Hassan u.a.: Multicultural Policies and Modes of Citizenship in Belgium. The Case of Antwerp, Brussels and Liège, Brüssel 2001.

Bovenkerk, Frank: The Netherlands, in: Krane, Ronald E. (Hg.): International Labor Migration in Europe, New York 1979, S. 118–132.

Bover, Olympia/Pilar Velilla: Migrations in Spain. Historical Background and Current Trends, in: Zimmermann, Klaus F. (Hg.): European Migration. What do we know?, Oxford 2005, S. 389–414.

Boye-Møller, Monica: Language Training for Immigrant Workers in Sweden, in: International Labour Review, 108. 1973, S. 505–515.

Bradshaw, Roy P.: Internal Migration in Spain, in: Iberian Studies, 1. 1972, S. 68–72.

Braeckman, Colette: Les étrangers en Belgique, Brüssel 1973.

Brand, Laurie A.: Citizens Abroad. Emigration and the State in the Middle East and North Africa, Cambridge 2006.

Brandao de Brito, José Maria: The Portuguese Economy. From Salazarism to the European Community, in: Pinto, António Costa (Hg.): Modern Portugal, Palo Alto 1998, S. 102–111.

Brandes, Stanley H.: Migration, Kinship, and Community. Tradition and Transition in a Spanish Village, New York 1975.

Braudel, Fernand/Ernest Labrousse/Jochen Hoock: Wirtschaft und Gesellschaft in Frankreich im Zeitalter der Industrialisierung. 1789–1880, Frankfurt a.M. 1988.

Braun, Rudolf: Sozio-kulturelle Probleme der Eingliederung italienischer Arbeitskräfte in der Schweiz, Erlenbach 1970.

Breitenbach, Barbara von: Italiener und Spanier als Arbeitnehmer in der Bundesrepublik Deutschland, München 1982.
Brettell, Caroline B.: Emigration and Underdevelopment. The Causes and Consequences of Portuguese Emigration to France in Historical and Cross-Cultural Perspective, in: Bruneau, Thomas C./Victor Pereira da Rosa/Alex MacLeod (Hg.): Portugal in Development. Emigration, Industrialization, the European Community, Ottawa 1984, S. 65–83.
Breznik, Dusan/Radoslav Stevanovic: Internal Migration, in: Yugoslav Survey, 76. 1978, S. 25–40.
Brindelli, Anna Maria: Stable Features and Changing Aspects of Italian Migration Abroad in Recent Times, in: Genus, 42. 1986, S. 141–163.
Britschgi-Schimmer, Ina: Die wirtschaftliche und soziale Lage der italienischen Arbeiter in Deutschland (Original erschienen 1916), Essen 1996.
Brochman, Grete/Tomas Hammar (Hg.): Mechanisms of Immigration Control. A Comparative Analysis of European Regulation Policies, Oxford 1999.
Broeck, Julien van den (Hg.): The Economics of Labour Migration, Cheltenham 1996.
Brüggemann, Wolf-Dietrich: Deutsch-jugoslawisches Abkommen über Arbeitslosenversicherung, in: Bundesarbeitsblatt, 20. 1969, S. 160–162.
Bruneau, Thomas C./Victor Pereira da Rosa/Alex MacLeod (Hg.): Portugal in Development. Emigration, Industrialization, the European Community, Ottawa 1984.
Bruni, Michele/Alessandra Venturini: Pressure to Migrate and Propensity to Emigrate: The Case of the Mediteranian Basin, in: International Labour Review, 134. 1995, S. 377–400.
Burgenmeier, Beat (Hg.): Main-d'œuvre étrangère. Une analyse de l'économie suisse, Paris 1992.
Butschek, Felix (Hg.): Die ökonomischen Aspekte der Arbeitsmarktpolitik, Wien 1975.
Ders.: Die Struktur des österreichischen Arbeitsmarktes, in: ders. (Hg.): Die ökonomischen Aspekte der Arbeitsmarktpolitik, Wien 1975, S. 107–140.
Ders.: Die österreichische Wirtschaft im 20. Jahrhundert, Stuttgart 1985.
Ders.: Planning for Social Stability?, in: Aerts, Erik/Alan Steele Milward (Hg.): Economic Planning in the Post-1945 Period, Leuven 1990, S. 34–42.
Ders.: Der österreichische Arbeitsmarkt. Von der Industrialisierung bis zur Gegenwart, Stuttgart 1992.
Čačić-Kumpes, Jadranka/Josip Kumpes: Approche socio-historique des migrations yougoslaves en France, in: Revue européenne de migrations internationales, 6. 1990, S. 65–84.
Caestecker, Frank: Mineurs d'Europe centrale en Belgique, in: Morelli, Anne (Hg.): Histoire des étrangers et de l'immigration en Belgique de la préhistoire à nos jours, Brüssel 1992, S. 161–172.
Ders.: The Changing Modalities of Regulation in International Migration, in: Böcker, Anita u.a. (Hg.): Regulation of Migration. International Experiences, Amsterdam 1998, S. 73–98.
Ders.: Alien Policy in Belgium, 1840–1940. The Creation of Guest Workers, Refugees and Illegal Aliens, New York 2000.
Ders.: Polish Migrants' Children in Interwar Belgium and the Netherlands. The Choice of Ethnic Education, in: Belchem, John/Klaus Tenfelde (Hg.): Irish and Polish Migration in Comparative Perspective, Essen 2003, S. 169–182.

Ders.: The Transformation of Nineteenth-Century West European Expulsion Policy, 1880–1914, in: Fahrmeir, Andreas/Oliver Faron/Patrick Weil (Hg.): Migration Control in the North Atlantic World, New York 2005, S. 120-137.
Ders.: Belgien und Luxemburg, in: Bade, Klaus J. u.a. (Hg.): Enzyklopädie Migration in Europa, Paderborn 2007, S. 110–121.
Ders.: Arbeidsmarktstrategieën in de Belgische mijnindustrie tot 1940, in: Tijdschrift voor Sociale en Economische Geschiedenis, 5. 2008, S. 30–52.
Calavita, Kitty: U.S. Immigration Law and the Control of Labor 1820–1924, New York 1984.
Dies.: Inside the State. The Bracero Program, Immigration, and the INS, New York 1992.
Calvo Salgado, Luis M. u.a.: Historia del Instituto Español de Emigración. La política migratoria exterior de españa y el IEE del Franquismo a la Transición, Madrid 2009.
Campo, Salustiano del: Spain, in: Krane, Ronald E. (Hg.): International Labor Migration in Europe, New York 1979, S. 156–163.
Carlin, Wendy: West German Growth and Institutions. 1945–90, in: Crafts, Nicholas/ Gianni Toniolo (Hg.): Economic Growth in Europe since 1945, Cambridge 1996, S. 455–497.
Carre, Gaston u.a.: Intégration et assimilation des Portugais au Grand-Duché de Luxembourg, Luxemburg 1987.
Caruso, Clelia/Jenny Pleinen/Lutz Rafael (Hg.): Postwar Mediteranean Migration to Western Europe. Legal and Political Frameworks, Sociability and Memory Cultures, Frankfurt a.M. 2008.
Cassiers, Isabelle/Philippe de Villé/Peter M. Solar: Economic Growth in Postwar Belgium, in: Crafts, Nicholas/Gianni Toniolo (Hg.): Economic Growth in Europe since 1945, Cambridge 1996, S. 173–209.
Castles, Stephen: Einwanderung und Sozialpolitik in Australien, in: Bommes, Michael/Jost Halfmann (Hg.): Migration in nationalen Wohlfahrtsstaaten. Theoretische und vergleichende Untersuchungen, Osnabrück 1998, S. 171–197.
Ders.: Why Migration Policies Fail, in: Ethnic and Racial Studies, 27. 2004, S. 205–227.
Ders.: The Factors that Make and Unmake Migration Policies, in: Portes, Alejandro/ Josh DeWind (Hg.): Rethinking Migration. New Theoretical and Empirical Perspectives, New York 2007, S. 29–61.
Cavaco, Carminda: A Place in the Sun. Return Migration and Rural Change in Portugal, in: King, Russell (Hg.): Mass Migration in Europe. The Legacy and the Future, Chichester 1993, S. 174–194.
Cavounidis, Jennifer: Migration in Southern Europe and the Case of Greece, in: International Migration, 40. 2002, S. 45–70.
Centro Studi Emigrazione: The World in my Hand. Italian Emigration in the World 1860–1960, Rom 1997.
César das Neves, João Luis: Portuguese Postwar Growth. A Global Approach, in: Crafts, Nicholas/Gianni Toniolo (Hg.): Economic Growth in Europe since 1945, Cambridge 1996, S. 329–354.
Cesari, Jocelyne: Les grandes étapes de la présence marocaine, in: L'annuaire de l'émigration, Maroc, 1994, S. 286–291.
Chaloff, Jonathan: From Labour Emigration to Labour Recruitment. The Case of Italy, in: OECD (Hg.): Migration for Employment. Bilateral Agreements at a Crossroads, Paris 2004, S. 55–64.
Chaney, Rick: Regional Emigration and Remittances in Developing Countries. The Portuguese Experience, New York 1986.

Charchira, Samy: Die Berber kommen, in: Frangenberg, Frank (Hg.): Projekt Migration, Köln 2005, S. 801–803.
Charef, Mohammed: La circulation migratoire marocaine. Un pont entre deux rives, Agadir 1999.
Chattou, Zoubir: Migrations marocaines en Europe. Le paradoxe des itinéraires, Paris 1998.
Chebel d'Appollonia/Simon Reich (Hg.): Immigration, Integration, and Security. America and Europe in Comparative Perspective, Pittsburgh 2008.
Dies.: The Securitization of Immigration. Multiple Countries, Multiple Dimensions, in: Dies. (Hg.): Immigration, Integration, and Security. America and Europe in Comparative Perspective, Pittsburgh 2008, S. 1–22.
Chevalier, Louis u.a. (Hg.): Documents sur l'immigration, Paris 1947.
Chin, Rita: The Guest Worker Question in Postwar Germany, New York 2007.
Chiswick, Barry R./Timothy J. Hatton: International Migration and the Integration of Labor Markets, Bonn 2002.
Christoffel, Karl: Volk – Bewegung – Reich. Grundlegung für Unterricht und NS-Führung. Unterrichtswerk für Heeresschulen, Frankfurt a.M. 1944.
Cinel, Dino: The National Integration of Italian Return Migration. 1870–1929, Cambridge 1991.
Cizmic, Ivan: Emigration from Yugoslavia prior to World War II, in: Glazier, Ira A./Luigi de Rosa (Hg.): Migration across Time and Nations. Population Mobility in Historical Contexts, New York 1986, S. 255–270.
Clausse, Guy: Portuguese Emigration to the EEC and the Utilization of Emigrants' Remittances, in: Bruneau, Thomas C./Victor Pereira da Rosa/Alex MacLeod (Hg.): Portugal in Development. Emigration, Industrialization, the European Community, Ottawa 1984, S. 143–167.
Ders.: Le retour au pays des Portugais émigrés au Luxemburg, in: Pauly, Michel (Hg.): Letzebuerg de Letzebuerger? Le Luxembourg face à l'immigration, Luxembourg-Bonnevoie 1985, S. 115–126.
Cohen, Robin (Hg.): The Cambridge Survey of World Migration, Cambridge 1995.
Collinson, Sarah: Europe and International Migration, London 1994.
Collotti, Enzo: Italien. Der besetzte Verbündete, in: Benz, Wolfgang/Johannes Houwink ten Cate/Gerhard Otto (Hg.): Anpassung, Kollaboration, Widerstand. Kollektive Reaktionen auf die Okkupation, Berlin 1996, S. 233–242.
Colonies italiennes. L'immigration et la colonisation, in: Informations Sociales, 29. 1929, S. 293.
Comité intergouvernemental pour les migrations européennes, in: ebd., NF, 17. 1957, S. 215.
Comité permanent des migrations, in: ebd., 18. 1926, S. 3.
Compton, Paul: Migration in Eastern Europe, in: Salt, John/Hugh D. Clout (Hg.): Migration in Post-War Europe. Geographical Essays, London 1976, S. 168–215.
Conférence franco-polonais pour l'émigration, in: Informations Sociales, 29. 1929, S. 94.
Conférence internationale de l'émigration et de l'immigration, in: ebd., 11. 1924, S. 62.
Congress of the United States (Hg.): East European Economies Post-Helsinki. A Compendium of Papers Submitted to the Joint Economic Committee, Washington DC 1977.
Constant, Amelie: Immigrant Adjustment in France and Impacts on Natives, in: Zimmermann, Klaus F. (Hg.): European Migration. What do we know?, Oxford 2005, S. 263–302.

Convention de main-d'œuvre entre le Portugal et la République fédérale d'Allemagne, in: Revue international du travail, 91. 1965, S. 76–77.
Convention entre la République Argentine et les Pays-Bas relative à l'immigration de colons, in: Informations Sociales, 62. 1927, S. 567.
Convention réglementant l'émigration italienne vers la France, in: ebd., NF, 2. 1949, S. 109.
Copland, Douglas: The ILO Manpower Programme, in: International Labour Review, 59. 1949, S. 367–393.
Ders.: Migration and Economic Development. The Preliminary Migration Conference, Geneva, April-May 1950, in: ebd., 62. 1950, S. 91–115.
Corciero, Alexandra Ventura: Zwischen Diktatur und Demokratie, in: Frangenberg, Frank (Hg.): Projekt Migration, Köln 2005, S. 824–826.
Cordeiro, Albano: Etat de l'immigration au Luxembourg, Grenoble 1975.
Ders.: Immigration – Luxembourg. Aspects économiques, historiques et sociologiques, Luxemburg 1976.
Ders.: L'immigration, Paris 1984.
Ders.: L'immigration au Luxembourg dans le dernier quart du siècle dernier, in: Passerelles. Revue d'Etudes interculturelles, 22. 2001, S. 93–100.
Cornelis, B.: Migratie naar Nederland, in: Entzinger, Han B./P.J.J. Stijnen (Hg.): Etnische minderheden in Nederland, Heerlen 1990, S. 9–30.
Cornelius, Wayne A. u.a. (Hg.): Controlling Immigration. A Global Perspective, Stanford 2004.
Corni, Gustavo: Die deutsche Arbeitseinsatzpolitik in Italien, in: Overy, Richard J./ Gerhard Otto/Johannes Houwink ten Cate (Hg.): Die ›Neuordnung‹ Europas. NS-Wirtschaftspolitik in den besetzten Gebieten, Berlin 1997, S. 133–160.
Costa, E.: Manpower Mobilization for Economic Development in Tunisia, in: International Labour Review, 92. 1966, S. 5–18.
Costa-Lascoux, Jacqueline: De l'immigré au citoyen, Paris 1989.
Council of Europe: No Room for them? Commentary Presented by the Council of Europe on the Problem of Refugees and Surplus Elements of Population in Europe, Strasbourg 1953.
Cox, Robert W.: ILO. Limited Monarchy, in: ders./Harold K. Jacobson (Hg.): The Anatomy of Influence. Decision Making in International Organisations, New Haven 1974, S. 102–138.
Dies. (Hg.): The Anatomy of Influence. Decision Making in International Organisations, New Haven 1974.
Crafts, Nicholas/Gianni Toniolo (Hg.): Economic Growth in Europe since 1945, Cambridge 1996.
Dies.: Postwar Growth. An Overview, in: dies. (Hg.): Economic Growth in Europe since 1945, Cambridge 1996, S. 1–37.
Cranssen, Tanja: Marokkaanse mijnwerkers in Limburg, in: Studies over de sociaaleconomische geschiedenis van Limburg, 48. 2003, S. 210–148.
CRESM (Hg.): Rapports de dépendance au Maghreb, Paris 1976.
Creutz, Helmut: The ILO and Social Security for Foreign and Migrant Workers, in: International Labour Review, 97. 1966, S. 351–369.
Cross, Gary S.: Immigrant Workers in Industrial France. The Making of a New Laboring Class, Philadelphia 1983.
Cross, Malcolm/Han B. Entzinger (Hg.): Lost Illusions. Caribbean Minorities in Britain and the Netherlands, London 1988.
Cyrus, Norbert: Wie vor hundert Jahren? Zirkuläre Arbeitsmigration aus Polen in der Bundesrepublik Deutschland, in: Pallaske, Christoph (Hg.): Die Migration von Po-

len nach Deutschland. Zu Geschichte und Gegenwart eines europäischen Migrationssystems, Baden-Baden 2001, S. 185–203.
Czaja, Roman/Klaus Militzer (Hg.): Probleme der Migration und Integration im Preussenland vom Mittelalter bis zum Anfang des 20. Jahrhunderts, Marburg 2005.
Damien, Elas: La chaotique installation des Italiens en Grande-Bretagne après la Seconde Guerre Mondiale, in: Revue européenne de migrations internationales, 17. 2001, S. 147–171.
Das jugoslawische Gastarbeiterproblem, in: Wissenschaftlicher Dienst Osteuropa, 14. 1965, S. 146.
Das neue Belgrader Gastarbeitergesetz, in: ebd., 22. 1973, S. 101–106.
Daulatly, Georges: La main-d'œuvre étrangère en France et la crise économique, Paris 1933.
Davy, Ulrike (Hg.): Die Integration von Einwanderern. Rechtliche Regelungen im europäischen Vergleich, Frankfurt a.M. 2001.
Dies.: Belgien, in: dies. (Hg.): Die Integration von Einwanderern. Rechtliche Regelungen im europäischen Vergleich, Frankfurt a.M. 2001, S. 197–276.
Dies.: Frankreich, in: dies. (Hg.): Die Integration von Einwanderern. Rechtliche Regelungen im europäischen Vergleich, Frankfurt a.M. 2001, S. 425–518.
Dies.: Überregionales und regionales Völkerrecht, in: dies. (Hg.): Die Integration von Einwanderern. Rechtliche Regelungen im europäischen Vergleich, Frankfurt a.M. 2001, S. 37–94.
Dazzi, Antonio (Hg.): Vereinbarungen zwischen Deutschland und Italien auf dem Gebiet der Arbeit und der Sozialversicherung, Rom 1942.
De Grazia, Victoria: Die Radikalisierung der Bevölkerungspolitik im faschistischen Italien, in: Geschichte und Gesellschaft, 26. 2000, S. 219–244.
Del Boca, Daniela/Alessandra Venturini: Italian Migration, in: Zimmermann, Klaus F. (Hg.): European Migration. What do we know?, Oxford 2005, S. 303–336.
Delbroek, Bart: Op zoek naar koolputters. Buitenlandes mijnwerkers in Belgisch-Limburg in de twintigste eeuw, in: Tijdschrift voor Sociale en Economische Geschiedenis, 5. 2008, S. 80–103.
Del Fabbro, René: Transalpini. Italienische Arbeitswanderung nach Süddeutschland im Kaiserreich 1870–1918, Osnabrück 1996.
Denis, F.: La situation générale de l'immigration et les différents aspects de l'accueil, in: Le Progrès Social, 80. 1964, S. 8–22.
Deutsche Feldarbeiter-Zentralstelle: Bericht über die Tätigkeit im Geschäftsjahr 1906–1907, Berlin 1907.
Dies.: Bericht über die Tätigkeit im Geschäftsjahr 1908–1909, Berlin 1909.
Dies.: Bericht über die Tätigkeit im Geschäftsjahr 1909–1910, Berlin 1910.
Dies.: Bericht über die Tätigkeit im Geschäftsjahr 1910–1911, Berlin 1911.
Dies.: Bericht über die Tätigkeit im Geschäftsjahr 1911–1912, Berlin 1912.
Dies.: Bericht über die Tätigkeit im Geschäftsjahr 1912–13, Berlin 1913.
Deutsch-spanische Vereinbarung über spanische Arbeitskräfte, in: Reichsarbeitsblatt, Teil V, 21. 1941, S. 517.
Devillars, Pierre: L'immigration marocaine en France, in: Bulletin économique et sociale du Maroc, 1950, S. 7–14.
Di Comité, Luigi: Aspects of Italian Emigration 1881–1915, in: Glazier, Ira A./Luigi de Rosa (Hg.): Migration across Time and Nations. Population Mobility in Historical Contexts, New York 1986, S. 148–159.
Diaz, José Alberto: Choosing Integration. A Theoretical and Empirical Study of the Immigrant Integration in Sweden, Uppsala 1993.

Didier, Friedrich: Europa arbeitet in Deutschland. Sauckel mobilisiert die Leistungsreserven, Berlin 1943.
Ders.: Handbuch für die Dienststellen des Generalbevollmächtigten für den Arbeitseinsatz und die interessierten Reichsstellen im Grossdeutschen Reich und in den besetzten Gebieten, Band I, Berlin 1944.
Die Beschäftigung ausländischer Arbeitskräfte in Deutschland 1882 bis 1963, in: Archiv und Wirtschaft, 1. 1965, S. 93–95.
Die Sozialversicherung der ausländischen Arbeitskräfte, in: Arbeitseinsatz und Arbeitslosenhilfe, 11. 1944, S. 3–6.
Grundsätze der deutschen Wirtschaftspolitik in den besetzten Ostgebieten, in: Deutschland im Kampf, 71/72. 1942, S. 135–140.
Diederich, René: Le droit et les immigrés, in: Pauly, Michel (Hg.): Letzebuerg de Letzebuerger? Le Luxembourg face à l'immigration, Luxembourg-Bonnevoie 1985, S. 129–148.
Dielemann, Frans: Multicultural Holland. Myth or Reality, in: King, Russell (Hg.): Mass Migration in Europe. The Legacy and the Future, Chichester 1993, S. 118–135.
Dietzel-Papakyriakou, Maria: 40 Jahre griechische Migration in Schriften deutscher Sprache. Eine annotierte Bibliographie, Frankfurt a.M. 2001.
Dignan, Don: Europe's Melting Pot. A Century of Large-Scale Immigration into France, in: Ethnic and Racial Studies, 4. 1981, S. 137–152.
Disko, Werner: Die Entwicklung des holländischen Steinkohlenbergbaus in der Nachkriegszeit und ihre Auswirkung auf den rheinisch-westfälischen Steinkohlenbergbau, Münster 1937.
Döbler, Kurt: Leben und Arbeiten in der Bundesrepublik. Handbuch für ausländische Arbeitnehmer, Mainz 1966.
Dohse, Knuth: Ausländische Arbeiter und bürgerlicher Staat. Genese und Funktion von staatlicher Ausländerpolitik und Ausländerrecht vom Kaiserreich bis zur Bundesrepublik Deutschland, Berlin 1985.
Dominik, Katja u.a. (Hg.): Angeworben – eingewandert – abgeschoben. Ein anderer Blick auf die Einwanderungsgesellschaft Bundesrepublik Deutschland, Münster 1995.
Dormois, Jean-Pierre: The French Economy in the Twentieth Century, Cambridge 2004.
Dostert, Paul: Luxemburg zwischen Selbstbehauptung und nationaler Selbstaufgabe. Die deutsche Besatzungspolitik und die Volksdeutsche Bewegung 1940–1945, Luxemburg 1985.
Drettakis, Emmanuel G.: Analyse der jährlichen Wanderungsströme in der Bundesrepublik Deutschland, in: Schiller, Günter/Emmanuel G. Drettakis/Wolf Rüdiger Böhning (Hg.): Ausländische Arbeitnehmer und Arbeitsmarkt: Konsequenzen für die Wirtschaftspolitik, Analyse von Wanderungsströmen, wirtschaftliche Auswirkungen auf nachindustrielle Länder, Nürnberg 1976, S. 23–40.
Dubois, Paul: Aspects économiques des problèmes de l'emploi au Maroc, in: Bulletin économique et social du Maroc, 1958, S. 489–500.
Ducasse-Rogier, Marianne: The International Organization for Migration, 1951–2001, Genf 2001.
Dumoulin, Michel (Hg.): Mouvements et politiques migratoires en Europe depuis 1945. Le cas italien, Brüssel 1989.
Ders.: L'émergence du facteur Europe dans la politique à l'immigration de la Belgique à l'égard des Italiens au début des années cinquante, in: Dumoulin, Michel (Hg.):

Mouvements et politiques migratoires en Europe depuis 1945. Le cas italien, Brüssel 1989, S. 53–64.
Ders.: L'entrée dans le XXe siècle (1905–1918), Nouvelle histoire de Belgique, Band 2, Brüssel 2006.
Durchführung der deutsch-italienischen Anwerbevereinbarung, hier: Vorlage eines amtlichen Führungszeugnisses der italienischen Bewerber, in: Amtliche Nachrichten der BAVAV, 14. 1966, S. 323.
Düvell, Franck: Europäische und internationale Migration. Einführung in historische, soziologische und politische Analysen, Hamburg 2006.
Echange de main-d'œuvre entre les pays nordiques, in: Informations Sociales, 72. 1939, S. 465.
Echterhölter, Rudolf: Der Entwurf eines Europäischen Wanderarbeitnehmerstatuts, in: Bundesarbeitsblatt, 22. 1971, S. 268–274.
Echternkamp, Jörg (Hg.): Das Deutsche Reich und der Zweite Weltkrieg, Band 9/2, Die deutsche Kriegsgesellschaft 1939–1945, Stuttgart 2005.
Eder, Angelika (Hg.): »Wir sind auch da!«. Über das Leben von und mit Migranten in europäischen Großstädten, Hamburg 2003.
Egalité de traitement des travailleurs étrangers et nationaux victimes d'accidents du travail, in: Informations Sociales, 11. 1924, S. 435.
Ekberg, Jan: Immigration and the Public Sector. Income Effects for the Native Population in Sweden, in: Journal of Population Economics, 12. 1999, S. 411–430.
Elmas, Hasan Basri: L'intervention du facteur »immigration« dans les relations turco-européennes, in: Revue européenne de migrations internationales, 14. 1998, S. 77–101.
Elsner, Lothar: Ausländerbeschäftigung und Zwangsarbeitspolitik in Deutschland während des Ersten Weltkrieges, in: Bade, Klaus J. (Hg.): Auswanderer, Wanderarbeiter, Gastarbeiter. Bevölkerung, Arbeitsmarkt und Wanderung in Deutschland seit der Mitte des 19. Jahrhunderts, Ostfildern 1984, S. 527–557.
Elvert, Jürgen: Die europäische Integration, Darmstadt 2006.
Emigration et immigration aux Pays-Bas en 1954, in: Informations Sociales, NF, 13. 1955, S. 626.
Emigration et immigration aux Pays-Bas en 1955, in: ebd., NF, 15. 1956, S. 576.
Emigration et immigration aux Pays-Bas en 1956, in: ebd., NF, 17. 1957, S. 401.
Emigration et immigration aux Pays-Bas en 1957, in: ebd., NF, 20. 1958, S. 127.
Emigration italienne en 1955, in: ebd., NF, 17. 1957, S. 28.
Emploi temporaire de mineurs japonais dans la République fédérale d'Allemagne, in: ebd., NF, 17. 1957, S. 502.
Endoh, Toake: Exporting Japan. Politics of Emigration to Latin America, Urbana 2009.
Engerman, Stanley Lewis: The Bricks of an Empire 1415–1999. 585 Years of Portuguese Emigration, Rochester 1997.
Ders.: The History and Political Economy of International Labor Standards, in: Basu, Kaushik u.a. (Hg.): International Labor Standards. History, Theory and Policy Options, Malden 2003, S. 7–83.
Ennaji, Moha/Fatima Sadiqi: Migration and Gender in Morocco. The Impact of Migration on the Women left Behind, Trenton 2008.
Entelis, John P.: Comparative Politics of North Africa. Algeria, Morocco, and Tunisia, Syracuse 1980.
Entzinger, Han B.: The Netherlands, in: Hammar, Tomas (Hg.): European Immigration Policy. A Comparative Study, Cambridge 1985, S. 50–88.

Ders./Jack Carter (Hg.): Immigration in Western Democracies. The United States and Western Europe, Greenwich 1989.
Ders./P.J.J. Stijnen (Hg.): Etnische minderheden in Nederland, Heerlen 1990.
Ders.: Shifting Paradigms, in: Fassmann, Heinz/Rainer Münz (Hg.): European Migration in the late Twentieth Century. Historical Patterns, Actual Trends, and Social Implications, Aldershot 1994, S. 93–112.
Ders.: Niederlande, in: Heinelt, Hubert (Hg.): Zuwanderungspolitik in Europa. Nationale Politiken. Gemeinsamkeiten und Unterschiede, Opladen 1994, S. 195–219.
Ders.: Veränderte Grundlagen. Die niederländische Sicht der Einwanderung, in: Fassmann, Heinz/Rainer Münz (Hg.): Migration in Europa. Historische Entwicklung, aktuelle Trends und politische Reaktionen, Frankfurt a.M. 1996, S. 139–160.
Ders.: Multikulturalismus im Wohlfahrtsstaat. Zuwanderungs- und Integrationspolitik in den Niederlanden, in: Weber, Albrecht (Hg.): Einwanderungsland Bundesrepublik Deutschland in der Europäischen Union. Gestaltungsauftrag und Regelungsmöglichkeiten, Osnabrück 1997, S. 157–178.
Ders.: The Dynamics of Integration Policies. A Multidimensional Model, in: Koopmans, Ruud/Paul Statham (Hg.): Challenging Immigration and Ethnic Relations. Comparative European Perspectives, Oxford 2000, S. 97–118.
Erbe, Michael: Belgien, Niederlande, Luxemburg. Geschichte des niederländischen Raumes, Stuttgart 1993.
Ergün, Mustafa: Die deutsch-türkischen Erziehungsbeziehungen während des Ersten Weltkrieges, 1992, http://www.egitim.aku.edu.tr/alman.htm.
Erikson, Tor: International Migration and Regional Differentials in Unemployment and Wages. Some Empirical Evidence from Finland, in: Gordon, Ian R./A.P. Thirlwall (Hg.): European Factor Mobility. Trends and Consequences, Basingstoke 1989, S. 59–73.
Erlei, Mathias/Martin Leschke/Dirk Sauerland: Neue Institutionenökonomik, Stuttgart 1999.
Esch, Michael G./Patrice G. Poutrus: Zeitgeschichte und Migrationsforschung: Eine Einführung, in: Zeithistorische Forschungen/Studies in Contemporary History, Online-Ausgabe, 2. 2005, http://www.zeithistorische-forschungen.de/16126041-Esch-Poutrus-3-2005.
Espagne: L'organisation des services d'émigration, in: Informations Sociales, 31. 1929, S. 141.
Espagne: L'organisation des services d'émigration, in: ebd., 31. 1929, S. 141.
Espagne: Un nouveau code de l'émigration, in: ebd., 14. 1925, S. 453.
Ewenczky, Pierre: Les Espagnoles. Emigration et développement économique, in: Garson, Jean-Pierre/Georges Tapinos/Mohamedh Bennabou (Hg.): L'argent des immigrés. Revenus, épargne et transferts de huit nationalités immigrées en France, Paris 1981, S. 71–98.
Ewerth, Lutz: Der Arbeitseinsatz von Landesbewohnern besetzter Gebiete des Ostens und Südostens im Zweiten Weltkrieg, Tübingen 1954.
EWG: Synthèse des rapports établis sur les conditions de logements des travailleurs migrants dans trois pays de la CEE, o. O. 1961.
Frackowiak, Johannes: Arbeitsmigranten und/oder Einwanderer? Polen in Mitteldeutschland 1880–1945, in: IMIS Beiträge, 29. 2006, S. 71–98.
Factor, Regis A.: Guide to the *Archiv für Sozialwissenschaft und Sozialpolitik* Group, 1904–1933. A History and Comprehensive Bibliography, Westport 1988.
Faculté des Sciences Humaines et Sociales de Tunis (Hg.): Migration internationale et changements sociaux dans le Maghreb, Tunis 1997.

Fahrmeir, Andreas: Law and Practice. Difficulties of Researching the History of Migration Controls in an Age of Mass Migration, in: ders./Oliver Faron/Patrick Weil (Hg.): Migration Control in the North Atlantic World, New York 2005, S. 310–316.
Ders./Oliver Faron/Patrick Weil (Hg.): Migration Control in the North Atlantic World, New York 2005.
Ders.: From Economics to Ethnicity and Back. Reflections on Emigration Control in Germany, 1800–2000, in: Green, Nancy L./François Weil (Hg.): Citizenship and Those Who Leave. The Politics of Emigration and Expatriation, Urbana 2007, S. 176–194.
Faini, Riccardo/Alessandra Venturini: Italian Emigration in the Pre-War Period, in: Hatton, Timothy J. (Hg.): Migration and the International Labor Market, 1850–1939, London 1994, S. 72–90.
Fairchild, Amy L.: Science at the Borders. Immigrant Medical Inspection and the Shaping of the Modern Industrial Labour Force, Baltimore 2003.
Fakiolas, Rossettos: Italy and Greece. From Emigrants to Immigrants, in: Cohen, Robin (Hg.): The Cambridge Survey of World Migration, Cambridge 1995, S. 313–315.
Faroqhi, Suraiya: Geschichte des Osmanischen Reiches, München 2006.
Farré, Joseph: L'émigration espagnole vers l'Europe pendant la deuxième moitié du XXe siècle. Remarques sur le phénomène de l'émigration et de la recherche, in: Morgenroth, Klaus/Paul Vaiss/Joseph Farré (Hg.): Les migrations du travail en Europe, Frankfurt a.M. 2003, S. 135–154.
Fassmann, Heinz/Rainer Münz: Migration und Bevölkerungspolitik. Österreich im internationalen Vergleich, in: Felderer, Bernhard (Hg.): Bevölkerung und Wirtschaft, Berlin 1990, S. 519–537.
Dies.: Europäische Migration und die Internationalisierung des Arbeitsmarktes, in: Strümpel, Burkhard (Hg.): Innovation und Beharrung in der Arbeitspolitik, Stuttgart 1993.
Dies. (Hg.): European Migration in the Late Twentieth Century. Historical Patterns, Actual Trends, and Social Implications, Aldershot 1994.
Dies.: Austria. A Country of Immigration and Emigration, in: dies. (Hg.): European Migration in the Late Twentieth Century. Historical Patterns, Actual Trends, and Social Implications, Aldershot 1994, S. 149–168.
Dies.: Einwanderungsland Österreich? Historische Migrationsmuster, aktuelle Trends und politische Maßnahmen, Wien 1995.
Dies. (Hg.): Migration in Europa. Historische Entwicklung, aktuelle Trends und politische Reaktionen, Frankfurt a.M. 1996.
Dies.: Österreich – Einwanderungsland wider Willen, in: dies. (Hg.): Migration in Europa. Historische Entwicklung, aktuelle Trends und politische Reaktionen, Frankfurt a.M. 1996, S. 209–230.
Fassmann, Heinz: Transnationale Mobilität. Empirische Befunde und theoretische Überlegungen, in: Leviathan, 30. 2002, S. 345–459.
Fauchille, Paul: The International Emigration Comission, in: International Labour Review, 1. 1921, S. 527–562.
Ders.: The Rights of Emigration and Immigration, in: ebd., 9. 1924, S. 317–333.
Faust, Anselm (Hg.): 100 Jahre Arbeitsmarktpolitik in Rheinland-Westfalen. Vom Ende des 19. Jahrhunderts bis zur Gegenwart, Essen 1997.
Ders.: Das umstrittene Vermittlungsmonopol. Von der Reichsanstalt zur Bundesanstalt für Arbeit, in: ders. (Hg.): 100 Jahre Arbeitsmarktpolitik in Rheinland-Westfalen. Vom Ende des 19. Jahrhunderts bis zur Gegenwart, Essen 1997, S. 35–55.

Favarger, Philippe: Evolution de l'économie suisse depuis 1948, in: Burgenmeier, Beat (Hg.): Main-d'œuvre étrangère. Une analyse de l'économie suisse, Paris 1992, S. 27–52.

Federici, Nora: Italy, in: Krane, Ronald E. (Hg.): International Labor Migration in Europe, New York 1979, S. 147–155.

Felderer, Bernhard (Hg.): Bevölkerung und Wirtschaft, Berlin 1990.

Ferenczi, Imre: Die Arbeitslosigkeit und die internationalen Arbeiterwanderungen. Bericht an das internationale Komitee der Internationalen Vereinigung zur Bekämpfung der Arbeitslosigkeit, Jena 1913.

Ders.: Die internationale Regelung der kontinentalen Arbeiterwanderungen in Europa, in: Weltwirtschaftliches Archiv, 20. 1924, S. 427–461.

Ders./W.F. Willcox (Hg.): International Migrations, Band 1, New York 1929.

Ferreira, Eduardo de Sousa/Guy Clausse (Hg.): Closing the Migratory Cycle. The Case of Portugal, Saarbrücken 1986.

Ferreira de Paiva, Amadeu: Portuguese Migration Studies. A Critical Survey, in: International Migration Review, 17. 1983, S. 138–147.

Fetzer, Joel S.: Public Attitudes toward Immigration in the United States, France, and Germany, Cambridge 2000.

Fielding, Anthony: Mass Migration and Economic Restructuring, in: King, Russell (Hg.): Mass Migration in Europe. The Legacy and the Future, Chichester 1993, S. 7–18.

Ders.: Migrants, Institutions and Politics. The Evolution of European Migration Policies, in: King, Russell (Hg.): Mass Migration in Europe. The Legacy and the Future, Chichester 1993, S. 40–64.

Fijalkowski, Jürgen: Gastarbeiter als industrielle Reservearmee?, in: Archiv für Sozialgeschichte, 24. 1984, S. 399–456.

Filias, Vassilis J.: The Emigration of Greek Workers to Western Germany and its Consequences, in: Social Science Centre (Hg.): Essays on Greek Migration, Athen 1967, S. 127–138.

Ders.: Emigration. Its Causes and Effects, in: Kudat, Ayse/Yilmaz Özkan (Hg.): The Comparative Study of the Re-Integration Policy of five European Labor Exporting Countries, Berlin 1975, S. 120–169.

Findlay, Allan M./Richard Lawless,: New Directions in Tunisian Emigration. Windfall or Pitfall, in: Maghreb Review, 3. 1979, S. 78–81.

Ders.: A Migration Channels Approach to the Study of High Level Manpower Movements. A Theoretical Perspective, in: International Migration, 27. 1990, S. 15–23.

Ders.: Extra-Union Migration. The North-South Perspective, in: Rees, Philip u.a. (Hg.): Population Migration in the European Union, Chichester 1996, S. 39–50.

Ders.: A Migration Channels Approach to the Study of Professionals Moving to and from Hong Kong, in: International Labour Review, 32. 1998, S. 682–703.

Fischer, Peter A./Thomas Straubhaar: Ökonomische Integration und Migration in einem gemeinsamen Markt, Bern 1994.

Fitzgerald, Patrick/Brian Lambkin: Migration in Irish History, 1607–2007, Basingstoke 2008.

Flory, Maurice: Accords de main-d'œuvre et modèles de développement, in: CRESM (Hg.): Rapports de dépendance au Maghreb, Paris 1976, S. 263–277.

Ders.: Ordres juristiques et statut des travailleurs étrangers, in: Société française pour le droit international (Hg.): Les travailleurs étrangers et le droit international, Paris 1979, S. 175–209.

Flüchtlinge strömen nach Westen, in: Nachrichten für die Truppe, 278. 1945, S. 3.

Flückiger, Yves: La politique suisse en matière d'immigration, in: Burgenmeier, Beat (Hg.): Main-d'œuvre étrangère. Une analyse de l'économie suisse, Paris 1992, S. 17–26.
Foggon, George: The Origin and Development of the ILO and International Labour Organisations, in: Taylor, Paul (Hg.): International Institutions at Work, New York 1988, S. 98–113.
France: Action Programme Concerning Immigration, in: Social and Labour Bulletin, 1. 1974, S. 77.
France: L'immigration agricole portugaise, in: Informations Sociales, 15. 1925, S. 28.
France: L'organisation et la politique de l'immigration, in: ebd., 33. 1930, S. 115.
France: La carte d'identité des étrangers, in: ebd., 38. 1931, S. 108.
France: La carte d'identité des étrangers, in: ebd., 30. 1929, S. 497.
France: La confédération générale du travail et l'organisation de l'immigration ouvrière, in: ebd., 33. 1930, S. 293.
France: La loi des finances et les cartes d'identité pour immigrants, in: ebd., 16. 1925, S. 586.
France: La pénurie de la main-d'œuvre et le recrutement en Europe centrale, in: ebd., 31. 1929, S. 475.
France: La politique d'immigration en 1929, in: ebd., 29. 1929, S. 397.
France: La réglementation de l'immigration et la situation économique, in: ebd., 36. 1930, S. 515.
France: Le Conseil national de la main-d'œuvre, in: ebd., 15. 1925, S. 273.
France: Le recrutement en Europe centrale pour le bâtiment, in: ebd., 32. 1929, S. 155.
France-Hongrie: Un accord sur le recrutement, 35. 1930, S. 513.
France-Roumanie: Le recrutement de la main-d'œuvre Roumaine pour la France, in: ebd., 35. 1930, S. 275.
France-Royaume des Serbes, Croates et Slovènes: Accords intéressant les migrations, in: ebd., 31. 1929, S. 139.
France-Tchécoslovaquie: Un accord commercial intéressant les migrations, in: ebd., 30. 1929, S. 491.
France-Tchécoslovaquie: Une conférence pour le recrutement des travailleurs tchécoslovaques, in: ebd., 36. 1930, S. 508.
Frangenberg, Frank (Hg.): Projekt Migration, Köln 2005.
Frank, Thomas (Hg.): Soziale Menschenrechte – die vergessenen Rechte? Zur Unteilbarkeit der Menschenrechte. Ein interdisziplinärer Überblick, Berlin 2001.
Freeman, Gary Pete: Immigrant Labor and Racial Conflict in Industrial Societies. The French and British Experience 1945–1975, Princeton 1979.
Ders.: National Models, Policy Types, and the Politics of Immigration in Liberal Democracies, in: West European Politics, 29. 2006, S. 227–247.
Freiburghaus, Dieter/Brigitte Guggisberg: Die schweizerische Ausländerpolitik seit 1850. Eine Analyse vor dem Hintergrund politisch-ökonomischer Paradigmen, in: Geiser, Thomas/Hans Schmid/Emil Walter-Busch (Hg.): Arbeit in der Schweiz des 20. Jahrhunderts. Wirtschaftliche, rechtliche und soziale Perspektiven, Bern 1998, S. 137–185.
Friganovíc, M.: Iz Jugoslavije na rad u Francusku – les travailleurs yougoslaves en France, Zagreb 1972.
Fritz, Martin: Postwar Planning in Sweden, in: Aerts, Erik/Alan Steele Milward (Hg.): Economic Planning in the Post-1945 Period, Leuven 1990, S. 43–51.
Frost, Julius: Belgische Wanderarbeiter, Berlin 1908.
Funk, Walther (Hg.): Europäische Wirtschaftsgemeinschaft, Berlin 1943.

Gächter, August: Austria. Protecting Indigenous Workers from Immigrants, in: Penninx, Rinus/Judith Roosblad (Hg.): Trade Unions, Immigration, and Immigrants in Europe, 1960–1993. A Comparative Study of the Attitudes and Actions of Trade Unions in seven West European Countries, New York 2000, S. 65–90.
Galenson, Walter: The International Labor Organization. An American View, Madison 1981.
Gälli, Anton: Afrikanische Gastarbeiter in der Bundesrepublik, in: IFO-Schnelldienst, 26. 1973, S. 11–17.
Gallo, Benito: Les Italiens au Grand-Duché de Luxembourg, Luxemburg 1987.
Galloro, Piero: Le comportement migratoire des Cafoni dans les bassins industriels luxembourgeois et lorrains (1880–1914), in: Passerelles. Revue d'Etudes interculturelles, 18. 2001, S. 47–66.
Gandenberger, Gertrud: Die Internationale Arbeitsorganisation. Wirkungen der Normensetzung und Normenkontrolle am Fallbeispiel der Bundesrepublik Deutschland, Heidelberg 1996.
Garonna, Paolo: Interregional and International Migration Models. The Italian Case, in: Rivista internationale di scienze economiche e commerciali, 24. 1977, S. 783–799.
Garson, Jean-Pierre/Georges Tapinos/Mohamedh Bennabou (Hg.): L'argent des immigrés. Revenus, épargne et transferts de huit nationalités immigrées en France, Paris 1981.
Gassissot, René: Emigration coloniale, immigration post-coloniale, in: Talha, Labri (Hg.): Maghrébins en France. Emigrés ou immigrés, Paris 1983, S. 31–50.
Gastaut, Yvan: La flambée raciste de 1973 en France, in: Revue européenne de migrations internationales, 9. 1993, S. 61–75.
Geary, Dick: Labour in Western Europe from 1800, in: Lucassen, Jan (Hg.): Global Labour History. A State of the Art, Bern 2006, S. 227–287.
Geck, Hinrich-Matthias: Die griechische Arbeitsmigration. Eine Analyse ihrer Ursachen und Wirkungen, Königstein i.Ts. 1979.
Gees, Thomas: Die Schweiz im Europäisierungsprozess. Wirtschafts- und gesellschaftspolitische Konzeptionen am Beispiel der Arbeitsmigrations-, Agrar- und Wissenschaftspolitik, 1947–1974, Zürich 2006.
Gehmacher, Ernst: Austria. Quiet Diplomacy in International Migration, in: Kubat, Daniel (Hg.): The Politics of Migration Policies. Settlement and Integration – the First World into the 1990s, New York 1993, S. 127–140.
Geisen, Thomas (Hg.): Arbeitsmigration. WanderarbeiterInnen auf dem Weltmarkt für Arbeitskraft, Frankfurt a.M. 2005.
Ders.: Migration als Vergesellschaftungsprozess. Zur Konstruktion von Arbeitsmigration als Sonderfall, in: ders. (Hg.): Arbeitsmigration. WanderarbeiterInnen auf dem Weltmarkt für Arbeitskraft, Frankfurt a.M. 2005, S. 19–36.
Geiser, Thomas/Hans Schmid/Emil Walter-Busch (Hg.): Arbeit in der Schweiz des 20. Jahrhunderts. Wirtschaftliche, rechtliche und soziale Perspektiven, Bern 1998.
Gerard, Emmanuel: La démocratie rêvée, bridée et bafouée (1918–1939), Nouvelle histoire de Belgique, Band 2, Brüssel 2006.
Gesemann, Frank: Arbeitskräfte ohne Rechte. Migration im Nahen Osten, in: Thränhardt, Dietrich/Uwe Hunger/Hans van Amersfoort (Hg.): Migration im Spannungsfeld von Globalisierung und Nationalstaat, Wiesbaden 2003, S. 346–366.
Ghatak, Subrata/Paul Levine/Stephen P. Wheatley: Migration Theories and Evidence: An Assessment, in: Journal of Economic Surveys, 10. 1996, S. 159–198.
Ghebali, Victor Y.: The International Labour Organisation. A Case Study on the Evolution of U.N. Specialised Agencies, Dordrecht 1989.

Ghemmaz, Malika: Des portugais en Europe du Nord. Une comparaison France, Belgique, Luxembourg. Contribution à une sociologie électorale de la citoyenneté de l'Union Européenne, Diss. Lille 2008.
Ghosh, Bimal (Hg.): Managing Migration. Time for a New International Regime?, New York 2000.
Ders.: Towards a New International Regime for Orderly Movements of People, in: ders. (Hg.): Managing Migration. Time for a New International Regime? New York, 2000, S. 6–26.
Ders.: Managing Migration: Towards the Missing Regime, in: Pécoud, Antoine/Paul de Guchteneire (Hg.): Migration without Borders. Essays on the Free Movement of People, New York 2007, S. 119–136.
Gibelli, Antonio: Les travailleurs italiens et l'économie de guerre en Allemagne, in: Studia historiae oeconomiae, Band 8, Poznan 1973, S. 77–89.
Giddens, Anthony: Die Konstitution der Gesellschaft. Grundzüge einer Theorie der Strukturierung, Frankfurt a.M. 1997.
Ders.: The Constitution of Society. Outline of the Theory of Structuration, in: Spiegel, Gabrielle M. (Hg.): Practicing History. New Directions in Historical Writing, New York 2005, S. 121–142.
Gieler, Wolfgang (Hg.): Handbuch der Ausländer- und Zuwanderungspolitik. Von Afghanistan bis Zypern, Münster 2003.
Ders./Dietmar Fricke (Hg.): Handbuch europäischer Migrationspolitiken. Die EU-Länder und die Beitrittskandidaten, Münster 2004.
Gilon-Pichault: L'accueil et l'intégration des étrangers dans la province de Liège, in: Le Progrès Social, 80. 1964, S. 47–62.
Gissler, Paul: Das europäische Sozialrecht. Dokumentation, Baden-Baden 1973.
Gitmez, Ali S.: Ergebnisse der Arbeitsauswanderung auf die ökonomische Entwicklung. Die türkische Erfahrung, in: Ruf, Werner/Rémy Leveau (Hg.): Migration und Staat. Inner- und intergesellschaftliche Prozesse am Beispiel Algerien, Türkei, Deutschland und Frankreich, Münster 1991, S. 107–130.
Gjerde, Jon: The Scandinavian Migrants, in: Cohen, Robin (Hg.): The Cambridge Survey of World Migration, Cambridge 1995, S. 85–90.
Gladen, Albin/Antje Kraus: Deutsche Wanderarbeiter in den Niederlanden im 19. Jahrundert, in: Petzina, Dietmar/Jürgen Reulecke (Hg.): Bevölkerung, Wirtschaft, Gesellschaft seit der Industrialisierung, Dortmund 1990, S. 321–341.
Glasner, David (Hg.): Business Cycles and Depressions: An Encyclopedia, New York 1997.
Glazier, Ira A./Luigi de Rosa (Hg.): Migration across Time and Nations. Population Mobility in Historical Contexts, New York 1986.
Glytsos, Nicholas P./Louka T. Katseli: Greek Migration. The two Faces of Janus, in: Zimmermann, Klaus F. (Hg.): European Migration. What do we know?, Oxford 2005, S. 337–388.
Gnehm, Adrian Hugo: Ausländische Arbeitskräfte. Ihre Bedeutung für Konjunktur und Wachstum dargestellt am Beispiel der Schweiz, Bern 1966.
Goddeeris, Idesbald: De Poolse migratie in België, 1945–1950. Politieke mobilisatie en sociale differentiatie, Amsterdam 2005.
Godinho, Vitorino, M.: L'émigration portugaise. Une constante structurale et ses réponses aux changements du monde, in: Revista de história econónomica e social, 1. 1978, S. 5–37.
Göktürk, Deniz/David Gramling/Anton Kaes (Hg.): Germany in Transit. Nation and Migration 1955–1973, Berkeley 2007.

Gogolewski, Edmond: Les Polonais en France avant la Seconde Guerre Mondiale, in: Revue du Nord, 61. 1979, S. 649–662.

Ders. (Hg.): Les ouvriers polonais en France après la Seconde Guerre Mondiale, Villeneuve d'Ascq 1992.

Gogos, Manuel: Überblendungen. Deutsche Besatzung in Griechenland und die griechische Arbeitsmigration nach Deutschland, in: Frangenberg, Frank (Hg.): Projekt Migration, Köln 2005, S. 822–823.

Gokalp, Catherine: L'émigration turque en Europe et particulièrement en France, in: Population, 28. 1973, S. 335–360.

Dies.: L'émigration yougoslave, in: Population, 29. 1974, S. 25–60.

Golini, Antonio/Anna Maria Birindelli: Italy, in: Nam, Charles B./William J. Serow/ David F. Sly (Hg.): Handbook on International Migration, Westport 1991, S. 143–165.

Gordon, Ian R./A.P. Thirlwall (Hg.): European Factor Mobility. Trends and Consequences, Basingstoke 1989.

Gorter, Cees (Hg.): Crossing Borders. Regional and Urban Perspectives on International Migration, Aldershot 1998.

Graham, Helen: Money and Migration in Modern Portugal. An Economist's View, in: Higgs, David (Hg.): Portuguese Migration in Global Perspective, Toronto 1990, S. 81–98.

Granotier, Bernard: Les travailleurs immigrés en France, Paris 1979.

Grant, Oliver: Globalisation versus De-Coupling. German Emigration and the Evolution of the Atlantic Labour Market 1870–1913, in: Explorations in Economic History, 40. 2003, S. 387–418.

Grant, Oliver: Migration and Inequality in Germany 1870–1913, Oxford 2005.

Grèce: L'émigration en 1923, in: Informations Sociales, 15. 1925, S. 27.

Green, Nancy: The Comparative Method and Poststructural Structuralism, in: Lucassen, Jan/Leo Lucassen (Hg.): Migration, Migration History, History. Old Paradigms and New Perspectives, Frankfurt a.M. 1999, S. 58–72.

Dies./François Weil (Hg.): Citizenship and Those who Leave. The Politics of Emigration and Expatriation, Urbana 2007.

Gregory, David D.: Intra European Migration and Regional Development. Spain and Portugal, in: Rogers, Rosemarie (Hg.): Guests Come to Stay. The Effects of European Labor Migration on Sending and Receiving Countries, Boulder 1985, S. 231–261.

Griffiths, Richard T.: Macro-Economic Planning in the Netherlands. 1945–1958, in: Aerts, Erik/Alan Steele Milward (Hg.): Economic Planning in the Post-1945 Period, Leuven 1990, S. 52–60.

Ders. (Hg.): Explorations in OEEC History, Paris 1997.

Grimmeau, Jean Pierre: Vagues d'immigration et localisation des étrangers en Belgique, in: Morelli, Anne (Hg.): Histoire des étrangers et de l'immigration en Belgique de la préhistoire à nos jours, Brüssel 1992, S. 105–118.

Grindrod, Muriel: The Rebuilding of Italy. Politics and Economics, 1945–1955, Westport 1977.

Groeben, Hans von der/Hans von Boeckh/Jochen Thiesing: Kommentar zum EWG-Vertrag, Baden-Baden 1974.

Grzymala-Moszczynska, Halina: Migration Processes in Poland, in: Loeb-Adler, Leonore/Uwe Peter Gielen (Hg.): Migration. Immigration and Emigration in International Perspective, Westport 2003, S. 182–205.

Guibentif, Pierre: Le Portugal face à l'immigration, in: Revue européenne de migrations internationales, 12. 1996, S. 121–139.

Guild, Elspeth: Who is Entitled to Work and Who is in Charge. Understanding the Legal Framework of European Labour Migration, in: Bigo, Didier/Elspeth Guild (Hg.): Controlling Frontiers. Free Movement into and within Europe, Aldershot 2005, S. 100–139.

Guillaume, Yves: Les mesures de restriction à l'immigration en Belgique, in: Recherches économiques de Leuven, 1971, S. 37–43.

Guillen, Pierre: L'immigration italienne en France après 1945, enjeu dans les relations franco-italiennes, in: Dumoulin, Michel (Hg.): Mouvements et politiques migratoires en Europe depuis 1945. Le cas italien, Brüssel 1989, S. 37–52.

Guinand, Cédric: Die Internationale Arbeitsorganisation (ILO) und die soziale Sicherheit in Europa (1942–1969), Bern 2003.

Haas, Ernst B.: Beyond the Nation State. Functionalism and International Organization, Stanford 1964.

Haas, Hein de: Morocco: From Emigration Country to Africa's Migration Passage to Europe, in: Migration Information Source, 2005, http://www.migrationinformation.org/Profiles/display.cfm?ID=339.

Ders.: Between Courting and Controlling. The Moroccan States and ›its‹ Emigrants, Centre on Migration, Policy and Society Working Paper No. 54, University of Oxford, Oxford 2007.

Haberl, Othmar Nikola: Die Abwanderung von Arbeitskräften aus Jugoslawien. Zur Problematik ihrer Auslandsbeschäftigung und Rückführung, München 1978.

Ders.: Die Remigration jugoslawischer Gastarbeiter während der 1970er Jahre, in: Osteuropa, 32. 1982, S. 732–739.

Hahamovitch, Cindy: Creating Perfect Immigrants. Guestworkers of the World in Historical Perspective, in: Labor History, 44. 2003, S. 69–94.

Hahn, Hugo J./Albrecht Weber: Die OECD. Organisation für Wirtschaftliche Zusammenarbeit und Entwicklung, Baden-Baden 1976.

Dies. (Hg.): Währung und Wirtschaft. Das Geld im Recht, Baden-Baden 1997.

Hahn, Max: Die amtlichen Bestimmungen über Inlandslegitimierung, Einstellung und Beschäftigung ausländischer Arbeiter, Berlin 1927.

Hahn, Sylvia: Österreich, in: Bade, Klaus J. u.a. (Hg.): Enzyklopädie Migration in Europa, Paderborn 2007, S. 171–188.

Dies.: Migration – Arbeit – Geschlecht. Arbeitsmigration in Mitteleuropa vom 17. bis zum Beginn des 20. Jahrhunderts, Göttingen 2008.

Hamdouch, Bachir/Abdellah Berrada: Tendances et implications de la migration marocaine vers l'étranger, in: Qaddu-ri, Abd al-Maji-d (Hg.): Le Maroc et la Hollande. Etudes sur l'histoire, la migration, la linguistique et la sémiologie de la culture, Rabat 1988, S. 139–147.

Hammar, Tomas (Hg.): European Immigration Policy. A Comparative Study, Cambridge 1985.

Ders.: Comparative Analysis, in: ders. (Hg.): European Immigration Policy. A Comparative Study, Cambridge 1985, S. 239–304.

Ders.: Sweden, in: ders. (Hg.): European Immigration Policy. A Comparative Study, Cambridge 1985, S. 17–49.

Ders.: Citizenship, Aliens' Political Rights, and Politicians' Concern for Migrants. The Case of Sweden, in: Rogers, Rosemarie (Hg.): Guests Come to Stay. The Effects of European Labor Migration on Sending and Receiving Countries, Boulder 1985, S. 85–107.

Ders.: Laws and Policies Regulating Population Movements: A European Perspective, in: Kritz, Mary M./Lin Lean Lim/Hania Zlotnik (Hg.): International Migration Systems. A Global Approach, Oxford 1992, S. 245–262.

Ders.: Labour Migration to Sweden. The Finnish Case, in: Cohen, Robin (Hg.): The Cambridge Survey of World Migration, Cambridge 1995, S. 297–301.
Ders. (Hg.): International Migration, Immobility and Development. Multidisciplinary Perspectives, Oxford 1997.
Ders.: Closing the Doors to the Swedish Welfare State, in: Brochman, Grete/ders. (Hg.): Mechanisms of Immigration Control. A Comparative Analysis of European Regulation Policies, Oxford 1999, S. 169–202.
Ders.: Politics of Immigration Control and Politicisation of International Migration, in: Siddique, M.A.B. (Hg.): International Migration into the 21st Century, Cheltenham 2001, S. 15–28.
Hamoussi, Sara/Ahmet Sezer: Die Entwicklung der tunesischen Arbeitsmigration, in: Frangenberg, Frank (Hg.): Projekt Migration, Köln 2005, S. 815–816.
Hardach, Gerd: Der Marshall-Plan. Auslandshilfe und Wiederaufbau in Westdeutschland 1948–1952, München 1994.
Hargreaves, Alec G. (Hg.): Immigration in Post-War France. A Documentary Anthology, London 1987.
Ders.: Multi-Ethnic France. Immigration, Politics, Culture and Society, New York 2007.
Harris, Nigel: The New Untouchables. Immigration and the New World Worker, New York 1995.
Harrison, Joseph: The Spanish Economy in the Twentieth Century, London 1985.
Hartog, Joop/Nick Vriend: Post-War International Labour Mobility. The Netherlands, in: Gordon, Ian R./A.P. Thirlwall (Hg.): European Factor Mobility. Trends and Consequences, Basingstoke 1989, S. 74–94.
Harzig, Christiane: Migrationspolitik im nordatlantischen Raum. Ein zeitgeschichtlicher Vergleich zwischen Kanada, Schweden und den Niederlanden, in: Sozial.Geschichte, 18. 2003, S. 63–84.
Dies.: Einwanderung und Politik. Historische Erinnerung und politische Kultur als Gestaltungsressourcen in den Niederlanden, Schweden und Kanada, Göttingen 2004.
Dies./Dirk Hoerder: What is Migration History?, Cambridge 2009.
Hatton, Timothy J. (Hg.): Migration and the International Labor Market, 1850–1939, London 1994.
Ders.: International Migration 1850–1939, in: ders. (Hg.): Migration and the International Labor Market, 1850–1939, London 1994, S. 3–34.
Haug, Sonja/Frank Swiaczny (Hg.): Migration in Europa, Wiesbaden 2005.
Haug, Werner: »... und es kamen Menschen«. Ausländerpolitik und Fremdarbeit in der Schweiz 1914–1980, Basel 1980.
Haupt, Mathias Georg: Der ›Arbeitseinsatz‹ der belgischen Bevölkerung während des Zweiten Weltkrieges, Bonn 1970.
Hauser, Jürg: Das Braceroprogramm, 1942–1964. Die Wanderung mexikanischer Saisonarbeiter nach Kalifornien, mit besonderer Berücksichtigung des Systems der staatlich gelenkten Wanderung, Zürich 1968.
Hausmann, Friederike: Kleine Geschichte Italiens von 1943–1989, Berlin 1989.
Hautcoeur, Pierre-Cyrille: Great Depression in France (1929–1938), in: Glasner, David (Hg.): Business Cycles and Depressions. An Encyclopedia, New York 1997, S. 277–279.
Haver, Charlotte E.: Das Experiment des Königs. Europäische Migration und die Peuplierung Preußens am Beispiel der Salzburger Emigranten, in: Beer, Mathias/Dittmar Dahlmann (Hg.): Über die trockene Grenze und über das offene Meer. Binneneuropäische und transatlantische Migrationen im 18. und 19. Jahrhundert, Essen 2004, S. 67–90.

Haziiossif, Christos: Griechen in der deutschen Kriegsproduktion, in: Herbert, Ulrich (Hg.): Europa und der ›Reichseinsatz‹. Ausländische Zivilarbeiter, Kriegsgefangene und KZ-Häftlinge in Deutschland 1938–1945, Essen 1991, S. 210–233.

Hedetoft, Ulf: Denmark. Integrating Immigrants into a Homogeneous Welfare State, in: Migration Information Source, 2006, http://www.migrationinformation.org/Profiles/display.cfm?id=485.

Heeren, Henk, J.: The Netherlands, in: Nam, Charles B./William J. Serow/David F. Sly (Hg.): Handbook on International Migration, Westport 2005, S. 221–239.

Heffernan, Michael: French Colonial Migration, in: Cohen, Robin (Hg.): The Cambridge Survey of World Migration, Cambridge 1995, S. 33–39.

Heide, H. ter: Labour Migration from the Mediterranean Area to the Benelux Countries, in: Moors, Hein Gustaaf (Hg.): Population and Family in the Low Countries, Leiden 1976, S. 132–148.

Heide, Walter: Handbuch der deutschsprachigen Zeitungen im Ausland, Essen 1940.

Heinelt, Hubert (Hg.): Zuwanderungspolitik in Europa. Nationale Politiken. Gemeinsamkeiten und Unterschiede, Opladen 1994.

Heinemeijer, W.F.: Les relations migratoires entre le Maroc et les Pays-Bas, in: Qaddu-ri, Abd al-Maji-d (Hg.): Le Maroc et la Hollande. Etudes sur l'histoire, la migration, la linguistique et la sémiologie de la culture, Rabat 1988, S. 93–98.

Henrekson, Magnus/Lars Jonung/Joakim Stymme: Economic Growth and the Swedish Model, in: Crafts, Nicholas/Gianni Toniolo (Hg.): Economic Growth in Europe since 1945, Cambridge 1996, S. 240–289.

Herbert, Ulrich: Zwangsarbeit als Lernprozeß. Zur Beschäftigung ausländischer Arbeiter in der westdeutschen Industrie im Ersten Weltkrieg, in: Archiv für Sozialgeschichte, 24. 1984, S. 285–304.

Ders. (Hg.): Europa und der ›Reichseinsatz‹. Ausländische Zivilarbeiter, Kriegsgefangene und KZ-Häftlinge in Deutschland 1938–1945, Essen 1991.

Ders. (Hg.): Arbeit, Volkstum, Weltanschauung. Über Fremde und Deutsche im 20. Jahrhundert, Frankfurt a.M. 1995.

Ders.: Ausländer und andere Deutsche. Bemerkungen über die Vorgeschichte einer aktuellen Diskussion, in: ders. (Hg.): Arbeit, Volkstum, Weltanschauung. Über Fremde und Deutsche im 20. Jahrhundert, Frankfurt a.M. 1995, S. 213–229.

Ders.: Fremdarbeiter. Politik und Praxis des ›Ausländer-Einsatzes‹ in der Kriegswirtschaft des Dritten Reiches, Bonn 1999.

Ders.: Geschichte der Ausländerpolitik in Deutschland. Saisonarbeiter, Zwangsarbeiter, Gastarbeiter, Flüchtlinge, München 2001.

Hergesell, Burkhard (Hg.): »Eine Hand voll Zukunft ...«. Arbeitsmigrantinnen und Arbeitsmigranten in Bremerhaven 1955–2005, Bremen 2005.

Ders.: Als Anwerber in Jugoslawien. Onno Carstensen sucht Fischarbeiterinnen, in: ders. (Hg.): »Eine Hand voll Zukunft ...«. Arbeitsmigrantinnen und Arbeitsmigranten in Bremerhaven 1955–2005, Bremen 2005, S. 58–64.

Hermsdorf, Klaus: Exil in den Niederlanden und in Spanien, Leipzig 1981.

Herrmann, Volker: Vom Arbeitsmarkt zum Arbeitseinsatz. Zur Geschichte der Reichsanstalt für Arbeitsvermittlung und Arbeitslosenversicherung 1929 bis 1939, Frankfurt a.M. 1993.

Heršak, Emil/Milan Mesić: L'espace migratoire de Yougoslavie. Historique des migrations yougoslaves, in: Revue européenne de migrations internationales, 6. 1990, S. 27–64.

Hertel, Philipp: Arbeitseinsatz ausländischer Zivilarbeiter, Stuttgart 1942.

Herzfeld, Michael: The Social Production of Indifference. Exploring the Symbolic Roots of Western Bureaucracy, Chicago 1998.

Hesse, Jan-Otmar (Hg.): Kulturalismus, neue Institutionenökonomik oder Theorienvielfalt. Eine Zwischenbilanz der Unternehmensgeschichte, Essen 2002.

Hetzner, Richard: Rechtliche Fragen beim Einsatz ausländischer Arbeitskräfte, Erlangen 1943.

Higgs, David (Hg.): Portuguese Migration in Global Perspective, Toronto 1990.

Ders.: Portuguese Migration before 1800, in: ders. (Hg.): Portuguese Migration in Global Perspective, Toronto 1990, S. 7–29.

Hirsch, Mario: Les tergiversations d'une politique d'immigration, in: Pauly, Michel (Hg.): Letzebuerg de Letzebuerger? Le Luxembourg face à l'immigration, Luxembourg-Bonnevoie 1985, S. 153–164.

Hirschfeld, Gerhard: Der ›freiwillige‹ Arbeitseinsatz niederländischer Fremdarbeiter während des Zweiten Weltkrieges als Krisenstrategie einer nicht-nationalsozialistischen Verwaltung, in: Mommsen, Hans/Winfried Schulze (Hg.): Vom Elend der Handarbeit. Probleme historischer Unterschichtenforschung, Stuttgart 1981, S. 497–513.

Ders.: Fremdherrschaft und Kollaboration. Die Niederlande unter deutscher Besatzung, 1940–1945, Stuttgart 1984.

Ders.: Die niederländischen Behörden und der ›Reichseinsatz‹, in: Herbert, Ulrich (Hg.): Europa und der ›Reichseinsatz‹. Ausländische Zivilarbeiter, Kriegsgefangene und KZ-Häftlinge in Deutschland 1938–1945, Essen 1991, S. 172–183.

Hirschmann, Charles/Josh DeWind/Philip Kasinitz (Hg.): The Handbook of International Migration. The American Experience, New York 1999.

Hochstadt, Steve: Mobility and Modernity. Migration in Germany, 1820–1989, Ann Arbor 1999.

Hoensch, Jörg Konrad: Geschichte Polens, Stuttgart 1990.

Hoerder, Dirk: Segmented Macrosystems and Networking Individuals: The Balancing Functions of Migration Processes, in: Lucassen, Jan/Leo Lucassen (Hg.): Migration, Migration History, History. Old Paradigms and New Perspectives, Frankfurt a.M. 1999, S. 73–84.

Ders.: Cultures in Contact. World Migrations in the Second Millennium, Durham 2002.

Ders./Jan Lucassen/Leo Lucassen: Terminologien und Konzepte in der Migrationsforschung, in: Bade u.a. (Hg.): Enzyklopädie Migration in Europa, Paderborn 2007, S. 28–53.

Hoffmann-Nowotny, Hans-Joachim: European Migration after World War II, in: McNeill, William Hardy/Ruth S. Adams (Hg.): Human Migration. Patterns and Policies, Bloomington 1978, S. 85–105.

Ders./Martin Killias: Switzerland, in: Krane, Ronald E. (Hg.): International Labor Migration in Europe, New York 1979, S. 45–62.

Ders. (Hg.): Ausländer in der Bundesrepublik Deutschland und in der Schweiz. Segregation und Integration. Eine vergleichende Untersuchung, Frankfurt a.M. 1982.

Ders.: Switzerland, in: Hammar, Tomas (Hg.): European Immigration Policy. A Comparative Study, Cambridge 1985, S. 206–238.

Ders./Martin Killias: Switzerland. Remaining Swiss, in: Kubat, Daniel (Hg.): The Politics of Migration Policies. Settlement and Integration – the First World into the 1990s, New York 1993, S. 231–246.

Hoffmeier-Zlotnik, Jürgen: Eingliederung ethnischer Minoritäten – unmöglich?, in: Ders. (Hg.): Segregation und Integration. Die Situation von Arbeitsmigranten im Aufnahmeland, Mannheim 1986, S. 15–55.

Ders. (Hg.): Segregation und Integration. Die Situation von Arbeitsmigranten im Aufnahmeland, Mannheim 1986.

Hofstee, E.W.: Netherlands, in: Thomas, Brinley (Hg.): Economics of International Migration, London 1958, S. 96–107.
Höhmann, Hans-Hermann (Hg.): Die Wirtschaft Osteuropas zu Beginn der 70er Jahre, Stuttgart 1972.
Hollifield, James F.: Immigrants, Markets, and States. The Political Economy of Post-war Europe, Cambridge 1992.
Ders.: France. Republicanism and the Limits of Immigration Control, in: Cornelius, Wayne A. u.a. (Hg.): Controlling Immigration. A Global Perspective, Stanford 2004, S. 183–214.
Ders.: The Emerging Migration State, in: Portes, Alejandro/Josh DeWind (Hg.): Re-thinking Migration. New Theoretical and Empirical Perspectives, New York 2007, S. 62–89.
Holmes, Colin: Jewish Economic and Refugee Migrations. 1880–1950, in: Cohen, Robin (Hg.): The Cambridge Survey of World Migration, Cambridge 1995, S. 148–153.
Holmes, Madelyn: Forgotten Migrants. Foreign Workers in Switzerland before World War I, Rutherford 1988.
Holzer, Boris: Netzwerke und Systeme. Zum Verständnis von Vernetzung und Differenzierung, in: Stegbauer, Christian (Hg.): Netzwerkanalyse und Netzwerktheorie. Ein neues Paradigma in den Sozialwissenschaften, Wiesbaden 2008, S. 155–164.
Hommel, Klaus: Der Beginn der wirtschaftlichen Westintegration Spaniens durch die Beitritte zur OEEC, zum IWF und zur Weltbank, in: Historische Mitteilungen der Ranke-Gesellschaft, 5. 1992, S. 253–272.
Homze, Edward L.: Foreign Labor in Nazi Germany, Princeton 1967.
Hoppe, Hans-Joachim: Bulgarien – Hitlers eigenwilliger Verbündeter. Eine Fallstudie zur nationalsozialistischen Südosteuropapolitik, Stuttgart 1979.
Hory, Ladislaus/Martin Broszat: Der kroatische Ustascha-Staat. 1941–1945, Stuttgart 1965.
Houdaille, Jacques/Alfred Sauvey: L'immigration clandestine dans le monde, in: Population, 29. 1974, S. 725–742.
Huget, Holger (Hg.): Grenzüberschreitungen. Differenz und Identität im Europa der Gegenwart, Wiesbaden 2005.
Hullebroek, Patrick: La politique générale d'immigration et la légalisation sur les étrangers, in: Morelli, Anne (Hg.): Histoire des étrangers et de l'immigration en Belgique de la préhistoire à nos jours, Brüssel 1992, S. 119–140.
Hunn, Katrin: »Nächstes Jahr kehren wir zurück ...«. Die Geschichte der türkischen ›Gastarbeiter‹ in der Bundesrepublik, Göttingen 2005.
Icduyğu, Ahmet: Socio-Economic Development and International Migration. A Turkish Study, in: International Migration, 39. 2001, S. 39–61.
Iglicka, Krystyna: Poland's Post-War Dynamic of Migration, Aldershot 2001.
Institut Grand-Ducal (Hg.): Les étrangers et leur insertion à la collectivité luxembourgeoise, Luxemburg 1981.
International Labour Office: Migration Laws and Treaties, 3 Bände, Genf 1928/29.
Dass.: Migration Movements. 1925–1927, Genf 1929.
Dass.: Anwerbung, Arbeitsvermittlung und Arbeitsbedingungen (Gleichbehandlung) der Wanderarbeiter, Genf 1938.
Dass.: Recrutement, placement et conditions de travail (égalité de traitement) des travailleurs migrants, Genf 1938.
Dass.: Regelung des Arbeitsvertrages der eingeborenen Arbeitnehmer, Genf 1938.
Dass.: Anwerbung, Arbeitsvermittlung und Arbeitsbedingungen der Wanderarbeiter, Genf 1939.

Dass.: The International Labour Code, Montreal 1941.
Dass.: The Exploitation of Foreign Labour by Germany, Montreal 1945.
Dass.: First Report of the International Labour Organisation to the United Nations, Genf 1947.
Dass.: The International Labour Code, Genf 1951.
Dass.: The International Labour Code. Appendices, Genf 1951.
Dass.: Soziale Aspekte der europäischen wirtschaftlichen Zusammenarbeit. Bericht einer Sachverständigengruppe, Genf 1956.
Dass.: International Migration 1945–1957, Genf 1959.
Dass.: Wanderarbeitnehmer, Genf 1973.
Dass.: Wanderarbeitnehmer, Genf 1974.
Dass.: Der Einfluss der Übereinkommen und Empfehlungen der Internationalen Arbeitsorganisation, Genf 1977.
Dass.: The Migration of Workers. Recruitment, Placing and Conditions of Labour, Genf 1936.
Dass.: Migrant Workers, Genf 1999.
International Organization for Migration: Illustration of Multilateral, Regional and Bilateral Cooperative Arrangements in the Management of Migration, in: Aleinikoff, Thomas Alexander/Vincent Chetail (Hg.): Migration and International Legal Norms, Den Haag 2003, S. 305–333.
Dies.: Managing Migration. Challenges and Responses for People on the Move, Genf 2003.
Internationaler Bund Freier Gewerkschaften: Internationale Wanderungsfragen, Köln 1954.
Ireland, Patrick Richard: The Policy Challenge of Ethnic Diversity. Immigrant Politics in France and Switzerland, Cambridge 1994.
Italian Agricultural Migration to France, in: International Labour Review, 59. 1951, S. 80–84.
Italian Ministry of Foreign Affairs: Documentation on the Italian Contribution to Land Settlement, Rom 1955.
Italie, in: Informations Sociales, 7. 1923, S. 58.
Italie: Les problèmes d'émigration devant le Parlement, in: ebd., 13. 1925, S. 236.
Italie: Restriction de l'émigration, in: ebd., 30. 1929, S. 493.
Italie: La politique du gouvernement et l'émigration, in: ebd., 31. 1929, S. 142.
Italie: Nouvelles dispositions pénales concernant l'émigration, in: ebd., 35. 1930, S. 151.
Italie: Suspension des restrictions à l'émigration, in: ebd., 36. 1930, S. 90.
Jackson, James H./Leslie Page Moch: Migration and the Social History of Modern Europe, in: Historical Methods, 22. 1989, S. 27–36.
Jandl, Michael/Albert Kraler: Austria. A Country of Immigration?, in: Migration Information Source, 2003, http://www.migrationinformation.org/Profiles/display.cfm?id=105.
Janssen, J.W.: Opvattingen en beleid van de werkgevers- en werknemersorganisaties, in: Wentholt, R. (Hg.): Buitenlandse arbeiders in Nederland, Leiden 1967, S. 33–56.
Jennissen, Roel Peter Wilhelmina: Macro-Economic Determinants of International Migration in Europe, Amsterdam 2004.
John, Martin: Die Bundesanstalt für Arbeitsvermittlung und Arbeitslosenversicherung, Hamburg 1967.
Jones, Larry Eugene (Hg.): Crossing Boundaries. The Exclusion and Inclusion of Minorities in Germany and the United States, New York 2001.

Jordans, Sylvester: Gastrecht (Fremdenrecht), in: von Rotteck, Carl/Carl Welcker (Hg.): Staats-Lexikon, Band 6, Altona 1838, S. 291–317.
Kahrs, Horst: Verstaatlichung der polnischen Arbeitsmigration nach Deutschland in der Zwischenkriegszeit, in: ders. u.a. (Hg.): Arbeitsmigration und Flucht. Vertreibung und Arbeitskräfteregulierung im Zwischenkriegseuropa, Berlin 1993, S. 130–194.
Ders. u.a. (Hg.): Arbeitsmigration und Flucht. Vertreibung und Arbeitskräfteregulierung im Zwischenkriegseuropa, Berlin 1993.
Kaiser, Manfred: Migration und Remigration. Das Beispiel Griechenland, in: Mitteilungen aus der Arbeitsmarkt- und Berufsforschung, 18. 1985, S. 492–506.
Kaluza, Dorota: Permanent External Migration from Poland, in: Rokicka, Ewa/Pawel Starosta (Hg.): Social Mobility and Exclusion, Lódz 2004, S. 171–181.
Kang, Tai S.: Household Structure and Its Social and Economic Functions among Korean American Immigrants in Queens, New York. An Ethnographic Study, in: Schwede, Laurel Kathleen/Rae Leser Blumberg/Anna Y. Chan (Hg.): Complex Ethnic Households in America, Oxford 2005, S. 126–148.
Karlström, Urban: Economic Growth and Migration during the Industrialization of Sweden. A General Equilibrium Approach, Stockholm 1985.
Kastoryano, Riva: Negotiating Identities. States and Immigrants in France and Germany, Princeton 2002.
Katseli, Louka T./Nicholas P. Glytsos: Theoretical and Empirical Determinants of International Labour Mobility, 1989, in: Gordon, Ian R./A.P. Thirlwall (Hg.): European Factor Mobility. Trends and Consequences, Basingstoke 1989, S. 95–115.
Kay, Diana/Robert Miles: Refugees or Migrant Workers? European Volunteer Workers in Britain 1946–1951, London 1992.
Kayser, Armand: Die soziale Sicherung der Wanderarbeitnehmer in der Europäischen Wirtschaftsgemeinschaft, in: Peters, Horst/Kurt Jantz (Hg.): Sozialrecht und Sozialpolitik, Stuttgart 1968, S. 17–22.
Kayser, Bernard: Manpower Movements and Labour Markets. Report on the Findings of the Surveys Conducted under the Programme Initiated by the Working Party on Migration of the Manpower and Social Affairs Committee, Paris 1971.
Keyder, Çaglar: External Labour Migration from Turkey and its Impact. An Evaluation of the Literature, Ottawa 1988.
King, Russell (Hg.): Mass Migration in Europe. The Legacy and the Future, Chichester 1993.
Ders.: Migration in a World Historical Perspective, in: Broeck, Julien van den (Hg.): The Economics of Labour Migration, Cheltenham 1996, S. 7–76.
Kirişci, Kemal: Turkey. A Transformation from Emigration to Immigration, in: Migration Information Source, 2003, http://www.migrationinformation.org/Profiles/display.cfm?ID=176.
Kjeldstadli, Knut: Nordeuropa. Dänemark, Norwegen, Schweden und Finnland, in: Bade, Klaus J. u.a. (Hg.): Enzyklopädie Migration in Europa, Paderborn 2007, S. 52–67.
Klank, Kristin: Secondary Labour Force of Permanent Staff? Foreign Workers in the Aachen Coal Mines, in: Tijdschrift voor Sociale en Economische Geschiedenis, 5. 2007, S. 136–154.
Kleßmann, Christoph: Polnische Bergarbeiter im Ruhrgebiet 1870–1945. Soziale Integration und nationale Subkultur einer Minderheit in der deutschen Industriegesellschaft, Göttingen 1978.
Ders.: Integration und Subkultur nationaler Minderheiten: Das Beispiel der ›Ruhrpolen‹ 1870–1939, in: Bade, Klaus J. (Hg.): Auswanderer, Wanderarbeiter, Gastarbei-

ter. Bevölkerung, Arbeitsmarkt und Wanderung in Deutschland seit der Mitte des 19. Jahrhunderts, Ostfildern 1984, S. 486–505.
Ders.: Comparative Immigrant History. Polish Workers in the Ruhr Area and the North of France, in: Journal of Social History, 20. 1986, S. 335–353.
Klinkhammer, Lutz: Zwischen Bündnis und Besatzung. Das nationalsozialistische Deutschland und die Republik von Salò 1943–1945, Tübingen 1993.
Klinthäll, Martin: Return Migration from Sweden 1968–1996. A Longitudinal Analysis, Stockholm 2003.
Klose, Alfred: Die wirtschaftliche Problematik der Gastarbeiter, in: Österreichisches Komitee für Sozialarbeit (Hg.): Gastarbeiter in Österreich, Wien 1972, S. 9–13.
Knocke, Wuokko: Sweden. Insiders Outside the Trade-Union Mainstream, in: Penninx, Rinus/Judith Roosblad (Hg.): Trade Unions, Immigration, and Immigrants in Europe, 1960–1993. A Comparative Study of the Attitudes and Actions of Trade Unions in seven West European Countries, New York 2000, S. 157–182.
Knoke, Anton: Ausländische Wanderarbeiter in Deutschland, Leipzig 1911.
Knolle, Herbert: Die Einsatzbedingungen der Arbeitskräfte aus den neu besetzten Ostgebieten, in: Reichsarbeitsblatt, Teil V, 22. 1942, S. 127–133.
Ders.: Freizügigkeit der Arbeitnehmer, in: Bundesarbeitsblatt, 12. 1961, S. 674–679.
Ders.: Die Beschäftigungsfreiheit in der EWG, in: Bundesarbeitsblatt, 14. 1964, S. 363–368.
Knotter, Ad: Arbeidsmigranten en grensarbeiders. Vergleijklikende perspectiven op de mijnarbeidsmarkten in het Belgisch-Duits-Nederlandse grensgebied in the twintigste eeuw, in: Tijdschrift voor Sociale en Economische Geschiedenis, 5. 2008, S. 2–29.
Knox, Paul L./Sallie A. Marston: Humangeographie, Heidelberg 2001.
Koelstra, Rein W./Gildas Simon: France, in: Krane, Ronald E. (Hg.): International Labor Migration in Europe, New York 1979, S. 133–146.
Kogan, Irena: Labour Market Inclusion of Immigrants in Austria and Sweden. The Significance of the Period of Migration and the Effect of Citizenship Acquisition, Mannheim 2002.
Kok, Hans: Labour Migration and Migration-Policy in the Netherlands, in: Abadan-Unat, Nermin (Hg.): Turkish Workers in Europe 1960–1975. A Socio-Economic Reappraisal, Leiden 1976, S. 290–330.
Köllmann, Wolfgang: Ausländische Arbeitnehmer in Deutschland vor dem Beginn der Gastarbeiterzuwanderung, in: Pohl, Hans/Wilhelm Treue (Hg.): Integration ausländischer Mitarbeiter, Wiesbaden 1984, S. 5–54.
Kollwelter, Serge: Immigration in Luxembourg, in: Migration Information Source, 2007, http://www.migrationinformation.org/Profiles/display.cfm?ID=587.
Kölster, Christian: Portugal, in: Gieler, Wolfgang/Dietmar Fricke (Hg.): Handbuch europäischer Migrationspolitiken. Die EU-Länder und die Beitrittskandidaten, Münster 2004, S. 147–156.
Komlosy, Andrea: Grenzen und die Steuerung der Binnenmigration in den österreichischen und böhmischen Ländern im 18. und 19. Jahrhundert, in: Beer, Mathias/Dittmar Dahlmann (Hg.): Über die trockene Grenze und über das offene Meer. Binneneuropäische und transatlantische Migrationen im 18. und 19. Jahrhundert, Essen 2004, S. 263–288.
Konstantinou, Evangelos (Hg.): Griechische Migration in Europa. Geschichte und Gegenwart, Frankfurt a.M. 2000.
Koopmans, Ruud/Paul Statham (Hg.): Challenging Immigration and Ethnic Relations. Comparative European Perspectives, Oxford 2000.
Köppen, Kirsten: Die Rolle der Internationalen Arbeitsorganisation (ILO) bei der Verwirklichung internationaler Sozialstandards, in: Frank, Thomas (Hg.): Soziale

Menschenrechte – die vergessenen Rechte? Zur Unteilbarkeit der Menschenrechte. Ein interdisziplinärer Überblick, Berlin 2001, S. 155–168.
Korcelli, Piotr: Emigration from Poland after 1945, in: Fassmann, Heinz/Rainer Münz (Hg.): European Migration in the late Twentieth Century. Historical Patterns, Actual Trends, and Social Implications, Aldershot 1994, S. 171–185.
Korczynska, Joanna: Individuelle Kosten und Nutzen der Saisonarbeit der Polen in Deutschland, in: Pallaske, Christoph (Hg.): Die Migration von Polen nach Deutschland. Zu Geschichte und Gegenwart eines europäischen Migrationssystems, Baden-Baden 2001, S. 205–225.
Körner, Heiko: Internationale Mobilität der Arbeit. Eine empirische und theoretische Analyse der internationalen Wirtschaftsmigration im 19. und 20. Jahrhundert, Darmstadt 1990.
Kostanick, Huey Louis (Hg.): Population and Migration Trends in Eastern Europe, Boulder 1977.
Kostrubiec, Benjamin: Evolution de la structure de la population active polonaise du Nord-Pas-de-Calais, in: Gogolewski, Edmond (Hg.): Les ouvriers polonais en France après la Seconde Guerre Mondiale, Villeneuve d'Ascq 1992, S. 221–235.
Krane, Ronald E. (Hg.): International Labor Migration in Europe, New York 1979.
Kreienbrink, Axel: Country of Emigration and New Country of Immigration? Challenges for Moroccan Migration Policy between Africa and Europe, in: Stichproben. Wiener Zeitschrift für kritische Afrikastudien, 5. 2005, S. 193–219.
Kreisky, Eva/Gerda Neyer: Migration in Austria. A Historical Comparison, in: Entzinger, Han B./Jack Carter (Hg.): Immigration in Western Democracies. The United States and Western Europe, Greenwich 1989, S. 189–208.
Kritz, Mary M./Lin Lean Lim/Hania Zlotnik (Hg.): International Migration Systems. A Global Approach, Oxford 1992.
Kubat, Daniel (Hg.): The Politics of Migration Policies. Settlement and Integration – the First World into the 1990s, New York 1993.
Kuczynski, Thomas: Entschädigungsansprüche für Zwangsarbeit im ›Dritten Reich‹, in: Winkler, Ulrike (Hg.): Stiften gehen. NS-Zwangsarbeit und Entschädigungsdebatte, Köln 2000, S. 170–185.
Kudat, Ayse: Internationale Arbeitskräftewanderung. Eine Darstellung der bisherigen Ergebnisse der Gastarbeiter-Erhebung in West-Berlin 1974, Berlin 1975.
Dies./Marios Nikolinakos: A Comparative Study in Migration Policies. The Case of Turkey and Greece, Berlin 1975.
Dies./Yilmaz Özkan (Hg.): The Comparative Study of the Re-Integration Policy of five European Labor Exporting Countries, Berlin 1975.
Kuhn, W.E.: Guest Workers as an Automatic Stabilizer of Cyclical Unemployment in Switzerland and Germany, in: International Migration Review, 12. 1978, S. 210–224.
Kunitzky, Norbert M. von: Les étrangers et leur intégration au corps social luxembourgeois, in: Institut Grand-Ducal (Hg.): Les étrangers et leur insertion à la collectivité luxembourgeoise, Luxemburg 1981, S. 5–38.
Künne, Wilfried: Die Außenwanderung jugoslawischer Arbeitskräfte. Ein Beitrag zur Analyse internationaler Arbeitskräftewanderungen, Hanstein 1979.
Kuntze, O.-E.: Ausländerbeschäftigung in Europa – gesehen vom Standpunkt der Herkunftsländer, in: IFO-Schnelldienst, 28. 1975, S. 7–17.
Kuschnereit, Ulrich: Migration und Arbeitsmarkt. Beschäftigungseffekte auf dem Arbeitsmarkt des Zuwanderungslandes und die ökonomische Theorie der Assimilation, Berlin 2003.

L'application de la loi sur l'immigration en Suède, in: Informations Sociales, 58. 1936, S. 133.
L'assistance aux indigènes nord-africains, in: ebd., 29. 1929, S. 294.
L'émigration agricole vers la France, in: ebd., 13. 1925, S. 408.
L'émigration autrichienne en 1923, in: ebd., 9. 1924, S. 357.
L'émigration des Serbes, Croates et Slovènes vers l'Allemagne, in: ebd., 31. 1929, S. 467.
L'émigration en provenance de Grèce en 1956 et 1957, in: ebd., NF, 20. 1958, S. 327.
L'émigration en provenance de Grèce en 1958 et 1959, in: ebd., NF, 24. 1960, S. 168.
L'émigration en provenance du Portugal en 1957, in: ebd., NF, 20. 1958, S. 415.
L'émigration portugaise en 1963, in: Revue international du travail, 91. 1965, S. 74f.
L'emploi de la main-d'œuvre étrangère en Autriche, in: Informations Sociales, 9. 1924, S. 522.
L'immigration de la main-d'œuvre étrangère en Suisse en 1951, in: ebd., NF, 8. 1952, S. 202.
L'immigration en Belgique, in: Hommes et migrations, 24. 1973, S. 4–36.
L'immigration en France: L'organisation des services d'immigration, in: Informations Sociales, 54. 1935, S. 91.
L'immigration en Suède, in: ebd., NF, 2. 1949, S. 263.
L'immigration industrielle autrichienne, in: ebd., 33. 1930, S. 118.
L'immigration maltaise en Tunisie, in: ebd., 32. 1929, S. 143.
L'immigration saisonnière agricole de Tchécoslovaquie en Allemagne, in: ebd., 58. 1936, S. 417.
L'interdiction de l'immigration saisonnière en Allemagne, in: ebd., 42. 1932, S. 50.
L'introduction de familles des travailleurs polonais en Belgique, in: ebd., 63. 1937, S. 93.
La conférence internationale de l'émigration et de l'immigration, in: ebd., 8. 1923, S. 114.
La conférence internationale du travail et l'égalité de traitement entre travailleurs étrangers et nationaux, in: ebd., 14. 1925, S. 439.
La convention suédo-finlandaise sur l'indemnisation des accidents du travail, in: ebd., 9. 1924, S. 351.
La main-d'œuvre étrangère en Belgique, in: ebd., 62. 1937, S. 397.
La main-d'œuvre étrangère et la réglementation des migrations en France, in: ebd., 9. 1924, S. 369.
La politique d'immigration de la France et l'agriculture, in: ebd., 62. 1937, S. 399.
La réglementation relative à l'emploi des travailleurs étrangers, in: Bulletin de la Fédération des Industries belges, 6. 1968, S. 3–30.
La situation de l'emploi en Autriche en 1952, in: Informations Sociales, NF, 9. 1953, S. 415.
Lacroix, Thomas: Les résaux marocains du développement. Géographie du transnational et politiques du territorial, Paris 2005.
Lagergren, Stina: The Influence of ILO Standards on Swedish Law and Practice, in: International Labour Review, 125. 1986, S. 305–328.
Lains, Pedro: Catching up to the European Core. Portuguese Economic Growth, 1910–1990, in: Explorations in Economic History, 40. 2003, S. 369–386.
Landau, Ludwik: Seasonal Emigration from Poland to Germany and Latvia, in: International Labour Review, 40. 1939, S. 195–208.
Landy, Ernest Alfred: The Effectiveness of International Supervision. Thirty Years of ILO Experience, New York 1966.

Ders.: The Influence of International Labour Standards. Possibilities and Performance, in: International Labour Review, 101. 1970, S. 555–604.
Lange, Tessel de: Tripartite Agreements on Labour Migration. The Case of the Health-Care Sector in the Netherlands, in: IMIS-Beiträge, 24. 2004, S. 137–146.
Langerbein, Heinz: Die Politik der innereuropäischen Arbeiterwanderungen. Ein Beitrag zur Integration der Arbeitsmärkte, Wien 1961.
Langers, Jean: Immigration. Passé et avenir, in: Passerelles. Revue d'études interculturelles, 18. 2001, S. 177–198.
Ders., La projection des flux migratoires au Luxembourg, in: Allegrezza, Serge/Mario Hirsch/Norbert von Kunitzki (Hg.): L'immigration au Luxembourg, et après?, Amsterdam 2007, S. 11–29.
Langeweg, Serge: Bekende buren en verre vreemden. Buitenlandse arbeiders in de Nederlandse steenkolenmijnen, 1900–1974, in: Tijdschrift voor Sociale en Economische Geschiedenis, 5. 2008, S. 53–79.
Larroque, Enrique: Protection juridique par les accords bilatéraux, in: Secrétariat générale de la commission internationale catholique pour les migrations, Genéve (Hg.): Bilan de six années d'émigration espagnole en Europe, Genf 1967, S. 15–16.
Lassonde, Louise: Migration de travail au Maroc. Stratégie de la mobilité et survie domestique, in: Talha, Labri (Hg.): Maghrébins en France. Emigrés ou immigrés, Paris 1983, S. 203–217.
Le Comité central des houillères de France et l'immigration polonaise, in: Informations Sociales, 9. 1924, S. 530.
Le congrès pour les problèmes de l'Italie méridionale et l'émigration italienne, in: ebd., 16. 1925, S. 600.
Le contrat de travail des mineurs polonais, in: ebd., 62. 1937, S. 398.
Le gouvernement italien et l'émigration, in: ebd., 9. 1924, S. 148.
Le problème des étrangers en Suède, in: ebd., 70. 1939, S. 441.
Le programme d'émigration italienne pour 1957, in: ebd., 17. 1957, S. 445.
Le recrutement de la main-d'œuvre allemande pour le bâtiment, in: ebd., 34. 1930, S. 520.
Le traité de commerce hollando-polonais, in: ebd., 15. 1925, S. 253.
Le traitement des étrangers et entreprises étrangères, in: ebd., 32. 1929, S. 142.
Leary, Virginia A.: Labour Migration, in: Aleinikoff, Thomas Alexander/Vincent Chetail (Hg.): Migration and International Legal Norms, Den Haag 2003, S. 227–239.
Leben, Charles: Le droit international et les migrations des travailleurs, in: Société française pour le droit international (Hg.): Les travailleurs étrangers et le droit international, Paris 1979, S. 47–105.
Lebhart, Gustav/Rainer Münz: Migration und Fremdenfeindlichkeit. Fakten, Meinungen und Einstellungen zu internationaler Migration, ausländischer Bevölkerung und staatlicher Ausländerpolitik in Österreich, Wien 1999.
Ders.: Internationale Migration. Hypothesen, Perspektiven, Theorien, Berlin 2002.
Leboutte, René (Hg.): Migrations et migrants dans une perspective historique. Permanences et innovations, Brüssel 2000.
Ders.: Coal Mining, Foreign Workers and Mine Safety. Steps towards European Integration, 1946–1985, in: Berger, Stefan/Andy Croll/Norman LaPorte: Towards a Comparative History of Coalfield Societies, Aldershot 2005, S. 219–237.
Leeds, Elisabeth: Salazar's ›Model Económico‹. The Consequences of Planned Constraint, in: Bruneau, Thomas C./Victor Pereira da Rosa/Alex MacLeod (Hg.): Portugal in Development. Emigration, Industrialization, the European Community, Ottawa 1984, S. 13–52.

Leggewie, Claus: Export von Arbeit – ein Entwicklungsfaktor? Untersucht am Beispiel der Algerier in Frankreich, in: Die Dritte Welt, 1. 1972, S. 50–77.
Leib, Jürgen: Die Rückkehr der spanischen Arbeitsmigranten, in: Mertins, Günter (Hg.): Untersuchungen zur spanischen Arbeitsmigration, Marburg/Lahn 1984, S. 151–214.
Leloup, Yves: L'émigration portugaise dans le monde et ses conséquences pour le Portugal, in: Revue géographique de Lyon, 47. 1972, S. 59–76.
Leopold, Ulrich: Sozio-ökonomische Ursachen der Migration türkischer Arbeitskräfte, Bremen 1978.
Les accords franco-polonais sur les migrations, in: Informations Sociales, 16. 1925, S. 22.
Les accords relatifs à l'émigration, in: ebd., 6. 1923, S. 64.
Les migrations à destination en provenance de la Belgique en 1959, in: ebd., NF, 26. 1961, S. 243.
Les migrations aux Pays-Bas, in: ebd., NF, 5. 1951, S. 466.
Les migrations des ressortissants portugais en 1951, in: ebd., NF, 8. 1952, S. 468.
Les migrations en provenance et à destination du Maroc en 1958 et 1959, in: ebd., NF, 24. 1960, S. 463.
Les migrations italiennes en 1935, in: ebd., 62. 1937, S. 191.
Les mouvements migratoires en provenance ou à destination de l'Italie en 1959, 1958 et 1959, in: ebd., NF, 25. 1961, S. 245.
Les mouvements migratoires yougoslaves en 1932, in: ebd., 48. 1933, S. 364.
Les perspectives de l'émigration italienne, in: ebd., 13. 1925, S. 222.
Les problèmes d'immigration en France, in: ebd., 69. 1939, S. 150.
Les syndicats ouvriers français et l'immigration, in: ebd., 16. 1925, S. 594–599.
Les syndicats polonais et l'émigration vers la France, in: ebd., 9. 1924, S. 164.
Les traités d'émigration de la Pologne, in: ebd. 9. 1924, S. 130.
Les travailleurs étrangers en France, in: ebd., 9. 1924, S. 163.
Lesthaeghe, Ron (Hg.): Communities and Generations. Turkish and Moroccan Populations in Belgium, Brüssel 2000.
Ders.: Transnational Islamic Communities in a Multilingual Secular Society, in: ders. (Hg.): Communities and Generations. Turkish and Moroccan Populations in Belgium, Brüssel 2000, S. 1–58.
Lettonie-Pologne: Recrutement de travailleurs polonais pour l'agriculture lettone, in: Informations Sociales, 39. 1931, S. 454.
Levcik, Friedrich: Migration and Employment of Foreign Workers in COMECON Countries and their Problems, in: Congress of the United States (Hg.): East European Economies Post-Helsinki. A Compendium of Papers Submitted to the Joint Economic Committee, Washington DC 1977, S. 458–476.
Levy, Jérôme: Bildung und Migration in Luxemburg, Luxemburg 1987.
Ley, Robert: Schmiede des Schwertes. Der deutsche Arbeiter im Großdeutschen Freiheitskampf. Reden und Reportagen aus der Kriegsarbeit Dr. Leys, München 1942.
Lianos, Theodore P.: Flows of Greek Out-Migration and Return-Migration, in: International Migration, 18. 1975, S. 119–133.
Ders.: Greece. Waning of Labor Migration, in: Kubat, Daniel (Hg.): The Politics of Migration Policies. Settlement and Integration – the First World into the 1990s, New York 1993, S. 249–261.
Liebermann, Samuel S./Ali S. Gitmez: Turkey, in: Krane, Ronald E. (Hg.): International Labor Migration in Europe, New York 1979, S. 201–222.
Liebig, Sabine (Hg.): Migration und Weltgeschichte, Schwalbach i.Ts. 2007.

Dies.: Migration. Motive und Formen, in: dies. (Hg.): Migration und Weltschichte, Schwalbach i.Ts. 2007, S. 7–14.
Lindquist, Bruce A.: Migration Networks. A Case Study in the Philippines, in: Asian and Pacific Migration Journal, 2. 1993, S. 75–104.
Ders./Jon Goss: Conceptualizing International Labor Migration. A Structuration Perspective, in: International Migration Review, 29. 1995, S. 317–335.
Linden, Marcel van der: Transnational Labour History. Explorations, Aldershot 2003.
Ling, Dwight L.: Morocco and Tunisia. A Comparative History, Washington DC 1979.
Linne, Karsten: Von Leipart zu Ley: Clemens Nörpel. Ein Dokument aus dem Jahr 1940, in: 1999, 3. 1988, S. 92–104.
Lipgens, Walter (Hg.): A History of European Integration, Band 1, The Formation of the European Unity Movement, Oxford 1982.
Lithman, Eva Lundberg: Immigration and Immigrant Policy in Sweden, Stockholm 1987.
Loeb-Adler, Leonore/Uwe Peter Gielen (Hg.): Migration. Immigration and Emigration in International Perspective, Westport 2003.
Lohnüberweisungen serbischer Arbeiter, in: Reichsarbeitsblatt, Teil V, 21. 1941, S. 538.
Lohnüberweisungen serbischer Arbeiter, in: Reichsarbeitsblatt, Teil V, 22. 1942, S. 19.
Lohnüberweisungen spanischer Arbeitnehmer, in: Reichsarbeitsblatt, Teil V, 21. 1941, S. 629.
Lohnüberweisungen von Angestellten und Arbeitern aus Serbien, in: Reichsarbeitsblatt, Teil V, 23. 1943, S. 306.
Loi de base sur la réglementation de l'émigration, in: Informations Sociales, NF, 26. 1961, S. 254.
López Trigal, Lorenzo: La migration portugaise en Espagne, in: Revue européenne des migrations internationales, 12. 1996, S. 109–119.
Lowe, Boutelle Ellsworth: International Aspects of the Labor Problem, New York 1918.
Ders.: Historical Survey of International Action Affecting Labour, in: Bulletin of the United States Bureau of Labor Statistics, 268. 1920, S. 1–294.
Lucas, Robert E.B.: International Migration and Development. Lessons from Low-Income Countries, Cheltenham 2005.
Lucassen, Jan: Migrant Labour in Europe, 1600–1900. The Drift to the North Sea, London 1987.
Ders.: The Other Proletarians. Seasonal Labourers, Mercenaries and Miners, in: International Review of Social History, 39. 1994, S. 171–194.
Ders.: Emigration to the Dutch Colonies and the USA, in: Cohen, Robin (Hg.): The Cambridge Survey of World Migration, Cambridge 1995, S. 21–28.
Ders./Rinus Penninx: Newcomers. Immigrants and their Descendants in the Netherlands, 1550–1995, Amsterdam 1997.
Ders./Leo Lucassen (Hg.): Migration, Migration History, History. Old Paradigms and New Perspectives, Frankfurt a.M. 1999.
Ders./Leo Lucassen: Migration, Migration History, History, in: ders./Leo Lucassen (Hg.): Migration, Migration History, History. Old Paradigms and New Perspectives, Frankfurt a.M. 1999, S. 9–40.
Ders.: Temporal Migration from a Historical Perspective, in: Geisen, Thomas (Hg.): Arbeitsmigration. WanderarbeiterInnen auf dem Weltmarkt für Arbeitskraft, Frankfurt a.M. 2005, S. 37–50.
Ders. (Hg.): Global Labour History. A State of the Art, Bern 2006.

Ders./Leo Lucassen: Niederlande, in: Bade, Klaus J. u.a. (Hg.): Enzyklopädie Migration in Europa, Paderborn 2007, S. 95–109.

Lucassen, Leo: The Great War and the Origins of Migration Control in Western Europe and the United States, in: Böcker, Anita u.a. (Hg.): Regulation of Migration. International Experiences, Amsterdam 1998, S. 45–72.

Ders.: Administrative into Social Control. The Aliens Police and Foreign Female Servants in the Netherlands 1918–40, in: Social History, 27. 2002, S. 327–342.

Ders.: Einwanderung und Wege der Integration im niederländischen Großstadtgebiet von 1918 bis heute, in: Eder, Angelika (Hg.): »Wir sind auch da!«. Über das Leben von und mit Migranten in europäischen Großstädten, Hamburg 2003, S. 19–46.

Ders.: The Immigrant Threat. The Integration of Old and New Migrants in Western Europe since 1850, Urbana 2005.

Ders./David Feldman/Jochen Oltmer (Hg.): Paths of Integration. Migrants in Western Europe (1880–2004), Amsterdam 2006.

Luciani, Giacomo (Hg.): Migration Policies in Europe and the United States, Dordrecht 1993.

Ludkiewicz, Zdzislaw: The Agrarian Structure of Poland and France from the Point of View of Emigration, in: International Labour Review, 22. 1930, S. 155–176.

Lunn, Kenneth: Großbritannien, in: Bade, Klaus J. u.a. (Hg.): Enzyklopädie Migration in Europa, Paderborn 2007, S. 68–84.

Luxembourg: La réglementation de l'admission et de l'emploi de la main-d'œuvre étrangère, in: Informations Sociales, 33. 1930, S. 119.

Lyons, Amelia H.: The Civilizing Mission in the Metropole. Algerian Immigrants in France and the Politics of Adaption during Decolonization, in: Geschichte und Gesellschaft, 32. 2006, S. 489–516.

Mabogunje, Akin L.: Systems Approach to a Theory of Rural-Urban Migration, in: Man, Space and Environment, 2. 1970, S. 193–206.

Macheret, Augustin: L'immigration étrangère en Suisse à l'heure de l'intégration européenne, Genf 1969.

Machowski, Heinrich/Adam Zwass: Polen, in: Höhmann, Hans-Hermann (Hg.): Die Wirtschaft Osteuropas zu Beginn der 70er Jahre, Stuttgart 1972, S. 100–123.

MacMaster, Neil: Labour Migration in French North Africa, in: Cohen, Robin (Hg.): The Cambridge Survey of World Migration, Cambridge 1995, S. 190–195.

Macura, Milos: Employment Problems under Declining Population Growth Rates and Structural Change. The Case of Yugoslavia, in: International Labour Review, 109. 1974, S. 487–501.

Magnac, Thierry: Wage Competition between Agriculture and Industry in Mid-Nineteenth Century France, in: Explorations in Economic History, 34. 1997, S. 1–26.

Mahaim, Ernest: The Historical and Social Importance of International Labor Legislation, in: Shotwell, James Thomson (Hg.): The Origins of the International Labor Organisation, New York 1934, S. 3–18.

Mahnig, Hans/Etienne Piguet: Die Immigrationspolitik der Schweiz von 1948 bis 1998. Entwicklung und Auswirkung, in: Wicker, Hans Rudolf (Hg.): Migration und die Schweiz, Zürich 2003, S. 65–108.

Maier, Dieter: Arbeitseinsatz und Deportation. Die Mitwirkung der Arbeitsverwaltung bei der nationalsozialistischen Judenverfolgung in den Jahren 1938–1945, Berlin 1994.

Ders.: Arbeitsverwaltung und nationalsozialistische Judenverfolgung in den Jahren 1933–1939, in: Aly, Götz (Hg.): Arbeitsmarkt und Sondererlass. Menschenverwertung, Rassenpolitik und Arbeitsamt, Berlin 1990, S. 62–137.

Ders.: Arbeitsverwaltung und NS-Zwangsarbeit, in: Winkler, Ulrike (Hg.): Stiften gehen. NS-Zwangsarbeit und Entschädigungsdebatte, Köln 2000, S. 67–85.
Ders.: Anfänge und Brüche der Arbeitsverwaltung bis 1952. Zugleich ein kaum bekanntes Kapitel der deutsch-jüdischen Geschichte, Brühl/Rheinland 2004.
Maillat, Dennis: L'immigration en Suisse. Evolution de la politique d'immigration et conséquences économiques, in: Bernard, Philippe J. (Hg.): Les travailleurs étrangers en Europe occidentale, Paris 1976, S. 105–120.
Ders./C. Jeanrenaud/J.Ph. Widmer: Reactions of Swiss Employers to the Immigration Freeze, in: International Labour Review, 117. 1978, S. 733–745.
Majerus, Benôit: Les bâtisseurs de la modernité ou the invisible men?, in: Thomes, Paul (Hg.): Rohstoffbasis und Absatzmarkt. Die Schwerindustrie des Großherzogtums Luxemburgs und das Aachener Revier, Aachen 2005, S. 21–50.
Malpas, Nicole: L'émigration italienne sur le long terme, in: Dumoulin, Michel (Hg.): Mouvements et politiques migratoires en Europe depuis 1945. Le cas italien, Brüssel 1989, S. 9–32.
Manço, Altay: Quarante ans d'immigration en Wallonie (1960–2000). Bilan et perspectives d'intégration des communautés maghrébines, turques et africaines subsahariennes, in: Passerelles. Revue d'études interculturelles, 18. 2001, S. 21–34.
Manfrass, Klaus/Reinhard Lohrmann (Hg.): Ausländerbeschäftigung und internationale Politik. Zur Analyse transnationaler Sozialprozesse, München 1974.
Mank, Walter: Wanderungen ausländischer Landarbeiter nach Deutschland, Leipzig 1928.
Manning, Patrick: Migration in World History, New York 2005.
Mantelli, Brunello: Von der Wanderarbeit zur Deportation. Die italienischen Arbeiter in Deutschland 1938–1945, in: Herbert, Ulrich (Hg.): Europa und der ›Reichseinsatz‹. Ausländische Zivilarbeiter, Kriegsgefangene und KZ-Häftlinge in Deutschland 1938–1945, Essen 1991, S. 51–89.
Ders.: Zwischen Strukturwandel auf dem Arbeitsmarkt und Kriegswirtschaft. Die Anwerbung der italienischen Arbeiter für das ›Dritte Reich‹ und die ›Achse Berlin-Rom‹ 1938–1943, in: Bologna, Sergio/ders./Cesare Bermani (Hg.): Proletarier der ›Achse‹. Sozialgeschichte der italienischen Fremdarbeit in NS-Deutschland 1937 bis 1943, Berlin 1997, S. 253–392.
Marcadé, Jaques: L'émigration portugaise, in: Revue européenne de migrations internationales, 6. 1990, S. 133–145.
Marks, Edward: Internationally Assisted Migration, in: International Organization, 11. 1957, S. 481–494.
Maroc: Création d'un office de l'immigration dans les zones françaises, in: Informations Sociales, 33. 1930, S. 292.
Maroc: Réglementation de l'émigration indigène de la zone française, in: ebd., 40. 1931, S. 529.
Marschalck, Peter: Bevölkerungsgeschichte Deutschlands im 19. und 20. Jahrhundert, Frankfurt a.M. 1984.
Marshall-Goldschvartz, Adriana Julieta: The Import of Labour. The Case of the Netherlands, Rotterdam 1973.
Massot, Jean: Français par le sang, Français par la loi, Français par le choix, in: Revue européenne des migrations internationales, 1. 1985, S. 9–19.
Martens, Albert: Les immigrés, flux et reflux d'une main-d'œuvre d'appoint. La politique belge d'immigration de 1945 à 1970, Löwen 1970.
Ders.: 25 jaar wegwerparbeiders. Het Belgisch immigratiebeleid na 1945, Löwen 1973.
Ders./Monique Aerts: Gastarbeider. Lootgenot en Landgenoot?, Löwen 1978.

Martin, Philip L.: Guestworker Programs. Lessons from Europe, Washington DC 1980.

Ders.: The Unfinished Story. Turkish Labour Migration to Western Europe. With Special Reference to the Federal Republic of Germany, Genf 1991.

Ders./Lindsay B. Lowell/Edward J. Taylor: Migration Outcomes of Guest Worker and Free Trade Regimes. The Case of Mexico-US Migration, in: Ghosh, Bimal (Hg.): Managing Migration. Time for a New International Regime?, New York 2000, S. 137–159.

Ders.: Migration and Development. Focus on Turkey, in: International Migration Review, 35. 2001, S. 596–605.

Ders./Manolo Abella/Christiane Kuptsch: Managing Labor Migration in the Twenty-first Century, New Haven 2006.

Martinello, Marco/Andrea Rea: Belgium's Immigration Policy brings Renewal and Challenges, in: Migration Information Source, 2003, http://www.migrationinformation.org/feature/display.cfm?id=164.

Martini, Claudia: Italienische Migranten in Deutschland. Transnationale Diskurse, Berlin 2001.

Massey, Douglas S.: Theories of International Migration. A Review and Appraisal, in: Population and Development Review, 19. 1993, S. 431–466.

Ders.: Worlds in Motion. Understanding International Migration at the End of the Millennium, Oxford 1998.

Ders.: Why does Immigration Occur? A Theoretical Synthesis, in: Hirschmann, Charles/Josh DeWind/Philip Kasinitz (Hg.): The Handbook of International Migration. The American Experience, New York 1999, S. 34–52.

Ders.: International Migration. Prospects and Policies in a Global Market, New York 2004.

Mattes, Monika: Gastarbeiterinnen in der Bundesrepublik. Anwerbepolitik, Migration und Geschlecht in den 50er bis 70er Jahren, Frankfurt a.M. 2005.

Matuz, Josef: Das Osmanische Reich. Grundlinien seiner Geschichte, Darmstadt 1996.

Mauron, Thierry: Controlling Immigration with Quotas. Lessons from the Case of Switzerland. Migration and International Co-Operation. Challenges for OECD Countries, Paris 1993.

McMurray, David A.: The Contemporary Culture of Nador, Morocco, and the Impact of International Labor Migration, Diss. Austin 1992.

Ders.: L'impact socio-économique et culturel de l'émigration sur la ville de Nador au Maroc, in: Faculté des Sciences Humaines et Sociales de Tunis (Hg.): Migration internationale et changements sociaux dans le Maghreb, Tunis 1993, S. 353–379.

McNeill, William Hardy/Ruth S. Adams (Hg.): Human Migration. Patterns and Policies, Bloomington 1978.

Meissner, Doris: US Temporary Worker Programs. Lessons Learned, in: Migration Information Source, 2004, http://www.migrationinformation.org/Profiles/display.cfm?ID=205.

Dies./Deborah W. Meyers/Demetrios G. Papademetriou/Michael Fix: Immigration and America's Future. A New Chapter, Washington DC 2007.

Menard, Russel R.: From Servants to Slaves. The Transformations of the Chesapeake Labour System, in: Palmer, Colin Alphonsous (Hg.): The Worlds of Unfree Labour. From Indentured Servitude to Slavery, Aldershot 1998, S. 205–240.

Méndez, Juan E./Helena Olea/Andreas Feldmann: International Standards of Due Process for Migrant Workers, Asylum Seekers, and Refugees, in: Bayefsky, Anne F. (Hg.): Human Rights and Refugees, Internally Displaced Persons and Migrant Workers, Leiden 2006, S. 459–476.

Menz, George: Beyond the Anwerbestopp? The German-Polish Bilateral Labour Treaty, in: Journal of Europan Social Policy, 11. 2001, S. 253–269.

Mertins, Günter (Hg.): Untersuchungen zur spanischen Arbeitsmigration, Marburg a.d. Lahn 1984.

Messarius, Gustav: Anlernwege und Anlernziele in der Kriegsproduktion. Die fachliche Kurz-Ausbildung Erwachsener im Zusamenhang mit der Laufbahn-Gestaltung, Berlin 1944.

Mesures de refoulement des travailleurs étrangers dans les mines en France, in: Informations Sociales, 50. 1934, S. 182.

Meyer, K.B.: Post-War Migration to Switzerland, in: International Migration, 3. 1965, S. 122–137.

Meyer, Willem C.M.: Auf belgische Arbeiter gemünzte Propaganda. Ein Aspekt der Kollaboration im untergehenden Deutschland vom September 1944 an, in: Spanjer, Rimco (Hg.): Zur Arbeit gezwungen. Zwangsarbeit in Deutschland 1940–1945, Bremen 1999, S. 155–172.

Meyers, Eytan: The Causes of Convergence in Western Immigration Control, in: Review of International Studies, 28. 2002, S. 123–141.

Michael, Robert/Karin Doerr: Nazi-Deutsch. An English Lexicon of the Language of the Third Reich, Westport 2002.

Michel, Andrée: Les travailleurs algériens en France, Paris 1956.

Middell, Matthias: Transnationalisierung und Globalgeschichte, in: Traverse, 12. 2005, S. 19–48.

Miera, Frauke: Polski Berlin – Migration aus Polen nach Berlin. Integrations- und Transnationalisierungsprozesse 1945 bis Ende der 1990er Jahre, Münster 2007.

Migration Policy Institute: Managing Irregular Migration. Presidency Conference on Future European Union Cooperation in the Field of Asylum, Migration and Frontiers, Policy Brief 4, September 2004, http://www.migrationpolicy.org/events/weil_083104.pdf.

Migration Problems, in: International Labour Review, 36. 1937, S. 721–741.

Migrations à destination et en provenance de la Belgique en 1953, in: Informations Sociales, NF, 13. 1955, S. 457.

Migrations des Portugais en 1954, in: ebd., NF, 15. 1956, S. 411.

Miller, Jim: Planning a New ›Human Economy‹ in the Department of the Moselle. The Regional Politics of Immigration in the New Union Française, 1945–1962, in: Caruso, Clelia/Jenny Pleinen/Lutz Rafael (Hg.): Postwar Mediteranean Migration to Western Europe. Legal and Political Frameworks, Sociability and Memory Cultures, Frankfurt a.M. 2008, S. 52–72.

Miller, Mark James: Reluctant Partnership. Foreign Workers in Franco-Algerian Relations, 1962–1979, in: Journal of International Affairs, 33. 1979, S. 219–237.

Ders./Martin, Philip L.: Administering Foreign-Worker Programs. Lessons from Europe, Lexington 1982.

Ders.: International Migration in Post-Cold War International Relations, in: Ghosh, Bimal (Hg.): Managing Migration. Time for a New International Regime?, New York 2000, S. 27–47.

Milward, Alan Steele: The Committee of European Economic Co-operation and the Advent of the Customs Union, in: Lipgens, Walter (Hg.): A History of European Integration, Band 1, The Formation of the European Unity Movement, Oxford 1982, S. 507–570.

Ders.: The Reconstruction of Western Europe, 1945–51, London 1987.

Ders. (Hg.): The Frontier of National Sovereignty. History and Theory 1945–1992, London 1994.

Minces, Juliette: Les travailleurs étrangers en France. Enquête, Paris 1973.
Ministerie van Sociale Zaken (Hg.): De Buitenlandse Arbeider in Nederland, s'Gravenhage 1971.
Mioche, Philippe: A la recherche de l'économie dirigée en France dans l'après-guerre, in: Aerts, Erik/Alan Steele Milward (Hg.): Economic Planning in the Post-1945 Period, Leuven 1990, S. 83–91.
Mobilisierung aller Kräfte: Der Arbeitseinsatz 1943, in: Wirtschaftshandbuch, 81. 1944, S. 33–42.
Moch, Leslie Page: Moving Europeans. Migration in Western Europe since 1650, Bloomington 1992.
Dies.: Dividing Time. An Analytical Framework for Migration History Periodization, in: Lucassen, Jan/Leo Lucassen (Hg.): Migration, Migration History, History. Old Paradigms and New Perspectives, Frankfurt a.M. 1999, S. 41–56.
Dies.: Frankreich, in: Bade, Klaus J. u.a. (Hg.): Enzyklopädie Migration in Europa, Paderborn 2007, S. 122–140.
Mojuetan, Benson Akutse: History and Underdevelopment in Morocco. The Structural Roots of Conjuncture, Münster 1995.
Mommen, André: The Belgian Economy in the 20th Century, London 1994.
Mommsen, Hans/Winfried Schulze (Hg.): Vom Elend der Handarbeit. Probleme historischer Unterschichtenforschung, Stuttgart 1981.
Monticelli, Guiseppe Lucrezio: Italian Emigration. Basic Characteristics and Trends with Special Reference to the last Twenty Years, in: International Migration Review, 2. 1967, S. 10–24.
Moors, Hein Gustaaf (Hg.): Population and Family in the Low Countries, Leiden 1976.
Morandi, Elia: Italiener in Hamburg seit dem Kaiserreich. Zur Geschichte einer ethnischen Gruppe in einer deutschen Großstadt, in: Eder, Angelika (Hg.): »Wir sind auch da!«. Über das Leben von und mit Migranten in europäischen Großstädten, Hamburg 2003, S. 115–135.
Morawska, Ewa: East Europeans on the Move, in: Cohen, Robin (Hg.): The Cambridge Survey of World Migration, Cambridge 1995, S. 97–102.
Dies.: The New-Old Transmigrants, their Transnational Lives, and Ethnicization. A Comparison of 19th/20th and 20th/21th Century Situations, San Domenico 1999.
Morellet, Jean: The Influence of International Labour Conventions on French Legislation, in: International Labour Review, 101. 1970, S. 331–358.
Morelli, Anne (Hg.): Histoire des étrangers et de l'immigration en Belgique de la préhistoire à nos jours, Brüssel 1992.
Dies.: L'immigration italienne en Belgique aux XIXe et XXe siècles, in: dies. (Hg.): Histoire des étrangers et de l'immigration en Belgique de la préhistoire à nos jours, Brüssel 1992, S. 195–206.
Morgenroth, Klaus/Paul Vaiss/Joseph Farré (Hg.): Les migrations du travail en Europe, Frankfurt a.M. 2003.
Moroccan Workers in France, in: Social and Labour Bulletin, 1. 1974, S. 203.
Morsa, Jean: L'immigration en Belgique 1890–1954, in: Bevolking en Gezin, 9/10. 1966, S. 41–72.
Moulaert, Frank/Philippe Deryckere: The Employment of Migrant Workers in West Germany and Belgium. A Comparative Illustration of the Life-Cycle of Economic Migration (1960–1980), in: International Migration, 22. 1984, S. 178–198.
Moya, José C.: Cousins and Strangers. Spanish Immigrants in Buenos Aires, 1850–1930, Berkeley 1998.

Muñoz Sánchez, Antonio: Die spanische Arbeitsmigration in die Bundesrepublik Deutschland, in: Frangenberg, Frank (Hg.): Projekt Migration, Köln 2005, S. 818–820.

Munro, John M.: Migration in Turkey, in: Economic Development and Cultural Change, 22. 1974, S. 634–653.

Münz, Rainer/Thomas Straubhaar: Migrants and the European Labour Market. Current Situation and Outlook. Presidency Conference on Future European Union Cooperation in the Field of Asylum, Migration and Frontiers, Policy Brief 3, September 2004, http://www.migrationpolicy.org/events/munz_straubhaar_083104.pdf.

Murdzek, Benjamin P.: Emigration in Polish Social-Political Thought, 1870–1914, Boulder 1977.

Murphy, Richard Charles: Gastarbeiter im Deutschen Reich. Polen in Bottrop 1891–1933, Wuppertal 1982.

Murzynowska, Krystyna: Die polnischen Erwerbsauswanderer im Ruhrgebiet während der Jahre 1880–1914, Dortmund 1979.

Muus, Philip: The Netherlands: A Pragmatic Approach to Economic Needs and Humanitarian Considerations, in: Cornelius, Wayne A. u.a. (Hg.): Controlling Immigration. A Global Perspective, Stanford 2004, S. 263–288.

Mzabi, Hassouna: L'émigration dans la Tunisie du sud-est et ses conséquences sur la région, in: Faculté des Sciences Humaines et Sociales de Tunis (Hg.): Migration internationale et changements sociaux dans le Maghreb, Tunis 1993, S. 309–325.

Naasner, Walter: Neue Machtzentren in der deutschen Kriegswirtschaft 1942–1945. Die Wirtschaftsorganisation der SS, das Amt des Generalbevollmächtigten für den Arbeitseinsatz und das Reichsministerium für Bewaffnung und Munition, Reichsministerium für Rüstung und Kriegsproduktion im nationalsozialistischen Herrschaftssystem, Boppard am Rhein 1994.

Najib, Ali Ben Salah: Migration of Labour and the Transformation of the Economy of the Wedinoon Region in Morocco, Uppsala 1986.

Nam, Charles B./William J. Serow/David F. Sly (Hg.): Handbook on International Migration, Westport 1990.

Nestler-Tremel, Cornelius: Im Schatten des Lebens. Südkoreaner im Steinkohlenbergbau von Nordrhein-Westfalen. Eine Untersuchung zur Rotationspolitik mit ausländischen Arbeitnehmern, Heidelberg 1985.

Neuloh, Otto: Structural Unemployment in Turkey. Its Relation to Migration, in: Abadan-Unat, Nermin (Hg.): Turkish Workers in Europe 1960–1975. A Socio-Economic Reappraisal, Leiden 1976, S. 50–73.

Nichols, Theo/Erol Kahveci: The Condition of Mine Labour in Turkey. Injuries to Miners in Zonguldak, 1942–1990, in: Middle Eastern Studies, 31. 1995, S. 197–228.

Niederberger, Josef Martin: Die politisch-administrative Regelung von Einwanderung und Aufenthalt von Ausländern in der Schweiz. Strukturen, Prozesse, Wirkungen, in: Hoffmann-Nowotny, Hans-Joachim (Hg.): Ausländer in der Bundesrepublik Deutschland und in der Schweiz. Segregation und Integration. Eine vergleichende Untersuchung. Frankfurt a.M. 1982, S. 11–123.

Niemyska-Hessenowa, Marie: An Enquiry into the Position of Returned Migrants in Poland, in: International Labour Review, 34. 1936, S. 782–789.

Niklewski, Stefan: La réglementation de l'immigration des travailleurs polonais en France, Nancy 1930.

Nikolinakos, Marios/Ayse Kudat: A Comparative Study in Migration Policies, Berlin 1975.

Nogaro, Bertrand/Lucien Weil: La main-d'œuvre étrangère et coloniale pendant la guerre, Paris 1926.

Nogle, June Marie: The Systems Approach to International Migration. An Application of Network Analysis Methods, in: International Migration, 32. 1994, S. 329–341.

Noher, Erich: Die internationalen Verträge über die Aus- und Einwanderung, Affoltern am Albis 1937.

Nohlen, Dieter: Spanien. Wirtschaft – Gesellschaft – Politik, Opladen 1992.

Noiriel, Gérard: Italians and Poles in France, in: Cohen, Robin (Hg.): The Cambridge Survey of World Migration, Cambridge 1995, S. 142–144.

Ders.: The French Melting Pot, Minneapolis 1996.

Ders.: Le rôle de l'industrialisation dans la formation du monde ouvrier en France (1880–1980), in: Actes de l'histoire de l'immigration, 1997, http://barthes.ens.fr/clio/revues/AHI/articles/volumes/agreg.html.

Nörpel, Clemens: Zum Problem des Einsatzes ausländischer Arbeiter. Manuskriptdurchschlag, ZStA 62.03 DAF/39933, Osnabrück 1940.

Noureddine, Sraleb: Ein- oder Auswanderer. Die Frage nach der Identität, in: Ruf, Werner/Rémy Leveau (Hg.): Migration und Staat. Inner- und intergesellschaftliche Prozesse am Beispiel Algerien, Türkei, Deutschland und Frankreich, Münster 1991, S. 212–220.

Nouvelle réglementation française du recrutement de la main-d'œuvre étrangère, in: Informations Sociales, 42. 1932, S. 310.

Novi-Hoffmann, Livia: Die italienisch-deutsche Anwerbevereinbarung von 1955 im Rahmen der italienischen Wanderungspolitik der 50er Jahre, Osnabrück 1994.

Novinšćak, Karolina: From ›Yugoslav Gastarbeiter‹ to ›Diaspora-Croats‹. Policies and Attitudes toward Emigration in the Socialist Federal Republic of Yugoslavia and the Republic of Croatia, in: Caruso, Clelia/Jenny Pleinen/Lutz Rafael (Hg.): Postwar Mediteranean Migration to Western Europe. Legal and Political Frameworks, Sociability and Memory Cultures, Frankfurt a.M. 2008, S. 125–144.

Nussberger, Angelika: Sozialstandards im Völkerrecht. Eine Studie zu Entwicklung und Bedeutung der Normsetzung der Vereinten Nationen, der Internationalen Arbeitsorganisation und des Europarats zu Fragen des Sozialschutzes, Berlin 2005.

O'Brien, Peter: Continuity and Change in Germany's Treatment of Non-Germans, in: International Migration Review, 22. 1988, S. 109–134.

O'Donoghue, T. Joseph/Mary Ann O'Donoghue: Emigration from Ireland to the United States, in: Loeb-Adler, Leonore/Uwe Peter Gielen (Hg.): Migration. Immigration and Emigration in International Perspective, Westport 2003, S. 105–121.

Obdeijn, Herman: Op weg naar werk ver van huis. Marokkaanse emigratie in historisch perspectief, in: Migrantenstudies, 9. 1993, S. 37–47.

Ders.: Hier »travailleurs invités« aujourd'hui citoyens, in: L'annuaire de l'émigration, Maroc, 1994, S. 489–491.

Öberg, Kjell: Treatment of Immigrant Workers in Sweden, in: International Labour Review, 110. 1974, S. 1–16.

Oberpenning, Hannelore: Flüchtlingsverwaltung und -integration im kommunalen Raum. Zum Konzept der Vertriebenen- und Flüchtlingssiedlungen in Deutschland, in: Oltmer, Jochen (Hg.): Migration steuern und verwalten. Deutschland vom späten 19. Jahrhundert bis zur Gegenwart, Göttingen 2003, S. 269–294.

Oblath, Attillio: Population and Social Problems, in: ebd., 39. 1939, S. 291–318.

Ders.: Italian Regulation of Emigration, in: International Labour Review, 56. 1947, S. 408–425.

Obradovic, Sreten: Employment Trends and Problems in Yugoslavia, in: ebd., 95. 1967, S. 553–571.

Odé, Arend/Bert van der Knaap: Contemporary Patterns of Labour Based Migration to the Netherlands, in: Gorter, Cees (Hg.): Crossing Borders. Regional and Urban Perspectives on International Migration, Aldershot 1998, S. 203–224.
OECD (Hg.): Migration for Employment. Bilateral Agreements at a Crossroads, Paris 2004.
Dies.: The European Reconstruction 1948–1961, Paris 1996.
Dies.: The OECD and International Migration, Paris 1975.
OEEC: A Decade of Post World-War II European Migration, Paris 1957.
Ogden, Philip E.: The Legacy of Migration. Some Evidence from France, in: King, Russell (Hg.): Mass Migration in Europe. The Legacy and the Future, Chichester 1993, S. 101–117.
Ders.: Labour Migration to France, in: Cohen, Robin (Hg.): The Cambridge Survey of World Migration, Cambridge 1995, S. 289–296.
Ohlsson, Rolf: Economic Fluctuations and Immigration to Sweden 1945–67, in: Economy and History, 13. 1970, S. 3–23.
Okólski, Marek: Seasonal Labour Migration in the Light of the German-Polish Bilateral Agreement, in: OECD (Hg.): Migration for Employment. Bilateral Agreements at a Crossroads, Paris 2004, S. 203–213.
Olivieri, François: Foreign Workers in Luxembourg, Paris 1963.
Olsson, Lars: From Forced Labour in Nazi Germany to Controlled Labour in Democratic Sweden, in: Rokicka, Ewa/Pawel Starosta (Hg.): Social Mobility and Exclusion, Lódz 2004, S. 37–48.
Oltmer, Jochen: Migration and Public Policy in Germany, 1918–1933, in: Jones, Larry Eugene (Hg.): Crossing Boundaries. The Exclusion and Inclusion of Minorities in Germany and the United States, New York 2001, S. 50–69.
Ders. (Hg.): Migration steuern und verwalten. Deutschland vom späten 19. Jahrhundert bis zur Gegenwart, Göttingen 2003.
Ders.: »Schutz des nationalen Arbeitsmarktes«. Transnationale Arbeitswanderung und protektionistische Zuwanderungspolitik in der Weimarer Republik, in: ders. (Hg.): Migration steuern und verwalten. Deutschland vom späten 19. Jahrhundert bis zur Gegenwart, Göttingen 2003, S. 85–122.
Ders.: Begrenzung und Abwehr. De-Globalisierung und protektionistische Migrationspolitik nach dem Ersten Weltkrieg in Deutschland und Europa, in: Huget, Holger (Hg.): Grenzüberschreitungen. Differenz und Identität im Europa der Gegenwart, Wiesbaden 2005, S. 153–172.
Ders.: Migration und Politik in der Weimarer Republik, Göttingen 2005.
Ders.: Schreckbild Migration? Ausländerbeschäftigung und Ausländerpolitik in Preußen-Deutschland vom späten 19. Jahrhundert bis zum Ende der Weimarer Republik, in: Czaja, Roman/Klaus Militzer (Hg.): Probleme der Migration und Integration im Preussenland vom Mittelalter bis zum Anfang des 20. Jahrhunderts, Marburg 2005, S. 141–187.
Ders.: Migration und deutsche Außenpolitik. Der deutsch-polnische Wanderungsvertrag von 1927 und die mitteleuropäischen Migrationsverhältnisse nach dem Ersten Weltkrieg, in: Zeitschrift für Ostmitteleuropa-Forschung, 54. 2005, S. 399–424.
Ders.: Migration im 19. und 20. Jahrhundert, München 2010.
Ders.: Einführung. Europäische Migrationsverhältnisse und Migrationsregime in der Neuzeit, in: Geschichte und Gesellschaft, 35. 2009, S. 5–27.
Ornbrant, Birgitta/Markku Peura: The Nordic Pact. An Experiment in Controlled Stability, in: Kubat, Daniel (Hg.): The Politics of Migration Policies. Settlement and Integration – the First World into the 1990s, New York 1993, S. 202–230.

Ostergren, Robert C.: Swedish Migration to North America in Transatlantic Perspective, in: Glazier, Ira A./Luigi de Rosa (Hg.): Migration across Time and Nations. Population Mobility in Historical Contexts, New York 1986, S. 125–147.
Österreichisches Komitee für Sozialarbeit (Hg.): Gastarbeiter in Österreich, Wien 1972.
Oualid, William: Le contrôle de la main-d'œuvre étrangère en France, in: Informations Sociales, 7. 1923, S. 46–53.
Ders.: The Occupational Distribution and Status of Foreign Workers in France, in: International Labour Review, 18. 1925, S. 161–184.
Ours, Jan C. van/Justus Veenmann: The Netherlands: Old Emigrants – Young Immigrant Country, in: Zimmermann, Klaus F. (Hg.): European Migration. What Do We Know?, Oxford 2005, S. 173–196.
Overy, Richard J./Gerhard Otto/Johannes Houwink ten Cate (Hg.): Die ›Neuordnung‹ Europas. NS-Wirtschaftspolitik in den besetzten Gebieten, Berlin 1997.
Owen, Robert: Two Memorials on Behalf of the Working Classes. The First Presented to the Governments of Europe and America, the Second to the Allied Powers assembled in Congress at Aix-la-Chapelle, London 1818.
Pacher, Gustav von: Die Arbeiterwanderungen zwischen Österreich-Ungarn und Nordamerika, Wien 1897.
Pächter, Heinz u.a.: Nazi-Deutsch. A Glossary of Contemporary German Usage with Appendix on Government, Military and Economic Institutions, New York 1944.
Paine, Suzanne: Exporting Workers. The Turkish Case, Cambridge 1974.
Pairault, André: L'immigration organisée et l'emploi de la main-d'œuvre étrangère en France, Paris 1928.
Pak, Kwang-Seoug: Ich war koreanischer Gastarbeiter in Deutschland. Was für ein abenteuerliches Leben. Liebe – Erfahrungen – Eindrücke – Todesangst, Frankfurt a.M. 2001.
Pallaske, Christoph (Hg.): Die Migration von Polen nach Deutschland. Zu Geschichte und Gegenwart eines europäischen Migrationssystems, Baden-Baden 2001.
Palmer, Colin Alphonsous (Hg.): The Worlds of Unfree Labour. From Indentured Servitude to Slavery, Aldershot 1998.
Pamuk, Sevket/Jeffrey G. Williamson (Hg.): The Mediterranean Response to Globalization before 1950, London 2000.
Panciera, Silvana/Bruno Ducoli: Immigration et marché du travail en Belgique, in: Courrier hebdomadaire, 709/710. 1975, S. 1–37.
Panorama de la emigración española en Europa, Madrid 1986.
Papademetriou, Demetrios: Greece, in: Krane, Ronald E. (Hg.): International Labor Migration in Europe, New York 1979, S. 187–200.
Ders.: Illusions and Reality in International Migration. Migration and Development in Post World War II Greece, in: International Migration, 23. 1985, S. 211–223.
Ders. (Hg.): The Unsettled Relationship. Labor Migration and Economic Development, New York 1991.
Ders./Ira Emke-Poloupolous: Migrations and Development in Greece. The Unfinished Story, in: ders. (Hg.): The Unsettled Relationship. Labor Migration and Economic Development, New York 1991, S. 91–115.
Ders./Philip L. Martin: Labour Migration and Development. Research and Policy Issues, in: ders. (Hg.): The Unsettled Relationship. Labor Migration and Economic Development, New York 1991, S. 3–26.
Papageorgiou, Constantin: A Study of Greek Regional Migration, in: Oxford Agrarian Studies, 1. 1972, S. 3–19.

Parentik, G.: Italy, in: Thomas, Brinley (Hg.): Economics of International Migration, London 1958, S. 85–95.
Paria, Taha: Die Grundfunktionen des Staates in der Türkei, 1920–1990, in: Ruf, Werner/Rémy Leveau (Hg.): Migration und Staat. Inner- und intergesellschaftliche Prozesse am Beispiel Algerien, Türkei, Deutschland und Frankreich, Münster 1991, S. 95–107.
Park, Thomas K.: Historical Dictionary of Morocco, Lanham 2006.
Parnreiter, Christof: Migration und Arbeitsteilung. AusländerInnenbeschäftigung in der Weltwirtschaftskrise, Wien 1994.
Parsons, Craig/Timothy Smeeding: L'immigration au Luxembourg, et après?, Luxemburg, 2004, http://www.lisproject.org/publications/liswps/396.pdf.
Dies.: The Case of Luxembourg. Unique or Typical?, in: Allegrezza, Serge/Mario Hirsch/Norbert von Kunitzki (Hg.): L'immigration au Luxembourg, et après?, Amsterdam 2007, S. 1–10.
Paschirbe, Claudia: Zur Situation der Arbeitsmigranten in der DDR vor und nach dem Fall der Mauer am Beispiel von vietnamesischen Vertragsarbeitern, Kiel 1996.
Pasquet, Louis: Immigration et main d'œuvre étrangère en France, Paris 1927.
Passigli, Gonzalo Garcia: Report on Spanish Emigration, in: Kudat, Ayse/Yilmaz Özkan (Hg.): The Comparative Study of the Re-Integration Policy of five European Labor Exporting Countries, Berlin 1975, S. 73–119.
Pauly, Michel (Hg.): Letzebuerg de Letzebuerger? Le Luxembourg face à l'immigration, Luxembourg-Bonnevoie 1985.
Ders.: L'immigration dans les relations italo-luxembourgeoises après 1945, in: Dumoulin, Michel (Hg.): Mouvements et politiques migratoires en Europe depuis 1945. Le cas italien, Brüssel 1989, S. 65–92.
Ders.: Proto-industrialisation et immigration au Luxembourg, in: Allegrezza, Serge/Mario Hirsch/Norbert von Kunitzki (Hg.): L'immigration au Luxembourg, et après?, Amsterdam 2007, S. 30–59.
Pear, Robert/Carl Hulse: Immigrant Bill dies in Senate, in: New York Times, 29.6.2007.
Pécoud, Antoine/Paul de Guchteneire (Hg.): Migration without Borders. Essays on the Free Movement of People, New York 2007.
Peck, Jamie: Regulating labour. The Social Regulation and Reproduction of Local Labour-Markets, in: Amin, Ash/Nigel Thrift (Hg.): Globalization, Institutions and Regional Development in Europe, Oxford 1994, S. 147–166.
Pennell, C. Richard: Morocco since 1830. A History, London 2000.
Pennell, C. Richard: Morocco. From Empire to Independence, Oxford 2003.
Penninx, Rinus/Jeanette Schoorl/Carlo van Praag: The Impact of International Migration on Receiving Countries. The Case of the Netherlands, Amsterdam 1993.
Ders.: Immigration, Minorities Policy and Multiculturalism in Dutch Society since 1960, in: Bauböck, Rainer (Hg.): The Challenge of Diversity. Integration and Pluralism in Societies of Immigration, Aldershot 1996, S. 187–206.
Ders./Judith Roosblad (Hg.): Trade Unions, Immigration, and Immigrants in Europe, 1960–1993. A Comparative Study of the Attitudes and Actions of Trade Unions in seven West European Countries. New York 2000.
Pereira, Pedro Telhado: Portuguese Emigration 1958–1985. Some Empirical Evidence, in: Empirical Economics, 19. 1994, S. 647–657.
Ders./Lara Patrício Tavares: Portuguese Population in France. A Snapshot 25 Years after their Arrival, Lissabon 1995.

Pereira, Victor: Entre modernisateurs et conservateurs. Les débats au Portugal sur l'émigration portugaise en France, 1958–1974, in: Actes de l'histoire de l'immigration, 2003, http://barthes.ens.fr/clio/revues/AHI/articles/volumes/per.html.

Ders.: La politique d'émigration de l'Estado Novo entre 1958 et 1974, in: Cahiers de l'Urmis, 9. 2004, http://urmis.revues.org/document.html?id=31.

Perrenoud, Marc: La politique de la Suisse face à l'immigration italienne (1943–1953), in: Dumoulin, Michel (Hg.): Mouvements et politiques migratoires en Europe depuis 1945. Le cas italien, Brüssel 1989, S. 113–141.

Perruchoud, Richard: From the Intergovernmental Committee for European Migration to the International Organization for Migration, in: International Journal of Refugee Law, 1. 1989, S. 501–517.

Pesic, Ratko: International Labour Standards and Yugoslav Legislation, in: International Labour Review, 96. 1967, S. 443–467.

Peters, Horst/Kurt Jantz (Hg.): Sozialrecht und Sozialpolitik, Stuttgart 1968.

Petri, Franz/Ivo Schöffer/Jan J. Woltjer: Geschichte der Niederlande. Holland, Belgien, Luxemburg, München 1991.

Petz, Rudolf: Experiment in Cooperation. Japanese Miners in Germany, in: Migration News, 8. 1959, S. 1–6.

Petzina, Dietmar/Jürgen Reulecke (Hg.): Bevölkerung, Wirtschaft, Gesellschaft seit der Industrialisierung, Dortmund 1990.

Ders.: Arbeitsmarkt und Arbeitsmarktpolitik während des Nationalsozialismus, in: Faust, Anselm (Hg.): 100 Jahre Arbeitsmarktpolitik in Rheinland-Westfalen. Vom Ende des 19. Jahrhunderts bis zur Gegenwart, Essen 1997, S. 57–68.

Pfleiderer-Becker, Beatrix: Tunesische Arbeitnehmer in Deutschland. Eine ethnologische Feldstudie über die Beziehungen zwischen sozialem Wandel in Tunesien und der Auslandstätigkeit tunesischer Arbeitnehmer, Saarbrücken 1978.

Piazza, Nadia: Accueil et intégration des immigrés italiens au Luxembourg de 1945 à la création du Service de l'Immigration en 1964, Luxemburg 2002.

Picard, Jacques: Les conventions bilatérales passées par la France, in: Société française pour le droit international (Hg.): Les travailleurs étrangers et le droit international, Paris 1979, S. 101–115.

Pierenkemper, Toni: Allokationsbedingungen im Arbeitsmarkt. Das Beispiel des Arbeitsmarktes für Angestelltenberufe im Kaiserreich, 1880–1913, Opladen 1982.

Ders./Richard Tilly (Hg.): Historische Arbeitsmarktforschung. Entstehung, Entwicklung und Probleme der Vermarktung von Arbeitskraft, Göttingen 1982.

Ders.: Historische Arbeitsmarktforschung. Vorüberlegungen zu einem Forschungsprogramm, in: ders./Richard Tilly (Hg.): Historische Arbeitsmarktforschung. Entstehung, Entwicklung und Probleme der Vermarktung von Arbeitskraft, Göttingen 1982, S. 9–36.

Pietschmann, Horst: Spanien und Portugal, in: Bade, Klaus J. u.a. (Hg.): Enzyklopädie Migration in Europa, Paderborn 2007, S. 220–242.

Piguet, Etienne: L'immigration en Suisse depuis 1948, Zürich 2004.

Pinto, António Costa (Hg.): Modern Portugal, Palo Alto 1998.

Piore, Michael J.: Birds of Passage. Migrant Labor and Industrial Societies, Cambridge 1980.

Plender, Richard: International Migration Law, Dordrecht 1988.

Poinard, Michel: L'émigration portugaise de 1960 à 1969, in: Revue géographique des Pyrénées et du Sud-Ouest, 42. 1971, S. 293–304.

Ders./Michel Roux: L'émigration contre le développement. Les cas portugais et yougoslave, in: Revue tiers-monde, 69. 1977, S. 21–53.

Pologne, in: Informations Sociales, 28. 1928, S. 209.

Pologne: L'émigration en 1924, in: ebd., 15. 1925, S. 263.
Pologne: L'émigration en Belgique, in: ebd., 36. 1930, S. 91.
Pologne: L'organisation de l'Office d'émigration, in: ebd., 13. 1925, S. 411.
Pologne: Le recrutement pour les mines néerlandaises, in: ebd., 32. 1929, S. 148.
Pologne: Ouverture de bureaux régionaux de l'Office d'émigration, in: ebd., 29. 1929, S. 100.
Pologne: Un projet de convention avec la Belgique sur l'émigration, in: ebd., 33. 1930, S. 473.
Ponty, Janine: Polonais méconnus. Histoire des travailleurs immigrés en France dans l'entre-deux-guerre, Paris 1988.
Portes, Alejandro/Josh DeWind (Hg.): Rethinking Migration. New Theoretical and Empirical Perspectives, New York 2007.
Portugal: Chômage et immigration, in: Informations Sociales, 8. 1923, S. 282.
Potts, Lydia: Der Arbeitskraftexport aus Tunesien. Sozioökonomische Ursachen, Struktur und Verlauf der Arbeitsemigration sowie ihre wirtschaftliche Bedeutung für Tunesien, Oldenburg 1980.
Prados de la Escosura, Leandro/Jorge C. Sanz: Growth and Macroeconomic Performance in Spain. 1939–93, in: Crafts, Nicholas/Gianni Toniolo (Hg.): Economic Growth in Europe since 1945, Cambridge 1996, S. 355–387.
Praszałovicz, Dorota: Polen, in: Bade, Klaus J. u.a. (Hg.): Enzyklopädie Migration in Europa, Paderborn 2007, S. 258–271.
Pries, Ludger: Internationale Migration, Bielefeld 2001.
Procédure administrative pour l'examen des offres d'emploi émanant de l'étranger, in: Informations Sociales, NF, 26. 1961, S. 247.
Projets de taxe sur la main-d'œuvre étrangère en France, in: ebd., 50. 1934, S. 227.
Prothero, Ralph M.: Le recrutement des travailleurs étrangers par l'Afrique du Sud, in: Revue tiers-monde, 18. 1977, S. 101–113.
Ders.: Labor Recruiting Organizations in the Developing World. Introduction, in: International Migration Review, 24. 1990, S. 211–228.
Protocole sur l'émigration polonaise en France en 1930, in: Informations Sociales, 33. 1930, S. 467.
Pteroudis, Evangelos: Emigrations et immigrations en Grèce. Évolutions récentes et questions politiques, in: Revue européenne de migrations internationales, 12. 1996, S. 159–189.
Puskás, Julianna: Hungarian Migration Patterns, 1880–1930. From Macroanalysis to Microanalysis, in: Glazier, Ira A./Luigi de Rosa (Hg.): Migration across Time and Nations. Population Mobility in Historical Contexts, New York 1986, S. 231–254.
Qaddu-ri, Abd al-Maji-d (Hg.): Le Maroc et la Hollande. Etudes sur l'histoire, la migration, la linguistique et la sémiologie de la culture, Rabat 1988.
Quadflieg, Peter M.: ›Zwangssoldaten‹ und ›Ons Jongens‹. Rekrutierungspraktiken der Wehrmacht in den annektierten Gebieten Eupen-Malmedy und Luxemburg während des Zweiten Weltkriegs, Aachen 2008.
Rabinowitch, G.S.: The Seasonal Emigration of Polish Agricultural Workers to Germany I, in: International Labour Review, 25. 1932, S. 213–235.
Ders.: The Seasonal Emigration of Polish Agricultural Workers to Germany II, in: International Labour Review, 25. 1932, S. 332–369.
Rafalski, Traute: Italienischer Faschismus in der Weltwirtschaftskrise (1925–1936). Wirtschaft, Gesellschaft und Politik auf der Schwelle zur Moderne, Opladen 1984.
Ramella, Franco: Emigration from an Area of Intense Industrial Development: The Case of Northwestern Italy, in: Vecoli, Rudolph J./Suzanne M. Sinke (Hg.): A Century of European Migrations, 1830–1930, Urbana 1991, S. 261–273.

Rastetter, Ferdinand: Die ausländischen Wanderarbeiter in Deutschland, in: Jahrbücher für Nationalökonomie und Statistik, 150. 1939, S. 177–194.
Rass, Christoph: Bilaterale Wanderungsverträge und die Entwicklung eines internationalen Arbeitsmarktes in Europa 1919–1974, in: Geschichte und Gesellschaft, 35. 2009, S. 98–134.
Rathkolb, Oliver: Zwangsarbeit in der Industrie, in: Echternkamp, Jörg (Hg.): Das Deutsche Reich und der Zweite Weltkrieg, Band 9/2, Die deutsche Kriegsgesellschaft 1939–1945, Stuttgart 2005, S. 667–728.
RAVAV: Achter Bericht der Reichsanstalt für Arbeitsvermittlung und Arbeitslosenversicherung, Berlin, 1936.
Dies.: Fünfter Bericht der Reichsanstalt für Arbeitsvermittlung und Arbeitslosenversicherung, Berlin, 1933.
Dies.: Sechster Bericht der Reichsanstalt für Arbeitsvermittlung und Arbeitslosenversicherung, Berlin, 1934.
Dies.: Siebenter Bericht der Reichsanstalt für Arbeitsvermittlung und Arbeitslosenversicherung, Berlin, 1935.
Ravenstein, Ernest G.: The Laws of Migration, in: Journal of the Royal Statistical Society, 48. 1885, S. 167–227.
Ders.: The Laws of Migration, in: Journal of the Royal Statistical Society, 48. 1889, S. 241–301.
Rawe, Kai: »... wir werden sie schon zur Arbeit bringen!«. Ausländerbeschäftigung und Zwangsarbeit im Ruhrkohlenbergbau während des Ersten Weltkrieges, Essen 2005.
Recrutement de travailleurs à destination de l'Allemagne et de la Suisse, in: Informations Sociales, NF, 19. 1958, S. 535.
Recrutement de travailleurs italiens en Belgique, in: ebd., NF, 1. 1949, S. 166.
Recueil statistique sur la présence des étrangers au Luxembourg, Luxemburg 1994.
Rees, Philip (Hg.): Population Migration in the European Union, Chichester 1996.
Refass, Mohamed: Un siècle d'émigration marocaine vers l'étranger, in: Revue géographique du Maroc, 15. 1993, S. 7–21.
Ders.: Jalons historiques de l'émigration marocaine, in: L'annuaire de l'émigration, Maroc, 1994, S. 572–578.
Réglementation concernant les étrangers en France, in: Informations sociales, NF, 32. 1963, S. 41–49.
Réglementation de l'emploi de la main-d'œuvre étrangère en Belgique, in: Informations Sociales, 58. 1936, S. 202.
Réglementation du travail des étrangers aux Pays-Bas, in: ebd., 52. 1934, S. 432.
Reith, Caroline/Katharina Tetzlaff: Belgien, in: Gieler, Wolfgang/Dietmar Fricke (Hg.): Handbuch europäischer Migrationspolitiken. Die EU-Länder und die Beitrittskandidaten, Münster 2004, S. 11–18.
Reprise de l'émigration saisonnière polonaise à destination de l'Allemagne, in: Informations Sociales, 63. 1937, S. 251.
Restriction à l'emploi des étrangers en Belgique, in: ebd., 54. 1935, S. 269.
Restriction partielle de l'émigration, in: ebd., 29. 1929, S. 285.
Reubsaet, Theo: On the Way Up? Surinamese and Antilleans in the Dutch Labour Market, in: Cross, Malcolm/Han B. Entzinger (Hg.): Lost Illusions. Caribbean Minorities in Britain and the Netherlands, London 1988, S. 106–125.
Réunion de la commission mixte italo-française pour l'émigration, in: Informations Sociales, NF, 17. 1957, S. 443.
Revendications polonaises concernant l'émigration d'ouvriers mineurs vers la France, in: ebd., 64. 1937, S. 228.

Riedel, Almut: Erfahrungen algerischer Arbeitsmigranten in der DDR. »... hatten ooch Chancen, ehrlich!«, Opladen 1994.
Rieder, Maximiliane: Deutsch-italienische Wirtschaftsbeziehungen. Kontinuitäten und Brüche 1936–1957, Frankfurt a.M. 2003.
Ries, Adrien: Les étrangers dans l'agriculture luxembourgeoise, in: Institut Grand-Ducal (Hg.): Les étrangers et leur insertion à la collectivité luxembourgeoise, Luxemburg 1981, S. 57–60.
Rijckeghem, Willy van (Hg.): Employment Problems and Policies in Developing Countries. The Case of Morocco, Rotterdam 1976.
Rocha Trindade, Maria Beatriz: Immigrés portugais. Observation psycho-sociologique d'un groupe de Portugais dans la banlieue parisienne (Orsay), Lissabon 1973.
Dies.: Portuguese Migration Movements inside Europe, in: Kudat, Ayse/Yilmaz Özkan (Hg.): The Comparative Study of the Re-Integration Policy of five European Labor Exporting Countries, Berlin 1975, S. 38–72.
Dies.: Portugal, in: Krane, Ronald E. (Hg.): International Labor Migration in Europe, New York 1979, S. 164–171.
Dies.: Portugal and Spain. Culture of Migration, in: Kubat, Daniel (Hg.): The Politics of Migration Policies. Settlement and Integration – the First World into the 1990s, New York 1993, S. 262–280.
Dies.: Portuguese Migration to Brazil in the Nineteenth and Twentieth Centuries. An International Cultural Exchange, in: Higgs, David (Hg.): Portuguese Migration in Global Perspective, Toronto 1990, S. 29–41.
Dies.: Réseaux de transnationalité, in: Ethnologie française, 29. 1999, S. 255–262.
Rodonò, Aurora Epifania: Mobilität als Lebensentwurf? Die italienische Arbeitsmigration in die Bundesrepublik Deutschland, in: Frangenberg, Frank (Hg.): Projekt Migration, Köln 2005, S. 796–798.
Roels, Leen: Buitenlandse arbeiders in de Luikse steenkolenmijnen, 1900–1974, in: Tijdschrift voor Sociale en Economische Geschiedenis, 5. 2008, S. 103–125.
Rogers, Alisdair/Jean Tillie (Hg.): Multicultural Policies and Modes of Citizenship in European Cities, Aldershot 2001.
Rogers, Allan: Migration and Industrial Development. The Southern Italian Experience, in: Economic Geography, 46. 1970, S. 111–135.
Rogers, Rosemarie (Hg.): Guests Come to Stay. The Effects of European Labor Migration on Sending and Receiving Countries, Boulder 1985.
Rokicka, Ewa/Pawel Starosta (Hg.): Social Mobility and Exclusion, Lódz 2004.
Roller, Kathrin: Frauenmigration und Ausländerpolitik im Deutschen Kaiserreich. Polnische Arbeitsmigrantinnen in Preussen, Berlin 1994.
Romero, Federico: Emigrazione e integrazione europea 1945–1973, Rom 1991.
Ders.: Migration as an Issue in European Interdependence and Integration. The Case of Italy, in: Milward, Alan Steele (Hg.): The Frontier of National Sovereignty. History and Theory 1945–1992, London 1994, S. 33–58.
Roosblad, Judith: Dutch Trade Unions, Immigrants and Immigration. Myoptic Politics of Equality, in: Penninx, Rinus/Judith Roosblad (Hg.): Trade Unions, Immigration, and Immigrants in Europe, 1960–1993. A Comparative Study of the Attitudes and Actions of Trade Unions in seven West European Countries, New York 2000, S. 91–110.
Rosas, Fernando: Salazarism and Economic Development in the 1930s and 1940s. Industrialization without Agrarian Reform, in: Pinto, António Costa (Hg.): Modern Portugal, Palo Alto 1998, S. 88–101.

Rosoli, Gianfausto: Italy. Emergent Immigration Policy, in: Kubat, Daniel (Hg.): The Politics of Migration Policies. Settlement and Integration – the First World into the 1990s, New York 1993, S. 281–306.

Rossi, Nicola/Gianni Toniolo: Italy, in: Crafts, Nicholas/Gianni Toniolo (Hg.): Economic Growth in Europe since 1945, Cambridge 1996, S. 427–454.

Rotteck, Carl von/Carl Welcker (Hg.): Staats-Lexikon, Band 6, Altona 1838.

Rottenecker, Heribert/Jürgen Schneider: Geschichte der Arbeitsverwaltung in Deutschland, Stuttgart 1996.

Royaume des Serbes, Croates et Slovènes: La réglementation de la loi d'émigration, in: Informations Sociales, 14. 1924, S. 47.

Ruchniewicz, Krzysztof: Die polnische politische Emigration nach Deutschland in den Jahren 1945 bis 1980, in: Pallaske, Christoph (Hg.): Die Migration von Polen nach Deutschland. Zu Geschichte und Gegenwart eines europäischen Migrationssystems, Baden-Baden 2001, S. 61–75.

Ruf, Werner/Rémy Leveau (Hg.): Migration und Staat. Inner- und intergesellschaftliche Prozesse am Beispiel Algerien, Türkei, Deutschland und Frankreich, Münster 1991.

Ruhl, Klaus-Jörg: Spanien im Zweiten Weltkrieg, Hamburg 1975.

Ruhs, Martin: The Potential of Temporary Migration Programmes in Future International Migration Policy, in: International Labour Review, 145. 2006, S. 7–36.

Ders./Philip L. Martin: Numbers versus Rights: Trade-Offs and Guest Worker Programs, in: International Migration Review, 42. 2008, S. 249–265.

Rumanie: L'émigration saisonnière en France, in: Informations Sociales, 30. 1929, S. 494.

Rump, Eric E.: Migration to Australia, in: Loeb-Adler, Leonore/Uwe Peter Gielen (Hg.): Migration. Immigration and Emigration in International Perspective, Westport 2003, S. 271–294.

Runblom, Harald: Immigration to Scandinavia after World War II, in: Tägil, Sven (Hg.): Ethnicity and Nation Building in the Nordic World, Carbondale 1995, S. 282–324.

Ruotsila, Markku: »The Great Charter for the Liberty of the Working Man«. Labour, Liberals and the Creation of the ILO, in: Labour History Review, 67. 2002, S. 29–47.

Ruziewicz, Stanislas T.: Le problème de l'émigration polonaise en Allemagne, Paris 1930.

Rygiel, Philippe: Die Zurückweisung (refoulement) von Ausländern in der Zwischenkriegszeit. Untersuchung der Verwendungsweise des Wortes und der Maßnahme, in: Actes de l'histoire de l'immigration, 1998, http://barthes.ens.fr/clio/revues/AHI/articles/deutsch/ryg.html.

Ryll: Türkische Schüler auf deutschen Schulen, in: Schmidt, Franz/Otto Boelitz (Hg.): Aus deutscher Bildungsarbeit im Auslande: Erlebnisse und Erfahrungen in Selbstzeugnissen aus aller Welt, Langensalza 1928, S. 114–117.

Sagaster, Börte: Achmed Talib. Stationen des Lebens eines türkischen Schuhmachermeisters in Deutschland von 1917 bis 1983. Kaiserreich – Weimarer Republik – Drittes Reich – DDR, Köln 1997.

Sala, Roberto: Die Anwerbung italienischer Arbeitskräfte für die deutsche Wirtschaft, in: Vierteljahreshefte für Zeitgeschichte, 55. 2007, S. 93–120.

Salt, John/Hugh D. Clout (Hg.): Migration in Post-War Europe. Geographical Essays, London 1976.

Dies.: International Labour Migration. The Sources of Supply, in: dies. (Hg.): Migration in Post-War Europe. Geographical Essays, London 1976, S. 126–167.

Salt, John/Rueben Ford: The United Kingdom, in: Nam, Charles B./William J. Serow/ David F. Sly (Hg.): Handbook on International Migration, Westport 1990, S. 325–340.
Salvemini, Gaetano: Under the Axe of Fascism, New York 1969.
Sanchez, Marie-José: Les Espagnols en Belgique au XXe siècle, in: Morelli, Anne (Hg.): Histoire des étrangers et de l'immigration en Belgique de la préhistoire à nos jours, Brüssel 1992, S. 255–273.
Sánchez-Alonso, Blanca: European Emigration in the late Nineteenth Century. The Paradoxical Case of Spain, in: Economic History Review, 53. 2000, S. 309–333.
Dies.: Those Who Left and Those Who Stayed Behind. Explaining Emigration from the Regions of Spain, 1880–1914, in: Journal of Economic History, 60. 2000, S. 730–755.
Dies.: What Slowed Down the Mass Emigration from Spain before World War II: A Comparison with Italy, in: Pamuk, Sevket/Jeffrey G. Williamson (Hg.): The Mediterranean Response to Globalization before 1950, London 2000, S. 297–318.
Sanson, Robert: Les travailleurs nord-africains de la région parisienne, in: Chevalier, Louis u.a. (Hg.): Documents sur l'immigration, Paris 1947, S. 162–198.
Santos Delgado, Félix: Exiliados y emigrados 1939–1999, Madrid 1999.
Sanz-Diaz, Carlos: España y la Republica Federal de Alemania (1949–1966). Política, económica y emigración, entra la Guerra Fría y la destentión, Diss., Madrid 2005.
Sartorius von Waltershausen, A.: Die italienischen Wanderarbeiter, Leipzig 1903.
Sartorius, Francis: Les Allemands en Belgique, in: Morelli, Anne (Hg.): Histoire des étrangers et de l'immigration en Belgique de la préhistoire à nos jours, Brüssel 1992, S. 173–194.
Ders.: Les Français en Belgique, in: Morelli, Anne (Hg.): Histoire des étrangers et de l'immigration en Belgique de la préhistoire à nos jours, Brüssel 1992, S. 141–160.
Sassen, Saskia: The Mobility of Labor and Capital. A Study in International Investment and Labor Flow, Cambridge 1988.
Dies.: Globalization and its Discontents, New York 1998.
Saudi Arabia: 500.000 Foreign Workers to be Recruited to Fulfil Five-Year Plan, in: Social and Labour Bulletin, 1. 1974, S. 317.
Sauvy, Alfred: Some Aspects of the International Migration Problem, in: International Labour Review, 58. 1948, S. 18–37.
Srbik, Franz von: Dänisches Gesetz über die Verwendung von ausländischen Arbeitern, in: Weltwirtschaftliches Archiv, 1. 1913, S. 188–191.
Schäfer, Hermann: Italienische ›Gastarbeiter‹ im Deutschen Kaiserreich (1890–1914), in: Zeitschrift für Unternehmensgeschichte, 27. 1982, S. 192–213.
Schätzel, Walter: Internationale Arbeiterwanderungen. Ein weltwirtschaftliches Problem des Völkerbundes, Berlin 1919.
Schierup, Carl-Ulrik: Immigrants and Immigrant Policy in Denmark and Sweden, in: Entzinger, Han B./Jack Carter (Hg.): Immigration in Western Democracies. The United States and Western Europe, Greenwich 1989, S. 223–258.
Ders.: Migration, Socialism, and the International Division of Labour. The Yugoslavian Experience, Aldershot 1990.
Ders.: Former Yugoslavia. Long Waves of International Migration, in: Cohen, Robin (Hg.): The Cambridge Survey of World Migration, Cambridge 1995, S. 285–288.
Schiller, Günter/Emmanuel G. Drettakis/Wolf Rüdiger Böhning (Hg.): Ausländische Arbeitnehmer und Arbeitsmarkt: Konsequenzen für die Wirtschaftspolitik, Analyse von Wanderungsströmen, wirtschaftliche Auswirkungen auf nachindustrielle Länder, IAB-Kolloquium zu Fragen der Ausländerbeschäftigung und zur Identifizierung von Forschungslücken, Nürnberg 1976.

Schindlmayr, Thomas: Sovereignty, Legal Regimes and International Migration, in: International Migration, 41. 2003, S. 109–123.

Schlarp, Karl-Heinz: Wirtschaft und Besatzung in Serbien 1941–1944. Ein Beitrag zur nationalsozialistischen Wirtschaftspolitik in Südosteuropa, Stuttgart 1986.

Schliephake, Konrad: Libyen als Bezugspunkt mediterraner Arbeiterwanderungen. Beispiele aus Tunesien und Malta, in: Orient, 15. 1974, S. 112–115.

Schmidt, Franz/Otto Boelitz (Hg.): Aus deutscher Bildungsarbeit im Auslande. Erlebnisse und Erfahrungen in Selbstzeugnissen aus aller Welt, Langensalza 1928.

Schmitter-Heisler, Barbara: Trapped in the Consociational Cage. Trade Unions and Immigration in Switzerland, in: Penninx, Rinus/Judith Roosblad (Hg.): Trade Unions, Immigration, and Immigrants in Europe, 1960–1993. A Comparative Study of the Attitudes and Actions of Trade Unions in seven West European Countries, New York 2000, S. 21–38.

Schmuhl, Hans-Walter: Arbeitsmarktpolitik und Arbeitsverwaltung in Deutschland 1871–2002. Zwischen Fürsorge, Hoheit und Markt, Nürnberg 2003.

Schnorr, Gerhard: The Influence of ILO Standards on Law and Practice in the Federal Republic of Germany, in: International Labour Review, 110. 1947, S. 539–564.

Schönwälder, Karen: Why Germany's Guestworkers were Largely Europeans. The Selective Principles of Post-War Recrutiment Policy, in: Ethnic and Racial Studies, 27. 2004, S. 248–265.

Schrettenbrunner, Helmut: Gastarbeiter. Ein europäisches Problem, Frankfurt a.M. 1982.

Schüle, Annegret: Vertragsarbeiterinnen und -arbeiter in der DDR. »Gewährleistung des Prinzips der Gleichstellung und Nichtdiskriminierung«?, in: Sozial.Geschichte, 17. 2002, S. 80–100.

Schultz, Peter: Labour Migration among the Socialist European Countries in the Post World War II Period, in: International Migration, 13. 1975, S. 190–201.

Schulz, Theodore, W.: Migration. An Economist's View, in: McNeill, William Hardy/ Ruth S. Adams (Hg.): Human Migration. Patterns and Policies, Bloomington 1978, S. 377–386.

Schumann, Werner (Hg.): Europa unterm Hakenkreuz: Die Okkupationspolitik des deutschen Faschismus (1938–1945), Band 5, Berlin 1990.

Schuster, John: Poortwachters over immigranten. Het debat over immigratie in het naoorlogse Groot-Britannië en Nederland, Amsterdam 1999.

Schwede, Laurel Kathleen/Rae Leser Blumberg/Anna Y. Chan (Hg.): Complex Ethnic Households in America, Oxford 2005.

Sciortino, Guiseppe: Toward a Political Sociology of Entry Policies. Conceptual Problems and Theoretical Proposals, in: Journal of Ethnic and Migration Studies, 26. 2000, S. 213–228.

Seccombe, Ian J./Richard I. Lawless: Between Western Europe and the Middle East. Changing Patterns of Turkisch Labour Migration, in: Revue européenne des migrations internationales, 2. 1986, S. 37–58.

Seckendorf, Martin/Wolfgang Schumann (Hg.): Die Okkupationspolitik des deutschen Faschismus in Jugoslawien, Griechenland, Albanien, Italien und Ungarn (1941–1945), Berlin 1992.

Secrétariat générale de la commission internationale catholique pour les migrations (Hg.): Bilan de six années d'émigration espagnole en Europe, Genf 1967.

Seidlmayer, Michael: Geschichte Italiens. Vom Zusammenbruch des Römischen Reiches bis zum Ersten Weltkrieg, Stuttgart 1989.

Şen, Faruk (Hg.): Migration Movements from Turkey to the European Community, Brüssel 1995.

Senghaas-Knobloch, Eva/Jan Dirks/Andrea Liese: Internationale Arbeitsregulierung in Zeiten der Globalisierung. Politisch-organisatorisches Lernen in der Internationalen Arbeitsorganisation (IAO), Münster 2003.
Senti, Martin: Der Einfluß internationaler Organisationen auf nationale Sozialausgaben. Das Beispiel der Internationalen Arbeitsorganisation (IAO), in: Politische Vierteljahresschrift, 39. 1998, S. 527–557.
Ders.: Internationale Regime und nationale Politik. Die Effektivität der Internationalen Arbeitsorganisation (ILO) im Industrieländervergleich, Bern 2002.
Seol, Dong-Hoon/John D. Skrentny: South Korea. Importing Undocumented Workers, in: Cornelius, Wayne A. u.a. (Hg.): Controlling Immigration. A Global Perspective, Stanford 2004, S. 481–513.
Serman, William: Nouvelle histoire militaire de la France. 1789–1919, Paris 1998.
Sesselmeier, Werner: Arbeitsmarkttheorien. Ein Überblick, Heidelberg 1998.
Shotwell, James Thomson (Hg.): The Origins of the International Labor Organisation, New York 1934.
Shrestha, Nanda R.: Institutional Policies and Migration Behavior. A Selective Review, in: World Development, 15. 1987, S. 329–345.
Sicsic, Pierre/Charles Wyplosz: France. 1945–92, in: Crafts, Nicholas/Gianni Toniolo (Hg.): Economic Growth in Europe since 1945, Cambridge 1996, S. 210–239.
Sicsic, Pierre: Foreign Immigration and the French Labour Force, 1896–1926, in: Hatton, Timothy J. (Hg.): Migration and the International Labor Market, 1850–1939, London 1994, S. 119–138.
Siddique, M.A.B. (Hg.): International Migration into the 21st Century, Cheltenham 2001.
Signature de la convention européenne concernant la Sécurité sociale des travailleurs migrants, in: Informations Sociales, NF, 19. 1957, S. 145.
Simon, Gildas: L'émigration tunisienne en 1972, in: Méditerranée, 4. 1973, S. 95–109.
Ders./Daniel Noin: La migration maghrébine vers l'Europe, in: Les cahiers d'Outre-Mer, 25. 1972, S. 241–276.
Ders.: Industrialisation, émigration et insertion de la main-d'œuvre étrangère au Maghreb, in: Hommes et migrations, 27. 1976, S. 4–22.
Ders.: L'espace des travailleurs tunisiens en France. Structures et fonctionnement d'un champ migratoire international, Poitiers 1979.
Singer-Kérel, Jeanne: Conjoncture économique et politique française d'immigration 1942–1974, in: Bernard, Philippe J. (Hg.): Les travailleurs étrangers en Europe occidentale, Paris 1976, S. 23–64.
Dies.: »Protection« de la main-d'œuvre nationale en temps de crise, in: Revue européenne de migrations internationales, 5. 1989, S. 2–27.
Sobczak, Janusz: Die polnischen Wanderarbeiter in Deutschland in den Jahren 1919 bis 1939 und ihre Behandlung, in: Wilhelm Pieck Universität, Sektion Geschichte (Hg.): Fremdarbeiterpolitik des Imperialismus, Heft 2, Rostock 1979, S. 47–66.
Social Science Centre (Hg.): Essays on Greek Migration, Athen 1967.
Société française pour le droit international (Hg.): Les travailleurs étrangers et le droit international, Paris 1979.
Solé, Carlota: Portugal and Spain. From Exporters to Importers of Labour, in: Cohen, Robin (Hg.): The Cambridge Survey of World Migration, Cambridge 1995, S. 316–320.
Sonnenberger, Barbara: Nationale Migrationspolitik und regionale Erfahrung. Die Anfänge der Arbeitsmigration in Südhessen (1955–1967), Darmstadt 2003.
Soom, Eva/Jacqueline Truffer: Eine italienische Migrations- und Integrationsgeschichte der Stadt Bern, Bern 2000.

Spanjer, Rimco (Hg.): Zur Arbeit gezwungen. Zwangsarbeit in Deutschland 1940–1945, Bremen 1999.
Spiegel, Gabrielle M. (Hg.): Practicing History. New Directions in Historical Writing, New York 2005.
Spire, Alexis: Étrangers à la carte. L'administration de l'immigration en France (1945–1975), Paris 2005.
Ders.: In den Kellern der französischen Einwanderungspolitik (1945–1975), in: Zeithistorische Forschungen/Studies in Contemporary History, Online-Ausgabe, 2. 2005, http://www.zeithistorische-forschungen.de/16126041-Spire-3-2005.
Spoerer, Mark: Zwangsarbeit unter dem Hakenkreuz. Ausländische Zivilarbeiter, Kriegsgefangene und Häftlinge im Deutschen Reich und im besetzten Europa 1939–1945, Stuttgart 2001.
Ders.: Die soziale Differenzierung der ausländischen Zivilarbeiter, Kriegsgefangenen und Häftlinge im Deutschen Reich, in: Echternkamp, Jörg (Hg.): Das Deutsche Reich und der Zweite Weltkrieg, Band 9/2, Die deutsche Kriegsgesellschaft 1939–1945, Stuttgart 2005, S. 485–576.
Sriskandarajah, Dhananjayan/Francesca Hopwood Road: United Kingdom. Rising Numbers, Rising Anxieties, in: Migration Information Source, 2005, http://www.migrationinformation.org/Profiles/display.cfm?ID=306.
Staay, A.J. van den: Het probleem van den buitenlandse arbeiders en het probleem van het bijhorende overheidsbeleid, in: Wentholt, R. (Hg.): Buitenlandse arbeiders in Nederland, Leiden 1967, S. 57–82.
Ders.: De buitenlandse werknemers, in: Verwey-Jonker, H. (Hg.): Allochtonen in Nederland, s'Gravenhage 1973, S. 191–218.
Stahl, Charles W.: Theories of International Labor Migration. An Overview, in: Asian and Pacific Migration Journal, 4. 1995, S. 211–232.
Staiger, Robert W.: A Role for the WTO, in: Basu, Kaushik u.a. (Hg.): International Labor Standards. History, Theory and Policy Options, Malden 2003, S. 273–308.
Stark, Oded/David E. Bloom: The New Economics of Labour Migration, in: American Economic Association, Papers and Proceedings, 2001, S. 173–178.
Stark, Oded: The Migration of Labor, Cambridge 1991.
State Institute of Statistics: The Population of Turkey, 1923–1994. Demographic Structure and Development with Projections to the mid-21st Century, Ankara 1996.
Statistisches Bundesamt: Statistisches Jahrbuch für die Bundesrepublik Deutschland, 1962–1974, Stuttgart 1963–1975.
Stein, Louis: Beyond Death and Exile. The Spanish Republicans in France, 1939–1955, Cambridge 1979.
Steinert, Johannes-Dieter: Migration und Politik. Westdeutschland – Europa – Übersee 1945–1961, Osnabrück 1995.
Ders.: Die deutsch-italienische Wanderungsvereinbarung und die Anwerbung italienischer Arbeitskräfte in den späten 1950er Jahren, in: Dominik, Katja/Marc Jünemann/Jan Motte/Astrid Reinecke (Hg.): Angeworben – eingewandert – abgeschoben. Ein anderer Blick auf die Einwanderungsgesellschaft Bundesrepublik Deutschland, Münster 1995, S. 439–455.
Ders.: Arbeit in Westdeutschland. Die Wanderungsvereinbarungen mit Italien, Spanien, Griechenland und der Türkei und der Beginn der organisierten Anwerbung ausländischer Arbeitskräfte, in: Archiv für Sozialgeschichte, 35. 1995, S. 197–209.
Ders.: »Chianti am Rhein«. Der Ruhrbergbau als Zuwanderungsziel, in: Geschichte im Westen, 12. 1997, S. 135–149.
Steinweg, Isabel: United Nations High-Level Dialogue on International Migration and Development, 2006, http://library.fes.de/pdf-files/iez/global/50410.pdf.

Stellungnahme der Bundesregierung zum Übereinkommen 118, in: Bundesarbeitsblatt, 15. 1964, S. 87–88.
Stengers, Jean: Emigration et immigration en Belgique au XIXe et au XXe siècle, Brüssel 1978.
Ders.: L'immigration de 1830 à 1914. Données chiffres, in: Morelli, Anne (Hg.): Histoire des étrangers et de l'immigration en Belgique de la préhistoire à nos jours, Brüssel 1992, S. 91–104.
Stephan, Werner: Internationale Wanderungsverträge, in: Reichsarbeitsblatt, Teil V, 3. 1923, S. 215–218.
Stiegnitz, Peter: Gastarbeiter in Österreich, in: Europäische Rundschau, 9. 1981, S. 79–83.
Stirn, Hans: Ausländerbeschäftigung in den letzten 100 Jahren, in: Zentralblatt für Arbeitsmedizin und Arbeitsschutz/Beihefte, 1964, S. 9–69.
Stola, Dariusz: Das kommunistische Polen als Auswanderungsland, in: Zeithistorische Forschungen/Studies in Contemporary History, Online-Ausgabe, 2, 2005, http://www.zeithistorische-forschungen.de/16126041-Stola-3-2005.
Stora, Benjamin: Ils venaient d'Algérie, Paris 1992.
Ders.: Algeria, 1830–2000. A short History, Ithaca 2004.
Ders.: Histoire de la guerre d'Algérie, 1954–1962, Paris 2004.
Stötzel, Georg/Martin Wengeler/Karin Böke: Kontroverse Begriffe. Geschichte des öffentlichen Sprachgebrauchs in der Bundesrepublik Deutschland, Berlin 1995.
Strang, David/Patricia Mei Yin Chang: The International Labor Organization and the Welfare State. Institutional Effects on National Welfare Spending, 1960–80, in: International Organization, 47. 2001, S. 235–262.
Straubhaar, Thomas: Migration Pressure, in: International Migration, 31. 1993, S. 5–42.
Ders./Peter A. Fischer: Einwanderungspolitik in der Schweiz. Ein polit-ökonomisches Lehrstück, in: Fassmann, Heinz/Rainer Münz (Hg.): Migration in Europa. Historische Entwicklung, aktuelle Trends und politische Reaktionen, Frankfurt a.M. 1996, S. 183–208.
Dies.: Economic and Social Aspects of Immigration into Switzerland, in: Fassmann, Heinz/Rainer Münz (Hg.): European Migration in the late Twentieth Century. Historical Patterns, Actual Trends, and Social Implications, Aldershot 1994, S. 127–148.
Strümpel, Burkhard (Hg.): Innovation und Beharrung in der Arbeitspolitik, Stuttgart 1993.
Sturm-Martin, Imke: Zuwanderungspolitik in Großbritannien und Frankreich. Ein historischer Vergleich 1945–1962, Frankfurt a.M. 2001.
Suisse: Effectif des travailleurs étrangers, in: Revue international du travail, 92. 1965, S. 262–264.
Suisse: Le gouvernement et l'émigration, in: Informations Sociales, 11. 1924, S. 240.
Sundhaussen, Holm: Wirtschaftsgeschichte Kroatiens im nationalsozialistischen Großraum 1941–1945. Das Scheitern einer Ausbeutungsstrategie, Stuttgart 1983.
Swender, Harald: The Swedish Immigrant Problem: There Exist no Simple, Radical Solutions, in: Bernard, Philippe J. (Hg.): Les travailleurs étrangers en Europe occidentale, Paris 1976, S. 121–134.
Swiaczny, Frank: Migration und allochthone Bevölkerung in den Niederlanden, in: Haug, Sonja/Frank Swiaczny (Hg.): Migration in Europa, Wiesbaden 2005, S. 91–118.
Swierenga, Robert P.: Dutch International Migration and Occupational Change. A Structural Analysis of Multinational linked Files, in: Glazier, Ira A./Luigi de Rosa

(Hg.): Migration across Time and Nations. Population Mobility in Historical Contexts. New York 1986, S. 95–124.
Swyngedouw, M.: The Threatening Immigrant in Flanders 1930–1980, in: New Community, 21. 1995, S. 325–340.
Syrup, Friedrich: Europas Arbeitskraft, in: Der deutsche Volkswirt 16. 1941, S. 52–54.
Ders.: Intereuropäischer Arbeiteraustausch, in: Reichsarbeitsblatt, Teil V, 21. 1941, S. 335–342.
Ders.: Probleme des Arbeitseinsatzes im europäischen Grossraum, in: Der Vierjahresplan, 5. 1941, S. 20–21.
Taamallah, Khemaïes: Les travailleurs tunisiens en France. Aspects socio-démographiques, économiques et problèmes de retour, Tunis 1980.
Ders.: L'évolution de l'émigration tunisienne en Europe occidentale et ses impacts socio-économiques, in: Talha, Labri (Hg.): Maghrébins en France. Emigrés ou immigrés, Paris 1983, S. 187–202.
Ders.: Population et emploi en Tunisie, Tunis 1987.
Tägil, Sven (Hg.): Ethnicity and Nation Building in the Nordic World, Carbondale 1995.
Talha, Labri: La migration des travailleurs entre le Maghreb et l'Europe, in: Hommes et migrations, 26. 1975, S. 4–17.
Ders. (Hg.): Maghrébins en France. Emigrés ou immigrés, Paris 1983.
Ders.: De l'immigration coloniale à l'émigration des coloniaux, in: ders. (Hg.): Maghrébins en France. Emigrés ou immigrés, Paris 1983, S. 11–30.
Tapinos, Georges: L'immigration étrangère en France, 1946–1973, Paris 1975.
Ders.: The Dynamics of International Migration in Post-War Europe, in: Luciani, Giacomo (Hg.): Migration Policies in Europe and the United States, Dordrecht 1993, S. 127–144.
Tascón, Julio: Les migrations asturiennes dans le contexte espagnol (XIXe–XXe siècle), in: Leboutte, René (Hg.): Migrations et migrants dans une perspective historique. Permanences et innovations, Brüssel 2000, S. 219–241.
Taylor, J. Edward: The New Economics of Labour Migration and the Role of Remittances in the Migration Process, in: International Migration, 37. 1999, S. 63–88.
Taylor, John: The Reorganization of Mine Labor Recruitment in Southern Africa. Evidence from Botswana, in: International Migration Review, 42. 1990, S. 250–272.
Taylor, Paul (Hg.): International Institutions at Work, New York 1988.
Tchécoslovaquie: L'émigration vers la Tunisie, in: Informations Sociales, 32. 1929, S. 329.
Tchécoslovaquie: Le recrutement des travailleurs étrangers, in: ebd., 16. 1925, S. 298.
The Franco-Italian Migration Agreements, in: International Labour Review, 55. 1947, S. 395–402.
The International Migration Commission, in: ebd., 4. 1921, S. 537–562.
Thiel, Jens: ›Menschenbassin Belgien‹. Anwerbung, Deportation und Zwangsarbeit im Ersten Weltkrieg, Essen 2007.
Thomas, Brinley (Hg.): Economics of International Migration, London 1958.
Thomas, George M./Pat Lauderdale: State Authority and National Welfare Programs in the World Systems Context, in: Sociological Forum, 3. 1988, S. 383–399.
Thomes, Paul (Hg.): Rohstoffbasis und Absatzmarkt. Die Schwerindustrie des Großherzogtums Luxemburg und das Aachener Revier, Aachen 2005.
Thormann, Peter H.: Employment and Earnings in Portugal, 1953–1967, in: International Labour Review, 99. 1969, S. 589–606.

Thränhardt, Dietrich: Entwicklungslinien der Zuwanderungspolitik in EG-Mitgliedsländern, in: Heinelt, Hubert (Hg.): Zuwanderungspolitik in Europa. Nationale Politiken. Gemeinsamkeiten und Unterschiede, Opladen 1994, S. 33–63.

Ders.: Einwanderungs- und Integrationspolitik in Deutschland und den Niederlanden, in: Leviathan, 30. 2002, S. 220–249.

Ders./Uwe Hunger/Hans van Amersfoort (Hg.): Migration im Spannungsfeld von Globalisierung und Nationalstaat, Wiesbaden 2003.

Ders.: Der Nationalstaat als migrationspolitischer Akteur, in: ders./Uwe Hunger/Hans van Amersfoort (Hg.): Migration im Spannungsfeld von Globalisierung und Nationalstaat, Wiesbaden 2003, S. 8–32.

Tilly, Charles: Migration in Modern European History, in: McNeill, William Hardy/ Ruth S. Adams (Hg.): Human Migration. Patterns and Policies, Bloomington 1978, S. 48–74.

Tilly, Stephanie: Arbeit – Macht – Markt. Industrieller Arbeitsmarkt 1900–1929. Deutschland und Italien im Vergleich, Berlin 2006.

Timm, Max: Italienische Arbeitskräfte in Deutschland, in: Der deutsche Volkswirt, 16. 1941, S. 344–346.

Ders.: Der Einsatz ausländischer Arbeitskräfte in Deutschland, Berlin 1942.

Todaro, Michael P.: A Model of Labor Migration and Urban Unemployment in Less Developed Countries, in: American Economic Review, 59. 1969, S. 138–148.

Ders.: Migration and Economic Development. A Review of Theory, Evidence, Methodology and Research Priorities, Nairobi 1976.

Togman, Jeffrey M.: The Ramparts of Nations. Institutions and Immigration Policies in France and the United States, New York 2002.

Traité d'établissement et de travail entre la Belgique et l'Italie, in: Informations Sociales, 70. 1939, S. 172.

Traité de travail entre l'Autriche et la France, in: ebd., 52. 1934, S. 49.

Traité polono-estonien en matière d'émigration, in: ebd., 69. 1939, S. 438.

Traité polono-letton en matière d'émigration, in: ebd., 70. 1939, S. 107.

Tran-Nu, Par Liêm Khé: Les travailleurs indochinois en France de 1939 à 1948, in: Bulletin du Centre d'histoire de la France contemporaine, 10. 1989, S. 5–21.

Travailleurs algériens et nord-africains en France, in: Informations Sociales, NF, 9. 1953, S. 414.

Trébous, Madeleine: Migration and Development. The Case of Algeria – Manpower Requirements in Algeria and Vocational Training in Europe, Paris 1970.

Treichler, Andreas: Arbeitsmigration und Gewerkschaften. Das Problem der sozialen Ungleichheit im internationalen Maßstab und die Rolle der Gewerkschaften bei der Regulation transnationaler Migrationen, untersucht am Beispiel Deutschlands und der Arbeitsmigrationen aus der Türkei und Polen, Münster 1998.

Tribalat, Michèle: Cent ans d'immigration, étrangers d'hier, français d'aujourd'hui. Apport démographique, dynamique familiale et économique de l'immigration étrangère, Paris 1991.

Dies.: Die Zuwanderung von Ausländern nach Frankreich, in: Fassmann, Heinz/Rainer Münz (Hg.): Migration in Europa. Historische Entwicklung, aktuelle Trends und politische Reaktionen, Münster 1996, S. 89–118.

Troclet, Léon-Eli/E. Vogel-Polsky: The Influence of International Labour Conventions on Belgian Labour Legislation, in: International Labour Review, 98. 1968, S. 389–424.

Tudyka, Kurt P.: Niederlande, in: Gieler, Wolfgang/Dietmar Fricke (Hg.): Handbuch europäischer Migrationspolitiken: Die EU-Länder und die Beitrittskandidaten, Münster 2004, S. 125–137.

Un accord de colonisation entre l'Autriche et le Pérou, in: Informations Sociales, 32. 1929, S. 328.
Un accord portant réciprocité en matière d'assurance-chômage, in: ebd., 21. 1927, S. 461.
Un organisme patronal pour le recrutement de l'immigration en France, in: ebd., 14. 1925, S. 221.
Un projet de convention sur l'égalité de traitement en matière d'indemnisation des accidents du travail, in: ebd., 15. 1925, S. 20.
Un traité de travail franco-roumain, in: ebd., 33. 1930, S. 465.
Une conférence internationale de l'émigration et de l'immigration à Rome en 1924, in: ebd., 7. 1923, S. 282.
Une nouvelle réglementation de l'emploi des étrangers en Allemagne, in: ebd., 45. 1933, S. 312.
United Nations, Department of Economic and Social Affairs: Trends and Characteristics of International Migration since 1950, New York 1979.
Dies., Economic Commission for Europe: Labour Supply and Migration in Europe. Demographic Dimensions 1950–1975 and Prospects, New York 1979.
Urban, Thomas: Der Verlust. Die Vertreibung der Deutschen und Polen im 20. Jahrhundert, München 2004.
Valticos, Nicolas: L'attitude de la Suisse à l'égard des conventions internationales du travail, in: Zeitschrift für schweizerisches Recht, NF, 100. 1981, S. 121–144.
Varlez, Louis: General Principles of an International Convention on the Conditions and Contracts of Employment of Foreign Workers, in: International Labour Review, 19. 1929, S. 317–337, 467–482, 647–665.
Ders.: Migration and the Havana Conference of 1928, in: ebd., S. 1–19.
Vásquez-Presedo, Vincente: The Role of Italian Migration in the Development of the Argentine Economy 1875–1914, in: Economia internationale, 24. 1971, S. 606–624.
Vecoli, Rudolph J./Suzanne M. Sinke (Hg.): A Century of European Migrations, 1830–1930, Urbana 1991.
Ders.: The Italian Diaspora, 1876–1976, in: Cohen, Robin (Hg.): The Cambridge Survey of World Migration, Cambridge 1995, S. 114–122.
Veenmann, Justus/Theo Roelandt: Ethnic Minorities in the Dutch Labour Market: An Overview of Facts and Theories, in: Entzinger, Han/Jaques Siegers/Frits Tazelaar (Hg.): Immigrant Ethnic Minorities in the Dutch Labour Market. Analysis and Policies, Amsterdam 1993, S. 25–46.
Veljkovic, Ljuba/Sarlota Radulovic: Entwicklung der Wirtschaft in Jugoslawien, Belgrad 1968.
Vellinga, Menno: The Benelux Countries. Divergent Paths toward Restrictive Immigration, in: Kubat, Daniel (Hg.): The Politics of Migration Policies. Settlement and Integration – the First World into the 1990s, New York 1993, S. 141–163.
Velzen, Leo van: International Labour Migration and Development Processes in Yugoslavia and Turkey. A Trendreport, Den Haag 1975.
Venturas, Lina: The Beginning of Greek Post-War Emigration to Belgium. Networks and Strategies, in: Konstantinou, Evangelos (Hg.): Griechische Migration in Europa. Geschichte und Gegenwart, Frankfurt a.M. 2000, S. 217–226.
Dies.: Greek Governments, Political Parties and Emigrants in Western Europe, in: Revue européenne des migrations internationales, 17. 2001, S. 43–65.
Verbunt, Gilles: France, in: Hammar, Tomas (Hg.): European Immigration Policy. A Comparative Study, Cambridge 1985, S. 127–164.

Verharen, Raphael-Emmanuel: L'immigration algérienne et la crise économique en France, in: Talha, Labri (Hg.): Maghrébins en France. Emigrés ou immigrés, Paris 1983, S. 121–142.

Versteegh, Anna Petra: De onvermijdelijke afkomst? De opname van Polen in het Duits, Belgisch en Nederlands mijnbedrijf in de periode 1920–1930, Hilversum 1994.

Verwey-Jonker, H. (Hg.): Allochtonen in Nederland, s'Gravenhage 1973.

Vesdris, Mladen: Modern Migration Movements from Yugoslavia to Western European Countries, in: Yugoslav Survey, 20. 1979, S. 87–102.

Vieira, Alberto: Emigration from the Portuguese Islands in the Second Half of the Nineteenth Century. The Case of Madeira, in: Higgs, David (Hg.): Portuguese Migration in Global Perspective, Toronto 1990, S. 41–60.

Viet, Vincent: La France immigrée. Construction d'une politique, 1914–1997, Paris 1998.

Vilar, Juan Bautista/Maria José Vilar: La emigración española a Europa en el siglo XX, Madrid 1999.

Vincineau, Michel: Les traités bilatéraux relatifs à l'emploi et au séjour en Belgique des travailleurs immigrés, Brüssel 1984.

Volovitch-Tavarès, Marie Christine: Les phases de l'immigration portugaise, des années vingt aux années soixante-dix, in: Actes de l'histoire de l'immigration, 2001, http://barthes.cns.fr/clio/revues/AHI/articles/volumes/volovitch.html.

Vuilleumier, Marc: Ausländer, in: Historisches Lexikon der Schweiz (online), http://www.hls-dhs-dss.ch/textes/d/D10384.php.

Ders.: Schweiz, in: Bade, Klaus J. u.a. (Hg.): Enzyklopädie Migration in Europa, Paderborn 2007, S. 189–204.

Walaszek, Adam: Wychodžcy. Emigrants or Poles? Fears and Hopes about Emigration in Poland 1870–1939, in: Revue sur l'immigration, 2003, http://www.utvandrersenteret.no/doc/Adam%20Walaszek.pdf.

Waldorf, Brigitte S./Adrian Esparza/James O. Huff: A Behavioral Model of International Labor and Non-Labor Migration. The Case of Turkish Movements to West Germany, 1960–1986, in: Environment & Planning, 22. 1990, S. 961–973.

Wallerstein, Immanuel Maurice: The Modern World-System, New York 1974.

Walz, Markus: Region – Profession – Migration. Italienische Zinngießer in Rheinland-Westfalen 1700–1900, Osnabrück 2002.

Ward, Gerard R.: Contract Labor Recruitment from the Highlands of Papua New Guinea. 1950–1974, in: International Migration Review, 24. 1990, S. 273–296.

Weber, Albrecht (Hg.): Einwanderungsland Bundesrepublik Deutschland in der Europäischen Union. Gestaltungsauftrag und Regelungsmöglichkeiten, Osnabrück 1997.

Weber, Max: Die Wirtschaftsethik der Weltreligionen, Band 2, Tübingen 1921.

Ders.: Die Wirtschaftsethik der Weltreligionen, Band 3, Tübingen 1921.

Weidenbörner, Wilhelm: Deutsch-jugoslawische Vereinbarung über die Vermittlung jugoslawischer Arbeitnehmer, in: Bundesarbeitsblatt, 20. 1969, S. 158–160.

Weigl, Andreas: Migration und Integration. Eine widersprüchliche Geschichte, Innsbruck 2009.

Weisenfeld, Ernst: Frankreichs Geschichte seit dem Krieg. Von de Gaulle bis Mitterand, München 1982.

Weißbecker, Manfred: »So einen Arbeitseinsatz wie in Deutschland gibt es nicht noch einmal auf der Welt!«. Fritz Sauckel – Generalbevollmächtigter für den Arbeitseinsatz, in: Winkler, Ulrike (Hg.): Stiften gehen. NS-Zwangsarbeit und Entschädigungsdebatte, Köln 2000, S. 41–66.

Weizsäcker, Esther: Vom ›Inlandslegitimierungszwang‹ zum ›Zuwanderungsgesetz‹. Zur rechtlichen Regulierung von Arbeitsmigration in Deutschland, in: Geisen, Thomas (Hg.): Arbeitsmigration. WanderarbeiterInnen auf dem Weltmarkt für Arbeitskraft, Frankfurt a.M. 2005, S. 173–196.
Wennemann, Adolf: Arbeit im Norden. Italiener im Rheinland und Westfalen des späten 19. und frühen 20. Jahrhunderts, Osnabrück 1997.
Wentholt, R. (Hg.): Buitenlandse arbeiders in Nederland, Leiden 1967.
Ders.: Algemene inleiding, in: ders. (Hg.): Buitenlandse arbeiders in Nederland, Leiden 1967, S. 1–14.
Werner, Heinz: Economic Integration and Migration. The European Case, in: van den Broeck, Julien (Hg.): The Economics of Labour Migration, Cheltenham 1996, S. 159–194.
Werner, Pierre (Hg.): Innovation – Integration, Luxemburg 1993.
Westin, Charles: Equality, Freedom of Choice and Partnership. Multicultural Policy in Sweden, in: Bauböck, Rainer (Hg.): The Challenge of Diversity. Integration and Pluralism in Societies of Immigration, Aldershot 1996, S. 207–226.
Ders.: Sweden. Restrictive Immigration Policy and Multiculturalism, in: Migration Information Source, 2006, http://www.migrationinformation.org/Profiles/display.cfm?ID=406.
Wicker, Hans Rudolf (Hg.): Migration und die Schweiz, Zürich 2003.
Widgren, Jonas: Sweden, in: Krane, Ronald E. (Hg.): International Labor Migration in Europe, New York 1979, S. 19–44.
Ders./Philip L. Martin: Managing Migration. The Role of Economic Instruments, in: International Migration, 40. 2002, S. 213–226.
Wielenga, Friso/Ilona Taute (Hg.): Länderbericht Niederlande. Geschichte – Wirtschaft – Gesellschaft, Bonn 2004.
Wiesemann, Falk: Italienische Arbeitskräfte im nationalsozialistischen Deutschland, in: Annali della facoltà dei lettere e filosofia dell Università dei Napoli, 25. 1982, S. 423–437.
Wihtol de Wenden, Cathérine: Einwanderung aus dem Maghreb in der französischen politischen Wahrnehmung, in: Ruf, Werner/Rémy Leveau (Hg.): Migration und Staat. Inner- und intergesellschaftliche Prozesse am Beispiel Algerien, Türkei, Deutschland und Frankreich, Münster 1991, S. 221–257.
Dies.: The French Debate. Legal and Political Instruments to Promote Integration, in: Fassmann, Heinz/Rainer Münz (Hg.): European Migration in the late Twentieth Century. Historical Patterns, Actual, and Social Implications, Aldershot 1994, S. 67–80.
Dies.: Frankreich, in: Heinelt, Hubert (Hg.): Zuwanderungspolitik in Europa. Nationale Politiken. Gemeinsamkeiten und Unterschiede, Opladen 1994, S. 255–271.
Dies. (Hg.): L'Europe et toutes ses migrations, Brüssel 1995.
Dies.: France. Les mirages de l'immigration zéro, in: dies. (Hg.): L'Europe et toutes ses migrations, Brüssel 1995, S. 57–71.
Wilhelm Pieck Universität, Sektion Geschichte (Hg.): Fremdarbeiterpolitik des Imperialismus, Heft 2, Rostock 1979.
Willecke, Carl: Die landwirtschaftliche Arbeitsvermittlung in Deutschland, Berlin 1912.
Wiltgen, Paul: Les effets économiques de l'immigration au Luxembourg. Le cas des Portugais, in: Pauly, Michel (Hg.): Letzebuerg de Letzebuerger? Le Luxembourg face à l'immigration, Luxembourg-Bonnevoie 1985, S. 91–119.
Wimmer, Andreas: Binnenintegration und Außenabschließung. Zur Beziehung zwischen Wohlfahrtsstaat und Migrationssteuerung in der Schweiz, in: Bommes, Mi-

chael/Jost Halfmann (Hg.): Migration in nationalen Wohlfahrtsstaaten. Theoretische und vergleichende Untersuchungen, Osnabrück 1998, S. 199–222.

Wollenschläger, Michael: Die Internationale Arbeitsorganisation (IAO). Entstehen, Entwicklung und Bedeutung für den Schutz der Wanderarbeitnehmer, in: Hahn, Hugo J./Albrecht Weber (Hg.): Währung und Wirtschaft. Das Geld im Recht, Baden-Baden 1997, S. 573–590.

Yano, Hisashi: Arbeitsmigration im Steinkohlenbergbau in der Frühphase der Bundesrepublik, in: Hesse, Jan-Otmar (Hg.): Kulturalismus, neue Institutionenökonomik oder Theorienvielfalt. Eine Zwischenbilanz der Unternehmensgeschichte, Essen 2002, S. 253–272.

Yougoslavie: Le recrutement de la main-d'œuvre pour la France, in: Informations Sociales, 32. 1929, S. 330.

Zamagni, Vera: The Economic History of Italy 1860–1990, Oxford 1993.

Zielinski, Bernd: Die deutsche Arbeitseinsatzpolitik in Frankreich 1940–1944, in: Overy, Richard J./Gerhard Otto/Johannes Houwink ten Cate (Hg.): Die ›Neuordnung‹ Europas. NS-Wirtschaftspolitik in den besetzten Gebieten, Berlin 1997, S. 109–132.

Zimmermann, Klaus F. (Hg.): European Migration. What Do We Know?, Oxford 2005.

Zlotnik, Hania: Empirical Identification of International Migration Systems, in: Kritz, Mary M./Lin Lean Lim/Hania Zlotnik (Hg.): International Migration Systems. A Global Approach, Oxford 1992, S. 19–41.

Zolberg, Aristide R.: International Migration Policies in a Changing World System, in: McNeill, William Hardy/Ruth S. Adams (Hg.): Human Migration. Patterns and Policies, Bloomington 1978, S. 241–286.

Ders.: Matters of State: Theorizing Immigration Policy, in: Hirschmann, Charles/Josh DeWind/Philip Kasinitz (Hg.): The Handbook of International Migration. The American Experience, New York 1999, S. 71–93.

Zolotas, Xenophon: International Labor Migration and Economic Development. With Special Reference to Greece, Athen 1966.

Zorlu, Aslan: Migration and Immigrants. The Case of the Netherlands, Amsterdam 2001.